西安年鉴 2018

XI'AN YEARBOOK

西安市人民政府主办　西安市地方志办公室编

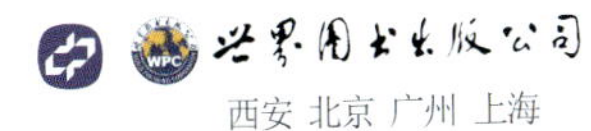

西安 北京 广州 上海

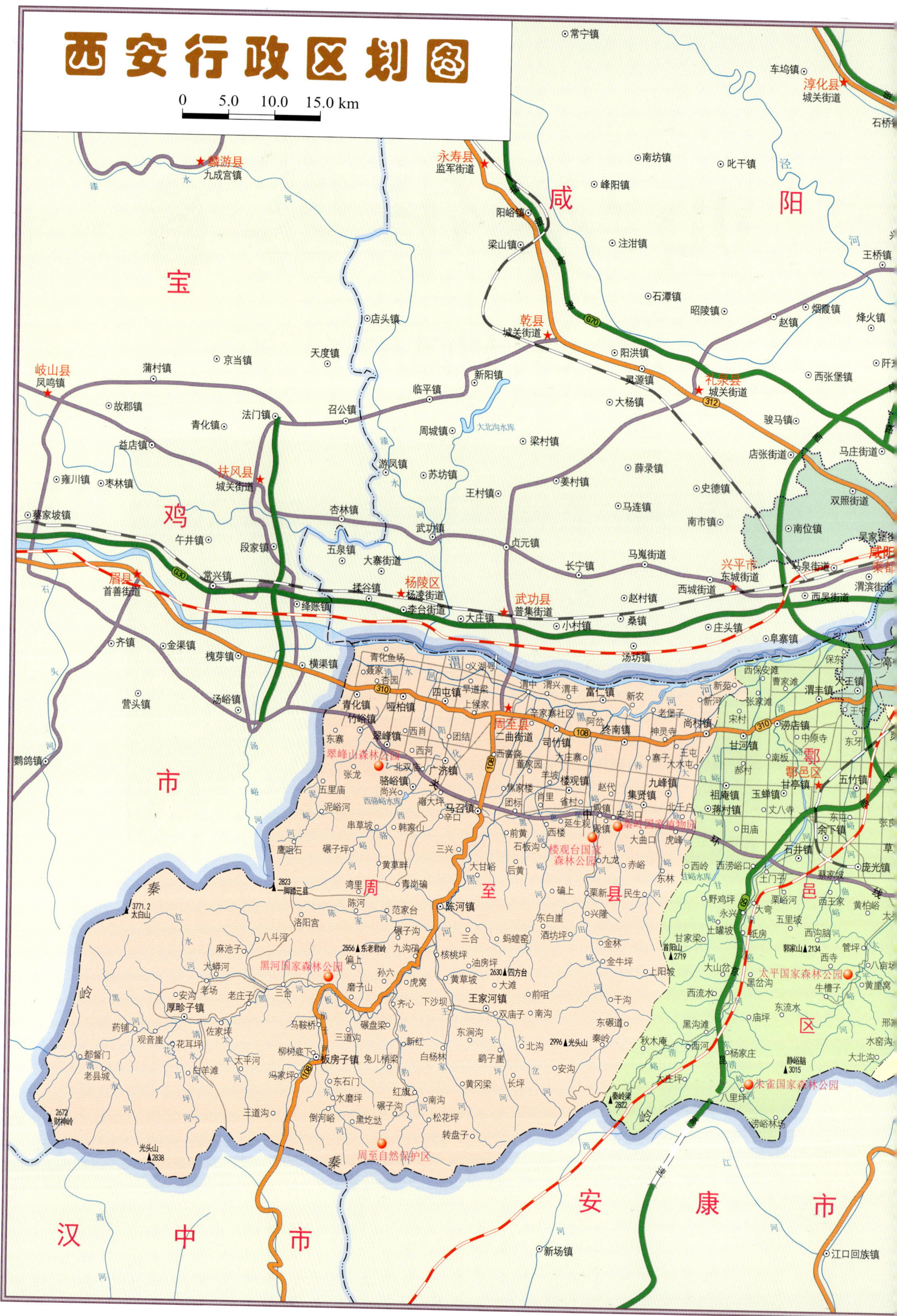
西安行政区划图
0 5.0 10.0 15.0 km
宝
鸡
市
咸
阳
汉
中
市
安
康
市
周
至
县
鄠
邑
区
麟游县
九成宫镇
永寿县
监军街道
淳化县
城关街道
常宁镇
车坞镇
石桥镇
南坊镇
吪干镇
峰阳镇
阳峪镇
梁山镇
注泔镇
王桥镇
石潭镇
昭陵镇
烟霞镇
赵镇
烽火镇
店头镇
乾县
城关街道
阳洪镇
岐山县
凤鸣镇
蒲村镇
京当镇
天度镇
新阳镇
礼泉县
城关街道
西张堡镇
故郡镇
临平镇
灵源镇
大杨镇
骏马镇
青化镇
法门镇
召公镇
周城镇
大北沟水库
梁村镇
店张街道
马庄街道
益店镇
扶风县
城关街道
游凤镇
苏坊镇
薛录镇
雍川镇
枣林镇
王村镇
姜村镇
史德镇
双照街道
蔡家坡镇
杏林镇
武功镇
马连镇
南市镇
南位镇
午井镇
段家镇
五泉镇
贞元镇
大寨街道
马嵬街道
长宁镇
兴平市
东城街道
咸阳
秦都
眉县
首善街道
常兴镇
揉谷镇
杨陵区
杨凌街道
李台街道
武功县
普集街道
赵村镇
西城街道
马泉街道
渭滨街道
西吴街道
绛帐镇
大庄镇
小村镇
桑镇
庄头镇
阜寨镇
齐镇
金渠镇
槐芽镇
横渠镇
汤坊镇
营头镇
汤峪镇
鹦鸽镇
青化鱼场
义湖号
四屯镇
青化镇
哑柏镇
竹峪镇
翠峰镇
终南镇
司竹镇
富仁镇
尚村镇
甘河镇
涝店镇
周至县
二曲街道
翠峰山森林公园
广济镇
骆峪镇
楼观镇
集贤镇
九峰镇
祖庵镇
蒋村镇
玉蝉镇
甘亭镇
鄠邑区
五竹镇
马召镇
秦岭国家植物园
楼观台国家森林公园
余下镇
石井镇
庞光镇
陈河镇
黑河国家森林公园
王家河镇
厚畛子镇
板房子镇
太平国家森林公园
朱雀国家森林公园
周至自然保护区
太白山
3771.2
财神岭
2672
光头山
2838
首阳山
2719
静峪脑
3015
秦岭梁
2822
新场镇
江口回族镇
G30
G70
310
312
108
G5

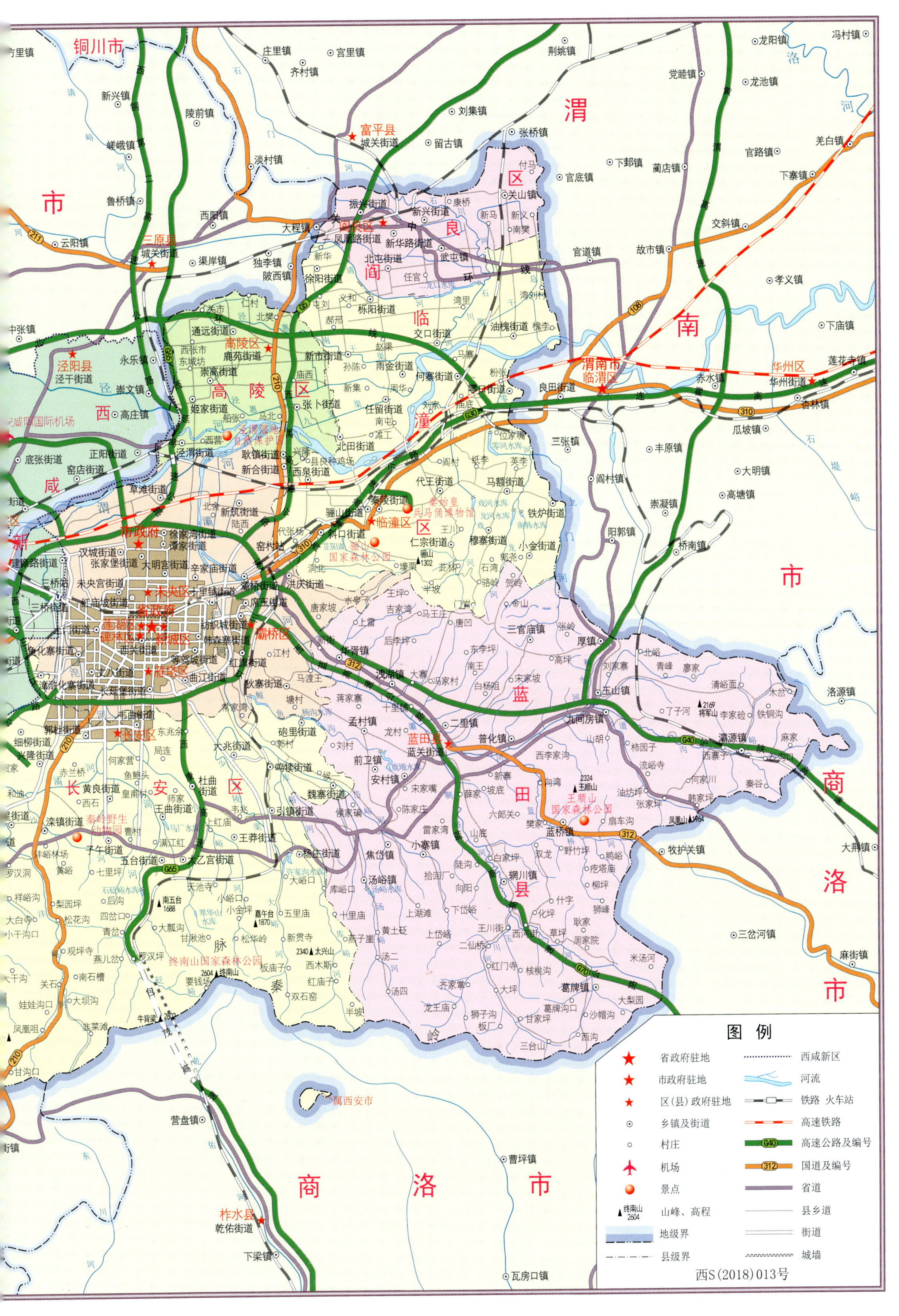
铜川市
渭南市
咸阳市
商洛市
富平县
三原县
泾阳县
高陵区
阎良区
临潼区
灞桥区
未央区
莲湖区
碑林区
新城区
雁塔区
长安区
蓝田县
临渭区
华州区
市政府
省政府
兵马俑博物馆
王顺山国家森林公园
终南山国家森林公园
秦岭野生动物园
泾渭湿地自然保护区
西安咸阳国际机场
柞水县
属西安市
图 例
省政府驻地
市政府驻地
区(县)政府驻地
乡镇及街道
村庄
机场
景点
山峰、高程
地级界
县级界
西咸新区
河流
铁路 火车站
高速铁路
高速公路及编号
国道及编号
省道
县乡道
街道
城墙
西S(2018)013号

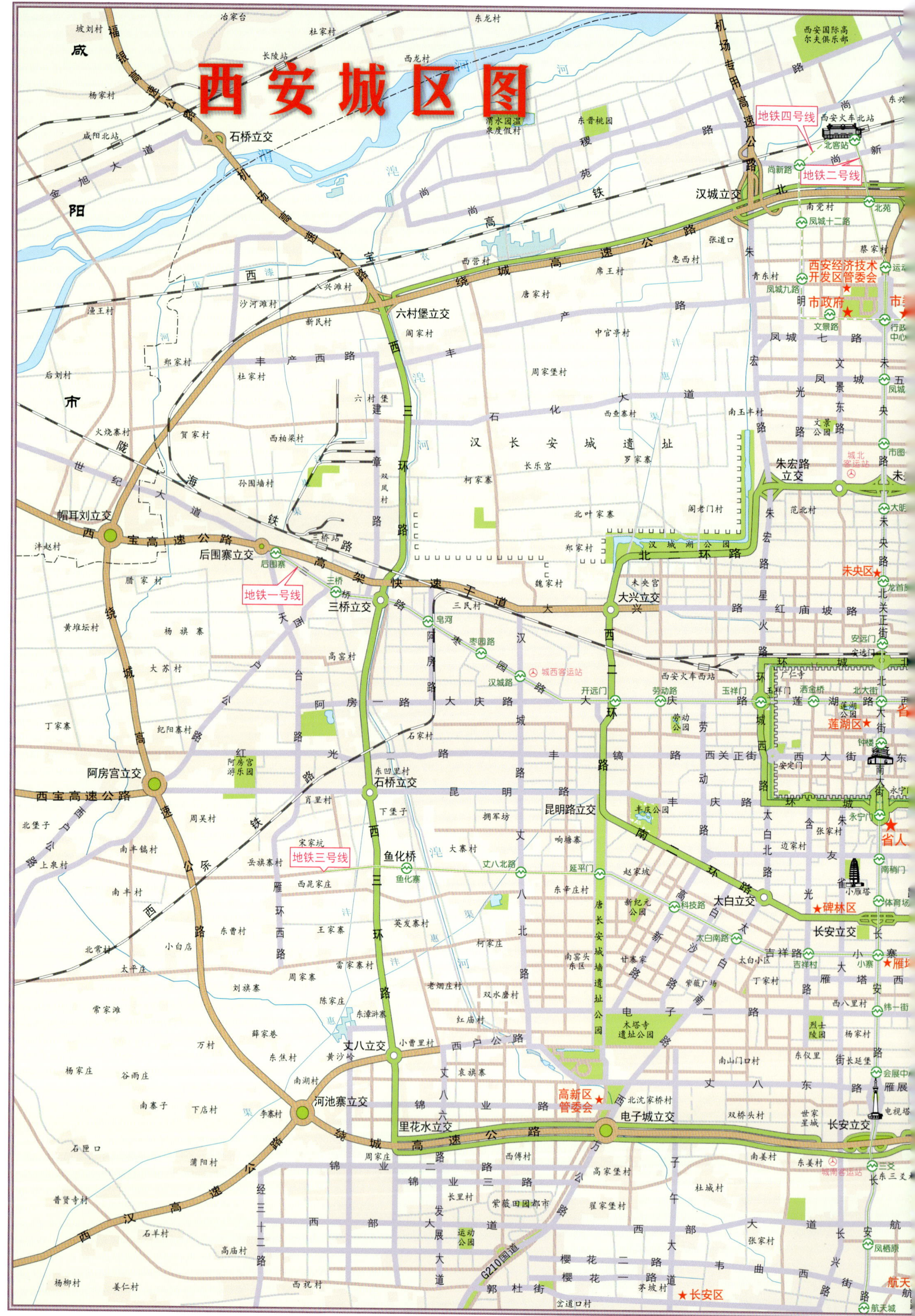
西安城区图
咸阳市
冶家台
东龙村
坡刘村
杜家村
长陵站
西龙村
福银高速公路
机场专用高速公路
西安国际高尔夫俱乐部
杨家村
石桥立交
清水园温泉度假村
东晋桃园
咸阳北站
金旭大道
渭河
泾河
地铁四号线
西安火车北站
北客站
尚新路
地铁二号线
汉城立交
南党村
凤城十二路
北苑
尚稷路
张道口
机场高速公路
西营村
惠西村
蔡家村
席王村
绕城高速公路
西安经济技术开发区管委会
青东村
凤城九路
八兴滩村
沙河滩村
唐家村
市政府
文景路
行政中心
渔王村
新民村
六村堡立交
阎家村
中官亭村
凤城七路
丰产西路
丰产路
郑家村
杜家村
周家村
后刘村
六村堡
大兴路
明光路
凤城五路
火烧寨村
贺家村
西柏梁村
西查寨村
南玉丰村
石化大道
汉长安城遗址
长乐宫
罗家寨
文景公园
城北客运站
市图书馆
孙围墙村
柯家寨
双凤村
朱宏路立交
陇海铁路
世纪大道
建章路
西三环路
帽耳刘立交
三桥站
北叶家寨
闫老门村
范北村
大明宫
沣赵村
西宝高速公路
后围寨立交
后围寨
郑家村
汉城湖公园
北二环路
未央路
腊家村
三桥
未央宫
未央区
龙首原
地铁一号线
三桥立交
快速干道
大兴立交
红庙坡路
黄堆坛村
杨祺寨
三民村
皂河
安远门
天台路
枣园路
汉城路
城西客运站
西安火车西站
安定门
广仁寺
玉祥门
洒金桥
北大街
大苏村
高窑村
阿房路
开远门
劳动路
莲湖公园
丁家寨
纪阳寨村
阿房一路
大庆路
劳动公园
莲湖区
钟楼
石家村
红光路
丰镐路
西关正街
西大街
东大街
阿房宫立交
阿房宫游乐园
东凹里村
石桥立交
昆明路
西二环路
永宁门
西宝高速公路
肖里村
丰庆公园
丰庆路
北堡子
周吴村
下堡子
拥军坊
昆明路立交
南二环路
含光路
张家村
省人民政府
南丰镐村
宋家坑
大寨村
响塘寨
太白北路
边家村
上泉村
地铁三号线
鱼化桥
丈八北路
延平门
南稍门
岳旗寨村
西昆家庄
鱼化寨
赵家坡
小雁塔
南丰村
东辛庄村
新纪元公园
科技路
太白立交
体育场
碑林区
西三环路
东曹村
王家寨
英发寨村
长安立交
小白店
柯家庄
太白南路
北常村
吉祥路
吉祥村
小寨
雁塔区
太平庄
南窑头东区
甘寨家
太白小区
雷家寨村
周家寨
丁家村
大雁塔
刘旗寨
老烟庄村
双水磨村
紫薇广场
西八里村
纬一街
常家滩
陈家庄
东漳浒寨
烈士陵园
杨家村
红庙村
电子二路
木塔寺遗址公园
唐长安城墙遗址公园
万村
薛家巷
丈八立交
小曹里村
西户公路
东仪里
东焦村
黄沙岭
长延堡
杨家庄
谷雨庄
南山门口村
会展中心
南湖村
丈八东路
雁展路
南寨子
下店村
河池寨立交
锦业路
高新区管委会
北沈家桥村
世家星城
李赛村
里花水立交
电子城立交
双桥头村
电视塔
长安立交
石匣口
绕城高速公路
周家庄
西傅村
南姜村
东姜村
三爻
城南客运站
蒲阳村
高家堡村
子午大道
锦业二路
锦业一路
杜城村
长东三义
普贤寺村
长里村
紫薇田园都市
瞿家堡村
经二十二路
西部大道
西汉高速公路
发展大道
运动公园
西部大道
张家村
航天路
凤栖原
石羊村
高庙村
G210国道
樱花二路
樱花一路
韦曲西街
长安兴街路
杨柳村
姜仁村
西祝村
郭杜街
茅坡村
长安区
航天城
岔道口村

地铁三号线
地铁一号线
地铁四号线
北辰立交
杏园桥
谢王立交
太华路立交
安邱立交
官厅立交
方家村立交
灞河大桥立交
半坡立交
香王立交
穆蒋王立交
纺织城立交
兴庆立交
曲江立交
空工立交
太乙立交
雁塔立交
浐灞生态区管委会
灞桥区
曲江新区管委会
西安世博公园
兴庆宫公园
汉杜陵
红旗水库
图 例
省政府驻地
市政府驻地
区政府驻地
汽车站
铁路 火车站
地铁 地铁站
在建
高速公路
环城路
主干道路
一般道路
次要道路
规划道路
地级界
西S(2018)013号

荣耀 西 安

全国双拥模范城市	1988 年 1992 年 1996 年 2000 年 2004 年 2008 年 2012 年 2016 年
全国副省级城市	1994 年
全国社会治安综合治理优秀城市	1997 年 2001 年 2005 年 2009 年
国家卫生城市	2008 年
综合性国家高新技术产业基地	2008 年
国家园林城市	2009 年
中国最具文化底蕴城市	2009 年
中国最具幸福感城市	2009 年 2012 年 2013 年 2014 年 2015 年 2017 年
海外高层次人才创新创业基地	2009 年
中国国际形象最佳城市	2010 年
十大中国最关爱民生城市	2010 年
中国十大创新型城市	2011 年 2012 年
国家知识产权示范城市	2012 年
中国形象最佳城市	2013 年
中国十佳品牌会展城市	2013 年
中国最具投资吸引力城市	2013 年

国家下一代互联网示范城市	2013 年
中国领军智慧城市	2014 年
中国最具文化软实力城市	2014 年
全球最具发展潜力新兴城市	2014 年
中国十大区域性金融中心城市	2014 年
最佳国内旅游城市	2014 年
中国十大影响力会展城市	2014 年
国家电子商务示范城市	2014 年
国家跨境贸易电子商务服务试点城市	2014 年
国家现代服务业综合试点城市	2014 年
国家食品安全示范城市	2014 年 2017 年
国家质量强市示范城市	2014 年 2016 年
中国最佳营商环境十大城市	2014 年
全国文明城市	2015 年 2017 年
国家系统推进全面创新改革试验区	2015 年
国家自主创新示范区（西安高新区）	2015 年
国家森林城市	2016 年 2017 年
全国科普示范区（西安新城区）	2016 年
国家全域旅游示范区（西安临潼区）	2016 年
中国最具投资潜力城市	2017 年
国际美食之都	2017 年

数字西安

土地面积：10096.81 平方千米
年末常住人口：905.68 万人
生产总值：7469.85 亿元
第一产业增加值：281.12 亿元
第二产业增加值：2596.08 亿元
第三产业增加值：4592.65 亿元
人均生产总值：78346 元
全社会固定资产投资总额：7556.47 亿元
社会消费品零售总额：4329.51 亿元
进出口总值：2545.41 亿元
旅游业总收入：1633.30 亿元
全体居民人均可支配收入：32597 亿元
城镇常住居民人均可支配收入：38536 元
农村常住居民人均可支配收入：16522 元
地方财政一般预算收入：654.50 亿元
地方财政一般预算支出：1045.09 亿元
全社会总用电量：321.41 亿千瓦时
全社会货物运输总量：25496.62 万吨
全社会旅客运输总量：24286.53 万人次
房屋施工面积：15843.92 万平方米
房屋竣工面积：1634.63 万平方米
商品房销售面积：2509.78 万平方米
金融机构人民币存款余额：20047.62 亿元
金融机构人民币贷款余额：17155.11 亿元
普通高等学校：63 所
普通中学：448 所
普通中等职业学校：163 所
全年申请专利量：81110 件
医院床位数：67012 张
卫生技术人员数：94221 人
全社会供水总量：6.58 亿立方米
市区售水总量：44795 万立方米
城乡居民人民币储蓄存款余额：7497.30 亿元
城镇居民人均消费性支出：25374 元
农村居民人均消费性支出：10966 元
实际利用外商直接投资：530680.80 万美元
城镇非私营单位就业人员年平均工资：75262 元

西安印象

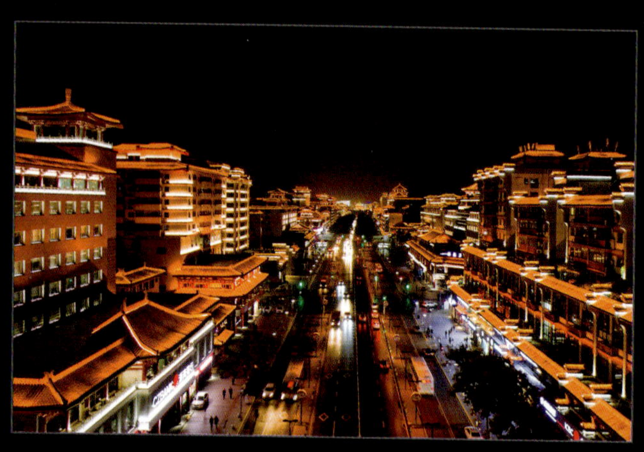

西大街夜景

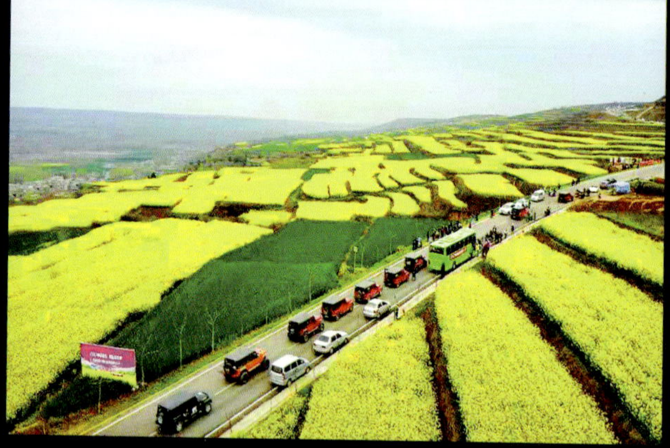

长安花海梯田

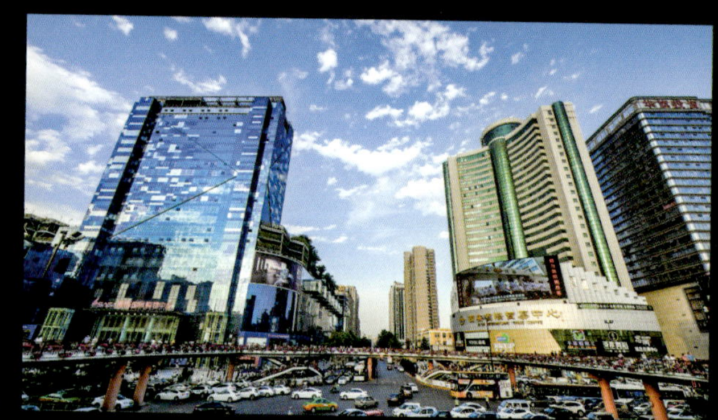

小寨十字

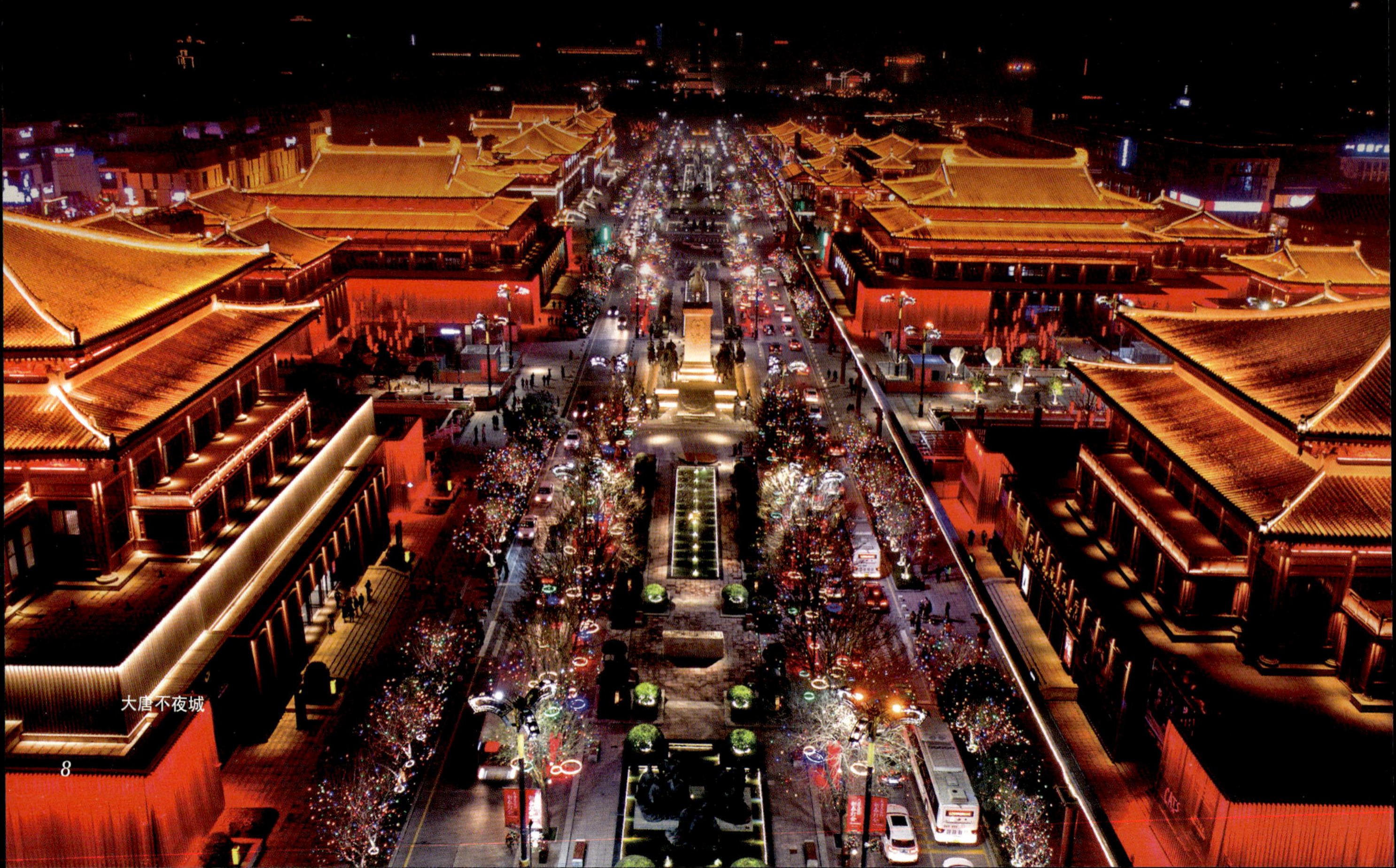

大唐不夜城

西安 20 件大事

2017年8月15日，中共中央总书记习近平给参加第三届中国"互联网+"大学生创新创业大赛"青年红色筑梦之旅"的大学生回信，勉励创业青年，引发强烈反响。图为西安创业大街

中共十九大召开后，西安迅速掀起全面学习宣传贯彻十九大精神热潮。图为西安市妇女联合会邀请十九大代表为各界妇女群众宣讲十九大精神

2017年1月22—25日，中国共产党西安市第十三次代表大会召开

2017年1月22日，中共陕西省委常委会决定，明确西咸新区党工委、管委会作为中共陕西省委、陕西省人民政府派出机构，由中共西安市委、西安市人民政府整体代管。图为西咸新区风貌

2017 年，西安市民广泛参与到“烟头革命”中来，提升市容环境，打造“清洁之城”，效果显著。图为西安市民在街头捡拾烟头

2017 年，西安市制定出台补齐十大短板的工作方案和“10 + N”系列短板推动落实工作方案，层层传导压力，加快补齐短板。图为西安比亚迪汽车生产线工人正在装配汽车

2017 年 4 月 1 日，中国（陕西）自由贸易试验区在西安高新技术产业开发区揭牌成立，西安进入“自贸时代”

2017年，西安市每个月围绕专项工作举办“追赶超越”擂台赛，通过互看、互比、互学，推动工作落实

2017年，《西安日报》每周一、三、五在头版推出《长安新语》栏目，刊发文章140余篇，在全市引发巨大反响，成为西安市“追赶超越”发展的品牌栏目。图为中共蓝田县厚镇韩坪村支部委员集体学习《长安新语》手册内容

2017年，中共西安市委、西安市人民政府动员全市各级党政机关和党员干部，发扬“金牌店小二”精神，为企业和项目提供“五星级服务”，努力创建“最佳营商环境城市”。图为西安市人民政府政务服务中心办公场景

2017年3月以来，西安市先后出台“史上最宽松”户籍新政、23条人才新政，最大限度吸引“高、精、尖、缺”人才，向全球“招贤纳士”。图为西安市新引进人才办理户口场景

2017 年，西安市市场主体突破百万家，“大西安”正逐步成为大众创业、万众创新的沃土。图为西安市场主体超百万发布仪式现场

2017 年，西安市把招商引资作为“一号工程”，重大项目纷纷落户，“大西安”奔跑提速。图为西安市 2017 年第三批扩大有效投资重大项目集中开工仪式丝路国际会展中心项目现场

2017 年 5 月 12 日起，为提升西安市作为“全国文明城市”“国际旅游城市”的形象，推动人车和谐出行，西安市启动文明交通“车让人”行动

2017 年 1 月 16 日，西安市在陕西省率先全面启动“河长制”，打造绿水青山。图为西安市河长制作战指挥部场景

2017 年 11 月 14 日，第五届“全国文明城市”名单和复查确认继续保留荣誉称号的往届“全国文明城市”名单公布，西安市蝉联“全国文明城市”称号。图为西安市文明宣传公益广告

2017 年，西安市开展“创业西安行”系列活动，鼓励创新、创业，自觉为创新、创业者当好“金牌店小二”，提供“五星级服务”，解决发展难题，在全市营造创新、创业的良好环境。图为西安创业咖啡街区

2017 年 8 月 19—20 日，2017 首届世界西商大会在西安举办

2017 年 11 月 7—8 日，2017 全球硬科技创新大会在西安举办

2017 年，西安市全面推动“厕所革命”，通过科学布局，增加厕所数量，增设“第三卫生间”，落实“所长制”，成为全国“厕所革命”的领跑者和排头兵。图为大雁塔北广场提升改造的卫生间外景

年度热词

"十九大"：2017年，西安市迅速掀起全面学习宣传贯彻中共十九大精神热潮，十九大精神成为全市上下团结奋斗的共同思想基础。图为西安市民在柏树林街道广场领取十九大学习资料

"追赶超越"：2017年1月，中共西安市委决定在不同层级部分领导干部中举办"追赶超越"擂台赛，开展重点工作大比拼

"三大革命"：2017年，西安推进"行政效能革命""烟头革命""厕所革命"，打造优质、高效投资环境。图为西安"12345"市民服务热线工作现场

"西安铁军"：2017年1月，中共西安市委十三届一次全会审议通过《关于从严加强干部队伍建设、打造追赶超越西安铁军的决定》，随后出台《西安铁军的具体标准》《关于强化西安铁军建设，激励干部奋力追赶超越二十条措施》，加强各级领导班子和干部队伍建设，转变工作作风。图为2017年1月25日早，长安区旅游民族宗教文物局对道路进行除雪清扫

"五星级服务"：2017年，西安市要求各级干部以酒店服务业的最高等级"五星级"作为最基本的衡量尺度，以最高的标准、更严的要求，主动作为，用心服务，努力打造一流的政务环境、营商环境，为全市人民服好务。图为西安市工商行政管理局雁塔分局注册科为企业提供"五星级"服务受到企业称赞

"招商引资一号工程"：2017年，西安市将招商引资作为"一号工程"，围绕"五资"抓招商，组建西安市投资促进委员会和系列专业招商分局，召开丝绸之路国际博览会、2017首届世界西商大会、2017首届全球硬科技创新大会、2017首届全球程序员节等活动，阿里巴巴、华侨城、海航、京东、京东方、开沃、吉利汽车等一大批企业项目签约落地。图为11月3日，西安吉利新能源汽车产业化项目开工推进动员大会在西安经济技术开发区召开

“史上最宽松人才新政”：2017 年 3 月以来，西安市先后出台“史上最宽松”户籍新政、23 条人才新政，实施招才引智“一套组合拳”“二个第一”“三个留人”，制订《高层次人才“5531”计划》，向全球“招贤纳士”。图为落户咨询现场

“共享”：2017 年，“共享”成为一种理念。共享单车、共享汽车、共享瑜伽、共享书屋、共享充电宝、共享购物车等新生事物，方便着市民的日常生活。图为西安市司法局在碑林区举办共享单车普法停车点揭牌仪式

“车让人”：2017 年 5 月 12 日起，西安市大力推行文明交通“车让人”行动。车让人，人守规，面对礼让，行人快步通行、礼让斑马线已成西安亮丽的风景线

“十个一民生工程”：2017 年，西安市聚焦民生“九难”，实施“十个一民生工程”，加大公共服务供给力度，西安市蝉联“全国最具幸福感城市”称号。图为 9 月 10 日，断头路芙蓉西路开放通车

国际大都市建设

西咸一体化

2017年1月22日，中共陕西省委、陕西省人民政府联合印发《关于促进西咸新区进一步加快发展的意见》，提出由西安市代管西咸新区、深入推进西咸一体化，标志着中国第七个国家级新区进入全面“实体化”的阶段，“大西安”建设进入实质推进的快车道，将对关中平原乃至丝路沿线城市群发展带来深远影响。图为西咸新区规划图

2017年7月24日，西安住房公积金管理中心西咸新区分中心揭牌，开始投入运营。图为揭牌仪式现场

2017年3月4日，西安地铁一号线二期工程第二台盾构机“铁龙11号”从张家村站右线始发，沿世纪大道自东向西往上林路站掘进。西安地铁一号线二期工程东起西安后卫寨站向西延伸到咸阳森林公园，计划于2019年通车试运营，届时西安、咸阳两地往来将更加便捷

快速发展中的西咸新区

国际大都市建设

2017 欧亚经济论坛

2017 年 9 月 26—27 日，2017 欧亚经济论坛——2017 北斗产业国际化发展论坛在西安举行

2017 年 9 月 21—22 日，2017 欧亚经济论坛教育分会暨第二届“一带一路”产教融合与企业国际化发展论坛在西安欧亚学院举行

2017 年 9 月 21 日，2017 欧亚经济论坛生态分会在西安浐灞生态区召开

2017 年 9 月 21 日，2017 欧亚经济论坛海外高层次人才分会在西安曲江新区举行

2017 欧亚经济论坛中外政要及重要嘉宾合影

国际大都市建设

“一带一路”建设

2017 年 6 月 3—7 日，2017 丝绸之路国际博览会暨第二十一届中国东西部合作与投资贸易洽谈会在西安举行。图为主宾国在开幕式上进行文艺演出

2017 年 9 月 7—21 日，第四届丝绸之路国际艺术节在西安举行。图为其重要组成部分的“西安国际动漫游戏文化周”活动现场

2017 年 4 月 6 日，西安·青岛推动“一带一路”区域物流供应链一体化座谈会在西安国际港务区召开

2017 年 7 月 23 日，2017 丝绸之路国际汽车拉力赛（Silk Way Rally）暨中国越野拉力赛（CGR）在西安曲江国际会展中心举行收车仪式

国际大都市建设

2017年 2月24日，首趟中亚班列（塔什干—西安）棉纱专列抵达西安港

2017年5月25日，西安综合保税区二期通过验收。图为验收会现场

2017年6月4日，陕西自贸区首届葡萄酒品鉴会暨西安港进口红酒交易基地启动仪式在西安国际港务区举行

2017年5月24日，西安港进口肉类指定口岸举行首单放行仪式。首单从加拿大进口的77吨肉品，经过检验检疫合格后投放西安市场，标志着西安港进口肉类指定口岸正式运营

招商引资

2017 全球硬科技大会

2017 全球硬科技创新大会现场

2017 全球硬科技创新大会现场

2017 年 11 月 8 日，2017 全球硬科技大会新能源汽车产业创新发展论坛在西安举行

2017 年 11 月 7—8 日，全球硬科技创新大会在西安举行

招商引资

2017 首届世界西商大会

2017 年 8 月 19 日，2017 首届世界西商大会在永宁门举行迎宾仪式

2017 年 8 月 20 日，碑林区举办“西商精英古城荟，美丽碑林欢迎您”活动，组织西商在碑林产业带进行考察

2017 年 8 月 20 日，在 2017 首届世界西商大会上西安市人民政府与浙商总会签署战略合作协议

2017 年 8 月 20 日，在 2017 首届世界西商大会上举行“杰出西商”颁奖仪式

2017 年 8 月 19—20 日，2017 首届世界西商大会在西安举行

招商引资

2017 年 11 月 9—10 日，2017 首届全球程序员节在西安高新技术产业开发区举行

2017 年 8 月 24—27 日，2017 中国国际通用航空大会在西安举行。图为 2017 中国国际通用航空大会设备器材展现场

阿里巴巴创新中心（西安）

京东大厦

招商引资

特色小镇

沣滨水镇·诗经里特色小镇

世园罗曼特色小镇

秦岭·奥特莱斯小镇

西安民间金融小镇

生态建设

2017 年 4 月 26 日，陕西省首个智慧垃圾分类资源化处理项目在高陵区通远街道建成投用

长安区子午街办王庄社区的村民将分类好的垃圾投入智能分类回收箱

冲洗设备降尘

曲江渼陂湖萯阳湖

西安市第三污水处理厂

西安浐灞生态区

昆明池

周至沙河湿地公园

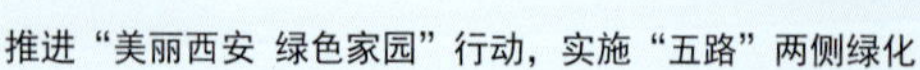

推进“美丽西安 绿色家园”行动，实施“五路”两侧绿化

再生水冲洗路面

公共文化

“三城”建设

2017 年 4 月 22 日，西安市文化广电新闻出版局在“万人万卷阅动西安暨小小故事家家庭读书分享大赛活动”现场举行“书香西安阅读吧”授牌仪式

2017 年 3 月 30 日，高陵博物馆开馆迎客

2017 年 4 月 21 日，高陵区举行第十一届“高陵读书月”活动。图为为全区 86 个“农家书屋”捐赠书籍

曲江创客街区巧妙地将音乐融入创客主题

2017 年 7 月 28 日，西安市文化广电新闻出版局举行 2017 西安“红五月”音乐会群众歌咏活动市级决赛

社会民生

"品质西安"建设

2017 年 11 月 1 日，西安地铁五号线和平村站主体结构封顶

公交充电桩配套设施建设

2017 年 5 月 26 日，广运潭西路断头路提前打通

2017 年 10 月 1 日，凤城八路—太华路立交工程东西向主线桥放线通车

社会民生

“品质西安”建设

公路机械化保洁

微信扫码乘车

立体停车场建设

2017年10月28日，陕西省和西安市重点文化项目——陕西大剧院启用

社会民生

脱贫攻坚

2017 年 6 月 27 日，中国民主同盟西安市委员会组织医疗专家开展医疗扶贫活动

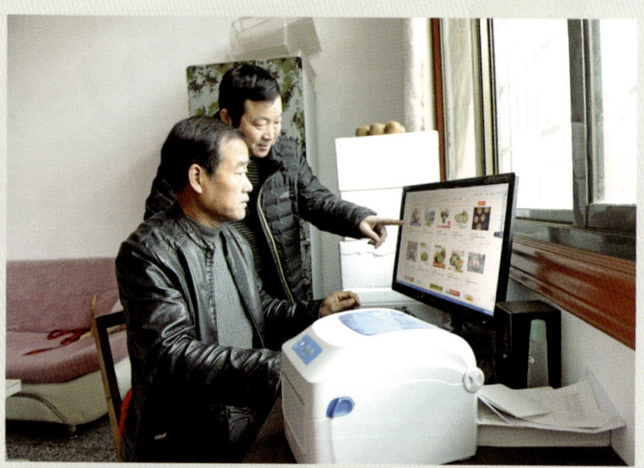

雁塔区工作人员给贫困群众讲解电商交易程序

2017 年春节前，西安市妇女联合会为贫困户赠送手写春联

2017 年 10 月 17 日，西安市旅游集团向对口扶贫村捐款，扶持油牡丹项目

社会民生

2017 年 10 月 13 日，西安市物价局召开商品住房价格调控座谈会

2017 年 8 月 30 日，西安市物价局开展秋季教育收费巡查

西安市住房保障和房屋管理局为大学生办理公租房入住手续

新建成的曲江第三小学

移民搬迁新村新貌

2017 年 10 月 26 日，西安粉红之家代表队为西安博瑞养老院老人演出

西安市未央区新征地农民领取养老保险金

2017 年春节前，西安市食品药品监督管理局对药品零售企业进行督导检查

2017 年 5 月 8 日，以"临床医疗、现代康复、老年养护、健康管理"四位一体的创新复合型三级康复医院——西安工会医院暨中法合作多慰老年护理院开业运营。图为西安工会医院外景

西安年鉴编辑部

编辑说明

一、《西安年鉴》是西安市人民政府主办，由西安市地方志办公室承编的地方信息资料性文献。1993年创刊，每年编辑一卷。《西安年鉴（2018）》为第二十六卷。

二、《西安年鉴（2018）》以习近平新时代中国特色社会主义思想和中国共产党第十九次全国代表大会精神为指导，全面、系统地记载了2017年西安地域内政治、经济、文化和社会发展的基本情况，为社会各界读者了解和研究西安提供基本的信息资料。

三、本卷年鉴采用分类编辑法，大部分栏目设“类目—分目—条目”3个层次，“农林牧渔业”“工业·信息产业”“交通运输业·邮政快递”“财政·税务”“科学研究和技术服务”5个类目设有二级分目。全卷共有类目37个、分目178个、二级分目16个、条目1601个。不同层次的标题、字体、字号和版式设计有明显区别。有些内容较多的条目，文内用楷体标出相应的层次。

四、本卷年鉴有目录、索引2种检索途径，目录在卷前，索引在卷尾。同时出有手机电脑版，可登陆西安地情网（网址：http://xadfz.xa.gov.cn）免费浏览下载。

五、本卷年鉴正文涉及的单位名称和文件名称，在条目中首次出现一般采用全称，再次出现的则采用习惯简称。需要解释的名词，除“特载”类目在正文后集中注释外，一般采取括注形式。

六、本卷年鉴所载录的内容和数据一般限于2017年，分别由西安地域内各有关部门、区（县）、开发区和行业提供，并经撰稿单位负责人审定。其中，主要数据采用西安市统计局提供的快报数据，引用时请注意。

七、本卷年鉴编纂出版工作得到西安地域内各有关机关、单位的大力支持，广大编纂人员为之付出了艰辛劳动，借此表示衷心感谢。由于成书仓促，水平有限，多有疏漏或不足之处，敬请广大读者批评指正。

西安年鉴编辑部

2018年11月

目　录

特　载

在市委十三届一次全会上的讲话……………………………　2
政府工作报告……………………………………………　3

专　文

中共西安市委十三届四次全会举行…………………………14
西安这一年………………………………………………16

大事记

大事记……………………………………………………21

西安概貌

基本情况
历史沿革…………………………………………………30
地理……………………………………………………30
自然资源…………………………………………………30
气候……………………………………………………31
行政区划…………………………………………………32
人口……………………………………………………33
民族……………………………………………………33
宗教……………………………………………………33
国民经济和社会发展
经济概况…………………………………………………33
农业生产…………………………………………………33
工业和建筑业……………………………………………33
交通运输和邮政电信……………………………………33
国内贸易…………………………………………………34
对外经济…………………………………………………34
旅游……………………………………………………34
金融……………………………………………………34
教育……………………………………………………34
科技、文化和体育………………………………………34
卫生……………………………………………………35
就业与社会保障…………………………………………35
生态建设…………………………………………………35
环境保护…………………………………………………35
安全生产…………………………………………………35
西安全面创新改革试验区建设……………………………36
西安高新区国家自主创新示范区建设……………………36
陕西自由贸易试验区西安区域建设………………………36
脱贫攻坚…………………………………………………36
政治文明建设
社会主义民主法治建设…………………………………36
法制建设…………………………………………………37
体制改革…………………………………………………37
“放管服”改革…………………………………………37
精神文明建设
概况……………………………………………………37
群众性精神文明创建活动………………………………37
“尚德西安”道德实践系统工程…………………………37
未成年人思想道德建设…………………………………38
志愿服务活动……………………………………………38
道德模范推荐评选、学习宣传活动………………………38
公益广告系列宣传“讲文明·树新风”系列活动　………38
“我们的节日”道德实践活动……………………………38
诚信建设…………………………………………………38
农村精神文明建设………………………………………38

网络文明传播活动……38
生态文明建设
概况……39
环境规划……39
环境影响评价……39
环境监测……39
水环境管理……39
水生态建设……39
水资源保护与管理……39
污水处理和再生水资源利用……40
“河长制”……40
大气环境管理……40
重污染天气治理……41
土壤环境管理……41
自然与农村生态保护……41
辐射安全监管……41
危险废物安全监管……41
环境监察……41
政务信息与环境信访……41
环境宣传教育与环境应急……41

中国共产党西安市委员会

综　述
概况……43
学习宣传贯彻中共十九大精神……43
贯彻落实“追赶超越”和“五个扎实”要求……43
落实中共陕西省、西安市党代会决策部署……43
“大西安”和国家中心城市建设……43
招才引智……43
招商引资……43
优化营商环境……44
三项重点工作……44
“两学一做”学习教育……44
修复政治生态……44
经济发展……44
完善城市功能……45
深化改革创新……45
门户枢纽建设……45
文化建设……46
改善生态环境……46
保障和改善民生……46
从严治党……47
组　织
概况……48
学习贯彻十九大精神……48
领导班子和干部队伍建设……48
基层党建组织和党员队伍建设……48
干部教育培训……49
干部选拔任用和日常管理监督……49
人才强市战略……50
目标责任考核……50
宣　传
概况……50
理论宣传……50
新闻舆论引导……50
网络信息管理……51
社会主义核心价值观和精神文明建设……51
文艺文化工作……51
对外宣传……51
统一战线
概况……51
多党合作和政治协商……51
党外知识分子工作……52
党外代表人士队伍建设……52
民族宗教工作……52
非公经济统战工作……52
港澳台海外统战工作……52
统战宣传和理论研究……53
政策研究
概况……53
建言献策……53
调查研究……53
深化改革……53
内刊编辑……54
老干部工作
概况……54
离退休干部服务管理……54
落实离退休干部待遇……54
老年教育……54
老干部活动……54
发挥老干部作用……55
党史征编
概况……55
党史编辑研究……55
党史宣传教育……55
革命遗址保护及党史教育基地建设……55
区（县）党史工作……56
党校工作
概况……56
校园文化建设活动……56

干部教育培训……56
学员管理……56
科研工作……56
教师培训……56
市情研究……56

西安市人民代表大会

综　述

概况……58
西安市人民代表大会会议……58
市人大常委会会议……58

人大主要工作和重大活动

审议决定重大事项……60
监督工作……60
联系人大代表和人民群众……61

西安市人民政府

综　述

市政府全体会议……63
市政府常务会议……63
重要决定及举措……66
政务信息和督查工作……67
政府信息公开……67
应急值守……67

决策服务

概况……70
参与政府重要决策……70
专家决策咨询……70
课题研究……71
区域经济合作……71
内部刊物编辑……71

人事编制

概况……71
人事工资制度改革……71
公务员队伍管理……71
事业单位人事管理……71
军转干部安置……71
人才队伍建设……71
“放管服”改革……72
行政管理体制改革……72
开发区、行政区体制机制创新和规范……72
事业单位分类改革……72
事业单位登记管理……72
机构编制管理……72

参事文史工作

概况……73
参政议政……73
调研考察……73
参事建议……73
挖掘整理文史资源……73
参事队伍建设……73
馆员活动……73

外　事

概况……74
国家外交任务……74
友好城市交流与合作……74
重大外事活动……75
2017丝博会暨第二十一届西洽会……75
因公出国管理……75
涉外管理……75

台湾事务

概况……76
纪念两岸开启交流交往30周年座谈会……76
连战赴西安祭祖参访……76
张志军来西安调研……76
王永康向许胜雄推介西安……76
富士康考察团一行来西安访问……76
“聚力追赶超越2017台商西安活动”……76
台湾鼎泰丰集团西安合作项目签约……76
全市对台干部培训班在厦门大学举办……76

侨　务

概况……76
亲商助企……77
为侨服务……77
联谊活动……77
文化交流……77
公益事业……77
侨联改革……77

信　访

概况……78
领导干部接访约访下访……78
信访积案化解……78
稳控重点信访群体……78
接待集体上访……78
处理群众来信……78
市民投诉……78

中国人民政治协商会议西安市委员会

综　述

概况……80

政协西安市第十四届委员会第一次会议……80

市政协常务委员会会议……80

政协主要工作和重大活动

委员视察……81

提案办理……81

民主监督……81

团结联谊……81

专题调研……81

文史和宣传工作……82

纪检监察

综　述

概况……84

中国共产党西安市第十三届纪律检查委员会第一次全体会议……84

中国共产党西安市第十三届纪律检查委员会第二次全体会议……84

学习贯彻中共十九大精神……84

监察体制改革试点……84

肃清魏民洲流毒……84

赵红专被移送司法机关……84

钟健能被降为主任科员……84

纪委主要工作和重大活动

党内监督……85

违纪案件查处……85

廉洁从政……85

预防腐败……85

监督检查……85

巡察工作……85

民主党派·工商联

中国国民党革命委员会西安市委员会

概况……87

参政议政……87

民主监督……87

海外联谊……87

社会服务……87

组织建设……87

宣传教育……88

中国民主同盟西安市委员会

概况……88

参政议政……88

民主监督……88

社会服务……88

民盟西部城市盟务工作会议……89

中国民主建国会西安市委员会

概况……89

参政议政……89

社会服务……90

组织建设……90

中国民主促进会西安市委员会

概况……90

参政议政和民主监督……90

社会服务……90

宣传教育……91

组织建设……91

中国农工民主党西安市委员会

概况……91

参政议政……91

民主监督……91

社会服务……92

中国致公党西安市委员会

概况……92

参政议政……92

民主监督……92

社会服务……92

组织建设……93

海外联络……93

九三学社西安市委员会

概况……93

参政议政……93

民主监督……93

社会服务……93

调查研究……93

西安市工商业联合会

概况……94

参政议政……94

履行商会职能……94

社会服务……94

工商联对外交流与合作……94

宣传教育……94

群众团体

西安市总工会

概况……96
工会改革……96
困难职工救助……96
职工及进城务工人员安全保护……96
劳动关系协调……96
就业创业服务……96
劳模评选表彰及管理服务……96
劳动技能竞赛……96
基层工会建设……97
“工会爱心驿站”建设……97
职工文体活动……97
第二届“排水杯”全国城镇排水行业职业技能竞赛……97
西安工会医院开业运营……97

共青团西安市委员会

概况……97
基层团组织建设……97
青少年思想道德建设……97
青年就业创业行动……98
青年志愿者活动……98
青少年文化建设……98
青少年权益保护……99
“12355”青少年服务台建设……99
“青春驿站”建设……99
青少年法治宣传……99
青少年新媒体宣传……99
青少年事务社会工作专业人才队伍建设……99
少先队建设……99
青年社团组织建设活动……99
共青团（青年）招商分局工作……99

西安市妇女联合会

概况……99
妇联改革……100
纪念“三八”国际妇女节系列活动……100
妇女创业创新……100
维护妇女儿童合法权益……100
妇女宣传教育……100
“巾帼绿色健康行动”……100
妇联对外交流合作……100
妇女组织建设……101

西安市科学技术协会

概况……101
承接政府转移职能……101
民间国际科技交流……101
科技司法鉴定及合同认证……101
技术创新培训……101
科普活动……101
科技人才培养推荐表彰……101
青少年科技教育……101
科协基层组织建设……102
西安市第十四届学术金秋活动……102
西安市科技馆建设……102

西安市红十字会

概况……102
西安市红十字会第七次会员代表大会……102
红十字人道救助……102
红十字应急救护……102
红十字基层组织建设……102
红十字精神宣传……102
人体器官捐献……103
红十字志愿服务……103
红十字青少年工作……103

西安市文学艺术界联合会

概况……103
艺术采风活动……103
文化艺术传播交流……103
协（学）会活动……103
“送欢乐，下基层”及“文化下乡”系列活动……104
庆祝建军90周年和十九大召开系列文艺活动……104

西安市残疾人联合会

概况……104
残疾人就业……105
残疾人康复服务……105
残疾人教育资助……105
扶贫助残……105
残疾人托养服务……105
无障碍建设……105
残联基层组织建设……105
第二十七次全国助残日活动……105
残联宣传及文体活动……106

中国国际贸易促进委员会西安市分会

概况……106
大型经贸会展……106
国际经贸交流……106
商事法律服务……106
多双边商务合作平台建设……106
招商引资……107

西安市消费者协会

概况…… 107
消费者权益宣传活动…… 107
消费指导…… 107
社会监督…… 107
经营者培训…… 108

西安市法学会

概况…… 108
法学研究…… 108
法学交流…… 108
法治宣传…… 108
法学人才库建设…… 108
法学会组织建设…… 108

法　治

社会治安综合治理

维护社会稳定…… 110
社会治安综合治理和平安建设…… 110
法治西安建设和司法体制改革…… 110
政法服务经济社会发展…… 111
政法队伍建设…… 111

法治政府建设

概况…… 111
组织推进依法行政…… 111
行政立法…… 112
规范性文件监督管理…… 112
行政执法监督指导…… 112
行政复议和行政应诉…… 112
法制理论研究和宣传培训…… 113
发挥参谋助手和法律顾问作用…… 113

立法工作

概况…… 113
地方立法…… 113
地方法制改革…… 114

公　安

概况…… 114
维护社会治安稳定…… 114
公安改革…… 115
治安管理…… 115
刑侦工作…… 117
户政管理…… 117
出入境管理…… 118
交通管理…… 118
禁毒工作…… 119
消防工作…… 119
网络安全…… 120
公安信息化…… 120

检　察

概况…… 120
检察机关服务经济社会发展…… 120
打击和防范刑事犯罪…… 121
惩治和预防职务犯罪…… 121
诉讼监督…… 121
检察体制改革…… 121
检察队伍专业化建设…… 122
案例…… 122

审　判

概况…… 125
刑事审判…… 125
民商事审判…… 125
行政审判…… 125
执行工作…… 125
司法体制改革…… 125
司法为民…… 126
司法公开…… 126
审判队伍专业化建设…… 126
案例…… 127

司法行政

概况…… 128
经济领域法律服务…… 128
普法宣传…… 128
人民调解及特殊人群管控…… 128
法律服务体系建设…… 129

仲　裁

概况…… 129
仲裁队伍管理…… 129
仲裁制度推行…… 129
西安仲裁委员会陕西自贸区仲裁院和陕西自贸区国际商事调解中心成立…… 129

军　事

西安警备区

概况…… 131
思想政治建设…… 131
军事斗争准备…… 131
军事正规化管理…… 131
后勤装备保障…… 131

双拥共建…… 131
全面停止军队有偿服务活动…… 131

武警西安市支队

概况…… 131
思想政治建设…… 131
军事训练…… 132
军事化正规管理…… 132
武警基层建设…… 132
武警后勤保障…… 132
重大警卫任务…… 132
武装联勤巡逻勤务…… 132

人民防空

概况…… 132
人防重点项目建设…… 133
人防建设审批验收…… 133
人防工程质监、执法…… 133
人防工程维护、防汛抢险…… 133
人防综合演练…… 133
人防机动指挥通信训练…… 133
人防通信警报建设…… 133
人防宣传教育…… 133

预备役高炮师

概况…… 133
思想政治建设…… 133
军事训练…… 134
正规化建设…… 134
综合保障能力建设…… 134
军事训练考核…… 134
“合编合心合力”专题教育…… 134
财务管理综合评价…… 134
“三项清查”整治…… 134
后勤和装备岗位大练兵活动…… 134

城乡建设与管理

综　述

概况…… 136
城建融资…… 136
基础设施重点项目建设…… 136
城建国有企业资产经营…… 137
“四个美丽”建设…… 137
老旧住宅小区综合提升改造…… 137
城建服务和审批制度改革…… 137
村镇建设…… 137
城建档案接收管理…… 138
建设行业培训…… 138

城市规划

概况…… 138
制定《“大西安”2050空间发展战略规划》…… 138
城市重点片区提升规划…… 138
城市风貌规划管控体系建设…… 138
乡村规划体系建设…… 138
地理信息测绘…… 138
“四改两拆”…… 138
规划服务和审批制度改革…… 139
西安市城乡规划管理委员会成立…… 139

市政建设

概况…… 139
重点市政工程建设…… 139
道路桥梁工程…… 139
河流治理…… 140
架空线缆归顺落地…… 140
市政PPP项目…… 140
市政设施完善改造…… 140
市政设施维护管理…… 140
城市夜景点亮…… 140
城市防汛…… 140
治污减霾…… 140
市政科技创新…… 140
市政行业监督管理…… 140
市政法治建设…… 141
市政服务社会…… 141
市政安全生产…… 141

城市管理

概况…… 141
“烟头革命”…… 141
“厕所革命”…… 141
城乡环境大整治…… 141
生活垃圾管理…… 142
“路长制”管理…… 142
“五路”两侧增绿美化…… 142
治污减霾…… 142
违法建设治理…… 142
广告牌匾整治…… 143
城管体制改革和数字化建设…… 143

城中村（棚户区）改造

概况…… 143
棚改制度建设…… 143
棚改项目审批办理…… 143
棚改督查指导…… 143

回迁安置…… 143
棚改信访和宣传工作…… 144

城乡统筹发展

概况…… 144
农村片区化中心社区建设…… 144
“幸福新农村示范村”建设…… 144
农村专项改革…… 144
统筹城乡工作宣传…… 144
农村扶贫…… 144

开发区建设

西咸新区

概况…… 146
体制、机制建设…… 146
产业发展…… 146
招商引资…… 146
城市建设…… 146
生态治理…… 146
改革创新…… 147
民生保障…… 147
融资工作…… 147
空港新城…… 147
沣东新城…… 147
秦汉新城…… 148
沣西新城…… 148
泾河新城…… 148
丝路能源金贸区…… 149
西咸国际文教园…… 149

西安高新技术产业开发区

概况…… 149
招商引资…… 149
科技转化…… 149
企业孵化…… 150
金融服务…… 150
军民融合…… 150
人才引进…… 150
城市建设与管理…… 150
城乡统筹发展…… 151
教育…… 151
张德江等党和国家领导人到高新区调研考察…… 151

西安经济技术开发区

概况…… 151
招商引资…… 151
项目建设…… 151
社会事业…… 151
社会管理…… 152

西安曲江新区

概况…… 152
招商引资…… 152
重大项目建设…… 152
文化产业…… 152
旅游产业…… 153
城市建设和管理…… 153

西安浐灞生态区

概况…… 154
招商引资…… 154
重点项目…… 154
产业发展…… 154
城市建设与管理…… 154
生态文明建设…… 154
自贸区和领事馆区建设…… 155
丝路国际会展中心项目建设…… 155
华夏文化旅游综合体项目建设…… 155

西安国际港务区

概况…… 155
重点项目建设…… 155
招商引资…… 155
物流通道建设…… 155
自贸区建设…… 156
园区管理…… 156
城乡统筹建设…… 156

西安阎良国家航空高技术产业基地

概况…… 156
招商引资…… 156
军民融合…… 156
通航产业…… 157
项目服务保障…… 157
园区平台建设…… 157
园区管理…… 157

西安国家民用航天产业基地

概况…… 157
招商引资…… 157
产业发展…… 157
园区建设…… 158
项目建设…… 158
服务保障…… 158
人才引进…… 158
企业孵化…… 158

农林牧渔业

综　述

概况…… 160
农业综合开发…… 160
农业产业化经营…… 160
休闲农业…… 160
“智慧农业”…… 160
产业扶贫…… 160
农业科技…… 160
新型农业经营主体培育…… 161
农村产权制度改革…… 161

农　业

概况…… 161
粮食生产…… 161
蔬菜生产…… 161
水果生产…… 161
农业实用技术…… 161
现代农业园区建设…… 161

林　业

造林绿化与苗木花卉…… 161
森林和湿地资源保护与管理…… 161
森林防火…… 161
林业有害生物防治…… 162
森林生态效益补偿…… 162
国有林场改革…… 162

畜牧业

概况…… 162
标准化规模养殖…… 162
畜禽良种繁育体系建设…… 162
畜禽养殖污染治理…… 162
畜禽禁养区划定…… 162
畜禽粪污治理技术推广与培训…… 162
防疫检疫…… 162
兽药管理…… 162

渔　业

概况…… 162
渔业产地监管…… 163
水产品质量安全…… 163
渔政执法…… 163
增殖放流…… 163
水产市场开发…… 163
水产科研…… 163
水生动物保护…… 163

农业服务

·灌　溉·

概况…… 163
防汛抗旱…… 163
病险水库治理…… 163
水务综合管理…… 164

·农业机械·

概况…… 164
农机产业化发展…… 164
农作物秸秆综合利用…… 164
农机监理…… 164
科技培训…… 164

·农产品质量监管·

概况…… 164
农产品安全监管…… 164
农资市场整顿…… 164
“国家农产品质量安全监管示范区（县）”建设…… 164

工业·信息产业

综　述

概况…… 166
工业项目建设…… 166
惠企政策落实…… 166
国有工业企业经济运行…… 166
国有企业改革…… 166
国有重点项目投资…… 166
国有企业安全管理及治霾…… 167
工业园区建设…… 167
工业企业创新能力建设…… 167
中小微企业培育…… 167
工业招商引资…… 167
军民融合工作…… 167
“中国制造2025”试点示范创建…… 167
新能源汽车推广…… 168
电子信息和软件服务产业…… 168
西安工业云平台上线…… 168
工业企业服务…… 168
西安市确定首批系统推进创新改革试验试点单位…… 168
3家单位入选军民融合科技服务机构 …… 168
陕鼓欧洲服务中心成立…… 168
美国乐析医疗落户…… 168
中兴智能终端制造总部项目落户…… 169

锦江集团光学膜和薄膜太阳能项目落户…………………… 169
法国苏伊士集团与航空基地签约……………………………… 169
兵工特色小镇项目落户………………………………………… 169
东航—赛峰起落架深度维修基地项目开工………………… 169
三星电子高端存储芯片二期项目落户……………………… 169
正威国际集团两大项目落户………………………………… 169
新舟60遥感飞机首飞………………………………………… 169
我国首项镁锂合金材料国家标准在西安诞生…………… 169
光机所在量子光学集成芯片方面取得重要进展……… 169
自发电技术亮相西安………………………………………… 169
新一代高精度铷钟亮相……………………………………… 169
西安人工智能与机器人产业基地暨西安交大智能
　机器人创新研究院签约揭牌……………………………… 169
汽车制造
概况…………………………………………………………… 170
陕西通家汽车股份有限公司………………………………… 170
陕西汽车控股集团有限公司………………………………… 170
西安比亚迪汽车有限公司…………………………………… 170
陕西法士特汽车传动集团公司……………………………… 170
西安康明斯发动机有限公司………………………………… 171
吉利新能源汽车产业化项目落户…………………………… 171
开沃新能源汽车智造基地项目落户………………………… 171
西安交大无人驾驶智能车夺冠……………………………… 171
输变电及控制设备制造
概况…………………………………………………………… 171
西电集团改革发展…………………………………………… 171
西电集团重大项目…………………………………………… 171
西电集团国际市场开拓……………………………………… 171
西电集团科技创新…………………………………………… 171
西电集团信息化建设………………………………………… 171
西电集团节能减排…………………………………………… 172
西电集团智慧工业园项目开工……………………………… 172
信息产业
概况…………………………………………………………… 172
“两化”融合…………………………………………………… 172
“智慧城市”建设……………………………………………… 172
信息化项目建设……………………………………………… 172
信息资源共享………………………………………………… 172
大数据产业发展……………………………………………… 172
信用体系建设………………………………………………… 173
软件产业……………………………………………………… 173
·电　信·
概况…………………………………………………………… 173
电信业务开展………………………………………………… 173
电信网络运营………………………………………………… 173
“警务通”项目建设…………………………………………… 174
·移　动·
概况…………………………………………………………… 174
移动网络建设………………………………………………… 174
移动业务发展………………………………………………… 174
移动“智慧城市”建设………………………………………… 174
·联　通·
概况…………………………………………………………… 174
联通经营改革………………………………………………… 174
联通重点项目拓展…………………………………………… 174
联通网络建设………………………………………………… 174
·无线电管理·
概况…………………………………………………………… 175
无线电频率台站管理………………………………………… 175
无线电监测检测……………………………………………… 175
无线电安全保障……………………………………………… 175
无线电监督检查……………………………………………… 175
无线电管理宣传……………………………………………… 175

电力、热力、燃气及自来水供应业

电力供应
概况…………………………………………………………… 177
电网建设……………………………………………………… 177
电网营销服务………………………………………………… 177
农电建设服务………………………………………………… 177
电力安全生产………………………………………………… 177
热力供应
概况…………………………………………………………… 178
供热管理与服务……………………………………………… 178
燃煤锅炉改造………………………………………………… 178
燃气供应
概况…………………………………………………………… 178
燃气行业管理………………………………………………… 178
高峰供气……………………………………………………… 178
供气工程建设………………………………………………… 179
供气安全及服务……………………………………………… 179
自来水供应
概况…………………………………………………………… 179
自来水工程建设……………………………………………… 179
自来水经营管理……………………………………………… 179
自来水营销服务……………………………………………… 179
供水安全管理………………………………………………… 179
水源地建设管理……………………………………………… 179

建筑业·房地产业

建筑业

概况…… 181
建筑质量安全监管…… 181
勘察设计行业监管…… 181
建筑装饰市场管理…… 181
建设工程招投标管理…… 181
建筑节能与材料应用管理…… 182
工程建设执法监察…… 182
陕西建工集团有限公司…… 182
西安建工（集团）有限责任公司…… 182

房地产业

概况…… 182
保障性住房建设管理…… 183
房屋征收…… 183
物业管理…… 183
住房制度改革…… 183
房屋租赁…… 183
房屋管理依法行政…… 183
房屋安全管理…… 183
公房管理…… 184
住房公积金缴存扩面…… 184
住房公积金个贷发放…… 184
住房公积金规范管理…… 184
住房公积金信息系统建设…… 184

交通运输业·邮政快递

铁路

概况…… 186
铁路运输生产…… 186
铁路建设…… 186
铁路经营管理…… 186
铁路科技创新…… 186
铁路企业改革…… 186
铁路安全管理…… 186
春节旅客运输…… 187
春季安全设备大检查…… 187
暑期旅客运输…… 187
首列动车组三级修启动…… 187
陇海线、阳安线集中修开工…… 187
安康铁路枢纽客货分离改建施工全面铺开…… 187
西安铁路局新建高铁调度指挥中心启用…… 187
宝成线集中修施工…… 187
西成高铁开通运营…… 187
宝兰高铁开通运营…… 188

航空运输

概况…… 188
航空运输市场…… 188
机场建设…… 188
航班安全监管…… 189
民航重大运输保障…… 189
通用航空管理…… 189

道路运输

·公路客货运输·

概况…… 189
道路交通枢纽建设…… 189
公路建设养护…… 189
国、省干线改扩建…… 189
公路治超…… 189
路政执法…… 190
汽车维修…… 190
驾驶员培训…… 190
交通安全生产…… 190
交通法制建设…… 190
交通宣传…… 190

·城市公交汽车运输·

概况…… 190
公交行业创新发展…… 190
交通市场监管…… 190
缓堵保畅…… 190
公交线网优化及调整…… 190
公交安全运营…… 191
公交运营保障…… 191
公交服务…… 191
出租汽车行业改革…… 191
出租汽车市场管理…… 191
出租汽车服务…… 191
“长安通”卡功能拓展…… 191
停车建设管理…… 191

·地铁·

概况…… 192
地铁线网运营…… 192
地铁工程建设管理…… 192
地铁安全生产…… 192
地铁土地储备和资源开发…… 192
地铁三号线“奥凯问题电缆”事件…… 192

邮政·快递

·邮　政·

概况…… 193
邮政行业监管…… 193
落实新《邮政普遍服务标准》…… 193
乡（镇）党报、党刊当日见工作…… 193
行政村通邮…… 193
邮政业务发展…… 193
邮政机构改革…… 193
邮政服务…… 193
报刊业务…… 194
函件业务…… 194
集邮业务…… 194
邮政营销渠道拓展…… 194
邮政通信能力建设…… 194

·快　递·

概况…… 195
快递行业监管…… 195
“快递下乡”工程…… 195
快递服务“三农”…… 195
快递为企业服务…… 195
“快递进校园”工程…… 195
包裹快递业务…… 195

商贸服务业·会展业

综　述

概况…… 197
支持现代服务业发展…… 197
商贸设施建设…… 197
电子商务…… 197
商贸行业安全稳定…… 197
商贸市场监测…… 197
举办消费类展会…… 197
打击侵权假冒…… 198
拍卖业…… 198
典当业…… 198
融资租赁…… 198
2017首届世界西商大会…… 198
2017欧亚经济论坛…… 198
2017丝绸之路国际博览会暨第二十一届中国东西部合作与投资贸易洽谈会…… 198
2017全球硬科技创新大会…… 198
2017首届全球程序员节…… 199

招商引资

概况…… 199
招商引资“一号工程”…… 199
招商引资体制、机制改革…… 199
招商引资政策体系建设…… 199
招商引资制度建设…… 199
招商引资模式创新…… 199
招商引资服务能力建设…… 199
招商引资人才建设…… 200
重大招商项目…… 200

日用工业品商业

概况…… 200
成品油零售体系建设…… 200
二手车市场…… 200
再生资源回收行业…… 200
煤炭市场…… 200
连锁经营…… 200
商贸物流…… 200

饮食服务业

概况…… 200
放心早餐工程…… 201
西安获“国际美食之都”称号…… 201
餐饮促销活动…… 201
餐饮业交流合作…… 201
餐饮行业管理与服务…… 201
餐饮宣传…… 201
西安饮食股份有限公司…… 201

蔬菜副食业

概况…… 202
重要商品储备…… 202
肉菜追溯体系建设…… 202
盐务管理…… 202
集贸市场改造提升…… 202

粮 油 业

概况…… 202
粮油重点项目建设…… 202
“放心主食品工程”…… 202
粮食基础设施建设…… 203
“米袋子”工程…… 203

烟草专卖

概况…… 203
烟草专卖管理…… 203
卷烟营销…… 203
卷烟物流建设…… 203

供销合作商业

概况…… 203
供销合作社综合改革…… 204
供销社经营模式创新…… 204
农产品推介…… 204
为农服务体系建设…… 204
“新农村现代流通培训工程”…… 204
基层供销社建设…… 204
农资储备和防汛物资储备…… 204
供销企业发展改革…… 204
供销系统安全生产…… 205
烟花爆竹销售监管…… 205

对外经济贸易

概况…… 205
服务外包…… 205
口岸建设…… 205
跨境电子商务…… 205
国际经济合作…… 205
自贸试验区改革创新…… 206

物资经营

概况…… 206
物流项目建设…… 206
物流企业改革…… 206

会 展 业

概况…… 206
“智慧会展”建设…… 207
会展业发展专项资金管理使用…… 207
西安丝路国际会议会展中心项目…… 207
2017第七届中国西部国际物流产业博览会暨2017中国（西安）智慧交通博览会…… 207
第十二届中国西安国际科学技术产业博览会…… 207
第二十一届国际复合材料大会…… 207
2017中国国际通用航空大会…… 207
第十七届国际核反应堆热工水力大会…… 207
“一带一路”国际产能合作博览会…… 207
2017第十二届西安国际汽车展览会…… 207

旅 游 业

综　述

概况…… 209
海外客源市场…… 209
国内客源市场…… 209
旅游体制、机制改革创新…… 209
全域旅游…… 209
旅游发展基金设立…… 209
重点旅游项目建设…… 209
旅游项目招商引资…… 209
旅游专项资金落实…… 209
市民游客服务体系建设…… 210
旅游大数据建设…… 210
乡村旅游提档升级…… 210
旅游特色小镇建设…… 210
旅游人才教育培训…… 210
旅游安全管理…… 210
“全域旅游示范区（县）”创建活动…… 210
西安丝绸之路国际美食旅游节…… 210
“一带一路”城市旅游合作论坛…… 210

旅游市场开发

概况…… 211
国内旅游宣传…… 211
国际旅游宣传…… 212

旅游产品

概况…… 212
“丝绸之路”旅游产品…… 212
“幸福生活天天游”系列旅游产品…… 212
文化旅游产品…… 212
假日旅游产品…… 212
时令旅游产品…… 212
旅游融合新产品…… 213
乡村旅游产品…… 213
温泉度假旅游产品…… 213

旅游行业管理

概况…… 213
旅游市场监督管理…… 213
旅行社监督管理…… 213
旅游饭店评定及复核…… 213
旅游景区评定与管理…… 214

经济管理与监督

宏观调控

概况…… 216
宏观经济调控…… 216
产业结构调整…… 216
重点项目建设…… 216
节能减排…… 216
社会事业建设…… 216

区域经济合作…… 216

经济体制改革

供给侧结构性改革…… 217
财税体制改革…… 217
国企改革…… 217
招商引资机制改革…… 217
自由贸易试验区建设…… 218
西部创业创新中心建设…… 218
国家创新试点建设…… 218
开放型经济体制构建…… 218

国有资产监督管理

概况…… 218
国企改革…… 218
国资监管…… 219
企业安全生产与信访稳定…… 219

工商行政管理

概况…… 219
工商法治建设…… 219
市场专项治理…… 219
打击传销与规范直销…… 220
市场监督管理…… 220
旅游市场监管…… 220
质量强市…… 220
工商注册登记…… 221
工商行政改革…… 221
工商服务…… 221
信息公示…… 221
企业信用监管…… 221
商标监督管理…… 221
广告监督管理…… 222
消费者权益保护…… 222
智慧工商建设…… 222

国土资源管理

概况…… 222
国土资源改革…… 222
易地扶贫搬迁…… 222
国土资源服务保障…… 223
土地利用总体规划修编…… 223
不动产登记改革…… 223
地质灾害防治…… 223
土地节约集约利用…… 223
耕地和基本农田保护…… 223
国土法治建设…… 223
国土资源执法监察…… 223
秦岭终南山世界地质公园建设保护…… 223

审　计

概况…… 223
重大政策措施落实情况暨追赶超越目标完成情况跟踪审计…… 224
精准扶贫审计…… 224
财政审计…… 224
民生项目审计…… 224
政府投资审计…… 224
经济责任审计…… 224
审计管理…… 225
审计整改…… 225
审计信息化建设…… 225

统计工作

概况…… 225
统计改革…… 225
大型普查及常规统计调查…… 225
统计服务…… 226
统计基础建设…… 226
统计法治建设…… 226

海关监管

概况…… 226
陕西自贸试验区建设…… 226
海关通关一体化改革…… 226
推动“一带一路”建设…… 226
海关监管…… 226
监管模式改革…… 227
缉私稽查…… 227

出入境检验检疫

概况…… 227
检验检疫质量管理…… 227
口岸卫生安全监管…… 228
国门生物安全监管…… 228
进出口食品安全监管…… 228
进出口商品质量安全监管…… 228
服务自贸区建设…… 228
完善口岸功能…… 228
检验检疫改革…… 229
检验检疫法制建设…… 229

质量技术监督

概况…… 229
实施“质量强市战略”…… 229
“质量强市示范区（县）”建设…… 229
“质量月”活动…… 229
“西安质量工匠”评选活动…… 229
电梯安全管理…… 229
计量管理…… 229

质量科技认证…………………………………………… 229
质量检验检测能力建设………………………………… 230
产品质量监督抽查……………………………………… 230
“12365”投诉举报 ………………………………… 230
食品药品监督管理
概况………………………………………………………… 230
食品药品日常监管体系建设…………………………… 230
食品药品追溯体系建设………………………………… 230
食品药品诚信体系建设………………………………… 230
食品药品检验检测体系建设…………………………… 230
食品安全示范创建……………………………………… 230
食品安全综合监管……………………………………… 231
药械安全综合监管……………………………………… 231
食品药品许可审批备案………………………………… 231
食品药品专项整治和稽查办案………………………… 231
食品药品投诉举报受理………………………………… 231
食品药品安全宣传……………………………………… 231
安全生产监督管理
概况………………………………………………………… 231
安全生产领域改革发展………………………………… 232
安全生产大检查………………………………………… 232
重点高危行业专项整治………………………………… 232
职业健康监督管理……………………………………… 232
风险点危险源分级管控和隐患排查治理双重预防
机制建设……………………………………………… 232
安全生产监管信息化建设……………………………… 232
安全事故应急救援基础建设…………………………… 232
安全生产宣传教育……………………………………… 232

财政·税务

财　政
概况………………………………………………………… 234
支持招商引资和财源税基建设………………………… 234
支持产业“追赶超越”和转型发展…………………… 234
支持城乡统筹发展……………………………………… 235
支持脱贫攻坚…………………………………………… 235
推进治污减霾和生态建设……………………………… 235
推进教育、文化事业发展……………………………… 236
支持完善社会保障体系建设和人才强市战略………… 236
财政改革和PPP融资改革 …………………………… 237
财政监管和规范理财…………………………………… 237
税　务
·国家税务·
概况………………………………………………………… 237
税收政策…………………………………………………… 238
税收法治…………………………………………………… 238
征管改革…………………………………………………… 238
纳税服务…………………………………………………… 238
·地方税务·
概况………………………………………………………… 238
税源管理…………………………………………………… 238
纳税服务…………………………………………………… 239
征管改革…………………………………………………… 239
依法治税…………………………………………………… 239
税收研究…………………………………………………… 239
便民办税…………………………………………………… 239

金融业

综　述
概况………………………………………………………… 241
金融中心建设…………………………………………… 241
金融招商…………………………………………………… 241
农村金融服务…………………………………………… 241
地方金融发展…………………………………………… 241
防范和打击非法集资…………………………………… 241
2017中国·西安金融产业博览会暨新丝路金融合作
高峰论坛……………………………………………… 241
货币金融服务
概况………………………………………………………… 242
货币政策执行…………………………………………… 242
金融监督管理…………………………………………… 242
经理国库…………………………………………………… 242
金融消费权益保护……………………………………… 242
信用体系建设…………………………………………… 242
金融调查分析研究……………………………………… 243
中国工商银行陕西省分行……………………………… 243
中国农业银行陕西省分行……………………………… 243
中国银行陕西省分行…………………………………… 243
中国交通银行陕西省分行……………………………… 243
中国农业发展银行陕西省分行………………………… 243
中国进出口银行陕西省分行…………………………… 244
中国邮政储蓄银行陕西省分行………………………… 244
中国光大银行西安分行………………………………… 244
招商银行西安分行……………………………………… 244
民生银行西安分行……………………………………… 244
中信银行西安分行……………………………………… 245
北京银行西安分行……………………………………… 245
昆仑银行西安分行……………………………………… 245
成都银行西安分行……………………………………… 245
渤海银行西安分行……………………………………… 245

秦农银行…………………………………………………… 245
西安银行…………………………………………………… 246

资本期货市场

概况………………………………………………………… 246
证券期货市场监管………………………………………… 246
投资者保护与教育………………………………………… 247
服务脱贫攻坚……………………………………………… 247
企业上市及融资…………………………………………… 247
上市公司发展……………………………………………… 247
西部证券股份有限公司…………………………………… 247
开源证券股份有限公司…………………………………… 247
中邮证券有限责任公司…………………………………… 247
迈科期货股份有限公司…………………………………… 247
西部期货有限公司………………………………………… 247
长安期货有限公司………………………………………… 247

保险业

概况………………………………………………………… 247
保险市场监管……………………………………………… 247
保险服务…………………………………………………… 248

教 育

综 述

概况………………………………………………………… 250
学前教育…………………………………………………… 250
义务教育…………………………………………………… 250
高中教育…………………………………………………… 250
职业教育…………………………………………………… 250
成人教育…………………………………………………… 250
民办教育…………………………………………………… 253
特殊教育和民族教育……………………………………… 253
教育领域综合改革………………………………………… 253
教育规划布局……………………………………………… 253
教师队伍建设……………………………………………… 253
教育信息化建设…………………………………………… 253
体育、艺术教育…………………………………………… 254
教育精神文明建设………………………………………… 254
教育安全稳定……………………………………………… 254
语言文字工作……………………………………………… 254
教育督导…………………………………………………… 254
治理教育乱收费…………………………………………… 255
大学区管理制改革………………………………………… 255
教育考试工作……………………………………………… 255
教育交流合作……………………………………………… 255
城市新区新建教育项目…………………………………… 255
校园“新风系统”建设试点……………………………… 255
校园食品安全和实施“营养改善计划”………………… 255
西咸新区托管地域内教育事业统筹……………………… 255
西安市在“一师一优课、一课一名师”活动中获佳绩…… 255
临潼区开展“名师示范引领培训”活动………………… 255
碑林区举办大合唱比赛…………………………………… 256
西安市首次职业教育校企合作座谈会…………………… 256
未央区举行校园安全专项培训…………………………… 256
第三届全国少年宫系统舞蹈展演暨中华传统文化研学活动…………………………………………………… 256
长安区开展“全民终身学习活动周”活动……………… 256
西安市一中获“全国中小学先进后勤学校”称号……… 256
西安高级中学举办“科技节”…………………………… 256
西安市八十五中在陕西省中学生羽毛球锦标赛获得优异成绩…………………………………………………… 256

学前教育

概况………………………………………………………… 256
公办幼儿园质量提升……………………………………… 257
西安市学前教育微信开通………………………………… 257
“陕西省教学能手”幼儿园组市级评选活动在市一保举行…………………………………………………… 257
市五保赴蓝田县开展“送培活动”……………………… 257
市二保承办陕西省学前教育研究会学术年会…………… 257
第八届全国幼儿园语言教育研讨会……………………… 258

义务教育

概况………………………………………………………… 258
义务教育入学招生………………………………………… 258
民办初中招生制度改革…………………………………… 258
破解“上学难”…………………………………………… 258
弹性离校…………………………………………………… 258
文景中学足球队参加全国冬季阳光体育大会…………… 259
风景小学开展“反恐防暴”应急演练活动……………… 259
市三十中开展研学旅行活动……………………………… 259
灞桥区举办小学生吟诵比赛……………………………… 259
西安市现代教育信息技术中心举办教育机器人培训…… 259
太乙路中学举办全国中学生举重锦标赛………………… 259
西安高级中学学生获全国机器人挑战赛一等奖………… 259

中等教育

概况………………………………………………………… 259
中招制度改革……………………………………………… 259
西安旅游职专开展“企业名师进校园”活动…………… 259
西安旅游职专在全运会国际跳棋比赛中取得优异成绩…………………………………………………… 259
西安高新一中在全国中学生五大学科竞赛中取得优异成绩…………………………………………………… 260
铁一中教师获得全国实验教学说课比赛“金奖”……… 260

高等教育

概况………………………………………………………… 260

西安文理学院…………………………………… 260
西安铁路职业技术学院………………………… 260
西安职业技术学院……………………………… 260
西安广播电视大学……………………………… 261
筹建西安现代职业技术学院…………………… 261
西安交大入选国家一流大学A类建设高校名单 ……… 261
西安交大获2016年度“国家科学技术奖”4项 ……… 261
西安交大获VEX机器人世锦赛“全能总冠军” …… 261
西安电子科大举办2017全国大学生电赛陕西赛区比赛…………………………………………… 262
陕师大历史文化学院调研团队在“第七届全国大学生口述史成果交流赛”中获佳绩………………… 262
西工大获批首批中美青年创客交流中心……… 262
西北大学承办第二届全国大学语文论坛……… 262
西安外国语大学学生获全国大学生拳击锦标赛冠军…… 262
西安邮电大学学生在全国大学生物联网技术与应用“三创”大赛中获佳绩…………………………… 262
西安文理学院师生在全国大学生生命科学竞赛中获佳绩…………………………………………… 262
中亚陕西商会、乌兹别克斯坦丝路文化经济促进中心代表访问西安文理学院………………………… 262
美国迈阿密达德学院到西安职业技术学院交流访问…… 262
中国—巴基斯坦“一带一路”国家骨干技能人才联合培养合作协议在西安铁路职业技术学院签约……… 262
西安教师在全国高校外语教学大赛中获一等奖……… 263
西安铁路职业技术学院获全国大学生数学建模竞赛“高教社杯”奖……………………………… 263
特殊教育
概况……………………………………………… 263
启智学校获全国特奥滚球比赛男子团体赛冠军……… 263
启智学校获2017国际特奥东亚区融合学校足球联赛亚军…………………………………………… 263
启智学校在全国特奥轮滑比赛中获6金3银……… 263
启智学校赴彬县特殊教育学校开展“手拉手结对帮扶”送教活动………………………………… 263
第二聋哑学校艺术汇报节目在北京演出……… 263
第二聋哑学校学生在全国残疾人艺术比赛中获奖…… 263

科学研究和技术服务

自然科学研究与应用
概况……………………………………………… 265
科技金融创新合作……………………………… 265
西安科技大市场………………………………… 265
高校、科研院所科技成果转化………………… 266
高新技术产业…………………………………… 266
技术市场………………………………………… 267
农业科技创新计划……………………………… 267
农村科技服务体系建设………………………… 267
“农业科技创新服务月”活动………………… 267
农村科技特派员与科技示范户建设…………… 267
2017全国大众创业万众创新活动周西安分会场活动…… 268
2017西安国际创业大赛………………………… 268
全球“硬科技”大会…………………………… 268
知识产权保护…………………………………… 268
知识产权宣传培训……………………………… 268
知识产权运用…………………………………… 269
西安市入围“全国知识产权强市”创建城市………… 269
西安获批“全国首批国家知识产权运营服务体系建设试点城市”……………………………… 269
社会科学研究
概况……………………………………………… 269
社科规划基金课题管理………………………… 269
重点科研课题…………………………………… 270
社会科学报告…………………………………… 271
社科普及………………………………………… 272
社科活动………………………………………… 272
专业技术服务
·气　象·
概况……………………………………………… 272
气象防灾减灾应急联动………………………… 272
公众气象服务…………………………………… 272
气象为农服务…………………………………… 272
人工影响天气作业……………………………… 273
灾害风险预报预警……………………………… 273
防雷体制改革和气象服务标准体系优化……… 273
举办欧亚经济论坛气象分会…………………… 273
·地　震·
概况……………………………………………… 273
地震监测预报…………………………………… 273
震灾防御………………………………………… 273
地震应急救援…………………………………… 274
防震减灾宣传…………………………………… 274
创建“国家防震减灾示范城市” ……………… 274

新闻出版

综　述
概况……………………………………………… 276
“扫黄打非”…………………………………… 276
“书香之城”建设……………………………… 276

实体书店发展…………………………………………… 276
“农家书屋”建设………………………………………… 276
出版物发行年度核验…………………………………… 276
知识产权保护…………………………………………… 276
知识产权宣传…………………………………………… 277
软件正版化……………………………………………… 277
印刷企业监管…………………………………………… 277
第十一届“西安读书月”……………………………… 277
首届“小红鸟”绘本剧表演大赛……………………… 277
首届“2017小小故事家·西安市家庭读书分享大赛”…… 277
第十四届中国民营书业发展高峰论坛………………… 277
全国城市出版社社长年会……………………………… 277

广播·电视·电影

概况…………………………………………………… 278
广播电视节目评优……………………………………… 278
城市影院建设…………………………………………… 278
农村电影放映…………………………………………… 278
西安电影放映员在全国技能大赛获优异成绩………… 278
西安国际动漫游戏文化周……………………………… 278
西安广播电视台丝路频道开播………………………… 278
国际微电影展映………………………………………… 279
《大秦帝国之崛起》在央视一套播映………………… 279
《那年花开月正圆》播出……………………………… 279
《西京故事》开机……………………………………… 279
电影《大漠雄心》获大奖……………………………… 279
纪录电影《柳青》开拍………………………………… 279
白鹿原影视艺术小镇项目签约………………………… 279
西安首个UME超级影院试营业 ……………………… 279
西安广播电视台………………………………………… 280
《每日聚焦》…………………………………………… 280
《问政时刻》…………………………………………… 280

西安报业传媒集团（西安日报社）

概况…………………………………………………… 281
重大主题工作报道……………………………………… 281
聚焦民生热点系列报道………………………………… 281
弘扬本土文化系列报道………………………………… 281
文化主题活动报道……………………………………… 281
新媒体发展……………………………………………… 281

文化艺术

专业文艺

概况…………………………………………………… 283
第十五届西安国际音乐节……………………………… 283
2017欧亚经济论坛文化分会…………………………… 283
第四届“丝绸之路”国际艺术节……………………… 283
2017西安合唱艺术展演大会…………………………… 283
中国秦腔优秀剧目会演………………………………… 283
陕西戏曲音乐新创作品音乐会………………………… 283
3个剧目获“文华优秀剧目奖” ……………………… 283
周至青年剧社赴香港演出……………………………… 283
2017西安儿童戏剧展演活动…………………………… 284
话剧《麻醉师》全国巡演……………………………… 284
话剧《白鹿原》获7项奖 ……………………………… 284
贾平凹小说《极花》获奖……………………………… 284
贾平凹《游戏人间》出版……………………………… 284
贾平凹《故事生灵》出版……………………………… 284
《达浦生评传》出版…………………………………… 284
《相忘于江湖》出版…………………………………… 284
西安美术馆赴意大利巡展……………………………… 284
陕西大剧院启用………………………………………… 284

地方志

概况…………………………………………………… 284
市级部门二轮修志工作………………………………… 284
年鉴编纂与出版………………………………………… 284
区（县）二轮修志……………………………………… 285
地情资料开发利用……………………………………… 285
地情信息化建设………………………………………… 285

档案

概况…………………………………………………… 285
档案工作环境提升……………………………………… 285
档案服务利用…………………………………………… 285
档案法制建设…………………………………………… 285
档案基础业务建设……………………………………… 286
档案信息化建设………………………………………… 286
档案培训及对外交流…………………………………… 286

文物博物

概况…………………………………………………… 286
文物保护………………………………………………… 286
考古和勘探……………………………………………… 286
博物馆工作……………………………………………… 287
文物利用………………………………………………… 288
文物科研成果…………………………………………… 288
文物合作与交流………………………………………… 288
文物执法与安全………………………………………… 288

公共文化

概况…………………………………………………… 289
公共图书馆评估定级…………………………………… 289
省级非物质文化遗产项目申报………………………… 289
市级非物质文化遗产项目代表性传承人评审命名…… 290

首批省级文化产业示范园区和第六批省级文化产业
示范基地推荐申报…… 290
文化市场监管…… 290
文化惠民春节展演周…… 290
西安“红五月”音乐会…… 290
夏日广场文化活动…… 290
城市社区艺术节国庆展演周…… 290
西安市广场舞大赛…… 290
建党96周年和庆祝十九大召开文艺晚会…… 290
千场戏剧惠民演出…… 290
西安丝路文化产业发展基金运营…… 290
曲江文投再次进入“全国文化企业30强”…… 290

体　育

综　述

概况…… 292
体育场馆建设…… 292
第十四届全国运动会筹备…… 292
体育产业发展…… 292
体育市场管理…… 292
青少年训练网点建设…… 292
西安市第十六届运动会…… 292
2017年度市级单项赛事…… 292
西安奥林匹克体育中心奠基…… 292

群众体育

概况…… 293
全民健身基础设施建设…… 293
全民健身服务…… 293
区（县）群众体育品牌活动…… 293
2017西安城墙国际马拉松赛…… 293
西安市第九届公开水域游泳比赛…… 293
2017西安市自行车健身骑行活动…… 293
2017中国·渭河健身长廊第二届自行车联赛西安站
比赛…… 293
西安市全民健身休闲大会暨中国秦岭翠华山第十六届
登山挑战赛…… 293
西安市“全民健身月”暨“舞动长安”启动仪式
展示表演…… 293
参加省级群众性体育赛事…… 293

竞技体育

概况…… 293
2017李宁10千米路跑联赛西安站比赛…… 294
2017中国环秦岭自行车联赛西安蓝田站比赛…… 294
首届西安国际马拉松赛…… 294
中国跆拳道公开赛…… 294
2017年全国测功仪巡回赛（西安站）比赛…… 294
“丝绸之路”系列赛事…… 294
参加陕西省第十六届运动会资格赛…… 294

卫生·计划生育

卫　生

概况…… 298
卫生机构改革…… 298
医药卫生体制改革…… 298
分级诊疗…… 298
新型农村合作医疗…… 298
药品供应保障…… 298
基层医疗服务体系建设…… 299
基本和重大公共卫生服务…… 299
妇幼保健服务…… 299
“健康西安”建设…… 299
疾病预防控制…… 299
卫生计生综合监督执法…… 299
医疗服务质量与管理…… 299
医养结合…… 299
卫生计生系统科技教育…… 300
中医管理…… 300
重点医疗设施建设项目…… 300
医疗卫生信息化建设…… 300
西京医院实施国内首例全腔镜脾部分切除治疗罕见
宫外孕出血…… 300
西京医院实施世界第二例经皮肾镜枪弹取出术…… 300
西京医院实施国内首例主动脉弓离断支架置入术…… 300
唐都医院完成世界首例单切口多曲卡腹腔镜肾脏、
输尿管及部分膀胱切除术…… 300
唐都医院完成世界首例机器人辅助单切口经脐三角
腹腔镜肾癌根治术…… 300
唐都医院完成世界首例全腹腔镜自体肾移植术…… 300
唐都医院实施国际首例3D打印PEEK肋骨植入术…… 301
唐都医院实施全国首例3D人工月骨置换术…… 301
交大一附院实施国内首例神经显微镜联合达·芬奇
机器人精准切除骶管内外哑铃型肿瘤手术…… 301

计划生育

概况…… 301
流动人口计生服务管理…… 301
计生服务管理改革…… 301
计生基层组织转型融合…… 301
计生家庭服务保障…… 301

社会民生

婚姻·家庭

婚姻登记管理…… 303

《西安市家庭教育“十三五”规划》…… 303

维护妇女合法权益…… 303

家庭教育…… 303

注重家庭、家风、家教系列活动…… 303

“家风馆”和家庭教育指导服务中心建设…… 303

青少年

青少年权益保护…… 303

青少年社会主义核心价值观教育…… 303

青少年法治教育…… 303

青少年扶贫扶智…… 304

关爱儿童…… 304

调查研究和宣传工作…… 304

老年人

概况…… 304

养老服务业综合改革试点…… 304

老年人权益保障…… 304

老龄工作调研…… 304

第三届“敬老文明号”创建活动…… 304

基层老年协会管理…… 304

惠老实事…… 304

老龄工作宣传…… 305

农民工

概况…… 305

农民工收入与支出…… 305

农民工就业…… 305

农民工子女就学…… 306

“最美农民工”评选…… 307

扶贫开发

概况…… 307

产业扶贫…… 307

健康扶贫…… 307

安全住房建设…… 307

就业扶贫…… 307

教育扶贫…… 307

金融扶贫…… 308

兜底脱贫…… 308

农村基础设施建设…… 308

社会扶贫…… 308

第二十四届杨凌农高会首届脱贫攻坚展览…… 308

劳动就业

概况…… 308

就业创业…… 308

就业扶贫…… 309

工资收入分配制度改革…… 309

劳动者权益保护…… 309

劳动管理…… 309

劳动人事争议调解仲裁…… 309

陕甘宁人力资源交流协作联盟成立…… 309

社会保障

概况…… 309

养老保险制度改革…… 309

医疗保险…… 309

失业保险…… 310

工伤保险…… 310

城乡最低生活保障…… 310

社保经办服务…… 310

物价

概况…… 310

居民消费价格指数…… 310

价格监测调控…… 310

市场价格监督…… 311

价格改革…… 311

民生价费调整…… 311

收费简政放权…… 312

价格基础服务…… 312

价格宣传…… 312

居民生活

概况…… 312

城镇居民工资性收入快速增长…… 312

城镇居民转移性收入显著增长…… 312

城镇居民居民消费能力稳步提高…… 312

城镇居民医疗保健价格大幅上涨…… 313

农村居民工资性收入增长…… 313

农村居民经营收入增长…… 313

农村居民财产性收入增长…… 313

农村居民转移净收入增长…… 313

农村居民消费支出全面增长…… 313

民族

概况…… 313

民族团结宣传教育…… 313

民族团结进步创建活动…… 314

民族经济发展…… 314

少数民族流动人员服务与管理…… 314

民族事务管理…… 314

清真食品监督管理…………………………………… 314

宗　教

概况…………………………………………………… 314
民族宗教领域安全稳定…………………………… 314
宗教工作法制化建设……………………………… 314
宗教界自身建设…………………………………… 314
宗教场所管理……………………………………… 314
宗教文物保护……………………………………… 315
民族宗教系统“七五”普法工作……………… 315
中国道教协会（西安）第二届道教文化艺术周……… 315

福利救济与殡葬管理

社会福利事业……………………………………… 315
救灾救济…………………………………………… 315
福利彩票销售……………………………………… 315
殡葬管理…………………………………………… 315

区（县）概况

新 城 区

概况…………………………………………………… 317
重点项目建设……………………………………… 317
招商引资…………………………………………… 317
商贸、旅游………………………………………… 317
创业创新…………………………………………… 317
产业聚集…………………………………………… 317
教育、文化、体育………………………………… 317
医疗卫生…………………………………………… 318
社会保障…………………………………………… 318

碑 林 区

概况…………………………………………………… 318
商贸服务业………………………………………… 318
招商引资…………………………………………… 318
项目建设…………………………………………… 319
科技…………………………………………………… 319
教育…………………………………………………… 319
文化、体育、卫生………………………………… 319
社会保障…………………………………………… 319

莲 湖 区

概况…………………………………………………… 319
重点项目建设……………………………………… 319
招商引资…………………………………………… 320
商贸旅游…………………………………………… 320
科技…………………………………………………… 320
教育…………………………………………………… 320
卫生、文化………………………………………… 320
劳动就业和社会保障……………………………… 320

灞 桥 区

概况…………………………………………………… 320
农业与农村经济…………………………………… 321
工业…………………………………………………… 321
招商引资…………………………………………… 321
商贸服务业………………………………………… 321
科技…………………………………………………… 321
教育…………………………………………………… 322
文化…………………………………………………… 322
卫生…………………………………………………… 322
劳动就业和社会保障……………………………… 322

未 央 区

概况…………………………………………………… 322
农业与农村经济…………………………………… 323
工业…………………………………………………… 323
商贸…………………………………………………… 323
重点项目建设……………………………………… 323
社会事业…………………………………………… 323
劳动就业与社会保障……………………………… 323

雁 塔 区

概况…………………………………………………… 324
农业和农村经济…………………………………… 324
工业…………………………………………………… 324
商贸服务业………………………………………… 324
招商引资…………………………………………… 325
重点项目建设……………………………………… 325
教育…………………………………………………… 325
科技…………………………………………………… 325
文化…………………………………………………… 325
卫生…………………………………………………… 325
劳动就业与社会保障……………………………… 326

阎 良 区

概况…………………………………………………… 326
农业和农村经济…………………………………… 326
工业…………………………………………………… 326
重点项目建设……………………………………… 326
招商引资…………………………………………… 327
商贸、旅游………………………………………… 327
科技、教育、卫生………………………………… 327
劳动就业和社会保障……………………………… 327

临 潼 区

概况…………………………………………………… 327
农业和农村经济…………………………………… 327
工业…………………………………………………… 327
招商引资…………………………………………… 328

重点项目建设…… 328
商贸、旅游…… 328
科技…… 328
教育…… 328
卫生…… 329
劳动和社会保障…… 329
长安区
概况…… 329
招商引资…… 329
农业…… 329
工业…… 329
商贸、旅游…… 330
文化…… 330
民生事业…… 330
高陵区
概况…… 330
农业与农村经济…… 330
工业…… 331
重点项目建设…… 331
招商引资…… 331
商贸、旅游…… 331
社会事业…… 331
社会保障…… 331
鄠邑区
概况…… 331
农业和农村经济…… 331
工业…… 332
重点项目建设…… 332
招商引资…… 332
商贸、旅游…… 332
社会事业…… 332
劳动就业和社会保障…… 332
蓝田县
概况…… 332
商贸…… 333
旅游…… 333
社会事业…… 333
周至县
概况…… 333
农业和农村经济…… 333
招商引资…… 334
工业…… 334
商贸、旅游…… 334
社会事业…… 334
劳动就业和社会保障…… 334

人物

新任市级领导
高杲…… 336
李毅…… 336
卢立群…… 336
董劲威…… 336
强晓安…… 336
李元…… 336
杨广亭…… 336
新增两院院士
王双明…… 336
管晓宏…… 336
郭烈锦…… 337
张宏福…… 337
逝世人物
霍松林…… 337
肖玉玲…… 337
于明涛…… 337
陈学俊…… 337
侯宗宾…… 338
先进人物
西安市2017年“十佳优秀工人”…… 338
西安市2017年首届“文明家庭”…… 338
第六届“西安青年五四奖章”获得者…… 338
西安市2017年“西安市最美教师”…… 338
西安市第十一届“十佳中学生”…… 338

统计资料

统计资料…… 340

附录

法规文件…… 358
文摘…… 363

索引

索引…… 373

Contents

Features

Speech at the First Plenary Session of the 13th CPC Xi'an Municipal Committee 2
Report on the Work of the Government 3

Special articles

The Fourth Plenary Session of the 13th CPC Xi'an Municipal Committee Was Held 14
Xi'an in 2017 16

Chronicles of Events

Chronicles of Events in 2017 21

Profile of Xi'an

Overview 30
National Economic and Social Development 33
Political Civilization Construction 36
Spiritual Civilization Construction 37
Ecological Civilization Construction 39

Communist Party of China Xi'an Municipal Committee

Overview 43
Organization Work 48
Propaganda 50
United Front Work 51
Policy Research 53
Work for Senior Cadres 54
Compilation of Studies on the Party History 55
Work of the Party School 56

Xi'an Municipal People's Congress

Overview 58
Major Work & Activities 60

Xi'an Municipal People's Government

Overview 63
Policy-making Services 70
Human Resources 71
Counselors' Work in Literature and History Research 73
Foreign Affairs 74
Taiwan Affairs 76
Overseas Chinese Affairs 76
Letters & Visits 78

Xi'an Municipal Committee of CPPCC

Overview 80
Major work & Activities 81

Xi'an Municipal Commission for Discipline Inspection of the CPC

Overview 84
Major work & Activities 85

Non-CPC Parties & Federation of Industry & Commerce

Xi'an Municipal Committee of the Revolutionary Committee of the Chinese Kuomintang 87

Xi'an Municipal Committee of the China Democratic League 88
Xi'an Municipal Committee of the China National Democratic Construction Association 89
Xi'an Municipal Committee of the China Association for Promoting Democracy 90
Xi'an Municipal Committee of the Chinese Peasants and Workers Democratic Party 91
Xi'an Municipal Committee of the China Zhi Gong Party 92
Xi'an Municipal Committee of the Jiu San Society 93
Xi'an Federation of Industry & Commerce 94

Mass Organizations

Xi'an Federation of Trade Unions 96
Xi'an Municipal Committee of the Communist Youth League of China 97
Xi'an Women's Federation 99
Xi'an Association for Science and Technology 101
Xi'an Branch of Red Cross Society of China 102
Xi'an Federation of Literary and Art Circles 103
Xi'an Handicapped Persons' Federation 104
Xi'an Branch of China Council for the Promotion of International Trade 106
Xi'an Consumers' Association 107
Xi'an Law Society 108

Rule of Law

Comprehensive Management of Social Security 110
Construction of Legal System 111
Local Legislation 113
Public Security 114
Procuratorial Work 120
Court Trial 125
Justice Administration 128
Arbitration 129

Military Affairs

Xi'an Garrison 131
Armed Police Detachment of Xi'an 131
Civil Air Defense 132
Military Reserve Air Defense Artillery Division 133

Urban-Rural Construction & Management

Overview 136
Urban Planning 138
Municipal Construction 139
City Administration 141
Reconstruction of Villages in the City (Rundown Urban Areas) 143
Integrated Urban-rural Development 144

Construction of Development Zones

Xixian New Area 146
Xi'an Hi-tech Industries Development Zone 149
Xi'an Economic & Technological Development Zone 151
Xi'an Qujiang New District 152
Xi'an Chan-Ba Ecological District 154
Xi'an International Trade & Logistics Park 155
Xi'an Yanliang National Aviation Hi-tech Industrial Base 156
Xi'an National Civil Aerospace Industrial Base 157

Agriculture, Forestry, Animal Husbandry & Fishery

Overview 160
Agriculture 161
Forestry 161
Animal Husbandry 162
Fishery 162
Agricultural Services 163
Irrigation 163
Agricultural Machinery 164
Quality Supervision of Agricultural Products 164

Industry & Information Industry

Overview 166
Automobile Manufacturing 170
Power Transmission and Control Equipment Manufacturing 171
Information Industry 172
China Telecom 173
China Mobile 174
China Unicom 174
Radio Regulation 175

Electric Power, Thermal Power, Gas & Running Water Supply

Electric Power 177
Thermal Power 178
Gas 178
Running Water Supply 179

Construction Industry & Real Estate Industry

Construction Industry 181
Real Estate Industry 182

Transport & Postal Services & Express

Rail Transport 186
Air Transport 188
Road Transport 189
Passenger & Freight Transport by Road 189
City Public Bus Transport 190
Subway 192
Postal Services & Express 193
Postal Services 193
Express 195

Commerce & trade Service Industry & Convention & Exhibition Industry

Overview 197
Investment Promotion and Services 199
Daily Industrial Products Trade 200
Catering Industry 200
Vegetable & Non-Staple Food Industry 202
Grain and Oil Industry 202
Tobacco 203
Supply & Marketing Cooperatives 203
International Trade & Commerce 205
Logistics 206
Convention and Exhibition Industry 206

Tourism

Overview 209
Development of Tourism Market 211
Tourism Products 212
Management of Tourism Industry 213

Economic Management & Supervision

Macroeconomic Regulation & Control 216
Reform of Economic System 217
State-owned Assets Supervision & Administration 218
Administration for Industry & Commerce 219
Administration for Land & Resources 222
Auditing 223
Statistical Management 225
Customs Supervision & Management 226
Exit- Entry Inspection & Quarantine 227
Quality & Technique Supervision 229
Food & Drug Supervision & Administration 230
Safety Production Supervision & Administration 231

Finance & Taxation

Finance 234
Taxation 237
State Taxation 237
Local Taxation 238

Financial Industry

Overview 241
Monetary & Financial Services 242
Capital Futures Market 246
Insurance 247

Education

Overview 250
Preschool Education 256
Compulsory Education 258
Secondary Education 259
Higher Education 260
Special Education 263

Scientific Research & Technical Services

Natural Science Research & Application 265

Social Science Research 269
Professional Technical Services 272
Meteorology 272
Seismology 273

Press & Publishing

Overview 276
Broadcasting & TV & Film 278
Xi'an Newspaper Media Group 281

Culture & Art

Professional Art 283
Local Chronicles 284
Archive 285
Cultural Heritage & Museums 286
Mass Culture 289

Sports

Overview 292
Mass Sports 293
Competitions 293

Public Health & Family Planning

Public Health 298
Family Planning 301

People's Livelihood

Marriage & Family 303
Teenagers 303
Seniors 304
Migrant Workers 305
Poverty Relief & Development 307
Labor and Employment 308
Social Security 309
Prices 310
Residents' Life 312
Ethnic Affairs 313
Religious Affairs 314
Social Welfare & Funeral Management 315

Districts(Counties) Profiles

Xincheng District 317
Beilin District 318
Lianhu District 319
Baqiao District 320
Weiyang District 322
Yanta District 324
Yanliang District 326
Lintong District 327
Chang'an District 329
Gaoling District 330
Huyi District 331
Lantian County 332
Zhouzhi County 333

Famous People

Newly Appointed Municipal Leaders 336
Chinese Academy of Sciences and Chinese Academy of Engineering 336
The Deceased 337
The Distinguished 338

Statistics

Statistics 340

Appendix

Local Laws & Regulations 358
Abstract 363

Index

Index 373

特载

责任编辑　姚文东

在市委十三届一次全会上的讲话

中共陕西省委常委、西安市委书记　王永康

（2017年1月25日）

同志们：

大家下午好！

今天上午，市第十三次党代会胜利闭幕，会议选举产生了中共西安市第十三届委员会和纪律检查委员会。

刚才，市委十三届一次全会又选举产生了新的市委常委会和书记、副书记，通过了市纪委第一次全会的选举结果，审议了《关于从严加强干部队伍建设、打造追赶超越西安铁军的决定》。

非常感谢大家选举我担任市委书记，这是组织和各位委员对我的信任，也是全市党员干部和人民群众的重托。我深感使命光荣、责任重大，一定忠诚履职、勤勉尽责，夙夜在公、苦干实干，同各位常委、各位委员一起把工作做好，决不辜负中央、省委和大家的期望。

在此，我代表新一届市委常委会，对全体委员的信任和支持表示衷心感谢！向新当选的市纪委领导班子成员表示热烈祝贺！

这次换届中，由于工作需要和年龄原因，上届市委常委中的部分同志不再进入本届市委常委班子。他们在任职期间，兢兢业业、扎实工作，为全市改革发展稳定倾注了大量心血，做出了重要贡献。我代表新一届市委，向他们致以崇高的敬意和衷心的感谢！

同志们，从现在开始，新一届市委班子就正式接过了推进西安新发展建设的“接力棒”，肩负起追赶超越的历史使命。将“聚焦三六九、振兴大西安”的奋斗目标变为现实，需要我们始终牢记中央和省委的重托，始终牢记党代会部署的目标任务，始终牢记每个人担负的岗位职责，发挥好党委总揽全局、协调各方的领导核心作用，把市委班子建设成为政治坚定、能力过硬、务实担当、作风优良、同心同德的坚强领导集体，团结带领全市人民写好这一届市委的历史答卷。

在此，我提5点希望和要求，与同志们共勉。

第一，要带头讲政治，做维护核心的表率。对党员领导干部来讲，讲政治是第一要求，特别是要讲政治纪律和政治规矩！

各位市委委员、市委常委，要牢固树立“四个意识”，特别是核心意识、看齐意识，严守政治纪律和政治规矩，始终与以习近平同志为核心的党中央保持高度一致。

要把讲政治懂规矩内化于心、外化于行，在遵守党的纪律规矩、执行党的决定上发挥模范带头作用，自觉维护中央和省委权威，对担负的职责任务要坚决落实，带头去办，主动去办，马上去办。

第二，要带头抓学习，做提升能力的表率。党代会提出，要全力推进大西安建设、全面建成小康社会、全力推进国家中心城市建设、全力推进品质西安建设、全力推进“三廊两轴两带一通道”和“八大平台”建设。面对崭新的事业、艰巨的挑战，没有人给我们提供现成的经验。

我们要坚持“依靠学习走向未来”，建设学习型党组织，学会用新思路、新举措解决“奔跑”竞赛中的新问题，解决本领的恐慌，不断提高科学决策的能力、社会治理的能力、统筹协调的能力、狠抓落实的能力，努力成为善于创新、引领发展的行家里手。

特别是在与发达地区和先进兄弟城市对标的过程中，更需要善于学习、善于重新学习，找准差距、找准原因、找准路径，找出解决问题的“金钥匙”，始终运用新发展理念指导实践、推动工作。

第三，要带头谋发展，做实干担当的表率。我们要围绕“三六九”总体目标，聚焦“六翻番”（工业经济、开放经济、创新能力、民间投资、区（县）域经济、文化旅游业等重点领域主要指标翻一番）、打造三个万亿级大产业和GDP过万亿等一系列具体任务，大家要按“追赶超越”的要求，结合分管领域和工作，细化措施、量化指标、明确进度，担当尽责、真抓实干。

特别是每名市委常委、市政府副市长，要每月对分管领域指标完成情况，进行点评分析和报告，一步一个脚印走出一条大西安大发展的振兴之路。

市委班子的每名同志，既是作决策的领导者，又是抓落实的责任人，不仅要谋全局、把方向、议大事，而且要崇尚实干、狠抓落实，管具体、干到位，在任期内干成几件大事、办好一批实事，特别是要树立实干的品牌、业绩的品牌、创新的品牌，形成追赶超越的合力。

要做苦干、实干、快干的带头人，对照党代会报告，全面认领任务、定期督导检查、主动请示报告，把一项项目标要求落细落实，让实干担当成为新一届市委班子的鲜明特征和优点。

第四，要带头守纪律，做克己奉公的表率。大家不仅要工作冲在前、想在前、做在前、抓在前，更要把纪律挺在前、约束从严在前。

要始终以身作则、以上率下，严格落实中国共产党《廉洁自律准则》和中国共产党《纪律处分条例》，持之以恒贯彻落实中央八项规定精神，常怀敬畏之心、常修从政之德，慎微、慎初、慎独，做到公正用权、依法用权、为民用权、廉洁用权。

要始终做到：要求普通党员干部做到的，党员领导干部首先做到；要求党员领导干部做到的，市委常委班子首先做到。

第五，要带头促团结，做凝心聚力的表率。我多次强调，大家都来自五湖四海，有缘在一起工作共事，特别是为西安这座伟大城市的人民服务，更应该加倍珍惜这个团结共事的缘分和机会，懂团结是真聪明，会团结是大本事，团结出凝聚力、出战斗力、出成绩。

各位委员要倍加珍惜和维护团结，坚决贯彻执行民主集中制，做到决策前深入讨论、各抒己见、畅所欲言；决策后坚决执行、强力推进、合力攻坚。

要严肃党内政治生活，积极开展健康的批评和自我批评，不说不利于团结的话，不做不利于团结的事，形成清清爽爽的同志关系、规规矩矩的上下级关系。

要抓好分管领域和分管系统干部队伍建设，认真贯彻落实《关于进一步加强干部队伍建设，打造追赶超越西安铁军的决定》，把广大党员干部的思想和行动，统一到市委各项决策部署要求上来。

同志们，大西安要有大发展，新起点要有新气象，新班子要有新作为。以上五条承诺，是新一届市委班子加强自身建设的基本要求，是我们对全市人民的集体表态。作为市委书记，我一定带头落实、严格执行。也希望大家相互监督、相互勉励，以实际行动当好全市党员干部的表率。我们要同心同德一起干、撸起袖子加油干、开足马力加快干，为实现市第十三次党代会描绘的宏伟蓝图努力奋斗！

政府工作报告

——在西安市第十六届人民代表大会第三次会议上

（2018年2月3日）

各位代表：

现在，我代表市人民政府向大会报告工作，请予审议，并请市政协委员及其他列席人员提出意见。

一、2017年政府工作回顾

过去的一年，是大西安追赶超越进程中极为重要的一年。一年来，在省委、省政府和市委的坚强领导下，我们认真学习贯彻习近平新时代中国特色社会主义思想，对标“追赶超越”定位和“五个扎实”要求，紧扣“五新”战略任务[1]和“聚焦‘三六九’，振兴大西安”[2]奋斗目标，全面推进“九大关键行动”[3]，较好完成了市十六届人大一次会议确定的各项目标任务，大西安建设实现精彩开局。

——扎实推进经济持续健康发展，多项指标创近年新高。生产总值完成7469.85亿元，同比增长7.7%（原口径增长8.5%），总量在15个副省级城市中进至第9位，实现历史性跨越。签约引进项目847个，投资规模达2.35万亿元，为历年最高，被环球网评为“2017最受国际关注中国投资城市”。全社会固定资产投资增长12.9%，同比提高10.9个百分点。社会消费品零售总额4329.5亿元，增长10.5%。进出口总值2545.4亿元，增长39.1%，增速位居副省级城市第二。一般公共预算收入完成654.5亿元，增长9.7%，其中税收增长20.4%，位居副省级城市第一。市场主体总数达到101.6万户，成为全国第7个过百万的副省级城市。净增“五上”企业[4]685户，创近五年最高。科技进步对经济增长贡献率达到60%。

——扎实推进农业现代化建设，特色农业发展亮点突出。都市型现代农业“一区三带七板块”[5]格局不断完善，苗木花卉产业基地面积达到73.4万亩，临潼石榴获国家地理标志保护产品认证，蓝田大杏种植系统入选中国重要农业文化遗产。农产品检测合格率稳定在97%以上。新增市级以上现代农业园区20个、产业化龙头企业27家。休闲农业接待游客2350万人次，实现综合收入24.1亿元。蓝田全域旅游经验在全国推广。泾河新城茯茶镇获批中国乡村旅游创客示范基地。全市粮食生产实现“十四连丰”。

——扎实加强文化建设，文化软实力显著增强。《西安市不可移动文物保护条例》正式实施，文物保护立法走在全国前列。新增“西安城市记忆”等5座博物馆，总数达到126座。汉长安城未央宫遗址入选国家考古遗址公园名录。新增规模以上文化企业64家，文化产业营业收入增长25.2%。话剧《麻醉师》荣获全国“五个一”工程优秀作品奖，《大秦帝国之崛起》《白鹿原》《那年花开月正圆》等一批影视佳作全国热播。“西迁精神”薪火相传，“烟头不落地”“车让人”行动掀起城市文明新风尚，成功蝉联“全国文明城市”。举办第2届中法文化论坛“西安日”、第16届西安国际音乐节、2017西安电竞产业峰会、第2届全国道教文化艺术周等重大活动，西安的文化影响力明显增强。

——扎实做好保障和改善民生工作，群众有了更多获得感和幸福感。着力破解民生“九难”[6]，129项民生重点提升工作和“十个一”民生工程[7]顺利推进。城乡居民人均可支配收入达到38536元和16522元，分别增长8.2%和8.8%。全面打好脱贫攻坚战，5.4万名贫困人口实现精准覆盖。打通断头路27条，新购1900辆纯电动公交车，有效缓解了市民“出行难”。改造城中村（棚户区）19个，回迁安置群众2.63万人，改造老旧小区269万平方米，18万名群众居住条件明显改善。下大气力解决长期困扰市民的房产办证遗留问题，为5.5万户群众消除了“烦心事”。新建改造厕所1668座，获评“全国厕所革命优秀城市”。全面实行小学低年级“弹性离校”制度，10万余家庭从中受益。为65岁以上老年人实施增项免费体检，惠及群众62万人。改造提升农贸市场25个、规范整治111个。全力保障公众“舌尖上的安全”，成为全国首批“国家食品安全示范城市”。连续6年荣获“中国最具幸福感城市”称号。

扎实落实全面从严治党，作风建设取得突破性成效。严格落实中央八项规定精神和“三严三实”要求，推进“两学一做”学习教育常态化制度化，用好、用活“三项机制”，大力营造干事创业、比拼争先的浓厚氛围。建立了月擂台、季点评、常态化互学互比的工作机制，打造了《电视问政》《每日聚焦》《党风政风热线》等一批强化监督、治庸治懒的有效平台，“用心工作”、当好“五星级店小二”已成为全市干部的思想共识和行动自觉。我市干部作风在省上组织的群众满意度调查中创8年来最好成绩。

一年来，我们主动对标中省部署要求，积极践行新发展理念，始终坚持以人民为中心的发展思想，担当尽责、埋头苦干、兑现承诺，主要做了九方面工作：

（一）*全力开启大西安建设新格局*。西咸一体化步伐明显加快，与咸阳签订战略合作框架协议，全方位对接机制日臻完善，“八个一体”[8]深入推进。出台支持西咸新区加快发展系列政策，完成了环保、国土、交通等6项规划的对接融合，户籍同城、社保同城和车牌照同号工作全面落实。站高谋远做实，确立了大西安“多轴线、多中心、多组团”的空间格局和“北跨、南控、西进、东拓、中优”的发展思路。大西安综合交通规划修编完成，西成客专开通运营，西安至韩城等4条城际铁路[9]和外环高速（南段）等4条重点公路[10]开工建设。加快推进富阎一体化，产业合作园区规划编制完成，富阎连接主线实现贯通。全市人民期盼已久、对西安未来发展至关重要的《关中平原城市群发展规划》获国务院批复，明确了西安建设国家中心城市的目标定位，为奔跑的大西安插上了腾飞的翅膀。

（二）*着力打造转型发展新优势*。坚持以供给侧结构性改革为主线，全力补短板、调结构、促转型、增效益。三次产业结构调整为3.8∶34.7∶61.5，服务业对经济增长的贡献率达到70.4%。非公经济占比达到53%。民间投资3120亿元，增长11.1%，同比提高17.2个百分点。城镇化率达到73.4%。万元生产总值能耗下降4.6%。

叫响做实工业强市战略。出台强工业系列政策措施，六大千亿级产业集群[11]加速壮大，汽车产业迈入千亿级。新增法士特、乐叶光伏2户百亿级工业企业，总数达到11家。规模以上先进制造业总产值3167.7亿元，增长20.6%。工业企业技改投资238.8亿元，增长43.2%。创建“中国制造2025”试点示范城市通过国家评估。获批国家通用航空产业综合示范区。

现代服务业成为拉动经济增长的主力军。丝路国际金融中心建设步伐加快，新增新三板挂牌企业26家，金融机构存款余额突破2万亿元。京东、海航、传化等一批重大现代物流项目相继落地，物流业增加值728亿元，增长14.7%。举办2017西安国际通航大会等规模以上会展活动199场，会展业综合收益达到115.4亿元，创历史新高。新增3A级以上景区8个。接待海内外游客1.8亿人次，增长20.5%；旅游业总收入1633.3亿元，增长34.6%。科技、体育、康养、电竞等新兴服务业迅猛发展。

积极打造特色经济发展平台。首批35个特色小镇建设全面启动，灞柳基金等12个特色小镇投入运营。数字经济、共享经济、体验经济等新经济蓬勃发展。

（三）强力引资引智聚集新动能。把招商引资作为“一号工程”，坚持“五资”[12]齐抓，组建市投资委，成立24个专业招商机构，出台精准招商系列政策措施，为企业量身定制全要素、全周期、优质化服务。加强城市营销，充分发挥驻外机构、贸促会以及商会、校友会等社会组织作用，赴外精准招商3000余批次，接待国内外客商210批次，成功举办首届世界西商大会、全球硬科技创新大会、全球程序员节、丝绸之路工商领导人峰会等重大节会活动，在全球化的舞台上奏响了“西安乐章”。三星二期、吉利、开沃、华润、华侨城、阿里巴巴、腾讯、亚马逊等一大批重大项目签约落户，涉及世界500强企业44家，新增投资过百亿元项目40个。全年实际引进内资2186亿元，实际利用外资53.1亿美元，分别增长34.1%和17.8%。实施户籍、人才和创新创业“三大新政”，全年新增落户人口25.7万人，人才净流入量居全国大城市前列。建成高新咖啡街区、经开创业大街、曲江创客大街等众创空间422家、面积1389万平方米，累计入孵企业11529家，吸引创业就业人数22.9万人。建成西部首个“国字号”人力资源服务产业园。中科院西安光机所、西安电子科技大学获批国家“双创”示范基地。持续增强的“西引力”，为大西安加速奔跑汇聚了“排浪式”的强大势能。

（四）全面创新改革增添新活力。总结提炼24条创改经验上报国家，居全国8个试验区之首。高新自创区建设取得新进展，国家技术转移西北中心特色平台建成运营。统筹科技资源改革不断深化，技术合同交易额809亿元，位居副省级城市第一，获批“国家知识产权运营试点城市”和“国家知识产权强市创建市”。出台支持军民融合产业发展7项政策，民参军企业达到400家，军民融合产业营业收入突破2000亿元。“放管服”改革持续深入，规范整治市场秩序扎实有效，全年新登记各类市场主体28.3万户，是上年的2倍。推进国有企业股权多元化改革，实施了13个重大资产重组项目。落实“房子是用来住的，不是用来炒的”要求，及时出台控房价、防风险、稳预期调控政策，商品房去化周期缩短为10个月。通过清理涉企收费、减免政府性基金、提供税收优惠等措施，为企业降成本95.9亿元。企业家信心指数和企业景气指数持续攀升。在全省统计调查中，企业家对我市投资环境总体满意度达98.3%。

（五）加速驶入双向开放快车道。深度融入“一带一路”建设，与丝路沿线国家和城市的联系更加紧密。西安综合保税区二期通过国家验收，西安航空基地综合保税区正式获批，新增整车进口等3个口岸。开通全国首趟北欧（芬兰科沃拉—西安）国际货运班列，“长安号”开行480列，运送货物65.9万吨。新增国际客运航线14条、货运航线3条，机场旅客吞吐量4187万人次，位列全国第八。跨境电商公共服务平台上线运营。自贸试验区建设加快推进，企业注册登记实现19项事项联办和全程电子化，新增企业8898家，其中外商投资企业102家。中国贸促会陕西自贸区服务中心、丝绸之路仲裁中心、丝绸之路国际总商会落户西安。开播全国首家丝路电视频道，成功举办2017欧亚经济论坛、丝绸之路经济带城市圆桌会议等活动，国际友城达到31个，21家外事机构签约入驻。“走出去”力度不断加大，陕鼓、陕汽、西电、爱菊、隆基股份、华山国际等一批重点企业海外知名度日益提升。开放的西安正以崭新的姿态阔步迈向世界！

（六）聚焦“四治一增”[13]优环境。积极落实铁腕治霾“1+1+9”行动方案[14]，用有效的措施、不懈的坚持和铁一般的担当，努力消除百姓的“心肺之患”。全面实施“煤改洁”，拆除燃煤锅炉994台、小燃煤设施929台，削减散煤233.4万吨。清理整顿“散乱污”企业1531户，45家重点污染源单位向社会公开实时监测数据。对全市工地实行“红黄绿”挂牌管理，三环内“两类企业”[15]全部搬迁。淘汰黄标车1.48万辆，实施冬防期机动车常态化限行。全年二氧化硫、氮氧化物、烟尘排放分别减少1.2、0.7和1.4万吨，空气质量明显好转。统筹推进“五策治水”[16]和“八水绕长安”生态恢复工程，在全省率先实施“河长制”“湖长制”，渭河、灞河等9个生态示范河（湖）建设[17]有力推进，昆明池七夕公园、渼陂湖一期等建成开放，涝渭湿地、天桥1号湖实现蓄水，唐家寨陂塘治理工程全面完成，新建、改扩建污水处理厂4座，建成生活污水治理示范村50个，新增生态水面3088亩、湿地6017亩，顺利通过国家水生态文明城市建设试点验收，水韵西安的生态画卷正在向世人展开。严格落实秦岭生态环境《保护条例》和《管理办法》，推进“多规合一”，建立“四级网格”管理体系，“四乱现象”[18]得到有效整治。秦岭国家植物园建成开放。大力开展烟头革命、厕所革命和城乡环境大整治行动，全面推行“路长制”“所长制”，强力推进“四改两拆”[19]，全年治理拆除违法建设1248万平方米，拆除广告牌匾1.8万处，建成亮化示范街40条，亮化楼宇1369座。干净、整洁、优美的城市环境，赢得了市民和游客的“好口碑”。深入推进“美丽西安·绿色家园”行动，大力开展“五路”两侧增绿美化[20]，启动建设西安城市生态公园和城市中央公园，建成曲江文化运动公园等3个主题公园和62个绿地广场、86条绿化示范路，新增城市绿地571万平方米、造林绿化4.27万亩。广大市民的“幸福账单”上，又增加了不少看得见、摸得着、感受得到的“绿色收入”。

（七）持续增强城市功能提品质。积极推进“强基增容”工程，完成城建投资677.3亿元。凤城八路立交等26项道路工程建成投用，开工建设公共停车位1.3万个，完成8523个。地铁5条在建线路加快推进，4号线实现轨通。运营线网日均客运量165.8万人次，客流强度居全国前三。地铁三期规划编制完成。西南郊水厂开工建设，湾子水厂全面竣工。新建、改建110千伏变电站17座，增容109.4万千伏安。增加集中供热面积1274万平方米、天然气居民用户25万户。小寨地区海绵城市建设全面启动。开工干支线管廊38.4千米、缆线管廊86千米，昆明路综合管廊成为全国示范工程。实现手机扫码乘地铁、坐公交、办证照、交费用，市民生活更加便利。

（八）弥补民生短板增福祉。全市财政用于民生的支出达到837.2亿元，占一般公共预算支出的80.1%。开展就业、创业“九个一”系列活动[21]，城镇新增就业15.46万人，农村劳动力转移就业78.89万人，城镇登记失业率控制在3.3%的较低水平。

聚焦精准脱贫，“四梁八柱”政策体系逐步建立。497支工作队驻村帮、2.4万名干部结对帮、社会各界合力帮，把贫困群众当亲人，用心、用情、用力真扶贫。实施易地搬迁安置项目19个，落实产业扶贫项目1031个，开发公益专岗2671个，改造危房4460户，健康、教育、金融、兜底保障等各项扶贫措施有效落实，涉贫重点区（县）、省定贫困村基本实现户户通电、通水、通路，民情地图、“三变”改革[22]、“十送”活动[23]等创新做法成为全省亮点。一年来，通过方方面面的努力，取得了实实在在的成效，贫困群众真真切切感受到了生活的新变化！

着力增加优质教育资源供给，大学区管理制改革深入推进，组建“名校+”教育联合体40个。开工建设公办中小学、幼儿园36所，完成义务教育学校“全面改薄”199所，增加学位3.8万个。完成农村学校旱厕改造，为50所中小学安装新风系统，建成梁家滩国际学校。评选表彰首批“最美教师”“最美少年”。20.13万名外来务工人员随迁子女享受平等教育。民办教育得到进一步发展。

全面推行公立医院改革，建成各类医联体37个，改造提升乡镇卫生院100个、村卫生室2917个，农村医疗服务机构标准化建设全部达标。公立医疗机构取消药品加成，为群众减负3.66亿元。分级诊疗制度深入推进，组建家庭医生服务团队1955个。新农合参合率达99%，补偿参合患者1193万人次，总额达23.5亿元。落实鼓励社会办医各项政策，批准设置民办医疗机构237所。群众看病难、看病贵问题得到缓解。

推动社会保障全面提标，城乡低保标准分别提高到每人每月640元和400元，企业退休人员基本养老金实现“十三连涨”。城乡居民养老和医疗保险参保率分别达到99.7%和97.1%。建成保障性住房6904套，为新毕业大学生提供公租房1.91万套，累计分配公租房11.8万套。新增住房公积金贷款134亿元，使53.6万户家庭改善了住房条件。新建城市社区居家养老服务站112个、农村幸福院216个，新增养老床位6544张。不断完善“1+N”新型社会救助体系[24]，困难群众生活有了更好保障。

大力发展公共文化事业，“音乐之城”“书香之城”全面推进，戏剧惠民演出1559场，农村公益电影放映35000余场。陕西大剧院建成投用，农村文化礼堂建设试点全面展开。举办首届西安国际马拉松赛、第3届中国西安国际少儿美术节、全国青少年足球冠军杯赛、第16届西安市运动会等大型文体活动。人民群众的精神文化生活不断丰富，践行社会主义核心价值观的风尚更加浓郁，涌现出了李国武、黄忠文、吴一帆等一大批感动西安的身边好人。

深入推进平安西安建设。创建省级食品安全示范区（县）5个、餐饮服务示范街区43条，食品药品抽检合格率均在95%以上。刑事接报警数同比下降12.7%，社会治安满意度同比提高8.6个百分点。突发事件发生率下降11.6%，未发生重特大安全生产事故。公众安全感满意度达到93.5%。

（九）强化政府自身建设转作风。牢固树立“四个意识”，深入学习宣传贯彻党的十九大精神，忠实践行习近平新时代中国特色社会主义思想的意识更加坚定自觉。主动接受市人大及其常委会法律监督和工作监督，自觉接受市政协民主监督，办结建议、提案1155件，办复率100%。政府常务会学法常态化，市政府及工作部门实现法律顾问全覆盖。落实“三重一大”集体决策制度[25]。聘请市政府经济、科技、文化、金融等顾问82名，成立国际专家顾问团，加强与高校、社会智库等机构的合作，不断强化科学决策的智力支撑。强力推进“行政效能革命”，公布“最多跑一次”事项13675个，取消下放调整70项行政事权，清理规范12项行政审批中介服务事项，政府“瘦身健体”激发了强大的市场活力。“12345”市民热线综合服务平台建成投用，各级政务服务机构为企业和群众办事1334万余件，人民网网民留言办理连续7年获全国先进。严格廉洁从政，坚决彻底肃清魏民洲等流毒影响，党风廉政建设和反腐败斗争深入推进。

民族、宗教、参事、双拥、人防、统计、档案、侨务、地方志、气象、防震减灾、妇女儿童、残疾人等工作取得新进步。

各位代表！刚刚过去的2017年，是西安发展历程中极不平凡的一年。一年来，我们不忘初心，牢记使命，砥砺奋进，聚焦“五个扎实”、奋力追赶超越的思想更加统一、行动更加自觉；我们抢抓机遇，把握关键，精准发力，落实“五新”战略任务、推动大西安大发展的思路更加明晰、措施更加有力；我们紧盯短板，创新举措，全力攻坚，破解发展难题、推动“建强创佳”的方法更加科学、效果更加明显；我们不畏艰险，淬火历练，勇于担当，锻造西安铁军、真心干事创业的氛围更加浓厚、士气更加高涨。这一年，我市各级干部都很拼！我要为我们的干部点赞！

特别是在“聚焦‘三六九’，振兴大西安”宏伟蓝图的鼓舞激励下，全市上下汇聚起追赶超越发展最广泛的思想共识和磅礴的奋斗力量，大家撸起袖子加油干，一天当作两天干，干成了一大批打基础、利长远、惠民生的实事、要事，取得了前所未有的工作成效。西安在全省的“龙头”作用显著增强，在全国的战略地位显著提高，在全球的影响力和吸引力显著跃升。这一年，西安很出彩！我们要为全市人民点赞！

成绩来之不易，需要倍加珍惜。在此，我代表市政府，向全市广大干部群众，向各位代表、各位委员、各民主党派、人民团体和社会各界人士，致以崇高敬意！向所有关心支持西安发展的中省单位、广大企业，解放军、武警部队官兵和政法干警，以及海内外同胞、侨胞、友人，表示衷心感谢！

在总结成绩的同时，我们也清醒地认识到：我市发展不平衡、不充分问题比较突出，拥有的资源禀赋和比较优势尚未充分发挥，补短板任务依然艰巨；市场化程度不够高，要素配置不尽合理，质量提升和动能转换还需持续用力；生态环境保护、治污减霾任重道远，教育、医疗、交通、养老等方面与人民日益增长的美好生活需要还有较大差距；政府职能转变仍需深化，依法行政能力、政务服务水平、应急机制建设等还需进一步提升。对这些问题，我们要结合加快补齐“十大短板”[26]，认真加以解决。

二、2018年工作总体要求和主要目标

2018年是贯彻党的十九大精神的开局之年，是改革开放40周年，是决胜全面建成小康社会、实施“十三五”规划承上启下的关键一年。最近，国务院正式批复了《关中平原城市群发展规划》，明确提出西安建设国家中心城市的发展定位，进一步标定了西安以深度融入“一带一路”建设为统领，打造具有历史文化特色和亚欧合作交流的国际化大都市的战略目标，使全市追赶超越的方向更加明确、路径更加清晰、信心更加坚定。我们一定要抓住这一难得的历史机遇，积极开展“追赶超越奋进年”活动，坚持低调务实不张扬、埋头苦干，以时不我待、只争朝夕的状态投入工作、奋力拼搏，努力开创新时代大西安大发展的新局面。

今年政府工作的总体要求是：高举习近平新时代中国特色社会主义思想伟大旗帜，认真贯彻党的十九大精神，按照中央和省市委部署要求，坚持新发展理念，坚持以人民为中心的发展思想，坚持稳中求进工作总基调，按照高质量发展要求，以供给侧结构性改革为主线，紧扣“追赶超越”和“五个扎实”，围绕“五新”战略任务和“聚焦‘三六九’，振兴大西安”目标，紧盯国家定位、抢抓战略机遇、聚力改革创新、全力释放优势、着力补齐短板、奋力追赶超越，统筹抓好稳增长、促改革、调结构、惠民生、防风险各项工作，打好防范化解重大风险、精准脱贫、污染防治的攻坚战，促进经济社会持续健康发展，推动大西安、国家中心城市和亚欧合作交流的国际化大都市建设迈出坚实步伐。

综合考虑各方面因素，今年全市主要预期目标为：生产总值增长8%左右，规模以上工业增加值增长7.5%左右，全社会固定资产投资增长7%左右，社会消费品零售总额增长9%左右，一般公共预算收入增长8%以上，城乡居民人均可支配收入分别增长7%和8%左右，城镇登记失业率控制在4%以内，居民消费价格指数涨幅控制在3%左右，万元生产总值能耗下降3%，主要污染物排放总量削减完成省上下达任务。这一系列指标，既贯彻了中央和省上的总体要求，又切合我市的发展实际，既考虑了速度和质量，又兼顾了需要和可能，既反映了追赶超越的要求，又体现了做好“龙头”的担当。这些目标，都不是轻轻松松就能完成的，需要我们扎扎实实、创造性地开展工作，用最大的努力争取最好的结果。

做好今年政府工作，需要把握好以下几个方面：

——必须坚持以习近平新时代中国特色社会主义思想和党的十九大精神为指引。按照抓首要、大学习、促发展的要求，

着力在学懂、弄通、做实上下工夫。牢固树立“四个意识”，不断增强“四个自信”，切实提高政治站位，自觉把思想和行动统一到党中央对形势的科学判断和各项决策部署上来，把“八个明确”“十四个坚持”[27]贯穿到我市统筹推进“五位一体”总体布局和协调推进“四个全面”战略布局的各个方面和全过程，始终以这一重大思想引领大西安追赶超越发展，加快迈向现代化、国际化。

——必须坚持推动高质量发展与做大经济总量相同步。认真贯彻习近平新时代中国特色社会主义经济思想，围绕加速迈入“万亿俱乐部”目标，以高质量发展统筹高端产业和高速增长，充分发挥投资、消费、出口“三驾马车”和改革、科技、文化“三大动力”协调拉动作用，在做大总量的同时做优质量，在做优质量的前提下做大总量。以供给侧结构性改革为主线，推动经济发展质量变革、效率变革、动力变革，着力提高全要素生产率，着力激发各类市场主体活力，着力打造“3+1”万亿级大产业[28]，加快构建具有西安特色的现代化经济体系，不断增强我市经济创新力、竞争力和辐射力。

——必须坚持稳中求进与追赶超越相统一。稳中求进是基调，追赶超越是定位。要切实把握好“稳”和“进”的关系，确保经济发展的基本面持续稳中向好，防止出现大的波动，同时在重点领域和优势强项上要有所进取、有所突破。要切实把握好“赶”和“超”的节奏，既要坚定信心、全力追赶，又要结合实际、遵循规律；既要全面对标、缩短差距，又要立足优势、勇于超越；既要“补短”增加“总分”，又要“扬长”争取“加分”。在稳中求进的前提下，确定好方向、选择好路径、掌握好平衡，努力实现高质量、高效益的追赶超越。

——必须坚持大西安、国家中心城市、亚欧合作交流的国际化大都市建设相衔接。当前和今后较长一段时期，是大西安建设、国家中心城市建设、亚欧合作交流的国际化大都市建设的历史交汇期、黄金机遇期、任务叠加期。三者之间，既是辐射带动的圈层展开，也是发展目标的梯次推进，必须科学谋划、有效实施。要尊重城市发展规律，按照“五个统筹”要求[29]，精准把握建设的有序推进、发展的融合衔接和工作的力度节奏，全力推进西咸一体化、富阎一体化，加快构建大西安都市圈；建好“三中心两高地一枢纽”，不断完善国家中心城市功能；打造“五都一枢纽”[30]，全面加快国际化进程，积极实施大西安新时代“三步走”战略[31]。

——必须坚持抓重点、补短板、强弱项相协调。强化系统思维，掌握科学方法，学会“十个指头弹钢琴”。既要统筹推进、也要抓住重点，既要厚植优势、也要补齐短板，既要巩固强项、也要提升弱项。要在依托突出区位交通优势，大力发展枢纽经济、门户经济、流动经济方面聚焦发力；在弥补工业短板，打造新能源汽车、新一代信息技术等“拳头”产业方面勇于突破；在破解科教、文化资源潜力释放不足，促进科创、文旅产业大发展方面争创亮点。找准工作的切入点和着力点，“一锤接着一锤敲”，以重点突破带动整体推进，用补短强弱促进协调发展，推动全市经济高质量发展，努力当好全省追赶超越的“排头兵”。

三、2018年重点工作任务

（一）推动高质量发展，着力构建具有西安特色的现代化经济体系。

持续深化供给侧结构性改革。落实我市“1+6”行动计划[32]，深入推进“三去一降一补”。大力破除无效供给，对僵尸企业实行清单管理。建立多主体供给、多渠道保障、租购并举的住房制度，确保商品房库存去化周期稳定在合理范围。强化政府债务管控，坚决守住不发生系统性金融风险底线。落实降成本行动计划，年内降低企业成本90亿元以上。加快实施我市“10+N”系列补短板行动方案[33]，不断增强发展的协调性、均衡性和可持续性。深化土地供给侧结构性改革，开展新一轮土地利用总体规划编制试点，以土地利用方式转变促进城市发展方式转型。

推动产业发展加快迈向“双高端”。围绕建设西部经济中心，不断提升产业发展的规模层次和质量效益，使我市产业发展既有“众木成林”，又有“参天大树”。

——大力发展战略性新兴产业和先进制造业，加快培育“拳头”产业。依托华为、中兴、阿里巴巴、腾讯、三星、美光、应用材料等重点企业，加快发展集成电路、智能终端、大数据与云计算、物联网和第5代移动通信技术，打造千亿级全球新一代信息技术产业基地。依托陕汽、比亚迪、法士特、吉利、开沃等骨干企业，围绕提升整车设计、三电（电驱、电池、电控）研发、系统集成及轻量化研究等核心技术，在扩大整车产能的同时，加快汽车零部件配套产业发展，打造百万辆全国新能源汽车制造重镇。依托航空、航天基地以及中航西飞集团、中航一飞院、中航试飞院、航天五院西安分院、航天六院等企业和科研院所，做好ARJ21和MA700支线客机、C919大型客机零部件、无人机以及北斗导航、工业机器人的研发生产，打造具有国际影响力的航空航天产业高地。持续壮大电力装备、新材料、新能源、医药制造等产业集群。积极创建“中国制造2025”国家级示范区，推进“两化”深度融合[34]，实施“三换三名”工程[35]，抓好100个市级重点技改项目，促进传统优势产业转型升级。

——加快服务业高端化发展。突出抓好创意设计、科技研发、检验检测、商务咨询等高端环节，完善法律、会计、信息与数据等服务体系建设，推动生产性服务业向专业化和价值链高端延伸。围绕打造时尚消费中心，抓好钟楼、西咸、浐灞等国际化商业中心建设，推进小寨、高新、曲江、经开等商圈提档升级，加快宜家荟聚购物中心等一批大型商业综合体建设，新增5个市级以上特色商业街，推动生活性服务业向精细化和高品质转变。加快国家电子商务示范城市建设，积极实施“电子商务倍增计划”，促进实体零售转型发展和线上、线下融合发展，力争电子商务交易额达到3600亿元。全年举办规模以上会展活动200场以上，综合收益达到130亿元。

——全面提升金融服务水平。围绕打造丝路国际金融中心，加快建设科技、文化、军民融合3个金融示范区和能源、物流、绿色3个金融功能区，积极培育互联网金融、消费金融、融资租赁、商业保理等新金融，鼓励发展创业投资、私募股权投资、产业投资等基金，吸引更多境内外金融机构和高层次金融人才向西安聚集。实施“龙门行动计划”，新增境内外上市挂牌企业30家，实现融资300亿元。全年金融业占生产总值比重稳定在10%以上。

强力打造特色小镇“西安名片”。落实好中省特色小镇建设系列政策和我市《创建导则》，坚持产业“特而强”、功能“聚而合”、形态“小而美”、机制“新而活”，突出生产、生活、生态“三生融合”，重点围绕硬科技、文化旅游、军民融合等优势资源，加快建设50个左右特色小镇，体现西安特色，形成“西安模式”。

实施“新经济新业态壮大计划”。推动物联网、虚拟现实、增强现实等新技术与实体经济深度融合。积极发展众创、众包、众扶、众筹等新模式，支持人工智能、增材制造、大数据等新产业聚集发展，加快发展数字、共享、智慧、绿色经济等新业态，在中高端消费、现代供应链、人力资本服务等领域培育新的增长点。

大力振兴实体经济。实施“市场主体升级计划”和“科技小巨人企业培育计划”，加快培育一批营业收入过百亿的大企业大集团和行业龙头企业，发展一批“专精特新”中小企业，扶持小微企业灵活发展，全年净增“五上”企业500户以上，新增小巨人企业260家、各类市场主体20万户。深入推进质量强市战略，加快实施“标准化+”和“质量提升”行动，大力弘扬“工匠精神”，引导企业增品种、提品质、创品牌。

实施“民营经济倍增计划”。落实我市《关于促进民营经济加快发展的若干意见》，着力破解融资难题，搭建信息交流平台，构建“亲”“清”新型政商关系，进一步提振民企发展信心，民间投资增长6%以上。大力弘扬优秀企业家精神和新时代西商精神，积极营造“企业家功高、纳税者光荣”的社会氛围，努力打造关心重视企业家和企业家创新创业的双示范城市。

（二）深入实施创新驱动战略，着力培育壮大发展新动能。

全力打造全球硬科技之都。落实我市发展硬科技产业“十条措施”，统筹设立1000亿元产业引导基金。结合硬科技“八路军”[36]的发展需求，争取国家科技创新“2030重大项目”，吸引更多国内外知名科技组织和企业落户西安。加快推进中科院西安科学城建设，启动实施光启、汉能、大疆等一批硬科技、黑科技项目。协力打造西安交大西部创新港、西北工大翱翔小镇、西电科大军民融合创新谷、中兴科创小镇等11个具有国际水准的硬科技小镇。全力办好2018全球硬科技创新大会，持续扩大西安硬科技品牌的世界影响力。

加快推进“两区”建设。聚焦统筹科技资源、深化军民融合两大改革任务，坚持复制推广改革经验与深化提升创新成果同步推进。拓展科技大市场功能，推广“一院一所一校”改革经验[37]，全市技术合同交易额达到850亿元，就地转化率超过30%，研发投入占生产总值比重保持在5%以上。扎实推进国家知识产权强市和运营试点城市建设，支持建好国家知识产权军民融合运营平台和中国（西安）高端装备制造产业保护中心。推动军工企业混合所有制改革和军工科研院所事转企改革，统筹抓好军民融合“两园三基地”[38]建设，积极创建“国家军民融合标准化试点城市”。全年军民融合产业营业收入达到2500亿元以上，民参军企业数达到430家以上。支持高新区自创、自贸“双自联动”发展，打造引领创新发展、支撑开放合作的“双示范”样板区。

大力推进“双创”工作。完善“5552”成长格局[39]，加快建设各类众创载体。支持西安交大、西北工大、西电科大、光机所等高校院所发挥资源优势，建设高水平、专业化众创载体和创新创业学院，助力阿里巴巴、亚马逊、猪八戒、蒜泥科技等众创载体做大、做强，全市众创空间达到450家以上、总面积1600万平方米以上。扎实推进国家小微企业创业创新基地城市示范，加强“双创”与产业的有机融合及对实体经济的有力支撑，大力发展“大学生创业经济”“校友经济”“院士经济”“院所经济”“教师经济”等五大创新创业经济。推行户籍新政2.0版[40]，提供人才安居房不少于5万套，人才安居货币化补贴实现全覆盖。办好2018西安国际创业节、西安国际创业大赛和“创业西安行”等活动，持续开展“百万大学生留西安就业创业”和“梦回长安——百万校友回归”活动。“种好梧桐树，引得凤凰来”。让世界各地的创新创业资源向西安加速奔流，让富集涌动的创新创业活力在西安加速释放，着力打造“一带一路”创新创业之都。

稳步推进重点领域改革。不断深化“放管服”改革，继续抓好商事制度改革，全面实施市场准入负面清单制度，加快推进企业简易注销登记和全程电子化，基本实现群众和企业办事“最多跑一次”。支持莲湖、高新、西咸等开展相对集中行政许可权改革试点，做实“一枚图章管审批”。完成公共资源交易平台整合，公共资源交易中心挂牌运营。完善代管西咸新区的体制机制，新区事新区办。深入推进国资国企改革，通过增资扩股、改制上市、并购重组以及分离移交社会职能等方式，促进国资增效益、国企增活力。推动国税、地税征管体制改革，深化财政专项资金管理改革。开展“营商环境提升年”活动，落实省上“十大行动”方案[41]，建立营商环境考核指标体系，完善“1+12+18”政策体系[42]，狠抓政策落地“最后一千米”，深入整治规范市场秩序，打造审批事项最少、办事效率最高、投资环境最优的政务生态体系，真正使西安成为企业成长的“乐土”、创业者圆梦的“福地”。

（三）主动融入“一带一路”大格局，着力打造国际重要门户枢纽。

大力发展枢纽经济、门户经济、流动经济。加快建设国家综合交通枢纽，推动空港、陆港、高铁港“三港联动”，不断提升西安的枢纽地位，增强在全国乃至全球的资源配置能力。启动西安咸阳国际机场三期扩建，新开通10条国际客运航线和4条国际货运航线，力争机场客运量超过4500万人次、货运量达到30万吨，打造国家临空经济示范区。充分发挥“米字形”高铁网络突出优势，加快建设高铁新城。启动北客站交通综合枢纽中心建设，年内北客站至机场城际铁路建成通车，打造区域“换乘中心”。加快建设“2环+12辐射”[43]对外高速公路大通道，全面提升大西安交通通达能力。加强与沿海、沿边口岸通关协作，加快构建大通关综合服务体系，充分发挥向西开放、向东集散、辐射全国的门户作用，打造多元化开放“新门户”。不断完善综合保税区功能，支持空港保税物流中心升级为综合保税区，加快国际贸易“单一窗口”推广应用。拓展“长安号”中欧班列业务范围，加密运行频次，力争年内开行1000列。积极构建现代化、智慧化物流体系，推动城市共同配送，促进人流、物流、资金流、信息流加速流动，打造区域“集散转运中心”。扎实做好国家现代物流创新发展和供应链体系建设“双试点”工作，推进西安港冷链物流仓储基地、新筑铁路综合物流中心、空港新城航空物流枢纽三大聚集区建设，加快实施海航、京东、传化、菜鸟等重大物流项目。积极办好第8届中国西部物流博览会。全年物流业增加值增长15%以上。

高水平建设自贸试验区。坚持以制度创新为核心，加快建设与国际投资贸易规则相适应的政务服务体系。全面落实127项改革试点任务，促进资本集聚、产业集聚，入区企业达到1万家以上。加快跨境人民币结算中心建设，提升金融改革创新和便利化服务水平。建立“一带一路”互联互通合作机制，探索建设内陆型自由贸易港。让自贸试验区成为打造内陆型改革开放新高地的先导区，使西安由“跟跑”开放向“引领”开放转变。

积极做好对外经贸合作。加快建设欧亚经济综合园区核心区、中俄丝路创新园、中欧合作产业园等国际产能合作项目，支持建立“一带一路”产业园区发展联盟。坚持优进优出，持续加大先进技术设备和关键零部件进口，不断扩大高新技术和机电产品出口，着力打造一批具有国际竞争力的服务出口品牌。加快发展跨境电子商务。全年进出口总值达到2800亿元。积极拓展“海外西安”新空间，发挥好陕鼓、西电、陕汽、爱菊、隆基股份、大唐西市等“先遣军”的示范带动作用，鼓励支持更多本土优质企业“走出去”，在参与全球化竞争中提升西安企业的品牌影响力。

提升城市公共服务国际化水平。加快西安领事馆区建设，争取哈萨克斯坦总领事馆、尼日利亚商务中心年内启用。发展更多国际友好城市，策划建设友城街区，推动友城之间互设城市展示、产品展销平台。加快建设国际社区、学校、医院等国际化公共服务设施，积极引进国际商协会、国际中介服务机构，进一步完善国际标志标识，促进公共服务系统多语化建设，提升市民国际化素养，让所有在西安的外籍人士都能感受到方便、体会到融洽、触摸到这座城市的温度，真正爱上西安、更好融入西安。

（四）坚定文化自信，着力建设世界文化之都。

实施中华优秀传统文化传承发展工程。持续加大对明城墙、汉长安城、秦咸阳宫等各类遗址和文物的保护展示力度，加快推进碑林、小雁塔、半坡遗址等历史文化片区改造提升，推动建设杜陵国家遗址公园，坚决守护好人类文明遗产和民族精神家园。继续抓好博物馆之城建设，年内新增5座以上博物馆。传承红色文化基因，实施革命旧址保护和教育展示工程，抓好七贤庄红色文化示范街区建设。加强非物质文化遗产保护。实施中华老字号保护发展工程。深入挖掘古都历史文化价值，运用现代科技手段推动中华优秀传统文化融入新时代，培育和践行社会主义核心价值观，进一步凝聚城市精神，强化文化担当，用西安的方式讲好中国故事，用文化的力量展示中国风采。

推动文化旅游产业升级跨越。实施文化、旅游两个产业倍增计划，推进“文化+”“旅游+”，打造万亿级文化旅游大产业。加快建设以曲江新区为引领的“文创大走廊”，促进“十大文化产业园区”[44]加速发展，培育一批实力雄厚、竞争力强的“文化航母”企业，确保文化产业增加值增长15%以上。围绕“文化+人脑+电脑”，大力发展文化创意、数字出版、动漫游戏、电子竞技、文化装备制造等产业，支持丝路国际创意“梦工场”、明德门文化艺术创意小镇、丝路文旅小镇等加快建设。持续推进“名城、名家、名作”工程，做强、做精、做优西安影视、仿唐乐舞、西安鼓乐、秦腔等特色文化品牌，加快推出一批文化精品力作，用文化艺术的形式演绎新时代大西安的精彩崛起，为提升中国文化的世界影响力贡献“西安力量”。

围绕打造世界旅游时尚之都，积极实施“旅游国际化行动”，着力抓好国家级旅游业改革创新先行区和全域旅游示范市创建工作，推动旅游与文化、科技、会展、商贸、体育等深度融合，全面发展优质旅游。持续抓好城墙·碑林、朱雀·太平、翠华山·南五台和大明宫4个AAAAA级景区创建工作，加快华侨城系列文旅、宋城集团“中华千古情”、华夏文旅综合体二期等文化旅游项目建设。构筑月光经济“一极两轴五板块多节点”[45]发展格局，开展城墙景区灯光秀、快乐跑等主题活动，打造“夜游西安”品牌。开展“西安年·最中国”系列活动，丰富西安旅游内涵。用好“国际美食之都”金字招牌，大力发展美食经济，打造“舌尖上的西安”。完善旅游软硬件设施配套，实施旅游厕所革命“三年行动计划”，加快发展“智慧旅游”、打造智慧景区，规划建设一批高星级酒店群，深入整治规范旅游市场秩序，全面提升旅游服务质量。策划西安城市形象设计，加大西安国际品牌营销。全年接待游客数量超过2亿人次，旅游业总收入超过2000亿元。

加强国际人文交流合作。围绕建设对外交往中心，搭建国际人文交流平台。积极申办、筹备2019“一带一路”国际合作高峰论坛，加快建设西安丝路国际会展中心。全力办好第3届中法文化论坛、中德历史文化名城对话会、丝绸之路国际艺术节和电影节、全球无人机大赛等国际交流活动。支持高校提升国际化办学水平，推动国际学术交流。鼓励更多本土文化企业、团队、人才“走出去”，传播“西安好声音”，讲述“古城新故事”。

推进现代公共文化服务体系建设。健全四级公共文化设施网络，构建大西安“文化通”数字移动平台，促进文化共建共享。启动西安图书馆新馆等一批公共文化设施建设，新建一批社区书屋和书香西安阅读吧，组织开展“万人万卷·阅动西安”全民阅读、丝绸之路国际图书博览会等系列活动，聚力打造“书香之城”。继续推进农村文化礼堂建设，全年放映公益电影37000场，文化惠民演出1500场。扎实做好第14届全运会各项准备工作，加快西安奥体中心等场馆建设，办好2018西安国际马拉松赛等体育赛事，广泛开展群众性体育健身活动，增强市民健康体魄，展示城市运动之美。

（五）聚焦人居环境宜居化，着力建设“品质西安”。

优化城市空间布局。围绕“三轴三带三廊一通道多中心多组团”[46]发展格局，积极实施“北跨、南控、西进、东拓、中优”战略，推动大西安从“围城”建设时代进入“拥河”发展时代。开展“品质规划攻坚年”活动，启动新一轮城市总体规划修编工作，推进多规合一。加强中心城区规划管控，坚持“只拆不建、多拆少建”，疏解建筑、人口密度。系统推进“城市设计”和“城市双修”[47]试点，塑造特色风貌，推动有机更新。支持西咸新区加快建设大西安新轴线、新中心。主动加强与咸阳、渭南的对接融合，启动富阎产业合作园区首期10平方千米建设，加快西咸、富阎一体化进程。

不断完善城市功能。落实《品质西安建设补短板三年行动方案》，持续推进“强基增容”工程，全年完成城建投资710亿元。加快地铁在建项目建设，4号线年底前建成通车。抓紧报批第三期地铁规划并组织实施。进一步提升地铁运营水平，优化公交线网布局，公共交通出行分担率达到60%以上。抓好昆明路、西延路、建工路等快速路建设，加快西铜一级公路（西安—高陵）、经九路、酒十路等市政道路改造，启动西三环—阿房一路等立交工程。打通25条断头路，开工建设32个公交场站和1.5万个停车位。加快实施智能电网、户表集中改造、老化供水供热管网改造工程。建成投用第二气源，启动建设气化三期。实施城市地下空间规划建设利用“三年行动”，抓好年度20个示范项目。开工干支线管廊40千米、缆线管廊90千米。加快高新、曲江、浐灞、常宁新区等海绵城市试点，小寨地区海绵城市建设粗具规模。继续推进火车站、幸福路等城市片区改造，提升区域功能和城市品质。

持续抓好“四治一增”。坚持铁腕治霾，按照“治霾十法”[48]，加大产业结构和能源结构调整力度，打好“减煤、控车、抑尘、治源、禁燃、增绿”组合拳。加快推进清洁供暖、燃气锅炉低氮改造和农村煤改气（电）等工作，强化重点排放企业全程监管。建成“智慧环保综合指挥中心”，实现线上线下同步监管，不断提升网格化管理实效。加大关中城市群联防联控力度，合力打赢蓝天保卫战，全年优良天数不少于200天。抓实抓好“河长制”“湖长制”，坚持“五策治水”，深化“8+5+2”河湖水系治理[49]，实施“剿劣水”行动，推进渭河断面水质达标、渼陂湖等8大重点水利工程[50]建设，新增生态水面2300亩、湿地5000亩，加快恢复“八水绕长安”生态美景。依法保护秦岭生态环境，强化“四治一专两核查”[51]常态化监管，建立多元化生态补偿机制，继续实施环山公路“三化”工程及特色节点建设，坚决守好国家生态安全屏障，不断增强“城市绿肺”功能。深入推进“烟头革命”，持续提升保洁水平。实施城区厕所革命“三年行动计划”，新建公厕440座、改造提升666座、鼓励开放380座以上。强力推进“四改两拆”，启动城棚改项目16个，改造老旧小区200万平方米、旧厂区项目14个，实施架空线缆落地193千米，整治拆除违法建设800万平方米以上，基本完成违法户外广告及牌匾标识拆除任务。实行生活垃圾处理区域补偿机制，加快5个生活垃圾无害化处理项目建设，年内建成八兴滩餐厨垃圾无害化处理厂。持续开展“五路”两侧增绿美化、“两路两侧三化”[52]整治和“美丽西安·绿色家园”行动，新建公园4个、绿地广场60个，新增城市绿地面积500万平方米、立体绿化面积10万平方米，植树造林3万亩，打造一路一景、三季有花、四季常绿的绿色之城、花园之城。支持西咸新区、浐灞生态区加快建设国家生态文明先行示范区，探索形成可复制、可推广的生态文明建设模式。

加快建设智慧西安。建成城市运行大数据中心和政务服务平台，实现信息资源开放共享。积极拓展智慧交通、智慧医疗、智慧校园、智慧社区等服务领域，加快推动面向市民的公共服务信息化建设，推进更多领域实现移动支付、手机办事，建设“指尖上的城市”。年内实现主城区刷手机乘公交全覆盖。落实“城市管理要像绣花一样精细”的要求，全面提升城市精细化管理水平，大力开展“互联网+网格化”行动，加快实施“雪亮工程”[53]，让城市插上智慧的翅膀。

（六）积极实施乡村振兴战略，着力推进农业农村现代化。

坚决打好精准脱贫攻坚战。聚焦“12345”目标[54]，注重扶贫同扶志、扶智相结合，下足绣花功夫，做到脱真贫、真脱贫。持续加大财政投入，市级财政专项扶贫资金较上年增加20%。实施“十百千万”产业扶贫工程[55]，开展就业扶贫行动，确保有正常劳动能力的贫困家庭每户有1人稳定就业，涉贫区（县）年内至少建成1个返乡创业园区。全面完成危房改造和移民搬迁，高标准落实教育、健康、兜底保障政策，贫困村基础设施和公共服务全面达标。积极对接落实苏陕扶贫协作项目，确保周至县脱贫摘帽。年底全市142个贫困村、12864个贫困户、40570名贫困人口（不含兜底保障人员）达标退出，在全省率先实现全面脱贫，让贫困村的面貌焕然一新，让每一户贫困群众都衣食无忧、都有靠奋斗脱贫致富的志气！

加快发展都市型现代农业。深入推进农业供给侧结构性改革，大力发展苗木花卉、乡村旅游、休闲养生、特色民宿等产业，加快形成三产互动、跨界融合、良性循环的发展局面。推广蓝田“全域旅游”模式，开展田园综合体试点示范，全年休闲农业接待游客2500万人次，经营收入25亿元。推进电商“下乡进村”，培育一批集聚效应强的电商平台。加快灞源华润红色希望小镇和暖泉湾猕猴桃特色小镇建设，促进绿色农产品入网进场。优化“一区三带七板块”发展格局，新增市级以上现代农业园区15个、产业化龙头企业10家。大力发展绿色农产品，新增“三品一标”[56]农产品40个、无公害农产品基地40个。积极培育新型农业经营主体，年内培育家庭农场100家、职业农民1500人。全面落实粮食安全责任制，粮食产量达到180万吨以上。

扎实抓好农村环境整治。强化土壤污染管控和修复，加强农业面源污染防治，推进农村垃圾综合治理。实施农村厕所革命“三年行动计划”，年内改厕5万户。做好村容、村貌、绿化、美化和村镇门户景观建设，凸显关中民居特色，年内创建5个美丽镇街、打造85个美丽村庄。着力建好、管好、护好、运营好农村公路，为农村聚人气、旺财气。

积极推进农村改革。深化农村集体产权制度改革，健全农村产权流转交易四级服务体系。总结推广蓝田董岭村“三变”改革经验，激活农村各类要素资源，拓宽农民增收渠道。完成国有林场改革任务。继续支持高陵区做好国家农村改革试点。深化农村金融改革，开展农户信用等级评价，打通金融服务“最后一米”，为“三农”引入金融活水。

实施“远郊区（县）域经济倍增计划”。充分发挥远郊区（县）空间优势，提升产业规划水平，积极承接城区产业转移。强化一区（县）一主业、一镇（街）一特色，一村一品牌，做精做专区（县）工业园、农业园，引导差异化发展，形成特色鲜明的区县域经济板块。按照“人干人支持”的原则，创新市财政支持区县发展的政策措施，加快补齐区县域经济短板，促进协调发展，实现富民强县。

（七）坚持项目带动战略，着力扩大有效投资。

加快推进项目建设。坚持“以市场换产业、以项目换投资”，紧盯新兴产业、基础设施、生态建设、社会民生等重点领域，储备一批事关全局和长远发展的重大项目。落实领导包抓市级重点项目制度，用好“互看互比互学”平台，做好水电气路等全要素保障，确保市级重点项目完成投资2900亿元以上。认真组织实施“招商项目落地年”活动，全力抓好已签约项目的跟踪落实，切实提高开工注册率、资金到位率和竣工投产率，为稳增长奠定坚实基础、提供有力支撑。

紧盯“五资”抓招商。更加注重招商引资的质量效益和实际效果，瞄准世界500强、国内500强，努力引进一批大项目、好项目。围绕“3+1”万亿级大产业和优势产业集群，以龙头企业为依托，开展一对一联系、点对点衔接，实施产业链招商和资本招商，鼓励以商招商。全面落实与央企的战略合作，促进央企资金、技术、品牌优势与西安资源优势双向融合。高水平办好第2届世界西商大会、全球程序员节等重大活动。进一步创新政府投融资模式，再推出一批重大PPP项目，新增推介项目总额2000亿元以上。确保全年实际引进内资2890亿元、实际利用外资58亿美元。

切实提高投资质量。充分发挥有效投资对优化供给结构的关键性作用，进一步完善考核办法，加大产业投资的考核权重，促进各类资本向硬科技产业、文化旅游产业和新经济、新业态等领域聚集。切实抓好115个重点工业投资项目，确保强生全球供应链生产基地（一期）等30个重大项目年内建成投产，工业投资增长5%以上，占固定资产投资比重达到15%以上。充分释放民间投资潜力，吸引更多民间资本投资我市基础设施、社会事业和特色优势产业，力争年内引入民间资本达到3000亿元。

（八）坚持民生优先导向，着力满足群众日益增长的美好生活需要。

聚焦破解民生“九难”，持续推进“十个一”民生工程，扎实办好为民“十大实事”[57]，使人民群众的获得感、幸福感、安全感更加充实、更有保障、更可持续。

切实提高就业质量和收入水平。落实更加积极的就业政策，努力实现更高质量和更充分的就业，全年城镇新增就业12万人，农村劳动力转移就业65万人，实现“零就业”家庭动态清零。实施高校毕业生“3+N”就业促进计划[58]，消除就业歧视，构建和谐劳动关系。多措并举解决农民工工资拖欠问题，确保农民工都能拿到辛苦钱。拓展居民劳动收入和财产性收入渠道，不断提高城乡居民收入。

优先发展教育事业。以解决中小学生课外负担重、“择校热”“大班额”以及婴幼儿照护、儿童早期教育等问题为重点，努力办好人民满意的教育。新建标准化中小学、幼儿园30所，实施“全面改薄”154所，增加学位4万个，普惠性幼儿园占比达到65%。以大学区建设为抓手，年内组建25个“名校+”教育联合体，促进优质教育资源共享。改革民办学校“小升初”政策，完善小学“弹性离校”制度，扩大校园新风系统试点。全面完成普通高中省级标准化建设，稳步实施新高考制度改革试点。推进市属高校产教融合，支持8所高校创建“双一流”。实施第二期特殊教育提升计划，推动职业教育、民族教育、成人教育、民办教育等健康协调发展。认真落实《中共中央国务院关于全面深化新时代教师队伍建设改革的意见》，持续抓好师德、师风建设，全面实施名师、名校长“百千万工程”[59]，用教育家校长和高素质教师打造西安教育品牌，撑起千百万家庭的未来。

持续推进健康西安建设。深化公立医院综合改革，健全完善分级诊疗制度，建成紧密型医联体13个。继续实施城市公立医院对口帮扶基层医疗卫生机构，推动优质医疗资源“双下沉、两提升”[60]，办好群众家门口的医院。加强全科医生队伍建设，启动新一轮改善医疗服务三年行动计划，做实家庭医生签约服务。做好重点传染病专病专防。推动社会办医提质发展。加快建设大西安区域医学检验中心、市人民医院和鄠邑等4所区（县）医院[61]，争取国家健康医疗大数据中心及产业园区项目尽快落地。深入推进全国养老服务业综合改革试点工作，鼓励支持社会力量参与养老事业，对2000户贫困老年人家庭进行适老化无障碍设施改造，建成医养机构20个、城市社区居家养老服务站35个、农村幸福院184个，新增养老床位6400张，不断造福全市老年人。

切实提升社会保障和公共服务水平。整合城乡居民医疗保险制度，建立城乡居民基础养老金正常调整机制，推进异地就医住院费用直接结算，加快社会保障卡发行应用，更好保障参保群众生活。适时提高城乡低保标准、特困供养人员保障标准和重度残疾人救助标准，加大社会扶助、救助力度，实现困难群众应保尽保、应助尽助。健全农村留守儿童和妇女、老年人关爱服务体系。有效增加公租房和限价房房源，年内新增租金补贴家庭2000户，继续加大房产办证遗留问题解决力度。建立完善物业服务企业诚信机制和监管机制，物业管理覆盖率提升至60%以上。完成37个农贸市场改造提升，规范各类早市和时令市场的管理，让市民享有更多获得感。

加快形成共建、共治、共享的社会治理格局。积极发挥社区、社会组织在社会治理中的作用，大力推广莲湖“律师进社区”经验，实现政府治理和社会调节、居民自治良性互动。组织实施好第10次村委会换届工作。推进“诚信西安”建设，逐步形成政府监管、公民自律、企业内控和社会监督“四位一体”的诚信体系。实施食品药品安全工程，让群众吃得安全、用得放心。加强质量技术监督，强化特种设备安全监管。严格落实安全生产责任制，加强城市安全风险分级管控，开展交通、消防、燃气、危险化学品等重点领域，以及人员密集场所、建筑工地、城中村、高层建筑等重点区域安全专项治理，坚决遏制重特大生产安全事故发生。按照中央“五个坚持”[62]要求，坚决打赢扫黑除恶专项斗争攻坚仗。加强治安防控体系建设，依法严厉打击暴力恐怖、电信诈骗、非法集资和传销等违法犯罪活动，打造“平安西安”。完善交通指挥体系，持续开展“车让人”行动，大力整治三轮车、摩托车非法载客行为，规范共享单车运营秩序。做好气象预警、防震减灾等工作，提升突发事件应急处置能力，筑牢城市安全“防火墙”，确保人民安居乐业、城市安全运行、社会安定有序。

扎实推进“七五普法”。做好优抚工作，深入开展双拥创建活动。切实做好第四次经济普查，进一步加强统计工作。继续做好民族、宗教、参事、人防、档案、地方志等工作。

四、全面建设人民满意政府

面对千帆竞发、百舸争流的城市间竞争，不进则退、慢进也是退。我们必须牢固树立以人民为中心的发展思想，准确把握社会主要矛盾变化的新特点，不忘初心、牢记使命、奋力拼搏，全面建设新时代人民满意政府。

一要充分发挥“头雁效应”。全市政府系统各级领导干部，要牢固树立“四个意识”，不断增强“八种本领”[63]，确保做到“五个过硬”[64]，推动中省各项决策部署在西安落地生根。充分发挥“关键少数”的示范引领作用，适应新形势、着眼新任务、植根新实践，用“真本事”“硬功夫”和“好口碑”，为干部群众立标杆、树榜样、做表率，真正形成一级做给一级看、一级带着一级干的良好工作氛围。

二要淬火锻造“西安铁军”。全市政府系统所有工作人员，都要积极践行“胸怀大局、无私奉献、弘扬传统、艰苦创业”的“西迁精神”，按照“西安铁军”标准和要求，驰而不息反“四风”、转作风、提效能、优服务，“甩开膀子下势干”“事不过夜马上办”。强化“以能力比高低、以实绩论英雄”的鲜明导向，让愿干事、能干事、敢担当的干部有舞台、有盼头、有底气，不断激发广大干部干事创业、比学赶超的内生动力，在实干中创造新业绩，在担当中彰显新形象，在奋斗中谱写新辉煌。

三要竭力当好“五星级店小二”。充分发挥“12345”市民热线、网上群众工作部和“千人亲商助企”等平台作用，持续推进“最多跑一次”改革，让政务上云端、服务接地气，让数据多跑路、群众少跑腿，真正使市民和企业办事既方便、又省心。要常进百家门、常解百家难，脚上多沾泥、争当好公仆，做到百姓之事多上心、百姓之忧多操心、百姓之盼多用心。

四要扎实推进廉洁政府建设。时刻把纪律和规矩挺在前面，严格落实中央“八项规定”精神和实施细则要求，始终保持惩治腐败“零容忍”高压态势，从严查处侵害群众利益的行为，既要干事、又要干净，坚决守好廉洁底线。构建系统完备、科学规范、运行有效的依法行政制度体系，做到“法无授权不可为、法定职责必须为”，切实把权力关进制度的“笼子”。自觉接受人大监督、政协监督，加强审计监督，主动接受群众和媒体监督，充分发挥《每日聚焦》《问政时刻》等栏目作用，始终把政府工作放在全社会的“聚光灯”下，着力打造“阳光政府”。

各位代表！西安有戏，合力才能好戏连台；人生有梦，奋斗才能梦想成真。目标已定，号角吹响，我们已经踏上新时代的“赶考路”。让我们更加紧密地团结在以习近平同志为核心的党中央周围，在市委的坚强领导下，凝心聚力、抢抓机遇，敢闯敢干、奋勇争先，为新时代大西安实现大发展、携手共创全市人民幸福美好的新生活而努力奋斗！

注释：

[1]“五新”战略任务：是省第十三次党代会提出的战略任务，即“培育新动能、构筑新高地、激发新活力、共建新生活、彰显新形象”。

[2]聚焦“三六九”，振兴大西安：是市第十三次党代会报告提出的未来五年奋斗目标。

“三”：就是紧盯全面建成小康社会、GDP过万亿、建好国家中心城市三个目标。

“六”：就是紧盯上述目标，做强西部经济中心、丝路科创中心、对外交往中心、丝路文化高地、内陆开放高地、国家综合交通枢纽，构建“三中心二高地一枢纽”六维支撑体系。

“九”：就是扎实抓好未来五年九项重点任务（着力推进产业升级，加快建设西部经济中心；着力推进创新驱动发展，加快建设丝路科创中心；着力深化改革开放，加快建设内陆型改革开放新高地；着力彰显文化特色，加快建设丝路文化高地；着力构建交通体系，加快建设国家综合交通枢纽；着力推进城镇化建设，加快建设宜居西安；着力优化生态环境，加快建设美丽西安；着力保障改善民生，加快建设品质西安；着力加强民主法治，加快建设平安西安），促进经济社会在经济实力、创新活力、开放水平、文化实力、交通枢纽、城市功能、生态环境、人民生活、社会治理等九个方面实现明显提升。

[3]九大关键行动：在市第十六届人民代表大会第一次会议上，《政府工作报告》提出今后五年必须全力抓好的“九大关键行动”，即实施共建大西安行动、打造国家中心城市，实施产业升级行动、打造西部经济中心，实施创新引领行动、打造丝路科创中心，实施开放兴市行动、打造内陆开放高地，实施文化强市行动、打造丝路文化高地，实施绿水青山行动、打造美丽西安，实施品质提升行动、打造宜居西安，实施共治共享行动、打造平安和谐之城，实施追赶超越行动、打造西部最佳城市。

[4]“五上”企业：即规模以上工业企业、限额以上批零住餐业企业、规模以上服务业企业、资质内建筑业企业和房地产开发企业。

[5]一区三带七板块：“一区”即秦岭北麓西安都市现代农业示范区；“三带”即沿渭都市农业产业带、渭北工业区农业产业带、南横线都市农业产业带；“七板块”分别是白鹿原都市农业板块，周至猕猴桃板块，鄠邑、长安葡萄板块，临潼石榴板块，临潼奶牛板块，蓝田肉鸡板块，阎良瓜菜板块。

[6]民生“九难”：即减霾难、治堵难、治脏难、办事难、就业难、上学难、看病难、住房难、养老难。

[7]“十个一”民生工程：即打通一批断头路、培育一批众创空间聚集区和特色区、打造一批绿化示范路、打造一批亮化示范街、建设一批生态示范河（湖）段、打造一批商圈、建设一批绿地广场和主题公园、建设一批雕塑示范街、建设一批规划馆、改造一批城中村和棚户区。

[8]八个一体：即城乡规划一体、产业布局一体、基础设施一体、社会管理一体、公共服务一体、创业就业一体、环境治理一体、政策保障一体。

[9]西安至韩城等4条城际铁路：即西安至韩城、阎良至机场、西安至法门寺、机场至法门寺等4条城际铁路。

[10]外环高速（南段）等4条重点公路：即西安外环高速公路（南段）、东三环—临潼公路、S101木岔至灞塬公路、西户公路。

[11]六大千亿级产业集群：即新一代信息技术、生物医药、新材料、高端装备制造、航空航天、节能与新能源汽车6个千亿级战略性新兴产业集群。

[12]五资：即外资、内资、民资、央资、融资。

[13]四治一增：即铁腕治霾、柔性治水、依法治山、合力治脏，立体增绿。

[14]铁腕治霾“1+1+9”行动方案：是指西安市《2017年“铁腕治霾·保卫蓝天”工作实施方案》+《“铁腕治霾·保卫蓝天”督察考核问责工作暂行办法》+煤炭削减、燃煤锅炉拆改、挥发性有机物污染治理、涉气重点污染源环境监察执法、“散乱污”企业整治、低速及载货柴油汽车污染整治、秸秆等生物质综合利用、建设工地扬尘污染防治和网格化管理等9个专项行动方案。

[15]两类企业：即预拌混凝土生产企业和预拌砂浆生产企业。

[16]五策治水：即工程治水、技术治水、生态治水、管理治水、社会治水。

[17]9个生态示范河（湖）建设：即渭河周至周武大桥段滩区治理、渭河高陵鹿苑大桥至西禹高速桥段滩区治理、灞河蓝田县城段综合提升、灞河世博园上游段综合治理、浐河常宁

段综合治理、涝河天桥段综合治理、石川河阎良富平交界段综合治理、昆明池试验段、渼陂湖试验段示范工程建设。

[18]四乱现象：是指秦岭部分区域存在的乱采乱挖、乱搭乱建、乱排乱放、乱砍滥伐现象。

[19]四改两拆：是指棚户区（城中村）改造、旧住宅区改造、旧厂区改造、架空线缆改造，拆除违法建筑、拆除违法户外广告。

[20]“五路”两侧增绿美化：是指对城市道路、高速公路、高铁线路、绕城公路、通景公路两侧进行增绿美化。

[21]就业、创业“九个一”系列活动：即举办一场创业大赛、举办一期国际创客节、评选一批创业明星、建成一批就业创业服务平台、评选表彰一批“西安工匠之星”、开展一系列就业创业校园行活动、举办一场高校毕业生求职大赛、开展一系列“雁归西安”农民工就业、创业专项活动、帮扶一批就业困难人员实现就业。

[22]“三变”改革：即资源变资产、资金变股金、农民变股东。

[23]“十送”活动：即送爱心、结穷亲，送物资、保生活，送清洁、养习惯，送健康、去疾患，送技能、强本领，送岗位、促就业，送生产、增收入，送政策、帮落实，送文化、树理想，送信心、扬志气。

[24]“1+N”新型社会救助体系：“1”即以最低生活保障制度为主；“N”即农村特困人员供养制度、医疗救助制度、临时救助制度、教育资助制度(贫困大学生资助、贫困中学生救助)、残疾人两项补贴制度(困难残疾人生活补贴、重度残疾人护理补贴)、困难失能老人护理补贴制度以及分类施保、渐退帮扶等制度。

[25]“三重一大”集体决策制度：即重大事项决策、重要干部任免、重要项目安排、大额资金的使用，必须经集体讨论作出决定的制度。

[26]十大短板：市委十三届三次全会审议通过《中共西安市委关于落实“五新”战略任务加快补齐“十大短板”的决定》，提出全市要努力补齐工业经济、民营经济、军民融合、开放经济、区（县）域经济、文化产业、金融产业、创新发展能力、生态环境、民生服务等“十大短板”。

[27]“八个明确”“十四个坚持”：“八个明确”是习近平新时代中国特色社会主义思想的基本内涵，即明确坚持和发展中国特色社会主义的总任务；明确新时代我国社会主要矛盾；明确中国特色社会主义事业总体布局、战略布局，强调坚定道路自信、理论自信、制度自信、文化自信；明确全面深化改革总目标；明确全面推进依法治国总目标；明确党在新时代的强军目标；明确中国特色大国外交要推动构建新型国际关系，推动构建人类命运共同体；明确中国特色社会主义最本质的特征和中国特色社会主义制度的最大优势是中国共产党领导。

“十四个坚持”是新时代坚持和发展中国特色社会主义的基本方略，即坚持党对一切工作的领导；坚持以人民为中心；坚持全面深化改革；坚持新发展理念；坚持人民当家做主；坚持全面依法治国；坚持社会主义核心价值体系；坚持在发展中保障和改善民生；坚持人与自然和谐共生；坚持总体国家安全观；坚持党对人民军队的绝对领导；坚持“一国两制”和推进祖国统一；坚持推动构建人类命运共同体；坚持全面从严治党。

[28]“3+1”万亿级大产业：“3”就是以电子信息为主的高新技术产业，以新能源汽车和航空制造为主的先进制造业，以枢纽经济、门户经济、流动经济为主的现代服务业；“1”就是万亿级文化旅游大产业。

[29]“五个统筹”要求：是指2015年12月召开的中央城市工作会议提出的城市发展要求，即统筹空间、规模、产业三大结构，提高城市工作的全局性；统筹规划、建设、管理三大环节，提高城市工作的系统性；统筹改革、科技、文化三大动力，提高城市发展的持续性；统筹生产、生活、生态三大布局，提高城市发展的宜居性；统筹政府、社会、市民三大主体，提高各方推动城市发展的积极性。

[30]五都一枢纽：市委十三届四次全会审议通过《中共西安市委关于高举习近平新时代中国特色社会主义思想伟大旗帜加快大西安国际化进程的决定》，提出要着力打造“一带一路”创新创业之都、引领新经济发展的全球硬科技之都、中华传统文化和现代文明交相辉映的世界文化之都、世界旅游时尚之都、国际生态智慧宜居之都和国际重要门户枢纽。

[31]大西安新时代“三步走”战略：即到2020年，全面建成小康社会，经济总量迈上万亿台阶，“三中心二高地一枢纽”六维支撑体系基本建立，美丽西安建设初见成效，大西安都市圈全面形成；到2035年，全面建成代表国家形象、引领“一带一路”、具有重要国际影响力的国家中心城市；到2050年，全面建成具有历史文化特色和亚欧合作交流的国际化大都市。

[32]“1+6”行动计划：是指西安市《供给侧结构性改革总体方案》+《供给侧结构性改革去产能行动计划》《关于化解房地产库存促进房地产市场健康发展的若干意见》《供给侧结构性改革去杠杆行动计划》《供给侧结构性改革降成本行动计划（2016—2018年）》《关于落实“五新”战略任务加快补齐“十大短板”的决定》《关于深入推进农业供给侧结构性改革加快培育农业农村发展新动能的实施意见》等系列政策文件。

[33]“10+N”系列补短板行动方案：为贯彻落实《中共西安市委关于落实“五新”战略加快补齐“十大短板”的决定》精神，西安市在“十大短板”的基础上，又梳理了品质西安、干部作风等一些需要补齐的短板，并制定出台“10+N”系列短板推动落实工作方案。

[34]“两化”深度融合：即信息化和工业化的高层次深度结合，以信息化带动工业化、以工业化促进信息化，走新型工业化道路。

[35]“三换三名”工程：即实施腾笼换鸟、机器换人、电商换市和培育名企、名家、名品。

[36]硬科技“八路军”：硬科技是比高科技更加核心、高精尖的原创技术；“八路军”是指人工智能、生物技术、信息技术、智能制造、航空航天、光电芯片、新材料、新能源等八大产业。

[37]“一院一所一校”改革经验：一院指西北有色院在创新改革中形成的“三位一体、母体控股、股权激励、资本运作”的创新改革模式；一所指西安光机所“开放办所、专业孵化、择机推出、创业生态”的创新发展模式；一校指西安交大“政金产学研+友”新型产学研生态圈改革模式。

[38]两园三基地：“两园”是指高新区军民融合产业园和经开区军民融合装备制造园；“三基地”是指西安阎良国家航空高技术产业基地、西安国家民用航天产业基地和西安兵器工业科技产业基地。

[39]“5552”成长格局：即以高新、曲江、碑林、长安、雁塔等五区为主阵地，以校区、院区、园区、街区、厂区等五区联动为主要途径，到2021年全市建成500个以上众创空间聚集区和特色区，众创空间面积达到2000万平方米以上。

[40]户籍新政2.0版：2018年2月，我市在全面实行学历落户“两证落户”（全日制普通大中专院校的应届、往届毕业生，本科生45周岁以下、大专毕业生35周岁以下，只需要身份证和毕业证，即可落户西安）的基础上，对落户政策进行再优化、再升级，下放7类落户审批权限，缩短9类业务办理时间，简化了70%的证明材料，推出优化服务10项承诺，大幅提高落户申请的一次性办结率。

[41]“十大行动”方案：即简化企业开办和注销程序行动、简化施工许可证办理程序行动、方便企业获得水电气暖行动、方便企业办理不动产登记行动、降低企业获得信贷难度和成本行动、优化企业纳税服务行动、提升企业跨境贸易和投资便利化行动、降低企业运行成本行动、县域营商环境监测评价行动和优化提升营商环境专项督查行动。

[42]“1+12+18”政策体系：为贯彻落实中共中央、国务院《关于营造企业家健康成长环境弘扬优秀企业家精神更好发

挥企业家作用的意见》，我市提出“1+N”系列措施，即1个实施意见、12个系列活动、18个具体配套政策。

[43]“2环+12辐射”：“2环”是指西安绕城高速公路和西安外环高速公路；“12辐射”是指包茂高速公路西安（南）至茂名、西安（北）至包头，包茂高速公路复线西安（北）至包头，沪陕高速公路西安（东南）至上海，福银高速公路西安（东南）至福州、西安（西北）至银川，连霍高速公路西安（东）至连云港、西安（西）至霍尔果斯，连霍高速公路复线西安（西）至霍尔果斯，京昆高速公路西安（东北）至北京、西安（西南）至昆明，以及机场高速公路，共12条高速公路。

[44]十大文化产业园区：即西安曲江创意谷产业园、西部电影产业聚集区、西安曲江创客大街、曲江369互联网创新创业基地、华商传媒文化产业园、大西互联网产业园、曲江园林式总部基地、北大科技园、西安曲江量子文化产业城、西安文化科技创业城。

[45]月光经济“一极两轴五板块多节点”：一极指以明城墙范围内的产业整合与提升为重点，打造西安夜游经济的增长极；两轴指以东西南北四条大街景观为重点，打造东西向和南北向的两条亮化轴；五板块指以曲江、浐灞、高新、临潼、西咸等作为夜游经济集中建设发展板块；多节点指依托五大板块区域内的主要景区、特色街区、商圈及夜市等，形成人气相对集中的夜游经济消费节点。

[46]三轴三带三廊一通道多中心多组团：三轴是指南北方向贯穿大西安的三条轴线。古都文化传承轴，处于中间位置，南接秦岭终南山，中承西安历史轴线，北至大地原点，传承大西安历史脉络。科技创新轴，位于西侧，纵贯西咸新区。国际开放轴，位于东侧，沿灞河南北向联系国际港务区、浐灞生态区和曲江新区。三带是指东西横向上的秦岭、渭河、北山3条生态带。三廊是指建设以高新区为引领、“高新区+航天基地+沣东新城+大学城+科研院所”等区域为依托的科创大走廊，打造“创新增长极”；以经开区为引领、“经开区+高陵组团+临潼组团+航空基地+富阎板块”等区域为依托的工业大走廊，打造“工业增长极”；以曲江新区为引领、“曲江新区+楼观道文化展示区+白鹿原+临潼景区”等区域为依托的文化产业大走廊，打造“文化产业增长极”。一通道是指以国际港务区+空港新城+浐灞生态区等为依托的对外开放大通道。“多中心”是指西侧西咸新区建设大西安新中心、中间依托中心城区建设大西安核心区、东部建设现代服务新中心。多组团是指“1155”组团建设，即东部新城、高新科技城、新能源汽车城、软件新城、沣西丝路创新城、渭北工业城、长安大学城、高铁新城、洪庆新城、富阎航空城等10大新城，纺织城创意片区、军民融合创新谷片区、临潼旅游度假片区、三学街片区、七贤庄片区、临空产业园片区、幸福林带片区、小雁塔片区、西轴线中央商务区、徐家湾片区等10大片区，50个左右特色小镇，50个左右各类综合体。

[47]城市双修：是指生态修复、城市修补。其中，生态修复是指用再生态的理念，修复城市中被破坏的自然环境和地形地貌，改善生态环境质量；城市修补是指用更新织补的理念，发掘和保护城市历史文化，拆除违章建筑，修复城市设施、空间环境、景观风貌，提升城市特色和活力。

[48]治霾十法：即精准治霾、网格治霾、依法治霾、转型治霾、科技治霾、增绿治霾、联动治霾、政府要做绿色管理者、企业要做绿色生产者、市民要做绿色消费者。

[49]“8+5+2”河湖水系治理：“8”是指综合治理渭河、泾河、灞河、浐河、涝河、潏河、沣河、涝河8条河流；“5”是指综合治理公式河、黑河、石川河、太平河、幸福岸线5条河流水系；“2”是指生态修复渼陂湖和昆明池（斗门水库）两座湖池。

[50]8大重点水利工程：是指渭河西安段综合治理、涝渭三角洲地下水源地、涝河渼陂湖水系生态修复、西安污水处理厂污泥集中处置、幸福河综合治理、中小河流、农村饮水、农田水利等8大水利工程。

[51]四治一专两核查：“四治”即环山路综合环境整治、河道综合整治、矿山专项整治、违法图斑专项整治；“一专”即秦岭生态环境保护工作专项督察；“两核查”即每年6月、12月联合市监察委开展秦岭生态环境保护见人、见事两核查。

[52]两路两侧三化：是指对公路和铁路两侧进行洁化、绿化、美化。

[53]雪亮工程：即公共安全视频监控建设联网应用系统，以“全域覆盖、全网共享、全时可用、全程可控”为总目标，以推动重点公共区域、重点行业、重点领域视频监控全覆盖为抓手，以联网整合各类社会视频图像资源为辅助，全面开展视频图像信息在反恐维稳、打击犯罪、治安防控、社会治理、智能交通、服务民生、生态保护等领域应用，充分发挥视频监控系统在社会治安综合治理和“平安西安”建设中的作用。

[54]“12345”目标：“1”是指“一标准”，即家庭人均纯收入要超过扶贫标准；“2”是指“两不愁”，即不愁吃（包括安全饮水）、不愁穿；“3”是指“三保障”，即义务教育、基本医疗和住房安全有保障；“4”是指“四率一度”，即精准识别率、精准退出率、精准帮扶率、易地扶贫搬迁入住率和群众满意度；“5”是指“五个美丽”样板，即建设美丽乡村、美丽经济、美丽党建、美丽人家、美丽乡风。

[55]“十百千万”产业扶贫工程：是指扶持十个扶贫主导产业、培育一百家以上新型经营主体和现代农业产业园区、发展一千户以上增收示范户、带动一万户以上有产业需求的贫困户脱贫增收。

[56]三品一标：即无公害农产品、绿色食品、有机食品和农产品地理标志。

[57]为民“十大实事”：2018年，市委市政府将围绕提升医疗卫生服务水平，方便群众看病；扩大就业渠道，增加群众收入，提高人民生活质量；加强食品药品安全监管，确保百姓用药安全、吃得放心；推进教育公平，解决“择校热”“大班额”“减轻中小学生课外负担”等突出问题；完善基本养老保险制度，健全养老服务体系；打好污染防治攻坚战，共创绿水青山美丽家园；继续推进精准扶贫工作，提高困难群众生活水平；驰而不息纠正“四风”，持续改进干部作风；实行租购并举的住房制度，使百姓住有所居；打造良好营商环境，方便企业和群众办事等10个方面，实施十大惠民实事。

[58]高校毕业生“3+N”就业促进计划：“3”是指对高校毕业生实行实名制管理，加强跟踪服务，对有就业意愿的，至少提供1次免费求职推荐、1次职业指导、1次职业测评；“N”是指各级公共就业服务机构根据高校毕业生实际情况，采取“一对一”帮扶、组织见习、提供培训等多种方式扶持其实现就业。

[59]名师、名校长“百千万工程”：是指加大全市中小学、幼儿园名师、名校长培养、培训力度，年内培养教育家型校长100名、各类骨干教师1000名，完成2万人次校长、教师培训任务。

[60]医疗资源“双下沉、两提升”：是指城市优质医疗资源下沉和医务人员下基层，提升基层医疗卫生机构服务能力和群众就医满意度。

[61]鄠邑等4所区（县）医院：是指高陵区中医院、鄠邑区人民医院和中医院、蓝田县县医院。

[62]五个坚持：即坚持党的领导、发挥政治优势；坚持人民主体地位、紧紧依靠群众；坚持综合治理、齐抓共管；坚持依法严惩、打早打小；坚持标本兼治、源头治理。

[63]八种本领：党的十九大报告提出，要从8个方面全面增强执政本领，包括学习本领、政治领导本领、改革创新本领、科学发展本领、依法执政本领、群众工作本领、狠抓落实本领和驾驭风险本领。

[64]五个过硬：在学习贯彻党的十九大精神研讨班开班式上，习近平总书记提出信念过硬、政治过硬、责任过硬、能力过硬、作风过硬5点要求。这既是对中央委员会成员和省部级主要领导干部提出的，也是对全党同志特别是各级领导干部的期望。

责任编辑 姚文东

中共西安市委十三届四次全会举行

12月28—29日，中国共产党西安市第十三届委员会第四次全体会议举行。

全会以习近平新时代中国特色社会主义思想为指导，深入学习贯彻党的十九大精神，认真落实中央经济工作会议、省委十三届二次全会精神，听取市委常委会工作报告，审议通过了《中共西安市委关于高举习近平新时代中国特色社会主义思想伟大旗帜　加快大西安国际化进程的决定》，安排部署国际化大都市建设和明年工作，对贯彻中央八项规定《实施细则》、省委《实施办法》和脱贫攻坚工作提出了要求。

全会由市委常委会主持。省委常委、市委书记王永康代表市委常委会作工作报告，并就高举习近平新时代中国特色社会主义思想伟大旗帜，深入学习贯彻党的十九大精神，加快大西安国际化进程和明年工作作出部署。市政府主要负责人安排部署2018年全市经济工作。市委副书记韩松就《市委常委会贯彻落实中央八项规定〈实施细则〉及省委〈实施办法〉的实施办法》和全市脱贫攻坚工作讲话。其他市委常委在主席台就座，市委委员、市委候补委员出席会议。

全会认为，2017年是大西安极不平凡的一年，取得的成绩是多方面的，发生的变化是深层次的。在以习近平同志为核心的党中央坚强领导下，市委常委会以习近平新时代中国特色社会主义思想为指导，统筹推进“五位一体”总体布局和协调推进“四个全面”战略布局，紧扣“追赶超越”和“五个扎实”工作主线，突出抓好学习宣传贯彻党的十九大精神，按照党中央和省委部署，坚持把方向、谋全局、抓大事，认真落实省第十三次党代会和市第十三次党代会各项目标任务，“聚焦‘三六九’，振兴大西安”迈出坚实步伐。

全会高度肯定市委常委会一年来抓的10件大事。一是认真学习宣传贯彻党的十九大精神；二是深入贯彻落实“追赶超越”和“五个扎实”要求；三是全面推动省、市党代会决策部署落实；四是全面开启大西安和国家中心城市建设；五是推出户籍新政、人才新政、创新创业新政“三个新政”招才引智；六是成功举办首届世界西商大会、全球硬科技创新大会、全球程序员节“三场品牌活动”招商引资；七是大力开展烟头革命、厕所革命、行政效能革命“三大革命”优化营商环境；八是突出抓好脱贫攻坚、治污减霾、市场秩序整治“三项重点工作”；九是扎实推进“两学一做”学习教育常态化制度化打造西安铁军队伍；十是坚决肃清魏民洲等流毒影响修复政治生态。

全会高度评价市委常委会一年来9个方面重点工作取得的新成效。一是着力推动经济持续健康发展，综合实力显著提升；二是着力推进大西安大建设，城市功能不断完善；三是着力深化改革创新，新旧动能加快转换；四是着力建设门户枢纽，开放活力明显增强；五是着力加强文化建设，特色优势加速释放；六是着力大整治大提升，生态环境有效改善；七是着力保障和改善民生，群众生活更加幸福；八是着力讲团结聚人心，民主法治有序推进；九是着力全面从严治党，政治生态持续向好。

全会强调，加快国际化进程，建设国际化大都市，是西安迈入新世纪以来矢志不渝的价值追求和城市理想。中央和省委、省政府历来高度重视、大力支持西安建设国际化大都市。党的十九大开启了中国特色社会主义新时代新征程，大西安发展面临前所未有的历史性机遇。站在新的历史起点上，深入贯彻落实习近平总书记来陕视察重要讲话精神，贯彻落实党的十九大精神，落实省第十三次党代会和市第十三次党代会精神，抢抓“一带一路”机遇，大西安要以建设亚欧合作交流的国际化大都市为目标，着力打造“一带一路”创新创业之都、引领新经济发展的全球硬科技之都、中华传统文化和现代文明交相辉映的世界文化之都、世界旅游时尚之都、国际生态智慧宜居之都、国际重要门户枢纽。这是服务国家重大战略的需要、是顺应城市发展规律的选择、是赢得激烈区域竞争的关键、是实现民族伟大复兴的标志、是满足市民群众美好生活需要的途径。

全会指出，当前和今后较长一段时期，是大西安建设、国家中心城市建设、国际化大都市建设的历史交汇期、黄金机遇期、任务叠加期。三者之间，既是辐射空间的圈层展开，也是发展目标的梯次推进，必须遵循规律、统筹谋划，实施大西安新时代“三步走”战略。

第一步：到2020年，全面建成小康社会，经济总量迈上万亿台阶，“三中心二高地一枢纽”六维支撑体系基本建立，美丽西安建设初见成效，大西安都市圈全面形成，核心竞争力和辐射引领作用显著增强，国家中心城市建设迈出坚实步伐。

第二步：到2035年，基本实现现代化，建成美丽中国西安样板，创新、协调、绿色、开放、共享发展走在全国前列，综合经济实力和发展活力明显增强，在全国区域发展格局和国家治理体系中的地位更加凸显，全面建成代表国家形象、引领“一带一路”、具有重要国际影响力的国家中心城市，国际化大都市建设取得重大进展。

第三步：到2050年，基本实现共同富裕，社会主义物质文明、政治文明、精神文明、社会文明、生态文明全面提高，城市国际性特征进一步完备，现代化、生态化、国际化水平全面提升，综合实力和国际竞争力居全国前列，全面建成引领“一带一路”、亚欧合作交流的国际化大都市，努力跻身世界城市、文化名都行列，大西安全面复兴迈上新台阶。

全会强调，要按照省委、省政府“推动大西安多轴线、多中心、多组团发展”的要求，坚持“以人为本、以山为屏、以水为脉、以塬为靠、以绿为基、以文为魂”，大力优化超大城市发展空间格局，实施“北跨、南控、西进、东拓、中优”战略，形成大西安“三轴三带三廊一通道多中心多组团”的城市发展格局，为国家中心城市和国际化大都市打下坚实城市本底。

三轴是指南北方向贯穿大西安的古都文化传承轴、科技创新轴、国际开放轴。

三带是指东西横向上的秦岭生态带、渭河生态带、北山生态带。

三廊是指科创大走廊、工业大走廊、文创大走廊。

一通道是指对外开放大通道。

多中心目前指西侧西咸新区建设大西安新中心、中间依托中心城区建设大西安核心区、东部建设现代服务新中心。

多组团是指“1155”：东部新城、高新科学城等10大新城，纺织城创意片区、军民融合创新谷片区等10大片区，以及50个左右特色小镇、50个左右各类综合体。

要把塑造新时代大西安城市品牌形象作为加快城市国际化的重要突破口和着力点，从形象定位、形象内涵、形象活动、形象策划、形象宣传等五个方面系统推进。

王永康指出，2018年是贯彻党的十九大精神的开局之年，是改革开放40周年，是决胜全面建成小康社会、实施“十三五”规划承上启下的关键一年。做好明年的工作，要以习近平新时代中国特色社会主义思想为指导，紧紧抓住贯彻十九大精神、践行习近平新时代中国特色社会主义经济思想、落实“追赶超越”和“五个扎实”要求这三个“纲”，统筹推进“五位一体”总体布局和协调推进“四个全面”战略布局在西安的实践，以落实省第十三次党代会、省委十三届二次全会和市第十三次党代会各项目标任务的优异成绩喜迎改革开放40周年。

王永康强调，要持之以恒，深入学习贯彻好十九大精神。要绝对忠诚，始终紧跟习近平总书记这个核心走，坚决维护习近平总书记的核心地位，坚决维护党中央权威和集中统一领导，始终在思想上政治上行动上与以习近平同志为核心的党中央保持高度一致；学深悟透，始终高举习近平新时代中国特色社会主义思想伟大旗帜；学以致用，始终紧扣贯彻十九大精神、落实“追赶超越”和“五个扎实”要求这条工作主线，努力把学习贯彻的成效体现在扎实推动经济持续健康发展、推进特色现代农业建设、加强文化建设、做好保障和改善民生工作、落实全面从严治党的新业绩上，体现到决胜全面小康、奋力追赶超越、加快大西安国际化进程的新作为上。

王永康强调，要结合实际，认真贯彻落实省委十三届二次全会精神，认真贯彻省委书记胡和平讲话精神，各常委、副市长要按照任务分工带头抓落实，一月一报、一季度一总结，确保省委的各项要求落到实处。要凝心聚力，加快推进大西安国际化进程，注重抓好大通道、大旅游、大企业、大产业、大项目、大平台、大学校、大服务等“八个大”和国际会议、国际展览、国际赛事、国际总部、国际组织、国际贸易、国际交流、国际医院、国际学校、国际社区等“十个国际”，以重点突破之功，收带动全局之效。

王永康强调，要多措并举、全力以赴做好明年各项工作。要坚定不移推动高质量发展，着力构建现代化经济体系；坚定不移打赢三大攻坚战，加快补齐全面小康短板；坚定不移转变城市发展方式，推动大西安大发展；坚定不移推进创新创业，加快蓄积发展动能；坚定不移深化改革开放，不断激发发展活力；坚定不移实施文化强市战略，彰显文化名城魅力；坚定不移实施乡村振兴战略，加快推进城乡融合发展；坚定不移建设幸福和谐西安，满足美好生活需要；坚定不移践行“两山”思想，打造美丽西安样板；坚定不移全面从严治党，巩固安定团结局面。

王永康强调，要坚持不懈，始终保持奋发有为精神状态。好作风是保持好状态的根本、好本领是保持好状态的关键、好机制是保持好状态的保障，只有始终保持奋发有为的精神状态，才能点燃激情、追逐梦想、实现价值。要奋力冲刺，抓紧、抓实当前各项重点工作。要抓住年终岁尾的宝贵时间，冲指标迎考核、早谋划开新篇、作准备开好会、保稳定促和谐、访贫苦送温暖，确保2017圆满收官、2018再谱新篇。

王永康指出，建设国际化大都市，不可能一蹴而就，要清醒认识差距，突出问题导向，加快补齐短板。要认真思考“十个够不够”，一步一个脚印，以点滴进步、持之以恒加快大西安国际化进程。

1. 国内各大城市都在积极抢抓“一带一路”建设的国际化新机遇。对寻找大西安在“一带一路”国际化建设中的新地位和新作用，我们研究思考得深不深、够不够？

2. 在文化方面，西安是世界著名的四大古都之一。诗人李白曾讲“长相思，在长安”。在新时代，怎么样把文化作为独特的战略资源，在西安打造万亿级文化大产业，实施“文化+”，推动中华优秀传统文化走向世界，我们研究思考得深不深、够不够？

3. 在旅游方面，西安作为国际性旅游城市，对标国际标准，对标成都，我们还有很大差距，被网友“吐槽”是“一流的资源、二流的产品、三流的管理”。对于如何把西安打造成为国际旅游名城和世界旅游时尚之都，发展旅游大产业，我们研究思考得深不、够不够？

4. 西安建设国际化大都市，科技教育人才资源富集。按照高质量发展的要求，发挥科技教育人才创新支撑经济的作用，打造创新之都，我们研究思考得深不深、够不够？

5. 关于交通枢纽的国际化，特别是商贸物流万亿级大产业的发展，西安要打造成为中国的“孟菲斯”，我们研究思考得深不深、够不够？

6. 城市国际化必然带来生产方式、生活方式、思维方式、行为方式的变革，对我们政府的服务水平、治理水平提出了更高要求。对标国际营商环境，我们研究思考得深不深、够不够？

7. 人才国际化是国际化大都市的重要标志，就是要让外籍人口和境内外游客在西安相对集聚，通过建设国际社区、国际学校、国际医院等方式，吸引国际高端人才，我们研究思考得深不深、够不够？

8. 西安到底在国际、国内应该塑造什么样的城市新形象，构建什么样的城市品牌，让城市美誉度和国际影响力深入人心，我们研究思考得深不深、够不够？

9. 城市的核心是人，国际化大都市要让市民享受更多现代化国际化的生活、享受更多的便利、享受最优质的环境，市民对美好生活的需要就是我们的奋斗目标。对如何进一步增强市民在国际化进程中的获得感幸福感，我们研究思考得深不深、够不够？

10. 大西安打造丝路国际金融中心，就是要实现金融国际化的目标，吸引更多金融资本、金融机构、金融人才入驻西安，让金融同西安的科技人才有效结合，以金融推动人才、科技资源优势转化为发展优势，对建设丝路国际金融中心，我们研究思考得深不深、够不够？

市政府主要负责人指出，一年来，我们弥补短板稳增长、聚焦高端调结构、招商引资增后劲、全面创改添活力、立足优势促开放、全力建设大西安、“四治一增”创宜居、增进福祉惠民生，全市经济运行保持了“总体平稳、稳中有进、稳中向好”的发展态势。2018年我市经济工作的总体要求是：全面贯彻党的十九大精神，以习近平新时代中国特色社会主义思想为指导，加强党对经济工作的领导，坚持稳中求进工作总基调，坚持新发展理念，紧扣我国社会主要矛盾变化，按照高质量发展要求，以供给侧结构性改革为主线，对标“追赶超越”和“五个扎实”，围绕“五新”战略任务和“聚焦‘三六九’，振兴大西安”奋斗目标，紧扣国家定位、抢抓战略机遇、全力释放优势、聚力改革创新、着力补齐短板、奋力追赶超越，统筹抓好稳增长、促改革、调结构、惠民生、防风险各项工作，打好防范化解重大风险、精准脱贫、污染防治的攻坚战，推动质量变革、效率变革、动力变革，促进经济社会持续健康发展。

市政府主要负责人强调，做好明年工作，要准确把握习近平新时代中国特色社会主义经济思想的深刻内涵，准确把握高质量发展的根本要求，准确把握稳中求进与追赶超越的关系，准确把握新时代大西安发展的新特点，准确把握抓重点、补短板、强弱项的统筹协调。要抢抓国家中心城市建设机遇，着力加快大西安国际化进程；推动高质量发展，着力构建具有西安特色的现代化经济体系；大力实施创新驱动发展战略，着力培育壮大发展新动能；主动融入“一带一路”大格局，着力打造内陆改革开放新高地；坚定文化自信，着力打造丝路文化新高地；聚焦人居环境宜居化，着力建设品质西安；积极实施乡村振兴战略，着力推进农业农村现代化；坚持项目带动战略，着力扩大有效投资；坚持以人民为中心，着力满足群众日益增长的美好生活需要，落实“铁军”标准、锻造“铁军”队伍，努力推动大西安实现大发展。

全会号召，让我们更加紧密地团结在以习近平同志为核心的党中央周围，以习近平新时代中国特色社会主义思想为指导，不忘初心、牢记使命，低调务实不张扬，埋头苦干勇担当，多干少说抓落实，奋力谱写新时代大西安追赶超越新篇章！（摘自2017年12月30日《西安日报》，记者何兴龙采写）

西安这一年

2017年，是大西安建设元年！

这一年，全市上下扎实践行习近平总书记系列重要讲话精神和党中央治国理政新理念新思想新战略，紧密团结在以习近平同志为核心的党中央周围，统筹推进“五位一体”总体布局，协调推进“四个全面”战略布局，全方位落实创新、协调、绿色、开放、共享的新发展理念，紧紧围绕“追赶超越”定位和“五个扎实”要求，以只争朝夕的精神抢抓机遇，以求真务实的作风埋头苦干，不断加速奔跑，奋力追赶超越，谱写了具有历史文化特色的国际化大都市建设新篇章。

补短板、西安铁军、脱贫攻坚、招商引资、“三大革命”、特色小镇、西商大会、车让人、硬科技、“店小二”……2017年，围绕这一个个关键词的落实，大西安在追赶超越征程中迈出了一个个坚实的“足印”，书写着全面追赶超越的生动实践。

关键词 十九大精神

以党的十九大精神指导西安追赶超越实践

党的十九大胜利闭幕后，市委迅速要求全市各级党组织，要把学习宣传贯彻党的十九大精神作为当前和今后一个时期的首要政治任务，坚持“六聚焦”、把握“十个新”、推进“七个一”，切实在学懂弄通做实上下功夫，迅速在全市掀起全面学习宣传贯彻党的十九大精神的热潮。通过组织大学习、部署大宣讲、开展大宣传、实施大培训、启动大调研、全程大督导、促进大实干，争当全省学习宣传贯彻党的十九大精神的排头兵，学习新思想、展示新气象、争创新作为、实现新辉煌，党的十九大精神迅速在西安落地生根，凝聚成为全市上下团结奋斗的共同思想基础。

关键词 三六九

聚焦“三六九” 勾画追赶超越“路线图”

2017年，西安吹响了“聚焦‘三六九’，振兴大西安”的集结号。

年初召开的市第十三次党代会，自加压力调高标尺，确定了今后五年全市工作的指导思想和“聚焦‘三六九’，振兴大西安”的奋斗目标，确立了未来发展的行动纲领。千年古都第一次以大西安的格局和气度，跃上全新的历史起点。

——“紧盯全面建成小康社会、GDP过万亿、建好国家中心城市三个目标”；

——“做强西部经济中心、丝路科创中心、对外交往中心、丝路文化高地、内陆开放高地、国家综合交通枢纽为重点的‘三中心二高地一枢纽’等六维支撑体系”；

——实现“经济实力明显提升、创新活力明显提升、开放水平明显提升、文化实力明显提升、交通枢纽明显提升、城市功能明显提升、生态环境明显提升、人民生活明显提升、社会治理明显提升”；

“三六九”，这一组数字密码，涵盖了未来五年西安发展的愿景、战略、抓手和举措，展示了更加宏伟、更加美好的发展前景，勾画出了西安追赶超越的“路线图”，形成系统的路径取向和鲜明的实干导向，体现了西安自加压力的目标自觉，凝聚起了强大的精神力量和发展合力。

关键词 补短板

全力“补短板” 抓住追赶超越“牛鼻子”

市委、市政府立足现实、着眼长远，把西安发展放在全国、全球大局来谋划考虑，把“补短板”作为加快追赶超越、加快大西安大发展的破题之举，全力推进“补短板”各项工作，蹄疾步稳实现追赶超越。

今年1月，市第十三次党代会上总结了适应引领经济新常态、人民群众对美好生活期盼、全面从严治党责任等3个方面32项短板。

3月3日，市委办公厅下发通知，在全市范围开展“学习先进、对标成都、查找短板”专项工作。

3月22日，市委常委扩大会议提出补齐雾霾治理、缓堵保畅、行政效能、城乡环境、干部作风、脱贫攻坚等6个短板。

7月中旬，市委常委、副市长和人大、政协党组分别围绕“十大短板”开展调研。

8月上旬，我市党政代表团专门赴成都、重庆、南京、苏州学习考察，实地对标先进城市，学习经验查找短板……

围绕查找短板，全市启动历史上范围最广的征求意见，先后6次大规模征求意见，涉及3000多人，查找出500多个短板……

在查找短板的过程中，大西安发展思路更加清晰。

8月24—25日，市委十三届三次全会围绕“补短板”主题展开。会上，省委常委、市委书记王永康“十问”西安发展“为什么”，让人警醒、令人深思、振聋发聩。

会议审议通过的《中共西安市委关于落实“五新”战略加快补齐“十大短板”的决定》，就补齐“工业经济、民营经济、军民融合、开放经济、区县域经济、文化产业、金融产业、创新转化能力、生态环境、民生服务”十大短板做出了系统安排。会后，建立“六个一”责任体系：一个短板至少有一个常委或者副市长来牵头，要有一个方案，一个团队，每月进行一次点评推进，每季度要进行一次汇报，要一抓到底。并加快制定出台补齐十大短板的工作方案和“10+N”系列短板推动落实工作方案。

关键词 西安铁军

践行“三项机制”　打造追赶超越中坚力量

城市发展伟大目标的实现，离不开忠诚、干净、担当的西安铁军队伍。

市第十三次党代会提出打造“四铁”型西安铁军。市委十三届一次全会审议通过了《关于进一步加强干部队伍建设，打造追赶超越西安铁军的决定》。随后，出台《西安铁军的具体标准》《关于强化西安铁军建设，激励干部奋力追赶超越二十条措施》，打出“组合拳”，加强各级领导班子和干部队伍建设，转变工作作风。

一年多来，西安市在落实“三项机制”具体实践中，旗帜鲜明地褒奖干事者、保护改革者、惩戒不为者，强力推动“三项机制”在西安落地生根、开花结果，全面激发各级党员干部奋力“追赶超越”的新动能，打造出一支崇尚实干、狠抓落实的西安铁军。

在“三项机制”实施细则中，把全市着力推进的“两区”建设、脱贫攻坚、城市治理、招商引资、亲商助企、抓项目促投资稳增长等重点工作融入其中，切实把制度压力转化为追赶超越的动力，激励全市各级干部围绕中心、凝神聚气推动实现追赶超越。在落地有声的践行中，运用“三项机制”调整干部578人，激发了干事创业的激情，树立了鲜明正确的用人导向。

今年以来，在“追赶超越”目标指引下，一大批优秀的领导干部在大西安建设中脱颖而出，他们奋发作为，锐意进取，展示出了建设大西安所应有的风貌和才华。干部作风进一步转变，行政效能为之一新，外地客商、专家学者、市民游客纷纷点赞西安政务环境、营商环境、生活环境的改善。

关键词 擂台赛

“赛”“会”结合　推动追赶超越有实效

这一年，每项工作的扎实推进，离不开市委、市政府“赛”“会”结合的有力推动。擂台赛上你追我赶，点评会上“辣味十足”，谋事干事氛围更加浓厚，风清气正的政治生态得到新提升。

每个月：围绕专项工作举办“擂台赛”。围绕招商引资、脱贫攻坚等举办了11期擂台赛，区（县）、开发区党政一把手“上擂台、当擂主”，形成了“台下多干事、台上多交流”的浓厚氛围。

每两月：围绕重点任务启动“汇报会”。各区（县）、开发区书记汇报前两月重点任务进展和后两月工作打算，抓关键少数，攻难点、解难题。

每季度：围绕“五张报表”开展“点评会”。以发展、生态、民生、平安、党建“五张报表”统领全市考核。现场点指标、点排名、点责任人，对目标进度“全面体检”。让先进受表扬、后进坐不住。

每半年：围绕重大主题召开“全委会”。上半年全委会以落实“五新”战略任务、加快补齐短板为主题，明确了补工业经济等“十大短板”的目标和措施，全市用力追、争着补、赶着超。年底全委会将落实党的十九大精神，研究“国际化大都市”建设。

举办2017年重点项目冲刺攻坚观摩赛。围绕重点项目，采用到现场比一比、赛一赛、评一评的“追赶超越”新形式，直观了解情况，彻底发现和解决问题。通过现场观摩，强化发展、投资、结果、服务、责任五个导向，牢牢树立“抓项目就是抓经济”理念，抓好“牛鼻子”，打好攻坚战，为大西安追赶超越积蓄更强劲的发展动能。

举办3次扩大有效投资重大项目集中开工仪式，共计577个重大项目，总投资3961亿元，各区（县）、开发区比谁的项目多、比谁的项目好、比谁的项目大，营造了“比、学、赶、帮”的氛围，以重大项目建设培育新动能、激发新活力、实现新发展。

“开局就是决战，起步就是冲刺。”

通过擂台赛、点评赛、观摩会等常态化形式，让各级干部通过互看互比互学激发干劲，推动落实。在比一比、赛一赛中推进工作，搭建起西安铁军同台竞技的大舞台，构成了一幅“追赶超越”的生动图景。

关键词 对标取经

挂职取经　拓展追赶超越新思维

以拓宽视野、更新观念为目标，实施干部挂职计划，全年选派100名干部赴成都、武汉、杭州、南京、宁波、苏州、温州、昆山等市挂职。这也是西安历年来外派挂职干部人数最多、所涉省市范围最广的一次。同时，还派出100多位干部到中央部委、省级部门挂职，努力当好零距离学习员、全天候信息员、五星级服务员。

外派挂职的干部主要通过单位推荐和组织点选两种途径遴选，主要是优秀年轻干部和后备干部，均为区（县）、开发区和市级部门分管领导或中层正职。挂职期间主要是学习外贸招商、现代工业、高新技术产业、科技创新、文化产业、特色小镇建设、城市建设与治理等方面的好经验、好做法，以进一步解放思想、更新理念、拓宽视野、创新思路。通过选派干部挂职，大兴干事文化、树立实干导向，打造“对党忠诚、勇于担当、干净干事、充满活力”的西安铁军，努力为全省经济社会发展多作贡献。

在“送出去”培养的同时，也坚持“请进来”传授。全年，市委中心组举行13场专题学习报告会，邀请各路专家就特色小镇、2.0版新型城镇化、让文化创造无限的经济价值、浙商及民营经济发展、“一带一路”的逻辑：世界是通的、杭州与西安旅游对话、深入实施军民融合发展战略、从杉杉发展看民营经济转型升级、当前经济形势与西安经济发展建议、“一带一路”倡议如何助推大西安建设、新经济新金融与大西安新机遇、认真学习党的十九大精神、自觉尊崇党章、六盘水市“三变”改革探索与实践等专题进行辅导。

观念革新带来实践突破，“走出去”“请进来”的全市学习行动给每个人带来思想上的冲击和行动上的促进，也为城市发展打开新的上升通道。

关键词 三大革命

优化环境　提升追赶超越竞争力

2017年，西安市以“烟头革命、厕所革命、行政效能革命”三大革命为破题之举，从细节着手，直击城市治理短板，破除工作作风中的“城墙思维”，以店小二式的五星级服务优化营商和投资环境，提升城市竞争力。

“捡烟头虽然是小行为，追求的却是城市干净整洁的大目标。一个小小的烟头都消除不了，追赶超越的大目标就只能是一句空话。”在省委常委、市委书记王永康的倡导下，2017年年初一场“烟头”歼灭战在古城全面展开。西安市各区（县）、各级单位的领导、机关干部纷纷走上街头捡拾烟头，许多单位还自发组织干部职工上街捡烟头。一年来，西安以捡烟头这样的“小事”作为工作抓手和发展新起点，陆续推出一系列有力举措，使城市管理水平和干部作风有了明显提升，绿水青山和蓝天白云多了，跑腿等待时间短了，办事效率快了，前来旅游、定居、创业的人越来越多了。

正泰集团董事长南存辉在西安考察时就谈到自己的亲身感受：“烟头、厕所、行政效能这些说起来都是小事，但从这些小事出发，看到了西安领导干部观念的改变。”西安城市的这些变化在他看来，是观念上的根本改变，一定会进一步带来效率的提升和社会综合成本的降低，从而充分激活西安具有的科技、人才、资源方面的众多优势，形成西安后发优势，同时也成为企业家们追逐的商机。

“三大革命”催生城市发展质的飞跃。这一年，市委、市政府在行政效能和营商环境上付出的不懈努力，正带动大西安加速追赶超越。大西安正成为宜居宜业之城、创新创业的沃土。

关键词 招商引资

“一号工程”　催生投资“井喷式”增长

一年来，我市把招商引资作为“一号工程”，围绕“五资”抓招商，组建了投资促进委员会和系列专业招商分局，成功召开了丝博会、首届世界西商大会、首届全球硬科技创新大会、首届全球程序员节等活动，阿里巴巴、华侨城、海航、京东、京东方、开沃、吉利汽车等一大批项目签约落地，实现“井喷式”增长。

投资200多亿元落地经开区的吉利新能源汽车更是刷新了“西安速度”，从意向到签约只用了4个月时间，拉高了业界招商速度标准，并在11月已开工，项目预计2020年投产。

新华社通讯《西安成为西部地区投资新热土》中这样写道：“龙头企业的投资信心并非‘空穴来风’，而是与西安发展环境的显著改善密切相关。”

翻看今年的数据，不但直观而且令人振奋。今年1—10月全市实际引进内资2047亿元，完成全年指标的115%；实际利用外资41.89亿美元，同比增长20.23%。从各种招商成绩单上频繁出现的“创新高”来看，西安已成为“五资”投向的热点区域。截至11月底，西安市场主体超过100万户，成为继武汉之后第7个市场主体破百万的副省级城市。其中，今年新增26.6万户（日均超过1000户，达到1066户），同比增长106%。知名大企业在西安抢滩布局，不仅增加了大西安追赶超越的新动能，而且为扩大就业、吸引人才提供了有力支撑。

关键词 招才引智

“孔雀西北飞”　提升追赶超越新动能

追赶超越，体现在大西安对人才的吸引力不断增强。2017年，西安实施人才户籍、创新创业新政，以最优的服务、最大的诚意，争取5年留下引进100万名大学生，让西安充满朝气与活力。

人才新政引得孔雀西北飞。8月19日，科技人才峰会暨“梦回长安校友行”结束时，现场主持人提议：“退场时，请院士们先走！”针对这个细节，澎湃新闻在报道中评述：“‘请院士们先走！’西部重镇陕西西安用这样一个细节展现自己打造人才高地的决心。”

今年5月，我市出台了《关于深化人才发展体制机制改革打造“一带一路”人才高地若干政策措施》（简称“西安人才新政23条”），重点围绕“364”产业体系、“三区双创”及引进培育党政管理、经济金融、教育医疗、人文社科等领域紧缺型人才，破除制约人才发展的体制机制障碍和政策藩篱。

人才新政23条颁布以来，我市共引进国内外顶尖人才12人，国家级领军人才30人，地方级领军人才101人，人才净流入全国排名第四，西安“人才高地”的魅力日渐显现。

11月24日上午，“西安市招才引智委员会”揭牌成立，集中发布了《优化高层次人才服务工作的十三条措施》等6项人才新政配套措施，从高层次人才创新创业、成果转化、购房、配偶就业、子女入学（园）、医疗保障等方面，对我市人才新政、户籍新政、创新创业奖励扶持等人才支持政策，作出了升级优化和创新突破，被称为“人才新政2.0版”。

“户籍新政”迎来“新西安人”。按照“三不一优”原则，即落户政策不设门槛、不收费、不设复杂审批手续；建立全国最优惠落户政策的思路，我市设计研究放宽部分户籍准入条件。

更新观念，放宽准入条件，我市较好地解决了其他城市面临的劳动力输入不足难题，为新西安输入新鲜血液。从今年3月份出台8项户籍新政以来，西安在全国同等城市实现落户门槛最低、流程最优、限制最少、效率最高，共迁入18.6万人，同比增长了408.9%。其中，学历落户人数合计98724人，占新政落户的80.64%。其中，博士727人，占学历落户的0.75%；硕士8798人，占学历落户的8.91%；本科46316人，占学历落户的46.91%；大专36066人，占学历落户的36.53%。其中，本科以上56081人，占学历落户的56.81%；大专以上92147人，占学历落户的93.34%，占新政落户的75.27%。

大西安对人才释放出的强劲“西引力”，彰显城市治理者跳出“城墙思维”的魄力和勇气。

关键词 创新创业

“双创”发力　启动大西安发展新引擎

今年以来，省委常委、市委书记王永康每月到驻市科研院所、高校或众创机构与创业者进行面对面交流；市政府主要负责人多次到科研院所、高校协调解决相关问题，其他市级领导也积极参加“创业西安行”活动，全市创新创业工作如火如荼展开。

截至9月底，全市累计建成众创空间、孵化器、小企业创业基地等各类众创载体342家，载体总面积达1079万平方米。中科院光机所、西安电子科技大学获批国家第二批“双创”示范基地。全市众创载体固定资产投入187.29亿元；累计入孵企业9251家，企业总人数56276人，入孵企业累计融资19.79亿元。

一批创意街区、智慧街区、科技街区、宜居社区、特色社区也如雨后春笋般涌现。同时，我市以“区块整合+科教资源”模式，打造了一批没有围墙的创新创业院区、校区、园区。同时，大力发展“大学生创业经济”“校友经济”“院士经济”“院所经济”“教师经济”等五大经济，创新创业活力进一步迸发。

关键词 舆论监督

强力问责　展现追赶超越新气象

今日之西安，正在通过问题导向，使舆论监督逐步形成一种合力：让基层党员干部动起来、跑起来，能作为、愿作为；让市民群众出现问题有人管，能解决，效率高，心服气顺。

充满火药味的舆论监督。每个月8日晚8点，西安广播电视台《问政时刻》准时开播。一边是相关部门工作人员，一边是市民群众和各界代表，一个接一个点名道姓犀利质问，让被问政的政府工作人员真正感受到了什么叫“放在火上烤”。

《每日聚焦》——“西安电视舆论监督新坐标”，聚焦“三大革命”，瞄准治气、治水、治脏、治山、增绿，关注解决民生九难。

《西安日报》推出舆论监督类栏目《终南瞭望》；《西安晚报》推出《明察暗访看民生》栏目，更多关注市民身边的热点问题。

从来没有过的监督力度，从来没有过的问责速度。针对媒体曝光的问题，我市设立专门部门进行督办，要求相关部门必须做到件件有反馈、件件有整改。同时，问责机制也由原来的被问政单位内部问责，变为由市纪委问责。

“长安新语”和重点工作相伴而生。自2016年12月19日起，《西安日报》每周一、三、五在头版重要位置推出“长安新语”栏目，迄今共刊发140余篇言论文章。几乎每一篇文章，都受到读者网民的广泛热议和转发点赞。其文短小精悍，开门见山，直面问题，回应关切，成为西安市追赶超越发展的品牌栏目，营造了全市上下团结奋斗、勇争一流的良好氛围。

长江日报理论评论部主任刘林德认为，“长安新语”为工作推进开了新风、树了新标，紧扣西安市委对城市发展和城市治理的理念思想，并对其进行了深入阐释解析，很好地充任了传递思想、推进工作的重要抓手角色。

关键词 民生热点

共建共享　推动民生事业不断进步

2017年，西安市把脱贫攻坚作为首要政治任务，聚焦“12345”，用好扶贫“十招”，全力以赴打赢脱贫攻坚战。聚焦民生“九难”，强化政策兜底，加大公共服务供给。深入推进平安西安建设，完善社会治安防控体系，及时回应群众合理诉求，确保了城市安全、社会安定、市民安宁。2017年西安市蝉联“全国文明城市”和“全国最具幸福感城市”等一系列荣誉。

用“脱贫攻坚”统揽全市经济社会发展全局。今年，全市召开30多次专题会议，层层压实区（县）责任。市级领导每人包抓1到3个贫困村，每月至少进村入户1次。将市扶贫办升格为市政府工作部门，县级单设扶贫机构，镇街增设扶贫专干。党政同责同抓，优化市级领导力量，优选市扶贫办主任（兼任市委副秘书长），选派优秀干部到市扶贫办挂职。

绘制民情地图1.5万张，摸清底数。确定“12345”目标，即在人均收入达到省定脱贫这一标准，实现“两不愁、三保障”基础上，提升“四率一度”，建设“美丽乡村、美丽经济、美丽党建、美丽人家、美丽乡风”“五美”样板。全市500多支驻村工作队、2万多名帮扶干部，着力补短板、物质帮、精神扶，让一点一滴的帮扶更到位，及时推广蓝田董岭村等“三变”改革经验，抓实产业扶贫。全面脱贫的美丽图景，越来越清晰地展现在我们面前。

打通“断头路”更打通了“民心”。2月9日，第二期追赶超越擂台赛提出要打通开元路这条断头路。2月19日上午，存在6年多的“老大难”问题被彻底解决，开元路实现双向两车道通行。3月8日，给水、雨水、污水、电力、消防、绿化景观全面完工，双向四车道贯通。《陕西日报》发表署名文章《打通断头路的启示》，称“这不仅是打通了‘断头路’，更重要的是打通了‘民心’”。

今年以来，我市计划打通的24条断头路已全部打通，今年计划完成征地拆迁道路46条，现已累计完成43条。

践行“两山理论”，优化生态环境。全力推进铁腕治霾、柔性治水、合力治脏、依法治山、立体增绿，全面落实“河长制”“湖长制”“路长制”“所长制”“网格长制”，实施城乡环境整治、四改两拆、“五路”两侧绿化、品质西安建设补短板等行动，投资服务环境、生态宜居环境、生活品质环境建设扎实推进。先后荣获“厕所革命优秀城市奖”“全国文明城市”等荣誉称号，通过国家水生态文明城市建设试点验收。

“特色小镇”建设如火如荼。2017年，是我市特色小镇建设的起步之年。市第十三次党代会提出，建设一批“产、城、人、文”四位一体有机结合的特色小镇，形成支撑大西安大发展、大突破、大跨越的新增长极，先后出台了《加快推进特色小镇建设指导意见》《特色小镇创建导则（试行）》等系列文件。启动申创第一批特色小镇，共报送77个项目，35个进入首批创建名单，涉及所有区（县）、开发区。随后，《西安市特色小镇财政政策实施办法》设立50亿元特色小镇专项子基金，全力支持特色小镇发展。如今，西工大翱翔小镇等一个个特色小镇凭借创新优势不断破壳而出，逐渐成为“产城融合”新亮点和转型升级“新支点”。

（摘自2017年12月25日《西安日报》，原标题《大西安追赶超越这一年》，记者何兴龙采写）

大事记

责任编辑　姚文东

1月

1日 西安市人民政府出台购房限购通知，自即日起，西安市及非西安市户籍居民家庭(包括夫妻双方及未成年子女)，在城六区(新城、碑林、莲湖、雁塔、未央、灞桥区)范围内只能新购一套住房(含新建商品住房和二手住房)。

△西安市重污染天气应急指挥部启动重污染天气Ⅰ级（红色）应急响应。

3日 西部出版物交易中心启用。

4日 西安市人民政府印发《西安市供给侧结构性改革降成本行动计划(2016—2018年)》，计划用3年左右时间，使全市实体经济企业生产经营环境进一步优化，综合成本合理下降，盈利能力较为明显增强；决定从2017年起，每年为全市企业减负约93亿元，其中税费成本约58亿元。

6日 中共西安市委原常委、组织部部长钟健能因违反换届纪律，被开除党籍、行政撤职，降为主任科员。

△陕西鼓风机(集团)有限公司与浙江丽水市经济技术开发区签订合成革含DMF高浓度废水集中处置项目投资协议。

7—8日 中国民主建国会西安市第十一次代表大会在西安市召开。

9日 西安市交通警察支队下放权限，开通各郊区（县）交警大队一站式违法处理业务，陕A车辆的交通违法及非陕A车辆的西安交通违法可在各郊区（县）就近处理。

△教育部发布《2016年度教育部—中国移动联合实验室立项建设的通知》，由长安大学副校长赵祥模主持申报的“车联网”教育部——中国移动联合实验室获批立项。

△西安市人民政府与海康威视公司战略合作框架协议暨海康威视西北研发基地项目落户西安高新技术产业开发区签约仪式在西安举行。

△西安市第一期“追赶超越”擂台赛拉开序幕。

△2016年度国家科学技术奖励大会在北京召开。西安交通大学任晓兵主持完成的“基于晶体缺陷调控的铁性智能材料新物理效应”、西安电子科技大学高新波主持完成的“图像结构建模与视觉表观重构理论方法研究”、西安交通大学郑南宁主持完成的“视觉场景理解的模式表征与计算理论及方法”、西北大学张兴亮主持完成的“地球动物树成型”、西北工业大学李贺军主持完成的“长寿命耐高温氧化/烧蚀涂层防护机理与应用基础”获国家自然科学奖二等奖；西安建筑科技大学李安桂主持完成的“地铁环境保障与高效节能关键技术创新及应用”、西北工业大学杨合主持完成的“高性能轻量化构件局部加载精确塑性成形成性一体化制造技术”、西安交通大学荣命哲主持完成的“直流配电系统大容量断路器快速分断技术及应用”获国家技术发明奖二等奖；延长石油（集团）有限责任公司主持完成的“延长油区千万吨大油田持续上产稳产勘探开发关键技术”、西安电子科技大学主持完成的“用于集成系统和功率管理的多层次系统芯片低功耗设计技术”获国家科技进步奖二等奖；中国人民解放军第四军医大学主持完成的“心脏病微创外科治疗新技术及临床应用”、西安交通大学主持完成的“炎症损伤控制提高肝癌外科疗效的理论创新与技术突破”获国家科技进步奖二等奖；“第四军医大学消化系肿瘤研究创新团队”获国家科技进步奖创新团队奖。

9—10日 中国国民党革命委员会西安市第七次代表大会在西安召开。

9—11日 九三学社西安市第六次代表大会在西安举行。

10日 西安市交通运输局推出“西安交通发布”微信公众号。

11日 西安市不再全面办理企业职工“退休证”。待“社会保障卡”功能完善后，将全面停办“退休证”。

11—12日 中国致公党西安市第六次代表大会在西安召开。

12日 西安市市管棚户区改造项目第一批剩余资产“祥和居幼儿园房屋10年租赁权”成功拍卖。这是西安市棚改项目剩余资产首次启用拍卖形式引入市场资本。

12—13日 中国民主促进会西安市第七次代表大会在西安召开。

13—14日 中国民主同盟西安市第十三次代表大会在西安召开。

△中国农工民主党西安市第十次代表大会在西安召开。

16日 西安市河长制启动动员会在渭河西安城市段雕塑广场举行，标志着西安市在陕西省率先全面启动河长制工作。

17日 由陕西师范大学、世界华语文教育学会、华侨大学共同主办的第九届世界华语文教学研究生论坛在西安召开，来自海峡两岸暨香港、澳门30多所高校的140多位专家、学者和研究生参会。

18日 美国乐析医疗落户西安高新技术产业开发区签约仪式举行。

△由西安交通大学第一附属医院牵头，联合陕西、甘肃、青海、宁夏、新疆地区知名三甲医院组成的“西北复杂腹腔感染联盟”在西安成立。

19日 中国金鸡百花电影节第二届国际微电影展映盛典在西安临潼举行。

△首批6000辆ofo共享单车“进驻”西安。

20日 西安市阳光青少年社会工作服务中心社工服务站在碑林区柏树林街道开通巷社区揭牌，这是西安市首家进驻社区的专业社工机构。

22—25日 中国共产党西安市第十三次代表大会在西安举行。大会听取和审查了中国共产党西安市第十二届委员会工作报告，审查了中国共产党西安市第十二届纪律检查委员会工作报告，选举产生中国共产党西安市第十三届委员会和中国共产党西安市第十三届纪律检查委员会。

22日 中共陕西省委、陕西省人民政府在咸阳市召开现场办公会，通报《中共陕西省委、省政府关于促进西咸新区进一步加快发展的意见》，明确西咸新区由中共西安市委、西安市人民政府整体代管。

23日 西安市人民政府召开新闻发布会，公布《关于进一步吸引人才放宽我市部分户籍准入条件的意见》，放开普通大中专院校毕业生的落户限制、放宽设立单位集体户口的条件、放宽对“用人单位”的概念界定；降低技能人才落户条件、降低投资纳税落户条件、降低买房落户条件、降低长期在西安市区就业并具有合法固定住所人员落户的社保缴费年限。调整后的户籍政策将于3月1日起施行。

27日 蝌蚪五线谱“2016年度十佳新锐科普创客”大赛暨中科院物理所“三分钟物理”科普大赛颁奖典礼在中国科学院物理研究所举行，中国科学院老科学家演讲团西安分团副团长、西安植物园研究员祁云枝获得三等奖。

31日 在线提前出版的英国《自然》杂志（Nature）发表西北大学早期生命研究团队和剑桥大学、中国地质大学（北京）等单位合作研究的重要成果——“陕西寒武纪最早期的微型后口动物”。

2月

6日 由西安市人民政府出资兴建的北城综合性三甲医院——西安市第三医院开诊试运行。

△西安市中心血站短信服务平台试运行。

△一位3次心脏骤停的女患者，经过西安交通大学第一附属医院和解放军323医院两个医院多个科室的联合抢救，暂时脱离危险。该例手术为西北地区实施的首例跨院体外心肺复苏术。

8日 联合国贸易和发展会议国际投资协定研究课题组致函西安交通大学，赞扬并感谢该校国际法研究团队在其国际投资协定研究项目中的高质量工作。

9日 “西安大数据小镇项目”签约仪式在西安浐灞生态区城建博物馆举行。

△《西安市“十三五”食品药品安全规划》发布。规划提出，“十三五”时期，西安市食品重点品种全面建立质量安全追溯体系，尽早实现“国家食品安全示范城市”创建目标，使西安成为

全国食品药品最安全的城市之一。

10日 西安市导游行业协会成立大会在西安召开。

17日 西安市创建“国家食品安全示范城市”工作通过省级考核验收。

△“荣华现代农业开发示范园”项目签约仪式在鄠邑区人民政府机关会议中心举行。

△西安交警微信服务号上线“机动车违法处理”功能。

18日 西安地铁五号线二期工程开工。

△由西北工业大学联合西咸新区沣西新城、西安科为航天科技集团共同建设的西北工业大学“翱翔小镇”暨无人机产业化基地建设项目在沣西新城启动。

19—23日 中国人民政治协商会议西安市第十四届委员会第一次会议在陕西宾馆召开。大会总结过去五年政协工作的成绩和经验，选举产生新一届委员会，同时对新一届政协工作进行安排和部署。

20—25日 西安市第十六届人民代表大会第一次会议在陕西大会堂召开。会议听取和审议西安市人民政府工作报告；审查和批准西安市2016年国民经济和社会发展计划执行情况与2017年国民经济和社会发展计划草案的报告，批准西安市2017年国民经济和社会发展计划；审查和批准西安市2016年财政预算执行情况和2017年财政预算草案的报告，批准西安市2017年市级财政预算；听取和审议西安市人民代表大会常务委员会工作报告、西安市中级人民法院工作报告、西安市人民检察院工作报告；选举西安市第十六届人民代表大会常务委员会主任、副主任、秘书长、委员，西安市市长、副市长，西安市中级人民法院院长，西安市人民检察院检察长；通过西安市第十六届人民代表大会各专门委员会组成人员人选。

24日 西安铁路集装箱中心站迎来首趟从乌兹别克斯坦始发的集装箱班列。

25日 西安市与渭南市签署《建设富阎产业合作园区框架协议》。

△中国内陆唯一进境粮食指定口岸首单业务——来自哈萨克斯坦的进口小麦顺利通过检验检疫，并在西安港举行放行仪式。

△西安市公交总公司开通361路、362路两条线路，实现西安和西咸新区公交“零距离”对接。

27日 联合国教科文组织国际工程科技知识中心丝路培训基地落户西安交通大学。

28日 国家发展和改革委员会、住房城乡建设部印发通知，公布“气候适应型城市”建设试点城市，西咸新区入选试点名单。

△我国首条穿越秦岭的高速铁路——西（安）成（都）高铁陕西段正线、站线轨道全线铺通。

3月

1日 在西安有合法固定住所的西咸新区户籍人口，户口均可选择迁移至西安的合法固定住所。西咸新区陕D牌证可自愿换领陕A牌证，西咸新区辖区机动车和驾驶人管理由西安市公安局交通警察支队车辆管理所代管。

△西安市房地产经纪机构信用档案系统启动，市民可在西安市房产资讯网（www.xafgj.gov.cn）进行查看。

3日 教育部公布2016年国防教育特色学校名单，西安交通大学附属中学、西安市第八十三中学、西安市庆安初级中学、西安市临潼区铁路小学、西安市高陵区职业技术教育中心、西安交通大学、陕西警官职业学院入选。

4日 西安市临潼区旅游购物退货监理中心挂牌。该中心为陕西省暨全国区（县）级首家旅游购物退货监理中心。

△《西安市电梯安全管理办法》实施，《西安市电梯安全与节能监督管理办法》同时废止。

7日 西安规划馆开馆。

△唐都医院泌尿外科完成世界首例机器人辅助单切口经脐三角腹腔镜肾癌根治术。

9日 由西安阎良国家航空高技术产业基地入区企业中航飞机西安民机有限责任公司与中国科学院共同研制的新舟60遥感飞机在阎良机场首飞。

14日 西安交通大学教授柴东朗及其团队研制出世界上最轻的金属结构材料——新型镁锂合金。该材料应用于我国发射的首颗全球二氧化碳监测科学实验卫星中的高分辨率微纳卫星上。

△经海关总署批准，西安海关在咸阳国际机场运行中转进出境旅客“通程航班”业务。

15日 涝河渼陂湖水系生态修复工程考古工作取得进展。截至3月8日，勘探出古墓葬146座、窑址4座，累计发掘清理古墓葬76座、窑址1座。

18日 第四军医大学唐都医院泌尿外科完成世界首例全腹腔镜下自体肾移植术。

△《西安市森林资源保护发展责任制办法》施行。

△工业和信息化部编制完成《军民融合科技服务机构推荐名录》，西安3家单位入选。供需对接类入选的是西北工业大学深圳研究院；科技投融资类入选的是西安中科创星科技孵化器有限公司；管理咨询类入选的是西安航天神舟建筑设计院有限公司。

20日 西安市人民政府召开新闻发布会，公布地铁三号线问题电缆抽检结果和相关问题调查进展情况。

25日 西安体育中心控股有限公司、西安丝路国际会展中心有限公司、西安中央文化商务区控股有限公司揭牌仪式在西安国际港务区举行。

△在德国慕尼黑举办的2017年iF设计奖揭晓，陕西动漫产业平台入驻企业——行简品牌设计公司设计的作品《秦始皇》获第64届iF设计奖。这也是西北地区企业首次获得iF设计大奖。

△“丝绸之路职业教育联盟”成立大会暨首届理事会议在陕西大会堂召开。

26日 西安科技馆建设项目选址西安浐灞生态区。

27日 西安市与斯洛文尼亚共和国马里博尔市签署发展友好城市关系意向书。

28日 荷兰王国驻重庆领事馆在西安植物园举行荷兰西安签证受理中心启用典礼。

29日 西安—十堰铁路项目被列为国家2017年储备开工项目。

△首批200辆新能源“共享汽车”在西安高新技术产业开发区、西安曲江国际会展中心等10个点位投放。

30日 国务院批复设立陕西等7个自贸试验区。陕西自贸区包括中心片区、西安国际港务区片区、杨凌示范区片区3大片区。

是月 《西安市城乡居民基本医疗保险补偿方案（暂行）》开始执行。全市统一为以住院统筹补偿为主，兼顾门诊统筹补偿、门诊慢性病补偿及大病商业保险补偿的模式，住院补偿封顶线设定为每人每年25万元。

4月

1日 西安市将城市公立医院新增门诊诊查费（含挂号费）纳入新农合支付范围。

△西安市外国专家局依托“外国人来华工作管理服务系统”网络平台，实现外籍人士工作许可办理“网上受理、限时办结、实时查询”。

△西安—贵阳高铁开通。

2日 西安—布达佩斯中欧班列开行。

5日 西安西班牙签证中心设立。20日，开业。

6日 西安领事馆区首家外国领事馆——柬埔寨驻西安总领事馆入区。

△西安曲江新区与杭州宋城集团合作项目签约仪式在大明宫国家遗址公园举行。

7日 国家住房和城乡建设部印发《关于将北京等20个城市列为第一批城市设计试点城市的通知》，将北京市、西安市、银川市等列入第一批城市设计试点城市名单。

△中国科学院西安光学精密机械研究所研制成功国内首套工业化心脏支架飞秒激光高精细加工设备。

9日　中兴智能终端制造总部项目暨中兴智能终端制造二期项目落户西安高新技术产业开发区签约仪式在西安举行。

11日　西京医院泌尿外科完成我国首例经皮肾镜枪弹取出术。

17日至8月10日　西安市第十六届运动会举行。

17日　西安外国语大学将增设哈萨克语、乌克兰语、马来语和波兰语4个“一带一路”沿线国家非通用语种专业，从2017年开始招生。

18日　西安市人民政府发布《关于进一步加强管理保持房地产市场平稳健康发展的若干意见》。“限购令”实施范围从6个区扩大到7个区（包括长安区）；在限购区，取得“不动产权证书”后满2年方可上市交易；首套房商贷首付比例不低于30%，公积金贷款不低于25%，第三套房暂停商业贷款。

20日　西安急救中心城区首家中心站在西安市红会医院挂牌成立。

21日　西安市首届农业标准化建设成果展暨国家现代都市农业标准化示范项目启动仪式在沣东农博园举行。

22日　第十一届大关中发展论坛在西安召开。

22—24日　天然气（LNG）产业技术发展国际论坛暨第二届全国LNG产业联盟大会在西安召开。

25日至8月11日　西安市第十六届运动会举行。

25日　西安交通大学代表队在美国肯塔基州举行的2017 VEX机器人世界锦标赛上，获得大赛唯一的最高荣誉——全能总冠军。

26日　西安交通大学第二附属医院超声医学研究室被中国医师协会超声医师分会确定为全国首批甲状腺超声培训基地。

△西北首家导盲犬训导基地——西安市莲湖区阳光使者导盲犬发展服务中心长安导盲犬训导基地启动。

28日　高德地图联合交通运输部科学研究院（城市公共交通智能化交通运输行业重点实验室）合作发布《2016年度中国主要城市公共交通大数据分析报告》。在“主要城市公交排行榜”中，西安市位列第七位。

△陕西省科学技术奖励大会召开。西安市187项成果获陕西省科技奖励，其中一等奖30项、二等奖80项、三等奖77项。

29日　西安启动常态化空中医疗救援。

△第二届中国整合医学大会在西安召开。

5月

1日　西安市失业保险金从每人每月1110元提高到1260元，与失业保险金标准相关的其他失业保险待遇也随之调整。

2日　西北大学首个国际联合实验室——功能分子与能源材料国际联合实验室揭牌。

3日　由西影集团杨凌农科影业有限公司、西影股份有限公司、陕西中华文化促进会、青岛金天喜投资管理有限公司、西安华媒兄弟影视文化传媒有限公司联合出品的电影《大漠雄心》，在第五十届休斯敦国际电影节中获得最佳故事片“白金雷米”大奖。

△西安交通大学航模队在美国佛罗里达州举行的2017SAE国际航空设计大赛中，夺得微型组载重项目冠军，以及总成绩和载重比项目2项亚军。

5日　《西安市城市轨道交通建设第三轮规划环评报告》获环境保护部批复。

6日　经陕西省疾病预防控制中心复核确认，西安一女性患者生物标本为H7N9病毒核酸阳性。这是西安确诊的首例H7N9病例。

8日　西安市人民政府发布《西安市深化人才发展体制机制改革　打造“一带一路”人才高地若干政策措施》，推出“23条人才新政”，计划5年内投入38亿元，引才、育才100万名。

△西安工会医院暨中法合作多慰老年护理院开业仪式举行。

8—9日　工业和信息化部组织国家制造强国咨询委员会部分委员、中国工程院9名院士及多名专家组成专家组，对西安市创建“中国制造2025”城市试点示范申报工作进行考察评估。

11日　《经济日报》和《光明日报》联合发布第九届“全国文化企业30强”名单。西安曲江文化产业投资（集团）有限公司入选。

12日　《西安·青岛关、检、港推动“一带一路”物流供应链一体化备忘录》在青岛市签署，西安港、青岛港缔结为友好港，进入实质性合作阶段。

△红十字国际委员会授予西安交通大学第二附属医院护理部主任杨惠云第四十六届“南丁格尔奖章”。

△西京医院为一位严重腹部闭合性损伤的车祸患者实施手术，切除范围涉及胃、肠、胰、脾、肾等腹腔8个脏器，成功挽救患者生命。该例手术为国际首例。

△西安市开展文明交通“车让人”活动。

13—14日　2017西安草莓音乐节在大明宫国家遗址公园举办。

16日　西安市工商业联合会第十四次代表大会召开。

△第四军医大学唐都医院神经外科成功为一患者实施内镜经鼻蝶鞍区脑垂体腺瘤日间手术。该手术为国内首例。

18日　海航现代物流集团在西安成立。海航现代物流集团旗下的扬子江航空开通西安—阿姆斯特丹、西安—上海—安克雷奇—芝加哥洲际航空货运航线，并举行陕西长安现代物流公司揭牌仪式。

20日　“长安通·PASS”卡正式发行。

22日　京东集团全球物流供应链总部、无人系统产业中心、京东云运营中心3个项目落户西安并举行签约仪式。

△“2017西安创业节”开幕式暨创业西安行动计划启动仪式举行。

23日　杭州锦江集团光学膜生产项目和太阳能薄膜电池生产项目落户西安高新技术产业开发区。

24日　西安港进口肉类指定口岸举行首单放行仪式。

25日　万科集团新合新苑安置社区和“万科国际广场”城市综合体两个项目落户西安国际港务区。

26日　西安体育中心区域中的西安全运村、西安全运湖、西安灞河岸线（全运段）3个项目奠基启动仪式在西安国际港务区举行。

△软通动力信息技术（集团）有限公司西北总部及产业互联网基地项目落户西咸新区沣东新城。

30日　2017丝绸之路国际博览会暨中国东西部合作与投资贸易洽谈会系列主题活动之一的首届“丝绸之路”地球物理国际论坛在西安举办。

31日　世界苹果中心项目在西咸新区空港新城举行签约暨揭牌仪式。

6月

2日　在北京举行的2017年度“全国创新争先奖”颁奖大会上，中国科学院西安光学精密机械研究所研究员李学龙和研究员刘兴胜获首届“全国创新争先奖”。

3—7日　2017丝绸之路国际博览会暨第21届中国东西部合作与投资贸易洽谈会在西安曲江国际会议中心举行。西安分团签约项目420个，总投资11650.71亿元，签约项目数量和总投资额均居陕西省各市第一。

4日　由中国自动化学会、丝绸之路大学联盟联合主办的“2017丝绸之路机器人创意大赛”决赛在西安交通大学举行。

5日　西安咸阳国际机场启用T1航站楼。

6日　西安国际港务区与美国安博集团、上海医药集团三方签约仪式在西安市人民政府举行。

8日　中国兵器工业集团北方发展投

资有限公司与中国新型房屋集团有限公司签署战略合作框架协议，双方将在位于西安经济技术开发区的西安兵器工业科技产业基地内，合作建设兵工特色小镇。

8—14日　2017中国·大西安国际创客节分别在西安交通大学、西北工业大学、西安理工大学、西安电子科技大学举行。

9日　西安交通大学蒋庄德、李涤尘、郭烈锦，双聘院士安芷生、杨善林、王辰、王华明；西北工业大学高正红；长安大学沙爱民；西安建筑科技大学刘加平；西安电子科技大学李云松；西北大学范代娣获得"全国创新争先奖"。

10日　西安市机动车停放服务中心管辖的新城、碑林、莲湖、雁塔、未央、灞桥6个区及西安高新技术产业开发区、西安经济技术开发区、西安曲江新区、西安浐灞生态区、西安国家民用航天产业基地、西咸新区沣东新城、西安国际港务区7个开发区3.8万个公共停车泊位，通过电子化支付停车费由7折恢复为9折。

13日　无人水下运载技术重点实验室在西北工业大学揭牌成立。

△国家增材制造创新中心第一届技术委员会会议——中外增材制造曲江论坛暨2017中国(西安)国际增材制造博览会暨技术高峰论坛启动仪式在西安举行

15日　2017西安·香港经济合作交流会暨香港西安商会换届就职典礼在香港举行。

16日　"品味西安　发现中国"西安（香港）旅游营销大会在香港举行。

16—18日　海航现代物流·第7届中国西部国际物流产业博览会暨2017中国（西安）智慧交通博览会在西安曲江国际会展中心举行。

18日　京东配送机器人无人车首次亮相西安。

△国务院批准西安港为汽车整车进口口岸。

19日　西安市人民政府与华侨城集团公司全面战略合作协议签约仪式在深圳举行。

20日　陕西省发展和改革改委员会、陕西省交通运输厅、西安市人民政府联合印发《大西安立体综合交通发展战略规划》。

△中国首条穿越秦岭的高速铁路——西（安）成（都）高铁陕西段联调、联试启动。

21日　《国务院办公厅关于建设第二批大众创业万众创新示范基地的实施意见》发布，西安电子科技大学和中国科学院西安光学精密机械研究所入选高校和科研院所示范基地。

22日　"大数据——西安新的生产资料与生产力"大数据建设发展论坛举行。

24—25日　水利部、黄河水利科学研究院等专家组成的技术评估组对西安市水生态文明城市建设试点工作进行技术评估。认为，西安市试点工作理念先进、布局合理、工作扎实、成效显著、特色突出，示范作用明显，实现水生态文明城市建设试点的整体目标。

25日　经国家质量监督检验检疫总局、国家标准化管理委员会批准，由西安阎良国际航空高技术产业基地入区企业——西安四方超轻材料有限公司起草制定的《镁锂合金铸锭国家标准》发布，这是国家第一份镁锂合金材料国家标准。

27日　由西安市第四医院牵头，西部7省（区）的65家医院加盟的"西部眼科联盟"在西安成立。

28日　西安市人民政府办公厅下发《关于调整我市住房交易政策有关问题的通知》。明确4月18日以前，在新城区、碑林区、莲湖区、雁塔区、未央区、灞桥区、长安区行政管理区域及西安高新技术产业开发区、西安经济技术开发区、西安曲江新区、西安浐灞生态区、西安国家民用航天产业基地、西安国际港务区、西咸新区沣东新城规划区域范围内购买的商品住房，自购房之日（以商品房买卖合同网签备案时间为准）起满5年方可上市交易；在上述区域范围内购买的二手住房，房屋产权人取得"不动产权证书"后满2年方可上市交易。

29日　西安市获首批"国家食品安全示范城市"称号。

30日　浙江长龙航空有限公司与西咸新区空港新城、西部机场集团签署战略合作协议。

△西安市保障性住房管理中心下发《关于调整我市限价商品房准入条件有关问题的通知》，在城六区、长安区行政管理区域及西安高新技术产业开发区、西安经济技术开发区、西安曲江新区、西安浐灞生态区、西安国家民用航天产业基地、西安国际港务区、西咸新区沣东新城规划区域范围内申请西安市限价商品房购买资格的非本市户籍居民家庭，需提供在西安市连续缴纳2年以上（含2年）的个人所得税或社会保险证明。

7月

1日　西安市人民政府免费为"政府补贴人群"购买1份20元/年的"西安市老年人意外伤害保险"，惠及20万名老年人。

3日　中国人民政治协商会议西安市委员会原党组副书记、副主席赵红专涉嫌严重违纪接受组织审查。

△陕西省卫生和计划生育委员会发布公告，决定向中国（陕西）自由贸易试验区范围内各管委会下放、委托12项省级行政审批事项，自贸区内可直接审批中外合资合作医疗机构。

△西安交通大学第一附属医院涉外病房开诊。

4日　西安市暨小寨区域"海绵城市"建设开工动员大会召开，62个"海绵城市"项目集中开工。

△西京医院为2名高龄主动脉瓣病变患者实施西北首例主动脉瓣经心尖微创植入手术。

5日　蓝田大杏种植系统入列第四批"中国重要农业遗产"名单。

△西北大学中亚学院吉尔吉斯中大石油分院在吉尔吉斯斯坦揭牌成立。这是西北大学中亚学院首次走出国门与企业合作建立的海外分院。

△2017中美青年创客大赛西安赛区决赛在陕西省科技资源统筹中心举办。西安交通大学、西北工业大学、西安电子科技大学等高校组成的6支创客团队获得比赛前6名，并将代表西安赛区参加8月在北京举办的总决赛。

5—7日　第八届全球秦商大会在西安召开。

6日　中国国际丝路中心项目在西咸新区开建。

7日　西安市与德国多特蒙德市合作发展备忘录签约仪式举行。

8日　西安市人民政府与西安建筑科技大学战略合作框架协议签约仪式在西安建筑科技大学草堂校区举行。

△西北政法大学刑事辩护高级研究院举行揭牌仪式。

9日　韩国UXF公司创始人柳会峻一行来西安访问。

△中国·白鹿原影视艺术小镇项目签约仪式举行。

△宝（鸡）兰（州）高铁开通，西安到兰州缩至3个小时。

10日　西安电子科技大学与深圳前海勤智国际资本管理有限公司签订战略合作。

11日　西安市人民政府与深圳前海蛇口自贸片区管委会签署《合作备忘录》。

△西安市人民政府与盘古智库座谈交流会及签约仪式举行。

△西安交通大学第二附属医院心血管病院采用Carto三维系统及Pentaray高精密度标测，完成1例疤痕相关右房大折返复杂房扑的射频消融手术，创西北首个成功范例。

11—14日　西安市在西安音乐学院举办"2017西安合唱展演活动"。本次活动是西安首次举办的国际合唱艺术活动。

15日　曲江创客大街开街暨Maker Faire 2017西安国际创客嘉年华在西安曲江新区开幕。

17日　西安新闻广播舆论监督访谈节目《党风政风热线》在电视、网络直播，在全国首创广播节目与电视、网络融合。

△西安交警经开大队查获西安市首例无证驾驶共享汽车案例。

18日 西安市人民政府与吉利集团签署合作协议，吉利新能源汽车产业化项目落户西安。

△西安市第九医院肾脏内科对1名皮肤紫癜14天、无尿10天的患者，在国内首次采用蛋白A免疫吸附法对新月体型过敏性紫癜肾炎患者进行治疗。

19日 西安市人民政府印发《西安市安装新风系统试点实施意见》，在全市政府办小学、幼儿园中选择50所小学、幼儿园试点安装空气净化设备。

20日 东航—赛峰起落架深度维修基地项目开工仪式在西安举行。

△西安市人民政府与浪潮集团有限公司战略合作协议暨浪潮集团投资西安高新技术产业开发区签约仪式在西安举行。

21日 由陕西省文物局、西安高新技术产业开发区管委会以及陕西文化产业投资控股(集团)有限公司三方联合发起的“互联网+中华文明”文博创意产业联盟成立。

△西安培华学院许立达院士工作室揭牌仪式举行。

22日 陕西省首家军民融合企业商会——陕西省国生军民融合企业商会在西安成立。

△2017丝绸之路国际汽车拉力赛暨中国汽车越野拉力赛在西安曲江国际会展中心举行收车仪式。

25日 西安市第一医院、西安市眼科医院与美国欧几里德系统公司签署协议，共同成立角膜塑形镜实验室并现场揭牌。

27日 中国科学院西安光学精密机械研究所与国外多家科研机构合作，利用西安北方光电有限公司研制的光子芯片，解决片上高维纠缠双光子态制备与控制的国际难题。

27—28日 2017世界球迷大会在西安举办。

30日 中国东方航空公司开通的上海—西安—日喀则航线首航成功。

8月

1日 第十届全国大学生信息安全竞赛决赛在西安电子科技大学举行。

△西安交通大学第一附属医院肝胆外科成功实施西北首例“镜面人”胆总管结石微创双镜联合治疗术。

△西咸新区公安局揭牌成立。

2日 西安市人民政府印发《西安市大数据产业发展实施方案（2017—2021年）》。

4日 西安丝路文化产业发展基金通过中国证券投资基金业协会产品备案申请，进入运营阶段。

△西安浐灞生态区举办“2017驻华使节浐灞行”活动，来自白俄罗斯、意大利、土耳其等国的10家外事机构签约入驻西安领事馆区。

4—6日 2017西安丝绸之路国际旅游博览会在西安曲江国际会展中心举行。

6日 人力和社会资源部复函同意在西安市建立“中国西安人力资源服务产业园”。

△西安市文化创意产业协会第一次会员大会在西安曲江国际会议中心召开。

△韩城市与西安交通大学第一附属医院签署合作协议，成立韩城市医联体医疗管理中心和西安交通大学第一附属医院护理学院。

7日 西安、成都两个市在成都签署战略合作框架协议。

8日 “品味西安 感知中国”西安（成都）旅游营销大会在成都市举行，西安与成都两个市签署旅游战略合作协议。

△西安市儿童医院手术麻醉科为一名出生仅4天、体重2.6千克的新生儿，在全麻成功诱导后，采用ID3.5毫米无套囊单腔管进行单肺通气，完成胸腔镜下食道闭锁一期吻合手术。

11日 Mocar共享汽车发车仪式在西咸新区能源金融贸易区举行。

13日 首届西安海归创业大赛初赛暨启动仪式在西安中科创星众创空间举行。

15日 西北工业大学樊元成、王建淦，第四军医大学王胜正，陕西师范大学肖光辉、张忠，西安交通大学吴震，西安电子科技大学许京伟、高卫峰，西安建筑科技大学苗瑞9人入选2017年度“香江学者计划”。

△浙江长龙航空开通西安—南昌—珠海早班始发航班。

△西安市新能源汽车及充电设施信息综合管理平台建设完成。

17日 吉利集团战略投资品牌——“曹操专车”入驻西安。

18日 西安国家民用航天产业基地与西安交通大学签订协议，双方就空天能源动力智能制造产学研合作项目开展合作。

19—29日 2017首届世界西商大会在西安举行。其间，举办首届世界西商大会开幕式暨主题论坛、科技人才峰会暨“梦回长安校友行”“浙商与西安对话”圆桌会议、“新西安·新西商”光华论坛以及系列商贸洽谈、合作签约等活动。签约和在谈合作协议项目约160个，涉及新能源汽车、新能源、新材料，特色小镇、文化旅游、金融、环保、物流等多个领域，总投资额约6400亿元。

19日 蚂蚁金服与西安市签署移动智慧城市建设合作框架协议，在交通、商业、民生、政务和信用等领域开展全面合作。

△西安交警首次在官方微信实名曝光100位车不让人违法车主。

△西安住房公积金支付宝智慧服务平台开通。

△西安咸阳国际机场成为继首都机场、深圳机场后全国第三个开通出境自助通关的空港口岸。

20日 西安国际港务区与圆通、申通两大物流企业签约，合作建设圆通（西安）跨境商贸及服务产业园项目、申通西北地区转运中心项目。

21—24日 第十三届IEEE（电气与电子工程师学会）自动化科学与工程国际会议在西安举行。

21—25日 第二十一届国际复合材料大会（ICCM21）在西安曲江国际会议中心举行。

21日 “2017首届中国(西安)城市公共艺术展”在西安曲江国际会展中心举办。

22日 赛伯乐投资集团与西安高新技术产业开发区签署战略合作协议，赛伯乐西北区总部、产业投资基金、科技金融服务平台等项目落户西安。

△西安交通大学第二附属医院心血管病院为一位70岁女性“双结病变”（窦房结病变合并房室结病变）患者实施西北首例希氏束起搏（his起搏）。

24—27日 2017中国国际通用航空大会在西安举行。其间，举办通用航空高峰论坛及专业论坛、航空设备器材展、项目推介签约及成果发布、首届通航大会创新创业大赛等活动。签约35个项目，总额346.3亿元，较上一届增长16.2%。签约项目涵盖通用飞机整机制造、飞机代理销售、航空发动机制造采购、复合材料研发、零部件加工、仿真模拟设备研制、监控系统开发、飞行学院组建、通航产业园区建设等多个领域。

24日 中国铁路总公司、陕西省人民政府下发《关于西安铁路枢纽规划（2016—2030年）的批复》，同意修编后的《西安铁路枢纽规划》。

25日 水利部在西安市召开西安市水生态文明城市建设试点验收会，同意西安市通过“全国水生态文明城市”建设试点验收。

26日 “2017中国民营企业500强发布暨民营经济发展峰会”在山东省济南市举行。西安迈科金属国际集团有限公司名列第39位，荣民控股集团有限公司名列第233位，金花投资控股集团有限公司名列第336位。

28日 京东无人机大会启动会暨京东集团系列落地项目签约仪式在西安举行。

29—30日 第二届全国商业诚信大会在西安举行。

30日 西安市各级医疗机构实行实名制就诊。

△西北地区首个中外合作办学机构——西北工业大学伦敦玛丽女王大学工程学院开学。

31日 中国国际贸易促进委员会与西安市人民政府合作备忘录签约暨中国贸促会（陕西）自由贸易试验区服务中心揭牌仪式在西安高新技术产业开发区举行。

9月

1日 陕西省人民政府向北京京东世纪贸易有限公司颁发覆盖陕西省全域的无人机空域书面批文，这是国内第一张覆盖全省（区、市）范围的无人机空域批文。

△陕西省人民检察院决定，依法对中国人民政治协商会议西安市委员会原党组副书记、副主席赵红专（正厅级）以涉嫌受贿罪立案侦查并采取强制措施。

5—14日 经中共中央批准，中共陕西省委常委、西安市委书记王永康率西安市代表团对瑞士、荷兰、德国进行访问。

6日 西藏航空有限公司开通西安—苏梅岛国际航线，这是西安首条直飞泰国苏梅岛的航线。

△在第十三届全国运动会足球项目男子城市组决赛中，西安队以2：0战胜哈尔滨队，获得冠军。

7—21日 第四届丝绸之路国际艺术节开幕。艺术节分4大板块，其中，有23个国家和地区以及国内18个省（市、区）的艺术家参与舞台艺术表演，总演出场次达184场，涵盖音乐、舞蹈、戏剧等种艺术门类表演。

7日 西安交通大学与中国航空发动机集团签署战略合作协议，在人才培养、高层次人才互访、科研合作、平台建设等方面展开战略合作。

8—9日 第二届丝绸之路工商领导人（西安）峰会暨丝绸之路国际文化周在西安大唐西市举行。来自70多个丝路沿线国家的600余位嘉宾参加。其间，举行金融服务平台助推“一带一路”建设、经济全球化与互联互通、“一带一路”建设与企业投资发展等6大平行论坛与“各国商协会商贸合作交流会”“西安市招商推介会”“丝绸之路国际总商会新会员颁证授旗仪式”“务实合作项目成果展示和签约”4项专题活动，发布《丝绸之路国际总商会为构建人类命运共同体贡献力量的西安共识》与《关于共同构建国际文化艺术品交易规则和团体标准的倡议书》，并向为促进国际经贸繁荣发展做出卓越贡献的杰出人士颁发“丝绸之路国际总商会卓越领袖奖”（金骆驼奖）。

8日 “中华人民共和国外国人永久居留身份证”西安首发仪式在西安交通大学举行。

△在国际权威人脸识别数据库LFW和人脸检测数据库FDDB上，由西安大学生创业成立的陕西第六镜科技文化有限公司的人脸识别算法在LFW中提交的成绩99.83%，FDDB测试的成绩98.82%，2项成绩均刷新世界纪录。

9日 鄠邑区举行撤县设区揭牌仪式。

10日 2017西安城墙国际马拉松赛在西安南门城墙开赛。

11日 中欧班列“长安号”驶入汉堡铁路货运码头，正在德国访问的中共陕西省委常委、西安市委书记王永康和西安市代表团一行前往接车，并出席“一带一路”中欧班列（西安—汉堡）精品线路签约仪式。同时，中欧班列（长安号）驻德国办事处揭牌。

14日 国务院办公厅印发《关于推广支持创新相关改革举措的通知》，将在全国或京津冀、上海、广东（珠三角）、安徽（合芜蚌）、四川（成德绵）、湖北武汉、陕西西安、辽宁沈阳8个全面创新改革试验区域内，推广涉及科技金融创新、创新创业政策环境、外籍人才引进和军民融合创新4个方面共13项支持创新相关改革举措。

15日 西安创业大街投入运行。

△西安首个智慧型新贸易众创示范街区在新城区长乐路启动。

16—18日 第三届中国“互联网+”大学生创新创业大赛总决赛在西安电子科技大学举行。

16日 2017“森弗杯”中国·环秦岭自行车联赛（西安站）在蓝田县灞河沿岸举行。

17日 西安市与亚马逊AWS共建西安联合创新中心项目签约仪式举行。

20日 “盐商杯”第四届“创青春”中国青年创新创业大赛商工组全国赛决赛暨颁奖典礼在西安举行。

21—23日 2017欧亚经济论坛在西安举行。本届论坛的主题是“共建‘一带一路’：发展战略的对接”。在继续巩固金融、文化、旅游、科技等传统对话机制的基础上，论坛增设教育、地学、农业、气象等分会和“一带一路”国际产能合作博览会、“丝绸之路”经济带城市合作圆桌会、“一带一路”设施联通峰会等，多领域加强“一带一路”建设和区域经济合作。76个国家和地区的中外政要、专家学者、知名企业家参会。其中，参加开幕式的嘉宾超过1000人，参加系列活动的嘉宾近3000人。

21日 上海合作组织成员国地方领导人圆桌会在西安召开。

△西安市人民政府与中国光大国际有限公司座谈交流会及签约仪式举行。

22日 西安市人民政府与正威国际集团举行正威（西安）电子信息产业园项目、金属事业群总部项目签约仪式举行。

23日 西安交通大学与西安国际港务区“一带一路”人才培养签约暨“丝路国际学院”的“丝路培训基地”“丝路创新创业基地”挂牌仪式举行。

△西安市与阿富汗巴尔赫省马扎里沙里夫市发展友好城市关系意向书签字仪式举行。

△西安首次投放共享电动单车。

27日 第十四届精神文明建设“五个一工程”表彰座谈会在北京召开。由西安市创作的话剧《麻醉师》获第十四届精神文明建设“五个一工程”优秀作品奖并获表彰。

△秦岭国家植物园开园。

△西安市“多证合一、一照一码”改革工作启动，颁发首张“多证合一、一照一码”营业执照。

29日 新加坡奥思乐集团中国区总部暨奥思乐智慧创新教育中心在西咸新区沣东新城启动。

10月

9日至11月8日 由9省（区、市）文化厅（局）联合举办的中国秦腔优秀剧目会演在西安举行。

9日 西安高新技术产业开发区与雅居乐集团国际社区项目投资合作签约仪式在西安市人民政府举行。

△西安梁家滩国际学校在西安高新技术产业开发区举行揭牌仪式，同时2017首届梁家滩国际教育论坛召开。

11—13日 2017年民盟西部城市盟务工作会议在西安召开。

12日 西安人工智能与机器人产业基地暨西安交通大学智能机器人创新研究院举行签约揭牌仪式。

△中国科学院西安光学精密机械研究所首席科学家布兰特·埃弗雷特·李特尔获2017年度“中国政府友谊奖”。

△首届中国服务型制造大会在广州举行。大会公布全国首批服务型制造示范企业（项目、平台）名单并举行授牌仪式。陕西光电子集成电路先导技术研究院有限责任公司获得全国首批“服务型制造示范平台”称号。

15日 唐都医院引进世界上最先进、中国中西部首台一体化分子影像学检查设备——PET/MR。

20日 台湾鼎泰丰集团西安合作项目签约仪式举行。

△西咸新区2017年秋冬季植树增绿活动暨大西安中央公园项目开工建设启动仪式在沣西新城举行。

△西安地铁四号线元朔路站至北客站站区间联络通道，首次采用冷冻法施

工新工艺。

20—22日 第八届中国英语教学国际研讨会在西安举行。

22日 中节能建筑节能有限公司、西安城市基础设施建设投资集团有限公司、陕西亿杰实业控股集团有限公司合资协议签约仪式在西安市人民政府举行。

23日 西北医院（西安交通大学第二附属医院）举行“医联体移动互联平台”启动仪式。

△西北大学—埃塞克斯大学合作办学项目启动仪式举行。

24日 世界一流大学精品医院建设战略论坛暨西安交通大学第二附属医院抗战迁陕建院80周年学术论坛举行。

△中共中央纪律检查委员会、监察部网站发布《陕西蓝田吕氏乡约：中国历史上最早成文乡约》，在全国范围内宣传推广陕西蓝田吕氏乡约。

25日 陕西省首家数字经济研究机构——西部数字经济研究院在西安邮电大学成立。

△西安市工商行政管理局、西安市消费者协会在中国兵器工业第二〇五研究所社区，举行老年消费教育进社区暨西安首家老年人消费教育示范基地挂牌仪式。

26—28日 第四届中国药物基因组学学术大会暨首届中国个体化用药—精准医学科学产业联盟大会在西安曲江凯悦酒店召开。

28日 2017西安国际马拉松赛举行，来自26个国家和地区的2万名跑步爱好者参加。

△陕西省和西安市重点文化项目——陕西大剧院启用。

△中国东方航空公司西北分公司开通西安—布拉格直飞航线，该航线是西北地区首条直飞布拉格的航线。

30日 开沃新能源汽车集团与西安市人民政府签署战略合作框架协议，开沃新能源汽车智造基地项目落户西安高新技术产业开发区。

△西安市公安局出入境管理局24小时自助服务大厅启用。

△全国首家服务于“双创”企业与群体的公益性科技图书馆——西安图书馆众创科技分馆开馆。

△西北首家病房学校落户西安市儿童医院。

11月

2日 中国西部军民融合创新谷暨西安电子谷奠基开工。

△陕西省教育厅发布《关于对2017年陕西省本科高校拟设置申报学校名单进行公示的公告》，2017年陕西省拟向国家教育部申报设置的高校名单为：西安财经学院更名“西安财经大学”，陕西电子科技职业学院升格本科为“陕西电子科技学院”（民办），西安汽车科技职业学院升格本科为“西安汽车学院”（民办）。

△西安电子科技大学人工智能学院揭牌成立。

3日 绿地集团与大西安战略合作签约暨西安建工集团混改揭牌仪式举行。

△西安图书馆新馆馆址确定在西安浐灞生态区。

4日 西安市人民政府办公厅印发《西安市发展硬科技产业十条措施》。

5日 西安市人民政府与中国科学院地球环境研究所共建西安地球环境创新研究院签约仪式举行。

6日 2017第三届西部创新发展论坛举行。

△第二十四届中国杨凌农业高新科技成果博览会上，西安展团举行专场签约，共洽谈确定农业合作项目24个，项目金额95亿元，其中现场签订22个项目。

△15时，西安市重污染天气应急指挥部办公室发布重污染天气蓝色预警，全市范围内除抢修抢险和特殊需要外的建设、出土、拆迁、建筑垃圾消纳场等施工单位停止涉土作业。

7—8日 2017全球硬科技创新大会在西安举行。大会以“硬科技改变世界，硬科技引领未来，硬科技发展西安”为主题，包括开幕式暨高峰论坛和15个分论坛，共计16场活动。大会首次发布《2017年中国城市硬科技发展指数报告》。

7日 西咸新区管委会与恒大集团在西安签署战略合作框架协议，西咸新区秦汉新城管委会与恒大旅游集团签署西安恒大童世界项目合作开发协议。

△西安市人民政府聘请樊代明、李鸿志、杨士莪、杨裕生、魏子卿、沈绪榜、郑南宁、卢秉恒、徐德民、王中林、段宝岩、李学龙12名专家为市政府科技顾问；聘请董明珠、李河君、何胜强、刘若鹏4人为市政府经济顾问。

8日 第二届中国创新挑战赛（西安）在西安曲江国际会议中心举行。

△陕西科技控股集团与海航现代物流集团战略合作签约，海航现代物流首个物流创投基金落地。

△陕西省环境保护厅发布《陕西省重污染天气应急预案》，将24小时限行，修订为7：00—20：00限行。

△西安银行成立并启动西安市首家专业服务于文化产业发展的金融机构——西安银行曲江文创支行，并与陕西旅游集团有限公司、西安市文化创业产业协会分别签署战略合作协议。

△“2017西安国际光电子集成技术论坛”在西安曲江国际会议中心举办。

9—10日 2017首届全球程序员节在西安高新技术产业开发区绿地笔克国际会议中心举行。

9日 西安医学院、西安市儿童医院联合举行“西安医学院儿科学系”签约揭牌仪式，筹建西北首个“儿科学系”教学基地。

10日 西安市人民政府办公厅印发《西安市新能源汽车生产销售企业及产品审核备案暂行规定》。

11—28日 第九届中国·西安轻工商品交易会在西安曲江国际会展中心举行。

13—16日 第二届月球定标国际研讨会在西安举办。

14日 第十六届西安国际音乐节开幕。

15日 国家发展和改革委员会批复《西安国家通用航空产业综合示范区实施方案》。

△2017西安·香港招商推介会暨重点项目签约仪式在香港举行。

15—19日 第二届中国道教文化艺术周在西安举办。

16日 首届“西安市国际专家顾问团圆桌会议”召开，以“一带一路：新西安、新机遇、新发展”为主题。

△第二十三届中国纪录片学术盛典在深圳落幕。由西安广播电视台摄制的纪录片《柳青在皇甫》获“中国纪录片系列好作品奖”；西安曲江影视集团出品的红色革命题材纪录片《渭华起义》获“中国电视纪录片年度收藏作品”奖，并被中央档案馆收藏。

△西安市明城墙以内3284个公共停车泊位实施“无人值守，自助缴费”。西安成为继深圳之后全国第二个实行停车无人值守的城市。

17日 全国精神文明建设表彰大会在北京举行。西安市蝉联“全国文明城市”荣誉称号。

△西安市人民政府与中国能源建设集团有限公司在北京举行座谈会并签署战略合作框架协议。

△西安高新技术产业开发区与比亚迪公司签订30万辆新能源乘用车扩产项目框架协议。

17—19日 2017中国跆拳道公开赛在西安城市运动公园体育馆举行。

△西京医院为1名先天性心脏病、主动脉弓离断、高血压3级的患者施国内首例主动脉弓离断支架置入术。

20日 西安市实施机动车限行交通管理措施。

22日 西（安）成（都）高铁进入全线拉通试验阶段。

△西安汉唐文化网络学院揭牌暨汉唐华语平台开通仪式举行。

24日 2017西安国际创业大赛颁奖典礼在西安举行。

△西安市招才引智委员会成立。

25日 2017西安电竞产业峰会在西安曲江新区举行。其间，西安曲江新区分别与量子电竞产业城、英雄互娱（西安）等电竞企业签署合作协议。

△2017中国创新创业大赛军民融合专业赛（西安赛区）颁奖典礼暨“空间科技产业发展”高峰论坛在西安举行。

△由中铁十七局集团二公司施工的引汉济渭秦岭隧洞出口段6500米隧洞贯通，标志着世界最长水利隧洞建设取得重大进展。该隧洞也打破国内隧道钻爆法无轨运输独头通风的掘进纪录。

27日 陕西省地质调查院王双明当选中国工程院院士。

28日 西北大学地质学系张宏福，西安交通大学电子与信息工程学院管晓宏、能源与动力工程学院郭烈锦当选中国科学院院士。

29日 和君商学院丝路学院在西安市成立。

△长安大学分别与西安地铁公司、西安经济技术开发区、西安国际港务区、中交第一公路勘察设计研究院有限公司、中交西安筑路机械有限公司等签订战略合作协议，共建西安汽车前沿技术研究院、绿色智能道路建养装备研究院。

30日 西安市人民政府办公厅印发《西安市重污染天气应急预案(2017年修订稿)》。

12月

1日 《西安市不可移动文物保护条例》施行。

2日 国家文物局公布第三批国家考古遗址公园名单，西安汉长安城未央宫遗址公园入选。

△2017“丝绸之路”第二届国际定向邀请赛在大唐西市举行。

5日 由西安交通大学人工智能与机器人研究所研制开发的“发现号”和“夸父一号”在2017年中国智能车未来挑战赛上夺冠获奖。

6日 西安—成都高速铁路实现全线开通运营。

7日 西安—法门寺、西安咸阳国际机场—法门寺、西安—韩城、阎良—西安咸阳国际机场4个城际铁路项目集中开工动员会在西安举行。

△“2017中国最具幸福感城市”系列榜单在北京发布。西安连续6年获得“中国最具幸福感城市”荣誉称号，并同时入选“人民获得感案例”。

△西安市第二座全室内献血屋——“红会献血屋”建成，并进入试运行阶段。

8日 西安市人民政府与中国电力建设集团有限公司合作座谈会暨战略合作协议签约仪式举行。

9日 奕斯伟硅产业基地项目签约仪式在西安举行。

△西安市场主体超百万发布仪式在西安创业大街举行。西安成为全国第七个市场主体总量超百万的副省级城市。

△西安建设“一带一路”文化高地研讨会在北京大学燕南园召开。

△西安护城河及环城公园综合改造工程（朱雀门—西门段）开园暨（西门—东门段）开工仪式举行。

10日 西安“丝绸之路文化园”项目协议在北京签署。

11日 杜陵顺陵、华清宫遗址、西安城墙、大华纱厂旧址等25处文化遗址入选第一批“陕西省文化遗址公园”名单。

12日 西安浐灞国际金融中心项目签约仪式举行。

13—15日 西安市第十六届人民代表大会第二次会议在陕西大会堂举行。

13日 2017心房颤动高峰论坛在武汉开幕。西安交通大学第二附属医院心血管病院或全国首批“中国房颤中心建设单位”。

△西安市中医药研究院在西安市中医医院揭牌成立。

14日 西安秦华天然气公司与西安银行合作推出的天然气缴费业务全面上线。

15日 由西安中车永电捷通电气有限公司自主研制的无速度传感器电传动系统装配在CRH6F-A城际动车组完成型式试验，设计时速达160千米/小时，可满足200千米/小时的运行要求。

△国家发展和改革委员会核准批复西安高新控股有限公司公开发行60亿元企业债券申请。

△西安市卫生和计划生育委员会宣布，西安市将实行各统筹区（县）二级及以上协议医疗机构互认制度。

△由西安电子科技大学学生团队研发制作的“黑飞克星”无人机侦测与反制系统，获得第十一届中国研究生电子设计竞赛全国一等奖。

△西安咸阳国际机场吞吐量超过4000万人次。

△长安银行与海航现代物流集团签订金融服务合作协议。

16—17日 “2017西安电竞产业峰会——铁鹰锐士电竞大赛暨CMEG校园精英系列赛”在西安曲江国际会展中心举行。

△《中国城乡发展报告2017——水平评价与精准扶贫》发布会暨第六届城乡发展高层论坛在西北大学举行。同时，西北大学乡村振兴研究中心揭牌。

17日 西安市监察委员会挂牌成立。

18日 西安市第十六届人民代表大会常务委员会第八次会议决定授予美光公司高级副总裁韦恩·艾伦、新加坡普洛斯集团首席执行官梅志明、美国点石投资集团顾问罗伯特·利普“西安市荣誉市民”称号。

19日 MFG创客联邦与长安国际中心签约合作仪式在碑林区人民政府举行。

20日 西安中车长客公司（合资）揭牌暨西安地铁四号线首列车交付仪式举行。

△西安地铁四号线（除火车站至五路口段外）实现“长轨通”。

21日 万方铂通高新材料科技（西安）有限公司与西安阎良国家航空高技术产业基地签订合作协议，航空航天重要零部件长寿命、高可靠热等静压处理中心项目落户西安航空基地。

△由西北地区60余家秦腔教育单位和秦腔院团集体组成的中国秦腔教育联盟成立。

22日 2017中国（西安）服务型制造高峰论坛在西安举行。

24日 第七届（2017）“CROSS万象汇”杯古城丝路国际艺术节暨古城丽人国际风采大赛全球总决赛在西安举办。

25日 “梦回长安——百万校友回归活动西安交通大学专场”举行。

△西部机场集团航空物流有限公司西安地区年货邮吞吐量突破20万吨暨国际快件监管中心投运仪式在西安举行。

26日 西安市人民政府与汉能集团举行移动能源产业园项目签约仪式，双方在阎良区共同建设移动能源产业园。

27日 西安外环南段、延长—黄龙、旬邑—凤翔、韩城—黄龙、宁陕—石泉5条高速公路项目集中开工动员会在西安举行。

△西北工业大学、西北大学、长安大学、西安石油大学4所高校通过全国第二批试点院校来华留学质量认证。

△新能源汽车专用号牌在西安启用。

28日 由西北工业大学研制的国内首套万米全水深声学观测潜标在马里亚纳海沟挑战者深渊实验成功。

△2017环球网财经峰会在北京召开，“2017最受国际关注中国投资城市”名单发布。西安与广州、贵阳、青岛、温州5座城市入选。

28—29日 中国共产党西安市第十三届委员会第四次全体会议举行。

29日 西安国际美食之都论坛暨授牌仪式在西安曲江宾馆举行。世界中餐业联合会向西安市人民政府授予“国际美食之都”的称号牌匾。

30日 瑞士德科集团与西安市人民政府签订合作协议。

△西安市“‘12345’市民服务热线”开通仪式举行。

△天津航空有限责任公司开通西安—奥克兰直飞航线首航。 （程万里）

西安概貌

责任编辑　姚文东

基本情况

◆**历史沿革** 西安古称长安，位于中国内陆腹地黄河流域中部关中盆地，是中华民族和东方文明的发源地之一。早在100万年前，蓝田古人类就在这里建造了聚落；7000年前的仰韶文化时期，这里已经出现了城垣雏形。西安有3100多年的建城史和1100多年的国都史，先后有西周、秦、西汉、东汉、新、西晋(愍帝)、前赵、前秦、后秦、西魏、北周、隋、唐13个王朝在此建都，又为赤眉、绿林、大齐(黄巢)、大顺(李自成)等农民起义政权都城。自西汉起，西安就成为中国与世界各国进行经济、文化交流和友好往来的重要城市。“丝绸之路”就是以长安为起点，西至古罗马。西安是闻名世界的历史名城，与罗马、雅典、开罗齐名，也是中国六大古都中建都历史最长的一个，长安文化代表着中华文化的主干。“西安”之名称，始于明代。元至元九年（1272），元世祖封三子忙哥剌（la，音“腊”）为安西王，镇守这里，改京兆府为安西路。元皇庆元年（1312），改安西路为奉元路。明洪武二年（1369），改奉元路为西安府，府城简称西安，名称一直沿用至今。

历史上，西安也是地方行政机关——州、郡、府、路、省和长安、咸宁两县的治所。1911年辛亥革命爆发后，西安是全国最早响应的省会城市之一。20世纪20年代，随着西安现代工商业的发展和城市人口的增加，诞生并逐步形成了不同于历史上任何行政建制的新型地方行政建制，即市级建制。民国十六年(1927)11月25日，陕西省政府议决设立西安市。民国十九年(1930)11月8日，陕西省政府撤销西安市建制，辖区复归长安县。民国二十一年(1932)3月5日，国民党确定长安为陪都，定名西京，并成立西京筹备委员会，但西京市政府始终未成立，后西京筹备委员会撤销。民国三十三年(1944)9月1日，西安市政府正式成立，为陕西省辖市。民国三十六年(1947)8月1日，西安市升格为国民政府行政院直辖市，为全国12个院辖市之一。

民国二十五年（1936）12月12日，这里发生了震惊中外的“西安事变”。事变之后，设在西安的国民革命军第八路军驻陕办事处，为延安革命根据地输送了大批青年知识分子和军需物资。党和国家领导人周恩来、邓小平、叶剑英等都曾在此领导过革命斗争。1949年5月20日西安解放。之后，西安是中央西北局和西北行政委员会所在地，中央人民政府的直辖市；1954年6月改为省辖市；1984年10月被国务院列为计划单列市；1992年被批准为内陆开放城市；1994年被批准为全国综合配套改革试点城市和副省级城市。

西安以强大的科技实力、门类齐全的工业体系和日益成熟的城市服务体系成为中国重要的科研、高等教育、国防科技工业和高新技术产业基地及辐射北方中西部地区的金融、科技、教育、旅游、商贸中心。

西安建都朝代

朝代	首都名称	首都地点	起止年份	前后历时
西周	丰镐	西安市长安区境	武王元年（前1046）至幽王十一年（前771）	276年
秦	栎阳	西安市阎良区武屯镇	秦献公二年（前383）至孝公十二年（前350）	178年
	咸阳	西安市未央区境	秦孝公十二年（前350）至子婴元年（前206）	
西汉	长安	西安市未央区境	汉高祖元年（前206）至孺子初始元年（8）	214年
新	长安	西安市未央区境	王莽始建国元年（9）至地皇四年（23）	15年
东汉(献帝)	长安	西安市长安区境	东汉初平元年（190）至兴平二年（195）	6年
西晋(愍帝)	长安	西安市未央区境	西晋建兴元年（313）至建兴四年（316）	4年
前赵	长安	西安市未央区境	前赵光初二年（319）至光初十二年（329）	11年
前秦	长安	西安市未央区境	前秦皇始元年（351）至太安元年（385）	35年
后秦	长安	西安市未央区境	后秦建初元年（386）至永和二年（417）	32年
西魏	长安	西安市未央区境	西魏大统元年（535）至西魏恭帝三年（557）	23年
北周	长安	西安市未央区境	北周闵帝元年（557）至静帝大定元年（581）	25年
隋	大兴	西安市区	隋开皇元年（581）至大业十四年（618）	38年
唐	长安	西安市区	唐武德元年（618）至天授元年（690）	272年
	长安	西安市区	唐神龙元年（705）至天祐元年（904）	
合　计				1129年

注：根据2000年11月9日夏商周断代工程正式公布的《夏商周年表》和最近历史研究成果对西安十三朝建都起止年份和前后历时进行了修订。

◆**地理**

位置、面积　西安市位于黄河流域中部关中盆地，东经107°40′—109°49′和北纬33°42′—34°45′之间。东以零河和灞源山地为界，与华县、渭南市、商州区、洛南县相接；西以太白山地及青化黄土台塬为界，与眉县、太白县接壤；南至北秦岭主脊，与佛坪县、宁陕县、柞水县分界；北至渭河，东北跨渭河，与咸阳市区、杨凌区和三原、泾阳、兴平、武功、扶风、富平等县（市）相邻。辖境东西长204千米，南北宽116千米。总面积10108平方千米，其中市区面积3582平方千米。

地质　西安市的地质构造兼跨秦岭地槽褶皱带和华北地台两大单元。距今1.3亿年前燕山运动时期产生横跨境内的秦岭北麓大断裂，自距今约300万年前第三纪晚期以来，大断裂以南秦岭地槽褶皱带新构造运动极为活跃，山体北仰南俯剧烈降升，造就秦岭山脉。与此同时，大断裂以北属于华北地台的渭河断陷继续沉降，在风积黄土覆盖和渭河冲积的共同作用下形成渭河平原。

地貌　西安市境内海拔高度差异悬殊位居全国各城市之冠。巍峨峻峭、群峰竞秀的秦岭山地与坦荡舒展、平畴沃野的渭河平原界线分明，构成西安市的地貌主体。秦岭山脉主脊海拔2000—2800米，其中西南端太白山峰巅海拔3867米，是大陆中部最高山峰。渭河平原海拔400—700米，其中东北端渭河河床最低处海拔345米。西安城区便建立在渭河平原的二级阶地上。

◆**自然资源**

河流、水资源　西安地区自古有“八水绕长安”之美称。

市区东有灞河、浐河，南有潏河、滈河，西有皂河、沣河，北有渭河、泾河，此外还有黑河、石川河、涝河、零河等较大河流。其中绝大多数属黄河流域的渭河水系。渭河横贯西安市境内约150千米，年径流量25亿立方米。西安地下水储量估算，总计19.91亿立方米。还另辟有较理想的水源基地。2001年12月，黑河水利枢纽主体工程建成，每年向西安供水4亿立方米，形成日供水能力120万吨，加上地下水资源，市区日供水能力172万吨，基本满足城市生产生活用水。

土壤　西安市土壤分布形成南北两个差异明显的区域，北部的渭河平原以黄褐土、褐土为代表，南部的秦岭山地以黄棕壤、棕壤为代表。据1980—1986年土壤普查，全市有12个土类24个土壤亚类50个土属，计181个土种。土壤类型的复杂多样，为区内农作物的多品种组合提供了有利条件。

动植物　西安的自然植被未遭受第四纪大陆冰川直接侵袭，尚保留若干第三纪古老的孑遗植物，如银杏、水青树、连香、马甲子等。秦岭山地从高海拔向低海拔垂直分布有高山灌从草甸、针叶林、针阔叶混交林和落叶阔叶林等自然植被类型。自然植被中野生植物资源丰富，计有野生植物138科681属2224种，为中国种子植物的重要基因库之一。渭河平原主要为大田农作物、蔬菜、果园和城市绿化等栽培植物类型。野生动物资源主要分布在秦岭山地，有兽类55种、鸟类177种，包括有大熊猫、金丝猴、扭角羚秦岭亚种、鬣羚、大鲵、黑鹳、白冠长尾雉、血雉、金鸡等珍稀动物。为保护自然生态系统和珍稀动植物资源，境内已建立3个国家级自然保护区。

矿产资源　西安境内地层发育复杂，构造类型多样，为各种矿产资源的形成提供了有利条件。已发现的矿产资源共47种，其中金属矿产21种、非金属矿产22种、能源矿产2种、其他矿产2种。大部分金属和非金属矿产分布在南部秦岭山区。秦岭以北平原地区具有良好的储存地热水的地质条件，仅城区可以开发的地热面积约780平方千米，地下热水可采储量约为5.39亿立方米。（鲁　夫）

◆气候　西安市属暖温带半湿润大陆性季风气候，冷暖干湿，四季分明。冬季寒冷、风小、多雾霾、少雨雪；春季温暖、干燥、多风、气候多变；夏季炎热多雨，伏旱突出，多雷雨大风；秋季凉爽，气温速降，秋霖明显。年平均气温13.1℃—14.3℃，最冷1月平均气温-1.2℃—0.5℃，最热7月平均气温26.5℃—27.0℃，年极端最低气温-21.2℃（蓝田1991年12月28日），年极端最高气温43.4℃（长安1966年6月19日）。年降水量528.3—718.5毫米，由北向南递增。7月、9月为明显降水高峰。年日照时数1595.6—2035.8小时，年主导风向各地有差异，西安市区常年盛行东北风，周至、鄠邑区、长安为西风，高陵、临潼为东北偏东风，蓝田为东风。年内主要气象灾害有干旱、高温、大风、沙尘、雷电、冰雹、暴雨、低温冻害、连阴雨和雾霾。

·气候特点及评价·

2017年，西安市年平均气温14.7℃，较历年（1981—2010年）均值偏高0.9℃；降水量697.7毫米，较历年均值偏多1成多；日照正常略偏多。全年灾害性天气多发，主要有伏旱、高温、暴雨、大风、冰雹、雾霾等气象灾害。春季首场透雨出现时间较常年明显偏早；秋雨开始日期较常年偏早15天左右，入秋较常年偏早10天左右；华西秋雨开始早、结束晚、持续时间长、雨量大、综合强度强。出现45个高温日，40℃以上高温出现12天，连续日数突破同期历史记录。7月13—27日，出现强伏旱天气，持续15天，伏旱强度指数2.3。综合评定，2017年西安气象灾害属正常略偏差年份。

气温　全年平均气温13.8℃—15.6℃，蓝田最低，西安市区最高。与历年同期（1981—2010年）相比，长安持平，其余区（县）偏高0.7℃—1.4℃，西安市区偏高1.3℃（图1）。全市年平均气温14.7℃，较常年均值偏高0.9℃，为1961年以来历史同期第四偏高年（图2）。年极端最高气温42.3℃(7月25日鄠邑)，西安市区41.8℃（7月24日）；年极端最低气温-8.9℃（1月21日蓝田），西安市区-4.6℃（1月20日）。10月平均气温偏低，7月平均气温异常偏高，其余月份均偏高；全市各季平均气温均偏高。

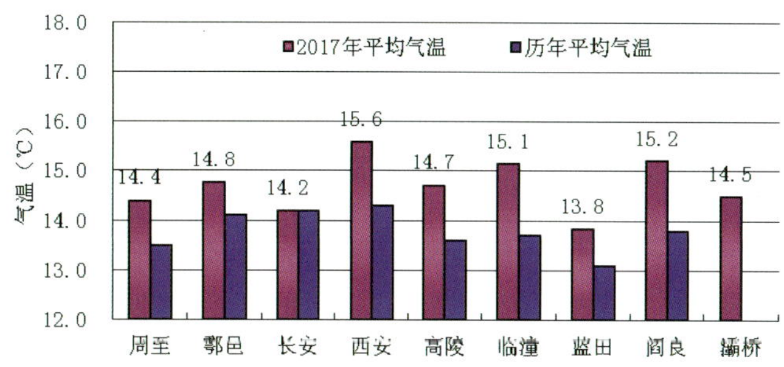

图1　2017年西安市各区县年平均气温与历年平均气温对比柱状图

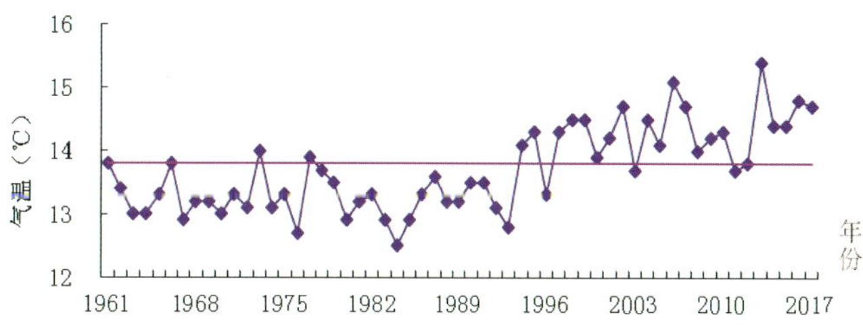

图2　1961年来西安市逐年平均气温变化曲线

冬季（2016年12月至2017年2月）平均气温2.4℃—4.3℃，与历年同期比较，全市均偏高，偏高1.0℃—2.3℃；全市平均气温3.2℃，较历年同期偏高1.7℃，为1961年以来历史同期第三偏高年。春季（3—5月）平均气温13.5℃—15.1℃，与历年同期比较，全市均偏高，偏高0.3℃—1.4℃；全市平均气温15.2℃，较历年同期偏高0.7℃，属正常略偏高年份。夏季（6—8月）平均气温26.2℃—27.7℃，与历年同期比较，全市均偏高，偏高0.7℃—1.9℃；全市平均气温26.9℃，较历年同期偏高1.4℃，为1961年以来历史同期第六偏高年份；其中7月全市平均气温29.9℃，与历年同期比较偏高3.2℃，为1961年以来历史同期第一偏高年。秋季（9—11月）平均气温13.3℃—14.6℃，与历年同期比较，周至、鄠邑偏低0.2℃、0.3℃，其余区（县）偏高0.1℃—0.8℃；全市平均气温13.9℃，较历年同期偏高0.2℃，属正常略偏高年份。

降水　全年降水总量566.6—819毫米（图3），临潼最少，长安最多。与历年同期比较，临潼偏少近1成，其余区（县）偏多1—2成（图4）。日最大降水量64.4毫米（10月3日高陵），西安市区日最大降水量57.0毫米（10月3日）。全市年平均降水量697.7毫米，较历年同期偏多1成多，为1989年以来第四偏多年（图4）。3月、10月降水量异常偏多；4月、5月、9月降水量偏多；2月、6月降水量正常；1月、7月、8月降水量偏少；11月降水量异常偏少；12月无降水。冬季、夏季降水量略偏少，春季降水量偏多，秋季降水量显著偏多。

冬季（2016年12月至2017年2月）降水量12.8—27.5毫米，与历年同期相比，高陵、临潼分别偏多2成、1成，其余区（县）偏少1—5成；全市平均降水量21毫米，较历年同期偏少1成，属正常略偏少年份。春季（3—5月）降水量149—

208.5毫米，与历年同期相比，全市均偏多，偏多2—5成；全市平均降水量168.1毫米，较历年同期偏多近3成，属偏多年份，其中3月全市平均降水量52.3毫米，与历年同期比较偏多9成，为1993年以来历史同期最多的一年，为1961年以来历史同期第六偏多年。夏季（6—8月）降水量156.9—260.6毫米，与历年同期相比，全市均偏少，偏少1—4成；全市平均降水量215.6毫米，较历年同期偏少2成多，属偏少年份，其中7月平均降水量59.1毫米，与历年同期比较偏少4成，为1961年以来历史同期第十偏少年。秋季（9—11月）降水量236.6—357.1毫米，与历年同期相比，全市均偏多，偏多3—8成；全市平均降水量299.2毫米，较历年同期相比偏多近6成，为1961年以来历史同期第八偏多年，属异常偏多年份。其中，10月平均降水量146.6米，与历年同期比较偏多1.3倍，为1961年以来仅次于1983年和1961年的历史同期第三偏多年；11月平均降水量5.8毫米，与历年同期比较偏少7成，为1961年以来历史同期第六偏少年。

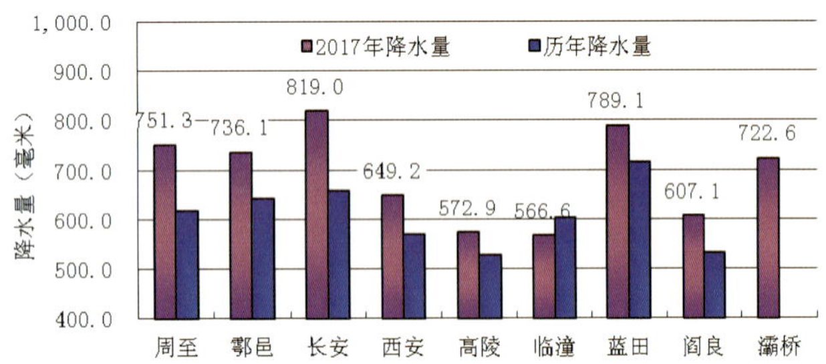

图3　2017年西安市各区（县）年降水量与历年平均降水量对比柱状图

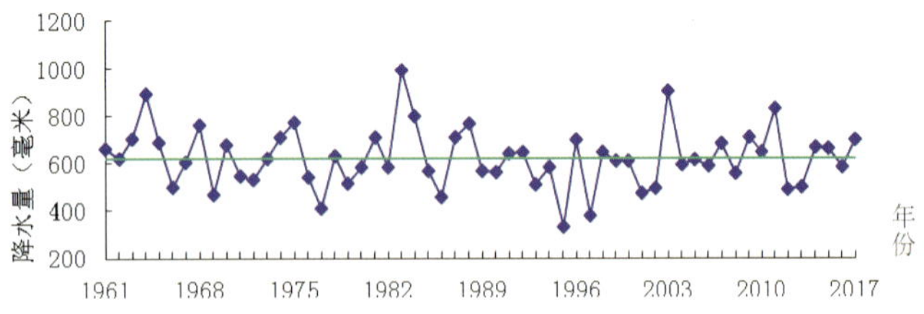

图4　1961年来西安市逐年降水量变化曲线

日照　全年日照总时数1664.6—2168.3小时，蓝田最少，高陵最多。与历年同期相比，蓝田偏少344.9小时，其余区（县）偏多24.8—341.0小时（图5）。全市平均日照时数1874.6小时，与历年同期比较偏多25.2小时，属正常略偏多年份。

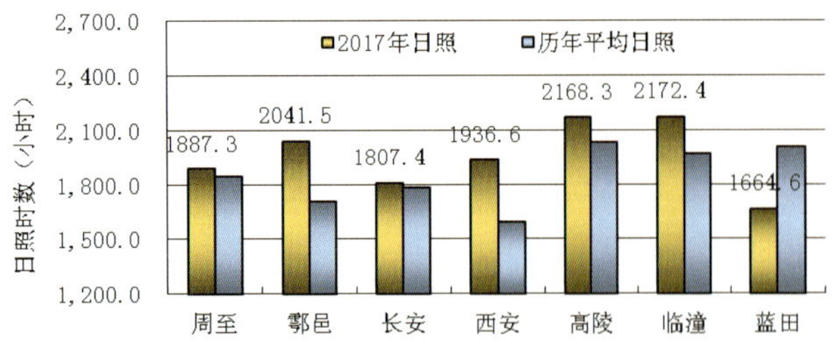

图5　2017年西安市各区（县）年日照与历年平均日照对比柱状图

·重要天气气候事件·

雾、霾　全年出现大雾53天101站次，其中1月最多，为11天27站次。其中，长安、蓝田最多，分别为20天；周至次之，为19天；西安市区最少，为7天。全年出现霾126天406站次，1—3月、11—12月较多，其余月份较少。其中，周至83天，蓝田78天，临潼68天，高陵64天，西安市区56天，长安37天，鄠邑20天。

伏旱　7月13—27日，出现伏旱天气，持续15天，伏旱强度指数为2.3，为强伏旱等级。具有气温高、降水少、高温天气强度大、持续时间长等特点，致使农作物不同程度受灾。2010年以来西安市伏旱发生频次增加，强度增大，2012年、2013年出现中等强度伏旱，2014—2017年连续4年出现强伏旱。

首场透雨和秋雨　3月12—13日，迎来春季首场透雨，出现时间较常年（4月中旬）明显偏早，为1998年以来第一偏早年。8月25日以来，出现持续低温阴雨天气，截至9月4日，过程降水量31.9—58.2毫米，为全年首场秋季连阴雨，秋雨开始日期较常年偏早15天左右。8月26日，正式进入秋季，较常年偏早10天左右。华西秋雨于8月25日开始，10月18日结束，开始早、结束晚、持续时间长、秋雨量大、综合强度强。秋雨期54天，平均降水量（秋雨量）321.9毫米，综合强度指数1.86，显著偏强。

高温　全年出现45个高温日，35℃以上高温出现268站日；40℃以上高温出现12天60站日。高温日主要集中在5月27—28日，6月1—2日、26—29日，7月1—4日、9—15日、18—27日，8月2—5日、9—12日、16—17日。

大风、冰雹、沙尘天气　全年出现大风天气12天15站次，分别为2月21日，5月3日、22日，6月7日、14日，7月28日蓝田；4月13日高陵；6月8日、10日阎良；7月25日、27日周至；7月14日、18日临潼；7月27日长安、鄠邑。最大风速22.0米/秒（鄠邑7月27日）。6月8日、10日阎良出现大风冰雹天气过程；29日蓝田局地出现冰雹。2月20日周至、长安、临潼、市区出现浮尘天气；同日西安市区出现扬沙天气，5月5—6日西安市区出现扬沙、浮尘天气。

暴雨　国家自动站监测出现暴雨日5天8站次。分别为5月3日长安；6月4日周至；8月13日长安；9月26日蓝田、长安和鄠邑；10月3日高陵和西安市区。　（金丽娜　曲静）

◆行政区划　中华人民共和国成立后，西安市的行政隶属关系和行政区划设置有过几次较大的变动和调整。1949年5月20日西安解放，属陕甘宁边区辖市；1950年改由西北军政委员会领导，1953年1月27日，西北军政委员会改由西北行政委员会管辖，西安市属西北行政委员会；1953年3月12日，改为中央直辖市，为全国12个中央直辖市之一；1954年6月19日改为省辖市。

中华人民共和国成立初期，西安市设12个区，其中城区8个、郊区4个，城区未设立街道行政建制，郊区下设有19个乡。1954年调整行政区划，将12个区和部分新划入的乡镇合并调整为9个区，定名为新城区、碑林区、莲湖区、长乐区、雁塔区、阿房区、未央区、草滩区、灞桥区。1957年4月撤销长乐、未央两区建制，市辖区减为7个。1958年11月将长安、蓝田、临潼、鄠县划归西安市。1960年撤销莲湖、碑林、新城区建制。1961年8月将蓝田、临潼、鄠县划出。1962年恢复新城、碑林、莲湖区建制。1965年撤销灞桥、雁塔、阿房、未央区建制，辖地合并为一个郊区，市辖区减为4个。1966年6月，将临潼县所属阎良镇划归西安市组建为阎良区，将咸阳市(县级市)划归西安市。1966年11月，新城、碑林、莲湖、阎良区更名为东风、向阳、红卫、东红区，1972年恢复原名。1971年11月，经国务院批准，又将咸阳市划出。1980年3月，撤销西安市郊区，恢复灞桥、未央、雁塔区建制。1983年10月，经国务院批准，将渭南地区所属蓝田、临潼县和咸阳地区所属户县、周至县(1964年9月10日，陕西省人民委员会报国务院批准，将鄠县改为户县，盩厔改为周至)、高陵县划归西安市，西安市共辖新城、碑林、莲湖、灞桥、未央、雁塔、阎良7区，长安、蓝田、临潼、周至、户县、高陵6县。1997年8月5日，经国务院批准，撤销临潼县，设立临潼区。2002年6月2日，经国务院批准撤销长安县，设立长安区后，西安市共辖9区4县。2014年12月13日，《国务院关于同意陕西省调整西安市部分行政区划的批复》公布；2015年8月4日，高陵“撤县设区”正式挂牌，从此结束了2365年的县制历史。2016年12月23日，根据《国务院关于同意陕西省调整西安市部分行政区划的批复》（国函〔2016〕188号），陕西省人民政府发布《关于同意西安市调整部分行政区划的批复》，同意撤销户县，设立西安市鄠邑区，西安市行政区划由10区3县变为11区2县。截至2017年年底，西安市有120个街道、52个镇、1021个社区和2074个行政村（以上数字均含西咸新区），有7个国家级开发区（西安高新技术产业开发区、西安经济技术开发区、西安曲江新区、西安浐灞生态区、西安阎良国家航空高技术产业基地、西安国家民用航天产业基地、西安国际港务区），并代管一个国家级新区，即西咸新区，总面积10752平方千米。

◆**人口**　截至2017年年底，西安市户籍总人口905.68万人，其中西咸新区咸阳片区60.59万人。西安原口径户籍人口845.09万人，比上年净增加20.15万人，增长2.4%。其中，男性人口424.98万人，占50.3%；女性人口420.11万人，占49.7%。性别比为101.16（以女性为100，男性对女性的比例）。（齐　铭）

◆**民族**　2017年，西安市有民族52个（无怒族、德昂族、珞巴族、独龙族），少数民族常住人口9.56万人，占全市总人口的1.1%，占陕西省少数民族总人口的半数以上。少数民族中人口过万的有回族、满族；人口过1000人的有6个，分别是蒙古族、壮族、藏族、土家族、苗族和维吾尔族；500—1000人的有3个，分别是朝鲜族、彝族和侗族；100—500人的有11个，分别是布依族、白族、瑶族、锡伯族、土族、哈萨克族、黎族、畲族、仡佬族、撒拉族和羌族；100人以下的有29个。少数民族总体分布呈现大分散、小聚居的特点，85%以上的少数民族集中在莲湖、新城、碑林、雁塔4区，城市民族工作特点突出。办理“居住证”的外来少数民族流动人口5万余人，以西部流入为主，务工经商者居多，近一半是回族。全市有12所民族教育学校。其中，有民族中小学10所（中学2所、职校1所、小学5所、幼儿园2所）；有内地援疆、援藏学校各1所。全市有少数民族企业和个体工商户3000余家（户），年生产销售额近30亿元。

◆**宗教**　2017年，西安市经依法批准设立登记的宗教活动场所有433处（佛教134处、道教35处、伊斯兰教26处、天主教97处、基督教141处），其中全国重点佛道教寺观10处（大慈恩寺、大兴善寺、卧龙寺、香积寺、净业寺、兴教寺、草堂寺、广仁寺、八仙宫、楼观台）。有宗教教职人员2184人（佛教974人、道教253人、伊斯兰教128人、天主教533人、基督教296人）。有信教群众50万余人（佛教17万余人、道教6万余人、伊斯兰教9万余人、天主教6万余人、基督教14万余人）。有全市性宗教团体6个（西安市佛教协会、西安市道教协会、西安市伊斯兰教协会、西安市天主教爱国会、西安市基督教三自爱国运动委员会、西安市基督教协会）；带有宗教性质的社会团体2个（西安市基督教青年会、西安市基督教女青年会）；区县级宗教团体20个，其中佛教4个（长安、蓝田、鄠邑、周至），道教1个（长安），天主教4个（临潼、高陵、鄠邑、周至），基督教11个（灞桥1个、阎良2个、临潼2个、高陵2个、蓝田2个、鄠邑2个）。有宗教活动场所文物保护单位27处，其中国家级重点文物保护单位9处，省级重点文物保护单位11处，市级重点文物保护单位5处，县级2处。（延　续）

国民经济和社会发展

◆**经济概况**　2017年，西安市实现生产总值7469.85亿元，比上年增长7.7%。分产业看，第一产业增加值281.12亿元，增长4.6%；第二产业增加值2596.08亿元，增长5.5%；第三产业增加值4592.65亿元，增长9.2%。全市全部工业增加值1677.48亿元，增长5.8%，其中规模以上工业增加值1361.77亿元，增长5.8%。全社会固定资产投资7556.47亿元，增长12.9%，其中固定资产投资（不含农户）7463.31亿元，增长13.0%。财政总收入1364.71亿元，增长12.6%。财政一般公共预算收入654.50亿元，增长9.8%；一般公共预算支出1045.09亿元，增长7.1%。社会消费品零售总额4329.51亿元，增长10.5%。居民消费价格上涨2.0%。按常住人口计算，全年人均生产总值78346元，增长6.0%；全市居民人均可支配收入32597元，增长8.5%。

◆**农业生产**　2017年，西安市粮食总产量187.87万吨，比上年下降4.3%。夏粮总产量98.58万吨，下降2.6%；秋粮总产量89.29万吨，下降6.1%。蔬菜产量445.4万吨，增长5.0%。水果产量134.8万吨，增长3.9%。全年粮食种植面积38万公顷，下降3.9%；蔬菜种植面积8.82万公顷，增长5.2%；瓜果种植面积1.15万公顷，增长2.9%。禽蛋产量14.6万吨，下降10.5%。奶类产量55.8万吨，下降11.3%。肉类产量18.3万吨，增长3.5%。生猪年末存栏96.91万头，下降7.4%。

◆**工业和建筑业**　2017年，西安市全部工业增加值1677.48亿元，比上年增长5.8%。其中规模以上工业实现增加值1361.77亿元，增长5.8%。在规模以上工业中，轻工业增加值270.89亿元，增长1.1%；重工业增加值1090.88亿元，增长7.0%。全年规模以上工业中，战略性新兴产业实现总产值2226.45亿元，占规模以上工业比重为39.2%，增长14.1%。高技术产业实现总产值1410.37亿元，增长14.9%。工业新产品产量快速增长。单晶硅1629.53万千克，增长93.3%；新能源汽车8.15万辆，增长67.7%；光纤529.55万千克，增长61.4%；多晶硅639.86万千克，增长46.7%；锂离子电池2651.16万只，增长43.2%。

全年全社会建筑业增加值938.30亿元，增长5.3%。全市具有资质等级的总承包和专业承包建筑业企业是西安建筑业总产值3304.54亿元，增长13.7%，其中国有及国有控股企业2588.18亿元，增长13.1%。所有资质等级企业签订合同额9085.74亿元，增长18.0%。

◆**交通运输和邮政电信**　2017年，西安市货物运输总量2.55亿吨，比上年增长6.7%；货物运输周转量597.91亿吨公里，增长8.3%。旅客运输总量2.43亿人次，增长2.6%；旅客运输周转量326.72亿人公里，增长10.2%。国际航线条数57条，增加11条；境外航班通航架次16231架。年末全市机动车保有量288.56万辆，比上年末增长11.5%。私人汽车保有量246.66万辆，增长11.0%。

全年邮政业务总收入54.46亿元，比上年增长23.8%。电信业务总收入147.55亿元，增长3.6%。年末全市固定电话用户269.21万户。移动电话用户1854.21万户。固定互联网宽带接入用户348.30万户。（南国栋）

◆**国内贸易** 2017年，西安市实现社会消费品零售总额4329.51亿元，比上年增长10.5%，提高0.9个百分点，总量占陕西省的52.6%。紧抓假日经济，以节促销，组织举办“西安购物节”“消费促进月”和“五一”“十一”车展等26场（次）大型促消费活动。编制完成《西安市商圈发展规划》，制定《西安市推进商圈建设工作实施方案》《西安市商圈建设考核办法》，推进48个商圈建设，全市新开业商业项目23个，新增商业面积141万平方米，累计投资138亿元。小寨商圈、凤城五路商圈、陆港进出口商品商圈社会消费品零售总额均突破100亿元。加大电子商务扶持力度，市财政每年投入3000万元用于发展农村电子商务，带动农民增收致富。西安新丝路国际电子商务产业园等3家企业被陕西省商务厅认定为2017年“陕西省电子商务示范园区”。全市建成5个区（县）级电子商务服务中心、55个乡（镇）级电子商务站、549个村级电子商务服务点。

◆**对外经济** 2017年，西安市实现外贸进出口总值2545.4亿元，比上年增长39.1%，总量占陕西省的93.8%，其中机电产品进出口占到进出口总值的86%。全年对外工程承包完成营业额38.52亿元，增长63.6%，其中“一带一路”沿线国家占81%。全年实现服务外包合同金额22.3亿美元，增长21.8%；执行金额17.3亿美元，增长64%。航空口岸新开通国际航线14条，其中国际货运航线3条，初步实现覆盖东南亚、通达欧美澳、货运向“一带一路”国家不断延伸的新格局。国际（地区）货物吞吐量3.4万吨，上升69.4%。铁路口岸获批进境粮食、肉类、整车进口指定口岸。国际班列“长安号”开通西安—中亚五国、西安—华沙等6条线路，实现中亚班列每周2—3列、中欧班列每周1列的常态化运行。“长安号”累计开行480列，累计运送货物总量65.9万吨。（彭　磊）

◆**旅游** 2017年，西安市接待海内外游客18093.14万人次，比上年增长20.52%；旅游业总收入1633.30亿元，增长34.56%。全年签约旅游项目82个，金额3600亿元。调整市旅游管理体制，将西安市旅游局更名为西安市旅游发展委员会，对涉旅相关单位的机构编制进行相应进行调整和加强。推进旅游千亿级特色产业集群发展，研究制订“旅游产业倍增计划”。启动《西安全域旅游发展总体规划》的编制工作，指导临潼区创建“国家全域旅游示范区”，推广蓝田县全域旅游经验，扶持长安区、鄠邑区、周至县等大力发展全域旅游。完成秦岭北麓文化生态旅游带、渭河文化生态旅游带旅游规划，推动打造“绿色增长极”。组织召开2017西安市旅游招商引资项目推介会、西安“航空+旅游”产品推介会暨旅游招商推介会、西安（香港）旅游营销大会、2017西安丝绸之路国际旅游博览会旅游项目推介会。推动设立总额40亿元的旅游发展基金。建成开放白鹿仓景区、秦岭国家植物园、诗经里小镇、昆明池七夕公园、渼陂湖水系生态文化区萯阳湖景区。深化导游体制改革，成立以导游个人会员为主的西安市导游行业协会。开展“厕所革命”，全年新改建旅游厕所174座，在全市A级旅游景区建成第三卫生间66座。西安火车站、临潼区、莲湖区、西咸新区4个区域性市民游客服务中心建设有序开展，建成开放三府湾客运站旅游集散中心。加快建设未央、长安、蓝田自驾车露营地。（朱晓航）

◆**金融** 截至2017年年底，西安市金融机构本外币存款余额20378.11亿元，比上年末增长4.6%；其中人民币存款余额首次突破2万亿大关，达到20047.62亿元，增长5.1%，其中住户存款余额7497.30亿元，增长6.6%。金融机构本外币贷款余额17155.11亿元，增长10.4%，其中人民币贷款余额16954.81亿元，增长10.9%。全年证券市场各类证券交易总额46812.95亿元，增长9.0%。年末，全市拥有上市股份公司33家，上市总股本517.32亿股，总市值5154.10亿元。新增境内上市挂牌企业26家，全市境内上市挂牌公司达到175家，总量居全国副省级城市第八位。储备上市挂牌企业170家，其中拟上市企业95家，拟挂牌企业75家。年末，全市有保险公司59家，融资性担保公司67家，小额贷款公司36家，网贷机构16家，网络小贷公司6家。出台《西安市鼓励企业上市发展专项资金管理办法》，对68家（拟）上市挂牌公司和服务本市企业的优秀中介机构兑现奖励资金2845万元。组织开展“龙门行动计划”，举办推动民营企业上市挂牌圆桌会、高峰论坛等活动，助力民营企业积极利用资本市场促进发展。在2017年中国金融中心指数排名中，西安金融综合竞争力居副省级城市第八位。

◆**教育** 截至2017年年底，西安市有普通高中63所，在校学生72.68万人，毕业生20.50万人；另有研究生培养单位43个，在学研究生10.41万人，毕业生2.55万人。有普通中学448所，在校学生41.70万人，毕业生8.38万人。有小学1125所，在校学生66.68万人，毕业生9.06万人。小学、初中学龄人口入学率分别为99.99%和99.98%。全市注册幼儿园1605所（含西咸新区），其中普惠性幼儿园685所，占比为42.7%。落实13年免费教育政策，投入资金12.02亿元，惠及在校学生99万人。15所学校被评为“陕西省平安校园”，32所学校被评为“西安市平安校园”；评审创建“西安市智慧校园示范学校”13所。开发并完成西安基础数据库平台三期项目建设，平台教师注册人数达7.02万人，占全市专任教师的81.3%。为加强师资队伍建设，举办各类专题培训26班次，5.28万名专业技术人才接受培训；遴选干部180人次接受国家和陕西省、西安市培训。投入资金42461万元，启动建设268所学校，建成项目181所。全年组织1713人次贫困户劳动力进行职业技能培训。（南国栋）

◆**科技、文化和体育** 2017年，西安市举办2017首届全球硬科技创新大会，举办17场活动，国内外嘉宾1万余人参加。出台支持硬科技产业发展的10条措施，形成“硬科技八路军”产业发展方案。西安交通大学、西北工业大学、西安电子科技大学先后完成“水煮煤”“大数据”“3D打印”“半导体先导技术中心”等科技成果转化、基金设立项目85项，总投资规模约133亿元。筹划开展“梦回长安——百万校友回归”系列活动，科技人才峰会暨“梦回长安校友行”期间，促成16所高校校友投资及意向项目540项，金额1688.33亿元，收到校友捐款312笔5.5亿元。加强国家技术转移西北中心和国家知识产权运营军民融合平台建设，入网仪器设备超12010台套，帮助企业落实政策减免税收累计120亿元，组织产学研交流活动312场次，超过7600人次参与，与洛阳、南阳、运城、济源、西宁等城市建立跨区域合作机制。积极申报国家知识产权保护中心，全市发明专利申请量比上年增长64.5%；先后立案查处假冒专利案件306件，结案303件，结案率99%，西安市知识产权局被公安部和国家知识产权局表彰为“全国知识产权系统和公安机关知识产权执法工作成绩突出集体”。制定《西安市科技小巨人企业提升行动（2017—2021年）》，构建科技企业“微成长、小升高、高壮大”的梯次培育机制。

西安演艺集团的话剧《麻醉师》继第十五届“文华大奖”后又获全国第十四届精神文明建设“五个一工程”奖。曲江影视集团出品的《大秦帝国之崛起》《那年花开月正圆》在中央电视台和各大卫视播映，《白鹿原》创造了75亿人次的单网独播纪录。全市各级开展惠民演出活动2582场，增长17.4%，观众超过211万人次。放映农村公益数字电影35317场，观众超过300万人次。认定“第四批西安市非物质文化遗产代表性传承人”49人，西安市有20个项目入选“陕西省第六批非物质文化遗产项目名录”。全市新增规模以上文化企业64家，文化产业营业收入增长25.2%。华侨城系列文旅、“中华千古情”、华夏文旅综合体二期等千百亿级重大文化项目落户。5家企业成为“首批陕西文化产业示范园区”，9家企业成为“第六批陕西省文化产业示范基地（单位）”。西安曲江文化产业投资（集团）有限公司成为西部唯一连续6年成为“全国文化企业三十强”企业。

先后举办2017西安城墙国际马拉松赛、第三届西安丝绸之路国际乒乓球公开赛等地域特色鲜明的群众性品牌体育赛事，新建国民体质监测点与科学指导站3个，完成1.5万人次的国民体质监测工作。参加陕西省第一届全民健身运动会11个项目比赛，取得一等奖9个、二等奖2个。建成5个乡（镇）、70个村级“农民体育健身工程”以及150个“全民健身路径惠民工程”、10个多功能运动场、5个室内健身房。颁布《西安市全民健身基础设施管理办法》。西安市运动员参加世青赛、全国第十三届运动会等国际、国内比赛，获得第一名29个、第二名25个、第三名18个。

◆**卫生**　2017年，西安市印发《深化医药卫生体制综合改革试点实施方案》等医药卫生体制改革配套文件10余个，全市建成各种类型医联体38个，涵盖80所二级医疗机构和140所基层医疗机构。加快城市公立医院改革，130家城市公立医疗机构取消药品加成，为群众减免药费3.66亿元。将贫困人口全部纳入“家庭医生”签约服务，补偿贫困人口3.03万人次，报销1.85亿元，贫困人口实际医疗费用报销达到91.49%。全市医疗卫生机构开通预约诊疗238家，39家城市公立医院、2家民营医院实现区域内双向转诊及信息共享，7家市属医院试点手机APP虚拟卡项目，12个区（县）的74家医疗机构实现跨省异地就医结报。新农合筹资标准提高到每人每年620元，参合人数达到394.75万人(含西咸新区沣东新城)，参合率稳定在99.7%，新农合政策范围内住院费用支付比例为76.64%。评选出“西安市”优秀社区卫生服务中心39所，其中14所分别获“全国百强优秀社区卫生服务中心”和“全国优质服务示范社区卫生服务中心”称号，6所乡（镇）卫生院获“全国群众满意的乡（镇）卫生院”称号，高陵区创建成为“国家慢性病综合防控示范区”。（解清敬）

◆**就业与社会保障**　2017年，西安市城镇新增就业15.46万人，农村劳动力转移就业78.89万人，城镇登记失业率为3.3%。启动实施《百万大学生留西安就业创业5年行动计划》，打响“‘西’纳英才、‘安’心乐业”招牌，13.7万名大学生安家西安创业、兴业。截至年末，全市城镇基本医疗保险参保人数467.33万人；城镇企业职工养老保险参保人数360.45万人；失业保险参保人数154.96万人；工伤保险参保人数172.04万人；职工生育保险参保人数151.16万人；农村新型合作医疗参保人数393.65万人，实际参合率99.72%。

◆**生态建设**　2017，西安市分别出台城区部分、农村地区“五路”两侧增绿美化三年行动方案，部署城市道路、高速公路、铁路（高铁）、绕城公路、通景公路等“五路”两侧绿化工作，提出用3年左右的时间，大幅提高城市道路和绕城高速公路两侧绿色植被数量和常绿、彩叶乔木栽植比例，着力打造色彩丰富、层次鲜明的城市道路景观；在农村地区绿化47条道路，总绿化长度1144.98千米，绿化面积2148.54公顷。全年城区栽植乔木58.5万株（常绿乔木占76%），新增城市绿地面积571万平方米；新建屋顶绿化面积21万余平方米，垂直绿化4.5万延米；建成“绿化示范路”86条、绿地广场62个。农村地区8个涉林区（县）和西咸新区完成“五路”两侧增绿美化面积576.93公顷。完成蓝田县华胥、泄湖2个镇23个行政村的农村环境综合整治示范项目建设。制定《西安市生态保护红线划定工作方案》，初步确定将10个区域纳入生态保护红线范围，合计生态红线面积为4538.84平方千米，占市域国土总面积的42.15%，其中禁止开发区面积占市域国土总面积的22.59%。涉农区（县）“村收集、镇运输、县处理”的农村生活垃圾收运体系基本建立，全市1664个行政村生活垃圾集中收集覆盖率达95%。在高陵区、长安区、蓝田县开展农村生活垃圾分类试点。5个生活垃圾无害化处理厂建设全面启动，其中灞桥区、鄠邑区、蓝田县、西咸新区项目开工建设。市级重点建设项目江村沟生活垃圾渗滤液处理应急项目主体建设全部完工并完成验收。第二生活垃圾填埋场建设前期选址等工作已经启动。首座餐厨垃圾资源化利用和无害化处理厂在沣东新城八兴滩开工建设。

◆**环境保护**　2017年，西安市制定出台《西安市“铁腕治霾•保卫蓝天”“1+1+9”组合方案》和《西安市2017年秋冬季铁腕治霾攻坚行动方案》。拆除10蒸吨以下燃煤锅炉921台、0.5蒸吨以下小燃煤锅炉设施926台、驻军单位燃煤锅炉40台，削减散煤233.39万吨，超额完成年度综合整治任务。摸排并核定“散乱污”企业2059户，清理取缔1531户，完成率75.9%。划定并规范整治夜市烧烤集中经营区47处，摸排并整治餐饮经营单位18249家，784家汽车维修企业和15家工业企业完成有机废气深度治理，查封关停企业烤漆房213家，三环内131座加油站完成油气三次回收改造。淘汰“黄标车”14826辆。对全市1618个工地实行“红黄绿”挂牌管理，三环内12家“两类企业”（商品混凝土、预拌砂浆企业）全部完成搬迁或关停。制定《网格化管理奖励办法》，落实专职“网格员”1284人。完成西安国维淀粉厂4台燃煤火电机组和灞桥热电厂2台小火电机组超低排放改造，以及65台燃气锅炉低氮改造任务。全年优良天数180天，PM2.5平均浓度为73微克/立方米。全面推行“河长制”，建立四级河长体系。渭河干流西安段出境断面水质化学需氧量15.5毫克/升，达到省考标准。大力抓好中央第六环保督察组反馈问题整改工作，积极整改中央第五巡视组巡视反馈问题，全力整改中共陕西省委第一环保督察组反馈问题。

◆**安全生产**　2017年，西安市不断夯实安全生产责任，印发《关于推进全市安全生产领域改革发展的实施意见》，修订《西安市生产安全事故应急预案》和《西安市危险化学品生产安全事故应急预案》。全年发生安全生产事故492起，死亡177人，分别比上年下降18.7%和5.9%，未发生重大和特别重大安全生产事故。在健全落实安全生产责任制、改革安全监管监察体制、建立安全预防控制体系、推进依法治理、加强安全基础保障能力等方面，先后出台10余项政策制度措施，巩固安全生产基层基础。排查治理重大隐患179项，打击严重违法、违规行为4687起，关闭取缔25家违法企业，停产整顿605家违规企业，4家企业被暂扣吊销“生产经营许可证”，6家企业被纳入“黑名单”管理，问责曝光工作不力的单位和个人82家（人），曝光严重违法、违规和重大隐患典型案例21起。集中开展道路交通、人员密集场所消防、建筑施工等10大行业领域安全专项整治，全市整治各类安全隐患17262项。印发《西安市建立城市风险点危险源分级管控和隐患排查治理双重预防机制的实施方案》，全面启动城市安全风险点危险源分级管控和

隐患排查治理双重预防机制建设。（朱晓航）

◆**西安全面创新改革试验区建设** 2017年，西安市将国家授权的17改革任务，细分为28个具体改革试验事项，在军民融合统计制度改革、军民产品和技术标准通用化等方面取得阶段性突破。成立西安市全面创新改革领导试验工作小组及领导小组办公室和西安市军民融合委员会。建立领导包抓制度，明确市级领导在军民融合改革工作中的具体分工。建立与中央、陕西省对接机制，全年市级领导、部门负责人带队与国家有关部委对接10余次，召开省、市级层面研究全面创新改革工作各级、各类会议20余次，梳理提出需提请国家相关部门解决协调具体事项12项，研究解决100余项问题。通过进一步完善“基层探索发现、地方归纳总结、专家提炼概括、区域推广示范”的工作机制，初步总结提炼出24条可复制推广的改革经验举措，并报送国家发展和改革委员会。完善政策法规体系，出台《西安市系统推进全面创新改革试验打造“一带一路”创新中心实施细则》《西安市系统推进全面创新改革试验打造“一带一路”创新中心的实施意见》《考核暂行办法》等法规文件。建立系统推进全面创新改革试验联席会议制度和会商制度，明确市直部门、相关区（县）工作重点和责任分工。

◆**西安高新区国家自主创新示范区建设** 2017年，西安市正式印发支持西安国家自主创新示范区建设的20条支持措施，授予西安国家自主创新示范区更大的自主权和管理权限。加快投资管理便利化改革，建设西安国家自主创新示范区综合服务大厅，全面实施“多证合一、多项联办”改革。成立西安高新区行政审批服务局，推动国税、地税融合，实施“5+2”延时服务工作机制，形成“在线预约、网上申请、快递送达”办理模式。开通办事咨询24小时服务热线，以市场化手段组建专业的辅导帮办队伍。加快贸易便利化改革，中国(上海)自由贸易试验区31项海关创新制度中的25项在西安高新综合保税区复制，构建国际通行的一线“先进区、后报关”、二线“批次进出、集中申报”、区内“自行运输”通关模式。构建自创区政策支持体系，按照“孵化—雏鹰—瞪羚—小巨—独角兽”企业5个成长阶段精准施策。全年通过市、区（县）两级人才政策有效联动，西安自创区接收应届高校毕业生落户8460人，比上年增长超过25%；其他新落户人员18640人，增长260%。实施“百亿级战略性新兴产业基金工程”，设立100亿元战略性新兴产业扶持引导基金和1亿元风险补偿资金，参与子基金总规模420亿元。国家级孵化器和众创空间达25家，新增孵化面积54万平方米，孵化总面积超过360万平方米。全年培育和引进国家“千人计划”专家12人，参与西安高新技术产业开发区创新、创业的两院院士超过80人；新批博士后创新基地10个，拥有博士后工作站、博士后创新基地56个。全年知识产权申请量超过2.2万件，增幅超过20%；授权量超过9000件，增幅超过25%。以西安科技大市场为载体的国家技术转移西北中心投用，汇集的技术成果超过1.2万项，入库共享设备总数达到1.3万台套，完成技术交易额260亿元，增长15%。建设信用与金融服务平台，累计归集陕西省200万余家商事主体的登记信息和高新区近1.5万家企业的深度信用信息，全年为企业提供信用贷款8亿元。

◆**陕西自由贸易试验区西安区域建设** 2017年，西安市加快推进《中国(陕西)自由贸易试验区总体方案》和涉及西安市的127项改革试点任务的落实，已取得实质进展和阶段性成果。深化商事制度改革，在企业准入环节实行“一口受理、19项事项联办”制度，办理时间由60个工作日缩短至3个工作日以内。深化“放管服”改革，承接213项省级事权、下放100项市级事权。探索“一枚印章管审批、一支队伍管执法”，在4个功能区试点设立行政审批局和市场监管局。优化网上登记、手机微信端登记及电子签名程序，实现工商登记全程电子化。整合国税、地税服务大厅，为企业提供“一人一机”服务。自4月1日挂牌至年底，西安区域新增企业7565家，注册资本2142.3亿元。其中，外商投资企业90家，注册资本5.1亿美元；注册资本亿元以上企业176家。粮食进口由“一柜一单”改为“舱单归并”，大大提高通关便利。对海关特殊监管区货物实施状态分类监管，降低企业通关仓储成本，实现24小时通关便利。强化西安港口岸功能，西安港汽车整车进口口岸获批。国际贸易“单一窗口”上线运行，通关效率提升30%—50%。试点艺术品区外保税，探索文化艺术品保税展示交易新业态。探索自贸试验区本外币账户管理等开放举措，推行自贸试验区内跨国企业集团跨境双向人民币“资金池”业务。成立丝路城市广播电视媒体协作体，开播全国首家丝路频道。设立中外合资办学机构“国际交通学院”，扩大跨境教育合作空间。创建“西安汉唐文化网络学院”，加强“一带一路”人文交流。设立知识产权运营服务中心，开展知识产权转换、交易、托管及投融资服务。依托西安领事馆区设立国际签证服务中心，开展法国、德国、瑞士等6国签证业务。与迪拜多种商品交易中心自由区建立战略合作关系，加强经济合作及人文交流。

◆**脱贫攻坚** 2017年，西安市建立西安市脱贫攻坚作战指挥部，将西安市扶贫开发办公室单设，升格为西安市人民政府工作部门。针对中央巡视“回头看”、中央整改巡查反馈和九三学社民主监督及陕西省二、三季度交叉检查发现的问题，进行集中整改，各级反馈问题全面整改到位。在陕西省第三季度市际交叉检查中，名列陕西省第二名，并且5个省考区（县）全部进入陕西省前15名。精准确定190个贫困村，在册贫困人口21324户54192人。派出497支驻村工作队和24020名帮扶干部开展驻村扶贫，为190个贫困村选派“第一书记”，实现贫困村、贫困户“一对一”帮扶全覆盖。安排1120家企业、事业单位参与脱贫工作。中央、陕西省、西安市、区（县）四级财政专项扶贫资金投入5.83亿元，其中市本级投入2.93亿元，较上年增长43%。市财政安排用于农村救助和帮扶方面的大口径资金11.8亿元，增长29%。5个省考区（县）共投入1.72亿元，增幅均超过20%。苏、陕协作初见成效，签订《苏州太仓市对口帮扶西安周至县战略合作框架协议》，制定《太仓帮扶周至“十三五”规划》，太仓市计划在5年内投入5000多万元财政资金支持周至县发展，已落实1700万元。全市落实产业扶贫项目1031个，累计带动贫困人口9739户20514人。建立贫困户健康档案，每人开展1次免费健康体检。落实各项救助3956人次，补（救）助资金1230余万元。逐户精准认定改造对象，全市农村危房改造开工4982户，竣工4029户。贫困劳动力转移就业16795人，贫困劳动力创业319人，贫困劳动力技能培训3045人。实现全市建档立卡户义务教育段学生“零辍学”，282名贫困户残障学生全部接受义务教育。全面落实“义务教育阶段贫困家庭学生营养改善计划”，拨付资金8911万元，惠及学生38.9万人。全市2.49万名建档立卡贫困人口全部被纳入农村低保，并提高低保标准至4800元，发放保障金1.97亿元。启动205个村“三变改革”（资源变资产、资金变股金、农民变股东）试点。（田旭鹏）

政治文明建设

◆**社会主义民主法治建设** 2017年，中国共产党西安市常务委员会坚持“党的领导、人民当家做主、依法治国”有机统一，不断扩大人民民主，加快推进依法治市，营造团结和谐的民主氛围、公平公正的法治环境。

支持和保证人大及其常委会依法履职 充分发挥西安市人民代表大会作用，制订《特种行业和服务场所治安管理条例》等法规2部，修订《大气污染防治条例》等法规3部，开展《中华人民共和国城乡规划法》《中华人民共和国环境保护法》等9部法律法规执法检查。

支持政协发挥协商民主重要渠道和专门机构作用 围绕军民融合发展等议题开展专题协商，围绕中心工作形成国际化大都市建设等一批高质量调研视察报告，政治协商、民主监督、参政议政富有成效。

加强法治政府和阳光政府建设 制订《西安市法治政府建设实施方案（2017—2020年）》，清理地方性法规49件和政府规章100件，依法行政水平明显提升，“法治西安”建设有力推进。稳步推进司法体制改革，深入推进以审判为中心的刑事诉讼制度改革，积极推进司法责任制改革，努力让群众在每一个司法案件中都感受到公平正义。

巩固和壮大爱国统一战线 做好各民主党派、西安市工商业联合会换届工作，推进民族、宗教、对台、外事、侨务等工作，建立中共西安市委常委联系新的社会阶层人士制度，统战优势充分发挥，工、青、妇等人民团体桥梁纽带作用不断强化，形成安定团结的政治局面。 （侯海燕）

◆法治建设 2017年，西安市人民政府组织常务会议集体学法6次。为全市行政机关配备法律顾问688人。审查修改《西安市大气污染防治条例》等4件地方性法规、《西安市火车站地区管理规定》等7件政府规章。全年办理合法性审核件435件，受理异议审查2件，受理区（县）和市级部门备案10件，向陕西省人民政府、西安市人民代表大会报备市政府规范性文件4件。重点审查重大行政决策事项《西安市人民政府关于实施机动车限行交通管理措施的通告》和2016—2017年146件政府常务会议纪要和专项会议纪要。全年审理行政复议案件864件，纠错率20.4%；办理行政应诉案件321件，胜诉率93.3%。

◆体制改革 2017年，西安市人民政府完成西安、咸阳17个镇（街）机构编制托管移交工作。调整市旅游管理体制，将西安市旅游局更名为西安市旅游发展委员会，对其他涉及旅游相关单位的机构编制也相应进行调整和加强。将西安市国土资源局、西安市规划局合并，组建西安市国土资源和城乡规划局，实现空间规划与土地规划合一。成立中国（陕西）自由贸易试验区西安管理委员会，分别在西安高新技术产业开发区、西安经济技术开发区、西安国际港务区、西安浐灞生态区4个开发区管委会加挂中国（陕西）自由贸易试验区中心片区管理局牌子。将西安市接待办公室从西安市人民政府办公厅管理调整为中共西安市委办公厅管理，进一步加强接待工作的组织协调。国有企业改革试点有新突破，9户企业开展国有资本投资运营公司、混合所有制1经济改革等“五项改革”试点，西安工业投资集团有限公司、西安华衡资产运营集团有限公司国有资本投资运营公司试点方案已经批复，并完成工商变更；西安建工（集团）有限责任公司整体混改工作全面完成；西安市市政建设（集团）有限公司增资扩股引进战略投资者和员工持股混改工作在产权交易市场挂牌。支持企业通过资产盘活、生产自救等方式进行改革，7户原“僵尸企业”扭亏为盈。“三供一业”（三供：供水、供电、供暖；一业：物业管理）完成移交或签订协议总体进度达到89.61%，超额完成陕西省人民政府下达的目标任务。 （彭 磊）

◆“放管服”改革 2017年，西安市人民政府对市级权力和责任清单中的190项行政职权进行调整，对权力事项要素逐一进行规范和完善。梳理公布《市级部门政务服务事项清单》，涉及52个部门767个事项。优化营商投资环境，先后分2批取消下放行政事权70项，其中取消46项，下放管理层级10项，调整14项。梳理《市县两级行政许可项目通用参考目录》，规范行政审批行为。采取下放、委托、派驻实施3种方式，以西安市人民政府规章形式向陕西自贸区西安片区下放市级行政职权103项，分2批清理规范12项行政审批中介服务事项。按照陕西省人民政府统一部署，在莲湖区、灞桥区、西安高新技术产业开发区、西安经济技术开发区、西安浐灞生态区和西安国际港务区开展相对集中行政许可权改革试点。推行“双随机一公开”，指导市、区（县）两级全部完成“一单两库一细则”（一单：随机抽查事项清单；两库：市场主体名录库、执法检查人员名录库；一细则：“双随机”抽查细则）建设，29个部门应用随机抽查摇号系统。强力推进“最多跑一次”改革，截至年底，全市累计公布“最多跑一次”事项13675个。不断提高窗口“马上办”事项的比例，市、区（县、开发区）两级政务中心平均实现即办件占政务服务事项总数的56%。 （田旭鹏）

精神文明建设

◆概况 2017年，西安市精神文明建设工作以培育和践行社会主义核心价值观为主线，全面落实中央、陕西省精神文明建设工作要求和全市宣传部长会议精神，开展“厚德陕西”“尚德西安”道德建设活动，不断加强思想道德建设，持续深化群众性精神文明创建活动，大力提升市民文明素质和城市文明程度，为西安建设国家中心城市和国际化大都市提供强大精神动力和丰润道德滋养。11月17日，西安市通过中央精神文明建设指导委员会复查确认，继续保留“全国文明城市”荣誉称号。

◆群众性精神文明创建活动 2017年，西安市精神文明建设工作委员会办公室修订《西安市群众性精神文明创建活动管理办法》，制定《西安市精神文明建设工作考核办法》和《季度考核评价要点》，切实履行全市精神文明建设牵头抓总职责。文明单位创建方面，修订《市级文明单位测评体系》，在各窗口行业开展“人民满意”主题创建活动，不断扩大创建工作的社会覆盖面和影响力。文明家庭创建方面，制定《西安市文明家庭推荐评选办法和细则》，开展“文明家庭”“最美家庭”创建活动，评选西安市首届“文明家庭”20户。1户家庭获“全国文明家庭”称号，3户家庭获“陕西省文明家庭”称号。文明校园创建方面，组织开展“我的中国梦”主题教育实践活动，其做法和成效被中央精神文明建设指导委员会办公室以《简报》形式刊发。开展“寻找美德少年”活动，4人获“陕西省美德少年”荣誉称号。大雁塔小学、庆安小学被中央文明办命名为“全国文明校园”。

◆“尚德西安”道德实践系统工程 2017年，西安市精神文明建设指导委员会办公室持续推动“尚德西安”道德实践系统工程在全市城乡基层落细、落小、落实。

推进文明交通“车让人”行动 落实中共西安市委主要领导批示要求，通过集中宣传教育、严格依法处罚、“二次抄告”促进“公字头”车辆示范引领等措施，在全市迅速形成礼让“斑马线”的良好风气，受到社会各界的广泛关注和市民群众的普遍好评。

开展“烟头垃圾不落地·文明西安我先行”活动 协调各

小学生为保洁员系上“爱心围巾”

区（县）、开发区按照每周至少开展一次活动的要求，动员辖区内各级、各类“文明单位”和志愿服务组织广泛参与，对辖区公共环境进行大擦洗、大扫除。全年开展活动近1000次，近10万人次参与活动。

◆未成年人思想道德建设 2017年，西安市精神文明建设工作委员会办公室组织开展“美德少年”评选和“学习和争做美德少年”活动。4人获“陕西省美德少年”称号，9人获“陕西省美德少年”提名奖；评选“西安市美德少年”20名。组织开展2017年“清明祭英烈”活动和“小脚丫走好红色路”示范活动，近80万人次未成年人参与。举办全市青少年爱国主义读书教育“百年追梦 全面小康”读书征文、演讲、讲故事活动。开展“童心向党歌咏”“优秀童谣”“向国旗敬礼”等活动，80万名青少年参与。利用彩票公益金新建3所乡村学校少年宫，并申报2018年度乡村学校少年宫项目。完成41所中央彩票公益金建设的乡村学校少年宫参与全国乡村学校少年宫注册登记工作。推荐第四届全国未成年人思想道德建设工作先进单位和个人，未央区妇女青少年心理健康中心获“全国未成年人思想道德建设工作先进单位”称号。

◆志愿服务活动 2017年，西安市精神文明建设指导委员会办公室加大志愿者服务工作力度，志愿者注册数呈现快速增长势头。在全国志愿服务系统平台注册志愿者107.4万人、志愿服务团体3393个、志愿服务项目10295个，志愿服务总时长5300220.8小时。组织全市志愿者经常开展科教、文化、卫生、法律、应急救援等专业培训，帮助更多的志愿者提升志愿服务技能。建立志愿者嘉许激励机制，连续4年开展全市志愿服务先进典型宣传推选活动，培育出陕西历史博物馆“流动博物馆”系列活动、西安纺织城客运站“小酒窝”爱心基金项目等20多个志愿服务品牌项目和临潼区志愿者联合会、西安理工大学“心心公益社”等20余个在社会上有影响力的志愿服务组织。

◆道德模范推荐评选、学习宣传活动 2017年，西安市精神文明建设指导委员会办公室常态化开展“身边好人”推荐评议活动。全年推荐好人线索近80万条，5个月获陕西省好人线索推荐“群星奖”。全年上榜“中国好人”17人、“陕西好人”36人。评选表彰第四届“西安市道德模范”，11人获“西安市道德模范”称号，20人获“西安市道德模范提名奖”。推荐的薛莹荣获第五届“全国道德模范”称号，李治获“全国道德模范提名奖”。组织“道德模范”与“身边好人”现场交流活动和各类典型巡回报告939场次，听众7万余人。贯彻《西安市“道德模范”奖励优待办法》，于春节前对102名“道德模范”和“身边好人”进行走访慰问。指导7个区（县）制定出台“道德模范”奖励优待办法。

◆公益广告系列宣传“讲文明·树新风”系列活动 2017年，西安市精神文明建设指导委员会办公室坚持标准不降，严格督促各类媒体媒介保质、保量完成好刊播任务。印发《关于推进讲文明树新风公益广告宣传工作的通知》，专门对设计、刊载《厚德陕西》《图说我们的价值观》等公益广告做出安排，创作发布一批原创视频类、平面类公益广告，丰富宣传内容。在高速路、国道、省道、城市出入口、机场、火车站、汽车站设置《厚德陕西》大型公益宣传广告；在《西安日报》每月用1个半版以上刊载《厚德陕西》公益宣传广告。

◆“我们的节日”道德实践活动 2017年，西安市精神文明建设指导委员会办公室印发《2017年度“我们的节日”主题活动实施方案》，采取区（县、开发区）轮流承办市级示范活动的形式，对春节、元宵、清明、端午、中秋、重阳6个传统节日的市级示范活动做出安排。分别在春节（元宵）、清明、端午、中秋、重阳下发专项主题活动通知，协调轮值区（县、开发区）开展市级示范活动。在每个传统节日后，及时收集相关活动资料、图片。持续深化文明旅游工作，开展专项自查“回头望”，举办“文明旅游导游先行”等主题宣传活动。

◆诚信建设 2017年，西安市人民政府印发《西安市公共信用信息管理办法》，西安市精神文明建设指导委员会印发《西安市重点领域失信“黑名单”发布制度》，坚持1年2次集中发布重点领域诚信“红黑榜”，全年发布“红榜”信息1100条、“黑榜”信息1191条。西安市人民政府制定出台《西安市关于建立完善守信联合激励和失信联合惩戒制度加快推进社会诚信建设实施方案》，对一大批失信者实施联合惩戒。西安市精神文明建设指导委员会办公室组织开展“诚信活动周”“诚信兴商宣传月”等活动，评选表彰一批“文明诚信市场”“文明诚信之星”。

◆农村精神文明建设 2017年，西安市精神文明建设指导委员会办公室持续推进“美丽乡村·文明家园”建设，深入开展移风易俗工作，150个示范村全面完成乡风、民风“十个一”任务（建设一个农家书屋、建设一个广播室、建设一个公共文化活动室和文化活动广场、有乡村文明一条街、有一个善行义举榜、有一支乡贤文化骨干队伍、有一个道德讲堂、有一整套乡规民约制度、每年评选表彰一次“十星级文明户”、每年评选表彰一次“五好文明家庭”）。开展精神扶贫工作，通过宣传教育、道德评议等措施，激发贫困群众内生动力，促进农村实现物质、精神“双脱贫”。

◆网络文明传播活动 2017年，西安市精神文明建设指导委员会办公室推进网络文明传播活动，“西安文明网”在“中国文明网”联盟网站年度考核中保持前列。全年开展“车让人·文明西安”“斑马线前的风景”“我是文明出行代言人”等网络专题主题活动，活动话题阅读量达11万人次，1万余人次参与活动。开展“感党恩”和“重走长征路”网络直播等网络文明传播活动20余次，发布《“返场埋单”西安人用行动创新文明热词》等原创评论53篇。完成5期“西安好人榜”网络投票评选活动和西安市第四届“道德模范”网络投票评选活动。

（王朝社）

生态文明建设

◆**概况** 2017年，西安市环保系统紧扣“追赶超越”定位、生态环境补短板工作和全年目标责任，以铁腕治霾为重点，扎实推进“四治一增”（治气、治水、治脏、治山，增绿）相关工作，有力促进了环境质量的提升，各项工作稳步推进。全年城市环境空气质量达到二级以上的天数180天。二氧化硫年平均浓度19微克/立方米，二氧化氮年平均浓度59微克/立方米。颗粒物（PM10）年平均浓度130微克/立方米，颗粒物（PM2.5）年平均浓度73微克/立方米。全市集中式饮用水源地的水质达标率98.1%。区域环境噪声等效声级均值56.5分贝，道路交通噪声等效声级均值70.6分贝。

◆**环境规划** 2017年，西安市环境保护局落实西安市人民政府办公厅《西安市“治污减霾”工作实施方案（2017年）》有关要求，推进重点工程项目建设进度，争取中央、陕西省环保专项资金1.5亿元，重点支持燃煤锅炉拆除、农村连片整治、“黄标车”老旧车淘汰等项目。列支市级专项资金1亿元，重点支持燃煤锅炉拆除、燃煤锅炉烟气治理、有机废气治理、农村环境保护、环保能力建设等项目。

◆**环境影响评价** 2017年，西安市环境保护局严格执行建设项目环境影响评价制度。制定《西安市环保局“最多跑一次”事项清单（第一批）》，实现让办事群众“最多跑一次”的要求。制定《关于贯彻落实建设项目环境影响登记表备案管理办法有关事项的通知》，自1月1日起，所有“建设项目环境影响登记表”项目由审批制改为备案，由建设单位自行网上填报，实现“零上门”方便办事群众。全年审批建设项目环评文件322个，登记表备案项目14317个，完成239个建设项目竣工环保验收。

◆**环境监测** 2017年，西安市环境保护局加强环境质量监测工作。水质监测方面，完成44个地表水、16个饮用水、8个渭河联合监测点位同步比对月监测工作；完成16个点位地下水例行监测；完成31个断面的渭河流域污染补偿考核月监测工作。大气监测方面，完成19个点位的空气质量日报、预报工作，15个监测点位的降尘、碱片的月监测工作以及20个区（县）每月2次的道路扬尘监测。为应对雾霾频发，开展周预报、日预报，报送空气质量日报、月报等510期。对于夏季臭氧浓度持续升高的问题，分析变化趋势，参与研讨，提出建议意见。保证2个噪声自动监测子站的正常运行。其他监测方面，完成38个土壤环境国控监测基础点的采样工作；监测降水样品111个，完成2个国控农村环境监测点的监测以及植被调查工作；完成辐射环境国控、省控84个点（次）的监测，辐射验收和年度复核射线装置105台（套）；完成三星（中国）半导体有限公司等25家企业的环境保护竣工验收和在线设备比对验收监测。

◆**水环境管理** 2017年，西安市环境保护局强化水质监测工作。按照国务院《水污染防治行动计划》（“水十条”）要求，在《西安市水污染防治工作方案》的基础上，编制《西安市水污染防治2017年度工作方案》。按照柔性治水、全面落实“河长制”的工作要求，牵头制定“五水共治”（治污水、防洪水、排涝水、保供水、抓节水）中的《“治污水”方案》及《水质点评考核办法》，坚持每月对19个河（湖）水质断面进行监测，对主要河流水体断面进行定期巡查，及时掌握河流水质变化和异常情况。定期对河道排污口、涉水企业进行巡查，依法查处环境违法行为。加大污水治理项目督办，对正在建设中的西安市第五污水处理厂二期、西安市第九污水处理厂三期、西安市第十二污水处理厂二期、阎良区城东污水处理厂二期、周至县污水处理厂二期等污水处理项目以及皂河、漕运明渠、幸福渠、临河等配套管网建设项目，强化日常督办，推进项目进度。保障饮用水源安全，协调设立西安市李家河水源地环境保护管理站；开展全市饮用水水源地专项检查，对水源地保护区及周边区域存在的污染隐患督导整改治理，强化春节、“五一”、国庆节等节假日检查；对黑河、李家河水库等涉秦岭地表水水源地进行重点监管，对西咸新区、高陵区水源地水质超标问题组织专项勘察分析，寻找解决办法；强化监管人员培训，增强饮用水源地规范化建设和安全保障能力。渭河干流西安段出境断面水质化学需氧量15.50毫克/升，氨氮1.48毫克/升，均达到省考标准。 （党 艳）

◆**水生态建设** 2017年，西安市水务局立足“美丽西安”建设，治理水土流失面积280平方千米，实现“建一片、成一片”的治理目标，全市水土保持工作继续走在陕西省前列。建成生态水面205.87公顷、湿地401.13公顷亩。建成渼陂湖一期起步区萯阳湖区20.2公顷、天桥湖1号湖52.53公顷、昆明池47.13公顷、涝渭湿地20公顷、沣河入渭口综合治理工程53.33公顷、高新湖河池寨绕城高速景观工程5公顷、渭河周武大桥滩区7.67公顷；建成涝渭湿地157.2公顷、沣渭湿地100公顷、渭河周武大桥滩区湿地143.93公顷。昆明池试验段、渼陂湖一期起步区萯阳湖区域2项工程建成，并向社会开放；灞河蓝田县城段综合提升、天桥湖1号湖涝河天桥段治理工程、渭河周至周武大桥滩区整治、渭河高陵鹿苑滩区整治、长安区滈河综合治理工程5项工程建成；石川河阎（良）富（平）交界段综合治理、灞河世博园上游段2项工程完成主体建设任务。

◆**水资源保护与管理** 2017年，西安市水务局以“水生态文明城市”建设试点为契机，不断深化最严格水资源管理、水资源保护和水生态建设工作。

推行最严格水资源管理制度 代表西安市人民政府，依据国家《“十三五”实行最严格水资源管理制度考核工作实施方案》，对西安市2016年目标任务完成情况、制度建设情况和措施落实情况进行严格自查，并完成水利部对西安市的抽查。制定《西安市“十三五”实行最严格水资源管理制度考核办法》，完成对区（县）政府、开发区管委会、市级部门的考核工作。针对部分河流断面水质超标情况，结合推行“河长制”，联合西安市环境保护局向相关区（县）政府和开发区管委会下发通知，要求做好相关整改工作。

“水生态文明城市”建设试点 以黄河流域最高分通过试点验收，得到水利部肯定。争取水利部河湖连通补助资金4000万元，并完成资金投放。

重点水资源管理 严把取水许可关口，全年受理取水申请11家（热水井3家、自备水源井6家、水源空调井2家），并全部办理完结。其中，6家发放“取水许可通知书”，3家热水井不符合政策不予许可，2家水源空调井退回申请。继续开展对70家西安市自备水源井实时监控表安装工作，配合完成取用水监测体系国控项目二期建设，完成国家地下水监测工程西安市辖区98个监测点建设和验收。征收水资源费1.93亿元，超额完成年度目标任务。开展地下水回灌工作，建成地下水回灌点7处9个，回灌地下水量55万立方米，累计回灌量达到350万立方米。配合搞好“海绵城市”建设工作，完成地热水井动态调查、水源空调井回灌监督检查、地下水源热泵系统THCM模型研究、地热水开发利用规划、水流产权确权总

体设计、主要河流行政断面水质监测与评价、用水总量统计等工作。

推进依法行政工作　开展河道违法建设拆除整治行动，制定《西安市河道管理范围内违法建设治理五年实施细则》《西安市水务局“四改两拆”三年攻坚行动河道违法建设拆除整治实施方案》，对市管河道内的违法建设进行清查摸底、统一登记。5月底，市管河道内的6处4698平方米违法建设全部拆除。截至9月底，市、区（县）两级水行政主管部门检查河道28条630.5千米，巡查2257次146045.6千米，检查湖泊水库26个，检查涉河湖活动28项，完成整改30处，出动18027人次、2833车次，查找并解决污水直排、河道脏乱差等问题600余个。全市联合执法479次，拆除涉河违建239处，整治突出问题159个，查处涉河、涉水案件41起。其中，刑事案件20起，刑事拘留23人；行政案件21起，行政拘留21人。

◆**污水处理和再生水资源利用**　截至2017年年底，西安市建成污水处理厂28座，处理能力277.6万立方米/日。2017年，城镇污水集中处理量76719.43万立方米，达标率99%。其中，城九区处理率96.07%，县城处理率82.9%，污水处理率均高于省考指标。建成长安隆和、鄠邑区涝店、蓝田中能等污泥临时堆放场，污泥出厂困境得到有效缓解。加快推进西安经济技术开发区草滩污泥处置厂和污泥集中处置项目建设，草滩污泥处置厂建成并调试运行。对市内19条主要河流及其支流排污口进行“拉网式”清查，复查登记81个排污口，并建立排污口管理台账。编制《皂河整治提升方案》，启动鱼化工业园污水处理厂建设，完成皂河截污工程和提升改造等相关任务。编制完成《西安市农村生活污水治理专项规划》《西安市农村生活污水治理实施意见》等规划政策；组织开展农村污水治理工艺技术评选；印发《西安市农村生活污水治理工艺技术指南》，初步构建西安市农村生活污水处理工作框架体系。完成50个农村污水治理示范项目建设任务，采用截污纳管、联城联镇等方式，解决221个村的污水问题，总投资约6亿元，农村污水治理率从上年的19.8%提升到30.2%，覆盖率从11%提升到27%。

截至年底，西安市有183家企事业单位自建再生水利用设施，设计利用规模25.53万立方米/天，实际使用量7.9万立方米/天，主要用于建设单位小区绿化、苗木浇灌等方面。在稳定既有设施正常运行的同时，推进西安市第二污水处理厂二期再生水利用示范项目。截至年底，全市建成再生水处理设施9座，设计处理能力38.5万立方米/天。主城区建成再生水管网总长158千米(含支管)、取水点及回用系统120个，再生水年利用量1.42亿立方米，利用率18.5%。

◆**“河长制”**　2017年1月16日，西安市在渭河城市段雕塑广场召开全市“河长制”工作启动动员会。1月22日，中共西安市委、西安市人民政府印发《西安市关于全面落实河长制的实施意见》及《西安市河长制工作落实方案》。3月底前，13个区县、5个开发区、156个涉河街办、乡镇和园区全部制订《“河长制”工作方案》。1月，成立西安市河长制领导小组及办公室，中共西安市委、西安市人民政府主要领导分别担任第一组长、组长，中共西安市委、西安市人民代表大会、西安市人民政府、中国人民政治协商会议西安市委员会分管领导任副组长，相关市级部门为成员单位；领导小组办公室设在西安市水务局。设置市、区（县）、镇、村四级河长（巡河员）体系。截至年底，有河长3045名（市级河长17名、区级河长134名、镇街级河长289名、村级河长/巡河员2605名）、警长332名，形成党政齐抓共管、上下左右联动、责任逐级传导，竖到底、横到边、无缝隙、全覆盖的河湖库渠管护责任体系。设立市、县、镇、村各级“河长公示牌”2260个，公示牌包含公示牌编号，河长、警长姓名及二维码等信息。组建河长办公室19个（市级河长办1个、区县级河长办18个），落实“河长制”工作办公经费2000万元以上。市、区（县）两级全部制定出台河长会议制度、信息共享制度、信息报送制度、工作督察制度、考核问责与激励制度、验收制度6项制度。全年召开“河长制”联席会议、专题研究会、“河长制”办公室主任例会等会议320余次。西安市“河长制”领导小组办公室按照《西安市“河长制”考核实施办法》《〈西安市治污水专项行动方案〉任务分解细化及考核点评办法》，对各区（县）、开发区“河长制”工作实施月考核、季点评通报、年排序，督促工作落实。每月电话抽查100名基层河长对职责的了解程度，并及时通报抽查情况，督促基层河长履职尽责。全年市级河长每人平均巡查12次以上，区（县）级河长巡查5700次以上，镇（街）河长巡查3.57万次以上，各级河道警长巡查1.23万次以上。联合公安、环保等部门联合执法，封堵非法排污口519个，关停取缔砂厂260个，拆除河道违建510处，查处非法采砂案件149起，办理涉河涉水案件71起，刑事、行政处罚涉水案件105件80人。针对河湖污染难以治理等突出问题，坚持因河施策、“一河一策”，研究综合治理整治方案，实施精准化治理。对全市河流、灌溉渠和排水渠逐项清查整治，投入资金6.2亿元，清理整顿河段359条，清理垃圾149万立方米；铺设截污管道94.5千米、雨水管道26.2千米、雨污分流管道56.8千米；建成沿河农村垃圾站41座，配备垃圾清运车465辆、环卫设施9.37万个，2393个村实现生活垃圾集中收集，收集率达到95%以上；排查沿河养殖场5033个，60个规模化养殖场完成污水处理设施建设，建成14个“粪污资源利用示范化工程”。

（寇石峰）

◆**大气环境管理**　2017年，西安市铁腕治霾工作围绕“治霾十法”（精准治霾、网格治霾、依法治霾、转型治霾、科技治霾、增绿治霾、联动治霾、政府要做“绿色”管理者、企业要做“绿色”生产者、市民要做“绿色”消费者）和“治霾四四六四工作法”（四化：全域化治理、网格化管理、系统化推进、法治化保障；四抓：抓源头、抓难点、抓薄弱、抓末端；六项措施：减煤，控车、抑尘、治源、禁烧、增绿；四位一体：加快构建工程、管理、技术、政策四位一体的大气污染防治新体系）强力推进。对标《陕西省2017年铁腕治霾·保卫蓝天1+9方案》，西安市人民政府制定出台

地铁施工实施湿法作业，抑制扬尘污染

《西安市2017年"铁腕治霾·保卫蓝天""1+1+9"组合方案（办法）》。为应对秋、冬季空气质量面对的严峻形势，全力冲刺"省考"目标，力争实现"退十进位"，西安市人民政府办公厅制订《西安市2017年秋冬季铁腕治霾攻坚行动方案》，提出33条攻坚行动具体措施。西安市人民代表大会常务委员会对《西安市大气污染防治条例》进行修订。西安市环境保护局组建250人的铁腕治霾督查队伍，进行交叉检查。全年削减散煤233.39万吨，完成130万吨散煤削减任务的179.53%。拆除燃煤锅炉994台1823.865蒸吨。其中，拆除地方燃煤锅炉954台1700.675蒸吨，拆除驻军单位燃煤锅炉40台123.19蒸吨。完成挥发性有机物治理项目118个，居陕西省前列，其中11个工业挥发性有机物减排项目完成率达100%。淘汰"黄标车"14826辆，完成率100%；推广新能源汽车22309辆；设立机动车尾气联合检查点（位）64处，检查各类机动车117656辆，查处超标车和"冒黑烟车"11099辆。对2027个工地实行"红黄绿"挂牌管理；对城市道路推行"以克论净、深度保洁"作业模式；三环路内12家"两类企业"（商品混凝土、预拌砂浆企业）全部实施搬迁或关停。在全市设立1个一级网格、20个二级网格、219个三级网格、3556个四级网格，各级网格均明确"网格长""网格员"及其职责。制定《网格化管理奖励办法》，每年拿出6400万元用于奖励基层"网格员"（不含开发区，开发区可参照执行）；在三级网格（街镇级）设置网格化管理办公室，落实编制人员5—7人。灞桥热电厂、西郊热电厂、国维淀粉厂的9台燃煤火电机组，有7台完成超低排放改造任务。

◆重污染天气治理 2017年10月，西安市人民政府办公厅印发《西安市2017年秋冬季铁腕治霾攻坚行动方案》（简称"冬33条"）；11月，西安市人民政府发布《今冬明春大气污染防治行动方案》（简称"冬10条"），实施冬防期常态化限行、24小时驻厂（场）监管、"禁土令"等管控措施，以"煤、尘、车、烟"为重点开展冬防攻坚。9月，西安市人民政府办公厅修订印发《西安市重污染天气应急预案》。从10月1日起，西安市治污减霾工作领导小组办公室联合西安市应急管理办公室、西安市气象局、西安市环境保护局进驻西安市应急指挥大厅联合应急值守，依据空气质量状况组织调度全市采取应对措施。

◆土壤环境管理 2017年，西安市人民政府印发《西安市土壤污染防治工作方案》，西安市人民政府办公厅印发《西安市土壤污染防治工作2017—2018年度实施方案》，明确土壤污染防治工作的总体和阶段性目标任务，建立西安市土壤污染防治工作联席调度制度。西安市环境保护局完成土壤污染重点企业筛选和点位核查、农用地土壤污染重点监控点位布设等工作，指导产粮区（县）着手编制土壤保护工作方案。联合西安市国土资源局、西安市规划局开展《重点行业污染地块名录》建立工作，督促企业开展后续详细调查、风险评估及修复治理工作。

◆自然与农村生态保护 2017年，西安市环境保护局推进"生态文明建设示范区"创建，按照环境优美乡镇和生态村创建工作相关标准，命名2个"市级生态镇"、72个"市级生态村"。截至年底，累计创建"国家级生态区"2个（西安浐灞生态区、西安曲江新区）、"国家级生态示范区"2个（临潼区、周至县）、"国家级生态镇"9个、"国家级生态村"1个；"省级生态区"1个（阎良区）、"省级生态镇"22个、"省级生态村"17个；"市级生态区"2个、"市级生态镇"112个、"市级生态村"247个。阎良区实现"国家级生态镇"全覆盖，高陵区实现"市级生态镇"全覆盖。实施农村环境综合整治示范项目。蓝田县"2016—2017年农村环境综合整治示范项目"完工，项目涉及华胥、洩湖2个镇23个行政村，总投资1449.92万元，整治内容包括污水处理、水源保护、环境宣传、垃圾收集4大类。为周至县、鄠邑区分别争取1200万元、1600万元的农村环境综合整治资金，2个项目的实施方案通过评审，即将全面开工建设。

◆辐射安全监管 2017年，西安市环境保护局严格安全许可准入，严控闲置源收贮，始终保持西安市"辐射安全许可证"持证率100%。开展"核安全文化宣传贯彻专项行动"，全体持证单位和所有骨干人员均参加活动，推动核与辐射环境安全工作有序开展。

◆危险废物安全监管 2017年，西安市环境保护局严把危险废物环境管理准入关，利用"固体废物信息管理系统"，实现危险废物全过程管理。开展规范化管理考核，明确危险废物企业责任，危险废物污染防治工作进一步规范，危险废物管理水平进一步提升。

◆环境监察 2017年，西安市环境保护局抓好涉气重点污染源监察执法工作。按照铁腕治霾要求，对涉气重点污染源在冬防期实施24小时驻厂监管，加强日常监督检查，利用监督性监测和自动监控数据，对超标排放等违法行为严管重罚，倒逼企业提高守法意识。定期巡查与全面检查相结合，常规监督与明察暗访相结合，加强涉水企业遵守环保法律、法规情况的监督检查，督促监管责任单位履职尽责，保证涉水企业污水处理设施规范运行与管理。根据"2018年国家重点监控企业名单"，加强国控重点污染源管理，落实国控企业监管的"一厂一档"和日常监管要求，继续加强对企业自动监控设备安装及联网工作的督导检查。对严重水气环境违法行为，除采取常规的行政处罚措施之外，用好、用足法律赋予的手段，依法采取按日连续处罚、查封、扣押，限制生产、停产整治等强力措施，加强环境行政执法与刑事司法联动，及时梳理环境违法案件线索，严厉打击环境违法行为，形成环保部门与公检法机构的良性互动。

◆政务信息与环境信访 2017年，西安市环境保护局及时将各类环保热点、焦点话题及重点工作进展情况以信息的方式上报，为领导和上级机关科学决策服务。全年编发《西安环保动态》60余期；上报环境保护部、陕西省环境保护厅、中共西安市委、西安市人民政府各类信息800余篇（条）。严格执行环境信访工作制度，坚持从污染源头入手，通过严格环境执法解决信访投诉问题，环境信访工作取得较为明显的成效。"12369"投诉受理平台受理环境投诉15800件；督办陕西省、西安市转办案件345件；办理《华商报》新闻线索调查156件；处理微信公众举报平台投诉1598件，受理率100%，处理率99%，群众满意率97%。

◆环境宣传教育与环境应急 2017年，西安市环境保护局以开展新闻宣传和组织主题活动为重点，为推动环境质量持续改善营造良好氛围。市级以上各类媒体报道西安市环保工作的新闻超过6000篇（条）。组织"环境日"环保知识有奖竞答、"企业环保开放日"、环保志愿者"绿色"出行体验倡议等活动，受到广泛专注。进一步强化环境应急管理，快速、及时、妥善处置7起突发环境事件，均未造成环境污染。（党　艳）

西安
2018
年鉴
中国共产党西安市委员会
责任编辑　高　鹏

综述

◆概况 2017年，中国共产党西安市委员会坚持以习近平新时代中国特色社会主义思想为指引，统筹推进“五位一体”总体布局和协调推进“四个全面”战略布局，紧扣“追赶超越”和“五个扎实”工作主线，突出抓好学习宣传贯彻中国共产党第十九次全国代表大会精神，按照中共中央和中共陕西省委部署，坚持把方向、谋全局、抓大事，认真落实中国共产党陕西省第十三次代表大会、中国共产党西安市第十三次代表大会各项目标任务，“聚焦三六九、振兴大西安”迈出坚实步伐。

◆学习宣传贯彻中共十九大精神 2017年，中国共产党西安市委员会在中国共产党第十九次全国代表大会召开前，把学习贯彻习近平“7·26”重要讲话精神作为重大政治任务，开展“喜迎十九大”系列重大主题宣传活动。做好中共十九大期间信访维稳工作，确保社会大局和谐稳定。十九大召开后，通过中共西安市委常委会、中共西安市委中心组学习会、中共西安市委全委扩大会议传达学习大会精神，要求全市开展大学习。专门印发通知，部署开展大学习、大培训、大宣讲、大宣传、大调研、大讨论、大督导、大实干活动。发挥领导干部、专家学者、基层群众“百人宣讲团”作用，在各层次、各领域开展形式多样的宣讲活动。组织开展“八个一”，推动中共十九大精神进企业、进农村、进机关、进校园、进社区、进军营、进网站。举办市管干部专题培训班，引导党员干部读原著、学原文、悟原理，不断把学习宣传贯彻引向深入。

◆贯彻落实“追赶超越”和“五个扎实”要求 2017年，中国共产党西安市委员会制定全市和各区（县）、开发区实施“追赶超越”的总体方案和考核《十条措施》，提出“六讲六比”要求，坚持每1个月围绕专项工作举办“擂台赛”；每2个月围绕重点任务举行座谈会；每个季度围绕发展、民生、生态、平安、党建“五张报表”开展点评会；每半年围绕重大主题召开全委会，各常委牵头每月抓分管工作点评，常态化开展互看、互比、互学现场会。制订推动经济持续健康发展、推进特色现代农业建设、加强文化建设、做好保障和改善民生工作、落实全面从严治党的实施方案，推动西安发展不断取得新成绩。

◆落实中共陕西省、西安市党代会决策部署 2017年，中国共产党西安市委员会把中国共产党陕西省第十三次代表大会提出的培育新动能、构筑新高地、激发新活力、共建新生活、彰显新形象“五新”战略任务，作为做好各项工作的重要遵循。对中共陕西省党代会部署的5大类98项重点工作任务进行细化分工，明确责任，推动落实。召开中国共产党西安市第十三届委员会第二次全体会议，做出《落实“五新”战略任务加快补齐“十大短板”的决定》，建立补短板工作机制，出台工业经济、民营经济、军民融合、开放经济、区县域经济、文化产业、金融产业、创新转化能力、生态环境、民生服务等补短板专项方案。对中共西安市党代会部署的12大类581项重点工作任务，进行细化分工，建立大督查机制。先后召开60次常委会，对党代会有关重大决策部署逐一研究破题，聚焦“民生九难”（减霾难、治堵难、治脏难、办事难、就业难、上学难、看病难、住房难、养老难），绘制“民情大数据地图”，启动实施“十个一民生工程”（打通一批断头路；培育一批众创空间聚集区和特色区；打造一批绿化示范路；打造一批亮化示范街；建设一批生态示范河/湖段；打造一批商圈；建设一批绿色广场和主题公园；建设一批雕塑示范路；建设一批规划馆；建设一批城中村棚户区）。

2017年1月22—25日，中国共产党西安市第十三次代表大会召开

◆“大西安”和国家中心城市建设 2017年，中国共产党陕西省委员会、陕西省人民政府将西咸新区交给西安市全面代管。陕西省、西安市分别出台加快西咸新区发展的意见，平稳有序推进代管托管工作，西安、西咸全面融入融合。陕西省、西安市按照规划统筹、交通同网、市场同体等“八同”思路，加快推进西咸、富阎一体化进程，“大西安”都市圈加速构建。国家中心城市建设获得中共中央支持，《关中平原城市群发展规划》即将获批。“三中心二高地一枢纽”（三中心：西部经济中心、丝路科创中心、对外交往中心；二高地：丝路文化高地、内陆开放高地；一枢纽：国家综合交通枢纽）建设扎实推进，西北龙头城市作用更加凸显。

◆招才引智 2017年，中国共产党西安市委员会实施人才强市战略，成立西安市招才引智委员会，出台“史上最宽松”的户籍政策，发布“人才新政23条”和“招才引智20项新举措”。深入实施引进高层次人才“5531”计划（用5年时间引进和培养国内外顶尖人才50名左右、国家级领军人才300名左右、地方级领军人才1000名左右），引进国内外顶尖人才13人、国家级领军人才42人、地方级领军人才65人。制订实施《大学生留西安就业创业5年行动计划》等政策，出台“三项服务”（免费就业指导服务、支持到中小企业就业、支持到基层就业）和“五项补贴”（就业技能培训补贴、职业技能鉴定补贴、就业见习补贴、家庭困难毕业生求职补贴、社保补贴），启动“人才安居工程”，争取5年留下100万大学生。全年户籍新政、人才新政落户18.6万人，比上年增长410%，人才净流入数居全国大城市前列。制定实施“支持创业的十条措施”和《“创业西安”行动计划》等新举措，市级领导带头开展“创业西安行”77次。推动“5552”众创空间建设，建成高新众创咖啡街区、经开创业大街、曲江创客大街等众创空间聚集区和特色区422家，总面积1389万平方米，累计入孵企业11529家，吸引创业、就业人数超过9万人。

◆招商引资 2017年，中国共产党西安市委员会提出并把招商引资摆到“一

2017年9月17日，西安市人民政府与亚马逊AWS共建西安联合创新中心项目签约仪式举行

号工程”位置，成立西安市投资合作委员会，组建24个招商分局。中共西安市委、西安市人民政府主要领导参加招商活动近200场，会谈企业742家，会见客商3120人次。三星集团、浙江吉利控股集团、开沃新能源汽车集团、京东方科技集团股份有限公司、海南航空股份有限公司、北京京东世纪贸易有限公司、阿里巴巴网络技术有限公司、亚马逊公司、正威国际集团、华侨城集团、绿地集团、赛峰集团等一大批国内外龙头企业项目落户西安。全年签约项目总数847个，总投资235万亿元，涉及世界500强企业44家、工业项目141个、投资过100亿元项目40个。实际引进内资2200亿元，比上年增长35%；实际利用外资51亿美元，增长13.2%。举办2017首届世界西商大会（科技人才峰会）、2017全球硬科技创新大会、首届“全球程序员节”等具有重大国际影响力的品牌招商活动，推动西安成为全球投资热点城市，被美中经贸投资总商会(USCGC)、世界品牌组织(WBO)、世界城市世界企业研究会(WWRA)、欧美亚工商界投资开发联盟(EAAIU)、亚投世界基金管理联盟（AIWFU）、全球战略经济发展委员会(GSEDC)等机构评为“中国最具投资潜力城市”。启动“梦回长安——百万校友回归”系列活动，“大学生创业经济”“校友经济”“院士经济”“院所经济”“教师经济”5项创业经济蓬勃发展。

◆优化营商环境 2017年，中国共产党西安市委员会以“烟头革命”“厕所革命”为切入点，推进城乡环境大整治、文明素养大提升，撬动城市发展大格局，实现城市环境脱胎换骨、城市面貌焕然一新、城市治理精细精心。“烟头革命”深入人心，“厕所革命”成为示范标杆，西安市获“全国厕所革命综合推进奖”“厕所革命优秀城市奖”。开展“行政效能革命”“最多跑一次改革”，探索“一枚图章管审批”，全市公布“最多跑一次”事项13675个、实现比例71%，其中55%实现“马上办”，群众满意率88%。企业景气指数及企业家信心指数持续攀升，全年新登记各类市场主体26.65万户，成为全国第七个市场主体总量过100万的副省级城市。

◆三项重点工作 2017年，中国共产党西安市委员会结合西安实际，确定“12345”精准工作目标（1.一标准；2.两不愁；3.三保障；4.四章一度；5.五个美丽）。建立西安市脱贫攻坚作战指挥部，成立西安市行业扶贫“八办两组”（产业、生态、易地搬迁、危房改造、教育、健康、就业、兜底8个行业脱贫办公室和公共服务和基础设施建设、资金保障2个协调组）作战部，将西安市脱贫攻坚领导小组办公室单设，升格为西安市人民政府工作部门，实行“两区帮一县”机制，选派优秀干部到西安市脱贫攻坚领导小组办公室挂职。各级领导带头每月到包抓村户蹲点“解剖麻雀”；499支驻村工作队、2.4万名帮扶干部开展驻村扶贫，持续开展“十送”活动。推进“八个一批”，加快易地扶贫搬迁，强化产业扶贫，总结推广蓝田县董岭村、簸箕掌村“三变”（资源变资产、资金变股金、农民变股东）改革经验，启动205个村“三变”改革试点工作。实施“治霾十法”，以“网格长”制为切入点，以“减煤、控车、抑尘、治源、禁燃、增绿”为重点，坚决打赢“蓝天保卫战”。冬季供暖以来，优良天数比上年增加17天，PM2.5下降38.9%。总结反思“奥凯问题电缆事件”，开展规范市场秩序专项整治行动，推进“五个严厉打击”，着力营造竞争公平、市场开放、经营合法、秩序规范的经济发展环境。

◆“两学一做”学习教育 2017年，中国共产党西安市委员会制订实施《关于推进“两学一做”学习教育常态化制度化的实施方案》，运用新媒体持续开展《中国共产党章程》《十九大报告》《习近平谈治国理政》《习近平的七年知青岁月》《之江新语》等系列学习活动、诵读活动。出台从严加强干部队伍建设、着力打造“追赶超越”“西安铁军”的具体标准和20条措施，践行“五种情怀”，倡导“一天当作两天干”“事不过夜马上就办”“要干第一”“当五星级店小二”作风，树立西安干部队伍的良好形象。实施干部挂职“11333”计划，选派569名干部到先进城市、省直单位和国家机关、重点工作一线挂职锻炼；招录69名高水平大学选调生充实基层干部队伍，探索多渠道加强干部实践锻炼的新模式。落实好干部标准，运用“三项机制”调整干部703人，占比达47%，其中，鼓励激励489人；容错纠错71人；能上能下143人。市级领导带头开展“重温入党誓词主题活动”，引导党员干部更加自觉讲政治、学思想、爱领袖，时时事事处处做忠诚核心、爱戴核心、紧跟核心的新时代干部。

◆修复政治生态 2017年，中国共产党西安市委员会以魏民洲等案件为反面教材，结合落实中共中央巡视“回头看”反馈意见整改方案和中共陕西省委部署要求，出台专项警示教育方案，聚焦违反“六大纪律”等8个方面突出问题，制定“十项措施”，深入开展警示教育活动，坚决肃清其流毒和恶劣影响，全面修复政治生态。中共西安市委常委班子带头，各级领导班子按照“六个一”要求，召开专题民主生活会，班子成员逐人深查细照，澄清模糊认识，明确整改方向。全市各级“一把手”带头讲“廉政党课”，召开警示教育大会1480余场，6.5万人参加。全市各级中共党委（党组）班子开展“纠正‘层层提权威、要看齐’错误言论”专题教育，彻底纠正干部队伍的错误和模糊思想认识。召开区（县）、开发区党（工）委书记座谈会，全市上下以问题清单、整改清单、成效清单为依据，拿出有效措施，从政治、思想、组织、作风、纪律、制度、发展上彻底肃清魏民洲等流毒影响。建立常态化警示教育机制，把每年9月定为“警示教育月”。《中国纪检监察》杂志专门刊文，充分肯定西安市肃清流毒、修复政治生态工作取得的良好效果。

◆经济发展 2017年，中国共产党西安市委员会常务委员会牢牢把握稳中求进的工作总基调，贯彻新发展理念，深化供给侧结构性改革，全力做好稳增长、促改革、调结构、惠民生、防风险各项工作，做大经济总量，提高发展质量，夯实全面小康的物质基础。

全力以赴稳增长 加强趋势研判，强化政策落实，突出抓工业、抓项目、抓投资，经济实现平稳较快增长，综合实力迈上新台阶。全市生产总值7469.85亿元、比上年增长7.7%；固定资产投资7556.47亿元，增长12.9%，较上年提高10.9个百分点，为近年来最好水平，增速位居15个副省级城市前列；全社会消费品零售总额达到4329.51亿元，增长10.5%；一般公共预算收入654.5亿元，增长9.8%。

推进供给侧结构性改革 全面落实“三去一降一补”重点任务，清理7家国有“僵尸企业”。商品住房消化周期约9个月，去库存任务完成。鼓励工业企业加大技术改造，工业技改投资250亿元，增长50%。全市“五上企业”比上年年末净增685户，总数达到6614家。加快农业供给侧结构性改革步伐，农业产业化龙头企业达到171家，新增市级现代农业园区20个，预计一产增加值312.46亿元，增长4.8%。积极稳妥推进全市农村集体产权制度改革，完成股权设置和股权量化300个村，农村发展动能更加强劲，乡村振兴基础更加扎实。

瞄准高端产业和产业高端调结构 转型升级步伐明显加快。聚焦实体经济，明确以光电芯片、航空航天、智能制造等硬科技为突破口，发展高新技术、先进制造业、现代服务业三大万亿级产业，着力构建现代化经济体系。三星闪存芯片二期、吉利新能源汽车、开沃新能源汽车等重大工业项目快速推进，工业产业集群、规模以上企业群、企业家群迅速壮大，新兴产业加速集聚。汽车产业迈入千亿级，新增陕西法士特汽车传动集团有限责任公司、隆基乐叶光伏科技有限公司2户超百亿工业企业，规模以上工业增加值1361.77亿元、增长5.8%。其中，高新技术产业增加值1410.37亿元，增长14.9%；战略性新兴产业增加值2226.45亿元，增长14.1%。阿里巴巴西部总部、海航现代物流基地、京东全球物流总部等一批现代服务业大项目加快推进。新增新三板挂牌企业26家，累计达175家。金融业增加值占地区生产总值比重12%。服务业增加值4592.65亿元，增长9.2%。三次产业结构调整为3.9∶34∶62.1。

推动民营经济快速发展 制定贯彻中央25号文件精神实施细则，建立各级领导联系商会、企业和招商项目制度，定期召开企业家圆桌会，总结提炼新时代“西商精神”，开展千人亲商助企活动，“亲”“清”新型政商关系加速构建，营造关心企业家、重视企业家、尊重企业家的良好氛围。实施“民营经济倍增计划”，民间投资3120.22亿元，增长11.1%；非公经济增加值3962.5亿元，占地区生产总值比重为53%。

◆完善城市功能 2017年，中国共产党西安市委员会常务委员会不断完善城市功能，提升城市品质，更好发挥引领带动作用。

加快建立全域覆盖、全市统筹、全面管控的规划体系 完成第四轮城市总体规划修改，启动编制《大西安2050空间发展战略规划》《大西安（西安—西咸新区）对接融合规划（2016—2020年）》等，加快建立“大西安”规划一张图，强化对“大西安”融合发展的战略统筹和方向引领作用。完成土地利用总体规划调整，科学划定城市开发边界线。组织编制小雁塔、三学街、七贤庄等历史文化街区、片区的改造规划。制定城市风貌管控的若干意见，强化对建筑第五立面、建筑色彩、建筑体量的精准管控。

推进“大西安”重大项目建设 外环高速公路（南段）和西安—法门寺、机场—法门寺、西安—韩城、阎良—机场4条城际铁路等一批重大项目取得进展。地铁四号线实现轨通，九号线等4条线路建设加快，云轨试验段启动建设。组建西安交通投资集团；加快中心城区连接鄠邑区、阎良区、高陵区、临潼区等城市快速公路建设；打通开元路、广运潭西路等27条断头路，1年完成3年55条断头路打通总任务的49%。举行3次以基础设施为重点的项目集中开工仪式，项目数577个，总投资3961亿元。649个重点在建项目完成投资3210亿元，完成年度计划的139%。39个PPP项目完成投资134亿元。“海绵城市”建设全面铺开。

全面启动特色小镇建设 首批35个特色小镇项目加快推进，西安民间金融小镇、陆港金融小镇、灞柳基金小镇等12个小镇实现运营。中国西部科技创新港智慧学镇、西北工业大学翱翔小镇、洪庆基地、未央军民融合产业园等一批硬科技、军民融合示范小镇快速推进。

狠抓城市精细化管理 制定“路长制”管理工作实施方案，严格落实管理责任。推行“以克论净、深度保洁”标准，城市洁化水平明显提高。精心设计城市家具，亮化道路74条、建筑1680座，市容环境、城市形象全面提升。

◆深化改革创新 2017年，中国共产党西安市委员会常务委员会突出抓好重点领域、重要试点、关键环节改革创新，培育新动能，激发新动力，推动新发展。

坚持问题导向、需求导向、效果导向 抓好中共中央和陕西省部署任务的落实，谋划推进“行政效能革命”、户籍改革、人才发展体制机制、创新创业改革、招商引资体制机制、西咸新区改革、土地供给侧结构性改革、机构改革等自主改革，全年完成258项具体改革任务。

推进全面创新改革试验 以军转民体制改革、机制创新和民参军能力提升为重点，制定7项支持政策，军民融合产业园建设等“十个一”实现新突破。民参军企业达400家、军民融合产业营收突破2000亿元，军民融合深度发展格局初显。支持西安高新技术产业开发区加快推进“国家自主创新示范区”建设，科技金融、文化金融等改革取得明显成效。推广“一院一所”模式，支持中国科学院西安科学园建设，鼓励加快技术转移转化，技术成果成交额达809亿元。

启动实施土地供给侧结构性改革 加快土地管理向统一管理、集中储备、有序管理、集约管理、规划融合转变，土地配置效率明显提高。深化机构和行政体制改革，围绕脱贫攻坚、规划土地、招商引资、招才引智、自贸区建设、新经济、硬科技、大数据、军民融合、文创产业、民生服务等重点工作，统筹编制资源，优化机构设置，行政效能明显提升。创新开发区体制机制，推动西安高新技术产业开发区与西安国家民用航天产业基地、西安经济技术开发区与西安阎良国家航空高技术产业基地、西安浐灞生态区与西安国际港务区等融合发展。推行“一区一策”，出台支持灞桥、蓝田、周至等远郊区（县）加快发展的意见，“远郊区县域经济倍增计划”有效实施。

◆门户枢纽建设 2017年，中国共产党西安市委员会常务委员会找准定位，抢抓机遇，加快门户枢纽建设，努力在构筑新开放格局中抢占先机、赢得优势。

全面加快内陆型改革开放新高地建设 申报国家级临空示范区，制订并上报“一带一路”综合改革、文化改革示范市建设方案，大力发展门户经济、枢纽经济、流动经济，开放广度和深度不断拓展。全年进出口总值2545.41亿元，比上年增长39.1%。其中，出口1552.38亿元，增长63.9%；进口993.03亿元，增长12.5%。

引领“一带一路”核心功能显著提升 举办2017丝绸之路国际博览会暨第二十一届中国东西部合作与投资贸易洽谈会、2017欧亚经济论坛、第五届丝绸之路经济带城市圆桌会等活动，国际影响力和美誉度得到提升。对外开放大通道建设全面提速，实现中亚、中欧等班列常态化运营，新开通全国首趟北欧（芬兰科沃拉—西安）国际货运班列，

“长安号”累计开行470列，运送货物总量64.8万吨。加快西安咸阳国际机场三期建设，新开通13条国际航线和3条国际货运航线，旅客吞吐量突破4100万人次。全面启动西安奥林匹克中心、西安丝绸之路国际会展中心建设。西安综合保税区二期通过国家验收，“西安港”整车进口口岸获批。申报跨境电商综合试验区，西安跨境电子商务物流服务平台上线运营，进出口累计单量超过800万。初步形成陆上、海上、空中和网上等“丝绸之路”联动开放新格局。

自贸区建设加快推进　加快放管服改革，探索“一枚印章管审批、一支队伍管执法”，实现企业注册登记“一口受理、并联审批、19项事项联办、54证合一和全程电子化”，推动自贸区服务便利化、投资便利化、贸易便利化、金融国际化，建立与国际接轨的营商环境。陕西自贸区西安区域新增企业8200家，其中外商投资企业95家。中国国际贸易促进委员会陕西自贸区服务中心、中国国际经济贸易仲裁委员会丝绸之路仲裁中心落户。

加快推进国际产能合作　ABB公司全球电容器噪音研究实验室、西门子创新工业中心、夸特纳斯集团西安智慧冷链产业园等项目签约。西安爱菊粮油工业集团有限公司哈萨克斯坦工业园区一期建成投产。中铁二十局集团公司、西安西电国际工程有限责任公司、华山国际工程公司等重点企业在非洲、南亚和东南亚市场的品牌效应已经显现。

推动国际人文交流合作　加强与“丝绸之路”沿线国家交流，相继与26个国家的31个城市建立友好城市关系，成立丝路城市广播电视协作体，开播“西安广播电视台丝路频道”。西安国际领事馆区加快建设，白俄罗斯、意大利、土耳其、加拿大等国的27家外事机构签约入驻。越来越多的外国人赴西安旅游、经商、学习等。

外国留学生为“车让人”司机点赞

◆**文化建设**　2017年，中国共产党西安市委员会常务委员会坚定文化自信，加强宣传思想文化工作，实施文化强市战略，彰显世界历史文化名城魅力，建设丝路文化高地。

加强对意识形态工作的领导　落实意识形态工作责任制，加强和改进新闻舆论工作。市级主流媒体影响力不断扩大，“西安发布”等新媒体跻身全国政务榜单前列，《长安新语》系列文章有力推动思想解放、工作落实。

弘扬社会主义核心价值观　深入实施“尚德西安工程”，薛莹被中央精神文明建设指导委员会评为“全国道德模范”，16人入选“中国好人榜”，33人入选“陕西好人榜”，65人入选“西安好人”“最美西安人”，涌现出李国武、王排等先进典型。深化未成年人思想道德建设，开展群众性精神文明创建活动。在全市推行“车让人”，启动农村文化礼堂试点建设，市民群众文明素养不断提升，西安市蝉联“全国文明城市”称号。

实施“文化产业倍增计划”和“旅游产业倍增计划”　成立西安市文化产业工作领导小组，围绕“文化+人脑+电脑”，抓好“无中生有、有中拉长、融合发展”，建设“曲江创意谷”等“十大文化产业园区”，“文化+”成效显著。全年文化产业增加值570亿元，比上年增长15%；规模以上文化企业营收增速19.5%；新增规模以上文化企业58家。实施旅游产业倍增计划，加快高品质酒店建设，新增15个“西安之窗”境外推广点。全年接待国内外游客18093.14万人次，增长20.5%；旅游业总收入1633.30亿元，增长34.6%；旅游业增加值占地区生产总值比重达到8.6%。

推进文化事业发展　实施“名城、名家、名作工程”，话剧《麻醉师》获全国“五个一工程奖”；《大秦帝国之崛起》《白鹿原》《那年花开月正圆》等精品剧作热播全国。全面启动“音乐之城”“书香之城”“博物馆之城”建设，国家考古遗址公园数量居全国第一。陕西大剧院建成启用。

◆**改善生态环境**　2017年，中国共产党西安市委员会常务委员会牢固树立“绿水青山就是金山银山”理念，坚持节约优先、保护优先、自然恢复为主的方针，推进环境保护和生态治理。

环保督察反馈问题整改　对中共中央环保督察通报的18个问题、陕西省环保督察通报的34个问题，实行一个问题、一个方案、一个责任部门、一名领导一抓到底，取得明显整改成效。

推进“四治一增”　全面落实河长制、湖长制，坚持工程治水、生态治水、技术治水、管理治水、社会治水“五策治水”，新增生态水面205.87公顷、湿地401.13公顷，通过国家水生态文明建设试点验收，昆明池一期、渼陂湖一期建成。执行《西安市秦岭生态环境保护条例》，加大秦岭北麓山系生态保护与修复。推进垃圾分类处理，5个生活垃圾无害化处理项目全部开工建设。开展“美丽西安·绿色家园行动”，推进“五路”（城市道路、高速公路、高铁线路、绕城公路、通景公路）两侧绿化，加强立体绿化、屋顶绿化、增花添彩，新增绿化面积3335万平方米，建成绿地小广场37个，西安市创建成为“国家森林城市”，“清洁之城”“绿色之城”“花园之城”“宜居之城”建设成效显著。

启动“四改两拆”攻坚行动　改造城中村（棚户区）14个、老旧小区264万平方米、旧厂区10户。拆除整治违法建设1215万平方米，拆除广告牌匾26.9万平方米。

持续开展城乡环境综合整治　制定城乡环境大整治和“品质西安”建设行动方案，改造背街小巷20条，城乡环境卫生管理水平有效提升。加快建设美丽宜居村庄，下大气力整治农村垃圾，开展农村污水治理、“厕所革命”，乡村环境持续改善。

◆**保障和改善民生**　2017年，中国共产党西安市委员会常务委员会坚持以人民为中心的发展思想，想群众之所想，急群众之所急，解群众之所难，不断增强人民群众的获得感、幸福感。

针对“民生九难”出台补短板措施 民生福祉持续增进。全年城镇居民人均可支配收入38536元，比上年增长8.2%；农村居民人均可支配收入16522元，增长8.8%。

把就业摆在优先位置 新增城镇就业14.09万人，城镇失业人员再就业6.16万人，农村劳动力转移就业78.89万人，城镇登记失业率为3.32%。实施“教育强市战略”，推广“名校+”模式，探索城乡学校互建联合体，145所大学区优质学校与涉贫区（县）学校结对帮扶。启动新建中、小学及幼儿园36所，普惠性幼儿园占比达到42.7%。

推进“健康西安”建设 深化“医疗联合体+全科医生团队”“县镇村卫生服务一体化管理”模式，支持社会资本办医，建成各类医联体37个。全面实施城乡统一的居民医保政策，补偿参合患者1064.6万人次，补偿总额21亿元。应对老年社会的各种需求，新建“城市社区居家养老服务站”111个、新建“农村幸福院”187个，新增养老床位6507张。6月，西安市被国务院食品安全委员会办公室授予全国首批“国家食品安全示范城市”称号。

紧扣“一降一升”目标 推进“平安西安”建设，公众安全感满意度为93.46%，增幅居陕西省第一。加强矛盾源头排查化解，降控非正常上访量，未发生大规模群体性事件和规模性聚集上访事件。化解各类信访案件298件，非正常上访量降低72%。街面盗、抢、骗、销“四类案件”刑事报警率下降27%；抢劫、抢夺案件接报警率下降41.6%，未发生严重暴力恐怖事件和公共安全事件。落实安全生产责任制，提升防灾减灾能力，未发生特大安全生产事故，确保城市安全、社会安定、市民安宁。

◆**从严治党** 2017年，中国共产党西安市委员会常务委员会坚定不移推进全面从严治党，把政治建设摆在首位，思想建党、纪律强党、制度治党同向发力，统筹推进党的各项建设，不断净化、优化政治生态，为“大西安”“追赶超越”提供坚强保证。

全面加强党的领导 定期听取和研究西安市人民代表大会常务委员会、西安市人民政府、中国人民政治协商会议西安市委员会、西安市中级人民法院、西安市人民检察院党组工作汇报。压紧、压实全面从严治党主体责任和监督责任，常态化听取中共区（县）委、开发区党（工）委、市级部门党组党建工作汇报，推动各级党组织更加坚强有力。

推进基层党建全面进步、全面过硬 建立党建报表考核体系，突出强化基层党组织政治功能，完善基层党组织建设督导检查机制，着力解决一些基层党组织弱化、虚化、边缘化等问题。加强农村基层党组织建设，在周至县竹峪镇探索建立联村党委机制，实现农村基层党建和脱贫攻坚工作双推进。构建城市“大党建”工作格局，提升街道社区、机关、企事业单位党建水平，推进非公企业和社会组织党建工作。

严格落实“中央八项规定”精神 制定贯彻落实中央“八项规定”实施细则和中共陕西省委实施办法的实施办法，党政纪处分512人，组织处理51人。出台问责条例实施细则，发挥《电视问政》《每日聚焦》《党风政风热线》等媒体栏目监督作用，问责处理1229人。对季度考核、月度通报、公众满意度调查等排名靠后的区（县）、开发区和市级部门主要领导进行约谈。

全力抓好党风廉政建设和反腐败工作 落实中共中央巡视“回头看”反馈意见整改任务，移交370件举报件，办结366件，立案70件，党政纪处分106人。制定《中共西安市委常委班子及其成员履行党风廉政建设主体责任清单》，支持中国共产党西安市纪律检查委员会履行监督责任。严查“微腐败”，立案1601件，党政纪处分1932人，移送司法机关54人。推动监察体制改革，成立西安市监察委员会。推进市（县）巡察工作，完成两轮市委巡察，成立区（县）巡察机构。（侯海燕）

中国共产党西安市委员会
（以2017年年底在职为准）

书　　记　王永康
副 书 记　上官吉庆　韩　松
常　　委　史晓红　吕　健　吴　键
　　　　　赵　敏　李　婧　卢　凯
　　　　　高　杲　李　毅　聂仲秋
　　　　　卢力群
秘 书 长　卢　凯
副秘书长　张　涌　吴智民　冯　涛
　　　　　张友社　赵公民

市委工作机构

市委办公厅
主　　任　张　涌
副 主 任　刘新锋
纪检组长　刘晓洲

市委组织部
部　　长　赵　敏
副 部 长　薛振虎　李宁君（兼）
　　　　　王京献　张少纯　施利民
部务委员　李来绪　王庆华（女）
纪检组长　王清山

市委宣传部
部　　长　吴　键
副 部 长　蒋少宁　王晓锋　关相林
　　　　　廉宏伟
纪检组长　聂　虹（女）

市委统战部
部　　长　史晓红（女）
副 部 长　乔安涛　邓福喜
　　　　　李社民（兼）
纪检组长　马小莉（女）

市委政策研究室
主　　任　冯　涛
副 主 任　刘发奎　李传顺　孙怀国

市委政法委员会
（市社会管理综合治理委员会办公室）
书　　记　韩　松（兼）
副 书 记　贾养勋　高　威　丁　恒
　　　　　孙永涛　赵　夏
纪检组长　喻惠霞（女）
市委维稳办副主任　蒋礼泉

市直属机关工作委员会
常务副书记　张爱萍（女）
副 书 记　刘京芳（女，蒙古）
　　　　　张军利
纪工委书记　王晓军

市机构编制委员会办公室
主　　任　王炳南
副 主 任　张忠芳　苏立群（满）
机构编制督查专员　顾　蕾（女）

市信访局（市信访接待中心）
局　长（主　任）　吴智民
副局长（副主任）　张　蔚　王增武
　　　　　杨德山
督查专员　陈　博

市委老干部工作局
局　　长　王京献
副局长　王利民
西安老年大学校长　毕　锟

市委直属工作单位

市委党校
（市行政学院、市社会主义学院）
校（院）长　胡润泽
常务副校（院）长　王华旭　邓福喜
副校（院）长　史晓英　范建军
　　　　　徐　来

市委党史研究室
副主任　张永潮　杨　伟

市档案馆（局）
馆（局）长　崔　林

副馆(局)长 黄海绒（女） 吴立民

西安报业传媒集团（西安日报社）
董事长（社 长） 夏泽民
副社长（总编辑） 屈胜文
总 经 理 荀立武
副 总 编 牛延平 张更武 尤凌波 程建设
党委副书记 缑发世
纪 检 组 长 初亚莉（女）

市统筹城乡发展工作领导小组办公室
主 任 倪广天
副主任 李岁会

市委派出机构

市非公有制经济组织党建工作委员会
副书记 张宝昌（兼）

组 织

◆概况 2017年，中共西安市委组织部以迎接中国共产党第十九次全国代表大会召开和学习贯彻中共十九大精神为重点，以全国、全省组织部长会议和中国共产党陕西省第十三次代表大会、中国共产党西安市第十三次代表大会精神为指导，切实提高政治站位，聚焦主责主业，强化担当作为，从严从实选干部、配班子，建机制、聚人才，抓基层、强基础，较好地完成各项工作任务。

◆学习贯彻十九大精神 2017年，中共西安市委组织部统筹组织5期中国共产党第十九次全国代表大会精神培训班。中共西安市委、西安市人民政府主要领导做专题辅导，市管干部和区（县）组织部、市级部门组织人事工作负责人共1292人参加培训。在各级中共党组织中开展中共十九大精神“四个送学”活动和“八个一”“七进”专项活动。把学习贯彻习近平新时代中国特色社会主义思想放在首位，专门对“讲政治、学思想、爱领袖”主题党日做出安排。组织举办4期学习中共十九大精神宣讲会，邀请西安市中共十九大代表为全市1700多名基层中共党组织书记宣讲十九大精神。

◆领导班子和干部队伍建设 2017年，中共西安市委组织部创新建立新任职党员领导干部党性教育“3+1”办法。培养选拔干部突出政治标准，研究制定《关于进一步完善区县党政领导班子工作机制的指导意见》，组织对换届后区（县）党政领导班子以及承担全市重点工作的市级部门领导班子运行情况、班子成员履职情况进行分析研判。开展鄠邑区撤县设区有关工作。补充配备新城区、莲湖区、雁塔区、阎良区4区中共区委书记，选优配强西咸新区、开发区和西安市投资合作委员会、西安市扶贫开发办公室等重点领域和新成立单位主要负责人。通盘考虑完成中共西安市委工作部门和西安市人民政府有关直属机构领导班子日常调整、补充配备工作。向中共西安市委常委会报批干部任免23次，涉及市管干部231人。坚持每月对到龄退休干部进行清理，办理市管干部退休113人；完成11名中共区（县）委组织部副部长和中共区（县）纪律检查委员会副书记调整配备工作；对92个市级部门204名处级干部任免意见进行研究审理。从“985”“211”高校为西安市招录69名大学选调生。

◆基层党建组织和党员队伍建设 2017年，中共西安市委组织部实施支部引领驱动，推广“支部+X+贫困户”先进经验，组建中共联村党委推进片区“一体化”脱贫攻坚。在各类农村经营主体中建立中共党组织191个，吸纳贫困户4324户。实施党员示范带动，开展“党员认领责任田”“党员中心户”“党群致富联合体”等活动，1413名农村党员领办新型经营主体289个；18246名中共党员与贫困户结成对子，带领贫困户发展产业，促进增收脱贫。成立整合“四支队伍”（第一书记、扶贫工作队、驻村干部和村两委班子）工作办公室，对全市“四支队伍”力量统筹管理，市级层面培训第一书记、驻村工作队长等3100余人次。对全市78名表现优异、成绩突出的2016年度驻村第一书记集中表彰，其中8名表现突出的第一书记被中共陕西省委组织部、陕西省扶贫开发办公室等部门评为“全省优秀第一书记”。在广西壮族自治区百色市举办全市抓党建促脱贫攻坚专题培训班。实施改革创新推动，借助“民情大数据地图”中包含的“民生大数据”，有效提高帮扶工作精准度。把党员联系贫困户、各类扶贫资金使用等纳入党务、村务、财务“三公开”范畴。在蓝田县召开全市抓党建促脱贫攻坚经验交流座谈会，推广蓝田县董岭村“三变改革”（资源变资产、资金变股金、农民变股东）经验。发展壮大村级集体经济，整合资产资源，激活发展活力。

农村党建 将绘制“民情大数据地图”作为基层党建改革的重点，除城改未回迁的70个村，全市2693个村绘制“1+5+X”“民情地图”14826张，649505户建立“民情档案”。全面推行党务、村务、财务“三公开”工作，明确公开目录78条，试点的阎良区“三屏一栏”做法被《农村党建》等报刊、媒体刊载。开展190个软弱涣散村党组织整顿工作，配齐调整村党组织班子成员30人，协调解决各类矛盾问题464件，其中属于“村霸”性质的8人，已逮捕或刑事拘留7人。抓好村级党组织标准化建设工作，确定24个村作为西安市示范村申报对象。将110名满2个聘期（4年）的大学生村官通过考试招录到扶贫一线事业单位工作。抓好村“两委”换届前班子集中研判、后备干部储备、经济责任审计等工作。

街道社区、机关和企事业单位党建 构建城市“大党建”工作格局，探索建立街道党建联席会和社区党建共建联合会制度，形成市、区（县）、街道、社区4级联动工作机制。推行社区网格化管理，3351个网格配备18506名“三长三员”；55876名在职党员到社区报到；10万余人次参与志愿服务活动。在市级机关开展党建工作“互查、互评、互学、互促”活动和“追赶超越当先锋、打造铁军作表率”主题实践活动。抓好全国、全省国有企业党的建设会议精神的贯彻落实，提出28条贯彻落实具体措施，配套制定《西安市国有企业党的建设考核办法》。开展全市公立医院、中小学校党建工作调研，推进中小学校和高校基层党建重点任务落实。

非公企业和社会组织党建 开展以“建设规范化党组织、建立党建指导员机制，促进有形覆盖、有效覆盖”为主要内容的“双建双促”活动。21592户非公企业和社会组织中，建立党组织2624个，覆盖非公企业和社会组织17134户，党组织覆盖率达到79%。印发《西安市非公企业和社会组织党建指导员管理办法（暂行）》，建立非公企业党建工作指导站475个，选派非公企业党建指导员4564名。制定《全市社会组织党组织规范化建设标准》，举办全市非公和社会组织党建工作培训班、全市非公企业出资人培训班。举办2017年西安市非公企业和社会组织党员高级人才招聘会，提供就业岗位1万余个，吸引8万余人参加。

党员教育 以开展远程教育“学用工作提升年”活动为载体，结合镇、村综合改革，完成全市远程教育站（点）撤并和改建工作，建立“远程教育示范区”1个、“远程教育示范镇（街）”18个、“远程教育示范村（社区）”198个。利用“西安组工”微信公众号开展《习近平的七年知青岁月》诵读和在线“微党课”活动，先后制播诵读音视频50期、“微党课”36期。开展“固定学习日”活动，参加学习党员36万人次。“西安党建”网站每日浏览量突破3000次，“西安组工”微信公众号关注人数6.5万人，收看人数超过60万人次。制作完成8部优秀党员教育节目，组织4万多名党员参加以“迎接党的十九大胜利召开”为主题的党员在线考试。

2017年1月18日，中共西安市委组织部在西安市行政学院举办"自由贸易试验区建设专题研修班"

基层党建工作责任制落实　开展书记抓基层党建述职评议考核工作。制定《中共西安市委党建工作领导小组议事规则》《中共西安市委党建工作领导小组工作要点》。建立中共西安市委常委向中共西安市委常委会汇报抓党建工作制度，实行市委常委会每周听取抓党建工作情况汇报常态化。创新建立"六个一"常态化专题民主生活会机制。截至11月底，全市市管领导班子召开"六个一"专题民主生活会47次，区（县）和部门管理的领导班子召开专题民主生活会197次。建立全市基层党组织建设督导检查工作机制，实行"月检查、季点评通报"制度，明确基层党组织"三会一课"、"固定党日"、组织生活会、党组织换届等具体要求。

◆干部教育培训　2017年，中共西安市委组织部在中共西安市委党校举办主体培训班41期，培训市管干部和处级、科级干部4881人。设置理论教育、党性教育、能力与素质提升、西安经济社会发展热点重点难点问题4个教学板块，理论教育和党性教育课程占课程总量的70%。组织异地培训班13期；举办政府和社会资本合作（PPP）、招商引资、城市规划建设与管理专题培训班4期；特色小镇、生态文明建设、自贸区建设等专题研讨班5期；举办传统文化、文化自信等专题培训班6期；举办行业培训班4期；举办脱贫攻坚专题培训班1期。为全市市管干部配发《企业家：经济增长的国王》一书，并组织开展讨论交流。探索"互联网+"干部教育移动学习，开设"五大发展理念"等12个网络培训专题。开发中国共产党第十九次全国代表大会精神、党性教育、"大西安"建设等9个系列40期微课，总点击量近5万人次。依托"西安市干部教育在线"平台，运用网络培训科级干部近2万人。配合建立省、市网络培训资源共建共享机制。召开全市"两学一做"学习教育常态化制度化工作座谈会，制订《关于推进"两学一做"学习教育常态化制度化的实施方案》。组织开展"大学习、大教育、大排查，察民情、解民忧、助民富"主题实践活动和"树典型、倡新风、扬正气"互比、互学促发展活动。采取随机抽查、专项督查、情况通报、重点约谈等方式，推进工作落实和问题整改，确保学习教育取得实效。结合巡视整改，在全市各级中共党委（党组）班子中组织开展"纠正'层层提权威、要看齐'错误言论"专题教育。就"奥凯问题电缆事件"和"环保阎良分局和长安分局环境质量监测数据造假"案例开展警示教育。推行"五个一"模式"主题党日"。谋划开展纪念中国共产党建党96周年系列活动。在《西安日报》开展《党徽耀古城》系列宣传报道。组织开展春节和"七一"走访慰问困难党员、老党员工作。组织评选基层中共党组织书记优秀党课。开展"讲身边党员好故事、学基层党建好做法"活动。在全市中共党组织和党员中实行积分制管理，对党员佩戴党徽进行规范，教育引导党员时刻牢记党员身份、发挥先锋模范作用。

◆干部选拔任用和日常管理监督　2017年，中共西安市委组织部牵头完成中共西安市委《关于从严加强干部队伍建设，打造追赶超越西安铁军的决定》，印发《西安铁军的具体标准》《强化铁军建设20条措施》，将新时期"好干部"标准进一步细化。印发《关于进一步规范和加强选人用人工作的通知》，在市级各部门、西咸新区及各中共区（县）委、开发区党（工）委全面实行干部任职票决制。建立领导身边工作人员工作变动、职务调整任前报备制度。修订《西安市党政干部鼓励激励实施细则（试行）》《西安市党政干部容错纠错实施细则（试行）》《西安市推进市管党政领导干部能上能下实施细则（试行）》，全年调整各级干部1494人。其中，运用鼓励激励机制调整489人；运用容错纠错机制调整71人；运用能上能下机制调整143人。对季度考核、月度通报、公众满意度调查等排名靠后的31个区（县）、开发区和市级部门主要负责人进行约谈。在陕西省"三项机制"交叉检查中，西安市名列陕西省第一名。做好中共党代表推选和中共西安市党代会组织等工作。组织召开全市党代表会议，差额选举产生出席中国共产党陕西省第十三次代表大会67名正式代表。配合中共陕西省委完成6名西安市出席中国共产党第十九次全国代表大会的代表初步人选考察任务。筹备召开中国共产党西安市第十三次代表大会，选举产生新一届中共西安市委和西安市纪律检查委员会领导班子。配合中共中央、中共陕西省委组织部完成西安市人民代表大会、西安市人民政府、中国人民政治协商会议西安市委员会换届和西安市中级人民法院院长、西安市人民检察院检察长选举任务。会同中共西安市委统战部统筹完成7个市级民主党派换届工作。完成137名陕西省第十三届人民代表大会代表提名推荐选举工作。完成西安市监察委员会领导班子配备及选举工作。实施干部挂职"11333"计划（每年选派100名后备干部到信访、维稳、督查、重点项目等急难险重岗位磨炼意志、增长才干；每年选派100名优秀年轻后备干部到成都、杭州、武汉、郑州、宁波、温州等城市挂职学习锻炼；每年从驻陕985名、211重点高校及中央、陕西省科研院所选拔30名左右专业干部到区县、开发区及市级综合部、主要经济部门挂职；每年选派30名区县、开发区干部到市级部门挂职锻炼；选派30名市级机关干部到区县、镇街等基层一线挂职锻炼），建立外送、上挂、下派、请来等干部实践锻炼机制。在全市层面先后选派156名干部赴杭州、成都、武汉、宁波、深圳、苏州挂职学习；选派97名干部到对口中共中央国家机关和省直单位挂职；选派230名干部到信访维稳、督查、招商引资、治污减霾、水污染治理、脱贫攻坚等重点工作一线挂职锻炼；从市级部门、区（县）、开发区选派86名干部开展"三向"交流挂职；选派22名干部赴重点高校、军工企业挂职。从北京大学、清华大学和驻西安"985""211"高校、军工企业、科研院所引进53名优秀专业干部在西安市挂职。建立"奔跑吧挂职干部"微信群，编印《挂职交流动态》内刊。开展"肃清魏民洲等流毒影响、营造良好政治生态”专项警示教育，组织各区（县）、开发区和市级部门围绕“汲取魏民洲等案教训、彻底肃清其流毒影响”主题召开专题民主生活会；学习了解天津、安徽、重庆等地在净化政治生态方面的经验做法，研究提出关于肃清魏民洲等用人流毒影响的10个方面30条具体措施和10条建议；研究制定《关于完善区县党政领导班子工作机制的意见》，启动干部选拔任用工作“回头看”，形成问题清单，纠正选人用人上的不正之风。严格贯彻执行领导干部有关事项报告制度，全市应报告11833人，实际报告11830人，报告率为99.97%。对130名市管干部考察对象，11个区、68个市级部门1311名处级或相当于处级干部的考察对象个人有关事项报告进行重点抽查。其中，32名考察对象（市管干部考察对象3人），因抽查核实结果与本人报告的个人有关事项内容不一致被诫勉或取消考察对象资格。对11名拟提名为陕西省人大代表人选的市管干部个人有关事项报告进行重点抽查，其中2人因隐瞒不报行为或情节严重的漏报行为被取消提名资格。做好干部在社团和企业兼职清理工作，“超职数配备干部”“违规兼职”等全部整改消化完成。落实中共中央组织部关于组织人事部门对领导干部进行提醒、函询和诫勉的要求，对151名市管干部进行组织函询；对25名市管干部进行诫勉谈话。

◆人才强市战略 2017年，中共西安市委组织部牵头制定《西安市深化人才发展体制机制改革打造“一带一路”人才高地若干政策措施》，从人才引进、人才培养、服务保障等5个方面提出23条人才新政。成立西安市招才引智委员会，发布以《优化高层次人才服务工作的十三条措施》为代表的人才新政“升级版”，出台人才新政《分类办理操作细则》，形成“1+N”式人才政策体系。组织召开人才新政和人才安居政策新闻发布会，在主流媒体开辟专版、专栏、专题，宣传人才新政。推动“西安史上最宽松落户政策”落实。截至11月底，全市迁入落户18.6万人，比上年增长408.9%，其中学历落户人数为98724人，占户籍新政落户总人数的80.6%。举办首届科技人才峰会暨“梦回长安校友行”活动，20位院士、47名海外高层次人才、400余名来自全国各地的杰出校友和嘉宾代表共1000多人参加大会，院士专家工作站等10个项目签约。实施引进高层次人才“5531计划”，引进国内外顶尖人才13名、国家级领军人才42名、地方级领军人才65名。推进引进海外高层次人才“5211计划”，2人入选国家“千人计划”，12人入选陕西省“百人计划”，8人入选“5211”市级引进人才计划。继续开展市属事业单位引进博士研究生工作，确定聘用人员45人。组织出台《创业西安行动计划》《西安市支持创业的十条措施》等鼓励创新创业的措施，助力推动“5552”众创空间建设。制订实施《百万大学生留西安就业创业5年行动计划》，出台“三项服务”和“五项补贴”，扶持大学生在西安就业。策划实施“创业西安行”活动11次，中共西安市委主要领导带队赴高校院所、众创空间、孵化器开展调研，与广大创业者座谈交流。开展以“就业在古城、创业大西安”为主题的就业创业“九个一”系列活动，举办创业大赛、“国际创客节”、高校毕业生求职大赛、创业明星评选表彰等系列就业创业活动。鼓励各类技能人才参加国内外技能大赛，组织开展“西安工匠”和“西安工匠之星”评选。制定《西安市联系服务院士专家工作制度》，全市37名市级领导分别联系62名院士和37名知名专家或学科带头人，组织实施春节慰问院士、专家活动，并建立集中慰问、通报情况等“六个一”联系服务机制，确定医疗、旅游等“六个一”礼遇，建立服务院士、专家长效机制。组织制定《西安市人才安居办法》，构建人才安居体系。完善引进海外高层次人才联席会议工作机制，协调解决引进人才和专家反映的户籍、子女入学、配偶随迁等实际问题。

◆目标责任考核 2017年，中共西安市委组织部研究提出区（县）、开发区“发展、民生、生态、平安、党建”“五张报表”考核体系。将陕西省考核增设的“五新战略”9项指标进行分解细化。对区（县）、开发区、市级部门分别设置负面清单，实行“举证扣分”制。对固定资产投资等以往只考增速的指标进行量、速齐考，设置工业技改等创新驱动和结构升级指标。采取“六定”原则，对市级部门承担的各项指标进行立体式、网格化责任包干，更加科学合理地确定各方责任。构建月度“擂台赛”、双月“书记会”、季度“考核点评”三大工作载体。每月围绕全市短板工作确定“打擂”主题，聚焦招商引资、城市建设、铁腕治霾、脱贫攻坚等重点工作，组织开展12期“追赶超越”擂台赛。从9月起，每2个月召开一次中共区（县）委书记、开发区党工委书记“追赶超越”座谈会。建立“追赶超越”季度考核点评制度，由季度考核排名靠前的交流经验晒成绩，排名靠后的整改表态做检讨。组织对全市131家单位进行2016年度目标责任考核，45家“优秀单位”和12家“争先进位”单位受到表彰奖励。制定《西安市“追赶超越”考核争优攻坚进位十条措施》。每月对省、市考核量化指标完成情况进行通报。建立“六个一”督查考核机制，围绕“擂台赛”承诺事项、追赶超越任务落实、短板指标补欠赶超，组织对全市92家单位开展专项督查。围绕省考短板指标，开展9轮次的市领导工作约谈和2次重点指标推进会。（王　楠）

宣　传

◆概况 2017年，西安市宣传思想文化战线学习宣传贯彻中国共产党第十八届中央委员会第六次全体会议和中国共产党第十九次全国代表大会精神，以习近平新时代中国特色社会主义思想为指导，贯彻落实中共中央和中共陕西省委、中共西安市委的一系列决策部署，围绕中共西安市委、西安市人民政府中心工作，提高政治站位，强化责任担当，狠抓理论武装、意识形态责任制、舆论引导、网络管理、核心价值观培育、精神文明建设、文艺文化繁荣等各项工作落实，取得明显成效。

◆理论宣传 2017年，中共西安市委宣传部围绕“一带一路”战略、新型城镇化建设、军民深度融合发展等重大专题，举办中共西安市委中心组学习报告会13次；组织全市中共党员干部开展《习近平谈治国理政（第二卷）》《之江新语》《习近平的七年知青岁月》诵读和学习交流活动4.9万场次；开展以“追赶超越我当先·同心建设大西安”为主题的宣讲活动1200场，听众超过10万人次。把学习宣传贯彻习近平新时代中国特色社会主义思想和中国共产党第十九次全国代表大会精神作为重要政治任务，通过集中学习研讨、撰写心得体会、媒体解读、专家阐释等多种形式，引导全市中共党员干部学习《十九大报告》，刊发理论文章5期24篇、学习体会60余篇。按照“七进”（进企业、进农村、进机关、进校园、进社区、进军营、进网络）要求开展中共十九大精神宣讲活动，全市有6000余人参加宣讲，举办宣讲报告会8200余场，听众超过83万人次。落实意识形态工作责任制，建立5项工作机制，先后2次进行专项检查。抓好中共中央巡视监督检查反馈问题的整改落实。

◆新闻舆论引导 2017年，中共西安市委宣传部做好中国共产党第十九次全国代表大会等中共中央和陕西省、西安市重要会议的宣传报道工作。宣传中国共产党西安市第十三次代表大会、中国共产党西安市第十三届委员会第三次全体精神和“补齐十大短板”等，叫响做实“聚焦三六九　振兴大西安”的奋斗目标。围绕中共西安市委、西安市人民政府中心工作，开展“解民生九难•建品质西安”“三项革命”“追赶超越”擂台赛、招商引资“一号工程”、河（湖）长制、脱贫攻坚、亲商助企、规范市场经济秩序、供给侧改革、特色小镇建设、创新创业等重大主题宣传，展示西安奋力“追赶超越”的新气象、新变化、新作为。全年中共中央和陕西省主要媒体刊播西安市正面宣传稿件2549篇（条）。其中，《人民日报》发稿61篇；新华社发稿720余篇；中央电视台播发新闻120余条。加强宣传舆论阵地建设，不断完善新闻发布会、新闻采访管理等制度，落实《西安市开展净化舆论环境专项整治工作方案》，推进媒体融合发展，加强舆情防控与处置，稳妥做好相关舆情的引导和管控工作。

◆网络信息管理　2017年，中共西安市委宣传部依托中共中央、陕西省和西安市门户网站、新闻网站、商业网站，开设《党的十九大精神解读》《解民生九难》《补齐十大短板》等系列专栏110个，刊发信息5万余篇（条），浏览量超过1.5亿次。利用2017首届世界西商大会、2017首届全球硬科技大会、2017首届“全球程序员节”等重大契机，协调中共中央、陕西省和西安市网媒集体发声，刊发各类稿件5000余篇，阅读总量超过8000万次。“西安发布”推出政务微博8000多条、原创微信1300多篇，位列陕西省政务榜第一名、全国前十名。编写报送《每日网情》280期、《舆情专报》113期，指导督促相关部门应对和处置较大突发舆情事件20余起。开展净化网上舆论环境专项整治工作，启动“网剑2017”专项整治行动。加强网军队伍建设，围绕“一带一路高峰论坛”“三项革命”“车让人”等主题开展网评引导，推送各类图文报道3000余篇，网评员跟帖点赞量超过4000余万人次。推动“智慧城市”健康发展，加强与阿里巴巴网络技术有限公司、华为技术有限公司、中兴通讯股份有限公司等企业沟通协作，推进战略合作协议项目落地。

◆社会主义核心价值观和精神文明建设　2017年，中共西安市委宣传部组织中国人民解放军建军90周年、全民族抗战爆发80周年纪念活动。推进社会主义核心价值观“六进”（进家庭促文明、进社区促和谐、进农村促发展、进机关促服务、进企业促诚信、进学校促成长）工作，开展“再造居民公约”“传家训树家风”等主题教育活动，持续开展“七个一两校”（“七个一”：一栏、一牌、一榜、一站、一队、一堂、一室；“两校”：家长学校、市民学校）阵地建设和示范社区“1+N”带动活动。挖掘和推介宣传先进典型，先后对优秀民警王排、救人英雄李国武等50多位典型的先进事迹进行宣传报道。做好“全国文明城市”到届复审测评迎检工作，巩固提升文明城市创建水平，西安市蝉联“全国文明城市”荣誉称号。开展“车让人”“烟头不落地•文明西安跟我行”等主题实践教育活动。围绕举办2021年第十四届全国运动会，组织开展“文明有礼迎盛会”“人人参与、让盛会更精彩”等系列提升活动。不断深化“厚德陕西”“尚德西安”道德建设，开展“学雷锋服务活动”“志愿服务行动”，推动诚信建设、志愿者建设制度化。开展“道德模范”推荐评选和学习宣传活动，1人获“全国道德模范”称号；1人获“全国道德模范提名奖”；15人入选“中国好人榜”；30人入选“陕西好人榜”。评选表彰“西安市第四届道德模范”。在市属媒体常年开设《好人365》专栏，报道“最美女孩”吴一帆、“西安煎饼侠”赵彦革等一批“西安好人”的感人事迹。组织开展“我们的节日”主题活动，推进家庭、家风、家教建设，加强未成年人思想道德建设。修订《西安市精神文明建设指导委员会工作制度》和《西安市群众性精神文明创建活动管理办法》。

◆文艺文化工作　2017年，中共西安市委宣传部贯彻落实西安市《关于繁荣发展社会主义文艺的实施方案》，实施“名城、名家、名作工程”，创作推出电视剧《大秦帝国之崛起》《白鹿原》《那年花开月正圆》，纪录片《柳青在皇甫》《渭华起义》等一批作品。其中，话剧《麻醉师》获全国精神文明建设“五个一工程奖”。编撰完成《一带一路文化高地行动计划》，实施《大西安印象》系列文艺作品创作工程，启动“音乐之城”“书香之城”建设。深化文化体制改革，成立西安市文化工作领导小组，在中共西安市委宣传部增设文化创意产业发展处和文化体制改革处，完成文化体制改革任务32项。推进重点领域改革，完成西安图书馆等公益性文化事业单位理事会试点工作。制定出台《关于补短板加快西安文化产业发展的若干政策》，成立西安市文化创意产业协会。加快文化产业园区建设，西安国家级文化与科技融合示范基地、国家级数字出版基地、国家级印刷包装产业基地等重点园区快速发展，曲江创意谷、369互联网基地、华商传媒产业园等“十大文化产业园区”建设初见成效，入驻企业400余家，孵化项目60余个。提升公共文化服务效能，在陕西省率先将开发区纳入公共文化服务建设主体。建立公共文化服务效能考核标准，推动各类公共文化设施免费向社会开放，构建起全市中心城区15分钟文化圈、乡镇30分钟文化圈，打通公共文化服务“最后一公里”。加快农村文化礼堂建设，完成10个具有示范意义的农村文化礼堂设计和选址工作，全市基层综合文化中心达标率达到49.7%。开展“深入生活、扎根人民”主题实践活动和“结对子、种文化”共建共享活动，组织开展戏剧惠民演出1550多场、“送欢乐下基层”文化惠民活动1000多场。

◆对外宣传　2017年，中共西安市委宣传部利用2017首届世界西商大会、2017首届全球硬科技大会、2017全球程序员节、首届西安国际马拉松赛、2017欧亚经济论坛、2017丝绸之路国际博览会暨第二十一届中国东西部合作与投资贸易洽谈会等重要会议活动，协调中共中央、陕西省和西安市媒体及网络媒体，全方位开展对外宣传。拍摄制作《大西安印象》城市形象宣传片，编辑出版《大西安印象》摄影集，展示西安城市新形象。打造“一带一路”建设重要传播平台，举办丝路城市广播电视协作体成立会议，发布《“丝路城市广播电视协作体”西安宣言》，开播全国首家“丝路频道”，策划推出《丝路家训》《丝路朗读》等精品文化节目，扩大西安对外影响力。（丁路杰）

统一战线

◆概况　2017年，西安市统战系统按照中共西安市委书记王永康“565”（“5”：新形势下统战工作的主体是各级党组织、本质是扩大共识、核心是掌握政策、关键是把握好度、重要方式是联谊交友5点规律；“6”：非公经济工作是亮点、民主党派工作是重点、民族工作是焦点、宗教工作是难点、新的社会阶层人士统战工作是创新点、港澳台和海外统战是关注点；“5”：必须增强政治定力、必须树立统战意识、必须发扬民主作风、必须强化工作纪律、必须讲究方式方法）的工作新要求，开展多党合作和政治协商，做好党外知识分子、民族宗教人士、非公经济人士、港澳台胞和海外侨胞统战工作，圆满完成年度各项任务。

◆多党合作和政治协商　2017年，中共西安市委统战部支持民主党派开展“不忘合作初心、继续携手前进”专题教育，组织市级各民主党派、工商联主要负责人和无党派代表人士，赴贵州、重庆开展以“不忘合作初心、继续携手前进”为主题的暑期谈心活动。组织召开“西安市统一战线专家智库”聘任大会，50名各领域的专家学者进入专家库。围绕落实中国共产党西安市第十三次代表大会精神，组织市级各民主党派开展大调研活动，形成重点调研报告42个；围绕中国共产党西安市第十三届委员会第三次全体会议提出的“十大短板”，组织市级各民主党派就生态环境、县域经济、民营经济等10个方面的重点课题，形成专题调研成果13篇。对脱贫攻坚工作进行监督，组成167个工作组，参与党派成员1105人次，监督扶贫工作队70个、驻村干部663人、结对贫困户帮扶干部1815人，平均覆盖率分别为96%、95%、77%；走访贫困户1831户，平均走访率76%；总结47条问题，发现典型事例29件，提出建议28条。制定市级民主党派加强思想建设、加强基层组织建设的意见，协助各民主党派成立4个工作委员会、2个支部。全年市级各民主党派发展新成员500人。

◆党外知识分子工作 2017年，中共西安市委统战部成立西安市职业经理人联谊会、西安市新社会组织联谊会、西安市中介组织联谊会3个组织，指导区（县）相继成立党外知识分子联谊会，形成“1纵17点”(1纵：西安市党外知识分子联谊会；17点：市上4个分会、区县13个分会)的组织体系。建立中共西安市委常委联系新的社会阶层人士制度，牵头组织、宣传、司法等14个部门参与的协调机制，并创建新的社会阶层代表人士微信群。下发《关于加强新的社会阶层人士统战工作的实施意见》。打造、团结、引导建设新的社会阶层年青一代统战工作实践基地，并在全国新的社会阶层人士统战工作座谈会上做经验交流。组织留学人员开展“海归折叠”创业演讲活动、“西安留学人员招聘节活动”“‘振兴大西安——海归在行动’海外高层次人才系列活动”；组织职业经理人进高校开展“创业大讲堂”活动、自由职业人员“半坡艺术联盟暨新阶层心作品展”活动、中介组织从业人员法律援助活动；组织新媒体人员开展微信群“建一言献一策”“网眼看临潼”“体验政府新效能”“关注民生改革”等活动。

◆党外代表人士队伍建设 2017年，中共西安市委统战部做好市级各民主党派、西安市工商业联合会及西安市人民代表大会、西安市人民政府、中国人民政治协商会议西安市委员会领导班子中共党外成员进退去留的分析测算，完成市级各民主党派领导班子、西安市工商业联合会(西安总商会)换届工作和西安市归国华侨联合会换届前期准备工作。按照《中国人民政治协商会议西安市委员会换届组成方案》，完成中国人民政治协商会议西安市第十四届委员会第一次会议组织工作。在杭州大学、浙江大学分别举办市级各民主党派领导班子自身建设研讨班、非公人士高级研修班等。全年举办培训班17期，培训962人次。选调40人次参加中共中央、陕西省和西安市各类培训班。在协商基础上，提出22名陕西省人民代表大会第十三届委员会代表初步人选。根据中共陕西省委组织部、中共陕西省委统战部《关于推荐政协陕西省第十二届委员会委员人选的通知》（陕统通〔2017〕56号），在市级各民主党派、市工商联、有关人民团体及有关部门推荐基础上，经考察、审核，并与中共陕西省委统战部沟通同意后，向中共西安市委报告拟推荐的35名委员人选，其中包括4名基层一线工人、5名农民人选。

◆民族宗教工作 2017年，中共西安市委统战部开展民族团结教育和民族团结进步创建活动，定期走访少数民族代表人士，及时转发中共陕西省委统一战线工作领导小组《关于做好〈关于加强和改进省少数民族流动人口服务管理工作的意见〉贯彻落实工作的通知》，会同西安市民族事务委员会对相关区（县）在清真食品管理领域存在的突出问题组织专项检查。学习贯彻新修订的国务院《宗教事务条例》，以中共西安市委办公厅、西安市人民政府办公厅名义下发《关于贯彻落实省委、省政府关于加强和改进新形势下宗教工作的实施意见的通知》。做好全市民族宗教领域风险排查和中共中央巡视“回头看”反馈意见的整改落实工作，并向中共西安市委每周报告。会同西安市民族事务委员会举办第二届“道教文化艺术周”。坚持“保护合法、制止非法、遏制极端、抵御渗透、打击犯罪”原则，召开宗教工作联席会议，确保各种宗教活动在《中华人民共和国宪法》和法律范围内有序开展。

◆非公经济统战工作 2017年，中共西安市委统战部联合西安市司法局、西安市中级人民法院、西安市人民检察院、西安市公安局、西安市工商业联合会等13个部门制定扶持非公经济发展的政策措施、意见办法，编印《西安市扶持民营经济发展文件政策汇编》。建立“政企恳谈会制度”，市、区（县）领导干部走访联系异地商会制度，成立西安市总商会民营经济研究中心、西安市民营企业法律服务中心、西安市新生代企业家联谊会，起草《建立帮扶企业家联动机制的意见》。赴浙江省杭州市、温州市等地学习先进经验，就2017首届世界西商大会进行先期筹备，起草、审定方案，制定细则，提出拟表彰的10名“最具影响力西商”和12名“杰出西商”名单。在全市开展评比表彰招商引资“十佳商会”“十佳优秀新生代民营企业家”等活动。开展“系列走进”活动，组织民营企业家走进西咸新区、中兴通讯股份有限公司和西安飞机工业（集团）有限责任公司。协助中共西安市委每2个月围绕1个主题召开企业家圆桌会议，并建立意见、建议督办反馈制度。会同有关部门先后召开5次协调会，研究补齐民营经济短板工作，并制订《西安市民营经济补短板促发展实施方案》。组织召开促进民营经济改革专项小组会议，专题研究“民营经济倍增计划”、建立中小企业发展基金和《民营经济统计指标体系和考核办法》《推动民间投资和民营经济参与PPP项目行动方案》等，起草《关于鼓励优势民营企业进入武器装备科研生产和维修领域的实施意见》。围绕提升民间投资，坚持定期分析、检查、通报制度，并组成督导组，赴区（县）进行督导。召开全市统战系统参与脱贫攻坚工作推进会，动员统战系统各单位参与脱贫攻坚工作。截至年底，市级各民主党派捐款70多万元，开展各类帮扶活动100多次，帮扶贫困群众6000余人。在宗教界开展“精准扶贫、同心同行”活动；举办全市宗教界参与脱贫攻坚捐赠仪式，仪式现场各宗教团体捐款130万元；向各宗教团体、场所发出《参与脱贫攻坚的倡议书》。组织民营企业家在长安区杨庄街道魏家岭村召开民营企业参与精准脱贫工作座谈会，动员陕西荣民集团参与周至县、蓝田县脱贫攻坚工作，并召开协调会，达成初步意向。开展“助力河长治五水·统一战线在行动”活动，动员社会各界人士参与河长制工作。

◆港澳台海外统战工作 2017年，中共西安市委统战部组织香港工商界考察团一行在西咸新区、西安经济技术开发区、长安区实地考察并召开座谈交流。协助香港西安商会召开第五届会员大会暨招商战盟签约仪式，6个开发区进行项目推介并签署招商战盟协议。邀请6批香港考察团300余人在西安考察交流。组织“聚力‘追赶超越’2017台商西安行”活动，邀请4批台商在西安投资考察，其中台达电子IT软件平台研发中心、台湾观光夜市、群购物广场、中原汽配港等项目签约落户。举办第八届“海峡两岸中小学老师论坛”和观摩教学展示活动。全年组织60余个团队150人次赴台交流，接待台湾来访重要团队15个500人次。借助“两岸三馆年会”，推动设立海峡两岸交流基地。召开“纪念两岸开启交流交往30周年座谈会”。在厦门大学举办第二期全市对台干部研修班。全年举办涉台教育6场次，听众500余人；进行赴台前教育50余次。接待台胞台属来访、政策咨询80人次，协调处理各类投诉4起。

◆**统战宣传和理论研究** 2017年，中共西安市委统战部印发《2017年统战理论研究参考课题通知》，涉及30个参考题目，最终形成调研成果193篇；围绕中共中央和陕西省理论调研重点及西安市统战工作的难点问题，确定10个重点课题面向社会招标，在中标的7个课题中，2篇理论文章被中共陕西省委统战部推荐参加中共中央统战部组织的评比。出版《西安统一战线》杂志4期，发布微信130期，编辑《西安统战情况交流》10期、《统战信息专报》21期。《中国统一战线》有5篇文章专题报道西安统战工作；《朋友》有7篇文章专题报道。向中共中央和中共陕西省委统战部上报各类信息60多条，刊登20余条。“中共中央统一战线网”采用稿件43篇。新阶层统战试点工作获“全国统战工作实践创新成果奖”，2篇理论文章获“全国统战理论政策研究创新成果二等奖”。（陆　艳）

政策研究

◆**概况** 2017年，中共西安市委政策研究室（中共西安市委全面深化改革领导小组办公室）着力在“出好主意、写好文章、抓好改革、建好队伍”上下功夫，以文辅政、调查研究、推进改革和信息服务迈出新步伐，作风建设和工作质量取得新成效。全年办结中共西安市委领导批示件和交办事项465件，完成调研报告126份，提交汇报材料182份，制定和参与起草中共西安市委重要文件36份。

◆**建言献策** 2017年，中共西安市委政策研究室（中共西安市委全面深化改革领导小组办公室）牵头起草中国共产党西安市第十三次代表大会报告。起草组赴全市13个区（县）、7个开发区和19个市级重点部门开展调研，赴外地8个城市学习先进经验，阅读20多个城市中共代表大会报告，先后5次征求中共西安市委常委、市级领导、各部门意见建议，参与中共西安市委主要领导主持的4次小范围讨论，经过2个月16次修改完善，形成以“聚焦三六九、振兴大西安”为主线的党代会报告。制定《市第十三次党代会报告任务分解表》，将奋斗目标、战略核心和重点任务细化为12类581项具体任务；起草《中国共产党西安市第十三届委员会第三次全体会议决定》。4—8月，起草组学习中共中央和陕西省“补短板”有关精神，研究参阅浙江省宁波市、温州市和四川省成都市等地的经验做法，先后5次分别征求市级领导、市级离退休领导，各区（县）、开发区和市级部门，军工企业、研究所、高校、商会，院士、市人大代表、政协委员、中共代表、各民主党派人士，以及30名赴武汉、杭州、成都挂职干部的意见建议。修改10余稿，最终形成《中共西安市委关于落实“五新”战略任务，加快补齐“十大短板”的决定》和《工作方案》。制订《“10+N”系列短板推动落实工作方案》，以中共西安市委办公厅、西安市人民政府办公厅名义印发；起草《中国共产党西安市第十三届委员会第四次全体会议决定》。围绕西安国际化的主题，安排课题组赴杭州、厦门、南宁等地实地考察，邀请市级领导、各民主党派和西安市工商业联合会负责人围绕主题开展38个课题的专题调研，联合杭州城市国际化研究中心以及西安市部分高校院（所）开展战略课题研究。邀请全市各级领导赴基层一线征求初稿意见，形成《高举习近平新时代中国特色社会主义思想伟大旗帜　加快大西安国际化进程的决定》，并制订《实施方案》印发全市执行。

◆**调查研究** 2017年，中共西安市委政策研究室（中共西安市委全面深化改革领导小组办公室）围绕西安市实现“追赶超越”目标的全局性、战略性重大问题开展调研，形成《西安军民融合改革发展》报告，在破解“军转民”“民参军”等难题上提出政策建议。学习杭州、上海等城市土地供给模式，提出建立市级土地储备中心，由市里统一规划、管理、收储、利用、出让的土地供给侧改革建议。制定《关于支持灞桥区加快发展的十条意见》，经中共西安市委常委会研究通过，并印发执行。围绕全方位、多层次学习借鉴各地先进经验、做法开展调研，梳理总结武汉“网上群众工作部”、宁波“地铁上盖物业”、深圳“行政审批服务”、贵州“五大”经验、广州“租售同权”、郑州“航空港实验区建设”、合肥“开发区体制机制创新”等先进经验做法，提出在西安推广的意见建议，其中50余篇调研报告由中共西安市委主要领导批转至西安市人民政府有关领导和部门。关于董岭村“党建+”模式的调研报告——《党建引领谋发展　富民增收奔小康》在中共中央政策研究室《学习与研究》和《西安日报》头版刊发。围绕领导关注、群众关心、社会关切的热点、难点问题进行调研。先后4次进驻周至县竹峪镇的3个贫困村，对9户贫困户进行调研。调研如何激发和保护企业家精神，总结提炼新时代“西商精神”，提出优化营商环境、弘扬“西商精神”、举办世界西商大会等建议。调研西安市人才新政、“民生九难”、简化行政审批程序、“12345”市民热线综合平台建设、民营经济“三个平等”（民营经济与国有经济地位平等、机会平等、规则平等）、建设宜居宜业宜游城市等问题，为解决社会民生问题提供决策参考。全年完成126份调研报告。其中，近80份得到中共西安市委主要领导的批示和肯定；2篇分别在《人民日报》和《陕西日报》上刊发。

◆**深化改革** 2017年，中共西安市委政策研究室（中共西安市委全面深化改革领导小组办公室）制定《市委全面深化改革领导小组2017年工作要点》，明确258项具体改革任务和96项重点改革事项。筹备召开11次（总22次）领导小组会议，审议通过专项改革方案37项，听取区（县）、开发区、市级部门改革专题汇报10次。调整充实中共西安市委全面深化改革领导小组成员，强化改革工作的整体统筹和组织领导；完善专项小组设置，将原有的10个专项小组调整为15个，全市改革组织体系和工作机制基本完善，形成“市委深改组统筹决策、专项小组分块抓总、牵头部门主责实施、参与部门各尽其责、改革办协调督促”的改革工作总体格局。制定完善《西安市全面深化改革量化考核暂行办法》，设置改革数量权重和效果综合评价，突出鼓励自主创新和改革实绩导向。依据改革任务总台账，每季度末组成3—4个督察组，对各区（县）、开发区和市级有关部门进行督察，发出“整改意见书”21份，并逐项跟踪整改落实。对全面创新试验、供给侧结构性改革、“行政效能革命”、农村产权制度改革等6项重点改革任务专项督察，并将督察结果在中共西安市委改革领导小组会议上进行通报。建立改革台账动态管理体系，对重点改革事项实行适时督办、办结销号、年终结账。组织召开4次专项小组联络员会和2次区（县）改革办公室主任会议。对提请中共西安市委全面深化改革领导小组会议审议的重大改革方案进行评审和征求意见，确保上会前酝酿成熟。坚持每月联系对接中共陕西省委全面深化改革领导小组办公室，西安市供给侧结构性改革、全面创新改革试验、“行政效能革命”、人才发展体制机制改革等重大改革和自主特色改革得到中共陕西省委全面深化改革领导小组办公室的肯定。开展“2017年度西安市十大优秀改革案例”评选活动，户籍制度改革被“中国改革网”列入“2017中国改革年度案例”征集候选名单。委托西安市社会经济调查中心实施年度西安市全面深化改革公众满意度民意调查，群众对各区（县）、开发区改革满意度在80%以上。

◆**内刊编辑** 2017年，中共西安市委政策研究室（中共西安市委全面深化改革领导小组办公室）从打造核心栏目、充实刊物内容、增强视觉效果、突出西安特色4个方面，对《长安瞭望》进行改版，更名为《今日西安》。全年编发《今日西安》12期。围绕招商引资引智，推进物流、大数据、硬科技战略新兴产业发展等问题，编发《调研参阅》61期。（郑 凯）

老干部工作

2017年11月1日，中共西安市委老干部工作局举办西安市离退休干部党的十九大精神学习会

◆**概况** 2017年，中共西安市委老干部工作局按照中共西安市委主要领导“用心用情做好老干部工作”指示精神，加强离退休干部思想政治建设，推进“两学一做”学习教育常态化制度化，提高服务保障水平，发挥离退休干部作用，圆满完成各项目标任务。

◆**离退休干部服务管理** 2017年4月12日，根据市字〔2017〕38号文件，中共西安市委办公厅、西安市人民政府办公厅印发《关于进一步加强和改进离退休干部工作的实施办法》（市办发〔2017〕4号），为全市老干部工作转型发展建立制度保障。中共西安市委老干部工作局经中共西安市委同意，成立中共西安市离退休干部工作委员会，为市委派出机构，同时成立中共西安市离退休干部纪律检查委员会；中共西安市委老干部工作局加挂中共西安市委离退休干部工作委员会牌子，增设党建指导处。印发《关于建立健全离退休干部党组织的通知》，将全市5万名离退休干部党员全部编入相应党支部；协调中共西安市委组织部、西安市财政局、西安市国有资产管理委员会，按照每人每年500元的标准保障党支部工作经费，担任党支部书记的离退休干部每人每月300元的工作津贴，并按照中共陕西省委组织部要求，将离退休干部党支部党费下拨比例提高至80%。开展离退休干部党支部“组织建设年”活动，组织召开全市离退休干部党建工作推进会，举办全市离退休干部党组织书记示范培训班。推进“两学一做”学习教育常态化、制度化，落实“三会一课”、组织生活会、民主评议党员等制度。及时向全市离退休干部传达中共中央、陕西省和西安市重要会议精神，定期通报市情。先后为全市离退休干部做中国共产党西安市第十三次代表大会、中国共产党西安市第十三届委员会第三次全体会议和全国“两会”精神辅导报告和西安市“追赶超越”市情通报会等7场次。及时安排部署中国共产党第十九次全国代表大会精神学习宣传活动，举办全市离退休干部中共十九大精神学习会和市级离退休干部学习宣传中共十九大精神理论培训班，开展老干部抄写、诵读、座谈十九大报告和《中国共产党章程》活动。组成8支宣讲分队，分赴13个区（县）和市直部门巡回宣讲21场次，听众达5000余人。

◆**落实离退休干部待遇** 2017年，中共西安市委老干部工作局召开精准扶贫专项工作会议，加大生活困难离退休干部帮扶力度，分4批次对1423位困难离休干部及遗属帮扶救助281万余元。围绕离退休干部参加重要会议、重大活动、参观学习及离休干部因病服务用车问题，与西安市机关事务管理局联合出台相关规定，确保离退休干部活动用车。建立“三送四问一协调”（送政策解惑、送关怀暖心、送服务解难；问生活情况、问困难需求、问单位尽责、问意见建议；由具体联系人协调处理离退休干部反映问题的活动）老干部结对联系制度，市局干部每人与6名离退休干部结对联系，共联系168名离退休干部（包括10名异地安置离休干部和16名老红军）。

◆**老年教育** 2017年，中共西安市委老干部工作局坚持办好西安市老年大学，抓好老年教育。西安老年大学成立新校舍筹建领导小组，与西安市规划局、西安市国土资源局、西安市机关事务管理局、西安市财政局等部门多次沟通协调，进行校舍勘察测量，制定西大街校区改造实施方案；投入15万元引进教育教学管理系统，创建西安老年大学信息管理平台，实现网络化、电子化管理；制定《校外教学辅导站管理办法》，在西安大明宫遗址公园、西安城市运动公园等3处开办13个教学辅导站（点）。全年西安老年大学举办的各类活动参加人数突破1.2万人次。截至年底，西安老年大学开设40门专业，有446个教学班次，在校学员1.49万人次，班次和学院人数比上年分别增长10.4%、26%；35所分校开设3112个班次，在校学员103648人次。有摄影、模特、民族舞、太极、形体、葫芦丝、舞蹈、书画、朗诵、声乐等10多门“品牌专业”，国学、手机摄影、插画、围棋、化妆、保健按摩、埙、口琴、瑜伽9门“特色专业”。制订《素质教育实施计划》，开展素质教育16期。表彰8名“先进教育工作者”、18名“优秀外聘教师”、61名“优秀班长”、57名“优秀学员”、21个“先进班集体”。3月，全国老年大学协会在广州召开老年教育推进会，授予西安老年大学“全国示范老年大学”称号。

◆**老干部活动** 2017年，中共西安市委老干部工作局举办的各项室内活动共参加离退休干部19440人次。3月，举办以“追赶超越·羽动我心”为主题的市级机关离退休干部羽毛球赛；4月，举办全市离退休干部戏曲专场演出；5月，举办“聚焦三六九，振兴大西安”全市离退休干部合唱比赛；6月，举办全市离退休干部及老干部工作者书画摄影展；8月，举办“西咸情杯”市级机关离退休干部象棋·跳棋赛及“渔乐杯”钓鱼比赛；10月，举办“健康快乐·最美重阳”市级机关离退休干部健步走活动；11月，举办全市离退休干部庆祝中共十九大胜利召开文艺汇演、离退休干部竞技麻将友谊赛。西安市老干部活动中心组织老干部艺术团（队）赴厂矿、社区开展公益演出；举办西安市老年大学第五届舞蹈大赛；举办全市老年大学“庆祝十九大，弘扬主旋律”书画展，展出203幅作品；组织志愿者服务队赴未央区敬老院开展以“尊敬关爱老人，弘扬中华传统美德”为主题的端午节专场慰问演出等活动。西安老年大学组织学员参加西安市离退休干部“扬帆思路，筑梦西安”合唱比赛、陕西省老干部合唱大赛、2017年世界大舞台中国文化艺术交流活动、西安市离退休干部庆祝党的十九大胜利召开文艺演出、“孝行天下”全国中老年文化艺术节西安站演出、陕西省康健快乐促进会春节联欢会暨聚英艺术团成立大会、陕西省广播电视台“吉祥如意过大年”、“请为我点赞”陕西新闻广播主持人“青春直播”开幕式、亮宝楼“盈天杯”“舞动青春”等活动。

◆**发挥老干部作用** 2017年，中共西安市委老干部工作局组织62名市级离退休干部向全市离退休干部发出《支持党委、政府工作，助力“追赶超越”，当好西安发展啦啦队》的倡议，并经全体市级离退休干部签字后在《西安日报》《西安晚报》和西安电视台全文刊播。在全市离退休干部中开展以我看“三个革命”、我看“十个一”民生工程等为主题的“我看+”活动，通过撰写心得文章、座谈讨论、创作“微故事”等形式，宣传西安发展变化，并在“西安市老干部工作网”“西安老干部”微信公众号推送。编写《“追赶超越”新风新貌名词汇总》，为离退休干部做好解读工作。召开“畅谈新风新貌，助力‘追赶超越’”座谈会，组织离退休干部建言献策。先后征集离退休干部对中国共产党西安市第十三次代表大会报告修改建议52条，对中国共产党西安市第十三届委员会第三次全体会议报告和《中共西安市委关于落实“五新”战略，加快补齐“十大短板”的决定（征求意见稿）》修改建议23条，对中国共产党西安市第十三届委员会第四次全体会议《关于高举习近平新时代中国特色社会主义思想伟大旗帜，加快大西安国际化进程的决定（征求意见稿）》修改建议12条，大部分均被采纳。（张润东）

党史征编

◆**概况** 2017年，中共西安市委党史研究室深入学习贯彻中共中央总书记习近平系列重要讲话精神，特别是关于中共历史和党史工作重要论述，坚持“政治建室、研究立室、依规治室”，切实发挥以史鉴今、资政育人作用，不断提高党史工作科学化水平。协调中共西安市委组织部、中共西安市委宣传部等单位，在陕西省范围内率先制定西安市《加强党史工作的实施意见》，对全市党史工作机构、队伍、经费、方法手段等方面存在的突出问题，提出具体的措施办法。全年编辑出版党史图书6本，拍摄制作党史电视专题片3部。

◆**党史编辑研究** 2017年，中共西安市委党史研究室完成《中共西安历史（第三卷）》初稿修订工作，形成征求意见稿。开展《西安改革开放实录》征集编辑工作，对全市参与专题编撰人员进行集中培训。向中央党史研究室报送“西咸新区创新城市发展方式的探索与实践”和“西安国际港务区建设实录”2个第四批“全国改革开放实录专题”。向中共陕西省委党史研究室报送西安“上山下乡运动”等专题材料。做好党史资料征集编辑工作，做好见证人的走访、回忆和口述等资料搜集，加快整理汇编专题史料。拍摄制作《五间厅》《西安革命遗址巡览》《兵谏亭》3部党史专题片。

《西安党委工作纪事（2016年卷）》 该书以中国共产党的工作为主线，以中国共产党的建设为重点，以中国共产党的决策、党的领导、党的活动为重要内容，如实记载2016年中共西安市各级党组织的主要工作。全书110多万字，200多幅图片。

《执政纪实（2015年卷）》和《执政纪实（2016年卷）》 以时间顺序为主线，主要记述2015年和2016年中共西安市委做出的重大决策、召开的重要会议、举办的重大活动和工作中的特色、亮点等。2015卷19万余字，2016卷16万余字。

《西安改革开放实录（第一辑）》和《西安改革开放实录（第二辑）》 主要反映改革开放30多年来西安市各区（县）、开发区最具地方特色、最具影响力的重大事件、重大成就和成功经验或历史教训。第一辑28万余字，第二辑26万余字。

《古城巨变——西安改革开放和社会主义现代化建设时期史话》 该书以连环画的形式，宣传和介绍改革开放30多年来，中共西安各级组织带领全市人民，围绕坚持和发展中国特色社会主义、实现“两个一百年”奋斗目标，所取得的建设成就。全书共109副手绘图画。

◆**党史宣传教育** 2017年，中共西安市委党史研究室联合西安文理学院，成立“西安红色文化传承研究中心”，挖掘西安党史文化丰富内涵，总结提炼“西安八办精神”。以“三大遗址群”（八路军西安办事处纪念馆、红军长征过境西安遗迹、西安事变纪念场馆）为依托，强化党史“红色文化”教育功能，会同西安市规划局，对西安革命遗址、遗迹进行调研，采取点、线结合的方式，确定7条红色主题线路，绘制出版《西安红色地图》，该成果被中共西安市委纳入西安历史文化街区规划工作。组织开展纪念建军90周年暨西安解放68周年《铁血之师》大型图片展和《古城巨变》大型图片展。举办全市中、小学校党史辅导员业务培训班，对150余名党史辅导员集中培训。组织举办“西安市青少年党史大讲堂”190余次，3万多名中小学生参加。组织全市中共党员、干部、学生、市民等6万多人次参观西安党史展览馆及党史教育基地。开通“西安党史”微信公众号。编辑出版《西安党史》期刊6期。

◆**革命遗址保护及党史教育基地建设** 2017年，中共西安市委党史研究室对西安党史展览馆布展内容进行补充完善。多次到蓝田县灞源镇清坪村、葛牌镇对蓝洛支队革命活动旧址、灞源革命纪念馆、葛牌镇区苏维埃政府纪念馆和红二十五军军部旧址纪念馆的遗址保护、纪念馆布展工作进行现场指导。对高陵区通远镇西北人民革命大学旧址进行勘查，并对旧址恢复保护利用工作提出具体意见建议。

2017年8月1日，中共西安市委党史研究室举办纪念建军90周年暨西安解放68周年《铁血之师》大型图片展

◆**区（县）党史工作** 2017年，中共西安市委党史研究室落实领导和处室联系区（县）工作制度，加强区（县）党史工作。通过以会代训、实地参观学习、挂钩区（县）帮带等形式，具体指导和推动区（县）抓好地方党史第二卷和区（县）党委工作纪事的编纂工作，以及《改革开放实录》资料征集、在中小学设立党史辅导员、革命遗址保护等党史工作任务。（李德军）

党校工作

◆**概况** 2017年，中共西安市委党校贯彻落实全国和陕西省、西安市党校工作会议精神，以建设教学强、科研强、队伍强、管理强、硬件强的“五强党校”为指导，坚持“教学是中心、科研要先行、后勤作保障”的工作思路，各项工作取得新成绩。

◆**校园文化建设活动** 2017年，中共西安市委党校开展读书交流活动，先后为教职工购买、配发《跟着总书记学历史》《大国崛起》《精神》《中国通史》《中国文化的根本精神》《革命年代》《责任的担当》《习近平的七年知青岁月》《党的十九大报告辅导读本》《十九大党章修正案学习问答》等图书1000余册，并每月开展2次读书交流会。在校园安装“学习贯彻习近平新时代中国特色社会主义思想”“增强看齐意识”“四个铁一般”等标识。配置全新的校园灯箱，及时更换内容。在主体班教室及走廊设置中共党史及“红色文化”内容展板。升级校园门户网站，全年发布信息1000余条。编辑《西安干部教育》21期、《西安社会科学》6期，其中增刊2期。开设“学习书吧”，并通过微信、QQ群等社交平台每日推送新闻信息。继续加强网络信息化建设，为学员和教职工在线学习、查阅信息、无线办公等提供高效、便捷的网络信息化服务。OA办公系统、手机App“学在西安”、微信公众号等办公学习交流平台不断扩展。

◆**干部教育培训** 2017年，中共西安市委党校举办市管领导干部进修班、青年干部培训班、全市女干部能力建设培训班、全市领导干部学习贯彻党的十九大精神专题培训班、西安文化传承与发展专题研讨班、城市基层党建专题研究班、2017年度定向招录选调生岗前培训班、“感受知青岁月，奋力追赶超越”专题培训班等各类班次41期，培训干部4680人。举办处级公务员任职培训班、处级公务员自贸区建设专题研讨班、西安市行政效能培训班、处级公务员应急管理专题研讨班、西安市PPP实务操作培训班等各类班次7期，培训干部460人。举办各类对外培训班次66期，培训4786人，人员覆盖全国15个省（市、区）。举办市级民主党派领导班子自身建设研讨班、市级民主党派中青年干部培训班、各党派骨干党（会、盟）员培训班、宗教界人士培训班、少数民族干部培训班、留学归国代表人士培训班等各类班次19期，培训干部1112人。落实“领导干部上讲台制度”，领导干部上讲台占总课时的20%。运用实训室、录播室等现代多媒体教室进行教学，所有讲授式专题均采用“2+1”（2个小时讲授+1个小时研讨）教学模式。按照“可看、可学、可借鉴、可思考、可复制”的思路，利用全市30多个现场教学点，通过参观、学习、讲解、研讨等形式，提升学员学用结合的能力，并编印完成《现场教学案例选编》。校内专家、教授先后赴市级机关、区（县）、镇（街道）及企事业单位开展中国共产党第十八届中央委员会第六次全体会议、中国共产党西安市第十三次代表大会和中国共产党第十九次全国代表大会精神宣讲活动200余场。在全国率先探索“互联网+”干部教育移动学习新模式，每周固定发布1期“党校微课”，先后开发9个系列40期微课，总点击量突破7万人次。按照“精准、精深、精细、精妙”标准，打造精品课程《辩证唯物论的知行统一观——重读毛泽东〈实践论〉》《建立健全权力运行制约和监督体系》2个专题，在陕西省党校系统首届精品课评选中被评为“精品课”，其中《建立健全权力运行制约和监督体系》还入选“全国干部教育培训好课程推荐目录”。在陕西省党校系统教师讲课竞赛中，《法治化与国家治理现代化》《“文化+”战略下西安文化产业发展路径探析》分别获得二、三等奖。制定《校（院）外教学竞赛奖励办法》《校（院）获奖科研成果、征文奖励办法》，对在全国、陕西省的各项评比竞赛中获奖的18名教研人员和5个团队进行集中表彰。

◆**学员管理** 2017年，中共西安市委党校落实“中央八项规定”和中共中央组织部《关于在干部教育培训中进一步加强学员管理的规定》，加强学院管理。在教室配置手机存储柜，对学员手机采取统一集中管理。采取分级考勤、电子打卡、二维码签到、实时在线查阅课表、手机评课打分、电子屏公布等方式，督查学员参加学习。严格执行请销假制度、考勤制度和班主任跟班制度。在学员公寓安装“红色书架”380余套，配备书籍4980本。在各主体班开展党性教育“六个一”活动、“知党、爱党、信党”活动，开设“党性教育微课堂”。组织第十七期青干班学员到周至县竹峪镇4个贫困村，开展为期一周的“五同”（同吃、同住、同劳动、同学习、同提高）教育。

◆**科研工作** 2017年，中共西安市委党校申报各级、各类课题10批次88项，其中立项45项；报送科研征文和科研成果评奖论文8批66篇，其中获奖12篇。在《党建研究》《西安日报》等报刊公开发表文章101篇；出版著作7部，其中《立本与存养——孟子性善论研究》入选首批“全国党校精品文库”。出版中共西安市委党校党的十八大以来优秀讲稿、优秀科研成果选编和西安市区（县）党校党的十八大以来优秀讲稿、优秀科研成果选编。先后召开学习宣传贯彻中国共产党第十九次全国代表大会精神理论研讨会、《习近平的七年知青岁月》研讨会、“习近平治国理政新理念新思想新战略理论”研讨会、“彰显文化自信讲好西安故事理论”研讨会等各类研讨会和学术会14次，并首次组织承办陕西省党校系统中国特色社会主义理论体系研究中心干事会议和陕西省经济学学会年会。完成“五个扎实解读”“西商精神研究”“‘一带一路’视野下‘大西安’的地位与作用研究”“‘店小二’精神再解读”“企业家精神研究”和《西安铁军手册》编写等10余项中共西安市委、西安市人民政府交办的科研任务。

◆**教师培训** 2017年，中共西安市委党校开展教职工差异化培训，先后举办校委（扩大）读书班、教职工十九大精神读书班、新进人员“坚定理想信念、爱岗敬业”专题读书班、中层干部及副高以上职称教研人员读书班。举办全市党校系统教师“经典著作选读”专题研修班和全市党校系统教“延安精神暨现场教学方法”专题研修班。先后选派19人挂职锻炼，选派教师75人次参加各类机构组织的培训和异地调研。围绕“浙江精神”“自贸区建设”“特色小镇”等主题，组织教研人员前往浙江、上海、江苏等地学习调研。全年邀请中共中央党校、国家行政学院、中国延安干部学院、中共陕西省委党校、陕西省行政学院、陕西省决策咨询委员会的专家、学者和部分市级部门领导50余人讲课。

◆**市情研究** 2017年，中共西安市委党校围绕“十大短板”，开展异地调研。其中，《抓住“十个一”，打好旅游牌》《垃圾分类，教育先行——关于推进西安市城市生活垃圾分类回收工作的建议》《创新发展开放型经济助力西安追赶超越》等一批咨政报告，获中共西安市委、西安市人民政府领导批示。（宋 阳）

西安市人民代表大会

责任编辑　高　鹏

综 述

◆概况 2017年，西安市人民代表大会及其常委会贯彻中国共产党第十八届中央委员会第三次全体会议、第四次全体会议、第五次全体会议、第六次全体会议、第七次全体会议及中国共产党第十九次全国代表大会精神，以习近平新时代中国特色社会主义思想为指导，坚持党的领导、人民当家作主、依法治国有机统一，贯彻中共中央和中共陕西省委、中共西安市委决策部署，依法履职，为推进大西安追赶超越和民主法治建设做出应有的贡献。

◆西安市人民代表大会会议 2017年，西安市人民代表大会召开会议2次。

市十六届人民代表大会第一次会议 2月20—24日在陕西宾馆召开，会期4天半。会议听取和审议西安市人民政府工作报告；审查和批准西安市2016年国民经济和社会发展计划执行情况与2017年国民经济和社会发展计划草案的报告，批准西安市2017年国民经济和社会发展计划；审查和批准西安市2016年财政预算执行情况和2017年财政预算草案的报告，批准西安市2017年市级财政预算；听取和审议西安市人民代表大会常务委员会工作报告、西安市中级人民法院工作报告、西安市人民检察院工作报告；选举产生西安市第十六届人民代表大会常务委员会主任、副主任、秘书长、委员，西安市人民政府市长、副市长，西安市中级人民法院院长，西安市人民检察院检察长；表决通过各专门委员会组成人员。会议做出关于西安市人民政府工作报告的决议、关于西安市2016年国民经济和社会发展计划执行情况与2017年国民经济和社会发展计划的决议、关于西安市2016年财政预算执行情况和2017年财政预算的决议、关于西安市人民代表大会常务委员会工作报告的决议、关于西安市中级人民法院工作报告的决议、关于西安市人民检察院工作报告的决议；会议选举胡润泽为西安市第十六届人民代表大会常务委员会主任，刘春雁、韩宝生、秦鸿学、王凤萍、薛振虎为副主任，王德安为秘书长，于海夫等44人为委员；上官吉庆为西安市人民政府市长，吕健、方光华、聂仲秋、董劲威、强晓安、李元为副市长；李洪涛为西安市中级人民法院院长，张民生为西安市人民检察院检察长。会议通过各专门委员会组成人员。

市十六届人民代表大会第二次会议 12月13—15日在陕西宾馆召开，会期3天。530名市人大代表出席本次会议。不是市十六届人大代表的中共西安市委常委、西安市人民政府副市长，市级有关部门负责人，区政府代区长，西安市纪律检查委员会派驻人大机关负责人等37人列席会议。会议选举于小会等137人为西安市出席陕西省第十三届人民代表大会代表；选举卢力群为西安市监察委员会主任。

◆市人大常委会会议 2017年，西安市人民代表大会常务委员会召开会议10次。

市十五届人大常委会第三十七次会议 1月25日举行，会期半天。会议审议西安市第十五届人民代表大会常务委员会代表资格审查委员会关于西安市第十六届人民代表大会代表资格审查结果的报告；表决通过人事任免事项。

市十五届人大常委会第三十八次会议 2月17日举行，会期半天。会议审议通过西安市第十六届人民代表大会第一次会议议程（草案）、市十六届人大一次会议主席团和秘书长名单（草案）、市十六届人大一次会议列席人员名单；会议书面印发西安市发展和改革委员会主任强晓安、西安市城乡建设委员会主任苗宝明、西安市中级人民法院副院长赵海峰关于市人大常委会审议意见整改落实情况的报告；会议表决通过人事任免事项。

市十六届人大常委会第一次会议 4月27日举行，会期1天。会议听取西安市人民政府关于提请审议市政府秘书长和32个工作部门主要负责人人选情况的说明，介绍拟任人选与常委会组成人员见面；审议西安市人大常委会主任会议提请审议王德安等职务任免的议案、西安市人大常委会主任会议提请任命西安市第十六届人大常务委员会各工作委员会委员的议案、西安市人民政府提请审议焦维发等任职的议案、西安市中级人民法院提请审议苏斌等免职的议案、西安市人民检察院提请审议张发明等免职的议案5项人事事项；审议西安市人民政府关于提请审议《西安市特种行业和服务场所治安管理条例（草案）》的议案和西安市人民代表大会内务司法委员会关于《西安市特种行业和服务场所治安管理条例（草案）》审议意见的报告；审议西安市人大常委会主任会议关于提请审议《西安市人民代表大会常务委员会关于设立西安市第十六届人民代表大会常务委员会代表资格审查委员会的决定（草案）》《西安市第十六届人民代表大会常务委员会关于加强自身建设的意见（草案）》《西安市第十六届人民代表大会常务委员会工作规划（2017—2021）（草案）》的3个议案；听取和审议西安市人民政府关于2015年度审计工作报告反映问题整改情况的报告，并进行满意度测评；听取和审议西安市人民政府关于城市民族工作情况的报告；做出关于设立市十六届人大常委会代表资格审查委员会的决定；表决通过《西安市第十六届人民代表大会常务常委会关于加强自身建设的意见》《西安市第十六届人民代表大会常务常委会工作规划(2017—2021年)》；会议表决通过有关人事事项。

市十六届人大常委会第二次会议 6月2日举行，会期半天。会议审议西安市人大常委会主任会议关于提请审议《西安市人民代表大会常务委员会关于接受魏民洲辞去陕西省第十二届人民代表大会代表职务的请求的决议（草案）》的议案；听取和审议西安市人民代表大会常务委员会代表资格审查委员会关于个别代表资格变动情况的报告；会议认为罢免唐宏波西安市第十六届人大代表职务符合《中华人民共和国全国人民代表大会和地方各级人民代表大会代表法》和《中华人民共和国全国人民代表大会和地方各级人民代表大会选举法》有关规定，唐宏波西安市十六届人大常委会委员职务相应撤销；会议做出西安市人民代表大会常务委员会关于接受魏民洲辞去陕西省第十二届人民代表大会代表职务的决议。

市十六届人大常委会第三次会议 6月27日举行，会期1天半。会议审议《西安市特种行业治安管理条例（修订草案修改稿）》和西安市人民代表大会法制委员会关于该条例（修订草案）的审议结果报告；审议西安市人民政府关于《西安市销售燃放烟花爆竹安全管理条例（修订草案）》和《西安市不可移动文物保护条例（草案）》的2个议案及西安市人民代表大会内务司法委员会、西安市人民代表大会城乡建设环境资源保护委员会分别关于以上条例草案的审议意见报告；听取和审议西安市人民政府关于公安机关打击电信网络诈骗工作情况的报告和公共文化服务工作情况的报告；审议通过《西安市特种行业治安管理条例》，提请陕西省人民代表大会常务委员会审查批准；表决通过人事任免事项。

市十六届人大常委会第四次会议 7月22日举行，会期半天。会议审议西安市人民代表大会常务委员会主任会议关于提请审议《西安市人民代表大会常务委员会关于接受李大有辞去陕西省第十二届人民代表大会代表职务的请求的决议（草案）》的议案；听取和审议西安市人民代表大会常务委员会代表资格审查委员会关于个别代表的代表资格的报告；认为终止王巨礁代表资格符合《中华人民共和国全国人民代表大会和地方各级人民代表大会代表法》的有关规定，王巨礁西安市十六届人大常委会

2017年8月29日，西安市第十六届人民代表大会常务委员会第五次会议召开

委员职务相应终止；做出西安市人民代表大会常务委员会关于接受李大有辞去陕西省第十二届人民代表大会代表职务的决议。

市十六届人大常委会第五次会议　8月29日举行，会期2天。会议审议《西安市不可移动文物保护条例（草案修改稿）》和西安市人民代表大会法制委员会关于该条例（草案）审议结果的报告；审议《西安市销售燃放烟花爆竹安全管理条例（修订草案修改稿）》和西安市人大法制委关于该条例（修订草案）审议结果的报告；审议西安市人民政府关于提请审议《西安市大气污染防治条例（修订草案）》和《西安市城市集中供热管理条例（修订草案）》2个议案及西安市人大城建环资委相关审议意见的报告；审议西安市人大常委会主任会议关于提请审议《西安市人民代表大会常务委员会规范性文件备案审查规定（修订草案）》的议案；听取和审议西安市人民代表大会常务委员会执法检查组关于检查西安市实施《中华人民共和国食品安全法》情况的报告、西安市人民代表大会常务委员会代表资格审查委员会关于个别代表的代表资格的报告；听取和审议西安市人民政府关于精准扶贫工作情况的报告、关于2017年上半年国民经济和社会发展计划执行情况的报告、关于2016年财政决算和2017年上半年财政预算执行情况的报告、关于西安市2017年新增政府债务收支安排及预算调整方案草案的报告、关于2016年度市级财政预算执行和其他财政收支的审计工作报告，西安市民族事务委员会（西安市宗教事务局）主任（局长）李社民、西安市中级人民法院副院长徐琳茹、西安市人民检察院副检察长丁恒的述职报告；审议西安市人民政府关于西安市第十六届人民代表大会常务委员会第一次会议对城市民族工作情况报告审议意见的研究处理情况报告并进行满意度测评；书面印发西安市人民代表大会民族宗教侨务外事委员会关于了解李社民履职情况的报告，西安市人民代表大会内务司法委员会关于了解徐琳茹、丁恒履职情况的报告；表决通过《西安市不可移动文物保护条例》和《西安市销售燃放烟花爆竹安全管理条例》，提请陕西省人民代表大会常务委员会审查批准；表决通过《西安市人民代表大会常务委员会规范性文件备案审查规定》；做出西安市人民代表大会常务委员会关于批准2016年市级决算的决议和西安市2017年新增政府债券收支安排及市级预算调整方案的决议；认为罢免惠西鲁西安市第十六届人大代表职务符合《中华人民共和国全国人民代表大会和地方各级人民代表大会代表法》和《中华人民共和国全国人民代表大会和地方各级人民代表大会选举法》的有关规定，惠西鲁的西安市第十六届人民代表大会常务委员会委员、西安市人民代表大会城乡建设环境资源保护委员会主任委员职务相应撤销；表决通过西安市人民政府高杲、邢欣和市人大常委会李炎的任职事项。

市十六届人大常委会第六次会议　10月23日举行，会期2天。会议审议《西安市大气污染防治条例（修订草案修改稿）》及市人大法制委关于该条例（修订草案）审议结果的报告；听取和审议西安市人民政府关于2016年环境状况和环境目标完成情况及中共中央、中共陕西省委环保督察组反馈意见，交办西安市信访案件整改情况的报告并对大气污染防治工作进行专题询问；听取和审议西安市人大常委会执法检查组关于检查全市实施《中华人民共和国环境保护法》情况的报告；听取和审议西安市人民政府关于2017年预算调整方案草案的报告、关于全市党政机关设立公职律师工作情况的报告、关于特困供养人员保障情况的报告、关于特色小镇规划建设工作情况的报告、关于西安浐灞生态区旅游发展工作情况的报告；听取和审议西安市中级人民法院关于全面推进司法责任制改革和非法集资犯罪案件审判工作情况的报告；听取和审议西安市人民检察院关于司法体制改革和整治和预防扶贫领域职务犯罪工作情况的报告；审议西安市人民政府关于西安市第十六届人民代表大会常务委员会第三次会议对公安机关打击电信网络诈骗和公共文化服务工作情况报告审议意见的研究处理情况报告并进行满意度测评；表决通过《西安市大气污染防治条例》，提请陕西省人大常委会审查批准；做出西安市人民代表大会常务委员会关于批准2017年预算调整方案的决议；表决通过西安市人民政府杨广亭、聂仲秋和西安市人民检察院高选良等人事任免事项。

市十六届人大常委会第七次会议　12月5日举行，会期半天。会议听取和审议西安市人大常委会代表资格审查委员会关于市十六届人大个别代表的代表资格的报告，认为终止陈志国、赵岁步代表资格符合《中华人民共和国全国人民代表大会和地方各级人民代表大会代表法》的有关规定；审议西安市人大常委会主任会议关于提请审议市人大常委会关于西安市监察委员会副主任、委员任命办法的决定（草案），关于召开西安市第十六届人民代表大会第二次会议的决定（草案）的议案，做出市人大会常委会关于西安市监察委员会副主任、委员任命办法的决定、市人大常委会关于召开市十六届人大二次会议的决定；审议并表决通过西安市十六届人大二次会议主席团和秘书长名单（草案）、列席人员名单；听取和审议西安市人民政府关于市人大常委会执法检查组检查全市实施《中华人民共和国食品安全法》情况报告的研究处理情况的报告，审议西安市十六届人大常委会第五次会议对精准扶贫工作情况报告审议意见的研究处理情况报告，并对2个报告进行满意度测评；对西安市脱贫攻坚工作情况进行专题询问。

市十六届人大常委会第八次会议　12月17日举行，会期1天。会议审议《西安市集中供热条例（修订草案修改稿）》及西安市人大法制委关于《西安市城市集中供热管理条例（修订草案）》审议结果的报告，西安市人民政府关于提请审议授予美光公司高级副总裁韦恩·艾伦等3人“西安市荣誉市民”称号的议案、西安市人大民宗侨外委关

2017年12月17日，西安市十六届人大常委会第八次会议闭幕会选举出的国家工作人员集体向《中华人民共和国宪法》宣誓

于3个议案审议结果的报告及相关决定（草案），西安市中级人民法院、西安市人民代表大会常务委员会人事代表联络工作委员会关于市十六届人大一次会议以来代表建议、批评和意见办理情况的报告；听取和审议西安市人大常委会执法检查组关于检查全市实施《中华人民共和国城乡规划法》情况的报告，西安市人民代表大会财政经济委员会关于市十六届人大一次会议主席团交付审议的第二号议案审议结果的报告和市人大城建环资委关于市十六届人大一次会议主席团交付审议的第一号、第三号议案审议结果的报告，西安市人民政府关于推进供给侧结构性改革工作情况的报告和市十六届人大一次会议以来代表建议、批评和意见办理情况的报告，西安市财政局局长杨宁、西安市食品药品监督管理局局长吕强的述职报告；听取和审议西安市十六届人大会常委会代表资格审查委员会关于个别代表的代表资格的报告，认为终止洪增林、任军号、杨鑫代表资格符合《中华人民共和国全国人民代表大会和地方各级人民代表大会代表法》的有关规定；书面印发西安市人民代表大会教育科学文化卫生委员会关于了解吕强履职情况的报告、西安市人民代表大会常务工作委员会预算工作委员会关于了解杨宁履职情况的报告，西安市民族事务委员会（西安市宗教事务局）主任（局长）李社民、西安市中级人民法院副院长徐琳茹关于对市人大常委会审议意见整改落实情况的报告；做出授予美光公司高级副总裁韦恩・艾伦、普洛斯集团首席执行官梅志明、点石投资集团顾问罗伯特・利普“西安市荣誉市民”称号的决定；表决通过《西安市集中供热条例》，提请陕西省人大常委会审查批准；表决通过西安市监察委员会赵晓林等8人、西安市中级人民法院牛晶琦等22人的任免事项，决定免去张永科西安市旅游局局长的职务。

（赵　航）

人大主要工作和重大活动

◆审议决定重大事项　2017年，西安市人民代表大会及其常委会依法行使决定权，认真讨论决定重大事项。听取和审议西安市人民政府关于财政决算、新增政府债券收支安排、预算调整方案、审计工作及审计查出问题整改等报告。审议市级16个部门关于审计查出问题整改情况的报告，加大审计问责力度，切实抓好审计查出问题整改。批准2016年市级决算、2017年预算调整方案。建立预算审查监督专家库，启动预算预先审查工作，注重听取人大代表和社会各界意见、建议，加强对预算常态化的监督。分别听取和审议西安市中级人民法院、西安市人民检察院关于全面推进司法体制改革工作情况的报告，建议深化司法体制综合配套改革，加强审判辅助人员配备，加大检察职业保障力度，加快法、检两院信息化建设，进一步提高审判检察能力，努力让人民群众在每一个司法案件中感受到公平正义。开展“国家宪法日”活动，推进法治宣传教育，努力推动全社会遵法、学法、守法、用法，为改革发展稳定营造良好的法治环境。任命新一届西安市人民政府组成人员和其他人员；完成西安市第十六届人民代表大会第二次会议选举陕西省人大代表和西安市监察委员会主任的组织工作。组织任命人员进行任职表态、向《中华人民共和国宪法》宣誓。组织5名地方国家机关工作人员向西安市人民代表大会常务委员会述职，进行评议，并将评议意见报送中共西安市委、反馈“一府两院”。述职干部落实常委会评议意见，按时报送整改情况。常委会决定授予3名国际友好人士“西安市荣誉市民”称号。

◆监督工作　2017年，西安市人民代表大会及其常委会不断增强监督实效。开展《中华人民共和国城乡规划法》执法检查，赴57个现场查看，针对有关问题要求西安市人民政府认真解决。开展《中华人民共和国环境保护法》执法检查，针对餐厨油烟超标排放和废气、噪音、扬尘等治理问题，赴158个点位检查，逐一列出问题清单。建议西安市人民政府落实防治责任，进一步加大大气污染防治和污水、污泥治理力度，做好秦岭废弃矿山生态环境恢复，加强环境执法监管。西安市人民代表大会常务委员会开展《中华人民共和国固体废物污染环境防治法》《陕西省固体废物污染环境防治条例》执法检查。开展《中华人民共和国食品安全法》执法检查，针对发现的部分食品生产企业和经营主体责任落实不到位、食品源头监管薄弱、食品消费市场管理不规范等问题，要求西安市人民政府落实食品生产经营主体责任，加快检验检测基础设施建设，加强食品源头监管，加大对食品消费市场特别是小作坊、小摊贩的监管力度，严厉打击食品违法犯罪。开展《中华人民共和国教师法》《中华人民共和国归侨侨眷权益保护法》《西安市秦岭生态环境保护条例》《西安市道路交通安全条例》等执法检查。听取和审议西安市政府关于上半年计划和预算执行、供给侧结构性改革、特色小镇建设、西安浐灞生态区旅游发展情况等报告，建议西安市人民政府以供给侧结构性改革为主线，统筹推进稳增长、促改革、调结构、惠民生、防风险工作，不断提高经济发展质量。西安市人大常委会班子成员带队，市、区（县）、镇3级人大联动，组织1625名人大代表，赴4个区（县）8827户，采取“一听二看三查四问”的方式，督查贫困户精准识别工作。组织7个视察组，赴7个涉贫区（县）和1个开发区，实地查看22个扶贫项目，走访16个村109户贫困户，视察精准扶贫工作。听取和审议西安市人

2017年8月10—11日，西安市人大代表对大气污染防治工作进行视察监督

民政府关于2016年环境状况和环境目标完成情况及中共中央和陕西省环保督察组反馈意见、交办西安市信访案件整改情况的报告，并就整改情况进行“回头看”。对大气污染防治工作开展专题询问。建议西安市人民政府着力解决突出问题，列出清单，建立台账，持续用力，加大执法监管力度，加强水污染防治、生活垃圾处理等基础设施建设。听取和审议西安市人民政府关于公共文化服务、党政机关设立公职律师、城市民族工作、特困供养人员保障情况等报告，跟踪审议意见和执法检查报告的研究处理，审议研究处理情况的报告，并进行满意度测评，将测评结果反馈“一府两院”及相关部门。组织视察重点项目建设、产业结构调整、营商环境、减轻企业负担、现代农业园区建设等重点工作，提出要着力补齐工业经济、民营经济、军民融合发展、区（县）域经济、文化产业发展等短板。组织视察科技创新改革实验区、众创空间聚集区建设和国有林场改革等工作，提出要创新体制机制，聚集“双创”人才，加快科技成果转化，配套创新政策，优化创新环境，建设创新驱动发展体系，以改革为契机解决国有林场经营机制不活等问题。组织视察打通断头路，城市规划馆、公园广场、示范街建设，城市绿化，渭河西安段综合治理，涝河渼陂湖水系生态修复，基层公安派出所、“平安社区”、“平安校园”建设，提升城市品位，推进社会安全稳定。

◆联系人大代表和人民群众 2017年，西安市人民代表大会及其常委会创新代表工作，服务保障代表依法履职，发挥代表主体作用。邀请100多名代表列席西安市人民代表大会常务委员会会议。组织代表800多人次参加常委会执法检查、视察督查、专题调研、旁听评议法院庭审等活动。开展“学习先进、对标成都、查找短板”和“我为追赶超越献计献策”代表主题活动，查找短板130多个，提出建议150多条，形成调研报告26份。组建22个代表小组和9个代表专业活动小组，对351名代表进行初任培训，增强代表责任意识和履职能力。加强代表工作室建设，组织各级人大代表定期接待群众，帮助解决群众实际问题。组织召开政情通报会，完善“代表学习在线”网络平台，及时向代表寄送《常委会公报》《中国人大》《西安人大》期刊，为人大代表知情知政、依法履职提供服务保障。督办西安市第十六届人民代表大会第一次会议以来代表提出的建议454件。筛选10件群众反映比较集中、社会关注度高的建议，由常委会班子成员牵头，委员会负责督办，推动重点问题解决。（赵　航）

西安市第十六届人民代表大会
常务委员会

主　　任　胡润泽
副 主 任　刘春雁　韩宝生　秦鸿学　王凤萍（女）　薛振虎
秘 书 长　王德安
副秘书长　姚志愿　解少波　史鹤亭　王武平　韩　强
委　　员　于海夫　马文宝（回）　马　震　王巨礁　王延宏　王武平　王晓萍（女）　王浩公　牛　犁　孔令国　史鹤亭　白世峰　朱文斌　乔安涛　刘铁泉　严鉴铂　李　军（女）　李利民（女）　李英才　杨　军　杨宗科　李　炎　李顺德　张　宁　张建学　张春莹（女）　张钢胜　张爱萍（女）　陈光德　赵　卫　郝定均　胡　凯　姜长智　唐洪波　崔荣华（女）　惠西鲁　惠敏莉（女）　雷英杰　解少波　蔡全发　鲜选玉　颜学柏　戴宏科　魏大宝珠（女）

市人大常委会办公厅
主　　任　王德安（兼）
副 主 任　张庆东

市人大内务司法委员会
主任委员　李顺德

市人大法制委员会
主任委员　牛　犁

市人大财政经济委员会
主任委员　李英才

市人大教育科学文化卫生委员会
主任委员　张　宁

市人大城乡建设环境资源保护委员会
主任委员　惠西鲁

市人大民族宗教侨务外事委员会
主任委员　张钢胜

市人大常委会法制工作委员会
主　任　牛　犁（兼）

市人大常委会预算工作委员会
主　任　李英才（兼）
副主任　姚　远

市人大常委会农业农村工作委员会
主　任　史鹤亭
副主任　郭海顺

市人大常委会人事代表联络工作委员会
主　任　解少波
副主任　王雨涵

市人大常委会研究室
主　任　王武平
副主任　吕天仓

西安 2018 年鉴

西安市人民政府

责任编辑　高　鹏

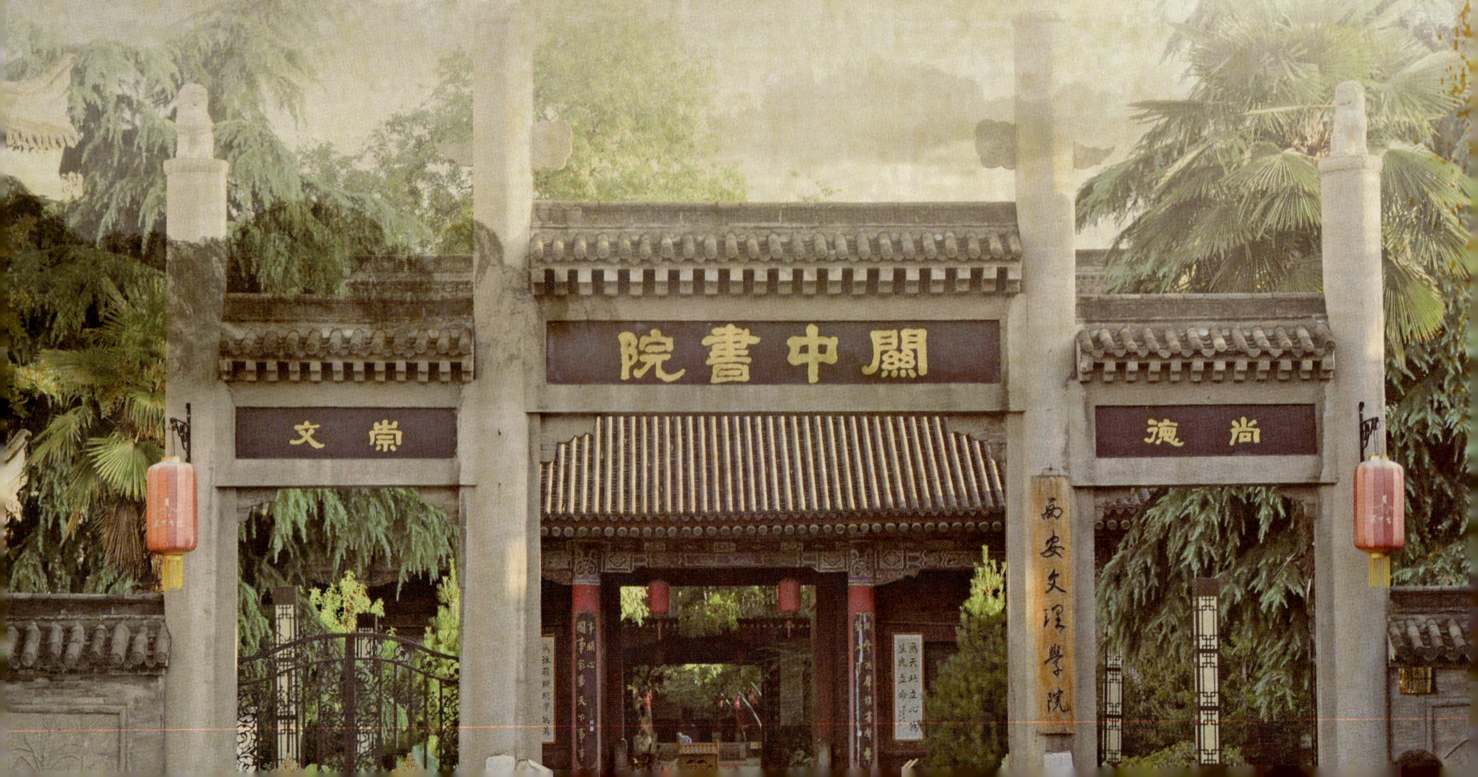

综 述

◆**市政府全体会议** 2017年，西安市人民政府召开全体会议2次。

第一次全体会议 2月9日召开。主要讨论《政府工作报告（讨论稿）》。

第二次全体会议 4月6日召开。安排部署《政府工作报告任务分解意见》《民生提升重点工作任务分解安排》《铁腕治霾保卫蓝天工作实施方案及9个专项行动方案任务分解安排》和《“十个一”民生工程实施方案》等文件确定的重点工作任务。

◆**市政府常务会议** 2017年，西安市人民政府召开常务会议四十六次（第十五届第一百六十一次至第十六届第四十次）。

第十五届第一百六十一次常务会议 1月6日召开。审议并原则通过《关于构建和谐劳动关系的实施意见》《关于加强农村留守儿童关爱保护工作的实施方案》《关于实施全面两孩政策改革完善计划生育服务管理的实施意见》《关于表彰创建国家森林城市先进集体和先进个人的请示》。听取西安市卫生和计划生育委员会《关于第五期电视问政整改工作情况汇报》。

第十五届第一百六十二次常务会议 1月8日召开。审议并原则通过《西安市开展“烟头不落地 西安更美丽”活动实施意见》《西安市城市道路“以克论净 深度保洁”作业标准（试行）》《西安市“十三五”移民（脱贫）搬迁工作实施方案》《关于全面落实河长制的实施意见》《我市第五批非物质文化遗产代表性项目名录》《关于进一步强化机动车排气污染防治措施的请示》。

第十五届第一百六十三次常务会议 1月16日召开。审议并原则通过《西安市城市地下综合管廊管理办法（草案）》《关于第一批向陕西自贸区西安片区下放市级行政管理事项的请示》《西安市电梯安全管理办法（修订草案）》《西安市行政执法监督办法（草案）》《西安市森林资源保护发展责任制办法（草案）》《关于调整我市现行部分户籍准入条件的请示》《关于减免陕西广福置业发展有限公司浐河滨河花园项目城市基础设施配套费的请示》《关于阎良区城市应急供水工程有关问题的请示》。

第十五届第一百六十四次常务会议 1月24日召开。审议并原则通过《西安市2016年国民经济和社会发展计划执行情况与2017年国民经济和社会发展计划草案的报告》《西安市2016年财政预算执行情况和2017年财政预算草案的报告》。

第十五届第一百六十五次常务会议 2月8日召开。听取新城区、碑林区、莲湖区人民政府《第六期电视问政整改工作情况汇报》。听取《全市安全生产工作情况汇报》。审议并原则通过《西安市安全生产“十三五”规划（2016—2020年）》《关于促进民营经济加快发展的若干意见》《关于加快两创产品推广应用的实施意见》。

第十五届第一百六十六次常务会议 2月13日召开。会议组织2017年度第一次法制学习，西北政法大学谢德成教授做《新时期和谐劳动关系与劳动法制建设》专题讲座。审议并原则通过《关于开展“行政效能革命”的决定》《西安市推行“四张清单一张网”改革 开展“行政效能革命”工作方案》《关于成立西安市推行“四张清单一张网”改革 开展“行政效能革命”协调领导小组的通知》《西安市行政效能问责办法》《西安市“厕所革命”工作方案》《关于深化人才发展体制机制改革 打造“一带一路”人才高地的若干政策》《小雁塔历史文化片区综合改造规划》《关于我市人口准入管理职责履行情况及调整意见的请示》。

第十六届第一次常务会议 2月24日召开。会议审议并通过《西安市人民政府关于市政府领导同志工作分工的通知》《西安市人民政府 华润（集团）有限公司战略合作框架协议》《西安市人民政府 渭南市人民政府建设富阎产业合作园区框架协议》。审议并通过有关人事任免事项。

第十六届第二次常务会议 2月27日召开。审议并通过《西安市2017年“民生提升重点工作”任务》《关于进一步加快新能源汽车推广应用的实施方案》《西安市深入推进城市执法体制改革 改进城市管理工作实施方案》《关于西安科技馆项目建设的请示》。

第十六届第三次常务会议 3月10日召开。审议并原则通过《西安市专业招商分局机构设置实施方案》《西安市2017年城市建设维护项目投资计划》《小寨区域海绵城市建设PPP项目实施方案》《关于幸福林带建设工程绿化迁移的请示》《关于给予陈瑞宏行政开除处分的请示》。

第十六届第四次常务会议 3月20日召开。审议并原则通过《地铁三号线电缆整改实施方案》。

第十六届第五次常务会议 3月24日召开。审议并原则通过《西安市2017年重点建设项目计划》《西安市“12345”市民热线综合服务平台建设工作方案》。听取中共中央、陕西省防震减灾有关会议精神的传达，原则同意西安市贯彻落实意见；审议并原则通过《关于创建国家防震减灾示范城市的实施方案》《关于深化供销合作社综合改革的实施意见》《关于城市公立医院医疗服务价格改革的实施意见》《关于以市政府名义表彰“西安工匠（西安工匠之星）”的请示》。

第十六届第六次常务会议 4月7日召开。审议并原则通过《区县、西咸新区、开发区、市级部门2017年度目标责任考核“五张报表”》《关于我市加快经济转型升级的建议》《西安市违法建设查处治理工作责任追究办法》《西安市违法建设查处治理工作考核办法》《西安市通信基站布点专项规划》《西安市北客站地区（高铁新城）控制性详细规划及西安市北客站地区（高铁新城）综合交通专项规划》。

第十六届第七次常务会议 4月8日召开。审议并原则通过《迎接全运会当好东道主西安城乡环境大整治三年行动方案》《西安市“四改两拆”三年攻坚行动实施方案》《“美丽城区、美丽县城、美丽镇街、美丽乡村”建设行动实施意见》《西安市“五路”两侧增绿美化三年行动方案（农村部分）》《西安市“五路”两侧增绿美化三年行动方案（城区部分）》《市体育场改造项目概念设计及实施方案》。

第十六届第八次常务会议 4月17日召开。会议传达学习中共中央和陕西省领导有关脱贫攻坚重要讲话精神，安排部署西安市脱贫攻坚工作。安排部署全市安全生产工作情况。审议《西安市支持蓝田、周至两县加快发展的意见》《关于进一步加强管理保持房地产市场平稳健康发展的若干意见》。

第十六届第九次常务会议 4月19日召开。传达贯彻陕西省人民政府常务会一季度经济形势分析有关精神。研究分析西安市一季度经济运行情况，安排部署二季度重点工作。安排部署重点工作。

第十六届第十次常务会议 4月24日召开。审议并原则通过《地铁三号线奥凯“问题电缆”整改技术方案》。

第十六届第十一次常务会议 5月2日召开。传达学习陕西省脱贫攻坚指挥部第二次全体会议精神，研究西安市贯彻落实措施。审议并原则通过《西安市大数据产业发展实施方案》《西安市经济适用住房退出管理实施细则》《关于实施一污三期污水处理厂进厂干管二期工程有关问题的请示》《关于解决“河长制”工作推进中有关问题的请示》。安排部署重点工作。

第十六届第十二次常务会议 5月3日召开。审议并原则同意《关于加快推进生活垃圾无害化处理项目工作方案的请示》《关于高陵生活垃圾无害化处理项目选址的请示》《关于完善国有建设用地使用权转让、出租、抵押二级市场试点的实施方案》《关于跨座式单轨示范线选线方案有关问题的请示》《西安涝河渼陂湖水系生态修复总体规划》《2016年度计划生育工作考核情况的通报》《关于创建“国家森林城市”先进集体和先进个人拟表彰对象名单的请示》《关于表彰2016年度安全生产工作先进单位和个人的请示》。

第十六届第十三次常务会议　5月12日召开。传达学习中国共产党陕西省第十三次代表大会精神，安排部署重点工作。审议并原则通过《西安市公共资源交易管理办法》《西安市公共资源交易目录（2017年版）》《西安市供给侧结构性改革去产能行动计划》《西安市供给侧结构性改革补短板行动计划》《关于进一步加强建筑垃圾清运资质企业和车辆管理的实施意见》《关于表彰2017年“西安十佳工匠之星暨西安工匠”的通报》。

第十六届第十四次常务会议　5月12日召开。审议并原则同意《关于地铁三号线奥凯“问题电缆”整改工作情况报告》《关于实施3个支持创业创新政策文件的请示》《关于沣河三年综合治理工作方案的请示》。

第十六届第十五次常务会议　5月22日召开。审议并原则通过《供给侧结构性改革总体方案》《供给侧结构性改革去杠杆行动计划》。安排部署脱贫攻坚工作。安排部署迎接全国人民代表大会常务委员会《中华人民共和国固体废物污染环境防治法》贯彻落实情况检查工作。审议西安火车站改扩建工程建设现场指挥部《关于西安站改工程有关事项的请示》。审议并原则通过《西安市人民政府关于〈陕西空天动力研究院起步实施方案〉修改意见的函》。

第十六届第十六次常务会议　6月3日召开。审议并原则通过《西安市销售燃放烟花爆竹安全管理条例（修订草案）》《关于建设全市公共安全视频监控建设联网应用工程的请示》《西安市不可移动文物保护条例（草案）》《西安市招商引资“五资”工作考核办法》。

第十六届第十七次常务会议　6月6日召开。审议并原则通过《西安市重大行政决策责任追究暂行办法》《关于稳步推进农村集体产权制度改革的实施方案》《关于完善农村土地所有权承包权经营权分置办法的实施意见》《西安市停车场管理办法》《西安市机动车停车服务收费管理办法》《西安市道路命名规则（暂行）》《关于我市雁塔区阎良区新建道路命名的请示》《关于建议将部分治污截污工程列为应急工程项目的请示》《西安市法治政府建设实施方案（2017—2020）》《西安市土壤污染防治工作方案》。

第十六届第十八次常务会议　6月19日召开。组织开展法制学习，陕西省人民政府国有资产监督管理委员会副主任王浩生以《依法监管国有资产相关问题探索》为题进行辅导讲座。听取西安市发展和改革委员会、雁塔区和西安市高新技术产业开发区各自承担的《政府工作报告》《民生提升重点工作》《“铁腕治霾·保卫蓝天”“1+1+9”组合方案》任务进展情况汇报。听取西安市统筹城乡发展工作领导小组办公室《关于我市贯彻落实中省一号文件精神的汇报》。审议并原则通过《西安市农村文化礼堂建设实施方案》《西安市提振消防能力建设实施意见》《关于2017年水利建设基金项目投资计划的请示》。

第十六届第十九次常务会议　6月25日召开。安排部署脱贫攻坚工作。审议并原则通过《西安市落实中央环保督察反馈意见整改方案》《西安市海绵城市专项规划》《西安市排水（雨水）防涝综合规划》。安排部署“双过半”工作。安排部署安全生产工作。

第十六届第二十次常务会议　7月3日召开。审议并原则通过《我市二季度全省“追赶超越”考核形势分析报告及工作建议》。审议并原则通过《西安市安装新风系统试点实施意见》《全市棚户区改造项目回迁安置超期有关问题的请示》《西安市拆墙透绿实施方案》《建工路—新兴南路快速化改造工程优化设计方案》《阿房一路与西三环立交等三项工程设计方案》《关于发起设立大西安地下空间投资发展产业基金的请示》《关于申请西安广播电视台丝路频道建设资金的请示》。

第十六届第二十一次常务会议　7月10日召开。审议并原则通过《西安市城市照明设计专项规划》《西安市城市夜景亮化建设攻坚实施方案》《西安市城市夜景照明建设管理工作实施细则》《西安市夜景照明设计导则》《西安城市雕塑体系规划》。安排部署脱贫攻坚工作。

第十六届第二十二次常务会议　7月15日召开。会议传达学习6月23日中共中央总书记习近平在深度贫困地区脱贫攻坚座谈会上的重要讲话精神，以及《省纪委关于中央纪委扶贫领域监督执纪问责工作电视电话会议情况的汇报》。审议并原则同意《关于加快西安文化产业发展的若干政策》《西安市文化产业发展基金实施方案》《2017西安国际马拉松赛总体方案》《关于西安吉利新能源汽车产业化项目有关问题的请示》。

第十六届第二十三次常务会议　7月17日召开。会议传达学习7月13日陕西省人民政府常务会议精神和陕西省人民政府省长胡和平重要讲话精神。研究分析西安市上半年经济运行情况，安排部署下半年重点工作。审议并原则通过《关于聘任政府参事的请示》。

第十六届第二十四次常务会议　7月31日召开。会议传达学习中共陕西省委书记娄勤俭、陕西省人民政府省长胡和平、中共陕西省委副书记毛万春在7月24日全省领导干部大会上的重要讲话精神。会议传达学习全国、全省安全生产电视电话会议精神，分析上半年全市安全生产形势，安排下半年安全生产重点工作。审议并原则通过《西安市“标准化+”行动计划》《西安市电动汽车充电基础设施建设运营管理实施意见》《2017年市预算内基本建设投资计划安排意见》《关于解决解放路游艺市场一期棚改项目商业安置工作遗留问题的请示》。

第十六届第二十五次常务会议　8月14日召开。听取西安市城乡建设委员会、碑林区人民政府、西安浐灞生态区管理委员会各自承担《政府工作报告》《民生提升重点工作》《“铁腕治霾·保卫蓝天”“1+1+9”组合方案（办法）》任务进展情况的汇报。审议并原则通过《西安市大气污染防治条例（修订草案）》《西安市科学治堵“1+8”组合方案》《西安市城市集中供热管理条例（修订草案）》《西安市代管西咸新区后财政管理有关问题的请示》《关于成立西安丝路国际会议会展中心和西安体育中心建设指挥部的方案》。

第十六届第二十六次常务会议　8月21日召开。根据政务公开有关规定，邀请张芷菡、李瑞、陈佳莹3位公民代表旁听。审议并原则通过《西安政务服务网建设方案》《西安市应急避难场所管理办法》《西安市处理房屋办证遗留问题工作方案》《西安市处理商品房办证遗留问题实施细则》《关于贯彻执行〈省委办公厅、省政府办公厅关于进一步规范省属企业负责人履职待遇、业务支出的意见（试行）〉的通知》《西安市交通投资集团有限公司组建方案》《西安市交通投资集团有限公司章程》《关于经九路—陇海铁路立交变更方案的请示》《关于报送2017年度社会保险基金预算及2016年度社会保险基金决算的请示》。

第十六届第二十七次常务会议　9月1日召开。审议并原则通过《关于推进安全生产领域改革发展的实施意见》《关于进一步加强西安市城市地下空间规划建设管理工作的指导意见》《西安市城市地下空间规划建设利用三年行动方案》《西安市城市地下空间专项规划》。

第十六届第二十八次常务会议　9月4日召开。审议并原则同意《关于举办首届“国际程序员节·西安”有关事项的请示》《西安涝河渼陂湖水系生态文化旅游区规划建设实施方案》《西安建工集团混合所有制改革实施方案》《西安建工集团混合所有制改革增资扩股协议》《西安建工集团混合所有制改革中职工安置有关事项的请示》《关于表彰全市“十佳最美教师”的请示》。

第十六届第二十九次常务会议　9月5日召开。会议学习全国和全省人民防空会议精神，审议并原则通过《西安市人防指挥部带专业力量和城市居民综合性演练方案》。审议并原则通过《西安市进一步贯彻落实“扎实做好保障和改善民生工作”要求的实施方案》《西安市贯彻落实“扎实推进特色现代农业建设”要求的实施方案》《老城区及重点区域疏解人口降低密度规划管理实施意见》《关于增补西安市“最美教师”表彰人选的请示》。

第十六届第三十次常务会议　9月12日召开。审议并原则通过《关于推动工业稳增长扩投资促转型的实施意见（送审稿）》《关于推动2017年下半年工业促投资稳增长的实施意见（送审稿）》《西安市“十三五”加快残疾人小康进程规划纲要》《关于进一步稳定住房市场发展有关问题的通知（送审稿）》《“2017西安全球硬科技创新大会”工作方案》《中国科学院陕西省人民政府共建中国科学院西安综合科学园协议》《中国科学院西安综合科学园建设方案》《中国科学院西安综合科学园选址情况说明》《关于适当调整市本级国有资本收益收取比例的请示》。

第十六届第三十一次常务会议　9月18日召开。审议并原则通过《西安市贯彻落实“追赶超越”定位的实施方案》《西安市贯彻落实扎实推进经济持续健康发展要求的实施方案》《西安市人才安居办法》《关于进一步支持西安交通大学、西北工业大学、西安电子科技大学3所高校发展若干意见等系列文件的请示》《关于中心城区连接鄠邑区、阎良区、临潼区等城市快速公路建设的请示》《西安城市交通门户节点提升规划——绕城高速收费站建筑设计方案》。

第十六届第三十二次常务会议　10月16日召开。会议组织开展法制学习，西北政法大学教授马治选以《打造优质投资环境　推进产权保护法治化》为题进行辅导讲座。分析研判前三季度经济形势，安排部署第四季度重点工作。审议并原则通过《深化简政放权放管结合优化服务改革重点任务分解落实方案》《深化“放管服”改革全面优化提升营商环境实施方案》《关于取消和调整行政事权的通知》《市级部门政务服务事项目录清单》《关于补齐短板加快西安开放经济发展的实施意见》《西安市关于加快补齐创新转化能力短板实施创新能力倍增计划工作方案》《西安市关于补短板促倍增加强金融工作的意见》《西安市关于加快金融业发展的若干扶持办法》《西安市加快补齐教育民生服务短板实施方案》《西安市补齐医疗短板实施方案》《西安市关于加快推进高品质特色酒店建设的政策意见》。

第十六届第三十三次常务会议　10月22日召开。审议并原则通过《关于推进市属经营性国有资产集中统一监管的实施方案》《关于进一步支持西咸新区加快发展的若干意见》。

第十六届第三十四次常务会议　10月23日召开。会议组织《推进生态文明建设，持续抓好环境治理，打赢蓝天保卫战》专题讲座，邀请中国工程院院士张远航、中国科学院院士陶文铨、中国科学院地球环境研究所研究员曹军骥，围绕推进生态文明建设进行专题讲座。安排部署全市经济社会发展专项督导检查工作。审议并原则通过《西安市城市色彩设计导则》《关于雁塔区杜城村城中村改造项目有关问题的请示》《西安市脱贫攻坚补短板工作方案》《西安市脱贫攻坚责任制实施细则》《关于西安市支持总部企业发展若干政策的请示》《百万大学生留西安就业创业5年行动计划》《大西安区域医学检验中心项目建设方案》《关于提高我市城乡低保标准的请示》《关于推进农村一二三产业融合发展的实施意见》。听取《秦岭生态环境保护工作汇报》。

第十六届第三十五次常务会议　10月30日召开。审议并原则通过《西安市落实补齐生态环境短板“1+6”组合方案》《关于补短板加快文化产业发展实施方案》《西安市工业补短板实施方案》《西安市民营经济补短板促发展实施方案》《西安市军民融合补短板工作实施方案》《西安市补齐区县域经济发展短板实施方案》《加快补齐缓堵保畅短板实施方案》《扩大西安创业投资种子基金规模方案》《西安市发展硬科技产业的十条措施》。

第十六届第三十六次常务会议　11月20日召开。会议传达学习中共陕西省人民政府党组（扩大）会议、陕西省人民政府常务会议精神。审议并原则通过《西安市土壤污染防治工作2017—2018年度实施方案》《西安市推进商圈规划建设工作实施方案》《西安市科技小巨人企业培育计划（2017—2021年）》《西安市生活垃圾终端处理设施区域生态补偿暂行办法》《进一步创新完善财政支持产业发展方式的意见》《大西安产业基金设立方案》《西安市工业发展基金设立方案》《西安市“大科学家”计划实施办法》《西安市“长安之星”计划实施办法》《西安市引进培养高层次人才“5531”计划实施办法》《西安市行业协会商会与行政机关脱钩实施方案》。

第十六届第三十七次常务会议　11月29日召开。会议组织开展法制学习，西安交通大学法学院副教授周方以《文化遗产保护与大西安建设》为题进行辅导讲座。审议并原则通过《进一步加强和改进行政应诉工作的实施意见》《西安市两路两侧“三化”问题整治工作实施方案》《关于推进夜游西安的实施方案》《关于修改和废止部分政府规章的决定（草案）》《关于授予美国美光公司执行副总裁韦恩·艾伦等3人“西安市荣誉市民”称号的请示》。传达学习陕西省人民政府常务会审议《关于支持富阎一体化发展的指导意见》。审议并原则通过《西安市拆墙透绿设计导则》《大西安2050空间发展战略规划》《西安市户外广告设置导则》。

第十六届第三十八次常务会议　12月11日召开。传达学习中共中央总书记习近平关于进一步纠正“四风”加强作风建设等重要指示精神。传达学习中共陕西省委书记、陕西省人民政府省长胡和平等省级领导关于精准脱贫工作的重要批示要求，安排部署西安市迎接国家和省上脱贫攻坚检查工作。组织开展法制学习，西安市工业和信息化委员会巡视员金乾生以《政策法规包容监管下的企业创新》为主题进行讲解。听取西安市安全生产监督管理局《今年以来全市安全生产和年度考核工作汇报》，安排部署全市安全生产工作。审议并原则通过《西安建设“一带一路”综合改革示范城市总体方案》《市委、市政府贯彻落实〈陕西省推进建设丝绸之路经济带和21世纪海上丝绸之路实施方案（2015—2020年）〉的实施意见》《关于深化投融资体制改革的实施方案》《西安市脱贫攻坚工作成效考核办法（试行）》《西安市“十三五”移民（脱贫）搬迁安置规划》。

第十六届第三十九次常务会议　12月25日召开。会议组织法制学习，邀请西北政法大学副校长王瀚以《大西安对外开放与涉外法治建设》为题举行讲座。审议并原则同意《关于报请批准2017年度西安市科学技术奖励的请示》。会议听取西安市发展和改革委员会、西安市扶贫开发办公室、西安市财政局、西安市工业和信息化委员会、西安市环境保护局、西安市统计局与省级部门对接情况汇报。审议并原则通过《大西安（西安市—西咸新区）国民经济和社会发展规划（2017—2021年）》《西安市旅游市场监督管理办法》。

第十六届第四十次常务会议　12月28日召开。传达学习中共中央经济工作会议精神。传达学习中国共产党陕西省第十三届委员会第二次全体会议精神。审议并原则通过《西安市深化土地供给侧结构性改革实施方案》《大西安“十三五”综合交通发展规划》《西安市节日亮化设计导则》《西安市东西南北两大轴线城市夜景亮化建设提升实施方案》《关于授予李国武同志为西安市见义勇为先进个人的请示》《关于授予黄忠文同志为西安市见义勇为先进个人的请示》。审议并原则同意《关于撤销阎良区关山镇、武屯镇建制相应设立街道办事处的请示》。

◆重要决定及举措

支持西咸新区加快发展　出台《西安市进一步支持西咸新区加快发展若干意见》《西安市促进西咸新区进一步加快发展工作清单》《西安市大力支持西咸新区加快发展的实施细则》等重要文件。加强对西咸新区教育事务的统筹，下放审批权限，推动西安主城区教育资源向西咸新区延伸，将西安市建成的“大学区优质教育资源信息化共享平台”中的7.3万件优质数字化教育资源向西咸新区免费开放。实施“走进西咸”老师交流专项计划，遴选463名老师和学校管理干部参与互派交流。做好西咸新区民政工作对接托管移交工作，按时完成社会求助、基层政权与社区建设、双拥优抚安置、社会福利、社会事务等92项移交工作。加快推进西咸西安社保一体化进程，97.8万名“西咸人”实现同城同待遇。将西咸新区“十三五”期间拟实施的主要项目融入《西安市城乡建设“十三五”规划》，建立融合互联项目库，共涉及“美丽西安”“城市双修”等5类472项重点项目。加大西咸新区户籍同城、交通“一体化”工作力度，办理户籍迁入1038人，受理车驾管业务10601人次；建成西咸新区公安出入境接待厅，受理出入境证照1438证次。启动西安市、西咸新区经济社会发展规划、城市总体规划、土地利用规划、生态环境保护规划、交通专项规划和城市基础设施专项规划6个规划对接编制工作。

实施“五张报表”目标责任考核　制定形成以区县、西咸新区和开发区为主体的“五张报表”目标责任考核指标体系。考核指标体系以“发展报表、生态报表、民生报表、平安报表、党建报表”为框架，全面承接陕西省“五个扎实”考核指标，重点考核内容为：提高经济增速和质量、推进“四治一增”和绿水青山行动、提升城市品质和破解民生难题、法治西安和平安西安建设、落实全面从严治党等。具体设置“五资招商”“三个革命”“铁腕治霾”“河长制”“路长制”“亲商助企”“脱贫攻坚”等相关指标，力促全市经济实力、人民生活、“三个环境”和党的建设全面提升。凡纳入“五张报表”考核的指标，均按照定性、定量、定标准、定责任单位、定时限、定责任人的“六定”原则细化分解，对每项指标均确定了考核方式。在各区县和开发区“五张报表”设置上，坚持分类考核，结合区域发展状况、功能定位和资源禀赋，分类设置指标，取消了周至、蓝田、鄠邑区3个生态发展县GDP考核，体现差异化的考核导向。考核工作实施每月下发考核通报、召开擂台赛，每两个月召开区（县）委书记、开发区党工委书记座谈会，每季度召开考核点评会，在此基础上实施年度考核。

推进“烟头革命”“厕所革命”“行政效能革命”　2017年，西安市人民政府在全市推进“烟头革命”，督促开展“烟头不落地　西安更美丽”活动。西安市城市管理局、西安市精神文明建设指导委员会办公室等8部门向全市发出《“烟头不落地　西安更美丽”志愿行动倡议书》，鼓励广大市民群众参与烟头垃圾捡拾、卫生死角清理活动，进一步加大对乱扔烟头垃圾行为的教育处罚，督促沿街商户落实“门前三包”责任。西安市人民政府组织举办“烟头革命”互看、互比、互学经验交流会28次，每月考核通报“烟头革命”开展情况并在媒体公开。新增果皮箱1.2万个，增设新型灭烟柱1.05万个。改建旅游厕所174座，在全市A级旅游景区建成第三卫生间66座。先后出台《旅游厕所革命工作方案》《旅游厕所所长制实施方案》等文件，在全市推行区（县）、街（镇）、社区三级管理的公共厕所“所长制”管理模式，设立各级“所长”4111名。西安市先后获“全国厕所革命综合推进先进单位”和“厕所革命优秀城市”奖项。西安市人民政府开展“行政效能革命”，确定组建西安市“行政效能革命”协调领导小组下设的10组1办，明确市级24个成员单位分管领导、责任处室及联系人。制订印发《西安市推进“行政效能革命”补齐民生短板工作实施方案》。从8月起，对全市“行政效能革命”工作进行月度考核排名。在全市确定建设7个区（县、开发区）级政务中心、7个镇（街）级便民服务中心、8个村（社区）便民服务站共22个“行政效能革命”联系点，并划拨建设补贴资金215万元。分8批取消下放行政事权452项，全面取消非行政许可审批类别；对55个行政许可中介服务事项进行清理规范，制定公布《市级部门行政许可中介服务收费目录清单》。进一步优化审批流程，所有集中进驻西安市人民政府政务服务中心的事项审批时限平均压缩40%。常态化开展“局长驻窗口”和“最多跑一次”办事体验活动。

实施户籍新政、人才新政、创新创业新政　深化户籍制度改革。于3月出台8项户籍新政，在全国同等城市实现落户门槛最低、流程最优、限制最少、效率最高，迁入18.6万人，比上年增长408.9%，其中户籍新政落户10.7万人，占落户总人数的57.5%。推出《创新招才引智工作意见》《西安“伯乐奖”实施细则》等。举办各类招聘会324场，提供就业岗位18.69万个，引进培养各类人才20.8万人，引才数量和质量实现“双提升”。制定《西安市推进“5552”众创载体建设实施方案》，调整安排1亿元专项资金，用于建设众创空间聚集区和特色区。全市累计建成众创载体422个，总面积1389.5万平方米，入孵企业11529家，吸引创业就业人数超过22.9万人，融资31.7亿元。印发《“创业西安”行动计划（2017—2021）》，筹划组织西安创业节、双创活动周西安分会场、国际创业大赛，市级领导开展“创业西安行”活动83次，开展各类创业创新活动超过2000余场次。研究出台支持创业10条措施，制定“人才新政23条”配套实施细则。筹划设立30亿元的西安创业投资种子基金，对引进的海内外高端人才给予最高500万元的配套奖补、5000万元的创业投资，全市人才净流入18.6万人，增长410%。实施《百万大学生留西安就业创业5年行动计划》，13.7万名大学生落户西安创业、兴业。创新开展国际创客节、留学回国人才招聘节“两个节日”，举办创业大赛、求职大赛“两个大赛”，表彰工匠之星、创业明星、工程师“三类人群”。

加快补齐“10+N”系列短板　提出“10+N”系列短板，出台《“10+N”系列短板推动落实工作方案》，分别就补齐工业经济短板、民营经济短板、军民融合短板、开放经济短板、区（县）域经济短板、文化产业短板、金融产业短板、创新转化能力短板、生态环境短板、民生服务短板（行政效能革命、脱贫攻坚、缓堵强畅、教育、医疗）、“品质西安”短板、干部作风短板的实施方案。针对每项短板，均明确由中共西安市委常委或副市长牵头，由相关部门作为牵头单位，明确量化目标和重点工作，建立市级领导包抓和“一月一报告”等常态化推进工作机制。

深化商事制度改革　大幅精简涉企证照，将税务等22个部门的54个涉企证照事项统一整合到营业执照上；前置事项由34项减少到28项，把冠“陕西”和“西安”的行政区划名称核准权限、内外资企业登记权限等全部下放各工商分局、区（县）市场监管局；在全国率先取消“企业预名核准通知书”，企业预名核准后直接办理营业执照；将市级工商注册登记和监管执法权限全部下放中国（陕西）自贸试验区西安4个片区，让自贸区充分享有自主权。全年新登记市场主体283208户，增长99.68%。截至年底，全市市场主体总量达到1015890户，西安市成为全国第七个市场主体破百万的副省级城市。

开展“千人亲商助企”活动 通过发通知、微信公众号推送、QQ群提醒等形式，将“工业十条”等推动工业企业促投资稳增长的系列政策通过助企干部传达至每家企业。全市助企干部下企业30739人次，收集上报各类问题1591个，解决1474个，办结率92.65%，其他问题正在解决。

创建“国家食品安全示范城市” 3月，通过陕西省食品安全委员会办公室组织的创建“国家食品安全示范城市”工作省级考核验收。5月，先后通过国家层面社会公示和实地明察暗访，并全票通过综合评议表决。6月29日，被国务院食品安全委员会办公室授予首批“国家食品安全示范城市”荣誉称号。

在陕西省率先启动河长制 成立以中共西安市委、西安市人民政府主要领导为组长的领导小组；组建市、区两级河长制办公室和河长制作战指挥部；构建市、区、镇、村四级河长体系和市、区、镇三级警长体系；建立河长制巡查联席会议、督察督办、信息报送和河长制考核制度。以治污水为突破口，在全市开展“脏乱差”“黑臭河”问题专项整治行动。各级河长巡查超过2.7万次，平均巡查率达到127%。河道脏、乱、差现象得到初步遏制。

全面推行“路长制” 成立市、区、街（镇）三级“路长制”管理工作办公室，设立各级“路长”8668名。各级“路长”按照工作内容，持续开展城区环境净化、序化、亮化、绿化、美化“五化”提升行动，定期组织开展大冲洗、大擦洗活动，及时发现问题并督促协调解决。每周通报各级“路长”工作情况，每月暗访抽查通报各单位“路长制”推行情况，评出最佳、最差“路长”并在媒体公布。组织开展为期5个月的清理取缔各类非法占道经营及夜市摊点整治活动，强化对28处蔬菜早市的日常监管，疏堵结合设置夜市集中经营区域47处、夏季临时瓜果售卖点74处，占道经营现象明显减少。

深入开展“四改两拆”三年攻坚行动 西安市棚改新开工48050套；货币安置29498套，货币化安置率61.39%；城市建设“十个一”（打通一批断头路、培育一批众创空间聚集区和特色区、打造一批绿化示范路、打造一批亮化示范街/路/桥、建设一批生态示范河/湖/段、打造一批商圈、建设一批绿地广场和主题公园、建设一批雕塑示范路、建设一批规划馆、改造一批城中村棚户区）涉及的78个项目全部按时启动实施。各区（县）、开发区及有关单位对99个小区实施改造提升，改造面积269.3万平方米。完成旧厂区改造工作摸底调查，确定旧厂区改造企业88户，总占地826.05公顷，建筑面积约163万平方米。截至年底，52户企业启动旧厂区改造工作，年度计划完成改造的10户企业均完成改造。计划完成架空通信线缆改造任务169.75千米，实际完成180.83千米。组织开展城中村及城乡接合部治违拆违专项整治行动、城区屋顶加盖违建拆除专项行动和户外广告及牌匾标识专项整治，全年整治拆除违法建设1248万平方米，完成年度任务量的181%；拆除广告牌匾18402处（面积35.9万平方米），城市公共空间得到明显净化。

特色小镇建设全面启动 先后印发《西安市加快推进特色小镇建设指导意见》《西安市特色小镇创建导则（试行）》《西安市加快推进特色小镇建设若干政策》《西安市特色小镇建设工作考核办法（暂行）》，通过现场查勘、创建联审、部门复核等形式，发布“西安市第一批创建（35个）特色小镇名单”。完善特色小镇推进情况统计和月报制度，对第一批35个小镇每月推进情况进行汇总分析，实行月点评。设立50亿元特色小镇发展基金，制定《特色小镇财政支持政策》《特色小镇发展基金管理办法》。西安市第一批35个特色小镇3—5年创建期计划总投资1907.13亿元，2017年计划投资255.3亿元，在建或新建项目107个，12月新增投资350224万元，全年完成投资总额2730748万元。

探索实行小学“弹性离校”制度 借鉴南京等城市先进经验，制定并实施《关于西安市实行小学“弹性离校”试点工作的实施方案》。投入资金1059.94万元，经春季学期试点后，至9月1日在全市范围内全面推行。全市在校的一、二、三年级29.8万名学生中，申请参与“弹性离校”人数达10.5万人，参与率为35%。

打通20条以上“断头路” 制订《2017—2019年城市断头路打通计划》，将55条断头路打通项目全部列入2017年城建计划。截至年底，打通开元路、广运潭西路、经五路、茶张路等27条道路，超额3条完成年度任务。

（石敬才）

◆**政务信息和督查工作** 2017年，西安市人民政府办公厅编报《西安政务信息（专报）》255期、《政务信息采用情况通报》6期。编报外地市专刊46期，刊登外地市经验做法信息307条。编发上报信息851条，被国务院办公厅、陕西省人民政府办公厅采用121条，采用信息积分继续位列陕西省各地市第一名。其中，《陕西自贸区西安片区筹备工作基本就绪》《陕西热点城市积极采取措施调控房地产》等信息被国务院办公厅采用；《西安市小麦条锈病发生面积达137万余亩为近15年面积最广程度最重》《一季度西安市打击非法行医工作成效明显》等信息被陕西省人民政府领导批示。开展重大专项督查活动60多次，下发“督查单”426件，形成《督查报告》380件，编发《督查情况》96期、《督查专报》142期。先后完成国务院第四次大督查、国务院放管服改革专项督查、国务院办公厅中央预算内投资专项督查等督查活动，完成陕西省人民政府对西安市开展的城市管理执法体制改革、民间投资和民营经济专项督查等活动。督办落实陕西省转来督办件30多件，完成陕西省人民政府交办的各项督办任务。将《政府工作报告》量化、细化、梳理为249项目标任务452项具体工作，每季度对进展情况进行跟踪督办并通报。完成中共陕西省委、陕西省人民政府领导41件批示指示事项，中共西安市委、西安市人民政府主要领导3000余件批示指示事项的督办落实。加大对《政府工作报告》、经济社会发展、重点项目、“行政效能革命”、“十个一”民生工程等工作落实情况的督查督办力度。

◆**政府信息公开** 2017年，西安市人民政府办公厅建立77家单位参与的政务公开台账管理体系。组织开展全市政务公开工作培训，并赴碑林区、阎良区、临潼区、灞桥区、西安市环境保护局等12家单位进行政务公开专项业务培训。印发《2017年度政务公开工作考核指标》，委托第三方专业机构对各区（县）、开发区管委会、市级部门政务公开工作落实情况进行考核。公众通过邮寄、网络、现场申请等途径向西安市人民政府提交政府信息公开申请276件，其中264件依法办结，其余12件正在办理中。未发生在全国范围内产生重大影响的信息公开申请事件。因信息公开提起的行政复议7件，均审理办结并得到维持。因信息公开提起的行政诉讼7件，均胜诉。

（彭　磊）

◆**应急值守** 2017年，西安市人民政府值班室接听电话7.5万次；收发传真5600余次；编报《值班要情》166期、《当日值班信息》231期；落实陕西省、西安市领导指示批示143件；参与处置自然灾害、事故灾难等各类突发事件575起。及时组织协调相关部门和单位妥善处置地铁三号线“奥凯电缆”事件，“‘8·8’四川九寨沟地震”事件和“京昆高速‘8·10’特大道路交通事故”。坚持定时点名与定向点名相结合的点名制度，每周一、五定时、定向对各区（县）、开发区管委会和市级相关部门进行视频点名。全

年定时视频点名255次，定向视频点名40次。（田旭鹏）

西安市人民政府

（以2017年年底在职为准）

市　　长　上官吉庆
副 市 长　吕　健　高　枭　方光华
　　　　　李　婧（女）　聂仲秋
　　　　　董劲威　强晓安　李　元
　　　　　杨广亭
秘 书 长　焦维发
副秘书长　李　彬　王西京　王　伟
　　　　　杨国胜　张选民　黄晓华

市政府办公厅和政府组成部门

市政府办公厅
党组书记　焦维发
主　　任　李德文
副 主 任　张选民
纪检组长　白望绪

市发展和改革委员会（市西部开发办公室）
主　　任　陈长春
副 主 任　任晓今（女）　赵寅科
　　　　　姜建春　冉红斌
　　　　　施　萍（女，兼）
纪检组长　刘昌进

市教育局
副 局 长　赵春平　闫秀斌　张　瑞
总 督 学　王小虎
市教育考试中心主任　张锋善
纪检组长　唐世广

市科学技术局(市知识产权局)
局　　长　李西宁
副 局 长　任　晖　武海潮　高继平
纪检组长　张　可

市工业和信息化委员会（市中小企业促进局）
主　　任(局长)　孙琦峰
副主任(副局长)　李初管　陈大为
　　　　　　　　赵　平　尤　骁
纪 检 组 长　周兴鹏

市民族事务委员会(市宗教事务局)
主　任(局　长)　李社民
副主任(副局长)　王正权
　　　　　　　　平　丽(女，回)
纪 检 组 长　刘凯军

市公安局
局　　长　肖西亮
副 局 长　高　威　张　卫　刘　军
　　　　　阎　鸿　李剑博　赵亚平
政治部主任　连　智
纪 检 组 长　张小齐

市司法局
副 局 长　刘伯雅　段元生　史　伟
　　　　　张兴平
纪检组长　焦　军

市民政局
局　　长　王碧辉
副 局 长　李改草(女)　朱友明
纪检组长　党　浩

市财政局
局　　长　杨　宁
副 局 长　师胜友　王　琦　孔　宏
党组成员　王晓东
总会计师　罗红林
纪检组长　杨孝刚

市人力资源和社会保障局
局　　长　李宁君
副 局 长　杨　庆　冯　莉（女）
　　　　　王晓杰
党组成员　邓谷斌　巩　军
纪检组长　贺学军

市国土资源局
局　　长　田党生
副 局 长　王建东　王　刚　李小峰
党组成员　李　社　李朝晖
纪检组长　阎建荣

市环境保护局
局　　长　陈松林
副　局　长　张炳淳　王　韬　李　博
党委副书记　郑西胜
总 工 程 师　梁　朝
纪 检 组 长　刘　波

市规划局
党委副书记　焦莉丽（女）
副　局　长　王学超　肖青利
总 规 划 师　席保军
纪 检 组 长　刘海林

市城乡建设委员会
主　任　苗宝明
副主任　高省安　盖文峰　苟继东
　　　　贾　强

市市政公用局
副 局 长　龚坚城　耿　涛　董埃孝
　　　　　王　军
总工程师　王小明
纪检组长　冯银章

市住房保障和房屋管理局
局　　长　夏俊山
副 局 长　杨根民　翟金海　陈晓军
党组成员　薛建华
纪检组长　洪　强

市交通运输局
局　　长　任立新
副 局 长　张永民　强院省　李斌科
　　　　　王　伟（兼）
总工程师　杨党校
纪检组长　王刚利

市水务局
局　　长　贾生林
副 局 长　贺乐军　刘　博　王　俊
总工程师　党占奎

市农业林业委员会
主　　任　冯慧武
副 主 任　苏新耀　张贵生　赵定安
　　　　　任稳安
党组成员　杨稳胜
总农艺师　周新民
纪检组长　于兴学

市旅游发展委员会
副 局 长　康立峰　余亚军
纪检组长　孙增贤

市商务局(市招商局)
局　　长　吕恒军
副 局 长　姚　涌　吴慧娟(女)
　　　　　陈建锋
纪检组长　齐学森

市文化广电新闻出版局(市版权局)
局　　长　吴逸伦
副 局 长　马金山
党组成员　刘育社
纪检组长　郭乃科

市卫生和计划生育委员会
主　　任　刘顺智
党委副书记　张翠珍(女)
副　主　任　吕　鹏　薛林莉（女）
　　　　　　段重利　王红艳(女)
　　　　　　荣　亮
纪 检 组 长　黄启成

市审计局
局　　长　李永奇
副 局 长　马少民　王建军　阎金平
总审计师　贺成志
纪检组长　白丽萍(女，裕固)

市政府外事侨务办公室
副 主 任　强　盛
纪检组长　孔　宏

市政府国有资产监督管理委员会
主　　任　张永军
党委副书记　许一双
副 主 任　胡建新　王立安　李宏军
纪检组长　王　鹏

市体育局
局　　长　冯艳阳（女）
副局长　徐　岗　王　维

市统计局
局　　长　张民伟
总统计师　秦来生

市城市管理局
（市城市管理综合行政执法局）
局　　长　刘其智
副局长　李成刚　张玉成
　　　　吴雪萍（女）　杨生华
　　　　张军刚
纪检组长　周教育

市工商行政管理局
局　　长　陈吉利
党委副书记　谢　莹（女）
副 局 长　任乃孝　李　有
政治部主任　李　宏
纪检组长　许　浩

市质量技术监督局
局　　长　郑　瑛（女）
副局长　张毅宏　张立邦　吴　繁
总工程师　陈志良
纪检组长　王　琢

市安全生产监督管理局
局　　长　黄会强
副局长　张　钧　王利民　段胜利
总工程师　张兴华
纪检组长　王学军

市食品药品监督管理局
局　　长　吕　强
副局长　兰东明　冯　超　丁景玺
总工程师　张振兴
纪检组长　刘　胜

市文物局
局　　长　马　锐（回）
副局长　黄　伟
纪检组长　尉爱金

市投资合作委员会
主　　任　邢　欣（女）
副主任　景政彬　杜岩岫
　　　　王　凯（挂职）
　　　　王　飞（挂职）
　　　　王海若（女，挂职）

市粮食局
局　　长　李西安
副局长　陈铁新　李玉琦
　　　　张海玲（女）
纪检组长　王印郎

市政府法制办公室
党组书记　李元合
主　　任　白正谊
副主任　王安军

市政府研究室(市发展研究中心)
主　任　崔玉凤(女)
副主任　徐　楠　左　东

市人民防空办公室
主　　任　唐　宁
副主任　邱卫华
纪检组长　谢　巍

市机关事务管理局
局　　长　张鹏飞
副局长　吴鹏飞　张宝林　徐海民
纪检组长　骞智峰

直属事业机构

市地方志办公室
副主任　姚敏杰　张　帜

市社会科学院(市社科联)
院　长　王作权
副院长　高东新　张永强

市住房公积金管理中心
主　　任　刘晓民
党委副书记　武艾玲(女)
副 主 任　马　涛(回)
总会计师　张林军
纪检组长　王佩生

市会展业发展办公室
(欧亚经济论坛执委会办公室)
党组书记、常务副主任　汪　涛
副　　主　　任　闫　勇　张云平

市城中村(棚户区)改造办公室
主　任　张钢胜
副主任　任胜利　李根成
纪检组长　陈卫中

市地铁建设指挥部办公室
(市地下铁道有限责任公司)
党委书记　贺简政
主任(总经理)　宋　扬
副主任(副总经理)　雒继锋　祁国俊
　　　　王　超　马　钢
纪检组长　宁春林

市政务服务中心
主　任　王新法
副主任　阎维和　年　奎

市地震局
局　长　谢振乾
副局长　赵玉涛　邢晴汉

派出机构

西安经济技术开发区管理委员会
党工委书记　李　婧（女，兼）
主　　任　钱虎威
党工委副书记　苏俊良
副 主 任　郭凤鹏　张宏伟
　　　　张　哲　邓选印
　　　　韩晓更（女）
纪工委书记　邹晓刚

西安高新技术产业开发区管理委员会
党工委书记　李　毅（兼）
主　　任　杨仁华
党工委副书记　王　斌
副 主 任　陈　辉　韩红丽（女）
　　　　袁海林　杨念田
党工委委员　史康度
纪工委书记　王宽让

西安曲江新区管理委员会
党工委书记　吴　键（兼）
主　　任　姚立军
党工委副书记　孙　超
副 主 任　樊大可　邵峥嵘（女）
　　　　常文芝　陈共德
　　　　连拥军　李铁军
党工委委员　寇雅玲(女)
纪工委书记　王胜彦

西安浐灞生态区管理委员会(西安世界园艺博览会建设管理筹备委员会)
党工委书记　杨六齐
主　　任　门　轩
党工委副书记　张　旗
副 主 任　王公理　邢忠民
　　　　丁学俊　杨希军
　　　　成　斌　樊　伟
　　　　刘崇利(兼)　刘军才(兼)
　　　　贺简政(兼)
纪工委书记　贾振东

西安阎良国家航空高技术产业基地管理委员会
党工委书记　李　婧（女，兼）
主　　任　何　亮
副 主 任　马胜利　仝秀丽（女）
　　　　杜崇壮　胡广鑫
纪工委书记　张　炎

西安国际港务区管理委员会

党工委书记　李　元（兼）
主　　　任　孙艺民
党工委副书记　李平伟
副　主　任　李　翔　黄瑜晖（女）
　　　　　　苏国峰
纪工委书记　王东伟

西安国家民用航天产业基地管理委员会

党工委书记　李　毅（兼）
主　　　任　张　驰
党工委副书记　逯雁春（女）
副　主　任　史晓峰　刘顺利
　　　　　　赵　舰　张　营
　　　　　　贺延光　李　岩（兼）
　　　　　　李希文　蒋　阳
纪工委书记　李超来

市秦岭生态环境保护管理委员会办公室

党组书记　杨安定
副 主 任　王聪林　王春宏
　　　　　郝生旺（兼）　张友社（兼）
　　　　　刘明军（兼）　杨孝刚（兼）
　　　　　王　健（兼）　张水利（兼）
纪检组长　翟一平

其他单位

市供销合作联社

主　　　任　王国根
党组书记(副主任)　高　伟
副　　主　　任　肖　刚
纪　检　组　长　张志余

市物资总公司

总 经 理　高　炜
副总经理　薛大明　刘军安　雷春龙
纪委书记　戴　之

市工业合作联社

主　任　袁建安
副主任　徐亚威　段忠明

西安工业资产经营有限公司

董 事 长　金　辉
总 经 理　吴保军
副总经理　吴　农　陈　红(女)
　　　　　任广斌
纪委书记　常以卓

市机电化工国有资产管理公司(市轻纺建材国资管理公司)

总 经 理　刘健伟
副总经理　郑惠杰　赵长利
　　　　　郭　梅（女）
纪委书记　王少华

西安城市基础设施建设投资集团有限公司

董 事 长　张志文
总 经 理　李振高
副总经理　高满石　徐　龙　孔建辉
工会主席　傅　丽（女）
财务总监　王双文
纪委书记　桑中玲(女)

西安建工(集团)有限责任公司

董　事　长　卫　勃
总　经　理　张　理
党委副书记　于　玮
副 总 经 理　陈　震　胡治刚　王鸣晓
　　　　　　张效智
总 工 程 师　张家华
纪 委 书 记　邓　轩

西安水务(集团)有限责任公司

董 事 长　石卫平
总 经 理　赵　敏
副总经理　王禄仕　袁瑞民　周文汉
总工程师　张西前
工会主席　金战捷
纪委书记　张大为

（市委组织部）

决策服务

◆概况　2017年，西安市人民政府研究室紧贴中共西安市委、西安市人民政府中心工作，开展课题研究，服务领导决策，较好地完成全年目标任务，为推动西安经济社会发展提供科学的决策依据。

◆参与政府重要决策　2017年，西安市人民政府研究室参与全市政治、经济、社会发展等方面的重大决策部署，完成中共西安市委、西安市人民政府主要领导批示交办工作30余项。贯彻落实“五新战略”（培育新动能、构筑新高地、激发新活力、共建新生活、彰显新形象）任务，按照以城镇化发展方式推动经济发展方式转变的要求，牵头起草《关于我市加快经济转型升级的建议》。对标“追赶超越”定位和“五个扎实”（扎实推进经济持续健康发展、扎实推进农业现代化建设、扎实加强文化建设、扎实做好保障和改善民生工作、扎实落实全面从严治党）要求，牵头起草《我市贯彻落实“扎实做好保障和改善民生工作”要求的实施方案》。推进“十个一民生工程”（打通一批断头路、培育一批众创空间聚集区和特色区、打造一批绿化示范路、打造一批亮化示范街/路/桥、建设一批生态示范河/湖/段、打造一批商圈、建设一批绿地广场和主题公园、建设一批雕塑示范路、建设一批规划馆、改造一批城中村棚户区），代西安市人民政府制定《“十个一”民生工程实施方案》。贯彻落实中共西安市委、西安市人民政府促进西咸新区加快发展的工作部署，起草《关于推进西咸新区5个新城与西安7个开发区融合发展的意见》，参与起草《关于进一步支持西咸新区加快发展的若干意见》《西安市大力支持西咸新区加快发展的实施细则》。配合西安市人民政府外事侨务办公室举办西安市首届国际专家顾问团圆桌会议，提出主议题和2个分议题确定方案及3个背景材料。深化供给侧结构性改革研究，起草《关于进一步降低企业成本的实施意见》，联合起草《我市深化供给侧结构性改革1+N总体方案以及降成本行动计划》。落实中共西安市委、西安市人民政府主要领导召开的民营企业座谈会精神，形成《38条需进一步推进和落实的建议诉求》。代西安市人民政府起草《关于对新华社撰写的〈西安市行政效能及投资服务环境第三方调查评估报告〉》的改进落实措施》。与西安市人民政府办公厅等部门共同起草2017年《政府工作报告》，完成西安市人民政府市长参加全国人民代表大会建议案等多项材料起草工作。参与起草《关于加快西安国家自主创新示范区建设的若干措施》《西安市深化人才发展体制机制改革打造“一带一路”人才高地若干政策措施》等重要政策性文件。全年起草或参与起草西安市人民政府主要领导讲话稿20余篇，包括西安市人民政府市长在中国共产党西安市第十三届委员会第三次全体会议、第四次全体会议四次全会上的报告，在世界城市峰会市长论坛上的讲话，参加2017欧亚经济论坛的主旨演讲，在第五届“丝绸之路”经济带城市圆桌会议上的主旨发言，赴法国参加中法文化论坛的主旨演讲，参加首届国际专家顾问团圆桌会议的主旨演讲，在全市市管主要领导干部研讨班上的专题辅导报告，在《陕西经济研究》上的署名文章《奋力追赶超越决胜全面小康　加快建设具有历史文化特色的国际化大都市》。

◆专家决策咨询　2017年，西安市人民政府研究室做好专家决策咨询委员会办公室工作。围绕西安市经济社会发展的焦点、难点问题，完成年度重点课题19个，并全部通过专家评审。围绕“大西安”发展、“一带一路”建设、“智能制造”、“硬科技之都”、“中国制造2025”等中共西安市委、西安市人民政府重点工作，召开专家决策咨询论证会12次。完成重点建议13项、专家个人建议24项。《专家咨询建议》出刊39期，西安市人民政府领导批示5期。编辑印刷《2017西安市政府专家决策咨询成果集》。代表西安市人民政府与盘古智库签订战略合作协议，委托盘古智库完成“‘一带一路’战略与西安国际化路径研究”和“国家中心城市比较研究及对西安政策建议”2个研究项目。

◆课题研究　2017年，西安市人民政府研究室完成课题研究20余项。设计“民生九难”调查问卷，通过新媒体广泛向社会征集民意，收集样本问卷7000余份，经梳理分析研究，形成“解九难”系列研究报告。完成“西安自贸区制度创新路径研究”“‘文化+N’模式推动西安相关产业发展研究”“西安创新社会养老服务体系研究”“新常态下我市农村专业合作社转型发展研究”“西安区县工业园区突破发展对策研究”“紧盯发展短板，发展壮大西安民营经济对策研究”“加快振兴西安特色小镇经济发展对策研究”“加快推进我市环境资源有偿使用”等10项课题。完成中共西安市委、西安市人民政府领导交办的《关于对2019“一带一路”国际合作高峰论坛会议选址及氛围营造的调研报告》《推动西安开发区与区县融合发展的建议报告》《对近期我市商品住宅价格上涨的调查报告》《加快推动产业发展迈向“双高端”，全面提升西安经济发展质量》和《2018年经济发展建议报告》等调查研究报告。

◆区域经济合作　2017年，西安市人民政府研究室做好陇海兰新促进会秘书处日常工作。搭建区域交流平台，组织召开重要会议3项：5月23—25日在甘肃省白银市召开“陇海兰新促进会2017年秘书处主任办公会”；8月30—31日在江苏省徐州市召开陇海兰新经济促进会第十五次年会，完成换届工作，西安市人民政府市长当选为新一届理事长，汇编并提交《陇海兰新经济促进会第十五次年会课题交流文集》（包含9项跨年度重点研究课题）；作为主办方之一参与筹备召开第七届西部国际物流产业博览会。组织理事单位赴嘉峪关市、哈密市、乌鲁木齐市进行调研，完成“陇海兰新经济带经济发展与生态和谐联动机制研究”“高铁经济对陇海兰新经济带节点城市发展的影响”2项重点课题。

◆内部刊物编辑　2017年，西安市人民政府研究室继续办好《经济观察》和《西安发展研究》2份内刊。在保持原有特色基础上，紧贴西安发展实际，宣传中共西安市委、西安市人民政府重大决策部署，对西安改革与发展中的诸多难题提供可参考的解决措施和建议。全年编辑《经济观察》6期、《西安发展研究》38期。　（刘益萌）

人事编制

◆概况　2017年，西安市人事编制工作围绕“民生为本、人才优先”工作主线，坚持“深化改革、优化服务、强化落实、补齐短板”工作思路，按照“改革要提速、创新要发力、难题要破解、政策要落地”工作要求，不断优化机构编制资源配置，为实现西安“追赶超越”提供体制机制保障。8月，“中国西安人力资源服务产业园”挂牌，成为西北首家国家级人力资源产业园。举办2017年首届“西安十佳工匠之星暨西安工匠”表彰大会，授予徐立平等10人“西安十佳工匠之星”称号、李世峰等90人“西安工匠”称号。

◆人事工资制度改革　2017年，西安市人力资源和社会保障局全面完成员额内法官、检察官工资套改工作；推动人民警察法定工作日之外加班补贴兑现；统筹提高机关事业单位工作人员收入水平，落实未休假报酬。继续推行县以下机关公务员职务与职级并行制度，审批符合晋升职级条件人员1991人。落实乡镇干部工作补贴，完成16747人的乡镇补贴审核工作。建立防治机关事业单位“吃空饷”长效联动机制，有效遏制“吃空饷”现象的发生。

◆公务员队伍管理　2017年，西安市人力资源和社会保障局坚持“凡进必考”原则，为全市行政系统招录公务员964人。制定出台《公务员平时考核实施办法（试行）》，推动市级行政机关公务员轮岗交流规范开展。探索实行公务员聘用制，畅通选人、用人渠道。坚持培训教育和实践锻炼并重，全年培训公务员15562人次。持续开展公务员执法情况检查，有效提升公务员管理水平。

◆事业单位人事管理　2017年，西安市人力资源和社会保障局完善《西安市事业单位公开招聘高层次及急需紧缺特殊人才实施办法》，印发《关于调整中小学专业技术岗位结构比例的指导意见的通知》，对中小学、幼儿园按照新的结构比例进行岗位设置。出台《西安市事业单位岗位设置动态管理试行办法》，推行岗位动态管理，激发事业单位活力。采取多种方式实施精准招聘，面向社会统一公开招聘1693人；首次招聘170名高层次及急需紧缺人才；面向全国为企事业单位招聘博士249人；首次通过高水平大学校园招聘活动招聘1678人；通过专项招聘为各类事业单位招聘581人。

◆军转干部安置　2017年，西安市人力资源和社会保障局坚持功绩制分配、双向选择分配和包底分配“三步走”模式，完成675名军转干部接收安置任务。接收自主择业军转干部1154人、随调家属29人。严格落实中央、陕西省企业军转干部解困政策，确保企业军转干部总体稳定。

◆人才队伍建设　2017年5月，西安市人民政府发布《西安市深化人才发展体制机制改革，打造“一带一路”人才高地若干政策措施》。西安市人力资源和社会保障局根据文件精神，相继出台《西安市创新招才引智工作意见》《引进海外高层次人才资助项目暂行办法》等“人才新政加强版”，进一步凸显政策优势。完善人才工作创新试验基地工作机制，通过下放职称评审权、技能人才认定权、海外人才创新基地设立等形式，深化人才创新试验。3月、10月分别组织西安地区重点单位赴外开展春季、

2017年9月21日，2017欧亚经济论坛——海外高层次人才分会在西安曲江举行

秋季高端人才引进推介活动，收到博士生简历1814份。举办“2017西安留学回国人才招聘节”，组织50余家重点单位参会，510多名留学回国人才与用人单位达成意向；邀请20余所高校博士生代表150余人赴西安部分重点区域、行业、单位考察交流。组织各类校园招聘、精准招聘324场，提供就业岗位18.69万个，引进培养各类人才20.8万人。举办“西商大会科技人才峰会”“欧亚论坛海外高层次人才分会”“硬科技大会高层次人才创新创业论坛”等活动，吸引更多海外人才来西安创新创业。推行外国人来华工作网上申报，为1585人办理“工作许可证”。与俄罗斯、德国相关大学签订人才培养和引进协议，设立“西安海外人才工作站”。（蔚国刚）

◆“放管服”改革 2017年，西安市机构编制委员会办公室深化行政审批制度改革，做好中央、陕西省取消下放行政审批事项的承接落实工作。分两批取消、下放、调整行政事权70项，其中取消46项，下放管理层级10项，调整14项；采取下放、委托、派驻实施3种方式，以西安市人民政府规章形式，向陕西自贸区西安所属片区下放市级行政职权103项；分2批清理规范12项行政审批中介服务事项，提高行政审批效率。推行“双随机一公开”（在监管过程中随机抽取检查对象，随机选派执法检查人员；抽查情况及查处结果及时向社会公开），指导市、区（县）二级全部完成“一单两库一细则”（随机抽查事项清单；市场主体名录库、执法检查人员名录库；规范“双随机”抽查工作细则）建设，各部门相继运用“双随机”电脑摇号系统；印发《关于进一步加强权力和责任清单、公共服务事项清单发布与管理工作的通知》，调整市级权力和责任清单中的行政职权190项，规范和完善权力事项要素。梳理汇总市、区（县）可能涉及“最多跑一次”事项清单，其中市级部门825项，13个区（县）6132项；梳理公布《市级部门政务服务事项清单》，涉及52个部门767项。推行“三集中三到位”（将部门行政审批职能向一个科室集中、承担审批职能的科室向市行政服务中心集中、行政审批事项向电子政务平台集中；审批事项进驻中心到位、授权到位、电子监察到位）改革，对市级部门内设行政审批职责进行调整、机构进行整合。

◆行政管理体制改革 2017年，西安市机构编制委员会适应招商引资工作新形势、新任务、新要求，组建成立西安市投资合作委员会。调整和加强涉旅相关单位的机构编制，将西安市旅游局更名为西安市旅游发展委员会。组建西安市商务局（西安市粮食局），实现粮食流通管理和行政监管相统一。调整设立市、区（县）扶贫开发工作机构，加强对全市扶贫工作的组织领导。成立西安市新经济产业发展局和大数据产业发展局，加快发展和培育以新技术、新产业、新业态、新模式为核心的新经济。加强自贸试验区建设，成立中国（陕西）自由贸易试验区西安管理委员会，牌子挂在西安市商务局，并分别在高新技术产业开发区、西安经济技术开发区、西安国际港务区、西安浐灞生态区加挂中国（陕西）自由贸易试验区中心片区管理局牌子。成立西安市政府和社会资本合作（PPP）工作领导小组，加强对PPP工作的组织协调。

◆开发区、行政区体制机制创新和规范 2017，西安市机构编制委员会办公室做好西咸新区代管有关机构编制工作，完成西安市、咸阳市17个镇（街）机构编制的托管移交。指导、组织对鄠邑区工作机构和领导职数的核定工作。健全治污减霾网格化管理工作体制机制，在13个区（县）单设治污减霾网格化管理办公室。牵头组织开展优化开发区体制机制调研，形成《关于优化开发区体制机制、支持开发区加快发展的调研报告》。在莲湖区、灞桥区、西安高新技术产业开发区、西安经济技术开发区、西安浐灞生态区和西安国际港务区开展集中行政许可权改革试点，其中高新区、经开区、港务区和浐灞生态区行政审批服务局已集中揭牌。

2017年12月4日，莲湖区行政审批服务局颁发西安市第一张由行政审批服务局发出的“行政许可证书”

◆事业单位分类改革 2017年，西安市机构编制委员会办公室发挥机构编制资源服务发展、服务民生的作用，继续做好行政类事业单位改革工作，推进生产经营类事业单位改革，上报改革任务清单，完成年度改革任务。探索推进公益二类事业单位备案制管理试点，印发《关于在西安市人民医院试行人员编制总量控制管理的通知》，安排部署公立医院备案制试点工作。整合、组建公共资源交易平台及“12345”市民服务热线机构，推进国有林场及文化体制改革相关工作。完成西安市人民政府与中国科学院共建“西安地球环境创新研究院”的审批和组建工作，加强硬科技、金融机构建设。成立西安市人民政府驻成都办事处。

◆事业单位登记管理 2017年，西安市机构编制委员会办公室依托陕西省登记管理系统，完成党政群机关、事业单位统一社会信用代码赋码工作，为教育、医疗等公共服务机构提供便捷高效的登记管理服务。抓好事业单位法人基础信息等数据的归集、发布，并按规定向社会进行公示。以年度报告评估结果为依据，以日常登记核查、法定代表人约谈和“双随机”实地核查为重点，加强对事业单位法人的事中、事后监管。

◆机构编制管理 2017年，西安市机构编制委员会办公室坚持严控编制总量，合理调整机构编制资源。成立机构严格按照“撤一建一、增减平衡”原则，在机构限额和编制总量内调剂解决。坚持编制动态管理，更新机构编制实名制数据库和机构编制管理台账，在推进各项体制改革的同时严格控制机构编制，做到完成改革任务与编制只减不增同步推进。坚持保障重点领域，统筹使用编制资源，把有限的编制资源优先配置到经济、社会发展的重点领域和环节。

专项督查和评估 做好2017年全市控编、减编执行情况、中共西安市委巡视组移交问题线索、全市机关事业单位尚未配备实有工作人员机构、政府机构和事业单位改革小组改革任务落实情况的专项督查。组织开展全市机构编制问题整改推进审批联动工作，突出决策督查，强化专项督查。加强机构编制纪律规定宣传力度，推进惩防并举的违规违纪预防工作，并坚持做好“12310”（全国统一的受理违反机构编制纪律问题举报电话）日常举报受理工作，充分发挥监督检查发现问题、督促落实、规范管理的作用。

实名制管理　抓好全市机构编制实名制信息网上实时更新和数据维护上报工作，研发新的实名制管理系统，推进实名制系统信息共享运用。集中实地检查13个区（县）实名制管理工作，有效发挥实名制管理在控编减编、盘活机构编制资源、严肃机构编制纪律等方面的基础性作用。（贾　赛）

参事文史工作

◆**概况**　2017年，西安市人民政府参事室（西安市文史研究馆）发挥参事、文史馆员、研究员优势作用，开展参政议政、调研考察、文史研究、艺术创作、文化交流等各项活动，为西安经济、社会、文化事业发展做出积极贡献。截至年底，全市有参事38人、文史馆员60人、研究员60人。

◆**参政议政**　2017年，西安市人民政府参事室（西安市文史研究馆）先后邀请西安国际港务区、新城区、西安市水务局、西安市卫生和计划生育委员会负责人就各自领域重点工作开展情况向全体参事做情况通报，并听取参事的意见建议。组织参事重点讨论西安市规划局《关于西安疏解中心城市人口规划》、西安市旅游局《西安旅游发展倍增规划方案》等多份征求意见材料，并将修改意见报送西安市人民政府办公厅。组织参事列席人大、政协会议，提出建议10余条；组织参事讨论《西安市政府工作报告（讨论稿）》，提出修改意见20多条，报西安市人民政府办公厅，部分意见得到采纳。

◆**调研考察**　2017年，西安市人民政府参事室（西安市文史研究馆）加大调研工作力度。先后组织参事赴新城区、碑林区、莲湖区、长安区、灞桥区、西安市民政局、西安市公安局、西安市老龄工作委员会等，就幸福路地区改造、居家养老等课题进行实地调研；根据课题需要，分别组织参事赴浙江省、江苏省、山东省、重庆市等经济发达和工作先进地区考察调研。全年完成“关于西安创新驱动与产业转型升级分析及对策研究”“关于增强西安文化软实力的调研”“关于西安市实施全面养老服务的调研”“关于加强西安环境保护保障水源地生态安全的调研”“关于加快西安市法制型政府评估体系建设的调研”“关于加强西安依托‘一带一路’建设发展离岸金融的调研”“关于西安制造业聚集效应研究”“关于西安户籍制度改革的对策研究”8个课题。协助四川省人民政府参事室、成都市人民政府参事室、沈阳市人民政府参事室、南京市人民政府参事室就科技体制创新、科技成果转化、自贸区建设等调研课题赴西安市科学技术局、西安市工业和信息化委员会、西安高新技术产业开发区等部门、开发区座谈调研和实地考察。

◆**参事建议**　2017年，西安市人民政府参事室（西安市文史研究馆）组织参事完成《关于推进西安市简政放权放管结合优化服务的建议》《关于追赶超越中确立以企业为主体的创新格局的建议》《关于推广应用生物质成型燃料与粉体燃料的建议》《关于西安市农民市民化存在的问题及政策建议》《关于设立西安市雾霾预防和治理专项科研基金的建议》《关于发展西安市旅游业的建议》《关于西安申请举办2019年“一带一路”国际合作高峰论坛的建议》《关于抓住自贸区新机遇依托四大优势促进大西安追赶超越的建议》《建设绿色水源，保障供水安全，李家河水库水源地生态环境保护的几点建议》《关于我市“司法体制改革”中存在的问题及建议》《关于宣传“大西安”建设的几点建议》《关于西安工业发展短板的原因及对策建议》《关于大西安在大建设、大发展中运用ppp运营模式走市场化转型的若干建议》《关于加强我市医养结合试点工作的建议》14份参事建议。中共西安市委、西安市人民政府主要领导分别做出重要批示，要求相关部门研究办理，为中共西安市委、西安市人民政府决策提供参考。

◆**挖掘整理文史资源**　2017年，西安市人民政府参事室（西安市文史研究馆）组织文史馆员开展文史研究。征集出版《民国西安史料集萃》一书，收录民国时期有关西安的著作、文章55种，涉及政治、经济、军事、城建、史迹、人口、文化、教育、风俗等众多方面，是研究西安民国史和地域文化的重要资料，对西安经济、社会发展具有重要参考价值。组织整理乔玉川、季清海、李坦、张皓、杜中信5名书画馆员的书画作品和书画评论文章，编印5卷本的《馆员丛书——书画卷》。编辑出版《西安参事》和《西安文史研究》各4期。

◆**参事队伍建设**　2017年，西安市人民政府参事室（西安市文史研究馆）研究制定《西安市政府领导联系参事工作制度》，并根据国务院《参事工作条例》和中共西安市委、西安市人民政府办公厅《关于进一步做好参事工作的意见》要求，遴选考察一批参事人选，报西安市人民政府常务会研究审定。11月23日，西安市人民政府举行聘任参事仪式，西安市人民政府市长向12名参事颁发聘书。

◆**馆员活动**　2017年，西安市人民政府参事室（西安市文史研究馆）组织馆员、研究员，赴西安曲江新区、西安高新技术产业开发区、碑林区和广州市、深圳市等地开展考察调研活动，向中共西安市委、西安市人民政府报送《关于大力推进西安文化创意产业集群建设实现西安文化创意产业跨越式发展的调研报告》。组织书画馆员、研究员，分别赴西藏自治区和榆林市、延安市及太白县等地，开展采风活动。推荐2名馆员的作品参加中央文史研究馆“中华家园大型美术创作项目”评选。组织馆员参加由国务院参事室、中央文史研究馆举办的“中华文化四海行——走进湖南”

2017年11月23日，西安市人民政府举行参事聘任仪式

系列活动。组织馆员参加由国务院参事室、中央文史研究馆联合举办的“第四届国学论坛”，并做题为《民族精神与现代人文素质教育》的专题发言。遴选3名馆员的书画作品参加国务院参事室、中央文史研究馆联合举办的“文史翰墨——第四届中华诗书画展”。开展“敬老崇文”活动，组织参事、馆员、研究员“重阳节”前赴灞桥区白鹿仓景区参观。组织馆员赴西安电视台《每日聚焦》栏目组开展慰问和调研活动。

（贺军辉）

外　事

◆概况　2017年，西安市人民政府外事侨务办公室加强党管外事工作，抢抓“一带一路”倡议下“大西安”发展的新机遇。通过开展涉及教育、体育、人文、科技、食品、基础设施建设等领域的对外交流活动，发挥西安优秀历史文化特色，进一步加强与德国、瑞士、荷兰、法国、塞尔维亚等国家的经济和文化交流，完成多项重大外事侨务任务。举办、承办2017欧亚经济论坛、2017丝绸之路国际博览会暨第二十一届中国东西部合作与投资贸易洽谈会等重大外事活动。完成丝绸之路媒体联盟成立大会、2017全球硬科技创新大会、首届全球程序员节等国际会议审批工作5项，副部级以上外宾审批73人次。承担捷克中国年活动、苏州第九届世界城市峰会市长论坛等重大外事活动的礼宾、翻译等服务工作。全年安排中共西安市委、西安市人民政府主要领导外事会见108批2673人次。

◆国家外交任务　2017年9月5—14日，中共陕西省委常委、西安市委书记王永康率代表团出访德国、瑞士、荷兰，并参加中欧班列“长安号”抵达暨精品线路签约仪式、海航现代物流集团与德国莱法州政府战略合作暨法兰克福哈恩机场交割仪式和海航现代物流金鹏航空西安—哈恩货运航线开通接机仪式；促成西安经济技术开发区和瑞士ABB集团签约，西安高新技术产业开发区和西门子（中国）股份公司签约、壳牌集团高层确定“3+1+1”方案并签约等10项重大项目合作；配合国家总体外交，参与国际文化交流活动，确定西安2018年举办中德历史文化名城对话会。9月26—28日，西安市人民政府主要负责人率代表团出访法国，参加第二届中法文化论坛和以“文化产业、城市发展与吸引力”为主题的中、法市长对话；西安市人民政府外事侨务办公室举办“西安日”活动，组织“长安画派”优秀作品展，剪纸、脸谱等非遗展示，并进行以“丝路盛世”为主题的文艺表演，确定第三届中法文化论坛于2018年9月在西安举办。

◆友好城市交流与合作　2017年，西安市人民政府外事侨务办公室推进友好城市工作，促进西安市对外开放。西安市人民政府先后与瑞典于默奥市、德国奥尔登堡市签署《建立友好城市关系协议书》。为瑞典于默奥市引进中国高铁以及邮轮等事宜牵线搭桥。加强与德国奥尔登堡、多特蒙德市联系，促成西安市经济技术开发区在德国奥尔登堡市举办中德工业园招商推介会；与德国多特蒙德市签署《合作发展备忘录》《经济和科技合作协议》和《职业教育战略合作备忘录》。截至年底，西安市与26个国家的31个城市结为友好城市，友城数量仅次于广州市和成都市，居全国副省级城市第三位。完成塞尔维亚克拉古耶瓦茨市市长拉多米尔•尼科利茨、德国多特蒙德市市长乌尔里希•希劳等国际友好城市友人接待任务30批272人次。邀请塞尔维亚克拉古耶瓦茨市代表团参加2017丝绸之路国际博览会暨第二十一届中西部投

西安市国际友好城市

序　号	城　市	国　家	所属洲	结好签字时间	人口（万人）	面积（平方千米）
1	奈良市　Nara	日　本	亚　洲	1974年2月1日	37	276
2	京都市　Kyoto	日　本	亚　洲	1974年5月10日	147	827
3	爱丁堡市　Edinburgh	英　国	欧　洲	1985年4月16日	47	264
4	波城市　Pau	法　国	欧　洲	1986年9月15日	8	31
5	堪萨斯市（密苏里州）　Kansas city	美　国	北美洲	1989年4月29日	46	826
6	伊斯法罕市　Isfahan	伊　朗	亚　洲	1989年5月6日	200	250
7	多特蒙德市　Dortmund	德　国	欧　洲	1992年7月22日	58	280
8	拉合尔市　Lahore	巴基斯坦	亚　洲	1992年6月20日	640	332
9	船桥市　Funabashi	日　本	亚　洲	1994年11月2日	61	85
10	庆州市　Kyongju	韩　国	亚　洲	1994年11月18日	30	1324
11	雅西市　Lasi	罗马尼亚	欧　洲	1994年12月6日	86	5469
12	第聂伯罗彼德罗夫斯克市　Dnepropetrovsk	乌克兰	欧　洲	1995年10月27日	130	380
13	科尼亚市　Konya	土耳其	亚　洲	1996年9月8日	210	40000
14	加德满都市　Kathmandu	尼泊尔	亚　洲	1996年9月12日	100	50
15	巴西利亚市　Brasilia	巴　西	南美洲	1997年10月26日	260	5822
16	魁北克市　Quebec	加拿大	北美洲	2001年5月11日	68	10000
17	科尔多瓦市　Cordoba	阿根廷	南美洲	2006年12月19日	178	562
18	庞贝市　Pompei	意大利	欧　洲	2007年10月13日	2.6	12
19	卡拉马塔市　Kalamata	希　腊	欧　洲	2009年9月17日	6.1	253
20	昆卡市　Cuenca	厄瓜多尔	南美洲	2010年9月8日	50	157
21	格罗宁根市　Groningen	荷　兰	欧　洲	2011年11月7日	18.8	83
22	科托尔市　Kotor	黑　山	欧　洲	2013年11月25日	6.8	332
23	撒马尔罕市　Samarkand	乌兹别克斯坦	亚　洲	2013年11月29日	50	51
24	马雷市　Mary	土库曼斯坦	亚　洲	2014年5月12日	15	8
25	蒙哥马利郡　Montgomery	美　国	北美洲	2014年6月11日	92.7	1313
26	霍巴特市　Hobart	澳大利亚	大洋洲	2015年3月29日	21	1357
27	久姆里市　Gyumri	亚美尼亚	亚　洲	2015年6月8日	25	2681
28	晋州市　Jinju	韩　国	亚　洲	2016年5月15日	34	712
29	克拉古耶瓦茨市　Крагујевац	塞尔维亚	欧　洲	2016年6月18日	18	835
30	于默奥市	瑞　典	欧　洲	2017年9月	11.8	26.84
31	奥尔登堡市	德　国	欧　洲	2017年9月	16.53	10297

2017年9月21日，上合组织成员国地方领导人圆桌会在西安召开

资贸易与合作洽谈会，其间，塞尔维亚克拉古耶瓦茨市代表团与西安市商务局签署经济与贸易合作框架协议书。组织代表团参加俄罗斯哈卡西联邦旅游节活动。联系日本小浜市与西安市中学生组队参加8月在北京举办的“日中友好交流城市中学生乒乓球联赛”。与日本京都市举办两市儿童书画作品交流活动。授予美国美光公司高级副总裁及全球制造副总裁韦恩•艾伦、新加坡普洛斯集团首席执行官梅志明和美国点石投资集团顾问罗伯特•利普3位国际友人“西安市荣誉市民”称号。“西安市荣誉市民”人数达到31人。

西安市荣誉市民

序号	姓　名	所属国籍地区及身份	授予荣誉市民时间
1	键田忠三郎	日本・奈良市前市长	1984.11
2	大桥和夫	日本・船桥市前市长	1995.10
3	大川靖则	日本・奈良市市长	1995.10
4	丹泽章浩	日本・船桥市工商会会长	1995.10
5	服部明行	日本・奈良市日日新闻社社长	1995.10
6	皮尔・卡丹	法国・世界著名时装设计大师	1995.10
7	宇都宫贤八	日本・日本亚童梦集团公司董事长	1995.10
8	池田大作	日本・国际创价学会会长、日本创价学会名誉会长	1999.05
9	李源植	韩国・庆州市市长	1999.11
10	庄祥兴	新加坡・西安杨森制药公司总裁	2002.03
11	田家炳	中国香港・田氏化工有限公司董事长、田家炳基金会董事会主席	2002.07
12	李国宝	中国香港・东亚银行主席及行政总裁	2003.04
13	后藤佐代子	日本・大分县国际交流专务	2003.08
14	托马斯・贝尔	英国・皇家工程院院士	2007.08
15	白相承	韩国・庆州市市长	2009.10
16	藤代孝七	日本・船桥市市长	2011.07
17	盖德・施宛德纳	德国・奥尔登堡市市长	2013.03
18	克劳迪奥・德阿莱索	意大利・庞贝市市长	2013.03
19	钱行俭	美国・堪萨斯市友好城市委员会主席	2013.03
20	权五铉	韩国・三星电子株式会社首席执行官、副会长	2013.03
21	金钟重	韩国・三星电子非终端事业部经营支援室社长	2013.03
22	捷列先科	哈萨克斯坦・前总理、国际一体化基金会理事会主席	2014.10
23	李昌熙	韩国・庆尚南道晋州市市长	2014.10
24	塔勒布・瑞法	联合国世界旅游组织秘书长	2015.06
25	肯尼斯・贝林	环球健康与教育基金会主席	2015.06
26	陈杰克	泰国・中小企业经济贸易发展委员会主席	2016.04
27	萨姆维尔・巴拉萨尼杨	亚美尼亚・久姆里市市长	2016.04
28	娜塔莉・察廖娃	“俄罗斯世界基金会”陕西师范大学俄语中心俄方主任	2016.04
29	韦恩・艾伦	美国美光公司高级副总裁及全球制造副总裁	2017.12
30	梅志明	新加坡普洛斯集团首席执行官	2017.12
31	罗伯特・利普	美国点石投资集团顾问	2017.12

◆重大外事活动　2017年9月21日，西安市人民政府外事侨务办公室承办的上合组织成员国地方领导人圆桌会在西安召开，来自上海合作组织各成员国地方政府及驻华使馆的嘉宾50余人参会。9月21—23日，2017欧亚经济论坛在西安举办。9月22日，第五届丝绸之路经济带城市圆桌会在西安举行，19个国外代表团及5个国内城市代表团参会。其间，西安市与乌拉圭五月圣何塞市签署发展友好城市关系意向书、与俄罗斯圣彼得堡签署合作协议书，西安浐灞生态区管理委员会与瑞典于默奥市签署绿色环保合作协议书。11月15—16日，首届西安市国际专家顾问团圆桌会举行，来自美国、加拿大、法国、英国、西班牙、德国、新加坡、日本等国家的21位国际专家顾问围绕“新西安、新机遇、新发展”为西安发展献计、献策。

◆2017丝博会暨第二十一届西洽会
2017年6月3—7日，以“新平台、新发展、新机遇”为主题的2017丝绸之路国际博览会暨第二十一届东西部投资贸易与合作洽谈会在西安举行。国务院副总理汪洋出席并发表讲话。西安市人民政府外事侨务办公室邀请塞尔维亚副总理兼贸易旅游部和电信部部长拉西姆・利亚伊奇、巴基斯坦前总理肖卡特・阿齐兹和匈牙利、吉尔吉斯斯坦、阿尔巴亚尼、哥伦比亚、希腊、斯里兰卡、罗马尼亚、斯洛伐克等70多个国家（地区）的代表出席开幕式，来自全球42个国家（地区）的300余家境外企业、28个省（区、市）和新疆生产建设兵团的1200多家国内企业参展。

◆因公出国管理　2017年，西安市人民政府外事侨务办公室落实中央、陕西省相关文件和规定，统筹做好全市因公临时出国管理。严格执行“因事定人”原则，针对正局级负责人出访和市级领导出席外事活动，首次实行中共西安市委外事工作领导小组预审批制度，保证中共西安市委对外事工作的整体调控。10月底，启用“外交部因公出国网上申报（预审批）系统”，利用“互联网＋边界接入”技术，涵盖因公出国审批、护照申办、签证申办、邀请外国人来华、APEC（亚太经济合作组织）商务旅行卡申办、领事认证代办6项业务。

◆涉外管理　2017年，西安市人民政府外事侨务办公室制定《西安市人民政府外事侨务办公室维稳工作方案》，落实“零报告”、日排查、日研判制度。加强反恐怖宣传，编纂《西安市人民政府外事侨务办公室反邪教知识宣传册》，配合相关部门做好防范和处理邪教工作。协调处理涉外案（事）件20起，协助处理领保事件2起。购买并免费发放

《出境安全小锦囊》领保宣传卡片5万张。了解境外媒体情况，指导、协调相关部门做好涉外媒体工作。协助西安市招商引资领导小组拍摄《2017大西安投资环境宣传片》。在外国签证申请中心设立引导，方便市民办理签证。截至年底，有德、法、英等17个国家在西安设立签证中心。宣传推介西安领事馆区。截至年底，白俄罗斯、意大利、土耳其、加拿大等国家的27家外事机构签约入驻；泰国、韩国、柬埔寨和马来西亚4个国家在西安设立总领事馆。（戴百飞）

台湾事务

◆概况 2017年，中共西安市委台湾工作办公室（西安市人民政府台湾事务办公室）围绕两岸关系和平发展和建设国际化大都市主题，以做台湾人民工作为重点，积极稳妥、扎实有效地开展各项对台工作，对台经贸、交流交往、对台宣传、涉台教育、台湾事务、台胞权益维护等各项工作取得显著成绩。全年西安居民赴台旅游57600人次，入境台胞138415人次，审批各类赴台交流64项150人次，接待台湾重要考察、参访、交流团队35批700多人次。

◆纪念两岸开启交流交往30周年座谈会 2017年11月29日在西安举行，西安市台商、台胞代表30多人参加座谈。台商、台胞畅谈两岸交流30年来取得的成果，回忆在西安的求学、生活、创业经历，分享他们见证两岸开放交流30年的切身感受，并为深化两地交流交往和西安经济、社会发展建言献策。

◆连战赴西安祭祖参访 2017年4月27日，国民党原主席连战携妻子、子女一行前往清凉山祭祖，并赴原民国时期西京筹备委员会所在地天禄阁小学旧址参访。连战观看了其父连震东在西京筹备委员会和西京市政建设委员会供职期间的档案资料和照片。西安市人民政府主要负责人在会见连战一行时表示，西安主动融入“一带一路”战略，扎实推进“品质西安”建设，经济、社会发展取得令人瞩目的成绩，未来将围绕“聚焦‘三六九’、振兴大西安”的奋斗目标，全力推进国家中心城市建设；希望西安与台湾不断深化经贸合作，并真诚邀请台商到西安投资兴业，实现互利共赢。连战表示，自己出生在西安，对这座城市很有感情；西安是世界历史文化名城，具有突出的发展优势，希望西安勇担发展重任，取得辉煌的发展成就。

◆张志军来西安调研 2017年4月26—27日，中共中央台湾工作办公室、国务院台湾事务办公室主任张志军来西安调研。张志军实地走访多家台资企业，了解企业经营状况，听取企业负责人意见建议。他希望广大台商抓住大陆广阔的市场潜力，主动融入大陆发展机遇中，为两岸经济繁荣做出新的贡献。他要求各级台办和有关部门要继续关心台湾同胞，真诚倾听广大台商诉求，努力解决台企在生产经营中遇到的困难和问题。张志军还赴碑林博物馆调研对台文物交流合作工作。他强调，西安历史文化资源丰富，遗存在三秦大地的文物古迹是中华文化和人类文明的见证，更是两岸之间历史认同、民族认同、文化认同的基因纽带，要不断加强两地民间交往，深化文化交流，拓展两地在更多领域的务实合作。

◆王永康向许胜雄推介西安 2017年7月1日，陕台经贸合作交流会在西安召开。中共陕西省委常委、西安市委书记王永康出席并介绍西安市投资环境及产业发展情况，台湾工业总会理事长许胜雄致辞，与会的台湾工业总会“丝路之旅”访问团嘉宾与陕西省有关负责人就两地深化合作互动交流。王永康从历史文化、资源禀赋、区位优势、宜居环境等方面，综合运用大量数据和案例，推介“大西安”大发展的基础条件、比较优势、发展前景和合作商机。他说，西安愿与台商共享“一带一路”倡议等新机遇，不断深化合作领域，拓展合作空间。许胜雄表示，陕西的发展成就令人充满信心，“一带一路”倡议和陕西自贸区建设为这里带来更多发展机遇，台湾工业总会将继续发挥桥梁纽带作用，更多推介陕西，影响带动更多台湾企业来陕投资兴业，推动两岸产业合作不断深化。台湾工业总会会员厂商达11万余家，是台湾地区最具代表性、最有影响力和台湾投资大陆最具规模的工商团体。在陕期间，访问团还赴秦始皇帝陵博物院进行参观，并考察渭河生态环境治理等情况。

◆富士康考察团一行来西安访问 2017年6月22日，富士康科技集团副总裁特别助理郑世宏一行来西安访问。西安市人民政府主要负责人对富士康集团赴西安考察投资表示欢迎，并介绍西安近年来发展情况。郑世宏表示，富士康看好西安的发展优势，将进行全方位考察，积极寻求共同合作的空间和平台。

◆“聚力追赶超越2017台商西安活动” 2017年10月18—20日，西安市举办“聚力追赶超越2017台商西安行活动”。全国台湾台胞投资企业联合会常务副会长高锦乐率台湾经贸考察团一行50人参加，并出席西（安）台（湾）经贸合作交流会。中共西安市委常委、统战部部长史晓红在会上发表主旨演讲。与会的全国台企联部分会长、部分省市台湾同胞投资企业协会会长以及来自台湾的企业家代表观看西安投资环境与发展商机宣传片，与市级有关部门、各区（县）、五区一港两基地招商局负责人就深化两地经贸合作进行互动交流，并参观西安国际港务区，考察投资环境。台商表示，西安近年来经济社会发展和对外开放取得显著成绩，驶入追赶超越的快车道，为扩大深化西安与台湾经贸合作提供强有力的牵引和支撑；台商看好西安未来发展前景，将进一步加强互动交流，促成更多台商前来投资兴业。

◆台湾鼎泰丰集团西安合作项目签约 2017年10月20日，台湾鼎泰丰集团西安合作项目签约。签约前，西安市人民政府主要负责人会见台湾鼎泰丰集团董事长杨纪华、台湾大成集团董事长韩家宸一行。

◆全市对台干部培训班在厦门大学举办 2017年5月2—7日，中共西安市委台湾工作办公室（西安市人民政府台湾事务办公室）在厦门大学台湾研究院举办全市对台干部培训班。西安市级有关部门、开发区、中共各区（县）委统战部、台办的32名干部参加培训。培训围绕台海形势、台湾政局和两岸经济合作等专题开展，并在大嶝岛对台宣传教育基地进行现场教学。学员参观厦门市台湾青年创业园和台资企业，并与厦门市人民政府台湾事务办公室、厦门市台商投资企业协会进行座谈交流。（李宏伟）

西安市台胞台属联谊会

会　长　蔺　琪
副会长　吴玲英（女）　张彦霞（女）　赵　辉（女）　张彩凤（女）　何崇秋　李建波　张思齐　于　媛（女）　李艳秋（女）　李　楠　王淑惠（女）　白建波
秘书长　吴玲英（女，兼）

侨　务

◆概况 2017年，西安市侨务工作围绕“聚焦‘三六九’、振兴大西安”奋斗目标，强化政治引领，突出改革创新，全力服务中共西安市委、西安市人民政府工作大局，真情服务归侨侨眷和海外侨胞，凝侨心，聚侨力，汇侨智，不断开创侨联工作新局面。新城区胡家庙街道陕建机社区被国务院侨务办公室命名为“全国社区侨务工作示范单位”。截至年底，国务院侨务办公室授予西安市2个社区“全国社区侨务工作明星社区”称号、7个社区“全国社区侨务工作示范单位”称号。（李新磊　戴百飞）

◆**亲商助企**　2017年3月20—22日，西安市归国华侨联合会承办宁波侨商会代表团赴西安投资考察活动。考察团中有4家企业在西安设立公司，宁波贝发集团与西安高新技术产业开发区合作的中融神域精创营项目成为高新区创业培训品牌。8月20日，邀请12个国家和地区的30位侨领、侨商企业家参加2017首届世界西商大会，并牵线西安市总商会，通过西安市侨商会与陕西省侨商会、法国陕西联合会、加拿大陕西总商会、澳大利亚中国西北商会、旅英华人高新科技商业协会、塞浦路斯华商总会、中亚陕西商会、香港西安商会10个商会签署战略合作协议。8月28日，与连云港市、徐州市、郑州市、兰州市、乌鲁木齐市、伊犁州7地归国华侨联合会联合成立“陆桥沿线城市侨联服务‘一带一路’合作联盟”，共同打造服务“一带一路”大平台。西安市归国华侨联合会海外委员、塞浦路斯华商总会会长华凌联系带领塞浦路斯外商考察西咸新区国际文化教育园、临潼工业园区，就合作创建中欧国际学校和中医药大健康国际产业园进行调研。西安市归国华侨联合会海外委员、陕西中亚商会会长吉延伟与西安国际港务区合作，设立“一站式”国际企业服务平台。西安市归国华侨联合会海外委员、西安新丝路国际交流促进会会长王云珍与西安电子科技大学合作，建立“西安新丝路大数据人才培养中心”，并牵线马来西亚财政部原副部长、马来西亚主板上市公司亿丰集团董事局主席、拿督林祥才率领的马来西亚企业代表团考察西咸新区。　（李新磊）

◆**为侨服务**　2017年，西安市归国华侨联合会开展“纪念香港回归祖国20周年观影活动”，组织80多位归侨侨眷观看表现抗日战争时期香港同胞爱国主义精神的影片《明月几时有》。开展“归侨侨眷看西安活动”，组织50多位老归侨侨眷参观新开放的昆明池景区和诗经里小镇。开展“献爱心送温暖活动”，走访慰问老归侨侨眷150余人，发放慰问金10万余元。依法维护归侨侨眷和侨商的合法利益，对归侨侨眷信访中反映的热点问题，及时向相关部门了解新出台的政策和规定，依规依据耐心解释、积极协调。全年协调处理3起涉侨维权事件，其中妥善解决美籍华人张安菽与陕西杜康酒业集团有限公司涉及500余万元的投资纠纷。西安市人民政府外事侨务办公室探访困难归侨侨眷170余户，发放慰问金和慰问品折合人民币8万多元。挑选3家侨资企业上报参加第五批重点华侨华人创业团队评选活动。开展华侨权益保护情况专题调研活动，邀请20家侨资企业参加2017首届世界西商大会。举办以“体验中华文化、感受华夏文明”为主题的2017年海外华裔青少年“中国寻根之旅”夏令营活动。增设“欧洲浙江华人联谊会”“欧洲华商理事会”为西安海外侨务工作联络点。截至年底，市外侨办在4大洲12个国家设立14个西安海外侨务工作联络点。　（李新磊　戴百飞）

2017年6月30日至7月5日，西安市归国华侨联合会邀请香港迦密柏雨中学来西安举行“2017西安夏令营”活动，并与西安市育才中学共同举行“庆祝香港回归20周年学生联谊音乐会”

◆**联谊活动**　2017年5月24—31日，西安市归国华侨联合会组团出访法国、意大利，与欧洲浙江华人联谊会、欧洲华商理事会、法国法华工商联合会等组织就华商如何在“一带一路”倡议中发挥作用进行交流；参加2017中欧华商高峰论坛，并做题为《西安欢迎您》的推介发言。《欧洲时报》以《西安侨务代表团来法国推介古城》为题介绍代表团出访成果。10月11日，承办“海外侨胞故乡行——走进西安”活动，邀请来自14个国家和地区的80名海外侨胞参观西安国际港务区和西咸新区自贸区。先后与南京、沈阳、厦门、丽水、河源、景德镇等地归国华侨联合会缔结友好关系。截至年底，西安市归国华侨联合会海外委员拓展到35人，覆盖亚洲、美洲、欧洲和大洋洲18个国家的26个华侨华人社团，8位海外委员被聘为“西安市招商大使”。建立完善海外委员工作微信群、特聘专家工作微信群、侨商会会员交流微信群。

◆**文化交流**　2017年4月4日，西安市归国华侨联合会组织中国华侨国际文化交流促进会50名理事赴西安考察。承办“海外侨胞把脉陕西西安文化旅游座谈会”和中华全国归国华侨联合会“亲情中华·筑梦丝路”西安启动仪式和文艺演出活动。支持音乐故事片《半个月亮爬上来》的拍摄及海外宣传、发行工作。6月30日至7月5日，邀请香港迦密柏雨中学53名师生来西安举行“2017西安夏令营”活动，与西安市育才中学共同举办“庆祝香港回归20周年学生联谊音乐会”。10月31日，组织召开西安市侨界人士“贯彻十九大、开启新征程”座谈会、归侨侨眷代表座谈会，宣讲中国共产党第十九次全国代表大会精神。11月27日，联系加拿大“中国历史文化交流访问团”21人来西安参观考察。组织全市中小学生参加“第十八届世界华人学生作文大赛”，报送优秀作文469篇，其中96篇获奖。

◆**公益事业**　2017年，西安市归国华侨联合会收集扶贫开发投资合作项目信息，筛选合适的项目向侨商、侨资企业推介，做好牵线搭桥和跟踪服务工作。投资捐赠钱物近400万元，引导侨资重点投入西安扶贫开发领域。协调中国华侨慈善公益基金会向西安市凤城医院和西安市济仁医院捐赠价值200万元的医疗器械。西安市归国华侨联合会副主席戴慧敏为蓝田县辋川镇翟金庙村捐款6万元；西安市侨商会常务副会长张勇敢为贫困村民捐款近15万元；西安市侨商会副会长于长青资助认养的孤儿6000元，捐献蓝田县后沟窑村河堤美化工程2万元；西安市侨商会副会长陈笑参与承担包扶蓝田县三官庙镇过风岭村25户99个绝对贫困人口，为周至县尚村镇尚村捐赠大量药品和生活物资，给长安区杨庄魏家岭村修建道路坝梁及护栏。

◆**侨联改革**　2017年，西安市归国华侨联合会按照《中共西安市委全面深化改革领导小组2017年工作要点》部署，牵头起草《西安市归国华侨联合会改革方案》。11月10日，中共西安市委深化改革领导小组第二十一次会议审议通过《西安市归国华侨联合会改革方案》。12月2日，中共西安市委办公厅印发《西安市归国华侨联合会改革方案》。

（李新磊）

西安市归国华侨联合会第十届委员会

主　席　李继红
副主席　肖王民
副主席(兼)　戴慧敏　张　军　尹冠生
赵　伟（女）
禹　燕（女）　杨彦政
田　田（女）
秘书长　肖王民（兼）

信　访

◆概况　2017年，西安市信访局(西安市信访接待中心)和市辖13个区（县）信访局（13个区/县信访接待中心）受理群众来信来访36217件（人）次，比上年上升26%。西安市信访局(西安市信访接待中心)受理群众来信来访29531件（人）次，上升49%。其中，办理群众来信7608件，上升128%；接待群众个访5510批10731人次，批次上升20%，人次上升84%；接待群众集体访390批11192人次，批次上升3%，人次上升6%。集体访中，到中共陕西省委、陕西省人民政府集体访96批2406人次，批次下降41%，人次下降70%；到中共西安市委、西安市人民政府集体访123批5463人次，批次下降13%，人次下降32%；到西安市信访接待中心集体访171批3323人次，批次下降55%，人次下降69%。群众进京上访1197人次，下降16%，其中进京非正常上访360人次(含西咸新区)，下降70%。群众拉横幅、静坐、围堵党政机关大门等非正常访行为明显减少，信访秩序明显好转。受理市民网上投诉信访事项6671件，回复6671件；向中共西安市委、西安市人民政府上报信访信息450余件、信访专报93件。陕西省、西安市领导各类批示件166件。其中，省级领导批示3件；市级领导批示163件。13个区（县）信访接待中心受理群众来信来访6686件（人）次。其中，办理群众来信533件；接待群众来访1992批6153人次。依法处置信访活动中的违法犯罪行为665人次，刑事处理32案46人，判决11案13人；行政处理170人。

◆领导干部接访约访下访　2017年，西安市各级领导干部接访下访群众1654批1728人次，解决问题1552件。各级排查矛盾纠纷4404件，化解2682件，化解率62%。市级领导31人（党政领导17人）包案接访71次145人114件，办结114件，接访率、办结率均为100%。把陕西省交办的23件信访积案一并纳入市级领导接访范围，23件积案全部办结，办结率100%；化解19件，化解率82%。全国“两会”及中国共产党第十九次全国代表大会召开期间，市级党政领导干部“无假日”约访下访，接访率100%。其中，全国“两会”期间，13名市级党政领导包案接访20案，办结20件，办结率100%，化解15件，化解率75%；中共十九大期间，31名市级领导包案接访94案，办结94件，办结率100%，化解21件。区（县）负责人包案接访1583案，办结1438件，办结率91%；化解712件，化解率45%。按照中共西安市委要求，全国“两会”及中共十九大期间，区（县）负责人实行带案约访下访，集中化解信访突出问题。其中，全国“两会”期间，包案接访216件，办结216案，办结率100%，化解93件，化解率43%；中共十九大期间，包案接访452案，办结452件，办结率100%，化解230件，化解率51%。区（县）负责人对群众来信批示1414件。

◆信访积案化解　2017年，西安市信访局(西安市信访接待中心)完成中共中央和陕西省交办的信访积案23件，全部办结，息诉、息访17件，化解率74%。听证评议信访事项19件，息诉、息访1件；信访人自行息访5件；引入新闻媒体宣传2件。区（县）排查信访积案92件，化解92件。排查信访积案标识23件，标识率100%；标识积案办结23件，办结率100%。中国共产党第十九次全国代表大会召开前期，全市按照自我梳理排查的要求开展积案化解活动，1个月内化解积案92件。从11月1日起，全市开展为期3个月的“信访积案化解攻坚竞赛活动”，筛选交办的397件重点信访事项，化解171件，占交办总量的43%。西安市信访工作联席会议办公室发挥集中协调作用，需市级层面研究解决的疑难信访案件，召开会议协调化解，化解17件。中共西安市委成立信访问题专项督导组，选派10名优秀后备干部到西安市信访局挂职督查专员（督查专员助理），督查督导信访事项324次219案，16件信访突出问题得到化解。

◆稳控重点信访群体　2017年，西安市信访局(西安市信访接待中心)完善信访、公安、法院“三位一体”驻京劝返工作机制，依法安全文明劝返。组织驻京力量提前排查，把进京上访的837人次（外围清理人员234人254人次、正常访人员571人583人次）劝返在非访之前。1—3月，在全市组织开展“控制进京非正常上访工作专项治理活动”。7—8月，完成中共中央领导在北戴河暑期办公期间的值守排查工作。10—12月，组织开展“控制进京重复非访和集体进京非访突出问题专项治理活动”，取得预期效果，西安市进京非访数量持续下降，在陕西省占比逐步下降。全年群众进京非访360人次，实现陕西省信访局下达的“控制进京非访同比下降35%以上”和中共西安市委提出的“一降”（非访人次同比下降40%以上）的目标任务。

◆接待集体上访　2017年，西安市信访局(西安市信访接待中心)接待群众集体访390批11192人次。其中，到中共陕西省委、陕西省人民政府集体访96批2406人次，比上年批次下降41%，人次下降70%；到中共西安市委、西安市人民政府集体访123批5463人次，批次下降4%，人次下降6%；到西安市信访接待中心集体访171批3323人次，批次下降55%，人次下降69%。群众到陕西省、西安市党政机关集体访反映的问题主要集中在：涉法、涉诉问题82批，占总量的37%；拆迁安置问题44批，占总量的20%；农民工工资及工程款纠纷问题18批，占总量的8%；征地补偿问题9批，占总量的4%；农村村务问题8批，占总量的3%。群众到西安市信访接待中心集体访反映的问题主要集中在：城乡建设问题67批，占总量的9.2%；国有土地征地补偿问题22批，占总量的12.9%；涉法、涉诉问题24批，占总量的14%；养老统筹及医疗保险问题21批，占总量的12.3%；农村村务问题11批，占总量的6.4%；民政部门问题3批，占总量的1.8%；教育部门问题3批，占总量的1.8%。此外，群众还反映生活待遇、独生子女政策、合同纠纷等方面的问题。

◆处理群众来信　2017年，西安市信访局(西安市信访接待中心)办理正常群众来信7608件。在群众来信中，求决类信件3743件，占总量的49.2%；申诉类信件1645件，占总量的21.6%；揭发控告类信件950件，占总量的12.5%；批评建议类信件485件，占总量的6.4%；重复等其他类信件785件，占总量的10.3%。办理群众给中共西安市委书记来信4749件。编写《群众来信月综述》16期、《信访摘报》281期。西安市级领导对群众来信批示911件。其中，中共西安市委书记批示175件；市长批示57件；其他市级领导批示679件。

◆市民投诉　2017年，西安市信访局(西安市信访接待中心)收到市民网上投诉6671件，回复6671件。其中，国家信访局投诉受理办公室网上转送信访投诉事项3942件（申诉类407件、求决类2897件、意见建议类38件、揭发控告类128件、其他类472件），占投诉总量的59.1%，回复3942件；陕西省信访局投诉受理办公室网上转送信访投诉事项1718件（申诉类158件、求决类690件、意见建议类59件、揭发控告类197件、其他类614件），占投诉总量的25.8%，回复1718件；西安市信访局网上平台收到信访投诉事项916件（申诉类105件、求决类254件、意见建议类115件、揭发控告类37件，其他类405件），占投诉总量的13.7%，回复800件；中共中央和陕西省交办网上信访投诉事项95件，占投诉总量的1.4%，办结95件。　（许端琳）

中国人民政治协商会议西安市委员会

责任编辑　高　鹏

综　述

◆**概况**　2017年，中国人民政治协商会议西安市第十四届委员会及其常务委员会把握团结和民主两大主题，认真履行职能，推进工作创新，加强自身建设，协商议政成果丰硕，民主监督卓有成效，团结联谊广泛拓展，充分发挥人民政协协商民主重要渠道和专门机构作用，实现新一届政协的良好开局，为西安加快发展、改善民生、促进和谐发挥重要作用，为建设国家中心城市和国际化大都市做出新贡献。截至年底，政协西安市委员会和所属区（县）委员会有政协组织机构14个，其中区（县）政协13个。有市、区（县）政协委员3553人，其中市政协委员569人、区（县）政协委员2984人。

2017年2月19—23日，中国人民政治协商会议西安市第十四届委员会第一次会议召开

◆**政协西安市第十四届委员会第一次会议**　2017年2月19—23日在陕西宾馆召开，会期4天半。会议应出席委员573人，实际出席565人。会议审议批准中国人民政治协商会议西安市第十三届委员会常务委员会所做的工作报告和提案工作情况报告；列席西安市第十六届人民代表大会第一次会议开幕式，听取并赞同西安市人民政府工作报告、西安市中级人民法院工作报告、西安市人民检察院工作报告及其他报告；选举岳华峰为政协西安市第十四届委员会主席，李佐成、张宁、张建政、杨广亭、王欢畅、李改草（女）、王国根为副主席，闫向荣为秘书长，于宝华等93人为常务委员会委员。会议期间，委员围绕全面深化改革、振兴“大西安”以及人民群众最为关切的问题协商讨论，中共西安市委、西安市人民政府有关领导到会听取委员的意见和建议。在讨论《政府工作报告》时，委员们提出90余条建设性的意见和建议。会议编发《会议简报》19期，新闻媒体刊播各类宣传稿件500余篇；收到大会发言材料34份，10位委员分别代表市级民主党派、工商联、人民团体和委员个人进行大会发言；收到提案724件，经审查，立案675件，撤案1件，作为委员来信转送有关部门研究参考48件。在立案的提案中，委员提案527件，各民主党派、工商联提案124件，人民团体提案4件，政协专门委员会提案20件；围绕经济发展和生态文明建设提出提案179件，围绕社会事业发展和改善民生提出提案216件，围绕民主法治和品质西安建设提出提案280件。

◆**市政协常务委员会会议**　2017年，中国人民政治协商会议西安市第十四届委员会常务委员会召开会议5次。

2月24日，召开政协西安市第十四届委员会常务委员会第一次会议，会期半天。审议通过《政协西安市委员会2017年工作要点》，并协商决定政协西安市第十四届委员会研究室主任和各专门委员会主任名单。

3月24日，召开政协西安市第十四届委员会常务委员会第二次会议，会期半天。传达学习全国“两会”精神，并接受张轶提出辞去政协西安市委员会副秘书长、办公厅主任职务，李健彪提出辞去政协西安市委员会副秘书长职务，协商决定闫向荣担任政协西安市委员会办公厅主任。

6月29—30日，召开政协西安市第十四届委员会常务委员会第三次会议，会期一天半。专题协商西安市养老事业发展问题，并协商决定严石担任政协西安市第十四届委员会副秘书长。会前，组织与会常委听取中国老年学学会理事、陕西省社会科学院社会学所副研究员、社会政策研究室主任杨红娟做的题为《陕西省养老服务业发展形势分析》的专题辅导报告。会议期间，组织与会常委听取西安市人民政府副市长董劲威代表市政府做的《关于西安市养老事业发展情况的通报》和西安市政协社会法制和民族宗教委员会《关于进一步加快我市养老服务体系建设的调研报告（草案）》起草情况的说明，并进行大会发言和分组讨论，形成《关于进一步加快我市养老服务体系建设的调研报告》。就应对西安老年人口快速增长，进一步创新养老服务业发展运营模式，推动养老服务业综合改革试点深入发展，努力把西安建设成为让老年人感到幸福的城市，提出6条具体意见和建议：发挥改革创新对养老服务业的推动作用；发挥规划对养老服务业的引领作用；加大对养老服务业的财政支持力度；加强建设及管理，提升养老服务业整体水平；多措并举，合力推进医养结合快速发展；加强养老服务人才队伍建设。

9月28日，召开政协西安市第十四届委员会常务委员会第四次会议，会期一天。传达学习中共西安市委第十三届委员会第三次全会精神，专题协商西安市军民融合发展问题，并接受杨广亭提出辞去政协西安市第十四届委员会委员、副主席职务，协商决定张雪琴担任政协西安市第十四届委员会副秘书长。会前，组织与会常委听取中共陕西省工业和信息化厅党组成员、副厅长，中共陕西省国防科技工业办公室党委书记、主任原忠德做的题为《关于陕西省军民融合产业发展情况的报告》专题辅导。会议期间，组织与会常委听取西安市人民政府副市长强晓安代表市政府做的《西安市军民融合发展情况通报》和西安市政协经济委员会《关于我市军民融合发展问题的调研报告（草案）》起草情况的说明，并进行大会发言和分组讨论，形成《关于我市军民融合发展问题的调研报告》。就抢抓机遇、发挥优势，打破制约“军转民”“民参军”的“肠梗阻”，认真补齐军民融合短板，推动军民融合产业向高端、高质、特色、集约方向发展，切实将军工优势转化为经济优势，为西安经济社会发展做出贡献，提出9条具体意见和建议：加强战略研究，明晰发展重点；强化专门机构职能；制定差别化产业政策及实施细则；做实做细招才引智工作；营造良好发展环境；激活存量资源；整合完善服务平台；强化支撑体系，加强园区建设；在改革创新上有突破。

11月3日，召开政协西安市第十四届委员会常务委员会第五次会议，会期半天。传达学习中国共产党第十九次全国代表大会精神，安排部署市政协系统学习宣传贯彻工作暨近期重点工作。（王兴顺）

政协主要工作和重大活动

◆**委员视察** 2017年，中国人民政治协商会议西安市委员会坚持把委员视察作为履职为民、咨政建言的重要形式，建立健全省、市、区（县）三级政协联动机制，开展联合视察，盯着问题去、追着问题走，推动调研、协商、监督融为一体。聚焦中共西安市委、西安市人民政府中心工作，遵循“求实、规范、安全、协作”原则，开展专委会视察、界别视察、联合视察。视察前，加强理论辅导培训，合理编配人员；视察中，发挥专业特长，交流探讨寻求良策；视察后，及时协商跟踪，促进成果转化落实，确保建言献策有的放矢。发挥委员视察即时性强的优势，邀请有关部门负责人、专家学者参与，围绕中共中央环保督查整改、“五路”（城市道路、高速公路、高铁线路、绕城公路、通景公路）两侧植树增绿、高速公路两侧“三化”（洁化、绿化、美化）和空气质量、自贸区建设、精准扶贫工作等方面，先后成立30个专项视察组，组织230名政协委员直接参与，深入1100个问题点位，开展62次视察活动，由经济委员会形成《关于我市精准帮扶工作的视察报告》、人口资源环境委员会形成《关于围绕高速公路两侧“三化”工作开展专项视察的报告》《关于围绕高速公路两侧“三化”整治工作开展专项视察的报告》《关于开展环保督查整改和“五路”两侧增绿专项视察情况的报告》《关于开展省空气质量督查通报问题整改验收情况专项视察的报告》5份专项报告，分别以视察报告、政协信息等形式报送中共西安市委、西安市人民政府参阅。

◆**提案办理** 2017年，中国人民政治协商会议西安市委员会坚持“围绕中心、服务大局、提高质量、讲求实效”工作方针，注重发挥政协整体优势和委员主体作用，广泛凝聚各方共识，深入开展提案办理协商，推进提案工作科学化发展，形成“领导重视、职责分明、重点突出、督办有力、落实到位”的提案工作格局。持续开展重点提案“回头看”和同类提案“打包”办理，不断拓展协商形式、深化协商内容，广泛开展综合提案多方协商、热点提案专题协商、同类提案集中督办协商等活动，实现提案办理协商与常委会议协商、专题协商、对口协商、界别协商的有效结合。加强委员学习培训，开设“提案微课堂”，引导委员增强质量意识。健全完善全会期间党政相关部门初审、督查部门复审、提案委员会终审“三级”审查机制，促进提案“切口小、立意高、选题准、情况明、分析透、建议实”，从源头上保证提案质量。完善提案联合交办督办机制，出台《政协西安市委员会提案办理办法》，健全提案办复机制，规范提案办理协商程序。优化提案办理考核机制，修订出台《提案办理工作考评办法》《优秀提案和先进承办单位评选表彰办法》，评选表彰58件优秀提案、15个先进承办单位。7月11—12日，组织召开全国部分城市政协提案工作研讨会，交流经验，研究探讨，探索新思路，创造新经验，推动提案工作向全过程协商、多层次协商、多形式协商创新发展。全年提交提案813件。经审查，立案752件，撤案1件，转工作参考60件。立案的提案中，委员提案602件，民主党派、工商联提案126件，有关人民团体提案4件，市政协专门委员会提案20件，截至年底，已全部办复。其中，围绕经济发展、创新驱动提出提案144件，围绕社会事业发展、保障和改善民生提出提案234件，围绕社会治理、建设品质西安提出提案307件，围绕生态文明建设、打造“美丽西安”提出提案67件，集中反映政协委员和各界人士对推进供给侧改革、创新驱动发展、保障改善民生、生态文明保护、“品质西安”建设等方面工作的高度关注。中共西安市委、西安市人民政府领导阅批政协重点提案34件，市政协主席、副主席和秘书长分工领衔督办重点提案11件。

◆**民主监督** 2017年，中国人民政治协商会议西安市委员会聚焦中共西安市委、西安市人民政府中心工作，坚持把民主监督的重点放在推动解决群众最关心、最直接、最现实的问题，以组织监督性强的视察调研和协商会议为主，以提案、社情民意信息、选派政协委员担任特邀监督员履行监督职责等多种形式并用，在实践中增强民主监督的力度和实效。起草并由中共西安市委印发《关于加强和改进人民政协民主监督工作的实施意见》，明确监督内容，完善监督形式，规范监督程序，健全监督机制，推进政协民主监督制度化、规范化、程序化建设。充分发挥政协委员来自群众的优势，围绕群众反映强烈的农村产业扶贫、食品药品安全、宗教场所周边旅游服务、“网格化”环境监管体系建设、回民殡葬服务管理等问题，开展11次专项监督，促进问题解决。全年编辑报送社情民意信息32期。其中，陕西省政协采用9期；中共西安市委、西安市人民政府领导批示2期；其余转送市级有关部门决策参考。《“双一流”建设应防止五个潜在负面倾向》被中国人民政治协商会议全国委员会采用；《关于“西安打造硬科技之都”开展本地先进中水处理技术落地试点的建议》《关于筹办首届“中华梨园文化高峰论坛”的建议》《关于非公企业融资问题的建议》《关于建设关中书院 复兴“关学”历史文化的建议》《关于精准扶贫的几点建议》《关于培育经济增长新动能的建议》《关于完善共享单车押金监管的建议》《关于组建陕西卫星应用研究院的建议》《种粮大户陷入困境急需高度重视》被中国人民政治协商会议陕西省委员会采用；关于大数据助力精准扶贫、农村换届村务公开、共享单车押金监管等建议契合群众利益，促进了问题解决。开展界别活动22次，先后对曲江文化创意园、秦岭国家植物园、红军长征过境长安革命遗址、自贸区建设、精准扶贫、房地产业健康发展等方面开展调研视察。推荐特邀监督员、行风评议员，组织委员11次90余人次参加电视问政，360余人次参加各类政情通报会、民情听证会、新闻发布会、道德模范评审会以及各类座谈会、征求意见会，提高监督的时效性和针对性，发挥民主监督的作用。

◆**团结联谊** 2017年，中国人民政治协商会议西安市委员会坚持在制订年度协商计划、筹划方案、总结工作、调研视察等工作中，充分征求和反映市级民主党派、工商联、无党派人士意见建议。坚持邀请市级民主党派列席会议、调研视察、座谈协商，深化市政协与市级民主党派、工商联秘书长联席会议制度，及时通报情况，共同推进工作。维护民族团结与宗教和睦，定期走访慰问民族宗教界人士，听取意见建议，帮助其解决问题困难。注意团结新社会阶层，倾听他们的诉求，引导他们自觉承担社会责任。密切与港、澳、台人士联系，利用参加WLSA（世界名中学联盟）澳门论坛暨世界休闲体育经济高峰论坛开幕会的时机，走访慰问在澳门的市政协委员，接待香港特区省级政协委员联谊会“一带一路西安考察团”、港澳工商企业代表团、港澳教育代表团、香港义工代表团等港澳团体，宣传西安，推介西安，为港澳人士投资建设西安牵线搭桥。全年接待中国人民政治协商会议全国委员会、中国人民政治协商会议陕西省委员会和其他省（区、市）政协来西安调研考察92批次1200余人次。深化陕西省、西安市政协对口联系。加强对区（县）政协的联系指导，开展联合调研视察、提案联动督办、工作经验交流，召开全市政协秘书长（办公室主任）联席会等活动，探讨工作方法，交流工作经验，推进实践创新。

◆**专题调研** 2017年，中国人民政治协商会议西安市委员会坚持把调查研究作为提升履职水平的切入点，不断强化调查研究基础性作用。组织800余人次，开展35项专题调研，内容涉及“大西安”建设、农村金融改革、养老事业发展、民营企业生产经营环境、军民融

2017年8月7日，西安市政协委员在西安市二手车交易市场调研

合发展、精准扶贫、环境监管体系建设等方面，经过充分协商后，形成建议案1份、调研报告17份，其中15份调研成果得到中共西安市委、西安市人民政府领导高度重视，并做出重要指示。按照年度协商计划和中共西安市委、西安市人民政府交办意见，由市政协研究室政策研究处对民主监督、推动关中城市群协同发展、农村金融改革等方面进行调研，形成《聚焦中心做好“千里眼”，精准发力当好“侦察队”着力畅通协商监督“最后一米”》《发挥“大西安”龙头作用，加快推动关中城市群协同发展建设国家中心城市研究》《引得源头活水来——浙江丽水农村金融改革的启示以及西安农村金融改革的重点和方向》；由经济委员会对经济社会发展、军民融合、工业发展、企业营商环境等方面进行调研，形成《关于“合肥经济现象”的调研报告》《关于我市军民融合发展问题的调研报告》《关于西安工业发展短板问题调研报告》《关于拓展“八办”和革命公园红色教育基地功能的调研报告》《关于改善我市民营企业营商环境问题的调研报告》《加快西安战略性新兴产业发展，培育新增长点新动能的建议》；由人口资源环境委员会对“四改两拆”（四改：棚户区〈城中村〉改造、旧住宅区改造、旧工厂改造、架空通信线缆改造；两拆：违法建设拆除及整治、违法户外广告牌匾标识拆除整治）、环境监管体系建设、国际化宜居环境建设等方面进行调研，形成《关于赴浙江省学习“三改一拆”工作经验的调研报告》《关于推进我市“网格化”环境监管体系建设的调研报告》《关于赴无锡市、合肥市考察学习国际化宜居环境建设的情况报告》；由港澳台侨和外事委员会对企业投资环境、特色小镇建设等方面进行调研，形成《优化外资企业投资环境，助力“品质西安”建设调研报告》《关于我市特色小镇建设情况的调查报告》；由社会法制和民族宗教委员会对历史文化街区保护与提升、养老服务业发展进行调研，形成《关于北院门历史文化街区保护修复提升的调研报告》《关于进一步加快西安市养老服务业发展的调研报告》；由科教文卫体委员会对欧亚经济综合园区建设、特色文化遗产保护与挖掘等方面进行调研，形成《抢抓“一带一路”机遇 打造国家级欧亚经济综合园区的思考》《关于秦岭北麓（西安段）特色文化遗产保护与挖掘的调研报告》，报送中共西安市委、西安市人民政府参阅。加强与有关部门联系，健全完善沟通反馈机制，及时了解办理落实进度并向委员反馈，促进调研成果的转化落实。

◆文史和宣传工作 2017年，中国人民政治协商会议西安市委员会征编出版《亲历者之声2》图书，收录67篇文稿、198幅图片，共29万余字。加强文史学习交流，全年向各地政协赠送文史资料2558册，接受文史资料157册，接待省（区、市）、市（地）各地政协和社会各界人士19批85人次。6月18—22日，举办全市政协系统文史工作信息化设备管理使用培训班，增强信息化设备操作能力，提高文史资料数字化建设水平。参加中国人民政治协商会议全国委员会举办的多次理论研讨会和工作交流会，6篇论文被选为大会交流发言材料。创设“西安政协”微信公众号，推送各类新闻、信息、图片1100余篇（幅）；建立“政协在行动”微信工作群，完成机关门户网站、提案管理系统、委员履职管理系统、社情民意系统、手机App系统及短信系统“一网五系统”建设并投入使用，门户网站发布各类新闻、信息1600余条，图片400余幅。各类媒体刊播宣传市政协的新闻稿件500余篇，共20余万字。改版提升《政协会刊》，设置《学习贯彻中共十九大精神》《专项视察》《建言献策》《各界论坛》《机关建设》等专栏，拓展区（县）政协、民主党派、工商联等互动交流、工作探讨平台。出版发行《西安政协》12期，刊登各类文章400余篇，共65余万字，图片200余幅。（王兴顺）

中国人民政治协商会议
西安市第十四届委员会

主　　席 岳华峰
副 主 席 李佐成（九三）　张　宁
张建政　杨广亭（至9月）
王欢畅（工商联）
李改草（女）
王国根（农工）
秘 书 长 问向荣
副秘书长 樊　华　张　轶（至3月）
李健彪（回，至3月）
任莉娟（女）
严　石（6月任）
张雪琴（女，9月任）

市政协办公厅
主　　任 张　轶（至3月）
问向荣（兼，3月任）

市政协办公厅
主　　任 张　轶（兼）

市政协研究室
主　　任 任莉娟（兼，女）

提案委员会
主　　任 樊　华（兼）

经济委员会
主　　任 杨明瑞

人口资源环境委员会
主　　任 张　轶

港澳台侨和外事委员会
主　　任 郭艳文（女）

社会法制和民族宗教委员会
主　　任 李健彪（回）

科教文卫体委员会
主　　任 纪　刚

文史资料委员会
主　　任 曹永辉（女）

纪检监察

责任编辑　高　鹏

综　述

◆概况　2017年，西安市各级纪检监察机关坚定政治定力，聚焦主责、主业，以强烈的政治责任感和使命担当，扎实推进党风廉政建设和反腐败斗争，为全市“追赶超越”提供坚强纪律保障。

◆中国共产党西安市第十三届纪律检查委员会第一次全体会议　2017年1月25日召开。按照选举办法，采取无记名投票方式，选举产生中国共产党西安市第十三届纪律检查委员会委员和书记、副书记。新当选的中国共产党西安市纪律检查委员会书记杨鑫代表新一届市纪委委员做履职讲话。

◆中国共产党西安市第十三届纪律检查委员会第二次全体会议　2017年2月15日召开。中国共产党西安市第十三届纪律检查委员会委员39人出席会议。中共西安市委常委、西安市人民代表大会常务委员会、西安市人民政府、中国人民政治协商会议西安市委员会和西安市中级人民法院、西安市人民检察院以及西安文理学院的领导和有关方面负责人共168人参加会议。会议总结2016年全市党风廉政建设和反腐败工作，部署2017年工作任务。审议通过中共西安市委常委、西安市纪律检查委员会书记杨鑫代表市纪委常委会所做的《忠诚履行职责，服务追赶超越，推动全面从严治党向纵深发展》工作报告。全会要求，2017年全市党风廉政建设和反腐败工作要深入贯彻习近平系列重要讲话精神，认真落实中国共产党第十八届中央纪律检查委员会第七次全体会议、中国共产党陕西省第十二届纪律检查委员会第七次全体会议和中国共产党第十三次代表大会部署，紧扣“追赶超越”定位和振兴西安目标，严肃党内政治生活，加强党内监督，强化监督执纪问责，驰而不息纠正“四风”，保持惩治腐败高压态势，维护党内政治生态，推动全面从严治党向纵深发展。必须严格执行监督工作规则，加强领导班子和干部队伍建设，用担当诠释忠诚，以良好精神状态和优异工作成绩迎接中国共产党第十九次全国代表大会的召开。

◆学习贯彻中共十九大精神　2017年，中国共产党西安市纪律检查委员会采取召开常委会、中心组学习会等形式，传达中国共产党第十九次全国代表大会精神，学习中共十九大报告和《中国共产党章程》，并且班子成员带头赴联系点进行宣讲。向全市纪检监察系统下发学习通知，深入开展“八个一”（编印一本学习手册、组织一次宣讲辅导、营造一个学习氛围、组织一系列学习讨论、举办一次心得体会展评、组织一次知识考试、组织一期骨干培训、开展一次检查督导）活动。组织开展中共十九大精神网络答题竞赛和《中国共产党章程》《十九大报告》诵读活动；在中国共产党西安市纪律检查委员会网站开设《做习近平新时代中国特色社会主义思想坚定践行者》专栏。开展“全面从严治党再出发”主题调研活动，形成74份调研成果。

◆监察体制改革试点　2017年，中共西安市委成立西安市监察体制改革试点工作领导小组，中共西安市委主要领导亲自研究解决重大问题。中国共产党西安市纪律检查委员会组织人员赴杭州学习改革试点经验，制定任务清单，紧盯机构设置、人员转隶、合署办公、组建挂牌等关键环节，做好谈心谈话、案件线索移交等工作。12月17日，西安市监察委员会组建挂牌。推动转隶人员与原纪委人员力量整合，举办综合业务培训，出台《执纪监督监察工作试行办法》等3大类9项工作制度。中国共产党西安市纪律检查委员会班子成员带队赴区（县）督导，13个区（县）改革试点工作稳步推进。中共中央纪律检查委员会网站和《陕西省试点工作简报》分别介绍西安市做法。（王小红）

◆肃清魏民洲流毒　2017年5月22日，中央纪律检查委员会网站发布消息称，陕西省人民代表大会常务委员会原党组副书记、副主任魏民洲涉嫌严重违纪，正接受组织审查。8月3日，中央纪委监察部网站通报，陕西省人大常委会原党组副书记、副主任魏民洲严重违纪，被开除党籍和公职。8月8日，高检网发布消息，最高人民检察院经审查决定，依法对陕西省人大常委会原党组副书记、副主任魏民洲以涉嫌受贿罪立案侦查并采取强制措施。12月17日，《中国纪检监察杂志》刊文，称魏民洲违规从事营利活动，收受礼品、礼金合计124.35万元；违反生活纪律，涉嫌受贿7271.68万元。魏民洲于2012年6月至2016年12月，任中共西安市委书记。中共西安市委把肃清魏民洲等流毒影响作为重大政治任务，猛药去疴，激浊扬清，从政治、思想、组织、作风、纪律、制度、发展7个方面彻底肃清魏民洲等流毒影响，取得显著成效。对涉及魏民洲等问题线索大起底、大排查，对67人分别给予党纪政务处分和组织处理。此外，为从组织上和纪律上肃清魏民洲等流毒影响，出台10个方面30条具体措施，对选人、用人情况进行复查，开展领导干部个人有关事项专项整治，随机抽查129人，重点抽查148人，10人被取消资格；派出6个巡察组，对5个重点单位开展“机动式”巡察，对12个市区级部门整改情况进行检查；保持反腐高压态势，扎实开展监督执纪，全年立案3995件，处分3817人。

◆赵红专被移送司法机关　2017年7月3日，中共陕西省纪律检查委员会通报称，西安市政协党组副书记、副主席赵红专涉嫌严重违纪，正接受组织审查。8月31日，陕西省人民检察院经审查决定，依法对西安市政协原党组副书记、副主席赵红专（正厅级）以涉嫌受贿罪立案侦查并采取强制措施。同日，陕西省纪委常委会议研究，并报中共陕西省委批准，决定给予赵红专开除党籍、开除公职处分；将其涉嫌犯罪问题、线索及所涉款物移送司法机关依法处理。2011年1月至2017年1月，赵红专曾先后任中共西安市委常委兼西安国家民用航天产业基地党工委书记、管委会主任和中共西安市委常委兼西安高新技术产业开发区党工委书记、管委会主任等职务。2017年2月起，任西安市政协党组副书记、副主席。

◆钟健能被降为主任科员　2017年1月，中共陕西省纪律检查委员会发布消息称陕西省纪委对中共西安市委原常委、组织部部长钟健能违反换届纪律问题进行了立案审查。经查，钟健能严重违反政治纪律和政治规矩，严重违反组织纪律和换届纪律，在中央和中共陕西省委三令五申严明换届纪律的情况下，肆意

2017年2月15日，中国共产党西安市第十三届纪律检查委员会第二次全体会议召开

妄为，在中共陕西省委换届考察前向多人拉票；违反廉洁纪律，收受他人所送提货卡并送给其中个别拉票对象，其行为已构成严重违纪，且属于顶风违纪，性质严重，影响恶劣。依据《中国共产党纪律处分条例》等有关规定，经陕西省纪委常委会审议并报中共陕西省委批准，决定给予钟健能开除党籍、行政撤职处分，降为主任科员。此前的2016年11月，中共西安市委网站显示，钟健能不再担任西安市委常委。2016年12月，中共中央组织部通报中共西安市委常委、组织部部长钟健能严重违反换届纪律情况。自2011年1月起，钟健能任中共西安市委常委、组织部部长。（秦　声）

纪委主要工作和重大活动

◆**党内监督**　2017年，中国共产党西安市纪律检查委员会在全市集中开展2轮查处违反“中央八项规定”精神问题整治行动、廉洁过节“五个一批”（重申一批纪律规定、开展一批明察暗访、核查处理一批违纪问题、通报曝光一批典型案件、完善一批整改措施）专项行动，组织开展“回头看”。全市查处违反“中央八项规定”精神问题408件，比上年增长193.5%；处分509人，增长161%；通报曝光6批43起58人，发挥警示震慑作用。先后制定《进一步纠正“四风”、持续加强作风建设的实施意见》《党员干部行为规范》《公务活动禁止饮酒规定》。持续用好监督执纪“四种形态”（党内关系要正常化，批评和自我批评要经常开展，让咬耳扯袖、红脸出汗成为常态；党纪轻处分和组织处理要成为大多数；对严重违纪的重处分、做出重大职务调整应当是少数；严重违纪涉嫌违法立案审查的只能是极少数），运用“四种形态”处理10320人。其中，第一种形态处理6383人，第二种形态处理3592人，分别占处理人数的61.85%、34.81%，“咬耳扯袖、红脸出汗”成为常态，实现从“惩治极少数”向“管住大多数”的拓展。

◆**违纪案件查处**　2017年，中国共产党西安市纪律检查委员会加大执纪审查力度，全市各级纪检监察机关处置问题线索9274件，比上年增长84.56%。其中，立案3995件，增长136.67%；处分3817人，增长119.24%；移送司法机关83人。严肃查处中共西安市科学技术协会党组原书记、常务副主席（西安市地铁建设指挥部办公室原副主任、西安市地下铁道有限责任公司原副总经理）唐宏波等一批违纪违法案件。严肃追责问责“奥凯问题电缆事件”涉及的3个中共党组织、69名责任人。其中，处分55人；移送司法机关17人。开展“微腐败”专项治理，集中约谈排名靠后的30家单位的中共党委、纪委主要负责人。查处“微腐败”问题1601件，处分1932人，组织处理125人。紧盯“村霸”“沙霸”问题，查处案件22件，处分34人。及时查处周至县人民医院“天价停尸费”等一批群众反映强烈的突出问题。中央电视台《新闻直播间》对西安市查处“微腐败”工作进行专题报道。

◆**廉洁从政**　2017年，中国共产党西安市纪律检查委员会深化党风廉政责任制主体责任清单制度，全市163个县处级以上中共党组织全部建立责任清单。坚持党风廉政建设季度量化考核点评、年度目标责任考核制度，公开通报点评意见，对工作落实不力的及时约谈。坚持每月通报、双月讲评、季度点评党风廉政建设工作情况，向56个中共党组织和纪检机关发出“提醒函”。针对派驻纪检组“零立案”、纪检机关工作排名靠后等问题，约谈中共党委、纪委负责人41人次。出台《西安市贯彻〈中国共产党问责条例〉实施细则(试行)》，并对各区（县）、开发区落实情况进行抽查。全年问责中共党组织290个、党员领导干部784人。督促各级认真开展“肃清魏民洲等流毒影响，营造良好政治生态”专题教育活动；督促各级召开警示教育大会1480余场，6.5万人接受教育；组织开展“廉镜漫笔漫画展”和“警示教育典型案例展”，6.7万名中共党员干部和10万市民观展；编印下发《警示教育典型案例选编》，将每年9月定为“警示教育月”；对涉及魏民洲有关问题线索进行核查，修复政治生态工作取得明显成效，《中国纪检监察》《陕西日报》刊文给予肯定。

◆**预防腐败**　2017年，中国共产党西安市纪律检查委员会抓好“三个助力”（助力精准扶贫脱贫、生态环境保护、市场环境规范）。通过“四个一批”（产业精准扶贫一批、移民拆迁安置一批、低保兜底脱贫一批、医疗救助扶持一批）活动和3轮次明察暗访，查处问题575件，问责1180人。出台《西安市“铁腕治霾·保卫蓝天”督查考核问责工作暂行办法》，严查中国共产党中央委员会和中国共产党陕西省委员会环保督察交办线索，约谈排名靠后、问题突出的14个单位46名负责人，查处问题761件，问责2064人。聚焦规范市场秩序，6次集中约谈相关责任人，查处问题761件，问责1845人。助推“三项革命”（“烟头革命”“厕所革命”“行政效能革命”），出台《关于补齐干部作风短板的实施方案》，在全市开展为期3个月的专项教育活动。发挥《电视问政》《每日聚焦》《党风政风热线》栏目作用，问责追责1261人。

◆**监督检查**　2017年，中国共产党西安市纪律检查委员会出台《关于全市纪检监察机关服务保障“追赶超越”的实施意见》，明确12条具体措施。派出28个督查组对全市重点项目建设、供给侧结构性改革、创业“西安行”、打通“断头路”等重点工作进行督导检查，保证中国共产党中央委员会、陕西省和西安市重大决策部署落实到位。用好容错纠错机制，为83名中共党员干部容错，为1100名干部澄清是非。召开中国共产党西安市纪律检查委员会常委会36次，研究重大问题40余项。组织开展《中国共产党纪律检查机关监督执纪工作规则》知识竞赛，采取自办培训、委托培训、以案代训等形式，培训纪检监察干部680人次。加强对派驻机构统一管理，出台《西安市纪委派驻(出)机构执纪审查工作暂行办法》，加大考核力度，督促充分发挥“探头”作用。在全市纪检监察系统开展“学先进、补短板、促提升”和“六个一”（坚持一个方向、突出一个主题、抓住一个重点、提升一个素质、强化一个保证、实现一个目标）活动，梳理3个方面12项短板，并逐项对照整改。制定《工作失误追责问责办法》，对反映纪检监察干部问题线索从严核查，处置纪检监察干部问题线索124件，处分21人。

◆**巡察工作**　2017年，中国共产党西安市纪律检查委员会针对中国共产党中央委员会巡视组“回头看”反馈问题，制定33条措施，逐项抓好整改。办理移交举报件366件，立案70件，问责106人。对2015年以来反映区（县）“四大班子”成员、矿产资源及国有公司增资扩股、领导干部及其亲属插手工程项目和土地开发等方面367条问题线索，完成全部核查工作，立案25件，处分81人。出台《巡察发现问题线索移交办法》，完成2轮次对26个市级部门的巡察，发现重点问题250个，移交线索189件，办结81件，立案35件，处分33人。中共西安市委第三轮巡察派出6个巡察组，对中共西安市委办公厅等5个单位进行“机动式”巡察，对12个单位巡察整改情况进行检查。启动区（县）巡察，指导成立巡察机构，制定实施办法，完成9个镇（街）、18个区（县）部门（单位）的首轮巡察，发现重点问题378个，移交线索152件，立案18件，处分18人。（王小红）

中国共产党西安市第十三届纪律检查委员会

书　　记	杨　鑫（至11月） 卢力群
副 书 记	赵晓林　李堪社　王　勇 李红雨（女）
常务委员	杨　鑫　赵晓林　李堪社 王　勇　李红雨（女） 陈　武　万青平　孙宝峰 何　林（女）　王　雷 杨　帆
秘 书 长	陈　武
办公厅主任	杨　帆

西安
2018
年鉴
民主党派·工商联
责任编辑　姬娟妮

中国国民党革命委员会西安市委员会

◆**概况**　2017年，中国国民党革命委员会西安市委员会有5个专门工作委员会、8个区级工作委员会、2个总支部、4个直属支部、98个支部。新发展党员173人，平均年龄38.2岁。党员总数1695人，平均年龄53.7岁。其中，大专及以上学历者1426人，占党员总数的84.1%；具有中、高级专业技术职称的589人，占36.7%。有179人分别担任全国、陕西省、西安市和各区（县）的人大代表或政协委员。其中，担任西安市人民代表大会常务委员会副主任1人；担任区（县）级人民代表大会常务委员会副主任3人，区（县）级政协副主席5人。

◆**参政议政**　2017年，中国国民党革命委员会西安市委员会组织市、区（县）政协委员及党员骨干就民俗文化旅游、特色小镇建设、军民融合发展、科技创新等课题开展调研，并召开重点课题研讨会，形成《以阎良航空城为重要抓手，建西安国家军民深度融合示范城市》等调研报告。与民革北京、上海、广州、杭州、承德市委员会就科技创新、西安古遗址保护、历史文化街区建设和民俗旅游等课题开展联合座谈、调研。组织党员骨干及机关人员赴杭州、温州、丽水等地，就浙江特色小镇建设、民营企业发展开展调研，并围绕投资服务、生态宜居、生活品质“三个环境”建设进行座谈交流，形成《关于浙江等地特色小镇建设情况的调研报告》。全市各级组织和党员中的人大代表、政协委员向全国、陕西省、西安市、区（县）“两会”提交提案、建议388件。其中，向第十二届全国人民代表大会第五次会议提交建议10件；向中国人民政治协商会议陕西省第十一届委员会第五次会议提交《高举文化自信大旗，再塑厚重西安新形象》的发言材料；向中国人民政治协商会议西安市第十四届委员会第一次会议提交集体提案14件、个人提案106件，并提交《关于改善引汉济渭工程建设环境，提升工程相关保障工作水平的建议》交流材料，做了《积极实施“文化强市”战略，着力打造“中华梨园文化产业园”》的大会发言。其中，提交的《关于加强西安市治理雾霾工作的几点建议》得到中共西安市委主要领导批示并重点督办；《关于着力打造“中华梨园文化产业园”的建议》《关于加强我市农村环境污染治理工作的建议》《关于理顺城市污水处理设施规划建设及污水水源调度系统的建议》及《关于全面落实户籍新政的建议》4件提案得到西安市人民政府分管领导批示。全年向中共西安市委统战部报送理论研究文章21篇、调研报告7篇；向民革全国参政议政成果汇报会报送调研报告2篇。

◆**民主监督**　2017年，中国国民党革命委员会西安市委员会履行参政党职责，开展民主监督工作。组织机关及全市各基层组织开展脱贫攻坚民主监督工作，赴鄠邑区26个行政（自然）村，对242户贫困户进行入户走访，针对精神扶贫、教育扶助等方面提出意见建议。围绕干部作风补短板、“行政效能革命”等专项民主监督任务开展调研活动。参加中共西安市委、西安市人民政府和中国人民政治协商会议西安市委员会召开的各类政情通报会、民主协商会。在西安市人民政府召开的党外人士座谈会上，就《西安市加快推进特色小城镇建设的指导意见》提出4点建议，并与西安市文物局联合召开提案答复协商座谈会。中国国民党革命委员会西安市委员会调研处被中国国民党革命委员会中央委员会评为“民革全国参政议政工作先进集体”。

◆**海外联谊**　2017年，中国国民党革命委员会西安市委员会利用元宵节、中秋节等传统节日，召开“三胞”（大陆/港/澳特别行政区同胞、台湾同胞、海外侨胞）亲属座谈会、联谊会，加强交流，增进友谊。接待第十六届台湾高校杰出青年赴大陆参访团、台湾凯亚农业电视台陕西考察参访团等参访活动4次。会见台湾省南投县魏明仁等爱国人士，就两岸文化交流进行座谈。

◆**社会服务**　2017年，中国国民党革命委员会西安市委员会利用春节、“六一”儿童节、“八一”建军节和重阳节等节日开展节日慰问、敬老爱幼、扶贫帮困等社会服务工作。举办纪念抗战全面爆发80周年暨关爱抗战老兵大会，开展慰问抗战老兵暨文化下乡活动，看望抗战老兵50余名，赠送价值4万余元的慰问品，并为老兵和群众赠送春联200余幅。先后前往长安区、阎良区、临潼区和周至县、蓝田县等地开展医疗下乡和法律援助活动，慰问帮扶困难群众，并赴乡村学校开展普法讲座和支教帮扶活动。关注社会残障人士和环卫工人等弱势群体，邀请1000名保洁员在党员所属餐饮门店免费就餐。全年各级组织帮扶群众1300余人，向困难群众捐赠钱物24万余元。中国国民党革命委员会西安市曲江新区总支部被中国国民党革命委员会中央委员会评为“民革全国社会服务工作先进集体”。

◆**组织建设**　2017年1月9—10日，中国国民党革命委员会西安市第七次代表大会召开，选举产生新一届委员会。完成新一届5个专门工作委员会筹建工作，成立中国国民党革命委员会西安市长安区工作委员会、中国国民党革命委员会西安市曲江新区总支部和20个基层支部，调整莲湖区、碑林区、雁塔区和临潼区工作委员会班子成员。8月下旬至9月中旬，分别举办2017年度新党员培训班和基层党员骨干培训班，对237名新党员和63名基层党员骨干进行培训辅导。全年举办各级各类培训班7次，培训人员500余人次。接待中国国民党革命委员会中央委员会和民革上海、广州、六安、济南、杭州、连云港、丽水市委会及重庆市涪陵区委会等各地组织13家，并就机关建设、组织发展、参政议政等工作进行座谈交流。中国国民党革命委员会西

2017年1月8—10日，中国国民党革命委员会西安市第七次代表大会在西安古都文化大酒店召开

安市委员会被民革中央评为“民革全国组织建设工作先进集体”。

◆**宣传教育** 2017年，中国国民党革命委员会西安市委员会把学习宣传贯彻中国共产党第十九次全国代表大会精神以及习近平新时代中国特色社会主义思想放在首要位置，举办学习贯彻十九大精神暨宣传思想骨干培训会，对西安市各级组织和党员学习贯彻十九大精神进行安排部署。深入开展坚持和发展中国特色社会主义学习实践活动和“不忘合作初心，继续携手前进”及“观故居，走多党合作之路”学习教育活动，组织领导班子成员、机关干部和基层组织负责人前往孙中山、李济深、何香凝、张治中故居和朱蕴山纪念馆等民革党史教育基地及蓝田县葛牌镇红色革命爱国主义教育基地，接受党史和革命传统教育。举办“不忘合作初心，继续携手前进——纪念民革成立70周年”知识竞赛活动，选出6名选手代表民革西安市委参加中国国民党革命委员会陕西省委员会举办的知识竞赛，获得二、三等奖。中国国民党革命委员会西安市委员会网站刊发稿件341篇；向团结网、《团结报》、中国国民党革命委员会陕西省委员会、中共西安市委统战部等报送稿件73件次。编印《西安民革》刊物2期；编辑《工作信息》19期，编发信息482条、专报信息19篇。

（陈 艳）

中国国民党革命委员会西安市委员会

主任委员 韩宝生
副主任委员 王 选（专职）
王效梅（女） 惠占学
尹 洁（女） 刘 朋
秘书长 赵 辉（女）

中国民主同盟西安市委员会

◆**概况** 2017年，中国民主同盟西安市委员会有盟员2764人。其中，中国民主同盟中央委员会委员1人；陕西省人大代表1人，陕西省政协委员3人；西安市人大常委1人，西安市政协委员23人（常委4人）；区（县）人大常委会副主任1人、副区（县）长2人、区（县）政协副主席6人；副处级以上职务51人；各级监督员14人。新发展盟员168人，新盟员平均年龄38岁，具有界别特色的占62%，新社会阶层占比有所增加，大学以上学历者99%。有直属组织36个，其中，区（县）级工作委员会9个（中国民主同盟西安市新城区工作委员会、中国民主同盟西安市碑林区工作委员会、中国民主同盟西安市莲湖区工作委员会、中国民主同盟西安市雁塔区工作委员会、中国民主同盟西安市未央区工作委员会、中国民主同盟西安市灞桥区工作委员会、中国民主同盟西安市临潼区工作委员会、中国民主同盟周至县工作委员会、中国民主同盟长安区工作委员会），基层委员会1个（中国民主同盟西安文理学院委员会），总支部3个（中国民主同盟西安市蓝田县总支部委员会、中国民主同盟西安市高新区总支部委员会、中国民主同盟西安市市级联合总支部委员会），直属支部、小组23个。设有参政议政、教育、经济法治、科技、医疗卫生、妇女儿童、文化联络7个专门委员会；成立教育、科技、经济、文化、法律、医疗卫生6个专家调研组。1月13—14日，中国民主同盟西安市第十三次代表大会召开，选举产生中国民主同盟西安市第十三届委员会。

◆**参政议政** 2017年，中国民主同盟西安市委员会主要领导参加中共西安市委、西安市人民政府召开的协商会、座谈会、通报会。参加中国共产党西安市第十三次代表大会精神通报会，党风廉政建设暨反腐败工作情况通报会，西安市人民代表大会、中国人民政治协商会议西安市委员会有关换届人事安排协商会，西安市人民代表大会常务委员会、西安市人民政府征求《关于加快推进特色小镇规划建设的指导意见》座谈会，西安市人民政府对自贸区建设实施方案和管理办法的征求意见会等。参与西安市人大关于《西安市集中供热条例》等地方法规的修订，并在会上提出具体意见建议。参加中共西安市委统战部召开的各民主党派季度联席会议。担任各级人大代表、政协委员的盟员，履行代表委员职责，积极建言献策。撰写各类调研报告100余篇。根据中共西安市委重点调研课题的安排，完成《“一带一路”机遇下西安文化旅游融合发展的建议》《关于我市基础教育均衡发展》《关于加强城市精细化管理的调研》《对我市现代农业发展的思考》等7篇重点调研报告。在中国人民政治协商会议西安市第十四届委员会第一次会议上，提交大会发言3篇、集体提案19件、个人提案58件。其中，《关于加强职业学校教师队伍建设的意见》被列为西安市人民政府市长批示重点提案；《关于我市大型商业设施规划布局的建议》《关于加快治理违法建设 提高城市管理水平的建议》《关于提高法律援助案件质量 完善西安市法律援助制度的建议》《关于在西安地铁开通免费WiFi的建议》被列为西安市人民政府分管领导批示提案。认真接待提案答复，协商提案转化为政策措施。按照中共西安市委开展“学习先进、查找短板”专项工作要求，成立金融发展、工业经济发展、区（县）域经济发展3个课题调研组，赴企业、相关部门开展调研，形成3篇高质量的调研报告，受到中共西安市委、西安市人民政府高度重视和肯定。9月初，组织人员赴浙江杭州、丽水、温州进行调研。围绕“关于基础教育均衡发展的问题”“关于特色小镇建设的问题”“关于文化产业发展体制创新的问题”“盟组织如何发挥作用，促进本地区经济发展的问题”进行调研，形成高质量的调研成果。中国民主同盟西安市委员会文化专门委员会围绕“文化产业补短板”，到西安曲江新区开展文化产业发展专项调研，形成高质量的调研报告。成立182人组成的信息员队伍，上报社情民意信息148篇。其中，关于《解决仲裁案件财产保全难问题的建议》《消费过度维权已危及经济秩序亟须规制》被中国民主同盟中央委员会采纳；8篇信息被中国民主同盟陕西省委员会采纳。

◆**民主监督** 2017年，中国民主同盟西安市委员会成立由主要领导担任总指挥的脱贫攻坚民主监督领导小组，下设4个督查组。抽调10个基层组织100余名盟员组成“百人督查团”，赴鄠邑区甘河镇、渭丰镇、涝店镇402户贫困户家中，全面开展民主监督工作。及时向中共西安市委统战部、中共鄠邑区区委反馈情况，并提出意见、建议。12月，按照中共西安市委主要领导批示精神和中共西安市委统战部安排部署，开展“烟头革命”专项监督。赴新城区、雁塔区等地调研，经研究讨论，形成多条意见、建议，并上报有关部门。

◆**社会服务** 2017年，中国民主同盟西安市委员会动员各级盟组织、广大盟员，参与脱贫攻坚工作。主要领导带领市、区（县）有关人大代表，赴蓝田县玉山镇走访贫困户，监督脱贫攻坚工作，向贫困户送去慰问金，并宣传精准扶贫政策。据不完全统计，盟员通过不同渠道捐款、捐物超过1000万元，帮扶贫困群众4000余人次，开展各类脱贫攻坚活动100余次。中国民主同盟西安市高新区总支部资助蓝田县洩湖镇马王村11名贫困学生及其家庭，捐款、捐物7万余元。中国民主同盟西安市灞桥区工作委员会盟员张珊春向长安区大兆乡贫困人员捐款、捐物，折合6000元，并吸纳100余名贫困人员就业。中国民主同盟西安市未央区工作委员会盟员赴蓝田县灞源镇粮房村，为贫困户送去生活物资，价值6000余元。中国民主同盟西安市雁塔区工作委员会盟员向咸阳市特殊儿童康复中心捐赠价值5000元的校服；

2017年10月12—13日，民盟西部城市盟务工作会议在西安召开

向蓝田县吴家寨小学捐赠“爱心书屋”1间，价值4万元。中国民主同盟西安市长安区工作委员会盟员向贫困学生及贫困户捐赠价值3万余元的物品。中国民主同盟西安市新城区工作委员会到蓝田县后沟窑村给孤寡老人送去棉衣；给10名留守儿童送去文具、足球等用品，给孤儿家庭送去3000元慰问金。中国民主同盟蓝田县总支部参与蓝田县扶贫开发、脱贫攻坚活动，捐款、捐物折合10余万元。中国民主同盟西安市联合总支部动员盟员参与脱贫攻坚工作。其中，怡康医药集团在陕西省各地捐款、捐物价值850余万元；陕西亿杰实业(集团)有限公司在陕西省各地捐款、捐物价值50余万元。7月15日，民盟西安市委会在长安区杨庄街道办事处召开精准扶贫推进大会。会上，盟员投资2.5万元为贫困户修缮房屋；盟员同4名贫困大学生签订协议，每年资助每名大学生3200元，直至大学毕业；中国民主同盟西安市委员会医疗卫生专门委员会7位医疗专家同患病贫困户签协议，长期为其进行健康医疗帮扶；盟员捐赠价值1万余元的药品。在鄠邑区开展捐资助学活动，对贫困户家中的大学生予以资助。按照中共西安市委统战部统一安排部署，民盟西安市委赴杨庄街道办事处杨庄村、营沟村开展送温暖活动，为贫困户送去米、面、油等生活用品。组织教育、医疗卫生界盟员前往长安区第八中学、王曲村，开展“烛光行动”教育帮扶和为贫困村民义诊活动。在鄠邑区第八中学开展“烛光行动”——“送教下乡”暨爱心捐助活动，盟员进行教学示范、专题讲座。与中国民主同盟陕西省委员会、新东方西安分校联合举办“新东方烛光支教”活动，为1000余名基层教师开展培训。中国民主同盟西安市长安区工作委员会、中国民主同盟蓝田县总支部、中国民主同盟西安市新城区工作委员会组织100余名盟员开展春节义写春联活动，送出春联5200余幅。中国民主同盟西安市未央区工作委员会组织“爱心送教下乡”活动，分别到高陵区幼儿园、未央区幼儿园，赠送图书1450册和“爱心款”6500元。中国民主同盟西安市长安区工作委员会组织盟员到“陕西儿童村”看望慰问“两教”（劳教、管教）人员子女，送去米、面、油等慰问品。中国民主同盟周至县工作委员会组织盟员前往秦岭深山中的厚畛子镇中心幼儿园开展“精准扶贫、送温暖、送爱心”活动。中国民主同盟西安市鄠邑区支部开展健康扶贫大型义诊活动。中国民主同盟西安市新城区工作委员会盟员带领专业团队为西安市新城区励耘小学100余名贫困儿童开展“免费验光献爱心”活动。中国民主同盟西安市高新区总支部资助商洛市山阳县户垣镇小学价值6万元的办公家具。中国民主同盟西安市莲湖区工作委员会开展公益助学活动，向云南省腾冲地区边远山区捐赠价值1500元的“爱心包裹”。中国民主同盟蓝田县总支部情为洩湖镇杜坪小学筹集爱心捐款1万余元，为普化镇中心学校捐助4万余元。

◆**民盟西部城市盟务工作会议** 2017年10月12—13日在西安召开。来自西安、成都、贵阳、呼和浩特、昆明等10个西部省（区）省会城市和杭州、厦门等11个特邀城市的100余位代表参加会议。会议围绕“一带一路”文化旅游融合发展主题进行交流研讨，提出“唱响丝路文化 推进丝路旅游”“打造海上丝绸之路人文交流中心枢纽城市”等建议。会议收到33篇研讨论文。（王耿平）

中国民主同盟西安市委员会

主任委员 戴宏科
副主任委员 俞向前　王晓如（女）
张雪琴（女）
李　煦（女，驻会）
程希文

中国民主建国会西安市委员会

◆**概况** 2017年，中国民主建国会西安市委员会有6个区工作委员会、3个基层委员会、9个总支部和118个支部、7个专门委员会。有会员2388人。其中，经济界人士1917人，占会员总数的80.3%（担任各种经济实体的法人、总经理等高级管理人员422人，占17.7%）；担任政府及司法机关县处级以上职务的33人，占1.38%；担任各级人大代表、政协委员的215人，占9%。

◆**参政议政** 2017年，中国民主建国会西安市委员会履行参政党职能，积极参政议政。参加中共西安市委员会、西安市人民代表大会常务委员会、西安市人民政府、中国人民政治协商会议西安市委员会组织的民主协商会、征求意见会、政情通报会13次，就《政府工作报告》、补齐“十大短板”、推动创新创业、发展实体经济、助力脱贫攻坚、反腐倡廉等重大问题建言献策。对西安市鄠邑区蒋村镇扶贫政策执行和脱贫攻坚干部帮扶工作开展民主监督。对“河长制”和“五水治理”（治污水、防洪水、排涝水、保供水、抓节水）适时开展情况专项监督。就护城河、幸福河、浐河、灞河等22条河流河道建设、水质情况以及污水处理厂建设开展民主监督。在中国人民政治协商会议西安市第十四届委员会第一次会议上，提交《综合施策 精准发力 以“文化+”推动西安丝路文化高地建设》《西安民间投资发展面临的问题及对策》2篇大会发言、20件集体提案、47件个人提案。其中，《关于以“文化+”推动西安思路文化高地建设的建议》被列为中国人民政治协商会议西安市委员会重点提案，并且中共西安市委主要领导做了批示。召开“找准双创发展瓶颈 打造创新发展驱动”研讨会；举办“从来料加工到智能制造——创新带来的中国巨变与城市机遇”专题讲座；参加陕西经济形势报告会；考察西安曲江新区369互联网创业基地；赴深圳、哈尔滨、贵州、重庆、杭州、南昌等地开展调研，形成《从改进服务理念入手补足西安民营企业发展短板》《关于改进自贸实验区行政管理体制的建议》《金融支持小微企业发展的长效机制研究及政策建议》《立足医养结合 推动我市养老机构养老服务健康发展》《发挥资源优势 推动西安文化创意产业发展》《在深度调研的基础上引导优势民营企业快速进入军民融合大潮》等一批高质量的调研成果。围绕“找短板、补短板”开展专项调研，完成《西安民营经济发展存在的问题与对策建议》调研报告。举办“社情民意经验交流会”，推动各基层组织反映社情民意工作。向中国民主建国会陕西省委员会、中国民主建国会中央委员会报送《关于设置行人过街手控红绿灯的建议》《关于加强高层建筑消防监督的建议》《关于做好西安旅游市场监管的建议》《关于西京医院门口道路堵塞的几点意见》《“车让人”活动中出现的一些问题及建议》等社情民意，向中共中央统战部《零讯》杂志报送社情民意——《关于在人民政协设置新的社会阶层界别的建议》。

◆**社会服务** 2017年，中国民主建国会西安市委员会立足特色，发挥优势，动员全会力量，做好社会服务工作。组织会员参加中国风险投资论坛、中国非公有制经济发展论坛、2017丝绸之路国际博览会暨第二十一届中西部投资贸易与合作洽谈、2017首届世界西商大会、2017全球硬科技创新大会等重大经济活动。选派会员中的企业界人士在西安市社会主义学院、浙江大学等地参加非公有制经济人士培训班、非公企业负责人专题研修班。组织会员赴贵州、黑龙江、吉林等地考察交流，帮助企业寻求发展机遇。组织会员考察大庆油田有限责任公司、中国第一汽车集团有限公司等知名企业。定期走访会员企业，宣讲有关政策法规，了解企业生产经营情况，帮助会员企业解决实际困难。响应中共中央“精准扶贫”号召，加大对长安区杨庄街道办事处对口帮扶村工作力度，开展“迎新春、送温暖”春节慰问、“文化、科技、卫生”三下乡活动；看望慰问14位贫困户；开展20余天的义诊活动，为患有眼科疾病的村民提供免费治疗。继续做好资助贫困大学生活动。全年参加“点亮工程”、助学助困、义诊、科普宣传和法律咨询等公益活动210人次，捐款、捐物折合近80万元。

◆**组织建设** 2017年1月6—8日，中国民主建国会西安市第十一次代表大会召开。大会选举产生民建西安市十一届委员会。中国民主建国会西安市委员会学习贯彻中国共产党第十九次全国代表大会精神，赴各工作委员会和基层组织赠送中共十九大文件汇编、辅导读本，开展辅导宣讲。全年召开主委会议6次、常委会议5次、全委会议2次；举办常委会专题讲座3次。学习全国“两会”精神、中国共产党第十八届中央委员会第六次全体会议精神、习近平系列重要讲话精神等，编印发放各类学习材料300余册。开展“不忘合作初心，继续携手前进”专题教育活动。围绕纪念中华人民共和国建立68周年、中国共产党建党96周年、中共十九大召开等重大活动，通过召开纪念会、座谈会、报告会等形式，不断把主题教育活动推向深入。开展理论研究，完成《浅论新常态下充分发挥民主党派民主监督作用》《关于进一步做好民主党派民主监督的几点建议》等17篇理论研究成果。在西安市社会主义学院举办2期骨干会员与新会员培训班，培训会员150余人次。选派优秀基层负责人、会员企业参加中共西安市委统战部举办的基层组织主委培训班、非公有制经纪人师培训班。组织30余名会员中的企业家参加在浙江大学举办的非公有制经济人士专题研修班。优化调整专门委员会的设置，增设中国民主建国会西安市委员会文化工作委员会。（丁 鑫）

中国民主建国会西安市委员会

主 任 委 员 姜长智
副主任委员 白秋分（女） 王 季 张阿利 霍炳男 乔 伟

中国民主促进会西安市委员会

◆**概况** 2017年，中国民主促进会西安市委员会有区（县）工作委员会9个、直属工作委员会1个、总支部2个、基层支部111个、专门委员会6个。会员总数1973人，平均年龄57.4岁。新发展会员84人，平均年龄36.8岁。会员中，教育界1422人，科技、文艺界164人，其他界别387人；有大专及以上学历者1671人，占会员总数的84.6%；有中高级职称者1440人，占会员总数的73.6%。会员中担任陕西省人大代表2人，市、区（县）人大代表35人，其中区（县）人大常委会副主任2人；中国人民政治协商会议陕西省委员会常委2人，市、区（县）政协委员141人，其中区（县）政协副主席6人；在政府各部门担任处级以上职务者17人。

◆**参政议政和民主监督** 2017年，中国民主促进会西安市委员会履行民主党派参政议政和民主监督职责。主要领导的《关于加快公安工作法制化进程的提案》，获“中国民主促进会中央委员会参政议政成果一等奖”。在中国人民政治协商会议西安市第十四届委员会第一次会议上提交大会发言1件、集体提案13份、委员个人提案31份。3份集体提案被评为“优秀提案”。《关于推进农村电子商务发展 切实拓宽农民增收渠道的建议》为西安市人民政府市长批示；《关于多渠道解决教育资源及师资短缺问题 努力促进义务教育均衡发展的建议》《关于推进智慧社区建设 创新社会管理服务的建议》为西安市人民政府副市长批示；《关于推动我市出台公共场所禁烟控烟地方性法规的建议》《关于借鉴杭州经验，让“车让人”在西安落到实处的建议》得到中共西安市委、西安市人民政府重视，相关建议得到落实。2012年大会发言《加快书院门街区统筹规划 打造中国最具影响力的历史文化旅游街区》、2015年大会发言《依托顺城巷打造环城墙旅游文化商业经济圈》建议转化为中共西安市委、西安市人民政府决策，进入实施阶段。2014年集体提案《关于建设智慧城市 推出公共服务电话“一号通”的建议》得到落实，西安市民热线“12345”全面开通。上报社情民意信息8条。修改、制定《关于课题申报立项及信息报送工作意见》《参政议政课题经费使用办法》《专项工作表彰奖励办法》等规章制度，安排各专门委员会、工作委员会认领调研课题22个，提供调研经费超过5万元。发挥教育界别优势，以破解“上学难问题”等为重点，召开破解“上学难”专题座谈会，参加西安市教育局关于破解“上学难”问题专题调研座谈会，并赴成都、南京等地调研。发挥文化界别优势，召开文化产业“找短板 补短板 提建议”座谈会，形成《关于开展“文化产业找短板、补短板、提建议”工作汇报》，得到中共西安市委高度重视。按照中共西安市委安排，就《关于新时代下我市弘扬企业家精神研究》开展调研。赴五陵原、陕西省考古研究所开展“讲好西安故事——汉文化景区建设”调研；赴白鹿原、翱翔小镇、诗经里开展特色小镇建设调研。5篇调研报告获中共西安市委统战部通报表彰，其中《西安特色小镇建设现状及思考》《关于高陵区域经济发展的思考》获一等奖；《发挥政府主导作用彻底破解上学难题》获二等奖；《关于讲好西安故事建设五陵原汉文化旅游景区的调研报告》《西安文化产业发展现状及思考》获三等奖。7月，组织机关干部和志愿者，对鄠邑区石井镇、余下镇45村297户贫困户脱贫攻坚工作开展为期1个月的民主监督。12月，对城六区952座环卫公厕、公共场所配套公厕开展为期3周的“厕所革命”工作民主监督，相关调研成果得到中共西安市委主要领导批示。

◆**社会服务** 2017年，中国民主促进会西安市委员会创新开展常规社会服务。春节前，市委会领导慰问退休老领导、老会员、困难会员；直属工作委员会举办“迎新春 大走访 大慰问”“春联进万家”等系列活动。“六一”儿童节，中国民主促进会西安市委员会经济支部带领会员慰问西安高新泾河小学的学生和教职工。“八一”建军节前，中国民主促进会西安市委员会书画支部开展系列书画活动。中国民主促进会西安市雁塔区工作委员会以法制教育、校园管理为重点，联合雁塔区人民法院开展法制教育讲座、庭审观摩、模拟法庭等多种形式的法制教育活动。结合“大众创业、万众创新”，面向大学生群体，中国民主促进会西安市委员会书画支部筹资建立“陕西省大学生书画创业基地”，免费培训热爱传统书法的未就业大学生，并推荐安排其到各青少年书法艺术中心担任助教。为陕西蒙恩天使关爱中心开展“资助残障孤儿，奉献片爱心”捐助活动。中国民主促进会西安市新城区工作委员会组织会员为蓝田县普华镇宝兴寺村小学送教下乡活动。中国民主促进会西安市碑林区工作委员会前往蓝田县辋川镇南北沟小学开展“欢庆六一、精准扶贫、爱心支教”活动。中国民主促进会西安市莲湖区工作委员会赴周至县哑柏镇开展高考考前辅导活动。中国民主促进会西安市高新区支部前往长安区杨庄街道办事处支教。会员卫小军作为陕西省首批“组团式”援藏教师团领队，前往西藏阿里地区高级中学担任副校长，被中共西藏自治区党委、西藏自治区人民政府评为“最美援藏教师”，并被授予西藏自治区教育系统“民族团结进步模范个人”称号。中国民主促进会西安市委员会持续对口精准帮扶长安区杨庄街道办事处井家湾村、付家塬村，参与市级民主党派脱贫攻坚“暖冬行动”。中国民主促进会西安市长安区工作委员会启动“民进长安工委暖冬行动——送教下乡”活动。中国民主促进会西安市新城区工作委员会帮扶孤儿就学，组织会内部分区政协委员到沣西新城贫困户家庭开展走访。中国民主促进会西安市莲湖区工作委员会参加专项医疗扶贫义诊活动。中国民主促进会西安市未央区工作委员会前往蓝田县灞源镇粮房村开展精准扶贫“春雨工程”之“美丽人家”暨“万企帮万户”活动，建立扶贫合作基金，并与该村结成精准帮扶对子。中国民主促进会西安市雁塔区工作委员会前往周至县马召镇武家庄村慰问贫困户。中国民主促进会西安市鄠邑区工作委员会开展“精准扶贫进校园、进家庭”活动。

◆宣传教育 2017年，中国民主促进会西安市委员会坚持把专题教育作为继续开展学习实践活动的重要内容和载体。制订《“不忘合作初心，继续携手前进”专题教育活动方案》《学习实践活动联系点工作方案》，班子成员每人联系一个工作委员会，按照“讲一次课、开一次专题民主生活会、牵头一个调研课题”要求，发挥引领示范作用。各工委、支部先后赴延安市、旬邑县马栏革命根据地旧址、铜川照金革命根据地，开展“踏寻红色足迹 牢记使命担当”实践教育活动，举办“不忘合作初心 继续携手前进”主题知识竞赛。中国民主促进会西安市委员会获中国民主促进会中央委员会“坚持和发展中国特色社会主义学习实践活动先进集体”称号。提升参政党宣传理论水平，形成《民主党派履行民主监督职能研究》《关于西安市统一战线智库建设的思考》《关于新形势下党外干部选拔的思考》等成果，其中《提高民主党派履职水平的思考》在民进中央《民主》杂志上刊载。开展“携手前进，欢度重阳”征文等活动。出版《西安民进》杂志4期。在民进中央网站、《人民政协报》《民主》杂志登载信息文章37篇（次）；省级、市级新闻媒体报道民进西安市委79条次。

◆组织建设 2017年1月12—13日，中国民主促进会西安市第七次代表大会召开，选举产生新一届市委会委员、常委和主委班子。围绕中国民主促进会中央委员会和中国民主促进会陕西省委员会换届工作，省市人大代表、政协委员推荐工作，西安统一战线专家智库成员推荐工作，工委和专委会、西安民进企业界联谊会换届调整工作等，推荐选拔培养会内优秀人才。1人当选民进中央第十四届中央委员、中央监督委员会委员；14人当选民进陕西省委第十二届委员（含副主委1人、常委1人），5人当选民进陕西省委监督委员会委员（含主任1人、副主任1人），2人当选陕西省人大代表，1人推荐为陕西省政协委员；12人当选西安市人大代表（含常委1人），24人担任西安市政协委员（含常委5人），7人担任西安统一战线智库专家。全年推荐骨干会员和调整各级班子成员近300人次。加强组织制度化建设，修改、制定《主委会议议事规则》《常务委员会议事规则》《区（县）工作委员会职责》《组织发展工作细则》《支部活动经费管理办法》《全市会员缴纳会费及使用办法》。（赵博涛）

中国民主促进会西安市委员会

主任委员 杨宗科
副主任委员 王 厚 孙润璋
陈 宏（女）
任佳琳（女）
梁 倩（女）
秘书长 张冰甫

中国农工民主党西安市委员会

◆概况 2017年，中国农工民主党西安市委员会有区级工作委员会5个、总支委员会等基层组织63个、专门工作委员会9个。新发展党员65人，党员总数1406人。其中，医药卫生等主界别占67%、科技教育文化界占17%。中高级以上职称占78.12%。担任各级人大代表、政协委员的141人。其中，中国人民政治协商会议西安市委员会副主席1人、区（县）政协副主席4人、区（县）人大常委会副主任1人。

◆参政议政 2017年，中国农工民主党西安市委员会履行参政党职能。在中国人民政治协商会议西安市第十四届委员会第一次会议上提交大会发言3件、集体提案19件和个人提案39件。其中，秘书长张国隆做了《关于我市垃圾处理的建议》的大会发言；3件集体提案和2件委员提案被评为“优秀提案”。领导班子成员参加中共西安市委、中国人民政治协商会议西安市委员会、中共西安市委统战部召开的各类协商会、情况通报会10余次，围绕中共西安市委重大决策咨政建言。按照中共西安市委补短板工作部署，落实中共西安市委主要领导对中国农工民主党西安市委员会“希望在军民融合改革发展上有好的建议”的批示精神，主要领导带领课题组成员赴陕西盛和建设工程有限公司和西安市相关部门、开发区、工业园区等十几家单位调研并召开企业座谈会，撰写《关于推动我市军民融合深度发展的建议》调研报告。就补齐西安市生态环境短板开展调研、视察和督查，为西安“铁腕治霾”献计出力。参加中国农工民主党中央委员会组织、举办的健康扶贫跟踪调研、中医药发展论坛，中国农工民主党陕西省委员会治污减霾专题调研，在全国副省级城市会议上，围绕“一带一路”中医药事业发展与其他城市进行交流。

◆民主监督 2017年8月，中国农工民主党西安市委员会组织5个工作委员会、3个总支部和45个基层组织的党员和机关干部百余人次，分批次对鄠邑区甘亭街道办事处和玉蝉镇85个村的590户贫困户入户调查，发放调查问卷近600份；对340名驻村干部、10个驻村工作队、590名结对贫困户干部作风进行监督。协同中国人民政治协商会议西安市委员会赴秦汉新城39户贫困户，开展扶贫对象精

2017年11月10日，中国农工民主党西安市委员会组织72名医疗专家、志愿者到西安市长安区杨庄街办魏家岭村开展第二十九届“国际科学与和平周”健康扶贫活动

准识别专项视察。11月中下旬，组成监督队就农村“厕所革命”开展专项民主监督。主要领导带队到蓝田县牛角村、董村入户实地查看“厕所革命”开展情况，并调研座谈。

◆**社会服务** 2017年，中国农工民主党西安市委员会发挥界别特色和优势，以健康扶贫为重点，分别让中国农工民主党西安市第四人民医院支部、中国农工民主党西安市第五人民医院支部、中国农工民主党西安市结核病支部、中国农工民主党西安市精神卫生支部等支部组建医疗小分队，在长安区杨庄乡魏家岭村和李家山村，建立贫困户健康档案，开展签约“家庭医生”工作。开展“暖冬助力扶贫行动”，组织30多名志愿者在杨庄乡开展义诊和慰问，向魏家岭村“幸福院”捐赠价值3000元的食品。中国农工民主党西安市临潼区总支在郭尧村设立定点健康扶贫点，连续2天为300多名村民免费体检、义诊，并兜底贫困户住院费。加强与对口联系单位的合作，与西安市农业委员会、西安市环境保护局联合，在蓝田县磨李村、康偏村开展“同呼吸、共担当、齐行动”健康扶贫义诊和文化下乡活动。以“中国环境与健康宣传周”“国际科学与和平周”为契机，组织50多名专家在魏家岭村开展健康义诊、环保宣传、科普教育、法律咨询和文化下乡等活动，捐赠毛衣近100件、家庭小药箱70个。连续4年在洛南县四皓镇小学开展“爱心书屋”捐赠和支教活动，捐赠近1万元的图书、文具和体育用品。各专门委员会、工作委员会和基层组织发挥自身优势，开展丰富多彩的社会服务活动。中国农工民主党西安市妇女儿童工作委员会为“星星阳光家园”残障儿童义诊；中国农工民主党西安市老龄工作委员会为临潼区芙蓉苑养老院捐赠；中国农工民主党西安市未央区工作委员会开展“六一”捐赠和“精准扶贫健康行”活动；中国农工民主党西安市莲湖区工作委员会赴社区慰问贫困人群；中国农工民主党西安市雁塔区工作委员会开展“助力高考公益行”活动；中国农工民主党西安市灞桥区总支部开展送医下乡活动。全年有30多个支部的500多名党员参与社会服务活动，受惠群众1万余人，捐款、捐物10余万元。 （孙龙飞）

中国农工民主党西安市委员会

主任委员	王国根
副主任委员	吕　鹏　齐　靖（女）
	孔令国　周　媛（女）
	李建平
秘书长	张国隆

中国致公党西安市委员会

◆**概况** 2017年，中国致公党西安市委员会有总支部6个、支部28个（含总支所属支部）、专门委员会10个。新发展党员33人，党员总数385人，其中具有中高级职称的251人。党员中担任各级人大代表、政协委员的39人。其中，全国政协委员1人；陕西省人大代表、政协委员3人；西安市人大代表、政协委员14人；区（县）人大代表、政协委员21人。向中共西安市委统战部、中共西安市纪律检查委员会（西安市监察局）、西安市检察院推荐各类特邀人员和智库专家7名。

◆**参政议政** 2017年，中国致公党西安市委员会在西安市“两会”上，大会发言1次，提交书面发言2件、集体提案15件、人大议案1件。中共西安市委书记、西安市人民政府市长及分管副市长对《关于打造万亿级产业让飞机制造引领我市追赶超越的建议》《关于进一步强化职能监督 推动扶贫政策落地生根的建议》《关于稳步推进大项目带动战略，实现西安跨越式发展的建议》进行批示。向中共西安市委相关部门报送《立足西安发展实际，寻找发展方式，稳步推进西安市新型城镇化建设》《进一步发掘西安市“一带一路”政策内涵，促进与丝路沿线国家青年交流》《彰显县域特色，寻求差异路径 努力实现西安县域经济发展新跨越》《以国际化视野为参考，创建“西安模式”为突破口，建设具有历史文化特色的国际化大都市》4篇调研报告。与西安建筑科技大学环境与市政工程学院联合成立参政、议政调研合作基地；与西安理工大学人文学院和西北大学公共管理学院合作，吸纳外聘专家参与到重点调研课题队伍中。向致公党中央委员会、中国人民政治协商会议西安市委员会、中共西安市委统战部报送调研成果、理论研究成果、征文16件。

◆**民主监督** 2017年，中国致公党西安市委员会社会服务工作委员会成立脱贫攻坚民主监督工作组，对鄠邑区祖庵镇18个村111户和长安区杨庄街道办事处大寨村、小寨村开展脱贫攻坚民主监督。社会服务工作委员会成立专项监督小组，对4个区（县）、4个街道（镇）、7个社区（村）开展专项监督，形成调研报告，并报送中共西安市委。

◆**社会服务** 2017年，中国致公党西安市委员会在党内募捐6000余元，为杨庄街道办事处大寨村、小寨村贫困户送风扇。春节前夕，中国致公党西安市碑林区总支部走访永宁社区低保家庭；中国致公党沣东支部、中国致公党西安市莲湖区总支部和中国致公党西安市高新区总支联合西安市书法协会，在周至县新建村开展文化下乡活动；中国致公党西安市莲湖区总支部和中国致公党陕西省中医院支部在镇安县柴坪镇卫生院开展义诊及法律咨询活动；中国致公党西安市新城区总支部参加中共新城区委统战部扶贫帮困活动；中国致公党西安市未央区三支部联合陕西省西咸新区空港新城开发建设集团慰问空港新城北杜村贫困户；中国致公党中国建筑西北设计研究院有限公司支部在蓝田县骞湾小学开展“为留守儿童点燃梦想的课堂”活动，送去2台电脑、1台打印机和45份礼品，价值1.5万元；中国致公党西安曲江新区支部在周至县竹峪镇民主村、丹阳村开展帮扶活动。中国致公党西安市委员会被中国致公党中央委员会评为“社会服务工作先进集体”；冯谭宗、刘永柏、张弛3名党员被评为“社会服务工作先进个人”；陈雯雯被评为“社会服务工作优秀组织工作者”；“致公关爱”志愿者项目被评为“社会服务优秀成果”。

◆组织建设 2017年1月11—12日，中国致公党西安市第六次代表大会召开。会议审议并通过中国致公党西安市第五届委员会工作报告和大会决议，选举产生中国致公党西安市第六届委员会。中国致公党西安市委员会组织新一届常委、委员、党员代表60余人次，先后赴杭州、宁波、丽水、重庆等地，开展学习实践活动。开办面向全市致公党员的公益性讲座——“致公大讲堂”。中国致公党西安市委员会老党员工作委员会在重阳节组织老党员参观柴窑博物馆。举办中青年骨干及新党员培训班和参政议政培训班。组织党员参加各级学习培训活动5次，培训党员70余人次。中国致公党西安市委员会被中国致公党中央委员会授予“坚持和发展中国特色社会主义学习实践活动先进集体”称号；吴恒运、杨小龙、崔娜被授予“坚持和发展中国特色社会主义学习实践活动先进个人”称号。

◆海外联络 2017年，中国致公党西安市委员会就做好南非归国侨胞、侨眷和留学人员在西安的生活和工作等问题与中非经济发展研究会进行座谈交流。参加2017欧亚经济论坛海外高层次人才交流活动。中国致公党西安市委员会海外联谊工作委员会组织主题为“弘扬传统文化，联谊海外情缘”活动。中国致公党西安市委员会青年工作委员会与西安欧美同学会等多家单位协办2017中国海归（西安）创业大赛。（朱 璟）

中国致公党西安市委员会

主 任 委 员 张华俊
副主任委员 杨 军 来 克 崔安庆 崔孟娜（女）
秘 书 长 崔安庆（兼）

九三学社西安市委员会

◆概况 2017年，九三学社西安市委员会有4个工作委员会、8个专门委员会、40个基层组织。社员总数950人，平均年龄56.4岁。社员中科技界人士713人，占总数的75%；其他界别人士237人，占总数的25%。其中，具有中高级职称的843人，占社员总数的88.7%；离退休社员314人，占总数的33%。社员中九三学社中央委员1人；陕西省人大代表2人；西安市人大代表2人；陕西省政协委员1人，西安市政协委员18人；西安市人民政府参事1人；西安市人民政府特邀监察员、监督员1人；西安市人民政府局级职务2人，处级职务14人。

◆参政议政 2017年，九三学社西安市委员会围绕陕西省、西安市“两会”主题，广泛开展提案征集工作。在中国人民政治协商会议西安市第十四届委员会第一次会议期间，有67件提案立案。其中，集体提案13件，占提案数的19%；个人提案54件，占提案数的81%。《关于促进陕西自贸实验区金融服务业创新发展，完善我市金融市场体系建设的建议》被列为市级领导重点督办提案；《充分发挥PPP效能，促进西安经济社会发展》获中共西安市委书记批示，并听取专题汇报；《关于提升大西安经济增长质量的建议》等6件提案获中国人民政治协商会议西安市委员会“优秀提案”；《关于加快推进浅层地热能综合开发与利用方案的建议》被列为中国人民政治协商会议陕西省第十一届委员会第五次会议集体提案。加强与提案承办单位沟通，通过座谈交流、现场调研、重点督办等方式，跟踪了解提案办理情况，促进提案落实。九三学社西安市委员会主委、副主委参加自贸试验区金融服务业发展、“五路”两侧植绿、中央环保督察问题整改、陕西省空气质量专项督查通报问题整改、高速公路两侧“三化”工作等督办和专项视察活动。九三学社西安市委员会被九三学社中央委员会评为“2013—2017年参政议政先进单位”。

◆民主监督 2017年，九三学社西安市委员会为发挥民主党派的监督职能，按照中共西安市委统一安排，组织28名九三学社西安市委员会委员、机关干部和九三学社鄠邑区支社社员，分6个调研组对鄠邑区脱贫攻坚帮扶工作进行民主监督，并向中共西安市委提交专题报告。为推动“厕所革命”深入开展，组成调研组赴新城区、西安曲江新区、临潼区、蓝田县等地对旅游厕所和社会对外开放厕所进行专项监督，提交专项监督报告。各区（县）九三学社工委、支社也对属地厕所进行监督调研。九三学社西安市委员会领导参加西安广播电台《党风政风热线》栏目，就“河长制”及河道污染治理、非法营运、城中村拆迁提出建议。

◆社会服务 2017年，九三学社西安市委员会组织九三界别的中国人民政治协商会议西安市委员会委员和机关干部，分3个组对沣西新城扶贫对象精准识别工作进行监督。监督人员赴钓台街道办事处、马王街道办事处和高桥街道办事处所属的3个村，查看“四书一卡一簿”（“四书”：贫困户申请书，家庭情况真实性承诺书，自主创业、就业意愿书，干部帮扶责任书；“一卡”：贫困户精准脱贫明白卡；“一簿”：户精准帮扶纪实资料簿）、信息摸底表、村民代表大会记录、公示材料等，走访村干部、贫困户和村民，全面了解贫困户识别政策、识别程序落实情况，并向中国人民政治协商会议西安市委员会报送专题报告。根据帮扶村群众需求，开展以“帮扶贫困群众、关爱弱势群体”为主题的“暖冬行动”。通过走访帮扶村建档立卡贫困户，了解扶贫政策落实情况，并为其送去棉衣、棉被和现金。联合西安高新第四小学在杨庄中心小学开展以“捐一缕书香，献一片真情”为主题的捐书活动。春节前夕，看望慰问帮扶村部分生活困难群众，送去米、油和慰问金。联系九三学社杭州市委员主委带领考察团来西安投资考察。考察团参观了西咸新区、西安创新设计中心，与西安政府部门和企业举行了投资项目推介和洽谈活动。组织青年社员参与“大众创业 万众创新”活动，在“152蒜泥咖啡”举办创新、创业沙龙活动，邀请政府人员、专家学者、企业代表等就“创新创业、点子碰撞、人生哲理、成功经验”等内容进行互动交流。组织青年社员参加2017中国创新创业成果交易会，并参观九三学社社员科技成果展；观看“振兴大西安，海归在行动”首届西安海归创业大赛决赛；参加“一带一路大西安创客跑”活动。与九三学社中央青年工作委员会在西安科技大学联合举办全国“爱握手”公益活动，应用3D打印技术为失去肢体的儿童与青少年免费提供智能假肢。组织10名医疗专家赴周至县楼观镇，宣讲健康防病知识，为60余位村民义务诊治，对贫困户进行“一对一”诊疗。在碑林区柏树林街道办事处菊花园社区举办眼科义诊活动，8名医疗专家宣讲眼科保健知识，为100余名群众进行眼科检查，并提出眼睛保护和治疗建议。

◆调查研究 2017年，九三学社西安市委员会选择8项重点课题开展调查研究。组织开题评审会，对调研目的、实施方案、进度安排、人员组成等进行评议，确保调研方案切实可行。课题组按照各自调研计划，赴成都市、杭州市和西安市相关单位开展调研活动。召开中期推进会，听取课题进展情况汇报，并就调研报告提出修改意见。制定《重点调研课题补助经费管理办法》，对每项重点调研课题补助经费3000元，对赴外地的调研活动给予经费支持。领导带头承担重点调研课题，推动调研活动深入开展。2份专题调研报告获“西安市统战系统优秀调研成果一等奖”；2份调研报告分获“西安市统战系统优秀调研成果二等奖”和“西安市统战系统优秀调研成果优秀奖”，获奖数量和质量位居党派前列。（李瑞环）

九三学社西安市委员会

主任委员 李佐成
副主任委员 王晓萍（女） 赵玉涛 田增辉 赵生龙 陈 慧（女）
秘书长 封 蒨

西安市工商业联合会

◆**概况** 2017年，西安市工商业联合会有会员26231个。其中，企业会员17822个，团体会员260个，个人会员8149个。有直属行业、异地商会80家。其中，行业商会11家，异地商会69家。新发展会员3562个，成立西安市丝路回商商会、青田商会等12家商会。全年西安市非公有制经济增加值3962.50亿元，占地区生产总值比重53%。西安市工商业联合会获全国工商业联合会“创新中国特别奖”和陕西省工商业联合会“会务工作先进单位”。

◆**参政议政** 2017年，西安市工商业联合会成立西安市总商会民营经济发展研究中心，每月向中共西安市委主要领导报送民营企业发展现状、问题及建议，并撰写多篇调研报告，为领导决策提供参考。多次完成全国工商业联合会、陕西省工商业联合会调研问卷，获得全国工商联“2017年度民营企业信息调查点工作先进集体”称号。提交中国人民政治协商会议西安市委员会大会发言4篇；上报政协团体提案15份，其中《关于鼓励支持我市民营制造业企业的发展建议》被列为中国人民政治协商会议西安市委员会重点督办提案。

◆**履行商会职能** 2017年，西安市工商业联合会召开第十四届代表大会，审议通过西安市工商业联合会第十三届执委会工作报告，选举产生西安市工商业联合会第十四届执行委员219人、常务委员112人及市工商联领导班子成员44人，完成换届任务。指导13个区（县）工商业联合会和部分异地商会完成换届任务。开展“领导班子好、会员发展好、商会建设好、作用发挥好、工作保障好”的“五好”区（县）工商业联合会创建工作，推进“四好”（班子建设好、团结教育好、服务发展好、自律规范好）商会建设活动。协助西安市温岭商会举办第十五届全国异地温岭商会（西安）联谊会。做好“西商总会”筹建相关工作。多次赴广州市筹备成立广州市西安商会。成立西安市新生代企业家联谊会。

◆**社会服务** 2017年，西安市工商业联合会承办中共西安市委、西安市人民政府举办的“亲商助企，打造一流发展环境，助推西安追赶超越”民营企业座谈会。选派优秀干部参与“千人亲商助企”活动。联合商会开展“西安追赶超越商会在行动”系列讲座、培训和研讨活动。协助市级领导完成40家商会对口走访调研工作。每月开展“三个一”（办一次企业家沙龙、走进一次商会、走进一次企业）活动，开展2017百家民企“进西咸”“走进西飞公司”“走进航天六院”“走进中小企业协会”“走进商会”等活动，向企业、商会送政策、送服务、送信心。召开全市贯彻落实构建和谐劳动关系实施意见推进会，举办以“遵守劳动合同法，构建和谐劳动关系”为内容的培训会，邀请西安市工业和信息化委员会负责解读政策，并发放《西安市扶持民营经济发展文件政策汇编》，让民营企业及时掌握政策制度，维护合法权益，促进健康发展。12月20日，联合中共西安市委统战部召开“百企联百村，共建美丽新农村”活动安排部署会。会上，西安厦门商会、西安富平商会及部分西安民营企业家与蓝田县、周至县的72个建档立卡贫困村结成帮扶对象，通过“龙头企业+合作社+农户”“互联网+脱贫”等方式，在贫困地区建立劳务培训基地、培养致富带头人、设立扶贫公益基金，以产业、智力、就业、资金等多种方式展开精准扶贫。

◆**工商联对外交流与合作** 2017年，西安市工商业联合会打造“西商”品牌，与子牙学宫联合举办第三届西部发展创新论坛；与西北政法大学联合举办“振兴大西安 民企做贡献”——丝路商会经济2017春季论坛；主办第四届长安论坛暨2017中国•西部企业家年会；参加2017欧亚经济论坛等活动，邀请王石、冯仑、周鸿祎等企业家参会并发表演讲，吸引在外“西商”回归西安投资兴业、创新创业，分享发展经验。协助未央区人民政府、天朗企业控股集团、陕西浙商联合商业运营有限公司签订“西浙智慧谷项目”。赴四川省参加成都西安商会年会，促进两地合作，扩大“西商”品牌效应。8月，首届世界西商大会召开。会上，与陕西省工商业联合会、浙江省工商业联合会签订合作备忘录；与法国陕西联合会、加拿大陕西总商会、中亚陕西商会等10家商（协）会签订合作协议书；向世界西商代表发出《关于共同打造一带一路新西安、新经济、新活力的倡议书》。

◆**宣传教育** 2017年，中国共产党第十九次代表大会召开后，西安市工商业联合会制订学习工作方案，邀请中共十九大代表做专题报告；在《西安日报》开设学习专栏，刊登37名企业家体会文章；组织10名优秀民营企业家组成宣讲团，向广大民营企业家宣讲中共十九大精神；在西安广播电台诵读中共十九大报告和《中国共产党党章》；向民营企业家发出《“学习十九大新思想、弘扬优秀企业家精神、勇当大西安建设排头兵”的倡议书》。在中共中央、国务院《关于营造企业家健康成长环境 弘扬优秀企业家精神 更好发挥企业家作用》的文件发布后，召开专题座谈会、研讨会15次，征求企业家对拟制定实施的《西安市营商环境实施细则》的意见、建议；举办“百企说心声”活动；组织非公人士参加全国年青一代民营企业家理想信念报告会；邀请浙江大学教授王曙光、浙江新湖集团董事长林俊波进行专题讲座；围绕《企业家——经济增长的国王》一书和《再创民营经济发展新辉煌》的文章，组织50名企业家代表撰写心得体会，并编印成册，分送中共西安市委、西安市人民政府主要领导和有关部门、企业商会交流；联合中共西安市委统战部召开西安市优秀新生代民营企业家表彰大会，28名优秀青年企业家获得“西安市优秀新生代民营企业家”荣誉称号；评选、表彰首届“十大最具影响力西商”和“十二名杰出西商”；创新会刊《西安工商联》，开办微信公众号，宣传西安市民营企业在创新、创业中的好典型、好经验。会刊《西安工商联》编发出版6期1.2万册。“西安市工商联”微信公众号每周1期，发布42期。（高智渊）

西安市工商业联合会

主席 王欢畅
第一副主席(党组书记) 乔安涛
副主席 张春莹（女） 王田华（女） 陈大为 许 亮 马 震 史历荣 刘 进 吕浩平 孙晓超 孙桂宇 曲家琪 闫 伟 何志方 吴联配 张建华 张勇敢 杜渭松 杨 忠 杨永明 陈 笑（女） 陈立强 周建玲（女） 屈庆国 范俊峰 贺增林 钟宝申 郭建雄 魏 博

群众团体

责任编辑　姬娟妮

西安市总工会

◆**概况** 2017年，西安市总工会下辖区（县）总工会13个，机械冶金建材、建设交通工会等产业工会9个，高新技术开发区工会等开发区工会9个；下辖工人文化宫8个，职工大学、工人疗养院（西安工会医院）、劳动者报社等5个直属单位和西安市总工会建强实业有限责任公司。全市有基层工会36754家，涵盖单位65952家，工会会员220万人，其中农民工会员87万人。工会经费2%全额地税代缴工作持续推进；西安市职工大学老校区改造项目完成，新校区联建项目有序推进，西安市总工会本级企事业资产大幅增加，在全国15个副省级城市中名列前茅。

◆**工会改革** 2017年12月，《西安市总工会改革方案》经中共西安市委批准印发。西安市总工会围绕增强“三性”（政治性、先进性、群众性）、去除“四化”（机关化、行政化、贵族化、娱乐化），加强基层，着力创新，改革创新工会领导机关组织体制、管理模式、运行机制和活动方式，形成“眼睛向下、面向基层、职责明确、运转高效”的工作格局。让优秀职工和劳动模范代表进入工会领导机构，增强工会组织的广泛性和代表性。建立扁平化管理模式，提高工会机关工作效能。改进工会干部管理，建立专职、兼职、挂职相结合的干部队伍。完善服务职工工作机制，满足职工群众多层次多样化需求，着力提高职工群众满意度。

◆**困难职工救助** 2017年，西安市总工会发放送温暖款物价值2095.66万元，走访慰问企业2115家，慰问困难职工33185人。开展“工会精准帮扶真情关爱，万名困难职工免费体检”活动，为9400余名建档困难职工免费体检。建立全国总工会困难职工档案7101份、本级困难职工档案2832份；实现“全国总工会档案库”困难职工脱困493人、“西安市总工会本级档案库”困难职工脱困815人。联合西安市交通运输局、西安火车站开展第五届“农民工平安返乡活动”，为农民工购买车票19400张，返乡救助415人。首次与福州市总工会开展护送农民工平安返乡活动。推行“工会服务卡”，提供9大类100余种便民服务，发放“工会服务卡”6万余张。

◆**职工及进城务工人员安全保护** 2017年，西安市总工会开展“安康杯”竞赛，新增参赛单位532家，参赛人数96422人，参赛班组5301个。开展“夏送清凉”活动，筹集慰问金1124.31万元，走访慰问职工14011人次，其中农民工11741人次，发放防暑降温用品价值931.2万元，督促整改1578处安全隐患。建立市级工会劳动保护监督检查员队伍，开展重点时段安全生产监督检查，抽查16个单位安全生产工作，督促整改74处安全隐患。开展“安全生产月”主题活动，举行西安市总工会“安全生产月”宣传暨西安市公交总公司职工安全承诺签名活动，发放《中华人民共和国安全生产法》《中华人民共和国职业病防治法》4000册。召开全市工会劳动保护工作会议，培训168名劳动保护监督检查员。

◆**劳动关系协调** 2017年，西安市总工会建立三级维稳信息员队伍，做好重要节点、重大事件期间维稳工作。联合西安市人力资源和社会保障局、西安市企业及企业家联合会、西安市工商业联合会印发《关于建立劳动人事争议仲裁委员会“三方驻会”制度的意见》，在全市范围内建立代表政府、职工和企业的“三方”共同介入、共同处理、事后共同跟踪的联动调处机制。推进劳动争议调处工作，表彰“劳动争议调解组织示范单位”和“劳动争议调解先进个人”。举办第四期劳动争议调解员培训班，培训调解员200余人。开展“12·4”普法日活动，向职工、群众发放法治宣传资料3000册。全年建会企业劳动合同签订率93.3%；签订工资专项集体合同2.65万份，覆盖企业5.2万余家，覆盖率92.01%；签订集体合同2.63万份，覆盖企业5.3万家，覆盖率93.16%；“劳动关系和谐企业创建”活动覆盖率达85%以上。

◆**就业创业服务** 2017年2月15日，西安市总工会联合西安市人力资源和社会保障局举办“西安市就业创业援助月”暨“春风行动”大型招聘会。组织用工单位370多家，提供近1万个岗位；1.5万名求职者参会，5294人达成用工意向；2060人报名参加培训，727人达成创业合作意向。全市工会系统共举办招聘会32场，提供3万余个用工岗位，5万余名求职者参会，1万人达成用工意向。配合西安市人力资源和社会保障局开展“创业大西安”创业大赛，征集参赛项目20个。全年工会系统培训12108人，实现就业12167人。

◆**劳模评选表彰及管理服务** 2017年4月26日，西安市总工会召开西安市庆祝“五一”国际劳动节暨表彰大会，表彰20个“五一劳动奖状”先进单位、67名“五一劳动奖章”和100名“工人先锋号”先进个人。与西安市妇女联合会、西安市老龄委员会等首次开展“百名孝子”评选活动，举办“十大孝子”颁奖仪式。与中共西安市委组织部、中共西安市委人才工作领导小组办公室、西安市人力资源和社会保障局共同举办“2017西安十佳工匠之星暨西安工匠”表彰大会，授予10人“西安十佳工匠之星”和190人“西安工匠”称号。首次表彰10名“西安市十佳”优秀工人。组织400余名劳动模范参与弘扬劳模精神活动。组织11批314名离退休劳模到西安工会医院进行医疗康复治疗。发放劳模专项补助资金335万元，帮扶困难劳模1861人次。

◆**劳动技能竞赛** 2017年，西安市总工会以西安市劳动技能竞赛办公室名义印发《“奋力追赶超越、建设国家中心城市”

2017年6月14日，西安市总工会召开“2017西安十佳工匠之星暨西安工匠”表彰大会

主题竞赛实施方案》，开展劳动技能竞赛活动。50495家企事业单位、168万职工参与活动，提出合理化建议65万条。53916家企事业单位开展岗位练兵活动，在450项重点工程中开展劳动竞赛，表彰129个2016年劳动竞赛先进单位和56个先进个人。在西安曲江新区和西安幸福林带分别开展“创建工人先锋号，建功陕西大剧院”“百日大干”全市示范性劳动竞赛，助推重点工程建设。与中共西安市委组织部、西安市人力资源和社会保障局举办6个行业11个项目的技能大赛，产生一批技术标兵、技术能手和高技能人才。指导各区（县）、产业、开发区工会开展市级二类职工技能比武活动，48万余名职工参与。评定2017—2018年度“西安市职业技能带头人”150名。与蓝田县人民政府共同举办首届中国·西安2017“白鹿杯”蓝田玉雕创意大赛。

◆**基层工会建设** 2017年，西安市总工会在全国率先开展物流、快递行业集中建会行动，并在全国总工会非公快递企业工会组建和服务工作会议上介绍经验。在陕西省率先成立市级家政行业工会联合会。全年新建工会组织涵盖单位2310家，新增会员90362人，其中新增农民工会员58256人。承办陕西省园区工会规范化建设现场交流会，西安市2家单位被陕西省总工会授予“陕西省规范化示范园区工会”。率先在陕西省工会系统推行“基层单位召开职工代表大会向上级工会报告备案制度”，开展国有企业与非公有制企业民主管理共建活动。联合西安市人力资源和社会保障局召开西安市劳动争议调解工作表彰会和集体协商指导员表彰会，表彰60个先进集体、60名先进个人，培训500余人。加强公益性岗位人员管理，印发《西安市总工会关于加强公益性岗位人员管理工作的通知》《关于公益性岗位人员社保缴纳有关事项的通知》。评选市级“六好”（党员干部示范带头好、社区居民遵纪守法好、社会矛盾调解处理好、社区治安好、安全生产管理好、“五类人员”管理好）街道（乡镇）工会12家、“厂务公开职代会四星级单位”40家；13家单位获“陕西省标准化示范乡镇（街道）工会”称号；2家单位获“全国厂务公开民主管理先进单位”称号。

◆**“工会爱心驿站”建设** 2017年，西安市总工会针对广大户外劳动者工作环境差、劳动强度大的实际，在陕西省率先建成“工会爱心驿站”107个，为环卫工人、出租车司机、交警及城管执法人员、市政园林工、快递外卖员等广大户外劳动者，提供“冷可取暖、热可纳凉、渴可喝水、急可如厕、累可歇脚、伤可用药”等贴心服务。全年服务户外劳动者2万余人次。被《工人日报》《新华网》《人民网》等250余家媒体报道。

◆**职工文体活动** 2017年，西安市总工会举办“职工公益大讲堂”35次，参加职工8000余人次。发挥“西安市职工素质教育培训网”作用，培训2万余人次。举办“中顺家政杯”西安职工书画美术展和第五届“建强杯”职工乒乓球比赛，邀请近1000名一线职工和离退休老干部代表到西安易俗大剧院观看秦腔。联合40家企事业单位、22所职业院校和培训机构，挂牌成立西安职业教育联合会，建立信息网、需求网、供给网，人才库、教材库、基地库、项目库、师资库及职工素质提升平台，推动形成“各方共建、成果共享、校企共赢、企业职工共发展”的职工职业教育发展新格局。

◆**第二届“排水杯”全国城镇排水行业职业技能竞赛** 2017年10月17—20日在西安举办。该项竞赛由西安市总工会与西安市政公用局、西安市水务局、西安水务集团等单位联合举办，全国34个省（区、市）的34支代表队参赛。西安市代表队获得“城镇污水处理工团体奖”第一名；西安市第四污水处理厂职工蔡虎林获得“城镇污水处理工个人奖”第一名。

◆**西安工会医院开业运营** 2017年5月8日，以“临床医疗、现代康复、老年养护、健康管理”四位一体的创新复合性三级康复医院——西安工会医院暨中法合作多慰老年护理院开业运营。该院始建于1953年，原为西安市工人疗养院，位于西安市东仪路与西部大道十字东南角。2015年8月，与法国多慰集团公司签署建立西安工会老年护理院合作协议，聘请法国多慰集团公司资深专家任护理院长，引进先进的老年养护管理模式，为老年人的身心健康提供养护服务。医院建筑面积6.3万平方米，总床位1200张。其中，医疗床位300；康复床位300张；老年护理床位500张。截至年底，已为1万余名困难职工和劳模免费进行体检。被国家卫生和计划生育委员会与健康报社联合评选为“2017年改善医疗服务示范医院”。 （龙红印　刘国云）

西安市总工会第十四届委员会

主　　席　史南征
常务副主席　蔡全发
副 主 席　裴建潮　冯增权
　　　　　魏大宝珠（女，藏）
　　　　　童　帅
经费审查委员会主任　徐小燕（女）

共青团西安市委员会

◆**概况** 2017年，共青团西安市委员会辖区（县）团委13个、团工委9个、市级国家机关团委20个、直属单位团组织29个。截至年底，西安市有团员251706人，其中新发展团员33149人；有基层团委912个、团总支283个、团支部9257个；有专职团干部87人、兼职团干部1784人。

◆**基层团组织建设** 2017年，共青团西安市委员会围绕全市非公党建工作要点，进一步加强非公经济组织团建工作。开展规模以上非公企业团建工作调查摸底，推进组织覆盖和规范化建设。落实工作指导和情况通报制度，加大团建示范企业的选树和培育，发挥影响和带动作用。新建非公经济组织团组织200家，覆盖团员1708名。3—5月，开展西安市“‘五四’红旗团委（团支部）”“优秀团员（干部）”评选表彰工作。新城区农村工作局团委等40个团委被评为“西安市‘五四’红旗团委”；新城区长乐西路街道二十七工坊社区团支部等81个团支部被评为“西安市‘五四’红旗团支部”；盛夏等70人被评为“西安市优秀团干部”；王乐等79人被评为“西安市优秀团员”；李乐融等40人被评为“西安市优秀学生团员”。在全市专兼职团干部中推行“3+2”（团的领导机关干部每周在机关工作3天，在基层工作2天）、“1+100”联系青年工作制度（各级团的专职团干部经常性联系100名左右不同领域的团员青年）。截至年底，有391名专兼职团干部直接联系青年6万名，开展线上、线下活动6811次。

◆**青少年思想道德建设** 2017年3月，共青团西安市委员会启动第六届“西安青年五四奖章”评选活动。申报“西安青年五四奖章”人选78名、“西安青年五四奖章集体”候选集体29个；授予王正超等15人“西安青年‘五四’奖章”、西安市沣惠渠管理中心等10个集体“西安青年‘五四’奖章集体”、授予马征等15人“西安青年‘五四’奖章”提名奖。12月20日，与西安市精神文明建设指导委员会办公室和西安市青年联合会共同开展的2017年西安市“追赶超越勇当先　青春逐梦新时代——寻找身边好青年”结果揭晓暨“奋斗的青春最美丽”分享会活动在西安高新第一中学举行。王员、王烨等10人被评为2017年首届“西安市十大杰出好青年”；冯江、刘洋等100人被评为“西安好青年”；等驾坡社区卫生服务中心家庭医生服务团队、西北国际茶城等20个单位被评为2017年“西安好青年集

2017年12月20日，共青团西安市委员会在高新第一中学组织开展“寻找身边好青年”结果揭晓暨奋斗的青春最美丽分享会活动

体”。通过召开座谈会、参观西安八路军办事处旧址、演讲比赛等形式，先后组织280余名各界优秀青年代表参加《之江新语》、“喜迎十九大，谈我最喜爱的习总书记的一句话”、《习近平的七年知青岁月》、“红船精神”等系列学习活动。开展“红领巾相约中国梦——我的成长宣言”“喜迎十九大——我向习爷爷说句心里话”“争做新时代好队员”主题活动、“童眼看西安”等活动，引导西安市80万名少先队员把个人梦想融入“中国梦”之中，做听党话、跟党走的好少年。开展“小小志愿者”校内外实践活动，近10万名少先队员在帮助他人、奉献社会中提高实践能力和文明素养。开展“十佳最美少年”和“优秀少先队员”评选活动，在广大青少年中树立了一批学有榜样、行有示范的模范典型。

◆**青年就业创业行动** 2017年年初，共青团西安市委员会制定城市共青团服务青年创业就业工作目标任务。全年组织青年上岗见习1580人，就业创业培训6245人。开展西安市青年创新创业大赛海选，组织60多家企业参加陕西省“创青春”青年创新创业大赛。依托西安青年“双创”服务中心推动大学生创新创业培训、创新项目孵化、双创活动开展。年初，下发《关于2017年度创建市级“青年文明号”的通知》，要求各相关单位积极开展创建活动。为进一步加强和规范“青年文明号”动态管理，统一印制《“青年文明号”创建工作手册》，并下发创建单位。11月28—30日，举办“青年文明号”创建单位负责人培训班，80多家创建集体负责人参加培训。推荐创建省级“青年文明号”集体7家、省级“青年岗位能手”6人。7—8月，联合西安市人民政府办公厅组织开展2017年暑期大学生到政府机关见习活动。在省内外39所高校遴选143名大学生，分赴39家市级部门进行为期1个月的见习工作。见习期间，组织大学生开展“文明引导、缓堵保畅”地铁青年志愿者行动、“公民代表走进市政府”等活动。

◆**青年志愿者活动** 2017年1月12日，由共青团西安市委员会、西安市精神文明建设指导委员会办公室、西安市交通运输局主办，共青团灞桥区委员会、西安市地铁建设指挥部办公室团委承办的“青春志愿行 温暖回家路”——2017年西安市春运“暖冬行动”启动仪式在西安市城东客运站举行。在“春运”期间，广大青年志愿者通过引导旅客文明乘车、提供免费电话报平安、提供医疗服务、引导公交换乘等服务，为广大旅客营造温馨、便捷的出行环境。2月14日，共青团西安市委员会下发《关于开展“你我共参与 西安更美丽”主题志愿服务月活动的通知》（市团办发〔2017〕7号），发布“大擦洗、大清理”“生态环保”“‘小葵花’关爱”“缓堵保畅‘小斑马’”“大型会展‘小蜜蜂’”等10项志愿服务活动，积极投身城市治理工作。3月3日，与西安市精神文明建设指导委员会办公室、西安市城市管理局、西安志愿者协会主办的“你我共参与 西安更美丽”西安青年城市治理志愿服务活动启动仪式在未央区盛龙龙首购物中心广场举行。活动现场宣读《“烟头不落地 西安更美丽”倡议书》，近1000名青年志愿者在未央路龙首村十字至凤城八路沿线开展大擦洗活动。4月1日，联合西安市青年联合会、西安志愿者协会和中国少年先锋队西安市工作委员会下发《关于开展“河小二”助力“护八水”百万青年助力治水攻坚志愿者行动的通知》（市团联发〔2017〕11号），并在渭河临潼段举行启动仪式。截至年底，“青年巡河行动”开展活动172次，参与志愿者近4600人。7月14日，举行“行人守交规 畅行你我他”西安青春斑马线行动——文明交通“人守规”暨单车猎手产品上线启动仪式，约120人参加活动。8月19—20日，招募来自西安文理学院、西京学院的250名志愿者，为2017首届世界西商大会服务。9月21—23日，从西安外国语大学招募350名志愿者，为2017欧亚经济论坛服务。11月6—7日，招募50名来自西京学院的志愿者，为2017全球硬科技创新大会服务。11月9—10日，从西安文理学院招募200名志愿者，为首届“全球程序员节·西安”活动服务。12月2日，在陕西省妇女儿童活动中心手拉手剧院举行“小葵花看西安”活动总结表彰大会。此次活动持续5个多月，进行近60场体验活动，1000名“小葵花”参加活动。3月10日，在临潼区仁宗街道庄王村开展 2017年度“保护母亲河 美丽中国梦”植绿护绿市级示范活动。来自共青团西安市委员会机关和全市各行业、各战线的300余名青年志愿者在庄王村山坡地栽植2000多株花椒苗。

◆**青少年文化建设** 2017年8月22日，共青团西安市委员会联合西安市精神文明建设指导委员会办公室、西安市文化广电新闻出版局、西安市教育局、西安市妇女联合会、西安广播电台、西安吉朵广告文化传媒主办的2017年“小小故事家”首届西安市家庭读书分享大赛颁奖礼在“大华1935”举行。此次大赛历时3个月，参与家庭近1000组，参赛选手2200余人，参与人数达到1万余人次。围绕深化生态环境保护和治污减霾工作，以“绿色环保 与爱同行”为主题，组织全市各区（县）不同行业的400多名单身青年开展2期“绿色环保 与爱同行”联谊活动，倡导时尚、健康、环保、向上的生活理念，为广大青年创造良好交流平台，帮助单身青年解决婚恋交友问题。开展“你我共参与 西安更美丽”汉城湖健康跑活动、“奔跑吧！西安青年”健康跑活动。开展“读书日”系列活动，联合共青团雁塔区委员会、共青团西安音乐学院委员会、至尚嘉华影院共同举办以“听音乐·品书香·赏电影——携手共创文学世界，同心谱写艺术人生”为主题的艺术分享沙龙活动。4—12月，先后开展“丝绸之路”国际青少年风采大赛——英语朗读者比赛、“李白杯”诗词诵读和咏唱大赛、机器人竞赛，近300所学校的5万余名中、小学生参加大赛。选拔的优秀选手在假期分别在马来西亚、新加坡参加全球总决赛，促进“丝绸之路”沿线城市之间，尤其是青少年间的文化交流。1月18日，以“讲好团员青年的故事，为西安工作大局服务”为宗旨，创办《西安共青团》杂志。

◆青少年权益保护 参见“社会民生”类目“青少年”分目同题条目。

◆“12355”青少年服务台建设 2017年1月，“12355”青少年服务台以热线咨询、团体沙盘游戏、面对面个体沙盘游戏、个体绘画心理辅导、学业障碍诊断与干预等多种形式，为陕西回归儿童救助中心的青少年，提供为期1年的心理关爱辅导。6—7月期间，每周二下午，服务台主任王会绒作为嘉宾参加“阳光高考，‘12355’伴你行——中高考进校园心理辅导”活动，为考生和家长提供考前心理辅导、志愿填报和政策解读等。高考期间，西安市青年公益服务中心联合西安市公安局交通警察支队、“896”汽车调频电台开展“青年爱心车队护航高考”大型公益活动。12月，在陕西省青少年公益项目大赛上，“12355”青少年服务台申报的“陕西回归儿童救助中心心理关爱项目”获“金奖”；共青团西安市委员会申报的“‘一带一路’·中华文化小使者成长公益项目”和西安市青少年公益服务中心申报的“共建美好和谐社区公益服务项目”获“银奖”。

◆“青春驿站”建设 2017年，共青团西安市委员会在西安市范围内大力建设青少年线上综合服务平台——“青年之家”。创建23家“青年之家”，举办活动256场，服务青少年超过5000人次。9月，举办“2017年度星级驿站创建”专题培训班，来自全市13个区（县）的共青团区（县）委书记和“青春驿站”负责人44人参加培训。截至年底，西安市建成“青春驿站”117家，重点打造12家省级“星级驿站”以及1个全国示范性平台。

◆青少年法治宣传 2017年，共青团西安市委员会按照“七五”普法规划，为使青少年法治教育经常化、具体化，安排部署并组织开展多种形式的普法宣传教育活动。3月，参加陕西省第八届“与法同行”新媒体普法大赛活动。5月，组织相关社会组织参加西安市首届“高校法治文化节”。6月，下发《加强民法总则学习宣传的通知》，开展专题普法活动。“‘6·26’国际禁毒日”，在中小学开展“爱生命，不吸毒”西安市青少年禁毒宣传活动和“健康人生、无毒无悔”主题宣传活动，同时选送作品参加西安市禁毒微视频摄影大赛并获得“优秀组织奖”。

◆青少年新媒体宣传 2017年，共青团西安市委员会官方网站编辑、发布信息1800余条。官方微博公众平台“西安青年聚”关注人数157861人，发布信息6000余条，开展网络活动80余次。官方微信公众平台“西安青年聚”关注人数118671人，每周发布信息7次，共发布信息1000余条，开展网络活动30余期，关注人数和阅读量稳步提升。开拓新的网络阵地，在“今日头条”平台建设“西安青年聚”头条号，发布信息270余条，阅读量36.7万次以上，头条指数2519。“青年之声西安”平台建设维护工作稳步推进，平台总浏览量11561205次，提问总数101366个，回答问题60962个，点赞数170196个。围绕中共西安市委、西安市人民政府各项重点工作和各大重要时间节点，策划开展“西安青年网络一学一做答题活动”“为青春点赞，‘五四青年奖章’投票活动”“市十佳创业青年网络评选活动”“文明交通零违章系列活动”“‘世界读书日’书评分享”和“清明节文明祭英烈”等各类线上活动。其中，“文明交通零违章”举办线下活动3次，参与活动私家车主8000人，其中有5500人无违章记录，通过活动使私家车主文明交通意识有了明显提升。

◆青少年事务社会工作专业人才队伍建设 2017年，共青团西安市委员会共联系陕西省内社会组织50余个、西安市青少年事务社会工作者400余人。11月，举办西安市青少年社会工作专业人才队伍建设专题培训班，通过专题讲座、经验交流、参观学习等形式，帮助来自全市13个区（县）的80多名青少年事务专业社工和青少年综合服务平台工作人员提高专业水平。12月，举办西安市“青少年维权岗”业务培训，邀请法学专家，心理咨询专家等进行授课，提升“青少年维权岗”创建活动整体质量和水平，探索适合青少年需求的司法和行政执法模式。

◆少先队建设 2017年5月，共青团西安市委员会联合西安市教育局、西安市人力资源和社会保障局共同开展2017年度西安市少先队活动课说课展示暨教学能手评选活动。10月31日至11月3日，组织33名基层优秀少先队辅导员和少先队工作者赴广州、深圳考察学习，与当地少先队工作者座谈交流，学习先进工作经验，拓宽工作思路，推动西安市少先队建设管理科学发展。4月初，按照中国少年先锋队陕西省工作委员会要求，遴选西安市参加中国少年先锋队陕西省第七次代表大会的61名代表。

◆青年社团组织建设活动 2017年3月10日，“关爱特殊儿童”西北小商品交易中心捐赠仪式在陕西卓恩康复中心举办。西北小商品交易中心为陕西卓恩康复中心特殊儿童捐赠价值80余万元的儿童游乐场设施1套，并安装到位。4月21日，西安青年企业家协会第九次会员大会召开，全市300余名青年企业家和特邀代表参会。会议选举产生协会新一届领导班子；表彰2016年度西安优秀青年企业家；成立共青团西安青年企业家协会工作委员会；启动西安共青团（青年）招商引资工作。5月19日，由共青团西安市委员会主办、西安青年企业家协会承办的“青年有担当，城市有力量——2017西安特色小镇发展论坛”在陕西宾馆举办。论坛以“特色小镇创新与发展”为主题，邀请11位知名企业家和经济学家、金融专家进行主题演讲，探讨西安特色小镇建设发展模式。11月9日，为庆祝中国共产党第十九次全国代表大会召开，西安市青年联合会、西安青年企业家协会、西安音乐学院联合举行“逐梦新时代·奏响新乐章”大型民族管弦乐专场音乐会。

◆共青团（青年）招商分局工作 2017年4月，共青团西安市委员会启动西安共青团（青年）招商引资工作，在西安青年企业家协会挂牌成立西安共青团（青年）招商工作总站。7月，共青团（青年）招商分局成立。8月5日，在香港西安商会第五届会员大会暨招商引资战盟签约仪式上，西安共青团（青年）招商分局与香港西安商会签署战略合作协议，开展招商引资和经贸合作。8月10日，西安共青团（青年）招商分局与莲湖区科技局、西安宏府企业集团签订“宏府摩·空间”青年双创商业综合体项目落地协议书。 （朱云龙）

共青团西安市第十七届委员会

书　　　　记 于海夫
副　书　记 胡　玥（女）　汪国栋
少先队总辅导员 杨清波

西安市妇女联合会

◆概况 2017年，西安市妇女联合会以脱贫攻坚和妇联改革为重点，推进巾帼“创业创新、文明和谐、绿色健康、携手合作、维权关爱、强基固本”六大行动，妇女儿童各项工作取得新进展，获“全国妇女新闻宣传阵地建设突出贡献奖”。截至年底，辖区（县）妇联13个、镇（街道）妇联162个、社区妇联861个、村妇代会2573个、非公企业妇女组织442个、团体会员3个。

2017年3月1日，西安市妇女联合会在曲江国际会议中心大礼堂举办“追赶超越·巾帼奋进——2017西安市‘三八’红旗手（集体）表彰暨寻找‘最美’揭晓仪式”

◆妇联改革 2017年，西安市妇女联合会按照中共西安市委全面深化改革工作的部署和要求，对照全国妇女联合会、陕西省妇女联合会《改革方案》，成立西安市妇女联合会深化改革工作领导小组，完成《西安市妇女联合会改革方案》，并经中共西安市委全面深化改革领导小组审议通过，于12月2日由中共西安市委办公厅印发。《西安市妇女联合会改革方案》明确西安市妇女联合会改革的指导思想、基本原则、目标要求、改革重点和组织实施等。7月起，启动推进村妇女代表会改建妇女联合会和镇（街道）妇女联合会组织区域化建设工作。与中共西安市委组织部、西安市民政局联合下发《关于西安市推进村（社区）妇代会改建妇联和镇（街道）妇联组织区域化建设工作实施方案的通知》，明确指导思想、工作任务、方法步骤和工作要求，确定新城区、灞桥区为全市基层组织改革试点区（县）。9月1日，在灞桥区灞桥街道务东村召开西安市“会改联”和妇联组织区域化建设工作推进会。将区（县）制订《妇联改革方案》和推进妇联基层组织改革纳入全市考核体系。11月底，全面完成“会改联”和“妇联组织区域化建设”任务，全市162个镇（街道）和3434个村（社区）通过召开妇女代表大会和执委会，选举产生执委55829人、副主席4529人、兼职副主席6149人，构建“上面千条线，下面一张网，身边一个家”的工作新格局。

◆纪念“三八”国际妇女节系列活动 2017年，西安市妇女联合会系统围绕“巾帼心向党·实现新超越·喜迎十九大”主题，开展形式多样的“三八”国际妇女节纪念活动。3月1日，举行“追赶超越·巾帼奋进——2017西安市‘三八’红旗手（集体）表彰暨寻找‘最美’揭晓仪式”，表彰西安市级“‘三八’红旗集体”28个、“‘三八’红旗手”70名、“西安最美女性”102名、“西安最美家庭”50户。陈若星获“全国‘三八’红旗手”称号，蔡云等3户家庭获“2017年全国最美家庭”称号。在《西安日报》《西安晚报》开辟专栏，集中宣传“最美女性”和“最美家庭”先进事迹，讲好西安“最美”故事。开展“奔跑法治·巾帼在行动”“三八”维权月活动，组织开展普法宣传活动126场，为1500人提供法律咨询；开展“法律大讲堂”送法下基层活动13场，提高妇女法治意识和维权能力。

◆妇女创业创新 2017年，西安市妇女联合会围绕“巾帼创新业·建设大西安”主题，召开女企业家、女手工艺者、女大学生创业者、女家政服务人员、农村妇女致富带头人五类人员大座谈会，为“大西安”发展建言献策。以“春风行动”为载体，组织妇女创业就业专场招聘活动36场，介绍女性就业1370人。开展“成功女性进高校”活动，与西安工业大学联合举办人才供需洽谈会，提供就业岗位3000个。西安各级妇联系统开展家政服务、妇女手工、电子商务、农业技能等各类技能培训140场次，培训妇女9120人。引导和鼓励广大妇女在发展现代都市农业、特色小镇、生态旅游、庭院经济等产业中实现新发展。召开西安市城乡妇女岗位建功经验交流会，表彰各类先进集体84个、先进个人199名。

◆维护妇女儿童合法权益 参见“社会民生”类目“婚姻·家庭”分目同题条目。

◆妇女宣传教育 2017年，西安市妇女联合会学习宣传贯彻中国共产党第十九次全国代表大会精神，围绕“巾帼心向党·建功新时代”主题，组织“巾帼心向党·喜迎十九大”“砥砺奋进的五年”“我家这五年——点滴印记秀幸福”“寻找巾帼好网民”“‘最美家庭’诗歌朗诵会”等群众性主题宣传教育活动。开展热议十九大，党的十九大精神网上知识竞赛，诵读《习近平的七年知青岁月》《之江新语》，诵读十九大报告和《中国共产党章程》，优秀女企业家谈企业家精神等活动，组织“七进”（进企业、进农村、进机关、进校园、进社区、进家庭、进网站）宣讲宣传，共开展宣讲活动309场次，听众1.8万人。5月15日，举办“汇聚好家风·弘扬好风气”“最美家庭”故事分享会。9月6日，承办全国妇女联合会“梦想起航——中国好家庭好家风首场巡讲”。12月16日，举办“爱·西安”2017城墙集体婚礼活动。深化家庭教育工作，制定《西安市家庭教育五年规划（2016—2020年）》，创建家庭教育传承基地10个、家庭教育指导中心4个，举办家庭教育“阳光云课堂”100场，受益家长4万余名。开展“百童书家训•墨宝传家风”“美德少年”等主题活动，促进未成年人健康成长。打造市、区（县）两级新媒体载体。全年西安市妇女联合会官方微博、微信编发信息3400余条，关注人数11276人，阅读量120万余人次，微信、微博推送数量在西安市机关中排名第一；“西安女性”公众号进入全国地市级妇联微信公众号传播指数排行榜50强行列。

◆“巾帼绿色健康行动” 2017年，西安市妇女联合会以“烟头垃圾不落地•文明西安跟我行”“建设美丽西安•打造绿色之城——巾帼志愿者在行动”为主题，发出倡议，动员各级妇联和广大妇女投身到“烟头革命”“厕所革命”、植树造林和“文明交通车让人”行动中。各级妇联发动2500支妇女志愿队伍和4万余名妇女志愿者，开展捡拾烟头垃圾、大擦洗、大清理、植树护绿活动379场次；开展“文明交通车让人”活动71场次。开展“展巾帼风采·树文明形象——百万妇女学礼仪”活动，举办“女性大讲堂”100余场次，线上、线下培训妇女10万余人。

◆妇联对外交流合作 2017年，西安市妇女联合会加强与各方的交流与合作。4月7日，接待罗马尼亚妇女代表团，参观考察西安市巾帼现代农业科技示范基地，就妇女创业就业进行交流。7月8日，与德国多特蒙德代表团就两地妇女儿童工作进行交流。8月19—20日，组织11名女企业家参加2017首届世界西商大会。7—9月，与陕西省妇女联合会、西安碑林环大学创新产业带管理委员会联合举办首届丝路女性创新设计大赛和“指尖上的‘丝绸之路’——丝路沿线国家妇女手工艺品展示展销”活动，收到作品226组。大赛专题页面浏览量50万余次，移动端曝光量20余万次。9月21日，与陕西省妇女联合会、西安碑林环大学创新产业带管理委员会共同举办“指尖丝路•芳华之夜”颁奖典礼。联合国妇女署驻华代表处项目以及来自法国、西班牙等境外“丝绸之路妇女之家”和国际计划、中国工合国际委员会等国际、国内友好组织的代表出席本次颁奖典礼。大赛评出一等奖1个、二等奖2个、三等奖5个、优秀奖10个。9月22日，参与承办以“全球化背景下女性贡献与发展”为主题的第二届“一带一路”女性论坛，西安市女企业家及各界妇女代表100余人参加活动。加强与杭州、成都、南京、南昌、韩城、榆林、商洛等地妇联的沟通交流与合作。

◆妇女组织建设　2017年，西安市妇女联合会创新联系妇女方式，构建妇联常委联系执委、执委联系代表、代表联系妇女的“三联系”模式，联系妇女2561人。4月24—26日，在西安文理学院举办“第十五次妇代会代表培训班”，培训代表189人。6月4—9日，与中共西安市委组织部在浙江大学联合举办“市区县妇联执委能力提升研修班”。全市各级妇联举办执委培训班163期，培训新任执委3908人。12月，指导西安国际港务区、西安经济技术开发区成立妇联组织，实现全市开发区妇女组织全覆盖。全年培育省级“妇女儿童之家”示范点12个、市级“妇女儿童之家”示范点16个；新建非公妇女组织217家。开展“转作风、访妇情、解民忧”主题活动，就“全面二孩政策”对妇女就业的影响、0—3岁儿童早期教育、基层妇联组织建设、婚姻家庭纠纷调解、妇女信访代理协理等问题开展调查研究，形成一批调研成果，其中2项成果转化为人大建议和政协提案。　（李　健）

西安市妇女联合会第十五届执行委员会

主　　席　李　军（女）
副 主 席　阎红梅（女）　岳　岚（女）
兼职副主席　薛琳莉（女）　魏　军（女）
　米　莹（女）

西安市科学技术协会

◆概况　2017年，西安市科学技术协会把自觉接受中国共产党的领导、团结服务科技工作者、依法依章程开展工作有机统一起来，团结带领广大科技工作者开展科技创新和经济建设，形成科协事业发展新格局。截至年底，有市级学会和科普团体70个、区（县）科协13个、企事业单位科协24个，联系服务全市18.8万名科技工作者。

◆承接政府转移职能　2017年，西安市科学技术协会指导、扶持市级学会承担社会职能、参与公共服务。指导西安医学会承担医疗事故、预防医学接种异常反应、医疗损害的技术鉴定，接收委托案例45例；开展预防接种异常反应损害程度等级评定工作，受理预防接种异常反应损害程度等级评定案件1例；开展市级继续医学教育培训92场，完成2017年西安市100余家医疗机构、近5万人次的继续教育学分审验。指导西安无线电通信学会承担业余无线电台操作技术能力验证考试工作，核发“业余无线电台操作证”493个，为681台无线电台办理设台手续。

◆民间国际科技交流　2017年，西安市科学技术协会发挥科协国际民间科技交流主渠道作用，实施“国际民间科技交流服务提升行动计划”，对“引进法国技术试验开发起泡葡萄酒”等8个国际民间科技交流项目进行资助。邀请国外专家学者来西安进行访问交流。全年邀请接待英国、法国、挪威、意大利及中国香港、中国澳门、中国台湾等8个国家（地区）的科技代表团14批，进行学术交流活动35次。举办2017中俄教育心理学高峰论坛、电磁与声学超材料国际研讨会等国际学术会议8次。促成“户太法式葡萄酒庄”建设项目。签订中俄友好学校合作协议等合作协议2项。

◆科技司法鉴定及合同认证　2017年，西安市科学技术协会技术咨询服务工作继续发展。全年接受内蒙古、宁夏及西安、铜川、榆林、延安、宝鸡等地法院和河南省焦作市仲裁委员会等委托鉴定案件25个，进行鉴定报告出庭质证、听证8次，实际完成司法鉴定报告14例，书面答复15次；开展司法鉴定人及鉴定辅助人员专题培训2次。开展技术合同认证，录入技术合同109份，合同成交额30.8亿元，其中技术交易额5.5亿元。

◆技术创新培训　2017年，西安市科学技术协会通过以奖代补的方式，着力提升服务科技创新、服务社会事务和科技工作者能力。全年组织西安交通大学教授高义民等知名专家学者15人，为西安威盛电子科技股份有限公司等25家企业的1500多名科技人员做涉及新材料、管材管道、知识产权应用保护、创新管理、道路桥梁等专业的专题讲座，并现场交流；解决企业生产中的耐磨材料选取应用等技术难题3项，促成企业与专家达成合作协议2项。

◆科普活动　2017年，西安市科学技术协会联合西安市财政局组织实施市级“科普惠农计划”和“社区科普益民计划”，拨付奖补资金100万元。争取陕西省“科普惠农富民计划”和“社区科普益民计划”支持，13个项目获得陕西省级奖补资金67万元；争取国家财政支持250万元。设立科普宣传栏100个；为60个“科普画廊”更换版面；开展“科普大篷车”巡回宣传活动10次；争取陕西省少年科普馆建设项目2项、电子科普画廊项目2项；建设科普e站30个；制作播放科普动漫视频10部；出版发行《西安科技》报纸18期9万份；举办开放型的“科学大讲堂”4期。在蓝田等4区（县）开展中国流动科技馆巡展；依托青少年科技体验厅，开展“科技课堂”科普体验活动；依托西安科普网和西安科普微信公众号2个平台开展举办“科技引领美好生活”网络有奖答题等各类网络在线科普活动。按照《西安市社区科普大学章程》规定，新建社区科普大学教学点12个，累计达到126个教学点，听课人数3.2万人次，受益人群近5万人；各分校和教学点组织第二课堂活动400余次。开展第二十五届“科技之春”宣传月、2017年“全国科普日”等全市性大型科普活动，参加西安市“科技・卫生・文化”三下乡活动。全年开展重点活动270余项，2个区（县）科协、3项重点活动获全国表彰；7个基层单位、5项重点活动获陕西省表彰。

◆科技人才培养推荐表彰　2017年，西安市科学技术协会强化对青年人才的发现举荐，实施“西安市科协青年人才托举计划”项目，李文涛等10人入选。围绕经济、社会发展中的重大问题，开展2017年度决策咨询课题征集及研究工作，组织广大科技工作者开展调查研究、建言献策，开展前瞻性研究，完成决策咨询课题14项。开展首届“西安十佳科技人物”评选活动。实施“第六届西安科技调研成果奖”评选，评出优秀科技调研成果24项。做好科技界政协委员和陕西省第十三届人民代表大会代表的推荐工作。

◆青少年科技教育　2017年，西安市科学技术协会联合西安市教育局举办西安市第三十二届青少年科技创新大赛评选活动，组织350多所学校的20万余名师生参加。举办西安市第十五届青少年科普知识大赛，近1100所学校的近21万名青少年参加。组织西安建筑科技大学附属中学等4所中学的66名优秀师生参加2017年青少年高校科学营。举办陕西省青少年机器人竞赛西安赛区赛事。组织“青少年科技航模进校园”活动36场。开展2017年“青少年科学影像节”活动，选出5部作品参加第七届“全国青少年科学影像节”展映。

◆科协基层组织建设　2017年，西安市科学技术协会推动国有（民营）企业科协的组织建设。在西安皓盛环境工程监理有限公司、陕西隆基集团有限公司、大唐西北电力试验研究院3家企业建立企业科协。在西安创威精密机械有限公司等10家参与科协活动积极、规模较小、科技人员数量较少的企业中建立企业科协联系人。在西安鑫垚陶瓷复合材料有限公司等9家企业建立西安市院士专家工作站。

◆西安市第十四届学术金秋活动　2017年9—11月举行，主题是“创新争先 追赶超越”。围绕中国共产党西安市第十三次代表大会提出的“聚焦三六九、振兴大西安”战略任务，整合优质学术资源，搭建高端、前沿、跨学科的学术交流平台，引导支持全市科技团体开展多形式、多层次的学术交流活动。活动设1个主会场、86个专题学术分会场。交流论文900多篇，3万余名专家学者参加学术交流活动。

◆西安市科技馆建设　2017年，西安市科学技术协会借助全面深化改革契机，就西安科技馆项目建设规模、建设大纲等问题，邀请专家召开项目专家论证会。赴其他省（市、区）开展科技馆建设及运营管理实地调研，形成《西安科技馆内容建设大纲框架方案》《西安科技馆项目建设及运营方案》，并报中共西安市委常委会审议。根据中共西安市委常委会要求，对《西安科技馆项目建设及运营方案》进行修改完善。　（梁西安）

西安市科学技术协会第八届委员会

主　席　樊代明
副主席　卫军水　马远良
王晓红（女）　王润孝
朱恪孝　刘建华　陆晓延
李义祥　李佩成　黄　翔
韩　权　舒德干

西安市红十字会

◆概况　2017年，西安市红十字会有所属区（县）红十字会组织14个、教育系统红十字会1个、学校红十字会组织436个、基层红十字组织636个、红十字志愿服务队伍40支、红十字应急救援队1支、团体会员单位141个；有会员34637人、志愿者9094人。

◆西安市红十字会第七次会员代表大会　2017年12月12日召开。会议审议通过西安市红十字会第六届理事会工作报告和《西安市红十字事业2017—2021年发展规划》，选举产生第七届理事会，聘请名誉会长、名誉副会长，表彰先进集体和个人。

◆红十字人道救助　2017年，西安市红十字会募集280万元，开展救助，助力精准扶贫。开展“红十字博爱送温暖”活动，为860户困难群众救助28.44万元。开展红十字“小天使”（救助14周岁以下白血病患儿）和“天使阳光”（救助14周岁以下先天性心脏病患儿）项目，拨付177.9万元救助66名患儿。争取香港嘉里集团郭氏基金会对鄠邑区0—14周岁7万余名儿童进行先天性心脏病免费筛查，初步诊断98人患病，并对符合手术治疗的患儿全额免费救治。与《三秦都市报》联合开展“利群阳光”助学活动，拨付73万元资助陕西省147名品学兼优的贫困大学新生。

◆红十字应急救护　2017年，西安市红十字会联合西安市精神文明建设指导委员会办公室开展“奔跑的红十字‘救’在你身边，急救知识万人学”活动，在火车站、地铁站、半坡博物馆等人流密集场所和服务行业教授急救知识。争取西安市福彩公益金147万元，资助交通、城管、旅游等行业。在机关、学校、社区等场所开展红十字现场应急救护培训，普及应急避险和自救互救知识，惠及3万余名群众。全年培训400场次，培训师资150余名、红十字急救员5800余名。面向社会举办8次“红十字公益大讲堂”。成立8支红十字救护队，并配备救援救护装备。

◆红十字基层组织建设　2017年，西安市红十字会推动在乡镇（街办）、机关、企事业单位、学校成立红十字会组织，开展扶危济困、关老助残、救护培训等活动，传播“人道、博爱、奉献”的红十字精神。截至年底，成立学校红十字会436个、区（县）机关部门红十字会88个、乡镇（街办）红十字会99个、农村（社区）红十字会183个。

◆红十字精神宣传　2017年，西安市红十字会加强网络宣传工作，改版升级西安市红十字会网站，开发西安市红十字会微信公众号，建立“西安红十字志愿者联盟”等微信群，宣传传播红十字精神。在“‘5·8’世界红十字日”，联合西安地铁运营分公司在地铁二号线行政中心站开展宣传活动，举行“我是红十字人”主题宣誓，为地铁工作人员和过往群众普及急救知识、发放新修订的《中华人民共和国红十字会法》。在“世界急救日”，通过媒体面向社会公开征集并免费培训500名红十字急救员。组织5万余人参加中国红十字会总会《中华人民共和国红十字会法》暨全国红十字应急救护知识竞赛活动，和雁塔区红十字会、莲湖区郝家巷小学共同获得“最佳组织奖一等奖”。向理事、团体会员单位等赠阅“一报一刊”（《中国红十字报》《博爱》刊物），弘扬传播红十字精神和文化。全

2017年2月10日，西安市红十字会与西安火车站共同举办“应急救护知识伴你行”活动

年省、市主要媒体及网络媒体围绕红十字救助扶贫、福彩公益金项目、遗体和人体器官捐献等，宣传报道西安市红十字人道工作400余次。西安市红十字会获得中国红十字会总会“报刊宣传先进集体特等奖”和陕西省红十字会“宣传工作先进集体特等奖”。

◆人体器官捐献　2017年，西安市红十字会建立完善捐献者资料库，新入库遗体和人体器官捐献者资料260例，成功实施捐献5人，遗体用于医学教学；捐献的角膜使13人重见光明。全市红十字系统主动在媒体公布咨询电话和捐献流程，方便群众登记。发挥6支红十字遗体器官捐献志愿者服务队的作用，宣传动员身边群众参与人体器官捐献。清明节前夕，与陕西省红十字会、西安交通大学医学部、西安市眼库联合在西安交通大学医学部遗体器官捐献者纪念碑前举行“奉献大爱传承生命——2017遗体器官捐献者缅怀纪念仪式”，缅怀遗体器官捐献者。举办2017年西安市公民逝世后人体器官捐献与移植工作培训班。做客陕西广播电视台《秦风热线》访谈节目，宣传遗体和人体器官捐献工作，讲述工作中涌现的感人故事，并与群众互动。

◆红十字志愿服务　2017年，西安市红十字会开展11次红十字志愿服务活动。在莲湖区“西电阳光家园”举行关爱特殊儿童活动，对其进行心理疏导。“红十字情暖夕阳”志愿者多次赴西安博瑞养老院，为孤寡老人表演文艺节目、提供陪护服务。“红十字应急救护培训”志愿者赴火车站、地铁站等地，为群众普及应急救护知识。灞桥区红十字会、阎良区红十字会、长安区红十字会分别组织辖区内志愿者到汽配社区居家养老中心、康桥老年公寓、郭杜街道樱花博文苑小区的困难群众家中开展各具特色的志愿服务活动。新城区红十字会组织志愿者参与无偿献血宣传活动，向西安市民普及科学献血、合理用血知识。碑林区红十字会组织和谐家园中老年服务队志愿者和西北工业大学附属中学师生开展义务植树活动。高陵区红十字会组织志愿者开展“传承雷锋精神·博爱送健康”志愿服务活动。灞桥区志愿者代表王淼多次捐献“熊猫血”，参与组织红十字志愿服务活动，被三秦都市报社举办的“520公益季”活动评为首届“陕西十大公益大使”。

◆红十字青少年工作　2017年，西安市红十字会在莲湖区郝家巷小学、西安市第四十七中学暨灞桥区职业教育中心和市红十字会系统开展“红十字伴我成长”项目，普及红十字知识，开展安全教育，举办“亲子课堂”。多次赴晶洁鸟阳光家园、西电阳光家园开展关爱特殊儿童活动，教授青少年简单的止血、包扎小技能，并陪伴其做游戏。创建莲湖区青年路小学等35所市级“红十字示范学校”。截至年底，西安市建成234所“红十字示范学校”。其中，“全国红十字模范学校”2所；“陕西省红十字示范学校”54所。　（薛　平）

西安市红十字会第七届理事会

名誉会长	王永康　上官吉庆
名誉副会长	韩宝生　张　宁
会　　长	方光华
专职副会长	崔锦绣（女）
副会长（兼）	吴智民　王　伟 王庆华（女）　关相林 张忠芳　张　卫 闫秀斌　朱友明 罗红林　王红艳（女） 刘晓民　朱玉荣（女） 张春莹（女）
秘书长（兼）	李晓东

西安市文学艺术界联合会

◆概况　2017年，西安市文学艺术界联合会有西安市文学艺术创作研究室、美文杂志社、西安书学院3个直属事业单位；有作家、戏剧家、美术家、书法家、音乐家、舞蹈家、曲艺家、摄影家、电视艺术家、评论家10个全市性文艺家协会；有17个艺术学会、研究会、企业文艺协会；有长安、碑林、雁塔、周至、鄠邑区、临潼、未央、新城、蓝田9个区（县）级文联和西安市检察官文学艺术界联合会，共36个团体会员，个人会员2万多人。

◆艺术采风活动　2017年9月11—16日，西安市文学艺术界联合会组织西安市书法家协会、西安市美术家协会、西安市音乐家协会、西安市戏剧家协会、西安市摄影家协会、西安市文艺评论家协会等共24位艺术家，循着当年红军长征的足迹，赴甘南宣侠父烈士纪念馆、迭部县茨日那毛泽东旧居和腊子口战役遗址、中共中央西北局岷州会议纪念馆、杨土司革命纪念馆、洮州苏维埃旧址和胡廷珍烈士纪念馆采风。途中与兰州市文学艺术界联合会座谈，组织区（县）文联交流座谈。12月11日，组织西安市美术家协会、西安市摄影家协会的艺术家在西安曲江新区开展以“新时代、新气象、新作为”为主题的采风活动。采风活动围绕曲江新区的文创产业、人居环境、道路交通等方面展开，展现曲江新区的发展变化。

◆文化艺术传播交流　2017年，西安市文学艺术界联合会召开“追赶超越”文艺现场工作会，9个区（县）文联、10个协会、14个学会和研究会负责人及70余名艺术家参加会议。与西安高新第一学校等12所中小学合作开展书法进校园活动，组织书法辅导员每周开展义务教学普及活动。全年培训书法教师50余人，培训学生1100人次。以书法、美术、戏曲、音乐、曲艺等艺术门类为内容，在西安广播电视台新闻广播（调频AM810/FM95.0）播出的《艺术西安》节目播出6期，并组织各类线上、线下交流互动活动。围绕鼓励支持青年创业、“三大革命”（“烟头革命”“厕所革命”“行政效能革命”）、西安自贸区建设、秦岭北麓绿化和生态修复工程、打通“断头路”、架起“连心桥”、文化产业、扶贫攻坚、招商引资等西安市特色重点工作进行创作，并经中共西安市委宣传部及专家评审同意，印制《大西安印象（初稿）》报告文学。10月，由所属事业单位西安书学院主编的集中呈现中国古代书法文献研究成果的学术辑刊——《书法学刊》第一期出版发行。所属事业单位美文杂志社在编好刊物之余，举办多项文化活动。2月，与江苏高邮赞化中学共同举办第二届“汪曾祺散文奖”，与中共北海市委宣传部共同举办“遇见北海：中外作家海上丝路行”活动；11月，举办第二届“丰子恺散文奖”评选活动，开设《发射场：鲁迅文学院散文专刊》；12月，与《西安晚报》联合举办第五届“中国报人散文奖”。

◆协（学）会活动　2017年，西安市文学艺术界联合会完成2016年度协（学）会年审工作。7月28日，西安市吟诵学会第一届会员代表大会在唐城宾馆召开，选举产生西安市吟诵学会第一届主席团。9月9日，西安市埙乐学会第一届会员代表大会在西安交通大学召开，选举产生西安市埙乐学会第一届主席团。11月24—26日，西安市文学艺术界联合会组织所属协（学）会和区（县）文联负责人及部分文艺骨干举办“西安文艺界学习贯彻党的十九大精神学习班”，组织学员赴梁家河现场体验习近平的知青生活。书法家、美术家、摄影家等文艺家协（学）会开展丰富多彩的活动。

西安市书法家协会　1月8日，西安市书法家协会和西北国际茶城联合举办“迎春送福进万家义写春联送温暖”

活动，为环卫工人、有突出贡献志愿者和附近居民义写春联和“福”字1000余幅。1月10日，与灞桥区书法家协会赴灞桥区红旗街道南江村开展“迎新春送万福进万家义写春联”活动，义写春联、“福”字和书法作品300余幅。1月13日，与西安市民族文化馆共同主办“西安市民族文化馆恢复30周年暨丁酉新春书画展”。4月20日，与陕西美术馆、碑林区书法家协会联合举办碑林书法精品展，展出作品80余幅。5月16日，承办的“武汉·西安书法篆刻作品交流展”在武汉市举行。西安、武汉两地书法家共同体验生活，并开展书法交流活动。5月28日，在西安亮宝楼举办“西安市优秀书法少年”和“西安市书法少年”书法作品展，展出作品200余幅。6月13日，在西安高新第一中学举行西安市书法家协会·高新一中书法教育基地揭牌暨第四节“春之墨”书法比赛启动仪式，书法家与学生开展交流沟通，进行艺术指导，为师生创作书法作品60余幅。6月17日，与陕西美术馆、长安区书法家协会联合举办长安区书法作品邀请展，特邀长安籍和长期在长安生活工作的老书法家创作展出咏长安唐诗书法作品100余幅。7月3日，西安市书法家协会理论委员会在西安植物园举行庆祝香港回归20周年书法学术座谈会，就书法与文化、书法理论与书法创作等议题进行探讨交流。7月31日，组织书法家到解放军某部开展“庆八一，书法进军营”活动，创作书法作品70余幅。9月23日，在长安区北张村开展“美丽西安，书法乡村”帮扶创建暨“美德传家润长安”系列活动。9月26日，在灞桥区水泉子村开展“美丽西安，书法乡村”帮扶创建活动。10月27日，在灞桥区南江村开展“美丽西安，书法乡村”帮扶创建活动暨红旗街道南江村“喜庆十九大，欢度重阳节”书法作品展。11月22日，与市文联主办的“西安文艺界学习贯彻十九大精神学习班”在尚德大厦举行，市书协主席团成员和各区（县）书协主要负责人参加培训学习。11月30日，在蓝田县前卫镇大亮村开展“美丽西安，书法乡村”帮扶创建活动。12月1日，召开2017年新发展会员作品评审工作会。12月16日，与陕西美术馆、未央区书法家协会联合举办“讲好西安故事——长乐未央喜颂十九大”书法作品展，展出作品100余幅。

西安市美术家协会　4月13日，西安市美术家协会工作会议在西安美原国际大酒店召开，来自西安市美术家协会主席团、顾问、理事和西安市13个辖区（县）的美协（书画）主席、秘书长及各大媒体记者200余人参加会议。6月1日，西安市书法家协会与陕西金融美术家协会、西安中国画院·国际美术城美术馆等共同举办的西安首届少儿教师美术作品展开幕，200余人参加开幕式。6月23日，西安市美术家协会水彩·粉画艺术委员会在西安美术学院召开成立大会。8月4—6日，组织“凤鸣岐山·文脉寻根”赴岐山大型采风活动，西安美协会员、各区（县）美协负责人一行等50多人赴岐山卧龙聚星度假山庄进行采风交流活动。8月12日，西安美术家协会采风写生团来到米脂县，参加全国唢呐展演颁奖音乐会并开展采风、创作写生、学习交流等活动。10月14日，与北京千渡网讯科技有限公司举办西安市美术家协会“艺品万家”战略合作画家签约仪式。10月26日，西安市美术家协会国画艺术委员会第一次会议召开。11月26日，西安市美术家协会少儿艺术委员会筹备的“西安少儿美术联盟”举行成立大会。12月30日，西安市美术家协会国画艺术委员会在西安止园饭店举行成立大会。12月31日，西安市美术家协会女画家艺术委员会在西安秦都酒店召开成立大会。

西安市摄影家协会　1—10月，西安市摄影家协会与西安碧桂园凤凰城、西安一笔文化传媒有限公司联合举办“图说浐灞”摄影大赛。2—10月，举办“多彩西安”摄影大赛。4—12月，组织西安市第四届“金朱雀奖”征集评选活动，并举行颁奖仪式。5月，组织“迎接党的十九大‘最美中国人’各族群众笑脸照片征集活动”，为中共陕西省委宣传部报送作品260多幅。6月，与西安景程文化旅游传媒有限公司、山西通天峡景区联合举办“醉美通天峡”摄影大赛。7月，与帮恩德资本联合举办“光影流转，定格瞬间”环球西安中心摄影大赛。10月，与韩国晋州摄影机构在韩国第六十七届开天艺术节上举办中韩摄影联展。10月14日，和西安市美术家协会在西安中国画院·国际美术城美术馆联合举办“游子归”——旅法艺术家章毅干版摄影和油画展。11月，与中共临潼区委、西安曲江新区管委会联合举办“宣传贯彻十九大，打赢脱贫攻坚战——醉美穆柯寨摄影大赛”。12月，与西光公司在大唐西市联合举办陕西省第二届国际丝路影像文化与摄影器材博览会。

西安市楹联学会　1月18日，西安市楹联学会与西安城墙管委会联合，将通过征集—专家和市民评审—书法名家书写的16副春联悬挂在西安各城门之上。1月15—20日，组织楹联书法家分别赴劳动路陕鼓西仪社区、小寨路派出所、高陵区耿镇事务所、西安图书馆，为群众、民警等义写春联。4月18日，召开学会成立20周年座谈会暨2017年工作会。

◆“送欢乐，下基层”及“文化下乡”系列活动　2017年，西安市文学艺术界联合会“我们的中国梦”主题实践活动——“送欢乐下基层”文艺志愿服务活动继续采取文艺演出、写春联、画年画、照全家福、寿星照等形式进行。分别于1月13日在西安国际港务区、1月20日在西安地铁运营中心、1月24在“艺术西安”创作基地(西安睿中心)举办3场文艺演出；在西安国际港务区、临潼骊山新家园、西安文景小区东区、西安应用光学研究所(205所)社区举办4场文化惠民活动。参与文艺工作者达近200人次，观看演出群众总计近1000人；书写春联1800多幅，创作书画作品近50幅。2月10日，组织20名书画及摄影艺术家参加西安市在阎良区关山镇关山广场举办的2017年文化科技卫生“三下乡”集中服务活动，为群众现场赠送书画作品150幅，拍摄“全家福”、寿星照等照片近200张。

◆庆祝建军90周年和十九大召开系列文艺活动　2017年7月28日，西安市文学艺术界联合会在唐都医院举行“送欢乐 进唐都”庆祝中国人民解放军建军90周年文艺演出。同日，在阎良西飞俱乐部举办庆祝建军90周年暨试飞部队组建65周年“逐梦空天砺精兵 军民鱼水一家亲”军民联欢晚会。8月21日，联合中共西安市委宣传部主办“喜迎十九大——咏西安唐诗汉赋书法篆刻作品邀请展”，展出作品150余幅。10月16日，在西安广电大剧院组织举办西安音乐界“为人民歌唱——庆祝十九大主题音乐会”。

（胡江梅）

西安市文学艺术界联合会

主　席　贾平凹
副主席　李伯钧　张青艳（女）　于孝军　吴克敬　陈兆朋　叶广芩（女）　王西京　侯红琴（女）　方　明　杜爱民　石瑞芳（女）
秘书长　陈兆朋（兼）

西安市残疾人联合会

◆概况　2017年，西安市残疾人联合会推进残疾人小康进程，开展残疾人康复服务、就业培训、社会保障、法律维权等工作，各项目标任务全面完成。截至年底，辖区残联11个、县残联2个、镇（街道）残联165个；有市级残疾人专门协会5个、区（县）级残疾人专门协会65个。

◆**残疾人就业**　2017年，西安市残疾人联合会扶助安置残疾人就业1596人。其中，按比例安置残疾人就业773人；集中就业和基地就业105人；个体就业和自主创业183人；灵活就业和居家就业246人；社区基层和公益性岗位就业247人；通过职介及其他途径上岗42人。开展残疾人职业技能培训，培训各类残疾人3009人。扶持残疾人就业企业项目，扶持资金741.4万元。强化盲人就业，扶持盲人按摩服务点22家、盲人按摩规范化管理服务点46家、盲人按摩示范店2家；为64名视力残疾按摩师予以补贴，补贴经费116.3万元。

◆**残疾人康复服务**　2017年，西安市残疾人联合会加大康复救助力度，0—6岁残疾儿童康复服务救助标准从1.2万元提升到2.8万元；对低保、低收入家庭和建档立卡户每月补助500元送训费，实现0—6岁儿童免费享受基本康复服务。实施差别化救助，有需求的低保、低收入家庭残疾人和建档立卡贫困户残疾人，每人每年补助8000元康复训练救助经费；其他持证残疾人每人每年补助1000元康复训练救助经费。开展"精准康复服务行动"，完成0—16岁残疾儿童少年脑瘫、孤独症等康复项目1273例。重视精神病防治康复工作，为9831名精神疾病患者提供全年服药救助；为2759人次重度精神病患者提供住院救助。开展残疾人辅助器具服务，免费为各类残疾人适配辅具11944件；为下肢缺失残疾人免费安装假肢500例（假肢安装标准大腿从5000元提高到11000元/例，小腿从3000元提高到9000元/例）。

◆**残疾人教育资助**　2017年，西安市残疾人联合会开展残疾人远程学历教育资助活动，资助40名残疾学生，其中本科12名，专科28名。开展自行助学活动，为700名义务教育段的残疾学生和困难残疾人子女每人发放不低于500元的助学金。落实"陕西省民生工程贫困残疾学生助学项目"，资助170名义务段残疾学生（寄宿生每人1000元，走读生每人400元）。

◆**扶贫助残**　2017年，西安市残疾人联合会制订出台《西安市残联行业扶贫实施方案》，对贫困残疾人进行精准识别，确定建档立卡贫困残疾人9196人。开展农村残疾人脱贫工作，创建残疾人扶贫基地15个，每个基地补贴5万元，辐射带动186名建档立卡贫困残疾人实现脱贫。开展"自强绿色行动"，为3000名农村残疾人每人提供种养殖业和手工业补贴2000元。开展元旦、春节慰问贫困残疾人活动，全市各级残联走访慰问9051户，发放慰问金（品）价值约322万元。开展驻村帮扶工作，赴周至县翠峰镇新联村慰问困难残疾人户，完成社区片区化中心项目，协助建设3个不锈钢门楼、4个花台；安装广场灯4盏、路灯82盏；动员社会力量捐赠20台电脑。

◆**残疾人托养服务**　2017年，西安市残疾人联合会在西安市城六区开展政府购买居家安养服务，为2600名城乡重度残疾人提供居家安养服务或补贴。对有托养需求的残疾人和托养机构规范化管理情况进行摸底调研，制定《全市残疾人居家托养服务管理办法》。召开西安市残疾人托养工作培训会，提升管理水平和服务能力。17家集中托养机构托养残疾人724人；19家日间照料机构托养残疾人400人。

◆**无障碍建设**　2017年，西安市残疾人联合会履行监督建议职能，开展无障碍环境监督体验，促进无障碍环境改造和管理，参与无障碍环境建设电话电视问政。推进"无障碍进家庭项目"，安排资金360万元，为600户有改造需求且具备改造条件的困难残疾人家庭实施无障碍改造。结合精准扶贫实际，为蓝田县100户、周至县130户贫困残疾人家庭实施无障碍改造。

◆**残联基层组织建设**　2017年，西安市残疾人联合会制定出台《西安市残疾人专职委员管理办法（试行）》，进一步规范残疾人专职委员使用管理。开展街道（乡镇）、社区、农村残疾人专职委员选聘工作，选聘专职委员3765人，并按照西安市最低工资标准发放残疾人专委生活补贴、养老医疗和意外伤害保险。在残疾人重大节日期间，各专门协会组织残疾人开展形式多样的活动。制订下发《2017年开展助残志愿服务活动实施方案》，持续开展"入户帮扶，爱心传递"活动。开展西安市各级残联换届工作，13个区（县）残联及165个街道（镇）全部完成换届任务。制定《关于进一步加强残疾人证管理核发工作的通知》，开展"残疾人证"核发和管理工作，审核办证信息17579人，全市有持证残疾人176417人。开展残疾人信息采集录入工作，全面完成年度动态更新任务。首次运用残疾人移动服务终端APP进行入户调查，调查残疾人38304人。发动基层干部及残疾人专委3389人，对3776个社区189041名残疾人基本状况和需求进行入户调查，并完成数据录入。

◆**第二十七次全国助残日活动**　2017年，西安市"助残日"的主题是"推进残疾预防　健康成就小康"。5月21日，陕西省残疾人联合会、西安市残疾人联合会在大明宫国家遗址公园丹凤门群众大舞台隆重陕西省暨西安市第二十七次"全国助残日"广场大型主题宣传活动，30余家社会组织以及活动现场周边社区残疾人及志愿者演员等约600人参加文艺演出，并现场组织助残政策宣传咨询。编印《残疾预防与残疾人康复工作条例》和《西安市助残政策汇编》。举办系列助残活动，参加第九届陕西省残疾人艺术汇演，获团体第一名和"优秀组织奖"。举办2017年西安市群众性残疾人象棋培训暨交流赛和特奥融合足球赛。组织新闻媒体开展专版助残宣传，在5月21日《陕西日报》第四版发表专版

2017年8月25日，西安市残疾人联合会在大唐西市举行"全国残疾预防日"活动启动仪式

综述文章《发展残疾人事业 共筑美丽中国梦——西安市残疾人事业发展综述》。完善残疾人法律救助和援助工作组织体系，为残疾人提供法律咨询172人次，办理、办结残疾人非诉和申诉案件2件。

◆**残联宣传及文体活动** 2017年，西安市残疾人联合会在各类媒体刊发宣传报道195篇（条），向《陕西残疾人》杂志投稿34篇。举办“宣传十九大精神 重温红色经典”——陕西省暨西安市第二十六次“国际残疾人日”残健融合诵读展演及书画作品展活动。组织开展系列文化助残活动10项，参加第九届全国残疾人艺术汇演，并获一等奖3个，二、三等奖各2个以及“团体组织奖”。聋人群舞《大老碗》节目，代表陕西省参加第九届全国残疾人艺术汇演汇报演出，中央电视台进行了报道。开展残疾人书画交流展示活动，充分展示西安市残疾人自强不息、热爱生活的精神风貌。组织开展城六区“爱心影院文化助残”活动，向盲人“讲述”电影，促进盲人陶冶情操，享受和融入社会生活。组织残疾人参加轮椅篮球全国锦标赛和“全民健身月”活动，完成残疾人体育健身示范点项目申报工作，开展残疾人体育辅导员进家庭服务，举办残疾人体育事业发展论坛及各项残疾人体育比赛。 （苟旭峰）

西安市残疾人联合会执行理事会

理 事 长 李忠良
副理事长 何永国 尹绪庄

中国国际贸易促进委员会西安市分会

◆**概况** 2017年，中国国际贸易促进委员会西安市分会联系西安国际商会会员企业，加强西安国际商会基础建设，明确商会内设机构、职能及岗位职责，加强商会会员动态化管理，吸收新会员35家。规范贸促系统职能，参与实施“一带一路”战略，促进贸易与投资，搭建西安与境外商务合作平台，支持企业“走出去”，加强中国国际商会西安商会建设、为企业提供商事法律服务、对外贸易摩擦预警等。截至年底，西安国际商会有会员企业2100家，涉及制造加工、商业贸易、房地产、旅游文化、服务业等多个领域。

◆**大型经贸会展** 2017年，中国国际贸易促进委员会西安市分会在2017丝绸之路国际博览会暨第二十一届中国东西部合作与投资贸易洽谈会期间，举办第四届丝绸之路国际商协会投资与贸易洽谈会，并协调大唐西市和华南城两个分会场的经贸及文化活动。组织西安市经贸代表团赴印度参加“中印智慧城镇化合作大会与展览”；赴柬埔寨参加“2017澜沧江——湄公河国家经济技术展览会”。组织举办中国西部国际装备制造业博览会暨中国欧亚国际工业博览会、西安国际汽车工业博览会、西安国际物流博览会、西安电子商务博览会、西部电子商务大会、西安军民融合博览会、首届西安国际跨境电商博览会等，主动参与承办“第二届丝绸之路工商领导人峰会（西安）”等。和香港特区政府驻成都办事处等单位联合主办陕港物流合作研讨会，邀请业内人士向西安市企业介绍香港物流服务业的最新发展及技术应用情况，促进香港与西安的物流合作。承办“中国国际贸易促进委员会陕西自贸区服务中心”和“中国国际经济贸易仲裁委员会丝绸之路仲裁中心”在西安选址和揭牌事宜。8月31日，2个中心在西安高新技术产业开发区揭牌成立。承办中国国际贸易促进委员会与陕西自贸区建设工作座谈会。10月24日，与香港特区政府驻陕西联络处联合主办中国（陕西）自贸区政策宣讲暨交流晚餐会。10月28日，与中国贸促会及西安国际港务区共同举办中国（陕西）自贸区西安国际港务区全球推广大会，来自34个国家的132名外国官员和商协会代表参会。

◆**国际经贸交流** 2017年，中国国际贸易促进委员会西安市分会促成西安市人民政府与中国国际贸易促进委员会签署合作备忘录，商定双方在促进对外贸易投资合作、开展国际交流、提升西安会展业水平、加强涉外商事法律服务、支持陕西自贸试验区西安片区建设、开展政策研究和培训工作等9个方面开展深入合作。促成西安市人民政府和香港贸易发展局签订战略合作协议，加强两地合作交流，并举办2017西安·香港经济合作交流会暨香港西安商会换届就职典礼、“香港创意营商日”、西安—香港葡萄酒交流研讨会暨品酒对接会等活动，并组织企业赴香港参加亚洲金融论坛。与哈萨克斯坦卡拉干达州工商联合会、意大利意中商会签署合作备忘录。搭建西安与阿联酋、西安与韩国等商协会机制性合作平台。邀请德国汉堡经济促进局、英中贸易协会、希腊经济代表团、“一带一路”沿线国家法务官员代表团等来西安访问，除举办贸易投资洽谈、项目对接等活动，还洽谈建立机制性商务合作平台事宜。

◆**商事法律服务** 2017年，中国国际贸易促进委员会西安市分会自陕西自由贸易试验区设立以来，设立并管理2个对外贸易商事法律服务窗口，提供法律咨询服务、商事摩擦预警及发布贸易投资信息等，为企业开展对外贸易服务，解决其在对外贸易过程中可能出现或已出现的各项商事法律问题。全年办理“一般原产地证明书”3685份，涉及出口货物金额近9亿美元；办理“国际商事证明书”638份；办理ATA（货物通关护照）单证册14份，让西安市企业享受到《ATA单证册海关公约》带来的通关便利和高效；代办领事认证233份。向中国国际贸易促进委员会调解中心推荐8名资深法务工作者作为国际、国内调解员。发挥中国国际贸易促进委员会经贸摩擦西安预警中心的作用，全面启动贸易摩擦和投资预警，形成完善的商事、仲裁、调解等多元化商事法律纠纷解决机制。开展贸易摩擦预警宣传，让企业了解经贸摩擦预警工作的必要性、紧迫性，提升公众知晓度。建立预警信息发布平台，并建立4个预警点，将中国贸促会发布的预警信息全部转发，预警范围为陕西省、西安市300余家外贸企业。筹备成立民间性质的国际性“商事法律服务委员会”，并聘请9名专家学者成立委员，其中包含中、外法律行业资深律师和法律院校专业著名教授。搜集本地企业、行业涉及经贸摩擦的相关信息，跟踪国外经贸摩擦动向，配合中国贸促会相关调查工作。开展宣传培训，动员贸促支会、相关企业参与经贸摩擦预警和重点案件应对工作。

◆**多双边商务合作平台建设** 2017年，中国国际贸易促进委员会西安市分会组织曲江、高新等相关企业赴柬埔寨考察境外园区建设、文化旅游产业合作事宜，同时宣传西安市及西安市在境外设立的国际产业园区的政策信息。重点考察西哈努克港经济特区，了解其建设背景和园区优惠政策等。发挥西安国际商会职能作用，加强与境外商（协）会的交流与合作。在第二届“丝绸之路”工商领导人峰会期间，“丝绸之路”国际总商会81个国家级商（协）会会员共同发布《为构建人类命运共同体贡献力量的西安共识》。组团出访意大利、匈牙利期间，与意大利意中交流协会、意大利工商委员会就加强信息合作、投资贸易和技术、文化旅游等方面签署合作备忘录。出访泰国期间，分别与泰王国中小企业经济贸易发展委员会、泰国华人青年商会、泰国中国和平统一促进总会、泰国工商总会、泰国陕西总会就促进双边贸易合作、加强资源优化整合、提升双边会展合作水平、涉外商事法律工作等方面签署友好合作备忘录。组团出访美国、巴西和乌拉圭期间，参加第十一届中国—拉美企业家高峰会、首届中国—巴西商务研讨会、中国—拉美贸促机构圆桌会议等国际会议。在组织西安企业进行贸易洽谈的同时，分别与拉美国家的商（协）会进行广泛接触洽谈与推介，并与秘中商会和巴中工商总会签署合作备忘录。

◆招商引资　2017年，西安市各贸易促进支会贯彻中共西安市委、西安市人民政府“招商引资一号工程”决策部署，积极开展招商引资工作。新城区围绕楼宇总部经济，举办金融、医药、军民融合3场专场推介会，召开9场专项楼宇推介会，对接企业90余批，实际引进内资130.41亿元人民币，实际利用外资10340万美元，引进杭州通策、神州数码、秦和科技、岛里咖啡等知名企业。碑林区实际利用外资9940.8万美元，完成外贸进出口总值7.7亿元人民币，引进中铁置业、海航汉莎航空培训公司、恒大人寿、星巴克4家世界500强企业和北京华联SKP、恒天集团2家中国500强企业。莲湖区举办2017·莲湖区重点项目推介会暨签约仪式、2017首届世界西商大会莲湖分会等招商活动，举行外出招商活动20余次，直接利用外资8652万美元。雁塔区引进项目产业业态更加全面多元化，二次招商成效明显，引资总额180.3亿元人民币。其中，实际利用外资9842.6万美元；引进内资33.28亿元；引进民资170.45亿元。灞桥区以建好“引资桥梁、出口纽带、合作平台”为思路，组织外出招商活动20次，加强与驻陕商（协）会、外地商（协）会的交流与合作，举办“浙商进灞桥”、2017首届世界西商大会暨灞桥区招商推介会等活动，引进招商局集团、中粮集团、深圳振业等项目。未央区策划百亿级重大招商项目29个，启动“百亿重大招商项目五年行动计划”，引入多个总部经济，实现金融项目“零突破”，签约100亿元以上投资额项目5个，引进中信西北总部、国机集团西部研发中心、中建商务广场、宝能集团、荣民金融中心、华侨城汉城湖和恒大华谊兄弟电影小镇。阎良区打造“宜居、宜业、宜商”营商氛围，招商引资签约重大项目9个。其中，100亿元以上项目1个；50亿元以上项目4个。临潼区组织外出招商活动16次，实际引进外资1102万美元，引进红星美凯龙、中南高科、卓达集团、环嘉集团、天山集团等8个投资10亿元以上的国内500强企业。长安区签约项目25个，总投资金额逾1500亿元，利用外资4761.9万美元，吸引百度创新中心、阿里巴巴创新中心等一批实力创业孵化项目入驻长安。高陵区分别举办浙商和西商“走进高陵”活动，引进渭北循环经济产业园、恒大雅苑、西北国际中药材产业园、通远创想小镇等31个重大项目，总投资510.88亿元，实际利用外资1740万美元。西安经济技术开发区实际引进内资795亿元、央资95亿元、外资14.5亿美元，融资60.05亿元，新增上市企业7家，引进吉利集团、正威集团、隆基乐叶、富电物化和西安交通大学人工智能与机器人研究院、上海明匠机器人等10余个产业化项目。西安曲江新区组织16次外出招商活动，利用外资2.42亿美元，引进民资293.635亿元人民币、内资115.861亿元人民币、央资97.36亿元。西安浐灞生态区着力引进总部经济、特色商业、现代金融、文化旅游类龙头项目，组织招商推介活动40余次，引进世界500强、国内300强企业9家，签约引进项目及产业集群40余个，实际利用外资13401万美元，引进西安人数据小镇、亚马逊AWS联合创新中心落户园区。西安国家民用航天产业基地签约项目38个，合同引进资金535.6亿元，引进京东集团京东全球物流总部、陕航产业园和陕西旅游集团、通号(北京)工业研究院有限公司项目，实际利用外资5116.5万美元。西安国际港务区策划举办主题投资促进推介活动16场次，赴瑞士、荷兰、日本等国家和地区开展招商推介活动，引进华润(集团)有限公司、万科企业股份有限公司、浙江省物产集团公司、海南航空股份有限公司4家世界500强企业及安博中国公司、绿城中国控股有限公司、招商局蛇口工业区控股股份有限公司等10余家国内500强企业或行业龙头企业，引进外资9083.4万美元。

（骈　华）

中国国际贸易促进委员会
西安市分会

会　长（党组书记）　龙晓华
副会长　张庚元

西安市消费者协会

◆概况　2017年，西安市消费者协会围绕“网络诚信，消费无忧年”主题，消费维权工作取得突出成绩。全市消协系统受理消费者投诉3657件，解决3512件，解决率96%；接待来人、来电咨询13.6万人次；为消费者挽回经济损失294万余元。截至年底，全市有消费维权服务站967个、消费者权益保护协会分会117个。

◆消费者权益宣传活动　2017年3月15日，西安市工商行政管理局、西安市消费者协会联合在雁塔路万达广场主会场开展宣传咨询服务活动，向广大消费者免费发放《消费指导手册》《维权之剑》等法律法规宣传资料，讲解真假商品知识，接受广大消费者的咨询，现场受理消费者举报和投诉。同日，各区（县）工商局、消协除在本辖区繁华地段设立分会场外，还以工商所为依托现场宣传。全系统出动人员1350人次、车辆135台；设立分会场21个、咨询服务点（站）129个；制作各类展板285块；发放《消费指导手册》及其他各种宣传资料15.6万份；接待群众咨询1.2万人次；受理投诉329件，主要涉及房产、网购、汽车、保健品等，当天解决101件。主动加强与媒体合作，围绕预付式消费、保健品、 房产、装修等投诉热点，在《西安晚报》进行介绍，提醒广大消费者维护自己的合法权益。走进西安广播电台《行风访谈》栏目直播间，介绍消协维权工作、消费维权年主题，解答消费者提出的问题。全年接受新闻媒体采访30余次，以媒体为中介，有效进行消费教育引导。

◆消费指导　2017年，西安市消费者协会发布消费提示，开展消费热点分析。消费热点及投诉主要集中在网络购物质量、保健品、房屋装修方面。网络购物质量方面受理投诉116件；保健品方面受理投诉235件；房屋装修方面受理投诉263件。年初，发布2016年十大消费维权案例、消费维权观点分析及重大节日消费警示等，为群众进行消费引导。加强与媒体合作，每月发布消费警示，提高消费维权意识。9月1日，《陕西省消费者权益保护条例》实施。西安市消费者协会及时接受媒体专访，就《条例》有关内容进行解读分析，并通过广播电视、报纸杂志、网络平台等向消费者进行宣传，提高社会知晓度。除重大节假日和每季度发布投诉分析和消费警示外，还分析整理和发布“2016年十大消费维权案例”“2016年度消费维权分析”以及奇葩消费投诉案例等，营造良好消费维权社会氛围。

◆社会监督　2017年，西安市消费者协会开展“放心消费，天天‘3·15’”消费维权和宣讲咨询进社区、进商场、进景区、进校园、进农村的“五进”活动，与工商部门、街道办事处联合召开“擦亮双眼远离会销陷阱”消费维权知识常识培训辅导，发出远离“会销”倡议书。在长安区鸣犊街道办事处设立“消费教育示范基地”。10月24日，在雁塔区电子城街道办事处中国兵器工业第二〇五研究所社区举行西安市首家“老年人消费教育示范基地”挂牌仪式，现场开展投诉咨询活动，并组织老年人观看《老年消费教育宣教片》，发放《老年人常见十二类消费陷阱》和《中老年消费维权读本》等宣传资料。

◆经营者培训 2017年3月，西安市消费者协会举办消费维权志愿者队伍成立大会暨《中华人民共和国消费者权益保护法》知识培训，区（县）消协及消费维权站站长及消费维权志愿者参会。为督促企业自律和诚信经营，联合各区（县）消协开展“诚信单位”公示活动。要求企业签署“承诺书”，自觉接受社会各界的监督，营造良好的消费环境。邀请专家对各“诚信单位”代表和部分企业售后人员进行《中华人民共和国消费者权益保护法》培训，加强诚实守信教育。（符　杰）

西安市法学会

◆概况 2017年，西安市法学会围绕“法治西安”“平安西安”建设，履行组织、引领、推动西安法学研究职能，做好联络、协调、服务工作。西北政法大学博士生导师、《法律科学》主编韩松的科研成果“农民集体土地所有权的权能”被中国法学会评为“第四届中国法学优秀成果奖论文类一等奖”；西北政法大学教授何柏生的专著《法律文化的数学解释》被评为“第四届中国法学优秀成果奖专著类一等奖”；西安市唐律研究会秘书长陈玺的专著《唐代刑事诉讼惯例研究》入选全国哲学社会科学规划办公室“2016年国家哲学社会科学成果文库”。截至年底，有区(县)法学会13个、专业研究会12个、团体会员单位118个；有个人会员2652人。

◆法学研究 2017年，西安市法学会推动理论研究与法治实践的深度融合，努力推动学术交流活跃、学术成果丰硕的新气象。以“一带一路”建设、自贸区建设、“行政效能革命”等为研究重点，遴选“法治视角下的行政效能提升研究”“自贸区发展中的知识产权保护研究”“公安机关执法规范化提档升级实证研究”等10项专项课题开展研究攻关。组织力量，编辑出版《推进西安大平安建设 积极助力“一降一升”》优秀调研成果文集。开展经常性应用法学研究，以“西安法学沙龙”为依托，探讨“大西安、大发展”的法治引领和法治保障，持续举办多场学术研讨活动。围绕西安自贸区建设，举办“自贸区建设中的法治引领与创新”“地校合作与自贸区法治建设”等法学研究活动，对自贸区建设中的法治问题进行前瞻性、预测性研究。举办“华夏法治瑰宝 丝路文化高地——中华东方法治文明摇篮学术沙龙”活动，为加强西安法治文明史研究做有益探索。针对西安丰富悠久的中华法治历史文化，组织驻市高校的法学专家、学者挖掘西安中华法治文明的优势资源，起草《关于建议把中华法治文明遗址地的开发利用纳入西安公共文化服务体系建设的情况报告》和《关于建议建设西安“一带一路”法治文明博物馆有关设想和意见》，为中共西安市委、西安市人民政府决策提供参考。各专业研究会根据自身特点，组织学术活动，开展应用性法学研究，不但活跃了法学研究氛围，而且研究成果应用性强，带动了西安地区法学研究水平整体提升。西安市文化产业发展法律研究会开展“知识产权法治建设与大西安科技创新”法学沙龙。西安市航空航天产业法研究会组织举办“航空法律与政策国际合作与发展”学术研讨会。西安市唐律研究会举办“华夏法治瑰宝，丝路文化高地”法学沙龙。西安市证据法研究会以“刑事证据的审查方法”和“未成年人刑事检察的支持体系”为主题，为检察系统开展专题讲座。西安市经济法研究会开展“企业经营中的法律风险及防范论坛”等活动，

◆法学交流 2017年，西安市法学会围绕加快建设服务“一带一路”亚欧合作交流的国际化大都市的新形势，找准定位，完善渠道，搭建对外法律交流新平台，增创对外交流新优势，涉外法律工作的范围不断拓宽、规模不断扩大。先后举办“2017年澳门与内地青年法律交流周”和“中国•西安2017年‘一带一路’国际法律交流与合作活动周”活动，接待来自“一带一路”沿线13个国家的42名法律和经贸官员及中国澳门特别行政区2所高校的38名青年法律师生来西安的交流访问。活动期间，还举办“西安工商业界与‘一带一路’沿线国法务官员交流座谈会”，为企业对外经贸搭建法律支持平台；召开“法律人对社会热点问题的观察及意见座谈会”，加深港、澳青年与内地青年的沟通交流。全年组织会员参加第十二届中国法学青年论坛、第二十九届全国副省级城市法治论坛和第十二届西部法治论坛等交流活动，征集论文80余篇，有20篇论文分获一、二、三等奖，6人次被推荐做论坛交流发言。

◆法治宣传 2017年，西安市法学会持续组织开展“法治课堂”进社区、进学校、进企业活动，“法治课堂”由上年的9家增加到30余家。针对“非法集资识别与防范”“依法保障妇女权益”等问题，集中开展“法治课堂基层行”活动，举办法治讲座近100场，为300余人次提供法律咨询和服务。围绕政法、维稳、信访工作，会同西安市信访局，组织开展“法学会会员提供访前法律咨询服务和参与化解疑难信访案件”工作，进一步增强基层群众办事依法、遇事找法、解决问题用法、化解矛盾靠法的法治意识。利用学会机关主办的“西安法学网”和《学会动态》刊物等平台，宣传、推广优秀的法学研究成果。加强与新闻媒体沟通联系，对外宣传工作呈现出“主流媒体见稿多、大型活动报道多、亮点工作宣传多”的特点。全年在省内外各类报纸、杂志、网站和电台发表稿件120余篇，刊发活动专版6期。

◆法学人才库建设 2017年，西安市法学会加强法学法律人才培养工作，发挥法学会法学研究队伍的培养平台作用，搭建法学理论界与法律实务界相互交流交融的平台。从驻西安市各高校、司法行政部门、政府法制部门、律师事务所等从事法学研究与法律实务工作的机构中，挑选200余名专家、学者充实“西安市法律人才专家库”，为西安市开展第三方立法评估、重大项目决策和政府法律顾问聘用工作奠定人才基础。

◆法学会组织建设 2017年，西安市法学会根据中共中央政法委员会《关于加强市县法学会工作的指导意见》，组建成立新城、碑林、雁塔、灞桥、临潼、长安、高陵、鄠邑、蓝田、周至10个区（县）法学会，实现区（县）法学会“全覆盖”目标。各区（县）法学会成立后，按照《中国法学会章程》和《中国法学会关于进一步加强市县法学会工作的指导意见》，结合各自实际开展工作。阎良区法学会、莲湖区法学会扎实做好法学研究调研，积极参与社会治理，为基层群众提供便捷、专业、高效、无偿的法律服务。未央区法学会通过采取成立“区法学会诊所”、开设“法治大讲堂”、建设“法律微智库”平台等形式，及时受理群众法律咨询，为群众答疑解惑、提供法律帮助。

（陈汉虎）

西安市法学会

会　　长	丁　健		
专职副会长	黄必方		
副 会 长	赵　夏	张乾民	陈瑞龙
	陈辛一	郝福京	杜豫苏
	王利民	马中林	宦　洁
	郭　捷	单文华	刘丹冰
秘 书 长	程晓平		

法治

责任编辑　曹毅强

社会治安综合治理

◆维护社会稳定 2017年，西安市各级维稳部门按照预警预防在先、源头治理为主、维权维稳统一、依法稳妥处置的思路，落实“预警、防范、处置、善后”四位一体工作机制，强化底线思维，源头预防，有效防控各类风险。中共西安市委常委会多次专题研究政法综治维稳和信访工作，研判形势、部署任务。中共西安市委副书记、中共西安市委政法委员会书记多次主持召开维稳领导小组专题会议，研判、部署、督导突出问题，基本实现每次大的集访和群体性事件早发现、早报告，提前研判部署，及时防范化解。加强源头矛盾化解，对排查出的问题，列出清单，明确责任，集中交办，化解稳控率100%，全年未发生有影响的涉稳问题。坚持社会稳定风险评估全覆盖，全市重大事项社会稳定风险评估472项（省考指标172项、区县本级300项），评估完成率实现双100%，从源头上减少社会风险和社会矛盾发生。在全市集中开展依法处理信访活动中违法犯罪行为培训宣讲活动16场次，赴15个城市广场、29个社区（村）进行宣讲和现场解答，取得良好的社会、法律和维稳效果。加强非法聚集处置和重点人管控，打防并举，先后成功防范和处置66起群体性事件，全市封门堵路等事件比上年下降35.9%。加强对涉恐重点人及关系人动态管控，深入推进“严打暴恐行动”。依法打击信访活动中违法犯罪行为，先后处理586人次。全力做好中国共产党第十九次全国代表大会期间信访、安保、维稳工作。提高政治站位，强化底线思维，落实最高标准、最佳状态、最强措施的工作要求，实行战时机制，启动三级以上响应110天。严格落实“日研判、零报告”制度，建立情报信息核查处置“绿色通道”，首次实现2小时内向推送单位反馈核查结果。全力做好重要敏感节点安保任务，完成32批265场次重大警卫和全国“两会”“一带一路”国际合作高峰论坛、2017首届西商大会、2017欧亚经济论坛、2017西安马拉松赛等59项230场次大型活动的维稳安保任务。

◆社会治安综合治理和平安建设 2017年，西安市政法机关以“防控风险、服务发展、破解难题、补齐短板”为指导思想，不断深化社会治安综合治理，“平安西安”建设实现新突破、取得新进步。中共西安市委政法委员会研究制定《西安市降控非正常上访量、提升公众安全感工作实施意见》，召开专题会议动员部署，成立领导小组和办公室，对“一降一升”（降控非正常上访量、提升公众安全感）工作进行常态化指导、督导和检查、考核。中共西安市委围绕“全力确保一降一升，迎接党的十九大胜利召开”主题举办第十期“追赶超越”擂台赛。在中共陕西省委组织部和陕西省年度目标责任考核委员会办公室组织的民调测评中，西安市公众对西安2016年社会治安满意度达到74.66%，超过陕西省平均值74.1%，比2015年上升8.56个百分点；在陕西省社会治安综合治理委员会办公室组织的公众安全感满意度测评中，西安市公众安全感达到93.46%（市考指标93%），比2015年增长2.16个百分点，增幅陕西省第一名，知晓率上升5.45个百分点，公、检、法、司满意度分别上升2.11、4.82、4.44和6.07个百分点。开展以打击“村霸”“行霸”“沙霸”“地下出警队”等各类黑恶势力为主的打黑除恶专项行动，建立打击黑恶势力三级应急处置机制，加强与法院、检察院、司法等部门配合，不断加大对黑恶势力违法犯罪的打击力度，批捕涉嫌黑社会性质组织犯罪团伙和恶势力犯罪团伙犯罪案件81件168人，起诉23件62人。开展“三打击一整治（打击网络贩枪、电信网络诈骗、传统盗抢骗犯罪、整治地域性职业犯罪重点地区专项行动）”“2017秦鹰”“黄赌毒”等专项行动，立命案60起，破案60起，打掉犯罪团伙104个，破获毒品案件1221起。全年立刑事案件81150起，比上年下降22.2%；街面“四类”（抢劫、抢夺、接触性诈骗、扒窃）刑事报警下降27%；“两抢”抢夺和抢劫接报警数下降47.1%。推进社会治安防控体系建设，推行警力上街面、下社区工作，建成街面警务站68个、环西安治安检查站37个、反恐防暴应急点20个。推进“雪亮工程”，完成1.5万个点位、500个卡口的勘验工作，后续相关工作仍在推进中。加强视频监控建设，全市技防探头累计达到31.9万个，重点区域部署人脸识别系统测试装备120套，抓获网上逃犯409人。发挥22万名“红袖章”平安志愿者作用，设立执勤点位3150个，参与一级超常防控响应51天，600万余人次“红袖章”平安志愿者协助公安等专门安保力量开展社会面巡逻防控。在全市总结推广莲湖区“密织视频监控网络，强化重点区域防范，全力打造平安和谐民族特色街区”经验。狠抓矛盾纠纷排查化解，建立市、区（县）、街（镇）、社区村四级矛盾纠纷排查化解工作网络，搭建起“矛盾化解”和“法律服务”2个综治工作平台。抓住镇、街道、社区、村、重大项目“五个源头”，建立矛盾纠纷台账、交办、通报、问责、销号等制度，制定《市级领导包抓信访积案办法》。全年排查调解矛盾纠纷29988起，调处成功29109起，调处成功率97.07%，其中脱贫攻坚矛盾纠纷83起，调处成功80起，调处成功率96.38%。加强特殊人群服务管理，及时筛查出易肇事肇祸严重精神障碍患者。对公安监管的传染病治疗中心进行扩建，增加容量，易肇事肇祸严重精神障碍患者救治救助和病残吸毒人员收戒收治工作被中共陕西省委政法委员会推荐为“全国十大创新社会治理典型案例”。切实抓好秦岭终南山隐居者整改落实工作，成立清理整顿工作领导小组，在沿山六区（县）组织开展清理整顿，依法查处从事非法宗教、非法集会、传播邪教等违法犯罪活动。全面落实街道（乡镇）综治机构编制，配齐配强街道（乡镇）综治办主任、专职副主任和综治专职干部，全市172个街道（镇），911个社区、1833个村综治维稳中心全部挂牌，市级综治维稳中心场地已选定，结合“雪亮工程”正在招投标。持续推进基层平安创建，全市“平安街镇”“平安村庄”“平安社区”“平安单位”分别为165个、1790个、886个和4281个。建立四级矛盾纠纷排查化解工作网络，建成人民调解组织4031个、调解工作站3747个、专业性行业性人民调解组织45个，综治基层基础更加稳固。大力弘扬见义勇为，先后慰问生活困难见义勇为先进个人和牺牲人员家庭15名（户），发放慰问金、救助金12万元，先后推出齐兴有、夏雨含、孟宪林、李国武、黄忠文等一批省、市见义勇为先进个人，弘扬了社会正能量。

◆法治西安建设和司法体制改革 2017年，西安市政法机关坚持以司法体制改革为契机，以执法规范化建设为重点，把握严格执法、公正司法的基本要求，自觉把法治建设贯穿到政法工作全过程。根据《市委全面深化改革领导小组2017年工作要点》，结合《省司法体制改革专项小组2017年工作要点及责任分工》，研究制定《西安市司法体制改革小组2017年工作要点》，建立任务台账。将4个方面任务分解为16项可操作、可考量的项目指标，明确年度任务、牵头单位、参加单位，把进展要求明确到每个季度，同时规定完成时限。截至年底，16项改革任务均完成年度目标任务。中共西安市委政法委员会牵头，西安市中级人民法院、西安市人民检察院、西安市公安局、西安市司法局联合印发《关于推进以审判为中心刑事诉讼制度改革的实施办法（试行）》，为推动改革试点工作提供制度保障。推进刑事案件认罪、认罚、从宽试点工作，新建3个速裁法庭。截至年底，适用认罪、认罚、从宽制度办理刑事案件2843件3135人，案件适用占同期全部刑事案件的33.63%，庭审时间平均10分钟，91.3%的案件当庭宣判，一审服判息诉率97.4%，大大提高审判效率。推进刑事审判庭前会议、非法证据排除、法庭调查“三项规程”试点工作，提升审判水平。开展刑事案件证据标准指引工作，落实“证据裁判原则”，统一盗窃罪、诈骗罪及交通肇事罪3类常见罪名的证据采集标准。办案质量终身负责制和错案责任倒查问责制，法官逐级遴选、法官惩戒和员额退出机制，当事人诉权救济机制等系列司法改革配套制度建设有序推进。保护司法人员依法履行法定职责、推进聘用制书记员管理制度改革、深化执法权力运行机制改革等改革任务，取得积极进展。对全市公安机关2016年以来的429件涉稳、涉访类行政诉讼案件开展专项执法检查，评查案件1450件，其中评查剖析重点涉法、涉诉案件420件，发现执法问题102件，并区分情况，进行整改。督办案件63件，召开案件协调会70余次，协调白雪山受贿案、7名环保人员涉嫌破坏信息系统案、李向辉破坏公用电信设施案等一批重大敏感案件依法稳妥处置。

◆政法服务经济社会发展 2017年，西安市政法系统始终把服务经济社会发展作为重要职责，以整治投资环境、优化经济秩序、提升法治保障为重点，深入开展“行政效能革命”，努力为全市“追赶超越”提供“五星级服务”。西安市中级人民法院出台《依法保护民营企业合法权益的意见》《优化全市投资环境保障招商引资五项措施》《依法保护企业家合法权益为西安营商环境提供良好司法服务保障的六项措施》3个规范性文件，为民营企业做大、做强和全市招商引资提供制度机制保障。西安市人民检察院围绕中共西安市委提出的实施“民营经济倍增计划”，制定《保障和促进民营经济健康发展20条意见》以及《依法服务营造企业家健康成长环境的14条意见》。西安市公安局制定出台《服务民营企业发展“20+5”新举措》和《支持西安高校发展7条新举措》，西安市司法局制定《司法行政工作服务民营企业健康发展实施意见》，不断树牢“重商、亲商”理念，全力打造优质营商投资环境。对全市823个在建重点项目逐一设立台账，明确三级包抓责任，建立三方会商机制，严厉打击强迫交易、寻衅滋事等各类破坏投资环境违法犯罪活动，破获投资类刑事案件944起，刑事拘留1416人；查处行政案件3181起，行政处理2274人。以打击传销、电信诈骗、非法集资犯罪为重点，严打各类经济犯罪活动。全市立各类经济案件1460起，比上年上升38.7%，抓获1472人（刑拘933人，抓逃295人），挽回经济损失3.07亿元。规范市场经济秩序，批捕破坏市场经济秩序犯罪417件614人、非法吸收公众存款和集资诈骗等涉众型经济犯罪156件182人、侵犯知识产权和商业秘密犯罪10件23人。围绕中共吸纳市委开展的“争做五星级服务员”“当好店小二”“行政效能革命”，法院系统加快推进诉讼服务中心建设，方便群众，提高审判效率。检察系统推出“最多跑一次”等司法便民措施217条。西安市公安局搭建的“西安交警轻微交通事故在线处理微平台”，用户突破170万人，累计在线处理交通事故4.6万起，服务群众超过1120万人次；“掌上户籍室”，实现21项户籍业务网上办理，受理业务申请14854笔；推出8项户籍改革新政，在全国同等城市实现落户门槛最低、流程最优、限制最少、效率最高，迁入18.6万人，比上年增长408.9%；梳理公布148项“最多跑一次”事项清单，17项行政审批事项入驻西安市人民政府政务服务中心；推出13项出入境便民服务举措，开通网上预约通道和港澳通行证签注24小时自助服务区，受理各类出入境申请107.4万证（次）；全面落实身份证异地受理、丢失招领和挂失申报制度，累计办理业务22万笔；开展“车让人、人让车”活动，树立政法机关良好的口碑形象，受到群众普遍好评。

◆政法队伍建设 2017年，西安市政法系统全面贯彻落实中央、中共陕西省委关于加强政法队伍建设意见和中共西安市委打造“西安铁军”的决定，不断提高政法队伍政治素质和履职能力。结合政法队伍实际，研究制定《关于新形势下加强全市政法队伍建设打造追赶超越西安政法铁军的实施意见（审议稿）》，努力锻造有信念、有激情、有本事、有血性、有作为、守规矩的新时代政法铁军，并制定22条具体措施。为深入落实全面从严治党要求，起草《西安市党委政法委纪律作风督查巡查工作实施办法》，不断加强新形势下全市政法队伍纪律作风建设。贯彻落实“三项机制”作为激发干部干事创业的“助推器”，充分发挥“三项机制”指挥棒作用。中共西安市委政法委员会分4期对全市政法信访系统520余名处以上领导干部进行集中培训，系统学习党内法规制度、依法治国、基层社会治理等内容。大力选树宣传先进典型，组织召开西安市公安英模宣传工作会议，在全市政法系统组织开展向公安英模学习的活动，印发《向郝世玲同志学习的决定》，挖掘选树孙宝霞、孙佰明、王排、王媛等一批在安保、“一降一升”“行政效能革命”“追赶超越”等重点工作中涌现出的先进典型。统筹运用各类媒体资源，开展形式多样的平安建设宣传活动，刊发报道4.66万余篇（条），其中新媒体3.1万篇（条）。组织参加平安陕西微电影、微视频比赛，西安市24部作品获奖，中共西安市委政法委员会获得优秀组织奖，获奖数量和规格均居陕西省首位。加强负面政法舆情监测，编发《舆情专报》7期，做出舆情提示60余次，为领导决策部署提供重要依据。（霍 哲）

法治政府建设

◆概况 2017年，西安市政府法制工作瞄准法治政府建设目标，组织实施中共中央、国务院《法治政府建设实施纲要（2015—2020年）》，以政府职能转变、规范依法决策、推进“放管服”改革和行政效能革命为重点，围绕建设法治政府目标，建立、健全法治政府建设指标体系。围绕全面推进依法行政，不断提高政府立法质量、加大法制监督力度。围绕提高依法行政、依法办事能力水平，广泛开展法制宣传和培训。西安市人民政府法制办公室充分发挥西安市人民政府法治建设的参谋助手和法律顾问作用，依法履行推进依法行政各项职责，政府立法质量进一步提高，规范性文件、重大行政决策的合法性审查形成常态，政府法制监督机制创新，法治政府建设步伐加快。西安市人民政府依法行政体制顺畅，行政制度逐步建立完善，领导干部依法行政意识不断增强，行政执法人员法律素养和依法办事能力普遍提高，全市法治环境进一步改善。

◆组织推进依法行政 2017年，西安市人民政府法制办公室履行西安市全面推进依法行政工作领导小组办公室职责，完成综合协调、督促指导、政策研究和情况交流等任务。贯彻落实中共中央、国务院《法治政府建设实施纲要（2015—2020年）》和《西安市法治政府建设实施方案（2017—2020年）》，制定《西安市2017年依法行政工作要点》和季度工作计划。工作要点和季度工作计划围绕中共西安市委、西安市人民政府中心工作，以推进运用法治思维和法治方式建设法治政府为重心，明确需要完成的依法行政工作任务，把一些重要工作专项下达给特定单位，保证全年工作任务稳定、有序推进。组织实施《西安市依法行政考核办法》和考核标准，建立完善76家单位依法行政考核台账。年初，组织召开全市依法行政工作推进会，通报2016年工作情况，部署2017年重点工作任务；年终，依据台账进行考核打分，打分结果提交中共西安市委政法委员会，纳入市目标责任综合考核体系。迎接陕西省《法治政府建设实施纲要》等重要改革举措督察组检查，从组织领导、地方法规规章清理、执法人员持证执法、建立法律顾问和公职律师制度、加强和改进行政应诉、行政执法三项制度、贯彻落实《陕西省法治政府建设实施方案》、党对法治政府建设的领导和考核评价、放管服改革、行政执法监督、重大行政决策11个方面汇报西安市重要改革举措贯彻落实情况。做好市级部门权责清单、开发区权责清单合法性审查工作，推进政府职能转变，推进简政放权。根据西安市行政审批制度改革工作领导小组办公室要求，对市级部门权责清单、开发区权责清单进行合法性审查，提出相关法律意见和建议。对市级部门权责清单实行动态管理，先后对西安市秦岭生态环境保护管理委员会办公室、西安市城中村（棚户区）改造办公室、西安市工商行政管理局等部门权责清单变更内容进行合法性审查，提出相关法律意见和建议。加强政府法律顾问制度建设，落实《西安市政府法律顾问工作规定》，指导全市法律顾问配备及管理，为政府各项决策提供法律支持，为全市行政机关配备法律顾问688人。

◆行政立法 2017年，西安市政府立法和制度建设工作贯彻《中华人民共和国立法法》，围绕中共西安市委、西安市人民政府的中心工作，坚持以科学立法解难题、转变作风惠民生为宗旨，着力在解决经济社会发展中的深层次矛盾，推动科学发展、促进社会和谐方面完善制度。西安市人民政府法制办公室主动适应经济社会发展新常态、新要求，更加注重促进和保障民生、规范经济秩序、保护生态环境、加强政府自身建设方面的立法。立法计划、法规规章草案通过召开专家论证会、听证会和网络、报纸征求意见等多种方式广泛征求意见，做到“开门立法”“阳光立法”。

改进法案起草方式，着力避免“部门利益法制化”倾向 审查修改《西安市销售燃放烟花爆竹安全管理条例》《西安市不可移动文物保护条例》《西安市城市集中供热管理条例》《西安市大气污染防治条例》4件地方性法规；审查修改《西安市应急避难场所管理办法》《西安市旅游市场秩序管理办法》《西安市火车站地区管理规定》《西安市机动车车体广告设置管理办法》《西安市住宅专项维修资金管理办法》《西安市政府合同管理办法》《西安市控制吸烟管理办法》7件政府法规，完成政府立法任务。

拓宽公众和专家学者参与政府立法的渠道 通过报纸、网络等途径广泛听取社会各界人士对2017年立法项目的建议和意见，选定的立法项目注重民生安排，着力解决人民群众最关心、最直接、最现实的利益问题；办理的地方性法规和规章通过市政府门户网站和法制办网站全部公开向社会征求意见，组织召开立法座谈会9次、法律专家论证会6次、立法听证会3次，努力做到政府立法科学化、程序化，群众参与规范化、广泛化。

做好法律服务工作 办理《未成年人网络保护条例（送审稿）（修订草案）》《公务员法（修订草案）》《陕西省学前教育条例（征求意见稿）》《陕西省按比例安排残疾人就业办法（草案）》等法律、法规和陕西省人民政府规章和文件征求意见稿37件。

做好规章备案工作 向国务院报送《2016年度制定的法规规章目录》，及时向国务院、陕西省人民代表大会、陕西省人民政府和西安市人民代表大会报备西安市人政府制定的规章7件，做到报备率、合格率2个100%。

◆规范性文件监督管理 2017年，西安市政府法制建设贯彻落实《陕西省人民政府办公厅关于推行规范性文件三统一制度的通知》和《陕西省推行规范性文件“三统一”制度工作实施方案》，不断加强规范性文件合法性审查的机制建设和能力建设，扎实推进“三统一”制度。西安市人民政府法制办公室严格落实《西安市规范性文件管理办法》，注重从源头上控制和规范行政权力运行，严把规范性文件的出口关和程序关，指导区（县）、市级部门开展规范性文件“三统一”工作，进一步完善规范性文件管理“三级政府，二级监督”的工作机制，提高规范性文件监督管理的效率。坚持“有件必备、有备必审、有错必纠”的基本要求，强化“忠于法律、服务大局、审查为民”的审查理念，认真做好规范性文件前置审查、法律审核、备案监督和上报备案等工作。全年审查《西安市全民健身基础设施管理办法》《西安市公共资源交易管理办法》《西安市计划用水考核管理办法》《西安市道路命名规则》等市政府及市级部门规范性文件20件，同意按规范性文件“三统一”登记编号15件。办理西安市人民政府批转和各部门报送的合法性审核件435件，受理异议审查2件，受理区（县）和市级部门备案10件，向陕西省人民政府、西安市人民代表大会报备市政府规范性文件4件。广泛宣传引导，着力实现“三统一”管理全覆盖。在组织依法行政有关会议、培训中对落实“三统一”管理敲警钟、打预防针，定期督促、指导区（县）政府和市级部门的规范性文件“三统一”制度。努力提高“三统一”管理的知晓率和满意度，在政府门户网站开设《政策解读》栏目，对每一个规范性文件的出台背景、制定过程、征求意见、政策导向、服务指南等方面都进行介绍和宣传，让群众对每一个规范性文件的理解更加深刻、更加精准，让相关基层单位在行政执法过程中的落实也更加到位，形成政府部门抓规范、社会公众共监督、“三统一”机制共推进的和谐氛围。建立网上公开征求意见和公众意见采纳情况反馈机制，拓宽公民有序参与重大行政决策、重要规范性文件制定的途径。重点审查重大行政决策事项《西安市人民政府关于实施机动车限行交通管理措施的通告》和2016—2017年146件政府常务会议纪要和专项会议纪要。对西安市安全生产管理委员会、西安市食品安全委员会、西安市治污减霾领导小组、西安市“四改两拆”领导小组、西安市脱贫攻坚办公室等报送的时效性特急的文件，保质、保量完成合法性审核，为推动全市重点工作发挥重要作用。

◆行政执法监督指导 2017年，西安市政府法制建设加强法制监督力度，规范行政执法责任制落实，做好行政执法主体资格审核和认定，规范行政执法行为，推动公正廉洁执法，法制监督进入法治化、常态化轨道。西安市人民政府法制办公室落实行政执法责任制，明确行政执法主体，梳理行政执法依据，理顺行政执法关系，规范行政处罚自由裁量权，严格行政执法程序，开展案件评查和错案责任追究，做好行政执法人员执法证件换发工作，营造公开、公正、文明的行政执法环境。制定并组织推进《西安市行政执法监督办法》，进一步加强政府行政执法监督。做好新版行政执法证件管理工作，对各区（县）和市级部门申领和换发行政执法证件的4424名执法人员进行资格认证培训，及时办理行政执法证件。强化和规范行政执法委托组织管理。对新城区、西安市安全生产监督管理委员会等委托的组织新办11家、变更8家、撤销1家的行政执法资格情况进行审查确认。依照《西安市行政执法案卷评查标准》，开展行政处罚、行政许可、行政复议等行政执法案卷评查工作。举办2期行政执法案卷制作培训班，培训基层行政执法人员220名，强化行政执法案卷制作水平，提高执法办案能力。做好全面规范行政裁量权基准工作，召开西安市地方性法规和政府规章涉及行政裁量基准制定工作推进会。在完成行政处罚裁量基准的基础上，继续完善行政许可裁量、行政强制裁量、行政征收裁量、行政确认裁量、行政给付裁量、行政裁决裁量等方面的裁量基准，47家市级单位对涉及行政裁量基准情况进行报送。

◆行政复议和行政应诉 2017年，西安市政府法制建设充分发挥行政复议应诉工作“息诉止争、化解行政争议”的“主渠道”作用，创新行政复议工作机制和工作方式，有效化解行政争议，促进社会和谐稳定。西安市人民政府法制办公室适应行政复议、行政应诉案件大幅度增长的新常态，有效发挥行政复议的层级监督职能，坚持“预防为主、纠错为辅”，推行行政复议《意见书》和《建议书》制度，纠正和改善行政执法活动中的普遍性问题，努力做到“办结一案，教育一片”。新《中华人民共和国行政诉讼法》实施后，在法律规定范围内最大限度放宽受理条件，保证群众能够通过法律渠道维护自身权益。大力实行“阳光复议”，严格依法办理案件，促进了社会和谐稳定。全年办理行政复议案件864件，比上年增长224%，纠错率为20.4%。建立行政应诉工作机制，推行行政机关负责人出庭应诉制度，自觉执行人民法院的生效裁判。代理西安市人民政府行政诉讼案件291件，代理市政府行政复议案件9件。在审理行政复议和应诉案件中，树立“以人为本、复议为民”的工作宗旨，严格依照法定权限和程序审理行政复议和应诉案件，努力提高办案质量。

2017年4月11日，西安市人民政府法制办公室工作人员赴西咸新区调研西安市代管西咸新区后的法制问题

◆法制理论研究和宣传培训 2017年，西安市人民政府法制办公室组织开展西安市人民政府常务会议法制学习。根据《西安市人民政府常务会议学法制度》起草《西安市人民政府常务会议2017年学法计划》，并报市政府同意后组织实施。2月13日，西北政法大学教授谢德成主讲，学习新时期和谐劳动关系与劳动法治建设；6月19日，陕西省国有资产监督管理委员会副主任王浩生主讲，学习依法监管国有资产相关问题；10月16日，西北政法大学教授马致选主讲，学习打造优质投资环境、推进产权保护法治化；11月29日，西安交通大学副教授周方主讲，学习文化遗产保护与“大西安”建设；12月11日，西安市工业和信息化委员会巡视员金乾生主讲，学习政策法规包容监管下的企业创新；12月25日，西北政法大学副校长王瀚主讲，学习大西安对外开放与涉外法治建设。每次学法选题都紧密结合政治时势和经济发展趋势，政府常务会议学法制度已经成为全市法治建设的亮点之一。下发《西安市2016政府法制宣传工作计划》和《西安市2016年政府法制理论研究计划》，发表理论研究文章37篇。在国务院法制办公室、陕西省人民政府法制办公室及市法制办网站发布信息330余条。编辑《西安政府法制》期刊2期。依托法制办门户网站、政务微博和政务微信公开政府法制信息的多渠道，进一步完善西安市人民政府法制办公室政务微信平台。“西安政府法制”微信平台通过文字、图片、视频等方式，与广大市民进行全方位互动，关注用户超过1万人次，年度推送图文信息694条，接收用户咨询、留言等信息超过300条。注重立法宣传，4部地方性法规和7部政府规章全都通过《西安日报》《西安晚报》《华商报》《三秦都市报》等主要媒体进行宣传。强化行政复议宣传，联合西安人民广播电台和《华商报》《西安日报》等新闻媒体，宣传《行政复议法》和《中华人民共和国行政诉讼法》，让更多的市民依法维护自己的合法权益。联合西安文理学院举办2期西安市政府法制干部业务培训班，区（县）人民政府、市级部门法制业务骨干共计400余人参加培训。

◆发挥参谋助手和法律顾问作用 2017年，西安市人民政府法制办公室充分发挥西安市人民政府依法行政的参谋助手和法律顾问作用，研究全市经济社会发展中紧迫性、重要性问题所涉及的政府法制工作，配合政府和有关部门做好紧急性、突发性和专项性的法制保障和服务。坚持特事特办、急事急办的原则，尽心尽力、保质保量完成领导交办的法律事务。针对西安市代管西咸新区，研究解决代管后涉及的法制问题，先后到陕西省人民政府法制办公室对接召开专题研究会，到西咸新区实地调研，赴贵州贵安新区和成都代管简阳市调研相关体制、机制及法制工作情况，并形成调研报告。贯彻落实中共中央、国务院《法治政府建设实施纲要（2015—2020年）》，起草《西安市法治政府建设实施方案（2017—2020年）》，结合西安市法治政府建设实际，对2019年底在陕西省率先基本建成法治政府目标进行任务分解，明确分工，落实责任。积极应对地铁三号线电缆事件、灞桥垃圾场治理、联合学院非法集资等10余起重大事件处置工作，对事件的涉法、涉诉问题进行研究、预判，向市领导和相关单位报送专门法律意见和建议，确保处置工作的依法、依规。严格依法审查政府合同，办理《西安市人民政府 阿里巴巴集团战略合作协议》《西安市人民政府 盘古智库战略合作框架协议》《西安市人民政府与中国光大国际有限公司全面战略合作协议（征求意见稿）》等以西安市人民政府或西安市人民政府办公厅名义签订的合同、协议75件。推进“行政效能革命”，审查《西安市推进“最多跑一次”改革实施方案（修改稿）》等文件，对西安市落实国务院第三批取消中央制定地方实施行政许可事项11项内容进行合法性审查。深化“放管服”改革，做好简政放权措施落实合法性审查工作，对取消和下放行政审批事项、清理规范中介服务事项严格按照相关法律规定进行审核。做好市级部门权责清单和“双随机一公开”事项合法性审查工作，保障权责清单工作动态调整于法有据。（薛 岳）

立法工作

◆概况 2017年，西安市人民代表大会常务委员会全面落实《中华人民共和国立法法》，遵循“立得住、行得通、真管用”的原则，及时制定《西安市人民代表大会常务委员会五年立法规划》，围绕城乡建设与管理、环境保护、历史文化保护等重点，确定本届委员会立法项目46件，增强立法工作的计划性、针对性，突出西安特色，提高立法质量。

◆地方立法 2017年，西安市人民代表大会常务委员会签订“四方”（西安市人民代表大会法治工作委员会、西安市人民政府法制办公室、西安市人民代表大会相关委员会，西安市人民政府相关委、办、局）立法责任书，完善法规起草、论证、审议机制，实行专门委员会初审、西安市人民代表大会法制委员会统一审议和常委会两审制度。坚持民主立法，充分发挥人大代表、立法专家库、基层立法联系点的作用，不断扩大公民的有序参与，通过座谈会、论证会、网络媒体等广泛征求社会各界意见。全年征集到立法意见1800多条，认真研究、积极吸纳，如在修订《西安市大气污染防治条例》中，征集到意见392条、吸纳383条，使立法更接地气、更合民意。修订《西安市集中供热条例》，制定《西安市特种行业治安管理条例》，规定供热直管到户，强化特种行业治安管理，保障群众合法权益，维护社会治安秩序。修订《西安市大气污染防治条例》，将条例内容从52条增加到82条，强化污染防治问责，细化污染防治措施，增强防治工作针对性。修订《西安市销售燃放烟花爆竹安全管理条例》，明确禁售、禁放区域，从严从紧规范销售、燃放行为。制定《西安市不可移动文物保护条例》，明确开发区在本区域内的文物保护责任和土地出让前政府的考古勘探责任，细化文物登录等制度，为文物保护提供更加完备的法制保障。

◆**地方法制改革** 2017年，西安市人民代表大会常务委员会修订规范性文件备案审查规定，进一步明确审查主体、审查时限和审查纠错机制，将法、检“两院”规范性文件纳入报备审查范围。全年备案审查规范性文件13件，做到有备必审，维护了法制统一。配合全国人民代表大会、陕西省人民代表大会立法，做好《中华人民共和国民法总则》《陕西省促进科技成果转化条例》等20部法律法规草案的意见征集工作。突出立法项目可行性和法规内容适用性，就制定修订《西安市特种设备安全条例》《西安市旅游条例》《西安市城市轨道交通条例》等开展调研。为推进国际化大都市建设、服务重大国际会议活动，学习杭州市人民代表大会服务20国集团杭州峰会立法经验，及时启动《西安市文明行为促进条例》立法工作。（赵　航）

2017年10月28日，西安市公安局在2017西安国际马拉松赛期间进行安全保卫

公　安

◆**概况** 2017年，西安市各级公安机关全力以赴保稳定、护安全、促发展，为全市经济社会跨越发展创造安全稳定的社会环境。全年立刑事案件81150起，比上年下降22.2%。其中，杀人案60起，下降13%；伤害案940起，下降15.1%；“两抢”案1253起，下降41.6%；盗窃案59339起，下降22.9%；诈骗案12421起，下降28.3%。发生火灾2564起，死亡10人，受伤2人，直接财产损失1698万元，分别下降32%、33.3%、71.4%和23.2%。破刑事案件41743起，上升54.3%；破案率46.5%，上升23.3个百分点。其中，放火案14起，上升16.8%；伤害案849起，上升9.4%；绑架案16起，上升33.3%；盗窃案25169起，上升58.56%；诈骗案5621起，上升117.9%；毒品案1221起，上升19.5%；经济案1148起，上升38.7%；提捕8747人，上升11.7%。完成国庆、中秋“双节”期间和中国共产党第十九次全国代表大会、2017欧亚经济论坛、2017丝绸之路国际博览会暨第二十一届中国东西部合作与投资贸易洽谈会、2017首届世界西商大会、2017全球硬科技创新大会、西安国际马拉松赛、昆明池·七夕国际名校赛艇对抗赛、金砖国家领导人会晤、第十三届全国运动会10项重要安保警卫任务。

◆**维护社会治安稳定** 2017年，西安市各级公安机关将中国共产党第十九次全国代表大会期间安保维稳工作作为工作的重点内容和首要政治任务来抓，年初，成立十九大安保工作领导小组，制定《党的十九大安保维稳工作总体方案》和《十九大维稳信访安保任务与分工责任的通知》等20余份方案预案，明确“底线思维、以面保点、强力攻坚”的工作思路和最高标准、最佳状态、最强措施的工作要求，先后召开专题会议20余次，对十九大安保维稳工作进行由总体到具体的周密部署，适时启动等级戒备，加强值班备勤，圆满完成十九大安保维稳任务。

治安防控 西安市公安局按照中共西安市委“一降一升”部署要求，全力净化社会环境，提升群众安全感和满意度。以公安部、陕西省公安厅“三打击一整治”“2017秦鹰”等专项行动为重点，严打命案等重大恶性犯罪，多警种同步上案，加大案件侦破力度，立命案90起，破案90起，破案率100%。开展“双清”行动（本地清缴、原籍清巢），加大对地域性盗窃团伙源头打击力度，打掉犯罪团伙104个，抓获418人。开展“秦盾砺剑行动”和吸毒人员“大排查、大管控、大收戒”等专项行动，严打涉毒犯罪，破获毒品案件1221起，比上年上升19.5%，强戒6566人，收治206人。制定《预防“两抢”案件工作实施方案》，创建信息导巡、现案堵截等10项机制，开展“人脸图像破案会战”等专项行动，在全市设置141个巡逻网格，整合68个警务站和495个“家门口”派出所警力，开展联勤巡逻，打击现行犯罪，降控街面案件。8月11日，开展降控“两抢”案件专项行动，打掉团伙14个，“两抢”接报警下降75.2%。全年“两抢”接报警968起（日均2.7起），下降47.1%。在环西安省道及高速公路口设立37个公安检查站，严防危险人员、车辆、物品跨区域流动。全面加强719个治安卡口，特别是17个进京高速路卡口监控报警力度，建成公安视频监控专网，完成视频点位建设勘察1.5万个。搭建管理应用平台215个，公安自建可调用视频监控达12737个，全市视频探头总数32.9万，重点单位和要害部位视频监控覆盖率100%，全面提升预警效能。采取交、巡、特警联勤、联动方式，在全市重点区域设立163个治安盘查点，加大对可疑人员、车辆盘查检查，切实消除各类安全隐患。检查车辆17.1万辆、人员37万人次；抓获违法人员1500余人，其中逃犯39人、吸毒人员

78人。以36个治安复杂重点整治地区为重点，组织大清查17次，出动警力67075人，检查娱乐场所2352家次，核查流动人口74.7万余人，重点人员8590人，抓获违法嫌疑人674人；查处黄、赌案件840起，刑事拘留246人，治安拘留1027人。加强“低慢小”飞行器管控，对全市882名“低慢小”操作人员、565台航空器、417家生产销售企业、74家通航企业、6家行业协会纳入视线、动态管控，查处非法违规飞行的“低慢小”航空器68架次，治安拘留1人，教育训诫103人。

重点人管控 落实各类重点人“一人一策、分级分类”落实管控措施和责任。全年搜集各类情报信息5434条，破获“法轮功”邪教案件65起，抓获224人，比上年分别上升7%和10%，捣毁地下窝点35个。牵头召开专题会议，对网络“涉及中央领导同志、十九大的政治谣言”管控打击工作进行全面部署，开展专项打击和集中清理行动，对政治谣言、煽动性信息，及时封堵删除、落地查人、依法打击，发现网络政治谣言线索964条，落地查控664人，拘留2人，教育训诫23人。

应急处突 持续完善应急处置预案，全面加强群体性事件处置力度，共妥善处置“萨德入韩”、联合学院等各类群体性事件302起。

专项行动 开展打击制贩枪支犯罪专项行动。追源头、查下线，严打涉枪违法犯罪，对涉枪重点单位，有前科劣迹、军械枪迷等重点人员和五金加工等重点行业集中进行排查整治，对收缴的枪支弹药，逐一登记，集中销毁。制定举报奖励办法，会同检、法两院发布通告，发动群众举报线索，增强打击震慑力度。全年核查公安部、陕西省公安厅交办线索575件，立涉枪案件29起，破26起，起诉23人，收缴枪支698支、子弹5664发。开展易制爆危险物品整治专项行动。会同安监等部门对全市70家民爆、110家剧毒品和121家公务用枪单位集中排查检查，对12名涉爆重点人逐人见面约谈，明确责任民警，实施动态管控；对76种易制爆危险物品和全市各加油站，全部实行实名登记和散装汽油授权销售制度，切实将各类不安全因素消除在萌芽状态。全年清查收缴各类民用枪支1491支、子弹9229发、刀具3680把、弩弓16支、雷管887枚、散装油2400升，打击处理违法犯罪人员126人。开展寄递物流安全管理专项行动，建立完善“多警种联动、外多部门联合”“打击+监管”的工作机制，开展专项行动27次、联合执法806次，对全市16435家寄递物流企业进行全面检查，取缔违规企业67家，训诫58人。加强收寄端源头管控，严打寄递物流渠道违法犯罪。全年破获刑事案件96起，打掉团伙26个，抓获214人，查获违禁品23797件，比上年分别上升123%、127%、78%和1118%。开展高层建筑消防安全治理专项行动，对全市4574家高层建筑管理使用单位开展安全检查，及时消除安全隐患，在全市消防部门开展高层建筑灭火战术研究，修订方案、预案，组织实战演练，排查高层建筑4216个。开展交通违法大整治专项行动，以交通安全风险防控为重点，在全市范围内深入开展交通安全隐患排查整治工作，联合交通、安监等部门开展专项检查27次，先后赴企业916家，排查重点车辆9479辆、重点驾驶人1.39万人，下发“整改通知书”309份，约谈企业514家、曝光152家，全面完成25辆双层大客车的停驶、停运和大型公路客车、大型旅游客车和危险货物运输车的“双清零”工作。

安全保卫 重点加强安全保卫工作，完成缅甸、柬埔寨等国家领导人访问西安等32批265场次重大警卫和2017首届世界西商大会、2017欧亚经济论坛、2017西安马拉松赛、2017全球硬科技创新大会等59项230场次大型活动安全顺利进行。

公安信访 做好信访工作，制定西安市公安局《进一步做好领导接访的通知》《十九大期间涉法、涉诉信访工作方案》，开展领导接访、带案下访、积案攻坚和进京劝返工作，全力打击非访、降控上访。全年中共西安市公安局党委成员接访215起452人，比上年分别上升184%和225%；办结公安部、陕西省公安厅交办信访案件598件，办结率98%；依法打击非访人员64人，刑事拘留10人。

◆公安改革 2017年，西安市各级公安机关深化改革创新，推进制度建设，着力补齐短板，全面夯实基层基础，提升警务效能。

户籍制度改革 3月，出台8项户籍新政，在全国同等城市实现落户门槛最低、流程最优、限制最少、效率最高，迁入18.6万人，比上年增长408.9%。其中，户籍新政落户10.7万人，占落户总人数的57.5%。

“放管服”改革 梳理公布148项“最多跑一次”事项清单，17项行政审批事项入驻西安市人民政府政务服务中心。推出13项出入境便民服务举措，开通网上预约通道和港澳通行证签注24小时自助服务区，受理各类出入境申请107.4万证（次）。

社会治理创新 依托试点经验，进一步建立健全物流寄递公安监管机制，在4个物流园区设立警务室，获得全国公安机关改革创新大赛“金奖”。加大情指一体化建设力度，完成大数据研判、反恐情报和重点人员动态管控“三个中心”整合，加强软件应用、建立专业队伍、健全协作机制，对毒品和网络犯罪的查打防能力得到进一步提升。

身份证异地受理改革 全面落实身份证异地受理、丢失招领和挂失申报制度，办理业务22万笔。

辅警管理创新 围绕辅警管理改革，加强与相关单位的沟通协调，推动出台《公安机关警务辅助人员管理办法》和配套规定，进一步提高辅警职业保障和队伍正规化建设水平。

警务实战化建设 推进扁平化指挥系统建设，制定《深化无线数字集群建设应用工作实施方案》，完成99个窄带基站以及全市20余处热点、重点地区30个宽带基站建设，实现主城区和周边区域窄带网络100%覆盖。配发手持终端5796部、基地台485台、调度台318台、车载台368台，实现可视化、点对点、扁平化实战指挥。8月10日，利用指挥调度系统及时成功处置西汉高速宁陕段1起特大交通事故。

移动警务平台建设 配发4G技术第三代警务通10075部，研发巡逻盘查、业务分发、人脸识别等应用App，通过对91类数据库信息的查询、比对，实现在逃、涉毒等重点信息主动报警、民警内部信息交流等功能，提升基层基础工作效能。坚持实战引领，面向基层一线，创新训练机制，针对执法工作中的难点问题和薄弱环节，由警种部门牵头分级分类施训，先后组织警务实战化、枪械使用等6大类26项集中练兵培训132期，培训民警1.2万余人次。赴25个一线实战单位和基层所队，开展送教活动60场次，培训民警3000余人次。

◆治安管理 2017年，西安市公安局治安管理部门以反恐维稳统领各项警务工作，推进“平安西安”建设，提升公安机关综合战斗力。

治安管控 先后制定下发多份关于安保维稳的通知和工作方案，对安保维稳工作任务进行细化分解。召开专题会议进行部署，对维稳安保工作进行动员、部署，明确治安复杂地区排查整治，流动人口、出租房屋检查清查，矛盾纠纷排查化解等工作重点。安排督导检查组，对21个分（县）局的重点人员管控、反恐维稳、危险物品和管制器具管控、人员密集场所和大型活动安全管理、公安检查站查控、矛盾纠纷排查化解等11项工作落实情况进行检查督导，确保各项工作落实到位。妥善处置各类群体性事件302起，先后参与处置“联合学院”“山川林业”“善和集团”“民办教师”等群体性事件，涉及参与人数1.63万人次。收集各类维稳信息600余

条，制定维稳工作预案18份，下发维稳紧急通知21份，完成一系列重大社会活动维稳安保工作。

社区治安防范　部署开展全市盗窃民宅案件防范及打击专项行动，多次组织各分（县）局，派出所开展全市范围的盗窃民宅防范宣传活动，制定下发《关于加强全市入室盗窃案件防控工作的通知》《关于下发全市入室盗窃案件防控工作督导检查方案的通知》等，通过组织各分、县局户政部门及社区民警开展有针对性的案件研判和降控工作，有效遏制入室盗窃案件高发势头。在居民小区、城中村和农村地区创建“零发案”社区（行政村）活动，通过在辖区建立楼长、单元长、治安信息员、义务巡逻队等群防群治队伍，推广“邻里守望”等群众性治安防范措施，深入推进群防、群治工作。

校园周边环境整治　组织开展全市校园安全隐患排查和专项整治行动。为确保全市校园安保工作得到有效落实，先后下发《关于进一步加强岁末年初校园安全防范工作的通知》等6份通知，切实指导各分（县）局做好校园季节性预防和整治工作。3—11月，在全市范围内集中开展高校及中小学、幼儿园周边治安秩序专项整治行动。4—6月，西安市公安局治安管理局联合西安市社会治安综合治理委员会办公室、西安市教育局，在全市校园集中开展为期2个月的中小学、幼儿园周边治安秩序整治专项行动。开展法制安全工作进校园活动，严格落实警务进校园制度。先后补充调整校园责任民警和驻校民警1083名，确保驻校民警和片警巡查工作形成机制化、常态化。西安市公安局治安局组织21批次学生进行不同科目的应急演练；分16批次组织校园安保干部和保安员进行应急防暴知识培训；分28批次组织学生安全、交通知识宣传教育活动，警务进校园工作落实到位。莲湖区、西安高新技术产业开发区、鄠邑区和周至县分别由教育部门牵头，共青团、机关工委配合，法院、检察院、公安、司法部门分别组织法官、检察官、警官、律师共128人，每4人一组，成立校园法治建设工作组，与辖区各大学区对接，负责承包大学区内每个中小学校法制宣传教育工作。开展“模拟法庭校园行”“法官检察官说法校园行”等活动。西安市公安局经开分局治安管理部门指导学校与保安服务公司联手，试点学校购买社会化服务的新路子，确保校园保安专职化、年轻化和正规化。探索“互联网+护校安园”新模式，构建综治、公安、教育、司法等职能为一体的综合管理平台，搭建集校园安防工作管理、信息统计查询、考勤考评、视频监控、视频巡查、紧急报警（一键报警）、远程视频教学、安防宣传和便民服务等功能为一体的护校安园信息管理系统，并完成系统功能和实战应用的研究论证、软件研发、硬件环境搭建和运行调试等工作，在西安市公安局新城分局辖区4所校园进行运行试点。制作西安市护校安园工作信息管理系统宣传片，起草《西安市公安局关于护校安园信息管理综合平台建设方案》。

预防未成年人防罪　西安市公安局治安管理部门以积极预防为手段，强化预防未成年人犯罪工作。实施《西安市公安局关于对有严重不良行为未成年人保护救助办法》，严格落实保护救助工作要求，加强未成年人保护救助工作。全年保护救助有各种违法行为的未成年人34人，其中男性未成年人31人，女性未成年人3人，少数民族未成年人6人，直接护送安康、商洛、宁夏、甘肃等地未成年人7人次，上门回访8次，电话回访170余次。分别在陕西师范大学附属小学、西北工业大学附属中学、雁塔相关社区开展普法宣传活动3次，制作法制宣讲课件3套，600余名家长与学生受到教育。以民警亲身工作经历拍摄制作的微电影《心的较量》，受到社会广泛好评。

特种行业管理　深化治安行政管理，不断提高管控水平。制定下发《西安市印章业治安管理工作规范》，有力推动行业的规范管理。依托公章刻制业、典当业治安管理、许可备案登记治安管理信息系统，建立定期对公章刻制业、典当业换发特行证的情况，信息上传情况进行网上巡检工作机制，实时掌握全市特种行业换发证情况，及时研判发现问题、解决问题。全年上传典当物品信息2706条、公章信息10万条。加强对洗足浴、废旧金属收购等行业管理，定期开展突击检查和明察暗访活动，打击和震慑涉黄违法犯罪活动。全年检查行业场所160家，核查举报线索20条，起草上报核查报告16篇。完成从事开锁行业单位备案程序的有184家，从业人员332人。603家机动车修理业安装使用机动车修理业治安管理信息系统，上传从业人员信息742条、机动车维修信息22398条。制定下发《关于进一步加强废旧金属收购业治安管理工作的通知》，加强对废旧金属收购业治安管理，严堵赃物流向渠道，完成219家废旧收购业登记备案工作。重点对旅馆业治安管理信息系统建设、旅馆业登记上传落实情况及旅馆业安全防范措施落实情况等进行全面检查督导，依法取缔非法经营的小旅馆22家，行政拘留19人。对全市4557家小旅业全部安装“警易通”，通过旅业系统追逃75人。配合协助有关部门对重要旅游景点开展联合执法，在A级景区设立警务室63个，在人流集中的广场、景点设立治安报警点58个，对全市各主要旅游景区出动安保警力7.8万人次、无人机52架次，进行治安检查3200余次，查处涉旅违法犯罪人员376人。制定《西安市特种行业治安管理条例》，并于12月1日正式施行。

整顿市场环境秩序　开展投资环境整治，严打各类破坏投资环境违法犯罪活动，着力创造良好的投资环境。全面摸底建档，对全市摸排在建的823个重点建设项目，全部建立档案和台账，建立市局、分（县）局、派出所主要负责人三级包抓责任制，其中中共西安市公安局党委成员包抓跨区性重点项目20项。建立警企联动机制，协调解决重点项目施工中涉及的治安问题，倾听企业需求，积极为企业排忧解难。

扫黄打非、禁赌工作　制定下发《2017年度扫黄打非工作实施方案》，深化“扫黄打非”斗争，相继组织开展扫黄打非“固边2017”“护苗2017”“净网2017”“秋风2017”“清源2017”5个专项行动，出动警力3468人次，检查出版物市场、店档摊点621个次，检查印刷复制企业53家次；取缔关闭出版物市场、店档摊点11个；查办扫黄打非案件14起，办理刑事案件4起，刑事拘留8人，收缴各类非法出版物、宣传品2200册、光盘241张。开展娱乐场所大清查、游艺场所专项整治和“百日黄赌整治”、茶牌坊整治、大众舞厅整治等专项活动。初步建立行业场所公安、文化部门“双轨制管理”和治安部门“双约谈”机制，建立健全黄赌舆情“一情双核”“一案双查”制度，组织“交叉暗访”“交叉检查”活动3次，检查娱乐场所2352家次。其中，歌舞娱乐场所921家次，电子游戏游艺场所796家次，茶秀、棋牌室635家次，督导检查治安突出问题和城中村等治安重点区域34个；责令停业整顿82家，限期整改216家，罚款113家；现场查处黄赌案件840起。其中，涉黄行政案件28起，行政拘留31人，罚款76人；涉赌刑事案件69起，刑事拘留246人，涉赌行政案件733起，行政拘留996人，罚款1198人，收缴赌博游戏机1109台。

安全监督管理　做好安全生产监管和危爆物品管理，组织开展日常安全检查工作。全年清查收缴各类民用枪支270支、刀具3680把、弩弓16支、仿真枪1211支、各类子弹9229发、雷管887枚、烟花爆竹10400件、散装油2400升，打击处理违法犯罪人员126人。依法开展烟花爆竹禁售禁燃工作，完成2017年春节烟花爆竹禁售、禁放和查处销毁烟花爆竹禁售、禁放工作。收缴烟花爆竹8165件，打击处理66人，其中行政警告18人、治安罚款14人、行政拘留34人。

联合西安市人民政府法制办公室、西安市安全生产监督管理办公室对《西安市烟花爆竹管理条例》进行修改完善。制定安全生产检查工作方案，明确工作重点，细化工作措施，严格落实责任。7—10月。在全市范围内开展安全生产大检查大排查、大整治活动，出动民警18964人次，检查民爆单位158家次、剧毒化学品单位342家次、易制爆单位24家次、人员密集场所2245家、加油站128次、物流递寄企业4847次、九小场所（小学校或幼儿园、小医院、小商店、小餐饮场所、小旅馆、小歌舞娱乐场所、小网吧、小美容洗浴场所、小生产加工企业）2913次，检查出各类安全隐患12062处，整改15654处，下发整改通知书3706份，限期整改1944份，打击非法生产13起，取缔烟花爆竹储存销售点10家，行政拘留135人，罚款2.84万元。对排查中发现的安全隐患逐一进行登记、逐一督促整改。

实有人口管控 深入排查化解矛盾纠纷，有效防范涉稳风险。对全市治安重点人员、肇事肇祸精神病人等重点人员，成立管控组织，加强日常管控，防止发生重大危害。排查录入全国重性精神病人信息管理系统数据库602人，其中男性464人、女性138人；肇事肇祸154人，轻微滋事111人，其他337人，全部落实管控责任。

犬类管理 组织设立宣传点356处，悬挂横幅500余条，散发宣传单2.86万余张，制作宣传《西安市限制养犬条例》光碟等音视资料400余份。组织开展春节期间、夏季犬类管理两次专项整治行动，提高广大市民依法、文明、科学养犬的意识和行为。针对经二路、灞桥街道等地区长期存在非法犬类交易市场的顽疾，配合属地分局利用广播、发放宣传单、讲解政策等形式进行全面整治和取缔。督促10个分（县）局建成标准规范的犬只收容所。全年办理养犬登记证6977个，年审养犬登记证4501个，收容犬3980只。

◆刑侦工作 2017年，西安市公安局刑侦部门严打刑事犯罪，全面提升打击犯罪能力和执法办案水平，进一步加强和改进公安刑侦工作和刑侦队伍建设，为维护社会治安大局稳定做出积极贡献。

刑侦案件侦破 进行集中打击行动，并赴籍贯地开展追逃、追赃、深挖、宣教等工作，打掉地域性犯罪团伙42个，抓获高危地区犯罪嫌疑人296人、网上逃犯13人，回访工作对象325人。开展以“每案必侦、每案必勘、每案必研”为核心的“全侦查多破案”专项活动，全市刑事案件勘查率录入率100%；案件侦办率提高12个百分点，达到90%以上；案件研判效能提高10个百分点，达到80%以上。开展“三打击一整治”专项斗争，破获“盗抢骗”案件14451起，抓获犯罪嫌疑人2842名，摧毁销赃窝点104个；立各类文物案件23起，破案18起，逮捕犯罪嫌疑人34人，刑事拘留9人，追缴涉案文物1021件；破获电信网络新型违法犯罪案件2132起，抓获犯罪嫌疑人993人，追缴、冻结涉案资金4569万元；打掉“黑广播”窝点69个，缴获“黑广播”设备71台、伪基站40台，抓获犯罪嫌疑人25人；破侵犯公民个人信息案件139起，抓获犯罪嫌疑人44人；破获破坏投资及生态环境类刑事案件944起，刑事拘留1416人，查处行政案件3181起，行政处理2274人。全年立刑事案件80770起，比上年下降25%，破获现发案件36400起，上升6.7%；打掉犯罪团伙1115个，侦破跨区域系列案件112串，抓获上网逃犯1523人，均有所上升；立命案90起，破案90起，破案率100%。

打黑除恶 打掉黑社会性质组织犯罪团伙3个，即周至“7·9”“7·29”2个涉黑团伙、临潼“1·14”涉黑团伙。移送起诉涉恶类犯罪团伙66个，移送起诉犯罪嫌疑人290人。

追捕在逃犯罪人员 持续对历年逃犯开展研判攻坚，利用人面识别、轨迹和关系人分析等科技信息化手段，先后总结出11个信息科技追逃技战法，主动出击抓获481名历年逃犯，包括多名陕西省公安厅“猎魔行动”目标逃犯、公安部B级逃犯等逃亡多年的故意杀人逃犯。

打击涉枪犯罪 立涉枪案件（不包括非法持有案件）29起，破案26起，破案率89.7%，缴获火药动力枪15把，火药弹1121枚。

打击涉拐犯罪 全力维护妇女儿童的合法权益，继续深入督导打拐专项斗争，立拐卖妇女、儿童案件259起，破（销）案202起，解救妇女92人、儿童110人，办结公安部督办案件2起、省督办线索1条，通过“团圆系统”找回走失儿童59人。

◆户政管理 2017年，西安市公安局户籍管理部门深化户籍新政改革，加大工作力度，创新思路，优化服务，深入推进各项工作有序开展。重点以派出所规范化建设和等级评定为载体，突出派出所警务改革的核心内容，深入推进派出所警务机制改革。全市建成责任区刑警队87个，“一室一站三队”运行模式派出所71个，150个派出所完成信息研判室建设，建成率78.9%。推进城乡社区警务工作扎实有效开展。截至年底，建设社区警务室545个，配备专职社区民警785人、专职社区辅警775人；建设农村中心警务室324个、农村普通警务室2254个，有驻村民警475人、农村警务室辅警1463人。抓好派出所重点人口管控指导工作，组织各分县局对全市10923名重点人口进行逐一核实。针对全市重性精神病人开展摸排筛查，强化管控，符合条件的录入公安部重性精神病人信息库，累计录入602人。

户籍管理 狠抓户籍新政贯彻落实，不断完善便民利民措施，实现户籍业务管理新突破。3月1日，正式实施户籍新政。按照“三不一优”（不设门槛、不收费、不设复杂审批手续，建立全国最优惠人才落户政策）要求，吸纳各类人才落户创业。3—10月，全市共迁入186283人，比上年同期增长15万余人，增长4倍多。其中，按照户籍新政落户107086人，占落户总人数的57.48%；学历落户85247人，占新政落户人数的79.61%。针对西安市户籍新政实施后群众办理户籍业务井喷式增长，排队等候时间长、私设门槛审批难、工作流程不透明等突出问题，推出快捷高效的民生警务新平台——掌上户籍室，让群众足不出户就能申请办理21项户籍业务，形成户政业务上线全流程办理的新模式。3月1日，“掌上户籍室”正式上线运行以来，共注册用户108647个，提请申报业务14854笔，正在审核办理的5980笔，办结8874笔。进一步下放审批权限，减少审批材料，简化办理流程，提升户籍办理精细化水平，推行“受理补缺”制度。为解决落户难问题，出台各类规范性文件通知，解决西安市住宅小区立户无根据、无制度、无标准的。全年西安市共有11万多条死亡人员户口注销信息，陕西全省信息总数的65%，本着“不错销，不漏销”原则，完成第一批死亡人员户口核查注销工作。切实解决无户口问题。解决无户口人员登记户口问题，户籍政策咨询接待室受理来人来电咨询投诉8238起，回复网友留言2140条，收到群众反映户籍问题的查办答复件56件，摸排解决1363人的无户口问题。

居民身份证管理 进一步规范身份证管理各项工作流程，确保居民身份证异地受理试点工作顺利开展。从3月15日起，全市正式启动居民身份证异地受理工作，196个户籍窗口可正常受理和审核签发全国31个省（区、市）和陕西省内11个地市的居民身份证异地业务，“三项制度”落实工作做到全覆盖、无死角。全年受理居民身份证630860张，其中异地证105939张，审核签发10590张；挂失申报100455张；丢失招领154张，发还31张。

外来流动人口管理 开展集中清查，加强对流动人口、出租房屋、居住证管理，全力维护流动人口合法权益。开展流动人口出租房屋清查核查、“三

查三清”治安大清查行动17次，出动警力67075人，清查住宅区、村组、城中村、城乡接合部、流动人口聚集点等6658次；核查流动人口192548人、出租房屋95868间、重点人员8590人，为流动人口办好事2674件；发现违法犯罪线索147条，查处治安案件298起，处罚拘留389人，破获刑事案件133起，刑事拘留169人，抓逃34人。先后制定《西安市公安局居住证办理工作规范》《居住证办理流程问题汇总》等一系列文件，从程序上对居住证办理进行进一步细化；采取网上抽查和实地检查相结合的方式加强对居住证业务办理情况的督导检查力度，全年登记流动人口2375980人，制发居住证2229012个。严格落实三级三类管控责任，充分发挥信息员作用，全面掌握其现实表现和活动轨迹，实现对重点流动人口的动态管控，重点流动人口全部录入《西安市流动人口及出租房屋管理系统》，录入率100%。严厉打击流动人口中的“两非”（非法鉴定胎儿性别、非法终止妊娠）违法犯罪行为。做好外来务工人员随迁子女高考资格复审工作。采取“以房管人”的办法，加强对少数民族流动人口落脚点的管理，全年登记流动人口中的少数民族46160人，占流动人口总数的2.2%。

◆出入境管理 2017年，西安市公安局出入境管理部门主动适应社会发展新形势和社会各界新要求，完成出入境管理各项目标任务。全年受理公民出国（境）申请1074468证次（其中护照321211证次、港澳通行证及签注613368证次、赴台通行证及签注139889证次），比上年上升2.2%；为境外人员办理各类证件11462件，减少1.8%；制作各类出入境证件174105件，上升20.6%；登记临住境外人员692403人次，上升16.7%；处置各类案（事）件595件，与上年基本持平。集中推出13项出入境便民利民措施，一次性缩短6类证照办理时限，西安市出入境证照办理时限在全国15个副省级省会城市中最短。率先推出12类出入境证照免费邮寄服务，实现群众在全市任意一个出入境受理点办理证件一律“四免”（免填申请表、免费复印、免费照相、免费邮寄），变“多次跑”为“最多跑一次”，打通服务群众“最后一公里”。落实资金849.78万元，立项采购设备达到13类695台，对出入境窗口所有陈旧的设备进行更换。投入191万元对出入境办证大厅进行装修改造，更换全新的叫号服务系统、LED电子大屏幕，添置咖啡机、擦鞋机、饮水机等人性化设施。投放自助签注机、预约填表机、自助缴费机127台，在全市19个出入境办证大厅增设自助服务区，在西安市公安局出入境管理支队设立24小时自助服务大厅，变“群众等”为“自助办”。在全国公安机关出入境系统首创“全程导办”服务制度，实现一对一专属服务。开通出入境微信网上预约服务、“114”出入境服务热线，实现出入境7×24小时全天候服务。完成西咸新区出入境窗口增设工作，全市出入境受理网点达到19个。全年为群众提供周末办证服务40627证次，通过网络发布信息100余条，解答网上咨询118条，微信公众号关注人数达到60103人。大力推广“互联网+临住信息”采录模式，全市安装互联网临住采集系统的酒店达到480家，登记率、及时率、准确率分别达到100%、99%和99%。将外国人签证、居留许可受理权限下放至16个分（县）局，实现中、外管业务全面下放。在服务外籍人才方面，推出“逐人上门、逐人宣讲、逐人服务”一对一管家式服务，开通24小时服务专线、证件专办通道等专属式服务。全年为外籍高层次人才办理2—5年长期签证45证次，受理、换发永久居留身份证申请123证次，提供急事急办服务364人次。坚持日常管控和集中整治相结合，开展“三非”（非法就业、非法入境、非法居留）外国人清理整治工作。在上、下半年开展的2次集中清理整治行动中，出动警力1609人次，检查培训机构64家、涉外宾馆饭店419家，查验外国人证件1185人，查出“三非”案件350起（非法居留303起、非法入境19起、非法就业28起），行政拘留42人，遣送出境40人次，报列不准入境人员28人。

◆交通管理 2017年，西安市公安局交通管理部门深挖道路通行潜能，聘请专业交通设计团队与业务民警组成工作专班，采取无人机航拍分析，左右分道人行横道、预告导向箭头、“1变2”“2变3”增加车道、“单排等候、双排通行”等一系列创新举措，对全市143处交通节点，“一点一策”设计交通标线渠化方案，对交通组织进行深度优化，最大限度提高路网服务能力。建立完善全市主要路口渠划方案电子台账，邀请市民群众召开“停车吐槽大会”“科学交通组织大家谈”“信号灯大讲堂”等主题沙龙活动，广泛征求意见建议。精细优化交通设施，编制完成《西安市交通信号调控系统建设方案》。全年完成信号灯优化改造258处，全市多相位放行路口达到458处，占符合改造条件的97.8%，路口通行效率明显提升。完成太白南路、中轴线信号干线协调控制应用工作，平均通行时间缩短20%。出台《交通信号灯故障应急处置工作预案》，试点信号灯维护和灯时优化政府购买服务，信号灯故障舆情下降80%。完成新建16处信号灯、70处人性化过街设施、10个路口行人闯红灯抓拍系统和优化100个路口信号灯配时等民生提升工作任务。在钟楼周边安装彰显古都特色的金色护栏，新施划标线33.3万平方米，增设各类交通标志牌640面。科学管理城市道路公共资源，在全市新增占道停车位（含道沿上）1.39万个，取缔占道停车位802个，纠处违法停车349.2万例，拖移3.88万辆。设置54处“便民如厕免费车位”。协调儿童医院等单位腾挪置换内部停车位1730个，进一步激活停车资源并作为亮点在“深圳会议”上重点推介。推动西安市人民政府出台《西安市停车管理办法》和《西安市机动车停车服务收费管理办法》，促进停车资源的合理利用和停车产业的健康发展。施划“地面标记+导向箭头”组合型非机动车地面标线6000余组，公交专用道、非机动车道彩色路面3.6万平方米，充分保障慢行交通、绿色交通出行路权。

规范道路交通秩序　下发《西安市道路交通违法行为大整治行动工作方案》《美丽幸福新西安文明交通大整治工作方案》，推动形成“政府主导、部门联动、社会参与”的共治格局。部署开展“追赶超越”交通环境整治擂台赛、交通秩序整治百日会战等一系列专项整治行动。通过成立交警铁骑大队、全面推行“网格长”勤务，组建DA作战室等措施，始终保持对交通违法行为的高压严管态势。全年纠处各类交通违法行为834.5万例，比上年上升33%。其中，查处违法两轮、三轮6.3万例，行政拘留4269人，增长45.8%；查处涉酒驾驶8402例，增长30%，未系安全带40.4万例，开车打电话5.7万例，违法鸣笛1.5万例；刑事拘留1436人，行政拘留4928人。建立多警种协作机制，每天抽调各警种600名警力配合交警开展全警严管严处，严格落实罚款记分手段，纠处车不让人交通违法31.8万例。试点推出了全市首条发光斑马线，首创斑马线停止线后移5米，建立实施“车不让人”交通违法抄告制度，推动斑马线前主动停车让行的文明交通新风尚。按照全市铁腕治霾组合方案的部署要求，淘汰“黄标车”14826辆；开展联合执法911次，查处高排车辆6689辆、渣土车违法5131例、货车走禁行13.7万例；会同环保部门，在全市设立64处检查点，查处排放超标车和冒黑烟车8599辆。

提升交通服务环境　公布41项“最多跑一次”事项清单，对23项车驾管“最多跑一次”业务简化手续流程，对9项车驾管业务推出“读秒办理”“限时办结”工作举措。新车挂牌点增至35个，二手车市场增加至4个，新增科目三社会化考场20个，7个机动车号牌制作点全部投入使用。实现郊县、机场、火车站交通违法一站式处理模式，赢得群众一致好评。以“互联网+交通管理”改革为突破口，网上车管所注册用户达129.7万人次，足不出户就可办理12项车驾管业务，实现了驾驶人考试科二、科三同时预约、连续考试新模式。西安交警微信服务号用户突破170万，服务群众超1120万人次。其中，在线处理轻微交通事故4.6万起，占全市快处、快赔事故量的65%；微信违法处理日均万笔，占全市违法处理量的70%；智慧提醒推送超千万条次，新推出路况小程序、6年免检网上办理等8项功能。

2017年6月26日，西安市公安局在全市开展“国际禁毒日”宣传活动

◆禁毒工作　2017年，西安市公安局各级禁毒部门以吸毒人员管控工作为重点，建立完善全市吸毒人员网格化管理工作机制，严厉打击毒品犯罪活动，充分发挥禁毒专业队伍的职能作用，继续保持对毒品违法犯罪的高压态势。先后组织开展“秦盾砺剑行动”“4·14”打击制毒犯罪、“铁腕禁毒风暴年”、禁毒重点工作攻坚战、吸毒人员“大排查、大管控、大收戒”专项行动、脱失吸毒人员“清零”等一系列行动，连续破获一大批重特大毒品案件，打掉一大批“零包”贩毒分子，建立完善全市吸毒人员网格化管理工作机制。破获毒品刑事案件1221起，其中千克级毒品案件21起，缴获各类毒品115.25千克，强制隔离戒毒6566人。坚持防治结合，重点突出吸毒人员管控工作。组织开展针对吸毒人员的“大排查、大管控、大收戒”专项行动，充分利用各种作战平台和信息系统，对吸毒人员进行落地管控。针对涉毒人员频繁活动的重点部位、重点区域开展集中清查。出动警力2000人，对400余处重点场所进行检查，破获涉毒案件8起，强制隔离戒毒9人，抓获网上逃犯1人。继续推进社区戒毒、社区康复及吸毒人员网格化管控工作。西安市公安局禁毒部门自主研发禁毒工作联动管控平台系统，将涉毒人员所有相关信息全部导入到该系统内，提升对吸毒人员网格化管控工作的信息化进程。加大见面排查力度，落实各项戒毒康复措施，提升社区戒毒康复人员执行率。全市社区戒毒执行率95.07%，社区康复执行率100%。组织开展“清零”工作。9月，组织全市警力集中开展针对长期以来未按要求进行社区戒毒、社区戒毒康复或者严重违反社区戒毒、社区戒毒康复规定的脱失吸毒人员“清零”工作，完成121名脱失吸毒人员的“清零”工作任务。对西安市32名涉京上访吸毒人员、63名外地吸毒人员进行逐一排查，对相关人员予以遣返或移交其他部门继续管控，有效排除维稳隐患。完善禁毒检查站建设。为进一步深化毒品堵源截流工作，在全市公安检查站中，选定26个重要出入口，建立毒品检查站，对工作人员进行培训，并配发毒品检测箱，加大毒品公开查缉力度。建立技术侦查工作站，服务一线打击毒品犯罪。开展易制毒化学品清查整顿专项行动，以“端制毒窝点、打制毒团伙、清制毒原料”为重点，深入推进联合打击制毒犯罪“4·14”专项行动，清理排查制毒重点人员400余人，破获公安部督制毒案件1起，捣毁加工窝点3处，查获制毒原料5154.97千克。

◆消防工作　2017年，西安市公安局消防部门圆满完成以防火灭火、抢险救援为中心的各项工作任务，创造更加良好的消防安全环境。全年接警出动6173起，其中扑救火灾2449起，抢险救援1353起，社会救助2371起，出动车辆3.2万辆次，出动人员18.8万人次。圆满处置“3·27”土坡坍塌、“6·4”危化品罐车泄漏、“7·22”小寨购物中心火灾、“4·17”安康山体滑坡跨区域增援等60余起急难险重任务，“零失误”完成“两会”、演唱会、足球赛、大型经贸活动等79次大型活动、42次等级警卫消防安保任务。

落实消防安全责任制　推动将消防工作纳入“党政同责、一岗双责”“平安西安”、年度目标责任单项工作考核内容，先后提请各级政府召开专题会议120余次，印发方案210余份，研究解决制约消防工作发展的瓶颈性问题，部署开展阶段性消防安全重点工作和提振消防能力建设、每月督察以及季节性火灾防控、高层建筑及电气火灾综合治理、中国共产党第十九次全国代表大会消防安保等20余项专项行动，挂牌督办重大隐患单位38家。坚持多部门、多行业、多警种联勤联防，推动48个市级行业部门开展行业领域的消防安全检查工作，将消防工作纳入派出所等级评定考核内容，制定《决不发生重大消防安全事件考核细则》，有效激发各级责任主体抓消防工作的积极性。

重点单位消防安全管理　不断推进消防工作社会化进程，调整全市消防安全重点单位，制定出台《消防安全责任制管理规定》，组织开展消防安全评估，建立消防机制，并落地见效。组织全市执法干部、行业部门、基层组织、重点单位、物业企业及相关责任人、管理人进行“大约谈”及培训，不断强化消防安全监管力度，夯实社会火灾防控基础。全年检查单位24.28万家，督改隐患92.8万余处，下发责令通知书22万余份，“三停”2963家，查封3132家，罚款2176.55万元，拘留1216人。

社会面火灾防控基础建设　推动各级政府对消防工作统筹领导、经费保障、公共服务、社会宣传“四大责任”的落实。大力开展火灾隐患整治、“网格化”管理、“户籍化”监管、社会单位“四个能力”建设、“96119”投诉举报、中小学消防教材推广普及、全媒体立体化消防宣传、消防行政审批制度改革，落实高层住宅“楼长”制、“派出所长消防助理”制等，一系列火灾防控措施成效凸显。对全市4574家高层建筑管理使用单位开展安全检查，及时消除安全隐患，在全市消防部门开展高层建筑灭火战术研究，修订方案预案，组织实战演练，排查高层建筑4216个。全年检查单位30.6万家，督改隐患124.4万余处，下发责令通知书27.9万份，“三停”3799家，查封3816家，罚款2690.3万元，拘留1629人。“三停”、临时查

封、拘留数比上年分别增长33.96%、18.14%和100%。全年火灾亡8人，伤2人，财产损失1660.23万元，分别下降50%、71.43%和25.07%。

基层基础建设 制定落实《西安市提振消防能力实施意见》，以签订目标责任状、明确奖惩措施、制定建设标准、密切与地方部门联系等形式，推进基层基础建设。全市5个特勤消防站在建2个，正在立项1个；22个一级消防站建设完成3个，正在装修3个，在建3个，正在前期准备2个；13个迁建、翻建、维修改造项目正在装修1个，在建1个，已立项1个，正在立项6个；60个卫星站建成3个，在建8个，正在招标2个、批准选点7个；17个建制镇专职消防站建成2个，在建1个，正在立项5个，消防站布局更加合理、功能更加完善，有效解决城市消防站选址难、“空心化”“边沿化”难题。紧盯车辆器材装备短板，制定标准站、特勤站车辆配备标准，推动装备建设更新换代，装备采购由基础性向“高、精、尖、专”化迈进。开展装备清查、评估、使用效能调查专项工作，针对薄弱环节、结合区域特点，新增消防车城市主战类6辆、高喷类10辆、泡沫类15辆、干粉类1辆、双高车35辆、登高类1辆、抢险救援类5辆、保障类22辆，无人机1架、机器人2个，各类器材装备3738件套，特别是针对西安大跨度火灾频发特点，采购48米以上大跨度消防车，车辆和装备结构逐步走向合理优化，实用性、安全性、舒适性不断提升，灭火救援能力进一步提高。

◆网络安全 2017年，西安市公安局网络安全部门全力维护网上政治安全和网络社会稳定，不断提高网上监控处置、舆情导控、防范控制、侦查打击能力，有效开展互联网管控工作。加强各类重点人网上管控，在反恐维稳、打击谣言、净化网络等方面做了大量工作，全年接收下发任务293次，接受线索1406条，核查虚拟身份线索4300余条。制定《西安市打击网络政治谣言和有害信息机制工作方案》，先后立案侦查并刑事拘留1人，关闭网站3个，关停翻墙服务器3个，查处暴恐音视频线索3条，治安拘留1人，清查谣言线索200余条，对15名网民进行教育训诫。核查各类线索2300余条，上报材料32篇。根据工作需要完成落地查人664人次，其中陕西省公安厅系统下发506人次，自主发现并落地358人次，查实率均超过90%。全年参与侦办各类刑事案件1450余起，落地侦查涉案线索2000余条，侦查布控涉案线索250余条，抓获犯罪嫌疑人484人；开展配侦案件800余起、协侦案件540余起；开展电子数据鉴定刑事案件42起、电子数据勘查案件34起，现场勘查案件23起；协助外地办理案件1370起，抓获嫌疑人16人；本地立线侦办工作16起，抓获犯罪嫌疑人24人。全年受理电子数据鉴定案件42起，出具电子数据鉴定报告40份，受理电子数据勘查案件34起，受理电子数据现场勘查23起，出具现场勘查笔录8份。分析硬盘128块、手机217部、U盘21个，分析电子数据总容量约75万亿字节。

◆公安信息化 2017年，西安市公安局信息通信部门加强推进基础信息化工作，狠抓信息采集，完善系统建，拓展信息共享，总结固化机制，深挖公安信息化规模应用和深度应用的实战效能，为提升西安市公安整体战斗力提供科技支撑和保障。制定《西安市公安局信息共享实施细则》，开展内外部信息资源整合共享。西安市公安局资源服务平台整合180类54.84亿条数据资源，日均信息增量550万条，日均访问量6000余次。新建视频监控探头3016路，建成全市公安视频监控专网和西安市公安局、分（县）局、派出所三级平台传输网络构架；搭建管理应用平台215个，公安自建可调用视频监控达到15753路，建成卡口719个。在西安市重点区域安装125套视频监控人脸识别系统测试设备，并于10月9日进行系统试运行。截至年底，利用该系统抓获网上逃犯187人。成立西安市公安局公共安全视频监控建设联网应用项目领导小组及其办公室，全面开展公共安全视频监控建设联网应用（“雪亮工程”）。对西安市18个区（县）、开发区及33个西安市人民政府委办局的视频监控建设和应用情况进行调研摸底，编制3套技术方案，并通过专家评审。开展PPP项目“两评一案”编制工作，并通过财政部、国家发展和改革委员会专家库专家论证。起草《西安市公共安全视频图像管理办法（草案）》，深化社会视频监控资源整合。全面建设完成西安市公安局社会及政府部分单位视频图像信息共享平台项目，整合火车站、钟楼地下盘道、大雁塔北广场、兵马俑景区等社会图像1339路。在全国率先建成宽窄带融合的无线数字集群通信系统，成为全国公安机关第一个投入实战应用的宽窄带融合的无线通信网。完成99个窄带（PDT）基站以及全市20余处热点、重点地区30个宽带（LTE）基站建设，实现西安市区（县）主城区和周边区域的窄带（PDT）网络100%覆盖。组织技术人员对各相关单位公安检查站信息化进行升级改造，实地开展督导检查和技术指导支持，确保建设任务的完成。对西安市公安局标准地址管理系统进行全面升级，扩充和完善系统功能，同时组织技术骨干对全局户籍民警、社区民警等600余人进行专项培训。以已有门户网站电脑版以及“西安交警”和“西安公安”微信公众号移动版便民服务为主，制定公安局《互联网+公安政务服务平台建设方案》，全力推进市公安局互联网+公安政务服务平台建设。在全市公安窗口单位部署服务评议系统，进一步促进民警提升工作效率和服务质量，提升群众满意度。向全局配发10075部第三代“警务通”，并开发巡逻盘查、业务分发、人脸识别等应用App，可查询、比对91类数据库信息，并实现在逃、涉毒等重点信息主动报警、民警内部信息交流等功能，进一步拓展警务工作的时间、空间，提升工作效率。配合陕西省公安厅做好全省警务综合平台建设，完成西安市公安局警务综合平台运行所需系统环境搭建和有关部署工作，并在刑侦业务工作中进行试点运行。先后举办各专题讲座7次，派员参加公安部、陕西省公安厅等各类信息化培训班30余人次。制定《2017年度信息化实战训练工作方案》，开展全警信息化培训工作，全年受训人数占全警总数的40%。利用微信群开展微课堂教育，把教育训练延展到8小时以外。（邱　春）

检　察

◆概况 2017年，西安市检察机关主动护航经济发展，全面履行检察职能，稳步推进检察改革，切实加强队伍建设，不断提升司法公信，各项检察工作取得新进展。

◆检察机关服务经济社会发展 2017年，西安市检察机关围绕服务“大西安”建设，履行检察职责，努力为全市经济社会发展提供“五星级”司法服务。

保障全市重大战略实施 围绕“民营经济倍增计划”，制定保障和促进民营经济健康发展20条意见、服务营造企业家健康成长环境14条意见，开展“亲商助企”活动96次，协调解决相关问题12个，始终做到国有企业、民营企业、小微企业、外资企业诉讼地位和诉讼权利平等、法律适用和法律责任平等、法律保护和法律服务平等，努力当好为企业发展提供司法服务的“店小二”。西安市人民检察院的服务举措被《检察日报》专题报道。

服务打造“丝路科创中心” 围绕发挥科技优势、促进科技创新，联合西安市科学技术局制定服务科技创新26条意见，着力构建鼓励、宽容、保护、服务、协调5项机制。开通危害科创案件快速办理通道、科技人员维权窗口、检察服务科技创新公众号，在西安高新技术

产业开发区设立“服务科技创新检察工作站”，赴190余家科研单位和科技企业面对面解读文件精神。

打造法治化营商环境 落实中共西安市委“重拳规范市场秩序、打造最佳投资环境”要求，批捕破坏市场经济秩序犯罪448件646人，起诉443件726人；批捕强迫交易、聚众斗殴、寻衅滋事等犯罪249件448人，起诉208件421人；批捕非法吸收公众存款、集资诈骗等涉众型经济犯罪169件195人，起诉179件293人；批捕侵犯知识产权和商业秘密犯罪10件23人，起诉11件12人。

服务脱贫攻坚工作 开展查办和预防扶贫领域职务犯罪专项工作，查处贪污挪用、截留私分、虚报冒领扶贫资金等案件23件46人。编纂《扶贫领域职务犯罪案件情况剖析》和《案例选编》。开展预防宣讲17场次，覆盖519个行政村的“两委会”干部。

践行“行政效能革命”要求 坚持以人民为中心的发展思想，全市两级检察机关出台“最多跑一次”司法便民措施217条，打造规范高效的信访接待平台、律师服务平台、行贿犯罪档案查询平台，接待群众来访10596人次，接待律师及诉讼代理人3052人次，开具行贿犯罪档案查询函64138份，比上年分别上升58.6%、36.4%和6%。西安市人民检察院被最高人民检察院评为“全国检察机关保障律师执业权利示范单位”。

◆打击和防范刑事犯罪 2017年，西安市检察机关批捕各类刑事犯罪嫌疑人7511人，起诉10365人，起诉人数比上年上升9.7%。严厉打击杀人、抢劫等严重暴力犯罪以及盗窃、抢夺等多发性犯罪，批捕3369人，起诉3747人，分别占批捕、起诉总人数的44.9%和36.2%。推进“打黑除恶”专项行动，建立打黑除恶工作责任制，健全完善挂牌督办、提前介入、快速办理、联席会议等机制，集中打击“村霸”“沙霸”“地下出警队”和宗族恶势力犯罪，提前介入涉黑涉恶类案件53件102人，批捕81件168人，起诉23件62人。推进“危害食品药品安全犯罪”专项立案监督，集中打击非法行医和涉医违法犯罪，批捕危害食品药品、非法行医等犯罪44件58人，起诉64件83人，办理的丁汀等销售假药案被最高人民检察院评为“全国优秀督办案件”。打造生态保护司法屏障，强化“破坏环境资源犯罪”专项立案监督，与西安市公安局、西安市环境保护局联合建立环境违法犯罪案件执法衔接工作机制，督促移送案件线索33件33人，监督立案10件11人，批捕破坏环境资源犯罪34件66人，起诉45件66人。坚持“教育、感化、挽救”方针，对涉罪未成年人落实法律援助、合适成年人到场、亲情会见、犯罪记录封存等制度，协助提供法律援助179人，亲情会见41次，合适成年人到场141次，犯罪记录封存118件，对117名涉罪未成年人依法不批捕、不起诉。开展关爱留守儿童专项行动和“校园欺凌”专项治理，设立未成年人观护基地13个，开讲法制课300余节。落实疑罪从无和非法证据排除制度，对不构成犯罪的不批捕107人，对事实不清、证据不足的不批捕1707人，对社会危险性不大、无羁押必要的不批捕559人，对轻微刑事犯罪和过失犯罪刑事和解265人。开展“一降一升”工作，组织“平安建设”集中宣传和“检察开放日”6次，全市两级院检察长接待来访群众499人次，受理民事申诉、国家赔偿案件610件。开展打击信访活动中的违法犯罪行为宣讲20余次，批捕涉访刑事案件14件19人，结合司法办案对治安隐患和监管漏洞发出“检察建议书”274份。

◆惩治和预防职务犯罪 2017年，西安市检察机关始终保持查办和预防职务犯罪力度不减、标准不降、节奏不变，切实做到有腐必惩、有案必查。西安市人民检察院立足国家监察体制改革新形势，在职务犯罪侦查中推行周通报分析和半月汇报点评制度，全年召开反贪、反渎工作点评会15次，有力、有序督导办案工作，始终保持惩治腐败高压态势。全年全市检察机关立案侦查职务犯罪案件170件323人，比上年分别上升15.6%和11.4%，办案数量创历史新高，其中贪污贿赂案件132件248人、渎职侵权案件38件75人。查办涉案金额20万元以上的职务犯罪大案41件，占立案总件数的24.1%，其中300万元以上大案3件；查办重特大渎职案件9件；查处县处级以上干部43人，占立案总人数的13.3%，其中厅局级以上3人。对最高人民检察院指定管辖的宁夏回族自治区人民政府原副主席白雪山受贿案，依法审查并提起公诉。严肃查处“奥凯问题电缆”犯罪系列案件，查办贪污贿赂案件32件43人，移送起诉37人；查办渎职侵权案件9件16人，移送起诉16人。“奥凯电缆系列案”被最高人民检察院评为“2017年度十大法律监督案例”。坚持“打虎”“拍蝇”两手抓，严惩发生在群众身边、损害群众切身利益的职务犯罪，立办涉农惠农、教育医疗、社会保障、征地拆迁等民生领域职务犯罪43件78人。围绕“丝绸之路”经济带建设、扶贫惠农、非公经济、健康民生等开展专项预防，组织法制讲座、预防宣传、警示教育、预防调查、案例分析320余次，发出“检察建议书”43件。临潼区人民检察院撰写的《惩治和预防职务犯罪年度报告》，被最高人民检察院评为全国“百优年度报告”。

◆诉讼监督 2017年，西安市检察机关围绕以审判为中心的诉讼制度改革，不断强化刑事诉讼、刑罚执行、民事审判和行政诉讼监督，加大纠正司法不公力度。对应当立案而不立案的督促公安机关立案35件；对不应当立案而立案的督促公安机关撤案44件，追加逮捕、追加起诉286人。对刑事立案、刑事侦查和刑事审判中的违法行为提出纠正意见629件次，向法院提出量刑建议2643份。创新对公安派出所侦查活动的监督模式，设立派出所检察官办公室29个，监督派出所撤案9件、立案14件、纠正违法126件次，此项工作被《中国新闻周刊》专版报道。对确有错误的刑事判决、裁定提出抗诉10件。西安市人民检察院抗诉的孙文芳合同诈骗一案，一审判无罪后经重新审理改判有期徒刑15年。持续推进集中清理判处实刑罪犯未执行刑罚专项活动，对不符合缓刑、假释条件的，督促监管机关收监15人、网上通缉14人。受理羁押必要性审查616件，提出释放或变更强制措施建议396件，3起案件被最高人民检察院评为“全国羁押必要性审查精品和优秀案件”。注重保障被监管人的人权，发出“纠正违法通知书”139件，初查监管场所职务犯罪案件线索7件7人，立案侦查3件6人，移送审查起诉2件5人。综合运用抗诉、检察建议、支持起诉、违法行为调查等手段，受理民事行政监督案件949件，提请和提出抗诉18件；针对民事审判、行政诉讼、民事执行中的违法行为，提出监督检察建议104件，提出民事执行监督检察建议292件。

◆检察体制改革 2017年，西安市两级检察机关坚决贯彻中央、陕西省、西安市要求，全面落实司法改革和检察改革各项目标任务，积极构建检察权运行新机制。

切实突出检察官办案主体地位 以司法责任制为核心，按照“应放尽放、充分放权”的原则，下放审批权限，检察官办案事项决定权大幅增加。构建以独任检察官和检察官办案组为主的新办案单元，全市独任检察官353人、检察官办案组20个，独任检察官和检察官办案组办理案件5426件，两级检察院入额院领导办理案件782件，新的检察权运行机制基本建立。

严格落实人员分类管理和职业保障制度 按照“笔试+考核”的程序，遴选检察官541人，并实行动态管理，合理优化司法行政人员配置。《工资制度改革试点实施办法》《绩效考核及奖金分配指导意见》等落实到位，检察人员职业保障新体系逐步完善，“专业化、职业化、规范化”的队伍格局基本形成。

全面完成内设机构改革　按照精简、务实、效能、管理扁平化和专业化原则，全市14个检察院内设机构减少56个，西安市人民检察院由27个处室调整为“11部1室”，检察机关组织新机构搭建到位。

稳步推进认罪认罚从宽制度试点　制定出台试点方案和实施细则，精简诉讼程序，细化量刑标准，既认真审查认罪认罚的自愿性，又加强对主要证据的实质审查。全市检察机关适用认罪认罚从宽制度办理案件4124件4483人，司法效率显著提升。

全面推开公益诉讼改革　全市检察机关发现公益诉讼案件线索86件，发出诉前检察建议71份，11起案件诉至法院。督促行政机关做出“行政处罚决定书”14份，修复被损毁林地6.77公顷，关闭非法采矿采砂场31个，复垦和正在复垦被占用耕地39.41公顷。雁塔区人民检察院通过诉前建议收回国有土地出让金6.7亿元，是全国公益诉讼涉案金额最大的案件。

主动配合做好监察体制改革　以支持改革、拥护改革的大局观念和政治站位，成立改革领导小组，及时清理积案、移送线索、处置涉案财物，配合做好情况摸底、编制划转、人员考察等转隶衔接工作。西安市人民检察院反贪、反渎、预防3个部门7个处室和西安市沙坡地区人民检察院60名干警全部完成转隶工作。

◆检察队伍专业化建设　2017年，西安市检察机关围绕“西安铁军”标准，持续加强检察队伍建设，努力打造忠诚、干净、担当的“检察铁军”。

强化理想信念教育　组织党组中心组学习22次，班子成员赴基层院和党建联系点开展中国共产党第十九次全国代表大会精神学习宣讲活动16次，在把握意识形态主动权、坚定理想信念上发挥表率引领作用。以“两学一做”学习教育常态化制度化为重点，机关各支部开展政治学习40余次，组织70名处以上领导干部参加“弘扬延安精神、坚定理想信念”主题教育，不断强化“四个意识”，坚定“四个自信”。

加强业务素能培训　推进“学习先进、对标成都、查找短板”专项工作，赴杭州、成都等地学习借鉴先进经验12次，查找5大类短板弱项，形成查短板、争一流考察报告60余篇，撰写调研文章98篇。持续开展提高执法能力“学练赛”活动，组织培训竞赛99次，培训干警2100余人次，建立169名干警组成的“全市检察人才库”，5人入选全国和陕西省业务专家人才库。提升司法鉴定能力，西安市人民检察院司法鉴定实验室通过国家认可委现场评审。

坚持从严治检　深入开展肃清魏民洲等流毒专项警示教育，形成6个方面问题清单和13条整改措施。制定《市检察院党组、党组书记和党组成员党风廉政建设主体责任清单》，提出清单任务99项，严格落实“一岗双责”要求。下发《检察人员党纪政纪处分案件通报曝光工作实施办法》，全市两级院共对44名干警进行提醒谈话、诫勉谈话和通报批评。发挥政治巡察利剑作用，对中共未央区人民检察院党组、中共周至县检察院党组开展巡察，发现44项问题，提出56项建议。坚持不懈落实“中央八项规定”，全市两级院在重大时间节点和敏感时期开展教育提醒、明察暗访60余次，发出督察建议10余份，集中整治四风“伪装”和“变形”问题。

着力提升司法公信　推行自动轮案制，依托统一业务应用系统对案件全程监控和预警提示，分流案件23117件，评查案件质量1307件，提升检察官执法规范化水平。强化案件信息公开，公布案件程序性信息12035件，公布法律文书3469份，公开重要案件信息492条。加大检务公开力度，“今日头条”发布3596条，微信、微博发布5006条，“西安检察微信公众号”阅读量突破9万人次。检察公众满意度比上年上升4.92个百分点。自觉接受党的领导和人大监督，向中共西安市委专题汇报党组工作和党建工作情况，确保检察工作和“西安铁军”建设正确的政治方向；西安市人民代表大会常务委员会专题听取西安市人民检察院整治预防扶贫领域职务犯罪工作、司法改革落实情况和1名副检察长履行职责等报告，集中视察市检察院维护司法公正情况。

◆案例

周至县国土资源局不履行法定职责案　周至县国土资源局未依法履行法定职责，致使周至县二曲街道办事处渭中村基本农田遭到破坏，使国家和社会公共利益受到侵害。具体事实如下：2014年5月，周至县渭中村1.64公顷责任田被人为挖损破坏，形成深约6米的土坑，坑底呈荒地状态。经认定，该责任田为基本农田；经鉴定，该基本农田的种植条件严重毁坏。同年8月26日，周至县国土资源局对复垦义务人李成凯做出“土地行政处罚决定书”，责令其限期复垦土地0.73公顷亩，恢复土地原状，并罚款102662元。此后，周至县国土资源局未能调查确认全部复垦义务人，也未依法执行上述关于罚款的行政处罚决定。2016年5月16日，公益诉讼人向周至县国土资源局发出《检察建议书》，建议其依法履行监督管理职责，采取有效措施，及时恢复土地原貌，切实保护好土地资源，并限期1个月回复落实情况。但是期限届满后，涉案土地仍处于受侵害状态。同年年底，周至县国土资源局对涉案土地进行了初步复垦工作。本案所涉及的周至县二曲街道办事处渭中村六组被破坏的土地总面积为1.64公顷。对其中涉及李成凯破坏的0.73公顷土地，周至县国土资源局于2014年8月26日发出《土地行政处罚决定书》，并送达被处罚人李成凯，“责令被处罚人李成凯限期进行土地复垦，恢复土地原状；对其非法占用的11亩（折合约7333平方米）土地的行为处以每平方米14元的罚款，共计102662元。”周至县国土资源局对其余的土地违法行为在公益诉讼人起诉之前未予查处。2014年8月26日，周至县国土资源局申请西安市国土资源局对本案涉及耕地种植条件毁坏程度进行鉴定，鉴定结论为：“该宗地上采挖砂石，破坏了地形地貌和土体构造，因地势低洼，且受到渭河河床水分渗漏与顶托作用，坑内易受渍涝威胁，地貌恢复及土地整理复垦难度大，属对耕地种植条件的严重毁坏。”故周至县国土资源局于2014年12月1日以该案涉嫌土地犯罪移送周至县公安局。2016年11月18日，周至县人民检察院就此案向西安铁路运输法院提起行政公益诉讼。西安铁路运输法院于2017年4月27日公开开庭审理了本案并做出判决，确认周至县国土资源局未依法及时查处周至县二曲街道办事处渭中村六组0.91公顷土地违法行为及其在做出土地行政处罚决定后，未履行后续监督、管理法定职责的行为违法，责令周至县国土资源局依法继续履行查处周至县二曲街道办事处渭中村六组0.91公顷土地违法行为的法定职责，以及对李成凯罚款收缴的法定职责。

蓝田县林业局不履行法定职责案　蓝田县终南广源采石厂（以下简称“广源采石厂”）在未办理林业审批手续的情况下，在国有林地违法采石毁林，占用林地逾期不还。蓝田县林业局不依法全面履行监管职责，造成大面积国有林地种植条件丧失，损害国家和社会公共利益。具体事实如下：2006年7月18日，广源采石厂与蓝田县终南林场（以下简称终南林场）签订裸岩承包合同，约定终南林场将所辖的蓝关镇徐家山村拐沟内头岔沟对面梁头裸岩（水平宽20米、垂直高35米）承包给广源采石厂用于石材开发，承包期自2006年7月21日至2011年7月20日。2007年4月11日，广源采石厂又与蓝关镇徐家山村委会签订租赁协议，租赁拐沟内属于徐家山村集体所有的土地（四至为东至终南林场界、西至徐家山村生产路、南至广源采石厂放炮点、北至拐沟管护点），租期20年。此后，广源采石厂逐渐私自扩大开采范围，在与终南林场承包合同约定开采点的对面梁头另设开采点，并破坏终南林场防护设施进入林区，采用露天爆破的方式开山采石，对拐沟林地进行破坏式开采。2013年6月至2014年6月，终南林场先后7次发出停工通知、7次向蓝田县林业局汇报林地毁损情况、5次向公安机关报案，但广源采石厂仍持续作业并扩大开采范围。蓝田县林业局分别在2013年10月、2014年3月、2015年8月向广源采石厂下发3份“责令停止违法行为通知书”，但未作出行政处罚决定，亦未要求其补种被损毁林木，致使蓝田县蓝关镇徐家山村拐沟一带国有林地大面积被毁损，生态环境遭到严重破坏。2016年11月28日，经蓝田县林业科技中心勘验鉴定，截至2016年11月，广源采石厂开挖、占用林地10.36公顷，均为生态公益林。另查明，2016年11月30日，广源采石厂原法定代表人雷计文因涉嫌非法占用农用地罪被蓝田县公安局刑事拘留。2017年9月30日，蓝田县人民法院做出判决，判决雷计文犯非法占用农用地罪，判处有期徒刑2年又6个月，并处罚金人民币250万元。2016年9月至2017年1月间，蓝田县林业局对广源采石厂损毁的10.36公顷林地当中的3.73公顷进行了植被恢复，代为补种树木9351株，花费人民币235.41万元，尚有6.63公顷仍未恢复植被。2016年12月24日，蓝田县人民检察院就此案向西安铁路运输法院提起行政公益诉讼，西安铁路运输法院于2017年10月26日公开开庭审理了本案，并于2017年10月20日做出判决，确认蓝田县林业局对终南广源采石厂违法采石毁林10.29公顷及2011年至2015年间占用林地0.07公顷逾期不还，不依法履行管理、监督法定职责的行为违法，责令蓝田县林业局继续采取有效措施恢复剩余6.63公顷林地植被，并依法追缴财政垫付的恢复3.73公顷林地植被的费用。

临潼区水务局不履行法定职责案 临潼区任留街道办事处任留村村民刘小忠租赁渭河临潼段河道内滩地1.13公顷，未取得采砂许可证，在租赁滩地上挖砂、堆砂，使该宗地受到毁坏。临潼区水务局对该违法行为未依法全面履行监管职责，使国家和社会公共利益受到侵害。具体事实如下：临潼区检察院在2017年初调查时发现，2014年7月刘小忠租赁本村翁春计、翁智文等14户村民位于渭河临潼周华村段河堤内滩地1.13公顷，在未依法办理采砂许可证的情况下，在租赁滩地上非法挖砂、堆砂，使该宗滩地受到严重毁坏，对渭河的行洪和堤防安全造成危害。该宗涉案土地为渭河周华村段河道内滩地。依据河道管理相关法律法规，临潼区水务局负有对在河道内非法采砂违法行为进行依法查处等监管职责，但临潼区水务局一直未履行其职责，刘小忠非法采砂毁坏的滩地仍未修复，国家和社会公共利益处于持续受侵害状态。为督促其全面履行职责，保护滩地，确保渭河行洪和堤防安全，临潼区人民检察院于2017年2月4日向临潼区水务局发出《检察建议书》，建议其认真履行监管管理职责，对刘小忠非法开办砂场、严重危害堤防安全的违法行为依法进行查处，并采取有效措施，及时组织修复，维护渭河堤防安全，确保国家和社会公共利益不受侵害。2017年2月16日，临潼区水务局对检察建议做出回复。随后，临潼区检察院对临潼区水务局的回复情况进行了调查核实。经调查，截至2017年3月20日，临潼区水务局在收到检察建议后仍未依法履行职责，刘小忠非法采砂毁损的滩地仍未修复，国家和社会公共利益仍处于受侵害状态。另查明，由于挖砂、采砂不断进行，被破坏滩地不断向周围延伸，致使被破坏滩地实际面积由原来的171.13公顷扩大至2.87公顷，对渭河的行洪和堤防安全造成严重危害。截至庭审结束前，未修复被破坏滩地面积仍有2.33公顷。2017年4月21日，临潼区人民检察院就此案向西安铁路运输法院提起行政公益诉讼。西安铁路运输法院于2017年10月17日公开开庭审理了本案，并于2017年10月20日做出判决，确认西安市临潼区水务局对刘小忠非法占用河道内滩地采砂不依法全面履行监督管理职责的行为违法，责令西安市临潼区水务局对违法行为人刘小忠占用滩地非法采砂的违法行为做出处理，并在判决生效后6个月内修复剩余2.33公顷被违法行为人破坏的滩地。

杜占林受贿案 2009年1月至2011年5月，杜占林任西安市地下铁道有限责任公司（以下简称西安地铁公司）机电设备处副处长。2009年，电缆销售人员王志伟为能给西安地铁二号线建设供应电缆，找到时任西安地铁公司机电设备处副处长的杜占林帮忙，推荐给竞标单位中铁电气化局集团有限公司（以下简称中铁电气化局）进行捆绑投标。2009年11月，王志伟代表长江高科电缆有限公司与西安电气化公司签订“工业产品购销合同”，合同金额6300余万元。为表示感谢，2011年1月下旬，王志伟在曲江华府小区门口送给杜占林40万元现金，杜占林予以收受并据为己有。此案由西安市人民检察院侦查终结，并于2017年4月28日向西安市中级人民法院提起公诉。法院在开庭审理后于2017年12月21日做出判决，以受贿罪判处有期徒刑2年，并处罚金人民币20万元，扣押在案的受贿赃款人民币40万元，依法没收，由扣押机关西安市人民检察院上缴国库。

陈勇受贿案 2004—2013年，陈勇利用其担任西安电子科技大学副校长、新校区建设工程指挥部总指挥职务上的便利，为西安炳德贸易有限公司、深圳机械院建筑设计有限公司等单位和个人在燃煤采购、项目建设招投标等事宜上提供帮助，收受上述单位负责人和个人给予的财物共计折合人民币367.74677万元。具体事实如下：1.收受西安炳德贸易有限公司法定代表人付某给予的人民币270万元好处费。2005年9月，西安炳德贸易有限公司法定代表人付某经人介绍与陈勇相识。付某先后请求陈勇在承揽西安电子科技大学冬季采暖煤供应业务及西安电子科技大学新校区建筑工程上提供帮助。后在陈勇关照下，从2005年始，付某向西安电子科技大学供应冬季采暖煤。付某于2007年春节前至2011年春节前，分6次送给陈勇好处费共计人民币270万元。陈勇予以收受，分别用于个人日常支出和装修家庭住宅花费等。2.收受陕西建工第二建设集团有限公司代理人沈某给予的2.5万美元、4万元人民币好处费，共计折合人民币24.30705万元。2004年上半年，陕西建工第二建设集团有限公司项目经理刘某委托沈某协调代理该项目部投标、入围西安电子科技大学工程建设项目事宜，并承诺给予沈某报酬。沈某遂找到陈勇，希望其帮忙。2005年1月，陕西建工第二建设集团有限公司与西安电子科技大学签订新校区6号学生公寓楼建设工程施工合同。沈某于2005年1月至2006年9月，先后5次送给陈勇2.5万美元、4万元人民币好处费，共计折合人民币24.30705万元。陈勇予以收受，分别用于个人及家庭日常支出。3.收受深圳机械院建筑设计有限公司总经理吴某给予的3万加元、1万美元好处费，共计折合人民币21.54792万元。2001年，深圳机械院建筑设计有限公司总经理吴某经人介绍与陈勇相识。2003—2007年，吴某为深圳机械院建筑设计有限公司承揽西安电子科技大学高层住宅楼、“巨构工程”设计项目招投标等事宜，请求陈勇帮忙。为表示感谢，2005年2月至2007年8月，吴某分2次送给陈勇3万加元、1万美元好处费，共计折合人民币21.54792万元。陈勇予以收受，分别用于家庭日常支出。4.收受陕西恒业建设工程有限公司项目经理范某购买的价值16.06万元人民币“大众速腾牌”轿车1辆。2003—2007年，范某在陈勇的关照下，以陕西恒业建设工程有限公司项目部的名义先后承揽西安电子科技大学科技开发办公楼、新校区一号学生公寓楼A段等建设工程项目。2008年

10月，范某为陈勇购买了1辆价值人民币16.06万元的“大众速腾牌”轿车。该车登记在陈勇妻子罗某名下，并由罗某使用至案发。5.收受泾阳县建筑公司第一工程处负责人吴某给予的人民币14万元好处费。2003—2008年，陈勇利用职务上的便利，为泾阳县建筑公司在承揽西安电子科技大学新校区院系综合楼B段、教学楼D栋等建设项目招投标事宜上提供帮助。2006年1月至2008年1月，陈勇先后3次收受该公司第一工程处负责人吴某给予的14万元好处费。2009年九十月，陈勇因时任西安电子科技大学副校长的黄国泉被中共陕西省纪律检查委员会立案调查，担心暴露，退给吴某10万元，其余受贿赃款用于个人日常花费。案发后，吴某向检察机关退交该10万元。6.收受陕西五龙建设实业集团有限公司项目经理梁某给予的1.2万美元、价值人民币1.9万元购物卡，共计折合人民币11.8318万元。2004—2008年，陈勇利用职务上的便利，为陕西五龙建设实业集团有限公司在承揽西安电子科技大学新校区五号学生公寓楼等建设项目招投标事宜上提供帮助。2004—2008年，陈勇先后10次收受该公司项目经理梁某给予的1.2万美元、1.9万元购物卡，共计折合人民币11.8318万元。2016年3月，陈勇因时任西安电子科技大学国资处处长刘某等人被检察机关立案调查，担心暴露，退给梁某10万元人民币，其余受贿赃款被陈勇用于个人花费。7.收受中铁十二局集团有限公司西北工程指挥部经营计划处副处长兼陕西房建与市政经营项目组组长朱某给予的人民币4万元好处费。2004年，陈勇利用职务上的便利，承诺为中铁十二局集团有限公司在承揽西安电子科技大学新校区建设项目事宜上提供帮助。2004年中秋节前，陈勇收受该公司西北工程指挥部经营计划处副处长兼陕西房建与市政经营项目组组长朱某4万元人民币好处费。2005年1月，中铁十二局集团有限公司中标承建西安电子科技大学新校区大学生活动中心项目。2016年年初，陈勇因时任西安电子科技大学国资处处长刘某等人被检察机关立案调查，担心暴露，退给朱某4万元人民币。8.收受陕西省城乡规划设计研究院市政设计一所所长张某给予的人民币2万元好处。2004年8月，陕西省城乡规划设计研究院市政设计一所所长张某为在工程设计上得到陈勇的支持以及继续承揽西安电子科技大学新校区设计项目，在西安市南二环小贝壳酒楼送给陈勇2万元人民币。陈勇予以收受，用于个人日常花销支出。后陕西省城乡规划设计研究院又先后承揽了西安电子科技大学新校区雨污水提升泵站、教工住宅区室外道路水暖电、出版社书库设计项目。9.收受中国建筑西北设计研究院第四设计研究所所长郑某给予的人民币2万元好处费。2004年，陈勇利用职务上的便利，为中国建筑西北设计研究院支付设计费等事宜上提供帮助。2004年底，陈勇收受该公司第四设计研究所所长郑某给予的2万元人民币，用于个人日常花销支出。10.收受交通银行股份有限公司西安光华路支行负责人黄某给予的价值人民币2万元购物卡。2009—2013年，陈勇利用职务上的便利，为交通银行股份有限公司西安光华路支行在维持西安电子科技大学开户及存款储蓄业务等事宜上提供帮助。2009年国庆节至2013年春节期间，陈勇先后8次收受该支行负责人黄某给予的2万元购物卡，用于个人花销。此案由西安市人民检察院侦查终结并于2017年9月13日向西安市中级人民法院提起公诉。法院在开庭审理后于2017年12月28日做出判决，以受贿罪判处陈勇有期徒刑11年，并处罚金人民币60万元。

张培营受贿案 1999—2015年，张培营在担任西安电子科技大学副校长、基建处处长等职务期间，利用职务便利为西安炳德贸易有限公司等单位和个人在燃煤采购、项目建设、招投标、研究生招录等事项上提供帮助，收受上述单位负责人和个人给予的财物折合人民币共计189.3639万元。具体事实如下：1.2013—2015年，张培营利用职务上的便利，为西安炳德贸易有限公司在西安电子科技大学新校区燃煤采购招投标、煤款结算等事宜上提供帮助。2013年春节至2014年上半年，该公司负责人付海鹏先后5次送给张培营155万元人民币和1万元加油卡。张培营将收受付海鹏的155万元于2014年7月以高于银行利息方式返投到付海鹏公司进行经营活动；将收受的1万元加油卡送给其姐夫王某消费。2.2001—2008年，张培营利用职务上的便利，为泾阳县建筑公司在承揽西安电子科技大学北校区南院锅炉房、北院西锅炉房、北校区四号学生公寓楼项目招投标、工程款支付等事宜上提供帮助。2001年春节至2008年中秋节，该公司项目负责人吴某先后3次送给张培营共计10万元人民币。张培营将其中7万元用于交纳西安电子科技大学北校区66号高层住宅集资建房款及装修；将其中3万元交其妻子杨某在交通银行兑换欧元用于女儿法国留学花销。3.2001年至2012年，张培营利用职务上的便利，为陕西省第七建筑工程公司在承揽西电大学北校区科技楼项目招投标等事宜上提供帮助。2002年中秋节和2012年春节，该公司项目经理贾某先后2次送给张培营共计8万元人民币和1万元购物卡。张培营将收受贾某的8万元支付其购买别克凯越车车款；将1万元购物卡用于购买日常用品花销。4.2012年，张培营利用职务上的便利，为刘某、张某夫妇的儿子在西安电子科技大学研究生招录事项提供帮助。2012年9月，刘某、张某夫妇送给张培营价值2.6639万元人民币的金龙生肖摆件1件。5.1999—2001年，张培营利用职务便利，为陕西核工程公司在承揽西安电子科技大学天线实验楼、校庆广场项目招投标等事宜上提供帮助。2000年秋，该公司项目经理范某送给张培营2万元人民币。6.2001年，张培营利用职务便利，为中国核工业华兴建设工程有限公司在承揽西安电子科技大学三号学生公寓楼项目建设、工程款结算等事宜上提供帮助。2001年6月，该公司项目部负责人何某送给张培营2万元人民币。7.2014年，张培营利用职务上的便利，促成惠某与西安电子科技大学后勤集团签订共同栽种苗木的合作协议。2015年1月，惠某送给张培营一套中国人民银行发行的“熊猫金币”，价值1.7万元人民币。8.2000年，张培营利用职务便利，为陕西航天建筑工程有限公司在承揽西安电子科技大学北校区四十七号高层住宅楼项目建设、协调等事宜上提供帮助。2001年春节前，该公司项目经理孙某送给张培营1万元人民币。9.1999—2000年，张培营利用职务便利，为中国建筑工程总公司第八工程局第一建设有限公司承揽西安电子科技大学教学综合楼招投标等事宜上提供帮助。2000年5月，该公司负责人范某送给张培营一张内存5万元人民币的银行卡。此案由西安市人民检察院侦查终结，并于2017年9月17日向西安市中级人民法院提起公诉。法院在开庭审理后2017年12月1日做出判决，以受贿罪判处张培营有期徒刑5年，并处罚金人民币30万元。

胡晓挪用公款案 2012年4月，胡晓在担任西安微电机研究所（以下简称西微所）副所长期间，私自决定以西微所名义与任某签订借款协议，约定西微所向任某出借3500万元。同年5月26日，任某将3500万元归还给西微所，同时支付利息77万元。胡晓和鲁某商定，将49.45万元利息款由二人私分。其中，胡晓分得24万元；鲁某分得25.45万元；余款27.55万元交西微所单位账户。具体事实如下：2012年3月，渭南市新时代农业发展有限公司法定代表人任某与李某、殷某、董某某等人拟投资设立渭南经开区恒利小额贷款有限公司（以下简称恒利小贷公司）。为了筹集注册资金，任某经人介绍认识时任西微所副所长的胡晓。任某向胡晓提出从西微所借款3500万元用于恒利小贷公司注册验资，并承诺给予该所高于银行利息的回报。胡晓表示同意，并安排西微所财务部部长鲁某（已另案起诉）具体办理。同年4月

1日，胡晓个人决定以西微所名义和渭南市新时代农业发展有限公司签订借款协议，约定西微所出借3500万元给渭南市新时代农业发展有限公司用于成某公司注册验资，期限30日，利息35万元。当日，任某等人先期支付鲁某20万元利息款。由于西微所当时银行账户资金不足3500万元，鲁某遂决定将该所977.4万元未到期的银行承兑汇票在长安银行韩城市支行贴现，并与任某约定汇票贴现费用由任某等人承担。同年4月6日，恒利小贷公司出资人李某向鲁某转款46万元，用于支付15万元汇票贴现费用及部分利息款。同年4月9日，鲁某按照胡晓的指示，将该所银行账户资金2500万元和977.4万元银行承兑汇票贴现款及任某等人预付的部分利息款共计3500万元转入李某个人银行账户，用于李某、殷某、董某某同渭南市新时代农业发展有限公司成立恒利小贷公司注册验资。同年5月24日，任某等人注册公司验资完毕后将3500万元退还给鲁某，同时支付26万元借款逾期利息款。鲁某将其中3477.4万元公款归还西微所后，经胡晓和鲁某商议，将收取任某等人支付的总计77万元利息款中的27.55万元交西微所单位账户，余款49.45万元由二人私分，其中胡晓分得24万元，鲁某分得25.45万元。此案由西安市人民检察院侦查终结并于2017年1月5日向西安市中级人民法院提起公诉，法院在开庭审理后2017年4月10日做出判决，以挪用公款罪，判处胡晓有期徒刑4年，扣押在案的赃款24万元予以没收，由扣押机关西安市人民检察院依法上缴国库。 （迟 旭）

西安市人民检察院

检 察 长　张民生
副检察长　高选良　廖　平　同振魁　施文平
政治部主任　梁根科
纪检组长　赵仲军

审　判

◆**概况**　2017年，西安市两级法院围绕“让人民群众在每一个司法案件中感受到公平正义”工作目标，忠实履行宪法和法律赋予的职责，严格公正司法，推进司法改革，深化司法为民，加强队伍建设，各项工作迈上新台阶。全年受理各类案件186929件，审结167939件，比上年分别上升22.4%和19.5%。其中，西安市中级人民法院受理各类案件26653件，审结24708件，分别上升21.3%和18.8%。全市法院结案数占陕西省的33%，结案率90%，在全国15个副省级城市法院中名列第三位。

◆**刑事审判**　2017年，西安市两级法院积极参与社会治安综合治理，推进“平安西安”建设，审结刑事案件11070件，判处刑罚9422人，其中判处五年以上有期徒刑770人。依法惩处危害国家安全犯罪，审结颠覆国家政权、泄露国家秘密等案件27件，有力维护政权安全。严厉打击暴力犯罪，审结杀人、抢劫、强奸、绑架、黑恶势力等犯罪案件500件，全国打黑除恶专项斗争协调小组办公室督办的朱群羊等27人黑社会性质组织案等一批重大案件得到依法公正审理。依法惩治危害社会治安的多发性犯罪，审结涉毒、盗窃、集资诈骗、非法吸收公众存款、危险驾驶等犯罪案件4920件，促进群众安全感提升。配合全市“规范市场秩序”专项行动，审结强迫交易、商业欺诈等犯罪案件296件，打击欺行霸市行为，净化市场交易环境。严厉打击制售伪劣食品、药品犯罪，审结生产假牛肉、假疫苗等犯罪案件25件，保障人民群众“舌尖上的安全”。深化反腐败斗争，坚持“老虎”“苍蝇”一起打，审结贪污、贿赂、渎职等职务犯罪案件132件，公开审理宁夏回族自治区人民政府原副主席白雪山受贿案等一批有较大社会影响的案件。贯彻宽严相济刑事政策，坚持惩罚犯罪与保护人权相结合，依法判处缓刑2366人，免予刑事处罚95人，宣告无罪6人。

◆**民商事审判**　2017年，西安市两级法院充分发挥民商事审判规范市场行为、调节经济关系的职能作用，全力保障“调结构、补短板”，共审结各类民商事案件108739件。服务“招商引资”一号工程，出台《依法保护企业家合法权益营造良好营商环境的六项措施》《优化全市投资环境保障招商引资的意见》等规范性文件，建立专业化审判团队和审判机制，依法审理各类商品买卖、股权转让、民间借贷、商业保险纠纷案件4718件，保障投资者合法权益。加强涉及“一带一路”“自贸区”纠纷案件的审理，平等保护各类市场主体合法权益，审结涉外、涉港澳台案件109件，打造公平公正、合作共赢的营商环境。依法保障供给侧结构性改革，支持化解过剩产能，拯救困境企业，审结破产重整案件32件，对26家企业进行破产清算，为“腾笼换鸟”创造有利条件。妥善审理房地产开发、商品房预售纠纷，审结工程欠款、房屋买卖等案件13867件，促进房地产市场有序发展。加强知识产权司法保护，积极推进设立西安知识产权法庭，依法制裁不正当竞争和侵权行为，审结各类知识产权纠纷案件900件，公正审理韩国三星电子株式会社与华为技术有限公司专利权纠纷案等重大案件，保障创新驱动战略实施。

◆**行政审判**　2017年，西安市两级法院认真贯彻新行政诉讼法，着力构建和谐官民关系，推进“法治西安”建设，审结各类行政案件1719件。加强非诉行政执行，依法支持市政建设，在未央区人民政府申请强制拆除开元路占道房屋一案中，精准适用相关法律，裁定准予强制执行，顺利打通开元路，赢得广大市民的理解和支持，为全市依法打通“断头路”提供了法律样本。支持法治政府建设，定期发布《行政审判白皮书》，与行政机关召开联席会议17场，为行政机关举办法律讲座22场，邀请行政机关工作人员观摩庭审500余人次，行政执法行为得到进一步规范。

◆**执行工作**　2017年，西安市两级法院聚焦“四个基本”，狠抓执行措施创新，完善执行联动机制，加大执行威慑力度，开展“雷霆行动”“飓风行动”等集中执行活动。全年执结案件43652件，执结标的额122.4亿元，7件案件入选陕西省“十大执行典型案例”。健全执行工作机制，西安市中级人民法院与中共西安市委政法委员会、西安市社会治安综合治理委员会办公室联合出台《建立完善联合信用惩戒机制的实施意见》；与西安市人民检察院、西安市公安局共同签署《办理拒不执行判决裁定刑事案件实施细则》等文件，为打击“老赖”和惩处拒执犯罪提供机制保障。健全财产查控机制，在全国“总对总”查控系统基础上，建立、健全与房管、国土、公安、工商等部门“点对点”查控工作机制，查询被执行人财产信息26616件次，为执行工作开启“天眼”。推进执行指挥中心建设，强化远程指挥功能，加强执行装备和信息化建设，建立单兵、无人机互相配合的执行现场即时信息反馈系统，重大执行活动应急处突保障体系更加完善。深化信用惩戒机制，在城市中心区域设置电子大屏和展示牌，滚动播放失信被执行人信息，曝光“老赖”17120人次，限制失信被执行人投资置产、融资信贷、高消费、出境5449人次，拘留280人，以涉嫌拒执罪移送72人，实际判处10人，使失信者一处失信、处处受限，营造诚实信用的社会风尚。

◆**司法体制改革**　2017年，西安市两级法院坚持顶层设计与基层实践相结合，全面推进司法体制改革，落实法官员额制，经过考试、考核及专业评审，完成全市法院第二批员额法官遴选，2批遴选员额法官913人。进一步落实院（庭）长办案机制，明确院（庭）长办案具体任务，组织开展“新春第一庭”活动，由全市两级法院院长担任审判长开庭办案，发挥模范带头作用，两级法院院（庭）长办案48226件，占全市法院结案总数的28.7%。推进司法责任制，制定《独任法官、合议庭办案责任制规定》，以办案流程为主线，建立全程留痕的权力监督体系。明确各类人员“权力清单”和“责任清单”，下放裁判文书签发权限，突出独任法官、合议庭的办案主体地位，确保“让审理者裁判、由裁判者负责”。制定《违法审判责任倒查机制实施办法》，全面建立办案质量终身负责制。强化职业保障，司法人员单独职务序列和工资套改政策全面落实。推进配套机制改革，开展以审判为中心的刑事诉讼制度改革，充分发挥庭审在查明事实、认定证据、保护诉权、公正裁判中的决定性作用。推进案件繁简分流、简案快办，组建专门的速裁和快执团队，提高审判效率，案件审理周期平均缩短5.5天。深化多元化纠纷解决机制改革，选派法官与社区村组调解员对接，打造规范化调解室，实现诉与非诉紧密衔接，尽量将矛盾纠纷化解在基层。推进涉诉信访化解机制制改革，与西安市司法局、西安市律师协会共同制定《律师参与诉讼服务、代理申诉和矛盾化解工作办法》，推动建立第三方参与信访案件化解机制，实行律师参与化解和代理涉诉信访案件制度，着力推动“一降一升”。开展各项试点工作，推进人民陪审员制度改革试点工作，完善陪审员参审案件、履职保障工作机制，陪审员参审案件39583件，占一审普通程序案件的36.4%。抓好家事审判改革试点工作，召开家事审判改革推进会，出台《家事审判方式和工作机制改革试点方案》，聘任多名心理专家作为陪审员参与家事审判，家事审判工作质量和效率显著提升。稳步开展认罪、认罚、从宽制度改革试点工作，在全市看守所推动快审法庭和远程提讯系统建设，建成4个快审法庭，适用认罪、认罚、从宽制度办理案件2883件3175人，占同期审结的刑事案件数量的33.6%。推进刑事诉讼“三项规程”改革，与西安市人民检察院、西安市司法局共同出台《“三项规程”试点工作实施办法》，制定《“盗窃”“抢劫”类案件证据指引规则》，挑选16件典型案件进行梳理汇总，形成试点报告层报最高人民法院，创造具有西安特色的经验成果。刑事案件律师辩护全覆盖试点工作全面启动，与西安市司法局联合出台《律师辩护全覆盖工作实施细则》，为没有聘请律师的刑事被告人指定辩护律师，提供法律援助。

2017年1月25日，农民工代表在西安市中级人民法院领取被拖欠的工资

◆司法为民 2017年，西安市两级法院严格落实立案登记制，方便当事人提起诉讼，87%的案件当场登记立案。加强立案文明窗口建设，健全立案信访大厅便民服务设施，细化诉讼服务中心功能，出台《让群众“最多跑一次”六项措施》，打造“一站式”便民服务平台。推进“互联网+诉讼服务”，上线智能机器人“小法”，5万个法律问题实现“掌上”问答。建立诉前远程调解机制，利用即时通信技术，当事人足不出户就可以参与诉讼、解决纠纷。坚持巡回办案，赴厂矿、学校、社区开庭审理案件5350件，就地化解矛盾纠纷。全面推行诉讼档案电子化，成立西安市中级人民法院案卷扫描中心，扫描上传案卷62966册，接待当事人查阅案卷14383人次。注重服务和保障民生，妥善审理社会保障、劳动就业、教育医疗、环境保护等与群众生活息息相关的案件。加强对社会弱势群体的关怀，落实“人身安全保护令”制度，依法维护妇女、儿童、老年人、残疾人合法权益。开展“追薪维权专项行动”，建立“讨薪绿色通道”，采取优先立案、优先审理、优先执行等措施，处理农民工追索劳动报酬案件189件，帮助农民工追讨工资款536万元。强化司法救助，依法对417名低保户、下岗职工等生活困难的当事人减、缓、免诉讼费352.6万元；对9案有困难的刑事案件被害人、申请执行人、信访当事人发放司法救助金120万元。

◆司法公开 2017年，西安市两级法院加快建设智慧法院，安装司法文书纠错与文书公布系统，为司法公开提供技术支持。进一步完善审判流程、庭审直播、执行信息、裁判文书“四大公开平台”，及时向社会披露各类案件信息。在法院官方网站开通审判执行、开庭公告、诉讼指南、投诉举报等公众服务栏目，公开发布法院工作动态。发挥电商覆盖面广、快捷便利等优势，在京东商城、淘宝网开设网络司法拍卖店，上传拍卖物品信息，发布拍卖公告，提升执行拍卖物品成交率。全年网上公开裁判文书12万份，发送司法公开告知书45万份；发布拍卖标的物1242件，成交金额19.2亿元，单笔成交最高6.9亿元，创陕西省之最；直播重大、典型、敏感案件庭审332次，发布微博、微信8408条，举办新闻发布会37场次，组织法院开放日18次，1万余名各界群众受邀走进法院，近距离了解司法审判工作，司法透明度持续提升。

◆审判队伍专业化建设 2017年，西安市两级法院落实全面从严治党要求，对照“西安铁军”8项标准，着力提升广大法官干警的政治业务素质。深入学习贯彻中国共产党第十九次全国代表大会精神，扎实开展“两学一做”学习教育，出台《强化法院意识形态工作的意见》，制定《打造西安法院铁军队伍六项措施》，举办全市法院《之江新语》诵读会和《习近平的七年知青岁月》学思践悟座谈会，组织干警走访老红军老党员，参观马栏、照金、八西安路军办事处等革命遗址，接受革命传统教育，增强“四个意识”特别是核心意识、看齐意识，进一步提高政治站位，坚决维护以习近平为核心的党中央权威，在全市法院形成自觉接受党的领导、对党绝对忠诚的正确导向。加大业务培训力度，选派236名干警参加上级举办的业务培训学习，召开立案、商事、家事审判专项研讨会，举办执行法律法规等专项培训班11期，培训干警2130人次，培养出全国审判业务专家2人、省市审判专家15人。紧扣审判工作难点、热点，开展司法调研，注重调研成果转化，西安市中级人民法院被最高人民法院授予“第28届全国法院学术讨论会组织工作先进奖”。开展员额法官岗位技能大练兵活动，举办全市法院院长讲办案故事网络视频大赛，协办“一带一路”沿线国际法律交流周活动，与美国林肯大学法学院等国内外学术机构进行法律业务交流，着力提升干警司法水平。落实“三项机制”，组织学习《西安市行政效能问责办法》，形成干事创业、“追赶超越”的良好氛围。举办审判业务“擂台赛”，开展“最受欢迎店小二”评选活动，强化群众观念，端正工作作风，司法亲和力有效提升。履行党组主体责任和纪检监察机构监督责任，建立“两个责任”约谈机制，设置员额法官廉政档案，进一步完善惩防体系建设。组织干警观看“肃清魏民洲等流毒影响营造良好政治生态”专题展览，到西安女子监狱开展警示教育，着力提升法官干警廉政意识。加强法院廉政文化建设，开展法官职业道德教育和职业纪律教育，培育“崇尚法治、恪守良知、理性公允”的法官职业操守。紧盯重点案件、重点岗位、重点环节，严肃查处违法违纪行为，全年诫勉谈话11人，提醒谈话32人，告诫约谈6人，筑牢廉洁司法防线。

◆案例

白雪山受贿罪案　被告人白雪山原系宁夏回族自治区副主席。1994—2015年期间，白雪山先后利用担任宁夏回族自治区银川市郊区人民政府副区长、区长，中共银川市郊区党委书记，中共贺兰县委书记，银川市人民政府副市长、代市长、市长，中共吴忠市委书记等职务上的便利，为银川市白云房地产开发有限公司、宁夏银川长城房地产开发有限公司、张国彦等单位或个人在土地手续办理、项目规划审批、工程承揽、职务调整等事项上提供帮助，非法收受相关人员给予的财物共计人民币3886.68万元。西安市中级人民法院审理后，以被告人白雪山犯受贿罪，被判处有期徒刑15年，并处罚金人民币350万元。宣判后，被告人白雪山当庭表示服判不上诉。

朱群羊等27名被告人黑社会性质组织案　被告人朱群羊纠集宝都卫等26名被告人，逐步形成以朱群羊为首，成员众多、组织领导明确、骨干成员基本固定的黑社会性质组织。该犯罪组织在2004—2013年期间，在周至、鄠邑区、长安等地通过开设赌场，组织实施故意伤害、抢劫、敲诈勒索、寻衅滋事等一系列违法犯罪活动，严重危害了当地社会经济、生活秩序，严重危及当地群众人身财产安全，影响极为恶劣。西安市中级人民法院审理本案后，依法以被告人朱群羊等27名被告人犯组织、领导黑社会性质组织罪、参加黑社会性质组织罪、开设赌场罪、抢劫罪、故意伤害罪、寻衅滋事罪、非法拘禁罪、犯敲诈勒索罪、非法占用农用地罪等29宗违法犯罪，分别判处无期徒刑、20年以及以下有期徒刑、管制、并处罚金等不同刑罚，依法没收被告人犯罪工具，上缴国库。

王业堂、张智利等823名业主诉陕西龙扬经济发展有限公司商品房买卖合同纠纷　陕西龙扬经济发展有限公司（以下简称龙扬公司）与王业堂、张智利等823名业主分别签订商品房、车库等买卖合同。按照合同约定，龙扬公司应在房屋、车库等交付使用后730日内将办理权属登记需要由龙扬公司提供的资料报产权登记机关备案。但涉案房屋、车库交付后，龙扬公司未在按照合同约定的期限内办理权属证书。823名业主将龙扬公司诉至法院，要求龙扬公司为业主办理权属登记备案手续并支付逾期办理权属证书的违约金等。一审法院支持了823名业主的诉请，宣判后业主和开发商均上诉。二审法院多方调和，终使争议双方握手言和，龙扬公司表示按照一审判决尽快给业主办理权属证书，业主及开发商申请撤回上诉，该商品房买卖合同纠纷823件案件全部以撤诉方式结案。

西安市未央区人民政府申请执行房屋补偿决定案　王某在收到《房屋征收决定》后，在法定期限内既未提起行政复议，也未提起行政诉讼。西安市未央区人民政府遂向未央法院申请强制执行。立案后，未央区人民法院行政审判庭依法启动行政非诉案件审查程序，并到被执行人房屋所在地进行现场勘查，不放弃在裁定强制执行前征收方与被执行人达成协议的最后机会。经征求被执行人意见，在其仍然拒绝协调的情况下，做出准予强制执行的行政裁定书，并送达被执行人。

西部信托有限公司与鄂尔多斯市勇泰热电集团有限责任公司等借款担保纠纷执行案　西部信托有限公司与鄂尔多斯市勇泰热电集团有限责任公司、乌审旗勇泰房地产开发有限责任公司、乌审旗勇泰供热有限责任公司、呼勇、张琴借款担保纠纷一案，因被执行人拒不履行还款义务，西安市中级人民法院依法查封、冻结了被执行人持有的股权及名下土地、房产、供热设备及管网设施。但上述财产因涉及当地民生问题而暂时无法处置，法院遂裁定冻结乌审旗勇泰供热有限责任公司在政府的供热费收入（8000万元范围内）。鄂尔多斯市人民政府拒不履行协助义务。经当事人双方协商，申请执行人同意被执行人通过引用第三方资金的形式偿还债务。在西安市中级人民法院监督下，被执行人通过引用第三方资金分两次偿还申请执行人1.4亿元。

上海家化联合股份有限公司与西安市浐灞生态区森活便利店、西安众泰医药有限公司西安咸宁路店等侵害商标权纠纷系列案　上海家化联合股份有限公司（以下简称上海家化公司）始建于1898年，是一家拥有百年历史的民族品牌企业，是国内化妆品行业支柱企业，也是行业内首家上市公司，其所拥有的“六神”文字及字母商标于1997年经国家工商总局商标局核准注册，商标注册号分别为第1062398号和第1116603号，核准在第三类商品上使用。2002年2月，“六神”文字及字母商标被国家工商行政管理总局商标局评定为“中国驰名商标”；2003年、2006年，“六神”系列产品两度被评为“中国名牌产品”；2007年，“六神”系列产品被商务部授予“最具市场竞争力品牌”荣誉称号。自2016年起，上海家化公司发现西安市场上有多家销售者在未取得商标授权使用许可的情况下，私自售卖假冒其注册商标专用权的商品。上海家化公司通过公证监督的方式在多名被告处购买了标有“六神”注册商标的产品。后上海家化公司的专业技术人员在公证员的监督下，对所购买的花露水进行鉴别，发现众多被告销售的花露水均为假冒上海家化公司注册商标的商品。为保护自身商标权益，上海家化公司作为原告，向包括西安浐灞生态区森活便利店、西安众泰医药有限公司西安咸宁路店在内的113家涉嫌侵权方提起诉讼，要求各被告分别承担停止侵权并赔偿损失的责任。在西安市中级人民法院调解下，该系列案件中半数以上因被告主动履行赔偿责任并承诺停止侵权，原告上海家化联合股份有限公司撤回起诉。在判决结案的案件中，分别判决被告承担7000—18000元不等的赔偿责任。大部分被告在收到判决后主动履行了相应义务。

韩亮假冒注册商标罪案　被告人韩亮租住于西安市文艺南路和平小区3号楼平房，并用此地经营打印机维修等业务。2016年3月起，韩亮雇用其表弟冯艳福为其工作，同时租赁碑林区建设路南关小区民房用于冯艳福居住和存放原材料等。同年下半年起，韩亮未经美国惠普有限公司许可，购买大量HP品牌的防伪标识和包装材料，通过回收惠普公司废旧硒鼓，在西安市碑林区文艺南路和平小区及碑林区建设路南关小区的租房内，使用封口机、电子秤、热融胶枪、打气筒等设备，将旧硒鼓翻新并重新灌粉，包装成假冒的HP品牌硒鼓对外销售。同年10月25日，公安机关在西安市碑林区文艺南路和平小区将韩亮抓获，在前述两处租房内现场查获HP品牌硒鼓66个、HP品牌鼓身标志710个、HP品牌防伪标识7680个、HP品牌外包装盒859个、HP品牌拉环标260个。经鉴定，上述硒鼓及包装材料均系假冒产品，共计价值247905元。另查获翻新裸鼓50个。该案经检察机关起诉，西安市中级人民法院审理认为，被告人韩亮未经注册商标所有人美国惠普公司许可，在同一种商品上使用与其注册商标相同的商标，价值247905元，情节严重，其行为触犯《中华人民共和国刑法》第二百一十三条之规定，构成假冒注册商标罪。另查，被告人韩亮因假冒他人注册商标曾被公安机关刑事拘留，释放后又实施假冒注册商标犯罪行为，主观恶性较大，但韩亮归案后能够如实供述罪行，且能积极缴纳罚金，确有悔罪表现，依法可对其从轻处罚。遂依法判决：1.韩亮犯假冒注册商标罪，判处有期徒刑1年6个月，并处罚金人民币13万元；2.扣押在案的假冒HP品牌注册商标Q2612A型硒鼓30个、CF280A型硒鼓13个、Q7516A型硒鼓1个、CE505A型硒鼓4个、CC388A型硒鼓18个、鼓身标710个、防伪标7680个、外包装盒859个、拉环260个，胶枪、封口机、打气筒、电子秤等作案工具依法没收，由扣押机关西安市公安局依法予以销毁。该案宣判后被告人未上诉，判决已生效。（李袁维）

西安市中级人民法院

院　　长　李洪涛
副 院 长　杜豫苏　赵海峰　徐琳茹
　　　　　常　青
纪检组长　石　熠
执行局长　张鲁南

司法行政

◆概况　2017年，西安市司法局紧扣西安中心工作，坚持“勇创新、敢担当、争一流”工作理念，齐心协力攻坚克难，补齐短板追赶超越，司法行政各项工作取得新成绩，实现新发展。出台《关于进一步加强和规范法治创建工作的实施意见》，重点对全市各区（县）、社区、机关、学校、企业等领域的法治创建工作提出58条创建指导标准，在全市着力打造8个新型标准化“民主法治示范社区（村）”，创建“全国法治创建先进区县”2个、“全国民主法治示范村（社区）”4个。

◆经济领域法律服务　2017年，西安市司法局在组建全市重点项目法律服务团的基础上，打造7大类75个“菜单式”公共法律服务产品，为服务对象提供精准化法律服务，满足不同重点项目的不同层次法律需求，为重点项目提供法律服务2469件次。借鉴上海、深圳等市先进经验，在西咸新区设立公证工作站，在西安国际港务区成立陕西省首批“一带一路”国际法律事务研究中心，建立陕西自贸试验区（西安）公共法律服务中心和“一带一路商事调解中心”，为自贸区建设提供全方位法律服务。成立安徽商会、浙江商会、丽水商会法律服务中心，在临潼等区（县）成立6个丽水商会法律服务工作站。出台《司法行政工作服务民营企业健康发展的实施意见》，开展“律师走进民营企业助力发展服务月”活动，推出具体措施，服务民营企业健康发展，为商会会员企业提供法律服务2678件次。10月14日，联合西安市发展和改革委员会、西安市财政局举办“新西安、新经济、新活力——西安律师服务PPP项目高峰论坛”，西安市司法局、西安市发展和改革委员会、西安市财政局、各区（县）人政府和PPP办公室、西安市律师协会等1000余人参加。

◆普法宣传　2017年，西安市司法局牵头落实“谁执法谁普法”责任制，将宣传518部法律、法规任务分解到58个市级部门单位，开展“12·4”国家宪法日法治宣传、“奔跑法治、法律伴你回家”流动人口普法宣传、文化科技卫生“三下乡”、春秋季开学第一课“法律进学校”“百场‘七五’普法进企业、助力品质西安促和谐”、全市高校法治文化节、“百家律所助民企、千名律师进社区（村）”、‘七五’普法到万家”、“‘七五’普法有奖知识问答”8项法治宣传活动。全市开展法治宣传1.4万场次，赠送和发放普法读物、宣传资料12万余份。加大“互联网+法治宣传教育”工作力度，以“一个微博”（法治西安新浪普法官方微博）、“两个微信”（西安市司法局微信、援助知行微信）、“三个栏目”（《法治西安》电视栏目、《法治进行时》广播热线、《以案释法》报纸专栏）、“五个载体”（西安普法网、公交车厢视频广告、出租车LED顶灯、地铁车站和车厢、商业广场）搭建“融媒体”普法新平台，不断拓展法治宣传教育的广度和深度。《法治西安》栏目播出52期208次；广播热线播出200期，其中以案释法30期；西安普法网点击量超过100万次；法治西安官方微博共发贴近2万条，连续2年获“全国十大政法系统微博”奖。围绕“铁腕治霾”，拍摄《春节不燃放烟花爆竹》公益广告；围绕“行车礼让”，拍摄3部以“依法礼让、文明出行”为主题的沙画和剪纸公益广告，播放和阅读量达到300多万次。针对私占和毁坏“共享单车”的行为，在碑林区建立全国首个“普法停车桩”，有针对性地向市民普及相关法律、法规。根据交通运输部科学研究院等研究机构的权威发布，2017年第三季度，西安市以“单车损坏率最低”，获评“全国文明骑行程度最高城市”荣誉称号。

◆人民调解及特殊人群管控　2017年，西安市司法局开展“五星级人民调解委员会”和“五星级司法所”创建及服务效能等级评定工作，13个区（县）级人民调解委员会和全市4000多个医疗纠纷、信访事项、道路交通、物业管理、村（社区）人民调委会运行良好，重要节点和敏感时期专项矛盾纠纷排查化解成效显著。全年排查调处矛盾纠纷40302件，调解成功率达到96.6%。社区矫正网

2017年8月16日，西安市司法局举办陕西省浙江丽水商会法律服务中心授牌仪式

络监管平台建成并投入使用，加强对社区服刑人员的实时管控，全市3107名社区矫正人员无脱管、漏管，对社区矫正重点人员监控率100%。严格落实教育戒治工作规章制度，不断深化“三三三”戒治管理模式（三分管理：分别管理、分期管理、分级管理；三期戒治：生理脱毒期、康复训练期、回归社会准备期的戒治；三项机制：规范管理机制、综合戒治机制、科学评估机制），深入推进场所文化建设“六一一”工程（一所一品牌、一队一特色、一区一氛围、一警一教师、一节一活动、一员一特长），全面开展融合认知矫正、心理矫治、康复训练、习艺培训和社会帮教为一体的“大戒治活动”，教育戒治率达到100%。西安市强制隔离戒毒所在册943人、在所909人，场所实现“六无”（无逃跑、无所内作案、无非正常死亡、无重大安全生产事故、无重大疫情、无所内吸毒）。遴选优秀律师参与涉法、涉诉、涉检和信访积案化解工作，律师在西安市信访接待中心接待信访群众860余批次；在西安市中级人民法院解答处理信访案件35件次；在西安市人民检察院接待信访群众178批次；协助13名市领导接访和化解信访积案。加强刑满释放人员排查摸底，全面引入刑满释放人员社会危险性评估工作，评估率达90%以上。实行高危重点刑释人员的动态分级管理，对重点人员实行“多包一”措施，不断加强管控。全年接收刑满释放人员2086人，在库刑满释放人员7800人，帮教率均达到100%，仅1人重新犯罪。

◆**法律服务体系建设** 2017年，西安市司法局向社会公开“最多跑一次”事项34项，涵盖律师、公证、司法鉴定、司法考试等全部行政许可和行政审批事项，并推出公证书、律师执法证书免费邮递业务。全面规范法律服务市场秩序，制定8大类28项标准制度，实现对公证、律师、司法鉴定、基层法律服务、法律援助、行政执法等业务领域的全覆盖。制定出台《关于印发“一村（社区）一法律顾问”工作管理制度的通知》，再次明确村、社区法律顾问的工作职责、管理制度、考核评估等工作要求，通过抓明察暗访、抓工作落实，实现法律顾问社区（村）全覆盖，为群众提供法律服务31242件次。制定《西安市公职律师试点工作实施方案》，率先在符合条件的西安市人民政府法制办公室、西安市公安局、西安市司法局、西安市地方税务局、西安市国家税务局、西安市质量技术监督局、西安市工商行政管理局、西安高新技术产业开发区管理委员会8家单位，开展公职律师试点，首批30名公职律师上岗执业，代理案件210余件次。把法律援助作为最大的民生工程全力推进，重点把与民生紧密相关的婚姻家庭、教育医疗、劳动保护、社会保障、社会救助等事项纳入法律援助受案范围，推进法律援助参与刑事案件认罪、认罚、从宽试点工作，法律援助实现对困难群众全覆盖。在农民工欠薪讨薪方面，出台5条具体措施。指派和承办法律援助案件16727件（其中农民工案件5017件），接待群众来电、来访、咨询54927件次，为困难群众减免公证费用1200余万元。（贺 萌）

仲 裁

◆**概况** 2017年，西安仲裁委员会坚持仲裁公正与仲裁效率相结合、实体公正与程序公正相结合、法律效果与社会效果相结合、化解群众矛盾与维护社会稳定相结合，强化案件质量管理，仲裁业务平稳、持续、健康发展，受理案件数量、标的额逐年递增，仲裁机构的社会功能日益显现。在确保案件质量的前提下，坚持“调裁结合”的指导方针，仲裁调解和解率大幅上升，仲裁在维护社会稳定、保障和谐社会建设、完善社会矛盾多元化解决机制方面发挥积极作用。仲裁法律制度的宣传与推行工作取得明显成效，受理仲裁协议不明确或事后达成补充协议的案件数量增多，仲裁社会覆盖面和社会认知度得到大幅提升。全年接受当事人法律咨询1300人次，受理各类经济纠纷案件2163件，标的总额38.53亿元；仲裁协议明确约定西安仲裁委员会仲裁的案件占受理总数的99%；受案覆盖面涵盖全国22个省（市、区）。

◆**仲裁队伍管理** 2017年，西安仲裁委员会进一步完善岗位职责，健全岗位目标考核体系，建立起以工作实绩考评为核心的任用与奖罚制度，使管理工作更加制度化、规范化。通过完善《仲裁办工作人员岗位目标考核奖惩暂行办法》，实行量化考核，突出效能管理，加强对案件质量、效率的评估考核。制定以提高快速结案率、自动履行率、和解调解率为标准的仲裁质量和效率考核机制，与岗位目标任务、评优树先和个人业绩评测相结合，形成以仲裁质量和效率衡量工作人员业绩的良好导向，调动了工作人员的积极性。落实仲裁员年度登记、考评、培训工作，加强仲裁质量管理，实施庭审考核，规范庭审行为，积极开展仲裁流程管理、案件质量评查和仲裁运行态势分析等工作。在办案方式上，倡导以调解结案为主的思想，充分发挥仲裁优势，通过调解方式结案来提高当事人的满意率与自觉履行率，增强仲裁的实际应用价值。从实际效果来看，调解结案率、当事人自觉履行率比上年相比均有较大的增幅，以优质的办案质量赢得了社会对仲裁工作的信任与支持。在管理机制建设方面，以提高仲裁质量、仲裁效率和仲裁效果为出发点，创新和加强仲裁管理，完善各项仲裁管理制度，全面实行仲裁流程管理，进一步完善仲裁质量评估、流程管理、质量监督、层级管理和信息保障“五个体系”，初步形成科学合理、严格规范、职责明晰、运行顺畅的仲裁管理机制。通过制定和完善仲裁流程管理、当事人权利告知、仲裁员选定、仲裁庭结案报告、案件回访、办案秘书和仲裁员互评、仲裁案件审限管理、仲裁员个案考评等制度，从根本上提高办案的质量、效率和效果，不断提升仲裁公信力，确保仲裁公正。在完善仲裁内部监督体系方面，着力加强案件质量评查，认真研判、用好用活评估指标体系，全面提升仲裁管理水平。对裁决书实行四级合阅，对重大案件实行专家集体审阅制度。努力提高仲裁效率，扩大简易案件受理范围，提高仲裁进度；加强审限管理，建立案件报备制度，实行跟踪监督，严防超出审限。

◆**仲裁制度推行** 2017年，西安仲裁委员会加强对仲裁推行工作的领导，形成主要领导亲自抓、业务部门重点抓、工作人员人人抓的宣传体系。确立“密切企业、联系行业、辐射社会”的推行思路。形成以企业为基点，以行业为纽带，以社会为依托，点、线、面相结合的推行格局。通过公正办案，寓宣传于实践，使企业切身感受仲裁解决商事纠纷的特点和优势。加强行业协会的联系和合作，积极发展行业仲裁，切实有效地在重点行业、重要经济活动领域及大中型公司企业进行仲裁条款推广工作。通过与相关行业协会合作设立行业仲裁中心，发挥仲裁委员会和行业协会的优势互补作用。

◆**西安仲裁委员会陕西自贸区仲裁院和陕西自贸区国际商事调解中心成立** 2018年9月8日，西安仲裁委员会陕西自贸区仲裁院和陕西自贸区国际商事调解中心在“2017中国·西安金融产业博览会”西安国际港务区展馆内揭牌。陕西自贸区仲裁院和陕西自贸区国际商事调解中心是经西安国际港务区管委会商请西安仲裁委员会，在西安仲裁委员会国际商事仲裁院下成立的常设机构。陕西自贸区仲裁院和陕西自贸区国际商事调解中心将为自贸区项下各国际商事主体之间的纠纷提供综合型服务，特别是针对涉及自贸区金融、跨境投资等方面的国内外商事争端，探索并建立国际化、法治化、便利化的争端解决机制。

（窦 鹏）

军事

责任编辑　曹毅强

西安警备区

◆**概况**　2017年，中国人民解放军陕西省西安警备区坚持以习近平强军思想为指导，围绕迎接和学习宣传贯彻中国共产党第十九次全国代表大会精神，忠诚维护核心，加强政治建设，突出练兵备战，适应改革转型，净化政治生态，推动创新发展，较好地完成各项任务，呈现稳步发展的良好态势。

◆**思想政治建设**　2017年，中国人民解放军陕西省西安警备区突出政治引领，维护政治核心。坚持用习近平新时代中国特色社会主义思想凝神聚魂，认真抓好中共党委中心组理论学习、部队学习教育和相关配合活动。按照“学懂弄通做实”要求，坚持把学习贯彻中国共产党第十九次全国代表大会精神作为首要政治任务和头等大事，采取集中传达、专题部署、理论辅导、领读宣讲等方式，始终以鲜明政治态度和有力工作举措狠抓学习、宣传、贯彻。

◆**军事斗争准备**　2017年，中国人民解放军陕西省西安警备区坚决贯彻中央军事委员会国防动员部、陕西省军区部署要求，认真抓好调整改革各项工作。开展调整改革专题教育，突出抓好思想教育引导，加强安全检查和风气监督，确保改革顺利推进。建立健全各级党组织，详细制定工作规范，明晰机关各处职责，畅通内部运行机制，做到各项工作无缝对接。注重实战牵引，练兵备战稳步推进。先后3次在春节、“五一”、“十一”时期，组织首长机关进行应急拉动、防暴恐袭击、消防灭火等演练。修订完善方案，部队战备秩序、应急能力得到有效提升。抓好兵役登记和兵员征集工作，男性适龄青年18周岁兵役登记率100%。

◆**军事正规化管理**　2017年，中国人民解放军陕西省西安警备区开展“学条令、训队列、整秩序”和“学法规、用法规、守法规”整训活动，全面开展私家车专项整治活动，加强法治教育，官兵法治意识不断增强。加强经常性安全督导检查，注重落实安全隐患排查、风险评估和预测预警机制，对营区供电线路、供暖管道整治检修，部队始终保持安全稳定。

◆**后勤装备保障**　2017年，中国人民解放军陕西省西安警备区紧贴任务实际，综合保障跟进有力。围绕新体制、新使命、新要求，着力抓保障、建制度、履职责、严管理，后勤装备综合保障效能显著提高。加大营区环境综合整治力度，突出抓好基础设施建设，重点对训练基地营房基础设施等进行整修。推进对外有偿服务项目清理工作。坚持中共党委理财原则，严格落实财经制度，按规定实施物资集中采购。

◆**双拥共建**　2017年，中国人民解放军陕西省西安警备区主动作为，双拥共建显著。持续开展“强军优属九件实事”活动（建立翔实准确的现役官兵和军属电子档案、定期到军属家中走访、帮助特困军属率先进入小康、征求官兵及所在部队意见、悬挂光荣军属荣誉牌、送立功受奖喜报、在媒体开辟“喜看家乡新变化，建功立业在军营”专栏、评选模范军属、致慰问信），抓好春节期间对驻军部队、贫困军属、部分离退休干部和现役军人家庭的走访慰问工作。协调西安市教育局出台《2017年高中阶段招生军人子女优待政策》，对符合规定的军人子女在中考时进行加分照顾和优先录取。坚决贯彻习近平精准扶贫的政治要求，支持地方政府打好脱贫攻坚战。配合西安市人民政府开展治污减霾，协调驻军单位做好燃煤锅炉拆改工作，提前2个月完成11家驻军单位40台燃煤锅炉的拆改任务。

◆**全面停止军队有偿服务活动**　2017年4月，中国人民解放军陕西省西安警备区根据中央军事委员会《关于军队和武警部队全面停止有偿服务活动的通知》要求，成立西安市驻军全面停止有偿服务工作军地协调领导小组，对西安市驻军有偿服务活动情况进行摸底核查，并2次召集会议，研究分析形势，协调解决问题。停止32个项目，剩余2个委托管理项目待上级批准后实施。（惠　洁）

西安警备区开展新兵交接、整训工作

武警西安市支队

◆**概况**　2017年，中国人民武装警察部队陕西省总队西安市支队牢固确立习近平强军思想根本指导地位，贯彻中国人民武装警察部队总部和中国人民武装警察部队陕西省总队决策部署，紧扣迎接、保卫、学习、贯彻中国共产党第十九次全国代表大会这条主线，把握稳中求进工作总基调，讲政治护核心，谋打仗强能力，严法治促正规，夯基础保稳定，抓党建强组织，各项任务圆满完成，全面建设稳中向好。

◆**思想政治建设**　2017年，中国人民武装警察部队陕西省总队西安市支队牢固确立习近平强军思想根本指导地位，用党的创新理论武装头脑、指导实践的行动更加自觉。组织官兵学习《习近平的七年知青岁月》，组织“提振精气神、聚力迎大考”教育和“两项重大教育”（“坚定改革强军意志，投身改革强军实践”主题教育活动和“学党章党规、学系列讲话，做合格党员”学习教育），举办纪念中国人民解放军建军90周年文艺演出。中共党委（支部）班子和党员队伍纯净性、凝聚力和战斗力进一步增强，整风、整改、整顿和作风建设取得明显成效。

◆**军事训练** 2017年，中国人民武装警察部队陕西省总队西安支队练兵备战导向鲜明，履行使命任务取得新成绩。牢记“全力干好维稳这件大事”的政治嘱托，6次召开党委“议中心”会，讲评中心工作。全力纠治执勤隐患，推进“一室两站”和指挥信息系统建设，战备秩序更加规范。从难从严抓训管训，建立“三级”教练员体系，开展“魔鬼周”“创纪录、当尖兵”和冬季野营拉练，接受中央军事委员会和中国人民武装警察部队训练监察，半年军事训练考核总评“优秀”，参加中国人民武装警察部队陕西省总队特战比武获第二名。王飞、王永涛被中国人民武装警察部队总部表彰为“优秀教练员”；特战中队李杰、陆柏宇等15人被中国人民武装警察部队陕西总队评选为“极限训练勇士”；新城中队战士朱懋通成功处置在押人员脱逃事件，受到立功奖励。

◆**军事化正规管理** 2017年，中国人民武装警察部队陕西省总队西安市支队贯彻依法治军、从严治军要求，进一步加强军事化正规管理。严密组织“学法规、用法规、守法规”和“百日安全竞赛”活动，及时传达、学习各类事故案件通报，官兵遵规守纪意识不断增强。开展群众性创建活动，每月组织安全巡查分析和讲评。整治枪弹、车辆、手机使用和预防自杀等问题，加强在外探亲休假、培训住院人员的管控，从严纠治违规喝酒，公开处理履职不认真、守纪不严格的官兵，让各级在汲取教训、反思警醒中受到教育。连续19年实现“四无”目标（无脱逃、无狱内重特大案件、无重大疫情、无工伤死亡责任事故），被中国人民武装警察部队总部表彰为“安全工作先进单位”。执勤四中队在三季度安全突击检查中被中国人民武装警察部队总部通报表扬。

◆**武警基层建设** 2017年，中国人民武装警察部队陕西省总队西安市支队坚持以贯彻新《军队基层建设纲要》为指导，落实中国人民武装警察部队总部和中国人民武装警察部队陕西省总队基层建设工作会议精神，对照《纲要》16条标准，全面分析评估基层建设情况，制定《支队抓基层措施》，建立“领导包片、科队挂钩、大队负责”帮建机制，组织开展《大队“3+1”工作规范》辅导讲课，6次派出工作组实施精准帮建，3次进行“双向讲评”，着力增强党支部组织功能和大队“前沿指挥所”作用。执勤七中队被中国人民武装警察部队陕西省总队表彰为“基层建设标兵中队”；执勤四大队被总队表彰为“基层建设先进大队”；执勤三大队、十一大队、武警西安支队蓝田中队、武警西安支队高陵中队、武警西安支队雁塔中队、武警西安支队碑林中队、武警西安支队莲湖中队、特战中队被总队表彰为“基层建设先进中队”。紧盯干部队伍实际，研究制定《干部管理规定》。开展“立身做人”教育，推进“四心工程”（交心工程、状心工程、暖心工程、连心工程），为2名干部、26名战士发放生活困难救济金10.45万元；安排36名官兵赴延安疗养，进一步激发广大官兵投身基层建设的工作热情。

◆**武警后勤保障** 2017年，中国人民武装警察部队陕西省总队西安支队后勤转型步伐加快，综合服务保障能力进一步提升。着眼建设“打仗型”后勤，分批组织后勤专业人员培训，持续加强“一组五队”（兵勤指挥组和综合物资保障分队、给养保障分队、卫勤保障分队、运输保障分队、维修保障分队）建设，士官亢利强、韩晓通等6人被中国人民武装警察部队陕西省总队表彰为“红旗车驾驶员”。拓宽融合保障渠道，与中国人民建设银行、西安市军供粮站等24家单位签订协议，核心保障能力不断增强。坚持党委科学理财制度，机关楼工程建设经费压减1200余万元，委托地方代理机构公开招标，规范大宗物资采购，严密组织装备清查，开展军粮军油、全面停止有偿服务等专项整治，后勤管理更加正规。落实副食品集中配送与“1126、6211”饮食模式，官兵伙食满意率达到90%以上。投入经费198万元，改造澡堂、理发室，落实网络电视进班工作，解决洗澡、理发、电视收看等难题，推进部队现代化建设。

◆**重大警卫任务** 2017年，中国人民武装警察部队陕西省总队西安市支队完成各项警卫任务。1月，出动兵力XXX名，完成中国人民政治协商会议陕西省第十一届委员会、陕西省第十二届人民代表大会和中国共产党西安市第十三次代表大会安全保卫任务。2月，出动兵力XXX名，完成西安市第十六届人民代表大会安全保卫任务。6月3—9日，出动兵力XXX名，完成2017丝绸之路国际博览会暨第二十一届中国东西部国际投资贸易洽谈会与普通高等学校招生全国统一考试安全保卫任务。9月21—23日，出动兵力XXX名，完成2017欧亚经济论坛举办期间安全保卫任务。10月28—31日，出动兵力XXX名，完成2017西安国际马拉松赛现场警卫及联勤巡逻任务。

◆**武装联勤巡逻勤务** 2017年，中国人民武装警察部队陕西省总队西安市支队完成各项联勤巡逻任务。1月，每日出动兵力XX名，担负春节假期及中国人民政治协商会议陕西省第十一届委员会、陕西省第十二届人民代表大会召开期间市区重要路段和重点地区的武装联勤巡逻任务。5月，每日出动兵力XX名，担负“五一”假期市区重要路段和重点地区的武装联勤巡逻任务。6月3—7日，每日出动兵力XX名，担负2017丝绸之路国际博览会暨第二十一届中国东西部国际投资贸易洽谈会举行期间市区重要路段和重点地区的武装联勤巡逻任务。10月1—20日，每日出动兵力XX名，担负中国共产党第十九次全国代表大会举行期间西安市区重要路段和重点地区的武装联勤巡逻任务。（武警西安支队）

人民防空

◆**概况** 2017年，西安市人民防空办公室贯彻落实中共中央、国务院、中央军事委员会《关于深入推进人民防空改革发展若干问题的决定》，第七次全国人民防空会议和陕西省第十次人民防空会议精神，不断提高履行“战时防空、平时服务、急时支援”的能力和水平。进行人防综合演练和人防宣传教育，编制完成《“十三五”人防建设规划》，修改《人防专项规划》，加强人防项目的质监和执法，人防重点项目建设进展顺

2017年9月17—18日，西安市人民防空指挥部举行代号“长安—2017”的防空袭综合性演练活动

利，完成各项目标任务。

◆**人防重点项目建设**　2017年6月，西安市党政军指挥所投入使用。各区（县）人防指挥所建设明显加快。西安市人民防空办公室采取PPP模式推进单建人防工程建设，将10个单建人防工程项目纳入西安市地下空间开发利用管理工作领导小组项目库，投资约66亿元。曲江文化运动公园人防工程建设进展顺利，东区封顶，西区完成土方及地基处理，完成投资1.8亿元。长乐西路单建人防工程开工建设。投入资金34万元，对西安人防纳凉中心用电、用水、通风、除湿、应急、消防等各类设施设备进行全面巡查维修，进一步提升服务保障能力。7—9月，西安人防纳凉中心免费向市民开放，接待市民12万余人次。

◆**人防建设审批验收**　2017年，西安市人民防空办公室审批人防建设面积XXX万平方米，超额10%完成年度目标任务；验收面积XX万平方米，超额78%完成年度目标任务。

◆**人防工程质监、执法**　2017年，西安市人民防空办公室完善人防工程质量监督申报流程，简化办事手续。全年专业技术交底224次，下发“质量问题整改通知单”342份，检查归档人防工程竣工验收资料252份。对西安地铁四号线人防工程25个站点和区间逐个检查，指出并纠正建设质量问题56项。送达“行政处罚事先告知书”2份、“听证告知书”2份、“行政处罚决定书”3份。受理投诉举报案件3起，罚款15万，追缴易地建设费91.6万元。

◆**人防工程维护、防汛抢险**　2017年，西安市人民防空办公室制定《2017年人防建设执行计划》，安排190万元资金，维护人防工事。按照西安市防汛抗旱指挥部办公室要求，完善修订防汛抢险预案，下发《关于做好人防工程安全排查和防汛工作的通知》，组建防汛抢险分队，配备充足的防汛器材。严格执行领导带班、干部24小时值班制度。

◆**人防综合演练**　2017年，西安市人民防空办公室按陕西省人民防空办公室下达的演练任务，开展人防指挥带专业力量和城镇居民综合性演练各项准备工作。形成以市级演练方案为基本，以若干子方案为补充的演练方案，经西安市人民政府专题会议和西安市人民政府常务会议审定通过。组织3次预演合练。结合“九一八”全市警报鸣放工作，举行综合性演练，26个市级机关部门参与演练，参演人数650余人。

◆**人防机动指挥通信训练**　2017年10月31日至11月3日，西安市人民防空办公室组织全市各区（县）、机关和直属单位75人赴湖北省十堰市开展人防机动指挥通信系统跨区机动指挥演练。11月6—9日，组织全市各区（县）和西安市人防指挥信息保障中心有关业务骨干开展人防指挥所信息系统业务培训。

◆**人防通信警报建设**　2017年，西安市人民防空办公室先后下发《关于做好防空警报设备安全检查和维护工作的通知》和《关于在全市鸣放防空警报的通知》，确保“九一八”全市警报鸣放任务的完成，警报鸣响率98%。新安装警报器XX台、多媒体警报器X台，全市警报器总数达到XXX台。

◆**人防宣传教育**　2017年，西安市人民防空办公室结合“科技之春”宣传月、“九一八”警报鸣放、西安人防纳凉中心开放等时机，在唐延路单建人防工程、0801工程、西安人防纳凉中心等地，组织多次大型人防宣传活动，发放宣传资料2万余份，展出展板300余块。落实《陕西省人防宣传教育“双百工程”实施方案》，在城六区选择7个学校、7个社区建立“人防宣传教育示范点”，投资10万元配发人防教材、应急箱、防化服、人工呼吸模拟人等教学器材及教具。　（翁　哲）

预备役高炮师

◆**概况**　2017年，陕西陆军预备役高射炮兵师贯彻中央军事委员会决策部署，落实中共中部战区陆军党委指示要求，深入推进政治建军、改革强军、科技兴军、依法治军，在深化转型中超前谋划、主动作为，稳步提升练兵备战水平，不断夯实部队建设基础，牢牢把住安全底线，各项工作在新体制下有序运行、扎实推进，呈现出稳中有进、开新图强的良好态势。

◆**思想政治建设**　2017年，陕西陆军预备役高射炮兵师坚持用习近平强军思想凝魂聚气，着力推动“学强军思想、育‘四有’新人、建‘四铁’部队”学习实践活动，着力增强“四个意识”（政治意识、大局意识、核心意识、看齐意识），坚决做到“三个维护”（维护党中央权威、维护核心、维护和贯彻军委主席负责制）。始终把理论武装作为政治要求，紧贴改革强军战略，突出抓好习近平系列讲话精神的学习领会，组织开展中共党委中心组学习，“维护核心、听从指挥”主题教育，“两学一做”学习教育常态化、制度化活动。按照要求，逐级召开专题组织生活会，全面彻底肃清郭、徐流毒影响，进一步纯净思想、坚定信念、纯洁队伍。坚持理论先行和教育警示，组织“从严正风肃纪，助推改革强军”专题辅导，观看《永远在路上》《浴火强军》等警示教育片，从正反两个方面教育警醒官兵。扭住行业系统、“微腐败”和官兵身边的不正之风进行专项整治，持续纠治“四风”（形式主义、官僚主义、享乐主义和奢靡之风）突出问题，实现部队风清气正，没有发生违规违纪问题。转隶中部战区陆军后，坚决把转隶移交作为最严肃的政治任务，坚定强军信仰，摸清建设底数，破解矛盾问题，全力推进落实，自觉做到“一转隶就正规、一起步就严格、一运行就规范、一开局就良好”的要求，主动做好各部门体系转接、经费物资清理自查和各类专项整治活动，接受上级工作组常态巡视和例行性审计。在人少事多、任务繁杂的情况下，坚持按照陆军建设标准抓工作、搞建设，在官兵素质、工作标准、战备训练、部队管理、任务完成等方面均实现无缝链接、稳步提升。

◆军事训练 2017年，陕西陆军预备役高射炮兵师树立增强战斗力这个根本标准，坚持一手抓部队改革，一手抓战备训练。分2批组织XX名官兵进行“练三基、强三能”训练，其经验做法在《人民陆军》报纸刊登。针对使命任务变化，修订预案方案，做好物资器材准备，不定期拉动点验，先后组织反恐维稳、抗洪抢险、抗震救援、森林灭火专业训练，组织应急分队XX人完成入队训练任务。围绕预备役部队要求，开展理论攻关，撰写发表理论文章XX篇。狠抓战备制度落实和战备秩序规范，高标准完成年度组织整顿，能力稳步提升。

◆正规化建设 2017年，陕西陆军预备役高射炮兵师围绕“大事之年不出大事、改革之年安全稳定”，开展“争创安全年”活动，深入学习贯彻部队改革期间“红线”，层层签订“安全管理责任书”，凝聚广大官兵思想共识和行为自觉。采取师团联动、层层落实的办法，部署开展安全大检查活动，围绕XX个方面XX项内容，开展查纠整改，全力消除安全隐患，及时堵塞安全漏洞，先后迎接两级陆军X次的安全工作综合检查，没有发生任何问题。落实安全督导制度，严格落实一日生活、请假销假、留营住宿和车辆动用审批等制度，纠治积弊陋习。

◆综合保障能力建设 2017年，陕西陆军预备役高射炮兵师按照“转轨顺畅、高效运转”要求，强化后勤装备机关“依法管理、按章办事、精准保障”的意识和能力，认真对照陆军要求，对移交器材、装备、经费进行再核对、再清理，防止移交后失管失控。对照战区陆军下发的清理整治方案，对后勤装备所属行业和人员查纠反映出的问题制定限时整改措施，确保问题得到彻底解决。做好后装供应体系转接、经费物资清理自查和后勤装备领域各类专项整治活动，抓好财务干部业务培训，不断提高履职能力。组织装备器材弹药清仓查库活动，严格落实车炮场日制度，组织装备换季保养工作，确保后装保障建设平稳发展。

2017年3月，陕西预备役高射炮兵师全面开展后勤和装备岗位大练兵活动。图为演练活动现场

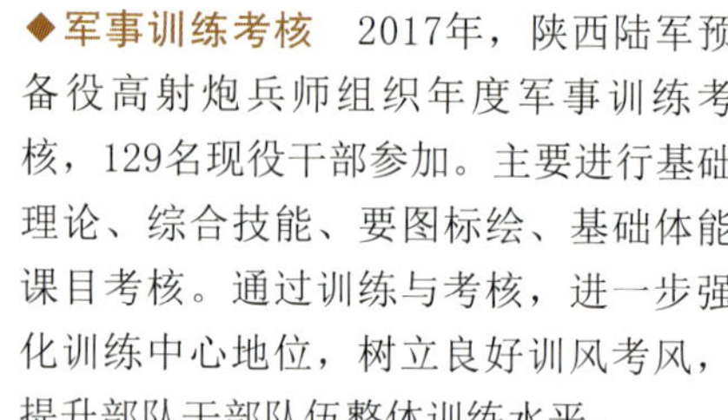

◆军事训练考核 2017年，陕西陆军预备役高射炮兵师组织年度军事训练考核，129名现役干部参加。主要进行基础理论、综合技能、要图标绘、基础体能课目考核。通过训练与考核，进一步强化训练中心地位，树立良好训风考风，提升部队干部队伍整体训练水平。

（谢永锋 段克涛）

◆“合编合心合力”专题教育 2017年2月22—24日，陕西陆军预备役高射炮兵师开展“合编合心合力”专题教育，使用电视电话会议系统组织对全体官兵进行辅导授课，主要内容为学习上级文件精神和观看正风肃纪、安全保密、案件事故等警示教育片。每名官兵围绕“怎样做到合编合心合力，怎样建设过硬的战区陆军预备役部队”开展大讨论，汇报思想，表明决心态度；党员召开专题组织生活会，查摆自身存在问题。通过教育，达到统一思想、凝聚共识、推动工作落实的目的。

（乔悦明 关庆贺）

◆财务管理综合评价 2017年1月，陕西陆军预备役高射炮兵师后勤部财务科通过听取工作汇报、查阅财务凭证和管理资料等方式，对2016年财务管理工作进行综合评价。通过综合评价，全面了解掌握全师2016年经费收支和资金利用等情况，及时采取措施纠治存在的不合理问题，为2017年年底经费预算和资金使用提供借鉴。

◆“三项清查”整治 2017年2月，陕西陆军预备役高射炮兵师按照《装备管理“三项”清查整治方案》，进行装备转隶移交，填报装备数据和实物资产，对2014年10月上交陕西省军区集中封存的XX台车辆，按要求重新清点封存入库。

◆后勤和装备岗位大练兵活动 2017年3月，陕西陆军预备役高射炮兵师以“练三基、强三能”集训为契机，全面展开后勤、装备直属分队岗位大练兵活动。活动以《预备役部队军事训练与考核大纲》《后勤战备工作规定》《装备战备工作规定》为依据，区分机关和基层，突出单兵和分队训练，采取个人自训、分队组训、以考促训等形式，开展后勤和装备岗位练兵活动，全面提高后勤、装备保障力量建设。

（傅溪 王晓晓）

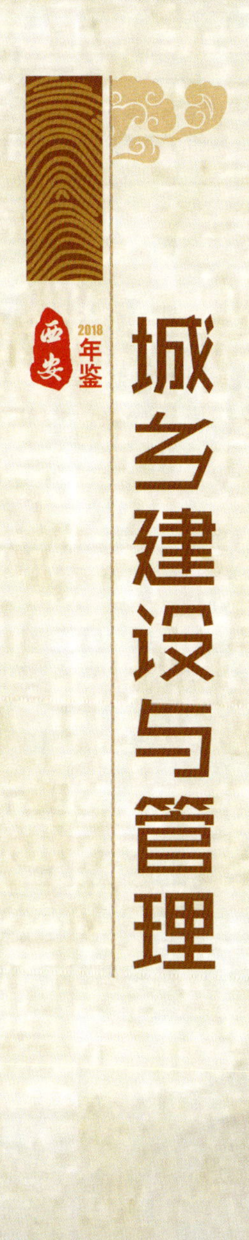

城乡建设与管理

责任编辑　冯冠杰

综　述

◆概况　2017年，西安市城乡建设部门以“追赶超越”和“五个扎实”要求为引领，对标中共陕西省委“五新”（培育新动能、构筑新高地、激发新活力、共建新生活、彰显新形象）战略，把握建设国家中心城市战略定位，围绕建设具有历史文化特色的国际化大都市目标，持续加大城建投融资和重点项目建设力度，不断规范建筑、房地产业市场秩序，确保城乡建设工作平稳、健康发展。全年完成城市建设维护项目投资677.31亿元，比上年增长54.9%。新建人行天桥及地下通道4座，新建改造绿地广场62个。年末建成区面积595.26平方千米，市区人均公园绿地面积12.31平方米，建成区绿化覆盖率43.44%。年末城市污水处理厂日处理能力277.6万吨，比上年末增长6.3%。

城建计划审批及项目资金预决算　西咸新区城建投资纳入西安市城建投资计划，合计总规模618亿元，实际完成投资677.31亿元，占年度任务的109.58%。安排项目14类90项，涉及道路交通、防洪排涝、环境保护、民生公用等方面。完成项目估算审核81个，送审费用351457万元，审定费用288479万元，审减率17.92%；预算审核项目62个，送审费用96330万元，审定费用70047万元，审减率27.28%；结算审核项目工程100个，送审费用149696万元，审定费用131231万元，审减率12.33%；决算审核项目3个，送审费用22192万元，审定费用22170万元，审减率0.1%。

城建项目综合协调　城建项目联席会议完成建工路—新兴南路快速路、西铜路城市段、昆明路综合管廊、小寨“海绵城市”、西安体育中心和西安丝路国际会展中心配套城市快速路等重点项目，以及莲湖公园、开元公园、兴庆公园绿化景观提升，西安博物院（小雁塔）景观亮化等方案设计审查120项，组织召开方案设计专家评审会52次。

城建战略研究　编制完成《关于进一步加强城市规划建设管理实施意见的请示》《补齐“品质西安”基础设施建设短板行动实施方案》《城乡建设“六个一”实施方案》《西安市补齐区（县）域经济短板，加快高铁新城建设，完善城镇体系工作实施方案》《西安市城乡建设委员会“追赶超越”实施方案》《西安市拆墙透绿工作方案》《西安市拆墙透绿设计导则》《西安市“城市双修”试点工作实施方案》《西安市辅环（2.5环）快速路布局及建设性方案研究》《西安市辅环快速路布局及建设性方案研究》《结合地铁站点周边开发利用地下空间案例研究（劳动南路）》《西安市城市灾害前瞻性研究》《西安市供水和污水处理能力分析及污水溢流问题研究》等。

基础设施建设　西安地铁一号线二期3座车站封顶，五号线一期5座车站主体结构封顶，四号线全线26个盾构区间双线贯通。红庙坡立交、开发大道东延伸、双桥头中路、西沣东路、双杜路北段、东陵路南延伸、新学府环路等工程竣工或阶段性完工。印发《西安市公共停车场建设优惠政策》，开工建设停车位13161个，完工8523个。完成“智慧停车信息平台”及手机APP建设，录入1.3万个停车场、108万条停车信息。完善公共自行车系统，新增公共自行车1万辆。实施护城河及环城公园综合改造、钟鼓楼周边环境整治、崇业路周边绿化、经九路绿化、凤城二路周边绿化、子午大道绿化提升、华清路绿化提升、北三环园林绿化景观提升，以及南二环（朱雀路）高压线落地工程。改造科技路、更新街、西六道巷、长乐东路、西一路等路段老化管道19.2千米。改造凤城七路（开元路—未央路）、欧亚二路等热网工程。开工建设永福路、未央路、吕小寨规划路等83条路段天然气中压管道工程，完成中压管道敷设46.24千米。

城建PPP项目　编制完成《关于加快城建PPP项目建设的实施意见》，投资42.81亿元，带动社会投资41.95亿元。其中，昆明路实施桩基、承台、墩身及钢箱梁施工；西延路实施管线迁改；建工路实施管迁、桩基、承台施工；西安体育中心和西安丝路国际会展中心周边配套基础设施项目取得西安市财政局“两评”（物有所值评价、财政承受能力论证）批复意见，西安市人民政府和社会资本合作领导小组办公召开预审会议通过实施方案，待西安市人民政府和社会资本合作领导小组审议批准后即启动PPP招标。策划包装55个公共停车场PPP项目，总投资32亿元，带动社会投资31.3亿元。编制完成38个项目《选址论证报告》；办理5个子项目《选址意见书》；审批29个项目道路红线图；完成16个项目用地实测成果和5个子项目方案设计，其中2个项目通过方案论证，并进行施工图设计。西安市人民政府发布《西安市城市地下综合管廊管理办法》，集约利用与优化城市地下空间，规范城市地下综合管廊规划、建设、运营和管理。新开工干支线管廊38千米、缆线管廊86千米，完成投资36.2亿元，撬动社会投资近34.03亿元。完成昆明路综合管廊主体建设任务，常宁新区成网、成片的综合管廊体系初步形成。印发《西安市海绵城市专项规划》《西安市城市排水（雨水）防涝综合规划》《西安市海绵城市建设指南》，开工“海绵城市”试点项目32个，完成5个，累计投资5亿元。小寨区域“海绵城市”改造规模和难度在同类项目中均居全国之最。西咸新区成为西北唯一入选全国“海绵城市”建设的试点单位。

断头路打通项目　制订《2017—2019年城市断头路打通计划》，3年内计划打通55条断头路。打通开元路、广运潭西路、响塘村规划南路、尚华路、凤城九路北侧路、经五路、茶张路、常青二路、清凉寺北路、朝阳路等27条断头路。

建设工地和“两类企业”（预拌混凝土企业和预拌砂浆企业）扬尘治理　建立信息报送、包抓监管、月度考核、月度例会、问题移送督办、约谈整改、专项教育培训等8项制度，实行红、黄、绿挂牌动态监管，安装1060余套在线监测和800套视频监控设备，在1294个工地设置“包抓公示牌”。召开千人现场观摩会4次，派出5个督导组，检查建设工地3660个（次）、“两类企业”744家（次）；下发移送单、督办单357份；处罚问题项目209个，金额909.5万元。西安市城乡建设委员会与西安市财政局联合下发《关于对三环内“两类企业”关停、搬迁工作进行奖励的通知》，筹措补助资金1160万元，完成三环内12家“两类企业”关停、搬迁任务。（张　睿）

◆城建融资　2017年，西安城市基础设施建设投资集团有限公司城建配套资金到位27.59亿元。其中，工程项目拨款11.48亿元，偿债准备金2.33亿元，转拨款13.78亿元。新增银行授信64.8亿元，有效期内可用授信181.7亿元。融资6.2亿元，其中国内银行贷款到位5亿元，亚洲开发银行贷款二期到位1.2亿元。完成债务置换43.53亿元，确保集团资产负债率控制在65%以内。棚改项目继续推进，审核88个项目，用款134.27亿元；完成国家开发银行贷款的第一次和第二次还款工作及各区（县）贷款的置换工作，偿还贷款33.81亿元。

◆基础设施重点项目建设　2017年，西安城市基础设施建设投资集团有限公司承担市级重点建设项目5个，计划投资6.35亿元；累计完成投资总额7.18亿元，完成年度计划的113%。亚洲开发银行西安城市路网完善项目完成投资4.45亿元，完成年计划的108.72%，朱宏路沿线4座立交和凤城八路—太华路立交（东西向）均竣工通车。西安市第二门站及天然气管道工程完成投资0.59亿元，完成年计划的293.95%，工程已完工。引镇LNG（液化天然气）应急储备站项目完成投资0.25亿元，完成年计划的100%，确保了场站投运。北客站地下停车场负一层设备安装及装饰装修工程完成投资0.38亿元，完成年计划的126.07%，保障了西（安）成（都）高铁顺利开通。新气源项目完成投资1.51亿元，完成年计划的100.75%，各标段均完工，为2018年2月底前投运奠定基础。完成多项民生提升项目和PPP建设项目。投运公共自行车1万辆，新建服务站点143个，解决市民“最后一公里”出行问题。开工建设72个综合管廊项目，敷设干支线管廊41千米、缆线管廊87千米，累计完成投资35亿元，其中昆明路综合管廊入线最全、断面最大、难度最高、建设工期最短，入选为“全国示范项目”。增设停车位5606个，并在城墙内试行自助缴费新模式，有效改善城市静态交通。大车家巷立体车库的120个泊位投入使用，付村地下停车场513个泊位开工建设。铁路北客站新增车位920个，满足了西（安）成（都）高铁开通后的候车、停车需求。进一步推进西安市机动车停放服务中心全电子化收费目标，在城墙内开展地磁试点工作。同步进行4G手持POS机的互联网升级和换代，在国内道路停车行业率先引入“互联网智能4G POS机终端”用于道路停车收费。

◆城建国有企业资产经营 2017年，西安城市基础设施建设投资集团有限公司开拓融资租赁产业，以售后回租、商业保理及联合租赁的模式，向陕西、浙江及河南先后投放50亿元，产业涵盖公交车、工业园区、污水处理等领域。联合西安交通大学推进“水蒸煤”技术产业化，成立示范项目公司，正在办理前期立项审批手续。9月，按照西安市人民政府建设“智慧城市”的部署，出资10亿元成立西安市大数据资产运营公司，发展“智慧城市”项目。与世界500强企业物产中大集团股份有限公司、中国平安保险(集团)股份有限公司、陕西延长石油(集团)有限责任公司、上海临港经济发展(集团)有限公司及中国500强企业中国节能环保集团公司、中国燃气控股有限公司、阿里巴巴网络技术有限公司签订融资租赁、再生能源、旧城改造、刷码支付等8项战略合作协议，并按计划稳步推进。 （潘 珅）

◆“四个美丽”建设 2017年，西安市城乡建设委员会按照中共西安市委办公厅、西安市人民政府办公厅《西安市建设“美丽城区、美丽县城、美丽镇街、美丽村庄”实施方案》，将“四个美丽”建设工作与农村环境整治相结合，启动实施“美丽宜居村庄”建设168个、“生态村庄”建设481个、“清洁村庄”建设798个。印发《关于做好有关建筑和农村特色民居设计图集推广应用工作的通知》《关于开展农村特色民居设计图集宣贯工作的通知》，组织开展全市村镇建设从业人员专业知识技能培训，培训2600余人次；会同陕西省规划设计院、中联西北工程设计研究院等7家设计单位编制印发《西安民居设计图集》合集本8000余册、简易版本1.6万册。推进“美丽城区”建设，组织有关部门、专家对2017年度“美丽街道”“美丽建筑”等进行综合评议。接受申报“迎宾示范路”29条，共98.16千米，其中长安区、西安经济技术开发区、西安国际港务区、西安高新技术产业开发区、西安国家民用航天产业基地、西咸新区沣西新城申报6条，共计24.6千米。

◆老旧住宅小区综合提升改造 2017年，西安市城乡建设委员会印发《关于调整老旧小区综合提升改造市级补助标准的通知》《老旧住宅小区改造设计指导手册》《西安市老旧住宅小区加建电梯试点工作实施方案》《西安市老旧住宅小区加建电梯试点工作指导手册》。实施99个老旧小区改造工程，建筑面积269.3万平方米，惠及群众约15万人，超额完成中共西安市委、西安市人民政府下达的200万平方米改造任务。启动老旧小区加建电梯试点工作，联合西安市规划局、西安市财政局、西安市质量技术监督局制定《西安市老旧小区加建电梯试点工作方案》。对雁塔区、碑林区、西安经济技术开发区5个小区的50个加建电梯试点项目下达试点计划。

◆城建服务和审批制度改革 2017年，西安市城乡建设委员会印发《关于进一步规范建筑工程施工许可管理工作的通知》，对施工许可的申请范围、申请材料、申请条件、申报程序及延期、变更、遗失补办等做了明确规定。取消资质初审环节，变两级审批为一级审批；缩短建筑业企业三级资质受理时限，由20个工作日缩短为10个工作日。按照国家、陕西省、西安市有关权力清单“瘦身”的要求，针对261项权力事项，取消行政权力事项8项（行政许可事项1项、行政征收1项、其他类3项、审核转报3项），公示权力事项和责任事项253项。建立“双随机、一公开”（随机抽取检查对象，随机选派执法检查人员；抽查情况及查处结果及时向社会公开）监管系统，将11项检查事项纳入检查范畴，完善“一单两库”（一单：随机抽查事项清单；两库：市场主体名录库、执法检查人员名录库），展开“双随机”检查。开通各区（县、开发区）建设管理部门用户名，并组织相关培训。

◆村镇建设 2017年，西安市城乡建设委员会遵循“城区—县城—镇街—村庄”4级架构体系，完善顶层设计，加快城镇化建设步伐。提请西安市人民政府出台《西安市建设“美丽城区、美丽县城、美丽镇街、美丽村庄”实施方案》，通过示范引领，助力城乡建设统筹发展。

“两镇”建设 7个“省级重点示范镇”和2个“文化旅游名镇”完成投资26.77亿元，占年度建设目标任务的127.4%。其中，“省级重点示范镇”完成投资23.38亿元，“文化旅游名镇”完成投资3.39亿元。开工项目84项，竣工35项，开工率100%。蓝田县汤峪镇不断提升完善功能，“国际温泉旅游名镇”粗具规模；阎良区关山镇城镇新区建设粗具雏形；长安区滦镇街道老镇区改造、新区基础设施建设同步实施；周至县哑柏镇大力发展苗木花卉产业，产品行销全国；鄠邑区草堂镇依托高新技术开发软件外包基地、比亚迪工业园等产业发展，不断增强人口聚集能力；临潼区零口街道新区骨架已经成型；高陵区泾渭街道依托现代工业园区和泾渭半岛，综合承载能力不断提升；阎良区武屯镇、泾河新城泾干镇被西安市发展和改革委员会列为“羊乳”“茯茶”特色小镇；泾河新城高庄镇被陕西省人民政府授予“十大民俗小镇”称号；蓝田县华胥镇大力发展家具产业，西北家具工业园被陕西省人民政府批准为“全省百家重点县域工业园”；蓝田县玉山镇凭借红酒元素和自然风光，打造风情小镇，旅游人数持续飙升；鄠邑区祖庵镇借助重阳宫道教文化，大力发展养生休闲旅游，旅游产业发展迅速。

农村危房改造 会同西安市扶贫开发办公室上报《全市2017—2018年建档立卡贫困危房改造年度计划》，完成各区（县）年度建档立卡贫困户危房改造对象核查和档案收集工作。开工建设5000户，竣工4609户，竣工数量占陕西省住房和城乡建设厅年度考核任务的768.1%，占陕西省住房和城乡建设厅下达的4249户改造任务的108.4%，占西安市所有存量建档立卡贫困户危房改造任务的85%。各区（县）均超额完成陕西省、西安市下达的目标任务。西安市危房改造各项工作在陕西省均处于前列，在第三季度陕西省脱贫攻坚督导检查“八办两组”考评中得满分，在陕西省农村危房改造脱贫工作考核排名中继续名列前茅。对全市391个贫困村村内道路

进行摸底，组织实施村内道路硬化6.8万平方米。

◆**城建档案接收管理** 2017年，西安市城乡建设委员会接收326个建筑工程项目资料，其中照片16523张，视频82小时，光盘476张；接收63个市政工程项目资料。开展城建档案培训，培训500余人。接待查档人数1466人次，提供“档案证明”2152份。接待326个房屋建设类工程项目咨询，发放“归档通知单”1453份，涉及建筑面积约2762万平方米。在声像档案方面，接待电话咨询约390人次，现场接待项目427个。与西安建筑科技大学、西安城墙管理委员会等单位合作，开展影像展览和声像档案征集活动3场次。

◆**建设行业培训** 2017年，西安市城乡建设委员会举办“建设大讲堂”6期，就人居环境、依法行政、城乡建设等内容进行培训。举办其他培训班20余期，培训7593人次。成立农民工业余学校总校36家、分校162家，累计成立业余学校2508家。全年有86219人次接受各类培训，占全年任务的101.4%。（张　睿）

城市规划

◆**概况** 2017年，西安市城市规划工作围绕“聚焦三六九、振兴大西安”的发展目标，纵向对标“大西安”发展的阶段目标，横向对标国内先进城市的对比差距，明确追赶超越的方向和策略，通过“挤水分提质量、补短板强基础、压空间提效率”，着力建立“全域覆盖、全市统筹、全面管控”的规划体系。邀请30余位国内外知名的规划大师参与指导规划编制，完成61项规划编制任务，制定15项规划设计导则，出台28项制度规范，推进城乡规划由中心城区向全域覆盖转变，由外延扩张向内涵提升转变，由技术成果向公共政策转变，以规划转型推进城市发展转型。

◆**制定《“大西安”2050空间发展战略规划》** 2017年，西安市规划局筹划制定《“大西安”2050空间发展战略规划》，确定“大西安”“多轴线、多中心、多组团”空间结构，提出“东拓、西进、南控、北跨、中优”发展思路，明确“大西安”追赶超越“三步走”发展目标。在《战略规划》的引领下，从大格局、大体系入手，统筹“大西安”范围内两市一区的空间形态、生态基底、交通网络、遗产保护等要素，开展“大西安”轴线规划、重点片区发展规划，进一步明确城市重要发展骨架的功能结构和用地布局；开展“大西安”城镇体系规划、“大西安”综合交通体系规划、“大西安”生态体系控制规划、“大西安”历史文化保护体系规划，对“大西安”未来发展分专题提出体系性思路，将“大西安”规划建设从战略到行动统一到一个框架，形成上下呼应的系统化体系。《“大西安”2050空间发展战略规划》为形成陆海内外联动、东西双向互济的开放格局奠定良好基础，为西安新一轮总体规划的修编明确发展方向和目标定位。

◆**城市重点片区提升规划** 2017年，西安市规划局围绕“东拓、西进、南控、北跨、中优”的城市空间发展战略，完成高铁新城、灞渭三角洲、长安大学城、美陂湖片区、富阎产业合作区等规划，以及小雁塔历史文化片区、七贤庄—革命公园、北院门—洒金桥等重点历史街区的提升改造规划。

◆**城市风貌规划管控体系建设** 2017年，西安市规划局围绕建设“品质之城、世界之城、特色之城”的思路，对城市风貌、建筑形态、绿化美化、功能完善、文化彰显等进行系统研究、综合管控、全面提升，集中完成城市色彩、户外广告、城市报刊亭、城市雕塑体系、夜景照明街道设计等专项城市设计导则。出台《西安市规划局建筑与环境景观审查暂行规定》《西安市雕塑管理办法》《西安市建设项目机动车、非机动车配建标准》《关于进一步加强城市风貌控制的若干意见》《西安市规划局城市风貌重点区域及重点建设项目规划管控办法》《西安市建筑工程外立面及外部空间设计文件编制管理规定》等规章制度，完成公共自行车布点、公厕布点、医疗体系等35个公共服务设施专项规划，从规划编制、设计导则、技术规定、制度规范等多层面构筑全面管控的管控体系。

◆**乡村规划体系建设** 2017年，西安市规划局推进“美丽城区、美丽县城、美丽镇街、美丽村庄”建设工作，指导编制相关县域城镇体系规划、小城镇总体规划、涉农区（县）村庄整治规划。完成周至县竹峪镇鸭沟岭、丹阳、张龙村及临潼区小金街道办事处小金村，穆寨街道办事处西王坡、西岳村等6个“美丽新农村示范点”规划研究。完成30个“产、城、人、文”四位一体有机结合的特色小镇评审工作。制定《西安市村镇规划编制管理规定》和《西安市乡村建设规划许可证发放管理规定》，积极推进乡村振兴。

◆**地理信息测绘** 2017年，西安市规划局启动“大西安”基础测绘航空摄影测量工作，完成4000多平方千米的数字正射影像及数字高程模型生产工作；开展西咸新区、富阎板块等热点区域1000多平方千米1∶1000航测成图工作；完成《西安三维地图》《西安咖啡地图》《西安名人地图》《关中图》《西安红色地图》《大西安全图》等20余项专项地图设计与编制工作；完成《陕西省地势图》《西安市地势图》三维模型的制作工作，为西安与西咸新区“一张蓝图、一体化建设”做好基础测绘和地理信息保障服务。自主研发“智慧西安”时空信息云平台，涵盖西安、咸阳、渭南、铜川等市约2万平方千米的影像数据及“大西安”各类规划、高铁、高速、主要峪口等10余类规划和专题信息数据，实现“一个平台总揽全局”。完成西安市综合地下管网系统平台及其数据库建设和市本级4个标段管线普查数据入库及试运行工作，为全市管线普查工作全面完成和系统平台在各职能部门的应用提供保障。

◆**“四改两拆”** 2017年，西安市规划局按照中共西安市委、西安市人民政府关于“四改两拆”（四改：棚户区/城中村改造、旧住宅区改造、旧工厂改造、架空通信线缆改造；两拆：违法建设拆除整治、违法户外广告牌匾标识拆除整治）工作实行集中统一指挥的要求，制定《西安市“四改两拆”三年攻坚行动实施方案》《西安市违法建设查处治理工作考核办法》《西安市违法建设查处治理工作责任追究办法》；成立西安市“四改”作战指挥部，实行集中办公；建立基于GIS（地理信息系统）的“四改挂图作战系统”；与西安市城乡建设委员会等西安市“四改两拆”领导小组“四改”办公室建立工作联席会议制度，建立推进“四改”工作实施的工作机制；每周收集汇总全市“四改”工作进展情况，并在媒体上予以公布；组织西安市“四改”办公室成员对棚户区（城中村）、旧住宅、旧厂区、架空线缆改造工作进行检查，每月结合定量指标和定性分析，对各区（县、开发区）“四改”工作进展情况进行单项评分排名。全年棚户区改造新开工48050套，占陕西省考年度任务的100%；货币安置29498套，货币化安置率61.39%，符合货币化安置率不低于50%的要求；城市建设“十个一”（打通一批断头路、培育一批众创空间聚集区和特色区、打造一批绿化示范路、打造一批亮化示范街/路/桥、建设一批生态示范河/湖段、打造一批商圈、建设一批绿地广场和主题公园、建设一批雕塑示范路、建设一批规划馆、改造一批城中村棚户区）涉及的78个项目全部按时启动实施，任务完成率100%。各区（县）、开发区及有关单位对99个小区实施改造提升，改造面积269.3万平方米，占年度任务的134.6%。完成旧厂区改造摸底调查，确定旧厂区改造企业88户，总占地826.05公顷，建筑面积163万平方米。52户企业启动旧厂区改造工作，年度计划完成改造的10户企业均完成改造。完成架空通信线缆改造180.83千米，占年度任务的106.5%。

◆规划服务和审批制度改革 2017年，西安市规划局按照“五星级服务”要求，在全系统开展规划服务和审批制度改革，编制《西安市规划局“最多跑一次”事项基础目录》，对纳入“最多跑一次”服务范围的许可事项进行明确。对于“建设工程规划许可证”审批等短期内无法实现“最多跑一次”的事项，依托西安市人民政府政务服务中心服务平台，通过建设项目“联动式”审查，变各部门“分散审图”为“集中审图”；审查部门由12个减少到5—6个，需要企业办理的审批事项由17项减少为7项，审批图章由25个精简至9个，整个工程规划阶段的审批时限由36个工作日压缩至12个工作日。通过推进规划服务和审批制度改革，实现“审查部门精简、办事流程简化、审批时限压缩”3项重大改进，提高了项目审批效率。核发“一书三证”262个，服务重点项目400余个，行政审批时限缩短67%，按时办结率100%。

◆西安市城乡规划管理委员会成立 2017年5月2日，中共西安市委、西安市人民政府批复同意成立西安市城乡规划管理委员会。西安市人民政府办公厅依据西安市城乡规划管理委员职责，制定《西安市城乡规划管理委员会工作章程》，明确划定市城乡规划管理委员会需重点管控的城市重点区域范围及重点建设项目类型，实施管控权上收，强化市级对城市发展战略、空间布局和功能形态、特色风貌和生态环境等重要资源、重点规划、重大项目的统一管控、监督和指导。（王　莹）

市政建设

◆概况 2017年，西安市市政公用局加快城市基础设施建设步伐，提升市政设施维护管理水平，城市功能日趋完善，城市形象不断提升，行业监管持续加强，气热保障安全有力。全年市政建设维护任务计划投资20.2亿元，实际完成投资26.7亿元。其中，市政工程建设计划投资15.4亿元，实际完成投资20.4亿元；市政设施维护计划投资4.8亿元，实际完成投资6.3亿元。

◆重点市政工程建设 2017年，西安市市政公用局承担的重点市政工程建设项目计划投资6.2亿元，实际完成投资11.45亿元。其中，经十三路、老二环规划路等15项工程完成建设任务；西（安）铜（川）高速城市段快速路、太华路与北二环立交及地下通道工程、西三环与阿房一路立交建设工程等重点项目全面展开。

◆道路桥梁工程 2017年，西安市市政公用局负责的中堡子村周边规划路、凤城四路（太华路—凤新路）、高级中学南区东侧规划路、开发大道东延伸、长沣路、双桥头中路、肖家村城改配套道路、经十三路、经十五路、电厂东路北延伸、纬零街、老二环规划路、西沣东路、响塘村规划南路、北三环南侧规划路、朱宏路—凤城四路立交、乐居场交警碑林大队北侧规划路、沣经一路、李下壕（永全路）城改配套道路、西市南路、清凉寺北路、四民巷、新东尚东侧规划路、新学府环路、东陵路南延伸、红旗东路北侧规划路、双杜路北段、三家庄规划一路、第三人民医院南侧规划路、学府南路西延伸、红庙坡立交、星火路立交、南二环（朱雀路）高压线落地工程、西安市纪律检查委员会廉政教育培训中心、朱宏路—北二环立交、东城大道截污工程、辛王路泵站、幸福路截污及箱涵工程38项工程竣工或阶段性完工。西（安）铜（川）高速城市段快速路工程，经九路、太华路与北二环立交及地下通道工程，秦汉大道跨西铜立交、韩森东路、尚稷路、白鹿原风光北路、世家星城维一路、尚贤路东侧规划路、沣经二路、西沣三路、南沈家桥北侧规划路、金家堡规划路、太华路—凤城八路立交、大寨路改造工程、科技二路、建材北路、桃园北路北延伸段（二期）、沣经三路、建材北路西延伸、红旗路（二期）、西三环污水干管工程，西部大道干管工程，大环河北侧污水干管工程，华清路污水干管工程25项正在抓紧实施。尚新路南侧规划路西延伸、尚新路南侧规划路、沣经四路、阳光大道东侧规划路、204所西侧规划路北段、西关村规划路、三家庄规划二路、经十四路（大寨路—维一路）、经十四（科技路—鱼斗路）东陵路南段、东站路、太白路与丈八东路立交匝道、西沣片区北段污水提升泵站工程、牟家村北侧规划路、阿房路、荣家寨路、陆家寨周边规划路、交曲路、通义巷、秦汉大道南侧规划路、西三环阿房路立交20项工程完成施工招投标准备工作。秦华天然气南侧规划路、沣兴路、尚贤路东侧规划二路、尚新路南侧规划二路、尚华路东侧规划路5项工程正在进行施工招投标。八佳路、尚新路、西安体育中心外围提升改善道路（一期）、西安丝路国际会展中心外围提升改善道路、渭滨西路、尚贤路东侧规划二路、尚新路南侧规划二路、尚华路东侧规划路、龙钢大道南侧规划路、解家村规划路、幸福路北延伸、红旗铁路专用线西侧规划路、尚贤路东侧规划路北延伸、东八里规划路、秦华天然气南侧规划路、明光路东侧规划路、水安路西段市政化改造、大寨路西段、西安美术家协会北侧规划路、华远枫悦二期（规划一路）、凤城八路跨灞河接杏渭路、红光路连接西咸新区道路、富裕路连接西咸新区道路、长乐东路跨东三环立交改扩建、华旗东郡配套道路、三府湾新村配套道路、建新村规划路27项工程正在进行前期准备

韩森路—东三环跨线桥

工作。

◆**河流治理**　2017年，西安市市政公用局围绕浐灞河、幸福河、皂河等城市河流治理，完成配套管网和截污工程建设7项、积水点整治工程2项，其中幸福河截污工程及幸福河综合治理生态景观提升工程全面完工并通水试运行，整治效果明显。皂河水污染治理3项工程提前完工，皂河入渭口水质达标。

◆**架空线缆归顺落地**　2017年，西安市市政公用局联合电力等线缆权属单位开展凌乱架空线缆集中整治。结合市政道路、电力设施等新建、改扩建工程，加快线缆落地工作进度。全年清理垂落架空线缆912处，合计36270米。完成科技路、后宰门等道路通信管沟建设51.4管程千米；西影路、小寨西路等道路通信架空线缆落地20条，共31千米。

◆**市政PPP项目**　2017年，西安市市政公用局适应城建投融资体制变化，启动市政系统PPP项目包装工作。成立西安市市政公用局PPP项目办公室并抽调专人负责。结合市政行业实际，对西（安）铜（川）路（渭河北岸—高永路）拓宽改造、城市夜景亮化、线缆落地（含电力）等项目进行PPP包装。其中，城市夜景亮化PPP项目完成可行性研究报告报审工作；线缆落地（含电力）PPP项目正在进行可研报告编制工作。

◆**市政设施完善改造**　2017年，西安市市政公用局推进实施断头路打通、无灯街巷改造等4项市政设施完善改造工作。完成西沣东路、北三环南侧规划路等道路工程5项。阶段性完成西沣三路、沣经三路2项工程，并开始综合管廊施工。打通老二环规划路、响塘村规划南路、清凉寺北路、西市南路、永全路、标新街东延伸、四民巷7条断头路，盘活区域城市路网。加快人行过街设施建设，建成边家村十字东、西，石油大学，丰禾路，西市中路，陕西科技大学5座人行过街设施主体工程。点亮新民街三巷、西安市第五十五中学北侧路等无灯街巷10条。改造背街小巷20条。

◆**市政设施维护管理**　2017年，西安市市政公用局更换钟楼地下通道10部自动扶梯、4部残疾人升降梯。翻建体育馆东路等慢行步道4万平方米，修补路面120万平方米，修补人行道23万平方米，人行道翻建37万平方米。实施中共陕西省委、陕西省人民政府机关及周边道路提升改造工作。完成花园路、卫星路等支路建设，改造15千米。完成新科路等11条道路增设自行车专用道工作，修建自行车道10千米。完成2017西安国际马拉松赛、2017西安欧亚经济论坛、2017丝绸之路国际博览会暨第二十一届中国东西部合作与投资贸易洽谈会等重大活动保障工作。持续开展占道施工工地日常检查，检查工地11318次、1270处，拆除、退让围挡面积83万平方米。继续加强桥梁下空间管理，强制拆除违法占用73平方米，清理桥下垃圾18立方米。

◆**城市夜景点亮**　2017年，西安市市政公用局全面落实建设“品质西安”的要求，全市城市照明工作水平不断提升。全市功能照明平均亮灯率99.05%，设施完好率99.3%。开展“亮化示范街”创建工作，完成西大街、西二环等40条“亮化示范街”建设，点亮楼宇1369栋。与各亮化责任单位进行业务对接，召开1次现场交流会、3次季度点评会，对20个区（县、开发区）开展3次实地督导检查，约谈进度滞后单位1次。督导各亮化责任单位围绕“建党纪念日”“国庆”和中国共产党第十九次全国代表大会等主题开展亮化美化工作，亮化道路147条，亮化节点76处，悬挂中国结等灯饰8200、灯笼31984个、灯带604万米。围绕2018“西安年•最中国”开展节日氛围营造、夜景亮化活动，亮化道路157条，亮化节点112处。

◆**城市防汛**　2017年，西安市市政公用局修订《2017年城市防汛预案》，实现与西安市防汛指挥部、西安市气象台的对接联动。开展防汛演练，全面提升应对突发降雨天气的预测、预警和应急抢险能力。开展城市积水点整治，完成文景路、北二环等50余处城市积水点维护改造工程，提升城市防汛能力。针对西安半坡博物馆等地的区域性积水问题，采取过街管连接、增设收水井和连接雨水管道等工程措施，解决79处小型低洼积水点问题，提升内涝防洪等级。完善积水警戒线、提示牌等设施，率先在环南路3座下穿通道、西二环陇海线和汉城路陇海线下穿入口处设置电子提示屏。全年有针对性地开展防汛演练55次，组建各类防汛抢险队19支，共5000余人。6—9月汛期期间，发布雨情通报210余条，启动防汛预案6次。其中，四级预案4次，三级预案2次。出动防汛人员12003人次、防汛车辆2628辆次。

◆**治污减霾**　2017年，西安市市政公用局落实《西安市2017年“铁腕治霾•保卫蓝天”“1+1+9”组合方案》任务，督促市政集中供暖企业加快燃煤锅炉拆改，尽早实现“煤改气”。加强市政工地扬尘污染防治，通过安装视频监控系统、加装扬尘检测仪、安装车辆自动清洗设备、强化日常督导、夜间检查等方式，确保各项铁腕治霾措施落到实处。

◆**市政科技创新**　2017年4月，西安市市政公用局举办“太华路与北二环立交工程新旧桥拼接工艺”施工现场会，集中展示一批市政行业新技术、新成效。开展2017年度市政行业科技进步奖申报和评选推荐工作。进一步完善市政工程项目（前期）信息管理系统项目资料数据，收集录入2002年以来的900项市政工程项目的基础资料，包括市政综合工程、市政改造工程、地铁改排项目、地下通信管沟建设等，涵盖全市主干路244条、次干路304条；增添上传雨污水泵站、人行天桥、立交桥等专题图，为市政建设提供了翔实的技术资料和基础支撑。

◆**市政行业监督管理**　2017年，西安市市政公用局加大对市政公用行业的监管力度，加强对各委托执法单位的监

凤城八路夜景

督指导。完善燃气管理长效机制，完成《西安市城市集中供热管理条例（修订稿）》的起草，并报请西安市人民政府常务会议审议通过。12月17日，《西安市集中供热条例》经西安市第十六届人民代表大会常务委员会第八次会议审议通过，报陕西省人民代表大会常务委员会审议。

◆**市政法治建设** 2017年，西安市市政公用局进一步完善法律顾问制度，重大决策必须由法律顾问出具法律意见；其他涉及法律问题的，均及时征询法律顾问意见。全年会同律师办理业务咨询59件，完成对9个开发区管委会行政执法委托的年审工作。开展执法案卷评查工作，对局属委托执法单位的行政处罚、行政许可案卷按照《西安市行政执法案卷评查标准》开展自查，梳理案卷中存在的问题和不足，总结经验，不断规范执法案卷制作、装订、归档工作，确保执法案卷合法效力。进一步加强自由裁量权制度建设，制定《行政许可裁量权基准》《行政强制裁量权基准》，提高行政行为的规范性和公信力。开展“行政许可和行政处罚信息双公示”工作，完善局行政处罚信息报送发布机制，按照行政处罚和行政许可信息“双公示”要求，推送53条处罚信息至“信用陕西”平台；行政许可信息全部在局网站和局属单位西安市市政设施管理局网站上公示。组织200余名执法人员开展市政公用行业行政执法专题培训。

◆**市政服务社会** 2017年，西安市市政公用局组建成立“12345”市民热线，制定印发《西安市政公用局“12345”市民热线综合服务平台管理办法(试行)》，建立市民热线综合服务平台运行机制。12月30日，西安市“12345”市民服务热线开通，整合原有的“互动平台”“市长信箱”、38条非紧急热线电话的功能，统一受理办理市民咨询投诉等事项。做好与市级热线平台接入和工单办理工作，办结省、市人大代表建议和政协委员提案66件，满意率100%。加强局门户网站和政务微博的日常维护，对舆情处置多措并举，处置网上舆情事件127件，回复人民网“地方领导留言”89件。

◆**市政安全生产** 2017年，西安市市政公用局监督工程项目40余项（含续建项目），办理新建项目监督申报手续30项。开展40余次日常巡查和4次季度大检查，对重点工程主体质量行为和工程质量的功能性试验进行实地跟踪监督，对西（安）铜（川）路立交A、B标，凤城八路立交，太华路立交，星火路立交，红庙坡立交等10项重点工程进行专项检查。对红庙坡立交、星火路立交、尚贤路东侧规划路、新学府环路、秦汉大道西（安）铜（川）路立交、大寨路、朱雀路线缆落地等20余项市政工程进行远程监督，监控点位40余个。强化市政工程施工质量、竣工验收的监督、检查，做好工程竣工验收备案工作，对18项局属工程进行竣工质量检测。开展市政施工、天然气泄漏等40余次应急救援演练活动，制定防范措施，提升市政系统内应急管理水平和处置能力。全年没有发生重大质量责任事故。（张 铷）

城市管理

◆**概况** 2017年，西安市城市管理局以“绿色发展理念”为引领，围绕建设“清洁之城”“绿色之城”“花园之城”“宜居宜业之城”的目标，推进“烟头革命”“厕所革命”、城乡环境大整治、“路长制”管理、“五路”两侧增绿美化、铁腕治霾、违法建设治理、广告牌匾整治等工作，提升城市环境，不断创新管理模式，城市面貌日趋干净整洁。

◆**“烟头革命”** 2017年1月15日，西安市城市管理局联合西安市爱国卫生运动委员会办公室等7个部门向全市发出《“烟头不落地 西安更美丽”志愿行动倡议书》，与媒体合作开展正面宣传引导，加大对不文明行为的曝光力度。通过向市民赠送便携灭烟袋、发放宣传资料等方式，鼓励市民参与烟头垃圾捡拾、卫生死角清理活动。从改进环卫保洁模式和量化保洁标准入手，严格推行城市道路“以克论净 深度保洁”作业标准，将城乡接合部道路清扫保洁标准由4级提高至3级，通过延长保洁时间、增加保洁力量、试点市场化保洁等方法，不断加强重点路段及重要时段道路保洁工作，城市环境卫生管理水平全面提高。新增城市道路吸尘保洁车辆56辆，全市道路机扫率87%，基本形成以机械化湿式吸附式清扫为主，机扫、吸尘、洗扫、洒水、人工捡拾相结合的“五位一体”保洁作业模式，解决了全市在环卫保洁方面长期存在的质量不高、创新不足等问题。各级城管执法力量加强对乱扔烟头、垃圾行为的教育处罚，督促沿街商户主动落实“门前三包”责任制。常态化组织开展“烟头不落地、西安更美丽”和“无烟家庭”创建活动。新增果皮箱1.2万个，增设新型灭烟柱10500个。每月考核通报“烟头革命”开展情况并通过媒体公开。组织举办“烟头革命”互看、互比、互学经验交流会28次。道路烟头和零星垃圾数量不断下降。12月23日《新华每日电讯》以题为《西安：三大“革命”重塑城市形象》一文对西安“烟头革命”工作给予肯定。

◆**“厕所革命”** 2017年5月，西安市人民政府办公厅印发《西安市开展“厕所革命”工作实施方案》，对责任主体和各部门承担的工作做出明确分工。西安市城市管理局根据《西安市开展“厕所革命”工作实施方案》，会同西安市规划局补充下发《关于“厕所革命”3年增设改造任务的函》，调整3年增设改造任务，计划3年新建公共厕所1500座，提升改造公共厕所2221座，鼓励社会单位对外开放厕所1299座。每月采取查看资料、实地察看等方式对各区（县）、开发区公共厕所建设、管理和“所长制”落实等情况进行检查，并将检查结果在媒体公开。全年新建独立式公共厕所749座，鼓励开放附属式公共厕所586座，提升改造公共厕所919座，高标准设置第三卫生间295座，均超额完成年度任务。在全市推行区（县）、街（镇）、社区三级管理的公共厕所“所长制”管理模式，设立各级“所长”4111名。重新设计并规范“导厕标识牌”样式，开通互联网厕所导航功能，方便市民和游客查询使用。11月28日，中央电视台《焦点访谈》栏目以《“厕所革命”革顽疾》为题，重点报道西安市在“厕所革命”中全面推广“第三卫生间”和全面推行“所长制”工作的亮点和成效。在全国第四次“厕所革命”工作推进大会上，西安市“厕所革命”工作受到国家旅游局肯定，获“全国厕所革命综合推进先进单位”和“厕所革命优秀城市”称号。

◆**城乡环境大整治** 2017年，西安市启动“迎接全运会当好东道主城乡环境大整治三年行动”，确定城市11项和农村9项共20项重点整治工作任务。西安市城市管理局牵头开展城区环境整治11项重点工作，并配合做好乡村环境整治2项重点工作。按照净化、序化、亮化、绿化、美化的“五化”要求，结合“烟头革命”“厕所革命”“路长制”管理、“五路”两侧增绿美化、“两拆”等全市性重点工作，持续开展“五抓五提升”（抓“烟头革命”，抓“厕所革命”，抓违建治理，抓占道经营和广告牌匾整治，抓垃圾分类和处理；提升城郊环境，提升城市家具，提升老旧小区，提升集贸市场，提升绿化档次）活动，督导各区（县）、西咸新区及各开发区开展城区环境整治，每月检查考核并向西安市年度目标责任考核领导小组办公室报送结果。规范环卫工人休息室和保洁员工具箱等城市家具设置管理，启动对未经审批报刊亭的整治工作，联合西安市总工会在环卫工人休息室设置一批“爱心驿站”。按照疏堵结合的原则，持续进行占道经营管控。在全市范围内组织设置蔬菜早市28处、夜市集中经营区域47处、夏季临时瓜果售卖点74处。启动“非法占道经营百日整治行动”，开展全市性统一整治行动13次，出动人员1.3万人次，整治路段967条次。开展卫生死角和管理盲区清理整治，购买并向涉农区（县）配发小型垃圾转运车130辆、密闭式垃圾箱260个。全市开展集中性大擦洗、大清理活动24次，出动保洁员75万余人次，调动水车9260辆次。在涉农区（县）开展为期50天的农村生活垃圾治理专项行动，1664个行政村生活垃圾集中收集覆盖率达到95%。涉农区（县）“村收集、镇运输、县处理”的农村生活垃圾收运体系基本建立，解决了农村生活垃圾乱倾倒的问题，初步实现全市市容环境治理“无盲区、无死角、全覆盖”的目标任务。

◆**生活垃圾管理**　2017年，西安市城市管理局在全市启动城市生活垃圾强制分类工作，编发《西安市生活垃圾分类指导手册》和《西安市生活垃圾分类知识读本》，组织开展“大手拉小手”生活垃圾分类活动，通过广播、电视、网络等媒体宣讲生活垃圾分类知识，在高陵区、长安区、蓝田县开展农村生活垃圾分类试点，发挥示范引领作用。规划的5个生活垃圾焚烧项目全面建设启动。其中，灞桥区、鄠邑区、蓝田县、西咸新区项目开工建设；高陵区项目将于2018年2月开工建设。7月，西安市首座餐厨垃圾资源化利用和无害化处理厂在西咸新区沣东新城八兴滩开工建设。市级重点建设项目——江村沟生活垃圾渗滤液处理应急项目主体建设全部完工，并于12月25日完成验收。第二生活垃圾填埋场建设前期选址等工作已经启动。

◆**“路长制”管理**　2017年，西安市城市管理局在全市成立市、区、街（镇）三级“路长制”管理工作办公室，设立各级“路长”8668名。各级“路长”按照“五步工作法”（自查、巡查、反馈、整改、督查）和“四查”（一查环境卫生、二查环境秩序、三查“门前三包”落实、四查工作效能）工作内容，持续开展城区环境净化、序化、亮化、绿化、美化“五化”提升行动，定期组织开展“大冲洗大擦洗活动”，及时发现问题并督促协调解决，巩固“百条整治美丽示范街”创建成果，城市精细化管理水平进一步提高。西安市“路长制”管理领导小组办公室每周通报各级“路长”工作情况，每月暗访抽查通报各单位“路长制”管理工作情况，并评比公布最佳、最差“路长”。

◆**“五路”两侧增绿美化**　2017年，西安市城市管理局围绕打造“美丽西安·绿色家园”升级版，开展“五路”（城市主干道、高速公路、高铁线、通景公路、绕城公路）两侧增绿美化工作，并突出抓好“十个一”民生工程重点任务。全市城区栽植乔木58.5万株（常绿乔木占比76%），新增城市绿地面积571万平方米，完成楼宇挂花140处、人行天桥挂花48座，制作安装绿色雕塑134处，建设花墙7万余平方米、鲜花大道26条；新建屋顶绿化21万余平方米（城六区12.7万平方米）、垂直绿化4.5万延米；提升改造行道树树池6.2万个。建成“绿化示范路”86条（年度任务62条）、绿地广场62个（年度任务60个），建成红光公园（一期）、曲江文化运动公园等7个主题公园，开工建设杜陵生态遗址公园、开元公园等6个主题公园。评选并表彰奖励2016年“生态园林式单位（居住区）”76个，继续开展2017年“生态园林式单位（居住区）”创建活动。

莲湖区丰庆路立体花墙

◆**治污减霾**　2017年，西安市城市管理局强力推行《西安市城市道路“以克论净 深度保洁”作业标准（试行）》，将城乡接合部道路清扫保洁标准由4级提高至3级，重点路段及重要时间节点的道路保洁工作不断加强。对全市所有出土（拆迁）工地实行挂牌管理并统一安装门禁系统，严格落实出土（拆迁）工地管理“七个到位”（出土工地和拆迁工地应做到施工围挡到位、出入口道路混凝土路面硬化到位、基坑坡道硬化处理到位、全自动冲洗设备安装和使用到位、建筑垃圾运输车辆密闭到位、拆迁工地拆除过程中使用专业降尘设施湿法作业到位、拆迁工地暂不开挖的裸露地面和2日内不清运的拆迁垃圾覆盖到位）和“六个百分之百”（施工工地周边100%围挡、物料堆放100%覆盖、出入车辆100%冲洗、施工现场地面100%硬化、拆迁工地100%湿法作业、渣土车辆100%密闭运输）要求，开展建筑垃圾清运企业停车场扬尘污染综合整治，按时完成524辆国四排放标准渣土车智能化提升改造任务，更换和新增智能环保渣土车2018辆。持续开展餐饮单位燃煤及燃煤炉具清理工作。摸排统计经营性餐饮单位18587家。其中，8179家一类餐饮单位均安装油烟净化设施；17268家建成区内餐饮单位均按要求使用清洁能源；烧烤经营户全部换用环保型烧烤炉具。

◆**违法建设治理**　2017年，西安市城市管理局按照《西安市“四改两拆”三年攻坚行动实施方案》，组织开展城中村及城乡接合部治违拆违专项整治行动、城区屋顶加盖违建拆除专项行动，强力整治拆除认定的违法建设。每周通过媒体公布“两拆”工作进展，要求全市党员、干部自觉签订“零违建”承诺书，形成拆违治乱的高压态势。全年整治拆除违法建设1248万平方米，完成年度任务的181%，城市公共空间得到明显净化。陕西省住房和城乡建设厅在2017年第14期《住房城乡建设工作简报》上刊发西安市违法建设治理工作的经验做法。

◆**广告牌匾整治** 2017年，西安市城市管理局在全市范围内开展“户外广告及牌匾标识拆除整治工作三年攻坚行动”，拆除各类广告牌匾18402处（面积35.9万平方米），并对拆除后的遗留痕迹及设施支架进行全面清理。研究出台《西安市户外广告规划导则》，完成《西安市户外广告设置管理条例实施办法》的起草工作，并提交西安市人民政府审核。

◆**城管体制改革和数字化建设** 2017年，西安市城市管理局按照《西安市深入推进城市执法体制改革改进城市管理工作实施方案》，落实城管体制改革任务，完成全市城管执法人员轮训和持证上岗、统一着装等工作。12月11日，西安城市管理综合行政执法总队挂牌成立。西安市城管局推进“智慧城管”建设，开展“智慧城管”规划调研及项目前期论证工作，并主动与阿里巴巴集团对接协作，着力推进数字化城管平台建设管理，实现市区数字城管专网互联对接。 （马东伟）

2017年8月，西安市城中村（棚户区）改造办公室工作人员及安全生产专家到延北村改造项目工地检查安全生产工作

城中村（棚户区）改造

◆**概况** 2017年，西安市城中村（棚户区）改造办公室通过推进货币化安置、推进违法建筑治理、推进78个棚户区项目改造，创新影响到区域整体规划的国有工矿旧厂区及企业周边的非棚改房改造方式、创新突出问题的解决思路，努力提升棚户区改造品质。全年西安市棚户区改造陕西省考目标新开工4.805万套（其中货币安置2.9498万套），占目标任务的100%（货币化率为61.39%）；西安市考目标任务完成19个项目的拆迁工作，占目标任务的112%。完成19个项目涉及2.63万人的回迁安置，分别占目标任务的119%、120%。完成投资103.61亿元，占目标任务的203%。涉及“十个一”民生工程和“四改两拆”三年攻坚行动方案、解决民生“九难”（减霾难、出行停车难、清洁卫生难、办事难、就业收入难、上学难、看病难、住房难、养老难）的78个棚户区改造项目全部启动实施。

◆**棚改制度建设** 2017年，西安市城中村（棚户区）改造办公室起草《西安市关于强化政府主导棚户区改造工作的实施意见》，报经西安市城中村（棚户区）改造领导小组同意，拟提请中共西安市委、西安市人民政府审批；《政府投资项目列入棚户区改造计划及改造实施方案备案的工作程序》报经西安市人民政府研究审定并下发执行；《关于执行以改造综合成本核算改造综合用地操作规程有关问题的通知》上报西安市人民政府审核，正在修改完善之中。研究出台的《棚户区改造工作年度考核办法》《关于棚户区改造项目投资主体变更有关问题的通知》《棚户区改造项目回迁安置工作指导意见》《关于强化全市改造建设工地扬尘管控的措施》等6项制度规章先后印发执行。

◆**棚改项目审批办理** 2017年，西安市城中村（棚户区）改造办公室落实行“政效能革命”和“最多跑一次”精神，制定印发《行政效能革命实施方案》，开展“局长驻窗口”和“现场体验”活动。组织人员到西安市人民政府政务服务大厅接件办公，现场体验办理流程、接单办理。制定棚改回迁安置房办证遗留问题意见，成立专门工作组驻西安市处理房屋办证遗留问题领导小组办公室，加快棚改安置房不动产权办理进度。推进棚改贷款用款放款进度，促进改造项目特别是重点建设项目、国家开发银行贷款项目建设。全年28个项目被列入棚户区改造计划，完成12个项目改造实施方案批复（备案）、13个项目的分期、3个项目的投资主体变更、6个项目的房屋征收补偿方案审核备案、8个项目的城建费用审核、19个项目施工图审查备案、1个项目建筑节能验收备案、8个标段竣工结算备案、17个标段自主发包项目备案、46个标段招投标手续备案、5个项目8000余套安置房屋不动产初次登记手续等工作，核发20个项目40份“建筑工程施工许可证”、74份商品房预售函。

◆**棚改督查指导** 2017年，西安市城中村（棚户区）改造办公室将新启动的78个棚改项目进展情况、回迁安置超期问题解决、货币化安置等作为硬指标纳入考核范围，对各区（县）、开发区每月进行督查，针对问题现场研究解决办法，并及时将督导结果、排名上报中共西安市委、西安市人民政府，通报全市，函告各区（县）、开发区主要负责人，推动了项目建设。采取领导带队督导、干部分片包抓、专题会议推进、“四不两直”（不发通知、不打招呼、不听汇报、不用陪同接待；直奔基层、直插现场）抽查等措施，进一步细化标准，责任到人，严格监管工地安全和扬尘污染问题；对发现的隐患和问题，坚持问题导向、高限处罚，确保整改到位。引进质量安全监管第三方检测，开展安全生产大检查大整治活动，加大违法建设查处、整改工作。全年查处违法建设10起，下达“隐患整改通知书”226份、“停工整改通知书”135份，约谈企业法人53人次，查封项目12个，处罚企业12家。

◆**回迁安置** 2017年，西安市城中村（棚户区）改造办公室组织对39个回迁安置超期项目问题进行通报，要求涉及的各区、开发区按照“六定”（定性、定量、定标准、定时限、定责任单位、定责任人）方案，明确项目回迁时限、责任单位和责任人，年内解决回迁安置超期有关问题。采取月通报、季考评、年考核，每月督查、挂号销账，发提醒函，上门督导等多种方式加强督促指导。由办领导和所有处室分组、分区逐项目具体包抓39个回迁安置超期问题，将进展情况逐周上报中共西安市纪律检查委员会、西安市人民政府督查室，并以西安市城中村和棚户区改造工作领导小组名义发出“回迁安置超期问题督办单”，督促各区、开发区严格按“六定”要求推动回迁安置超期问题解决。截至年底，39个项目回迁安置超期问题解决进展全部达到中共西安市委、西安市人民政府要求。

◆棚改信访和宣传工作 2017年，西安市城中村（棚户区）改造办公室接待来访群众251批，化解信访积案10件；通过市、区联合接访现场解决信访件26件；各处室协调解决信访件12件；现场政策咨询解决信访件43件。不断加强正面宣传力度，组织编制播出城改、棚改工作宣传片，刊载宣传稿件89篇次。处置负面舆情53起，办理申请公开事项401件、官网“投诉建议”1765件、网上信访件49件、“市长信箱”投诉件36件、“12345”市民热线反映意见25件。

（杨前进）

城乡统筹发展

◆概况 2017年，西安市统筹城乡发展工作贯彻落实“创新、协调、开放、绿色、共享”的发展新理念，围绕“品质西安”建设目标和农民持续增收要求，坚持以农村综合改革创新为主线，以“幸福新农村建设”为着力点，以探索农村集体经济有效实现形式为重点，抓典型，树示范，补短板，强基础，加快全市城乡发展一体化的进程。

◆农村片区化中心社区建设 2017年，西安市连续第四年将农村片区化中心社区建设列为西安市人民政府民生提升重点工作，旨在解决农村公共服务“最后一米”的问题。西安市统筹城乡发展工作领导小组办公室对各区（县）申报的2017年度农村片区化中心社区基本情况进行复核，组织市级有关部门和专家进行评审，最终确定123个农村片区化中心社区项目，涉及奖补资金1.23亿元。在项目管理上加强日常检查和指导，坚持每季度进行一次督导检查，2次组织区（县）统筹办干部进行业务学习，以目标责任考核促进项目建设和工作推动，确保全部项目建成并投入使用。

◆“幸福新农村示范村”建设 2017年，西安市继续开展“幸福新农村示范村”建设工作。以深化农村产权制度改革、培育新型农业经营主体、促进农民增收为核心，以加强农村基础设施建设、改善人居环境、提升公共服务水平、提高农村文明程度和强化农村社会治理为重点，在“十三五”期间，力争打造100个左右“经济组织健全、主导产业明晰、生态环境优美、公共服务完善、乡风文明和谐、村民自治规范”的“幸福新农村示范村”。6月，西安市统筹城乡发展工作领导小组办公室起草《西安市新农村建设项目管理办法（试行）》，并通过中共西安市委办公厅、西安市人民政府办公厅审核后在全市印发，对新农村建设有关工作进行明确和规范。通过项目征集、专家实地考察、会议评审等方式，在条件成熟的张龙村、裕盛村等19个村启动“幸福新农村示范村”项目建设工作。与西安市财政局、西安市农业林业委员会联合下发《2017年度幸福新农村示范村建设项目奖补资金》计划，涉及奖补资金3160万元。截至年底，19个村全部完成清产核资、成员身份界定、股权量化、村级集体经济组织建立、资金整合等一系列工作，建设工作稳步推进。

◆农村专项改革 2017年，西安市统筹城乡发展工作领导小组办公室代为起草《中共西安市委、西安市人民政府关于深入推进农业供给侧结构性改革 加快培育农业农村发展新动能的实施意见》等4个政策性文件；牵头起草《西安市农村改革试点示范项目和资金管理办法》，并以中共西安市委办公厅、西安市人民政府办公厅名义印发，以项目管理方式推进各项改革工作。结合中共陕西省党代会任务指标和陕西省、西安市年度改革重点任务，研究制定《西安市2017年农村改革工作要点任务分工方案》，确定重点推进的13项任务，并细化措施，建立台账。协调召开13次农村改革专项小组会议和专题会议，研究制定出台贯彻落实农村土地三权分置、农村集体产权制度改革、供销合作社综合改革、国有林场改革、农村一二三产融合发展工作方案和意见等农村改革文件。

农村宅基地制度改革试点 制定完善农村宅基地制度改革试点期间的“1+6”制度体系（“1”是国家层面确定的农村宅基地制度改革试点工作；“6”是省、市层面确定的6项改革试点工作），全域推进试点工作。新审批582户宅基地，退出宅基地230多户，腾退土地13.33公顷。开展集体经营性建设用地调查摸底，3宗2.4公顷用地拟入市地块开始办理相关手续。

农村产权流转交易市场体系建设 制定《农村产权价值评估办法》，开发农村产权网上流转交易系统，完成土地承包经营权和“三资”（资金、资产、资源）管理平台对接，建成农村承包土地的经营权抵押贷款微信公众平台，并于3月8日为1户“家庭农场”贷款5万元。

农村集体资产股份权能改革试点 制定出台《推进农村集体资产股份权能改革工作指导意见（试行）》《集体经济组织成员身份界定指导意见（试行）》，完成8个行政村成员身份界定工作和8个试点村股份化改造试点工作，成立村集体经济组织合作社。

“两权”抵押贷款试点 出台《“两权”抵押贷款管理办法》，对农村承包土地经营权和农村住房财产权抵押贷款进行规范管理，加强担保基金和风险防范补偿基金的使用管理。有5家金融机构参与试点工作，发放土地经营权抵押贷款14409万元，农村住房财产权抵押贷款583万元。

◆统筹城乡工作宣传 2017年，西安市统筹城乡发展工作领导小组办公室在《陕西日报》刊发1个专版、2篇专题；在《西安日报》刊发2个专版、2篇专题，对统筹城乡工作进行宣传。各区（县）、开发区在国家部委以上媒体刊发稿件29篇、省级媒体发稿90篇、市级媒体发稿192篇，宣传西安市“幸福新农村示范村”建设、农村产权制度改革、现代农业发展等重点工作成绩。依托新浪网搭建《西安市统筹城乡发展》专题网页，征集稿件1100余篇，发稿400余篇，单篇稿件最高阅读量超过103万人次；开通“统筹城乡发展”新浪官方微博，策划推出“#带着微博去新农村#”线上传播活动，发稿89篇（条），访问量达到1957万人次，获新浪网2017年“政务微博视频传播奖”；开通“西安统筹城乡”微信公众号、今日头条号，发稿210篇。利用分布在全市高端商业楼宇、高级住宅等公共场所的上千台视频广告设备，同步循环播放统筹城乡发展的重大政策、重要成果及“三农”服务信息，构建集舆论宣传、信息发布、招商服务为一体的综合性平台，播发宣传信息频次超过1800万次，收视人数达到634万人次。编辑印发《统筹城乡》内刊6期，发稿103篇。

◆农村扶贫 2017年，西安市统筹城乡发展工作领导小组办公室做好农村扶贫工作。以片区化中心社区建设为契机，提升农村公共服务水平。将全市51个贫困村纳入到农村片区化中心社区项目中，涉及奖补资金2850万元。以“幸福新农村示范村建设”为着力点，激发农村发展内生动力，发展壮大村集体经济。协调落实帮扶资金800余万元，帮助桑园村建学校、完善基础设施、配套公共服务、扶持产业发展。（王　华）

开发区建设

责任编辑　姚文东

西咸新区

◆**概况** 西咸新区位于西安、咸阳2市建成区之间，区域范围涉及西安、咸阳2市所辖7个区（县）23个乡（镇）和街道办事处，包括空港新城、沣东新城、秦汉新城、沣西新城、泾河新城5个组团，规划控制面积882平方千米，其中城市建设用地272平方千米，总人口97.8万人。西咸新区北依嵯峨山，南望秦岭，关中“八水绕长安”中的渭河、泾河、沣河3条河流贯穿其中。区内有西汉帝陵、周丰京镐京遗址、秦咸阳宫等350多处周、秦、汉、唐历史遗迹，区位优越，资源富集，生态环境良好。2017年1月，中共陕西省委、陕西省人民政府下发《关于促进西咸新区进一步加快发展的意见》，做出西咸新区全面托管辖区行政和社会管理职能，并交由西安市整体代管的重大决定。西咸新区围绕创新城市发展方式、建设“大西安”新中心目标，抢抓全面代管、托管政策机遇，坚持以构建现代产业体系为核心，统筹推进稳增长、调结构、促改革、惠民生各项工作，经济、社会全面发展。全年完成固定资产投资（含跨区）2093亿元，比上年增长15.6%；地方一般公共预算收入完成35.03亿元。

◆**体制、机制建设** 2017年，西咸新区贯彻落实中共陕西省委、陕西省人民政府《关于促进西咸新区进一步加快发展的意见》要求，创新体制机制，完成托管代管，融入“大西安”建设。坚持“精干、高效”原则和“大部制、综合化”思路，设立18个内设部门、1个直属机构、19个下属管理服务机构和6个综合性委员会（招商工作、规划建设、生态建设与环境保护、社会综合治理、安全生产管理、城乡管理），各新城参照设置相应工作机构，构建“新区—新城—街（镇）”三级组织体系。完成西安、咸阳2市17个街（镇）的托管移交，接收镇（街）管理服务机构235个、公办学校182所、医疗卫生机构787所，行政事业编制9848人。西安市人民政府出台《关于授权西咸新区行使辖区内行政和社会化管理职能的决定》（市政发〔2017〕30号），咸阳市与西咸新区管理委员会签订“关于西咸新区全面行使托管范围内行政和社会管理职能的授权协议”，明确新区承接西安、咸阳2市委托的除人大、政协、法检等工作外的所有行政和社会管理职能落实。中共西安市委、西安市人民政府出台《关于进一步支持西咸新区加快发展的若干意见》，主动对接、逐一落实规划管理、产业布局、基础设施等8个方面代管事项，完成产业、国土、交通等6项规划的对接融合，全面落实户籍同城、社保同城和车牌照同号工作，干部人事、财税统计、人社民政、教育卫生等纳入统一管理，广播电视、公交线路等实现全覆盖。

2017年7月6日，中国国际丝路中心开工建设

◆**产业发展** 2017年，西咸新区按照“围绕先进制造业、现代服务业两大方向，重点从电子信息、机电一体化、能源金融、临空经济、总部经济、文化旅游、现代物流、健康养生、生物医药等领域切入，选准2—3个主攻方向不动摇，集中优势资源做大、做强2—3个主导产业”发展策略，编制《西咸新区追赶超越行动计划（2018—2020年）》《西咸新区落实“五新”战略加快补齐发展短板工作方案》等方案，出台《扶持民营经济加快发展的政策意见》《总部经济优惠政策》，重点打造先进制造、电子信息、航空服务、科技研发、文化旅游和总部经济6个千亿级产业集群。全年安排实施重点项目663个，完成投资925.4亿元，完成年度计划的154%；市级重点项目完成投资236亿元，产业项目投资占比和社会资本投资占比分别为56.7%、59.1%，中国西电智慧产业园、海航现代物流基地、西工大无人机产业基地暨翱翔小镇等重大项目开工建设，中国西部科技创新港47栋的总建筑面积159万平方米，单体建筑全部封顶。

◆**招商引资** 2017年，西咸新区把招商引资摆在新区发展的首要位置，加强招商机构建设，创新招商方式，招商成效明显。设立西咸新区招商委员会，对招商系统机构不设限、编制不设限，充实和加强招商力量。创新招商模式和方法，围绕产业链，突出创新链，瞄准资金链，实行精准招商。全年引进10亿元以上项目72个，总投资4167亿元。引进内资427.6亿元，比上年增长44.7%；实际利用外资2.24亿美元，增长113.3%，总量居陕西省第二。策划包装重点招商项目55个，工业招商引资完成77.2亿元，引进100亿元以上工业和服务业项目10个。其中，总投资超过400亿元的绿地丝路国际中心、670亿元的华侨城旅游综合体、800亿元的宝能系列合作、1000亿元的恒大童世界等一批投资体量大、带动作用强的大项目先后落户。新增各类市场主体17283户，增长52.3%，建成众创载体29个。

◆**城市建设** 2017年，西咸新区完善城市功能，做好城市建设工作。设立西咸城市规划建设管理委员会，完成新区总体规划修编，建立规划动态管理信息系统，推进控制性详细规划和城市设计“全覆盖”，控规覆盖面达到建设用地面积的90.4%。完成新轴线城市设计和地下3层空间综合开发设计方案的编制，新中心中央商务区建设全面启动，能源金融商贸区开工104万平方米，大西安地标建筑——501米超高层中国国际丝路中心开工。完善城市功能，开工实施499个城建项目，完成投资286.7亿元。新开工市政道路71条、地下综合管廊34.59千米、“海绵城市”项目34个，地下管网普查完成947千米。地铁一号线二期3座车站全部封顶，五号线二期全线开工建设。新增公交线路7条。西咸第二水厂、第三水厂、交大创新港配套供水项目完成开工准备。分配公租房5381套，开工棚改房8037套。各类特色小镇完成投资36.7亿元，以《诗经》为主题的沣滨水镇建成开园。

◆**生态治理** 2017年，西咸新区重点做好治污减霾、水系建设、植绿增绿3项工作。实施《西咸新区2017年“铁腕治霾保卫蓝天”“1+10”专项行动方案》，在5个新城各建成1个洁净煤配送中心，全面取缔区内散煤销售点，拆除20蒸吨以下燃煤锅炉和小设施443台，地方燃煤锅炉全部“清零”，全年规模以上工业企业减煤40万吨，散煤治理27万吨，全年空气质量优良天数为176天，比上年增加10天；细颗粒物PM2.5平均浓度为72微克/立方米，下降12.2%；生活垃圾无害化处理项目在全市率先开工，建设进度在全市5个同类项目中名列前茅。编制城市水系规划，实施水利工程项目16个，昆明池试验段形成47.13公顷水面。严格落实河长制，建立新区、新城、街（镇）、村（社区）四级“河长制”管理体系，设立河长324名，辖区5条河流的250个排污口全部截流封堵，渭河出境断面均达到Ⅲ类水体标准，沣河接近Ⅲ类标准，泾河、新河、太平河水质持续改善。实施绿化项目110个，新增城市绿化面积1328.5公顷，启动苗木花卉建设1466.67公顷，总面积333.33公顷的“大西安”城市中央公园项目启动建设。

◆改革创新　2017年，西咸新区以“放管服”改革、自贸区建设、“双创示范”基地建设为重点，加快新区改革步伐。出台《西咸新区“放管服”改革工作方案》，重点推进行政审批、市场监管、综合执法关键领域改革。推进“行政效能革命”，向社会公布实施1009项“最多跑一次”事项。推行工商登记全程电子化，首创手机微信办照，国家工商行政管理总局在全国推广。构建3个工作日办结营业执照、4个工作日办结营业许可、50个工作日办结工程建设项目审批的“3450”综合行政审批效能体系，并在空港新城、沣西新城成功试点。陕西自贸区西咸新区片区承接省级部门下放和委托行政许可权限194项，建成“企业走出去一站式综合服务平台”，运行全国版国际贸易“单一窗口”，全年新区自贸区内注册企业1333户，注册资本金918.6亿元。推进创新创业，设立新区首家院士专家工作站，成立陕西省检验检测技术创新联盟和创新驱动共同体联盟，举办2017全球硬科技创新大会暨“创响中国”（西咸）等“双创”活动100余场，西部云谷协同创新港等10个“双创”载体获批中央、陕西省“双创”平台。西咸“双创”工作被国务院办公厅《政务情况交流》刊登。

◆民生保障　2017年，西咸新区全力做好脱贫攻坚工作，统筹推进教育、医疗及其他社会事业全面发展。精准核实确定贫困户1454户3540人，涉及21个镇（街）311个村，逐户逐人落实精准帮扶措施，扶贫对象识别准确率100%，退出精准率100%，群众满意度95%。完成21个“三变”改革试点村改革任务，580名贫困劳动力实现就业创业，为249户贫困户发放小额贷款1231.5万元。统筹发展社会事业，完成就业创业培训3119人次，新增就业人员4069人，城镇登记失业率3.38%，城市低保对象1378户2763人、农村低保对象2856户8183人实现“应保尽保”。沣西实验学校、枫叶国际学校、渭柳小学等12所中小学、幼儿园竣工投用，新增学位1.2万个。陕西中医药大学第二附属医院、崇文国际医院、陕西慈善总医院等大型医疗机构项目加快推进。全年举办群众性精神文明活动16次，惠民演出100余场。

◆融资工作　2017年，西咸新区所属集团公司通过银行贷款、信托、租赁、基金、债券等方式开展融资工作，融资渠道多样化，期限错配合理，资金成本较低，实现融资103亿元，为新区重点项目开发建设提供了坚实保障。推广运用PPP模式，编制完成《西咸新区与社会资本合作（PPP）三年行动计划（2017—2019年）》，列入滚动项目46个，总投资526.6亿元，其中23个被列入《西安市PPP项目三年行动计划》，总投资198.7亿元。全年实施PPP项目6个，完成投资5.95亿元。

◆空港新城　2017年，西咸新区空港新城完成全社会固定资产投资375.57亿元，签约项目17个，签约额528.74亿元。内资到位81亿元，外资到位5003.7万美元，民间投资完成53.62亿元，筹措资金83.05亿元（其中银行贷款63.63亿元，政府债券14.36亿元、非公开定向发行5亿元、优先股550万元），实现一般公共预算收入1.75亿元，落实中央、陕西省专项资金1.5亿元。供应土地514.73公顷，流转土地361.53公顷。开通西安至阿姆斯特丹、哈恩、芝加哥3条洲际全货运航线，航空货邮量实现26万吨，比上年增长11.2%。聚集国内外物流企业66家，总注册资本2200亿元的海航现代物流集团有限公司落户，法国赛峰、梅里众诚等项目落地，航企中央商务区吸引东方航空股份有限公司、南方航空股份有限公司、深圳航空有限责任公司、四川航空股份有限公司等11家航空公司进驻，与香港世茂集团、大唐西市集团签订战略合作协议，全年货运总量超过260万吨，保税物流中心进出口交易额5.5亿元，规划建设国际快件产业园区。全年发放产业、人才、货代补贴2782万元。“空港浓香园”品牌产品蝉联2届杨凌农业高新技术产业博览会最高奖项——“后稷特别奖”。举办西安咸阳国际机场T5航站楼站前商务区城市设计国际竞赛，修编《空港新城分区规划》以及雕塑、生态景观等11个专项规划。全年在建道路64千米，建成通车23.2千米，打通17条断头路，沣泾大道空港段全线通车。推进“烟头革命”，新建公共厕所14座，提升改造2座。完成城市绿化396.96公顷，亮化30条道路。全年空气优良天数达221天，增长27天。全年5条免费公交线路载客35万人次，和颐酒店开业，枫叶国际学校中小学开学。平稳有序托管底张、北杜、太平3个街（镇），接收划转人员1664人，开展39期就业创业培训，178户贫困户452人实现“六个一批”（扶持产业帮扶一批、促进就业帮扶一批、山区搬迁帮扶一批、生态建设帮扶一批、社会保障兜底一批、社会力量帮扶一批）全覆盖。完成岩村、西蒋等4个村整村拆除工作，回迁9个村806户，分配房屋2337套。

◆沣东新城　2017年，西咸新区沣东新城完成主导产业投资406亿元。一般公共预算收入完成15.15亿元，引进内资100.86亿元，实际利用外资8997.65万美元。引进100亿元以上工业、服务业项目2个，179个新区重点项目完成投资255.7亿元，新增市场主体完成8152家。全年开展各类招商活动30余次，引进10亿—20亿元企业8家、20亿元以上企业6家，其中世界500强企业3家、中国500强企业5家。总投资670亿元的沣东华侨城大型文旅综合项目、100亿元的绿地丝路国际中心、90亿元的西电智慧工业园以及60亿元的保利西北总部等优质项目签约落地。全年新开工建设10亿—20亿元项目5个、20亿元以上项目5个。陕西自贸区政务服务大厅正式运营，高标准设立企业“走出去”一站式服务平台，为企业“走出去”提供“线上+线下”的专业化、一站式服务。沣东自贸产业园获批为“陕西省数字经济试点示范区”。全年自贸区新增注册企业513户，建成众创载体10个，建设面积近35万平方米。成立“陕西省创新驱动共同体联盟”及五大产业技术专业委员会，举办第二届丝路法医联盟国际大会，丝路法医联盟会址落户沣东。完成“大西安新中心中央商务区”的规划设计工作。全年投入88亿元，新开工建设39条市政工程，新开工道路33.6千米，通车里程18.6千米；累计完成排水管网214千米、电力管沟83千米、自来水管道67千米、通信管道80千米。加快推进沣河综合治理二期工程，太平河水质需氧量从2011年的1240毫克/升下降到20毫克/升。制定实施《“五路”增绿三年行动计划》，新增绿化面积424公顷，栽植乔木7.7万株。制定7项脱贫攻坚专项方案，推广“扶贫+城改+代理财”的扶贫新模式。全面实施《“两园四化”三年行动计划》，高新一中沣东中学，沣东第二初级中学、第六初级中学等6所学校开学，沣东第二幼儿园创建成为“陕西省示范幼儿园”，沣东第三幼儿园、沣东第六幼儿园等幼儿园创建为“西安市一级幼儿园”。全力解决“养老、就医难”问题，沣东新城医院、王寺敬老院、三桥社区卫生服务中心国医馆加快建设，全区养老参保率达到99.62%。

◆**秦汉新城**　2017年，西咸新区秦汉新城完成全社会固定资产投资544.49亿元，地方一般公共预算收入完成7.4亿元，引进内资95.22亿元，实际利用外资5217万美元。策划包装重点招商项目20个，工业招商引资完成24.8亿元，引进100亿元以上工业和服务业项目2个。融资到位资金85.18亿元，其中通过流贷、信托、融资租赁等方式融资到位资金64.84亿元，获得债务置换资金20.34亿元。西咸新区重点项目完成投资169.2亿元，其中，产业项目投资占比和社会资本投资占比分别为52.5%和54%。新增各类市场主体2314家，建成众创空间4个。实施征地拆迁项目153个，征地606.28公顷，拆迁1380户。全年签约项目21个，总签约金额超过1400亿元，签约总投资1000亿的恒大童世界文旅项目，第十四届全国运动会小轮车比赛场馆启动建设。编制完成《秦汉新城近三年（2017—2019年）PPP实施意向项目计划》，预算总投资530亿元，重点推进4个PPP项目，4个项目均被纳入陕西省发展和改革委员会和西安市PPP项目推介库。陕西自贸区秦汉功能区新增市场主体402家，引进总投资100亿元的绿地自贸区企业总部基地和丝路人文交流产业园等项目。“‘一带一路’沿线国家文物数字化交流合作平台体系”创新模式案例，入选陕西省3个最佳案例，并上报商务部。沣泾大道秦汉段全部满足通车条件，正阳大道全国单幅平转最宽、西北最重转体桥转体成功，实现合龙对接，沣泾大道（旅游路—空港界段）建成。铺设雨污水、电力及天然气等各类管网150余千米，冬季供暖供热面积129万平方米。投入使用中心区生活垃圾中转站，日处理垃圾200余吨。实施《铁腕治霾“1+1+10”行动方案》，集中整治餐饮油烟、露天烧烤700余家，完成煤炭消减任务33.6万吨。集中整治渭河电厂、大唐电厂周边环境，限期完成整治工作。投入使用朝阳污水处理厂，完成辖区污水西调，日处理污水2万余吨。启动实施渭柳公园、湿地公园、二十八星宿等绿化项目，完成投资约30亿元，绿化面积近1333.33公顷。全年新增就业572人，就业困难人员实现就业152人，开发公益性援助岗位100个，城镇登记失业率始终控制在4.0%以内。改造9所学校旱厕，硬化6所学校土操场，修缮7所学校校舍，清华大学附属中学初中部、渭柳小学于9月开学，秦汉小学开工建设，清华附中秦汉学校初中部项目获“鲁班奖”。稳步推进“四改两拆”，棚户区改造完成1090户，新开工棚改房34栋4860套，建成保障房68栋8884套。

◆**沣西新城**　2017年，西咸新区沣西新城完成固定资产投资358.7亿元，比上年增长15%。招商引资到位79.89亿元，引进外资3065万美元，分别增长26.82%和148.5%。一般公共预算收入2.79亿元。全年融资到账121.89亿元，综合成本5.48%，其中期限5年以上的占73.43%，发行全国首支城投平台绿色债券16.3亿元以及全国首单综合管廊租金资产证券化产品；采用PPP模式启动9.52亿元的沣西新城渭河污水处理厂综合工程和“海绵城市”核心区建设工程。制定《招商引资推荐人奖励办法》及实施细则，举办入区企业优惠政策兑现大会，奖励企业、人才1933.36万元。外出招商51批次，组团参加重要会展14场，在2017丝绸之路国际博览会暨第二十一届中国东西部投资与贸易洽谈会上签约7个项目投资额300亿元；签约重点项目40个，合同引进资金551.9亿元。打造陕西省首个“双创”品牌“西源汇”，组织开展台湾硬科技项目路演、2017微软“创新杯”陕西高校大学生创新创业大赛等活动近60场次。西咸新区信息产业园引入孵化器17家，大数据创业孵化器建成5000平方米的孵化场地，引进西安微媒软件有限公司、陕西智化果信息科技有限公司、西咸新区就找车网络科技有限公司等企业15家，陕西微软创新中心引入孵化企业17家。全年实施项目89个，完成投资136.4亿元，其中陕西省重点项目——中国西部科技创新港、渭河污水处理厂综合公共私营合作制工程完成投资21.5亿元，西北工业大学翱翔小镇和宝能科技园快速推进，丝路风情城欢乐小镇全面开工，安博沣西新城物流中心、浙商银行互联网金融中心、葛洲坝集团西北总部、红星美凯龙商业综合体落户。实施市政项目46个，建成市政道路6.32千米，完成农村公路移交60千米，新建通村道路15.8千米，完成市政道路13.27千米，新增公交线路2条，建成市政雨水管网18.64千米、综合管廊6.34千米，铺设燃气管线12千米。启动“海绵城市”试点项目34个，年度投资7.5亿元，完成3个片区50余个项目海绵专项施工图设计，编制《西咸新区创新城市发展——沣西新城海绵城市建设系统方案》等方案。发展以干热岩为主导的“绿色”能源互联网，钻成干热岩换热井口60孔，供热面积达到150万平方米。全面完成133台锅炉拆改任务，封堵入河排污口24个，空气优良天数达到187天。8个生态公园绿化面积55公顷，“五路两侧”绿化栽植乔木4万余株，大王、马王污水处理站投入使用。沣西实验学校、实验幼儿园开学，陕西中医学院第二附属医院主体封顶，创新港医院开工建设，完成65个教育、卫生基础设施提升改造项目。沣润和园、康定和园、钓鱼台等保障房小区实现封顶，分配回迁安置房5200套。组织惠民演出26场。

◆**泾河新城**　2017年，西咸新区泾河新城新增规模以上工业企业2家，工业项目完成投资53.37亿元，比上年增长64.1%，规模以上工业总产值23亿元。新增融资授信总额87.05亿元，实现提款到账79.35亿元，其中银行贷款53.20亿元、“绿色”债券8亿元、政府债券18.15亿元，长期债务（5年期以上）占比82.37%。粮食总产量5.18万吨，果品产量2703吨，肉蛋奶总产量2526吨，茯茶储备13.28吨。规模以上服务业营业收入完成近3亿元，其中文化旅游业占比40%，全年接待游客数量突破2000万人次，实现旅游收入超过40亿元。新增内资企业579家、外资企业4家，新增个体工商户2340个、农业专业合作社9家。建成众创载体5个，设立“双创”引导基金1只，引进创业平台1个，以温商高端制造产业园、美国科技产业园、崇文塔景区等项目为重点，打造20余万平方米的“众创空间”。搭建茯茶镇、中国原点龙安居义乌名品折扣城、产业孵化中心等“双创”平台。组织申报“茯砖茶分身段拼配技术”“冰草品种选育及栽培技术集成”“节能型家庭空调、采暖/热水一体空气能热水器”等“陕西省科技计划”项目8项，企业及个人先后申请专利18项。茶马大道泾河特大桥通车，包茂高速复线泾河立交桥梁主体实现合拢，正阳大道跨泾河特大桥、泾河湾立交等加快推进。市政燃气管道工程、应急供水工程（一期）、池宏线高压线迁改工程（二期）等项目建成投用，地下综合管廊、第二污水厂、永乐工业园区雨污水应急工程等项目进展顺利。铁腕治污减霾，查处各类环保违规、违法案件480余起，对40家重点污染企业建立常态化环境监测机制。完成24台锅炉拆改工作，削减煤量近2万吨，完成泾阳县城18处公厕交接工作及22处厕所整改。“泾河防洪暨生态治理工程”、崇文湖公园、泾河湿地公园等建设工作进展顺利，泾河流域12处排污口全部完成封堵，完成泾河、泾惠渠沿岸7.4万立方米垃圾清理，泾河出辖区断面水质全面达标。以“五路”两侧绿化为重点，启动绿化项目28个，增绿380余公顷，绿化道路93.3公顷。新开工保障性住房建设230套，分配4103套。举办39期就业、创业培训班，培训农村富余劳动力和就业困难人员1402人。城乡居民基本养老保险参保率达96%以上。962人享受分类施保，为“低保”、“五保”、孤儿、优抚等人员发放补助资金1158万元，为10740名老年人发放高龄补贴，为4347名老人购买了意外伤害保险，向150名优抚对象发放优待金525万元，发放残疾人生活和护理补贴20万元。落实高中国家助学金、义务段“两免一补”、学前困难幼儿资助、学生营养餐等各级惠民资金1000余万元，惠及学生14700余人。

◆丝路能源金贸区 2017年，西咸新区丝路能源金贸区实施重点项目建设32个，实现投资53.89亿元，比上年增长128%。签约招商项目35个，到位资金16.3亿元。新增市场主体229家，注册资本62亿元。完成融资55.3亿元，增长138%。一般性公共预算收入完成1.58亿元，增长158%。争取中共、陕西省资金2778万元。土地组件报批364.53公顷，征收180公顷，供应21.4公顷，整村拆迁4个。响应新区发展总部经济战略和“走出去”招商要求，接待重点企业考察团70余批次、重要客商300余位，先后赴深圳、北京、成都、太原、重庆开展总部经济专题招商活动，签约落户世界500强企业5家、国内300强企业3家、总部类企业12家、金融交易平台和金融机构21家，产业类项目占比80%。自贸区建设开局良好，首批创新案例“建设西咸云端自贸产业园”和“打造国际高层次人才‘一站式’服务平台”参选“陕西省最佳创新案例”。依法、依规开展国润城、阳光城等资产收购工作，收购安置房、工业厂房等77万平方米，收购已整理土地129.07公顷，为大轴线规划落地实施提供支撑。完成重点区域城市整体策划、城市设计及导则的编制。实行“建筑师负责制”，中央商务区一期工程94万平方米建筑群主体封顶，二期、三期建筑设计同步推进。沣泾大道、科源东路等道路实现通车，沣新路二期建成投用，沣东路、扶苏路、凤栖路等10条道路提升改造完工。完成装配式建筑面积34.8万平方米、“绿色”建筑面积77.3万平方米。按照“柔性治水”“系统治河”理念，沣河治理完工，形成景观水面100公顷、生态景观区100公顷，完成渭河233.33公顷滩区治理。城市管理进一步精细，首创“鲜花换鞭炮”模式被媒体报道。西咸大厦获得“中国钢结构金奖”“陕西省绿色示范工程”等荣誉称号。

◆西咸国际文教园 2017年，西咸新区国际文教园完成固定资产投资104%，比上年增长38%；经营收入完成131%，净利润完成100%，完成融资55亿元，综合融资成本降至5.37%。全年接待企业来访135次，宝能等6个项目签约，北京大学、西安交通大学、西北妇幼医院等就建设国际学校、国际医院达成合作意向，中立卡尔城旅游综合体项目开工。建成文旅众创空间，30余家企业入驻，成立新区首支“双创”基金，举办“大西安电竞产业促进会”，与陕西师范大学、西安美术学院等共建4个众创平台。全年注册企业、引资额分别增长350%、742%。打通文教园南北贯通的秦皇大道、科技路、沣柳路、中央大街等6条道路建成通车，“东联北接西拓”交通体系初步成型。编制园区水系规划，全面启动沣河、沙河生态湿地修复项目。建成“一室五队”项目（勤务指挥室、办案队、社区警务队、治安队、交巡警队、卫星消防队），助推“平安西咸”“智慧西咸”建设。完成整村拆迁1172户，园区第一个安置项目——丰京苑实现回迁。按照省级标准开工建设西咸国际文化教育园第一小学。建设城市管理服务平台、人力资源服务平台、技能培训学校平台，开办创新技能培训学校，150多名当地群众就地就业。

（康晨　李宁）

西安高新技术产业开发区

◆概况 2017年，西安高新技术产业开发区实现在册营业收入14534.92亿元，比上年增长12.06%；一般公共预算收入102.46亿元，增长12.79%；进出口总额2072.61亿元，增长42.8%；实际引进内资1094.58亿元，增长130.42%；实际利用外资26.03亿美元，增长27.68%。实现地区生产总值1224.9亿元，增长12.1%。完成规模以上工业增加值416.42亿元，增长13.5%；实现限额以上企业（单位）消费品零售总额406.02亿元，增长7.3%；战略性新兴产业增加值增长20.3%。完成固定资产投资834.53亿元，增长8.1%。

◆招商引资 2017年，西安高新技术产业开发区继续坚持以完善产业链条、壮大产业集群、发展战略性新兴产业为重点，着力加强产业链和集群招商，大项目引进数量和质量再创新高。外资方面，三星电子存储芯片二期项目落户首批投资70亿美元，引进总投资26亿元美国乐析医疗设备研发生产基地项目；林德艾润（西安）生命科学有限公司、索迪斯（上海）管理服务有限公司西安分公司、陕西高科融资租赁有限责任公司（日立）、延长壳牌总部、西门子创新工业技术中心（西安）等企业签约入驻；德勤西北区域总部、富邦华一银行、Founders Space孵化器等著名企业落户。内资方面，引进项目涵盖新能源、先进制造、互联网金融、电子商务、基础设施配套建设等领域；开沃新能源汽车生产基地、奕斯伟硅产业基地、海康威视公司西北研发基地签约落地；杭州锦江集团光学膜生产和薄膜太阳能生产项目、中兴智能终端制造总部项目、360 OS总部项目、高新区国际社区综合开发及配套项目（雅居乐）投资入驻。

◆科技转化 2017年，西安高新技术产业开发区实施科技成果转化工作。全年净增高新技术企业164家，471家企业通过国家级高新企业认定，202家企业通过市级高新企业认定，申报高新企业290家，申报科技计划项目705项，申报陕西省西安市各类科技奖励和科技人才计划105项，专利申请量3万余件，新注册商标5900件。科技大市场拟定入驻服务机构31家，签约引进成都超凡知识产权代理有限公司等知识产权品牌机构及1家检验检测平台单位，服务科技发展能力持续提升。配合西安市科技局完成

西安高新技术产业开发区2017年主要经济指标

指　标	单　位	总　量	占全市比重(%)	增长速率(%)
规模以上工业增加值	亿元	416.42	30.6	13.5
全社会固定资产投资	亿元	842.71	11.2	7.6
工业投资	亿元	226.58	21.1	-24.6
限额以上企业（单位）消费品零售额	亿元	406.02	14.0	7.3
实际利用外商直接投资	万美元	260293	49.0	27.7
地方财政一般公共预算收入	亿元	102.46	15.7	-2.3
地方财政一般公共预算支出	亿元	98.02	9.4	-7.6
规模以上工业企业数量	个	285	19.9	—

2017年9月29日，西安创业咖啡街区开街

科创大走廊规划的编制，推动中国科学院西安综合科学园项目落地。举办2017年全球硬科技创新创业峰会分论坛，配合筹办2017首届全球硬科技创新大会，并发布《西安高新区发展硬科技的八条措施》。

◆**企业孵化** 2017年，西安高新技术产业开发区通过完善体系、打造平台、深化改革等多项有效措施，推动企业孵化工作有效开展。云汇谷创智花园孵化器建成投入使用，2万平方米的云汇谷AR/VR基地启动建设，中关村意谷等7家国内外知名孵化器入驻，初步形成了西安软件园战略性新兴产业创新孵化集群，总孵化面积超过2万平方米，孵化企业近70家，解决就业1246人。西北首家生物医疗保健众创生态平台——“联创智荟”众创生态平台投入使用，引进合作机构60余家，聚集优质项目33个，全年孵化服务企业12家。创业咖啡街区开街，进驻“双创”及服务机构52家，成为西安城市形象和创新创业的新地标、新名片。推出城市“双创”品牌“秦英汇”和“创咖云”，举办“创业在高新”系列活动12期。西安高新区创业园发展中心获工业和信息化部颁发的“第三批国家小型微型企业创业创新示范基地”荣誉称号。商事改革不断深化，工商登记前置许可项目从181项压缩至28项，实施“一址多照”登记制度，西北首台工商营业执照自助终端服务机率先在高新区投入使用，高新工商“网上预约登记平台”上线运行。全年新登记各类市场主体16676户，比上年增长55.89%（其中，内资私营企业10267户，增长51.7%；外资企业113户，增长59.15%；个体工商户6245户，增长63.14%），办理个转企登记38户。

◆**金融服务** 2017年，西安高新技术产业开发区推动科技金融结合、金融服务创新、金融环境营造及金融产业发展，继续完善金融与信用两大服务体系，推进科技金融示范区建设，打造西安高新区千亿金融服务产业。探索政府资金有偿扶持企业的新方法，吸引各级政府资金和民间资本，引入工业产业基金453亿元。引导和支持企业上市和挂牌融资，建立拟上市挂牌企业后备库，新增“新三板”挂牌企业10家，上市及挂牌企业通过资本市场融资80.58亿元。转变财政扶持资金投入方式，探索开展“资金改基金”运作模式，设立1亿元的债务融资风险补偿资金，全年约15亿元财政资金通过有偿及无偿方式用于支持、助推企业发展。协助中国人民银行设立全国科技园区第三家信用报告查询窗口，利用自贸区政策开展跨境双向人民币资金池及陕西省首单区块链跨境直联支付等跨境金融业务。

◆**军民融合** 2017年，西安高新技术产业开发区通过整合资源、建设平台等措施，初步形成军民融合发展的“高新特色”。全年新增西安立人科技股份有限公司等军民融合企业35家，完成产值1000亿元。持续加强央地、军地合作，与保利国防科技研究中心、中国华腾工业有限公司建立战略合作关系，与陆军装备部西安军代局签署战略合作协议并派驻联络代表，与空军装备部西安军代局、海军装备部西安军代局、火箭军装备部西安军代局建立联络机制。协助成立军民融合企业商会、陕西军民融合电子产业联盟等组织。国家知识产权运营公共服务平台军民融合（西安）试点平台上线运行，中央军委科学技术委员会、科学技术部布局的科技军民融合科技协同创新平台申报待批。军民融合产业园一期主体完工，与西安电子科技大学共建的中国西部军民融合创新谷暨西安电子谷动工建设。开设知识产权运营店铺99家，其中军工单位18家、高校12所、企业64家，展示可运营专利12723件，解密国防专利3001件，可运营商标1120件、技术项目1000多件。6家民营企业在第三届军民融合发展高技术装备成果展上参展。

◆**人才引进** 2017年，西安高新技术产业开发区加大高层次人才引进工作力度。全年引进18名“千人计划”专家、25个创新创业团队，10位专家入选“陕西省百人计划”，5位专家入选“5211计划”。为60位专家办理“外国专家证”，1人获得中国政府“友谊奖”，审批通过164人入住高层次人才公寓申请，2家企业获批“西安市博士后创新基地”，8家企业获批“陕西省博士后创新基地”，56家单位获批开展博士后科研工作。举办丝绸之路青年学者论坛暨国家“千人计划”专家高新区创新创业峰会，10余个项目达成初步合作意向。围绕大项目招商，接待东方航空股份有限公司、霍尼韦尔(中国)有限公司、浙商同学会等重点招商企业18家。推进人才大市场招商工作，接洽人力资源机构50余家，约5家确定入驻，西安高新区人才大市场获批“国家人力资源产业园”。

◆**城市建设与管理** 2017年，西安高新技术产业开发区推进公共交通工作。经五路（科技四路—科技七路段）等5条断头路全部提前打通，开通高新5号、6号、高新7号、261路区间、280路公交线路，新建公共停车位943个，新建、扩容公共自行车站点80个，投运公共自行车3480辆，施划共享单车停车位158处。不断强化城市管理，全年审批临时占道500余处、牌匾标识1100余处、户外广告86处。持续加大广告牌匾整治执法力度，拆除各类违规广告牌匾1400余处，共计2.7万平方米，名列全市开发区第一。查处各类违规出土工地25家次、违规清运车辆144辆次。申报建筑垃圾处置项目142个，处置978万立方米，申报项目数和处置方量均排名全市第一。完善社会综合治理网络，强化对重要对象和重要场所的防控，成立机动中队，重要时段持枪巡逻，群防群治，发动“红袖章”平安志愿者3000余人，设置13处“治安执勤点”。开展“打击盗抢骗”“平安家园”等专项活动，发案数比上年大幅度下降。做好重大节会活动安保维稳工作，确保2017首届世界西商大会、欧亚论坛科技峰会、创业咖啡街区开街仪式等重要会议及活动期间无重大非法聚集及寻衅滋事事件发生。实施“绿化”“亮化”“美化”工程。围绕道路（两侧）绿化，全年新增绿地108.43公顷，投资1.18亿元对科技路、唐延路等4条道路按照“绿化示范道路”标准进行升级改造，绿化面积15.82公顷。高标准、严要求打造“亮化示范街”，投资2.1亿元对科技路等3条道路实施全面亮化、美化。按照中共西安市委、西安市人民政府关于开展“厕所革命”的工作指示精神，全年新建公厕110座，对外开放76座，改造提升36座，“第三卫生间”改造提升8座，建立实施“所长制”，高新区公厕卫生标准和服务水平得到明显提升。加强生活垃圾设施配套和分类处理，根据实际情况，合理安放垃圾收集桶，足额配置三轮车和清运人员，购置清扫车13台、道路吸尘车3台，更换安装道路果皮箱3004个，安装保洁工具箱650个。探索垃圾分类工作的新办法和新路子，在加强宣传引导的同时，不断加强各项制度建设，夏日景色、都市印象2个居民小区和30余个企事业单位参与到垃圾分类收集处理工作中，民众垃圾分类收集意识普遍增强。

◆城乡统筹发展 2017年，西安高新技术产业开发区制定《统筹城乡发展工作计划》，进行新型农村社区项目申报，完成高新区“美丽城区”系列创建工作，申报的“美丽”系列项目全部通过市级初审及专家组评审。推动安置回迁，木塔北村安置楼竣工验收，木塔南村安置楼正在进行竣工验收，创汇社区回迁进入尾声，茶张村回迁入住工作全面启动，回迁户选房满意率接近100%，茶张村城改项目获2016年“陕西省优秀示范项目”称号。为余家庄等10个村3433名村民办理养老保险。开展精准扶贫，组织陕西万达实业有限公司、世纪金花股份有限公司、金鹰商贸集团有限公司和陕西智冠控股集团有限责任公司负责人及社区工作人员对口帮扶村，启动建设总投资2.95亿元的高科幕墙门窗公司西安（蓝田）第二生产基地新型节能环保幕墙门窗项目。

◆教育 2017年，西安高新技术产业开发区建校经验在西安市推广，优质教育资源覆盖面进一步扩大。全市2017年基础教育学校建设现场推进会在高新区召开，学校基础建设工作得到西安市人民政府表扬。学校建设持续推进，西安高新第六幼儿园、西安高新第七幼儿园、西安高新第八幼儿园和西安高新第七小学、第九小学先后建成投用，创汇社区F区高级中学、创汇社区F区初级中学，创汇社区D区小学，西安高新第八小学，高新蓝博公寓幼儿园开始改扩建，西安梁家滩国际学校建成。增加教学班30个，增加学位2112个。推行“名校+”模式，输出名校办学理念、管理方式、优秀队伍，实现区域内校际之间，公办、民办学校之间工作相互带动发展。

◆张德江等党和国家领导人到高新区调研考察 2017年6月6—8日，中共中央政治局常委、全国人民代表大会常务委员会主任张德江到陕西检查中华人民共和国《固体废弃物污染环境防治法》实施情况。在西安高新技术产业开发区，张德江仔细询问固体废物规范化管理情况后强调，企业要严格依法建设、管理和维护储存设施场所，安全分类存放、处置固体废弃物，切实防止污染环境。4月13日，全国人大常委会副委员长艾力更·依明巴海到高新区企业西安炬光科技股份有限公司视察，他希望炬光科技不断加大技术研发，依靠自身科技实力，提升自主创新发展能力，努力打造世界一流品牌。（杨　森）

西安经济技术开发区

◆概况 2017年，西安经济技术开发区实现地区生产总值671.15亿元，比上年增长13.4%；规模以上工业总产值1932亿元，增长23.8%；规模以上工业增加值353.36亿元，增长18%；限额以上消费品零售总额325.44亿元，增长26.9%；外贸进出口总额250.8亿元，增长22.1%；固定资产投资744.36亿元，增长13.1%；财政一般预算收入41.5亿元。区内注册各类企业3万余家，其中外资企业200余家，形成商用汽车、装备制造、食品饮料、新材料、新能源、高端装备制造六大主导产业，成为拉动全市经济发展的重要引擎。

◆招商引资 2017年，西安经济技术开发区把重大工业项目引进作为招商主要方向，坚持招大引强和产业链招商。实施“一把手”招商，赴2017丝绸之路国际博览会暨第二十一届中国东西部合作与投资贸易洽谈会、2017首届世界西商大会开展招商活动，在全市率先引进百亿级以上重大工业项目3个、世界500强企业项目5个。先后引进浙江吉利控股集团有限公司、正威国际集团等5家世界500强企业和118亿元的延长石油新材料科技产业园、105亿元的正威（西安）电子信息产业园、58亿元的华天电子集成电路等116个项目。全年实际引进外资14.5亿美元，引进内资673.6亿元，新增“新三板”挂牌企业5家。2017丝绸之路国际博览会暨第二十一届中国东西部合作与投资贸易洽谈会签约项目51个，投资总额1188亿元，居全市第一。

◆项目建设 2017年，西安经济技术开发区全面落实陕西省、西安市“工业促投资稳增长21条”“促消费稳增长12条”等政策措施，出台支持新材料产业发展、稳工业促投资等针对性政策措施，帮助企业申报国家、陕西省、西安市各类计划项目616个，争取资金3.19亿元。持续扩大有效投资，64个市级重点项目完成投资376.2亿元，其中吉利汽车、中铁盾构机等12个项目开工，澳大利亚嘉民电子商务产业园等9个项目竣工投产。推进PPP合作，包装策划5个PPP项目，投资超过100亿元。西安人工智能与机器人产业基地揭牌，西安交通大学机器人创新研究院签约入驻，承办“2017·CFS”全球总决赛、西安轨道交通产业招商大会，人工智能、机器人、增材制造、大数据等新兴产业加速聚集发展。

◆社会事业 2017年，西安经济技术开发区强化人才强区战略，引进各类人才15316人，申报引才引智专家10人次，新增大学生见习基地20家。加快教育事业发展，西安经开第三小学、西安经开第二幼儿园等公办学校建成开学，统筹推进中心区3所新建学校建设。成立西安经开区解决拖欠农民工工资联合办公室，立案查处侵害劳动者权益案件258件，涉

西安经济技术开发区2017年主要经济指标

指　标	单　位	总　量	占全市比重(%)	增长速率(%)
规模以上工业增加值	亿元	353.36	25.9	18.0
全社会固定资产投资	亿元	775.84	10.3	15.9
工业投资	亿元	252.23	23.5	14.8
社会消费品零售总额	亿元	344.49	8.0	19.4
实际利用外商直接投资	万美元	145000	27.3	12.2
地方财政一般公共预算收入	亿元	41.15	6.3	-7.5
地方财政一般公共预算支出	亿元	33.50	3.2	-27.0
规模以上工业企业数量	个	225	15.7	—

及金额870万元、822人次。开展“平安经开”建设，始终保持对各类违法犯罪活动的严打高压态势，维护辖区社会治安稳定。

◆**社会管理**　2017年，西安经济技术开发区优化城市发展格局，统筹规划国际化配套设施、渭河休闲生态景观长廊、中心区亮化工程等城市提升工程。打通开元路等5条断头路，完成凤城二路（未央路—开元路）、开元公园东侧规划路等重点道路建设。制定《铁腕治霾“1+1+6”组合方案》，建立240余人的网格体系，多措并举治理环境污染，全年实现优良天数156天。全面落实“路长制”“所长制”“河长制”，建立网格化管理平台、城市治理常态化督导巡查机制和三级河长体系，巡查督导4298人次，新建和提升改造星级公厕83所。推进“四改两拆”、美丽城区建设等工作，完成8万平方米老旧小区改造，新增、提升绿化面积60.8公顷，拆除违法建筑14.6万平方米。加快“特色小镇”建设，总投资150亿元的“兵器小镇”项目签约，总投资50亿元的“光伏小镇”建设全面启动。　（管万宝）

2017年10月1日，茵阳湖景区向公众免费开放

西安曲江新区

◆**概况**　2017年，西安曲江新区深化体制改革，奋力“追赶超越”，完成中共西安市委、西安市人民政府下达的各项任务指标。全年实现地区生产总值227.94亿元，比上年增长14.4%；实现一般公共预算收入39.5亿元；完成固定资产投资407.4亿元，增长17.3%；完成市级重点项目投资167.2亿元；实际利用外资2.42亿美元，引进内资115.86亿元，引进民资293.64亿元；完成社会消费品零售总额28.75亿元，增长21.9%；限额以上消费品零售总额增长35.8%。

◆**招商引资**　2017年，西安曲江新区成立招商引资领导小组，由西安曲江新区管理委员会、各板块党政“一把手”担任组长，强化招商队伍，制定招商引资考核方案，按照“六定原则”（定性、定量、定标准、定时限、定责任单位、定责任人），聚焦大企、强企，开展定向招商，全面推进招商引资“一号工程”。6月3日，在2017丝绸之路国际博览会暨第二十一届中国东西部合作与投资贸易洽谈会上，签约项目20个，投资总额938亿元。6月15日，与香港运交世纪有限公司签订国际知名豪华连锁品牌度假酒店项目协议；与新加坡麦迪仪金属资源有限公司签订国际知名豪华连锁品牌商务酒店及国际知名品牌公寓项目协议；与英雄互娱科技股份有限公司签订曲江量子文化产业城项目协议。6月16日，与华润（集团）有限公司签约曲江商业文化中心重大投资建设项目，其间向华润集团供地26.67公顷，完成引资50亿元。6月19日，与华侨城西部投资有限公司签订投资平台合作项目协议。全面启动汉文化旅游区、楼观台生态旅游区、临潼旅游度假区、凤凰池片区、碑林历史文化街区和小雁塔历史文化片区等旅游片区建设。与中粮集团有限公司、复地投资集团、中海地产集团有限公司西部区、雪松控股集团有限公司、中国铁建股份有限公司等集团达成战略合作，推动总部经济、文商旅游综合体、“特色小镇”等项目。创建西安市首个招商服务平台，营造重商、亲商、安商、扶商的投资环境。组织16次外出招商活动，“一企一策”，完成招商“五资”（外资、民资、央资、融资、内资）指标。

西安曲江新区2017年主要经济指标

指　标	单　位	总　量	占全市比重(%)	增长速率(%)
规模以上工业增加值	亿元	—	—	—
全社会固定资产投资	亿元	422.59	5.6	17.2
工业投资	亿元	4.49	0.4	156.8
社会消费品零售总额	亿元	28.75	0.7	21.9
实际利用外商直接投资	万美元	24212	4.6	17.6
地方财政一般公共预算收入	亿元	39.50	6.0	2.9
地方财政一般公共预算支出	亿元	32.92	3.1	-16.0
规模以上工业企业数量	个	—	—	—

◆**重大项目建设**　2017年，西安曲江新区坚持“项目为王，项目为先”的理念，集中力量推进陕西省、西安市重点项目建设。承担在建陕西省、西安市级重点项目30个，涵盖基础设施、人文旅游、商业贸易、社会事业等领域，实际完成投资167.2亿元，完成年度计划的121%。5月1日，曲江文化运动公园一期建成开放。10月1日，茵阳湖景区向公众免费开放。10月28日，陕西大剧院正式启用，项目占地2.27公顷，总建筑面积5.18万平方米，总投资13.3亿元。12月9日，西安城墙护城河改造项目（朱雀门—西门段）竣工。天坛遗址公园建成，城墙顺城巷区域尚德·映巷皇城坊项目封顶，小雁塔历史文化片区改造工程、南门文化景区工程进入拆迁阶段。

◆**文化产业**　2017年，西安曲江文化产业集团连续6次进入“全国文化企业30强”、8次获“全国服务业500强”称号。全年西安曲江新区净增规模以上文化企业11个，规模以上文化企业营收增长率31.5%，投入使用面积为42.05公顷。出台《曲江新区关于促进文化创意产业发展的若干政策（试行）》，全年入区文化企业4114家，累计入区文化企业10972家。

文化精品创作　电视剧《大秦帝国之崛起》《我是幸运儿》在中央电视台播出；电视剧《白鹿原》和《那年花开月正圆》在全国播映，分别获得中美电影节“2017年度最佳电视剧奖”和横店影视节“文荣奖”。《西京故事》成为陕西省唯一国家新闻出版广播电视总局确定的中国共产党第十九次全国代表大会重点献礼剧目。《一树桃花开》《张骞》分别入选国家新闻出版广播电视总局中国共产党第十九次全国代表大会重点参考剧目和“丝绸之路影视工程”储备项目。投拍的电视剧《王大花的革命生涯》和《舰在亚丁湾》获得第十一届全国电视制片业“十佳优秀电视剧”称号。话剧《麻醉师》获得第十四届“五个一工程奖”。秦腔《司马迁》、舞剧《传丝公主》获第八届陕西省艺术节“文华优秀剧目奖”。秦腔现代戏《骆驼巷》获“文华剧目奖”。11月10日，曲江影视集团承制出品的红色革命题材纪录片《渭华起义》获中国电视纪录片年度收藏作品奖，并被中央档案馆收藏。与印度合拍的电影《功夫瑜伽》在全球上映，实现17.6亿元票房。与哈萨克斯坦的首部电影《音乐家》正式开机，将在2018年上海合作组织峰会期间上映。全年出版各类图书600余册，其中《开放的大唐》《盛世中兴》分别获“全国城市出版社优秀图书”一等奖和二等奖；《梨园百戏》入选“国家丝路书香工程”项目；《丝绸之路》《百年柳青》《秦岭四书》《厚土忠实》等系列丛书获得国家出版基金及陕西省文化精品项目资金扶持。

文化活动　1月27日至2月2日，在大唐芙蓉园举办大型灯会，引进全国最大的水上灯组“龙凤呈祥”；大明宫国家遗址公园联合西安市文化广电新闻出版局举办“新春唐人节”，组织惠民演出42场；西安城墙管理委员会组织“国粹流芳，丝路巡游”等系列文化活动；临潼旅游度假区举办“舞龙舞狮”“咕咕鸡年，新春大吉”等节日活动。曲江新区完成第十六届西安市运动会开幕式、西安市“安全生产主题电视晚会”、曲江新区庆“三八”表彰大会暨“女职工旗袍秀”等重要活动文化演出。开展第三届“2017西安国际儿童戏剧展演”“点亮你的小火柴”小演员选拔大赛。3月，话剧《麻醉师》开始进行全国巡演。原创大型现代豫剧《秦豫情》作为第四届“中国豫剧节”优秀剧目在北京长安大戏院演出，并在全国巡演76场。推出《PS我爱你》《HI，米克》《两只蚂蚁在路上》《活出你自己》《救你嘴ning》等小剧场话剧，与陕西旅游集团合作《黄河大合唱》红色实景演出项目，与丹凤县合作“棣花古镇旅游演出”项目，出台《关于加快构建现代公共文化服务体系实施方案》，举办西安国际创客嘉年华、“丝绸之路文化行”、2017欧亚经济论坛文化分会场、第十六届“西安国际音乐节”、西安电竞产业峰会演出等活动，西安演艺集团推出的“文化演出惠民卡”正式发行。9月10日，举办2017西安城墙国际马拉松赛，以“阳光、向上、美丽、开放”为主题，全方位展示“西安品质”和城市精神。全年《西安晚报》等新闻媒体刊登曲江新区文化活动的报道共计110多篇，电视报道200余条，网络转载1.5万条。

“双创”活动　3月15日，临潼度假区与北京大学光华学院西安分院共建的“创业者之家”揭牌。4月，曲江369互联网创业基地一期建成投用，首批以翻译和动漫游戏为主的50个创业团队进驻，并严格按照曲江新区“文化+科技+互联网=无限可能”的产业发展思路，全力打造具有曲江品牌、西安特色的互联网创新、创业孵化新模式。截至年底，曲江新区引进连连看应用商店总部、浙江文创控股集团有限公司、北大科技园、清华启迪之星、美霖影视科技创业园、环球共享汽车以及曲江24小时书城、星巴克咖啡等20余个名牌项目和企业。金融机构入驻美霖影视、深圳优领信息科技有限公司、上海敦成实业发展有限公司等6家企业。为了给创客提供更多国际交流机会，引进风靡全球的Maker Faire国际创客嘉年华作为创客大街的重要活动。12月29日，在曲江创客大厅·创意盒子举行“创星集结系列活动之‘创名堂’第一期分享会”。

“书香之城”建设　遵循西安市建设“书香之城”的要求，以全新理念建造书店。7月15日，西安市首家24小时不打烊营业书店——“阅西安”城市书房在曲江创客大街运营，促进全民阅读。以“阅西安”为模式，全年新建各类风格的书吧14家。

◆**旅游产业**　2017年，西安曲江新区实施“文化+旅游+城镇化”战略，制定针对性的政策和举措，围绕旅游发展趋势，抓旅游升级，抓城市品质提升。完成市民及游客服务中心建设，实施“厕所革命”，规范旅游市场秩序。与占地639平方千米的秦岭国家植物园签署战略框架协议，推进秦岭北麓文化生态旅游带开发。启动“香港百团万人游”西安活动。大型儿童舞台剧《哪吒》在曲江海洋公园演出举行。“梦长安”大唐迎宾盛礼演出146场。8月，引进国际顶级品牌度假酒店悦榕庄、悦苑，改造唐华宾馆，推进芙蓉阁酒店、万丽酒店等高品质特色酒店建设。所辖酒店数达到28家，国际酒店群粗具规模。实施文化旅游产业“走出去”战略，对外拓展丹凤县棣花古镇等旅游项目50个；深化湖北荆州纪南文旅全域战略合作，即将开工建设荆楚大观园项目，总投资约100亿元。组织区内各景区赴北京、杭州等旅游热点城市开展旅游营销，参加“西安旅游五折欢游季”营销巡演推介活动、2017中国西北旅游营销大会、2017西安丝路国际旅游博览会、中国国际旅游交易会等展会。实施旅游管理网格化，持续开展巡查督察和旅游市场整治。临潼旅游度假区以“旅游、休闲、度假、体验”为发展定位，以“世界一流旅游名区”为目标，与华侨城集团全面推进凤凰池景区整体开发，总投资200亿元。临潼旅游度假区投资集团获“中国旅游产业投资百强企业”称号。西安曲江楼观道文化展示区管理办公室编制《楼观台旅游资源整合贯通方案（讨论稿）》，成立道文化研究院和中华财神文化研究院；规划以“竹海碧波·问道楼观”为主题的终南山古楼观景区—楼观台国家森林公园—楼观说经台一日游；启动河南鹿邑太清宫、灵宝函谷关、周至楼观台联动旅游路线；打造2017楼观花季、油菜花海、金色葵园、薰衣草庄园等景观；创建AAAAA级景区的工作稳步进行。7月，西安城墙景区管理委员会推出全市首个景区智能导览App“遇见城墙”，即通过App可观看、收听该景区的历史、设施、人文、服务等诸多方面的视频、音频、图像、文字等信息，并可涉猎城墙周边166个点的内容，为旅客提供详尽的服务指南。在《每日经济新闻》举办的“2017年第七届中国上市公司口碑榜”评选活动中，西安曲江文化旅游股份有限公司获“最具成长价值奖”。大唐芙蓉园景区成为西北首批加入金钥匙国际联盟的AAAAA级景区，标志着该景区的管理和服务水平已迈入国际最高服务水平标准行列。全年曲江新区旅游接待游客8951万人次，旅游综合收入83.59亿元。

◆**城市建设和管理**　2017年，西安曲江新区建立“区、域、社区、民间”四级路长管理体系和三级责任路长管理机制，全面推进民生工程建设。建设绿地小广场34处，新建绿地面积超过120公顷，栽植乔木、灌木、翠竹、灌木球等各种树木6.4万株。在“厕所革命”中，在全市首先成立“厕所革命”领导小组，绘制《曲江核心区地段公厕分布图》，科学设置男、女厕位比例，增设第三卫生间、家庭卫生间，实现公厕24小时免费开放。全年新建独立式厕所10座，改建提升各类卫生间95座、开放附属式厕所56座，其中对外开放酒店厕所28家。4月20日，组织社区居民、保洁公司员工、志愿者150余人，在雁南二路雁南三路、曲江池西路等公共区域开展大捡拾、大擦洗活动。坚持“烟头革命”常态化，全年发动志愿者1.2万人，11420多名游客参与志愿者活动。公布387项“最多跑一次”事项清单、1263项权力清单、1128项责任清单。创建独具特色的“夜景亮化示范街”4条，对区内的创客大街、曲江369创业基地等全部进行亮化，提升城市的品位。落实防汛和安全生产职责，绘制“区内道路易积水点分布图”，组织防汛演练；制定《护城河防汛预案》，明确责任，完善预警和物防工作，储备沙袋5000袋、粉条布1000米、帐篷4顶、救生船4艘、救生圈120个、救生衣50套等物资。8月18日，以“携手社区和幸福一起奔跑”为主题举办2017曲江新区第五届“社区邻里节”，开展30多个系列活动。全年定期开展便民服务和文化娱乐活动110多场次，推进和谐社区发展建设。全年在建工程项目97个，面积约1019万平方米，并将所有在建工程纳入日常巡查监控网络，所有项目质量安全全部达标。9月初，五典坡上跨西康高速及芙蓉西路下穿绕城高速桥梁工程通车。纬二十七街提前3个月于7月30日通车。芙蓉新天地商圈提升改造全部完成。9月2日，经九路打通工程（含元路—华清西路段）启动。12月上旬，珠江路全线贯通。陇海线以南铁路局17户铁路公房按西安市人民政府要求提前交地方。火车站北广场周边棚户区改造工程拆除11.85万平方米，基础工作全部完成。4月30日，拆除影响北二环立交建设困扰区域发展达7年之久的“钉子户”。完成架空通信线缆落地2.5千米，110千伏架空线缆落地4千米，完成年度任务的130%。全年查处违法建设130件，拆除违法建设面积214834.2平方米，超额完成全年任务。行政处罚违法面积32659平方米，处罚金额248.9万元。规范审批广告牌88处，拆除各类违规户外广告及牌匾标识250处，拆除面积4308.7平方米，超额完成“三年攻坚行动”总量50%的拆除任务。全年清理取缔非法占道（出店）经营5193户，处罚占道经营88起。加快数字化城管平台建设，建立视频图像监管系统，为数字城管模式提供24小时适时监控和现场调度指挥功能。实施行业+区域铁腕治霾双效网格管理，截至12月25日，空气质量优良天数185天。（李　兵）

西安浐灞生态区

◆概况　2017年，西安浐灞生态区全力以赴抓招商、促项目、优服务，推动经济社会平稳发展。全年完成地区生产总值117.45亿元，比上年增长19.5%；固定资产投资533.36亿元，增长13.4%；一般预算收入15.79亿元；实际引进内资69.5亿元，实际利用外资12401万美元；完成社会消费品零售总额129.26亿元，服务业增加值81.15亿元，进出口贸易额1.02亿元。

西安浐灞生态区2017年主要经济指标

指　标	单　位	总　量	占全市比重(%)	增长速率(%)
规模以上工业增加值	亿元	0.42	0.03	-9.5
全社会固定资产投资	亿元	539.64	7.1	13.4
工业投资	亿元	3.60	0.3	-75.7
社会消费品零售总额	亿元	129.26	3.0	9.3
实际利用外商直接投资	万美元	12402	2.3	14.5
地方财政一般公共预算收入	亿元	15.80	2.4	0.5
地方财政一般公共预算支出	亿元	22.42	2.1	39.4
规模以上工业企业数量	个	6	0.4	—

◆招商引资　2017年，西安浐灞生态区落实招商引资“一号工程”，组织40余场招商推介活动，策划包装产业类项目46个，会见企业60余家、客商200余人次，引进亚马逊公司、深圳市腾讯计算机系统有限公司、华润集团、新加坡第一集团等名企项目40余个，资金1574.08亿元，其中世界500强企业、国内300强企业项目9个。浐灞生态区获“2017浙商最佳投资城市”称号。

◆重点项目　2017年，西安浐灞生态区41个重点项目完成投资249.1亿元。丝路国际会展中心开工，砂之船奥特莱斯、浐灞艾美酒店开业运营，华夏文化旅游综合体项目一期建成试运营，浐河东岸综合治理与城市改造等年度投资过10亿元的6个项目开工。丝路国际文化艺术中心、浐河滨水（南三环—南绕城）生态景观治理等8个PPP项目被纳入“西安市PPP项目库”，争取中共、陕西省资金11.2亿元。

◆产业发展　2017年，西安浐灞生态区围绕现代服务业发展定位，大力发展金融商务、文化旅游、会议会展等产业。

金融商务产业　西安金融商务区引入金融机构91家，举办陕西省大学生首届金融建模与量化之星模拟交易大赛等活动。灞柳基金小镇入驻企业200余家，募集资金超2000亿元，入选“西部大开发‘十三五’规划百家特色小镇”和“2017西安市首批创建类特色小镇”名单。

文化旅游产业　华夏文化旅游综合体项目一期投入试运营，丝路国际艺术中心启动建设。世园婚庆文旅小镇一期运营，举办“2017西安世园音乐节”，西安世博园、浐灞国家湿地公园等景区接待游客2500万人次，旅游收入50亿元。

会议会展产业　丝路国际会展中心项目开工建设，欧亚经济综合园区核心区基础建设完成投资7.3亿元，规划建设高星级酒店群，浐灞艾美酒店开业运营，启动或新建3家高等级酒店。

“双创”产业　欧亚创意设计园孵化中心运营，吸引“双创”载体8个、科创孵化器5个，建成众创空间40.58万平方米，累计入孵企业280家，人数1288人。联合美国加州大学伯克利分校天台孵化器，在硅谷建立西安驻加州大学离岸创新中心。

现代商贸产业　砂之船奥特莱斯商业综合体建成开业，包含购物、电影、餐饮、娱乐等多种业态，营业收入超过2.3亿元。长鸣路汽贸商业带马腾空名车交易广场开业，可展示车辆2600余台，配套车管服务、汽车金融保险、汽车拍卖、售后维修、主题商业等便捷服务项目。

◆城市建设与管理　2017年，西安浐灞第一中学获“全国民族团结进步创建示范单位”称号，西北大学附属中学浐灞中学开设泰国南部私立学校联盟、哈萨克斯坦东干族乡党2个留学生短训班，启动新建4所中小学。建成广泰门立体停车场等3个公共停车场，新建20个公共自行车站点，打通广运潭西路、金桥一路等4条“断头路”，创建“全国AAA级文明工地”3个、“陕西省文明工地”12个、“西安市文明工地”25个，新开工面积324.3万平方米，竣工面积242.2万平方米，完成城建投资13.28亿元。开展城乡环境大整治和“烟头革命”“厕所革命”，设置灭烟柱1818个，增设果皮箱900个，新建公厕58座，提升改造公厕32座。清理垃圾5.1万立方米，整治违法建设138.66万平方米，拆除238384平方米，其中拆除违法户外广告及牌匾标识9593.39平方米。

◆生态文明建设　2017年，西安浐灞生态区以“国家生态文明先行示范区”建设为重点，加强生态文明建设。完成官厅立交、新筑立交绿化景观提升工作，建成“绿化示范街”5条，绿化道路9条，新增城市绿地36.6公顷、绿道10千米。实施灞河湿地水系改造、雨水口截污等12项整治工程，完成投资1.6亿元。铺设再生水管网8.5千米，再生水使用量超过1000万吨。垃圾分类注册用户突破2.3万户，收集可回收物450吨。

◆**自贸区和领事馆区建设** 2017年，柬埔寨国驻西安总领馆入驻西安领事馆区，引进涉外机构15家，可办理7国签证业务，建成浐灞外事大厦。中国（陕西）自由贸易试验区浐灞生态区综合服务大厅建成投用，编制完成《浐灞自贸区实施方案》《浐灞自贸区城市总体规划》和《浐灞自贸区产业发展规划》。开展自贸区试点任务75项，浐灞自贸区内新增企业128家，总注册资本203.26亿元。承办2017欧亚经济论坛各项分论坛，浐灞生态区入选《中国“一带一路”年鉴》实践案例。成立“一带一路”产业园区发展联盟、丝路律师联盟、陕西省知识产权运营服务中心。

◆**丝路国际会展中心项目建设** 2017年，西安浐灞生态区加快西安丝路国际会展中心项目建设。西安丝路国际会展中心位于灞河之滨，毗邻欧亚经济论坛永久会址和西安世博园，紧邻东三环，地铁三号线直达，交通便利。项目计划总投资120亿元，占地73.47公顷，总建筑面积约110万平方米。主要包括园林酒店、展览中心、会议中心3个部分。园林酒店建设内容包括6栋院落酒店、1座大型会议中心，占地17.47公顷，建筑面积16万平方米。展览中心占地45.47公顷，建筑面积72.9万平方米；会议中心占地10.53公顷，建筑面积20.7万平方米。

◆**华夏文化旅游综合体项目建设** 2017年，西安浐灞生态区建设的华夏文化旅游综合体项目试运营。华夏文化旅游综合体项目由华夏文化旅游集团西安演艺有限公司建设，总投资约28亿元，占地11.53公顷，分2期开发，一期建设内容为大型室内实景演出、游园景区等，二期建设为海洋文化馆、太空馆、动感影院等。项目将以大型演艺和海洋馆为核心，建设集大型演艺、海空馆、动感影院、游园景区、商业景区、商务酒店等业态为一体，定位为面对旅游人群的大型文化旅游综合体。大型演艺场馆可以一次性容纳4000人，室内实景演出《驼铃传奇》节目。截至年底，项目一期演艺场馆竣工并试运营，二期海洋馆已竣工。（王　鹏）

西安国际港务区

◆**概况** 2017年，西安国际港务区全力推进“新港口、新产业、新中心、新乡村”建设，园区主要经济指标全面超额完成。完成一般预算收入7.05亿元，比上年增长39.5%；完成一般公共预算支出24.2亿元，增长149.1%；固定资产投资超过195亿元，增长16.5%；实现规模以上工业产值32.6亿元，增长24.1%，实现工业增加值6.01亿元，增长22%；引进内资28.15亿元，完成年度任务的469.17%，利用外资1亿美元，完成年度任务的120%；实现社会消费品零售总额187.53亿元，增长25%以上，其中限额以上社会消费品总额增速48%。

◆**重点项目建设** 2017年，西安国际港务区加快重点项目建设，尤其是市级重大项目建设。西安综合保税区（二期）4.67平方千米通过国家验收；西安奥林匹克中心380公顷建设用地全面交付使用，主场馆及周边配套项目全面展开建设，均超计划提前完成任务；占地220公顷的新筑铁路综合物流中心项目建设进展顺利，预计2018年建成投运；中国邮政项目20公顷用地于6月交付使用，进入全面建设阶段，预计2018年投入使用。秦汉大道、杏园立交等基础设施项目按期建成通车，综合保税区路网、华南城路网等重点配套项目均提前完成，园区城市基础设施配套日臻完善。加强拆迁安置工作，全年完成18个村7100户1333.33公顷拆迁工作，纯货币化安置率达75%。新增保障房房源2353套，达到年度任务的100%。架空通信线缆落地2.6千米，完成市考指标任务的650%；拆除违建11.35万平方米、户外广告634处。

◆**招商引资** 2017年，西安国际港务区先后引进安博中国、浙江传化物流基地有限公司、苏宁物流、申通快递有限公司、圆通速递等一大批国内外知名平台龙头企业，引进小笨鸟西北运营中心、天津物产西北贸易中心等8大平台项目，铜、铝等大宗商品线上交易日趋活跃，全区电子商务交易额突破1000亿元。聚集中国民生投资集团、关天国际融资租赁有限公司、陕西金融控股集团等一批新金融企业，园内的融资租赁企业数占陕西省70%，商业保险理赔企业数占陕西省90%。承接产业转移，引进深圳市中联盛科技有限公司、深圳思赢英格科技有限公司等10余家临港产业企业入园发展。引进当当数字出版基地、连连看全球运营中心等重点项目，文体健康类企业呈现快速增长态势。抓好2017丝绸之路国际博览会暨第二十一届中国东西部合作与投资贸易洽谈会和2017首届世界西商大会签约项目的跟踪落实，签约引进34个招商项目，合同金额达到981亿元，引进世界500强企业4家。构建“亲、清”新型政商关系，聚焦企业发展难题，为企业发展和项目建设营造良好营商环境。出台国际招商引资和招才引智“黄金十五条”，引进国内外知名体育健康类企业83家、临港企业195家、进出口企业138家，策划高级酒店项目8个。

◆**物流通道建设** 2017年，西安国际港务区建设国际、国内、区域三级海陆空物流大通道体系，做密线路，做大运量。开通西安至阿拉木图、汉堡等6条国际货运线路，其中科沃拉线路为全国首条直通北欧的中欧班列线路。全年“长安号”开行182列；在德国法兰克福、哈萨克斯坦卡拉干达州等地设立8处“海外仓”，内外联动、优势互补的体系已经形成；常态化开行往返青岛港的“五定班列”（定点、定线、定车次、定时、定价）和西安港至广州港的特需班列，打通与日韩、东南亚及世界各国的海陆联运通道。采用“强强联合，一企一线，政府采购竞争性磋商”的方式，与招商局物流集团有限公司、德国城际夜车公司等市场主体合作，计划开通10条

西安国际港务区2017年主要经济指标

指　标	单　位	总　量	占全市比重(%)	增长速率(%)
规模以上工业增加值	亿元	6.44	0.5	21.7
全社会固定资产投资	亿元	211.76	2.8	22.1
工业投资	亿元	4.01	0.4	-15.6
社会消费品零售总额	亿元	185.38	4.3	23.9
实际利用外商直接投资	万美元	9083	1.7	16.6
地方财政一般公共预算收入	亿元	6.72	1.0	34.2
地方财政一般公共预算支出	亿元	24.96	2.4	125.9
规模以上工业企业数量	个	17	1.2	12.5

以上中欧班列线路，实现开行1000列目标。加快肉类、粮食、整车进口三大口岸建设。粮食口岸进口哈萨克斯坦小麦5695吨；肉类口岸进口加拿大、美国等国家肉品342吨，探索出美国长滩港启运、青岛港中转的“海铁联运+冷链运输+肉类口岸”新模式；西安港整车进口口岸获得国务院批复，正在向商务部申请汽车平行进口试点；一类铁路口岸、二类公路口岸进出口业务持续增长，铁路监管中心运营良好。

◆自贸区建设 2017年，西安国际港务区全面推进“放管服”供给侧结构性改革，公布3批535项“最多跑一次”事项清单，总数居全市开发区第一位。承接省级事权165项、市级事权81项，占陕西省、西安市下放事权的78%。新建5000平方米综合服务大厅和自贸展示大厅正式投运。实施“多证合一、多项联办”措施，292个行政审批事项纳入“一口受理”范围，行政审批服务局于12月挂牌。实施“行政效能革命”，首创自贸政务服务驿站模式，企业不出楼就能办理注册登记等61项业务。申报国检试验区，与迪拜多种商品交易中心自由区（DMCC）达成合作协议。开展舱单归并、大包过机、陆空联运等8项试点和自贸区企业沙龙、澜博跨境购物中心线上线下结合等创新项目，形成创新海关监管模式、集装箱北斗位置应用服务、爱菊中哈产业园建设等拟复制推广的经验。与哈萨克斯坦、吉尔吉斯斯坦签订《经贸战略合作框架协议》，编印62个国家的《投资服务指南》。举办首届“一带一路”电子商务精英训练班。与西安交通大学共建丝路国际学院，首期2个项目已经启动。与陕西文化产业投资控股(集团)有限公司合作建设丝路文化贸易基地，打造以“区内保税仓储＋区外展示交易”为特色的文化贸易全产业链。西安云视点影视传媒制作《面面大观——丝绸之路上的面食》，并在中央电视台纪录片频道和海外36个国家的167个频道播出。

◆园区管理 2017年，西安国际港务区制定浐、灞、渭“三河六岸”全域生态化战略，聘请国际知名团队编制水系、绿化、亮化等规划设计，建设绿地面积115公顷，栽植乔木7.55万株，完成投资2亿元，初步形成“大树+草坪+花草”的城市绿化体系。全年投资950万元建设2处农村污水处理示范项目。深化“厕所革命”，新建5座公厕，鼓励开放3座，提升改造15座；全面落实各级“所长”巡查整改工作机制。以创新购买服务等方法，推进网格化管理的落实。

◆城乡统筹建设 2017年，西安国际港务区加强城乡统筹发展。西安交通大学第一附属医院陆港国际医院建设进展顺利，陆港第二小学、陆港第二幼儿园建成投用。全年民生支出达到21.35亿元，占新增财政支出比重达87.79%。全力推进民生工程建设，4条“亮化示范街”建设进展顺利，对外通道建设稳步推进。以新筑街道区域为主，实施整村拆迁，强化基础设施建设。对涉及新合街道的25个村实施“改造提升工程”，正在规划建设新型都市农庄。全年未发生重特大安全事故，群众安全感进一步提升。

（柳　刚）

西安阎良国家航空高技术产业基地

◆概况 2017年，西安阎良国家航空高技术产业基地以招商引资、产业培育、城市治理、效能提升、基础设施配套、项目建设保障为重点工作，园区取得良好成效，经济发展实现“总体平稳、稳中有进”的良好态势。全年实现地区生产总值22亿元，比上年增长17%；全社会固定资产投资完成134亿元，增长17%；工业投资完成69.21亿元，增长11%；完成工业增加值15.9亿元，增长18%，其中规模以上工业增加值15亿元，增长26.1%；外资完成1967万美元，完成全年任务的42.3%；融资完成13.8亿元，完成全年任务的69%；实现进出口总额7.2亿元，完成年度任务的109%；新增规模以上工业企业3家。

◆招商引资 2017年，西安阎良国家航空高技术产业基地，加快投资力度，全力抓好招商引资“一号工程”。世界500强企业正威国际集团金属事业群总部项目落户，项目计划总投资120亿元，预计5年内产值达500亿元。总投资59亿元的丝路建筑科技综合产业聚集区项目已经签订入区合同。总投资3.8亿元的广东博赛数控机床有限公司“大型强力数控旋压加工中心项目”正在建设并即将投产，届时将建成国内最大的大型强力旋压装备，并成立旋压数控研究所。总投资13.6亿元的恒基国际“恒龙·缤纷城项目”主体即将封顶。打造顶级休闲购物公园，与星巴克、麦当劳等26家国际、国内品牌商家合作签约，改善区域商业环境。总投资额8亿元的国内最大热等静压项目落户。总投资3.2亿元的银石军民融合孵化器完成项目公司入区注册。总投资50亿元的启迪桑德环境资源股份有限公司“新能源商务车生产项目”、总投资28亿元的启迪桑德“清河综合治理项目”、总投资5亿元的由杭萧钢构“钢结构装配式建筑产业化项目”洽谈进展顺利。

◆军民融合 2017年，西安阎良国家航空高技术产业基地坚持以“创新、协调、绿色、开放、共享”作为指引军民融合深度发展的新理念，加快军民融合发展。举办2017全球硬科技大会中国航空高科技创新论坛，300余名航空科技和军民融合领域知名院士、专家、学者围绕航空发动机、航空新材料、大飞机产业等领域创新成果和航空军民融合发展方向开展交流探讨。同期还举办了航空科技创新创业项目推介会，全力为优秀航空项目和投资方搭建沟通合作平台。开展政策研究，提炼出航空产业军民深度融合特色发展的“3455”模式（“三向突破、四链联动、五极支撑、五维互融”），为基地开展军民融合奠定理论基础。与西北工业技术研究院签署合作设立基金及基金管理公司框架协议，与西子联合控股有限公司、浙江民营企业联合投资股份有限公司就军民融合产业基金等达成合作意向。加快搭建陕西省航空军民融合科技与产业协同创新联盟，与陕西省航空学会负责人研究联盟建设方案、章程、组织机构等制度，共同打造凝聚航空产业军工单位、

西安阎良国家航空高技术产业基地2017年主要经济指标

指　标	单　位	总　量	占全市比重(%)	增长速率(%)
规模以上工业增加值	亿元	15.29	1.1	26.0
全社会固定资产投资	亿元	129.66	1.7	13.1
工业投资	亿元	56.65	5.3	-9.1
社会消费品零售总额	亿元	0.42	0.0	9.0
实际利用外商直接投资	万美元	2045	0.4	-51.1
地方财政一般公共预算收入	亿元	1.19	0.2	14.6
地方财政一般公共预算支出	亿元	1.99	0.2	24.2
规模以上工业企业数量	个	35	2.4	—

民参军企业、科研机构、地方和行业组织各方面力量的公共服务平台。结合军民融合实际情况，听取军工单位以及企业需求，出台《西安航空基地管委会关于加快航空与先进制造业发展的若干政策》，《西安航空基地促进军民融合产业发展的优惠政策》进入第二轮征求意见阶段，为基地形成航空军民融合产业聚集地提供强有力的支持。联系拜访西安飞机工业（集团）有限责任公司、沈阳飞机工业(集团)有限公司、沈阳沈北新区、中国航空技术国际控股有限公司、西安交通大学航空航天学院和电信学院、成都市经济和信息化委员会、中关村上市企业协会等单位，深化同各界的合作。组织召开西安市军民融合创新创业培训会、航空基地军民融合发展交流座谈会、武器装备“二证合一认证”交流座谈会。

◆**通航产业** 2017年8月24—27日，西安阎良国家航空高技术产业基地举办2017中国国际通用航空大会。大会设展位754个，美国德事隆集团、空中客车直升机公司等公司的66架主流飞行器和3047件高端航空器材产品参展。英国、法国等20余个国家和地区的643家政府组团、企事业单位、协会组织参加大会，1300余名航空界人士参会，6万余名观众参观大会。大会签约项目35个，签约总额346.3亿元。中央电视台《新闻联播》栏目对大会举办情况播发消息，新华社、中新社先后向国内外播发大会相关中、英文稿件30余条。

◆**项目服务保障** 2017年，西安阎良国家航空高技术产业基地进一步突出规划引领作用，完善基础设施配套，推进项目服务保障工作。印发《西安航空基地抓项目促投资稳增长的若干措施》，定期召开工业促投资稳增长会议，对阶段性工业投资完成情况进行通报，分析研判下阶段工作方案，保障实体经济平稳向好。开展“千人亲商助企”活动，在市上确定的32家帮扶企业基础上，主动选取对经济支撑和稳增长作用影响较大的62家企业开展帮扶。75名助企干部企业780余次，解决问题71项。依托西安飞机工业（集团）有限责任公司，引进航空产业链配套企业博赛、黄河新兴、飞设、沣惠等一批航空产业项目，完善了航空产业上下游配套企业数量与质量。应开工项目52个，已开工项目52个，开工注册率100%。应完成投资额137.595亿元，实际完成投资额76.7542亿元，资金到位率55.78%。应竣工投产项目33个，实际竣工投产项目38个，竣工投产率115.15%。全年新增个体工商户77户，完成全年任务的202.63%。恒锵航空、昱琛航空实现“新三板”挂牌上市，园区上市企业达到4家，三角航空、华江环保正积极筹备在“创业板”挂牌。

◆**园区平台建设** 2017年，西安阎良国家航空高技术产业基地调动一切积极因素，利用一切有利条件，集聚一切建设理论，稳步推进专业园区平台建设。综合保税区项目申报方面，正在等待国务院下发批复文件，完成立项批复、环评批复、项目土地招拍挂、建设用地规划许可，正在办理项目“土地证”；完成项目单体效果设计、总平面图设计和单体方案设计，公共私营合作招标、临电手续办理、征地拆迁工作正加紧推进。蓝田机场项目空域获批，与海航通用航空产业集团有限公司对接推进蓝田通用机场合作协议签订工作；对接蓝田县人民政府及相关咨询公司，就蓝田机场规划方案及小镇产业规划方案进行沟通对接。表处园项目完成污水厂项目及园区项目的可研立项工作，正在开展项目环评编制及园区PPP项目招标工作。航空军民融合孵化器项目完成投资5800万元，占总投资额的38.66%；2号厂房、3号厂房、附属楼都完成主体封顶。

◆**园区管理** 2017年，西安阎良国家航空高技术产业基地加强城市环境建设，城市功能不断完善。推进“厕所革命”，新建移动式公厕5座，改造提升公厕6座。推进“烟头革命”，开展捡烟头、拾垃圾活动49次。开展城乡环境大整治活动，开展集中整治活动23次，规范夜市经营秩序50余次，清理、取缔占道经营27起，新增设果皮箱200个，更换果皮箱内胆749个。抓好“五路”增绿工作，完成新增绿地面积4.1公顷，改造提升绿地面积5.7公顷，新栽植乔木9136株，建设绿地广场6处，摆放鲜花110万盆。抓好“两拆”工作，拆除违规广告及牌匾标识138处，拆除面积2302.14平方米，拆除违法建筑178852.46平方米。抓好治污减霾工作，全年空气质量优良天数181天，在西安市各区（县）、开发区中排名前列。（刘　凯）

西安国家民用航天产业基地

◆**概况** 2017年，西安国家民用航天产业基地完成地区生产总值152.83亿元，比上年增长29.2%；完成固定资产投资157.32亿元，增长23.9%；工业技改投资9.37亿元，增长451%，完成年度任务的466.2%；规模以上工业增加值完成62.37亿元，增长36.1%，增速位列西安市开发区第一。实际利用外资5116.5万美元；限额以上消费品零售总额增长17.7%，高出年度任务8.2个百分点。

◆**招商引资** 2017年，西安国家民用航天产业基地抓好招商引资“一号工程”，按照“发掘优势资源、建立平台聚项目”的招商思路，依托航天装备制造、航天技术应用、卫星及应用、新能源新材料、通用航空、现代服务业为主导的六大产业集群，引入高成长性、产业带动强的项目。全年签约项目37个，合同引进资金535.6亿元。总投资205亿元的京东全球物流总部、京东无人机研发中心、京东云陕西运营中心三大项目签约。以投资58亿元的500万千瓦单晶电池生产项目为代表的3个投资超50亿元的工业项目落户，超额50%完成中共西安市委、西安市人民政府下达的工业招商任务。引入碧桂园城市综合体项目、易事特光伏产业园项目、通号工业研究院、正泰集团智能制造、红星美凯龙等项目。策划包装PPP项目10个，总投资约150亿元。

◆**产业发展** 2017年，西安国家民用航天产业基地坚持特色发展，做强工业产业。全年规模以上工业企业（非军工）产值达到228亿元，首次突破200亿元大关。航天及军民融合产业深度发展，中

西安国家民用航天产业基地2017年主要经济指标

指　标	单　位	总　量	占全市比重(%)	增长速率(%)
规模以上工业增加值	亿元	62.37	4.6	36.1
全社会固定资产投资	亿元	169.22	2.2	29.2
工业投资	亿元	38.56	3.6	7.1
社会消费品零售总额	亿元	53.16	1.2	17.9
实际利用外商直接投资	万美元	5117	1.0	12.0
地方财政一般公共预算收入	亿元	5.50	0.8	12.5
地方财政一般公共预算支出	亿元	6.88	0.7	16.4
规模以上工业企业数量	个	31	2.2	—

国航天科技集团公司第六研究院第十一研究所与西安工业资产经营公司共同组建西安正合再生能源有限公司，在灞桥区投资建设日处理3000吨生活垃圾项目。中国航天科技集团公司第六研究院165所高盐废水零排放新技术以1.58亿元中标神华宁煤高含盐废水处理项目。推进中国北斗卫星导航系统在“智慧城市”领域的应用，积极申报国家北斗示范园区。太阳能光伏产业稳健发展，实现工业产值175亿元，比上年增长38.8%。其中，隆基绿能科技股份有限公司单晶电池光电转换效率达到23.26%，居于世界领先水平，占据国内单晶产品市场份额超过40%。通航产业加速聚集，聚集陕西华燕航空仪表有限公司、贝尔直升机德事隆公司、京东无人机公司等固定翼、直升机、无人机整机制造和零部件生产企业35家，陕西省公安厅警航基地、上海金汇通用航空股份有限公司等通航救援、通航培训和通航服务企业15家。贝尔直升机实现首飞，填补陕西省直升机产业空白，完成8架直升机组装，实现产能2.4亿元。特色工业产能快速增长，西安向阳航天材料股份有限公司双金属复合管产业化项目、西安航天三沃化学有限公司力学量传感器及延伸产品项目即将建成投产。西安羽顺独立采暖系统西北运营中心项目建成投产。西安铁路信号公司轨道交通安全控制系统能力提升项目完成投资1.55亿元。

◆**园区建设**　2017年，西安国家民用航天产业基地围绕大西安建设，着力打造宜居宜业城市新区，提升城市功能品质，不断增强园区综合承载能力。

基础设施建设　打通神舟四路（航天大道—航天北路段）、神舟大道、航创路、飞天路、神舟五路、航天中路等8条12段断头路。二级加压泵站建成，天然气热电联供一期工程建成投用。在“美丽西安”系列展示活动中，东长安街入选“美丽街道”，揽月阁入选“美丽建筑”。

城市配套设施建设　西安交通大学附属中学航天城学校初、高中部实现秋季招生。航天城第一中学、航天城第三小学、航天城第一小学二部项目全部开工。建成780个公共停车位，开通189路、新177路、基地内循环线公交线路，新建1座公交始末站，群众出行难、上学难得到缓解。星河运动公园完成提升改造，并对社会开放。上元郡商圈“居然之家”开业。新开工建设安置房2512套，完成全年任务的129%。枣园村安置房建成，建成2156套公租房。西安市人民医院大楼主体建成。“城市亮化工程”有序推进，东长安街“绿化示范街”初步建成。

生态文明建设　全年新增绿化面积31公顷，提升改造10余公顷，建设“绿化示范路”2条、绿地广场5个，打造“立体增绿美化示范点”10处。明秦王世子公园建设全面铺开。

◆**项目建设**　2017年，西安国家民用航天产业基地以抓项目、促投资为重点，以提质增效、做优产业、做大规模为目标，强化项目建设计划管理，突出重点推进，带动项目规模化建设发展。编制《航天基地项目建设投资计划》《航天基地项目建设支撑计划》，制定标准化服务制度。梳理项目建设流程工作步骤，明确项目从入区到竣工投产阶段各部门职能及工作交接节点，并按项目建设阶段查找存在的服务“死角”，形成服务闭环，确保“事有人办、难有人帮、问题有人管”。全年开工及在建项目125个，实现固定资产投资157.32亿元。精选出中国航天科技集团公司第六研究院新能力建设、工业机器人等60个当年投资过亿元的项目，实施领导包抓，协调解决项目建设的困难和问题，确保项目建设顺利推进。

◆**服务保障**　2017年，西安国家民用航天产业基地围绕创新发展，推动产城融合，全力做好服务保障工作。公布《航天基地权责清单》1139项、公共服务事项27项。分3批公布“最多跑一次”事项清单351个，其中本级事项117项，占本级政务服务事项80.69%；梳理完成本级政务服务事项108项、办理项145项，压缩审批时限42.27%，切实提高企业和群众的办事效率。实行政务服务事项进驻政务服务中心，“一个窗口”对外，前台收件、后台分拣、分类审批、统一出件等措施，改善地区营商环境。推动军民深度融合创新改革，陕西苍松机械厂资产重组与改制实现目标，将中国兵器工业集团公司第206研究所、中国航天科技集团公司第五研究院西安分院纳入“第二批军民融合创新改革试点单位”，联合中国航天科技集团公司第九研究院16所、西安交通大学、陕西省金融控股集团等8家成员单位发起成立陕西工业机器人产业联盟。组建陕西军民融合创新研究院，构建“研究院+企业+产业园+智库+军民融合基金”的军民融合创新平台体系。联合中国科学院院士李应红、何雅玲创新创业团队，成立西安空天能源动力智能制造研究院。与中国航天科技集团公司第五研究院、西安市公安局合作共建的西安航天电子侦查科技孵化中心，在公安系统电子侦查科技产品研制开发等领域取得显著成绩。支持国家重大科学设施的项目建设，与中国科学院授时中心签约总投资20亿元的“国家高精度地基授时系统”项目，建设覆盖全国的国家授时系统，打造我国星地一体化的授时体系。

◆**人才引进**　2017年，西安国家民用航天产业基地先后出台《航天基地人才队伍创新发展促进办法》《引进人才子女入学、入园实施办法（试行）》，制定《西安航天基地人才服务中心关于深化人才发展体制机制　打造“一带一路”人才高地政策的落实方案》，完善《党政领导干部联系高层次人才办法》，鼓励人才入区就业、创业。在2017首届世界西商大会科技人才峰会上，中天引控科技股份有限公司与中国兵器工业集团公司第203研究所院士杨绍卿签署《院士专家工作站合作建站协议》。开展“2017高端人才西安行走进航天”“就业大巴车航天站”等系列活动，引进5类人才7886人，学历及人才引进落户1966人，完成高校毕业生就业见习任务36人，发放补贴5.34万元，新增毕业生就业见习基地单位5家，新增创业实训基地1家。

◆**企业孵化**　2017年，西安国家民用航天产业基地以填平补齐和延伸卫星应用产业链为招商工作目标，依托国际孵化器公司、中国—加拿大卫星与通信产业园、西安北航科技园、西安建工标准厂房等“双创”载体，通过创业大赛、项目优选会、行业展会等渠道加快对国内外知名企业的招商，努力培育中小企业，营造创新创业氛围。引进以京东无人机西安研发中心、北斗研究院西安分院、西安振华智能为代表的企业48家。全年在孵企业实现技工贸收入11.15亿元，实现利税4620万元。新增西安天和激光仪器有限责任公司、西安海斯夫生物科技有限公司、西安朗晨光电材料有限公司3家规模以上工业企业，新增西安和硕物流科技有限公司1家规模以上服务业企业。协助西安希德电子信息技术股份有限公司、西安翼展电子科技有限公司等企业获得融资2亿元。协助西安虹陆洋机电设备有限公司、陕西北斗伟丰导航技术有限公司等企业申报科技项目，获得扶持资金1900万元。代表西安市人民政府举办第二届中国军民两用技术创新应用大赛首场半决赛，列入“5552创业空间计划”的载体18个，面积57.98万平方米。其中，西安新能源产业园等“创业示范街区”投入使用，新增众创空间聚集区和特色区10个，建成面积17.91万平方米，完成目标任务的115%。

（聂向向）

责任编辑　宋欣辉

综　述

◆**概况**　2017年，西安市农林工作紧扣“追赶超越”定位和“五个扎实”要求，围绕“聚焦三六九，振兴大西安”的奋斗目标，推进农业供给侧结构性改革，农林业和农村经济继续保持良好发展态势，实现传统农业向都市型现代农业的加速转型。全年农业增加值首次突破300亿元大关，达到312.46亿元；实现第一产业增加值281.12亿元，比上年增长4.6%。农村常住居民人均可支配收入16522元，增长8.8%，总量居陕西省第一位，增速连续8年超过城镇居民收入。

◆**农业综合开发**　2017年，西安市农林系统新打、修复机电井120眼，埋设输变电线路34.93千米，衬砌渠道51千米，埋设暗管31.88千米。改良土壤1400公顷，修筑机耕路68.4千米。营造农田防护林100公顷。技术培训3400人，示范推广新技术200公顷。新增和改善灌溉面积1466.67公顷，新增节水灌溉面积1293.33公顷，全年节约水量96万立方米。改善项目区农业生产基础设施条件，促进农业产业结构调整，形成一批高标准种植基地。新增粮食生产能力1661.3吨，项目区农民收入增加总额833.55万元。

◆**农业产业化经营**　2017年，西安市级以上农业产业化龙头企业达到171家，其中国家级10家、省级49家、市级112家。西安市农业林业委员会为市级以上农业产业化龙头企业争取各类财政扶持资金2700余万元，为企业开展新产品开发、技术创新、名牌创建、基地建设等工作提供支持。组织60余家龙头企业参加2017首届世界西商大会、丝绸之路跨国企业合作峰会、西安跨国企业发展论坛、全国农业产业化交易会、塞尔维亚克拉古耶瓦茨市投资说明会等系列活动，参与国家“一带一路”建设，为企业寻求更大发展机会。其中，西安爱菊粮油工业集团有限公司“‘一带一路’农业合作——哈萨克斯坦8个油菜籽和小麦品种选育和试验项目”获得农业部“2017年农业国际交流合作项目”支持。组织15家企业参加中国农业大学、西北农林科技大学和杨凌职业技术学院招聘会，为企业引进人才创造条件。

◆**休闲农业**　2017年，西安市休闲农业呈现集群发展态势，“两带三区”（“两带”：秦岭北麓、渭河沿岸休闲农业产业带；“三区”：白鹿塬、杜陵塬、荆山塬休闲农业示范区）格局初步显现。截至年底，全市有“国家休闲农业示范县”2个、“中国美丽休闲乡村”1个、“全国十佳休闲农庄”1个、“全国休闲农业示范点”和“五星级国家休闲农业示范园”6个、“省级休闲农业示范点”6个、“市级休闲农业示范园”69个。全年休闲农业园（点）接待游客2350万人次，比上年增长36.2%；经营收入24.1亿元，增长25.1%；休闲农业从业人员4.1万人；休闲农业经营户年收入超过10万元，从业人员年平均收入达到2.65万元。

◆**“智慧农业”**　2017年，西安市农业林业委员会建设“智慧农业”农林远程监测平台。在全市建设种植、畜牧、花卉、林业资源等8个“信息化应用示范点”。开展全市农林业数据和信息资源摸底，编制信息化建设整体方案，建设全市农林信息服务大数据库。推进农林业生产大数据在种养殖发展、农机管理、林业资源监测、农产品质量安全等方面的应用，加强大数据远程采集和实时分析。

◆**产业扶贫**　2017年，西安市把发展产业作为脱贫增收的根本举措，在市、区（县）两级均成立产业（生态）脱贫办公室，推进农业供给侧结构性改革。西安市人民政府制定《西安市产业生态扶贫规划纲要（2017—2020年）》《西安市2017年产业生态扶贫工作方案》《西安市产业扶贫指导意见》等系列指导性文件，各区（县）、镇、村均制定《产业扶贫专项规划》，重点发展乡村旅游、苗木花卉、中蜂、核桃、猕猴桃、奶山羊六大扶贫主导产业，以及食用菌、葡萄、水蜜桃、石榴等扶贫特色产业，实现产业脱贫对象10811户29503人帮扶项目、扶持资金、技术服务全覆盖。西安市农业林业委员会整合扶贫专项和都市农业资金，投入4.65亿元用于种养殖业、农民实用技术培训、扶贫小额信贷贴息、光伏、旅游等11大类1031个项目，产业扶贫投入占扶贫总投入的70%以上。联合西安市脱贫攻坚领导小组办公室、西安市旅游局联合印发《2017年产业扶贫精准到户全覆盖指导意见》，为有能力、有意愿发展产业的贫困户每户提供1万元扶持资金，用于购买生产资料、入股分红等。重点扶持276家产业扶贫的各类新型经营主体和现代农业园区，带动贫困人口9739户20514人。通过争取财政资金扶持、贴息贷款、申请省级产业扶贫投资基金等方式，市级层面重点扶持周至佰瑞猕猴桃、阎良众天蜂业等46家农产品加工企业，鼓励农产品从生产向加工延伸、由粗加工向精加工升级，把贫困户嵌入产业链条。组建市、区（县）产业脱贫技术服务“110”指挥中心，解决贫困户技术问题3万个。成立技术服务队76支，免费培训7.8万人（含贫困人口3.8万人），发放资料6万余份。开展“四个一”（一名带头人、一名指导员、一名组织者、一名营销者）乡土人才培育工作，在279个贫困村培训乡土人才1116人。落实组建生态护林员、公益林生态效益补偿、退耕还林等生态扶贫政策，在周至县、鄠邑区、长安区、蓝田县、临潼区、灞桥区6个生态扶贫区（县），帮扶贫困户5105户16675人。生态护林员政策惠及贫困户279户864人；中央、陕西省、西安市生态效益补偿资金惠及贫困户4433户15003人。新建经济林440公顷，带动贫困户136户；改造经济林93.33公顷，带动贫困户87户；新建林下经济林示范点3个，带动贫困户83户；新建苗木花卉示范基地9个，带动贫困户135户。退耕还林兑现面积7606.67公顷，补助资金10272294元。其中，粮食补助7989562万元；现金补助228.2732万元，惠及贫困户2411户8795人。

◆**农业科技**　2017年，西安市农业林业委员会发挥西安农林业发展咨询专家队伍作用，举办各类农技培训1950多场（次），培训15.6万人；制作课件45种、科普展板92块；发放农业技术资

西安市2017年主要农产品产量及其增长速度

产品名称	单　位	产　量	同比增长率（%）
粮　　食	万吨	187.87	-4.3
蔬　　菜	万吨	445.43	5.0
水　　果	万吨	134.77	3.9
肉　　类	万吨	18.31	3.5
#猪肉	万吨	13.09	2.6
奶　　类	万吨	55.84	-11.3
禽　　蛋	万吨	14.63	-10.5
猪年末存栏数	万头	96.91	-7.4
牛年末存栏数	万头	18.41	-2.6
羊年末存栏数	万只	31.02	-4.7
家禽年末存栏数	万只	1243.40	-7.5

料、图书15万份。全年发布农业主推实用技术60项，组织申报陕西省、西安市科研推广项目44个，获得农业部、陕西省、西安市各类奖项14项。其中，农业部“农牧渔业丰收奖”5项；陕西省“林业科技进步奖”2项、“林业技术推广奖”2项；西安市“科技进步奖”4项、“优秀调研成果”1项。全面启动“西安市职业农民培育整市推进工作计划”，培育职业农民2162人，认定职业农民1806人。与西北农林科技大学共建“西安都市农业综合试验示范站”和6个“产业技术推广站”，组建32人的服务专家团队和常驻试验站技术团队，逐步形成“1个综合试验站+N个产业技术推广站+示范点+群众（贫困村户）”的西安都市农业技术推广产学研相结合模式。开展科技助推产业扶贫，培训农技人员4327人，包抓村973村，包抓户7681户。全年农业科技贡献率达58.2%，比上年提高1个百分点。组织全市90家农业企业的200种名优农产品、80项农业新技术，参加第二十四届中国杨凌农业高新科技成果博览会，集中签约项目26个，签约合同（协议）总金额95亿元；西安展团被组委会授予“优秀组织奖”“优秀展示奖”和“优秀成交奖”，有22个农业科技产品（技术）获得“后稷奖”。

◆新型农业经营主体培育　2017年，西安市重点围绕各区（县）主导产业和现代农业项目，培育新型农业经营主体，联合分散农户，形成规模化、标准化经营，鼓励支持发展农民专业合作社、家庭农场，提高农业延伸效益。西安市农民专业合作社总数达7676家，覆盖全市农业所有产业和96%的镇（街）；新增农民专业合作社1607家，合作社会员总数21万人，带动群众64767户。其中，22家获得“国家级示范社”称号；39家获得“省级百强示范社”称号；48家获得“省级示范社”称号；新创建“市级十佳示范社”10家，总数达50家；新创建“市级优秀示范社”20家，总数达110家。开展“家庭农场”培育和扶持工作，打造培育运作规范、发展潜力大的“家庭农场”。全年新培育认定“家庭农场”364家，其中获得“西安市示范家庭农场”认证的219家，全市“家庭农场”总数发展达到812家。

◆农村产权制度改革　2017年，西安市土地确权颁证工作完成。编印《西安市农村集体产权制度改革文件资料汇编》《西安市农村集体产权制度改革学习培训资料汇编》等培训教材，开展宣讲培训474场次，2万余人参加培训。全年完成清产核资862个村、成员身份界定365个村、股权量化设置247个村、成立经济合作社347个村。（孙利军）

农　业

◆概况　2017年，西安市大力发展都市型现代农业，围绕“服务城市、富裕农民、优化生态”目标，推进农业产业结构调整，加快农业发展方式转变。粮食生产实现“十四连丰”，农民收入实现“十四连快”，农业综合生产能力稳步提高。粮食播种面积38万公顷，比上年下降3.9%；总产量187.87万吨，居陕西省第二位，下降4.3%；平均单产4935千克/公顷。蔬菜播种面积8.82万公顷，总产量445.43万吨。园林水果面积6.26万公顷，增加948公顷；水果总产量134.77万吨，增长3.9%，增加27.03万吨。

◆粮食生产　2017年，西安市实施粮食“绿色、高产、高效”创建工作，推广先进适用技术，加大良种良法配套、农机农艺融合，巩固和提升粮食单产水平。全年粮食播种面积38万公顷，比上年下降3.9%；总产量187.87万吨，下降4.3%，居陕西省第二位；平均单产4935千克/公顷，居陕西省第一位。其中，夏粮播种面积20.07万公顷，产量98.58万吨，下降2.6%；秋粮播种面积17.93万公顷，产量89.29万吨，下降6.1%。

◆蔬菜生产　2017年，西安市蔬菜播种面积8.82万公顷，总产445.43万吨。加大蔬菜生产基地建设，优化调整蔬菜生产品种和种植茬口。全年建成蔬菜生产基地19个；开展技术服务培训120场（次），培训农民10万人。在阎良、高陵、临潼等7个区（县）实施设施蔬菜高效生产模式示范与推广，建立“设施蔬菜高效示范点”7个、示范棚357栋，示范带动面积1053公顷。

◆水果生产　2017年，西安市园林水果面积6.26万公顷（含西咸新区），比上年增加948公顷；水果总产134.77万吨，增长3.9%，增加27.03万吨。全年新栽果树面积1000公顷，其中新发展猕猴桃620公顷；新建休闲观光果园20个、标准果园6个，建立果枝综合利用堆沤发酵有机肥示范点6个。西安市农业林业委员会在果业主产区（县），以樱桃、桃、葡萄、石榴、猕猴桃五大水果为主题举办“桃花节”“石榴花节”、采摘体验和主题宣传活动。在天津市、福州市举办陕西西安果品（猕猴桃、石榴、火晶柿子）宣传推介活动。发布“周至猕猴桃区域公用品牌”，推出“周至猕猴桃，鲜甜自有道”品牌主口号和“终南山下，道地好果”品牌副口号，助力周至猕猴桃走向国际。“周至猕猴桃”以38.28亿元蝉联“中国果品区域公用品牌价值榜”猕猴桃类第一名。

◆农业实用技术　2017年，西安市不断推进农业科技进步，大力引进、推广农业高新成果和先进实用技术，以高新技术改造和传统农业提升为手段，形成市、区（县）、镇（街）三级农技推广网络。实施良种统繁统供、粮食高产创建、测土配方施肥、病虫草害综合防治等农业实用技术。自2005年以来至2017年年底，累计取得各类农业科技成果198项；培育引进农业新品种165个；推广应用新技术290多项；农作物良种覆盖率达98%以上，水果良种实现全覆盖；农业科技贡献率从2005年的44%提高至58.2%。

◆现代农业园区建设　2017年，西安市农业林业委员会科学谋划现代农业园区建设工作，采取整合项目资源、强化政策扶持、突出优势产业、创新发展模式、提升带动能力等具体举措，园区建设取得长足发展。全年认定扶持市级现代农业园区20个，提质增效园区9个，全市现代农业园区发展到425个，园区面积增加到3.34万公顷，产值达到54.96亿元，园区成为引领全市现代农业快速发展的重要载体。（孙利军）

林　业

◆造林绿化与苗木花卉　2017年，西安市农村完成造林绿化2847公顷，为年度计划任务2000公顷的142.33%。重点实施“五路”两侧增绿美化工程，完成造林577公顷，为年度计划任务562.47公顷的102.6%。全民义务植树1194万株。苗木花卉总面积489公顷，基地规模居陕西省第一位。

◆森林和湿地资源保护与管理　2017年，西安市坚持依法行政和依法治林的方针，施行《西安市湿地保护条例》，制定《西安市湿地保护管理办法（草案）》，出台《西安市森林资源保护发展责任制办法》《西安市森林资源保护发展责任制考核办法》。加强森林和湿地资源保护法治化建设，严格控制征占用林地的范围和规模，严格林地征占用程序，保护林地资源安全。开展林业执法检查和森林资源保护管理执法专项行动，重点查处非法征占用林地、破坏林木、乱捕滥猎、非法采石开矿等各类破坏森林资源的违法犯罪活动。

◆森林防火　2017年，西安市发生森林火灾2起，过火面积0.13公顷，受害森林面积0.13公顷，森林火灾受害率接近于0，低于0.2‰的陕西省控目标，在陕西省森林防火工作目标考核中名列第二位。

◆林业有害生物防治 2017年，西安市林业有害生物发生面积1.34万公顷，成灾面积360公顷，成灾率为13.4‰，比陕西省下达的47‰的指标低33.6个百分点。预测发生面积1.43万公顷，实际发生面积1.34万公顷，测报准确率为92.7%，比陕西省下达的91%的指标高出1.7个百分点。防治面积7647公顷，无公害防治面积7160公顷，无公害防治率为93.6%，比陕西省下达的86%的指标高出7.6个百分点。产地检疫面积1.02万公顷，占全市育苗面积1.05万公顷的97%，比陕西省下达的96%的指标高出1个百分点。

◆森林生态效益补偿 2017年，西安市农业林业委员会推进森林生态效益补偿工作，完成国家公益林生态效益补偿面积8.22万公顷，兑付落实补偿资金1750.67万元；完成省级地方公益林生态效益补偿面积2.67万公顷，兑付落实补偿资金190万元；完成市级地方公益林生态效益补偿面积24.43万公顷，兑付落实补偿资金1072.29万元。

◆国有林场改革 2017年，西安市启动国有林场改革，印发《西安市国有林场改革实施方案》及相关区（县）改革方案和13个国有林场具体改革方案，基本完成国有林场定性定编、管理体制理顺、组织机构优化、事企分开、拖欠社保清算、编制核定和岗位设置等主体改革任务。截至年底，全市有国有林场13个，其中市属1个，区（县）属12个，除周至县渭河林场在渭河南岸外，其余12个集中在秦岭北麓山区。改革前，有8个国有林场属自收自支事业单位，职工总数1628人（在职1176人，退休452人），林场总面积14.85万公顷；改革后，13个国有林场全部定性为公益一类事业单位，机构及人员经费纳入同级政府财政预算，统一加挂“生态林场”或“生态实验林场”牌子。（孙利军）

畜牧业

◆概况 2017年，西安市坚持“规模化、标准化、产业化、生态化、品牌化”畜牧产业发展理念，以品牌畜牧业为统领，以促进农民增收为核心，不断加快畜牧产业结构调整，逐步优化产业区域布局，推进标准化规模生产，全市畜牧业继续保持健康平稳发展。截至年底，全市奶牛存栏9.62万头，比上年增长24.13%；生猪存栏96.91万头，出栏176.76万头，分别增长8.24%、18.5%；羊存栏31.02万只，增长16.75%；禽类存栏1243.4万羽，出栏1602.71万羽，分别增长10.5%、26.33%。全市肉、蛋、奶总产量分别达到18.31万吨、14.63万吨、55.84万吨，分别增长16.77%、4.2%和下降0.64%，实现畜牧业总产值104.58亿元，占农业总产值的33.47%。

◆标准化规模养殖 2017年，西安市畜禽规模养殖场达到419个，专业养殖户达到2972户。全年创建“部级标准化示范场”1个、“省级标准化示范场”6个、“市级标准化示范场”14个，全市市级以上标准化规模养殖示范场达到105个。新建“市级畜牧现代园区”5个，全市“市级畜牧园区”达到20个。试点推行“美丽生态牧场”建设，阎良区的陕西和牧现代农业有限公司、周至县的陕西供销福地牧业有限责任公司2家养殖企业被全国畜牧总站评为“中国美丽猪场”。普及全自动上料和温控猪舍、鸡舍，现代化设施、设备大面积应用于规模猪场和肉鸡、蛋鸡场，全市猪禽养殖工厂化发展水平进一步提高。

◆畜禽良种繁育体系建设 2017年，西安市在有效期内获“种畜禽许可证”的种畜禽场达到26家，其中，猪14家、鸡7家、牛1家、奶山羊2家、肉羊1家、牛冻精1家。西安市奶牛育种中心核心供种能力进一步加强，种公牛存栏76头，引进、移植奶牛胚胎30枚，生产优质冻精20.3万支。在临潼、阎良、泾阳、大荔等11个规模奶牛场进行公牛DHI（奶牛群体改良）后裔性能测定，全年发放青年公牛后测冻精4082支。

◆畜禽养殖污染治理 2017年，西安市农业部门对419家规模养殖场、2972户养殖专业户，开展“大摸底、大排查”活动，重点排查19条河湖周边3千米范围的806个养殖场（户），确定治污主体责任，遏制粪污直排现象。支持70家规模养殖场完成污水处理设施配套建设，扶持49家规模养殖场开展“粪污资源化利用示范工程”创建工作，联合环保部门完成16家规模养殖场污染治理减排项目建设，全市规模养殖场污处设施配建率达到88%以上。临潼区、周至县获批省级畜禽健康养殖项目，分别获得900万元、800万元财政资金支持。推进畜牧用煤消减和秸秆饲料化工作，419家规模养殖场全部完成煤改；完成青贮、黄贮49.52万吨，超出年度计划任务近7万吨。

◆畜禽禁养区划定 2017年，西安市鄠邑区、长安区、灞桥区、临潼区、阎良区、高陵区、未央区、雁塔区、蓝田县、周至县10个区（县）和西咸新区、西安国际港务区划定禁养区面积6316平方千米，关停规模养殖场、养殖专业户1785个，退养生猪22.4万头、牛1.28万头、羊2.18万只、家禽296.53万羽。

◆畜禽粪污治理技术推广与培训 2017年，西安市农业部门推广规模化养殖场“三改两分再利用”（改水冲清粪为干式清粪、改无限用水为控制用水、改明沟排污为暗道排污；固液分离、雨污分离；粪污无害化处理后再利用到农田或果园）和“种养一体化”模式，提升设施工艺，完善雨污分流、粪尿储存处理设施，实现养殖废弃物资源化利用。严格执行环境影响评价和“三同时”制度（防治污染的设施应当与主体工程同时设计、同时施工、同时投产使用），确保养殖废弃物无害化处理。编写《粪污处理与资源化利用技术手册》，完成《西安市种养结合发展循环农业项目研究报告》，制定《西安市规模猪场粪污资源化利用技术规程》。依托市、区（县）畜牧推广部门，开展技术督导和服务，举办专项培训5期，培训养殖户400余人。

◆防疫检疫 2017年，西安市农业部门调整强制免疫病种，免疫家禽高致病性禽流感1528.5万羽；免疫鸡新城疫1368.7万羽；免疫猪口蹄疫149.9万头；免疫肉牛口蹄疫（二价疫苗）4.6万头；免疫奶牛口蹄疫（三价疫苗）9.5万头；免疫羊口蹄疫35.8万只；免疫羊小反刍兽疫35.8万只。应免畜禽免疫密度达到100%，畜禽群体免疫密度达到90%以上，免疫抗体合格率达到70%以上。全年未发生重大动物疫情。

◆兽药管理 2017年，西安市农业部门继续加强兽药管理，开展兽药企业GSP认证（药品经营质量管理规范）工作，通过检查验收认证的兽药经营企业达到201家。全年抽检兽药产品180批次，对涉嫌制售假劣兽药的企业依法查处。畜产品兽药残留抽检样品574批次，检测合格率100%。组织实施2017年全国执业兽医资格考试，123人取得“执业兽医师资格证”，25人取得“执业助理兽医师资格证”。（孙利军）

渔业

◆概况 2017年，西安市渔业工作以“转方式、调结构”为主线，树立“创新强渔、协调惠渔、绿色兴渔、开放助渔和共享富渔”五大发展理念，以提质增效、稳量增收、绿色发展、富裕渔民为目标，以健康养殖、保护资源、做强产业为方向，推动渔业供给侧结构性改革，促进渔业转型升级，形成生态良好、生产发展、装备先进、产品优质、渔民增收、平安和谐的渔业发展新格局。全年水产品产量1.41万吨，渔业经济总产值6.6亿元，产地农残抽检合格率100%，无重大水产品质量安全事故。

◆**渔业产地监管** 2017年，西安市水务局贯彻《农业部关于全面推进水产健康养殖加强水产品质量安全监管的意见》，坚持“养出来”与“管出来”相结合，实施以池塘标准化改造为重点的“水产健康养殖推进行动”，创建“健康养殖示范场”，推进现代渔业建设、水生动物防疫体系建设、渔业标准化生产和“三品一标”认证（水产品绿色食品认证、有机食品认证、无公害认证和农产品地理标志认证），组织开展水产品“绿色食品”认证、有机食品认证、无公害认证、获地理标志认证工作。推行水产健康养殖“五项制度”（生产日志制度、科学用药制度、水产品加工企业原料监控制度、水域环境监控制度、产品标签制度）、“两项登记”（水产养殖生产记录、水产养殖用药记录），同时推进建立水产品产地准出制度和产品质量安全可追溯制度。发挥水产技术推广体系作用，做好重大水生动物疫病监测和应急处置，加强水产养殖病害测报，开展渔用投入品隐患排查，开通水生动物疾病远程辅助诊断服务网，完善水生动物防疫和水产质量安全监督体系，提高水产品质量安全监管水平。

◆**水产品质量安全** 2017年，西安市水务局贯彻落实《中华人民共和国食品安全法》《中华人民共和国农产品质量安全法》和《中华人民共和国兽药管理条例》，建立和完善生产经营者首负责任制，明确水产品质量安全主体责任，落实目标责任制。督促区（县）渔政站按“属地管理”原则全部签订目标责任书。制订《2017年度全市水产品质量安全监测计划》，推进质量安全责任可追溯机制。加大监督检查和监督抽查力度，农业部组织产地水产品监督抽查2批次20个样品，合格率100%；省、市、区（县）组织常规检查，检查重点产地、休闲渔业的水产品饲养场1497个，抽检鱼样1745个、饲料样品36个，总合格率100%；西安市水务局在节假日检查重点水产品产地、休闲渔业的水产品饲养场80个，抽检鱼样44批次，合格率100%。开展水产品抗生素、禁用化合物及兽药残留超标专项整治行动，确保西安不发生重大水产品质量安全事件。配合陕西省动物防疫检疫中心开展锦鲤疱疹病毒病（KHV）和传染性造血器官坏死病（IHN）筛查监测1次，鲤鱼病毒筛查监测1次，抽检鱼样5个。完成“双随机一公开”抽检系统基础信息录入和建库工作，组织执法人员对养殖主体进行“双随机”抽检4次，并公示检查结果。

◆**渔政执法** 2017年，西安市坚持依法治渔和生态优先方针，强化渔政监督，严格渔业执法，修复水域生态，保护水生生物，推进渔业可持续发展。西安市水务局强化渔政执法队伍建设，梳理渔政执法涉及的权力10个类别、50余项，实现权力“瘦身”、责任“强身”，明确事中、事后监管责任，落实行政执法责任。举办渔政执法培训班1期，邀请农业部法制专家讲解《中华人民共和国渔业法》和行政执法程序，培训渔政执法骨干100余人。组织全市10个区（县）渔政执法人员195人，参加“国家渔业行政执法资格考试”和“陕西省行政执法证件申办资质培训及资格考试”。联合多部门抓好西安市水务局驻灞河执法室工作，浐河、灞河城市段群众举报数量比上年下降90%。在灞河、浐河、沣河等天然水域，组织开展打击非法捕捞专项整治行动，查处非法捕鱼事件20余起，没收各类非法渔具100余套（件），放生渔获物150余千克。

◆**增殖放流** 2017年，西安市水务局坚持增殖放流，推进水域生态文明。全年向渭河、浐河、灞河、沣河等水域放流花鲢、白鲢、鲤鱼、草鱼100万尾。在西安湖和灞渭桥车游湿地承办“保护水生态 鱼类增殖放流活动”2次，放流鲢鱼、鳙鱼等85万尾。“世界水日”“中国水周”和重要节假日，在群众性放生活动多发地和非法捕鱼事件多发地进行有针对性的宣传，宣传渔业法律、法规，传播科学放生知识。

◆**水产市场开发** 2017年，西安市水务局引进鲈鱼苗种10万尾，并试养获得成功。引进并示范推广乌克兰鳞鲤、异育银鲫、淞浦镜鲤、长丰鲢、丁桂鱼、黄颡鱼、中华倒刺鲃7个新、特、优品种，促进渔业养殖结构不断优化。

◆**水产科研** 2017年，西安市水务局争取科研和推广项目，加大新品种、新技术的引进、吸收和创新，提高渔业优势养殖区域技术含量，用科技创新引领和推动渔业的快速发展。强化技术服务，向渔民免费印发改版的《养殖日志》2500册，开展养殖病害测报9期。做好养殖生产指导检查，督促检查《养殖日志》的发放和填写工作，指导名、特、优新品种养殖，组织技术人员指导水质调控、病害防治10余次。分别在蓝田、阎良协办健康养殖培训班2期，培训75人。为汉城湖、西安鱼苗繁殖场等全市养殖企业健康养殖、水环境改善、病害防治、新技术新品种引进试验示范、健康养殖池塘建设规划提供技术服务20余次。与陕西省植物研究所合作，实施“西安市池塘循环水高效养殖试验示范项目”；联合西北农林科技大学在灞河城市段开展放流鱼类跟踪监测效果评估。组织实施“陕西省无公害水产品养殖技术推广”等10个重点水产技术示范推广项目，实施面积覆盖全市主要养殖区域的20%，健康养殖技术进一步提升，水产品质量得到保障，渔民收入持续增加。

◆**水生动物保护** 2017年，西安市水务局强化水生野生动物保护工作，完成“秦岭北麓珍稀濒危水生野生动物保护救护中心项目”主体工程建设。妥善处理市民举报、媒体披露、公安机关移交非法经营国家保护动物案件2起，接受市民捐赠大鲵4尾。走进校园开展主题宣传活动，宣讲水生野生动物保护法律、法规，印发水生野生动物保护宣传单1000份。 （寇石峰）

农业服务

·灌 溉·

◆**概况** 2017年，西安市加快农业水利设施建设，为西安农业发展提供安全的水保障。各项农村水利建设完成投资2.56亿元。建成农村饮水安全巩固提升工程106处，投资5805万元；新打灌溉机井399眼；新修改造提高基本农田1333.33公顷；治理水土流失面积282平方千米；发展高效节水灌溉面积3805.33公顷；新增提引蓄水能力464万立方米。

◆**防汛抗旱** 2017年，西安市气候异常，防汛抗旱任务艰巨。汛期气候异常，极端强对流天气频发，出现15次短历时强降雨过程。7月，伏旱迅速发展，全市作物受旱面积3.2万公顷（轻旱2.87万公顷、重旱3333.33公顷）。9月、10月，连续出现连阴雨过程，渭河及灞河、沣河等南山支流相继出现洪水。全市各级抗旱服务队出动各类抗旱机具6000余台（套）次，为群众检修、维修抗旱机具600台（套），抗旱流动浇地面积1.07万公顷，改善灌溉面积8933.33公顷。冬、春灌和夏灌动用机井3.39万眼，启用抽水站114处、灌溉机具1260台，投入人力14万人，灌溉农田25.33万公顷，临时解决3.8万人饮用水困难。

◆**病险水库治理** 2017年，西安市水务局落实全市水库大坝安全管理和农村水电站“双主体责任”，检查主汛期水库大坝安全责任制、水电站“双主体责任人”落实情况和安全度汛工作。推进泥峪水库供水工程前期工作力度。督促加快蓝田县、临潼区、周至县、鄠邑区完成有关项目概算及决算评审。组织召开西骆峪水库大坝、甘峪水库大坝安全监测自动化系统验收。完成临潼区庞岩水库概算评审。按照陕西省水利厅安排，开展省级一般小（2）型病险水库除险加固项目后评估和农村水电绿色发展调查。

◆**水务综合管理** 2017年，西安市水务局加强水利工程质量监管检查，完善区（县）质量监督能力建设，实现对辖区内工程质量监督管理全覆盖。印发《西安市2016—2017年度水务系统质量与安全工作考核实施方案》，对区（县）水务局和重点水利工程建管处、局属水管单位、相关企业的水利质量与安全工作开展量化考核工作。截至年底，配合西安市城乡建设委员会审核水利行业相关资质企业20批97家；抽取项目招标代理93个、招标项目162个、标段293个，监督103个开标项目招标全过程。全年全市水务系统未发生安全生产事故。（寇石峰）

2017年7月，长安区大兆街办农民进行小麦机收

·农业机械·

◆**概况** 2017年，西安市农业机械总动力254.3万千瓦，比上年减少7.24万千瓦。拥有大中型拖拉机9275台、小型拖拉机8501台，大中型拖拉机和小型拖拉机的配套农具分别为31726部、18833部，配套比分别为1∶3.42和1∶2.22。拥有机引犁15173台、播种机19851台（玉米免耕播种机8261台、小麦精少量播种机7124台、其他4466台、化肥深施机1996台）、小麦联合收获机3958台、玉米联合收获机3698台、秸秆粉碎还田机6738台、小麦秸秆捡拾打捆机137台、农用挂车2020辆、秸秆挤丝揉搓机2471台、玉米秸秆饲草加工打捆机289台。农业机械原值26.02亿元，农机经营总收入13.44亿元。机耕面积33.24万公顷，机播面积35.51万公顷，机收面积31.38万公顷。

◆**农机产业化发展** 2017年，西安市拥有各类农机化作业服务组织654个，其中农机原值在20万至50万元的服务组织有160个，50万元以上的服务组织有52个。有农机专业合作社128个，农机户10.51万户，其中农机专业户3.16万户，农机原值在20万至50万元的农机大户570户，农机原值在50万元以上的农机大户70户。有农机修理厂和修理点103个。农机购置补贴资金6105万元，补贴机具8675台，受益农户7897户。

◆**农作物秸秆综合利用** 2017年，西安市秸秆综合利用工作成效显著，利用率97.4%，其中机械化综合利用率94.4%。5月，西安市人民政府办公厅印发《西安市2017年农作物秸秆综合利用和禁烧工作实施方案》，重点推广玉米硬茬播种、玉米灭茬旋耕覆盖播种、小麦秸秆捡拾打捆、小麦秸秆切碎还田、玉米秸秆机械粉碎还田、玉米秸秆挤丝揉搓、秸秆青贮、玉米机械化收获等机械化秸秆综合利用技术。通过引进推广秸秆综合利用新机具和新技术、狠抓机械化综合利用示范田建设等措施，扩大秸秆机械化综合利用面积。

◆**农机监理** 2017年，西安市农机安全监理工作以提升农机“三率”（挂牌率、年检率、驾驶员持证率）为目标，以执法检查为手段，全面落实农机免费管理惠农政策，加强安全宣传教育，开展隐患排查，确保农机安全生产形势稳定。新增注册登记拖拉机、联合收割机1106台，注册登记总数达到23741台，登记率85.4%；检验拖拉机、联合收割机18955台，检验率83.8%；新增持证驾驶人488人，持证驾驶人总数13451人，持证率76.1%。周至县、高陵区、长安区、临潼区、鄠邑区、蓝田县6个区（县）成立农机公安联合执法中队，开展常年化、常态化执法工作。全年开展农机联合执法检查817次，检查农业机械5317台，查处农机违法、违规行为980起。发生道路外一般农机事故21起，伤3人，直接经济损失2.29万元；未发生农机死亡事故。

◆**科技培训** 2017年，西安市实施“项目跟进战略”，加强农机科技示范园建设，果业、设施蔬菜、畜牧业等优势特色产业机械化示范面积和实施范围不断扩大，保护性耕作和机械复式作业等节能降本增效技术推广速度明显加快。围绕构建“分类实施、全员覆盖、整体提升”的格局，实施农机科技“提升工程”“登高工程”“淬火工程”，搭建“继续教育”“巡回培训”“政企联动”“远程教育”4个平台，培训各类农机科技人员23313人，促进农机化教育培训再上新台阶。（孙利军）

·农产品质量监管·

◆**概况** 2017年，西安市坚持“质量兴农战略”，落实“四个最严”（最严谨的标准、最严格的监管、最严厉的处罚、最严肃的问责）要求，探索监管模式，推进质检体系建设，加强生产源头控制，推进标准化生产，全市农产品质量安全水平持续稳定向好，全年未发生重大农产品质量安全事故。

◆**农产品安全监管** 2017年，西安市农业林业委员会印发《西安市农产品质量安全倡议书》《农产品安全生产告知书》，严格执行农业投入品使用安全间隔期、休药期规定，做到农药（兽药）残留不超标。组织编印《农产品质量安全监管工作文件汇编》，举办农产品质量安全执法人员培训班。开展“食品安全宣传周”“市民进基地”活动，加大农产品安全消费知识普及，营造农产品安全生产良好氛围。

◆**农资市场整顿** 2017年，西安市农业林业委员会开展农药、“瘦肉精”、生鲜乳、兽用抗生素、生猪屠宰监管“扫雷行动”、农资打假等专项整治行动。全市各级农业部门出动执法人员9412人，检查生产经营企业5332家，查处问题52项，整改率100%。在媒体宣传34次，发放宣传材料12.99万份。开展技术培训834场（次），培训人员15883人。

◆**“国家农产品质量安全监管示范区（县）”建设** 2017年，西安市农业林业委员会督促、指导长安区、鄠邑区开展“国家农产品质量安全示范区（县）”创建工作，并在鄠邑区开展农产品质量安全综合监管平台试点工作。配合食品药监部门开展工作，西安市被国务院食品安全委员会办公室授予“国家食品安全示范城市”称号。（孙利军）

责任编辑　冯冠杰

综　述

◆**概况**　2017年，西安市大力实施“工业强市战略”和“工业倍增计划”，围绕补齐“工业经济、民营经济、军民融合”三大短板，开展“千人亲商助企”服务活动，实施西安市《贯彻〈中国制造2025〉实施意见》，着力发展汽车、电子信息、航空航天、高端装备制造四大千亿级产业集群，工业经济保持平稳运行的良好态势。全市全部工业增加值1677.48亿元，增长5.8%；规模以上工业总产值5685.54亿元，增长5.4%；规模以上工业增加值1361.77亿元，增长5.8%；规模以上工业企业主营业务收入5166.00亿元，增长7.3%；实现利润总额333.00亿元，增长9.1%；完成工业固定资产投资1072.06亿元，下降10.6%；非公有制经济增加值3962.50亿元，占全市生产总值的比重为53%，提高0.2个百分点；民间投资3120.22亿元，增长11.1%；汽车产业工业总产值1085.31亿元，增长35.5%，成为西安市首个千亿级工业产业。陕西法士特汽车传动集团有限责任公司、乐叶光伏科技有限公司2家企业实现产值超100亿元目标，全市超百亿企业总数达到11家。净增规模以上企业76家，全市规模以上工业企业1434家。

西安市2017年主要工业产品产量及其增长速度

产品名称	单　位	产　量	同比增长率（%）
发电量	亿千瓦小时	176.74	-3.9
软饮料	万吨	191.11	-9.7
小麦粉	万吨	100.52	-26.3
机制纸	万吨	18.62	-8.0
配合饲料	万吨	17.25	56.1
乳制品	万吨	96.23	-1.8
中成药	万吨	0.68	4.2
钢材	万吨	54.91	-4.9
交流电动机	万千瓦	196.31	-38.3
变压器	万千伏安	14204.85	5.4
汽车	万辆	44.52	16.4
其中：载货汽车	万辆	18.92	63.0
轿车	万辆	18.14	-7.4
SUV（运动型多用途乘用车）	万辆	7.36	7.7
新能源汽车	万辆	8.15	67.7
单晶硅	万千克	1629.53	93.3
多晶硅	万千克	639.86	46.7
电力电缆	万千米	12.88	268.3
光纤	万千米	529.55	61.4
光缆	万芯千米	586.35	16.8
锂离子电池	万只	2651.16	43.2
智能手机	万台	3023.05	30.3
电子元件	亿只	4.44	-25.8
集成电路圆片	万片	151.70	19.5

◆**工业项目建设**　2017年，西安市大力实施项目带动战略，安排投资额5000万元以上的重点工业项目136个，完成投资330.2亿元，占当年计划投资的147.7%。其中11个省级重点工业投资项目完成投资77.7亿元，占全年计划投资的143.9%。三星（中国）半导体有限公司三星12英寸闪存芯片项目二期、西安吉利新能源汽车产业化项目（一期）、三星电子封装测试增资扩产项目、比亚迪“云轨”生产基地项目、比亚迪高端智能终端制造项目、现代药品生产线建设及技术改造项目等46个项目全部开工。美光半导体（西安）有限责任公司半导体封装测试项目、特变电工新能源西安产业园项目、三星环新（西安）动力电池项目、瑞澳新能源太阳能电池及组件生产项目、西安奈森特种车辆生产项目等项目完工投产。

◆**惠企政策落实**　2017年，西安市工业和信息化委员会贯彻落实《西安市关于推动经济平稳健康发展的若干意见》（市政发〔2015〕11号），为221个项目争取国家、陕西省财政资金6.1亿元。其中，33个项目获得国家级专项资金2.82亿元；210个项目获得陕西省专项资金3.28亿元。安排市级工业发展专项资金5.55亿元，对重点工业项目、企业技术中心及技术示范企业、区县工业园区标准化厂房和基础设施建设项目、创业基地建设项目进行了重点扶持，共计扶持项目和奖励企业458个。为657家企业兑现技术开发费抵扣所得税42.82亿元，比上年增长226%，用政策杠杆激励企业加快发展。　（李博师）

◆**国有工业企业经济运行**　2017年，西安工业投资集团公司围绕产业转型升级强化经营管控，在系统企业全面推行“开展对标管理，促进提质增效”活动，细化考核评价体系，全面落实目标任务，不断提高经济运行的质量和效益。实现经济总量80.14亿元，营业总收入51.48亿元，增长10.8%；实现利润总额3.8亿元，增长8.5%；实现净资产收益率2.1%，比上年增长2.4%。完成技术改造及固定资产投资3.3亿元。重点建设项目进展顺利，西安红华仪器厂棚户区改造项目、西安市日用化学工业公司棚户区改造等重点建设项目按计划全部竣工。陕西鼓风机（集团）有限公司通过资本运作为产业转型聚集资源、创造条件，先后实施完成青海恒信融锂业有限公司年产2万吨碳酸锂项目、设立陕鼓欧洲研究中心、发起设立西安联创分布式可再生能源创新有限公司、与神雾集团设立神雾陕鼓新能源产业基金等11个项目，有效平缓了传统市场需求萎缩带来的不利影响，主要经济指标增长8.5%。中国标准工业集团有限公司扩大欧洲研发中心和欧洲公司投资，依托VETRON高端系列产品成为LV、弗吉亚等国际一线品牌的生产设备供应商，经济增速达到17.6%。西安市西无二电子信息集团有限公司营业收入增长28.7%，在压敏电阻、大功率液晶显示防雷器、医疗器械和风电市场实现突破性供货，成功打入国际光伏系统集成市场，全年出口市场份额增长30%；氧化锌项目产值及销售额达2500万元；“脉冲功率及智能电网成套设备技术”与西安交通大学达成产业化项目合作框架。西安太阳食品集团公司加大新品研发力度，加强食品质量管理，太阳品牌的知名度、美誉度不断提升，营业收入增长22%。陕西重型机械制造有限公司与中北交通建设集团有限公司开展项目合作，钢桥业务订单超过1万吨。西安海红轴承有限公司营业收入增长68%。

◆**国有企业改革**　2017年，西安工业投资集团公司在完成国有企业改制阶段性任务的基础上，全面推进国有资本投资运营公司改革试点，确立的“国资国企改革推进平台”“引导投资，优化结构运作平台”“股权投资，资本运作的市场化操作平台”和“国有资产管理运营平台”四大经营板块全面启动运作。指导、鼓励权属企业参与国务院国有资产监督管理委员会2016年公布的十项国企改革试点。陕西鼓风机（集团）有限公司获得5项改革试点资格，被西安市国有资产监督管理委员会列入国企全面改革试点单位。

◆**国有重点项目投资**　2017年，西安工业投资集团公司与中国航天科技集团公司第六研究院和灞桥区共同合作建设

"灞桥区城市生活垃圾热解"项目，采用PPP模式运作，促成"合作及投资协议"签署、正合新能源有限公司设立、建设选址征地等各环节工作，使该项目成功落地，一期350吨试验工程奠基开工，日处理3000吨垃圾规模的工程进入设计阶段。6月，引进北京英雄互娱集团，将在西安太阳食品集团公司西影路老厂区投资4亿元，打造高端"电子竞技"文化创意街区，已完成项目初步设计，即将开工建设。加强与西部超导、西部锆材、西北有色院等投资合作，新材料产业成为集团工业经济新的增长极。开展与三峡新能源集团公司的项目合作，投资参股国水西安风电设备股份公司，新能源板块发展成为集团的战略投资新领域。承接军工企业民品剥离项目，与中航工业庆安集团有限公司签订"庆安畜牧股权收购意向书"；与中国航天科技集团四院、西安三沃化学工业公司达成战略合作意向。支持系统企业进一步巩固和拓展在军工制造领域的传统优势，指导和帮助所属西安西锻机床有限公司、西安标准热处理有限责任公司、西安海红轴承有限公司、西安市西无二电子信息集团有限公司4家企业取得"国军标"资质，其中西锻机床还取得军工产品质量体系认证，为下一步深入推进军民融合创造了条件。

◆**国有企业安全管理及治霾**　2017年，西安工业投资集团公司组织开展安全生产、消防安全大检查、大排查及大整治活动，及时开展阶段性消防安全专项活动和节日期间安全生产专项检查，召开安全生产例会3次、安全生产专题会5次，印发相关文件32份，指导所属企业通过安全隐患系统排查和进行专项整治，全年系统企业未发生一般及以上安全生产责任事故。落实信访工作责任制，接待来访人员160批229人次，成功化解13个信访积案。

制定印发《"铁腕治霾、保卫蓝天"工作实施方案》和《秋冬季铁腕治霾攻坚行动计划》，对各项在建工程严格落实消除扬尘、冬季禁土令等环保措施；完成系统内8台燃煤锅炉的拆改工作，将"铁腕治霾"行动落到实处。

（石　蕾）

◆**工业园区建设**　2017年，西安市工业和信息化委员会按照"产业发展集群化，集群发展园区化"的基本思路，强力推进工业园区发展。截至年底，西安市有9个"全国小型微型企业创业创新示范基地"、16个"陕西省小型微型企业创业创新基地"、17个"陕西省重点建设县域工业集中区"。为小微企业争取国家、陕西省和西安市财政扶持资金1.33亿元。其中，争取国家级专项资金1650万元，支持13个双创示范城市创业创新基地项目，争取省级专项资金1670万元支持西安汽车零部件产业园等10个区（县）工业园区和小微企业创业创新基地建设。安排西安市工业发展专项资金1亿元，重点支持西安泾河工业园等6个园区基地的标准化厂房及基础设施建设项目。全市重点建设县域工业集中区实现工业产值1516.09亿元，增长27.88%；实现营业收入1427.14亿元，增长25.98%；实现工业增加值397.64亿元，增长18.19%；聚集企业1880户，增加175户；吸纳从业人员14.33万人，比上年增长8904人。

◆**工业企业创新能力建设**　2017年，西安市工业和信息化委员会贯彻落实《西安市关于开展新一轮企业技术改造实施办法》（市政办发〔2016〕100号），起草《西安市关于促进光伏产业持续健康发展的若干意见》（已提请市政府审议），推动全市光伏产业健康快速发展。11月7—8日，全国15个副省级城市工信系统技术创新座谈会在西安市召开，在技术创新、创新体系建设方面进行交流和沟通。国家增材制造创新中心落户西安，陕西省光电子集成创新中心和陕西省低阶煤分质利用创新中心2家制造业创新中心开始组建；陕西省分布式（可再生）能源技术装备创新中心等4家制造业创新中心筹建方案获得通过。新增市级以上企业技术中心20户、技术创新示范企业10户。组织实施市级以上重点技术创新项目415项，新产品开发数达到230个。4户企业获得"陕西省质量标杆"称号。

◆**中小微企业培育**　2017年，西安市工业和信息化委员会（西安市中小企业促进局）大力实施"中小企业倍增计划"，着力打造一批、提升一批、培育一批具有增长潜力的中小型企业。认定"陕西省专精特新中小企业"86户"陕西省民营经济转型升级示范企业"32户"陕西省中小企业成长梯队企业"118户。推进中小企业融资工作，努力缓解企业融资难题。先后与中国邮政储蓄银行西安分行、中信银行西安分行、中国工商银行陕西省分行签订"金融服务战略合作协议"。邮储银行西安分行计划在5年内向西安市优质中小微企业、产业园区等投放不少于100亿元的信贷规模，并建设8家小微企业特色支行；中信银行西安分行计划在5年内，为西安市工业经济、中小微企业、工业园区提供不低于150亿元的综合融资服务支持，有效缓解中小企业融资难问题。推动西安市企业上市挂牌工作，全市新增"新三板"挂牌企业26家；新增区域股权市场挂牌企业413家；为50户"新三板"企业申请陕西省补助资金2500万元。全年西安市民间投资完成3120.22亿元，比上年增长11.1%；非公有制经济占地区生产总值比重达到53%。

◆**工业招商引资**　2017年，中共西安市委、西安市人民政府组建17个专业招商分局、3个驻外招商办事处，加强招商引资工作。其中，工业（汽车产业）招商分局设在西安市工业和信息化委员会，于4月办公，组团赴省内外考察调研69次，会见客商93批次，参加各类招商交流活动86次，筹备策划工业招商对接会30余次。全年完成工业招商引资任务799.6亿元，签约20亿元的斯莱克研究中心及产业园项目、20亿元的新松机器人产业基地、68亿元的汉能移动新能源项目、120亿元的宝佛麟新能源汽车项目、1000亿元的世界500强企业太平洋建设西北总部项目、中小企业应收账款结算总额超26万亿元的中国中小企业协会总部及结算中心项目。

◆**军民融合工作**　2017年，西安市有从事军品科研生产配套的民营企业单位400余家，军民融合产业规模达到2000亿元，涉及航天、航空、兵器、船舶、军工电子、核工业6大行业，国防科技工业基础综合评价仅次于北京，位居全国第二位。依托西安高新技术产业开发区、西安经济技术产业开发区、西安阎良国家航空高新技术产业基地、西安国家民用航天产业基地4个开发区，聚集了陕西省军工和民口配套60%以上的生产企业和90%的科研院所，建成了兵器工业基地、军工电子信息产业园、船舶产业园3个军民融合产业园区，形成了以军带民、以民促军、军民融合的多元化、集群化发展格局。

◆**"中国制造2025"试点示范创建**　2017年，西安市作为工业和信息化部"中国制造2025"试点示范评审通过城市，积极申报创建第一批国家级示范区。编制《西安市创建"中国制造2025"国家级示范区实施方案》，经陕西省人民政府上报国务院。《西安市创建"中国制造2025"国家级示范区实施方案》聚焦电力装备、航空航天和集成电路三大优势特色产业，大力实施创新驱动战略，探索军民深度融合创新模式，积极构建完善协同创新、人才引培、政策法规等支撑体系，将电力装备、航空航天打造成两大世界级产业集群，将集成电路产业打造成园区内领先的产业集群，着力构建现代新型制造业体系，积极探索政产学研协同创新、军民融合体制创新、开放合作模式创新的方法和路径，全力打造规模大、结构优、布局合理、创新能力强、质量效益高、能耗排放低、复制推广性强的先进制造业“西安模式”，取得可看可学、可复制可推广的“西安经验”，为落实“制造强国”战略先行先试。

◆新能源汽车推广　2017年，西安市制定《西安市新能源汽车生产销售企业及产品审核备案暂行规定》(市政办发〔2017〕102号），规范新能源生产销售企业及产品，明确新能源汽车的监督管理，持续推进新能源汽车健康发展。完成甲醇汽车试点工作。自2013年以来，西安市工业和信息化委员会组建20辆甲醇出租车队，建设甲醇标准站，完成甲醇汽车适用性、可靠性、安全性、方便性、环保性和经济性等方面的综合评价工作，通过工业和信息化部专家的验收。协调市级有关部门，给予甲醇汽车车队60万元的资金补贴。11月8日，举办全球硬科技创新大会新能源汽车分论坛，邀请中国汽车工程学会理事长付于武、中国工程院院士杨裕生、中国科学院院士王佛松等领导和专家学者，以及全国新能源汽车相关产业的500余名行业代表，围绕新能源汽车产业生态、创新发展、前沿技术、大数据应用等方面进行深入交流，进一步推进新能源汽车的发展。截至年底，累计推广新能源汽车30384辆。

◆电子信息和软件服务产业　2017年，西安市电子信息和软件服务产业在三星（中国）半导体有限公司、西安中兴通讯终端科技有限公司、华为西安研究所、西安中兴新软件有限责任公司等重点企业带动下，主要经济指标快速增长，产业规模持续扩大。计划投资70亿美元的三星二期签约，预计2019年建成投产；投资2.5亿美元的美光半导体四期封装测试扩容项目建设顺利，完成机器设备购置并投入使用；投资16亿元的中兴通讯智能终端制造二期项目签约，正在进行征地拆迁工作；投资10亿元的比亚迪高端智能终端制造项目进展顺利，达产后年产能达到5000万部；环普产业园二期、腾飞科汇城、欧森国际、云汇谷等一批项目投入运营，投运面积近130万平方米；长城联声主体封顶，华为、中软国际、海康威视、圆通科技、太极、苏宁置业等一批用地项目加快推进。全年电子信息与软件服务业完成主营业务收入2629亿元，增长19.77%。其中，电子信息产品制造业主营业务收入874亿元，增长15%；软件服务业主营业务收入1755亿元，比上年增长22.24%。

◆西安工业云平台上线　2017年12月12日，2017中国•西安工业互联网发展论坛暨“西安工业云平台”发布会在西安绿地笔克会展中心举行。“西安工业云”平台通过融合业界知名IT供应商、服务商、解决方案提供者，为西安乃至全国的工业企业、制造业等传统产业与信息产业融合转型升级提供服务，为政府及企业提供网上通道，便于迅速掌握企业经营状况，科学规划、布局和决策。

◆工业企业服务　2017年，西安市工业和信息化委员会开展“千人亲商助企”活动，以“五星级店小二”服务为标准，以帮助企业解决发展和生产中存在的问题为重点，以促投资稳增长为目的，加快构建“亲”“清”政商关系，营造良好的营商环境。将全部1410户规模以上工业企业纳入到活动范围，扩大亲商助企活动的影响力。创办《千人亲商助企周报》，设立“助企动态”“企业需求”“问题曝光台”等板块，及时通报全市亲商助企活动信息，督促助企干部解决企业反映的问题。全年全市助企干部下企业30739人次，收集上报各类问题1591个，解决1474个，办结率为92.65%，其他问题正在积极解决。

（李博师）

◆西安市确定首批系统推进创新改革试验试点单位　2017年3月，西安市全面创新改革试验工作领导小组办公室公布西安市首批系统推进全面创新改革试点单位及任务，系统推进全面创新改革是我国加快实现创新驱动发展的重大战略举措。西安市作为全国8家首批入选的创新改革试验区之一，承担着深化军民融合、统筹科技资源两个方面的重点任务。16家试点单位包括：6家军工试点单位分别为：中国航天科技集团公司第四研究院第四十四研究所、中国电子科技集团公司第二十研究所、陕西苍松机械厂、西京电气总公司、西安科技大市场、西安兵器工业科技产业基地；5家科研院所试点单位分别为：西安光学精密机械研究所、西北有色金属研究院、西安电力电子技术研究所、西安微电机研究所、陕西省石油化工研究设计院；5家高等学校试点单位分别为：西安交通大学、西北大学、西安理工大学、陕西科技大学、西安文理学院。

◆3家单位入选军民融合科技服务机构　2017年，工业和信息化部编制完成《军民融合科技服务机构推荐名录》，西安市有3家单位入选。供需对接类入选的是西北工业大学深圳研究院；科技投融资类入选的是西安中科创星科技孵化器有限公司；管理咨询类入选的是西安航天神舟建筑设计院有限公司。

◆陕鼓欧洲服务中心成立　2017年5月17日，继陕鼓欧洲研发中心在德国成立后，西安陕鼓动力股份有限公司又在捷克陕鼓EKOL公司成立陕鼓欧洲服务中心。中东陕鼓伊朗服务区、非洲服务区、俄罗斯服务区等全球服务网络正在筹建，届时将覆盖中国、德国、俄罗斯、韩国、美国、巴西、印度、土耳其、越南等10多个国家和地区，为全球2000余台套机组提供了全生命周期系统服务。

◆美国乐析医疗落户　2017年1月18日下午，美国乐析医疗落户西安高新技术产业开发区签约仪式举行。美国乐析医疗产品有限公司在腹膜透析医疗产品领域，拥有强大的研发实力和丰富的制造经验。此次签约的系列腹膜透析产品及肾透析设备研发生产基地项目，计划总

2017年12月12日，2017中国·西安工业互联网发展论坛暨“西安工业云平台”发布会举行

投资26亿元，预计2019年建成投产，3年内实现年销售20亿元，10年内实现年销售收入超过100亿元。该项目的落户，将使西安市在医疗透析设备研发生产领域，与国际领军企业站在同一条起跑线上，对于助推西安市完善生物医药产业链条、加快打造千亿级产业集群，具有十分重大的意义。

◆中兴智能终端制造总部项目落户 2017年4月9日，中兴智能终端制造总部项目暨中兴智能终端制造二期项目落户西安高新技术产业开发区签约仪式举行。签约仪式上，西安高新区与中兴通讯签署项目落户协议，西安市人民政府与中兴通讯股份有限公司签署全面深化战略合作协议，中兴通讯、陕西省科技厅、西安市科技局、西安高新区签署合作共建中兴众创空间（西安CGO实验室）项目协议。中兴通讯智能终端制造二期项目投资16亿元人民币，新增产能1500万部，达产后新增产值100亿元以上。该项目将带动并促进电子信息制造业上下游产业链发展，打造千亿级智能终端产业链集群。中兴众创空间（西安CGO实验室）以中兴通讯在西安的产业优势为杠杆，在西安打造具有通信实业特色的“中兴资源×（孵化+投资）”的专业众创空间。

◆锦江集团光学膜和薄膜太阳能项目落户 2017年5月23日，杭州锦江集团有限公司光学膜生产项目和CIGS薄膜太阳能生产项目落户西安高新技术产业开发区。2个项目总投资43亿元，其中光学膜项目主要生产平板显示面板的关键部件偏光片，达产后年产值约27亿元。薄膜太阳能项目预计年销售收入将达10亿元。

◆法国苏伊士集团与航空基地签约 2017年6月5日，苏伊士新创建有限公司与西安国家民用航空产业基地签订合作协议，双方将共同建设航空基地表面处理园，项目先期投资1500万美元，建成后，将成为拥有Nadcap体系认证、AS9100航空质量体系认证、ISO14000环境管理体系认证、清洁生产管理体系审核、水处理在线监控体系5大体系的环保型专业表面处理中心，形成金属表面处理产品18万吨的年生产能力、工业污水每天1万吨的处理能力，计划吸引100家左右表面处理企业配套航空及装备制造产业，为西安工业发展提供可靠的产业配套支撑。

◆兵工特色小镇项目落户 2017年6月8日，中国兵器工业集团北方发展投资有限公司与中国新型房屋集团有限公司签署战略合作框架协议，双方将在西安经济技术开发区的西安兵器工业科技产业基地，合作建设兵工特色小镇。项目规划总用地面积166.67公顷，总投资约150亿元。打造集兵工高端科技研发、兵工企业总部基地、兵器博物馆、兵工文化公园、兵工文化红色旅游目的地和特色商业配套等功能板块为一体的兵工特色小镇，实现军民融合产业转型升级和建设美丽小镇的核心目标。

◆东航—赛峰起落架深度维修基地项目开工 2017年7月20日，东航—赛峰起落架深度维修基地项目开工活动在西安举行。该项目是国内唯一由起落架制造原厂商投资的项目，也是陕西省首个航空大部件维修国际合作项目，总投资约7000万美元，建成后预计年均维修起落架160套，销售收入6990万美元。

◆三星电子高端存储芯片二期项目落户 2017年8月30日，三星电子高端存储芯片二期项目投资签约仪式在西安举行。三星电子将在高端存储芯片一期项目总投资100亿美元的基础上，在西安高新技术产业开发区再次投资70亿美元建设二期项目，以应对全球IT市场的快速发展和高端闪存芯片日益扩大的需求。

◆正威国际集团两大项目落户 2017年9月22日，西安市与正威国际集团举行正威（西安）电子信息产业园项目、金属事业群总部项目签约仪式。西安经济技术开发区与正威国际集团签署项目合作框架协议，将建设正威（西安）电子信息产业园，计划总投资105亿元，项目建成后，预计可实现年销售收入400亿元。西安阎良国家航空高技术产业基地与正威国际集团签署项目合作框架协议，将建设正威集团金属事业群总部，计划总投资120亿元，预计五年内产值达500亿元。

◆新舟60遥感飞机首飞 2017年3月9日，由西安阎良国家航空高技术产业基地入区企业中航飞机西安民机有限责任公司与中国科学院共同研制的新舟60遥感飞机在西安阎良机场首飞。新舟60遥感飞机是以新舟60飞机为基础改装设计的航空遥感对地观测特种飞机，加装了先进的机上数据卫星通信系统、机上作业管理系统、高精度稳定平台、位置姿态测量系统等设备，实现了强大的航空遥感信息获取、数据综合处理与管理功能。

◆我国首项镁锂合金材料国家标准在西安诞生 2017年6月，经国家质量监督检验检疫总局、国家标准化管理委员会批准，由西安国家民用航空产业基地入区企业——西安四方超轻材料有限公司起草制定的《镁锂合金铸锭》国家标准发布。这是我国第一项镁锂合金材料国家标准，填补了我国镁锂合金领域的行业空白。

◆光机所在量子光学集成芯片方面取得重要进展 2017年，中国科学院西安光学精密机械研究所与国外多家科研机构合作，利用研制的光子芯片，基于微谐振腔中多个高纯度频率模式相干叠加的独特方案，解决了片上高维纠缠双光子态制备与控制的国际难题，证实了利用10级纠缠双光子态实现超100维的片上量子系统，并通过频率操控实现了对量子态的灵活控制。相关成果于6月发表在国际著名期刊《自然》上。

◆自发电技术亮相西安 2017年，陕西锌霸动力有限公司成功研发出全新一代“液体循环式金属燃料储能自发电技术”，取得十多项专利，形成“四代技术”“三大系列”产品。其产品具有清洁环保、零排放、可循环、再利用等特点，能够广泛应用于电网“削峰填谷”，也是动力电源的优质选择。该技术可彻底改变传统电池的结构和生产工艺，是新能源领域震撼性的技术革命。

◆新一代高精度铷钟亮相 2017年11月5日，北斗三号全球导航系统首发星成功发射。该卫星上的新一代高精度铷原子钟由中国航天科技集团五院西安分院研制。在稳定度指标方面，较北斗二号区域导航系统提高了10倍，直接推动了我国新建设的全球导航系统定位精度由之前区域系统的10米跨越到后续全球系统米级分辨率，测速和授时精度同步提高一个量级，达到世界先进水平，为北斗导航系统更深入广泛的社会应用打下了基础。

◆西安人工智能与机器人产业基地暨西安交大智能机器人创新研究院签约揭牌 2017年10月12日，西安人工智能与机器人产业基地暨西安交通大学智能机器人创新研究院举行签约揭牌仪式。西安经济技术开发区与西安交通大学签订“智能机器人创新研究院项目合作协议”。双方将共同建立西安交大智能机器人创新研究院，以完善政产学研应用体系、打造机器人全产业链研发平台、突破机器人核心技术、培养机器人技术创新领军人才为总体定位，重点围绕智能机器人产业链上下游产品，开展前沿技术、共性关键技术、样机开发、测试验证、标准制定等方面的研究。西安人工智能与机器人产业基地吸引新松机器人自动化股份有限公司、瑞基机器人有限公司、上海名匠智能系统有限公司等企业先后入驻。（行中道）

汽车制造

◆**概况** 2017年，陕西省2次召开汽车产业推进大会，从“百万辆汽车建设工程”到“三百万辆汽车建设规划”，决心把陕西汽车工业打造成为陕西重要支柱产业。发布《重卡产业链发展推进方案》《轿车产业链发展推进方案》，推动汽车产业链协同发展。新能源汽车发展势头强劲，产销全国第二。比亚迪“秦”累计销量全国第一，“通家电牛2号”全年销量超过1.5万辆，3.5吨以下新能源物流车细分市场销量第一。6月，在2017丝绸之路国际博览会汽车馆，全面展示陕西省汽车工业发展水平和汽车园区优势，同期举办陕西省汽车产业协作配套会，促进汽车企业的协作配套，加大招商引资力度，完善陕西汽车产业链。7月30日，陕汽军车第五次参加阅兵仪式，接受党和国家领导人以及全国人民的检阅。8月，《2017陕西省汽车产品名录》发布，收集陕西省内164家汽车相关企业信息，介绍了陕西省内13家汽车相关产业园区。11月23日，陕汽控股全系列商用车暨新能源汽车产业基地在宝鸡市蔡家坡经济技术开发区开工建设。陕西汽车控股集团有限公司产销实现新突破，跻身国内重卡市场前三。省内主要零部件企业发展迅猛，陕西法士特汽车传动集团公司、陕西汉德车桥有限公司全年产销均创造新的发展记录。法士特各项经营指标连续15年位居中国齿轮行业第一，重型汽车变速器年产销量连续12年稳居世界第一。围绕宝鸡吉利汽车有限公司、西安比亚迪汽车有限公司，轿车产业链已逐渐形成。全年汽车产量突破60万辆，比上年增加18万辆。汽车年产量在全国各省（市、区）的排名由上年的第十九位提升到第十五位，超过江西、河南、湖南、天津4个省（市）。汽车产销分别为61.65万辆和60.93万辆，分别增长46.40%和42.50%。其中，商用车产销分别为19.19万辆和19.04万辆，分别增长61.32%和60.31%；乘用车产销分别为42.45万辆和41.89万辆，分别增长40.52%和35.65%。新能源汽车产销分别为83847辆和85864辆，分别增长78.16%和82.31%。汽车行业完成工业总产值1627.47亿元，增长47%，占陕西省装备制造业总产值的33.21%。其中，汽车零部件完成工业总产值219.06亿元，增长59.19%；销售收入220.79亿元，增长61.42%。

西安市加大汽车产业布局，依托陕西汽车控股集团有限公司、西安比亚迪汽车有限公司、陕西法士特汽车传动集团公司、宝鸡吉利汽车有限公司、开沃新能源汽车集团等骨干企业，打造百万辆全国新能源汽车制造重镇，汽车产业成为西安市先进装备制造业中的第一大产业。7月18日，与浙江吉利控股集团签约，在西安经济技术开发区泾渭新城建设吉利新能源汽车产业化项目。8月25日，发布《关于规范电动汽车充电基础设施建设运营管理的实施意见》，就电动汽车充电基础设施建设、运营、管理，加快电动汽车推广应用的相关问题进行规范。全市设置新能源汽车充电桩已超过1.6万个。10月30日，与开沃新能源汽车集团签署战略合作框架协议。西安经济技术开发区形成集整车、重型车桥、发动机、底盘车架、汽车电子、汽车内饰、专用车改装及其他零部件的商用车产业链，共聚集企业30余家，完成产值776亿元，增长43.6%。西安高新技术产业开发区聚集了西安比亚迪汽车有限公司、陕西法士特汽车传动集团公司、三星SDI等国内外知名企业，初步形成集整车制造、技术研发、关键零部件加工配套、汽车服务销售和新能源汽车产业为一体的较为完善的产业链，产业规模达300亿元。西咸新区拥有总投资78亿元的华晨特种汽车产业园项目和总投资800亿元的宝能新能源汽车制造项目2个重点项目。西安将形成集重卡、客车、轿车为一体的新能源汽车生产基地，形成涵盖整车制造、专用车、零部件等为一体的较为完备的汽车全产业链条。预计到2020年，全市汽车产业总规模将突破3000亿元，总产量突破100万辆。

◆**陕西通家汽车股份有限公司** 2017年，专注于新能源汽车，新能源纯电动物流车销量在新能源专用车领域内名列前茅，实现“品牌与销量”双丰收。销售整车1.5万多辆，比上年增长375%，实现销售收入15.9亿元。集中发布四款“电牛”系列纯电动物流车，在3.5吨以下新能源物流车细分市场中销量位列第一。“电牛2号”纯电动车成为上海市共享汽车的一员。12月27—28日，在深圳举行的“2017APEC新能源汽车&锂电池领袖峰会”上，获得“2017年度中国最受欢迎新能源专用车品牌、2017年度新能源汽车行业最具投资价值奖”2项荣誉。售后服务网络体系日臻完善，在全国建立新能源服务站逾100家，2018年计划新开发400家，达到500家服务网，覆盖全国大部分省区、市。

◆**陕西汽车控股集团有限公司** 2017年，突破国内弱势区域，细分领域，加快国际网络布局，全面拓展国际市场，拥有100余家参控股子公司，产品覆盖全国和全球90多个国家和地区，业务范围包含重型军用越野车、卡车、大中型客车、微型车、车桥、发动机及其零部件的研发、生产、销售及汽车金融。资产总额由20世纪90年代初的4.6亿元增长到533亿元，位居中国500强企业第三百八十七位、中国机械500强企业第二十二位。有“延安”“奥龙”“德龙”“汉德车桥”等行业知名品牌。全年汽车产销18.6万辆，跻身国内市场前三。参加了中国人民解放军建军90周年阅兵仪式，成为行业内唯一5次参加阅兵的重型军车生产企业。燃料电池整车产品和国内第一辆L2级智能化重卡测试成功，再次入围中国汽车工业30强企业，位列第十五名。推出X6000等全球领先的重卡车型，日产突破700辆。全年销售各类汽车19万辆，增长62%；实现产值近700亿元，增长53%，创造了建厂以来最好的经营业绩。其中，西安地区的工业总产值突破502亿元，比上年增长50.4%。

◆**西安比亚迪汽车有限公司** 2017年，在西安累计完成投资172亿元，布局汽车（乘用车、客车）、IT、轨道交通及汽车金融产业，实现工业总产值2067亿元，上缴税金88亿元，解决就业约4万人。比亚迪西安基地建成汽车整车四大工艺及发动机等关键零部件生产线，主要生产市场销量较大的F3、速锐、G5等传统燃油车型及“秦”“宋”“e5”“秦EV”等新能源车型，具有年产30万辆轿车生产能力。全年实现产值241亿元，增长近20%。其中新能源汽车产销7万辆，比上年增长75%，成为全国新能源乘用车的重要基地。“秦”车型，自2013年底上市以来，已销售8.5万辆，保有量位于国内新能源汽车前列。5月，“西安（新能源）城市巴士观光”项目获批启动。年初，比亚迪纯电动客车一期年产2000辆纯电动客车项目开建，于9月开始试生产，实现当年开工、当年投产。10月6日，位于美国南加州的比亚迪兰卡斯特纯电动大巴工厂三期当地时间竣工并全面投产，年产能达1500台，是美国首家中国独资大巴工厂，也是北美地区最大的纯电动大巴工厂。在“2017年最具价值中国品牌100强”榜单上，比亚迪位列第四十三名，蝉联汽车类榜首。

◆**陕西法士特汽车传动集团公司** 2017年，在巩固传统市场的同时，S系列变速器、AT/AMT自动变速器、缓速器、客车变速器、减速器、离合器和轮边减速机，新能源产品等迅速抢占技术制高点，实现企业由技改型向研发创新型转变。生产经营持续向好，各项经营指标连续15年位居中国齿轮行业第一，重型汽车变速器年产销量连续12年稳居世界第一。中重型变速器在国内市场占有率超过70%，市场保有量突破700万台之上。全年完成工业产值180.37亿元，比上年增长70.64%。4月，推出基于S系列变速器机械本体的新一代集成式AMT（电控机械式自动变速器），具有600万次超长换挡寿命、坡道辅助起步和蠕行等功能。推出全球首款9速重型液力自动变速器，凭借技术优势和成本优势在码头牵引车、矿山用车、专用车、公交车等市场崭露头角，打破跨国公司在该领域的垄断，成为国内唯一能够研发、生产、销售商用车AT的厂家。

◆西安康明斯发动机有限公司　2017年，零部件国产化率提升至90%以上，产品技术和综合成本竞争优势不断增强，产销规模稳步提升。大力提高服务水平，发布SC-Cloud平台，可以实现车辆实时监控、发动机数据综合分析、线路管理、驾驶行为管理、运营管理、主动服务等功能，可以数据建模实现物流热点、配件需求、故障预判、故障报警和服务站管理。推出康明斯ISM系列发动机，采用与欧美市场同步的技术引进模式，其中ISM11升全电控重型柴油发动机，最大功率440马力，最大扭矩2150牛·米，1200转时车速可达到85千米/小时，B10寿命达到了业内领先的200万千米水准，并且满足国五排放标准。针对国内重卡，进行多项专属优化，发动机油门特性深度优化，起步、爬坡与加速时，瞬态加速响应更灵敏，使车辆更快进入稳态工况，实现经济、高效运营。搭载该款发动机的陕汽德龙X3000在同车型中销量领先。

◆吉利新能源汽车产业化项目落户　2017年7月18日，西安市人民政府与浙江吉利控股集团有限公司签署合作协议，吉利新能源汽车产业化项目落户西安经济技术开发区泾渭新城，建设包括冲压、焊装、涂装、总装四大工艺厂房的整车项目和零部件产业园，年产新能源汽车30万辆，带动上下游产业产值将超过3000亿元。预计2020年11月可实现产品下线。

◆开沃新能源汽车智造基地项目落户　2017年10月30日，西安市人民政府与开沃新能源汽车集团签署战略合作框架协议。开沃新能源汽车智造基地项目落户西安高新技术产业开发区，总投资100亿元，计划建成以西安为中心、辐射西北地区的国内一流新能源汽车生产基地。

◆西安交大无人驾驶智能车夺冠　2017年，由西安交通大学人工智能与机器人研究所研制开发的“发现号”和“夸父一号”在2017年中国智能车未来挑战赛上取得好成绩。“发现号”和“夸父一号”以我国自主品牌汽车为平台，搭载了可见光、激光、毫米波、惯性导航等多种传感器，采用不同技术路线完成自主感知、智能决策与规划、运动控制等功能，集成验证了人工智能与机器人研究所在认知计算、机器学习、计算机视觉、定位与导航等领域的研究成果。此次挑战赛上，“发现号”在城乡道路测试、高架快速道路测试2个单项中均获第一名，综合排名第一，获一等奖；“夸父一号”在高架快速道路测试的真实交通流状态下汇入车流和动态超车表现高超，获第四名。　（行中道）

输变电及控制设备制造

◆概况　2017年，中国西电集团有限公司按照中央经济工作会议部署，狠抓深化改革、提质增效、科技创新、市场开拓等重点工作，改革发展各项工作取得长足进展。截至年底，拥有全资和控股子公司（单位）60余家，其中包括4个国家级企业技术中心和工程实验室，4个国家级质量检测中心，4家承担进出口、国内营销、金融等业务的专业公司，职工1.7万人。

◆西电集团改革发展　2017年，中国西电集团有限公司不断完善现代企业制度，加快建立市场化经营机制，全面完成公司制改制工作。与地方政府对接，所属企业签订“三供一业”移交正式协议2项、框架协议8项，减少企业法人户数8户。推进分类改革发展、分类考核分配，完成全部子企业功能界定与分类。加强企业领导人员“三项机制”（鼓励激励机制、容错纠错机制、能上能下机制）建设，强化考核结果在领导人员评价、薪酬评定、职位调整、优秀年轻干部培养等方面的应用，逐步构建“能者上、庸者下、劣者汰”的良性机制，激发干部干事创业热情。所属西安西电变压器有限责任公司、西安西电电气研究院有限公司主动探索，积极改革，改革案例被国务院国有企业改革领导小组办公室编撰的《国企改革探索与实践》收录。

◆西电集团重大项目　2017年，中国西电集团有限公司密切跟踪市场和行业变化，加大重大项目建设力度。在国内市场方面，中标云铝绿色低碳水电铝加工一体化鹤庆项目直流供电系统，合同金额8亿元；中标安徽颍上县采煤沉陷区130兆瓦水面光伏110千伏升压站和外线交钥匙工程、陕西斯瑞新材料股份有限公司1.82兆瓦分布式屋顶光伏项目交钥匙工程、西安立达合成材料开发有限公司80千瓦屋顶分布式光伏项目交钥匙工程，投运西电宝鸡电气有限公司5.9兆瓦屋顶光伏项目。国际市场方面，中标巴基斯坦±660千伏直流输电工程全部28台换流变压器，中标金额8.3亿元；中标OMVG几内亚林桑—博科输电项目241千米的EPC输电项目，中标金额3.2亿元；与中国国机重工集团有限公司签订老挝沙拉湾—色贡500千伏输变电项目总体10亿元合作框架协议。

◆西电集团国际市场开拓　2017年，中国西电集团有限公司积极参与“一带一路”建设，不断提升国际市场开拓能力，海外市场订货取得突破。在“一带一路”沿线40个国家与地区实现海外新增订货45亿元，比上年增长68.5%。海外基地建设顺利进行。3月，所属西电印尼公司举行开业典礼，并试制成功首台500千伏167兆伏安电力变压器；所属西电埃及公司与埃及输电公司、埃及电力控股公司先后签署坦塔220千伏等多个GIS变电站成套工程项目和变压器供货项目合同。加强与中央企业战略合作，先后与中国能源建设股份有限公司、中国机械工业集团有限公司所属中国机械设备工程股份有限公司和江苏苏美达集团有限公司等企业签订战略合作协议，共同开发海外市场。

◆西电集团科技创新　2017年，中国西电集团有限公司贯彻落实创新驱动战略，努力提升企业核心竞争力。重大创新研发取得突破，完成国际领先的±1100千伏高压直流工程小组件换流阀及阀控系统设备、±800千伏/5000兆瓦高压柔性直流换流阀、直流隔离开关、接地开关、穿墙套管，500千伏高性能、环保型串联变压器，巴西美丽山项目±800千伏高压直流输电工程换流变压器以及海上平台用柔性直流输电装置等重大、重点创新项目。全年完成项目鉴定验收90项，其中国际领先23项、国际先进26项、国内领先16项。在完成市场化选聘、引入职业经理人后，围绕西安西电电气研究院有限公司的研发目标定位，构建新型创新研发组织机构，搭建新型岗职位体系。搭建协同创新平台，与西安电子科技大学和西安高新技术开发区共同建设半导体先导技术中心；西电—交大电气技术研究院完成9项基础研究项目验收，新立项6个基础技术研究项目。

◆西电集团信息化建设　2017年，中国西电集团有限公司以《中国制造2025》为指导，依托国家智能制造项目，围绕企业转型升级，积极推进信息化与管理、制造、服务过程的融合，集团信息化整体水平被国务院国有资产监督管理委员会评为A级。初步建成具有统一的集团管控信息平台与子企业精细化运营信息平台，推动信息化与战略决策、经营管理、生产过程、风险管控融合，提高了信息共享和业务协同能力。依托“高压开关智能制造数字化车间”等5个国家智能制造专项和2个国家工业强基项目，推动企业从“自动化生产”向“数字化生产、智能化生产、网络化生产”转变，推动基于互联网的协同研发平台建设，开展数字化条件下的质量提升工程，建立产品远程在线监测及诊断系统，企业智能制造水平全面提升。作为国家智能制造标准化总体组成员，积极开展数字化智能化制造标准制定和研究，先后主持参与制定信息化应用技术标准9项、中低压输配电智能化工厂标准4项、开关设备数字化车间运行管理标准4项，并参与制定我国智能制造标准化规划、体系和政策以及智能制造国际标准化工作，开展了智能制造国家标准试点示范、应用实施和宣传、贯彻培训工作。

◆西电集团节能减排 2017年，中国西电集团有限公司推进节能减排工作，推行精益生产、“绿色制造”和能源管理体系标准建设，推进节能减排新技术、新工艺、新设备在基建技改项目中的应用，集团能源消费总量低于全国3.48个百分点，全年万元产值综合能耗、化学需氧量、氨氮、二氧化硫、氮氧化物等指标持续降低，节能减排工作绩效稳步上升。（林在强）

◆西电集团智慧工业园项目开工 2017年11月3日，中国西电集团有限公司智慧工业园项目在西咸新区沣东新城开工建设。园区以输配电及控制设备的研发、设计、制造等相关产业为基础，致力于打造智能、高效、绿色、可持续发展的工业集群。项目总投资100亿元，预计每年实现工业产值260亿元，项目一期绿色智能变压器数字化制造产业基地、绿色专业化高端制造产业基地投资逾50亿元，占地49.33公顷，建成后每年将实现工业产值超过100亿。（行中道）

信息产业

◆概况 2017年，西安市信息化建设以需求为导向，以应用促发展，信息化综合实力稳步提升，信息化发展从技术驱动向业务驱动转化。西安实现城市住宅小区光纤覆盖率达到100%，行政村光纤覆盖率达到100%，城区、重点区域及公共场所4兆网络覆盖率达到100%。相继支持建设西安市电子政务统一平台、“智慧西安”时空信息云平台等12个重大信息化项目。新增4家“全国‘两化’融合管理体系贯标试点企业”、3家“全国‘两化’融合管理体系贯标示范企业”；培育“陕西省制造业与互联网融合发展示范企业”“陕西省‘双创’示范基地（园区）及制造业与互联网融合发展示范项目”12个。全市信息化发展继续保持陕西省先进，进入全国信息化发展高水平地区行列。

◆“两化”融合 2017年，西安市持续做好“两化”融合管理体系贯标工作，培育“两化”融合管理体系贯标试点企业和示范企业。中国飞机强度研究所、中车西安车辆有限公司等4家企业入选“全国‘两化’融合管理体系贯标试点企业”；西安西电高压开关有限责任公司、西安陕鼓动力股份有限公司、西安飞行自动控制研究所3家企业入选“全国‘两化’融合管理体系贯标示范企业”。培育“陕西省制造业与互联网融合发展示范企业”，“陕西省‘双创’示范基地（园区）”及“制造业与互联网融合发展示范项目”。陕西鼓风机（集团）有限公司、陕西汽车控股集团有限公司、西电集团高压开关操动机构有限责任公司3家企业被陕西省工业和信息化厅评为“陕西省级制造业与互联网融合发展示范企业”；西安高新区工业软件示范基地、西咸新区沣西新城工业云大数据示范基地被陕西省工业和信息化厅评为“陕西省‘双创’示范基地（园区）”；陕鼓动力股份有限公司“陕西省工业企业能源智能管理云平台”等7个项目被陕西省工业和信息化厅评为“陕西省制造业与互联网融合发展示范项目”。全年为企业争取省级奖励资金1515万元。其中，为西安西电变压器有限公司、中航工业西安飞行自动控制研究所等15家“全国‘两化’融合贯标试点企业”争取省级奖励资金300万元；为西安陕鼓动力股份有限公司、陕西汽车控股集团有限公司等6个“陕西省‘两化’融合项目”争取省级奖励资金1215万元。

◆“智慧城市”建设 2017年，西安市工业和信息化委员会编制完成《西安市智慧城市总体设计》，包括《西安市智慧城市业务梳理和信息资源设计》《西安市智慧城市发展战略研究》《西安市智慧城市总体架构设计》《西安市智慧城市体系架构设计》《西安市智慧城市重点项目规划》《西安市“十三五”国民经济和社会信息化规划》和《西安市“十三五”信息安全规划》等内容。制定《西安市加快通信基础设施建设行动计划》并组织实施。实现城市住宅小区光纤覆盖率达到100%，行政村光纤覆盖率达到100%，城区、重点区域及公共场所4兆网络覆盖率达到100%。加强与电信运营商、企业及科研院所的合作。先后与中兴通讯股份有限公司、华为技术有限公司、杭州海康威视数字技术股份有限公司、阿里巴巴网络技术有限公司、深圳市腾讯计算机系统有限公司、北京京东世纪贸易有限公司等企业，西安交通大学、陕西省信息化工程研究院等科研院所签署战略合作协议，共同推进西安市“智慧城市”建设。在城市大脑、智慧交通、智慧旅游、智慧物流、移动支付等领域与相关企业广泛合作。

◆信息化项目建设 2017年，西安市工业和信息化委员会积极申请信息化专项资金，会同西安市财政局充分利用项目管理信息化平台，规范项目申报流程，帮助项目单位做好申报填写工作。与项目申报单位交流沟通，梳理建设目标与工作思路，协助修改完善申报方案。聘请具有丰富信息化和电子政务建设经验的专家，对相对成熟的35个项目进行评审，提出专家意见为领导决策提供参考，报请西安市人民政府批准下达《2017年信息化建设专项资金计划》，对12个项目进行支持。对2016年度西安市信息化建设专项资金项目进度进行跟踪问效，督促完成电子政务运维咨询、市人大代表建议服务平台改版升级、公安视频监控联网整合等11个项目建设和验收工作。电子政务统一平台、“智慧西安”时空信息云平台、公共信用平台、“12345”市民热线、民情大数据地图、精准扶贫大数据、城市应急数字集群系统、卫生医疗“一卡通”、中小学优质数字教育资源等信息化项目相继建成，政务服务网、公共安全视频监控建设联网应用等项目正在抓紧建设中，在带动相关领域信息化发展的同时，进一步提升了城市管理和公共服务水平。

◆信息资源共享 2017年，西安市工业和信息化委员会对全市政务信息资源进行全方位梳理和分类，形成31类《城市数据资源共享与开放列表》，包括基础数据库、部门专属数据库以及共享数据库。在此基础上，根据陕西省政务信息资源共享交换平台建设工作安排，对西安市有关市级部门信息化系统进行梳理，编制《信息资源目录》。依托时空信息云平台和陕西省公共信用平台推动政务数据融合开放。时空信息云平台汇聚11大类、19个委办、局、560个专题数据；公共信用信息平台接入46个市级部门、584个县级部门（区县开发区所属部门），100%实现了互联互通。

◆大数据产业发展 2017年，西安市出台《西安市大数据产业发展实施方案（2017—2021）》（市政发〔2017〕42号），提出到2021年，全市大数据产业达到1000亿元规模，相关产品和服务销售收入超过3000亿元的发展目标。6月

22日，举办西安大数据产业发展论坛，以“大数据——西安新的生产资料与生产力”为主题，国内知名大数据企业、各区（县）、相关市级部门约500人参加论坛。建成“智慧西安时空信息云平台（一期）”，为市级各部门和有关区（县）开展社会管理，提供公共服务奠定了时空数据基础。建设“西安民情大数据地图”信息系统，组织涉农区（县）绘制《民情地图》，采集人口信息超过350万人，为实施数字化管理、精准化服务提供支撑。组织各区（县）开发区申报一批工业和信息化部大数据产业发展试点示范项目和陕西省大数据与“两化”融合项目，推动阿里巴巴网络技术有限公司、华为技术有限公司、中兴通讯股份有限公司、浪潮集团有限公司等大型企业与市级部门在“智慧城市”建设中开展合作。

◆信用体系建设　2017年，西安市根据国务院《社会信用体系建设规划纲要（2014—2020年）》（国发〔2014〕21号）和《西安市人民政府关于进一步加强社会信用体系建设的意见》（市政发〔2016〕34号），印发《西安市公共信用信息管理办法》（市政办发〔2017〕85号）、《关于加快推进失信被执行人信用监督警示和惩戒机制建设的实施方案》（市办字〔2017〕195号）、《关于加强我市信用信息互联互通共享共用行动的通知》（市信用办发〔2017〕2号）和《西安市2017年社会信用体系建设工作要点》（市信用组发〔2017〕1号），明确了各区（县）、开发区和市级各部门的工作任务和责任，为推进全市社会信用工作打下坚实基础。做好行政许可和行政处罚信用信息公示工作，推进信用信息互联共享。全年向陕西省公共信用信息平台报送各类信用信息10193743条，占陕西省各级各部门报送信息总量（29449224条）的34.61%。48个市级部门、709个县级部门（区县开发区所属部门），100%接入了陕西省公共信用信息平台，全面实现了互联互通。建立西安市公共信用信息平台，完成“信用西安”网站的升级改造，加强失信联合惩戒力度。全年向陕西省公共信用信息平台报送食品药品领域“黑名单”信息2条、安全生产领域“黑名单”信息6条、拒服兵役“黑名单”信息7条。向陕西省信用管理办公室报送陕西荣鑫建筑工程劳务有限公司拖欠劳动报酬案、西安科威房地产营销策划有限公司拖欠劳动报酬案、实事集团建设工程有限公司拒不支付劳动报酬案3起典型案例。“信用西安”网站上半年和下半年2次发布重点领域诚信“红黑榜”信息，向社会公布“红榜”信息1100条、失信企业和个人“黑名单”信息1195条。（李博师）

◆软件产业　截至2017年年底，西安拥有2000多家软件和信息技术服务企业，年产值超过1800亿元。累计认定西安软件高新技术企业280多家，“软件企业、软件产品”双认定企业达800多家，软件著作权累计达5000余项，平均每家企业拥有著作权近7件。在煤炭、金融、教育等行业应用软件领域，聚集560余家企业，销售额超过460亿元，在行业标准、技术成果等方面处于国际领先。西安软件产业90%以上的企业和产值集中在西安高新计划产业开发区的西安软件园。该园建立了完善的服务体系，持续加大创新扶持力度，建立11个产业联盟、20个公共技术服务平台、1个专业IT人才服务平台和1个未来学习中心，拥有企业1880家，吸引就业15万人。韩国三星集团下属的三星电子研究院和三星SDS2个全球研发中心落户西安软件园。IBM（国际商业机器公司）、华为技术有限公司等25家世界500强企业也在西安软件园落户，华为西安研究所已成为全球规模最大的研究所，研发人员达1.3万人。西安软件园吸引了美国高科技投资型孵化器PNP和谷歌Google AdWords体验中心进驻。落户园区的西安斯凯智能公司研发的智能飞行器，在智能跟拍领域国际领先；西安西电捷通公司发明的网络安全接入标准“虎符TePA-WAPI”已成为国际通用标准，企业牵头制定出了6项国际技术标准和20多项国家技术标准。（行中道）

·电　信·

◆概况　2017年，中国电信西安分公司不断创新发展方式，持续优化运营模式，有序推进各项工作，发展质量不断提升，运营能力稳步增强，建设维护支撑保障能力持续提升，客户服务感知日趋向好，核心竞争力不断增强，顺利通过“全国文明单位”第二轮复查。总收入51.62亿元，比上年增长2.53亿元。截至年底，有固定电话用户242.14万户、移动电话用户579.51万户、宽带接入用户225.90万户、iTV用户197.29万户。向西安市上缴税金3958.60万元。全年为西安市提供社会就业岗位6000多个。全部从业人员6400余人，平均年龄35岁，专科以上学历占全部从业人员的80%。

◆电信业务开展　2017年，中国电信西安分公司连续12年超额完成预算目标，是陕西省唯一排名进入序列前50%的分公司，超认购目标2641万元。全年宽带市场份额为陕西省唯一正增长分公司，宽带净增份额陕西省第一。移动过网份额达26.06%。企业核心运营指标位居集团前列，利润率、总资产报酬率、税息折旧及摊销前利润率在全国主要交流本地网对标单位中均位居前三，其中利润率排名第一。移动有效用户完成全年目标的131%，全年发展“翼支付”合约用户22.47万户。开展800兆网络和“全网通”终端宣传，全年新增登网终端243万个，完成年目标的126%。开通61个光网城中村，推动“智慧家庭”建设。优化智能组网业务开通流程，开展全员体验、强化节假日宣传和专项促销活动。云业务市场占陕西省云业务发展量的80%，上云客户超过1000家，其中“交警云”获“中国混合云优秀案例”；“众盈医疗”获“中国电信集团公司”“十大优秀案例”及“中国混合云十大用户”。物联网市场，第三代通信技术与第四代通信技术和NB-IoT（基于蜂窝的窄带物联网）双管齐下，全年开卡11.1万张，出账率、激活率均占陕西省50%以上。利用NB-IoT网络先发优势带来的窗口期，打造合作生态，完成50家企业设备现网测试，其中西安机动车停放、西安浐灞生态区智能井盖及斯特大禹智能水表项目率先实现NB-IoT商用，开通NB-IoT卡5540张。互联网+行业市场，聚焦政务、教育、医疗等行业信息化需求，在精准扶贫、“阳光村务”及“平安综治”等领域快速复制推广，市区及7个郊区（县）精准扶贫项目全面签约；阎良区及西咸新区“阳光村务”项目落地；周至县、长安区、鄠邑区、临潼区等“平安综治”项目顺利推进。

◆电信网络运营　2017年，中国电信西安分公司以“千兆引领、百兆覆盖”为目标，开展10千兆无源光网络建设，支撑300兆提速，完成140万100兆及以上宽带用户上行提速。完成农村5兆、城区3兆翻频，800兆基站达2083个。聚焦大流量发生区，有针对性地打造西安高新技术产业开发区、西安曲江新区精品网，完成63所重点高校网络优化，第四代通信技术入网基站达8017个，移动网络覆盖率达96.83%。建成覆盖广质量优的NB-IoT网络，完成全网部署，覆盖能力与C网相当，NB-IoT小区达到4322个。持续开展网络转型，完成全部TDM（时分复用模式）交换端局退网工作，盘活机房2000平方米。22个分公司成立承包单元56个，光宽端到端能力不断完善，移动网络感知优良率达到93.7%。本地万用户申诉率月均值比上年下降8.44%，工信部门及中国电信集团公司越级申诉发生量分别下降8.88%和18.96%。优化流程172条，简化9项合同审批流程；政企类审批时限从22天缩减至2天，“标准云”开通周期从1个多月压缩到1天；公开发布4大类28项负面清单，明确制度红线。

◆“警务通”项目建设 2017年，中国电信西安分公司与西安市公安局交通警察支队在签订“交警云”合作协议之后，又中标西安公安交警支队“警务通”项目，发展2090部移动用户。在西安市公安局“警务通”应用平台上深入开发，设计适用于交警行业的可嵌入应用模块，完成路面执法、警力布置等适用于交警工作的互联网+交通管理功能，同时可与公安部集成指挥平台对接，提升了西安交警的信息化执法水平。

（李红娟）

·移　动·

◆概况 2017年，中国移动通信集团陕西有限公司西安分公司推进“提速降费”和“宽带中国”战略，加快发展，深化企业体制机制变革力度，实现了个人、家庭、政企三大市场经营转型。全年收入规模67.4亿元，服务客户855万户，市场占有率58.3%。与西安市公安局刑侦局联合，利用大数据提升对电信诈骗防控力度，协助公安机关侦破伪基站犯罪案件6起，抓获6人。

◆移动网络建设 2017年，陕西移动西安分公司不断加大网络基础设施投资，重点强化第二代通信技术网络换型和第四代通信技术精品网络建设。无线基站建设突破万站，持续推动高清视频通话技术，全面做好高铁、机场、高速公路等重点场景网络覆盖，提前实现西成高铁第四代通信技术网络信号100%全线开通。物联网一期站点100%开通，在全国省会城市中第四个完成第二代通信技术网络退频重耕工作。传输网络上，全力推进西安区域通信线缆架空落地工作，完成枣园西路、丈八北路、汉城路、星火路、红光路等35条市政主干道路的整改工作。分纤点规模稳固提升，新建管道连续2年突破500千米，传输接入距离进一步缩短。

◆移动业务发展 2017年，陕西移动西安分公司以打造客户最满意的第四代通信技术通信服务为目标，实现运营能力精细化，以大数据精准分析，满足客户不同流量需求，打造微信联盟生态体系，不断提升客户4G服务感知。依托“宽带免费送”政策优势，不断让利和推进惠民政策，企业发展能力获得提升，全年宽带客户净增份额达到100%，有力推动宽带市场的资费下降。进一步扩大宽带网络覆盖率，为城区近90%的家庭用户提供全光纤宽带服务，在乡（镇）全部覆盖。开发“和家庭—惠享套餐”等新的宽带产品资费套餐，从9月底开始，在全市开展“50Mbps极光宽带限时免费”活动，在实现宽带速率由50兆起步的同时实现宽带资费下降20%。9月1日，取消长途漫游费，同时建立客户服务保障机制，设置“10086”一体化客户咨询投诉专线，确保“取消手机国内长途漫游费”政策平稳落地。3月1日，“一带一路”沿线全部64个国家和地区的国际漫游语音资费下调至0.99元/分钟；53个国家和地区的国际漫游流量资费调整为30元/60元/90元的包天不限流量资费。5月1日，大幅下调70个国家和地区的国际长途直拨资费，21个国家和地区从6.88元/分钟或1.88元/分钟下调至0.49元/分钟，49个国家和地区从6.88元/分钟或1.88元/分钟下调至0.99元/分钟。5月，陆续通过“任我用”全网流量限速不限量套卡、流量包补价升档方案、“任我享”流量半年包优惠活动3项具体降费举措，推进客户流量资费优化。建立客户视角化的网络服务质量标准，完善客户投诉全流程质量管理和“心服务”微信平台，不断提升客户服务。

◆移动“智慧城市”建设 2017年，陕西移动西安分公司积极参与西安市“智慧城市”建设，不断深化与政府机构、教育、医疗等行业的合作，为政府、企业、学校提供个性化的信息化服务。承建西安市人民政府“12345”市民热线综合服务平台，在建设过程中提供了专线接入、云平台建设数据存储等技术支撑，并安排专业培训人员对230多名话务员进行业务培训。与高陵区教育局合作建设中小学网络带宽“校校通”提升项目，为校园提供信息化服务，对高陵区79所中小学校园进行网络硬件升级，优化校园互联网环境，推进“智慧校园”平台建设。签约OFO（小黄车）物联网项目，改善市民出行“最后一公里”问题。（刘文辉）

·联　通·

◆概况 2017年，中国联合网络通信有限公司西安市分公司坚持以提质增效为核心，经营效益大幅改善。主营业务收入比上年提升10.7%利润提升150.6%，预算完成率183%，利润率提升11.2个百分点。市场地位不断提升，移动业务用户市场份额达到20.5%，提升2.3个百分点；整体收入占市场份额18.7%，较年初提升1.8个百分点。

◆联通经营改革 2017年，中国联合网络通信有限公司西安市分公司落实国有企业混合所有制改革工作要求，优化体制机制，一级管理部门数量由25个精简至18个，生产中心由62个精简至50个，机构总数减少19.6%。公司人均劳产率119.1万元，比上年提升14.2%。严格执行实名制管理要求，新入网用户实名率100%，现网用户实名率98%以上。对54.2万体验到期用户批量关停，清退无效渠道38家，对229家低效渠道进行费用管控，低效渠道占比由年初的15%降至5%。开展欠费清收，全年收回坏账2108万元，坏账率由2.86%下降至1.43%，短期欠费率由5.5%下降至1.7%。

◆联通重点项目拓展 2017年，中国联合网络通信有限公司西安市分公司以创新业务为驱动，在信息化应用等方面与政府开展深入而广泛的合作，并在多个行业形成突破，逐步形成标杆化、规模化、以点带面的良性发展趋势。借助“企业上云”“提速降费”的政府要求，将云网一体化产品纳入政企客户服务体系，推出云网组合产品，借助传统业务拉动云业务发展。与西安科技大市场服务中心合作建设“西安市现代服务业综合试点——技术转移产业链构建与完善项目（资源）数据中心”，“软服务”（科创云科技创新服务资源）与硬服务（空间集聚载体、金融资本、IT基础设施）结合，为区域打造创新生态，实现科创云第三方平台引流。与西安市现代农业展示中心合作建设“智慧果园推广集成示范项目”，打造综合管理云平台和数据中心以及6个应用子系统，形成“数字化、信息化、专业化、标准化”高度融合的智慧管控平台。

◆联通网络建设 2017年，中国联合网络通信有限公司西安市分公司新建通信管道137.62管程公里、320.89管孔公里，完善主干管道规划中的南、北二环和东西横线部分段落管道建设，提升了核心骨干网络安全性。核心网通过升级扩容实现全网高清语音功能，第三代通信技术、第四代通信技术附着能力达到430万，移动网络的上网出口能力从80兆升至280兆。传送网通过100兆波分系统建设，将环网承载能力提升了20倍。移动网通过宏微协同等新的技术手段，第四代通信技术全网业务忙时资源利用率达80%，比上年提升53个百分点，网络整体流量增长4.34倍。市区重点场景网格以31%的面积聚集了76%的业务量，移动网流量增长4.5倍。开展语音及数据感知专项提升，解决网络短板问题973处，口碑场景9项指标全部合格，其中5项达到优秀标准。率先完成地铁载波聚合及西成高铁西安段网络覆盖，完成中国共产党第十九次全国代表大会等重要通信保障任务。落实网络提质增效工作，实施网络瘦身和电信共建共享，全年节约建维费用5129万元。（黄　欣）

·无线电管理·

◆**概况**　2017年，西安市无线电管理委员会办公室贯彻执行新修订的《中华人民共和国无线电管理条例》及相关政策法规，确保西安市行政区域内无线电频率指配、台站审批、监督检查、干扰查处、频率资源费收缴等工作顺利开展。截至年底，西安市在册登记的各类无线电台站27885个。其中，广播电台13个、电视台17个、差转台2个，甚高频及特高频固定陆地电台127个、移动电台4155个，集群移动通信系统（基站）98个，蜂窝移动通信系统基站17633个，无线接入系统中心站1个、终端站17个、无线数据电台121个，卫星地球站12个，微波接力站314个，业余电台5293个、其他电台82个。主要分布在电信、广播电视、铁路民航、抢险救援、公安、厂矿企业和宾馆饭店、物业管理、旅游娱乐场所等行业和单位。无线电技术的广泛应用，成为推动社会发展的重要生产力。

◆**无线电频率台站管理**　2017年，西安市无线电管理委员会办公室全面推进频率台站管理工作，进一步规范台站设置使用。做好频率审批工作，做好西安地铁四号线1.8兆频率预指配及西安市公安局1.4兆频率审批协调工作，讨论制定共网建设的建议方案。受理华润万象城、万达one等19个新设台单位频率申请，指配频率50个。为意大利总统、缅甸总统、柬埔寨首相访问共指配频率16个。召开重点设台单位政策法规培训会议，对频率台站业务办理和无线电干扰投诉做系统讲解，有效提高设台单位无线电管理政策法规水平和依法用频意识。实地检查走访重点设台单位8个，在汛期对临潼区防汛电台进行检查，协助防汛部门解决用频相关问题。做好公众移动通信基站按季申报工作，完成年度无线电台执照核验和收费工作，收缴频占费178.8万元。加强业余无线电台呼号指配和执照核验工作，全年完成陕西省业余电台呼号指配982个、业余中继台呼号指配5个，为西安市新核发执照681个、执照核验653个。抓好业余电台操作技术能力考试验证工作。做好2017年国际业余无线电联盟HF世界锦标赛中国总部电台在西安比赛期间的组织实施，确保比赛成功举办。

◆**无线电监测检测**　2017年，西安市无线电管理委员会办公室完成陕西省无线电管理委员会办公室下达的指令性监测任务，对民航、广电、部队、气象、电信运营等重要部门进行重点监测。全年监测7916小时，其中固定站监测5316小时，移动站监测2600小时，上报《监测月报》12份，填写监测记录200余份。组织力量对无人机规划频率进行专项监测，共计监测72小时，并及时上报监测数据。开展频谱使用评估专项活动，历时20天，在渭南市、铜川市、杨凌农业高新技术产业示范区监测站的支持下，完成西安市11个区、2个县的数据采集工作，其中道路监测出动工作人员120余人次，出动监测车辆32台次，行驶里程3100余千米，采集数据330兆；固定站监测216小时，采集数据40兆。排查各种有害无线电干扰，充分发挥航空、铁路等专用频率保护长效机制作用，全年排查卫星、公众移动通信、地铁等重要业务受干扰事件11起，维护正常无线电通信秩序。做好无线电设备检测工作，针对移动公司第三代通信技术基站撤销等新情况，重点加强运营商基站检测工作，首次实现对第四代通信技术基站检测。在配合公安机关打击“黑广播”“伪基站”行动中，检测鉴定各类无线电发射设备36台。

2017年7月8—9日，2017年国际业余无线电联盟HF世界锦标赛中国总部电台比赛在西安举行

◆**无线电安全保障**　2017年，西安市无线电管理委员会办公室做好2017西安国际马拉松赛无线电保障工作，围绕中央电视台直播、安全保卫、指挥调度、公众通信等无线电通信安全，积极协调，主动介入，监测200小时，检测设备16台，指配临时用频57个，排查干扰10起，确保赛事期间无线电业务安全。完成意大利总统、缅甸总统、柬埔寨首相等外事活动监测任务，做好频率保障，开展保护性监测，确保各类通信安全顺畅。参加全国研究生考试，高考，公务员考试，大学英语四、六级考试等重大考试无线电监测保障24次，发现并压制考试作弊信号5个，查获作弊设备3套。

◆**无线电监督检查**　2017年，西安市无线电管理委员会办公室开展打击治理电信网络新型违法犯罪专项行动。做好技术支持工作，配合公安部门严厉打击“黑广播”“伪基站”。监测监听5670小时，出动技术人员238人次，测向定位“黑广播”80个。配合公安机关查处“黑广播”70台、“伪基站”7台，有效打击了利用“黑广播”“伪基站”进行电信诈骗违法犯罪活动。开展无线电发射设备销售市场专项检查。按照陕西省人民政府“多证合一、一证一码”改革要求，制定《关于进一步做好无线电发射设备销售备案宣贯落实工作方案》，与西安市工商行政管理局组成联合检查组，对11家无线电发射设备销售相对集中的市场进行检查，有效地促进无线电发射设备销售市场的监管。

◆**无线电管理宣传**　2017年，西安市无线电管理委员会办公室加强新修订的《中华人民共和国无线电管理条例》宣传贯彻工作，以法制宣传、科普宣传、监管动态宣传为重点，在“世界无线电日”“业余无线电日”“世界电信日”“科技之春”“学术金秋”和“中华人民共和国无线电管理”《条例》宣传月期间，突出《条例》宣传重点，开展《条例》进校园、进地铁、进市场宣传活动，多角度、全方位宣传《条例》内容，扩大《条例》宣传覆盖范围。开展《条例》有奖知识竞答活动，在9月11日《陕西日报》上专版刊登竞赛题目，收到来自陕西省及天津、吉林、福建等地的800余份答卷，评选出131名获奖人员。注重结合行政审批、监督检查及无线电管理业务技术工作，及时开展宣传，适时报道无线电管理工作情况。在省级媒体发表宣传稿件107篇，其中国家无线电网站及杂志转载55篇。完成《西安年鉴（2016年）》“无线电管理”内容的编写和《西安无线电管理志》的初稿编写工作。（姚　琦）

电力、热力、燃气及自来水供应业

责任编辑　姚文东

电力供应

◆概况 2017年，国家电网西安供电公司管辖35千伏及以上变电站141座，容量1177万千伏安，线路290条2948千米；10千伏线路1518条10371千米，配变11224台；用电客户201万户。迎峰度夏期间电网，最大负荷819.4万千瓦，最大日用电量16723万千瓦时，均创历史新高。西安地区发电装机总容量160.5155万千瓦，全网发电量796252万千瓦时。其中，统调电厂发电量761361万千瓦时，比上年增长1.15%；非统调电厂发电量34891万千瓦时，增长16.71%。统调电厂发电量中，大唐灞桥热电有限公司发电量82775万千瓦时，大唐灞桥电厂新机组发电量330313万千瓦时，大唐鄠邑区第二热电厂发电量348273万千瓦时。

◆电网建设 2017年，国家电网西安供电公司优化《“十三五”电网发展规划》，完成《2019年西安“一带一路”高峰论坛电力保障方案》的编制。中共西安市委、西安市人民政府主要领导批示电网建设工作8次，市政府召开电网建设专题会6次，对公司电网建设项目审批开通“绿色通道”。国家电网西安供电公司落实±1100千伏昌吉—古泉特高压过境等10项工程属地化责任。完成66个“十三五”规划项目选址、110千伏西安国际港务区2号变电站等17项工程可研性报告的编写，110千伏杜城变电站等15项工程被核准开工。新建投运110千伏雁栖变电站等6站，完成改造110千伏至王变电站等8站，新增变电容量79.4万千伏安。完成330千伏城北变电站110千伏送出等5项线路工程，新建改造10千伏架空线路249千米、电缆145千米。完成219项居配工程供电。建成西安高新智能电网综合工程。

◆电网营销服务 2017年，国家电网西安供电公司建成供电服务指挥平台，实现营配调资源集约管理，抢修恢复时间缩短8.9%，抢修工单一次解决率提高14.5%。净增业扩容量385.5万千伏安，比上年增长22.3%，结存容量较年初下降40.4%。8.16万户实现“多表合一”接入，22万户低压非卡表用户全面应用远程费控系统，预收电费突破11亿元。累计安装智能表226.33万只，用电信息采集成功率达到99.5%。在陕西省首家完成营业厅转型试点。高、低压客户线上办电率分别达到99.25%和93.49%。完成光伏并网15.32万千瓦，消纳电能7442万千瓦时。累计建成充电站12座、分散充电桩374个，充电量突破6000万千瓦时。大力宣传“煤改电”和居民峰谷电价政策，全年替代电量11.34亿千瓦时，比上年增长106%。

◆农电建设服务 2017年，国家电网西安供电公司完成135个小城镇（中心村）电网改造升级、355眼机井通电和27个“村村通”动力电工程。完成新一轮农网改造升级，5项工程获国家电网陕西省电力公司“百佳精品工程”；蒲阳等5项110千伏输变电工程获国家电网公司“输变电优质工程”。实现“全能型”供电所建设全覆盖，建成临潼秦俑国网五星级供电所和长安东大等5个“互联网+全能型”供电所。持续开展“零投诉”劳动竞赛，对5家县公司进行客户投诉专项诊断约谈，投诉总量比上年下降17%，88个营业厅、供电所实现全年营销服务“零投诉”。

◆电力安全生产 2017年，国家电网西安供电公司严格执行作业现场“十条禁令”（严禁无票作业；严禁违章指挥；严禁着装不规范进入生产现场；严禁安全交底不清开工作业；严禁未办理动火工作票进行动火作业；严禁不系安全

西安市2017年各行业用电量

行业名称	本　期（万千瓦时）	用电结构比（%）	上年同期（万千瓦时）	用电结构比（%）	同比增长率（%）
全社会用电合计	3214105	100.00	3120582	100.00	3.00
第一产业	83489	2.60	87825	2.81	-4.94
第二产业	1154786	35.93	1147294	36.77	0.65
第三产业	1025890	31.92	981678	31.46	4.50
城乡居民生活	949940	29.56	903785	28.96	5.11
城镇居民	697527	21.70	639914	20.51	9.00
乡村居民	252413	7.85	263871	8.46	-4.34
全行业用电分类	2264165	70.44	2216797	71.04	2.14
一、农、林、牧、渔业	83489	2.60	87825	2.81	-4.94
其中：排灌	46879	1.46	51339	1.65	-8.69
二、工业	1070059	33.29	1062188	34.04	0.74
轻工业	155210	4.83	170735	5.47	-9.09
重工业	914849	28.46	891453	28.57	2.62
三、建筑业	84727	2.64	85106	2.73	-0.45
四、交通运输、仓储和邮政业	119115	3.71	109911	3.52	8.37
五、信息传输、计算机服务和软件业	72797	2.26	61950	1.99	17.51
六、商业、住宿和餐饮业	311200	9.68	301414	9.66	3.25
七、金融、房地产、商务及居民服务业	215675	6.71	212666	6.81	1.41
八、公共事业及管理组织	307103	9.55	295737	9.48	3.84

带进行高空作业；严禁使用不合格脚手架；严禁擅自扩大工作范围或变更安全措施；严禁使用不合格的工器具和特种设备；严禁安全教育和技能培训考试不合格者上岗作业）。开展“基建现场反违章专项行动”，强化外包队伍施工安全管理，将5家企业列入“黑名单”。完成资产全寿命周期管理试点。春、秋检消除隐患缺陷1689项，完成24条54千米电缆沟道及光缆综合整治。优化电网运行方式，发布电网风险预警279份。高质量完成“7·22”风灾倒塔等应急抢修工作。迎峰度夏期间，西安电网负荷创历史新高，最大负荷、最大日用电量分别比上年增长13.5%和18.5%。完成中国共产党第十九次全国代表大会、法国总统访华等131项重大活动保电任务，实现连续安全生产2000天，创公司历史最长纪录。

（马　骥）

热力供应

◆**概况**　2017年，西安市城区有市政集中供热企业9家，有热交换站2431个，比上年增加255个；集中供热面积18820万平方米，增加977万平方米。郊区（县）有市政集中供热企业12家，有热交换站445个，增加131个；供热面积2310万平方米，增加297万平方米。西安市热力总公司供热面积6882万平方米，供热量1997.98万吉焦；西安热电公司供热面积2558万平方米，供热量939万吉焦。

◆**供热管理与服务**　2017年，西安市市政公用局完善燃气管理长效机制，履行燃气行业监管职能，行业发展呈现健康有序态势。加大行业法规修订完善力度，完成《西安市城市集中供热管理条例》修订稿的起草，并报经西安市人民政府常务会议审议通过，提交西安市人民代表大会常务委员会修订。12月17日，《西安市集中供热条例》经西安市第十六届人民代表大会常务委员会第八次会议审议后表决通过，报陕西省人民代表大会常务委员会批准施行。《条例》在供热规划建设、供热用热、设施管理、监督管理、法律责任等方面做出详细规定，同时还规定因供热企业原因导致用户室温不达标，供热企业应在每年集中供热期结束后至6月30日前，通知用户按相关标准办理退费。不断增强市政集中供热保障能力，提前开展集中供热前期检查准备工作。11月4日，各市政集中供热企业开始错峰点火，进行烘炉、管网加水、冷循环等工艺流程；11月8日，开始预供热，启动热循环；11月15日零时，达标运行，全市市政集中供暖工作整体运行平稳。针对11月2日西安市热力总公司南门站排烟设备起火和大唐灞桥热电厂东郊能源有限责任公司11号、12号机组超低排放改造工程整体工期滞后影响区域供热的重大问题，迅速成立专项工作组协调解决有关问题，确保区域内正常供热。经协调督导，11月22日，南门站锅炉完成抢修并点火，11月24日区域内供热恢复正常；11月20日，大唐灞桥热电厂东郊能源有限责任公司12号机组抢修完毕并点火，11月22日全部蒸汽管网居民用户恢复供热；11月30日，大唐灞桥热电厂东郊能源有限责任公司11号机组抢修完毕并点火。大唐渭河热电厂加大对城北区域的供热量，11月22日区域供热恢复正常。强化过程管理，建立管理人员逐日检查制度、每日一报制度，以及由各区管理人员组成的“供热管理群”和供热企业人员组成的“供热工作群”，强化部门沟通。首创供热企业“管家式”服务体系，为每一个小区配备一名“热管供家”，及时协调解决存在的问题。赴小区开展“访民问暖”活动，走访小区120余个。坚持24小时值班抢修电话和投诉热线，耐心解答用户的疑问，认真记录用户合理意见和建议，投诉解决率达到98%。

2017年7月，大唐灞桥热电厂实施11号、12号机组超低排放改造

◆**燃煤锅炉改造**　2017年，西安市市政公用局落实《“铁腕治霾·保卫蓝天”“1+1+9”组合方案》任务，督促市政集中供暖企业加快燃煤锅炉拆改工作，尽早实现“煤改气”任务“清零”。西安市各供热单位实施“一减二改三控”治污减霾方案，为城区“煤改气”工程供气2亿立方米，削减散煤30万吨。完成1台大型锅炉超低排放改造和5台燃煤锅炉“煤改气”工作，减排大气污染物5000余吨。严格控制工地扬尘、供热站排放物及煤库粉尘，各供热站均安装电子屏，实时显示排放数据，公开接受监督，实现“全部纳入、实时公布”。

（张铋　潘珅）

燃气供应

◆**概况**　2017年，西安市天然气所辖天然气管线投运7144千米，供应天然气居民用户237.4万户、工商用户1.1万户、加气站46家、分销商2家。投运门站2座、储配站1座（4台1万立方米球型储罐）、液化天然气应急调峰站一座（210万立方米）、高中压调压站20座。全年用气量22.37亿立方米，建成燃气管网136.151千米。大力推动“天然气入村、入户改造工程”，改造21180户，主城区城市气化率达到90%以上，郊区（县）气化率均达到60%以上。

◆**燃气行业管理**　2017年，西安市市政公用局持续加强供气行业监管，先后开展3轮燃气供应大安全检查。针对发现的问题，制作“问题清单”和检查台账，限期督促整改。组织开展2次燃气供热行业应急演练，提升行业应急能力。督促西安市秦华天然气有限公司加快“新气源”建设，全年完成投资额1.2亿元，占年度计划的76.73%，完成管道建设20千米。协调支持“第二气源”建设。冬季高峰供气期间，主动发挥行业监管作用，加大气源协调力度，及时启动应急预案，居民生活和供暖用气保持正常。

（张　铋）

◆**高峰供气**　2017年，西安秦华天然气公司针对高峰供气期间出现的“气荒”情况，采取“上争下限”“压非保民”措施，热力、热电2家单位积极响应“让气于民”政策，西安市交通燃气有限责任公司及时投运引镇液化天然气应急储备站，缓解全市用气紧张形势，确保了

西安秦华天然气公司工作人员在液化天然气应急调峰站检查

全市安全用气。

◆供气工程建设　2017年，西安秦华天然气公司加强供气工程建设。

液化天然气应急调峰站扩建工程　为保障城市能源的应急保障和应对冬季上游供应不足情况下的调峰应急，开始建设1座水容积2.5万立方米、天然气总储气量1500万立方米的三层全容液化天然气应急储罐及其辅助设施。3月中旬，该工程完成与当地村民协调工作，并全面开工建设。截至年底，罐体基础桩安装完成，并进行测试，完成大罐承台全部浇筑工作。预计全部建设工作于2018年完成。

天然气城市气化三期工程　计划投资2000万元，年底完成投资6501万元。永福路、未央路和吕小寨规划路等60条中压路段开工，其中完工49条。完成中压管道敷设27.76千米。

高陵分输压气站至灞河西路输气管道工程（新气源工程）　为从根本上解决气源供应短缺问题，全面启动西安市新气源项目建设工作。项目总投资5.76亿万元，年计划投资1.5亿万元。截至年底，5个标段陆续开工。项目建成后，预计年供气能力近期为20亿标准立方米，远期将达到70亿标准立方米，并实现西安市双气源供应保障。

◆供气安全及服务　2017年，西安秦华天然气公司天然气安全风险管理工作继续以“预防为主、科学管理”为宗旨，高度重视违章压占天然气管线和客户户内安全隐患治理工作，实行闭环管理，制定消除120处隐患整改工作的目标，并将企业自身难以解决的占压隐患问题专题上报西安市人民政府，得到市领导和相关部门负责人的高度重视并挂牌督办。经努力，消除占压隐患72处。5月1日起，落实《天然气报建“让客户只跑一次”实施方案》，调整相应的管理架构，将用户前来公司申报改为由项目经理主动上门服务，并推出报装建设时限要求，结合“一口价”和预留管网等措施，加快报建速度，方便用户。截至年底，通过网络和电话报建的用户比率达到46%，减少用户上门3000多人次。增设24小时售气网点，市民可就近到24小时充值网点、旗舰自助银行及秦华天然气营业厅的自助交费设备进行购气。

（潘　珅）

自来水供应

◆概况　2017年，西安水务（集团）有限责任公司完成城市售水44795万立方米，污水处理34975万立方米，实现年收入15.7亿元，实现利润总额4700万元，净资产收益率0.71%，管网水质合格率99%。

◆自来水工程建设　2017年，西安水务（集团）有限责任公司完成2项市级重点建设项目，完成投资80131万元。其中，老化管网改造工程完成投资10019万元；户表集中改造工程完成投资70112万元。西南郊水厂的主体结构建设、城市给水管网建设Ⅰ期工程、沣皂水源地（第三水厂）高峰供水应急工程等建设项目全面竣工。再生水利用工程等“惠民实事”和城建项目均超额完成年度计划任务。

◆自来水经营管理　2017年，西安水务（集团）有限责任公司持续深化企业改革发展，整合已有资源，打造“原水—自来水—污水处理及再生水回用—工程建设管理”4项核心业务板块。合理设置二级子公司，理顺西安市黑河供水有限责任公司和原水业务单位产权关系，提高资本运营效率。积极创建PPP项目库，将投资近15亿元的西安市西南郊水厂引水渠道项目向西安市人民政府申报。与中国节能环保集团有限公司合资成立陕西中节能水务有限公司，落实到位中央资金3.1亿元。主动对接西咸新区，完成《西咸新区供水方案》的编制工作。

◆自来水营销服务　2017年，西安水务（集团）有限责任公司先后整理出4大类19条“行政效能革命”措施，公布11项“最多跑一次”服务事项，加强自来水营销服务。配合西安市“12345”市民热线的开通，开通自来水服务受理电话业务；借助“互联网+”，实现用户报装、水费查询在线办理；开通自来水业务一厅式办理，全面提高服务效能。加快实施“供水服务进社区”工程，推进居民户表改造与抄表到户，加快接管符合条件的二次供水设施，为广大居民提供优质供水服务。

◆供水安全管理　2017年，西安水务（集团）有限责任公司坚持“党政同责、一岗双责”原则，全面落实企业安全生产责任制。按照“谁主管，谁负责”原则，层层分解安全生产责任，组织各类安全专项检查12次，完善和修订应急供水抢修、水污染应急处置、氯气泄漏应急抢险等预案65个，整编应急抢险分队34支，开展应急演练155次，邀请专家组对集团32个厂、站进行大检查，实现安全生产“零事故”目标。建立集团系统两级“河长”“湖长”治理体系，设置各级河长、湖长25名，全年巡查914人次，对发现的隐患及时进行整改，确保原水水质和防汛度汛安全。

（张轩铭）

◆水源地建设管理　2017年，西安市水务局按照国家环保督查要求，实现水源地规范化、标准化建设。申请财政专项资金，给全市重要水源地制作“交通指示牌”44个，语音提示系统39个，标志、标识牌440个，并于5月中旬全部安装完成投入使用。7月11—14日，受陕西省人民政府委托，陕西省环境保护厅、陕西省水利厅等对李家河水库等9个饮用水水源地保护区划分方案进行现场勘查。7月14日，召开专题会议进行评审，一致通过李家河等9个水源地的划分技术报告。西安市水务局把水源地评估作为项目环境评价的前置条件，加大对水源地保护的管控。先后审批新建城际铁路阎良—机场线穿越西北郊饮用水地下水源地、西安—延安铁路线通过张卜饮用水地下水源地、西（安）延（安）高铁穿越灞河水源地等建设项目。

（寇石峰）

建筑业·房地产业

责任编辑　姬娟妮

建筑业

◆概况 2017年，西安市总建筑规模3064.38万平方米，比上年增长13%；总投资额706.54亿元，增长18%；完成建筑业总产值3304.54亿元，增长13.7%；实现增加值938.30亿元，比上年增长5.3%。全市具有资质等级的总承包和专业承包建筑业企业实现建筑业总产值3304.54亿元，增长13.7%，其中，国有及国有控股企业2588.18亿元，增长13.1%。所有资质等级企业签订合同额9085.74亿元，增长18.0%。西安市城乡建设委员会受理、审批新申请和增项企业1641家；报陕西省住房和城乡建设厅资质升级187家、中介类企业资质17家；净增入库企业158家，占全年任务的158%。验评市级文明工地175个，上报“陕西省文明工地”127个。发放“建筑工程施工许可证”543个，办理房地产并联审批项目28个，总规模252.72平方米，总投资45.25亿元。西安市人民政府办公厅印发《在全市工程建设领域开展建筑工人实名制管理工作方案》，在全市工程建设领域在建和新开工项目中实施建筑工人实名制管理，以“西安市建筑工人实名制管理系统”为平台，细化城建系统各部门责任分工。截至年底，西安市建筑工人实名制管理平台有在线建筑工人73568人、项目872个、企业1265家。西安市城乡建设委员会征收建筑工程劳保统筹基金23.33亿元，占全年任务的328.59%；征收城市配套费11.14亿元，占全年任务的180.8%。开展全市工程监理、造价咨询、招标代理企业的执业行为专项检查和西安地铁三号线问题电缆事件涉及的建设、施工、监理等责任主体专项调查。完成“西安市‘智慧建设’管理与服务综合平台”与陕西省、西安市及建设工程招投标管理办公室的数据对接，实现数据互联互通和共享。研究制定《机制砂生产与应用技术规程》，修订《西安市预拌砂浆企业信用评价办法》。完善预拌砂浆市场监控信息化平台，与西安市城乡建设会员会扬尘在线监测系统平台实现共享。推广西安市使用预拌砂浆276.2万吨，指导预拌混凝土企业生产商品混凝土2071.9万立方米，水泥生产企业完成水泥生产128.5万吨，其中散装水泥90.1万吨，散装率达到70.39%。

◆建筑质量安全监管 2017年，西安市未发生较大以上安全生产事故，安全形势总体平稳。西安市城乡建设委员会监管城六区房屋建筑工程项目122个，建筑面积约681万平方米；监管轨道交通工程四号线、五号线一期、六号线一期、一号线二期共计56个标段，总里程86.8千米；监管综合管廊项目14个，总里程25.76千米。质量强市创建各项工作有序推进，1月迎接陕西省人民政府考核检查，全年创建工程质量示范点3个；办理西安市城六区（非城改项目）建设工程竣工验收备案144个；受理回复保修期内的房屋建筑工程质量投诉265个。按照西安市处理房屋办证遗留问题领导小组办公室工作方案和实施细则，对第一批、第二批转办项目进行摸排，对83个城六区项目提出处理意见，其余项目转办各委托开发区。召开西安市建筑安全委员会会议3次，组织开展各类专项检查活动4次。实行安全舆情“一日一报”制度，及时、全面掌握全市工程安全状况。召开全市文明工地现场观摩会。开展施工质量安全大检查大排查大整治行动，对22个区（县）、开发区进行全面督导。配合陕西省住房和城乡建设厅召开陕西省文明工地暨施工扬尘防治现场观摩会，以点带面、示范引路，推动行业管理水平提升。推动落实“工程质量安全三年提升行动”，严格执行“两书一牌一档案”制（“两书”：“质量终身负责制承诺书”“法定代表人授权书”；“一牌”：工程永久性标示牌；“一档案”：质量责任信息档案），加强对6大类主要建材构配件的抽查、抽测，开展工程质量通病治理工作。迎接住房和城乡建设部督查组检查，受检房建工程质量总体评价较好。重新更换建筑起重机械产权证，加标防伪标识，杜绝“一证多机”现象。组织召开首届建筑起重机械安全管理现场会，引导从业人员树立安全意识、提高实操能力。召开专题培训会，同租赁企业签订承诺书。接入工程质量检测机构65家，标注防伪检测报告80余万份。

◆勘察设计行业监管 2017年，西安市城乡建设委员会完成项目备案258项，建筑面积约4076万平方米。行政区域内各类房屋建筑工程项目施工图审查572项、单项工程1150项，总建筑面积约1935万平方米。纠正违反一般性条文3539条（次），经查项目强制性标准执行率达100%。为202家企业、13家审查机构以及从业人员建立行业信息档案。

◆建筑装饰市场管理 2017年，西安市城乡建设委员会印发《关于建筑施工工地内禁限制使用的涂料产品和涂装工艺的通知》《建筑装饰工程挥发性有机物污染控制专项方案》《绿色环保装修 共创清新居室——“铁腕治霾·保卫蓝天”倡议书》。开展专项检查2次、日常检查134次，提出整改意见31项，责令11个工地停工，办理装饰施工许可证38个。

◆建设工程招投标管理 2017年，西安市城乡建设委员会制定《非国有资金投资的房屋建筑工程自主发包管理办法》，同西安市公安局建立执法协作机制。西安市建设工程交易平台完成378个市本级工程项目（标段）招投标，中标金额70.47亿元。完成1119个项目招标最高限价备案，完成2721个工程项目（标段）招投标，总中标金额617.05亿元。排查项目3218个（房建、市政2672个，

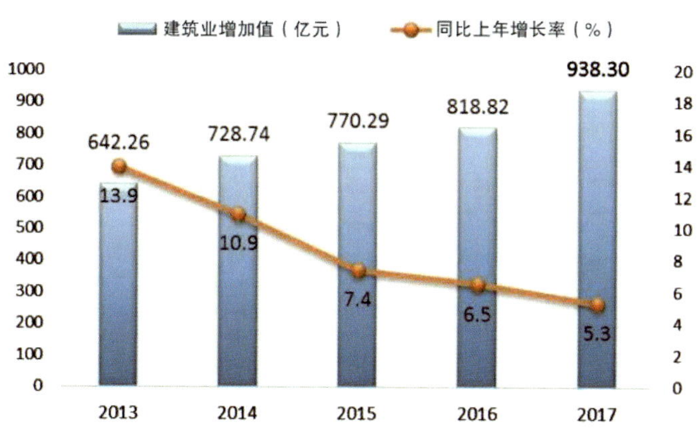

图6 西安市2013—2017年建筑业增加值及其增长速率

交通102个，水利408个，城改36个），处理违法违规招投标问题53起。

◆**建筑节能与材料应用管理**　2017年，西安市城乡建设委员会印发《关于进一步推进装配式建筑的实施意见》。核查27个新建项目建筑节能改造工作，共计30万平方米，占年度目标任务的150%。指导长安区太乙宫491户集中连片社区使用新型墙体材料工作。评审“绿色”建筑项目111个，面积1641.72万平方米。组织开展以干热岩、污水源热泵、太阳能光伏光热等建筑节能新技术为主要内容的技术研讨。指导曲江御园二期等申报省级建筑节能示范项目。申报蓝田县玉山镇可再生能源应用综合试点示范镇1兆瓦太阳能光伏电站项目。实施“秦岭北麓环山路太阳能47公里LED路灯照明工程”。实施秦御佳苑（二期）等5个装配式建筑。完成102栋政府办公建筑和大型公共建筑能耗监测改造项目，争取省级各类节能补助资金1760万元。

◆**工程建设执法监察**　2017年，西安市城乡建设委员会推行巡查网格化管理，成立4个巡查组，实施区域化管理，做到扬尘检查和违法巡查责任共担，实现建筑工地执法巡查全覆盖，有效遏制新增违法项目，违法建设存量逐步递减。检查在建项目1000余频次，处罚违法建设项目225个（其中城六区43个）；治污减霾专项督导检查工地1235频次，下达移送单和督办单113个；协助西安市整治办核查违法用地项目893个，协查率100%。

（张　睿）

◆**陕西建工集团有限公司**　2017年，所属各单位面对竞争激烈的市场形势，调整经营思路，企业发展增速持续强劲，各项指标全线增长。全年完成合同签约额1728.61亿元，占年计划的103.63%，比上年增长19.42%；实现营业收入838.2亿元，占年计划的102.47%，增长10.14%；实现利润12.58亿元，占年计划的122.22%，增长32.34%；利税总额32.46亿元，增长11.16%。陕西建工第一建设集团有限公司市政工程方面晋升为特级资质，被授予“全国文明单位”“陕西省先进集体”“创建鲁班奖工程优秀企业”等称号；创建“鲁班奖”1项、“国优奖”1项、“中国安装之星奖”1项、“全国AAA级安全文明标准化工地”2个。陕西建工第二建设集团有限公司市政公用工程方面晋升为特级资质，取得市政行业设计甲级资质，成为西北地区为数不多的具备市政特级、建筑特级、市政设计甲级、建筑设计甲级的施工企业。陕西建工第八建设集团有限公司建筑工程晋升为特级资质；获得2016年度“陕西省质量奖”，创建“省级文明工地”7个、“全国绿色施工示范工程”3个、“省级绿色示范工程”13个；获得2项工程获得“长安杯”、2项工程“华山杯”、3项工程获得“新技术示范工程”3；完成省级工法4项，获专利5项。陕西建工安装集团有限公司实施“投资+建设”双轮驱动经营战略，在核电、房地产、新能源、金融、机电智能等领域均取得实质性突破，为企业发展注入新的活力，联合投资机构成立陕西省首个40亿元规模的现代城市建设运营产业投资基金，参与陕西省内城市公共服务建设；完成咸阳CEC项目10亿元投资，接连中标10.4亿元的西安市公共停车场、1.99亿元的岐山县供水和1.5亿元的安康大道等PPP项目；依靠混合经济体模式，中标巴基斯坦卡拉奇核电BOP项目和阿尔及利亚核反应堆改造工程；在新能源领域，中标3.22亿元的鲁能集团宜君50兆瓦农业光伏EPC项目，自主开发陕西大华佳县50兆瓦风力发电项目。陕西建工机械施工集团有限公司围绕提质增效，发挥差异化竞争优势，深耕主业，不断完善产业链，获得机场场道工程专业承包一级资质；优化市场布局，成立四川分公司，推进省外公司属地化管理；加大科技创新与品牌创建力度，第六次获得“全国优秀施工企业”、第八次进入全国钢构30强；获“鲁班奖”1项，“国优奖”“钢结构金奖”各2项，国家专利4项，国家级QC成果5项。陕西华山路桥集团有限公司与16家业内著名企业达成战略合作，中标2项PPP项目和2项EPC项目。

◆**西安建工（集团）有限责任公司**　2017年，深化改革改制，打开新局面，谋求新发展。全年实现营业收入120亿元，较上年增长37.8%；实现利润2.26亿元，增长34.5%。完成上庄灞柳公租房小区、曹家堡公租房小区2个市级重点公租房项目的承建任务。承建的朱雀路高压线落地工程D标段通过竣工验收。西部欣桥国际产品物流中心提升改造项目竣工。与陕西泾合热力有限公司签署战略合作协议。承揽宜宾临港开发区大学城职业教育基地——西华大学宜宾研究院项目（一期），承揽值13.9亿元，进一步拓展了集团营销市场。　（李　静）

房地产业

◆**概况**　2017年，西安市房地产开发投资2333.34亿元，比上年增长15.0%。其中，住宅投资1566.37亿元，增长12.3%；办公楼投资221.21亿元，增长26.6%；商业营业用房投资319.73亿元，增长4.5%。房屋施工面积15843.92万平方米，增长5.4%；房屋竣工面积1634.63万平方米，增长4.0%。西安市城乡建设委员会签订“居住区公建配套设施建设管理合同”5份，面积1776平方米。组织2个项目公建配套设施核验，面积869平方米。简化行政审批，取消房地产开发项目建设条件核准事权。建立西安市房地产开发项目综合监管平台，企业进行电子填报，开发企业资质办理事项全面实行无纸化申报。截至年底，新批暂定房地产企业317家，核定四级房地产企业173家，延期企业170家，增长5.6%；“住宅质量保证书”和“住宅使用说明书”备案76300套。

批准商品房预售面积2199.02万平方米，增长17.67%，其中商品住房1670.51万平方米，增长31%；商品房销售2161.9万平方米，下降14.53%，其中住房1713.4万平方米，下降22.09%，库存去化周期约10个月。二手房交易面积687.78万平方米，增长42.52%，其中住房651.55万平方米，增长46.94%。办理二手房交易资金监管业务5.9万笔，涉及11.7万户。推行二手房房源挂牌制度，切实保证交易资金安全。全年巡查房地产销售现场1200余次，检查房地产项目568个。检查房地产经纪机构1494家，下发“责令限期备案通知书”“责令限期整改通知书”866份，向工商管理部门移送无营业执照的经纪机构148家。全面实行商品房销售记分管理制度，对102个企业进行记分处理，对开发、销售企业形成有效震慑。

截至年底，全市归集住房公积金213.27亿元，增长12.23%，占陕西省新增归集额的53%以上；累计归集总额

西安市2017年房地产开发和销售主要指标

指 标	单 位	绝对数	同比增长率（%）
房地产开发投资	亿元	2333.34	15.0
其中：住宅	亿元	1566.37	12.3
房屋施工面积	万平方米	15843.92	5.4
其中：住宅	万平方米	11134.28	4.6
房屋竣工面积	万平方米	1634.63	4.0
其中：住宅	万平方米	1281.70	1.3
商品房销售面积	万平方米	2509.78	20.8
其中：住宅	万平方米	2147.67	13.2

1512.54亿元，增长16.41%。发放住房公积金个人贷款134.31亿元，存贷比81.85%，占陕西省公积金个贷发放额的55%以上；累计个贷总额693.77亿元，个贷率由年初的78.25%提高至80.96%，市本级的资金使用率达到93.6%。提取住房公积金18余万笔112.76亿元，提取总额达到890.8亿元。西安市住房公积金管理中心在陕西省公积金主要业务指标综合排名第一，业务量占到陕西省公积金业务总量的50%以上。

（张睿　许伟伟　潘宏）

◆保障性住房建设管理　2017年，西安市住房保障和房屋管理局不断强化住房保障职能，加快保障性住房建设，完善住房保障政策，开展人才安居保障，建立多层次的住房保障体系，改善中低收入家庭的住房条件，解决新毕业大学生阶段性住房困难。西安市公租房分配入住11.82万套，完成目标任务的104.5%；公租房基本建成6904套，完成目标任务的177%。王家棚廉租房二期、米家崖保障房二期2个市级重点项目建设，投资5.07亿元，完成年度任务的105.6%。新增租赁补贴家庭2854户，完成年度目标任务的142%；发放租金补贴1450万元。向西安市提供公租房房源6.13万套，完成目标任务的306%。研究出台《经适房退出实施细则》，引导保障家庭主动退出，退出经济适用房4304户，是过去19年的10.9倍。出台《西安市人才安居办法》，推出6个人才安居试点项目，为新毕业大学生提供人才公租房1.91万套。

◆房屋征收　2017年，西安市住房保障和房屋管理局房屋征收工作实行依法征收、阳光征收，并实现网上签约。全年备案16个征收项目，涉及征收户数3567户75.69万平方米，做出补偿决定18份、备案补偿决定3份、裁决23份，出具不予受理决定9份，申请强制执行1起。

◆物业管理　2017年，西安市住房保障和房屋管理局出台《西安市业主大会业主委员会指导规则》，全市业主大会、物业管理委员会的成立数量从上年的261个增加到1854个，覆盖率由11%提升至49.5%；全市物业管理小区个数从2305个增加到3744个。开展新修订《西安市物业管理条例》的宣传、贯彻、培训工作，组织培训7次，培训1200余人次，发放2万册宣传材料，物业管理工作知晓率明显提升，物业管理服务更加规范。归集房屋维修资金25.53亿元，完成全年任务的154%；归集物业保修金3.08亿元，完成全年任务的133%。受理维修资金应急使用项目211个，保障广大业主正常的生活环境和物业共用设施设备的正常运转。

◆住房制度改革　2017年，西安市住房保障和房屋管理局新开工单位职工住房1760套29.39万平方米，完成投资2.12亿元；核准市级行政事业单位住房补贴297家，涉及补贴人员1.19万人，补贴资金1.76亿元；公有住房出售批复67个单位8479套，78.25万平方米。

◆房屋租赁　2017年，西安市住房保障和房屋管理局多次召开专项座谈会，对6家专业住房租赁企业上门调研，完成《西安市培育和发展住房租赁市场试点工作实施方案》的起草工作。组织房屋租赁登记备案培训会，促进备案工作落实到位，为建立西安市住房租赁服务监管平台打好基础。

◆房屋管理依法行政　2017年，西安市住房保障和房屋管理局完成《西安市国有土地上房屋征收与补偿条例》立法调研工作，修改《西安市住宅专项维修资金管理办法》，梳理出权力清单和公共服务事项55项，对30余部文件出具合法性审核意见，并全面梳理西安市人民政府发布的涉及市住房保障和房屋管理局的规范性文件。

◆房屋安全管理　2017年，西安市住房

2017年4月14日，西安市保障性住房管理中心在高新区蓝博公寓B区组织召开创建“和谐社区·幸福家园”现场观摩推进会

2017年11月1日，西安市住房公积金管理中心与蚂蚁金服集团签订战略合作协议

保障和房屋管理局完成房屋安全鉴定项目155项，鉴定面积近92万平方米；完成农村危房鉴定1500余户，鉴定面积8万余平方米。在“7·26”绥德洪水灾害中，先后3批次12人次赴绥德现场，完成8万余平方米的灾损房屋安全鉴定工作。

◆公房管理　2017年，各企业发展逐渐走出低谷，经营状况不断向好，企业积累明显提高。西安市各房管企业主动作为，加大清欠力度，解决保拆、保建遗留问题14个；收缴公房租金2084.6万元，完成目标任务的120%；遗留问题租金收缴509.7万元，完成目标任务的148%；完成老旧公房小区提升改造13.05万平方米，拆除违章建筑138处。相关企业借助保障房建设，转变观念，不断拓展物业管理业务，物业管理服务水平明显提高，所管理的26个保障房小区全部通过市级“和谐社区·幸福家园”创建验收。（许伟伟）

◆住房公积金缴存扩面　2017年，西安市住房公积金管理中心坚持“应建尽建、应缴尽缴”的原则，深入推进制度扩面。参加西安市人民政府门户网站现场访谈、华商网“市民热线周”等活动，不断扩大宣传执法效应；对1家单位违反国务院《住房公积金管理条例》行为进行行政处罚；开通网厅业务，全面清理暂存款，改进缴存模式；推进自贸区扩面，紧盯大招商、大项目落地等时机，提前介入，高效服务。截至年底，新增缴存单位3150个，新增缴存职工24.49万人，实缴人数达到184.2万人。西安市建立住房公积金制度的单位达到2.26万个，272.71万名职工被纳入住房公积金制度保障体系，53.6万户家庭利用住房公积金改善了住房条件。

◆住房公积金个贷发放　2017年，西安市住房公积金管理中心落实西安市人民政府《关于进一步加强管理保持房地产市场平稳健康发展的若干意见》（市政发〔2017〕23号）及《关于进一步稳定住房市场发展有关问题的通知》（市政发〔2017〕51号）文件要求，在充分调研的基础上，征求陕西省住房和城乡建设厅住房公积金监管部门的意见，经报西安市住房公积金管理委员会主任委员审批同意，对住房公积金贷款首付比例、缴存时间条件、贷款最高额度及个贷品种等政策进行部分调整，促进西安市房地产市场健康发展。按照西安市人民政府办公厅下发的《关于开展“减证便民”专项行动的通知》，协调与地税系统联网，使用税评系统进行二手房价值评估，出台《关于调整个人二手房公积金贷款评估事项的通知》（西房金发〔2017〕110号），降低群众购房成本。进一步简化贷款手续，加大组合贷款和异地贷款力度，扩大业务受理范围，全年通过申请住房公积金个人住房贷款，支持职工购建房414万平方米，可节约职工购房利息支出约2.4亿元。

◆住房公积金规范管理　2017年，西安住房公积金管理中心全面加强资金运用情况分析研判，每季度召开业务运行分析会，每周对资金状况进行分析预测，根据资金供需情况，科学统筹资金使用，确保资金安全。开展“权力清单瘦身”，推进“最多跑一次”改革，不断优化体制机制，下放审批权限，简化办事环节，提高办事效率，规范服务标准。全年向社会公布35项“最多跑一次”事项清单，占中心全部服务事项的70%以上。以制度建设提升规范化管理水平，建立和完善规章制度，按照陕西省住房和城乡建设厅要求，修订完善项目备案制度，取消楼盘备案建设进度要求。拓宽提取条件，简化提取手续，修订完善并公布《提取实施细则》。推进陕西自贸区扩面工作，做好与西咸新区对接工作，成立西咸新区分中心，全面开展各项公积金业务。合理布局办事网点，方便群众办理业务，除中心办事大厅及各分中心、区（县）管理部外，在陕西自贸区西安片区、各委托银行设立140个公积金业务服务窗口。

◆住房公积金信息系统建设　2017年，西安住房公积金管理中心与蚂蚁金融服务集团合作，拓展移动端服务渠道，依托支付宝实名账号体系和风险控制技术，推出“支付宝”住房公积金服务平台，中心获得“中国政务服务实践案例奖”。截至年底，服务职工群众超过50万人次。贯彻落实住房和城乡建设部《住房公积金基础数据标准》和《银行结算数据应用系统标准》要求，制定工作计划和实施方案，通过住房和城乡建设部和陕西省住房和城乡建设厅联合组成的信息化专家组检查验收。接入全国异地转移接续平台，在全国范围内实现公积金“账随人走，钱随账走”。开发、建成、推广二期“西安公积金微信公众号”，实现“随时随地”公积金信息查询、政策宣传等功能。完成西铁分中心系统联网，方便铁路缴存职工。与市级有关部门协调联系，推动信息共享，完成与民政、税务系统联网，完成中国人民银行征信系统程序开发。

（潘　宏）

2018
西安
年鉴
交通运输业·邮政快递
责任编辑　姬娟妮

铁 路

◆**概况** 2017年，西安线路覆盖陕西全省，辐射甘肃、宁夏、内蒙古、山西、河南、湖北、四川、重庆8个省（区、市），是进出西北、西南地区的咽喉要道，在全国路网中具有承东启西、连接南北的重要作用。管内有陇海、宁西、宝中、西平、宝成、西康、襄渝、阳安、包西、太中、神大、黄韩侯、西安枢纽北环线等23条普速线路和徐兰、大西、西成3条高速铁路，总营业里程5107.8千米，其中高速铁路844.4千米。总延展长度11107.729千米，其中正线8654.447千米。

◆**铁路运输生产** 2017年，西安铁路局用好客车盈亏分析系统，抓住7次列车运行图调整契机，优化列车开行方案。科学铺画西成、宝兰客专动车组列车运行图，管内开行客车达到345.5对，其中动车组列车183对，占比提高到52.9%，首次超过普速客车开行对数。推行扫码支付、动车组列车互联网订餐和“铁路畅行”旅客会员服务，研发自助移动引导标识系统，开行首趟“众筹火车”，改善旅客出行体验。优化网络售票系统，增设33台自动售取票机，网售比例达到68%。密切与韩城、汉中等市、县合作，打造“韩城号”“佛坪熊猫”等6趟列车冠名品牌，开行旅游专列56列，实现经济、社会效益双丰收。开好6对公益性“慢火车”，更好地满足人民群众出行需求。货运方面，坚持“稳黑增白”，签订“大宗物资运输协议”25家、“煤炭中长期运输合同”31家，开行跨局直达列车和循环式、“准时制”运输班列，发送煤炭1.02亿吨，比上年增长23%。大力发展集装化运输，发送集装箱28.6万标箱，增长32%；发送商品汽车7.9万台，增长115%。推进货运票据电子化，拓展“铁e达”货物接取送达平台，助力破解“最后一公里”问题。主动服务“一带一路”建设，常态化开行欧（亚）班列121列，组织返程班列46列。坚持内涵挖潜，提高运输效率，新丰镇、安康东日均办理车增长8%以上；分界口日均交车增加60.7列，广达两口日交接车7次刷新历史纪录。全年完成旅客发送量8999.6万人次，增长7.2%；货物发送量1.42亿吨，增长16.4%；换算周转量2163.3亿吨公里，增长6.4%；运输收入330.08亿元，增长25.6%。

◆**铁路建设** 2017年，西安铁路局落实分类、分层建设要求，主动与陕西省和沿线地市政府对接，促成省级层面铁路建设定期例会制度，用好与西安、汉中等地联席会议制度平台，推进新筑综合物流基地、阳安二线、西安站改、大岭铺至安康东直通线等10个在建项目，全年完成建设投资118.52亿元，质量安全有序可控。高标准开展新线静动态验收、联调联试、安全评估和标准化评定，宝兰、西成客专安全开通运营。公司路网规模大幅扩充，正线营业里程达5107.8千米，其中高速铁路844.4千米。新建调度楼按期投用，安康枢纽改造顺利完成，整体路网结构和运输调度指挥能力有效提升。加快推进“十三五”规划项目落地，西延、西十、西康高铁前期工作取得积极进展。西安铁路枢纽总图规划完成批复，咸阳渭河桥改扩建、阳平物流基地、南同蒲扩能改造按期开工。

◆**铁路经营管理** 2017年，西安铁路局建立以收定支、收支弹挂成本清算管理系统，修订工效挂钩、经营业绩和其他业务收入考核办法，加大工资收入与安全业绩、效益效率指标挂钩力度。拓展资产经营开发领域，巩固运贸业务，协调发展其他板块，实施51个土地开发项目，开发23项产研合作产品，推进3个物流基地融资招商，非运输业务完成经营收入333.4亿元，比上年增长39.7%；综合创效6.78亿元，增长38.3%。细化45项增收节支措施，推行物资集中采购、全寿命管理，压减生产用车，全方位控制成本支出，实现节支4.46亿元。主动对接地方政府，争取直供电配额，改变基本电费交费方式，节支2.97亿元；争取稳岗补贴5884万元、公租房建设补助0.47亿元及公积金增加收益1.13亿元等多项优惠政策。全年完成营业收入809.37亿元，实现考核利润7.14亿元，超额完成年度预算目标。实现综合效益2.4亿元。

◆**铁路科技创新** 2017年，西安铁路局坚持创新驱动发展，科技研发投入1699.8万元，立项139个，18项成果被评为“技术进步奖”，5项成果被评为“成果转化奖”。实施“智慧西铁”建设，推进大数据平台建设和应用，建立运力分配、运价调整、劳动用工、拍卖计价等辅助决策数学模型，用好“钉钉”软件在施工现场监督、出差报销审批等方面的功能，充实“西铁百科”词条。设立软件创客基金，举办首届创客大赛，兑现奖励85.8万元。完成45个站段和244个车站的生产网、办公网“两网融合”工程，推进智能车站、北斗防灾、列车长移动办公等项目技术创新，运输安全信息化水平不断提升。开展质量攻关，4项成果获得“国优”称号，6个班组被中国质量协会等评为“全国质量信得过班组”。充分发挥90个创新工作室的引领作用，完成小改小革285项，“董宏涛创新工作室”被全国总工会命名为“全国示范性劳模和工匠人才创新工作室”；“周苗生创新工作室”被陕西省总工会命名为“陕西省示范性职工创新工作室”，创新活力竞相迸发。

◆**铁路企业改革** 2017年，西安铁路局全面贯彻中央关于深化国有企业改革的要求，按照中国铁路总公司统一部署，积极稳妥推进公司制改革。11月19日，中国铁路西安局集团有限公司挂牌，迈出了从传统运输生产型企业向现代运输经营型企业转型发展的重要一步。加快建立现代企业制度和运行机制，规范议事规则，厘清党委会、董事会、监事会和经理层之间的权责边界，确保新机制顺畅运行。规范治理9个直属公司法人结构，对11个全民所有制非运输企业进行公司制改革，稳步推进重组整合，为提高非运输企业发展质量和效益提供机制保障。落实38项劳动组织改革措施，节约用工928人，运输业劳动生产率达到39.6万元/人，比上年增长12.2%。35名优秀劳务派遣工被录用为劳动合同制职工，激发了内部活力。推进高铁生产组织一体化管理和“三供一业”分离移交，调整部分基层单位机构编制，管理效能不断提升。

◆**铁路安全管理** 2017年，西安铁路局坚持预防为主、标本兼治，构建“三位一体”（人防、物防、技防）安全保障体系。严格人防管理，修订安全生产责任制，完善“安全红线”管理办法，清理公布技术规章344项、管理制度1487项。开展高铁、旅客安全和应急“大家谈”活动，召开自轮运转、调车防洪、路外安全专题会议和施工管理专题扩大安委会，推广机务操纵“五色图”（用黑、绿、蓝、橙、红5种颜色标注，直观显示不同乘务交路区段操纵要点）。下放临机处置权，成功应对57轮降雨过程。从严事故定责，严肃追究瞒报、漏报、谎报安全信息责任。完善物防设施，开展集中修、春秋检和安全生产大检查，投入2.14亿元实施233项运输安全急需整治项目，消除了一批安全隐患。实施高铁“强基达标、提质增效”工程，分专业开展动车组和固定设备整治，紧盯西成客专大坡道区段行车组织，确保新线开通和高铁运营安全。加大技防投入，推进现场视频监控、线路异物侵限监测、钢轨防断监测装置建设，推广调车监控系统，丰富安全管控手段。运用大数据分析，实时研判预警风险，密切路地联动，协调车务站段代表片区参加地级市安委会，与市、县两级84家人民检察院联合开展解决铁路线下安全隐患专项活动。借助公检法和政协等地方政府力量，解决安全环境问题325件，划定安保区5177.8千米，占总量的99.7%。截至年底，实现第13个“安全年”和安全生产4671天。

◆春节旅客运输　2017年2月21日，为期40天的春运工作结束。西安铁路局累计发送旅客1125.2万人次，比上年增运69.3万人次，增长6.6%。其中，直通发送512.5万人次，增运21.2万人次，增长4.3%；管内发送612.7万人次，增运48.1万人次，增长8.5%。全局动车发送336.6万人次，增运89.5万人次；普速发送788.6万人次，减少20.2万人次。2月3日，全局发送39.15万人次，完成客票收入5391.96万元，创建西安铁路局历史新高。其中，西安北站发送12.25万人次，延安车务段发送47607人次，西安车务段发送20581人次，创春运同期历史新高。采取基本图、临客图和应急图“三图并布”，运力随流而动。全局客车开行总对数达到371对，增加39对，创历年春运新高。调度、客运、运输、车辆部门采取扩编加挂方式扩充运输能力，安排加挂1908辆。机务部门使用各型机车57台，安全牵引增开列车1616对。全局增开售票窗口82个，总数达到890个，其中新增售取票机62台，总数达到359台，在超市、校园、医院、商场、社区等人员密集场所增设77台自动售取票机，方便旅客购票。售票窗口和自动售取票机首次开通“支付宝”扫码支付功能，办理车票4.5万张，日均1125张。全局春运累计发售车票1046.4万张，其中互联网/手机售票698万张，占售票张数的66.7%。“12306”客服中心强化现场服务质量监督，接入旅客来电21.8万个，其中人工咨询投诉电话11.7万个，接通率达到95%。全局受理特殊重点旅客服务2199件，帮助旅客找回遗失物品招领3307件。通过微博及时发布客车开行、购票提示等服务信息562条，及时答复旅客咨询246条。

◆春季安全设备大检查　2017年，西安铁路局在全局范围内开展春季行车设备安全大检查、大整修活动，旨在掌握设备运用状况，及时发现和整治设备隐患，全面提升设备质量，确保运输安全。本次春检分三个阶段。3月10日前，为站段自查阶段，要求各部门各单位成立相应机构，细化春检内容，深入排查行车设备安全隐患，切实掌握设备状态，并根据生产能力制订设备整修计划。3月11日至4月5日，为设备整修阶段，对排查出的行车设备病害按照边检查、边整改、边销号的原则逐项整治，对危及行车安全的设备隐患，必须按照处理不过夜的原则立即整改。4月5—10日，为验收总结阶段，结合安全评估情况对春检工作进行验收。

◆暑期旅客运输　2017年，西安铁路局加大暑运营销宣传力度，针对互联网、手机购票比例日益扩大的实际，通过微信、微博平台开展各种营销宣传活动。同时，进一步优化运输方案，满足旅客需求，增开直通旅客列车12对、管内旅客列车22对、局管外临客1对，并延长图定旅客列车运行区段1对。8月31日，为期62天的暑运工作结束。发送旅客1767.9万人，比上年增运119.4万人，增幅7.2%，创历史新高，其中高铁发送旅客652万人，占全局暑运客发近四成。7月8日，全局发送旅客32.8万人，增加4.7万人，增幅16.6%，创历年暑运单日客发最高。暑运期间，客流以旅游观光、休假疗养、学生、商务及民工客流为主，其中北京、上海、广州、西宁、兰州等方向成为暑运的热门方向。

◆首列动车组三级修启动　2017年1月，由西安铁路局承担首列编组8辆的动车组三级修在西安动车段启动，用时60天，于2月24日修竣并交付使用。2016年12月，经过中国铁路总公司专家组的全面评估检查，西安动车段在人员配置、设备设施、工艺材料上具备动车组三级修试修基本条件。在动车组三级修中，西安铁路局运用了全路架修车型最多、最先进的地坑式架车机。该设备能兼容CRH2、CRH3、CRH5车型，实现8辆或16辆编组的动车组整体起落，满足动车组转向架更换、车辆拆卸检修等要求。该段配置2套地坑式架车机，能同时对4列短编动车组进行架落车检修作业。

◆陇海线、阳安线集中修开工　2017年2月26日至3月31日，西安铁路局对陇海线进行为期33天的集中修施工；3月1日至4月27日，对阳安线进行为期54天的集中修施工。此次集中修施工以工务大修施工为主，统筹安排电务、供电、建设施工。其中，陇海线铺设无缝线路80.4千米，更换道岔85组，线路捣固429.3千米，钢轨打磨224.2千米，道岔捣固245组；阳安线线路清筛64.08千米，线路捣固239.2千米，钢轨打磨80千米，道岔捣固96组，边坡清筛20千米。

◆安康铁路枢纽客货分离改建施工全面铺开　2017年4月26日，安康铁路枢纽客货分离改建Ⅰ级施工全面铺开。此次施工等级、人数、影响范围、涉及面均创安康枢纽1973年建成以来之最。10时，西安铁路局各系统、安康片区各单位及中铁二十局集团有限公司的3000余名干部职工有序进入施工现场，安康车站、安康东站及朱家碥、五里铺、石庙沟等9个施工点同时展开作业。安康车站是全路36个客运交通枢纽站之一，安康东站是连接西北、西南、华中地区的重要铁路枢纽。长期以来客货作业相互干扰，加之安康枢纽吕河至安康东间双线为西康、襄渝线会合区段，图定列车256对，使安康枢纽通过能力不足，成为入川通道的运输瓶颈，严重影响铁路运输效率。

◆西安铁路局新建高铁调度指挥中心启用　2017年5月15日4时21分，西安铁路局调度所高铁调度台按计划搬迁完毕，相关数据顺利切换，高铁调度员在新建高铁调度指挥中心开始指挥行车，标志着西安铁路局新建高铁调度指挥中心启用。高铁调度指挥中心主要负责局管内高铁运输生产的集中统一指挥，协调高铁各线间、高铁与既有线间的运输工作，动态掌握高铁列车安全正点情况，对高铁非正常行车组织、应急处置等事宜进行安全盯控，同时加强与相邻高铁调度所间的工作联系，及时向总公司调度指挥中心汇报相关情况，确保跨局高铁列车安全平稳运行。

◆宝成线集中修施工　2017年7月10日至8月15日，西安铁路局为进一步提高线路设备质量，对宝成线进行为期37天的集中修。集中修以工务大修施工为主，供电、电务、建设施工纳入其中，主要工作量为线路清筛27.6千米，结合清筛更换轨枕3685根，线路捣固112千米，钢轨打磨74千米。

◆西成高铁开通运营　2017年12月6日8时22分，随着首趟动车组列车——西安北至成都东D4251次列车正点驶出西安北站，西安—成都高铁正式开通运营。西成高铁全长658千米，运营时速达250千米，自陕西省西安市引出，向南经陕西省安康市、汉中市，至四川省广元市、绵阳市，在江油站与已建成的成绵乐铁路相连，抵达成都市。它是国家中长期铁路网规划中“八纵八横”高铁网京昆通道的重要组成部分，与大西高铁共同形成华北至西南地区的新通道，连接华北、西北、西南地区，贯通京津冀、太原、关中平原、成渝、滇中等城市群，是连接西北、西南地区的重要纽带。西成高铁全线开通后，国内西北、西南高铁网实现联通，

2017年7月9日，宝兰高铁全线开通运营

“关天”和“成渝”两大经济区互联互通更加紧密。

◆宝兰高铁开通运营 2017年7月9日8时，D2651次列车驶出西安北站，开往兰州西站，标志着宝兰高铁全线开通运营。宝兰高铁是国家《中长期铁路网规划》“八纵八横”高速铁路主通道中陆桥通道的重要组成部分，也是横贯国内西北地区与中、东部地区的铁路客运主通道。它与已运营的徐兰高铁郑徐段、郑西段、西宝段以及兰新高铁连通，铺建起国家《中长期铁路网规划》“八纵八横”高速铁路主通道中的陆桥通道，形成了一条横贯东、中、西部地区的长达3000多千米的高铁“丝绸之路”。宝兰高铁的开通运营，将沿线兰州、定西、天水纳入西安3小时经济圈范围，有利于进一步增强西安在西北地区的辐射带动作用。（张宏学）

航空运输

◆概况 2017年，中国民用航空西北地区管理局及中国民用航空陕西安全监管局严格落实民航局的各项工作部署，强化责任落实，坚守安全底线，狠抓隐患治理，提升服务品质，圆满完成各项工作任务。截至年底，陕西有西安、榆林、延安、汉中4家机场运营运输航线航班，各机场共完成运输起降34.4万架次，比上年增长11.1%；旅客吞吐量4438.7万人次，增长14%；货邮26.5万吨，增长11.3%。西安咸阳国际机场实现运输起降31.8万架次，增长9.7%；旅客吞吐量4186.8万人次，增长13.2%；货邮吞吐量25.99万吨，增长11.2%。榆林机场实现运输起降1.8万架次，增长17.3%；旅客吞吐量177.1万人次，增长17%；货邮吞吐量4178.5吨，增长12.7%。延安机场实现运输起降3119架次，增长36.6%；旅客吞吐量33.37万人次，增长40.9%；货邮吞吐量345.9吨，增长59.3%。汉中机场实现运输起降4628架次，增长141.4%；旅客吞吐量41.4万人次，增长112.3%；货邮吞吐量630.3吨，增长56.9%。蒲城内府通用机场完成安全保障通航作业务13072架次，飞行2014小时。安康机场完成安全保障通航作业任务19485架次，飞行2906小时。汉中机场完成安全保障通航作业任务4724架次，飞行1903小时。3月14日，西安机场被SKYTRAX（全球领先的航空公司与机场调查机构）评为“中国最佳区域机场”。3月31日，2017年中国机场服务大会评选西安机场为2016年度“中国民用机场服务质量优秀机场”，在年旅客吞吐量2000万人次以上机场中排名第四位。

◆航空运输市场 2017年，西安咸阳国际机场通航点总量198个，开通航线337条。国内新开赣州、承德、达州等19个航点，国内航点总量达152个，占全国机场总数的67%，通达性仅次于北京，排名全国第二，新开航线在全国千万级机场中与天津并列第一；国际新开阿斯旺、布拉格、加德满都等14个航点，国际通航点总量达到46个、航线57条，国际通达性在西部地区中位列第三。陕西辖区内有西安咸阳国际机场（双跑道）、榆林机场、延安机场、汉中机场、安康机场5个运输机场。其中，西安咸阳国际机场为西北地区最大的空中交通枢纽，此外还有蒲城通航机场以及丹凤、黄陵、淳化等飞播造林起降点。10月10日，西安咸阳国际机场开通西安—吐鲁番—银川全货运航线；10月29日，开通西安—布拉格直飞航线；10月31日，开通西安—宿务航线；12月21日，开通西安—长滩航线；12月29日，开通西安—奥克兰航线。3月26日，榆林机场开通昆明—榆林—沈阳、济南—榆林—兰州航线；8月31日，开通南京—榆林—银川航线；12月31日，开通榆林—西安—香港、榆林—西安—甲米、榆林—西安—布拉格3条国际（地区）通程航线。7月6日，延安机场开通延安—杭州航线；10月31日，开通延安—南京航线。7月11—12日，汉中机场开通汉中—南充、汉中—杭州航线；10月29日，开通汉中—兰州航线。陕西省内有长安航空有限责任公司（1家持有CCAR-121部运行合格证的运输航空公司）；有分子公司4家，分别是东航西北分公司、南航西安分公司、深航西安分公司、天津航西北分公司；有过站航空公司28家、CCAR-145部维修单位38家；有通用航空公司11家。陕西省内各机场有120架驻场运力（过夜飞机），较上年净增27架，其中西安咸阳国际机场115架、榆林机场4架、汉中机场1架。西安咸阳国际机场有65家国内外航空公司执行的337条航线；榆林机场有14家航空公司执行的27条航线；延安机场有4家航空公司执行的8条航线；汉中机场有9家航空公司执行的11条航线。

◆机场建设 2017年11月18日，中国民用航空西北地区管理局出具《关于报送西安咸阳国际机场三期扩建工程预可行性研究报告意见的函》（民航函〔2017〕1287号），上报国家发展和改革委员会，提出同意建设西安咸阳国际机场三期扩建工程，按照2030年旅客吞吐量7900万人次、货邮吞吐量100万吨、飞机起降59.5万架次的需求设计。7月，T3航站楼南一指廊远机位设施改造项目提前完工；8月22日，西安咸阳国际机场国际快件监管中心项目竣工验收，并于12月25日正式投运；东联络通道项目按计划稳步推进，完成工程总量的19%，投资11亿元；南三指廊航站楼工程完成立项批复和初设批复，站坪工程于11月完成立项代可研批复，均开工建设；西区道路交通改造和专机楼项目完成立项代可研报告的编制，均获得立项批复，正在开展报建和招标准备工作。

榆林榆阳机场扩建工程初步审批获批，已经开工建设，主要工程包括：对现跑道向北延长400米，新建1条3200米平行滑行道以及快速出口滑行道、联络滑行道、停机坪；在跑道次降方向设置一套Ⅰ类精密进近仪表着陆系统，配套建设助航灯管、空管、消防等设施；新建T2航站楼4.25万平方米；调整并扩建站坪，调整后站坪拥有16个C类机位；配套建设供水、供电、供油等设施。榆林机场二期扩建进展顺利，完成飞行区工程的40%，累计投资3亿元。

延安机场迁建继续实施。5月23日，陕西省发展和改革委员会出具《关于延安机场迁建工程航站楼及配套设施建设规模有关事项的函》（陕发改基础函〔2017〕729号），同意增加航站楼及配套设施建设规模，增加规模为5000平方米航站楼及相应的配套设施，新增投资控制在27496.82万元以内。延安机场迁建工程顺利推进，累计完成工程总量的48%，完成投资3.15亿元。

2月19日，中国民用航空西北地区管理局出具《关于报送新建陕西府谷民用机场工程预可行性研究报告意见的函》（民航函〔2014〕233号），同意府谷民用机场工程建设。该工程总投资12.7857亿元，按照年旅客吞吐量45万人次、货邮吞吐量1200吨、飞机起降架次4450架次设计。建设1条长2800米、宽45米跑道，主降防线设置Ⅰ类精密进近系统，次降方向设置B类简易进近灯光系统，建设5000平方米航站楼和4个C类机位的站坪，配套建设助航灯光、供电、供水、通信、消防等设施。截至年底，预可行性研究报告已上报国家发展和改革委员会，待组织立项评审。

8月2日，中国民用航空西北地区管理局向国家发展和改革委员会提交《关于报送新建陕西定边机场工程预可行性研究报告意见的函》（民航函〔2017〕875号），同意新建定边民用机场工程，定位为民用支线机场，飞行区等级4C，并同意将十里沙场址作为推荐场址。工程按照年旅客吞吐量25万人次、货邮吞吐量750吨、飞机起降2778架次设计。建设内容为：新建1条2800米长、45米宽的跑道，4500平方米航站楼和6个机位（2B4C）的站坪，建设1座塔台和800平方米航管楼及相应配套设施。项目总投资8.13亿元。

5月17日，中国民用航空西北地区管理局出具《关于宝鸡军民合用机场工程预可行性研究报告行业审查有关情况的函》（民航综计函〔2017〕104号），认为本项目军民共用部分的工程建设规模尚未取得军方意见，部分工程技术方案需要进一步研究论证，不具备出具评估报告的条件。综合以上情况，将请示文件及相关资料退回，待条件成熟后，重新向民航西北地区管理局申请办理项目预可行性研究报告行业意见。

◆航班安全监管 2017年，中国民用航空西北地区管理局实施日常行政检查3284次、专项行政检查1129次、临时性行政检查93次，下发“整改通知书”357份，行政约见6起，行政处罚5起，行政强制1起。中国民用航空陕西安全监管局实施各类行政检查1346次，其中日常检查1003次、专项检查343次，实施行政处罚2起、行政约见5次、行政强制1次。下拨安全能力专项资金1150.16万元。先后多次召开旺季和冬季运行航班正常工作讲评会和研讨会，对辖区民航单位开展航班正常工作现场督导，全年未发生旅客群体性事件。全年西安咸阳国际机场放行正常率在全国21个时刻协调机场（繁忙机场）中排名第一。西安咸阳国际机场、榆林机场、延安机场和汉中机场的航班放行正常率分别为86.1%、95.2%、91.03%和93.19%。

◆民航重大运输保障 2017年，中国民用航空西北地区管理局提早制定保障工作方案，督促各保障单位严格落实民航专机和重大航空运输保障工作要求，加强现场指挥协调和运行组织，强化服务流程演练。针对运输保障特点，对重大活动做到提前部署、现场督促、总结评估，圆满完成春运、暑运、2017丝绸之路国际博览会暨第二十一届中国东西部合作与投资贸易洽谈会、2017欧亚经济论坛等重大运输保障任务，顺利完成空军专机、“两会”代表等国内外政要航空运输保障任务，全年保障专机要客航班28架次。组织召开2次军运协调会，全年完成3批8架次新老兵航空运输和空军部队轮换保障任务。

◆通用航空管理 2017年，陕西省新增通用航空企业3家，共有通用航空企业23家。全年飞行22654小时40分钟，起降59429架次。通用航空作业量较大项目是执照培训、空中游览、航空摄影和航空护林，其中执照培训占整个飞行量的50%左右。包机飞行、医疗救护、航空器代管、空中广告、科学实验和个人娱乐飞行等新兴市场逐渐发展，市场空间进一步拓展。陕南形成以安康五里机场为基地、汉中机场为转场的商业驾照飞行培训网络。驻场通航公司有西安金胜飞行学院、陕西中俄飞行学院2家主要是西安金胜飞行学院。关中有2个飞行群，一是主要以宝鸡凤翔机场（军用）为训练基地的商业驾照培训飞行基地，主要是陕西凤凰飞行学院使用。二是蒲城内府机场以空中游览、科学实验、农林作业、工业飞行和私用驾照训练为主的固定翼飞行中心，驻场公司5家；西安西杨万村临时起降点以空中游览、医疗救护为主的直升机飞行中心，驻场公司3家。

（曹玺国）

道路运输

·公路客货运输·

◆概况 2017年，西安市公路总里程13356千米，其中高速公路553千米、一级公路323千米、二级公路1404千米、三级公路1232千米、四级公路9341千米、等外级公路502千米。全市148个农村乡镇全部通了油路，通畅率100%；3085个行政村公路通达率、通畅率分别为100%和99.9%。截至年底，西安市有一级客运站7个、二级客运站5个、农村乡镇等级客运站77个、农村客运招呼站2336个；客运企业65家、客运班线709条、班线营运客车2710辆109472个座位；开通全市农村通村客运班线208条，投放客运车辆1059辆，农村乡镇通班车率100%，行政村通班车率98.12%。全年完成客运量1.56亿人次，客运周转量90亿人次/千米。有载货汽车200932辆758198吨位，年货运量2.45亿吨，货运周转量350.97亿吨公里，已辐射到全国大中城市及部分县乡。

◆道路交通枢纽建设 2017年，西安市交通运输局建立公路、铁路、民航重大交通基础设施建设联席会议制度。丈八四路立交北侧、杏园立交改造工程和西高新收费站建成通车，田王立交稳步推进。西安外环高速公路南段开工建设。西成客专全线开通运营。西安—法门寺、机场—法门寺、西安—韩城、阎良—机场4条城际铁路项目开工建设。

◆公路建设养护 2017年，西安市完成投资8506万元，实施国道210、108大中修工程28.14千米，省道107路面预防性养护23.37千米，工程合格率100%，单点抽检合格率98.5%，关键指标抽检合格率98.3%。全市具备通水泥（沥青）路条件的27个行政村全部开工建设，完成路基157.21千米、路面113.255千米，为全市脱贫攻坚工作提供强有力支撑。

◆国、省干线改扩建 2017年，西安市完成重点工程项目投资14.8亿元，超出年度计划23.7个百分点。国道108改建工程、纺渭路拓宽改造工程、省道107周至段建成通车，高陵区西营十字立交桥主体贯通，省道107改建工程蓝田段、国道310过境公路工程全面推进，省道101改建工程开工建设。加快建设中心城区连接鄠邑区、阎良区、临潼区的城市快速公路，南三环至鄠邑区、东三环至临潼城市快速路前期手续全部完成，鄠邑区试验段顺利贯通。

◆公路治超 2017年，西安市交通运输局开展路警、路运、干支联合执法活动，实行“日常交警部门进驻执法、节日期间交通执法部门辅助交警疏导交通”的双向联动执法模式，定期将车辆超限超载证据材料及“黑名单”信息抄告公安交警、道路运输管理部门进行联动惩处。全年检测车辆22万余辆，查处超限超载车辆348辆，对违法驾驶员扣分174起，累计扣分746分，卸（分）载货物0.9万余吨，超限超载率稳定控制在2%以内。

◆**路政执法** 2017年，西安市交通运输局落实与养护、交警部门联勤联动机制，干线公路查处路政事案92起，行政许可126起；农村公路查处各类违法案件354起，行政许可32起件，事案查处率、收赔率均达100%。开展路域环境综合治理和“四改两拆”（“四改”：棚户区/城中村改造、旧住宅区改造、旧工厂改造、架空通信线缆改造；“两拆”：违法建筑拆除整治、违法户外牌匾标识拆除整治）专项治理，清理摆摊设点3480余处，取缔洗车加水点120余处，清理堆积物900余处，拆除非公路标志牌5608块，拆除违法建筑7344.8平方米。

◆**汽车维修** 2017年，西安市纳入行业管理的汽车维修企业3847家，其中一类企业240家、二类企业1049家、三类企业2558家。有从业人员5万余人，年维修能力约700万辆，年产值约27亿元。有833家维修企业完成烤漆房深度治理改造，查封、拆除烤漆房164个。2166家产生危废的维修企业全部签订“危废集中处置协议”。西安市交通运输局对577户维修企业进行质量信誉考核，评出AAA级企业10家、AA级企业30家、A级企业537家，将考核结果在行业网站进行公示，促进了行业企业合法经营、诚信服务。根据行业法律法规，许可整车维修企业90家，其中一类13家、二类77家；受理延续经营换证手续20家，其中一类7家、二类13家，按时办结率100%。

◆**驾驶员培训** 2017年，西安市有机动车驾驶员培训机构106家，其中一级驾培机构34家、二级34家、三级38家，形成了以一、二级驾培机构为主体，三级驾培机构为补充的较为合理的行业结构。有驾培行业训练场地466.66万平方米，注册登记营运教练车辆6300余辆，持证教练员7000余人，年培训能力40万人次。承担“营运驾驶员资格证”培训业务的驾驶员培训机构12家。全市实行创新服务模式的驾培机构达96家，占全市驾培机构总数的93%。全年受理和完成道路客货运输驾驶员从业资格证初领申请5685人（货运培训班85期，共5388人；客运培训班4期，共297人）；参加客货运考试人数5058人，合格4693人（含补考），合格率93%。受理和完成道路客货运输驾驶员诚信考核签注37298人（其中货运34652人、客运2646人）。受理转籍138人，注销从业资格证577个，补（换）和变更信息4301人，查扣假证7个。按照诚信考核办法相关规定处理违规驾驶员3人。

◆**交通安全生产** 2017年，西安市交通运输局开展“道路运输平安年”“企业主体责任执法年”和“安全大检查”活动，排查整治行业安全隐患5类248项，治理整改率100%，安全生产4项指标（事故起数、死亡人数、受伤人数和经济损失）全面下降。强化安全生产培训，培训人员4300余人次，行业安全生产意识明显增强。落实综治维稳工作领导责任制，稳妥化解国企改制、民营公交经营、出租汽车行业改革等群体性矛盾和问题，维护行业稳定。

◆**交通法制建设** 2017年，西安市交通运输局制定《西安市城市公共汽车客运管理条例》，调研修改《西安市出租汽车管理条例》。加快推进行政效能革命和“双随机一公开”监管模式，向社会公布全局37项“最多跑一次”事项清单，占全局政务服务事项的80.4%，全年开展双随机检查82次。加快推进交通运输“放管服”改革，形成220项行政权力目录，向社会统一公开发布。办理信息公开申请41件、行政复议申请5件，均在规定时限内按期办结。

◆**交通宣传** 2017年，西安市交通运输局围绕公路交通枢纽建设、行业文明服务、缓堵保畅、交通扶贫和安全生产等重点工作和重要节点，主动开展宣传56次。全年在省级媒体宣传393条次，转载量1028次；在市级媒体宣传291条次，转载量784次。“西安交通发布”在中国新媒体数据平台的西安政务微信公众号位居第三名，每月阅读量达150万人次。

（王嘉辉）

·城市公交汽车运输·

◆**概况** 2017年，西安市有公交企业16家，营运车辆7780辆，营运线路293条，营运长度6370.97千米，从业人员21712人，每万人公交车拥有率19.5标台，常规公交分担率36.06%，日均客运量365.7万人次，年客运量13.35亿人次。有水域管理区域37处，水运企业38家，营运船舶2494艘。截至年底，西安市有出租汽车14509辆，营运企业73家。市区有出租汽车12435辆，经营企业49家。市郊5区2县有出租汽车2074辆，经营企业24家，其中阎良区223辆、临潼区600辆、长安区344辆、鄠邑区250辆、高陵区260辆、蓝天县180辆、周至县217辆。在市区出租汽车中，双燃料（天然气与汽油）车12087辆、单燃料车1辆、新能源纯电动车327辆、甲醇车20辆。市区出租汽车单车日均营运47个乘次，全市出租汽车日均客运量87.67万人，年客运量3.16亿人次。市区出租汽车车型主要以比亚迪F3、爱丽舍、捷达为主体。

◆**公交行业创新发展** 2017年，西安市交通运输局开展交通大数据研究，编制智慧交通发展规划，加快综合交通信息服务平台、交通运输能耗与排放统计监测系统、驾培服务平台项目建设，完成全市汽车维修企业喷烤漆房深度治理工作，实现用车检测/维护信息管理系统闭环运行。“西安交通发布”公众号成功上线，新增用户55万。“96716”“12328”与“12345”平稳过渡，全年接电22万通，处理投诉建议5800多起。开展“绿色交通城市”创建活动，争取中央、陕西省补助资金1483.68万元。

◆**交通市场监管** 2017年，西安市交通运输局开展客运站、地铁站、大学校园周边等区域客运市场秩序整治工作，全年开展专项联合整治行动363次，出动执法人员10.6万人次，查扣非法营运“黑车”1128辆，查处违规经营出租车898辆。加大交通运输行业铁腕治霾督导检查工作力度，检查4S店、综合性汽修企业喷烤漆房有机废气排放1509家次，“弱小散乱”路边店汽修企业1572家次，出动6622人次、1434车次，查封企业301家，关停343家。

◆**缓堵保畅** 2017年，西安市交通运输局制定《西安市科学治堵1+7组合方案》，科学优化调整公交线网，全年新开、调整公交线路83条，日均公共交通（公交+地铁）客运量超过550万人次，建成公交首末站9处，弥补了城市发展区域的公交空白，中心城区公共交通出行分担率提升至60.3%，公交保障能力跃居全国先进地位。加快民营公交回购，完成9家民营企业23条公交线路回购。根据“高德地图”大数据显示，西安市公交线路一次性通达率在全国主要城市位列第七位，拥堵指数较上年明显下降，全市拥堵情况呈现逐步缓解态势。

（王嘉辉）

◆**公交线网优化及调整** 2017年，西安市公共交通总公司为尽快实现西安市与西咸新区公共交通的无缝衔接，先后开通361、362等5条西咸公交线路，实现西咸新区与西安市区公交以及地铁一、二、三号线的“零接驳”。陆续完成1100辆K8纯电动公交车的投运工作。接收2家公交企业8条营运线路，收购公交车辆34辆，加快推进西安市民营公交回购工作，保障行业稳定发展。完成陕西省交通建设集团西安分公司、上海巴士实业（股份）有限公司股权收购工作，2个公司变更为总公司全资子公司，进一步理顺企业所属关系，降低管理层级，提高企业的运行效率和市场竞争力。全年新开、调整、回收公交线路66条，超过上年30条线路的2倍。其中新开线路14条，优化调整线路33条。重点解决西咸新区、长安区、西安高新技术产业开发区、西安浐灞生态区、西安国际港务区、西安国家民用航天产业基地等区域的公交出行问题，加强了城市外围新开发区域与地铁、干线公交的换乘接驳，填补了朱雀大街南段、贞观路、开元路等17条打通后的“断头路”以及东月路、凤城八路西段、明光路北段、航天南路等38条道路沿线的公交空白。

◆**公交安全运营** 2017年，西安市公共交通总公司紧抓安全不放松，积极开展安全隐患大排查、大整治活动。坚持日常安全教育培训的同时，结合安全形势、季节节气等因素，开展特殊天气、节期安全行车等专题培训。开展一把手“四个一”活动，即讲一堂安全课、梳理一遍安全制度、绘一张安全隐患挂图、开展一次安全演练。加强对场站、枢纽站的消防安全排查，及时消除隐患，杜绝火灾事故发生。加强夜间停车管理，建立24小时巡逻机制，加大巡逻力度，确保停车安全。完成中国共产党第十九次全国代表大会期间的公交保障工作，开展反恐防暴执勤。十九大召开期间，1500余人分布在钟楼、小寨、大雁塔等重点区域和重要站点，加强对携带不明液体、“三品”（易燃、易爆、危禁品）人员的排查，期间没有发生暴力恐怖事件和安全生产事故。

◆**公交运营保障** 2017年，西安市公共交通总公司为进一步改善城市空气质量，响应西安市实施机动车常态化限行举措，制定常态化限行公交运力保障措施，科学调整运营班次，缩短高峰时段发车间隔，确保市民高峰出行顺畅。灵活调度增加区间车、大站快车，提高高断面客流及时疏散能力。调整车辆保养时间，提高维修速度质量，保障早晚高峰出车最大化。加强车队干部现场值班管理，确保市民公交出行有序。限行后较限行前日均增加客运量15.96万人次，增长4.73%，总体营运平稳可控。西安国际马拉松赛当日，为满足市民及观摩群众的出行需求，对涉及的140条线路进行临时调整，对于途经南门的26条线路首班车从6：00提前至5：00发车；指派413辆公交车辆在190个点位进行赛道隔离并安排600余名干部职工现场执勤。

◆**公交服务** 2017年，西安市公共交通总公司开展“绿色斑马线，文明车让人”活动，制定礼让标准，并通过加强宣传培训、强化监督检查、开展现场执勤、制定奖惩制度、学习杭州经验等一系列措施，激励广大公交驾驶员争做“绿色斑马线，文明车让人”的倡导者和实践者。活动开展以来，驾驶员对“车让人”活动知晓率达到100%，礼让标准执行率达到95%以上。发挥网络平台作用，提升文明服务水平，“西安公交资讯”微信公众号升级改版，关注人数21609人。12月，西安市公共交通总公司新企业网站正式上线，增加了公交线路查询、车辆实时位置查询、导乘服务、市民互动投票、职工培训、投诉建议等诸多功能。（潘　珅）

◆**出租汽车行业改革** 2017年，西安市交通运输局修改完善《关于深化改革进一步推进我市出租汽车行业健康发展的实施意见》《西安市网络预约出租汽车经营服务管理暂行办法》《西安市私人小客车合乘指导意见》《西安市出租汽车行业推广使用纯电动出租汽车实施方案》，制定《西安市IC卡道路运输证件系统建设方案》，西安市出租汽车行业管理“互联网+”转型升级项目通过西安市工业和信息化委员会审核立项。西安市出租汽车集团结合政策环境及市场形势，收回西安新兴出租汽车公司、兴庆车队113辆出租车的经营管理权，彻底结束2个单位20多年来游离于西安市出租汽车集团管理之外的局面，实现了西安市出租汽车集团管理体制“大统一”。同时厘清职能职责，集团各部室、各公司科室负责制度制定、汇总分析、监督考核等职能；集团所属各车队负责按照相关制度，对营运车辆和驾驶员进行日常管理。（王嘉辉　潘珅）

◆**出租汽车市场管理** 2017年，西安市交通运输局查处各类出租汽车市场违规605起、非法营运车辆35辆，驾驶员违规率为4.6%；受理投诉19301起，办理政府网站电子信箱投诉和上级批件332件，行业投诉处理率达100%；行政处罚3031件，出租汽车载客率保持在60%以上，车容车貌合格率为96.6%，乘客满意度95%。强化经营权管理，办理出租汽车经营权期满后重新许可777辆。重新划定重点区域电子围栏49个，对围栏内超时滞留车辆开具“责令停止违法行为通知书”400余份。（王嘉辉）

◆**出租汽车服务** 2017年，西安市出租汽车集团先后开展“安全行车、节能减排”驾驶员职业技能竞赛、“擦亮服务品牌、打造出租铁军”、“3•5”学雷锋、爱心送考、帮扶孤寡老人等一系列活动。全年营运服务中有210多起好人好事被新闻媒体正面报道。

◆**“长安通”卡功能拓展** 2017年，西安城市一卡通有限责任公司累计发行长安通卡240万张；升级、新建服务客户体验中心9处；与澄城、韩城2地实现跨域通用；在全国首创旅游“长安通•PASS卡”；全国首家自主研发出“长安通”二维码，并在西安市首次实现“长安通”二维码、“支付宝”、微信3种方式扫码乘车。在医疗、旅游、社区和商超等实现全方位的信息服务和支付服务。2月，携联合惠宾科技有限公司，实现“长安通”记名卡在西安武警医院预约挂号、就诊、交费等一系列诊疗功能；3月，联合泮池科技，实现西安植物园刷卡入园游玩；4月1日，联合航天科技集团第六研究院，发行“长安通智慧家园卡”，将“长安通”融入社区的管理和业主生活中，打造“长安通”在社区应用的新模式；联合华景城建筑设计有限公司共享旅游资源，在“长安通”上加载旅游功能，享受全国2900家景区优惠活动；8月8日，联合陕西图书馆，以“长安通”记名卡代替“读者证”，实现图书借阅功能；联合陕西怡康医药有限责任公司，全线开通陕西省内700多家连锁店面售卡、充值和消费服务，并在“长安通”记名卡上加载怡康医药会员功能，为市民提供便捷优惠通道，实现在23个怡康医药门店的应用；联合银联商务有限公司，实现“人人乐”大型商超刷卡消费，年底试点开通22家店面的刷卡消费功能；联合中烟新商盟电子商务有限公司，在其旗下卷烟零售店开通售卡、充值和消费业务。通过迁址、增位、扩容、添新等方式，在4个月内升级迁移4个客服体验中心，新开通2个客服网点。截至年底，长安通客服体验中心（网点）达到10个，客服工位由14个增至42个，增加2倍，并添置了叫号机、等待屏、排椅等硬件，彻底解决客服空间小、工位少、等待拥挤、地理位置偏僻等问题。自4月起，实行每月上门服务日，陆续在新东方学校、陕西鼓风机（集团）有限公司等7家单位开展上门服务，最大限度方便群众、企业办事。

◆**停车建设管理** 2017年，西安市停车建设公司在市区增设停车位5606个，在西安城墙内试行自助缴费新模式，有效改善了城市静态交通。大车家巷立体车库120个泊位投入运行，付村地下停车场513个泊位开工建设。铁路北客站新增车位920个，保障了西成高铁开通后的停车需求。进一步推进停放中心全电子化收费目标，在城墙内推行地磁试点工作。为实现西安市道路公共停车全渠道电子化收费目标，全电子化收费工作同步进行4兆手持销售点情报管理系统的互联网升级和换代，在国内道路停车行业率先引入“互联网智能4GPOS机终端”用于道路停车收费。（潘　珅）

·地　铁·

◆概况　2017年，西安市地铁建设指挥部办公室（西安市地下铁道有限责任公司）“以城市轨道交通带动城市组团发展”的目标任务，强化措施，狠抓落实，地铁事业呈现出建设、运营、开发、投资“四位一体”工作格局。地铁四号线除火车站段外实现长轨贯通；五号线一期、六号线一期和一号线二期全部进入大规模土建施工；六号线二期和九号线部分车站进入主体结构施工，全年完成工程建设投资136.52亿元，创地铁开工建设以来历史新高。地铁运营线网日均客流量170万乘次，最高达到223.33万乘次，全年运送乘客6.05亿乘次。

◆地铁线网运营　2017年，西安市地铁建设指挥部办公室（西安市地下铁道有限责任公司）坚持“线路有终点、服务无止境”的运营理念，持续挖掘和完善地铁服务潜力，大力推进“智慧地铁”建设，在3条线18个重点车站增设互联网售票机29台，为乘客提供“支付宝”和微信购票服务。与蚂蚁金融服务集团合作，实现手机扫码过闸乘车。针对外地游客多、短期乘车量大等特点，发行“一日票”和“三日票”，给外地游客提供更加便捷的购票服务和乘车体验。开展“西安地铁青年创新艺术季”、高校科技创新作品联展及“主播进地铁”文明排队等系列活动，打造“地铁宣传专列”，为文明西安建设做出贡献。地铁线网日均运营时间达到17小时，最小行车间隔缩短至2分37秒，线网运行图兑现率及行车准点率均保持在99%以上，顾客满意度达到88.12%。地铁运营分公司连续5年获“陕西省顾客满意度行业最佳单位”称号，被交通运输部、公安部评为“全国春运‘情满旅途’活动先进集体”；被陕西省精神文明建设指导委员会办公室、省陕西交通运输厅评为“陕西省文明交通示范单位”。

◆地铁工程建设管理　2017年，西安市地铁建设指挥部办公室（西安市地下铁道有限责任公司）学习借鉴国内发达城市经验，组建地铁建设分公司，集中项目管理及技术优势，狠抓工程建设。结合5条在建线路工程建设实际，研究确定6个控制性的节点工期目标，按节点工期对各参建单位工程形象进度、完成产值、安全生产及文明施工等情况进行考核，不断加大工程建设推进力度。截至年底，四号线全线除火车站段外实现长轨贯通，29座车站中28座车站封顶；五号线一期全线20座车站中5座车站封顶，13座车站正在进行主体或围护结构施工，区间施工完成总量的三分之一；六号线一期12座车站开工建设，其中5座车站主体结构封顶；六号线二期3座车站开工建设，3个区间正在施工；九号线作为西安地铁第一条PPP项目，征地拆迁、管线迁改工程完成，部分车站和7个区间均进入主体结构施工阶段；一号线二期4座车站中3座封顶，区间累计完成总量的72%。全年6个节点工期目标全部按期完成。

◆地铁安全生产　2017年，西安市地铁建设指挥部办公室（西安市地下铁道有限责任公司）坚持把安全生产作为头等大事来抓，按照“党政同责、一岗双责、齐抓共管、失职追责”要求，不断夯实建设、勘察、设计、施工、监理“五方”责任。以安全生产标准化建设为重点，严格落实风险分级管控与隐患排查治理双重预防机制，先后编制发布陕西省地方标准《城市轨道交通工程建设安全风险管理规范》等规章制度，做到标准化管理、规范化施工，强化施工及运营过程的安全管控。开展安全质量专项督查及安全隐患排查工作，全年组织各类安全监督检查10多次，下发《检查通报》50期，下发“整改通知书”18份，实施安全质量处罚63.9万元，地铁建设始终保持了安全有序的施工状态，实现“零死亡”管控目标。全年地铁运营未发生客伤和较大不良社会影响的安全责任事故，中国安全生产科学研究院给予“风险可忽略”的较高评价。

◆地铁土地储备和资源开发　2017年，西安市地铁建设指挥部办公室（西安市地下铁道有限责任公司）研究推进西安地铁投融资体制改革问题，在考察学习先进城市经验的基础上，采用借脑引智的方式，加强与绿地建设集团、绿城中国控股有限公司、华润（集团）有限公司等知名企业的洽谈合作，初步形成了以银泰高档物业、华润大型综合体、绿城大宗用地、富丽高端酒店、阿里智慧地铁为主要内容的地铁资源开发思路。不断健全完善西安地铁上盖物业开发、商业经济发展的机制体制、规划计划和实现途径。创新地铁建设资金筹措方式，调整完善《轨道交通建设发展专项资金归集使用管理办法》，扩大专项资金来源渠道，延长归集期限。着力构建“市区共建”模式，并在十四号线前期征地拆迁工作中进行试点。研究编制《第三期建设规划融资方案》，经西安市人民政府批复后取得国家开发银行一次性全额预授信1000亿元。配合西安市财政局制定出台《西安市地铁运营亏损财政补贴方案》，对已建成线路按每年每条线2亿元的标准进行补贴，6亿元财政补贴已落实到位。

◆地铁三号线“奥凯问题电缆”事件　2017年3月13日，华商论坛网友发帖《西安地铁你们还敢坐吗》，反映由陕西奥凯电缆有限责任公司生产的地铁三号线电线、电缆存在严重质量问题。该网帖经部分媒体转载后，引发社会广泛关注，迅速演变为重大的公共安全危机事件。“奥凯问题电缆”事件发生后，中共西安市委、西安市人民政府高度重视，及时成立应对处置工作领导小组，西安市人民政府主要领导牵头，市级相

2017年8月2日，西安地铁六号线丈八四路站主体封顶

关部门配合，迅速启动网络舆情应对、电缆质量监测、整改方案编制及事件原因调查等工作。市政府先后2次召开新闻发布会，正面回应市民关切，如实公布检测结果，积极引导社会舆论。西安市地铁建设指挥部办公室及时组建专家团队研究编制《整改技术方案》。西安市人民政府法制办公室按照重大行政决策基本程序，对《整改技术方案》编制过程进行严格把关。5月19日，市政府召开“奥凯问题电缆”整改工程施工动员大会，“电缆整改工程”全面启动。整改施工期间，西安市地铁建设指挥部办公室、西安市地下铁道有限责任公司严格按照“确保安全、确保质量、确保服务，工期服从安全质量”的总体原则，从安全教育、标准化作业、材料供应、现场管控及督办考核等环节入手，扎实抓好电缆整改施工。西安市质量技术监督局、西安市安全生产监督管理局、西安市城乡建设委员会、西安市公安局消防支队等市级相关部门通力配合，对电缆生产及整改施工全过程进行督导检查，严控工程质量和施工安全，保证整改施工顺利推进。6月底，全线涉及“奥凯问题电缆”的22个车站，除小寨站外其余车站全部开始整改；7月7日，小寨站开始整改施工；9月底，对行车安全影响最大的低压0.4千伏动力电缆更换完毕。（张淑博）

邮政·快递

·邮　政·

◆**概况**　2017年，西安市邮政行业坚持“服务发展、服务决策、服务落实”的工作方针，坚持稳中求进工作总基调，不断适应经济发展新常态，全市邮政行业保持持续快速发展。截至年底，西安市有邮政局所298处、快递企业165家、分支机构515个、服务网点2346处，乡镇快递网点覆盖率和建制村通邮率均达100%。全年邮政业务总收入54.46亿元，比上年增长23.8%。

◆**邮政行业监管**　2017年，西安市邮政管理局通过开展邮政机要通信保密安全、“扫黄打非”、集邮市场和特种邮票发行等专项检查，严厉打击邮政普遍服务方面的违法、违规问题。对于发现的问题，多措并举，全面整改落实。全年出动检查人员640人次，检查营业场所91个，下发“责令整改通知书”3份，确保了邮政普遍服务质量，加强了寄递渠道的安全。严格要求企业全面落实收寄验视、实名收寄、过机安检3项制度。加强对《中华人民共和国反恐怖主义法》和国家邮政局等《禁止寄递物品管理规定》的教育培训，加大对枪支弹药、易燃易爆、危险化学品等物品的查验力度，坚决将各类禁寄物品堵截在寄递渠道之外。制定完善各项重要时间节点的工作方案和专项应急预案，制定专项检查计划，加强值班值守，建立专人联系和信息报送机制。坚持分组检查，赴各企业一线，宣传贯彻安保制度，检查物保配置，督促人员保卫培训，做好全国“两会”、2017丝绸之路国际博览会会暨第二十一届中国东西部合作与投资贸易洽谈会、中国共产党第十九次全国代表大会等重要时间节点的安全保障，确保西安市寄递渠道的安全畅通。开展西安市寄递渠道联合执法模式，加大执法检查和责任追究力度，采取明察暗访、联合执法检查等措施，切实做到“全覆盖、零容忍、严执法、重实效”，确保各项安全措施落实到位。开展“西安市寄递渠道涉恐隐患排查整治专项行动”和统计核查工作，从严治理，做好整治工作，创造安全稳定的寄递环境。

◆**落实新《邮政普遍服务标准》**　2017年，西安市邮政管理局自新国家邮政局《邮政普遍服务标准》实施后，组织西安市邮政公司开展培训会，详细解读新标准，不断加大宣传贯彻力度，引导和督促邮政企业强化服务意识、调整生产组织方式、合理调配资源，稳步推进标准落实工作。按照国家邮政局、陕西省邮政管理局《邮政普遍服务标准》贯彻实施的总体部署，在全市范围内开展“邮政普遍服务达标情况监督检查专项行动”，按照《中华人民共和国邮政法》《邮政普遍服务标准》和国家邮政局《邮政业安全生产设备配置规范》等法规对普通服务网点法定业务开办、营业时间、服务设施、监控安全设施、公示内容、邮筒（箱）设置、投递频次、投递方式、营业、投递人员礼仪以及投诉申诉渠道是否畅通等内容进行检查。

◆**乡（镇）党报、党刊当日见工作**　2017年，西安市邮政管理局为了更好地落实国家邮政局、陕西省邮政管理局的工作要求，领导班子将党报、党刊乡（镇）一级当日见工作作为首要工作，于5月15日全面实现乡（镇）一级党报党刊当日见。

◆**行政村通邮**　2017年，西安市邮政管理局履行对辖区内行政村通邮情况的监督检查职责，加强与当地交通局、扶贫办及邮政企业的沟通，在摸清底数的基础上，建立台账，对行政村通邮情况做好动态管理。要求邮政企业切实履行普遍服务义务，充分发挥行政村通邮的主体责任，做好自查自纠，确保监督检查到位、行政村全部通邮到位、不留任何死角。赴部分行政村开展实地核查，深入了解投递频次、邮政服务质量等。截至年底，雁塔区、未央区、灞桥区、长安区、临潼区、高陵区、阎良区、鄠邑区、周至县、蓝田县10个区（县）直接通邮率均为100%，每周投递均达到标准。（耿　君）

◆**邮政业务发展**　2017年，中国邮政集团公司西安市分公司落实中国邮政集团公司经营发展战略和中国邮政集团公司陕西省分公司“抓重点、促改革、保当前、谋长远”工作要求，企业下属各分支经营单位发展态势良好。打造新的业务发展增长极，企业转型发展取得较好成效。全年完成收入9.09亿元，比上年增长7.96%；实现利润8759.68万元，增长41.9%。企业对外服务形象和服务水平稳步提升，被中国保护消费者基金会推介为“2017重承诺守信用满意单位”，获2017年度“陕西省通信服务质量先进单位”称号。

◆**邮政机构改革**　2017年10月12日，中国邮政集团公司西安市分公司加快推进“以客户为中心”的经营组织架构改革，对所属机构编制进行调整。截至年底，辖钟楼、小寨、土门、纺织城、金花北路、北关、高新、长安区、临潼区、阎良区、杨凌区、高陵区、鄠邑区13个城区邮政分公司，周至、蓝田县2个区（县）邮政分公司。设有市场营销部、服务质量部（普遍服务部）2个市场经营部门，运营管理部、金融业务部、集邮与文化传媒部、包裹快递部、渠道平台部5个经营支撑部门，综合办公室（党委办公室、安全保卫部）、党委党建工作部、监察室（纪委）、财务部（辖基建办）、人力资源部（党委组织部）、工会6个综合职能部门，投递局、信息技术局2个直属单位。

◆**邮政服务**　2017年，中国邮政集团公司西安市分公司紧盯“全省服务看邮政　邮政服务看省会”总体目标，围绕“制度落实年”主题，持续推进服务质量管理，完善常态化服务管理机制，改善客户体验，做好支撑保障，助力企业经营发展，促进企业对外服务形象和服务水平的稳步提升，被中国保护消费者基金会推介为“2017重承诺守信用满意单位”。持续深化“金牌服务　客户满意百分百”服务理念，在经营投递窗口单位开展服务管理竞赛，不断强化营业、投递、时限信息、邮件安全、监督检查、大客户服务等重点环节管控。建立普遍服务全程时限管控体系，推进国家邮政局新《邮政普遍服务标准》贯彻工作，在陕西省率先实现乡（镇）一级党报党刊当日见，全市2796个行政村通邮率均达到100%。加强窗口服务质量管控，邮政营业关键业绩指标综合考评在陕西省保持先进。在收寄端加强营业质量管控，推行规范化操作，严格落实寄件人安全查验制度、寄递物品信息登记制度、寄递物品安全查验制度、寄递渠道突发事件应急预案。规范包裹类邮件操作流程，提高包分机扫描识别率，加快邮件分拣处理速度。加强邮件转退、包裹类邮件封装等基础资料管理，并在营业厅统一公示《邮政汇款查询赔偿办法》、邮件寄递时限，接受用户监督。组织落实全国“两会”、中国共产党第十九次全国代表大会等重大会议期间的安全收寄保障工作。将服务积分与年度考核、技能升降、先进评比等挂钩，突出发挥服务积分的正向激励作用，激励窗口员工将服务的要求转化为自觉行动，带动所在单位员工的服务工作质量稳步攀升。加强日常监督检查，对检查发现的各类服务质量问题逐条考核到人，促使服务质量管控更加完善。在监督检查队伍中开展两岗履职考评，推行视检积分管理，激发各级管理人员履职的积极性。

◆**报刊业务** 2017年，中国邮政集团公司西安市分公司围绕“全民阅读”主题，在抓好报刊日常收订。围绕“集团客户促新增、私费订户保基数、中小企业带项目”的思路，做大畅销报刊、校园报刊、商务期刊3个项目。畅销报刊项目通过阶段竞赛、时点营销、拓展集团、私费市场，创新订阅模式，丰富营销手段，扩大渠道建设，以主题营销活动拉动畅销报刊增长。全年完成畅销报刊流转额2910.20万元，比上年净增流转额99.70万元，在陕西省排名第四。创新拓展中小学校园市场和幼儿园市场，通过开展丰富多彩的校园活动，实现校园教辅及素质报刊规模上量，全年实现流转额2367.07万元。图书业务通过推进“悦邮书香”图书展销主题活动，扩大政务类图书市场占比，做强、做大文创图书及政务类图书规模，全年实现图书销售额267.89万元，提前、超额完成中国邮政集团公司陕西省分公司计划，排名陕西省第一，其中政务类图书实现销售额100.62万元，在陕西省排名第一。2018年报刊收订工作围绕“立足项目发展、开拓专项市场、突出集团营销、发展重点产品、强化互联互动、转化经营效果”的发展思路，拓展营销渠道，确保党报党刊、行业报刊招标等基础项目稳中有升，实现流转额20656.10万元，完成计划的100.69%，完成计划排名陕西省第三名，增幅4.66%，增幅排名陕西省第一。

◆**函件业务** 2017年，中国邮政集团公司西安市分公司坚持“面向市场，多元拓展，跨界融合，创新转型”理念，发挥函件的实物寄递、文化传承、宣传推介功能，稳固信函文化类业务规模，深挖账单寄递市场，稳步发展数据库商函业务，打造函件全媒体营销平台。大力发展日常封片卡业务。开发个人消费市场、商务市场、政务市场，同时丰富产品形式和内涵，不断拓宽主题邮局、代理及网上销售渠道，加强校园和旅游市场开发。全年销售《游戏规则》电影兑换券近3.66万张，创收113万元。联合中共陕西省委宣传部开展把“美丽陕西”寄出去大型宣传活动，印制明信片50万枚，创收60万元；开发2017《惠游陕西》6400册。销售《2017亲子年票》2060册，收入34.6万元。开发具有生活属性、消费属性的多功能明信片《西安饭票》3000册，收入20.4万元。将明信片融合动漫视频，销售“小脸儿”明信片绘本3500册。打造多种形式广告媒体平台，利用腾讯新媒体开展营销，举办“腾邮赢客中国行”营销峰会西安站启动活动，45家客户投放广告，创收136万元。以约投挂号信函为突破口，提升银企对账单、电销保单以及各类发票寄递项目等的规模。开发各类招生商函、邮简、会员商函等，发寄1358万件，创收1473.7万元。开展“书信大赛”，创收40万元。制作各类账单228.1万件，收入355.9万元，较上年增长6.95%。

◆**集邮业务** 2017年，中国邮政集团公司西安市分公司整合企业内外部发展资源，开拓集邮产品研发思路，创新营销方式，依托地域文化借机造市，推动集邮业务发展转型升级。借《丁酉年》《拜年》邮票发行、年册上市有利时机，在产品预售、营销活动、跨界跨专业合作上下工夫，收入3497.81万元。在代理金融网点试点运行集邮票品销售工作，开展《“邮储有福　金鸡贺岁”邮票彩银特供礼品册》客户回馈活动，销售《金鸡贺岁》特供册110册。创新营销手段，联合陕西省世纪传承拍卖有限公司举办“一带一路•红色珍邮”拍卖会，收入86万元。举办“2017集邮周”活动，联合西安博物院举办《凤（文物）》特种邮票首发式，线上关注人数386人，创收96万元。借助汉长安城未央宫遗址入选《世界非物质文化遗产目录》和张骞开通丝绸之路的政治意义，举办《张骞》特种邮票首发式，实现了社会效益和经济效益的双丰收，创收103.36万元。紧抓时点商机，立足地域文化特色，加快自制邮品开发力度，实现收入1731.72万元。借2017西安国际马拉松赛举办之机，开发《2017西安丝路国际马拉松》纪念邮折2000套、邮资信封5000枚，创收12.35万元。开发《驿路　丝路　复兴路》邮折2000套，创收23.6万元。开发个性化邮票22万余版。全力推进新邮预订，收入1880万元。开发定制版年册1.48万册。

◆**邮政营销渠道拓展** 2017年，中国邮政集团公司西安市分公司推进营销创新转型，企业营销能力不断提升。开展综合营销、互联网营销、总部营销、专业营销、渠道营销等，大力推进新媒体营销载体建设，互联网+营销成为推动业务发展的新生力量。建设“中国邮政微信公众号+西安ai邮客微信公众号+专业微信公众号+网点微信群+职工邮乐小店”的五级微营销体系，18个专职营销团队全年营销收入1.04亿元。打造网厅、微店、淘宝店、微营销平台“一厅三店”集邮线上营销平台，收入751.98万元，线上关注人数近3万人。微店等级升“三皇冠”，达到全国同行业最高级别，被中国邮政集团公司授予“2017年优秀网厅店铺”称号。报刊业务开展微信订阅，注册2345人，绑定客户27702户，其中2018年报刊收订产生系统订单15508笔，形成流转额522万元。开办碑林、历史博物馆、奥特莱斯、兵马俑、白鹿原、必胜客、西马、西成、城马等14个主题鲜明、个性化、特色化的主题邮局，面向特定客户群体开展个性化服务，实现项目收入186万元。围绕开学季、毕业季，整合邮政资源，实现校园市场综合开发，实现收入1053.7万元，完成计划的150.5%。校园包裹项目收入6.98万件，实现收入258.99万元，比上年32.06%。毕业生档案项目扩展至27所院校，揽收5.86万件，实现收入79.07万元。代理金融网点开展多种形式的客户维护活动，赴社区、集市、鲜果种植园宣传业务。开展“邮储大回馈　千万大抽奖”“清街扫铺进乡镇村社大宣传”营销活动，举办各类客户维护活动6400余场，维护客户60万人次，揽收各类资金近10亿元。利用“优惠购”“砸金蛋”等活动吸引客户提升在行资产，全市1万元以上价值客户新增2.02万户，规模达到57.4万户，贵宾客户增幅超两位数。

◆**邮政通信能力建设** 2017年，中国邮政公司西安市分公司整合邮政资源，推进营业、投递和综合便民服务平台建设。持续强化营业网点迁址改造，先后装修改造8个网点、12个投递场地，为125个网点更换门头，对40个普遍服务网点装修改造进行立项。增开陕西省内及市趟邮路37条，组开省际“够量直达”邮路2条，将加车邮路延伸到“田间地头”，做到“专车揽收”，有效缩短了快递包裹的转运时限。在上年县域生产作业流程优化的基础上，完善转运、分拣和投递一体化作业流程，县域邮件处理提速明显。新增8个区（县）邮件处理中心及金花路、北关等投递部的装卸皮带机10台，投入笼车153个、网运掌上电脑116台。加强综合便民服务平台建设，全年建成“邮掌柜”1440个，发展邮乐小店21563个。创新投递组网模式，推进“中邮速递易”智能包裹柜生产应用和社会自提服务网点建设，成代投点6236家，代投邮件量占比达到46%。加大车辆、设备配备力度，新增投递汽车45辆、电动三轮车330辆。大力发挥信息技术对邮政经营管理的支撑作用，完成“一区双录”（指银行业银行业金融机构网点专门的区域销售投资类产品，包括理财产品、代销产品、贵金属业务等，即投资类产品与办理存取款、转账等日常业务在网点内区分不同区域，并对销售过程全程同步录音录像）、新一代寄递平台系统设备线路的安装布放及便民驿站、“西邮寄”等自有系统升级改造，全网运行继续保持全年“零故障”。（何丽蓉）

·快　递·

◆概况　截至2017年年底，西安市有快递企业163家、分支机构532家、快递网点1000多个，从业人员2.9万余人。全年快递服务企业业务完成收入29.15亿元，比上年增长29.86%；完成业务量23831.77万件，增长30.25%。全市快递业务总量在陕西省占比75.85%、西北五省占比51.39%，在副省级城市中位列八8位、全国城市中位列第二十四位。

◆快递行业监管　2017年，西安市邮政管理局宣传贯彻《中华人民共和国反恐怖主义法》和国家邮政局《禁止寄递物品管理规定》，充分利用各类新闻媒体，开展寄递安全宣传活动，提升企业员工安全素质和用户安全意识。加强舆情应对，把握正确的舆论导向，弘扬主旋律，传播正能量，确保行业安全。开展“寄递渠道涉恐隐患排查整治专项行动”，督促企业重点加大对各类枪支弹药、易燃易爆物品、危险化学品等物品的查验力度，坚决将各类禁寄物品堵截在寄递渠道之外。落实企业主体责任，开展动态安全隐患排查治理，重点加强反恐、防爆、防火、防盗等方面的定期排查和应急演练，加大对车辆、消防、用电、人员密集场所的安全检查力度。对查出的隐患和问题，能立即整改的立即整改，不能立即整改的落实安全防范措施；对重大隐患无法保证安全生产的，坚决停产停业整改，并加强巡查、监控和盯守，严防发生火灾、触电、车辆安全、机械伤害等事故，坚决遏制重特大事故发生。发挥西安市寄递渠道联合执法模式的作用，加强与公安、国安、烟草、反恐等部门的沟通联动，加大执法检查和责任追究力度，采取明察暗访、联合执法检查等措施，切实做到“全覆盖、零容忍、严执法、重实效”，确保各项安全措施落实到位。落实《国家邮政局、公安部、国家安全部印发〈关于加快全国邮件快件实名收寄信息系统推广应用工作的实施方案〉的通知》（国邮发〔2017〕14号）要求，按照陕西省邮政管理局《关于2017邮件快件实名收寄信息系统推广应用操作的方案》要求，开展App推广应用操作督导落实工作，确保快递企业能依规严格落实实名收寄制度，使用公共版或企业版App进行实名录入。着力加强对实名收寄制度落实情况的督查检查，建立常态化监管工作机制，通过会议督导、定期通报、现场督查、严格执法等方式，全面提升实名寄递信息化水平。

◆“快递下乡”工程　2017年，西安市邮政管理局在了解蓝田、周至等周边区（县）快递企业情况的基础上，全面落实“快递下乡”服务“新农村建设”宏观政策，重点利用资金扶持、基础设施、交通便利、厂房优惠等方法吸引快递企业进驻乡（镇）。鼓励快递企业依法在乡（镇）设立分支机构、营业网点、代办点，拓展自营快递服务网络，提高农村快递配送网络覆盖率和使用率。支持并推广“农村快递+电商”服务模式，引导快递企业重点围绕西安特色农产品，提供包装、运输标准化、定制化服务，不断扩大农产品销售规模，切实提高农民收入。要求企业做好农村网点制度上墙、安防设施、服务质量、运单管理等工作，督促企业提供优质服务。截至年底，西安市1833个行政村中，快递覆盖的行政村有1612个，覆盖率88%。

◆快递服务“三农”　2017年，西安市邮政管理局在樱桃成熟前，就积极筹备，为广州顺丰速运有限公司和灞桥区人民政府搭建沟通平台，联合开展电商培训对接会和灞桥樱桃云计划发布会，实现果农、电商、快递企业3方增收致富。在樱桃收获季，赴灞桥区白鹿原就樱桃冷链配送服务农村电商工作进行调研，全面了解顺丰等企业对传统水果寄递的措施，实地查看车辆、冷库、冷链配送定制包装、收寄站点分布等情况，并在樱桃丰产、销售渠道等方面与农户进行交流。4月25日，促成灞桥区人民政府与顺丰速运有限公司签订“农业和电子商务战略合作协议”。在政府部门的帮扶协调下，顺丰樱桃项目获得成功，快递樱桃52.2万票，销售樱桃3万票，帮助陕西樱桃果农外运产值约5000万元，农民增收1500万元。在此基础上，充分发挥顺丰樱桃项目销售示范效应，要求各快递企业开展特色农产品寄递项目推广。

◆快递为企业服务　2017年，西安市邮政管理局开展西安市规模快递企业需求调研，协调推进航空快件“绿色通道”建设。就快递企业的需求与民航相关部门进行对接，收集汇总快递企业对民航需求表。经过汇总，总结出10个快递品牌共计11家快递企业对28条航线的需求，并上报陕西省邮政管理局。

◆“快递进校园”工程　2017年，西安市邮政管理局赴西安美术学院、西安音乐学院、西安财经学院等20多所高校开展“快递进校园”专题调研，摸清西安市辖区内“快递进校园”情况及问题，了解师生用邮需求，听取校方关于快递进校的意见和建议。鼓励快递企业根据各高校实际情况因地制宜、灵活运营，不断完善、升级、创新服务模式，持续推进高校快递建设，为师生提供方便快捷安全的快递服务。继续发挥行业主管部门作用，联合相关部门支持各种模式创新，鼓励市场充分竞争，强化行业安全管理，促进快递服务质量和水平提升。（耿　君）

◆包裹快递业务　2017年，中国邮政集团公司西安市分公司全面落实中国邮政集团公司陕西省分公司《包裹快递业务改革实施方案》，坚持“做精标快业务，做优快包业务，做稳普包业务，做大国际业务，突破发展同城业务，深化营揽投体系建设”的业务发展思路，通过建仓引商、项目带动等措施，全力推动“寄递翼”业务，做大快递包裹规模。全年发寄邮件1330.2万件，创收8848.4万元，分别比上年增长43.5%和31.1%，增幅分别高于陕西省快递行业19.5%和7.6%。建立6处仓储寄递中心，引进22家电商客户，全年发寄邮件607.53万件，创收2432.8万元。农产品寄递项目实现跨越式发展，发寄邮件626.63万件，创收2881.49万元，完成项目计划的213.44%。其中，樱桃快寄递项目发寄邮件4.81万件，创收111.78万元；阎良甜瓜项目发寄邮件42万件，创收170万元；周至猕猴桃项目发寄邮件52.98万件，创收233.36万元；临潼石榴项目发寄邮件15.77万件，创收100.2万元。“校园三寄”项目（毕业生档案寄递、高考录取通知书寄递、校园包裹寄递）发寄邮件19.74万件，创收425.89万元。开发中药汤剂同城配送业务，全年发寄邮件近6000件。（何丽蓉）

商贸服务业·会展业

责任编辑　曹毅强

综 述

◆概况　2017年，西安消费品市场繁荣稳定、供应充足，日用品类销售保持增长。全年实现社会消费品零售总额4329.51亿元，比上年增长10.5%，提高0.9个百分点，总量占陕西省的52.6%；实现限额以上企业（单位）消费品零售额2909.54亿元，增长9.6%。在限额以上企业（单位）商品零售额中，粮油、食品类零售额增长20.6%；服装、鞋帽、针、纺织品类增长7.8%；化妆品类增长22.4%；金银珠宝类下降2.4%；日用品类增长17.2%；体育、娱乐用品类增长63.2%；电子出版物及音像制品类下降18.6%；家用电器和音像器材类增长24.9%；通信器材类增长23.2%；家具类增长3.1%；石油及制品类增长10.4%；建筑及装潢材料类下降0.8%；汽车类增长7.3%。网上商品零售额240.30亿元，增长54.9%。紧抓假日经济，以节促销，组织举办"西安购物节""消费促进月"以及"五一""十一"车展等26场(次)大型促消费活动。编制完成《西安市商圈发展规划》，制定《西安市推进商圈建设工作实施方案》《西安市商圈建设考核办法》，推进48个商圈建设。全市新开业商业项目23个，新增商业面积141万平方米，投资138亿元。小寨商圈、凤城五路商圈、陆港进出口商品商圈社会消费品零售总额均突破100亿元。加大电子商务扶持力度，西安市财政每年投入3000万元用于发展农村电子商务，带动农民增收致富。西安新丝路国际电子商务产业园等３家企业被陕西省商务厅认定为2017年"陕西省电子商务示范园区"和"陕西省电子商务示范企业"。全市建成县级电子商务服务中心5个、乡镇级电子商务站55个、村级电子商务服务点549个。　（彭磊　王睿）

◆支持现代服务业发展　2017年，西安市商务局、西安市财政局印发《西安市2017年现代服务业发展专项资金项目申报指南》（市商发〔2016〕335号），发挥财政资金的使用效益，促进商贸服务业转型升级发。全年落实扶持现代服务业发展专项资金项目347个，扶持资金11688万元。其中，促消费稳增长奖励项目307个，金额5532万元；西安市人民政府集贸市场提升项目21个，金额2600万元；区（县）简政放权试点项目8个，金额2000万元；西安购物节项目2个，金额570万元；自贸区建设278万元；肉类蔬菜流通追溯体系建设235万元；电子商务培训100万元；融资租赁、国际美食之都和炭市街水产市场拆迁补偿373万元。

◆商贸设施建设　2017年，西安市编制完成《西安市商圈发展规划》，制定《西安市推进商圈建设工作实施方案》《西安市商圈建设考核办法》，加强日常考核、观摩交流，推进48个商圈建设。全市新开业商业项目23个，新增商业面积141万平方米，累计投资138亿元。在建项目50个，累计投资200亿元，吾悦广场等20多个品牌项目落户西安。方亿象城开启全国首个服贸商业综合体，星巴克开设门店55家，小寨商圈、凤城五路商圈、陆港进出口商品商圈社会消费品零售总额均突破100亿元。制定《西安市集贸市场改造提升工作方案》，最终确定62个改造主体。先后召开座谈会7次、观摩交流会4次，督导走访市场52家，协调解决困难100多个，完成40%的改造目标。截至年底，西安市有商贸综合体60多个，占陕西省的57.1%；有特色商业街近50条、5000平方米以上大型商业网点400多个。其中，主城区10万平方米以上的购物中心有30家，包括开元商城、赛格国际购物中心、赛高城市广场、朝阳国际、西市城购物广场、芙蓉新天地、汉神购物广场、大明宫万达广场、华东万悦城、益田假日世界、舌尖上的南门、城市立方商业综合体、砂之船奥特莱斯等项目。以大型购物中心、综合超市、连锁店、便民店、专业店等为代表的新兴业态迅速崛起。

◆电子商务　2017年，西安市电子商务交易额达3000亿元，限额以上企业网上零售额达240.3亿元，比上年增长54.9%。全市已注册的电子商务经营企业超过3万家。西安市人民政府办公厅出台《关于大力发展农村电子商务带动农民增收致富的通知》。西安市商务局开展"电商扶贫百日行动"活动，向陕西省商务厅推荐陕西大林电子科技有限公司、西安市临潼区惠农电子商务有限公司申报"陕西省电商扶贫先进企业"；推荐"秦周土蜂蜜"申报"陕西省电商扶贫明星品牌"。指导西安国际港务区完成外贸企业"一达通"培训计划。配合阿里巴巴集团推动"农村淘宝"项目在西安各区（县）落地。向阿里集团提供34个"盒马鲜生"备选地址方案。与蚂蚁金融服务集团对接协调，推动本地综合体、特色街、集中市场、旅游景点等签约上线，促进产品和服务消费的数字化、网络化发展。西安市财政投入3000万元用于发展农村电子商务，带动农民增收致富。西安新丝路国际电子商务产业园被陕西省商务厅认定为2017年"陕西省电子商务示范园区"；西安华讯得贸易有限公司、西安创客村电子商务有限责任公司2家企业被陕西省商务厅认定为2017年"陕西省电子商务示范企业"。全市建成县级电子商务服务中心5个、乡镇级电子商务站55个、村级电子商务服务点1713个，服务中心功能以地产品展示、标准制定、政策解读、政务服务、创业辅导、技术咨询、营销宣传等为主，成为全市农村电子商务公共服务体系的主要支撑。周至县和蓝田县被商务部认定为"国家级电子商务进农村示范县"，分别获得国家资金扶持2000万元。举办全市乡镇领导干部电子商务培训班、在校大学生创业培训班、农村电商培训班150多期（场），培训人数2.35万人次。

◆商贸行业安全稳定　2017年，西安市商务系统继续开展"安全生产年"活动，在行业内组织开展创建"平安企业"活动。西安市商务局与区（县）商务主管部门、部分企事业单位签订《商贸行业安全生产、消防安全责任书》。指导区（县）商务主管部门，督促行业单位开展员工岗前安全教育和定期轮训，进一步增强员工安全意识。修订完善应急预案，并进行演练，提高处置能力。结合行业特点，组织区（县）商务主管部门与辖区大型商场、超市进行消防安全演练70余场次，使企业自防自救能力得到有效提高。在重大节假日，组织开展安全生产、消防安全督查工作，抽调240余人次，对检查发现的隐患逐条向被检单位提出整改要求意见。全年未发生重大安全事故。

◆商贸市场监测　2017年，西安市商务局市场监测样本企业139家，监测企业覆盖11区2县，涵盖批发、零售、餐饮等主要流通行业，监测商品包括59大类155个品种。新增监测样本企业15家，剔除监测样本企业3家，组织培训市场监测人员300多人次；安装商务部智能信息泵企业达到9家76个门店。落实"黄金周""小长假"市场监测任务，进一步加强生活必需品、应急商品等8个专项日常监测。全年上报商务部、陕西省商务厅和中共西安市委、西安市人民政府市场运行分析33篇；发布周蔬菜监测信息50期、商务预报信息128篇，其中被商务部采纳发布15篇；发布原创文章28篇，其中被新闻媒体采用5篇。

◆举办消费类展会　2017年，面对国内经济增速放缓等不利局面，西安市商务局采取多项举措，全力扩消费、稳增长，先后利用春节、"五一"、"十一"等节假日举办"2017唐潮人带你长安城里大购物"、2017西安商界新年论坛、全市消费促进月活动、"五一"及"十一"车展等近10场大型稳增长扩消费活动，活动涵盖百货、电商、金融、超市、便利店、餐饮、家电、家居、通信、汽车、婚庆等行业，提振消费信心，刺激消费增长。以节促销，假期商品销售保持在10%以上的增速。春节、“十一”黄金周分别实现商品销售额147.01亿元、174.93亿元，比上年分别增长11.2%和10.1%。

◆打击侵权假冒 2017年，西安市打击侵权假冒工作领导小组办公室被全国打击侵权假冒工作领导小组办公室评为“全国打击侵权工作先进集体”。西安市人民政府将西安市打击侵犯知识产权和制售假冒伪劣商品专项行动领导小组更名为西安市打击侵犯知识产权和制售假冒伪劣商品工作领导小组。西安市商务局督导区（县）、开发区（含西咸新区）全部成立“双打机构”。对全市“双打”行政执法单位及区（县）打击侵犯知识产权和制售假冒伪劣商品工作领导小组办公室204个部门240余人进行行政执法与刑事司法衔接业务培训。全年在行政执法与刑事司法衔接平台录入侵权假冒类案件893件，占陕西省案件总量的39.3%，案件录入量持续位列陕西省第一。全市公安机关立案侵权假冒犯罪案件261起，破案196起，抓获嫌疑人258人，逮捕67人，起诉68人，涉案价值6113.64万元。发起全国“集群战役”3起，参与全国“集群战役”25起。检察机关办理制售伪劣商品犯罪案件，批准逮捕20件42人，起诉18件27人；办理侵犯知识产权犯罪案件，批准逮捕6件9人，起诉9件10人。审判机关受理涉及侵犯知识产权和制售假冒伪劣商品刑事案件52件，结案29件。

◆拍卖业 2017年，西安市拍卖行业各项数据较上年稳中有增。全年全市52家拍卖企业共举办拍卖会成交339场次，实现成交额36.33亿元，比上年增长55%。其中，房地产成交额9.7亿元，增长79%；土地使用权成交额7.8亿元，增长170%。

◆典当业 截至2017年年底，西安市有典当企业100家、分支机构11家，注册资本24.8亿元。有从业人员576人，比上年减少34人。企业资产总额25.89亿元，所有者权益合计25.43亿元，资产负债率1.8%。实现营业收入7021万元，下降2.8%，其中主营业务收入5008万元，下降8.8%。全行业营业利润为-706.95万元，下降142%；净利润为-997.42万元，下降127%；上缴税金386.53万元，下降107%，行业亏损面与亏损额均有所增长。全市企业通过信息系统上传当票11301笔，平均单笔业务金额19.98万元，增长44.7%。其中，动产平均单笔10.9万元，增长25%；房地产平均单笔108.8万元，增长36.6%；财产权利平均单笔286.5万元，增长156.7%。

◆融资租赁 截至2017年年底，西安市融资租赁企业数92家，比上年48家新增45家（不含单一项目公司、分公司、子公司和收购海外的公司），增长93.75%。企业注册资本金342.52亿元，增长94.46%。从企业数量、行业实力、业务规模等方面，融资租赁业继续稳步发展。新增2家内资试点融资租赁企业，分别为陕西鼎盛裕和融资租赁有限公司和陕西财信融资租赁有限公司。 （王 睿）

◆2017首届世界西商大会 2017年8月19—20日在西安举办。本次大会由中共西安市委、西安市人民政府主办。大会以“‘一带一路’：新西安 新经济 新活力”为主题，先后举办西商大会开幕式暨主题论坛，同期举办科技人才峰会，“梦回长安校友行”，“新西安•新西商”光华论坛，“浙商与西安对话”圆桌会议，项目集中签约仪式，“最具影响力西商”“杰出西商”颁奖仪式，颁发经济顾问、文化顾问、科技顾问聘书，走进区（县）和开发区招商考察等9项重要活动，聚集19位两院院士，西安交通大学、西北工业大学等31所高校负责人，以柳传志为代表的西商、以马云为代表的浙商、以余秋雨为代表的文化名家，吸引来自美国、英国、日本、俄罗斯等10多个国家和近30个省（市、区）的代表共683人参会。大会促成签约和在谈合作协议项目159个，总投资额约6400亿元，项目涉及新能源、新材料、总部经济、特色小镇、文化旅游、金融、环保、物流等多个领域。

◆2017欧亚经济论坛 2017年9月21—23日在西安曲江国际会议中心举行。本届论坛以“共建‘一带一路’：发展战略的对接”为主题，突出服务“一带一路”建设的办会宗旨，首次确立“论坛+博览会+投洽会”三位一体的办会模式，有效融合国家战略、区域热点和地方元素，在推进“一带一路”建设、充实上海合作组织区域合作内容、提升西安外向型经济水平等方面均取得丰硕成果。本届论坛吸引全球76个国家和地区总计2080名政、商、学界代表参会。举办政策对话、商品展示、投资洽谈、公众开放等多个板块35项会议活动。论坛期间，在举办的“一带一路”国际产能合作博览会、西安国际投资贸易洽谈会上，签署重大合作协议45项，涉及金额280多亿元人民币。 （孙 卓）

◆2017丝绸之路国际博览会暨第二十一届中国东西部合作与投资贸易洽谈会 2017年6月3—7日在西安举行。主会场设在西安曲江国际会展中心、西安绿地笔克国际会展中心2个区域，设置丝绸之路国际馆、中国省区市馆、中国陕西馆、战略性新兴产业馆、物流与信息化产业馆、智能生活馆、丝绸之路特色产品馆、绿色发展产业馆、装备制造产业馆；分会场设在西安大唐西市、西安华南城、陕西科技资源统筹中心3个区域，设置丝绸之路文化旅游展、丝绸之路商品贸易展、丝绸之路科技成果交易展。大会的主题是“新平台•新发展•新机遇”。共有来自全球70多个国家和地区60多位政要、2000余名境外客商，国内34个中央国家机关、国家部委和中央企业负责人参会，28个省区市代表团和新疆生产建设兵团，以及陕西省13个市区分团组团参展。设1个主会场、3个分会场，总展示面积约30万平方米。共有来自塞尔维亚、巴基斯坦、巴西、印度、泰国、俄罗斯、韩国等42个国家和地区的300余家境外企业在丝绸之路国际馆参展，设立国家馆26个。参展企业达1200多家，展销各类特色产品、商品达到1万余种，观众人数超过60万人次。会议期间举办塞尔维亚—中国（陕西）投资贸易及旅游合作洽谈会等38场国际会议和论坛，首次举办丝绸之路经济带国际合作论坛、丝绸之路商务合作（西安）圆桌会、秦岭论坛、新型城镇化建设高峰论坛等高规格会议和国际论坛，极大拓展“一带一路”建设内涵。各方交流合作不断深化，重点体现在经贸、新型城镇化、科技、绿色发展、教育5个方面。28个“一带一路”沿线国家和地区的35个国际商（协）会围绕建设开放型多边工商机制达成《西安共识》。西安分团签约项目537个，较上届增加117个；签约总投资额13976.11亿元，增加2325.41亿元，增幅20%。其中，签约合同项目394个，增加43个，增幅12.3%，投资额8862.93亿元；签约协议项目143个，投资额5113.18亿元。 （秦 声）

◆2017全球硬科技创新大会 2017年11月7—8日在西安曲江国际会议中心举行。本次大会以“硬科技改变世界，硬科技引领未来，硬科技发展西安”为主题，以硬科技产业“八路军”为重点，旨在推进创新驱动发展、加快追赶超越步伐，搭建“一带一路”科技创新的开放合作共享平台，会聚全球顶尖的硬科技成果及人才，打造中国西安的硬科技品牌名片。国家部委领导、陕西省人民政府领导、诺贝尔奖获得者、国内外相关领域院士专家、科技企业领袖、知名投资人等各界嘉宾近1000人出席开幕式。在开幕式当天举行的全球硬科技创新高峰论坛上，诺贝尔奖获奖者爱德华•莫泽，格力电器股份有限公司董事长董明珠，汉能控股集团董事局主席兼首席执行官李河君，Founders Space（孵化器）创始人、硅谷顶尖投资人斯蒂夫•霍夫曼，“物联网”之父凯文•阿施顿，航空工业西安飞机工业（集团）有限责任公司总经理何胜强，深圳光启高等理工研究院院长刘若鹏发表主题演讲。在“创响中国”西安站活动上，《硬科技指数》《硬科技白皮书》和“硬科技排行榜”发布。其中，《硬科技指数》是以硬科技为主题的大型研究报告，对地方政府制定产业政策、投资人和创业者选择创业项目具有重要参考价值。

◆2017首届全球程序员节　2017年11月9—10日在西安高新技术产业开发区举办。首届全球程序员节以“码未来（Coding the future）”为核心主题，以“数字丝路 码动未来”为年度主题展开。线下参加人数超过1万人，线上关注与参与的程序员群体超过100万人。本届活动主要由论坛、程序员大赛、程序员嘉年华、科技园区展四大板块活动组成。其中，“码”创科技为主调的科技园区展主要展示“一带一路”国家科技园区和国内主要创新数字软件园区的示范成果，旨在交流商业模式和先进技术应用，分享创意和灵感，合作共建“一带一路”国家科技园区数字丝路云上园区的大平台。在本次“全球程序员节”上，西安软件园新建重要招商渠道5个，与20多家国内外著名IT企业建立联系，同时促进了霍尼韦尔研发中心、深圳大疆创新研发中心、旷视科技Face人工智能研究院等多个项目的进展。　（孙　卓）

招商引资

◆概况　2017年，西安市把招商引资作为全市经济发展的“一号工程”，按照“领导带头招商、全员跟踪服务、区（县）联动出击、分局专业支撑”的工作思路，创新招商工作体制、机制，紧盯先进制造、高新技术、现代服务业3项万亿级产业，推出新模式，搭建新平台，开拓新渠道，出台新举措，全面提升招商引资水平。全年实际引进内资2186亿元，比上年增长34.7%，完成省考目标任务1780亿元的122%；实际利用外资53.06亿美元，增长17.81%，完成省考目标任务50亿美元的106.12%。

◆招商引资“一号工程”　2017年，西安市将招商引资作为全市经济发展的“一号工程”，全力推进。在全国“两会”期间，中共西安市委、西安市人民政府主要领导专门拜访中粮集团有限公司、华润（集团）有限公司、中国光大集团股份公司等企业，洽谈招商事宜，还先后带队两赴粤、港全面招商。其他市级领导把招商引资列入首要日程，带头招商。全年市级领导带队赴国内外宣传推介及参加各类招商活动200余次。市级相关部门以及区（县）、开发区党政主要负责人把招商引资作为第一要务，全年带队赴全国各地进行招商推介、项目洽谈、客商回访等2000余批次。西安市投资合作委员会在成立不到5个月的时间里，组织包括2017首届世界西商大会、丝绸之路跨国企业合作峰会暨欧亚经济论坛投资洽谈项目签约仪式等各类招商引资活动30多次；邀请并接待全球商协会会长联盟、上海仪电（集团）有限公司等400多家企业来西安考察洽谈，客商代表超过700人；赴成都、苏州、香港、澳门等多个城市开展“走出去”招商活动10余次，对接客商企业300家、客商代表500人次。

◆招商引资体制、机制改革　2017年，中共西安市委、西安市人民政府将体制、机制创新作为推动全市招商引资工作的重要着力点，从全市各部门抽调100名干部，成立24个专业招商机构，统筹全市招商引资工作。7月21日，设立西安市投资合作委员会，并配齐领导班子成员，充实、加强全市招商引资领导合力。10月13日，西安市人民政府办公厅印发《西安市投资合作委员会主要职责内设机构和人员编制规定》，明确主要职责和内设机构、编制。西安市投资合作委员会成立后，推行招商引资项目首次接待归口对接制、项目洽谈跟进服务制、“全程协办”服务制、全程跟踪服务制、相关事项限时办结制、首问责任制、联系包抓制、保障机制、日研究周推进机制、领导定期会见重要投资商机制10项机制，加快形成全市统筹、区（县）推进、部门协同、责任明确、运行顺畅、统筹高效、协同发力的工作格局。

◆招商引资政策体系建设　2017年，西安市投资合作委员会组织专人对各部门招商支持政策进行分类梳理，将最核心的内容集中展示在新的《招商手册》上，进一步增强招商引资政策的全面性、条理性、实用性。为落实中央“为企业家营造健康成长环境”实施意见和国务院促进外资增长若干措施，研究起草《重大招商引资项目及投资商跟踪服务和管理流转办法》《进一步优化营商环境的具体措施》和《促进外资增长的具体措施》等一系列政策措施。为进一步提升全市招商引资工作水平，研究编制《西安市招商引资三年行动方案》《西安市精准招商‘十个一’实施方案》。先后撰写《高品质酒店调研报告》《驻市重点高校校友创业经济调研报告》等调研报告，为完善招商引资的政策体系提供参考。

◆招商引资制度建设　2017年，西安市投资合作委员会牵头制定《西安市招商引资“五资”工作考核办法》，强化项目落地的考核管理，进一步夯实各区（县）、开发区党政“一把手”工作责任。学习借鉴浙江、山西等地考核经验，制定《西安市重大招商签约项目开工注册率、资金到位率、竣工投产率考核管理办法》和《西安市招商引资项目跟踪流转服务管理办法》，并依据“五资”（央资、内资、民资、外资、融资）和“三率”（重大招商引资签约项目开工注册率、资金到位率、竣工投产率）考核管理办法，对全市“五资”完成情况和中国东西部合作等投资贸易洽谈会以来签约项目“三率”完成情况进行统计考核。全面推行重点项目领导包抓制度，将阿里巴巴网络技术有限公司、银泰百货集团、复星集团、华侨城集团等企业的重大招商引资项目进展情况及时汇总，定期向市级包抓领导进行汇报。由各分管副主任牵头，组成督导小分队，对全市各区（县）、开发区招商引资工作开展情况进行全面督查，切实提高全市招商引资质量。

◆招商引资模式创新　2017年，西安市投资合作委员会面对竞争日益激烈的招商引资形势，推行网络化推介、信息化研判、多样化招商的引资模式，不断提升招商引资能力。除用好传统的招商平台之外，挖掘和搭建新的招商引资平台，通过2017首届世界西商大会、2017全球硬科技大会、世界无人系统大会、国际专家顾问圆桌会议、丝绸之路工商领导人峰会、2017台商西安行、成都和苏州西商代表座谈会等活动，向3000余名企业负责人、知名投资人宣传西安营商环境、推介重点项目，让广大投资者认识和了解全新的西安。充分发挥经济顾问和“招商大使”为全市招商引资工作的宣传推广作用，对23名经济顾问进行回访，赠送“城市钥匙”“礼遇卡”等，并加快完成58名“招商大使”的聘任工作。

◆招商引资服务能力建设　2017年，西安市投资合作委员会树立“人人都是投资环境”的服务理念，进一步提升服务标准。按照“领导负责、统筹协调、全程服务”原则，当好企业的“店小二”和“五星级服务员”，先后成立阿里巴巴网络技术有限公司、浙江吉利控股集团、华侨城集团等重点企业的重点项目推进工作领导小组，从考察、洽谈、签约，到注册、开工、投产提供全程跟踪服务。吉利新能源汽车项目从洽谈签约到开工建设仅用105天，彰显招商引资的“西安效率”。

◆**招商引资人才建设** 2017年，西安市投资合作委员会学习外地先进经验，组织联合考察组赴深圳、武汉、成都等地考察学习，借鉴其在招商引资工作中的好思路、好办法，切实提升全市招商引资工作水平。在中共西安市委党校举办招商引资工作培训班，邀请外地专家学者，围绕招商工作经验、办法、举措等方面内容，对区（县）、开发区和各专业招商分局工作人员进行专业、系统的集中培训。组织各区（县）、开发区招商引资工作负责人赴浙江大学参加中共陕西省委组织部“创新发展、追赶超越”专题研讨班，与阿里巴巴网络技术有限公司、深圳市腾讯计算机系统有限公司等浙江知名企业进行现场对接交流。全年培训招商工作人员350余人次。加强信息互通，改版《招商引资动态》，创编《招商周报》和《招商月报》。开通市投资委微信公众号、今日头条公众号，建立市投资委微信公众群，要求招商干部通过“美篇”及时编发工作动态，全方位提升干部应用新媒体工具的能力。

◆**重大招商项目** 2017年，西安市投资合作委员会遵循“从外引、向上争、朝内挖”的招商思路，围绕3项万亿级产业，实施精准招商，招商引资成效显著。以补齐产业短板、延伸产业链为突破口，以龙头企业为依托，围绕主导产业和上下游配套产业，主动走出去，积极请进来，开展一对一联系和点对点衔接，在项目之间、产业链之间形成良性循环和有效衔接。在汽车产业方面，比亚迪汽车项目新增30万辆产能，吉利汽车项目新增30万辆产能，开沃汽车项目新增20万辆产能，加上陕西重型汽车有限公司和比亚迪股份有限公司原有产能，预计到2021年，西安市将实现年产汽车300万辆的目标。在半导体产业方面，三星电子存储芯片二期项目产能为一期项目产能的1.5倍，同时随着京东方科技集团股份有限公司、锦江国际（集团）有限公司等企业项目的陆续签约落地，将为西安市打造集材料制造、芯片设计、生产封装、检验测设、终端产品等半导体全产业链制造高地奠定基础。全年签约项目847个，总投资23455.26亿元人民币。其中，涉及世界500强企业44家、80个项目；总投资额过30亿元以上项目122个；投资额过50亿元以上项目76个；投资额过100亿元以上项目40个。阿里巴巴网络技术有限公司、京东集团、浙江吉利控股集团、亚马逊公司、华润（集团）有限公司等一批国内外知名企业相继进驻西安。（市投资委）

日用工业品商业

◆**概况** 2017年，西安日用工业品市场供应充足、繁荣稳定，日用品类销售保持增长态势。全年限额以上企业（单位）消费品零售额中，网上商品零售额240.30亿元，占限额以上消费品零售额的8.3%，较上年提高2.0个百分点；增长54.9%，高于限额以上消费品零售额45.3个百分点。在限额以上企业（单位）商品零售额中，服装、鞋帽、针、纺织品类增长7.8%；化妆品类增长22.4%；金银珠宝类下降2.4%；日用品类增长17.2%，体育、娱乐用品类增长63.2%，电子出版物及音像制品类下降18.6%；家用电器和音像器材类增长24.9%；通信器材类增长23.2%；家具类增长3.1%；石油及制品类增长10.4%；建筑及装潢材料类下降0.8%；汽车类增长7.3%。（秦　声）

◆**成品油零售体系建设** 2017年，西安市有在营加油站502座。其中，中国石油天然气集团公司加油站157座，中国石油化工集团公司加油站71座，延长壳牌石油有限公司加油站113座，3大公司共有加油站341座，占全市在营加油站总数的67%；其他社会加油站161座，占全市加油站总数的33%。西安市商务局全力做好三环以内加油站3次油气回收改造工作，先后研究制定《西安市三环内加油站油气三次回收治理工作考核打分标准》《加油站储油库油气回收设施运行日常监管工作月度考核打分细则》《2017年加油站储油库臭氧治理专项行动方案》。截至9月14日，三环以内及沿线131座加油站全部完成油气3次回收改造，提前3个半月完成目标任务。

◆**二手车市场** 2017年，西安市商务局按照商务部等颁布的《二手车流通管理办法》规定和陕西省商务厅相关要求，进一步加强二手车流通行业监管，加强备案工作，促进二手车行业健康、有序发展。新增备案二手车流通企业4家（二手车交易市场3家），全市经陕西省、西安市商务主管部门备案的二手车流通企业达到56家，其中二手车交易市场23家，经销企业16家（含新车4S店7家），拍卖企业8家，二手车鉴定评估机构9家。全年交易二手车10.3万辆，实现交易额62.3亿元，比上年交易量下降2.5%，交易额增加2.6%。

◆**再生资源回收行业** 2017年，西安市商务局鼓励企业建设回收站和交易市场，但因受国内产能过剩、国内外经济形势影响，国内再生资源市场震荡不强，呈疲软状态，主要品种再生资源价格持续下跌，运营成本增长，再生资源回收利用企业利润持续走低。全年备案再生资源回收网点467家、再生资源回收企业122家。

◆**煤炭市场** 2017年，西安市商务局定点166个煤炭经营场所，其中煤炭交易市场3个，区域洁净煤配送中心8个，蜂窝煤生产加工场11个，洁净煤配送网点144个。全市定点煤炭经营场所销售煤炭108.15万吨，其中3个煤炭交易市场92.53万吨，8个洁净煤配送中心0.88万吨，11个蜂窝煤加工场2.96万吨，144个洁净煤销售网点11.78万吨。

◆**连锁经营** 2017年，西安市连锁经营持续健康发展。西安市商务局下拨连锁经营奖励经费239万元，拉动企业有效投资超过1.2亿元。新增连锁企业8家、连锁门店367个；9家企业开展商业特许备案，新增门店18个；新增放心早餐网点80个，全市放心早餐网点达1109个，其中46个固定门店正常运营。“唐久便利”门店达140家，“每一天”便利店达到700多家。截至年底，连锁经营涉及行业23个，有连锁门店3100个，连锁经营销售占社会消费品零售总额超过30%。全市新增大型超市18家，其中华润万家新增门店11家，占比超过60%。

◆**商贸物流** 2017年，西安市被商务部确定为全国17个供应链体系建设试点城市之一。西安市人民政府制定《西安市供应链体系建设实施方案》《西安市供应链体系建设专项资金管理办法》等相关方案，成立西安市供应链体系建设工作领导小组，统筹推进供应链体系组织实施。西安市商务局组织12家企业参加第四届中国（连云港）丝绸之路国际物流博览会，赴上海等地学习物流标准化建设经验，统筹推进40家企业申报项目建设。5次组织企业参加国际、国内经贸展会，鼓励企业发展新业态、新模式。

（王　睿）

饮食服务业

◆**概况** 2017年，西安市商务局坚持品牌驱动，大力支持“老字号”创新发展，联合19个部门印发《关于贯彻落实促进“老字号”改革创新发展的指导意见》，支持“老字号”特色企业做大、做强。树立品牌，5家企业获服务业著名品牌，西安市被世界中餐业联合会评为“世界美食之都”，成为继广州、扬州、长沙之后全国第四个获此称号的城市。组织企业参加中国食品餐饮博览会和第十四届中国中华老字号精品博览会，扩大西安美食的国际知名度和影响力。

◆放心早餐工程 2017年，西安市新增放心早餐网点（含早餐亭）80个，全市早餐工程网点数量达到1109个，日供应量近30万份，400个早餐网点实现“长安通”刷卡消费。做好放心早餐车和早餐亭到期换证工作，对全市的放心餐亭进行检查，对存在的问题进行纠正。6月，对部分早餐亭出现占压盲道等问题，联合西安古都华天放心早餐工程有限公司开展自查、自纠。（王　睿）

◆西安获“国际美食之都”称号 2017年12月29日，世界中餐业联合会主席向西安市人民政府授予“国际美食之都”的称号牌匾。本次“国际美食之都”申报工作，历时近1年时间。西安市人民政府成立专门机构，做好各项申报准备工作。11月底至12月初，联合会专家组到西安永兴坊非遗美食街区、白鹿仓民俗文化景区、大唐西市丝路风情街、老孙家饭庄、香港威哥美食酒楼、鑫华府国际酒店、大唐博相府酒店、曲江宾馆、西安古都华天放心早餐公司、米禾食材供应链平台、陕西新东方烹饪学校等进行实地考察。专家组听取政府汇报，并走访考察，对西安申报国际美食之都工作和餐饮业发展给予高度评价，认为：“西安拥有无可比拟的饮食历史和文化资源，铸就了独具特色的陕菜菜系；西安饮食具有国际化属性；市场规模迅速扩大，产业贡献显著；餐饮结构体系完善；具有丰富的教育资源；具备良好的政府政策环境；国际化消费潜力巨大。”

◆餐饮促销活动 2017年，西安饭店与餐饮行业协会积极搭建餐饮产销对接平台，积极举办、参加各项餐饮推广活动。联合海名会展公司在西安曲江国际会展中心举办第四届中国西安餐饮供应链展览会，来自国内的300余家食材、酒店厨房设备、烘焙设备企业参展，其中西安市有20余家企业参展。与乌鲁木齐、兰州、银川、西宁、宝鸡、延安、汉中、安康、渭南等市烹饪餐饮协会在西安曲江国际会展中心举办2017中国•西安丝路美食（餐饮）发展论坛，西安50余家企业的200多个传统和创新菜品参展、参赛。协助组织举办周至县第三届特色小吃大赛。组织开展“2017丝路美食联展”及“中天杯”丝路美食烧烤大赛。与西安日报社共同组织开展2017年年夜饭推广活动。12月16日，与腾讯大秦网在中贸广场举办西安市第四届火辣节。先后组织近30家企业参加西安城北餐饮业发展论坛暨餐饮项目招商推介活动、西咸新区丝路经济带能源金融贸易区餐饮项目考察活动。

◆餐饮业交流合作 2017年5月30日，西安饭店与餐饮行业协会，与全美中餐业联盟召开“中餐业国际化发展”座谈交流会，10多家会员企业负责人与会同来自美国的餐饮业同行就中餐业在海外发展问题进行探讨交流。8月10日，协助中国饭店协会召开西安酒店宴会会议营销高峰论坛暨会议会展对接交流会。参加由中国烹饪协会在渭南市合阳县举办的“全国美食地标高峰论坛”。组织10余家企业参加中国饭店协会在无锡召开的中国连锁餐饮业发展论坛。为满足西安餐饮企业走出去发展的需求，先后组织有关企业前往青海化隆牛肉拉面之乡、贵州茅台镇、四川洪雅中国藤椒之乡进行考察交流，并组织有关企业对河北省邯郸市勒泰城餐饮项目进行考察。应中国烹饪协会邀请前往四川眉山、贵州六盘水参加中国川厨之乡及中国黑山羊美食之都考察评审活动。

◆餐饮行业管理与服务 2017年，西安饭店与餐饮行业协会积极落实政府工作任务，切实发挥桥梁纽带作用。配合西安市商务局做好“国际美食之都”申报工作，组织有关人员做好“国际美食之都”申报材料的材料挖掘、整理、编辑工作，并会同西安市商务局赴北京向世界中餐业联合会领导汇报，并沟通有关申报“国际美食之都”国际美食之都事项。于11月28至12月1日，接待“国际美食之都”专家考评组的考察评审。向西安市人力资源和社会保障局推荐“西安工匠之星”及评审专家，并向西安市商务局推荐餐饮业项目库技术专家。《西安市人民政府关于实施机动车限行交通管理措施的通告（草案）》在网上发布，并征求意见后，针对一些会员企业反映该草案的实施，可能会对餐饮行业正常生产经营带来一定影响的问题，向西安市治污减霾工作领导小组办公室和西安市交通警察支队报送《西安饭店与餐饮行业协会关于机动车限行管理妥善解决食材配送车辆通行意见的函》，积极为企业发展排忧解难。为加强餐饮行业厨师的整体业务水平，联系职业技能鉴定机构，组织西安市首批会员单位厨师职业技能考评，小杨烤肉、外婆印象等10余家企业150余名中式烹调、中式面点制作人员参加高级工、中级工考核。落实中央领导批示精神，倡导理性消费，反对铺张浪费，引导餐饮企业和广大消费者弘扬中华民族勤俭节约的美德，树立文明就餐、理性消费的风尚，建设节约型社会、节约型餐饮企业。

◆餐饮宣传 2017年，西安饭店与餐饮行业协会加强宣传工作，注重与媒体的沟通，不断提高行业整体形象。继续办好协会公众号和“饕餮西安”公众号，及时发布协会动态、行业新闻和相关管理经验。截至年底，协会公众号发布相关信息近100期，共200余条。加强与主流媒体合作，做好宣传服务工作。继续加强与《陕西日报》《西安晚报》《华商报》《西部网》等主要官方媒体和互联网大众传媒的联系与合作，利用多种传媒渠道为西安餐饮业发展服务，扩大会员企业的品牌影响力和西安餐饮业的社会影响力，推动西安饭店餐饮业健康、持续、稳定发展。

（市饭店与餐饮行业协会）

◆西安饮食股份有限公司 2017年，西安饮食股份有限公司拥有西安饭庄、同盛祥饭庄、老孙家饭庄、德发长酒店、西安烤鸭店、春发生饭店、永宁国际美术馆、大香港酒楼、常宁宫会议培训中心、大业食品公司等15家分公司、15家子公司，以及诸多家经营网点。主要经营凉菜、热菜、面食、牛羊肉泡馍、葫芦头泡馍、水饺、烤鸭、汤羹等陕西风味特色菜肴、小吃、清真食品，以及粤菜等。经营模式为菜品的原辅材料采购、粗加工、炉灶加工、餐厅服务、顾客消费等餐饮服务和饮食供应模式。面对餐饮企业竞争日趋激烈的形势，按照“文化+旅游+资本运营+特色产业”发展战略，找差距，补短板，综合施策，统筹推进各项工作，企业经营整体平稳有序，主业经营企稳回升，逐步步入良性发展。但由于受市场大环境的冲击，加之场地租赁、历史原因和人员负担重等问题，所属“老字号”企业面对餐饮市场及客源结构发生的新变化，经营仍显艰难。通过菜品瘦身、开展“冰箱减半”清理活动、实施“分级营销、精准营销”、开展特色产品创新、探索餐饮+旅游经营模式等措施，主业经营企稳回升。调整产品结构，强化质量管控，探索建立内部与市场化渠道相结合的营销新路。进驻商场、超市、便利连锁店，开展线上销售，抢占市场份额，有效扩大销售。全年拓展新网点27个，先后开设“五一大包”连锁店25家、同盛祥“华为”店和曲江加盟店，经营效果良好。出版发行《西安饭庄传奇》《老孙家传奇》2本小说。设计西安饮食老字号手绘立体地图和《旅客服务指南》。拍摄“老字号”美食宣传片，全年举办各类文化营销活动370多次。先后随西安市人民政府旅游营销团赴香港、广元、成都、重庆、乐山对“老字号”进行推广宣传。借《白鹿原》和《那年花开月正圆》电视剧的热播，对剧中热点美食积极宣传，提升“老字号”影响力。搭建微信销售平台“IN食西安”，与大众点评、百度糯米、美团、饿了么等第三方平台合作，扩大网络销售。推进“预算约束与成本核算”“营销宣传与品牌提升”“人力资源保障与绩效考核”“质量保障与标准化”4项管理体系建设。推进“人力资源组织架构再造工程”，开展职工薪酬改革试点，有效提高人均劳效，顾客满意度进一步得到提升。西安饭庄总店重建项目旧楼拆除工作完成，并按照项目进度稳步推进。关停大易项目公司米喜米乐儿童中心，完成参股公司巴布里管理公司股权转让工作，公司整体资产更加优化。全年实现营业收入493792199.30元，比上年下降1.35%；归属于上市公司股东的净利润-11252881.99元，下降191.11%；扣除非经常性损益后归属于上市公司股东的净利润-12980293.98元，增长43.44%；按公司期末总股本计算，每股收益-0.0225元，下降191.09%；总资产1075929175.26元，较年初增加2.46%。（秦　声）

蔬菜副食业

◆概况　2017年，西安市采取有力措施，加强市场监测调控，应对蔬菜等副食品市场价格波动，加强分析预警，积极应对市场波动，蔬菜副食品市场货源充足，运行有序。全年猪肉和禽蛋类产品供应量与上年基本持平；蔬菜交易量稳中有升，达到800余万吨，充分保障了市场供应。

◆重要商品储备　2017年，西安市商务局积极做好重要商品和应急商品储备。对猪肉、白糖等重要储备商品严格管理，坚持每季度对承储企业进行实地检查，督促企业定期轮换更新，保证储备商品落实到位。有效应对异常天气等不利因素对蔬菜供应的影响，采取静、动态储备等方式，储备不少于9个品种的1.7万吨冬春季大众蔬菜，确保主城区3—5天消费。完成西安市防汛抗旱指挥部下达的10余种应急救灾物资储备，切实做到储得足、调得动、运得出。

◆肉菜追溯体系建设　2017年，西安市肉菜流通追溯体系由建设阶段转向试运行阶段。西安市商务局印发《关于肉类蔬菜流通追溯系统运行问题的通知》《西安市肉类蔬菜流通追溯体系设备设施管理制度（试行）》《关于印发西安市肉类蔬菜流通追溯体系数据保密制度的通知》《关于印发西安市肉类蔬菜流通追溯体系耗材管理办法（试行）的通知》等文件，进一步完善运营维护管理机制，强化监督管理，保证运维工作实施规范、操作有序。建设包含185个试点单位的1个平台（西安市肉菜流通追溯体系城市管理平台）和8个子系统（定点屠宰厂追溯子系统，含12家定点屠宰厂；蔬菜批发市场子系统，含2家蔬菜批发市场；农贸市场子系统，含24家农贸市场；连锁超市子系统，含60家大型超市；配送中心子系统，含4家配送中心；外埠肉备案中心子系统，含3家外埠肉企业；肉品专卖店子系统，含30家肉品专卖店；团体消费单位子系统，含50家团体消费单位）。除肉品专卖店子系统（30家肉品专卖店）由于技术原因没有运行外，其他子系统155个试点运行情况良好。

◆盐务管理　2017年，西安市盐务局落实国务院盐业体制改革方案精神，积极推进全市盐改各项工作。制定《西安市盐业体制改革实施方案》《西安市盐业监管体制改革方案》，确保全市盐改工作顺利进行。会同西安市财政局制定《西安市市级储备盐管理办法》，并保障市级2500吨食盐储备到位。加强盐业市场监管力度，全年出动执法人员951人次、车辆251台次，受理70余条举报线索，检查食盐批发企业8家、零售商超1857个，罚没（下架）盐品35.1吨。保障全市食盐品种丰富、价格平稳、质量安全、供应充足。

◆集贸市场改造提升　2017年，西安市商务局按照中共西安市委、西安市人民政府要求，计划用2年时间完成对62家集贸市场的改造提升。改造提升资金由市、区（县、开发区）、市场主体三方按6∶3∶1比例共同承担，最高不超过500万元。市级财政在项目实施前安排承担资金比例的50%用于提升改造项目启动，区（县）、开发区根据建设进度拨付承担的配套资金；项目实施完毕验收合格后拨付市级财政承担资金剩余的50%。全年完成25家市场的改造提升，市级拨付启动资金4215万元。改造后的市场设施、环境有较大改观，硬件设备和软件设施得到全面升级，统一门头、标识，并鼓励引导企业引入统一结算、统一管理、统一服务的智能化管理模式。（王　睿）

粮油业

◆概况　2017年，西安市粮食局围绕“抓好‘米袋子’工程”这个中心任务，认真践行“行政效能革命”，着力抓好粮食购销、储备管理、放心主食品工程创建、“一带一路”项目建设等重点工作任务，各项工作取得较好成效。全年收购粮食77.05万吨，组织调入粮食82.9万吨，调入油脂7.8万吨，分别完成年度计划任务的128%、165%和156%，确保全市粮食供需总量平衡和价格基本稳定。轮换市级储备小麦12.5万吨、食用油8350吨，分别完成轮换任务的125%和128%，为储备粮油安全管理奠定坚实基础。组织开展元旦、春节粮食质量专项检查、粮食库存检查、夏粮收购市场检查、《国家粮食流通统计制度》执行情况专项检查、粮食安全隐患大排查快整治严执法集中行动和中秋、“十一”粮食质量检查等6次粮食市场专项检查，依法查处粮食购销活动中的各类违法违规行为，维护粮食流通市场秩序，确保粮食质量安全。全市国有粮食企业开展挖潜增效活动，保持稳步发展的态势，盈亏统算实现盈利687.4万元。2家规模以上粮食仓储企业西安西粮实业有限公司和西安粮油批发交易市场合计实现营业收入7.73亿元，比上年5.76亿元增长1.97亿元，增幅达34%。截至年底，西安市粮食行业有职工8546人；国有企业固定资产原值93062万元，其中局直属企业63485万元；固定资产净值65492万元，其中局直属企业42794万元。

◆粮油重点项目建设　2017年，西安市粮食局承担的市级重点项目“一带一路”放心粮食工程，实现投资1.01亿元，完成年度投资计划的117%。在哈萨克斯坦建成日处理1000吨的油菜籽压榨车间和日处理350吨的油脂精炼车间以及1.1万吨的食用油罐，完成6000平方米原料及下料库和仓容1500立方米的钢板仓以及厂区道路硬化、消防、绿化等配套设施建设任务。在西安市建成2.4万吨食用油罐及输油管道等配套设施。该项目是中央提出“一带一路”建设以来，西安市率先“走出去”落地实施的项目，为弥补全市粮食供需缺口开辟新渠道，具有重要的经济社会意义。

◆“放心主食品工程”　2017年，西安市粮食局根据中共西安市委、西安市人民政府提出的城市治理和民生工程提升年相关要求，坚持创建和监管并重，在完善加工销售网络体系的同时，持续开展“放心主食品工程”加工销售网点排查整治和提档升级活动。全年新建放心馒头加工销售网点78个，提升改造网点29个，取缔整治不达标网点179个。3家企业被评为陕西省主食产业化先进企业，1家企业被评为西安市农业产业化龙头企业，“万品鲜麦老面馒头”被西安市质量强市工作推进委员会办公室评为“西安市名牌产品”。截至年底，全市有放心粮油店500个、放心馒头加工生产线14条、放心馒头销售店1294个、放心豆制品销售店360个。

◆粮食基础设施建设　2017年，西安市粮食局研究中央、陕西省相关扶持政策，积极争取陕西省粮食局对西安市粮食基础设施建设的支持。全年争取粮食基础设施建设中省专项资金1432.4万元，完成年度计划任务的108%。争取粮食质检能力提升和粮食产后服务中心建设中央补助资金400万元、粮库建设省级补助资金322万元、粮库智能化改造省级补助资金710.4万元。

◆“米袋子”工程　2017年，西安市完成投资4660.32万元，实施乾县梁村储备库、阎良秦康储备库、长安马兴储备库等粮仓新建改建任务，逐步改善储粮条件。西安市粮食局牵头完成全市2016年度落实粮食安全省长责任制的自查、自评和迎接陕西省考核组的实地检查工作。联合有关部门对各区（县）人民政府落实粮食安全市长责任制情况进行全面考评，为保障全市粮食安全奠定基础。

（刘　杰）

烟草专卖

◆概况　2017年，西安市烟草系统销售卷烟42.01万箱，比上年增长0.7%；单箱销售收入31315元，增长3.0%；实现税利33.95亿元，增长4.0%。

◆烟草专卖管理　2017年，西安市烟草专卖局（公司）坚持“向专卖管理要市场、要销量、要效益”的工作理念，以严打外省市非法流入真烟和假冒走私卷烟为主要任务，开展全市范围专项整治4次。重点开展“打击寄递渠道涉烟违法行为百日专项行动”，查处涉烟违法行为7677起，查获1万元以上案件909起，其中5万元以上案件182起，比上年增长17%；查获非法卷烟5272万支，案值3786万元，其中查获假烟案件起数、假烟数量、假烟案值分别增长84%、62%和90%；刑事拘留涉烟违法犯罪分子65人，逮捕28人，判刑13人；破获4起国标网络案件（其中2起案值超1000万元）、3起省标网络案件。开展“跨区交叉检查”活动，全市平均卷烟市场净化率达98.69%。成立卷烟专卖管理指挥中心，开发“涉烟情报分析研判系统”和“专卖执法可视化指挥调度系统”，为59个稽查中（大）队全部配备执法记录仪，形成以信息研判为引领、以精准打击为核心、以联合查处为保障的涉烟案件查获新机制、新格局。探索“互联网+政务服务”新模式，推广微信公众号办证服务、专卖管理移动平台工作经验，在陕西省率先实现烟草专卖管理、工商证件管理系统的互联互通、信息共享。全年新办“卷烟零售许可证”5074个，卷烟零售客户增加1336户。

◆卷烟营销　2017年，西安市烟草专卖局（公司）推进卷烟营销市场化，持续稳信心、稳预期、稳价格。制定《零售客户分档管理办法》，提高货源投放精准度。全年调增紧俏卷烟23658箱，引入新奇特品规64个，退出滞销品规56个。截至年底，卷烟社会库存1.8万箱，比上年下降37.9%；零售价格指数95.85，平均零售毛利率8.81%。开展卷烟零售终端建设，建成精品终端客户335户，组建新型卷烟零售客户自律小组1459个。创建微信移动互联营销平台，并上线运营。更新品牌管理流程，联合8家工业企业开展新品推广培训。全年销售重点品牌卷烟36.69万箱，增长1.1%，重点品牌销量占比87.3%；细支烟、短支烟和中支烟销量分别增长87.3%、664.8%和10.1%；销售省产卷烟16.45万箱，增长10.2%。梳理完善营销规章制度24项，开展全市系统规范经营自查工作，建立经营预警查询处置制度，动态监管大户订货数据。开展“依法严管违法、违规卖烟大户专项行动”，指导零售客户签订“高价位卷烟规范经营承诺书”，常态化开展“天价烟”市场检查，严防“天价烟”问题反弹。卷烟营销人员持证率达92.4%，中级以上资格者占71.4%。

◆卷烟物流建设　2017年，西安市烟草专卖局（公司）卷烟单箱物流费用184.02元，物流费用率0.69%，低于陕西省平均水平0.1个百分点。在国家烟草专卖局通报的8项物流关键指标中，西安市烟草专卖局（公司）有7项优于行业平均水平。开发物流生产设备精益管理系统，与温州市烟草专卖局（公司）签订“精益物流建设战略协议”，实施动态化送货车辆管理，加装送货车辆视频监控系统。出台《物流分公司薪酬管理奖励办法》，根据考核结果实行薪酬二次分配，激发提质增效动力。把提升智能物流水平作为重中之重，推行物流配送信息微信实时查询。争创“绿色”物流，卷烟零售客户无纸化到货签收率达25%，回收卷烟包装箱107.84万个。西安市烟草专卖局（公司）被中国烟草总公司授予“烟草行业物流工作先进集体”称号。

（付海婧）

2017年9月1日，西安市烟草专卖局开展“打击寄递渠道涉烟违法行为百日专项行动”。图为烟草、邮管、公安、国安4部门在物流寄递企业检查

供销合作商业

◆概况　2017年，西安市供销合作联社贯彻落实中共西安市委、西安市人民政府《关于深化供销合作社综合改革的实施意见》，坚持为农服务宗旨，不断完善新农村现代流通服务网络。全年规范建设农产品展示展销平台2个，完成全年目标任务的100%；开展农产品推介3次，完成全年目标任务的300%；组织开展新农村现代流通培训工程，培训学员1870人，完成年度目标任务的155.8%。落实完成19类防汛抢险救灾物资储备任务（其中，12类抢险物资实物储备、7类救灾物资虚拟储备），抓好物资仓库安全管理。完成化肥5万吨、农药50吨储备任务。销售化肥11.5万吨，完成年目标任务的115%。指导企业为农村做好春耕、三夏、秋播等时期的农资供应工作。截至年底，全市供销社系统净资产11884万元，利润总额2131万元；直属企业有职

工3304人，其中在岗294人，离退休人员2719人；新发展农民专业合作社10家、合作社联合社8家，完成基层社改造61个。西安市供销合作联社被中华供销合作总社评为“全国供销合作社行业职业能力建设工作先进单位”。西安钟楼冷饮食品有限公司钟楼奶糕生产车间被中国质量协会命名为“全国优秀质量管理小组”；陕西金谷配方肥科技推广有限公司配方肥生产车间被金谷中国质量协会、中华全国总工会、中华全国妇女联合会、中国科学技术协会评为“全国质量信得过班组”。阎良区阎诚脆枣专业合作社的“洪萃”品牌和高陵区中王农产品专业合作社的“清乡”品牌，获得“2017年全国百佳农产品品牌”称号。

◆供销合作社综合改革 2017年，西安市供销合作社开展综合改革工作。改革工作自2016年启动，先后召开多次座谈会，听取各方意见和建议，并起草形成《关于深化供销合作社综合改革的实施意见（初稿）》。2016年12月21日和2017年3月24日，西安市农村改革专项小组会议和西安市人民政府第16届第5次常务会议先后研究审议并原则通过《关于深化供销合作社综合改革的实施意见（送审稿）》。4月7日，市供销联社将修改完善后的《实施意见（送审稿）》报请西安市农村改革专项小组提交中共西安市委全面深化改革领导小组审定。6月13日，中共西安市委、西安市人民政府《关于深化供销合作社综合改革的实施意见》正式出台。截至年底，全市供销系统领办、创办的农民合作社达600多家，其中有全国示范社40家、省级示范社82家、市级示范社93家、联合社25家。

◆供销社经营模式创新 2017年，西安市供销合作联社以发展农村电商为重点，大力建设农产品展示展销中心，进一步提升供销社在农村流通领域的主导作用。充分发挥供销社发展农村电商带动作用，依托周至县猕猴桃产业联合社会企业共同打造“中国猕猴桃网”，以“公司+合作社+互联网”模式，打造猕猴桃专业电商服务平台，产品以猕猴桃鲜果为核心，兼营种子、苗木、果脯等猕猴桃系列产品，为广大消费者提供健康、安全的优质猕猴桃系列产品。截至年底，中国猕猴桃网注册用户500余户，线上、线下销售猕猴桃4000多吨，销售猕猴桃苗木200多万株。长安区供销社创设长安供销网上商城，在淘宝网上开设丰益食品专营店，并在线下开设300平方米的陕西农特产品专营体验店。临潼区供销社建设“临潼惠农商城”电商平台，开通营运“中国特产•京东临潼馆”，在线下建成镇村电商服务站210个，其中镇级中心服务站23个。

◆农产品推介 2017年，西安市供销合作联社组织企业、合作社参加第九届西部农资农产品暨电子商务交易洽谈会、第二十四届中国杨凌农业高新科技成果博览会、陕西特色农产品海口三亚推介会。西安航城面粉有限公司与北海恒兴特种饲料有限公司等客商签订面粉采购合同金额2000多万元。

◆为农服务体系建设 2017年，西安市供销合作联社积极创新农业生产服务方式，围绕破解“谁来种地”“地怎么种”等问题，探索开展以“统一测土、统一良种供应、统一配方肥供应、统一机械耕作和收获、统防统治、统一订单式收购、统一贫困户帮扶政策”为主要内容的“大田托管”工作，构建为农服务新体系。全年“大田托管”面积达667公顷。在阎良区关山镇托管的土地麦种品质优良，田间管理规范，亩产量达到500千克以上，亩均增收100多千克，亩均增收280余元（实施大田托管后，农户节约种植成本每亩60元左右，因产品提高质量每亩增收130元左右，实现测土配方施肥使农户每亩增加收益60元左右，每亩补助30元）。临潼区供销社试点夏播玉米托管工作。8月，临潼区人民政府组织召开现场推进会，在全区推广临潼区供销社的“大田托管”经验。

◆“新农村现代流通培训工程” 2017年，西安市供销合作联社按照区（县）农业产业特点、市场需求和农民需要，突出针对性、适用性和实效性，统筹制定培训计划和实施方案，将培训与农村电商的发展提高、供销社改革发展、农村专业社规范运营、精准扶贫等工作有机结合起来，有效发挥培训在服务“三农”工作中的积极作用。分别在长安区、灞桥区等8个区（县）举办基层供销社组织建设，联合社规范化运营，农产品电子商务，农资化肥经营管理，测土配方施肥以及猕猴桃、葡萄、樱桃、核桃和花椒产业技能等10个专题19期培训，购买发放《农村电商：互联网+三农案例与模式》《职业农民经营管理技能培训教材》《农产品质量安全读本》和《肥料知识与施肥技术问答》等各类辅导书籍5400余册，聘请技术专家和老师65人次，培训学员1870人。组织基层社负责人和农民专业合作社理事长18人，参加中华全国供销合作总社培训中心举办的供销合作社基层组织建设与新型农业经营主体培育、培训和农村新型合作体系建设与浙江经验培训。

◆基层供销社建设 2017年，西安市供销合作联社以盘活资产为重点，加快推进基层社经营服务设施改造。长安区供销社结合自身实际，因地制宜，采取企业自筹、职工集资、以住补商、联合开发等多种形式，改造、新建基层营业设施，逐步成为城乡“双向流通”的龙头。灞桥区狄寨供销社加油站技改租赁项目与陕西延长石油(集团)有限责任公司达成合作联营协议，并于8月投入运营。临潼区徐杨供销社的好又惠购物广场项目于6月建成营业。阎良区阎良供销社和关山供销社联建的关山超市建成投入运营。区（县）供销社发挥区位、经营等优势，围绕服务城乡社区，拓宽对城乡居民服务项目。长安区鸣犊、子午等供销社创办为农综合服务中心，试点金融、保险、快递等代办代理业务。区（县）供销社大胆引进当地知名企业家作为基层社带头人，领办专业合作社，提升基层社的实力和综合服务能力。市供销联社学习借鉴“政府（供销社）+龙头企业+贫困户”的精准扶贫模式，组织各区（县）供销社及市直公司负责人赴商洛市镇安县现场考察学习精准扶贫经验，指导有条件的企业开展帮助贫困户脱贫工作。

◆农资储备和防汛物资储备 2017年，西安市供销合作联社加强对农资储备的检查，确保农资储备到位。坚持每季度到阎良区、临潼区、鄠邑区和石化大道的农资储备库进行实地检查，确保化肥5万吨、农药50吨的储备任务落到实处。全年销售化肥11.5万吨，同时做好储备资金落实工作。落实19类防汛抢险救灾物资储备任务（其中，12类抢险物资实物储备、7类救灾物资虚拟储备），抓好物资仓库安全管理，为农业生产和防汛抢险提供保障。与西安市防汛抗旱指挥部办公室加强沟通，协调解决防汛物资储备的更新补充，确保防汛物资调运及时、保障有力。

◆供销企业发展改革 2017年，西安市供销合作联社与中国长城资产管理股份有限公司对接，协商打包处理本息合计21555万元的银行债务。处理债务6812万元，其他达成基本意向，为企业下一步改革发展创造有利条件。西安市干鲜果副食公司推进果品冷库设备改造升级项目，开辟冷冻新业务，提高了市场竞争力。西安市棉花公司依托“钟楼”品牌、技术、资源优势，通过产品外加工和自主销售等措施，拓宽销售渠道；寻求品牌多元化发展，注册“钟楼牌”茶叶，拓宽业务经营范围。西安市废旧物资回收公司再生资源示范园项目取得新进展，通过鄠邑区投资项目初步审核，项目入驻西安汽车零部件产业园区。西安盛合实业有限公司盘活因政府拆迁而长期沉淀的星火路32号土地，完成1360平方米招租任务。西安市果品副食公司对油库街仓库翻修、改造，新扩建库房面积近300平方米。西安市土产总公司炒货厂库房改造出租及营业大楼新租赁合同签订工作全面完成，并推进中国猕猴桃网、淘宝商城网站建设。西安市日用杂品公司做好烟花爆竹“禁售、禁放”工作，及时清理销毁库存商品。西安市自强实业总公司加强资产租赁和物业管理工作，确保社有资产保值增值。

◆供销系统安全生产　2017年，西安市供销合作联社严格落实行业直管责任，督促落实企业主体责任，以消防安全、烟花爆竹经营管理为重点，开展安全检查。成立安全生产大检查工作机构，印发《关于持续做好安全生产大检查大整治活动的实施方案》，按季度召开安全生产工作会议，及时传达贯彻国务院、陕西省、西安市安全生产电视电话会议精神，对安全生产工作进行安排部署。把烟花爆竹安全管理作为大检查、大整治的重点，开展定期和不定期的巡查检查。赴各公司租赁户进行安全生产检查，及时消除安全隐患。制定《“安全生产月”活动方案》，下发《关于开展企业安全生产主体责任执法年活动的通知》，制作宣传展板，发放各类安全生产印刷宣传品5000余份。开展以消防为主的安全培训，采取现场教学和理论讲授等形式，学习宣传安全生产等基本知识和基本技能，提升干部职工的安全消防意识和消防能力。

◆烟花爆竹销售监管　2017年，西安市供销合作联社配合西安市人民代表大会法制委员会做好《西安市销售燃放烟花爆竹安全管理条例》修订工作，加强对烟花爆竹的销售监管，坚决杜绝禁售区域内销售烟花爆竹行为。提出关于《西安市销售燃放烟花爆竹安全管理条例》的修订意见，签订“2017年度西安市地方立法工作责任书”。12月，新修订的《西安市销售燃放烟花爆竹安全管理条例》实施后，及时进行宣传贯彻，并对区（县）供销社和有关公司强化督导，与各区（县）、开发区和相关公司签订目标责任书，确保禁售区域内烟花爆竹“零销售”。制定《烟花爆竹禁售工作考核办法》，建立烟花爆竹销售周报表制度，明确到责任单位和责任人。加快烟花爆竹退货工作。截至9月，烟花爆竹全部清退完毕。12月，对执法收缴的8300余件烟花爆竹进行集中销毁。加大对禁售区域内烟花爆竹销售检查巡查力度。6月，对长安区郭杜街道办事处北街非法销售烟花爆竹商户进行执法检查，取缔2家非法销售烟花爆竹商户。　　（王　双）

对外经济贸易

◆概况　2017年，西安市申报陕西省外经贸发展资金区域协调发展项目、加工贸易承接转移项目70多个，为企业争取中央、陕西省资金支持，助力企业发展。将“对外贸易经营者备案登记”“国际货运代理企业备案”2项事权先后下放。新增备案企业600多家，截至年底，全市有经营业绩外贸企业2000余家。西安市商务局紧盯全市50多家外贸重点企业，主动上门为企业排忧解难，做到“一企一策”。组织企业参加中国华东出口交易会、中国东盟博览会、中国进出口商品交易会等贸易促进活动，设立展位500多个，出口成交20多亿美元。不断优化进出口结构，鼓励高新技术设备、关键零部件和资源性商品进口，争取进口贴息资金2000多万元，支持高技术、高效益、高附加值产品出口，进出口商品结构进一步优化。全年进出口总值2545.41亿元，比上年增长39.1%。其中，出口1552.38亿元，增长63.9%；进口993.03亿元，增长12.5%。在进出口总值中，加工贸易进出口1712.78亿元，增长36.0%，占进出口总值的67.3%；一般贸易进出口533.57亿元，增长26.9%，占进出口总值的21.0%。主要进口商品有：机电产品进口795.13亿元，增长14.5%；精炼铜进口22.91亿元，增长6.6%；矿砂进口54.80亿元，增长53.8%；医药品进口18.58亿元，增长15.3%。主要出口商品有：机电产品出口1401.80亿元，增长69.2%；单晶硅片出口27.93亿元，增长25.0%；农产品出口26.39亿元，增长22.9%；纺织服装出口14.92亿元，增长32.1%；矿产品出口19.33亿元，增长32.9%；有机化学品出口14.87亿元，增长27.0%。全年吸收外商直接投资项目143个，批准合同外资44.50亿美元，增长3.4倍；实际利用外商直接投资53.07亿美元，增长17.8%。

◆服务外包　2017年，西安市承接服务外包合同金额22.3亿美元，比上年增长21.8%；执行金额17.3亿美元，增长64%。承接离岸外包业务的国家市场达到72个国家和地区。西安市商务局起草《关于加快服务外包产业发展的实施意见》和《关于加快发展服务贸易的实施意见》，编写《西安市服务贸易暨服务外包发展“十三五”规划》，明确西安市服务外包产业发展目标和重点任务。全年安排市级专项资金3152.8万元，支持服务外包项目加快发展。组织西安博彦信息技术有限公司、西安丝路软件有限公司、陕西万德软件有限公司等6家企业赴印度、新加坡、日本开展服务贸易活动，为企业开拓国际市场创造条件。参加2017北京国际服务贸易交易会、第八届中国国际服务外包交易博览会、第十三届中国国际动漫节和全球程序员节等服务外包展会，加强企业对外交流。引导服务外包培训机构开展培训工作。全年自主培养软件与服务外包人才2万余人，学员就业率89.9%。西安市被评为“中国服务外包风采城市”和“中国服务外包最具竞争力城市”。

◆口岸建设　2017年，西安市航空口岸突破发展，新开通国际航线14条，其中国际货运航线3条，初步实现客运覆盖东南亚、通达欧美澳，货运向“一带一路”国家不断延伸的新格局。航空口岸获批进境食用水生动物、冰鲜水产品、药品、水果指定口岸。国际（地区）货物吞吐量3.4万吨，比上年增长69.4%。铁路口岸功能不断完善，积极打造“陆上丝绸之路”。铁路口岸获批进境粮食、肉类、整车进口指定口岸。国际班列“长安”号开通西安—中亚五国、西安—华沙、西安—汉堡、西安—莫斯科、西安—布达佩斯以及西安—芬兰科沃拉6条线路，实现中亚班列每周2—3列、中欧班列每周1列的常态化运行模式。“长安”号累计开行480列，累计运送货物总量65.9万吨。随着西安市与青岛港、宁波港等多式联运合作不断深入，“西安港”辐射带动作用显著增强。

◆跨境电子商务　2017年，西安市商务局推进西安跨境电商综合试验区申报工作，促进跨境电商聚集发展。截至年底，全市跨境电商公共服务平台注册企业240余家，累计进出口交易单量超过800万单。全年完成进出口交易4709424票，比上年增长273.17%。其中，进口商品清单92820票，出口商品清单4616604票，贸易货值4212.6万元。

◆国际经济合作　2017年，西安市对外工程承包完成营业额38.52亿美元，比上年增长63.6%，其中“一带一路”国家完成营业额19.92亿美元，占比51.71%。全年对外投资额10.65亿美元，其中“一带一路”沿线国家占81%。西安市商务局引导企业从传统的建筑业向拥有核心技术的服务贸易转变，陕鼓动力、中核西北建设集团有限公司等一批企业获得对外承包工程资质，迈出在国际市场配置资源的第一步。中铁二十局、西电国际、华山国际等重点企业，发挥自身优势和核心技术，引领带动作用明显，在非洲、南亚和东南亚市场的品牌效应显现。西安市商务局发挥专项扶持资金最大效应，支持16家企业721万元。截至年底，全市有对外承包工程企业101家、境

西安市2017年主要进口市场情况

国家（地区）	进口总值（万元）	进口增减率（%）
中国台湾	4211793	12.20
韩国	1890400	29.16
日本	929594	18.76
美国	649510	-11.95
德国	296313	33.31
澳大利亚	231445	9.19
巴西	124196	8.62
意大利	118482	26.32
新加坡	85866	-24.59

西安市2017年主要出口市场情况

国家（地区）	出口总值（万元）	出口增减率（%）
中国香港	3961214	74.70
韩国	2258135	15.73
美国	2170677	27.12
中国台湾	743390	98.55
日本	544166	37.26
新加坡	516738	83.43
法国	466494	107.98
巴基斯坦	339078	184.97
马来西亚	207399	71.30
英国	205028	35.41

外投资企业及机构289家、对外劳务合作企业9家。

◆**自贸试验区改革创新** 2017年，西安市坚持把自贸试验区作为全面深化改革和扩大开放的试验田，高标准推进、高起点建设。加快推进《自贸试验区总体方案》和涉及西安市的127项改革试点任务落实，并取得实质进展和阶段性成果。推出40余项创新举措，形成舱单归并、保税研发、投贷联动等20项创新案例，其中9项被评为陕西自贸试验区优秀创新案例，部分案例在全国具有首创性及带动性。深化商事制度改革，实现企业注册登记“一口受理、并联审批、19项事项联办”和全程电子化，并将办理时间由约60个工作日缩短至3个工作日内。紧扣“放管服”改革，向自贸试验区下放203项省级事权、100项市级事权，探索“一枚印章管审批、一支队伍管执法”，试点设立行政审批局和市场监管局。推行自贸试验区内跨国企业集团跨境双向人民币“资金池”业务，将自贸试验区内保险支公司高管人员任职资格由事前审批改为备案管理。中国银行、北京银行等10家银行开设自贸区支行，与汇丰银行、渣打银行等跨境业务领先的外资银行建立合作关系。自4月1日自贸试验区挂牌至2017年年底，自贸试验区西安区域（含西咸新区）新增企业8898家，其中外商投资企业102家。

（王　睿）

物资经营

◆**概况** 2017年，西安市物资总公司系统有5户国有企业、4户（参）控股企业、1家事业单位、1家股份制企业、9户改制企业，职工总数3000余人，资产总额20余亿元。全年实现营业收入1.1亿元，实现利润130万元，市场交易额35.5亿元，净资产收益率比年计划1%提高5.7个百分点，连续5年提前1个月完成西安市人民政府国有资产监督管理委员会下达的年度目标任务。被中国交通运输协会授予2016年度“全国先进物流企业”称号。8月，通过ISO9001质量管理体系认证。

◆**物流项目建设** 2017年，西安市物资总公司把招商引资作为“一号工程”，加强协调、督办、落实力度。西安市玉林工贸总公司在玉林国际汽车文化商贸城三期项目建设中，招商引资28亿元，并通过西安市人民政府国有资产监督管理委员会审批，预计3年内完成整体投资。西安市燃料总公司贺家村煤场开发项目，招商引资3亿多元，与开发商签订合作框架协议，收到诚意保证金1000万元。西安物鸿实业有限公司利用纬二十八街的1000平方米土地建成快捷酒店，即将投入使用，预计年收益200万元左右。玉林国际汽车文化商贸城二期项目投入使用以来，新增就业岗位3000多个，出租率100%，企业效益实现倍增。

◆**物流企业改革** 2017年，西安市物资总公司开展混合所有制改革试点，组建西安玉林国际汽车文化发展有限公司，完善企业法人治理结构，建立协调运转的运行机制，将党建工作融入现代企业制度。加大资产重组力度，对西安物鸿实业有限公司和西安市燃料总公司进行资产整合，理顺产权关系，完善制度体系，提升资产运营效率。推进政府剥离国有企业办社会职能工作，完成4户企业21个家属区“三供一业”分离移交协议的签订工作，签约率100%。西安朱宏物流有限公司通过降低商户租金、提升服务质量等方式稳定租户，缓解车张村、后围寨以及天台八路西段的拆迁影响，顺利完成全年任务指标。西安市化工轻工总公司与驻地单位联系，办理长安库土地证，落实了土地权属。西安机电设备股份有限公司工程机械销售再创新高，房屋中介业务初见成效。物鸿公司钢材销售稳定增长，经营渠道不断拓宽。西安物航商贸有限公司立足市场，开发周边旅游线路，转变酒业销售模式，新增特色经营业务。西安物华物资发展有限公司新建的玉林汽配城快递配送站点运营平稳，正在拓展新的配送线路。物源贸易有限责任公司与化轻公司联合建立“上海起帆”电缆销售平台，销售业务逐步展开。西安市物资职工中等专业学校西点烘焙业务开展多渠道营销，以质量赢得效益。全年总公司系统创业收入2894万元，完成年计划1970万元的147%。其中，企业完成2436万元，完成年度计划的150%；总公司机关完成458万元，完成年计划的130%。

（张　翠）

会展业

◆**概况** 2017年，西安市会展业发展办公室（欧亚经济论坛秘书处）统筹推进会展业服务管理、重大国际会议筹办及会展场馆规划建设、领导班子和干部队伍建设等重点工作，牵头举办2017首届世界西商大会，参与承办2017全球硬科技创新大会、首届全球程序员节等品牌活动，统筹做好第二届“一带一路”国际合作高峰论坛申办筹备、“三中心”（西安丝路国际会展中心、西安丝路国际会议中心、西安奥林匹克体育中心）规划建设、西渭一体化规划等重点工作。西安会展业保持蓬勃发展的态势，会议规模、数量和运行模式均发生明显的变化，转型、调整成为会展业的重要特征，会议项目总数、参会人员数与在西安停留天数均有增长。举办2017丝绸之路国际口腔医学论坛、第十一次全国重症医学大会、第十七届国际核反应堆热工水力大会和2017丝绸之路西安国际骨科学术大会等较大规模的会议活动。全年举办规模以上会展活动199个，完成年度任务180个的110.6%，各类会展活动展览总面积280万平方米，专业观众235.5万人次、普通观众720.5万人次，展会成交额1373.1亿元，创造社会综合经济效益115.4亿元，会展业综合实力继续领先西部地区。西安市被评为“2017年度中国十佳品牌会展城市”，2017欧亚经济论坛被评为“2017年度中国十佳品牌会展项目”。

◆“智慧会展”建设 2017年2月22日，西安市会展业发展办公室（欧亚经济论坛秘书处）、西安市会展行业协会联合在西安曲江国际会展中心举办“智慧会展”专题培训会。西安市会展行业协会各会员单位和三门峡市会展业发展办公室代表共计100余人参加培训会。培训会邀请西安外事学院教授徐德洪主讲，围绕智慧会展的由来、智慧会展的内涵与系统构成、智慧会展与“互联网+会展”的关系和西安智慧会展的发展对策与实施路径5个方面进行。4月17日，西安市会展业发展办公室智慧会展建设领导小组成立。

◆会展业发展专项资金管理使用 2017年，西安市会展业发展办公室（欧亚经济论坛秘书处）着力加强会展专项资金管理使用，资金使用成效进一步提升。在奖励会展项目、宣传西安会展城市形象、鼓励本地企业外出参展扩大销售、开展会展基础性调研及会展从业者相关专业培训等方面的扶持力度进一步加大，办展主体的积极性进一步提升。全年安排会展奖励补助项目40个（展览类项目21项、会议类项目18项），安排使用专项奖励资金700万元。

◆西安丝路国际会议会展中心项目 2017年9月29日，西安市启动西安丝路国际会议中心会展中心项目建设；10月26日，启动圆桌会议中心项目建设。9月24日，中共西安市委、西安市人民政府成立西安市“三中心”建设指挥部，全力推进丝路国际会议、会展中心等一系列重大项目的规划、建设、管理运营等工作。西安市“三中心”建设指挥部、西安浐灞生态区加大与华润（集团）有限公司的合作力度，通过公开招标、竞标，引进中国建筑第八工程局有限公司、中国建筑第三工程局有限公司、陕西建工集团有限公司等骨干企业承担场馆的建设任务。西安丝路国际会议会展中心项目主要包括2个片区：西安丝路国际会议会展中心东区，总用地约24公顷（其中水域6.06公顷，净用地17.94公顷），建设内容包括圆桌会议中心、园林酒店，总建筑面积16.13万平方米；西安丝路国际会议会展中心西区，包含国际会议中心和会展中心2个部分，总占地78.66公顷，总建筑面积93.71万平方米（其中，会议中心占地25.33公顷，建筑面积20.71万平方米；会展中心占地53.33公顷，建筑面积73万平方米）。

◆2017第七届中国西部国际物流产业博览会暨2017中国（西安）智慧交通博览会 2017年6月16—18日在西安曲江国际会展中心举行。本届博览会以“大西安、大交通、大物流”为主题，吸引海航现代物流集团、京东物流集团、中国中车股份有限公司、中国铁建股份有限公司、中国移动通信集团公司等160多家企业参展参会。博览会同期还举办2017中国西部物流与交通大会、秦势论坛之“大西安、大交通、大物流”论坛、智慧交通——承载大西安发展高峰论坛、中国城市停车建设及管理技术交流会等会议论坛活动。

◆第十二届中国西安国际科学技术产业博览会 2017年8月18—20日在西安曲江国际会展中心举办。本届展会以“创新驱动发展•共享科技成果”为主题，旨在聚焦国际高新技术、创新成果、新锐科技产品及相关上下游产业链集群，搭建西部科技产业展示、交流、合作专业平台。吸引来自美国、英国、德国、希腊、韩国、新加坡等国家，及山东、甘肃、四川、北京、上海、新疆等地区的120支代表团的4000多家高新技术企业和机构组团参会参展。博览会推荐项目1000多个，300多个招商引资项目在会上签约，合同金额近500亿元。

◆第二十一届国际复合材料大会 2017年8月21—25日在西安曲江国际会议中心举行。来自全球41个国家和地区的复合材料领域专家、教授、企业家、行业同仁近2000人参加大会，近50家企业携新产品参加科技展览。本届大会以“先进复合材料的创新和发展”为主题，旨在通过复合材料领域各个学科方向的探讨，促进各国复合材料专家的交流，展示国际复合材料领域最新研究与产业化成果，推动各国复合材料专家的合作和发展。大会设立7个主题（theme）、62个研究方向（track）和300多个分会场（session），涉及复合材料科学、结构设计、实验方法、机械性能、多功能和智能复合材料、加工制造和应用等各个领域。

◆2017中国国际通用航空大会 2017年8月24—27日在西安举办。本届大会主要由“四大展区、四大活动”构成，四大展区为通航综合展区、通航国际展区、省际合作展区、通航科普体验展区；四大活动为通用航空高峰论坛及专业论坛、航空设备器材展、项目推介签约及成果发布、首届通航大会创新创业大赛。航空设备器材展参展飞行器共计66架，来自中国、美国、捷克、法国、德国、澳大利亚、波兰等国家的27家飞机制造厂商，共62个型号参展。其中，中国航空工业集团、美国德事隆集团、欧洲空客直升机、捷克航空工业、奥地利钻石公司、罗宾逊、派珀、法国DTA等著名通用航空制造商的最新主流机型皆亮相展会，充分展示通用飞机的优越性能。大会设展位754个，参展展品3047件。1300余名通航界人士参会，6万人次参观。35个项目签约，签约总额346.3亿元，较上一届增长16.2%。签约项目涵盖通用航空产业及相关多个领域，如通用飞机整机制造、飞机代理销售、航空发动机制造采购、复合材料研发、零部件加工、仿真模拟设备研制、监控系统开发、飞行学院组建、通航产业园区建设等，均是通用航空产业发展的重点领域。

◆第十七届国际核反应堆热工水力大会 2017年9月4—8日在西安曲江国际会议中心举行，这是该会议首次在中国举办。来自全球35个国家的800多名核能领域内的专家、学者参会，共同研讨核能发展。本届大会分为124个分论坛进行，就两相流与传热基本原理、严重事故、热工水力试验、反应堆运行与安全、先进建模与耦合、程序开发和应用、先进反应堆热工水力、核废料热工水力等话题进行研讨。本届大会也包括了专门的颁奖环节，设立6个奖项（终身贡献奖、最佳论文奖、青年学者奖、学生奖、最佳海报奖和最佳审稿人奖），颁给该领域做出杰出贡献的专家。大会收到1024篇论文摘要，经过审稿最终接受730篇论文全文，安排686个口头报告，规模为历届之最。

◆“一带一路”国际产能合作博览会 2017年9月21—23日在西安曲江国际会展中心举办。展览面积30000平方米，其中特装面积达到70%。参展企业246家，其中世界500强14家，中央企业12家，上市企业16家，国际企业11家，行业龙头企业16家。设6大主题展区，涵盖西安重点产业展区、国际产能合作展区、先进制造业展区、金融与投资展区、高新技术展区、节能环保展区。本届博览会现场活动内容丰富，包含博览会开幕式、现场签约仪式、专业观众组团对接等。达成交易额11.2亿元，意向合作项目100余个。

◆2017第十二届西安国际汽车展览会 2017年9月30至10月8日在西安曲江国际会展中心、绿地笔克会展中心举办。本届西安国际车展以“丝路心、行无界”为主题。启用10个室内展馆，展览面积超过15万平方米。首发车、改款车超过40款，参展汽车品牌97个，展车1127台，接待观众超过51万人次，成交汽车数量24933台。 （孙　卓）

责任编辑　曹毅强

综 述

◆**概况** 2017年，西安市旅游发展委员会以创建“国际一流旅游目的地城市”为目标，以“聚焦三六九，振兴大西安”为引领，着力推动全域旅游和西安旅游“追赶超越”，圆满完成年度目标任务。截至年底，西安市有92家国家A级旅游景区，其中AAAAA级3家、AAAA级28家、AAA级48家、AA级13家；有星级饭店108家，其中五星级15家、四星级28家、三星级63家、二星级2家；有旅行社461家，其中出境社63家。旅行社接待海外旅游者1261614人次，外联人数909056人次；国内旅游组织人数4170659人次，国内旅游接待人数7029019人次，出国及港澳台旅游组织人数1602647人次。全年接待海内外游客18093.14万人次，比上年增长20.52%；旅游业总收入1633.30亿元，比上年增长34.56%；旅游业增加值占地区生产总值比重达到8.6%。

◆**海外客源市场** 2017年，西安市海外游客中外国游客客源市场仍占主导地位，外国人客源市场占西安市客源市场的87.3%。全年接待亚洲游客426738人次，占接待外国人总数的36.8%，增长幅度较大，其中日本、韩国、印度尼西亚、马来西亚游客增速明显；接待欧洲游客456374人次，占接待外国人总数的39.3%，仍是第一客源市场，其中英国、德国、法国、西班牙客源市场比较稳定，意大利、俄罗斯增幅较大。

◆**国内客源市场** 2017年，西安—成都、西安—兰州高铁开通，交通运力明显增加。全年西安市公路客运量23262万人次，比上年增长3.45%；铁路旅客发送量4632.86万人次，增长16.7%；民航旅客吞吐量4267.2万人次，增长14.3%。“一日游”、自驾游人数增加，成为国内旅游人数增长的主要因素之一。春节、“十一”和“五一”、清明节、端午节、中秋节期间来西安旅游人数增加明显。

◆**旅游体制、机制改革创新** 2017年6月，按照国家旅游局的要求，西安市人民政府成立西安市旅游发展委员会、西安市工商行政管理旅游分局、西安市旅游警察支队、西安市旅游巡回法庭、西安市民游客服务中心，并在5个重点区（县）设立旅游巡回法庭。各区（县）旅游体制改革有序推进，临潼区、周至县、蓝田县先后召开“全域旅游示范区（县）”动员大会，设立旅游发展委员会。西安市成立西安市旅游发展工作领导小组，由西安市人民政府主要领导担任组长，市级相关部门和区（县）、开发区主要负责人任小组成员，定期研究解决旅游发展中的重大问题，形成促进旅游发展的综合协调机制。

◆**全域旅游** 2017年，西安市启动《西安全域旅游发展总体规划》编制工作。围绕发展要求，明确目标路径，推动从景点旅游向全域旅游模式的转变。西安市旅游发展委员会完成《秦岭北麓文化生态旅游带旅游规划》《渭河文化生态旅游带旅游规划》编制，推动打造“绿色增长极”。指导临潼区推进“国家全域旅游示范区”创建，推广蓝田县全域旅游经验，扶持长安区、鄠邑区、周至县等大力发展全域旅游。推进西安与西咸新区旅游业“六同发展”（规划同编制、产品同体系、营销同开展、项目同促进、服务同网络、环境同提升），加快西咸新区旅游提档升级。将“全域旅游示范市”和“国家级旅游改革创新先行区”创建有机结合、同步推进，重点在完善旅游公共服务供给机制、旅游资源利用与生态环境保护机制、提升旅游消费水平等方面进行改革，并在5个区（县）开展试点。

◆**旅游发展基金设立** 2017年，西安市旅游发展委员会、西安市财政局、西安投资控股有限公司、陕西旅游集团有限公司、陕西建工第六建设集团有限公司作为有限合伙人共同发起设立西安旅游发展基金，从事旅游投资业务。基金规模为40亿元人民币，投资方式和方向以股权和债权方式投资到西安旅游产业基础建设、旅游产业相关的上下游产业，基金组织形式为有限合伙制，普通合伙人执行合伙事务。西安旅游发展基金将通过直投项目或针对不同领域成立子基金的方式，吸引其他社会资本参与西安旅游业发展。

◆**重点旅游项目建设** 2017年，西安市以构建“大西安”历史文化名城体系和大遗址保护为重点，大力开展旅游重点项目建设，加快推进临潼秦唐文化、古城旅游聚集区、小雁塔历史街区等13个旅游聚集区建设。确定全市重点旅游在建项目49个，总投资658亿元。加快临潼兵马俑大景区、西咸新区“丝绸之路”风情城、浐灞华夏文化旅游综合体等项目建设。落实最严格水资源管理和秦岭生态环境保护制度，建成开放白鹿仓景区、秦岭国家植物园、诗经里小镇、昆明池七夕公园、渼陂湖水系生态文化区萯阳湖等景区。

◆**旅游项目招商引资** 2017年，西安市旅游发展委员会加大旅游项目招商引资力度，编制《西安市旅游招商手册》，组织召开西安市旅游招商引资项目推介会。中国恒大集团、中国泛海控股集团、浙江金科控股集团、中国德力西控股集团有限公司、亚洲勒芒基金会、北京东方园林股份有限公司、诸暨双金针织品有限公司、御温泉国际集团公司等多家投资商来西安考察相关旅游项目，其中部分项目取得实质性进展。全年开展旅游招商活动359次，签约旅游项目82个，金额3600亿元。组织召开2017西安市旅游招商引资项目推介会、西安“航空+旅游”产品推介会暨旅游招商推介会、西安（香港）旅游营销大会、2017西安丝绸之路国际旅游博览会旅游项目推介会。

◆**旅游专项资金落实** 2017年，西安市旅游发展委员会争取国家旅游发展基金厕所项目11个，补助资金250万元。争取

2017年10月1日，秦岭国家植物园建成开放

省级旅游专项项目11个，补助资金960万元；争取省级宣传促销经费140万元。落实市级专项旅游发展资金5000多万元。

◆市民游客服务体系建设　2017年，西安市旅游发展委员会启动市民游客服务体系建设。计划用2—3年时间，完成1个综合性、1个中心性、4个区域性市民及游客服务中心建设，提升73个A级景区游客服务中心。浐灞市民游客中心建设完成，具备对外试运行条件；临潼市民游客中心和莲湖市民游客中心完成建设并对外开放。建成三府湾客运站旅游集散中心、城西客运站旅游集散中心。对城北客运站旅游集散中心、城南旅游集散中心、汉城湖旅游集散中心进行提升改造。长安旅游集散中心、蓝田旅游集散中心完成选址，启动建设。未央区自驾车营地正在办理手续，长安自驾车营地、蓝田自驾车营地开工建设。

◆旅游大数据建设　2017年1月，西安市旅游发展委员会举办西安旅游大数据建设论坛大会，邀请8名国内大数据专家为西安旅游大数据建言献策。对浐灞市民游客中心、莲湖市民游客中心设置的旅游大数据展示功能进行整体提升。多次与阿里巴巴网络技术有限公司、北京京东尚科信息技术有限公司、陕西识代运筹信息科技有限公司、太极集团有限公司、中国电信西安分公司、中国移动通信集团陕西有限公司、中国联合网络通信陕西有限公司、北京清博大数据有限公司等企业，就西安旅游大数据建设合作事宜进行交流沟通，了解行业发展动态及企业合作意愿等。召开与蚂蚁金融服务集团工作对接会、西安市旅游“厕所革命”和智慧景区建设工作推进会，为旅游大数据建设搭建平台。

◆乡村旅游提档升级　2017年，西安市编制《西安市旅游产业扶贫行动计划（2017—2020）》，出台《旅游产业扶贫工作指导意见》，建立旅游产业脱贫长效机制，开展“美丽城区”“美丽县城”“美丽镇（街）”“美丽村庄”建设。西安市旅游发展委员会对省定390个建档立卡贫困村逐个摸底，确定50个优先扶持对象。针对贫困村干部和贫困人口，围绕乡村旅游中的“农家乐”经营、观光采摘、农事体验等内容培训800人次。加强项目带动，统筹1000万元乡村旅游发展专项资金重点支持贫困村发展乡村旅游，对开办“农家乐”的贫困户给予资金奖励。评选表彰市级“乡村旅游示范村”，组织西安市旅游行业协会前往鄠邑区马坊村开展帮扶。将贫困村乡村旅游产品作为各级旅游宣传营销的重要内容，在西安旅游网、西安微信公众号开辟宣传专栏。

◆旅游特色小镇建设　2017年8月，西安市发布第一批涵盖十大产业类别的35个创建类特色小镇名单。全年35个特色小镇完成投资273.07亿元，占年度投资计划的106.96%。大力推进大唐西市丝绸之路文旅小镇、航空特色科技旅游小镇、渼陂湖生态文化度假小镇、祖庵重阳文化旅游特色小镇、水街生态旅游小镇、中国·周城古韵小镇、太乙•长安道旅游休闲小镇7个旅游特色小镇建设。大唐西市丝绸之路文旅小镇投资4.33亿元，完成风情演艺中心室内外装修、丝绸之路风情街中央文化商务区基坑护坡工程和九宫格文化旅游板块提升改造。太乙·长安道旅游休闲小镇完成投资7.44亿元，核心区的民俗娱乐项目的7个文化节点全面开工建设，太乙宫大殿主体完工，正在装饰，戏园和面食博物馆主体完成，商业及公益性用房封顶7.4万平方米；唐诗书法文化景观（唐诗千书林）项目的地标大门建成，景观大道基本成型，摆放奇石300余块，篆刻诗词230余首，高速路口节点公园开工；其他绿化景观及配套设施正在推进。周至水街生态旅游特色小镇完成投资2.6亿元，完成民宿建设、休闲广场、特色餐饮街区、休闲娱乐项目等项目。中国·周城古韵小镇完成投资3.997亿元，建成道路22千米，栽植雪松、油松17.33公顷，流转林地133.33公顷，一期聚仙台建设工程结束，具备一定接待能力；二期中国·周城建设工程主体完成。

◆旅游人才教育培训　2017年，西安市旅游发展委员会联合浙江大学旅游学院，对西安市100多名旅游行业的领导干部开展全域旅游发展培训教育。聘请长安大学、陕西师范大学、西北大学、西安交通大学的专家教授对区（县）旅游局长和相关工作人员进行“旅游推动精准扶贫”专题培训，并在常宁宫举办旅游与扶贫专题培训班。完成2017年度导游年度审核工作，培训全市导游人员5000多人。

◆旅游安全管理　2017年，西安市旅游发展委员会制定《西安市旅游行业安全检查方案》，加强对从业人员的反恐、消防培训，组织、指导旅游企业开展反恐、消防知识演练。落实安全生产“一岗双责”，与旅游企业层层签订“旅游安全目标责任书”，开展重大节庆和敏感时期安全隐患大排查、大整治活动，重点督导旅行社严格执行租用车辆的安全规定。开展“平安景区创建”活动，加强客流高峰时的疏导和安全警示；落实防汛安全要求，严格执行恶劣天气条件下的景区关闭制度。5—11月，开展“景区流量控制治理行动”“高风险项目安全规范行动”“旅游包车安全整治行动”“出境游安全提升行动”旅游安全4项专项行动，把专项行动与日常安全工作同步推进。联合西安市安全监督管理局对旅行社、星级旅游饭店、A级旅游景区开展安全工作阶段性专项检查，尤其在节假日等重要时期、重点时段，组织督查、抽查和专项检查，并加大巡视、暗访力度及频次，确保旅游企业自查自改不走过程、事故防范措施落实到位。全年未发生一起重大旅游安全事故。

◆“全域旅游示范区（县）”创建活动　2017年，西安市旅游发展委员会指导区（县）开展国家级“全域旅游示范区（县）”创建工作。临潼区获得“国家全域旅游示范区”称号，并获300万元专项资金奖励。确定长安区、蓝田县、周至县、鄠邑区、碑林区、莲湖区、新城区为陕西省“全域旅游示范区（县）”创建单位，并上报陕西省旅游局。积极申报乡村旅游补助项目并严格监管。全年新增1家“陕西省旅游特色名镇”和4家“陕西省乡村旅游示范村”。

◆西安丝绸之路国际美食旅游节　2017年5月11日在曲江国际会展中心开幕。活动由西安市旅游发展委员会主办，西安饮食股份有限公司、陕西旅游饭店协会协办，多家旅游星级饭店、中华老字号餐饮企业承办，历时1个月。活动分为三大系列活动，分别为丝绸之路传统（国际）美食名品展示、惠民活动和美食探秘活动。开幕当天，西安市旅游发展委员会举办丝绸之路传统（国际）美食名品展示和新闻发布会，并在《西安晚报》《三秦都市报》宣传推广。5月4—13日，对美食名品展示进行评奖，采取网络投票与媒体、专家评审相结合的方式进行，评出“最具人气奖”“最佳创新奖”等奖项。活动期间，西安曲江饭店、西安索菲特人民大厦、西安香格里拉大酒店、西安建国饭店、西安饭庄、老孙家、同盛祥等24家西安星级酒店、老字号企业报名参加。根据企业产品特色，推出美食精品惠民活动，并将特色美食、惠民活动印制成册，投放至西安主要中、高星级饭店，宣传引导旅游餐饮消费。

◆“一带一路”城市旅游合作论坛　2017年9月20—23日在西安市开元名都酒店举办。本次旅游合作论坛属于欧亚论坛分论坛，活动主题是“旅游对话与合作——融合发展，创新未来”。国内外城市嘉宾、各区（县）旅游局负责人、西安旅游企业负责人、国内媒体机构代表和记者等共约200人参加会议。在主旨演讲中，分别有来自匈牙利国会议员、前国务秘书欧拉劳尤什，联合国世界旅游组织(UNWTO)旅游专家委员会委员、旅游市场营销顾问徐汎，亚太旅行协会CEO特别顾问John Koldowski（约翰·考德斯基），意大利意中交流协会主席、庞贝市政府特使朱裕华，携程集团目的地营销总经理尹一等5名来自全球不同地区和国家旅游界的专家，围绕“一带一路”框架下欧中合作和旅游发展、城市旅游合作双赢、旅游发展愿景、拓展“丝绸之路”旅游产业新业态、互联网OTA营销与“一带一路”城市旅游合作创新等话题进行演讲和发言。

（市旅发委）

2017年11月19日，西安市人民政府在南门广场举办香港“百团万人游西安”活动启动仪式

旅游市场开发

◆**概况**　2017年，西安市旅游发展委员会按照中共西安市委、西安市人民政府关于建设“世界旅游名城”和“旅游时尚之都”的要求，有序推进旅游营销活动。突出网络营销，通过微信、微博、抖音、手机APP开展各类线上宣传活动。针对冬季和春节假日旅游市场特点，策划推出系列优惠活动和丰富多彩的假日产品。针对本地市场，先后推出西安温泉季、西安滑雪季和特色明显的庙会、灯会、祈福活动等6大主题、50余项节日活动。国内市场上，加大在中央电视台宣传的同时，突出对通航城市和高铁通达城市的营销，以“航线开到哪儿，宣传跟进到哪儿”“高铁开到哪儿，宣传跟进到哪儿”的思路，开展系列营销活动。加大“一带一路”沿线城市旅游合作与营销力度，举办“一带一路”城市旅游合作论坛、“千年丝路——大唐旅游狂欢节”。以中共西安市委、西安市人民政府名义在香港举办“品味西安，发现中国”推介活动，针对香港旅游市场的“百团万人游西安”活动正式启动。成立渭河旅游联盟，开行“丝绸之路”国内段文化和研学主题旅游专列。通过微博、微信、新闻客户端，以及网络动漫微视频发布推送旅游资讯、旅游攻略和旅游新政，西安旅游影响力进一步扩大。在入境市场上，开拓亚洲客源市场，巩固北美等传统客源市场，在Facebook、Twitter、Instagram等六大海外主流新媒体平台及Google搜索引擎设立西安旅游官方账户。与凤凰卫视、BBC、CNN等境外主流媒体合作进行境外旅游宣传推广，新增15个“西安之窗”境外旅游推广点。加强对国际通航城市及“一带一路”沿线国家城市的旅游宣传推介，先后赴洛杉矶、墨西哥城、罗马、庞贝及日本、菲律宾等客源市场开展实地宣传促销。

◆**国内旅游宣传**　2017年，西安市旅游发展委员会针对高铁客源市场，与南京、青岛、徐州等城市主流媒体联合推出“高铁旅游双城记”，先后组织近百名媒体记者和旅游达人到西安踩线、采风和互动报道。利用宝（鸡）兰（州）高铁开通的契机，与西安铁路局、西安北客站以及渭河旅游联盟各城市，联合在西安北客站举行高铁首发式和大型路演宣传活动；组织百家媒体和旅行社代表乘车经兰州赴西宁，开展踩线采风活动；和西宁旅游局联合，分别在西安和西宁开展“双西旅游文化周”推广活动。利用西（安）成（都）高铁开通的契机，在西安党政考察团赴成都考察期间，组织西安主要旅游企业，适时举办大规模的西安旅游营销大会，与成都旅游局就联合开发高铁客源市场、促进两地客流互动签署合作协议。针对国内主要客源城市，联合“去哪儿”网在西安举办“2017西安中华文明标识之旅暨旅游新品推介会”，面向全国近30余个城市的主要旅游批发商进行主题产品线路和旅游新品推介。针对航空客源市场，与长安航空有限责任公司等联合开展“航空+旅游”宣传营销活动。通过航空公司的机上资源，让西安旅游推介进客舱、旅游宣传品进机舱。推出“机票+酒店”“机票+景区”的西安旅游组合营销产品。4月21日，和西部机场集团联合举办“航空+旅游产品和旅游招商项目推介会”。6月27日、30日，在西安—大连航班上开展机上宣传，并在大连举办西安旅游营销大会，与大连旅游界就西安“机票+酒店”“机票+景区”旅游组合产品的营销进行对接座谈。针对港澳台市场，在香港举办“品味西安·发现中国”西安（香港）旅游营销大会，西安曲江新区、西安旅游集团、西安城墙景区、华清宫景区等进行主题新品推介。西安营销团还分别拜访香港旅游业议会、国家旅游局亚洲旅游交流中心、香港永安旅游公司等机构、企业，就港澳“百团万人游西安”“西安中华文明标识之旅”等推广项目与有关方面达成合作意

西安市2017年接待人数前十位景区

序　号	名　称	接待人数（万人次）
1	西安大唐西市文化景区	2028
2	周至水街·沙河景区	741
3	西安世博园景区	685
4	秦始皇帝陵博物院	682
5	西安汉城湖景区	648
6	西安城墙景区	437
7	陕西华清宫	368
8	西安白鹿原影视城	350
9	西安汤峪景区	328
10	西安大雁塔·大唐芙蓉园	270

向。按照对台工作相关方针和要求，创新营销思路，针对尚未开发的台南客源市场，进行“中华文明标识之旅”专题线路产品的发布宣传和广告投放。做好2017“一带一路”国际合作高峰论坛举办期间的宣传工作。在大会举办前后，在北京长安街和北京地铁等户外平台发布“品味西安·发现中国”和“中华文明标识之旅”西安主题形象和产品广告。

◆国际旅游宣传　2017年，西安市旅游发展委员会利用参加国内外旅游交易会的机会，做好国际旅游宣传促销工作。组织旅游企业参加2017北京国际旅游博览会、2017首届北京旅游健康博览会、2017昆明国际旅游博览会、2017年ASTA中国旅游营销交流周、2017兰州国际媒体宣传交流会、2017鄂托克前旗蒙陕宁周边城市旅游合作联盟会、2017南京国际度假休闲及房车展会等旅游交易会，向国内外与会者发放各种宣传资料。在继续宣传人文历史、民俗风情的同时，加大对秦岭国家地质公园、周至太白大熊猫保护基地、曲江休闲度假区、浐灞湿地等休闲、度假旅游产品的宣传，针对境外游客突出西安旅游产品的多样性和吸引力。在各次旅游交易会及组织的宣传促销活动中，发放各类宣传资料50万余份，接待来访、咨询近100万人次。扩大境外重点旅行商和主流媒体的邀请数量，尤其是邀请主流媒体记者特别是新兴市场媒体记者和周边及重点客源市场的旅华批发商、零售商来西安采风、踩线。配合中共西安市委宣传部、陕西省旅游发展委员会接待境外记者考察团2批次。配合陕西省旅游发展委员会进行陕西旅游宣传片拍摄的协调工作。5月16日，借在西安—岘港旅游推介会在西安举办的契机，对到访的100余名越南旅游批发商、记者和旅游界人士推介西安旅游新资源、新产品，介绍即将开通的西安飞岘港包机产品和地接服务，并与岘港旅游局签署旅游合作备忘录。12月6日，借中国南方航空股份有限公司与美国航空公司联合在西安举办产品推介会的时机，加深美国和西安两地旅游业界进一步了解，并在中美两地销售路线规划、产品设计打包、市场联合推广等方面开展沟通与交流。11月17日，借以色列国家旅游部在西安举办冬季路演的机会，组织西安数十家旅行社与以色列旅游企业开展合作洽谈，现场达成互输客源和交流合作的诸多意向。组织参与来访西安的多国地区和城市的接见及座谈会，达成合作意向。与意大利斯特坦特市、斯佩齐市，新加坡金航国际旅游集团，加拿大魁北克市旅游局代表团，法国勒芒市政府代表团、萨尔特省省议会副主席及旅游局代表团，日本JBT交通公社代表团、HIS交通公社代表团，美国比利牛山庄市旅游局代表团，斯洛文尼亚马里博尔市市长和其代表团举行旅游合作交流座谈会。参加塞尔维亚克拉古耶瓦茨市投资项目说明会。参与2017年阿斯塔纳世界博览会中国馆陕西活动周前期筹备工作。赴美国、墨西哥和希腊雅典、意大利罗马、日本东京、菲律宾马尼拉举办西安旅游促销活动。创新宣传模式，增强旅游促销的效应。在罗马、曼谷、大阪、奥克兰、罗马、东京、莫斯科等城市新设立10个“西安之窗”旅游推广中心，总数达到35个。依托各类媒体，开展整体旅游形象宣传活动。在中央电视台综合一套和新闻频道《朝闻天下》栏目插播15秒“美丽西安”西安宣传广告；在BBC英国广播公司、CNN美国有线电视新闻网2家境外影响力最大的电视媒体上插播英文版15秒西安旅游宣传广告。在意大利罗马，德国法兰克福，奥地利维也纳，美国纽约、洛杉矶、旧金山，加拿大温哥华，澳大利亚悉尼，日本东京、大阪，韩国首尔，新加坡等与西安开通或即将开通直航航线的海外城市出港航班的飞机牌背面位置，进行西安旅游形象中、英文双语宣传，共发放西安旅游宣传登机牌50万张。

（市旅发委）

旅游产品

◆概况　2017年，西安市旅游发展委员会指导各区（县）、开发区统筹利用各方资源，加快旅游产品转型升级，建设秦岭北麓环山旅游休憩区和配套旅游咨询中心，形成长安区、蓝田县生态旅游休憩带。发展古城文化游、自然山水游、休闲度假游、乡村古镇游、农业观光游、工业遗存游、商务会展游、养生养老游等多元化旅游业态，进一步提升温泉、滑雪、采摘、赏花、避暑、夜游、庙会、灯会、祈福、龙舟赛等旅游特色产品的内涵和影响力。通过编制规划，推进大唐西市丝绸之路文旅小镇、航空特色科技旅游小镇、渼陂湖生态文化度假小镇、祖庵重阳文化旅游特色小镇、水街生态旅游小镇、周城古韵小镇、太乙•长安道旅游休闲小镇7个旅游特色小镇建设。

◆“丝绸之路”旅游产品　2017年，西安市旅游发展委员会联合企业共同打造和推出“丝路西游记”“丝路文化研学之旅”等专题线路产品。联合“丝绸之路”沿线10余个国内旅游城市和10个国际旅游城市，推出“游西安·品美食”“美丽丝路”“神秘丝路行”“七彩线路”“大美西安·最中国”“长安号丝绸之路旅游专列”等丝绸之路旅游系列线路产品。开通西安—敦煌、西安—乌鲁木齐的“长安号”“丝绸之路”旅游专列。

◆“幸福生活天天游”系列旅游产品　2017年，西安市旅游发展委员会继续推广“幸福生活天天游”系列旅游产品。推出春、夏、秋、冬季旅游活动；举办“幸福生活天天游·夜游大唐不夜城·看灯展、听音乐”活动，吸引大量市民游客。在“丝绸之路”旅游博览会举办期间，向广大市民免费发放《幸福生活天天游专刊》《西安旅游指南》《文明旅游手册》20余万册。在西安主要媒体上发布春季赏花、夏季避暑、秋季采摘、冬季温泉等旅游活动指南。

◆文化旅游产品　2017年，西安市旅游发展委员会开发白鹿仓文化旅游、“丝路千年大唐狂欢节”、“西安国际合唱节”、西安龙舟赛、中华文化主题研学旅行等文化旅游产品，与文化、旅游企业合力打造文化旅游新亮点、新平台。开行以传播丝路文化为主题，文化专家学者参与，参观游览体验和专题文化讲授相结合的“丝绸之路”国内段文化和研学主题旅游专列。西安龙舟赛首次出现外国友人组队参赛场景；“西安国际合唱节”的国际化程度进一步提升。

◆假日旅游产品　2017年，西安市旅游发展委员会针对假日旅游市场，分别在春节、清明、“五一”、端午、仲秋、“十一”推出内容多样、特色突出、文化内涵丰富的旅游产品。春节期间，联合西安曲江新区和各区（县）人民政府分别在大唐芙蓉园、大唐西市、大雁塔北广场、西安城墙、汉城湖景区等地举办“过大年、购物、品美食、看灯展、游西安”新春年货会和庙会。在清明、“五一”、端午、“十一”分别推出清明户外踏青、赏花、祭祖，“五一”登山、观光、康养、休闲，端午探亲、度假，“十一”外出自驾游等旅游产品。

◆时令旅游产品　2017年，西安市旅游发展委员会在不同季节，适时推出时令性较强的旅游产品。春季推出“游草堂寺，观重阳宫，览太平山水风光，看农民画乡，体验自然与淳朴，感受美丽新农村、新风尚”春游系列旅游产品。暑期推出“去黑河消夏避暑，品黑河烤鱼、体验健康之旅”系列旅游产品。秋季推出“登万花山、览太平山、游太平宫、体验李家岩村农家美食，感受农家快乐”系列旅游产品。冬季推出“洗汤峪温泉、游汤峪湖美景、去翠华山滑雪、吃上王村农家乐、体验农家生活”

系列旅游产品。

◆**旅游融合新产品** 2017年，西安市旅游发展委员会联合各区（县）、开发区，结合自身资源特点，推出古城文化游、自然山水游、休闲度假游、乡村古镇游、农业观光游、工业遗存游、会展游、养生养老游等多元化旅游新产品。长安和蓝田的花季旅游，未央汉城湖的西安龙舟赛，大唐西市的“丝路千年大唐狂欢节”，利用工业遗存开发的老钢厂、大华1935，半坡国际艺术区的系列艺术和营销活动都极具特色。

◆**乡村旅游产品** 2017年，西安市旅游发展委员会按照乡村旅游转型升级的要求，以“美丽乡村”建设为重点，以旅游扶贫为突破口，创新乡村旅游发展思路，打造差异化、特色化、品牌化乡村旅游产品。形成以登山、观光、垂钓为特色的秦岭北麓自然生态游；以现代农业、科技农业、趣味农业为特色的都市农业观光游；以体验、赏花、采摘为特色的乡村休闲游；以乡村客栈、乡村驿馆、乡村酒吧为特色的民宿度假游；以鄠邑区农民画馆、关中民俗博物馆、高陵场畔农耕文化博物馆等为特色的民俗文化游。长安太乙街道办事处被陕西省旅游局评为“陕西省特色旅游名镇”；长安区太乙村、蓝田县桐花沟村、灞桥区白鹿原民俗文化村、高陵区仁村被陕西省旅游局评为“陕西省乡村旅游示范村”；周至县张龙村等15个村被西安市旅游发展委员会评为“西安市乡村旅游示范村”。

◆**温泉度假旅游产品** 2017年，西安市人民政府提出对全市温泉要统一规划、整合、提升，打造在陕西省乃至全国有影响的温泉旅游精品产品。西安市旅游发展委员会联合各区（县）人民政府加大对全市温泉旅游资源的摸底调研工作，出台《西安市温泉旅游提升改造的行动方案》，推出加快全市温泉旅游的政策措施，加快推动温泉项目建设。推出蓝田汤峪碧水湾温泉度假游、周至楼观台温泉度假游、长安东大温泉旅游度假游、临潼爱琴海温泉度假游、长安上王村上王汤等温泉休闲度假游系列旅游产品。（市旅发委）

旅游行业管理

◆**概况** 2017年，西安市旅游发展委员会结合旅游行业管理实际情况，对旅游安全生产工作做出具体部署安排，确保全国“两会”、中国共产党第十九次全国代表大会召开期间的旅游安全。综治、维稳、反恐、应急、防邪教和信访工作没有出现安全责任事故，牵头协调的区域合作与“丝绸之路”新起点建设等工作，也全部完成考核目标。

◆**旅游市场监督管理** 2017年，西安市旅游发展委员会在国家旅游局统一部署下，组织开展“春季行动”“夏季整治”“秋季会战”3项旅游市场监管整治活动，持续规范市场秩序，使一些旅游乱象得到有效遏制。印发《2017旅游服务环境提升年行动方案》，进一步履行西安市旅游市场联合执法办公室职能，优化规范旅游市场。在全市范围内集中开展“一日游”专项整治活动，重点打击旅游市场各种乱象。严格落实“双随机一公开”执法制度，开展行业检查40余次、联合执法检查18次。全年查扣车辆313辆次，拘留非法经营者160人次，行政处罚案件14件，总金额61.6万元。进一步完善案件舆情信息转办督办制度以及服务质量申诉投诉处理机制，将西安旅游咨询投诉热线接入“12301”国家智慧旅游公共服务平台全媒体呼叫中心和“12345”西安市人民政府市民服务热线。全年受理旅游投诉381件，办结346件。定期发布“旅游企业信用榜”，公示旅游投诉受理及行政处罚案件情况。在临潼区成立西北地区首家区（县）级旅游购物退货中心——临潼区旅游购物退货监理中心，旅游市场进一步优化。

◆**旅行社监督管理** 2017年，西安市旅游发展委员会加强旅行社行业事中、事后监管，维护良好的旅游市场秩序和旅游安全秩序。下发《关于旅行社分支机构备案有关事项的说明》，下放旅行社服务网点和旅行社分社备案权，并积极指导区（县）做好备案工作。进一步简化审批工作流程，并在西安市旅游发展委员会官网上进行公示，方便民众办事。督促各旅行社和分社完成2017年旅行社年度资料报送催缴、检查工作。全市400余家旅行社完成年度资料报送工作。完成2017年度报表的催缴、审核和旅行社社会信用资料的传送工作。在核对旅行社资料的基础上，按要求将全市420家旅行社信用信息上报陕西省企业信用信息平台，全年上报各类信息710余条。组织完成“诚信榜”名单的初步审核。在严格审查和广泛征询各方意见基础上，确定2016年度30家旅行社进入“诚信榜”、4家旅行社进入“黑榜”名单。召开西安市旅行社工作会议，对全年旅行社安全工作进行安排，并组织开展旅行社风险管理培训。针对旅游服务接待中存在的不签订或签订分合同不规范、强迫或变相强迫购物、安全提示不规范等问题，组织召开3次专题会议，明确相关要求。要求全市400余家旅行社签订《旅行社诚信经营承诺书》。12月21日，在西安古都世界酒店组织旅行社诚信经营培训会议，420余家旅行社负责人参加会议。要求各旅行社利用西安市交通运输网上查询平台和手机APP等现代化手段查询使用车辆的合法性，检查审验“五证两单一牌”（“五证”：车辆行驶证、驾驶证、道路运输证、上岗证、服务监督证；“两单”：安全检查合格通知单、电子路单；“一牌”：旅游线路牌）。加强以用车安全为中心的旅行社安全检查，组织安全检查80余次，检查150余个旅行社、分社，重点检查旅行社接待用车合法性，杜绝使用非法运营车辆的问题。督促旅行社缴纳旅行社责任险和签订“旅游用车合同”，保证旅行社使用车辆手续齐全、合法，保证游客人身安全。根据《西安市财政局、西安市旅游局关于支持旅行社加快发展奖励扶持的意见》（市财发〔2014〕99号）和各单位奖励申请报告，初步确定2016年符合奖励条件的旅行社28家，奖励总额486万元。其中，国内旅游接待奖励57万元；入境接待奖励124万元；入境外联奖励240万元；“营业收入百强社”奖励50万元；旅游专列奖励15万元。按照国务院《旅行社条例》规定，对符合要求的22家旅行社（减退882.5万元）、32家分公司（减退80万元），共计减退旅行社质量保证金962.5万元，减轻了旅行社经营压力。为促进西安市研学旅行工作健康发展，本着“教育为本，安全第一”的基本原则，与西安市教育局充分沟通，加强中小学研学旅行工作的组织领导和监督管理。采取竞标方式，推荐18家西安中小学研学旅行旅行社。

◆**旅游饭店评定及复核** 2017年8—11月，西安市旅游发展委员会根据陕西省旅游饭店星级评定委员会《关于做好2017年度评定及复核工作的通知》（陕旅星办〔2017〕01号）要求，按照国家标准《旅游饭店星级的划分与评定》（GB/T14308—2010）和行业标准《星级饭店访查规范》（LB/T006—2006）为主要依据，采取饭店自查与西安市旅游饭店星级评定委员会派员检查、明察与暗访相结合的方式，从饭店必备项目、设施设备、服务项目、维修保养、清洁卫生、服务与管理制度6个方面，对西安市三星级（含）以下旅游星级饭店进行3年期满评定复核和年度复核。同时对各星级饭店的安全生产工作、节能减排工作、食品卫生和防疫工作、无障碍设施建设工作以及开展诚信活动等情况进行专项检查。西安市三星级（含）以下须进行3年期满评定性复核的旅游星级饭店有19家。经过复核检查，城市酒店、秦都酒

西安市2017年营业收入前十位星级酒店

序　号	饭店名称	营业收入（万元）	客房数（间）
1	西安香格里拉大酒店	25231.3	513
2	西安索菲特人民大厦	19355.5	720
3	西安绿地酒店	13506.6	643
4	西安万达希尔顿酒店	12641.5	468
5	西安曲江宾馆	10368.6	532
6	西安建国饭店	10062.4	1068
7	陕西世纪金源大饭店	9687.1	684
8	西安钟楼饭店	8782.8	368
9	西安赛瑞喜来登酒店	7694.3	685
10	陕西止园饭店	6866.4	586

西安市2017年接待海外旅游者前十位旅行社

序　号	名　称	接待人数（人次）
1	西安天马国际旅行社	273690
2	西安中国国际旅行社集团有限责任公司	204970
3	陕西中国旅行社有限责任公司	165491
4	中国旅行社总社西北有限责任公司	148220
5	西安中旅国际旅行社有限责任公司	114385
6	西安光大国际旅行社	90620
7	西安百仕通国际旅行社有限责任公司	39138
8	中国康辉西安国际旅行社有限责任公司	36405
9	西安海外旅游有限责任公司	25495
10	西安纽亚航空国际旅行社有限责任公司	16344

西安市2017年入境外联人数前十位旅行社

排　序	名　称	外联人数（人次）
1	陕西中国旅行社有限责任公司	132310
2	西安天马国际旅行社	131580
3	中国旅行社总社西北有限责任公司	121150
4	西安中旅国际旅行社有限责任公司	110973
5	西安光大国际旅行社	86777
6	西安星锐国际旅行社有限责任公司	72797
7	西安马可孛罗国际旅行社有限责任公司	64945
8	中国康辉西安国际旅行社有限责任公司	31470
9	西安中国国际旅行社集团有限责任公司	19382
10	西安卓恒国际旅行社有限责任公司	16699

店、国宾大酒店、解放饭店、陕西飞鹿商务酒店、申鹏国际商务酒店、西安骊天酒店、关中饭店、天河酒店、西安营海宾馆、陕西唐圣阁快捷酒店、速8（指南针酒店）、金瑞大酒店、秦龙温泉酒店14家三星级饭店达到国家三星级饭店标准，通过3年期满评定性复核；1家二星级饭店——陕西电子商务酒店，达到国家二星级饭店标准，通过3年期满评定性复核；4家三星级饭店——陕西金座大酒店、临潼宾馆、榴花宾馆、万嘉国际商务酒店因为饭店停业、变更法人的原因，取消星级资格。参加年度复核的星级饭店有37家。经过饭店自查和西安市旅游饭店星级评定委员会派员抽查，结合网上评价，西北民航大厦、尚德大厦、鸿业大酒店、黄河宾馆、华浮宫、陕西锦之苑酒店（警苑饭店）、常宁宫休闲山庄、吐哈石油大厦、临潼勇卿大酒店、文苑大酒店、陕西铁通商务酒店、景玉商旅（中祥大厦）、新疆饭店、西安巴蜀商务酒店、陕西中心戴斯酒店、西安如春酒店、西安祥峪绿园山庄、陕西建苑大厦、西安光华宾馆、陇海大酒店、西北饭店、未央湖大酒店、上林宫酒店、西安浙商宾馆、陕西国际展览中心商务酒店、秦安大酒店、西安华泰宾馆、体育宾馆、西安鼎力大酒店29家三星级旅游饭店达到国家三星级饭店标准，通过年度复核；3家二星级旅游饭店——新光华酒店、周至宾馆、西安秦银宾馆达到国家二星级饭店标准，通过年度复核；5家三星级旅游饭店——延炼商务酒店、雷德曼酒店、西北大酒店、建工金华酒店、军展大厦因装修改造、企业性质变更等原因，申请退出星级队伍行列，经西安市旅游饭店星级评定委员会同意取消星级。

◆旅游景区评定与管理　2017年，西安市旅游发展委员会以“厕所革命”为着力点，重点完成景区服务设施提升、景区精品文化演出、A级旅游景区创建等重点工作。朱雀·太平景区创建AAAAA级景区，通过省级资源质量评估，已上报国家旅游局；西安白鹿原影视城被陕西省旅游景区质量等级评定委员会评为国家AAAA旅游景区；永兴坊等7家景区被评定为国家AAA旅游景区。从提升城市管理服务水平、展示西安国际旅游城市形象的高度，推动“厕所革命”。全年改建旅游厕所252座，在A级旅游景区建成第三卫生间72座，超额完成年度任务。先后出台《旅游“厕所革命”工作方案》《旅游厕所所长制实施方案》等文件，推行厕所“所长制”管理模式，通过健全机制、明确责任、挂牌服务等措施，进一步提高旅游厕所管理层次和卫生水平。　（市旅发委）

责任编辑　曹毅强

宏观调控

◆**概况** 2017年，西安市全力做好稳增长、促改革、调结构、惠民生、防风险各项工作，着力建设“品质西安”，推动“追赶超越”发展，全市经济运行保持“总体平稳、稳中向好”良好发展态势。全年完成生产总值7469.85亿元，按可比价格计算，比上年增长7.7%，增速高于全国0.8个百分点。第一产业增加值281.12亿元，增长4.6%；第二产业增加值2596.08亿元，增长5.5%；第三产业增加值4592.65亿元，增长9.2%。三次产业结构为3.8∶34.7∶61.5。全社会固定资产投资7556.47亿元，增长12.9%，提高10.9个百分点。实现社会消费品零售总额4329.51亿元，增长10.5%，提高0.9个百分点；实现一般公共预算收入654.50亿元，增长9.8%，其中税收收入448.99亿元，增长20.4%，提高9.7个百分点。城镇和农村常住居民人均可支配收入分别达到38536元和16522元，分别增长8.2%和8.8%。

◆**宏观经济调控** 2017年，西安市发展和改革委员会面对极为复杂严峻的经济形势和不断下行的经济压力，加强趋势研判，强化政策落实，始终把抓项目、促投资、保运行、稳增长作为落实中央、陕西省系列稳增长政策的重点，不断加大经济运行监测与调控的频率和密度，实行纵横联动、上下衔接的形势分析机制，实现周研判、月统计、季点评。每月及时上报承担的主要经济指标与成都对比报告。每季向中共西安市委、西安市人民政府报告全市经济运行情况，科学研判下一阶段态势，提出工作建议。用好全市“追赶超越”季度汇报点评会平台，按季度开展全市发展报表“追赶超越”运行情况分析，有效促进区县开发区补短板，强弱项。充分发挥市发改委牵头抓总职能，全力打好生产总值争先进位攻坚战。采取“制定生产总值9条措施、印发生产总值3张责任清单、建立周研判周报告机制、包抓督促落后板块补短板”等一系列非常规措施。重视经济运行保障，对煤电油气运等事关经济运行和群众生活的能源、动力保障实时监测，科学调配，服务发展，保障有力。坚持把稳增长作为经济工作的首要任务，及时研究出台“扩投资7条措施”“工业稳增长新10条”“生产总值9条措施”“民营经济23条”等一系列有针对性、操作性强的政策措施，巩固了经济运行稳中向好的态势。

◆**产业结构调整** 2015年，西安市发展和改革委员会按照“优化一产、做大二产、做强三产”的思路，积极构建与国际化大都市建设相适应的现代产业新体系，新兴产业、新兴业态、新兴产品“三新”领域快速发展。新兴产业快速发展。加快推进西安国家通用航空产业综合示范区建设，编制《西安国家通用航空产业综合示范区建设实施方案》，积极争取国家支持西安建设西北地区唯一专业特色类北斗产业园区。起草《西安市加快经济转型升级打造万亿级高新技术产业行动方案》《西安实施创新型企业培育计划措施》等重要文件。协调推进3D打印小镇、国家重大新药创制国际医疗先行试验区、中国钠冷示范快堆蒸汽发生器综合性能试验平台、芯动能（奕斯伟）硅产业基地等一批新兴产业项目落地建设。现代服务业稳步发展。加大对40个国家、省、市级服务业试点聚集区扶持力度，实现服务业试点聚集区市域范围全覆盖，金融、科技服务、电子商务等现代服务业快速发展。

◆**重点项目建设** 2017年，西安市发展和改革委员会牢固树立“项目为王、项目为先”理念，把抓大项目、抓好项目作为推动高质量发展的重中之重。组织3批扩大有效投资重大项目集中开工，开展重点项目冲刺攻坚观摩赛，全市施工项目数量达到5434个，比上年增加1909个，其中亿元以上项目增加395个。649个市级重点在建项目完成投资3314亿元，是年度计划任务的1.4倍，净增975亿元，提前3个月完成年度投资计划。51个进入执行阶段的PPP项目，总投资1052.7亿元，实际完成投资166.9亿元。强力推进招商引资“一号工程”，分级分批赴外开展精准招商3000余批次，接待国内外客商投资考察团210批次。全年实际引进内资2186亿元、实际利用外资53.1亿美元，分别增长34.1%和17.8%，增速位居15个副省级城市前列。成功举办2017首届世界西商大会、2017全球硬科技创新大会、全球程序员节等具有重大国际影响力的品牌招商活动，推动西安成为全球投资热点城市，被环球网评为“2017最受国际关注中国投资城市”。

◆**节能减排** 2017年，西安市发展和改革委员会强化节能低碳管理。抓好重点领域绿色提升，推进试点示范带动，加快循环低碳发展，围绕“节能、降碳、减煤”的目标，强力实施“治霾十法”，扎实落实“1+1+9”组合方案，拆除燃煤锅炉994台、小燃煤设施929台，削减散煤233.4万吨，清理整顿“散乱污”企业1531户，淘汰“黄标车”1.48万辆。对全市工地实行“红黄绿”挂牌管理，三环内“两类企业”全部消除。全市消减燃煤220.37万吨，完成全年170万吨煤炭削减任务的129.63%。实施冬防期机动车常态化限行，全年二氧化硫、氮氧化物、烟尘排放分别减少1.2万吨、0.7万吨和1.4万吨。

◆**社会事业建设** 2017年，西安市发展和改革委员会始终将保障和改善民生放在首位。进一步优化教育、医疗等公共服务，加快弥补民生短板。扎实做好民生提升重点工作。按每2个月为一个节点，加强监测督导，通过半年点评，力保实现时间、任务双过半，确保全年工作任务顺利完成。强力推进129项民生提升重点工作，全年除空气优良天数和第三期地铁规划获国家审批等不可控因素未达到预期目标外，其余工作任务均完成或超额完成目标任务。同时启动了2018年西安市人民政府拟办民生重点工作事项任务的征集工作。作为“八办两组”成员单位，牵头负责推进基础设施和公共服务设施建设协调的重要职责。编制《西安市发改委行业扶贫工作实施方案》，明确扶贫工作思路、目标任务和年度重点；积极组织相关区（县）编报以工代赈、易地扶贫搬迁工程项目建议计划，争取以工代赈项目中央、陕西省投资1365万元，易地扶贫搬迁工程项目中央预算内投资5590.8万元。26个供水提升工程已全部完成，自来水、安全饮水工程惠及全市贫困村、贫困户，实现户户通。391个省定贫困村实现户户通电全覆盖。25条通村公路全部达到年底形象进度。苏陕扶贫协作工作有序推进。签订战略协议，落实帮扶规划；强化组织领导，推动互动交流，两地政府部门互访达到29批次268人次；加大产业帮扶，指导协助周至县征集产业类项目36个，2016年、2017年对口帮扶资金1700万元已经到位。

◆**区域经济合作** 2017年，西安市发展和改革委员会大力推进“丝绸之路经济带”建设工作。完成《西安市“一带一路”建设2017年行动计划》《西安市委市政府贯彻落实陕西省推进丝绸之路经济带和21世纪海上丝绸之路实施方案（2015—2020年）的实施意见》《西安市建设“一带一路”综合改革示范城市总体方案》等起草上报工作。组织西安—阿姆斯特丹（长安号）国际货运航班首航仪式。全力推进西安市3批150个丝绸之路经济带重点项目建设。成功举办2017丝绸之路工商领导人（西安）峰会、丝绸之路国际文化周、2017欧亚经济综合园区发展论坛暨“一带一路”产业园区发展圆桌会等11项大型活动。推动国家中心城市建设，多次赴中央、陕西省对接西安建设国家中心城市事宜，提出相关建议、表达诉求，即将发布的《关中平原城市群规划》将明确西安市国家中心城市地位。组织起草《西安市进一步支持西咸新区加快发展若干意见》《西安市大力支持西咸新区加快发展的实施细则》等重要文件。组织协调西安市与西咸新区对接融合，完善“大西安”建设总体规划。（范　恒）

经济体制改革

◆**供给侧结构性改革**　2017年，西安市印发《西安市供给侧结构性改革总体方案》《西安市推进供给侧结构性改革去产能行动计划》等6个文件，推进供给侧结构性改革逐步深化。西安市2家落后产能企业中，临潼益鹏金属材料有限公司8台中频炉、轧机等落后产能设备均拆除；鄠邑区光明玻璃厂已关停，拆除进料、送煤设备，剩余设备的拆除工作止在协调开展。“地条钢”产能取缔工作稳妥推进，开展摸底排查工作，对不符合《产业结构调整目录》有关规定的落后产能，立即关停并拆除相关生产设备。推动进入破产程序的陕西省纺织品公司等6家企业尽快实现破产终结；推动西安内燃机配件厂等10家企业尽快进入破产程序。对西安汽车工业公司等5家企业，进行资产整合、盘活，力争年底实现扭亏，确保2020年市属国有“僵尸企业”全部退出市场。先后出台“房九条”（《西安市促进房地产市场平稳健康发展的若干意见》）等一系列政策措施，多措并举，加快消化库存。西安市金融机构杠杆率基本满足监管要求，全市政府债务规模均在限额以内，债务风险基本可控，企业降杠杆的激励性政策得到有效落实。落实“降成本行动计划”，清理涉企收费5.9亿元，减免部分政府性基金3.17亿元，税收优惠55.8亿元，各级产业扶持资金31亿元，合计95.87亿元，超额完成5.87亿元。

◆**财税体制改革**　2017年，西安市大力开展招商引资工作，制定《西安市支持总部企业发展若干政策》等4个政策文件，并建立控税引税月报制度。按照《2017年西安市国地联合稽查工作计划》，西安市国家税务局和西安市地方税务局完成对国家税务总局抽查的82家企业联合督导自查工作，自查入库收入5189.58万元；对43家重点检查企业已全部立案并开展联合检查，查补收入621.03万元。在全市医药行业专项整治检查工作中，48家医疗行业企业全部结束自查，入库税款208.16万元。充分发挥西安合作发展基金等政府投资基金引导作用，对重点产业和新兴行业进行股权投资。研究出台《关于进一步做好西安合作发展基金2017年项目申报工作的通知》等5个文件，各项制度不断完善。截至2017年11月25日，经基金管理委员会审议通过的项目投资方案9项，项目总投资217.13亿元，基金计划投资107.5亿元。通过大西安产业基金作为引导基金，采取向工业各细分领域子基金出资的方式，吸引社会资本共同组建。大西安产业基金出资规模不低于30亿元，工业基金群内子基金集合规模不低于100亿元。种子基金分别投资1000万元参与中国科学院光电技术研究所的西科天使叁期基金和西安交通大学的西交科创基金，2支子基金规模各5亿元，主要投资于科技型中小微企业，2支子基金完成投资项目47个，投资总额2.22亿元。在财政部PPP综合信息平台中录入项目41个，总投资1095亿元；落地项目（签约）11个，总投资681亿元。加强与中国PPP基金对接，召开座谈会3次，双方签署合作协议，促成中国PPP基金与西安市重点建设项目达成战略合作意向。

◆**国企改革**　2017年，西安市积极推进市属企业分类、企业负责人经营业绩考核和薪酬管理工作。根据《西安市人民政府办公厅转发市国资委关于监管企业实施分类管理意见的通知》，完成将监管企业划分为市场竞争类、特殊功能类和公共服务类的分类工作，组织各部门、开发区对所属企业进行分类。印发《西安市国资委监管企业负责人经营业绩考核办法》《西安市国资委监管企业负责人薪酬管理办法》及相关配套政策等7个文件。西安市发展和改革委员会配合西安市人力资源和社会保障局完成全市在岗企业职工平均工资数据的收集和测算，并与8家市直属企业、西安市国有资产监督管理委员会直管企业签订“2017年度经营业绩责任书”。推进市属经营性国有资产集中统一监管。起草《西安市人民政府关于推进市属经营性国有资产集中统一监管的实施方案》，正在报批。整合重组交通领域经营性国有资产，成立西安市交通投资集团有限公司的组建方案已经被中共西安市委全面深化改革领导小组审议通过。采取直接移交方式，完成西安市公租房建设有限公司纳入西安市国有资产监督管理委员监管体系的前期工作。重点推动工业、医药和物资领域老国企的公司制改制步伐，完成陕西省医疗器械采供站等14家企业的公司制改制。选择11家企业分别开展国有资本投资运营公司改组、混合所有制、员工持股、规范董事会建设、市场化选聘经理层和薪酬差异化等改革试点。截至年底，2家国有资本投资运营公司改组的试点方案已经印发；2家企业名称变更和内部组织架构调整已经完成；西安建工集团有限公司和陕西康乐制药厂的混合所有制改革试点工作均完成，其他几项试点的改革方案已审议通过。截至年底，移交企业与接收企业的对接落实工作全面进行，驻市153家中央企业、162家省属企业和126家市属企业的职工家属区“三供一业”分离移交工作全部进入移交协议签订阶段，其他工作正按要求推进。支持市属企业充分利用各类资本市场上市融资，先后批复西安城市基础设施建设投资集团有限公司参与由陕西金融资产管理公司发起设立的中外合资证券公司；批复陕西鼓风机（集团）有限公司对陕鼓动力股票进行市值管理；协助西安三角防务股份有限公司办理国有股东标识、国有股转持、股权变动确认等工作，已在中国证券监督管理委员会排队审核；西安银行股份有限公司也已在证监会排队审核。支持市属企业公开发行公司债、超短期融资券等产品，降低企业融资成本，先后批复西安建工集团发行20亿元非公开定向债务融资工具；批复陕鼓集团发行20亿元可交换债券和10亿元超短期融资券；批复天地源股份有限公司非公开发行股票25亿元。陆续成立西安市公共资源交易管理办公室、西安市公共资源交易审查监督委员会和西安市公共资源交易中心。印发《西安市公共资源交易管理办法》和《西安市公共资源交易目录（2017年版）》，“一委一办一中心”的公共资源交易格局形成。待陕西省公共资源交易中心平台建成后，将做好对接工作。

◆**招商引资机制改革**　2017年，西安市为提升工作效率、细化工作标准、明确工作责任、理顺工作机制，陆续出台《西安市招商引资“五资”工作考核办法》和《西安市精准招商“十个一”实施方案》。组建西安市投资合作委员会，并从全市抽调100名机关干部，成立24个专业招商分局。在西安高新技术产业开发区、西安国际港务区探索试点集中行政许可和政务服务工作，分别设立市场监管局和行政审批局，从体制上保障全市投资合作和招商引资工作顺利开展。加快建立西安招商引资客商信息系统，不断强化投资客户信息收集管理工作。为面向汽车制造、生物医药、电子信息等领域开展产业招商，西安市投资委将4个招商处室按照产业门类进行分工，由招商处牵头，组织专业招商分局和区（县）开发区招商部门，统筹推进各类产业招商活动，研究制定产业招商规划、对比分析招商策略，不断改进招商引资的方式、方法。

◆自由贸易试验区建设 2017年，西安市各片区服务大厅整合提升效果明显。按照“十统一”标准（政务服务事项办理项主项名称、子项名称、设立依据服务对象、办理条件、申请材料、申请表单、办事流程、办理时限、收费标准“十统一”）改造升级4个功能区综合服务大厅，增加引导帮办、免费邮递、微信服务、网上办事服务平台，推出1542项“最多跑一次”服务事项，提升政务服务效能。在西安高新技术产业区和西安国际港务区设立行政审批局和市场监管局。高新区政务服务大厅施行周末延时服务，周六、周日可提供98项政务服务，并实施开通24小时政务服务热线“96767”等便民措施。企业注册登记实现“一口受理、并联审批、19项事项联办”和全程电子化，并将办理时间由约60个工作日缩短至3个工作日内。全面落实准入前国民待遇加负面清单管理模式，对外商投资企业设立实施备案管理，按照自贸试验区负面清单，进一步放宽外资市场准入。围绕对外投资、承包工程、劳务输出等核心业务，依托“一带一路”战略，内引外联扩大交流，不断加强行业监管，一批本土企业实现在境外投资或承包工程。

◆西部创业创新中心建设 2017年，西安市不断强化政策支持，陆续出台《关于推进大众创业万众创新的指导意见》《市级众创空间认定办法（试行）》等一系列政策文件。截至2017年11月底，全市累计建成众创载体378个，完成率127.27%；总面积达到1249.19万平方米，完成率114.71%；各新建载体累计在孵创业企业9862家，企业总人数61092人，融资22.6亿元。西安交通大学以基金的设立、运作和新型研发机构为重点，加速推动科技成果市场化。西北大学以深化与延长集团的合作为重点，建立以企业需求为导向的成果转化、产学研合作新模式。西安理工大学以建设技术转移机构和网络、组建技术经纪人队伍为重点，提高成果转化工作的专业化。陕西科技大学以完善职称评审制度为突破，重塑鼓励成果转化的人才评价导向。在科研院所改革方面，中国科学院光电技术研究所和西北有色金属研究院在复制推广“一院一所”模式的基础上，围绕创新用人模式、完善人才评价机制方面开展新探索，并进一步完善股权激励机制。西安微电机研究所实施员工持股计划，积极孵化培育混合所有制企业。推进高校院所改革和成果转化、创新创业孵化基地投融资支撑服务体系建设，拓宽多元融资渠道。西安创业种子基金支持西交科创发展有限公司、知守君成、西安中科创星科技孵化器有限公司设立投资基金和西安微电机研究所改制创新。对试点单位承担的重点改革任务，2年投入1.15亿元，通过无偿资助、建立基金、补助等方式进行整体支持。对试点单位坚持实施年度绩效考核，设立奖补激励机制。

◆国家创新试点建设 2017年，西安市建立由市级领导和相关部门主要负责人包抓工作机制，督导各项改革任务的落实。梳理改革堵点、难点12个，深度与陕西省对接，集中与国家相关部委协调10余次，争取国家进一步支持。9月，上报的“军民大型国防科研仪器设备整合共享”已向全国推广。11月，梳理24条经验报国家审核。为促进关联产业的发展，启动《西安市军民融合深度发展专项行动计划（2018—2020年）》和西安市全面创新改革试验关联产业深化发展研究工作。西咸新区围绕首批国家双创示范基地建设要求，深化“放管服”改革，探索用双创文化吸引创客、专注于“硬科技”创新创业、融合大西安协同创新创业的“西咸模式”，系统性优化新区创新创业生态环境，充分释放新区创新创业潜能。截至2017年10月底，新区建设各类众创载体35个。在“双创”工作中，做好完善政策体系、服务体系、人才体系、产业培育体系和营造浓厚氛围5项工作。

◆开放型经济体制构建 2017年，西安市申请将西安出口加工区A区整合升级为西安经开综合保税区工作，海关总署完成国家9部委征求意见工作，正在内部呈批。西安综合保税区二期于5月25日通过验收。西安港进口肉类口岸于1月通过国家质量技术监督总局验收，并成功进口342吨肉品。西安港进境粮食指定口岸实现运营，5800吨哈萨克斯坦小麦通过西安港进境粮食指定口岸进入中国市场。5月28日，国务院批准西安港汽车整车进口口岸，汽车平行进口试点已上报陕西省人民政府审批。加强西安港通道建设，截至11月底，“长安号”开行169列，完成全年任务的94%。编制完成《大西安物流通道体系发展建设规划（2017—2021）》，持续推动陆港空港联动发展。印发《西安市优化涉外服务环境提升国际化水平2017年工作方案》，大力推进西安领事馆区、外国机构办公区、国际学校、医院、社区建设。陕西省人民政府外事办公室确定哈萨克斯坦在西安市设立领事馆。推进西安在丝绸之路沿线节点城市设立办事机构，增设“欧洲浙江华人联谊会”“欧洲华商理事会”为西安海外侨务工作联络点。先后在4大洲12个国家设立14个西安海外侨务工作联络点。9月，西安市人民政府市长上官吉庆率西安市代表团出访法国，成功举办第二届中法文化论坛“西安日”活动。2017欧亚经济论坛于9月21—23日举办，与会各国嘉宾就“一带一路”建设、区域重点领域的合作进行充分交流与深入探讨，达成一系列重要共识和务实成果。2017中国国际通用航空大会于8月24—27日在西安绿地比克会展中心举办，不仅向外界展示了西安通用航空产业的发展实力，也为西安建设国际化大都市增添了更多的国际元素。“第二届丝绸之路工商领导人（西安）峰会暨丝绸之路国际文化周”于9月8—9日在大唐西市举行，推动了“一带一路”合作项目落地实施，促进“网上”“天上”互联互通，进一步加强与丝路沿线城市的交流与沟通。

（王建华）

国有资产监督管理

◆概况 2017年，西安市坚持以新发展理念为引领，坚持党对国有企业的领导不动摇，合力深化改革，全力“追赶超越”，在国企国资改革发展重要领域和关键环节取得新进展。全年西安市属国有企业资产总额突破万亿元大关，达到11572.8亿元，比上年增长20.3%；实现营业收入931.4亿元，增长9.2%；利税总额突破100亿元；实现工业总产值130.4亿元，增长17.6%。

◆国企改革 2017年，西安市国有企业改革试点有新突破。西安市国有资产监督管理委员会制定相关配套政策和措施，形成改革政策体系。组织召开国企改革创新经验交流会，9户企业开展“五项改革”试点，工业投资集团有限公司、华衡集团国有资本投资运营公司试点方案批复，并完成工商变更；西安建工集团有限公司整体混改工作全面完成；西安市市政建设（集团）有限公司增资扩股引进战略投资者和员工持股混改工作在产权交易市场挂牌；推进4家国有企业董事会市场化选聘经理层人员工作；进一步完善3家企业外部董事选派工作。支持陕西鼓风机（集团）有限公司对陕鼓动力股票进行市值管理；协助西安三角防务股份有限公司办理国有股东标识、国有股转持、股权变动确认等工作。提出“僵尸企业”分层分类处置意见，支持企业通过资产盘活、生产自救等方式，实现7家原“僵尸企业”扭亏为盈。全市“三供一业”完成移交或签订协议总体进度达到89.61%，超额完成陕西省人民政府下达的目标任务。其中，供水完成47.27万家，供电完成49.53万家，供热完成34.82万家，供气完成26.71万家，物业完成45.52万家。推动陕鼓集团在德国设立全资子公司，在印度尼西亚设立办事处。推动西安市工业投资集团建设生活垃圾无害化处理项目、西安基础设施建设投资集团有限公司建设大数据及新能源充电示范站项目、地铁公司建设高性能混凝土制品项目。利君集团面对医改“两票制”形势，组建投标联合体，实现了市场突破。西安市城投集团与陕西延长石油（集团）有限责任公司、上海临港经济发展（集团）有限公司、中国节能环保集团公司、中国燃气控股有限公司、阿里巴巴集团等知名企业签订8项战略合作协议。西安旅游集团与华侨城集团公司初步拟定了合作意向。支持陕鼓集团等企业发起或参与设立和运营产业投资、新能源等基金。建工集团等企业通过发行债券、融资券等方式筹融资60多亿元。地铁公司取得国家开发银行一次性全额预授信1000亿元。

◆国资监管　2017年，西安市国有资产监督管理委员会理顺国资监管体制，制定《集中统一监管实施方案》，西安市交通运输局、西安市住房公积金管理中心等市级部门所属企业的整合、集中统一监管工作全面启动。在放宽投资管理等5项权限的基础上，又下放了资产评估项目核准备案管理、法律服务中介机构备案管理权限。坚持“到位服务国有企业，有效监管国有资产”，提升服务意识，为国有企业当好“店小二”“五星级服务员”，主动、及时、有效地帮助企业协调解决水、煤、电、气、运、资金等方面的问题。加强监事会自身建设，完善监事会监督制度3项，形成《年度监督检查报告》11份，反映各类问题82个，揭示重大事项37项，提出建议87条，报送专项检查报告、专项报告25份，并通过开通报会、发提醒函、跟踪督导等方式，推动各类问题建议的整改落实，全面提高监督效能。从财务核算的合法性、重大事项的披露、财务预算的执行、国有资产的保值增值等方面对企业财务预决算进行审核，提出各类问题202个，督促企业在规定时限内进行整改，促进企业财务管理的规范化。以提质增效、对标管理为重点，狠抓运行监测与分析，加强对企业财务报表的统计审核。制定印发《指导区县加强国资监管工作的意见》，多次到莲湖区和西咸新区等就国资监管有关问题进行调研指导。

◆企业安全生产与信访稳定　2017年，西安市国有资产监督管理委员会开展“大检查、大排查、大整治活动”，每月对3家直管企业进行实地检查，全年安全无事故。定期研判维稳工作形势，动态跟进企业信访工作。全年接待群众来访32批167人次，处理群众来信28件次，有效确保全系统的稳定。（张　昇）

工商行政管理

◆概况　2017年，西安市工商行政管理局推进商事制度改革，整顿规范市场秩序，补短板，抓提升，提效能，打造一流营商环境。商事制度发生根本性变革，新型市场监管机制基本建立，全市市场主体经营额突破100万元大关。

◆工商法治建设　2017年，西安市工商行政管理局贯彻国务院《法治政府建设实施方案（2015—2020年）》和国家工商行政管理总局《关于加快推进法治工商建设的意见》等，修订下发市《依法行政年度考核评价办法（试行）》和《推进法治工商建设实施方案（2017—2020年）》。完成对《中华人民共和国电子商务法》、国务院《未成年人信息网络保护条例》等23件法律、法规、规章立法调研工作，提出修改建议60条。向西安市人民代表大会常务委员会上报修改《西安市保护消费者合法权益条例》和废止《西安市经纪人条例》的建议。2次对市工商局起草的政府规章和规范性文件进行清理，建议废止政府规章1部、规范性文件3件。新制定2件规范性文件并报送西安市人民政府法制办公室核审。完成西安市地方性法规和政府规章行政裁量基准制度梳理和拟定工作。完成对市局2批27项“最多跑一次”事项清单的法制审核和公布。全年举办中共西安市工商行政管理局党委中心组相关法规集中学习3次，组织对《中华人民共和国民法总则》和国务院《无证无照经营查处办法》进行辅导和解读。邀请西北大学副教授卞辉对《中华人民共和国宪法》和中国共产党第十九次全国代表大会精神进行宣讲学习。邀请西北政法大学教授郑艳馨，对新修订的《中华人民共和国反不正当竞争法》进行宣讲培训。根据行政复议应诉暴露的问题，编写“抓住薄弱环节严格规范依法行政工作”的教案和幻灯片，并为部分分县局开展培训。邀请西安市中级人民法院审判委员会专家为全系统法制、注册、经检机构负责人和工作骨干进行行政诉讼培训。先后组织人员参加总局培训班和市委组织的网络培训，组织系统干部参加国家工商行政管理总局工商出版社举办的执法办案实务培训4期，培训90余人次。建立“工商法制学习交流”微信群，安排部署反馈和交流工作情况，研究探讨执法难题。组织指导普法宣传教育活动，先后印发西安市工商局《关于开展“奔跑法治　法律伴你回家”工商法治宣传活动的通知》《关于开展2017年“3•15”法律法规宣传月活动的通知》《关于开展“12•4”国家宪法日宣传活动方案》。组织协调召开全市学习宣传贯彻新修订的《陕西省消费者权益保护条例》电视电话会议。在开展普法活动期间，集中宣传210余场次，接受群众咨询3291人次，发放法规宣传资料1万余份（册），印制横幅110余条。开展2次行政执法检查，主要围绕市局新修订的《依法行政考核评价办法》进行，对21个工商分局（市场监管局）年度一般程序案件进行交叉互评，提供法律指导160余次。组织学习贯彻《西安市行政执法监督办法》，并制定下发具体指导意见。组织开展全系统行政处罚信息公示专项检查，排查问题信息2995条，并全部纠正。印发西安市工商局《公职律师管理办法（试行）》和《公职律师办公室工作制度（试行）》，市工商局作为西安市首批公职律师试点单位取得公职律师办公室授牌。全年组织法律顾问参加重要业务课题和复杂案件专题研究15次。试行开展购买法律服务，全年办理和组织参加办理行政复议案件81件、行政应诉案件42件，办结率分别为82%和52%，分别比上年增加62%和5%。

◆市场专项治理　2017年，西安市工商系统查办各类不正当竞争违法违章案件2561件，罚没款3604万元，其中万元以上案件564件，案件总数比上年增加23%，罚没款总数增加172.2%。参与开展“扫黄打非”2017“固边”“护苗”“净网”“清源”4个专项执法以及禁毒等专项执法行动，重点对辖区校园周边的图书、复印店、电子市场、网吧、书报亭、书店等进行检查，严查各类非法出版物和有害信息传播。配合有关部门开展电话“黑卡”专项治理，坚决打击非法生产销售卫星电视地面接收设施和“网络共享”网站及相关设备产品，查处非法销售使用“伪基站”和窃听窃照专业器材专项治理行动，查处违反国国务院、中央军事委员会《军服管理条例》案件1件。开展以“打击利用会销从事违法行为”“打击公共服务行业中的违法行为”和“打击广告行业中的违法行为”等为议题的调研工作，梳理存在问题、原因，研究解决策略。加大对大案要案的查处力度，查处公共交通运输企业侵害消费者权益案、供电公司滥收费用不正当竞争案和天然气公司涉及滥收费用及限制竞争案，坚持处罚与规范纠正相结合，及时维护人民群众合法权益。集中开展无照经营行为专项整治行动，检查各类经营户25335户，发放宣传资料20462份、整改通知书2043份，引导办理营业执照13224户；打击傍名牌、商业贿赂、虚假宣传等不正当竞争行为，查处不正当竞争案件131件，比上年增长132%；围绕限制竞争行为，集中开展公共服务行业专项执法行动，立案查处供电、供气、公共交通、金融、医疗等行业的案件18件，案件总数增加1倍。围绕群众关心社会关注的会销问题，及时对外公布举报电话，针对会销行动隐蔽、时间较为固定的特点，组织执法人员进社区、进企业、进酒店、进写字楼，蹲点驻守摸排，收集信息线索，建立管控目录，检查各类经营户（所）近1000户，取缔会销聚集场所45处，向群众散发宣传手册和宣传资料5万余份。开展电气设备和家电商品市场专项整治，取缔无照经营户5户，督促商户下架处理“三无”小电器17件，立案查处家用电器案件3件。开展报废汽车专项整治工作，专门成立2个督导组，对鄠邑区、周至县、蓝田县等重点区域进行检查督导，检查市场11个，检查旧机动车辆销售、维修、汽配、农机配件等各类经营户450户次，对周至县九峰镇薛家堡村涉嫌非法拆解据点进行取缔，并复耕。

◆打击传销与规范直销 2017年，西安市开展“全国无传销城市”创建活动，加强对重点区域排查清理，开展“2017—秦风行动”“2017—风雷行动”等打击传销专项行动，组成街道办、社区、房屋出租户等多方参与的防控网络，形成公安、城管、民政等相关部门参与的协调联动和联合执法机制。全年取缔传销窝点1047个，遣散传销人员6813人，移交公安机关1224人。12月28日，陕西省打击传销办公室、陕西省工商行政管理局、陕西省公安厅、陕西省精神文明建设指导委员会办公室、陕西省社会管理和治理委员会办公室联合发文，认定西安市为“陕西省无传销城市”。

◆市场监督管理 2017年，西安市工商行政管理局按照西安市人民政府《2017年铁腕治霾·保卫蓝天“1+1+9”组合方案》部署，检查市场11个，检查旧机动车辆销售、维修、汽配、农机配件等各类经营户450户次。完成年初拟定224户非定点煤炭经营场所、新扩建禁燃区内81户煤炭经营场所的清理取缔工作，通过市场检查随机发现并取缔非法煤场150户，完成全市226户定点煤炭经营场所的煤质标识工作。组织开展流通领域煤炭和车用燃油质量以及装饰涂料抽检工作，抽样检测煤炭429个批次、车用燃油701个批次、装饰涂料116批次。组织开展全市严查供应高污染燃料行为工作、装饰涂料市场专项行动，建立全市煤炭供应体系管控联席会议制度和向“禁燃区供应高污染燃料行为”倒查制度，召开市、区(县)两级联席会议26次，开展查处供应高污染燃料联合行动120余次，建立总计830余户的油漆涂料经营户管控名录。开展电商平台专项检查、网络市场专项行动、“618”“双11”定向监测、大数据违法线索核查处理4项专项整治活动，检查网站、网店33806个次，实地检查网站、网店4325个次，查处网络违法案件164件，占陕西省总量的93%。邀请专家学者及9家电商企业座谈，征求意见建议，研究起草《支持全市网络市场快速发展若干意见》，建立工商牵头、11个市级部门组成的网络市场监管联席会议制度。核发独立网站“工商红盾电子标识”7260个，亮标率达99%。与杭州市工商行政管理局、阿里巴巴有限公司等单位签署“网络经济发展与治理跨区域协作备忘录”，建立网络发展与治理跨区域协作机制。与杭州市工商局签订“网络交易监管跨区域协作协议”，通过“红盾云桥”协作系统，实现网络交易异地协作和在线会商、数据交换、消费维权、课题研究等功能，加入全国20城市网络监管协作机制。为全系统配发移动互联网监管设备170台，填补了移动互联网App、公众账号监管的空白。

◆旅游市场监管 2017年，西安市工商行政管理局落实西安市人民政府《2017旅游服务环境提升年行动方案》和“打造全域化和最具东方神韵的国际一流旅游目的地城市建设”要求，策划制作“旅游市场消费提示告知牌”3000余块，在书院门辖区、兵马俑景区周边旅游市场开展消费温馨提示宣传活动。针对节日期间旅游市场客流量大，旅游投诉易发、频发等特点，提前介入，及时开展专项检查整治和督导，检查涉旅经营户3620户，受理消费投诉46件。针对旅游市场秩序混乱和群众游客投诉多的特点及时开展打假治劣专项行动，检查景区内企业1625家、个体6631家，检查景区周边企业2129家、个体9765家，立案查处33件。针对5月8日电视问政曝光问题，先后5次督导检查旅游市场整改情况，检查经营户2774户，查办案件23件，责令整改7户，行政约谈9户。针对中共西安市委督办件和消费者投诉所涉及的山寨兵马俑、“不老草”、旅游被骗购买玉镯等问题，迅速进行调查处理。

◆质量强市 2017年，西安市工商行政管理局按照陕西省统一部署，开展成品油、消防器材、烟花爆竹等重点行业领域专项整治工作，对全市31个涉嫌经销不合格柴油加油站进行专项检查，梳理出539家加油站信息，由市民投票“点单”，开展“你挑我检”监督检查活动。开展流通领域成品油抽检工作，对317户加油站进行检查，抽样774批次，其中不合格19批次，责令整改依法处理。加强销售环节煤炭质量监管，抽检煤炭经营单位228家290批次。开展“地条钢”专项整治，检查钢材经营企业264家次，其中鄠邑区5家钢材生产企业均停业。安排部署“红盾护农执法行动”，检查各类农资经营户1227户次，查处案件10起，案值66万元，为农民挽回经济损失1.3万元。开展流通领域化肥市场质量监测，抽查销售企业15家，抽取样品32个批次，合格率84.4%。开展安全生产大检查大整治活动，出动执法人员2347人次，检查各类经营场所和经营户435户次。围绕建设“品质西安”和“追赶超越”要求，对全市集(农)贸市场开展全面整治和规范。全市注册登记的有固定场所的农贸市场共110个，其中65个市场成为示范农贸市场，约占全部市场的60%。按照陕西省关于开展合同格式条款整治工作要求，加强对房地产、旅游类及公用事业类合同格式条款的检查、监管和整治，针对媒体、消费者反映较多的行业，把34家汽车销售4S店、30家汽车维修企业纳入整治工作重点，检查房地产营销、旅行社及汽车销售、维修等涉及合同格式条款的重点企业1645家，责令整改8家，立案查处合同格式条款违法行为3件。开展H7N9禽流感疫情防控工作，对全市104个农贸市场逐一排查，对19个有活禽宰杀和销售市场的47家经营单位进行清理和关闭。以超市、餐饮、健身房、美容美发、洗衣、洗车、家政等行业为重点，开展单用途商业预付卡专项整治，检查各类经营户9150户次。

◆工商注册登记　2017年，西安市登记市场主体283208家，比上年增长99.68%。其中，内资企业3229家，增长74.54%；私营企业71006家，增长61.76%；外资企业354家，增长71.84%；农民专业合作社1142家，增长35.95%；个体工商户140251户，增长99.28%。截至年底，全市市场主体总量达到1015890家，增长36.05%。陕西自贸区西安片区登记各类市场主体48829家，其中内资企业27300家，外资企业161家，个体工商户21337户，农民专业合作社31家。西安成为全国第七个市场主体超过100万家的副省级城市。12月9日，在西安创业大街举行西安市场主体超百万发布仪式和新闻发布会，为西安市第100万户市场主体颁发营业执照和纪念牌。

◆工商行政改革　2017年，西安市工商行政管理局贯彻落实全市“行政效能革命”部署要求，把创新作为深化商事制度改革的重要突破口，着力提供“流程最简、服务最优、态度最好”的工商服务。先后对企业名称预先核准、动产抵押登记等38项工商政务服务项目做出“最多跑一次”承诺，实现“公布事项一次说清、一次办结”。启动“工商企业通”业务，把工商登记业务延伸到全市68个工商银行网点。启用西北地区首批自助办照机，让群众办照“立等可取”。推行容缺受理机制，对申报材料主件齐全、辅件欠缺的办件，先期予以受理办理。推出微信预约、免费寄照、工商移动服务车、“局长驻窗口”等服务举措，率先在陕西省实施工商登记全程电子化，全方位构建起“互联网+”工商服务体系，为实现服务群众“三全四零”（三全：办照路径全打通、办照网点城市全覆盖、办照服务全天候；四零：群众办照“零见面”“零纸张”“零跑路”“零等待”）目标打下坚实基础。进一步降低市场准入制度性成本，营造良好创业创新环境。先后将前置事项由34项减少到28项。将冠“陕西”和“西安”行政区划名称核准权限、内资企业登记权限，全部下放各分县工商局。通过委托登记方式，将新设立外商投资企业登记权限，下放至各分县局登记。在全国首先取消“企业预名核准通知书”，企业预名核准通过后直接办理营业执照。在陕西省率先实施“多证合一、一照一码”，将税务、质监、公安等22个部门的54个涉企证照事项统一整合到营业执照上，使营业执照成为企业唯一“身份证”。为了促进中国（陕西）自贸试验区西安4个片区快速发展，将工商注册服务和监管权限全部下放自贸区，在陕西省率先实施“一口受理、并联审批、多证合一、多项联办”模式，让自贸区充分享有自主权。

◆工商服务　2017年，西安市工商行政管理局发挥工商部门动产抵押登记、股权质押登记、商标权质押职能作用，帮助企业融资1088余亿元；积极推动个私经济转型升级。全年实现“个转企”895户，比上年增长63.32%，“个转企”户数累计2432户。贯彻落实中共中央、国务院《关于营造企业家健康成长环境弘扬优秀企业家精神更好发挥企业家作用的意见》文件精神，召开企业家座谈会，研究制定“建立西安市企业维权服务平台”、推行“互联网+”工商服务等12条服务支持措施，倡导建立“亲”“清”政商关系，营造充分尊重企业家、弘扬企业家精神的良好社会氛围。全年登记民营经济市场主体278629家，比上年增长100.25%；民营市场主体总量达到982514家，增长36.38%，民营经济发展活力显著增强。

2017年9月28日，西安市工商行政管理局与中国工商银行陕西分行举行“工商企业通”项目合作签约仪式

◆信息公示　2017年，西安市工商行政管理局推进“放管服”改革，推行“双随机、一公开”制度，加强事中事后监管。全年落实企业年报210922家，年报率94.98%；个体工商户年报208974户，年报率50.21%（剔除“死户”年报率80.56%）；农民专业合作社年报5177家，年报率为81.40%。抽查2152家企业即时信息和6217家企业年报信息公示情况，检查率97%。及时刊登发布《西安市工商行政管理局企业年度报告和即时信息公示公告》，并通过电视台、短信平台、“两微一网”（微信、微博、政府网站）等广泛宣传年报政策，全年发送年报催办短信13.71万多条。全市应当公示案件14944件，已经公示案件14916件，公示率99.81%，及时率99.29%。参与和推进大学生创业孵化基地、大学生创业孵化园、众创空间等建设。向国家工商行政管理总局提出关于在《工商行政管理基础代码集（暂行）》中增加自动恢复功能的建议，并被采纳，填补了全国异常名录管理工作的一项空白。

◆企业信用监管　2017年，西安市工商行政管理局列入内资（含私营）经营异常名录企业信息23636家28604条，公示行政处罚信息15202条。落实“双告知、一承诺”制度，向21个部门发送涉嫌违法、违规线索函件285件。依法吊销19838家企业营业执照。办理动产抵押登记239件，主债权金额61.29亿元。按照陕西省统一安排，开展查处取缔无照经营社会治安综合治理百日集中整治行动，出动执法人员7980余人次，检查违法经营户7665户，取缔各类违法经营580户，规范和引导办照8572户，向卫生、文化、公安等部门通报违法经营户3359户。累计限制“老赖”担任法定代表人3335人次。全年向陕西省工商行政管理局推荐“守合同重信用”企业33家，审批市工商局级“守合同重信用”企业223家，并通过“红盾信息网”对外公示。

◆商标监督管理　2017年，西安市工商行政管理局加大对知名商标品牌的培育保护力度，引导企业通过诚实守信和公平竞争做大、做强。全年注册商标28448件，累计拥有注册商标143989件，比上年分别增长5.77%和24.62%；新增“驰名商标”2件，累计拥有“驰名商标”54

件、“地理标志证明商标”和“集体商标”4件。围绕“帮建品牌、助推发展”主题，开展商标品牌精准扶贫暨万名工商干部帮建活动，以农业企业、小微企业、涉外企业为帮建重点，以利用商标品牌实现精准扶贫为目标，全系统完成包抓企业注册商标3301件。重视对商标知识产权保护和商标违法案件新情况、新问题的研究，先后组织骨干力量对新城、灞桥、碑林、长安、鄠邑区等重点区域进行现场检查指导，督办解决销售环节商标违法案件查处难问题。制定《“双随机、一公开”商标工作抽检检查方案》，对各区“县”商标“双随机”抽查工作进行督导抽查。以“驰名商标”、“地理标志”、涉外商标、“老字号”注册商标为重点，加大商标行政保护力度，全年查处商标侵权案件648件，办结案件425件。其中，查处侵犯商标权案件370件；查处侵犯“驰名商标”案件41件；查处侵犯涉外商标专用权案件90件，比上年增长3.5倍。

◆广告监督管理 2017年，西安市工商行政管理局加大对药品、医疗、食品等重点领域广告的查处力度，核发“准予广告发布登记通知书”135件。与华商报社、陕西日报社等13家省、市主流媒体签订“不发布虚假违法广告承诺书”。将整治虚假违法广告联席会议成员单位由6家扩大到13家。查处违法广告案件507件，比上年增长1.56倍，广告条数违法率、条次违法率、时长违法率均达到国家要求的1%以下。组织对西安地区广告发布单位进行全面摸底核查，分2期对全市150家广告发布单位的业务骨干进行业务培训。加强对新《中华人民共和国广告法》和国家工商行政管理总局《互联网广告管理暂行办法》等有关条款的衔接问题以及实际执法中注意问题的辅导培训，及时解答一线监管干部工作中遇到的疑难问题。开展规模以上广告企业统计工作，全年统计规模以上广告企业61家、200万元以上标准企业109家，扶持发展广告企业100家，向国家工商行政管理总局推荐“创新型广告企业”6家。

◆消费者权益保护 2017年，西安市工商行政管理局围绕“社会共建，放心消费”和“网络诚信，消费无忧年”主题，联合西安市消费者协会举办“3·15”现场大型宣传咨询活动，接待群众咨询1.2万人次，受理投诉329件，当场解决101件。全年开展“放心消费，天天3·15”宣传，利用户外媒体资源做好定点宣传，联合《西安晚报》，在卖场设立消费维权宣传点，并开设媒体专栏专题报道，将宣传口号通过流动的出租车传递到全市每个角落，提高社会知晓率。通过西安新闻广播电台《党风政风热线》《行风在线》和西安市人民政府网《在线访谈》栏目，定期接受消费者提问咨询，广泛宣传《中华人民共和国消费者权益保障法》等法律、法规，提升人民群众消费维权意识。邀请西北政法大学郭琛，对新修订的《陕西省消费者权益保护条例》进行讲解，提高执法人员业务水平。开展“严格执法规范市场秩序严厉打击假冒伪劣商品”专项整治行动，检查各类市场6339个次、经营户16.8万余户次，查办违法案件2068件，查获问题商品5.88万件，并在莲湖区大兴汽配城举办集中销毁活动。汲取“奥凯问题电缆事件”教训，加强流通领域商品质量监管，以建筑材料、装饰材料、型材产品、电气设备等商品为检查重点，由经营者和检查人员落实“双签字”12959户，覆盖率95.67%。开展放心消费创建活动，成立创建工作领导小组，代西安市人民政府草拟《西安市开展放心消费创建工作实施方案》等文件，定期向社会发布消费咨询、投诉和举报热点问题分析，在各类商户中设立“消费维权服务站”623个。完成中共西安市委、西安市人民政府办公厅批转的舆情快报、网上咨询投诉、在线咨询投诉的调查处理和答复工作，处理投诉咨询50余起。全年全市工商系统“12315”工作机构受理消费者投诉26838件，为消费者挽回经济损失2641.65万元。

◆智慧工商建设 2017年，西安市工商行政管理局研发形成“一库三平台六系统”（一库：经济户口数据库；三平台：综合业务处理平台、公众服务平台和企业信用信息应用平台；六系统：工商综合业务处理系统、移动执法系统、远程教育培训系统、媒体广告监测系统、电子档案查询系统、网络交易监管系统），加强事中、事后监管，为实现部门联动、联合惩戒提供信息保障。该系统汇集各类数据585万条，与西安市工业和信息化委员会等35部门实现联网，同时正在抓紧与市级其他部门实现互联互通、数据共享。推进“互联网+政务服务”，完成全程电子化登记系统开发建设，实现企业注册登记“零见面”服务，让企业和群众办事更方便、更快捷、更高效。完成手机端、微信端企业和个体年报系统的开发和应用，提高企业年报的便捷化和公示率。全年受理社会公众、个人电子档案查询业务4.75万人次，为各级公、检、法、司机关、纪检监察以及海关等部门提供电子档案查询1100人次，共计打印32万余页。

（符　杰）

国土资源管理

◆概况 2017年，西安市国土资源管理局破解保障发展与保护资源的难题，有力保障全市经济持续健康发展。优化西安发展空间，市级土地利用总体规划调整完善成果获国家批复。提升服务保障能力，主动服务重点项目建设，加大工业、民生用地保障力度。协调城乡统筹发展，实施城乡建设用地增减挂钩试点项目34个。深化土地供给侧结构性改革，成立土地管理工作领导小组，启动土地二级市场，土地储备管理体制改革加速推进。探索完善自然资源资产产权、用途管制和有偿使用制度，建立健全自然资源变化动态监测和多元化投入保障机制。开展“追赶超越”季度点评，着力构建优化营商环境考核体系。尽职尽责保护耕地资源，完成永久基本农田划定工作，严格落实耕地占补平衡，建设占用耕地占补平衡率100%。加快高标准基本农田建设，建成高标准基本农田906.66公顷。构建土地执法共同责任机制，丰富执法监察科技化手段，查处土地违法、违规行为。推动不动产登记改革，推进机构职能整合，确保业务平稳衔接，加快信息平台建设，将西安市不动产登记信息平台接入国家级平台。做好脱贫攻坚工作，推进移民（脱贫）搬迁和驻村联户扶贫工作。优化生态，提升地质环境和矿产管理水平，打造秦岭世界地质公园新形象。

◆国土资源改革 2017年，西安市启动土地供给侧结构性改革。在陕西省首创土地管理工作新机制，成立西安市土地管理工作领导小组，在全市7个市级议事协调机构中实现常态化运行。全年召开4次土地管理工作领导小组会议，向46个单位安排部署42项任务。制定《西安市土地供给侧结构性改革实施方案》，构建形成“1+X”制度，下发《土地储备计划编制工作实施方案》《土地储备规划（2017—2021）编制工作方案》，相关制度和工作方案正积极推进。全面开展土地二级市场试点，制定《二级市场试点工作实施方案》等配套制度，转让10宗市场28.13公顷建设用地，实现土地收益5.7274亿元；城三区办理出租土地472宗，征缴土地收益1572.255万元，较好地盘活、利用了存量土地。高陵区农村土地制度改革3项试点，首次实现农村房地一体不动产登记。国土资源信息化取得突破，整合完成规划、现状、影像等数据。

◆易地扶贫搬迁 2017年，西安市国土资源管理局始终把易地扶贫搬迁作为头号工程，先后出台《西安市“十三五”移民（脱贫）搬迁实施细则》，调整完善移民（脱贫）搬迁规划，落实中央、陕西省反馈问题整改等工作，形成具有西安特色的移民搬迁模式。7月，组织全系统400余名干部职工，精准识别全市2605户易地扶贫搬迁对象，逐户宣讲搬迁扶贫政策。强力推进26个集中安置点建设，开展“一点一档”“开春即开工”“秋冬会战”“驻点督查”等系列活动，顺利通过陕西省移民搬迁工作年终考核。

◆国土资源服务保障 2017年，西安市国土资源管理局优先保障国家、省、市重点项目用地，争取建设用地指标4933.33公顷，其中新增建设用地计划2933.33公顷(含西咸新区1400公顷)，为市级重点项目和民生工程保障1533.33公顷用地指标，100%保障重点项目用地需求。组织上报建设用地4113.33公顷，比上年增加32%；批回建设用地3146.66公顷，供应建设用地529宗3146.66公顷，增加15%；土地出让397宗1733.33公顷，出让价款398.88亿元，增加115.62亿元，上升40.8%。拨付重点项目建设资金29.1634亿元，有效保障幸福路地区综合改造、火车北客站、汉城湖项目等重点项目建设顺利推进。特别是保障吉利汽车项目用地，坚持特事特办、事不过夜，成立专项领导小组跟踪服务，为项目开通绿色通道，保障项目用地用时不到3个月，完成土地报批和供应全部手续，再次刷新“西安效率”。

◆土地利用总体规划修编 2017年，西安市国土资源管理局编制完成《西安市土地利用总体规划（2006—2020年）调整完善方案》和10个区（县）和131个乡（镇）土地利用总体规划的调整完善，与交通、水利等专项规划进行充分融合，衔接咸阳市、西咸新区土地利用总体规划，为城市发展留足空间。新增建设用地规模2.48万公顷，核减耕地保有量6.23万公顷，核减基本农田7.8万公顷，最大限度扩展“大西安”发展空间。

◆不动产登记改革 2017年，西安市国土资源管理局运行不动产登记“一局三中心”模式（西安市不动产登记局、西安市不动产登记服务中心、西安市不动产信息档案管理中心、西安市不动产权籍调查中心），完成市级和7个区（县）不动产登记机构的整合划转，实现国土资源管理部、陕西省“四统一”（登记机构、登记簿册、登记依据和信息平台相统一）要求。推进登记信息平台和服务大厅建设，数据整合成果汇交提前完成部陕西省任务。进一步压缩不动产登记时限，有证房屋抵押不再扣押“不动产权证”。全年完成不动产登记59万件，办理登记信息查询118万条，处理62个项目6.17万户房屋办证遗留问题，超额完成5万户办证目标。

◆地质灾害防治 2017年，西安市国土资源管理局开展地质灾害防治工作，制定印发《全市地质灾害防治“十三五”规划》，建成地质灾害信息管理系统和应急调查系统，组织市级地质灾害应急演练，落实汛前排查、汛中检查和汛后核查等防范工作。全年发布地质灾害三级预警9次，核减地质灾害隐患点33处，成功处置周至县108国道山体滑坡等灾险情14起。灞桥区通过“全国地质灾害高标准十有县”验收。

◆土地节约集约利用 2017年，西安市国土资源管理局全面实施建设用地总量和强度双控行动。全年为54个城（棚）改项目供应124宗379.43公顷建设用地，储备整理幸福林带综合改造项目、西北工业集团等国有存量土地2640公顷，为主城区转型升级发展扩展空间。实施增减挂钩项目区38个，节约建设用地1680公顷，复垦完成拆旧区640公顷。加大批而未用土地的处置，制定《西安市批而未供和闲置土地处置实施意见》，供应批而未供土地2493.33公顷，核销涉嫌闲置土地132宗409.2公顷。2016年，西安市单位地区生产总值消耗建设用地值为25.8公顷/亿元，节约集约用地程度连续6年位居陕西省第一。

◆耕地和基本农田保护 2017年，西安市国土资源管理局完成18.76万公顷永久基本农田划定，制定分解全市280666.66公顷耕地保护任务，核查7个区（县）3900公顷高标准农田。城市范围内新划入永久基本农田1860公顷，为实行特殊保护提供了依据，划定成果通过陕西省国土资源管理厅评审。严格落实耕地占补平衡，坚持耕地占补数量和质量并重，全年建设占用耕地占补平衡率100%。加快高标准基本农田建设，规范项目、资金、技术、验收等全过程管理，建成高标准基本农田906.66公顷，组织申报2018年建设项目2个1000公顷。

◆国土法治建设 2017年，西安市国土资源管理局结合“最多跑一次”改革和“行政效能革命”，调整、取消、下放权力事项7项，修改完善权责清单6项。委托西咸新区管理委员会行使土地规划、用地报批、土地供应、用地招拍挂、不动产登记和国土资源执法监察6个方面职能，将用地预审、供应审批、不动产登记3项职能委托陕西自贸区西安片区。清理、废止、修改11份规范性文件和内部管理制度。严格落实败诉案件分析报告、负责人出庭应诉、重大行政决策和规范性文件合法性审查、政府信息公开等制度。全年完成39宗耕地破坏程度鉴定，办理依申请信息公开378件、来信来访689件，评查卷宗83件，受理行政应诉181件、行政复议39件、公益诉讼5件，案件败诉率比上年下降7个百分点。

◆国土资源执法监察 2017年，西安市国土资源管理局开展“周清月结”等8项专项执法工作，重点开展卫片执法监督检查、例行督察整改、国家级变更调查内外业核查、“铁腕治霾”4项执法检查。全市违法占用耕地面积占新增建设用地占用耕地面积比例为8.85%，顺利通过国土资源管理部、陕西省卫片执法检查验收，连续8年“零约谈”“零问责”。

◆秦岭终南山世界地质公园建设保护 2017年，西安市国土资源管理局对中央环保督察和中共陕西省委环保督察反馈问题进行整改，持续开展秦岭北麓矿山专项整治。关闭传统砖瓦厂148家、采石企业25家，矿权总数由2015年的61个关闭减少至17个，提前完成整治工作目标。进一步完善秦岭终南山世界地质公园基础设施，举办首届星空音乐节、第六届登山挑战赛等活动，迎接联合国教科文组织再评估，并获“绿牌”通过。

（王武强）

审　计

◆概况 2017年，西安市审计部门围绕西安市中心工作，积极推进审计全覆盖，创新审计方法，突出审计重点，加强审计管理，持续加大对重大政策落实、财政资金、权力行使、民生项目、脱贫攻坚、政府投资等方面的审计监督力度，审计工作质量水平进一步提高，年度审计任务全面完成，各项工作取得显著成效。市、区（县）两级审计机关对539个单位和项目进行审计和审计调查，查出违规金额66.02亿元、管理不规范金额425.79亿元，促进财政增收节支69.48亿元。提交审计报告563篇，提出审计建议1262条，被审计单位采纳1167条，制定完善措施、规章制度64项。提交审计信息392篇，被批示、采

2017年12月8日，西安市审计局对蓝田县蔬菜大棚扶贫项目进行审计

用516篇。向社会公告审计结果72篇。移送违纪、违法问题线索99件。其中，西安市审计局移送78件，40人受到党纪政纪处分、67人被训诫谈话或提醒谈话；蓝田县审计局移送7件；雁塔区审计局移送6件；莲湖区审计局移送5件；高陵区审计局移送2件；鄠邑区审计局移送1件。

◆重大政策措施落实情况暨追赶超越目标完成情况跟踪审计 2017年，西安市审计部门先后开展市级国有企业去杠杆情况跟踪审计调查、市级房地产去库存情况审计调查、市级保障性安居工程建设管理使用情况审计调查。针对审计发现的问题，从完善制度、健全机制层面提出建设性意见，受到西安市人民政府高度重视，专题召开会议进行研究，要求有关部门认真落实。按照陕西省审计厅和西安市人民政府统一部署和要求，采取“上审下”、交叉审的方式，3次组织对全市13个区（县）及汉中市重大政策措施落实情况暨追赶超越目标完成情况开展跟踪审计，全面查找短板，客观反映问题，分析原因，提出意见建议。3次审计投入人力149人次，审计13个区（县）337个部门单位、733个项目、财政资金275.78亿元；审计查出18类138个问题，涉及金额58.18亿元，提出审计建议138条，向相关部门移送3件违规违纪案件线索；督促整改92个问题、归还原资金渠道23.06亿元、调账处理5.31亿元，促进16项重大工程进展。

◆精准扶贫审计 2017年6月和10月，西安市审计局先后组织相关区（县）审计人员，对6个涉贫区（县）2016年扶贫政策措施落实和扶贫资金分配管理使用及精准扶贫情况进行审计。督促整改91个问题，出台3项政策，收回资金1622万元，促进拨付资金7568万元，促进多项涉农重大工程进展。11月，按照陕西省审计厅要求，组织20名审计人员到安康市开展精准扶贫交叉审计，发现问题109个，并及时督促整改。

◆财政审计 2017年，西安市两级审计机关采取重点部门重点审计和一般单位审计调查相结合、人工审计和计算机审计相结合的方法，进一步深化预算执行和财政决算、税收征管、重点财政专项资金等审计，进一步扩大审计覆盖面。审计单位237个，延伸审计单位201个，查出各类问题金额148亿元，发现问题131个，提出审计建议75条。西安市审计局运用部门预算执行审计全覆盖审计系统，对89个主要一级预算部门单位的财务核算电子数据进行归类分析和重点疑点分析，对64个单位部分异常信息和重要事项开展延伸调查，实现了对全市财政一级预算部门和单位的预算执行审计全覆盖。发现问题95个，查处违纪、违规资金2.79亿元，提出审计建议51条，向纪检等部门移送违反“中央八项规定”精神等问题线索29起，促进相关单位完善预算管理，提高财政资金使用绩效。

◆民生项目审计 2017年，西安市两级审计机关围绕住房、就业、医疗等关系群众切身利益的问题，积极开展民生资金和项目审计，着力推动保障和改善民生。对全市2016年保障性安居工程投资、建设、分配、运营等情况进行审计，发现贷款资金使用效率低、保障性住房分配使用方面存在虚报骗取住房保障待遇等问题，向纪检机关和主管部门移送案件线索11起，涉及34名财政供养人员未如实申报个人身份和家庭经济收入、涉嫌违规享受住房保障待遇，472户不符合保障房准入资格等问题。审计报告被西安市人民政府主要领导批示，市政府召开专题会议安排部署整改工作。对5个市属医院2015—2016年度财务收支情况开展审计，揭示医院在业务管理、财务管理、财产管理等方面存在的超标准收取医疗服务费用、不合理收费等典型问题49个，涉及金额9.79亿元；向西安市卫生和计划生育委员会移送问题线索11件，揭示涉及群众“看病难、看病贵”问题20多个。对西安市城镇职工基本养老保险基金进行审计，发现弄虚作假、少缴养老保险费、重复发放养老保险金等问题。部分参保企业补缴、应缴纳的职工养老保险基金219.25万元，相关银行补缴少计利息1192万元，清退17名企业退休人员的城乡养老保险手续，收回多领取的89853元养老保险金，追回4人重复领取的抚恤金及丧葬费46.16万元。

◆政府投资审计 2017年，西安市两级审计机关以规范工程建设领域市场秩序、提升项目质量和投资效益为目标，不断加大政府投资审计。开展投资审计项目122个，审计资金52.36亿元，核减工程投资额2.94亿元，向纪检监察部门和有关单位移送问题线索4起。西安市审计局关注重点建设项目进度和资金管理使用情况，先后对西安火车站改扩建工程、涝河渼陂湖水系生态修复工程进行跟踪审计，对西安渭北工业区供水工程、国道108过境公路及107省道改扩建工程概（预）算执行情况进行审计，对西安市工人疗养院老年医护楼建设工程、滹沱寨安置房、曲江廉租房等11个项目进行工程结算审计，审减工程造价1.96亿元。其中，对西安市总工会实施的西安市工人疗养院老年医护楼进行结算审计，送审金额1.17亿元，审减3597.52万元，审减率高达29.5%。按照西安市人民政府要求，对幸福路地区综合改造项目实施跟踪审计，针对在机构设置、项目管理、资金使用等方面发现的问题，提出完善体制机制、健全工作机构、规范内部管理、依法管理项目等审计建议，受到西安市人民政府高度重视。

◆经济责任审计 2017年，西安市两级审计机关以促进规范权力运行、提升行政效能为目标，推动领导干部经济责任审计全覆盖。开展经济责任审计148项，查出领导干部负有直接责任的问题9个，涉及金额3.59亿元，移送问题线索6件。开展领导干部自然资源资产离任审计试点，拓展新的审计领域。西安市审计局实施西安国家民用航天产业基地和临潼区领导干部自然资源资产离任审计；13个区（县）审计机关开展自然资源资产审计试点，为全面开展领导干部自然资源资产审计打下了基础。雁塔区审计局、灞桥区审计局、周至县审计局对部分社区和村财务收支开展审计试点；蓝田县审计局对全县1/4的村（社区）集体“三资”进行审计，有效地促进审计监督向基层延伸覆盖。

◆**审计管理** 2017年，西安市两级审计机关不断健全审计业务管理和机关综合管理制度机制，全面加强审计质量管理，严格规范审计行为，积极防范审计风险，审计工作质量和规范化水平进一步提高。西安市审计局针对审计署2016年审计质量抽查指出的问题照单认领，制定整改方案，逐一整改，并进一步完善制度规定，出台《审计业务会议制度》《移送处理事项管理办法》，不断规范审计业务流程。落实重大审计项目验收制度，对24个重大审计项目组织撤点验收，促进审计项目的实施效果和质量提升。强化审计项目审理，对68个审计项目进行严格审理，保证了审计工作质量。鄠邑区审计局制定《领导干部自然资源资产审计试点实施办法》，为开展该项审计提供制度保障。各区（县）审计局在机关综合管理方面也制定和修订了相关制度措施，促进审计机关制度化、规范化、精细化管理。

◆**审计整改** 2017年，西安市审计局为了使审计整改工作法治化、规范化，起草《西安市审计整改办法》，并报西安市人民政府办公厅及时予以印发。西安市两级审计机关坚持既敢于揭示问题又着力推动问题解决的方针，不断加大对审计查出问题整改情况的跟踪督促力度。西安市审计局实行审计整改台账制度，对2016年底至2017年11月49个执行到期的审计项目整改情况进行跟踪检查，促进审计查出的373个问题整改落实335个，整改率90%。审计整改后，为财政增收节支26.3亿元，促进拨付资金到位24.66亿元，制定完善规章制度25项。西安市人民代表大会常务委员会组成人员对西安市审计局的审计整改报告进行满意度测评，满意率为98%。新城区审计局会同区人大、纪检、组织、政府办等部门对涉及审计整改的15个单位开展审计回访，对审计发现的问题和审计意见逐一销号核实，审计整改率100%。

◆**审计信息化建设** 2017年，西安市审计局完成市级部门预算全覆盖数字化审计建模、局机关手机无线局域网搭建及涉密信息保密接收室建设工作。在信息化应用方面，按照审计署要求，先后2次完成市本级、13个区（县）和5个开发区财政预算、集中支付、税收、非税收入、专项经费系统数据的整理、清洗上报及采集、整理、汇总上报任务。组织完成全市一级预算单位数字化全覆盖分析工作、全市精准扶贫人员数据对比分析、保障性住房数据分析汇总及5个医院信息系统数据、市财政供养人员养老数据等多项分析工作，特别是在西安市地税征管数据分析工作中，采集西安市地方税务局2016年度税收征管及其他财政收支情况数据共33兆，并对数据进行分析，得到30多个疑点、15个分类统计结果。通过延伸调查，落实地税稽查结果未执行到位疑点，涉及税款569.04万元；落实部分税务分局对土地增值税清算审核不到位疑点，涉及税款705.64万元等问题。全年全市两级审计机关征集现场审计实施系统应用实例28个，其中1篇计算机实例、1篇计算机审计方法被陕西省审计厅评为“优秀”。（张良忠）

统计工作

◆**概况** 2017年，西安市统计工作推进统计改革创新，提高统计数据质量，着力优化统计服务，夯实统计基础，全面提升统计精细化、科学化水平，较好完成全年各项目标任务。西安市统计局被国家统计局评为“全国第三次农业普查先进单位”。

◆**统计改革** 2017年，西安市统计工作坚持“创新是引领发展第一动力”理念，积极探索统计改革发展的新路径，及时反映和挖潜西安经济增长点。打破机制体制约束，在全国率先建立西安市军民融合统计报表制度，形成可复制、可推广的西安经验，军民融合统计改革走在全国前列。在陕西省率先开展文化创意产业统计调查，填补文创统计空白。在陕西省率先开展煤炭经销统计调查，为“铁腕治霾·保卫蓝天”及时提供考量依据。在陕西省创新开展总部经济、自贸区经济等5类12项新经济研究，探索出地方统计制度孵化的新模式。创新建立和修订《西安市开发区统计监测制度》《西安市重点产业（区域）企业统计报表制度》等7项地方统计制度和“绿色”发展指标体系，弥补了国家调查制度方法难以满足地方需要的不足。实施主要经济指标管理口径统计改革，服务全市经济管理科学化。推进地区生产总值核算改革，完成研发支出资本化计入地区生产总值。规范开发区生产总值核算，加强派生产业监测，完成西咸新区代管后统计口径调整工作。推进固定资产投资统计财务支出法改革，在全国推广提供西安经验。

◆**大型普查及常规统计调查** 2017年，西安市统计局坚持“应统尽统、颗粒归仓”原则，精心组织，推进各项统计普查调查工作。完成第三次全国农业普查，组织约2万名普查员和普查指导员，高质量完成88.6万名农户和5155个农业经营单位的入户登记，开展各阶段督查暗访和事后质量抽查工作。组织开展第四次全国经济普查国家专项试点工作，为国家科学制定普查方案提供“西安建议”。开展常规统计调查，组织实施农业、工业、投资、贸易、服务

2017年7月31日，西安市统计局召开全市文化创意产业统计业务及网报平台培训会

业、人口、就业、能源、基本单位名录等常规统计调查和10多项专项调查，全面、真实反映了西安经济发展各方面的成果。

◆统计服务 2017年，西安市统计局创新服务方式，丰富统计产品，精准反映西安经济社会发展态势。细化决策服务，深化决策服务，首次建立季度点评指标体系，实现3个季度85项指标1小时通报。通过城市间月对比、季解读、年分析和网报期间每日一报等措施，及时向市级主管部门和各区（县）、开发区主要负责人通报指标变化情况和影响因素，全年编发各类统计分析和信息386期。研究建立以8大平台8大产业统计监测为龙头的监测指标体系，开展营商环境、全面建成小康社会、县域经济、战略性新兴产业、重点企业等24项监测，统计监测范围进一步拓展。强化部门服务，提供《目标考核信息专报》29期，对20余个市级部门进行大走访，开展行政效能、目标责任考核、营商环境满意度等13项部门委托调查，其中8篇调查报告被多家媒体采用。优化公众服务，健全统计产品发布体系，开通“西安统计”微信公众号，通过新媒体发布数据并进行分析解读，推送信息230余次，阅读量4万次。编印《短板与成因》《数据五年》《不一样的西安不一样的统计》等，发放10余种统计产品4万余册（份），报送统计信息近2000条，接待群众咨询访问500余次。

◆统计基础建设 2017年，西安市统计局开展基层统计大调研、大指导、大培训活动，强化和规范年报统计工作。制定《各专业年定报工作要点》《新增“一套表”调查单位实地核查管理办法》《西安市“五上”单位入库工作指南》，完成西咸新区统计代管工作，厘清西咸新区统计范围，明晰统计管理职责和数据处理口径，保证西咸新区23个镇（街）“一套表”单位统计联网直报平稳过渡等。加强部门统计，围绕全年目标任务完成，开展20余个部门大走访活动，督促各部门执行《西安市部门统计报表制度》，培育“五上”单位，及时提供季度点评、县域经济监测考评、第三次全国农业普查等所需数据资料。西安市会展业发展办公室、西安市发展和改革委员会、西安市卫生和计划生育委员会依法新建或修订审批调查项目和调查制度，部门统计工作迈上新台阶。提升统计手段，做好“企业一套表”平台数据处理保障工作。地方统计调查实现网上直报。及时应对网络安全突发风险事件，网络安全措施进一步强化。推广应用办公自动化系统和视频会议系统，提高办公效能，降低行政成本。

◆统计法治建设 2017年，西安市统计工作恪守“数据质量是统计工作生命线”理念，紧盯源头数据，坚持依法治统，提高统计数据质量。强化制度建设，全面落实中共中央《关于深化统计管理体制改革提高统计数据真实性的意见》，制定《数据质量评估流程管理办法》，完善《主要指标数据评估办法》，建立《数据质量责任清单》，通过处内初评、对象商评、处内汇平、党组审评四级联审，增强评估工作透明度，实现“阳光评估”，构建统计数据质量全程可控、可追溯、可问责的制度体系。加强网报数据审核，抓好各专业关联指标匹配性审核，加大对异常指标的查询力度，建立网报期间每日一报制度，确保数据质量。加强法治宣传，以国务院《中华人民共和国统计法实施条例》和中共中央办公厅、国务院《统计违纪违法责任人处分处理建议办法》颁布为契机，加大执法宣传，营造防范和惩治统计造假、弄虚作假的良好社会氛围。推进统计信用体系建设，落实“双随机一公开”要求，对62家企业进行数据质量检查。加大统计违法案件查处力度，全年查处统计违法案件24件。

（张　静）

海关监管

◆概况 2017年，西安海关监管进出口货运量165.4万吨，比上年下降63.7%；货物总值2714.9亿元，增长37.4%。监管进出境航班及包机1.53万架次，下降1.9%；监管进出境旅客199.7万人次，增长2.5%。监管进出口贸易结关报关单23.6万份，增长4.0%。征收关税和进口环节税入库39.1亿元，增长12.0%，其中征收关税8亿元、代征税31.1亿元。

◆陕西自贸试验区建设 2017年，西安海关争取海关总署出台支持措施、批复监管方案，2批25项海关监管创新制度复制推广取得良好效果。积极参与自贸试验区“多证合一、多项联办”改革，全年远程在线办理企业注册149家。海关特殊监管区域完成整改任务，验收面积9.55平方千米，进出口总值占全省进出口总值的近7成。升级上线关区统一、高可用的海关特殊监管区域辅助系统，新增多项业务改革模块。探索以研发设计为龙头的全程保税监管模式，将集成电路产业链上的设计、芯片制造、封装测试等企业全部纳入加工贸易保税监管范围，通关时效提升95%，减少企业资金成本600万元。自贸试验区海关统计顺利启动。联合深圳、黄埔、天津、福州等海关开展自贸试验区企业诚信体系建设调研，形成“全国自贸区企业运营状况评估”阶段性报告。总结自贸试验区海关监管创新案例4个。

◆海关通关一体化改革 2017年，西安海关制定西安海关关税收征管改革、“一次申报、分步处置”、风险防控中心建设、隶属海关功能化建设等改革实施方案。再造通关监管流程，无纸化申报率达到98.7%，进出口平均通关时间均优于全国海关平均水平。税收征管方式创新升级，建立关区集中验估作业模式，“自报自缴”征税占比超过5成，汇总征税3.1亿元，税收电子支付率达到94%，税收入库核销及时率保持100%。税收担保方式改革创新，首票专业机构非担保货物顺利通关，降低小微企业费率近60%。二级风险防控中心建成运行，95%的普货查验指令、65%的快件查验指令由风险防控中心统一下达。修订《海关特殊监管区域盘库作业操作规程》，压减人工作业量50%。推行海关特殊监管区域加工贸易中期作业环节无纸化改革，压减人工作业量2/3。西安出口加工区B区与重庆西永综保区间保税货物实现自行运输自由流转，通关效率提升70%，物流成本降低30%。

◆推动“一带一路”建设 2017年，西安海关联合陕西出入境检验检疫部门与青岛关、检、港共同签署“供应链一体化监管合作备忘录”，积极开展多式联运监管试点。助推整车进口口岸获批建设，进境免税店通过验收并运营，出境免税店面积扩大1倍。监管保障中欧班列“长安”号开行进出境班列194列，累计进出口货运量6.5万吨，货值约13亿元。支持西安空港开通至阿姆斯特丹、哈恩、芝加哥全货运航线，陕西省进出口总值的72.5%通过空运完成。国际快件和跨境电子商务增势迅猛，空港国际快件监管中心投入运行，累计监管跨境电商进出口货物442.4万单，3月单月出口超过100万单，累计监管国际快件190.9万件，增长8倍。开展与阿拉木图国家收入局数据交换等务实合作，中俄知识产权工作组会议、中哈海关统计专家工作会议、中欧海关固体废物监管工作组会议相继在西安海关召开。国际贸易“单一窗口”标准版投入运行，注册企业超过300家，申报率超过30%。

◆海关监管 2017年，西安海关全面清查监管场所监控设备，监管场所监控信号全部接入海关总署指挥中心，查验场地85%监控信号接入海关总署指挥中心。常规稽查、进出口货物查验实现“双随机、一公开”，“双随机、一公开”常规稽查企业10家，占比达到83.3%，随机布控查验占比达95%，查验人员全部实现随机派单。依托HZ2011定制数据分析功能，建立3个布控查验模型，进口随机布控查验率、查获率分别为2.8%和4.9%，出口随机布控查验率、查获率分别为0.8%和5.8%。开展国际快件风险分析，动态调整国际快件商品价格参数。严格管控虚假贸易，与商务、外汇等部门共享信息联合防控风险，对近50家不收汇企业、“空壳”企业开展实地核查。开展货运渠道固体废物、禁限管制、知识产权及快件渠道等安全准入专项风险分析，查获货运渠道涉及安全准入（出）报关单2票、邮件渠道涉及安全准入情事43起。全年税收入库39.1亿元，比上年增收4.2亿元，增长12%。审批减免税货值约96.5亿元，增长2.5倍；减免税款5.6亿元（不包含手工单减免），增长8.6%，减免税审批在海关总署抽样考核中连续保持零差错。定期开展税收分析，对重点税源商品开展专项调研，动态掌握税收进度。税收风险防控涵盖税收征管各环节，归类和审价补税1256.2万元。落实税收优惠政策支持重大技术装备、大飞机研发等重大项目建设，开展进口设备增值税分期纳税试点支持西部首个新型超高清液晶显示器项目建设，涉及增值税26.4亿元将分6年分期缴纳，已办理首期进口设备分期纳税14.5亿元，为企业节省贷款利息近3亿元。《建议我省大力发展融资租赁促进制造产业升级》获陕西省领导高度重视，《建议我省积极运用国家税收优惠政策促进航空制造业集群发展》获陕西省领导批示5次，直接推动将航空制造业纳入《陕西省综合利用税收政策加快新型产业发展规划》。开展税则调研降低企业成本，增值税核查实现联网电子化办理，减免税申请实现无纸化办理。中瑞“原产地自主声明”启动试点，2家备案企业出口货物在瑞士享受通关便利。

◆监管模式改革 2017年，西安海关推广“关企合作平台”，企业通过网上办理相关业务7000余次。参与共建社会信用体系，上调企业信用等级9家，下调企业信用等级42家，落实守信联合激励和失信联合惩戒措施。修订《企业协调员工作实施细则》，增设企业协调员15人。参加AEO（经认证的经营者）企业跨关区联合认证，新增AEO企业1家，开展AEO政策宣讲辅导26次。对12家企业开展特许权专项稽查，补征税款555.4万元。接受企业“主动披露”77次，免除行政处罚金额约7万余元。制定《推进加工贸易及保税监管业务改革工作方案》，推进13项重点改革任务，获批开展以企业为单元、以账册为主线的加工贸易监管模式改革。

◆缉私稽查 2017年，西安海关按照海关总署的部署和要求，开展“国门利剑2017”联合专项行动。全年立刑事案8起，案值4577.2万元，比上年增长21.4%；立行政案129起，案值2.7亿元。破获首起走私冻品案件，抓获嫌疑人4人；查获旅检渠道走私珍贵动物制品犀牛角进境案件；首次在行邮渠道查获活体毒蜘蛛64只；破获“10·18”涉嫌走私普通货物案。在“国门勇士2017”缉枪专项行动中查获涉枪走私案件20起，缴获枪支、枪管、装弹器等枪支零件一批。破获走私毒品案件1起。在海关总署指挥下开展打击大米走私“6·12”联合行动，捣毁涉嫌走私大米团伙1个，涉嫌走私大米298吨。1人获得第一缉私战区“个人实战能手”称号。 （马　东）

中华人民共和国西安海关

党组书记、关长	顾　勤
纪检组组长	陈所庆（至5月）
	张政武（自5月）
政治部主任	牟军海
缉私局局长	陈　涛（至10月）
副关长	宋　戈
	周卫前（至9月）
	杨占强（自7月）

出入境检验检疫

◆概况 2017年，陕西出入境检验检疫局全面落实国家质量监督检验检疫总局工作部署，结合陕西省建设丝绸之路新起点和内陆改革开放新高地的规划，主动参与陕西自贸试验区建设，大力推进检验检疫制度创新，着力服务陕西开放发展。全年检验检疫出入境货物2.79万批，货值22.39亿美元，比上年分别下降5.04%和21.23%。其中，出境1.97万批，货值8.56亿美元，分别增长5.08%和4.67%；入境0.82万批，货值13.83亿美元，分别下降22.91%和31.69%。检验检疫不合格货物963批，货值3.31亿美元。查验出入境人员202.01万人次，增长1.16%。其中，出境101.37万人次，增长0.87%；入境100.64万人次，增长1.44%。出入境人员健康体检2.09万人次，下降3.98%；发现病例5250例，增长7.65%。实施预防接种2.80万人次，下降19.43%。检疫出入境航空器11299架次，下降7.64%。查验出入境集装箱9111个标箱，增长40.34%。检疫出入境货物木质包装5090批，2.74万件，分别下降60.35%和91.86%。签发各类“原产地证书”2.04万份，签证金额14.92亿美元，分别增长7%和29.25%。其中，签发“普惠制产地证书”5695份，签证金额4.24亿美元，分别增长8.75%和49.34%；签发“一般原产地证书”4711份，签证金额4.17亿美元，份数下降6.82%，金额增长11.63%；签发“区域性优惠原产地证书”9987份，签证金额6.51亿美元，分别增长13.93%和31.02%。

◆检验检疫质量管理 2017年，陕西出入境检验检疫局协助陕西省人民政府和中国国家认证认可监督管理委员会，在延安市富县举办全国良好农业规范认证示范暨“三同”工程现场会，富县经验被全国各地学习借鉴。代陕西省人民政府起草《关于完善进出口商品质量安全风险预警和快速反应监管体系切实保护消费者权益的实施方案》。参与陕西省质量强省委员会、陕西省食品安全委员会对市级政府的质量工作和食品安全工作考核，参与“陕西省粮食安全省长责任制”对各地市的考核，推动地方政府肩负起质量安全责任。渭南、汉中、榆林等市就创建质量安全示范区、生态原产地产品保护和支持特色产品出口出台专门措施。延安市拟开展出口质量安全、生态原产地保护和良好农业规范“三区联创”。宝鸡市推进与质检总局国际检验检疫标准与技术法规研究中心合作建立中国钛及钛产品技术性贸易措施研究评议基地。与陕西省质量技术监督局签署《质检发展合作框架协议》，打造了地方质检两局合作新标杆。主持和参与陕西省外贸联席会议，研讨解决外贸发展问题。与中国国际贸易促进委员会陕西省委员会联合举办企业“走出去”风险防控培训班，助力陕企进入国际市场。举办外贸企业质量管理体系培训，帮助中小微企业加强质量管理。指导西安高新技术产业开发区建成“陕西省出口半导体质量安全示范区”。协助国家质量监督检验检疫局动植司承办中国猕猴桃出口贸易暨服务农业供给侧改革论坛。指导果汁生产企业全部建立安全防护计划，90%以上的加工企业获得第三方质量管理体系认证，出口果汁质量水平稳步提升。出台10项支持措施，促进植物提取产业年出口额突破1亿美元，成为陕西外贸新的增长点。支持跨境电商发展，监管跨境出口货物500万单，位居全国出口试点城市前列。将“三同工程”（同线、同标、同质，指出口生产企业出口和内销产品在统一生产线、按相同标准生产，使供应国内市场和国际市场的产品达到相同的质量水平）列入陕西省食品安全考核指标、《陕西省质量提升行动方案》。在杨凌农业高新科技成果博览会上举办“同线同标同质，助力质量提升”主题展。开展“企业逐一帮扶行动”，新增“三同企业”18家，登录“三同”信息平台的企业达33家，占出口食品备案企业的25.4%，高于全国平均6个百分点。

◆口岸卫生安全监管 2017年，陕西出入境检验检疫局融入地方大卫生体系，借助地方资源做强卫生检疫事业。与陕西省疾控中心、西安市卫计委、第四军医大学等开展交流合作，提升联防、联控能力。联合反恐、海关等部门，共同开展口岸生物有害因子突发事件应急处置演练。组织口岸卫生检疫风险排查和专项整治，有效防控寨卡、马达加斯加鼠疫等疫情。

◆国门生物安全监管 2017年，陕西出入境检验检疫局加快口岸动植检规范化建设，基层初筛实验室建设有序推进。空港口岸截获旅客禁止携带入境物品6688批，邮检口岸截获禁止进境物420批，“绿蕾3”专项行动截获种子、苗木等58批。纪念《中华人民共和国动植物检疫法》实施25周年，开展国门生物安全系列宣传，组织口岸行、进校园、进街道、进机关等活动，举办多场（次）现场主题新闻发布会。与陕西省林业厅共同开展“林安”行动，加强濒危野生动植物种保护工作。制作法制宣传片《战螂》《收不到的玫瑰》分别获得国家质量监督检验检疫总局三等奖和优秀奖，国门生物安全理念得到广泛传播。

陕西出入境检验检疫局2017年主要业务情况

类别	批次（批）	同比增长率(%)	货值（万美元）	同比增长率(%)
一、货物检验检疫	27885	-5.04	223910	-21.23
1.出境	19700	5.08	85601	4.67
2.入境	8185	-22.91	138309	-31.69
二、货物检验检疫不合格	963	2.12	33128	67.22
1.出境	50	-43.18	192	-42.76
2.入境	913	6.78	32937	69.11
三、出入境人员查验（人次）	2020112	1.16		
1.出境	1013688	0.87		
2.入境	1006424	1.44		
四、健康检查及预防接种（人次）				
1.健康检查	20912	-3.98		
2.艾滋病监测	20352	-3.27		
3.发现病例	5250	7.65		
4.预防接种	27968	-19.43		
五、交通工具检疫（飞机）	11299	-7.64		
1.出境	5923	-3.47		
2.入境	5376	-11.84		
六、集装箱检疫（个标箱）	9111	40.34		
1.出境	0	上期为0		
2.入境	9111	40.34		
七、木质包装箱检疫	5090	-60.35	2.74（万件）	-91.86
1.出境	0	-100.00	0.00	100.00
2.入境	5090	-59.62	2.74	-63.22
八、出境货物包装鉴定	2792	13.96	395.78（万件）	-10.71
1.一般货物包装性能鉴定	4	-87.10	7.10	-90.32
2.危险品货物包装性能鉴定	461	5.73	183.50	15.16
3.危险品货物包装使用鉴定	2327	17.35	205.18	-2.55
九、签发检验检疫证/单（份）	46248	-3.03		
1.证书	12889	16.84		
2.单证	33359	-8.93		
十、出入境敏感产品	12414	-13.44	106043	-24.24
1.农产品	8969	-5.06	29072	-7.98
2.食品及化妆品	787	-62.98	4794	-72.15
3.工业品	3658	-4.29	72177	-20.82
十一、原产地证签证（份）	20393	7.00	149188	29.25
1.普惠制原产地证	5695	8.75	42369	49.34
2.一般原产地证	4711	-6.82	41675	11.63
3.区域性优惠原产地证	9987	13.93	65144	31.02

◆进出口食品安全监管 2017年，陕西出入境检验检疫局强化进口食品安全监管和注册验证，开展进口食品收货人备案和进口销售监督核查。强化进口商主体责任意识，验证进口注册食品34批273.59万美元。实施出口动物源性食品风险监测，开展进出口食品风险监测和监督抽检。做好出口食品备案工作，新增备案企业23家，比上年增长23.47%。运用视频监管放行新模式，监管供港澳活牛4256头，数量居全国之首。完成香港特别行政区食物环境卫生署对3个供港澳活牛注册育肥场的寻访接待工作。开展“进口食品安全社区行”活动，参加陕西省食品安全宣传周主场活动，营造食品安全社会共治局面。

◆进出口商品质量安全监管 2017年，陕西出入境检验检疫局组织开展进出口危险品及其包装质量安全隐患排查和专项整治行动。加强对进口医疗器械等重点敏感商品检验监管，探索进出口商品监督抽查常态化工作制度，组织开展首次自主抽查，促成陕西首例缺陷进口消费品召回。加强风险管理，检出不合格进口儿童服装，配合国家质量监督检验检疫总局发出警示通报。完善质量安全约谈机制，通过约谈国外设备制造商，为设备进口商挽回重大损失。

◆服务自贸区建设 2017年，陕西出入境检验检疫局在陕西省级机关中率先出台4个方面20条支持措施。与西安海关联合出台《支持陕西自由贸易试验区建设监管服务实施方案》。对接陕西自贸区“多证合一、多项联办”平台，实现“一口受理”，九成进口强制性产品免办实现全程网上办理。与西安市卫生和计划生育委员会签署《陕西自贸区西安区域传染病联防联控方案》，建立多部门共同参与的联防、联控机制。与国家质量监督检验检疫总局发展研究中心合作完成《中国（陕西）自由贸易试验区出入境检验检疫改革创新研究报告》，提出32项改革建议。

◆完善口岸功能 2017年，陕西出入境检验检疫局累计建成5个指定口岸，为我国与丝绸之路经济带沿线国家合作交流与经贸往来提供有利平台。在空港口岸指导建成进境水果指定口岸，指导冷链仓库国际货运区、快件监管库和保税物流中心建设。优化国际快件查验流程，推动关、检联合“一线双屏双通道”查验模式。监管国际货物2.25万批，监管入境快件4317吨，比上年增长4.8倍。在陆港口岸着力解决长安号回程货源不足难题，确保进境肉类、进境粮食指定口岸运转有序，监管“长安号”183列次。首批哈萨克斯坦小麦顺利进境，实现内陆地区首次进口中亚粮食，累计监管进口小麦91批5695吨。肉类口岸正式启用，进口肉类产品15批30标箱341吨。在特殊监管区，对口岸入境转至特殊监管区的货物实施直通模式。

◆检验检疫改革　2017年，陕西出入境检验检疫局开展检验检疫改革，制定优化外贸营商环境18条措施，简化检验检疫流程，大幅降低抽批比例，8成入境货物通过审单合格评定后直接通关放行，平均检验检疫全流程时长压缩90%。与山东省政府、关、检、港建立区域物流供应链一体化机制。对14家企业实施陕沪“进口直通”。建成以“大项目＋货物封闭堆场＋直通放行”为特色的国检监管区。参与陕西省电子口岸建设，“单一窗口”报检覆盖率75.83%。实现报检企业、原产地证书申领企业备案两证合一。作为全国第一批试点单位，上线移动查验应用程序，实现移动施检、快速放行。出台4项创新举措，便利企业备案和申领原产地证书，新增备案企业158家。

◆检验检疫法制建设　2017年，陕西出入境检验检疫局制定《权力清单和责任清单动态管理办法》，实现“两个清单”动态管理。规范行政执法证件管理，建立行政执法人员名录库。印发《执法全过程记录暂行办法》，推行执法全过程记录制度。推进“双随机”抽查监管。查处1起毛坯钻石逃避检验检疫监管的案件，开出该业务领域全国首张罚单。实施“七五”法制宣传规划，推广“法治质检云”平台，开展“3·15”“‘12365’局长接线日”等法制宣传活动。（赵海波）

陕西出入境检验检疫局

局　　长　徐华良
副 局 长　陈茂盛　杨德春　魏智荣
纪检组长　李钜良

质量技术监督

◆概况　2017年，西安市质量技术监督局实施“质量强市战略”，积极培育创建质量品牌，启动实施《西安市“标准化+”行动计划》，召开全市村级党组织标准化建设现场会。推进“双随机一公开”监管工作，推出11类31个事项“最多跑一次”清单。

◆实施“质量强市战略”　2017年，西安市出台《西安市2017年质量强市行动计划》，调整西安市质量强市工作推进委员会成员职能，完善工作机制，巩固“全国质量强市示范城市”成果。开展西安名牌产品综合效益调研，在全市开展寻找“西安质量工匠”活动，大力弘扬“工匠精神”，评选表彰“西安质量工匠”10人、“提名奖”20人，营造“尊重工匠、赞美工匠、争当工匠”的浓厚氛围。

◆“质量强市示范区（县）”建设　2017年，西安市大力开展“质量强市示范区县”创建活动。培育认定质量奖企业和名牌产品，推荐申报“陕西省质量奖”企业3家、“陕西省名牌产品”31个，新培育并获命名“陕西省知名品牌创建示范区”2个，培育省、市“质量奖”8个，“名牌产品”121个。全市在建“国家级知名品牌创建示范区”3个、“中国质量奖提名奖”4家、“陕西省质量管理奖企业”15家、“西安市质量管理奖企业”20家、省市名牌产品703个，创建“质量强市示范区”4个，以优质企业引领和带动其他企业规范发展。

◆“质量月”活动　2017年9月1日，西安市2017年“质量月”活动全面启动。西安市质量强市工作推进委员会办公室联合西安市质量技术监督局、西安市发展和改革委员会、西安市城乡建设委员会、西安市商务局、西安市工业和信息化委员会等12个市级部门，组织各区（县）政府、开发区管委会质量强区（县）办公室以及企业和社会团体围绕“大力提升质量，奋力追赶超越，建设品质西安”活动主题，在全市范围内策划组织一系列有一定影响力、社会覆盖面广、群众参与度高的活动。活动期间，组织质量提升、质量宣传、质量整治、质量技术基础提升等各类活动114次，传统媒体报道92多次，新媒体报道215次，制作、播放各类公益广告10631次，制作、张贴、发放宣传资料261122份，处理消费者投诉567个，开放实验室数量24个，参观人数456人次，出动执法人员19268人次，查处违法案件436起。全市近598家企业参与并组织开展“质量月”活动，参与职工近万人次，查找质量隐患189个，解决质量问题89个，群众参加活动8万余人次。

◆“西安质量工匠”评选活动　2017年，西安市在“西安市质量奖”及“名牌产品”企业中组织开展寻找“西安质量工匠”活动，引导企业树立质量第一的强烈意识，发扬和传承“工匠精神”。活动历时4个月，237.8万人次关注点击，投票总量超过30万票。12月16日，西安市质量强市工作推进委员会、西安市质量技术监督局在西安市人民政府举行“西安质量工匠”表彰大会，授予白焰等10人“西安质量工匠”称号、杨乐等20人“西安质量工匠提名奖”称号。

◆电梯安全管理　2017年，西安市质量技术监督局组织开展电梯安全进企业、进社区、进校园等宣传活动，利用媒体广泛开展《西安市电梯安全管理办法》的宣传贯彻和电梯安全知识宣传，并联合西安市地铁建设指挥部办公室、西安市地下铁道有限责任公司打造“品质西安电梯安全号”地铁专列，通过通俗易懂的动漫图片普及电梯安全常识。“96333”电梯应急处置平台运行良好，电梯责任保险投保率稳步上升，在全国追平深圳，仅次于广州，老旧“三无电梯”（无物业管理、无维修保养、无维修资金）改造全部施工完毕，为广大市民安全乘坐电梯出行提供安全保障。有序推进电梯监督抽查5174台，稳步推进电梯安全综合信息化平台建设，特种设备工作呈现出无重大安全事故、信息化管理稳步推进和全社会齐抓共管的新态势。

◆计量管理　2017年，西安市质量技术监督局全面启动“西安市强检计量器具赋码管理系统”，开展计量器具专项整治，持续推进强检计量器具统一赋码管理，为强检计量器具制定“身份证”。在加油（气）站、医疗卫生单位赋码的基础上，对商场（超市）、眼镜验配企业、餐饮服务企业使用强制检定计量器具的单位进行赋码管理。全年完成安全防护类使用单位933家20164台件、环境监测类使用单位183家1328台件、贸易结算类1785家32171台件、医疗卫生类986家25481台件的强检计量器具赋码管理工作。检查集贸市场450家次、计量器具2.4万台件，查处计量违法行为55件。

◆质量科技认证　2017年，西安市质量技术监督局加强和提升质量认证认可工作。通过多种手段，全面梳理排查并初步建立中国强制性产品认证企业和检验检测机构信息档案。截至年底，全市有中国强制性产品认证企业484家，获得检验检测机构资质认证（计量认证）560家。

◆**质量检验检测能力建设** 2017年，西安市产品质量监督检验院、西安计量技术研究院、西安特种设备检验检测院、西安纤维纺织品监督检验所四大院所，新增检测项目104个，出具检验检测报告近15万份。获批筹建“陕西省阀门产品质量监督检验中心”“陕西省功能纺织品检测中心”通过专家论证评估；获批成立“陕西省油气田用化学品质量监督检验中心”，截至年底，建成省级质检中心5个。西安市产品质量监督检验院、西安计量技术研究院、西安特种设备检验检测院、西安纤维纺织品监督检验所新增检测项目35个产品、351个参数；新建计量标准23项，新增检定31项、校准38项。

◆**产品质量监督抽查** 2017年，西安市质量技术监督局产品质量监督抽查工作向生产领域靠近，开展以电线、电缆为重点的各类专项整治执法行动。配合西安市发展和改革委员会、西安市工业和信息化委员会等部门取缔14家“地条钢”企业。对47家电线电缆生产企业进行了检查、整改、约谈和处理，共抽检电线、电缆样品49个，合格率由平均88%提高至98%。全年在各类专项整治执法行动中立案174件。

◆**“12365”投诉举报** 2017年，西安市质量技术监督局“12365”热线接听服务咨询和投诉举报电话2121件，办理《市委办公厅要情快报》4件、《市网信办每日网情》1件、《市政府办公厅舆情专报》4件、群众举报信函4件、市质监局政务微博投诉信息5次、《市网信办网上舆情提示函》6件、《市政府办公厅舆情快报》10件、《华商报新闻线索调查函》34件、西安市人民政府门户网站投诉278件。所有投诉举报均及时进行处理和答复，做到“件件有登记，事事有回音”，切实维护消费者的合法权益。

（王永刚）

食品药品监督管理

◆**概况** 2017年，西安市食品药品监督管理局落实习近平关于食品安全“四个最严”指示（最严谨的标准、最严格的监管、最严厉的处罚、最严肃的问责）和国家食品药品监管“四有两责”（有责、有岗、有人、有手段；履行监管职责和检验职责）工作要求，进一步加强监管能力建设，不断完善监管体制，积极探索创新监管模式，全力提升监管工作效能，全年未发生重大食品药品安全事件。西安市食品药品安全综合考评和食品药品监管单项工作考核连续4年获陕西省第一名，西安市被国务院食品安全委员会办公室授予全国首批“国家食品安全示范城市”称号。

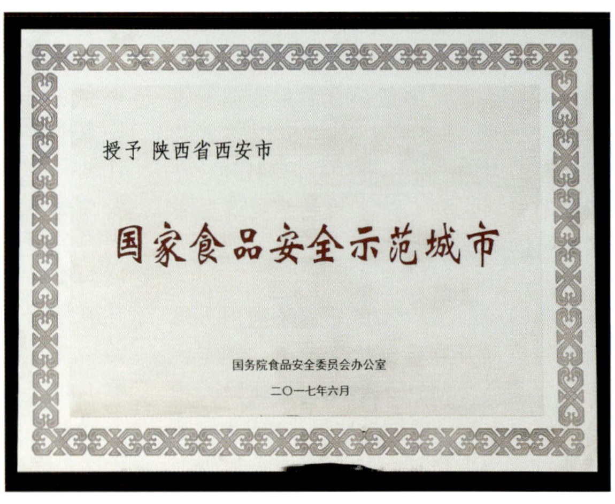

2017年6月29日，西安市被国务院食品安全委员会办公室授予全国首批“国家食品安全示范城市”称号

◆**食品药品日常监管体系建设** 2017年，西安市食品药品监督管理局持续加强食品、药品安全日常监管体系建设，强化“两图两档一承诺”（两图：即辖区食品生产经营企业分布图和监管责任图；两档：即辖区食品生产经营企业食品安全管理档案和食品药监部门监管信用档案；一承诺：即食品生产经营企业诚信经营承诺书）监管。全市建立食品、保健食品、药品、化妆品和医疗器械生产经营企业的安全管理档案85480个、监管信用档案85480个，建档率100%，有效落实部门监管责任和企业主体责任。突出重点目标，坚持问题导向，以风险管控为核心，在抓好日常检查全覆盖的基础上，进一步强化事中事后监管，全面推进“双随机一公开”工作。全年开展“双随机”检查325次，检查各类监管对象330家，组织飞行检查61家。

◆**食品药品追溯体系建设** 2017年，西安市食品药品监督管理局在全市乳制品、白酒、食用油、食品添加剂和药品生产企业强力推进食品安全追溯体系建设，严格落实质量安全管理制度，加强追溯体系运行管理，确保出现食品药品质量安全问题后，来源可追溯、去向可查询、风险可掌控、责任可追究。截至年底，全市乳制品、白酒、食用油、食品添加剂和药品生产企业均建立质量安全追溯体系。

◆**食品药品诚信体系建设** 2017年，西安市食品药品监督管理局制定下发《关于加强食品药品安全信用体系建设实施方案》和《食品药品生产经营单位信用等级评定标准及分类监管办法》，通过建立企业基础信息、制定信用评价标准、开展食品药品信用评价、建立健全信息公开和奖惩体系等步骤，全面推进西安市食品药品信用体系建设工作。全市乳制品、白酒、食用油、肉制品、药品、医疗器械生产经营企业信用等级评定和餐饮服务单位量化分级管理等级评定率均达到100%。其中，乳制品生产企业A级2家、B级8家；白酒生产企业A级3家、B级2家；食用油和肉制品生产企业A级4家、B级76家、C级8家；药品批发企业守信177家、基本守信43家、失信8家、严重失信9家，零售企业守信2637家、基本守信576家、失信200家、严重失信9家；医疗器械生产企业守信155家、基本守信5家、失信10家、严重失信2家，经营企业守信3618家、基本守信118家、失信45家、严重失信6家；餐饮服务单位A级558家。对未被评定为A级或守信的企业，将加大日常监督检查频次，促进企业整改提高。

◆**食品药品检验检测体系建设** 2017年，西安市市、区两级食品药品检验检测机构检验品种及项目不断扩展，检验检测工作水平得到进一步提升。西安市食品药品检验所在国家食品药品监督管理总局和陕西省食品药品监督管理局组织的年度检验能力验证考核中获得“双满意”，5项科研项目获得陕西省科学技术厅立项和资金支持。食品药品检验检测工作力度持续加大，全年完成食品安全监督抽检44855批次，合格率98.81%；完成食用农产品快速检测140559批次，合格率99.58%；完成药品监督抽检1341批次，合格率95.48%。新建西安市食品药品检验中心项目建设顺利推进，全年完成投资3690万元，占投资计划的123%，预计2018年底前全面投入使用。

◆**食品安全示范创建** 2017年，西安市创建“国家食品安全示范城市”获得成功。3月，以总评第一的成绩顺利通过省级验收；5月，先后通过国家层面社会公示和实地明察暗访，并全票通过综合评议表决；6月29日，被国务院食品安全委员会办公室授予全国首批“国家食品安全示范城市”荣誉称号。继鄠邑区、未央区和阎良区之后，雁塔区和蓝田县被陕西省人民政府命名为“陕西省食品安全示范区（县）”。“放心肉菜示范超市”创建活动成效明显，10家超市通过省级验收，5家被确定为陕西省创建“放心肉菜示范超市”样板店。西安市食品药品监督管理局开展食用农产品示范市场建设，健全食品安全管理和监管信用档案，加强检测人员技术培训，加大食用农产品快速检测密度，有力保障食用农产品质量安全。组织全市食用农产品质量安全监管及快速检测业务培训，培训监管和检测人员474人。全市135个食用农产品市场全部开展达标和示范市场创建工作，其中10个食用农产品批发市场基本达到示范市场的标准。

◆食品安全综合监管　2017年，西安市重点在全市肉制品、食用油等高风险品种和学校食堂、农村家宴等易发生食品安全问题的环节全面推广食品安全责任保险工作，进一步增强企业主体责任意识，初步实现食品安全风险社会共担的目标。截至年底，全市参保企业达到4521家，累计提供风险保障金40多亿元。西安市食品药品监督管理局持续开展“三小”综合整治提升工作，积极推行小作坊集中生产、小餐饮改造提升、小摊贩统一管理的监管模式，“三小”食品安全治理水平稳步提高。全年许可小作坊1552户、小餐饮24541户，划定小摊贩集中经营区47处，创建餐饮服务示范街区43条、示范单位1151户，完成“明厨亮灶”建设5824户。先后承担陕西省“两会”、中国共产党陕西省第十三次代表大会、2017丝绸之路国际博览会暨第二十一届中国东西部合作与投资贸易洽谈会、2017西安国际马拉松赛和国家领导人视察等127次食品安全保障任务，实现无差错、“零事故”。组织召开全市食品安全应急管理工作培训和III级食品安全事件应急处置演练，有效提升市、区两级政府和应急管理队伍的应急处置能力。

◆药械安全综合监管　2017年，西安市积极推行药品零售企业电子处方共享服务，参与药店达到2427家，有效解决群众购买处方药难的问题。西安市食品药品监督管理局加强过期药品回收管理，在全市设立104个过期药品回收点，对回收的3吨过期失效药品进行集中销毁处理。加强药品经营企业日常监管，加大对严重违反药品经营质量管理规范的企业处罚力度，收回产品供应规范证书8份。加强对药品配送企业的管理，严格落实基本药物配送制度，全市37家药品配送企业向县级公立医疗机构和基层医疗单位累计配送药品价值9.02亿元，覆盖率94.9%，基本满足群众用药需求。针对社会反映大的体验类、角膜塑形镜（OK镜）及装饰性彩色平光隐形眼镜（美瞳）产品热点问题，加大角膜塑形镜等医疗器械产品监督检查力度，严厉查处假冒伪劣产品，同时加大宣传力度，引导消费者正确选购医疗器械“美瞳”产品。全面加强药械不良反应监测工作，不断创新监测与评价手段，取得成效明显。全市上报药品不良反应报告8443份，其中医疗机构和生产企业8029份，比上年提高7.7%；上报医疗器械不良事件报告2317份，其中医疗机构和生产企业2253份，提高5.7%。

◆食品药品许可审批备案　2017年，西安市食品药品监督管理局以“最多跑一次”为突破口，不断优化行政审批流程，全力提升许可备案工作效率。市级18项食品药品政务服务事项全部进驻西安市人民政府政务服务中心，80个许可备案服务事项中58项达到“最多跑一次”要求，占总数的72.5%，行政许可办理时限在法定基础上缩短了43%。全年全受理许可备案事项46105件，办结率100%。其中，核发食品生产许可证354份、食品经营许可证122份、药品经营许可证720份、医疗器械经营许可证917份、第一类医疗器械生产备案凭证52份、第一类医疗器械产品备案凭证146份、执业药师注册证2503份。完成进口药品备案工作330批次，通关单无差错率达100%。完成药品零售企业产品供应规范认证现场检查936家，超额完成全年目标任务。截至年底，全市共有食品生产企业842家、药品生产企业83家、医疗器械生产企业215家、食品经营许可证持证单位72281家（其中，食品销售经营单位51082家，餐饮服务单位18978家，食堂2221家）、药品经营许可证持证企业4369家（其中药品零售连锁企业14家、零售连锁企业门店1253家、单体零售药店3102家、麻醉药品及第一类精神药品经营企业4家、第二类精神药品经营企业50家、药品类易制毒化学品原料定点经营企业3家）、医疗器械经营许可证持证企业913家。

◆食品药品专项整治和稽查办案　2017年，西安市食品药品监督管理局围绕食品药品重点领域、重点区域、重点环节和重点品种存在的突出问题，开展市场秩序专项整治，先后组织学校食堂及周边食品安全、“农家乐”和农村家宴、网络订餐、白酒、肉制品、乳制品、保健食品会议营销、处方药销售、药品生产企业“信得过”、无菌及植入性医疗器械、中药饮片、食用醋等50余次专项整治行动，食品药品生产经营秩序得到有效规范。根据日常监管、专项整治、投诉举报和监督抽验工作中发现的问题，广泛查找案源线索，开展食品药品专项稽查行动，严厉打击食品药品违法犯罪行为，有力遏制食品药品市场违法犯罪行为，有效净化了市场环境。全年办结行政处罚案件3223起，比上年上升23%；涉刑案件移送公安89起，逮捕65人。通过网络平台监测涉食品、药品、保健食品、化妆品和医疗器械违法广告44条，均移送工商部门依法进行处理。

◆食品药品投诉举报受理　2017年，西安市食品药品监督管理局修订完善投诉举报管理制度，建立“12331”食品药品投诉举报热线与全市“12345”市民热线综合平台的有效衔接机制。11月15日，“12331”热线业务全部转至“12345”市民热线综合平台。全年受理食品药品投诉举报有效信息5196件。其中，食品4535件，占87.3%；特殊食品192件，占3.7%；药品302件，占5.8%；化妆品84件，占1.6%；医疗器械71件，占1.4%；保健用品12件，占0.2%。按期办结率、回复率均达到100%。

◆食品药品安全宣传　2017年，西安市食品药品监督管理局开展形式多样的食品药品安全知识普及和宣传教育活动，激发全社会共同关注食品药品安全、人人参与食品药品安全管理的热情。通过户外广告宣传，大量印发宣传年画、公益海报和餐桌温馨提示牌等形式，营造良好的创建工作氛围，食品安全知晓率和满意度不断提高。全年刊发新闻报道2355篇（其中，央级媒体78篇，省级媒体213篇）、电视广播公益广告600余次，新闻发布123次，“西安网”“今日头条”推送信息969条。通过7311块液晶显示屏、1.11万条横幅、4700余个固定宣传栏，以及地铁、公交车和出租车等载体，广泛开展创建国家食品安全城市宣传，有效提升市民群众的知晓率和满意度。新闻宣传工作经验做法被国家食品药品监督管理总局在全系统进行推广。

（黄志祥）

安全生产监督管理

◆概况　2017年，西安市安全生产监督管理局坚持人民利益至上，坚持安全发展，坚持依法治安，筑牢红线，深化改革，狠抓落实，较好地完成全年安全生产监督管理目标任务。9月，西安市安全生产监督管理局被中国安全生产报社表彰为“全国安全生产新闻宣传先进单位”。10月，西安市安全生产监督管理局连续第六次被国务院安全生产委员会办公室评为全国“安全生产月”和“安全生产万里行”活动先进单位。

◆**安全生产领域改革发展** 2017年，中共西安市委、西安市人民政府在《中共中央国务院关于推进安全生产领域改革发展的意见》发布后，印发《关于推进全市安全生产领域改革发展的实施意见》（市发〔2017〕15号），西安市委办公厅、西安市政府办公厅印发《西安市推进全市安全生产领域改革发展重点任务分工方案》（市办字〔2017〕211号），对28类改革事104项工作任务，逐项明确牵头单位、参与部门和完成时限。在健全落实安全生产责任制、改革安全监管监察体制、建立安全预防控制体系、推进依法治理、加强安全基础保障能力等方面，先后出台10余项政策制度措施，巩固了安全生产基层基础。

◆**安全生产大检查** 2017年，西安市人民政府、西安市安全生产委员会组织开展5次全市性安全生产大检查。西安市安全生产监督管理局排查治理重大隐患179项，打击严重违法违规行为4687起，关闭取缔25家，停产整顿605家，暂扣吊销许可证4家，纳入“黑名单”管理、实施联合惩戒失信企业6家，问责曝光工作不力的单位和个人82家（人），曝光严重违法、违规和重大隐患典型案例21起。

◆**重点高危行业专项整治** 2017年，西安市安全生产监督管理局组织有关部门，按照“管行业必须管安全、管业务必须管安全、管生产经营必须管安全”的要求，落实行业监管责任，持续加大资金投入力度，集中开展道路交通、人员密集场所消防、建筑施工、非煤矿山、危险化学品、烟花爆竹、粉尘涉爆、液氨制冷、特种设备、城市轨道10大行业领域安全专项整治。全市各级、各部门出动人员10267人次，检查企业18217家，整治各类安全隐患17262项，有效地防范了重大和特别重大生产安全事故的发生。

◆**职业健康监督管理** 2017年，西安市安全生产监督管理局印发《关于推进安全生产与职业健康一体化监管执法的通知》（市安监发〔2017〕115号），对31家工贸企业实行一体化监管执法。贯彻执行建设项目职业病防护设施“三同时”（对环境有影响的一切基本建设项目、技术改造项目和区域开发建设项目，其防止污染和生态破坏的设施必须与主体工程同时设计、同时施工、同时投产使用）分类分级监督管理，监督检查涉及职业病防护设施“三同时”建设项目17家。开展重点行业领域职业病危害专项整治，选取20家企业开展尘毒危害治理示范创建活动，对104家汽车生产和维修企业建立基础台账。推进用人单位职业卫生示范创建活动，推动用人单位职业病防治主体责任的落实。

◆**风险点危险源分级管控和隐患排查治理双重预防机制建设** 2017年，西安市政府办公厅印发《西安市建立城市风险点危险源分级管控和隐患排查治理双重预防机制的实施方案》（市政办发〔2017〕90号），全面启动城市安全风险点危险源分级管控和隐患排查治理双重预防机制建设。在17个行业领域推动城市安全风险分级管控和隐患排查治理双重预防机制建设，通过管控风险，防止风险演化为隐患，防范隐患引发事故，在事故防范关口前移的前提下，把隐患防范关口再向前移。

2017年11月24日，西安市安全生产监督管理局妥善处置“11·24”沪陕高速蓝田段液化气罐车泄漏事故

◆**安全生产监管信息化建设** 2017年，西安市安全监管信息平台建立监管用户1200多个，注册各类企业6800多家，上传执法检查记录1.1万条，企业上报隐患自查信息3.6万余条，横向连接各级部门，纵向贯通市、区（县）、乡（街）、社区、企业五级的大数据监管格局基本形成。通过信息平台健全西安市重点高危企业基础数据库，为实施精准监管提供数据支撑，为遏制事故提供基础数据。开发“西安市安全生产在线考核管理系统”，将各项考核指标进一步细化量化、公开透明。开发“西安市安监局行政审批系统”，实现行政审批“最多跑一次”甚至“零跑路”，审批时限从法定45个工作日减少到19个工作日。

◆**安全事故应急救援基础建设** 2017年，西安市安全生产监督管理局修订《西安市生产安全事故应急预案》和《西安市危险化学品生产安全事故应急预案》，充实完善安全生产应急资源信息库，组建安全生产专业救援队伍13支，配备应急装备物资2600余件（套）。组织开展各级各类安全生产应急救援演练400余次。开展应急管理专项执法检查，查处违法行为372项。组织协调应急专家、紧急调用救援物资和救援设备，成功处置“6·4”西潼高速灞桥段危险化学品运输罐车泄漏事故、“9·21”西咸新区三桥路口油罐车泄漏事故、“9·25”连霍高速新丰段油罐车交通事故和“11·24”沪陕高速蓝田段液化气罐车泄漏等多起突发事故。

◆**安全生产宣传教育** 2017年，西安市被确定为全国“安全生产月”和“安全生产万里行”试点单位。西安市安全生产监督管理局先后举行“安全生产咨询日”活动，举办“打造安监铁军、助力追赶超越”安全生产主题晚会，评选表彰30名“西安最美安监人”，成立“西安安全之声艺术团”。开展安全生产宣传教育“七进”活动，争取国家安全生产监督管理总局安全文化推广演示系统在西安市落地，利用“西安安监”微博、微信公众号等政务新媒体及时推送安全生产要闻、安全生产动态、安全生产常识和安全生产事故警示等信息，在全市树立“关爱生命、关注安全”的价值观。（毛愈良）

财政·税务

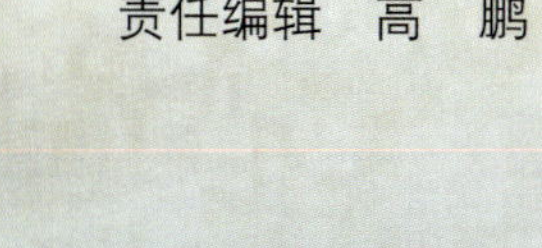

责任编辑　高　鹏

财 政

◆概况 2017年，西安市财政系统围绕和服务“聚焦三六九，振兴大西安”的发展战略，实施积极有效的财政政策，推进财政预算管理改革，多措并举做好财源培植，重点保障基本民生支出，支持“品质西安”建设，各项工作取得新成绩。全年财政总收入1364.71亿元，比上年增长12.6%。一般公共预算收入654.5亿元，占财政总收入的48%，增长9.8%，完成预算的100.2%；一般公共预算支出1045.09亿元，增长7.1%。其中，民生支出839.83亿元，占一般公共预算支出的80.4%，新增财力用于民生支出的比重为84.9%。民生支出中，缓堵保畅支出30.51亿元，重点用于城市快速路系统工程、断头路打通工程、世行亚行城市交通工程项目；铁腕治霾支出21.78亿元，重点用于煤、尘、车、烟污染控制和新能源推广、大气污染防治等支出，教育、社保、医疗、扶贫等民生领域重点支出也得到较好保障。政府性基金预算收入550.56亿元，增长67.4%；政府性基金预算支出476.97亿元，增长42.4%。市本级国有资本经营预算收入1.03亿元；市本级国有资本经营预算支出1.03亿元。市本级社会保险基金预算收入148.47亿元，增长4.8%，完成预算的109.6%；市本级社会保险基金预算支出130.99亿元，增长26%。

财税规模再上台阶　多项财税指标创新高，实现“三个千亿”（全年西安市财政总收入1364.71亿元、全口径税收1211.18亿元、一般公共预算支出1045.09亿元）、“三个第一”（全年西安市全口径税收增长16.9%，增速在副省级城市排名第一；地方税收增长20.4%，较上年加快9.7个百分点，增速在副省级城市排名第一；税收占比较上年提高10.8个百分点，提高幅度在副省级城市排名第一）、“三个高于”（地方财政收入增速高于陕西省考指标0.3个百分点、税收占比高于陕西省考指标6.6个百分点、民生占比高于陕西省考指标0.4个百分点）。

“追赶超越”成效初显　西安经济规模在副省级城市中迈入第二方阵。财政部门量质并举、加速超车，全口径税收规模超过济南（1122.15亿元）、大连（1079.87亿元）、沈阳（1079.15亿元）等城市，规模在副省级城市排名由2016年的第14位前进到第9位，前进5位。全口径税收增速快于成都5个百分点（西安16.9%，成都11.9%），地方税收增速快于成都9.6个百分点（西安20.4%，成都10.8%）。与成都地方税收规模差距较上年收窄19.63亿元，为2008年以来首次缩小；与成都税收占比差距由上年的13.8个百分点收窄2个百分点。

促进税收和筹融资加快增长　推进国税、地税深度融合，支持国税、地税联合办税。加大综合治税力度，主动联合税务部门服务重点税源企业，支持范围广，政策内容多，奖励标准高。加强同金融机构的合作，创新投入方式，新型投融资工具如政府投资基金、PPP等受到重视并得到广泛使用，财政杠杆撬动作用较好发挥。

减轻企业负担　推进“降成本”行动计划，落实税收优惠政策，清理涉企收费，减免政府性基金。全市行政性收费下降18%；非税收入整体下降8%，较上年净减少67.23亿元，减降幅度和规模均在副省级城市中排名第一。

◆支持招商引资和财源税基建设 2017年，西安市财政系统统筹安排招商、招税扶持资金超过10亿元。支持吉利、阿里巴巴等重大招商引资项目的引进。重点保障2017丝绸之路国际博览会暨第二十一届中国东西部合作与投资贸易洽谈会、2017首届世界西商大会、2017欧亚经济论坛、2017全球硬科技创新大会等全市性重大活动和各项招商引资工作的开展。落实“控税引税有目标、有政策、有专人”要求，增设央资招商机构，引进央资合同额879.6亿元。联合税务部门开展重点税源企业“大走访、大调研、大宣传”活动，宣传招商引资引税政策，送政策，送服务，送信心。存量引进企业425户，引进税收5.92亿元。新引进法人企业3.3万户，新引进企业入库税收4.41亿元。推进“降成本”行动计划，清理涉企收费，减免政府性基金，落实税收优惠政策，降低企业负担96.25亿元。

◆支持产业“追赶超越”和转型发展 2017年，西安市财政系统支持国家全面创新改革试验区、高新区自主创新示范区建设、小微企业创业创新基地城市示范、现代服务业综合试点等国家性重点改革工作。围绕国家授权的17项全面创新改革试验任务和西安市《关于系统推进全面创新改革试验“一带一路”创新中心的实施意见》提出的39条要求，安排统筹科技资源和军民融合发展专题资金2.3亿元。根据《建议财政部授权与协调支持西安全面创新改革试验有关事项的汇报》，起草《西安市科技人才创新创业基金实施方案》，通过市场化方式统筹设立30亿元人才创新创业基金。参与制定《西安市关于加快西安国家自主创新示范区建设的若干政策措施》。全年统筹安排各类产业发展、人才引进、环境建设等领域扶持资金13.76亿元，专项支持西安高新技术产业开发区建设国家自主创新示范区。出台《关于加快推进西安市小微企业创业创新基地城市示范工作的通知》《关于完善两创资金项目管理流程的通知》，细化分解部门工作任务分工和考核重点，建立工作联席机制和重点任务推进考核机制。拨付57家众创空间、8家科技企业孵化器奖补资金6340万元；拨付257家技术转移、设备仪器共享相关单位和企业奖补资金3510.34万元；拨付2016年新培育中央、省、市小微企业创业基地奖励资金1650万元。安排西安创业社群平台建设资金400万元。统筹安排市级工业、科技、服务业等产业配套支持小微企业创业、创新资金9.48亿元，支持项目超过3000多项，惠及小微企业超过5万户。

支持“工业强市”战略实施　安排3.5亿元工业发展专题资金，支持节能与新能源汽车、电子信息、航空航天、高端装备制造、新材料、生物医药与食品饮品等重点产业项目发展，重点用于工业经济稳增长、流贷贴息、技术中心建设、重点企业技改股权投入和“工业云平台”建设等方面。安排1亿元军民融合专题资金，专项支持军工院所战略合作和军民融合孵化器建设，促进“国家军民深度融合示范城市”建设。安排区（县）工业园区和中小企业发展专项资金1.5亿元，重点支持区（县）工业园区标准化厂房股权投入、厂房出租补贴、中小企业服务平台奖励和融资担保服务体系建设等方面。

支持“创新驱动”战略实施　出台《西安市专利资助管理办法》《“创业西安”行动计划（2017—2021年）》《西安市支持创业的十条措施》《西安市推进“5552”众创载体建设实施方案》《众创空间奖补办法》《西安市科技金融结合信贷业务资金管理办法》《西安市创业投资奖励和风险补偿管理暂行办法》《科技发展资金申报指南》及支持高校院所合作、中国科学院西安创新中心建设等政策措施。安排科技发展资金5亿元，支持提升企业自主创新能力、加快科技成果转化、优化创新发展环境等工作。

支持服务业转型升级　以西安市人民政府办公厅名义下发《关于大力发展农村电子商务带动农民增收致富的通知》（市政办发〔2017〕12号）。安排资金9460万元，重点用于落实市政府促消费稳增长政策奖励，加大对限上商贸企业和美食街区的奖励。安排简政放权切块资金2000万元、农村电商培训经费100万元、丝绸之路经济带西安自由贸易园筹备办公室专项经费580万元、肉菜追溯体系建设235万元等，扶持重点商贸企业、区（县）商贸物流业和现代服务业简政放权试点工作等方面。安排服务业综合改革专项资金7000万元，重点围绕服务业重点领域建设、公共服务体系和公共服务平台建设项目、物流业发展、服务业综合改革试点聚集区建设、企业发债、税收、质量评级等方面。安排“名牌战略”专项资金990万元，兑付“驰（著）名商标”奖励资金550万元、“质量奖”及“名牌产品”奖励资金490万元，支持西安市争创“品质西安”工作，提升企业质量管理水平。安排会展业发展专项资金745万元，安排2017欧亚经济论坛筹备经费300万元和工艺品美术展经费120万元，奖励6个展览项目资金119万元、5个会议类项目资金90万元、3个“一事一议”项目奖励资金150万元等。

创新财政支持经济发展方式　按照“直接变间接、分散变集中、资金变基金、无偿变有偿”原则，安排股权投入资金超过20亿元，促进产业结构优化和转型升级，支持全市经济、社会持续健康发展。优化和调整财政支持产业资金使用方向，更多采取市场化方式支持产业发展。将资金支持重点更多向优化区域生产和生活环境、完善公共服务和环保体系、搭建创新平台和吸纳高层次人才聚集等领域倾斜，通过股权投入、融资引导、风险补偿和产业发展基金等市场化方式的综合运用，支持产业结构调整、促进企业转型发展、补齐市场机制短板。加快推进政府支持产业发展方式改革，牵头起草《“大西安”产业基金组建方案》。通过“整合+新增”方式，出资100亿元成立引导基金，吸引社会及金融资本在全市战略性新兴产业、工业发展（军民融合）、科技创新创业等重点领域组建产业发展基金，最终形成撬动产业投资规模不低于1000亿元的产业基金集群。

继续做好引导基金、军民基金、渭北基金、现代服务业基金、科技种子基金、航空产业发展基金的管理工作　围绕创业创新、军民融合、统筹科技资源改革、民营经济发展等重点领域，按照“初创—成长—上市”的投资阶段，设立红土创新、创业投资、渭北发展、科技种子、航空产业、军民融合、现代服务业、集成电路8支产业发展引导基金，规模超过108.3亿元。其中，市级出资34.9亿元；争取中央、陕西省资金16.4亿元，带动产业投资389.02亿元。安排小微企业创业创新资金1亿元，将种子基金规模增资至3亿元。

支持“一带一路”战略实施和自贸区建设　安排外向型经济发展资金6000万元。配合西安市商务局出台《西安市扶持外贸企业发展奖励办法》。安排111户企业出口信用担保补助扶持资金705万元，奖励对外投资合作项目354万元，兑现口岸建设项目、软件和服务外包奖励资金2496万元。继续落实省、市支持“长安号”政策，下达补助资金4500万元用于“长安号”运行，其中省级1500万元，市级3000万元。

参与“特色小镇”若干政策的制定及“特色小镇”创建联审工作　制定并印发《西安市“特色小镇”财政政策实施办法》，推动设立总规模50亿元的“西安市特色小镇专项子基金”。

推动支持旅游业发展　配合西安市旅游局制定《西安市旅游厕所革命工作方案》，明确新改建厕所及免费开放社会厕所的财政补助标准。支持西安市旅游局、西安市发展和改革委员会制定出台《加快西安市高品质特色酒店的实施意见》。会同西安市旅游局印发《西安市2017年度市级乡村旅游扶持专项资金简政放权改革试点方案》，将资金分配权下放区（县），支持相关区（县）统筹安排使用市级乡村旅游扶持资金。推进总规模40亿元“西安旅游发展基金”的设立，首期由市财政出资2亿元，会同其他社会资本共同出资5亿元，并撬动银行等金融机构资金参与。

◆支持城乡统筹发展　2017年，西安市财政系统支持城乡统筹发展，推进新型城镇化建设，支持农业和农村发展，支持推进都市型现代农业建设。

支持提升城市品质建设　安排地铁建设专项资金45.4亿元，支持西安地铁建设。草拟《西安市地铁运营亏损财政补贴方案》，并经西安市人民政府批准印发执行，同时拨付地铁运营财政补贴资金6亿元。下达“缓堵保畅”资金30.5亿元，重点投向断头路打通、城市快速路建设等工程项目。市财政出资9亿元（含西安投资控股有限出资1亿元），用于西安交通投资有限集团公司设立资本金，支持“大西安”“大交通”事业发展。落实市级“八水绕长安”相关项目资金17.9亿元，保障涝河渼陂湖、渭河西安段、石川河等重点项目建设。拨付资金16.27亿元，支持西安体育中心、西安丝路国际会展中心、西安中央文化商务区“三中心”场馆建设。安排各类综合治理经费15.78亿元，用于应急保障、“平安西安”建设、社会治安综合治理等工作。拨付4215万元，支持25个集贸市场提升改造，并对其余110个集贸市场进行规范整治。

支持保障性住房建设　通过争取上级支持、加大本级预算投入、利用地方政府债券、盘活存量资金等方式，筹集保障房专项资金180080万元。全年向社会提供租赁型保障房房源30380套，发放租赁补贴2854户1450万元。配合西安市房屋管理局等部门研究制定《西安市人才安居办法》等政策规定。

改善农村人居环境　根据陕西省、西安市加快“重点示范镇”建设实施意见，下达省、市“重点示范镇”及“文化旅游名镇”补助资金16040万元，用于支持“重点示范镇”及“文化旅游名镇”基础设施建设。会同西安市发展和改革委员会、西安市城乡建设委员会下达市级农村危房改造补助资金5846.25万元，改善4849户农村贫困户的住房条件。按照陕西省《关于加强易地扶贫搬迁资金管理的意见》，配合省级部门落实“省级融资、银行贷款、分级归还”的新思路，争取移民搬迁资金16153.7万元，并明确“十三五”期间市、区（县）应负担的易地扶贫搬迁资金全部由市级统一负担。

支持“三农”建设　全年安排都市农业、林业有害生物防治、市级农田水利建设和维修养护、财政专项扶贫资金76980万元。通过统筹城乡资金支持“幸福新农村示范村”创建，每个试点村安排150万到200万元用于支持村级集体经济发展。对40个村每村补助10万元，用于农村产权制度改革。支持农村污水处理设施建设示范和农村改革项目试点，分别安排补助资金1亿元和750万元。

◆支持脱贫攻坚　2017年，西安市财政系统在年初预算的基础上增加1.56亿元扶贫专项资金，全年安排用于扶贫的投入达14.73亿元，保障了西安市脱贫攻坚相关领域资金需求。

助推产业扶贫　通过财政补助、贴息等方式，鼓励贫困户发展中蜂养殖、苗木花卉等产业。落实产业到户支持政策，每户安排1万元产业补助，激发其发展产业脱贫致富的内生动力。筹措资金设立西安市农业产业（扶贫）投资基金，支持全市特别是贫困地区发展特色产业。

推进金融扶贫　制订《2017年金融扶贫工作行动方案》，建立联席会议制度。将信贷支持新型农业主体、农业龙头企业与扶贫信贷结合，建立农业产业发展与扶贫攻坚密切联系的信贷资金投放机制，联合西安市脱贫攻坚领导小组成员单位督促指导各项工作落实。

◆推进治污减霾和生态建设　2017年，西安市财政系统安排治污减霾和环境治理资金4.06亿元（环保口径），争取中央、陕西省环保治理资金2亿元。市本级支出环保治理资金5.28亿元（含中央、陕西省资金及年初预拨付区/县1.34亿元），保障淘汰“黄标车”、高残值车辆报废、燃煤锅炉拆改、有机废气治理、渣土车改造等项目。提请西安市人民政府印发《西安市铁腕治霾财政奖补办法》，明确燃煤锅炉拆改、电厂燃煤锅炉超低排放改造、燃气锅炉低氮燃烧改造、工业企业有机废气污染治理、散煤治理、秸秆综合利用、公共领域新能源汽车推广、“黄标车”及老旧车淘汰8个方面财政补助范围、补助标准以及省、市、区（县）资金分担比例。安排2.06亿元，用于生活垃圾无害化处理PPP项目、江村沟生活垃圾填埋场、市容环卫车辆更新、城市治理考核奖励等。按照《“美丽西安”绿色家园行动计划》《“五路”绿化工作方案》部署，通过城建计划安排园林绿化资金4.04亿元，并按照“市补区建、以区为主”原则，对林带绿道、屋顶绿化、垂直绿化、拆墙透绿、绿地小广场等项目给予补助。

◆推进教育、文化事业发展　2017年，西安市财政系统促进教育文化事业发展，努力为社会提供均衡的教育、文化公共资源。

加大教育惠民经费投入　加大教育精准扶贫，拨付中央、陕西省、西安市专项资金1.74亿元，用于从学前教育到高等教育全覆盖的贫困学生资助支出。拨付专项资金4041万元，支持蓝田县、周至县教育事业脱贫攻坚发展。继续全面推进实施“营养改善计划”，中央、陕西省、西安市专项资金1.81亿元，不断提高“营养改善计划”实施水平。执行学前、高中及中职教育免学费及公用经费补助政策，下达幼儿园、中小学公用经费及中、高职院校生均拨款项目经费13.53亿元。安排专项资金4000万元，继续落实沿秦岭北麓乡村教师生活补助政策，推动教师资源均衡配置。

支持改善教育基本办学条件　下达省、市教育建设类专项资金11.33亿元。其中，拨付全面改善贫困地区义务教育薄弱学校基本办学条件、义务教育学校信息化建设、校园视频监控等教育专项建设资金7.58亿元；拨付学前教育建设项目资金1.33亿元，推进实施第三期“学前教育四年行动计划”；拨付普通高中优质特色发展项目建设资金1.11亿元；拨付“职业教育质量提升计划”专项资金0.7亿元；拨付特殊教育建设专项资金0.3亿元，支持不断改善学校办学条件，提升教育办学实力，促进教育均衡发展。拨付其他建设资金0.31亿元。

实施全市“品质学校”建设工程　拨付专项资金2.7亿元，启动实施“西安市‘大学区’学区长学校品质提升工程”。安排0.6亿元用于“大学区管理制”改革工作，并实施大学区校长教师交流交通生活补助政策，推进深化“大学区管理制”改革。拨付专项资金近1100万元，支持全市实行小学弹性放学制度。拨付专项资金1800万元用于中小学、幼儿园新风系统试点工作。安排专项资金近1000万元，支持深化教育考试招生制度改革、素质教育实施方式改革及教育评价综合体系改革，促进教育公平惠民、品质提升。

支持建设“丝路文化高地”和实施“文化产业倍增计划”　会同中共西安市委宣传部出台《关于补短板加快西安文化产业发展的若干政策》，每年安排专项资金1亿元，对符合文化产业扶持政策的公共服务性、政府推动型等项目，通过奖励补助、财政贴息和政府购买服务方式予以支持。会同西安曲江新区，制定《西安市文化产业发展基金组建方案》《“大西安”历史文化旅游发展规划纲要》，设立文化产业投资发展基金，撬动社会资本，通过市场化手段予以支持。

继续实施“文化体育惠民工程”　推进基层公共文化设施建设，拨付农村文化建设专项资金1552万元。安排专项资金2598万元，支持开展“农村公益性电影放映工程”及“戏剧下乡惠民演出活动”，全市农村电影放映2.45万场次，戏剧惠民演出1500场次。继续实施“全民健身工程”，安排专项经费759.37万元，推进全民健身基础设施建设。拨付专项资金4271万元，推进全市公共文化馆、图书馆、博物馆、体育场馆等公益性文化场馆免费或低收费开放。安排专项资金816.8万元，支持实施“农村文化礼堂”建设试点及贫困农村文化中心建设。安排“欢乐百姓系列文化活动”经费100万元、“一带一路”对外文化交流活动经费800万元，支持西安市文化精品剧目展演和文化“走出去、引进来”，不断丰富群众文化生活。

支持西安“书香之城”建设和“西安丝路频道”等城市文化产品建设　落实《西安市财政支持实体书店发展的实施意见》，安排专项资金1000万元，通过奖励补助方式，支持实体书店建设。配合西安市文化广电新闻出版局开展“社区书屋”建设，促进全民阅读，打造“书香之城”。按照中共西安市委、西安市人民政府确定的“低投入启动、率先开播、稳步推进”原则，拨付专项资金2665万元，支持“西安丝路频道”建设。拨付专项资金2142万元，支持高清电视转播设备配置。

支持市级重点项目建设及重大文化体育活动　引入PPP模式支持文化基础设施建设，配合做好西安体育中心、西安科技馆、西安图书馆新馆、西安非遗博物馆等重点文化基础设施建设相关工作。拨付西安体育中心建设项目资金3.8亿元、西安丝路国际会展中心项目资金10.8亿元。安排专项经费1700万元，支持举办西安市第十六届运动会和备战中华人民共和国第十三届运动会。拨付专项资金1000万元，保障西安国际马拉松比赛。

支持文物保护事业发展　安排文物保护事业发展资金26698万元，其中下达中央、陕西省专项资金7733万元。会同西安市文物局完成市级文物保护专项资金竞争性分配工作，下达文物保护专项资金1647.86万元。支持西安“博物馆之城”建设，下达非国有和行业博物馆发展专项资金995万元。

◆支持完善社会保障体系建设和人才强市战略　2017年，西安市财政系统推进社会保障体系建设和人才强市战略，建立健全社会保险待遇水平联动增长机制。

加大对困难群众兜底保障力度　提高城乡最低生活保障标准，城市低保由每人每月590元提高到640元；农村低保标准由每人每月300元提高到400元。将农村在册贫困户纳入医疗救助、教育救助保障范围，与农村低保户享受同等待遇。改进临时救助管理方式，对农村低保户、农村特困人员、在册贫困户家庭普通高中阶段在校学生，每学年给予2000元的生活救助。

推进养老服务业创新发展　提高养老机构一次性建设补助标准。对社会资本投资举办的新建类养老机构每张床位给予1万元一次性建设补贴；对改扩建类（包括改建、租赁或购买）养老机构每张床位给予5000元一次性建设补贴，同时提高养老机构运营补助标准。

加大残疾人康复资金扶持力度　实施康复救助和辅具救助全覆盖，并大幅提高相关标准。大幅提高0—6岁儿童抢救性康复全覆盖项目的补助标准，从每人每年1.2万元提高到2.8万元，并对困难家庭发放500元的送训费。出台《成年残疾人康复训练救助全覆盖方案》，困难家庭残疾人康复救助每人每年8000元；一般家庭残疾人康复救助每人每年1000元。出台《残疾人基本辅具救助全覆盖方案》，《残疾人辅助器具基本配置目录》内的400多类基本辅具适配后可免费领取；高端辅具个人补足差价即可领取。将残疾人假肢装配标准提高到9000—11000元。统一组织实施困难残疾人家庭无障碍改造，每户标准6000元。

促进残疾人就业　配合西安市残疾人联合会出台《西安市残疾人就业援助活动实施方案》，在鼓励残疾人创业方面新增补助项目，提高补助标准。残疾人创业的，一次性给予5000元补助；安置残疾人10人以上的企业给予每人每年4000元扶持资金；集中安置残疾人30人以上的企业每人每年给予8000元扶持资金；残疾人电商创业基地每个给予10万元扶持资金；残疾人创业孵化基地每个给予15万元扶持资金；残疾人特色工艺品项目每家单位给予8万元扶持资金；残疾人就业扶贫基地每个补贴5万元；盲人按摩服务店给予5000元至5万元的扶持资金。

深化医药卫生体制改革　会同西安市物价局、西安市卫生和计划生育委员会出台《西安市城市公立医院医疗服务价格改革实施意见》（市价发〔2017〕43号），从4月起，市级公立医院全面落实药品“零差率”政策。同时出台《关于城市公立医院取消药品加成财政补偿意见的通知》（市财发〔2017〕83号），明确对公立医院取消药品加成后的财政补助政策，落实市级财政补偿资金1350万元。会同西安市卫生和计划生育委员会印发《西安市加强公立医院财务和预算管理“五项制度”实施细则》，进一步规范和加强公立医院财务和预算管理。

继续支持公立医院建设、设备购置和重点科室建设　拨付预算安排市级公立医院设备更新和购置资金6980万元、市级公立医院财政贴息贷款购置大型医疗设备贴息资金2554.01万元，提升公立医院医疗服务能力水平。

继续深化基层医疗卫生机构综合改革　拨付县级公立医院取消药品加成政策补偿经费2951万元；拨付基层医疗卫生机构综合改革补偿中央、陕西省、西安市补助7758万元。结合乡村医生配备、提供基本医疗服务和实行基本药物“三统一”等实际情况，拨付专项补助资金3691万元。

促进基本公共卫生服务逐步均等化　进一步提高城乡基本公共卫生服务经费标准，拨付城乡基本公共卫生服务专项资金33109.11万元、重大公共卫生专项资金7745万元，保障基本公共卫生服务和艾滋病、出血热、结核病、重性精神疾病防治及卫生应急队伍建设等重大疾病防控工作顺利开展。

做好健康扶贫和老年人养老、健康等工作　出台关注老年人健康相关政策，并拨付增加胸透、B超项目所需资金1820万元。会同西安市卫生和计划生育委员会、西安市人力资源和社会保障局、西安市脱贫攻坚领导小组办公室等相关部门出台《西安市健康脱贫医疗保障制度实施方案》（市政办发〔2017〕54号），明确对贫困人口实施“四重保障”（新农合、大病保险、民政医疗救助和政府保障），实施农村贫困人口全部参合、新农合报销比例在现行报销比例基础上提高10个百分点（最高不超过90%）、大病保险起付线下调至3000元等政策。

实施人才强市战略　会同西安市人力资源和社会保障局出台《引进海外高层次人才资助项目暂行办法》《西安市留学回国人员创新创业扶持项目资金管理暂行办法》《西安市博士后创新基地管理暂行办法》《西安市博士后创新基地资助资金管理暂行办法》《西安市高技能人才培训基地和技能大师工作室项目资助实施暂行办法》《西安市首席技师项目资助管理暂行办法》《西安市获奖高技能人才奖励实施暂行办法》等一系列政策，完善西安市支持吸引人才政策体系。

◆财政改革和PPP融资改革　2017年，西安市财政系统深化各类财政改革，推进PPP融资改革，建立健全规范的举债融资机制，防范化解财政金融风险。

深化各类财政改革　制定《市以下财政事权与支出责任划分改革实施方案》，并正式启动市以下财政事权与支出责任划分改革。全面实行“零基预算”管理改革，所有财政支出全部纳入指标系统管理。落实“四张清单一张网”（四张清单：行政权力清单、政府责任清单、投资负面清单、财政专项资金管理清单；一张网：政务服务网），建立财政专项资金清单管理机制。明确代管西咸新区财政体制，落实同城同待遇政策，实现平稳过渡。2018年起，金融保险业增值税实行陕西省、西安市共享。落实国家监察体制改革，制定改革实施方案，从2018年1月1日起，全市区（县）法院、检察院财物上划市级统一管理。

深化PPP融资改革　西安市财政局成立全市PPP办公室，制定《西安市政府性债务风险应急处置预案》。加快PPP项目推进力度，全市在财政部PPP综合信息平台中录入项目41个，总投资1095亿元；落地项目（签约）11个，总投资681亿元。加强与中国政企合作投资基金管理有限责任公司对接，召开座谈会3次，双方就中国政府和社会资本合作融资支持基金（中国PPP基金）参与西安市建设的出资方式进行讨论，促成中国PPP基金与西安市重点建设项目达成战略合作意向并签署合作备忘录。

建立健全规范的举债融资机制　全年置换存量债务472.96亿元，对政府违规债务融资进行清理整顿。对全市违法违规融资担保和政府购买服务进行全面清理，对发现的违法违规项目逐一审查，要求相关部门、区（县）、开发区按要求整改。牵头组织对政府债务资产清查工作，安排部署区（县）、开发区财政部门及市本级相关单位及时开展工作，按时、按要求完成市政府债务投资项目资产清查工作，给陕西省财政厅上报西安市数据，完善西安市人民政府债务管理基础工作。

◆财政监管和规范理财　2017年，西安市财政系统强化绩效管理，完成46个项目绩效自评和54个部门整体支出绩效自评，对17个部门或项目进行重点评价。财政投资评审项目454个，审减率11.54%。政府采购资金95.64亿元，节约资金6.81亿元，节约率6.7%。压缩一般性支出，商品和服务支出、房屋建筑购建、办公设备购置压减5%。对11个项目开展专项资金监督检查，涉及资金37.1亿元，查处各类违规资金8257.5万元。对市本级7家单位的会计信息质量进行检查。对8个市级部门单位2016年度预算执行情况进行检查；对13个区县2017年度预决算公开情况进行检查；对2家单位开展回访。做好会计管理工作，开展全市行政事业单位内部控制基础性评价和《2016年内部控制报告》编报工作。对11个市级部门、27家单位开展行政事业单位内部控制建立和实施情况检查。完成2017年全国会计专业技术资格初、中级考试西安考区的考务工作。做好“会计从业资格证书”及“初级会计专业技术资格证书”“中级会计专业技术资格证书”的申领和发放工作。按法定程序审批121家代理记账机构，其中市本级116家，陕西自贸区西安片区5家。完成217家代理记账机构年度备案工作，对备案的代理记账机构全部换发新版“代理记账许可证书”，并将167家未换证和30家注销的代理记账公司在“信用陕西网”“西安市财政局网”上向社会进行公示。对40家代理记账机构执行《中华人民共和国会计法》情况检查。开展会计继续教育培训学习，举办培训学习130期，参加人员3万余人次。加强政府采购工作，完成政府采购金额66亿元，较上年增长50.20%；节约财政资金4.86亿元，节约率6.86%。其中，市本级完成采购金额21.32亿元，增长13.57%，节约财政资金1.55亿元，节约率6.78%；各区（县）完成采购金额44.67亿元，增长77.53%，节约财政资金3.31亿元，节约率6.89%。完成采购项目605项，实际采购金额689.72亿元，节约率6.8%。完成电子竞价项目1944项，实际采购金额3928万元，节约率3.3%。

（尹彪　江锐）

税　务

·国家税务·

◆概况　2017年，西安市国家税务局组织税收收入722.1亿元，比上年增长37.6%，收入增速在15个副省级城市中排名第一。其中，地方级收入180.3亿元，增长45.9%，占西安财政收入的27.6%，比上年提升8.3个百分点。

2017年8月25日，全国首家银行自助发票领用服务在西安投入使用。图为纳税人在税务干部指引下尝试使用自助终端领取发票

◆税收政策　2017年，西安市国家税务局执行国务院六项减税政策，加大对创业创新、区域协调发展、资源综合利用等的支持力度。全年落实税收优惠政策涉及税款255.29亿元，比上年增长9.8%。其中，鼓励高新技术减免42.93亿元，增长39.8%；促进区域发展减免24.44亿元，增长11%；促进小微企业发展减免10.55亿元，增长42.9%。

◆税收法治　2017年，西安市国家税务局推行行政执法公示、行政执法全过程记录和重大执法决定法制审核“三项制度”试点。持续开展“法治税务基地”创建工作，鄠邑区国家税务局被陕西省税务局授予“陕西省国税系统法治税务基地”称号；长乐西路税务所等3个科（所）创建成为市局级“防范税收执法风险标准化税务所”。健全完善税收“黑名单”和联合惩戒制度，将765户涉税违法纳税人纳入“黑名单”并予以公告。

◆征管改革　2017年，西安市国家税务局按照“征管服务专业化、岗位职责清晰化、业务操作标准化、税收治理智能化”的总体要求，编写涵盖基础管理、风险管理、法制事务3类172项的《涉税事项征管工作指引》，并在莲湖区、西安浐灞生态区的6个单位开展全面深化征管体制改革试点。修订完善《转变征管方式提升征管效能实施方案》，制定《纳税人分类分级管理实施办法》等制度规范，确立改革主体框架。推进稽查体制机制改革，强化稽查职责，完善机构设置，充实稽查力量。完成进出口退税属地化管理改革，建立起“资格明确、科学高效、权责统一、风险可控”的进出口税收专业化管理体制。

◆纳税服务　2017年，西安市国家税务局以市级南北税务大厅智能化便民办税项目为牵引，持续深化“放管服”改革。新建及规划建设办税厅面积1.8万平方米，其中西安办税服务厅（北）、西安办税服务厅（南）建成使用。与邮政部门合作，推出发票线上申领、线下配送以及委托邮政代征税款、代开发票服务。全国首家与银行合作，布设24小时发票自助服务终端。分批公布落实“最多跑一次”清单147项。持续开展税银互动活动，为115户“诚信纳税人”提供“税易贷”贷款8660万元。12月23日，新华社《每日电讯》及《中国税务报》《西安日报》等多家媒体对西安市国税局便民服务有关情况进行了报道。

（李锦陶）

西安市国家税务局

局　　长　齐志宏

副 局 长　刘新民　兰西成　孙彦方

纪检组长　苗亚莉（女）

总经济师　杨成刚

总会计师　朱跃斌

总审计师　刘志华

工会主席　朱跃斌（兼）

·地方税务·

◆概况　2017年，西安市地方税务局实现组织收入680.33亿元，剔除“营改增”因素，比上年增长23.62%。其中，实现陕西省地方税务局税收预期目标收入383.56亿元，增长28.96%，占陕西省总收入的41.57%；实现西安市人民政府税收预期目标收入218.66亿元，增长29%，占全市一般公共预算收入的35.92%。提前超额完成预期目标和“追赶超越”奋斗目标，在15个副省级城市中排名第十，全口径增幅达到市地税局建局以来第二高。截至年底，入库各项社保基金收入300.95亿元，增长16.64%，增收42.92亿元。其中，社会保险费收入265.71亿元，增长16.6%，增收37.84亿元；各项基金收入35.23亿元，增长16.87%，增收5.08亿元。有计划任务费种完成情况：养老保险入库233.11亿元（含陕西省财政调增的4.32元亿元），增长17.34%，增收34.46亿元，完成年度计划的119.54%；水利基金入库16.19亿元，增长30.38%，增收3.77亿元，完成年度计划的111.66%；残保金入库6.41亿元，增长12.86%，增收0.73亿元，完成年度计划的105.35%；地方教育附加入库8.98亿元，增长12.82%，增收1.02亿元，完成年度计划的106.22%。

◆税源管理　2017年，西安市地方税务局坚持把控税、引税作为“一号工程”，落实税收服务员制度，对重点企业提供个性化服务。

税种管理　税种管理更加精细，费种管理日益规范。个人所得税、企业所得税管理取得进展。个人所得税全员全额明细申报24.4万户，比上年增长14.39%，申报率100%，自然人纳税人登记超过570万人。受理2016年度12万元以上个人所得税自行申报11.5万人，首次突破10万人，增长50488人，增幅77.92%，申报人数和增幅均创历史新高，申报人数继续稳居陕西省第一，完成陕西省地方税务局下达的目标任务。通过数据管税平台推送任务51136户次，完成51072户次；风险识别率达到13.92%，风险应对有效率78.82%；推送自查、自纠25784户次，自查、自纠率达到49.84%；评估入库税款128503.09万元。代征不动产增值税2.79亿元，免征增值税22.68亿元，受到国家税务总局和陕西省人民政府、陕西省地方税务局表彰。强化部门协作，落实“先税后证”等工作机制。完成清算审核项目77个，查补税款4.9亿元，建立土地增值税清算审核资格备选库。“以地控税、以税节地”持续推进，“以房控税”试点取得初步成效，7个试点单位调整11.78万套房产数据。强化房地产业和高收入群体管理，征收个人所得税105.76亿元。数据管税平台2.0版上线以来，协同陕西省地方税务局优化解决各类问题700余个，完成24774笔补税业务，涉及全部19个税费种；实现数据管税平台和“金税三期”系统接口互相调用30多万次，接口调用成功率超过99.9%；数据管税平台和“金税三期”系统核心征管自动销号交互47932次，系统自动销号失败率低于1‰。

风险管理　通过数据管税平台给202户企业推送非居民税收风险提示，评估税款60余万元。发出自发情报20条，完成韩国和加拿大专项情报核查任务。设立基金类风险指标36项，完成陕西省地方税务局数据管费平台推送风险指标1383条，完成西安市地方税务局疑点推送应对4457个。按照“一次进户、统一检查、分别审理、成果共享”原则，联合西安市国家税务局制订下发《2017年度国地税税收风险管理合作计划》（西国税函〔2017〕114号），开展税收风险分析，共享数据情报交换，及时交换双方内部信息，联合采集第三方涉税信息，强化国税、地税数据应用。协同西安市国家税务局开展联合风险应对工作，下达省级任务6户、市级任务8户、区（县）级任务220户。与西安市国家税务局按照实体化运行的方式组织开展联合风险应对，为期2个月，完成应对任务234户，形成专业评估案卷14卷，评估入库税款1515.7万元。

税务稽查　立案检查247户，在陕西省率先实现“金税三期”系统“双随机”抽查30户，查处大案要案18件，移送公安机关2，查补税款7.18亿元。加强联合检查，深化国税、地税稽查合作和税警协作，在立案案件查办中采取国税、地税联合稽查的案件达到95户。

◆纳税服务　2017年，西安市地方税务局围绕“创建优质办税体验，营造便利营商环境”，打造西安地税纳税服务优质名牌。开展“纳税人大走访”活动电话回访工作，针对纳税人提出的涉及纳税服务方面的6条意见建议，做出全面解答和回复，共回访139户纳税人。利用“税法微课”持续开展税法培训，全年组织“税法微课”4次，培训14081人次，最高时段6050人同时在线观看。重点加强网上“纳税人学堂”和网络微课直播等新平台建设，录制“纳税人学堂”视频课件24个，帮助纳税人深层次掌握税法知识。免费举办“纳税人学堂”实体课堂5期，培训纳税人2800余人次。“12366”热线来电总量545038件，转接人工量441129件，人工接听量406855件，月平均接通率92.23%；网络平台受理国家税务总局网站、陕西省地方税务局网站咨询解答1608件；处理语音留言956件；完成国税、地税互拨互转业务10402件。全年上报“双随机”信息18户，发挥信用管理在事中、事后监管中的作用。联合北京东奥公司研发推出“西安地税学堂”手机App客户端，并于1月1日上线。与银行推出“征信互认、银税互动”服务，做好“诚信纳税贷”合作银行的扩容工作。截至年底，为115户纳税人提供8660余万元的贷款。

◆征管改革　2017年，西安市地方税务局依托数据管税平台，落实国税、地税征管体制改革，深化“金税三期”与“电子税务局”的应用。制定《西安市国家税务局、西安市地方税务局合作市级示范区创建工作实施方案》，完善联席会议、督导检查、考评激励等制度，推进数据实时互通，协同管理非正常户，实施欠税管理、联合检查，协同开展风险应对。全年合作层级为市、县级的35项基本合作事项和9个创新合作事项全面落实。国税在临时从事生产经营的自然人代开增值税发票环节，代征地方各税费1.56亿元（城建税0.23亿元、教育费附加和地方教育附加0.17亿元、个人所得税1.16亿元）。地税在二手房交易和私人出租不动产环节，代征增值税2.15亿元。6月，与西安市国家税务局、中国邮政集团公司西安市分公司签订合作办税战略框架协议，在税收宣传、代开代征、发票配送等方面加强合作。相继西安经济技术开发区和长安区建成西安税务办税服务厅北大厅、南大厅，以及碑林大厅、临潼大厅、蓝田大厅，全系统推行“一窗一人一机双系统单POS”办税模式，实现国税、地税办税服务的深度融合。落实商事制度改革，结合国家要求清理“僵尸企业”的相关规定，与西安市工商部门开展协同监管，对全市第一批219户“工商拟吊销企业名单”进行涉税情况核实。推进“电子税务局”普及率，截至年底，全市“电子税务局”注册用户达到264712户，较上年统计的213160户增加51552户，占正常户272059的97.27%。

◆依法治税　2017年，西安市地方税务局推进简政放权，深化税收管理“放管服”，承接国务院取消行政审批事项45项，承接国务院、陕西省人民政府下放行政审批事项4项，并全面取消非许可行政审批。通过在政府网站公开“最多跑一次”服务事项、纳税服务平台向纳税人推送信息、地税官网开设“办税服务”模块、为纳税人提供各种表单证书、印发1.5万册《西安市纳税人到地税部门办事“最多跑一次”事项清单》和利用报纸、互联网、“E税通”、微信群等媒介宣传等方式推动“最多跑一次”改革。梳理并公布《西安市地方税务局行政职权目录》80项；梳理政务服务事项33项，并编制形成《政务服务事项汇总表》；指导13个区（县）地税局完成权责清单的编制和公布工作。开展“减证便民”专项行动，清理21项（个）涉及企业和群众办事创业的证明事项和盖章环节。建立中国（陕西）自贸区西安片区税收管理工作机制，出台《西安市地税局中国（陕西）自由贸易试验区税收工作实施方案》《西安市地方税务局自贸区行政审批流程实施方案》。印发《加强对“最多跑一次”改革落实情况监督检查实施方案》，在西安市地方税务局官网开设《公众参与》栏目，对办理结果在网站公示，接受社会监督。先后受理西安汉诺威学校、纪荣荣、西安大棚生物科技有限公司等3个单位、个人提起的复议案件；参加诉讼案件1起。向《法治西安》以案释法电视法治栏目报送21篇法治案例。向中共西安市委法治办公室、西安市人民政府法制办公室、西安市法学会报送依法行政工作信息225篇。承接西安市社会科学联合会调研课题，完成《关于规范税收执法程序防范执法风险的探索》的调研报告。

◆税收研究　2017年，西安市地方税务局完成国家级重点课题2项、省市级重点课题8项、西安市社会科学联合会课题2项，被全国大中城市社会科学联合会工作会议主席团评为“全国先进社科组织”。评选出全市地税系统2016年度重点课题优秀调研成果60篇，其中一等奖10篇，二等奖20篇，三等奖30篇。《西安地税研究》发行6期，总计刊发32余万字。组建3个调研组赴税务系统管理先进单位进行调研学习，并形成调研报告。

◆便民办税　2017年，西安市地方税务局落实“最多跑一次”工作，先后发布3批共计60项“最多跑一次”事项清单，受理“最多跑一次”业务700余万户（次），纳税人报送资料较以前减少30%，办税环节压缩40%，办税成本下降50%，整个办税时间平均缩短5分钟。8月，集中1个月时间开展“企业大走访”活动，组织税务干部3235人次，走访企业1736户，当面收集并解决企业涉税问题66类775条。市地方税务局负责人26次、各基层局负责人288次参加“局长驻窗口”和“最多跑一次”办事体验活动，发现存在问题99个，提出改进措施116条。　（市地税局办公室）

西安市地方税务局

党委书记　李毅刚
局　　长　徐林章
副 局 长　刘利利　李正平　郭照安
党委委员　郝　炜
总经济师　黄必婵（女）
总会计师　刘广生
政治部主任　徐　华
纪委书记　刘　俊

金融业

责任编辑　姚文东

综 述

◆**概况** 2017年，西安金融业呈现出快速健康发展的良好势头，主要指标位次不断前移，金融总量规模快速扩张，西安本地的机构实力明显增强。全年实现增加值817.88亿元，居15个副省级城市第7位，占地区生产总值比重为10.95%，占第三产业比重为17.81%，比上年增长7.9%，高于全国增速3.4个百分点。全市金融机构本外币存款20378.11亿元，增长4.6%，人民币存款余额首次达到20047.62亿元，增长5.1%，其中住户存款余额7497.30亿元，增长6.6%；贷款余额17155.11亿元，增长10.4%，其中人民币贷款余额16954.81亿元，增长10.9%。截至年底，全市有金融机构156家，其中有银行业机构55家、保险机构59家、证券期货业机构42家。有境内上市挂牌公司175家、融资性担保公司67家、小额贷款公司36家、网络借贷平台公司16家、网络小贷公司6家。西安金融综合竞争力位居副省级城市第八位。西安银行进入全国城商行“领头羊”计划，发起设立比亚迪汽车金融公司，A股上市进程步伐加快。长安信托位列全国信托公司前十名。西安投资控股有限公司合并总资产跃升450亿元，成为具有广泛影响力的综合金融服务商。全国第四、西北唯一的西安民间金融街汇集民资73亿元，累计为2500家小微企业提供130亿元的融资贷款，贡献税收1.6亿元。西北首家基金小镇——灞柳基金小镇吸引150多家基金公司入驻，成为国务院发布的“百座特色小城镇”之一。西科天使基金形成“人才+技术+资本+服务”的科技成果转化新模式。中国·西安金融产业博览会举办5届，成为具有较大影响力的品牌展会。西安金融业尽管取得一定成绩，但与“追赶超越”、发展实体经济的需求相比，与西安建设国家中心城市和国际化大都市的目标定位相比，西安金融业无论是在规模还是结构上都还存在较大差距，金融市场广度和深度都亟待拓展，传统金融转型和新金融创新都任重道远。

◆**金融中心建设** 2017年，西安市人民政府制定印发《西安市金融业发展“十三五”规划》，明确未来5年全市金融业工作目标和路径。按照陕西省、西安市部署，西安市人民政府金融工作办公室制定出台《西安市补短板促倍增加强金融工作的意见》，提出金融业倍增工程。研究制定《西安市建设丝绸之路国际金融中心发展规划》，明确提出将西安打造成为我国与中亚、西亚、欧洲金融联通的重要枢纽。举办欧亚论坛金融合作峰会以及第五届西安浐灞金融高峰论坛，为“一带一路”沿线国家的31个项目搭建融资对接平台。

2017年5月15日，西安市人民政府金融工作办公室在大雁塔北广场举办西安市防范和打击非法集资宣传日宣传教育活动

◆**金融招商** 2017年12月，中共西安市委办公厅印发《西安市关于加快金融业发展的若干扶持办法（暂行）》，对经国务院金融监管部门批准、新设立注册在西安市的法人金融机构，按其实缴注册资本规模给予一次性资金补助。西安市人民政府金融工作办公室举办2017中国•西安金融产业博览会，有115家金融机构、130家企业参展、参会。与浙商银行签订3000亿元的全面战略合作协议，推进浙商银行灾备、研发、客服三大总部机构落户西安。争取国家开发银行向21个棚改项目提供贷款授信额度306亿元，贷款授信额度以及累计授信总额均排名全国省会城市第一。在西安民间金融街开展互联网小额贷款公司试点，批准设立网络小贷公司6家，注册资金30亿元。全市新增银行业金融机构总部1家、保险公司分公司2家、证券公司分公司6家，区县、开发区新增金融及类金融项目358个。

◆**农村金融服务** 2017年，西安市人民政府制定《西安市深化农村金融改革加强“三农”金融服务实施意见》和《农户信用等级评价办法》，已通过西安市人民政府常务会议审议，即将下发。西安市人民政府金融工作办公室组织开展“优秀券商下基层”活动，培育优质农业企业、农业产业化经营大户等规模化农业经营实体，通过资本市场上市挂牌加快发展。对西安市辖区内涉农企业、农业龙头企业实现上市的，分阶段给予奖励。截至年底，西安辖区对农金融服务的主办银行机构增加到17家。

◆**地方金融发展** 截至2017年年底，西安市有小额贷款公司36家，注册资本总计56.22亿元，平均注册资本1.76亿元，其中民营公司32家，注册资本41.87亿元，占小额贷款公司总数的74%。小额贷款公司贷款余额51.22亿元，共计5526笔。有融资担保公司67家，注册资本203.47亿元，在保余额875.06亿元，平均放大倍数4.3倍。其中，民营融资担保公司37家，注册资本44.45亿元，占融资担保公司总数的21.85%。

◆**防范和打击非法集资** 2017年，西安市人民政府金融工作办公室组织开展防范和打击非法集资宣传教育活动。手机短信推送打击非法集资知识400多万条，在省、市级报刊登载报道10余期，在100多块户外液晶显示屏持续滚动播放宣传口号，在全市1万余辆出租车车顶液晶显示屏滚动播放宣传标语。在大雁塔北广场设置现场宣传主会场，各区（县）设置分会场，开展声势浩大、内容多样的宣传活动。举办全市防范和打击非法集资工作培训班，120余名工作人员参加。全年非法集资案件数、涉及人数、金额与上年同期相比，分别下降34.6%、92.1%、56.5%。 （赵万紫）

◆**2017中国·西安金融产业博览会暨新丝路金融合作高峰论坛** 2017年9月8—10日在西安举行。有115家金融机构、130家企业参展、参会，是历年规模最大、参展企业最多、参会人员最多的一次金融博览会。本次博览会以“金融服务‘一带一路’、金融服务实体经济、金融服务市民百姓”为主题，旨在落实第五次全国金融工作会议精神，全面展示西安在金融业发展、金融改革创新及金融监管等方面的工作成果，加速金融资源聚集，打造“丝绸之路”金融中心，使西安早日实现千亿级金融产业集群发展的城市发展战略目标。活动包括“金融产业展览展示”和“金融高峰论坛”两个部分，以展馆、展台等形式，展示西安金融产业的最新发展成就以及在“一带一路”建设中的巨大机遇。同时，邀约国内外著名专家、学者及金融界人士，围绕“金融服务一带一路”“金融服务实体经济”“农村金融与农业保险”“地方股权交易市场”等热点话题展开讨论。国务院参事、国务院发展研究中心金融研究所名誉所长夏斌，全国政协委员、财政部财政科学研究所原所长贾康，自贸金融专家阿德里亚诺·托尔切洛，国际金融业专家迪尼斯·古拉琪等从宏观经济、世界贸易往来、“丝绸之路”金融中心建设、普惠金融、科技金融、自贸区金融等角度阐述对西安建设金融中心的理解和建议。其间，中国人民银行西安分行设立金融消费权益保护咨询台，制作反假币、防电信诈骗、征信知识、反洗钱知识、国债知识、外汇知识等内容的宣传册并现场发放，面对面为群众普及金融知识，答疑解惑，并免费为100多名群众提供查询和打印个人征信记录服务。（赵　安）

2017年9月7日，中国人民银行西安分行营业管理部开展“金融知识进建筑工地”宣传活动

货币金融服务

◆概况　2017年，中国人民银行西安分行营业管理部辖银行类金融机构50家，包括3家政策性银行，4家国有商业银行，13家股份制商业银行，8家城市商业银行，5家外资银行，1家邮储银行，4家农村商业银行，5家农村信用合作联社，7家村镇银行；有融资性担保公司67家、小额贷款公司36家、网络小贷公司6家、网络借贷平台16家、财务公司7家、信托类机构3家、汽车金融公司1家、消费金融公司1家、征信和评级机构5家、第三方支付机构41家。截至年底，西安市金融机构（含外资）本外币存款余额20378.11亿元，比上年增长4.6%，其中新增本外币存款889.7亿元；本外币贷款余额17155.11亿元，增长10.4%，其中新增贷款1612.7亿元。西安市大、小额支付系统处理业务8668.24万笔，金额46.17万亿元，分别增长8.62%和下降15.25%。金融业实现增加值817.88亿元，占地区生产总值比重为10.95%。

◆货币政策执行　2017年，中国人民银行西安分行营业管理部贯彻落实稳健中性的货币政策，合理引导社会预期。组织开展涉农、小微信贷政策导向效果评估以及县域金融机构支持县域经济发展CSE（客户化业务执行环境）三维综合评估，引导金融机构精准对接实体经济发展需求。注重金融市场主体培育，举办军民融合融资工具推介会，实施“小微企业应收账款融资专项行动”，持续推广应收账款融资服务平台的使用，推动非金融企业债务融资工具的落地应用，拓宽融资渠道，扩大社会融资规模。全年应收账款融资服务平台累计完成交易684笔，融资金融516.7亿元；西安市企业在全国银行间市场发行非金融企业债务融资工具901.4亿元。综合运用再贷款、再贴现等货币政策工具，引导信贷资源向“三农”、小微企业等经济发展薄弱环节倾斜，首单信贷资产质押再贷款在蓝田落地。落实存款准备金“双平均法”考核，对考核达标的3家机构实施优惠存款准备金率或定向降准，提升金融机构服务实体经济能力。截至年底，西安市金融机构小微企业贷款比上年增长13.91%，涉农贷款增长12.51%。

◆金融监督管理　2017年，中国人民银行西安分行营业管理部加强金融机构分支机构开业与在营管理，以及金融业机构信息管理，切实落实重大事项报告制度。统筹安排辖区执法检查工作，针对金融统计、人民币收付、国库、银行卡、征信、存款准备金、反洗钱、金融消费权益保护等业务，开展专项执法检查8次，检查金融机构24家。强化依法行政意识，切实规范依法行政行为与行政处罚自由裁量权的行使，提升依法行政工作水平。

◆经理国库　2017年，中国人民银行西安分行营业管理部履行经理国家金库职能，持续推进国库业务电子化水平，推动将非税收入纳入横向联网系统征缴。推动退库审核工作精细化转型，减少业务办理风险。做好代理支库上线国库会计数据集中系统（TCBS）后的业务辅导和运行监测，部署“‘守底线 强管理’国库标准化推进年”暨“陕西国库业务标准化A级示范库创建活动”，完成西安市各代理支库国库会计核算系统国库账务分设工作。加强国债发行宣传和兑付工作，组织开展“国债知识宣传周”活动，推动开展储蓄国债（凭证式）到期约定转存业务。全年办理各级预算收入1999.64亿元、各项预算支出1482.92亿元；办理出口退税28.15亿元、大额退库53.14亿元；发行国债56.25亿元。

◆金融消费权益保护　2017年，中国人民银行西安分行营业管理部依托金融消费权益保护信息管理系统及“12363”电话，做好辖区金融消费者权益保护工作。对全辖各金融机构及6家非银行法人支付机构的消费者权益保护工作开展评估。持续加强“金融知识普及示范点”建设，开展“金融知识进校园、进军营、进社区、进建筑工地”宣传活动，增强社会公众的金融消费维权意识。全年受理金融消费者投诉192起，办结率99%，满意率100%；接受咨询1482起。

◆信用体系建设　2017年，中国人民银行西安分行营业管理部加快征信体系建设与推广应用。建立起与西安市工业和信息化委员会共同牵头的西安市社会信用体系建设工作机制，并作为西安市社会信用体系领导小组主要成员，做好相关政策研究工作。加强信用报告查询渠道建设，在营管部和辖区支行增设5台自助查询机，实现自助查询设备县域全覆盖，并选取5个金融机构网点增设自助查询代理点，扩大查询辐射范围。全年个人信用报告查询48.24万人次，企业信用报告查询1万份，办理机构信用代码证7.45万份。组织辖内支行和金融机构开展征信信息安全教育，防范信用信息风险。加强征信宣传教育基地建设，在西安市铁一中学滨河学校建成西安市首家“中小学诚信宣传教育基地”。

◆**金融调查分析研究** 2017年，中国人民银行西安分行营业管理部做好金融数据统计和分析研究工作，为各级领导决策提供有力信息支撑。将西北首家消费信贷业务金融企业——陕西长银消费金融有限公司纳入统计范围，部署服务业景气调查，拓宽金融统计与制度性调查覆盖范围。创新电子化调查手段，储户问卷二维码调查方式实现全覆盖，西安市成为陕西省首个储户问卷无纸化调查城市。加强西安市经济金融运行状况的实地调研，按季组织召开金融形势分析例会，进一步发挥信息共享与合作机制作用，分析研判地区经济金融发展态势。（王静波）

◆**中国工商银行陕西省分行** 截至2017年年底，有各类机构490个。其中，一级分行本部1个，二级分行10个，县级支行49个，城区支行65个。有员工总数12346人。各项存款余额3948亿元，较上年增加283亿元，增长7.6%。各项贷款余额2366亿元，增加148亿元，增长54.17%。实现中间业务收入17.57亿元。把握陕西发展重大机遇，一般性贷款净增297亿元，增量创历史最好水平，增幅15.11%，高于系统2.97个百分点，服务实体经济质效显著提升。成立普惠金融事业部，加快构建小微金融新模式，监管口径小微贷款净增32.9亿元，增量连续4年位居四大国有银行之首。通过陕西自贸区内设立的36个营业网点，为区内2800多家企业提供综合化金融服务，办理国际结算110亿美元、国际贸易融资14.3亿美元、对外担保2亿美元。坚持把防控风险放在更加突出的位置，加快构建与新常态相适应的信贷管理新机制，不良贷款余额、不良率较上年双双下降；拨备覆盖率112.8%，提升10.9个百分点。

◆**中国农业银行陕西省分行** 2017年，立足服务地方经济发展大局，发挥国有银行主渠道作用，助推陕西省经济快速发展。截至年底，各项存款余额3661亿元；各项贷款余额1825亿元，其中人民币各项贷款比上年多增64亿元，增速居四大国有银行首位。落实中国农业银行总行与陕西省人民政府签署的“十三五”战略合作协议，完成5年融资计划的61.5%。调整优化信贷投向和业务结构，对公贷款增量居四大国有银行首位，实体贷款创历史新高。加大“科技统筹”和“军民融合”领域信贷投资，服务新经济模式不断成熟。完善普惠金融服务体系，单独成立普惠金融事业部，全面满足监管要求。持续加大涉农信贷投放，县域贷款、涉农贷款增速持续高于全行贷款增速。创新推广特色农贷产品，“大、新、特”贷款较年初增加49亿元。推广“惠农e贷”，客户净增3万户。持续推进“惠农通”，服务点点均交易量居系统内第二位，实现社会和经营效益“双提升”。落实深度贫困地区脱贫攻坚政策精神，强力推进扶贫小额信贷投放，实现应贷尽贷。健全金融扶贫长效机制，加强银政合作扶贫，在49个扶贫工作重点县引入政府增信机制。推动分支行内设机构优化调整，推行省会城市行、“三农”和普惠金融事业部改革等一系列措施，力促战略新兴业务发展和经营模式转型。发行陕西省首笔扶贫债券，加快发展“投贷结合”的融资模式，投贷联动、资产证券化、股权并购基金、直投基金、绿色并购贷款等新兴业务实现突破。“托管+”模式稳健发展，托管养老金、企业年金新增规模分别居系统内前列。“走出去、引进来”业务取得突破，积极服务陕西外向型经济加快发展。

◆**中国银行陕西省分行** 2017年，发挥国际化业务优势，积极服务陕西“一带一路”建设，全程参与自贸区方案制定。4月1日，挂牌成立中国银行西安自贸区支行，实现跨境人民币资金池等32项自贸产品的首发，金额超过15亿元。服务实体经济发展，重点支持西成高铁、西安地铁、榆能横山煤电、延长煤油气综合利用等亿元以上重大项目83个，其中延长煤油气综合利用项目被中国银行业协会评为“2017年银团贷款最佳项目奖”。探索网点专业化、差异化经营路径，先后成立1家二手房贷款特色支行、4家出国金融中心、3家“校园E银行”、5家卡分期专业支行等一系列特色网点，通过业务集约化运营和产品专业化销售，进一步提升网点经营效能和客户服务体验。围绕客户多元化融资需求，推出“跨境周转通”产品，联手海外分支机构打通境内外融资渠道，为省内重点企业实现低成本跨境融资约50亿元，支持企业“降成本”和“走出去”发展需求。创新产业扶贫工作方法，协助咸阳市人民政府举办产业扶贫项目推介会，通过“银行+政府+企业”模式，帮助政府招商引资，增强当地脱贫致富的内生动力。

◆**中国交通银行陕西省分行** 2017年，创新融资产品，不断加大对实体经济的支持力度。全年投放社会融资总量700亿元，其中信贷资金440亿元，非信贷资金260亿元。支持包括城市规划建设、能源化工行业资源整合和技术改造、战略性新兴产业和重点制造领域、民生消费服务等重点领域。与科技、文化、知识产权等政府相关部门及科技园区、高新技术产业园区加强对接，加大普惠金融支持力度。发挥交行综合化、国际化及金融全牌照的服务优势，创新融资渠道，通过债券、全口径外债、类信贷等方式对接实体经济，承销债券总规模181亿元，位居省内同业前三位。始终坚持“以客户为中心”的服务理念，优化服务流程，提高响应速度，提升服务精细化管理水平。开展形式多样、契合民生的金融知识普及宣传教育活动，帮助消费者增强风险意识。发挥金融企业专业优势，加大脱贫攻坚资金保障力度。牵头推动陕西省首支50亿元扶贫债券发行，涉及国家集中连片特困地区（县）7个、扶贫开发工作重点县5个、革命老区（县）7个，惠及贫困人口69万人。

◆**中国农业发展银行陕西省分行** 2017年，全面落实新发展理念，有效发挥补短板、促协调、添动能战略支撑作用，各项工作稳中有进、进中向好。截至年底，资产总额突破1000亿元大关，达到1032.21亿元，比上年增长68.6%；实现拨备后利润6.66亿元，比上年增长26.62%；存款日

2017年4月1日，中国银行西安自贸区支行挂牌成立

均余额504.72亿元，增加116.08亿元，比上年增长30%。推进全面风险管理，加大不良贷款清降力度，清收处置不良贷款11.8亿元，净降8.12亿元，不良率下降2.02个百分点。聚焦陕西省“三农”重点领域、薄弱环节和贫困地区，支持粮棉油收储和农业农村基础设施建设。全年投放涉农贷款247.75亿元。其中，投放粮油收储贷款31.01亿元；农业农村基础设施建设贷款155.21亿元；精准扶贫贷款61.53亿元，实现旅游扶贫、林业资源开发与保护、救灾应急、贫困村提升工程4项贷款业务“零突破”。年末，贷款余额771.37亿元，增长24.76%，增速排全国农发行系统第11位，贷款增长额和余额均创新高。

◆中国进出口银行陕西省分行 2017年，围绕服务实体经济、防控金融风险、深化金融改革3项任务，抓好业务经营管理各项工作。截至年底，本外币贷款余额515.40亿元，较年初新增145.46亿元，实现本外币账面利润7142.16万元。重点支持陕西延长石油（集团）有限责任公司、宝鸡综合保税投资建设有限公司、陕西省高速公路建设集团公司、陕西省交通建设集团有限公司等企业发展外向经济。在“一带一路”、国际产能合作、中国制造2025、军民融合方面，重点支持西安高新技术产业开发区软件新城、沣西新城西部云谷等省内重点项目，促进地方经济供给侧结构性改革和转型升级。

◆中国邮政储蓄银行陕西省分行 2017年8月25日，成立中国邮政储蓄银行三农金融事业部陕西省分部，完成省、市、县三级分部同步挂牌。在陕西省符合条件的80个县(市)和7个国家级农业示范区设立三农金融事业部营业部，建立专职化、专业化个人经营性贷款队伍，形成覆盖陕西省的专业化金融服务三农体系。1月20日，与陕西煤业化工集团、陕西金融资产管理公司合作成立总规模100亿元的基金，用于置换陕煤集团存量负债，增强陕煤集团资本实力。

◆中国光大银行西安分行 2017年12月，接入西安金融电子结算中心搭建的“陕西金融服务平台”，上线“集中代收付”业务。为提高单位结算账户服务效率，优化核准类账户开立流程，加快资料流转速度，确保受理客户开户、审核、报送、取回开户许可证流程在2个工作日内完成。积极推进网点转型，按照中国光大银行总行统一标准配置营业网点服务窗口，削减业务量不饱和的窗口。发挥资管业务优势，围绕股权投资、并购重组、基础设施、城市改造等重要业务，着眼于新经济、新技术和国家重点战略规划深层次布局，采用政府购买服务模式，投放沣西新城城市发展基金项目8亿元项目。推进美丽特色小(城)镇建设。走访相关政府部门，共同探讨特色小镇业务发展模式和方向，并进行对接，投放特色小镇项目2亿元。对于符合金融精准扶贫贷款的项目，开通审批“绿色通道”，在额度上予以保证、利率上予以优惠，使金融精准扶贫贷款惠及更多贫困人口。

◆招商银行西安分行 2017年，招商银行西安分行围绕供给侧结构性改革，组织优质资产，支持实体经济发展。重新梳理小企业各类产品，将资产业务拓展重点定位为基于核心企业上游开发的付款代理业务、政采贷业务、军民融合业务、科技金融业务。成为西安市科技局首批科技集合信贷4家试点行之一，有5户合计5000万元的科技集合信贷实现投放，排名同业前列。零售信贷方面，加强房贷、消费、小微信贷业务。截至年底，零售贷款增量16.43亿元，占全部一般性贷款增量的84.7%。

◆民生银行西安分行 2017年，坚持服务实体经济和民营企业发展，全力践行社会责任，加快转型发展步伐。实现责任利润10.52亿元，与上年基本持平，列系统第七位，较上年年末提升5位。各项存款增长58.8亿元，比上年多增86.6亿元，增量列区域股份制银行第1位、系统第5位，分别提升8位和28位，存款增长创历史最好水平。一般性贷款余额净增42.4亿元，多增27.8亿元，增量列区域股份制银行第1位、系统第18位，分别提升5位和11位。实施支行综合化经营，在西安曲江新区、西安高新技术产业开发区、西安经济技术开发区、长安区等重点区域选取4家支行进行试点，在分行成立对公业务服务中心，通过实施支行零售、对公业务综合化经营，提升对地方经济发展的综合化服务能力。在分行成立小微业务推动委员会、小微业务营销管理委员会、小微实干家俱乐部3级组织，加强小微业务发展组织保障。组建小微金融事业部西安分部和小微业务一部，提升小微业务专业化经营能力。在充分发挥好6家小微专营支行服务职能的同时，要求其他支行和本部经营部（室）发展小微抵押转介业务，扩大对小微企业服务的覆盖面。为各级财政代理业务和地方政府融资平台提供更专业化的金融服务。支持地方政府土地储备事业发展，在上年年末地方政府债券投标额度紧张的情况下，积极与民生银行总行沟通，争取投标额度并参与投标认购，最终承销金额2.29亿元，约占总规模的23%，其中承销西安市土储专项债1.5亿元，占西安市总规模的26%。争取获批建立民生银行总行首批10家私人银行中心，加强私人银行产品创新，为高净值客户和企业家客户提供专业化、专属化金融服务。适应金融创新发展趋势，加大业务创新力度，首笔内保内贷、法人账户透支、卖方无追索权保理业务落地，首单PPP项目获批。7月6日，与陕西省人民政府签订“助推陕西追赶超越战略合作协议”，提供不少于1000亿元的融资服务，助力陕西发展。支持“大西安”发展，全年向西安各类经济主体投放贷款181亿元，新增贷款68.7亿元，列区域股份制银行第1位，其中支持“一带一路”客户超40户，授信总额475亿元。争取民生银行总行信贷规模和政策支持，全年争取总行增加信贷规模16亿元。全年各项存款新增90.49亿元，各项贷款新增71.72亿元，新增存贷比达79.3%，日均新增存贷比为118.2%，余额存贷比达90.6%，新增存贷款均居区域股份制银行首位。获得民生银行总行“中小企业民生工程”及开办房地产开发贷款业务资格（原先只有总行地产事业部可做房地产开发贷款业务），大大增强服务西安经济的能力。运用“商行+投行”“表内+表外”等方式，开展非信贷融资和新兴领域的创新业务，参与组建西安合作发展基金，成为14家首批合作银行之一，实现SCP（超短期融资券）、PPN（私募债）发债业务“零突破”，发债规模达60亿元，储备非标业务项目13笔合计176亿元。优化小微运行机制，按照“专门的综合营销体系、专门的统计体系、专门的风险管控体系、专门的考核评价体系和专门的资源配置体系”等要求为小微企业提供更专业的服务。强化产品、渠道、流程和服务创新，推出网乐贷、云抵押、超吉贷、优房闪贷等融资产品，研发“小微之家”线上服务平台，简化小微贷款受理审批流程，推广贷款转期续贷服务，有效缓解小微企业“融资难融资贵”问题。投放小微贷款107亿元，带动近9万人就业，小微业务市场份额稳居同业第1位。将“绿色金融”行业作为优先支持类行业，开发绿色金融客户12户，审批授信总额度42亿元。将节能环保作为信贷审批的重要前提和核心指标，对不符合产业政策和环境违法的企业和项目禁止给予信贷支持。支持消费转型升级，加大产品服务创新，相继推出按揭贷、综合消费贷、消费性微贷、薪喜贷、公喜贷等品类齐全的个人贷款产品，重点加大对居民合理自住购房的信贷支持，帮助市民解决“住房难”问题。全年分别投放消费贷款和住房按揭贷款37.7亿元和24亿元，分别比上年净增21亿元和17亿元。健全扶贫制度，突出金融精准扶贫，加大涉农贷款投放力度。截至年底，金融精准扶贫贷款余额1.67亿元，较年初增长7935万元；涉农贷款余额128.59亿元，较年初增长2.29亿元。不断提升客户服务品质，辖属曲江、锦业路支行分获中国银行业协会“五星级网点”和“四星级网点”荣誉称号。推广网上银行、手机银行、直销银行等电子渠道，构建覆盖金融服务、电子商务、社交生活的互联网金融服务体系。全年手机银行、直销银行、移动支付分别新增客户16.2万户、10.1万户和12.8万户，分列系统第12位、第11位和第7位。与西安市工商行政管理部门签订合作协议，共享企业信息，优化开户流程，提升服务效率，支持“市场主体倍增计划”。率先在业内建立社区金融服务模式，建成持牌社区支行55家，社区支行财富资产余额突破100亿元，社区网点新增金融资产26.1亿元，占全行增量的36.6%。做好各类财政代理业务。全年市级代理结算总量30.69亿元，结算总笔数6359笔。其中，直接支付业务5412笔，金额30亿元；授权支付业务947笔，金额0.6亿元。执行财政业务专人专岗制，严格按照制度操作，未发生任何延误票据支付、拖延票据传递、收取额外费用的情况。做好住房维修资金服务工作，新增住宅专项维修资金归集户8221户，缴存金额1.3亿元。

◆**中信银行西安分行** 2017年，实现营业净收入16.5亿元，其中考核口径净利润4.8亿元。不良贷款余额4.43亿元，较年初下降0.39亿元，不良贷款率1.12%，清收现金1.78亿元。自营存款日均余额586.3亿元，新增40.6亿元。对陕西省内重点企业授信超过500亿元，提供表内外融资近200亿元。推进陕西自贸区、“大西安”、丝绸之路金融中心建设，促使中信集团与西安市人民政府签署战略合作协议，“一带一路”基础设施建设专项基金、丝路长安文化基金、高铁新城片区基础设施PPP、中信西北总部基地等项目稳步推进。加快发展普惠金融，优化小微客户经营体系，设立小企业业务专营支行，全面完成中信银行总行小微企业贷款余额新增计划，较年初新增4.69亿元。签订目标责任书，举办风险反思活动38场，开展内外部行业调研57次。树立合规经营、稳健发展的理念，以开展“合规建设提升年”活动为契机，组织开展内控合规活动，举办“一把手讲合规”活动60余场，各经营机构及业务条线覆盖率100%。开展“警示教育走基层”38次，开展“风险合规天天讲”活动246期。突出预算考核指挥棒作用，强化价值导向、轻型发展和增量贡献考核，严控不良新增贷款。加快运营转型，强化会计核算检查，推进银企对账和单位账户资料的集中管理。

◆**北京银行西安分行** 截至2017年年底，本外币资产总额1096.96亿元（含总行核算的直投325.7亿元），较年初增加237.2亿元，增幅27.59%。本外币各项存款余额594.03亿元，增加68.2亿元，增幅12.97%。其中，公司存款余额493.64亿元，较年初增加46.25亿元；储蓄存款余额100.39亿元，增加21.95亿元。本外币各项贷款余额640.41亿元，增加112.69亿元，增幅21.35%。其中，公司贷款余额469.17亿元，增加68.53亿元；个人贷款余额171.24亿元，增加44.17亿元。实现账面利润18.34亿元，比上年增加1.74亿元，增幅10.48%；实现考核利润23.41亿元，增加3.48亿元，增幅17.5%。实现中间业务收入9.24亿元，增加1.27亿元，增幅15.94%。分行储蓄存款100.39亿元，资金量228.99亿元，零售客户41万户，“郁金香”客户1.9万户，贵宾客户1.8万户，储蓄存款及贵宾客户指标完成情况在异地分行位列前茅。社区支行资金量余额59.78亿元，占分行零售资金量的26.1%，较年初增长0.6个百分点；储蓄存款余额11.6亿元，占分行储蓄存款的11.55%，较年初增长0.19个百分点；个人贷款余额13.75亿元，占分行个人贷款的8.03%，较年初增长5.63个百分点。深入民生领域、高新技术产业、医疗卫生、装备制造等行业小微企业，加快“互联网+金融”布局规划，通过保理在线、网速贷、科技金融、投贷联动等模式，打造小微企业“股权+债权”创新金融服务平台。截至年底，分行国标小微贷款余额238.26亿元，较年初增加32.88亿元；分行国标小微企业客户数679户，较年初增加79户。落地结构化融资业务33笔，金额345.94亿元；发行债券9笔，金额67.75亿元。完成首笔直投投资产业基金。投资西安北银全运会体育建设项目40亿元、沣东新城斗门集中安置区前期土地整理和建设开发项目50亿元、渼陂湖水系生态修复及河道治理工程25亿元。上线“大商道”大宗商品交易三方融资业务平台资金存管系统。推进飞轮高铁线上保理项目。中标陕西省公共资源交易平台建设项目，上线首笔运用C2B（消费者对企业）资金归集的产品——陕西石羊（集团）资金归集业务。落地首笔无追索权租赁保理业务、首笔车险消费贷款、首笔留学保证金贷款。

◆**昆仑银行西安分行** 截至2017年年底，全口径资产规模382亿元，存款余额225亿元，贷款余额241亿元（不含贴现），实现拨备前利润6.16亿元，创历史新高。有支行级经营网点数量10家、社区支行5家，服务范围涵盖雁塔区、西安高新技术产业开发、未央区、高陵区、西咸新区等地。设立5个创利中心，其拨备前利润占分行整体创利的50%。产融专属产品油企通、商信通、燃气贷在系统内占比超过30%。再贴现业务占西安本地发生额的36%，位列西安市银行业第一。全年创利3.6亿元，创利占比近60%。推出互联网金融、复兴信用卡业务，个人金融业务迈上新台阶。

◆**成都银行西安分行** 2017年，在获悉西安欧亚学院与国际金融公司签订22750万元外债借款协议的信息后，密切关注，持续跟进，申请为西安欧亚学院办理跨境人民币外债业务，并得到国家外汇管理总局的政策特批，提款金额1亿元。高度重视军民融合企业金融服务工作。截至年底，军民融合企业客户贷款余额3.6亿元，较年初增加1.6亿元，行业涉及计算机、通信和其他电子设备制造业、金属制品业。贯彻落实中央关于支持实体经济、支持小微企业发展的战略要求，在风险可控情况下，开展小微业务。对公小微贷款加权年化利率平均值为5.12%，其中1年以内短期贷款平均值为4.81%，小微企业融资成本远低于同业。

◆**渤海银行西安分行** 2017年，制定战略发展规划，明确发展目标、业务布局、重点及支持保障措施。瞄准陕西优势特色行业，加大业务拓展力度。重点加大对西咸新区、陕西自贸区、西安高新技术产业开发区、西安经济技术开发区、西安曲江新区、西安国际港务区和延安市、榆林市等重点区域，以及“一带一路”重点项目、军工装备、高新技术、文化旅游等重点项目的支持力度，为企业提供多种融资服务。推动全资产、轻资产经营，加快开展金融市场和资本市场业务。以理财销售和个贷业务为重点，大力拓展零售业务。截至年底，资产总额132.76亿元，比上年增长1.56倍；实现营业收入23331.84万元，比上年增长7.07倍；实现净利润14475.52万元，比上年增长14.55倍。获渤海银行总行2017年度批发银行“优秀分行”荣誉称号；公司银行部获渤海银行总行“优秀管理团队”荣誉称号。

◆**秦农银行** 2017年，贯彻中央、陕西省经济金融政策，落实稳中求进工作总基调，坚持“诚信至上、服务城乡”的立行宗旨，加快改革发展，强化产品创新。入围“中国银行业百强企业”“银行间本币资金市场交易300强企业”，取得陕西省地方政府债券、北京金融资产交易所副主承销商资格，被西安主流媒体评为“2017年度陕西最佳服务银行、最具创新力银行”。截至年底，资产规模1711亿元，资产规模位居全国1300家农商银行的第14位；各项存款突破1000亿元大关；实现净利润19亿元。完成鄠邑、蓝田、周至3家农商行改制任务，完成对阎良、临潼、高陵3家联社的吸收合并工作，同时长安联社已纳入改制框架，原西安农村信用社机构风险得到有效处置和化解。牵头组建的丝绸之路经济带农商行联盟吸纳会员单位76家，会员单位资产规模达到3万亿元。与陕西省工商业联合会、陕西农业信贷融资担保公司、中铁一局集团有限公司等签署战略合作协议，一批省内重大项目对接落地，全行实体贷款投放占到贷款总量的76.4%。以科技型中小微企业为突破口，创新业务产品，入围西安市“集合贷”试点银行，小微企业贷款净增132亿元。加大对贫困地区的普惠金融服务，累计建立“双基联动”工作站1200余个，与全市近2500个村签订合作协议，发放金融扶贫贷款4.54亿元，年末涉农贷款余额191亿元。（沈　健）

◆**西安银行**　2017年，主动契合地方经济“追赶超越”的目标，推进新一轮战略规划，深化经营转型，加快公开上市步伐。经营规模达到2328亿元，实现净利润21.44亿元，纳税总额近10亿元，资本充足率达到13.83%。在全球前1000家银行排名中列第三百九十三位；获《银行家》杂志主办的“2017中国商业银行竞争力排名”、城市商业银行（资产规模2000亿至3000亿元）第五名及“最佳公司治理城商行”奖项；在“2017中国金融创新奖”评选中，“@盾”获“十佳金融产品创新奖”，“西银惠付”获“十佳互联网金融产品创新奖”；市场评级继续保持国内同业领先，蝉联“全国支持中小企业发展十佳商业银行”称号。

支持“大西安”建设　支持区域重大项目及基础设施建设，推动并参与设立城市发展基金。加大与央企及大型企业合作，强化对航空航天、新能源、装备制造、医疗服务、环保、旅游、文化等支柱产业的服务，支持优势企业并购，助力区域产业整合升级，满足企业经营和项目建设的多元化有效融资需求。围绕“聚焦‘三六九’、振兴大西安”奋斗目标，落实“大西安丝路文化高地建设”和“国家军民深度融合示范城市建设”的发展战略，启动设立2家首批文化创意支行，西安银行西安曲江文创支行举行迁址暨战略合作协议签约仪式，支持“大西安丝路文化高地建设”。4月，举行军民融合支行设立暨阎良区城市发展基金签约仪式，探索打造军民融合模式。根据“三廊两轴两带一通道”的部署，对分支机构和业务板块重新布局，细化分工，专注特色领域，提供更为专业的金融服务。

创新转型　构建“金融+科技+生活”互联网金融生态圈，打造“智慧银行”。“西银惠付”实现“七码合一”功能，使传统的线下零售更加智慧化，被蚂蚁金融服务集团授予“最佳开拓奖”。打造特色“金融+互联网”业态，与深圳市腾讯计算机系统有限公司、阿里巴巴网络技术有限公司、百度公司、北京京东世纪贸易有限公司等开展基于支付、融资、征信等领域的资源共享，与苹果公司、华为技术有限公司等实现移动支付手段的深度融合，开办“京东金条”“蚂蚁借呗”等线上业务，持续提升和完善渠道建设、信息系统建设，有效支持和保障业务发展，推动以互联网和大数据等先进技术为载体的科技创新产品落地。创新产品模式，提升小微金融服务质量和效果。推出“线下+线上”运作模式，利用大数据实现小微金融的批量化营销和服务。增强对高新技术企业的金融服务能力，解决科技型企业、现代服务业等优质轻资产企业融资难题，知识产权质押贷款额居陕西省金融机构前列。实施金融市场业务“走出去”，促进跨区域资产业务落地。调整投行业务结构，介入棚户区改造、PPP、产业基金、资产证券化等业务板块。国际业务方面充分发挥外资参股优势，促进涉外客户的业务发展，拓展新的收入渠道，并根据外汇监管形势和监管政策的变化，及时修订相关内控制度，确保各项业务依法合规开展。

风险管控　切实做好金融去杠杆、防风险、控套利工作，按照专项治理要求，完成多项监管检查及改革专项督查的整改落实工作。进一步完善重大信用风险授信业务风险控制流程，持续加强全业务、全流程、全口径风险管理。推进各条线的风险管控工作，完善信贷投向管理政策，定期开展重点领域风险排查与评估，加大清收转化力度，严控信贷资产质量。加强内控合规建设，开展“合规建设提升年”活动，做好预案防范工作，对案件“零容忍”。（闫秋池）

资本期货市场

◆**概况**　2017年，西安市证券公司资本实力不断增强，抗风险能力稳步提升，业务范围不断拓宽，收入结构更加多元，证券分支机构布局日趋合理，专业服务能力进一步增强。全年证券市场各类证券交易总额46812.95亿元，比上年增长9.0%。年末，全市拥有上市股份公司33家，上市总股本517.32亿股，总市值5154.10亿元。辖区西部证券、开源证券、中邮证券3家法人机构，总资产663亿元，增长8.67%；净资产254.39亿元，增长50.32%；净资本228.60亿元，增长42.57%；全年实现营业收入41.36亿元，减少6.64%；实现净利润8.69亿元，减少38.63%。期货代理交易额稳步提高，客户数量持续增加，期货公司收入、利润逆市增长，期货营业部专业优势凸显，整体发展迈上新台阶。辖区迈科期货、西部期货、长安期货3家法人机构总资产56.84亿元，减少20.52%；净资产12.08亿元，增长5.04%；全年实现营业收入3.25亿元，增长27.57%；实现净利润0.73亿元，增长81.57%。

◆**证券期货市场监管**　2017年，中国证券监督管理委员会陕西监管局坚持“强监管、抓重点、补短板、促发展”的方针，着力提高上市公司质量。坚持以“守规矩、说实话、不作假、谋发展”为标准，及时排查、揭示和处置上市公司信息披露风险，重点关注股权质押、业绩承诺及经营风险，推动上市公司完善信息披露管理机制。坚持把非现场监管与现场检查有机结合，切实提高监管的针对性和有效性。实施日常监管与稽查执法联动，把稽查执法手段用于高风险公司监管，进一步提高对风险隐患的挖掘、分析、判断和处置能力。强化对各类市场主体监管，落实“新三板”主办券商持续督导责任，建立公司债券监管台账，守住不发生重大风险的底线。加强对审计、保荐、评估等中介机构执业行为监管，促使其恪尽职守，归位尽责，真正把好第一道关口。高度重视辖区上市公司发展存在的不平衡、不充分问题，实施上市公司数量和质量“双增战略”，坚持增量、存量并抓。通过优化结构，树立陕西上市公司新形象，推动上市公司依托资本市场做大、做优、做强。坚持以“合规经营、安全运行、防控风险、创新发展”为核心，切实加强证券期货经营机构监管。树立底线思维，推动证券期货经营机构在加强合规管理和风险控制的基础上，加快创新发展。以中国证券监督管理委员会《证券公司和证券投资基金公司合规管理办法》实施为重点，推动证券经营机构强化合规理念，构建合规体系，健全合规制度，提高风险控制水平。建立涵盖资产管理、融资融券、股权质押回购、债券交易等重点业务的风险监测体系，保持对证券期货经营机构净资本、保证金和流动性指标的敏感性，及时监测、预警、发现、处置潜在风险隐患。加强信息安全监管，不定期开展应急演练和压力测试，防止发生重大信息技术事故。试行“绿色监管”，支持鼓励规范的私募基金加快发展。完善舆情监测机制，重点关注高风险私募基金产品发行新动向，严厉打击以私募为名的非法集资行为。强化稽查执法，以“事实清楚、证据充分、程序合法、定性准确”为目标，改进完善稽查执法机制，优化监管力量配置，不断提高稽查执法效能，严厉查处各类违法违规行为，维护市场秩序，净化市场环境。进一步加强案件调查与审理、行政处罚之间的协作关系，在“办铁案”的前提下，不断强化“快办案”。保持对以私募、股权众筹、现货交易等为名的各类新型非法证券期货活动的高度警惕，坚持“打防结合、以防为主、打早打小、露头就打”的工作方针，加强与地方政府相关部门协作，形成合力，及时发现、妥善处置风险问题。

◆投资者保护与教育　2017年，中国证券监督管理委员会陕西监管局坚持把保护投资者合法权益作为衡量一线监管工作成效的重要标准，突出重点领域，做好规定动作，推动投资者保护工作取得实效。以“新客户、新产品、新风险”为重点，持续广泛宣传，组织专题培训，开展现场检查，督促辖区证券期货经营机构贯彻落实中国证券监督管理委员会《证券期货投资者适当性管理办法》，强化风险分级和提示措施，做到“买者自负、卖者自慎”，确保把适当的产品销售给适当的投资者。组织完成3家省级投资者教育基地命名评审工作，为投资者提供专业、便捷的学习教育场所，提升投资者保护工作效果。落实市场经营主体投诉处理首要责任，积极办理各类投诉、信访和举报，有效化解矛盾纠纷。集中开展“明规则、识风险”、债券投资者权益保护等主题宣传，组织证券期货经营机构参加“3·15”“5·17”“12·4”等广场宣传活动，接待投资者超过10万人次，发放宣传材料15万份，有效提高投资者风险防范意识。

◆服务脱贫攻坚　2017年，中国证券监督管理委员会陕西监管局贯彻《中国证监会关于发挥资本市场作用服务国家脱贫攻坚战略的意见》，坚持“上下结合、点面结合、内外结合、长短结合”的原则，推动辖区市场主体以产业扶贫为主、资本扶贫为辅、教育及其他扶贫为补充，突出“造血”和“帮教”功能，形成多层次、多渠道、多方位的精准扶贫工作格局。陕西省47家上市公司、3家证券公司、3家期货公司主动参与，分别通过产业扶贫、教育扶贫、基建扶贫等方式，投入1.5亿元直接用于扶贫工作，并在贫困地区投资建厂，以各类方式帮扶16个区（县）的3800余户贫困家庭，取得明显成效。

◆企业上市及融资　2017年，中国证券监督管理委员会陕西监管局坚持“监管与服务并重”理念，发挥职能优势，推动陕西企业利用多层次资本市场扩大融资规模，服务实体经济。辖区多层次资本市场建设继续保持良好态势，全年直接融资730.54亿元。其中，康惠制药、盘龙药业首次公开发行并分别在上海证券交易所、深圳证券交易所中小板上市，募集资金5.81亿元。7家上市公司完成再融资或通过定向增发注入资产，募集资金、注入资产总额分别达到322.63亿元和38.05亿元。新增“新三板”挂牌公司31家，总数达到164家。

◆上市公司发展　2017年，陕西省上市公司整体经营情况保持稳中向好的发展态势。截至年末，陕西省有47家上市公司，其中沪市主板21家、深市主板11家、中小板6家、创业板9家。上市公司总股本633.84亿股，比上年增长11.11%；总市值6297.11亿元，比上年下降2.19%；总资产、净资产分别为6092.29亿元和3074.83亿元，分别比上年增加18.09%和24.50%；资产负债率49.53%，比上年下降2.60个百分点，低于全国非银行上市公司66.24%的平均水平；全年实现营业收入2577.80亿元，比上年增加30.86%，高于全国20.71%的增幅；实现净利润184.57亿元，比上年增加58.74%，高于全国21.89%的增幅水平；每股收益0.29元，为全国平均水平的53.27%；净资产收益率6.61%，为全国平均水平的64.47%。陕西煤业营业收入和净利润分别突破500亿元和100亿元大关，有效发挥了龙头作用；航发动力、中航飞机、中国西电等落实国务院《中国制造2025》行动纲领要求，加快创新驱动发展，成为实体经济的中坚力量。

◆西部证券股份有限公司　截至2017年年底，总资产467.99亿元，比上年减少2.97%；净资产175.36亿元，比上年增长41.29%；全年实现营业收入28.58亿元，比上年减少9.46%，实现净利润7.45亿元，比上年减少32.02%。持续深化业务结构调整及战略转型，着力提升发展质量，不断提升公司核心竞争力，获得北京金融资产交易所综合业务平台债权融资计划投资者资格。在业务结构方面，公司经纪业务收入8.43亿元，比上年减少25.70%；自营业务收入8.7亿元，比上年增长17.12%；投行业务收入3.78亿元，比上年减少4.62%；固定收益业务收入1.2亿元，比上年减少58.80%；资产管理业务收入1.21亿元，比上年减少1.2%；信用交易业务收入6.46亿元，比上年减少7.9%。

◆开源证券股份有限公司　截至2017年年底，总资产122.13亿元，比上年增长40.81%；净资产33.5亿元，比上年增长66.12%；全年实现营业收入9.17亿元，比上年减少10.77%，实现净利润0.48亿元，比上年减少74.32%。在业务结构方面，经纪业务收入0.99亿元，比上年减少18.48%；自营业务收入0.85亿元，比上年减少59.13%；投行业务收入6亿元，比上年增长22.09%；资产管理业务收入1.25亿元，比上年增长99.41%；信用交易业务收入0.84亿元，比上年增加36.39%。

◆中邮证券有限责任公司　截至2017年年底，总资产72.88亿元，比上年增长51.94%；净资产45.53亿元，比上年增长83.97%；全年实现营业收入3.61亿元，比上年增长26.81%，实现净利润0.76亿元，比上年减少19.37%。业务主要围绕经纪业务、资管业务、信用交易业务和自营业务开展。在业务结构方面，经纪业务收入0.74亿元，比上年减少2.6%；资管业务收入1.32亿元，比上年增长16.8%；信用交易业务收入0.75亿元，比上年增长12.72%；自营业务收入0.58亿元，比上年增长280.59%。

◆迈科期货股份有限公司　截至2017年年底，总资产26.92亿元；净资产6.71亿元；全年实现营业收入1.7亿元；利润总额7304.48万元。1月19日，在“新三板”挂牌，成为辖区首家在“新三板”挂牌的期货公司。

◆西部期货有限公司　截至2017年年底，总资产23.2亿元；净资产3.2亿元，比上年增长3.53%；全年实现营业收入1.11亿元；实现净利润1108.31万元。取得证券投资基金销售业务资格。

◆长安期货有限公司　截至2017年年底，总资产6.72亿元，比上年增长38.99%；净资产2.16亿元，略有下降；全年实现营业收入4394.39万元，比上年减少1.47%；利润总额107.81万元。全年代理成交量1078.02万手，比上年下降25.33%；代理成交额4998.92亿元，比上年下降21.81%。　（沈　健）

保险业

◆概况　2017年，西安保险业面对错综复杂的市场形势，有效遏制行业风险，扎实推进市场乱象整治工作，逐步弥补监管短板，保险业服务经济社会取得积极进展。截至年底，全市有保险公司59家，其中财产险28家，人寿险31家；保险专业中介机构123家。全年保费收入420.73亿元，比上年增长21.7%。其中，财产险保费收入103.71亿元，比上年增长11.1%；人身险保费收入317.02亿元，比上年增长25.5%。全年支付各类赔款给付118.71亿元，比上年增长2.4%。其中，财产险业务48.94亿元，比上年增长15.8%；人身险业务69.77亿元，比上年下降5.3%。

◆保险市场监管　2017年，中国保险监督管理委员会陕西监管局妥善处置重点公司的风险隐患。对部分财险公司开展非寿险投资型产品存续业务风险排查，密切关注中、短期业务占比较大的部分寿险公司，加大监测范围和频率，指导公司做好风险研判及应急处置预案，确保满期给付及退保高峰平稳度过。加大对商车费改的监测预警，强化人身险公司退保和满期给付的日报、旬报、月报等监测体系。开展中介市场风险监测，关注异动的消费投诉指标及信息，采取风险提示、质询等手段督促相关保险机构及时采取有效措施。下发《关于进一步加强案件风险防控工作的通知》，全面开展风险排查，落实违法、违规行为有奖举报和非法集资县域观察员制度。开展案件问责情况清理工作，加大问责督办力度，全年问责25人，倒逼市场履行风险防控的主体责任。与陕西省公安厅联合颁布《陕西保险业欺诈案件线索移送及办理规则》，建立案件线索研判轮值制度，着力打破行业信息壁垒，深化警保合作，推动陕西省反欺诈工作开展。联合中国保险行业协会、陕西省公安厅、陕西省保险行业协会组织行业运用大数据手段开展反保险欺诈案件线索研判，发现129条团伙案件线索，涉案金额2000万元。积极宣传引导，向行业及时传递监管政策。改进监管手段，加大现场检查和处罚力度，制定《现场检查“双随机一公开”实施细则》，出台加强和改进现场检查与行政处罚工作的10项措施，通过与银行、工商、公安部门的联合执法防范跨行业风险。结合辖内保险市场突出违法、违规问题，科学确定检查对象，统筹规划检查工作，派出现场检查组101个、检查人员319人次，检查产险公司23家次、寿险公司50家次、保险中介机构28家次。针对虚报费用、高绩效套费，给予保险合同以外利益，农业保险档案不完整、不准确，寿险销售回访和客户信息真实性等制度执行不到位，以及保险中介机构经营管理不规范等突出问题，处罚保险公司8家次、保险中介机构6家次，处理责任人员19人，罚款267.2万元（机构195万元、个人72.2万元），下发“监管函”32份、“风险提示函”4份。建立车险手续费报备制度，修定《车险理赔服务评价办法》，发布《理赔服务建设指引》，出台车险客户信息真实性、车险投保提示、条款费率公示等制度，引导产险公司由单纯的价格竞争向服务竞争转变。按照个险先行、分步推进的原则，全面推实施人身险“访后付费”制度，通过佣金手续费的支付后置，提升人身险业务销售标准，遏制销售误导行为，维护保险消费者合法权益。贯彻落实中国保险监督管理委员会《保险销售行为可回溯管理暂行办法》，对公司软硬件设施提出明确要求。破解专业中介分支机构“先照后证”实施后的野蛮生长问题，进一步强化保险专业中介机构准入监管。建立车险销售渠道明示制度，探索搭建专业中介机构标准化数据库、保险销售从业人员监管系统、保险专业中介委员会3个平台，提高监管的有效性。制定《陕西保监局行政复议工作规程》，促使行政复议工作规范化，严格执行案件主审人责任制、案件审理复核机制以及重大疑难案件合议制度，提升法律审核质量，强化监督制约。全年接收处理保险消费投诉6783件，通过即时办理、现场接待方式处理消费投诉2441件，其余4342件均通过投诉处理流程进行相应办理。

◆**保险服务**　2017年，中国保险监督管理委员会陕西监管局支持陕西企业“走出去”，服务“一带一路”和自贸区建设。截至年底，陕西保险业为陕西省417家出口企业提供信用风险保障206.79亿元，支持陕西省外贸出口17.4亿美元；通过保单融资功能带动陕西省外贸企业获得银行融资4744万美元，为企业出口“一带一路”沿线国家提供保险增信服务。重点支持巴基斯坦、埃及、伊朗、马来西亚、印尼等“一带一路”沿线国家的工程承包、成套设备和境外投资项目，涉及合同金额超过6亿美元。针对陕西自贸区海外投资项目和出口业务，为企业提供定制化保险方案，增强辖内企业的风险管理水平和竞标优势。为陕西制造业转型升级、重点项目建设和企业降低债务负担提供支持。为陕西省装备制造企业提供首台（套）重大技术装备风险保障超过50亿元。通过企业财产保险、工程保险等业务，为陕西企业和重点项目建设提供1.63万亿元的风险保障，支付赔款6.15亿元。探索搭建保险资金和重大建设项目的投资对接平台。通过基础设施债权计划、资产支持计划等金融工具，为重点建设项目提供708.4亿元的建设资金，投资项目涉及能源、交通、市政、水利及商业不动产等诸多领域。创新保险扶贫体制机制，发挥行业在大病、农险和产业扶贫方面的作用。与陕西省63个区（县）政府签订“助农保”扶贫合作协议，其中8市18个区（县）实现建档立卡贫困户保险全覆盖，承保贫困人口24万人，提供风险保障125亿元，支付赔款334万元，受益农业企业和农户623家（户）。大病保险对全省建档立卡贫困人口100%实现倾斜政策，全省县域内医疗机构实现基本医保、大病保险、民政救助一站式即时结算服务。全省农村小额人身保险承保639万人次，支付赔款8701万元，着力解决贫困群众“因病致贫返贫”问题。充分发挥交强险制度在维护道路交通事故受害人权益、维护社会稳定等方面的积极作用，建立信息平台共享理赔信息，运用费率调整机制促进安全驾驶，实施“互碰自赔”“重大人伤事故提前结案”“无责代赔”等理赔机制，及时垫付抢救费用，确保交通事故受害人及时获得医疗救助，提高服务社会效率。全年交强险业务承保机动车辆553.40万辆，提供风险保障7250亿元，支付赔款25.92亿元，缴纳道路救助基金7397万元。大力发展医疗责任、食品安全、电梯安全等第三方责任保险，维护社会经济秩序稳定运行。积极拓宽责任保险覆盖面，服务陕西，打好污染防治攻坚战。环境污染责任险承保企业400余家，基本覆盖煤矿、化工、石油、电力、医药等有环境污染风险的企业，规模在全国排名第3位。旅行社责任险、校园方责任险实现100%全覆盖。发展健康及养老保险，完善社会保障体系。实现大病保险全覆盖，参保群众3183万人，累计支付大病保险赔款8.54亿元，直接受益群众达13.7万人次，保障程度显著提高、结报效率大幅提升、控费效果明显的改革预期初步实现。积极参与养老体系建设，养老金业务收入23.98亿元，给付2.06亿元，累计为47.28万人提供养老金管理服务。积极应对重大自然灾害，帮助受灾企业和群众及时恢复生产。结合地方特色农业情况新开发10余种地方特色农产品保险，并支持开办生猪、蔬菜、花椒价格指数保险和茶叶、花椒气象指数保险。针对农业生产融资难问题，围绕农业龙头企业和种养殖大户的资金需求，探索开展涉农贷款保证保险和农业保险保单质押融资业务，通过采用土地经营权抵押、非标抵押物抵押等多种方式灵活开展业务，为新型农业经营主体拓宽融资渠道，帮助农户获得更多的生产资金。持续开展“银保富”特色保险，通过提供保单抵押帮助农户获取银行贷款，累计为4910家涉农企业和农户提供保险保障1.13亿元，赔款支出334万元，受益农业企业和农户623家。通过以信用保证保险产品为主要载体，以“政府+银行+保险”多方参与的合作经营模式，累计为小微企业的3270万元贷款提供增信服务。推出包括财产、责任、意外、安保盗抢在内的综合风险保障方案，推动小微企业壮大发展。主动融入地方发展战略，整合行业资源，重点发展以首（台）套重大技术装备保险、新材料首批次应用保险为代表的新型险种，有效对接服务“硬科技”产业发展。推动科技保险、专利保险等新型保险业务发展，搭建由政府引导、保险公司主导、相关中介机构协作的专利保险平台，建立专利保险与专利申请资助、快速维权、中小企业托管等其他知识产权工作相结合的新机制，为中小科技型企业维护专利权利提供保障。

（沈　健）

教育

责任编辑　姬娟妮

综　述

◆概况　2017年，西安市立足西安教育发展实际，全面深化教育改革，破解“上学难”问题，改善教育民生。全市学校总数3250所，按办学性质分公办2084所、民办1166所；按区域分西安地区3012所、原咸阳地区238所。全市基础教育及职业学校在校生总数148万人、教职工总数13.17万人。全市小学校舍建筑面积481.18万平方米；普通中学校舍建筑面积680.93万平方米；职业高中校舍建筑面积100.87万平方米；幼儿园校舍建筑面积282.99万平方米。小学固定资产总值740549万元；普通中学固定资产总值1098913万元；职业高中固定资产总值106451万元。推进36所新建学校、496所“全面改薄”工程；948所校园绿化、774所学校旱厕改造项目全部完成；50所学校校园新风系统建设试点工作全面完成。校园足球、艺术教育等活动社会反响良好，职业学校办学活力增强，高等教育的创新创业教育、校友回归工作有序实施，特殊教育与民族教育办学持续向好。临潼区、灞桥区、周至县、雁塔区通过“国家义务教育基本均衡合格区（县）”评估验收。高陵区、阎良区教职工“区管校聘”改革试点稳步推进，教师骨干体系建设进一步加强，高素质人才得以补充。全市1446所学校和教学点全部完成宽带网络提升工作。评审创建“西安市智慧校园示范学校”13所，教育大数据应用加快推进。

◆学前教育　2017年，西安市学前教育在园儿童348110人，其中独立设置幼儿园在园儿童346219人、附设幼儿班幼儿1891人。全市注册幼儿园1605所（含西咸新区），其中普惠性幼儿园685所，占比为42.7%。开展全市幼儿教师专业技能大赛、首届全市幼儿园保育教育规范知识比赛等赛事。启动“2017—2020年幼儿园等级创建梯队库建设工作”，通过“一对一”精准帮扶机制，以创建促发展，以发展提内涵。全年创建市一级幼儿园44所、市二级32所、市三级15所，实现“分年培育、定期收获、总量提升”的目标。

◆义务教育　2017年，西安市教育局实施义务教育学校“全面改薄”工程，年度项目全部启动，其中竣工199所，完成投资3.1亿元。严格落实人才政策，进一步完善人才子女入学机制，落实优先照顾入学、简化入学转学程序等政策，努力为高层次人才提供优质服务。协调指导各开发区启动新建12所学校。临潼区、灞桥区、周至县、雁塔区分别于11月20—24日接受国务院教育督导委员会检查组对“国家义务教育基本均衡合格区（县）”的督导评估并通过验收，年度创建完成率达到100%。全面推进立德树人活动，组织开展年度陕西省、西安市“三好”学生、优秀学生干部、先进班集体评选；完成“西安市十佳最美少年”评选；启动创建西安市中小学心理健康特色学校和西安市教育局关爱留守儿童示范中心。推进西安市研学旅行工作，印发《西安市中小学研学旅行工作管理办法》《西安市关于推进2017年中小学研学旅行工作要点》，西安市中小学校外实践活动基地被评选为“第一批全国中小学生研学教育实践基地营”。

◆高中教育　2017年，西安市教育局启动实施《西安市普通高中优质特色发展五年行动计划（2017—2021年）》，投入1.6亿元，新建、改造西安市东城第一中学、阎良区关山中学、蓝田县孟村中学等30所学校的教学楼、图文科技楼和学生餐厅。建设“STEAM”教育实验学校、创新教育实验室、特色学科探究实验室、心理健康教育示范中心33个。西安航天中学等5所学校创建成为“陕西省示范高中”，西安电子科技大学附属中学太白校区等5所学校创建成为“陕西省标准化高中”，超额完成“创建3所省级示范高中、3所省级标准化高中”的年度考核任务。12月8日，组织召开西安市普通高中教育推进会，总结推广经验，全面提升普通高中教育质量和育人水平。

◆职业教育　2017年，西安市教育局坚持产教融合发展，加快建立现代职业教育体系。启动筹建西安现代职业技术学院工作，陕西省教育厅同意新建西安现代职业技术学院，并纳入《陕西省高等职业教育布局“十三五”规划》2018年建设中期调整项目。西安市属教育部门管理的具有招生资格的中等职业学校有49所，其中公办21所、民办28所，在校生43576人。全年招生19076人，比上年增加3623人。西安市人力资源和社会保障局管理的具有招生资格的技工学校有26所，在校生数32049人，全年招生数12027人。全市职业院校开设加工制造、信息技术、商贸与旅游、医药卫生等13大类专业，基本涵盖全市经济、社会发展的各个方面。加强校企合作，推进产、教融合，组织召开职业教育与企业座谈会，30家行业代表性企业与职业院校和26家企业（单位）达成协议，建立西安市职业教育校企合作基地。启动现代学徒制试点，西安市旅游职业中等专业学校入选“陕西省现代学徒制试点项目学校”。以服务学校发展为重点，加强基础能力建设。制定完成《西安市中职学校基础能力建设项目申报办法》，完善先规划后项目、专家评审、实地考察的项目确定制度，完成3622万元的18个实训基地建设、校园文化建设、基本办学条件提升建设项目。启动职业院校质量诊断与改进工作，完成省级专家进校诊断核查。进一步建立健全质量年度报告制度体系，完成《西安市中等职业学校2017年度质量报告》，做到学校全覆盖。启动“职业学校校长赴发达地区挂职轮训计划”，遴选13名职校校长赴成都市6所国家示范中职跟岗挂职学习；优化市级双师型骨干教师进企业培训项目，精准选择培训对象，优选培训企业，扩大培训专业与人数，完成动漫、汽车、轨道交通等专业的74名骨干“双师型”教师进企业培训；组织50名专业带头人、骨干教师赴苏州市参加高级研修培训。开展中职教师教学能手评选工作，评选4名“西安市教学能手”。举办西安市职业教育高峰论坛，邀请中国教育科学院专家和杭州市和成都市的职教专家参会。以服务终身发展为重点，加强师生素养能力培养。以赛促学、促教，高水平举办中职学生“文明风采”竞赛、中职学校师生技能大赛和中职教师信息化大赛，实现“赛项、赛点、参赛人员”“三增加”和比赛“公正性、美誉度、影响力”“三增强”。统筹全市职教资源，发挥区（县）级职教中心综合功能，采取集中课堂培训、田间地头培训、送教上门及“一对一”培训等方式，开展中蜂养殖、牲畜养殖、葡萄种植、猕猴桃种植、“农家乐”经营、电动车修理及计算机操作等多种技能培训，共计培训4881人，其中精准扶贫培训1713人。

◆成人教育　2017年，西安市有“国家级社区教育示范区”1个、“国家级社区教育实验区”3个、“陕西省社区教育实验区”3个、“陕西省社区教育继续教育基地”1个。建成市级社区大学1所、区（县）级社区学院13所、镇（街）级社区学校105所、社区级教育学习点459个，年培训各类人群达到66万人次。出台《西安市教育局等九部门关于进一步推进社区教育发展的若干意见》，明确全市社区教育发展的中长期目标与实施路径。出台《西安市社区教育体系建设实施方案》，规范全市社区教育服务体系。首次开展社区教育实验项目评选，遴选市级实验项目18个，10个评选为省级实验项目。开通“全民终身学习网”，新购视频资源1000个，网上资源保有量达到近8000个，完成上半年市民课程线上、线下资源整合工作和市民“微课程”建设工作。首次启动西安市全民终身学习活动周并邀请市政府领导出席，为全市社区

西安市2017年各级各类学校数量和教职工、专任教师人数

	学校数（所）	教职工数（人）	专任教师数（人）
总　计	3427	218197	155057
一、高等教育	76	76710	49233
（一）研究生	（43）	—	—
1. 高等学校	（22）	—	—
2. 科研机构	（21）	—	—
（二）普通高等学校	63	74218	47917
1. 本科院校	42	63993	40933
其中：独立学院	11	5959	3733
2. 专科院校	21	10225	6984
其中：高等职业院校	19	8748	6183
（三）成人高等学校	13	2492	1316
二、中等职业教育	163	13123	11002
（一）普通中等专业学校	16	1556	998
（二）成人中等专业学校	2	157	74
（三）职业高中学校	62	3318	2405
其中：市属	61	3318	2405
（四）技工学校	83	8092	7525
其中：市属	31	2020	1695
三、基础教育	3188	128364	94822
（一）普通中等教育	448	44546	36565
1. 高中	160	—	19821
完全中学	99	13655	11346
高级中学	48	7446	6127
12年一贯制学校	13	3029	2348
2. 初中	288	—	16744
初级中学	238	16069	13179
9年一贯制学校	50	4347	3565
完全中学	（99）	—	—
12年一贯制学校	（13）	—	—
附设普通初中班的学校	（1）	—	—
（二）普通初等教育	1125	38494	34163
独立小学	1125	—	32497
教学点	（308）	—	1666
9年一贯制学校	（45）	—	—
12年一贯制学校	（11）	—	—
附设小学班的学校	（4）	—	—
（三）特殊教育	9	386	272
特殊教育学校	9	386	272
附设特教班的学校	（1）	—	—
（四）工读学校	1	43	33
（五）学前教育	1605	44895	23789
幼儿园	1605	44895	23789
附设幼儿班的学校	（87）	—	—
另有：职业技术培训机构	1787	19142	13029

注：1. 本表为西安市行政区划内各级、各类学校全口径数据（不含军事院校、党校）。
2. 技工学校数据由西安市人力资源和社会保障局提供。
3. 按照事业统计主体校原则，完全中学、12年一贯制学校的数量计入普通高中，9年一贯制学校的数量计入普通初中。
4. 教职工和专任教师数量按照办学类型划分，请使用中注意。
5. （ ）内数据不计入总计数量，下表同。

西安市2017年各级各类教育学生情况

	毕业生数(人)	招生数(人)	在校生数(人)	在校生数中女（人）
总　计	743000	924952	2850514	1295350
一、高等教育	356206	437637	1224995	585495
（一）研究生	25808	36296	104092	48473
1. 高等学校	25616	36084	103458	48317
2. 科研机构	192	212	634	156
（二）普通高等教育	205041	200954	726752	356345
本科	128379	126114	501248	251312
专科	76662	74840	225504	105033
（三）成人高等教育	52839	45114	113724	57153
其中：成人高等学校	5021	7057	18066	8514
（四）网络本专科生	72518	155273	280427	123524
1. 本科	32321	61306	109718	50416
2. 专科	40197	93967	170709	73108
二、中等职业教育	49115	74551	190624	33298
（一）普通中等专业学校	10587	9604	27392	12112
（二）成人中等专业学校	92	106	274	133
（三）职业高中学校	14325	17080	45145	21053
其中：市属	14325	17080	45145	21053
（四）技工学校	24111	47761	117813	—
其中：市属	5860	14464	32049	—
三、基础教育	337679	412764	1434895	676557
（一）普通中等教育	138948	140824	417436	196048
1. 高中	55159	51768	158173	77438
完全中学	24857	25500	76126	37682
高级中学	27781	23782	74812	36258
12年一贯制学校	2521	2486	7235	3498
2. 初中	83789	89056	259263	118610
初级中学	45801	45930	136039	61567
9年一贯制学校	5852	6597	19210	8894
12年一贯制学校	3602	4825	12431	5550
完全中学	28534	31704	91583	42599
（二）普通初等教育	90592	131313	666824	312843
小学	83588	119935	610923	286943
9年一贯制学校	4914	8771	41498	19328
12年一贯制学校	2090	2607	14403	6572
（三）特殊教育	237	774	2498	932
1. 特殊教育学校	95	416	1155	430
2. 小学附设特教班	—	—	8	2
3. 小学随班就读	98	195	888	348
4. 初中随班就读	44	112	324	112
5. 小学送教上门	—	37	94	30
6. 初中送教上	—	14	29	10
（四）工读学校	14	15	27	4
（五）学前教育	107888	139838	348110	166730
1. 独立幼儿园	106410	138570	346219	165799
2. 附设幼儿班	1478	1268	1891	931
另有：职业技术培训机构	498447	—	634088	341067

注：特殊教育随班就读学生已计入相应小学、初中在校生中。

教育工作深入推进起到示范助推作用。开展2017年西安市“百姓学习之星”和“终身学习品牌项目”遴选表彰工作，遴选出西安市“百姓学习之星”24人、“终身学习品牌项目”13个，以榜样的力量带动全市全民终身学习工作。举办“美丽大西安——2017年西安市全民摄影比赛”活动，收到全市335家单位807位作者的1175幅参赛作品。指导西安广播电视大学为西安居民提供全面、优质、高效的继续教育资源和各类考试服务。全年举办的各类专业技术培训共培训1.8万人次，完成国培项目4项，培训1478人次；完成市培项目2项，培训18645人次。新增培训项目3项，开展陕西省B类项目区（县）乡村教师培训团队研修项目，培训40人次；陕西省B项目区（县）乡村教师送教下乡培训项目培训1258人次；2017年西安市中小学（幼儿园）信息技术应用能力提升培训项目培训18385人。完成首期西安市职工素质教育培训项目，培训20836人次。

◆**民办教育**　2017年，西安市有民办学校1166所。其中，民办小学73所，另有学校数统计在中学的一贯制学校21所（9年一贯制12所、12年一贯制9所）；民办普通中学56所，其中初中27所、高中29所；民办幼儿园999所；民办职业高中37所，民办特殊教育学校1所。

◆**特殊教育和民族教育**　2017年，西安市教育局制定下发《西安市素质教育督导评估“316工程”特殊教育学校指标体系》，特殊教育、民族教育健康发展。在陕西省率先设立特殊教育指导中心和专家咨询委员会，建成17个资源中心和42个资源教室。新建蓝田县和高陵区2所特殊教育学校。全市排查6—15岁三类残障儿童义务教育入学情况，实现涉贫区（县）残障儿童少年“零辍学”，远超陕西省入学率90%的标准。开展精准扶贫工作，实现贫困户残障学生入学全覆盖。对全市务工经商的新疆少数民族适龄儿童进行全面摸底。开展爱国主义教育和民族团结教育，所有民族学校均未发生安全稳定事故。

◆**教育领域综合改革**　2017年，西安市教育局继续加强教育领域综合改革。起草形成的《西安市大学区学区长学校品质提升工程五年行动计划（2017—2021年）》，已经西安市人民政府同意并正式印发，计划投入21.7亿元，用于扩大学区长学校优质资源覆盖面。探索城乡学校互建联合体，全年组建9个跨行政区域大学区、6个“一长管理多校”的紧凑型大学区。实施2017年大学区管理制改革项目编制工作，4月下拨6000万元市级财政专项资金用于大学区内涵发展软实力提升项目。牵头实施2017年大学区学区长学校品质提升工程项目，制定印发《西安市教育局关于推进“名校+”模式发展的实施意见》，投入3亿元市级专项财政资金用于落实学区长学校提升工程硬件、软件项目内容。完善民办学校初中招生制度改革，印发《西安市教育局关于做好2017年义务教育民办学校初中招生入学工作的通知》，于4月13日前，督促各区（县）完成《招生工作实施细则方案》《招生工作安全预案》的制订工作。参加综合素质评价学校网上报名总人数61258人，实际参加人数55431人，占小学毕业生总数的63.89%。实施民办教育“营利性、非营利性”分类改革，按照“一校一策，稳妥处理”的原则，做好民办学校分类登记工作前期宣传和准备工作，并开展民办学校分类登记前期调研。继续推进社会第三方教育评价工作，对西安市“十二五”基础教育发展基本状况西安市中小学生核心素养进行评价。指导社会第三方机构做好专家队伍组建、评价指标体系和评价工具制定工作，完成半年度评价报告和年度评价报告。牵头组织形成《关于系统解决民生“九难”的意见（审议稿）》，全力抓好解决“上学难”工作的推进落实。加强对高陵区教育人事制度改革试点的指导，先后制定下发《高陵区教职工“区管校聘”工作实施方案》《关于推进教职工“区管校聘”进一步规范教师队伍管理实施方案》《关于推进教职工“区管校聘”有关问题的处理意见》《关于岗位设置管理改革工作指导意见》等文件，指导高陵区加快实行教师的统一调配、统一薪资、统一考核的管理模式。

◆**教育规划布局**　2017年，西安市教育局依据《西安市教育设施专项规划》，确定到2021年新建144所中小学和75所幼儿园的目标。先后完成《普通高中优质特色发展五年行动计划（2017—2021年）》《西安市学前教育提升第三期行动计划（2017—2020年）》《大学区学区长学校品质提升工程五年行动计划（2017—2021年）》的编制。在已有法规框架下，鼓励优质教育资源在西安市开办优质高端民办学校。全年审批西安高新第一中学沣东中学、陕西师范大学万科初级中学和西安高新第一初级中学东校区初级中学3所优质民办学校，批准西安钱学森中学开展筹设各项准备工作。与西安市城市规划设计研究院沟通，正在编制《西安基础教育三年提升计划》。

◆**教师队伍建设**　2017年，西安市教育局先后印发《西安市教育局关于进一步严禁在职中小学教师有偿补课行为的通知》《西安市教育局办公室关于规范教师违反职业道德投诉办理程序的通知》，在门户网站、微信公众号和官方微博公布西安市各区（县）教育局有偿补课举报电话，不断建立和完善教师违反职业道德监督和处理机制。通过《西安日报》《华商报》、华商网、西安电视台、西安教育电视台等新闻媒体，对2017年“西安市最美教师”和评选出的“西安市中小学优秀班主任”、模范教师、优秀乡村教师中部分教师的先进事迹在“教师节”前进行集中宣传。拟定《关于进一步加强我市中小学教师队伍骨干体系建设的意见》，建立“西安市特级教师数据库”和“骨干教师数据库”。分别采取集中培训、远程网络培训、异地培训、送培到校等多种形式，开展国家、陕西省、西安市三级培训。确定长安区为陕西省第二批“国培计划”项目区（县），实现周至县、蓝田县、长安区、鄠邑区4区（县）国家级培训全覆盖，按计划开展“国培计划”项目6个，培训教师、校（园）长11360余人次；开展省级培训项目6个，培训教师、校（园）长39685人次；按照市级培训计划，开展39个培训项目，投入专项资金1600余万元，培训教师、校（园）长4万余人次。聘请来自北京、上海、浙江和成都等地的方张松、秦建平、纪明泽、杨四耕、张丰、曹宝龙、张男星、黄臻、王素、罗夫运10位国内知名专家来西安进行5期10次专题讲座，培训进修学校校长、教研室主任、中小学校长3000余人次。选派学前教育中层管理人员50人名赴华东师范大学进行学习、中小学优秀校长各60名赴杭州进行培训、52名优秀中学校长和50名小学校长到北京师范大学进行高级研修培训，学习国内领先地区的先进经验和做法。组织33名骨干教师赴新加坡、28名幼儿园园长赴日本进行海外研修。启动教师综合素质测试组织报名工作，于11月进行综合素质测试，78532名专任一线教师报名，76170人参加测试，学前教育教师合格率达94.12%，中小学教师测试合格率达99.7%以上。

◆**教育信息化建设**　2017年，西安市教育局推进基于“三个课堂”（专递课堂、名师课堂、名校网络课堂）建设的网络教育，完成100所学区长学校网络课程录播教室和300所成员学校互动教学网络教室建设。大学区优质资源共享平台资源应用专任教师注册使用率达到90%。出台《西安市中小学智慧校园建设标准与评估细则》，加快“智慧课堂”建设和应用试点，推进“教育信息化创新应用示范工程”，创建25所“教育信息化创新应用示范学校”。开展教育信息化专项培训，2.2万人次参加培训。推进中小学创客教育实践室建设，全年创建125个创客教育实践室。实施中小学宽带网络“校校通”提升工程。截至年底，全市1446所学校和教学点全部完成宽带网络提升。着力提升全市中小学校网络科学化、智能化和知识化建设水平，评审创建“西安市智慧校园示范学校”13所。加快推进教育大数据应用，开发并完成西安基础数据库平台三期项目建设，加大市级大学区优质教育资源共享平台应用推广。截至年底，平台教师注册人数7.02万人，占全市专任教师的81.3%，教师自主上传优质资源4万余件。中小学直播课程达到381节，时长127小时，在线观看366万人次。

◆体育、艺术教育 2017年，西安市教育局调研完善体育、艺术特长生招生计划审定、资格审查、专业测试、意向签订等工作程序，平稳有序地完成高水平运动员中考体育免试和体育、艺术特长生招生工作。丰富学生体育文化生活，办好足篮排、健美操、啦啦操、乒乓球、围棋等学生体育比赛。下发《西安市教育局关于强化体育课和课外锻炼的实施意见》，明确要求中小学校开足开好体育课程，自2017年起，小学、初中体育课调整为每周4节，高中（含中等职业学校）体育课调整为每周3节。先后举办西安市中小学生艺术大赛、“喜庆十九大”西安市中小学生书法绘画赛展、西安市“长江钢琴杯”青少年钢琴比赛等大型活动，培育和激励艺术人才。在长安等7个区（县）的13所学校开展以交响音乐为载体的“高雅艺术进校园”活动，通过活动的开展，提升全市中小学生艺术修养。为进一步贯彻国家关于新形势下加强戏曲教育工作的意见精神，提升西安市中小学校戏剧戏曲课程及活动实施水平，“美育星光”项目在37所中小学校开展试点。各试点学校利用线上平台，线上、线下同步学习，并定期组织学生观看线上优秀儿童剧目。

◆教育精神文明建设 2017年，西安市教育局推进道德建设和校园文化建设。开展“我们的节日”、经典诵读以及2017年“全民读书月”活动，扩大社会主义核心价值教育影响力。联合西安日报社开展2017年师德先进个人宣传报道，弘扬教师乐教奉献的精神。联合西安市精神文明建设指导委员会召开教育系统文明交通“车让人、人守规，做守法文明西安人”“小手拉大手”主题实践活动推进会，推动教育系统“小手拉大手，文明驾车行”宣传教育实践活动常态化、持久化、规范化开展。推荐“陕西省文明校园”75所、“全国文明校园”2所。开展“我对总书记来陕视察印象最深的一句话”和“我最喜爱的总书记的一句话”学习交流活动。

◆教育安全稳定 2017年，西安市教育局出台《西安市教育系统安全工作“党政同责、一岗双责”实施细则》，制定印发《2017年稳定安全工作要点》《2017年西安市校园及周边治安综合治理工作要点》《2017年校车安全管理工作要点》和《2017年全市中小学幼儿园安全教育工作的通知》等文件，召开全市教育系统安全工作会议7次，每月召开1次安全工作例会，下发各类安全工作部署性文件110余份。以特种设备安全、校车安全运营、消防安全、危险化学品安全、防汛、防溺水、防范校园欺凌等工作为重点，开展全市教育系统安全隐患排查治理工作。先后成立14个专项督查组，赴13个区（县）、西咸新区和西安国际港务区的70多所学校进行实地督导检查。开展为期3个月的“校园及周边环境大整治行动”，成立13个督查组，市、区（县）两级开展学校及周边综合治理40余次。集中开展中、小学校长法制、禁毒、校园安全与应急管理等培训，培训禁毒教师495人、法制校长240人、校园安全与应急管理人员240人。下拨专项资金3000余万元，为395所中、小学幼儿园更新和新建视频监控系统，实现全市公办幼儿园视频监控系统100%覆盖。下拨各校车试点区（县）市级校车补助资金710万元，惠及全市71所学校的近万名学生。举行各类安全讲座3100余场次，制作发放安全宣传材料40万份，营造校园安全的良好氛围。全年各级各类学校举行各类安全演练活动9000余场次，增强广大师生的安全防范意识、自我保护意识和应对安全突发事件的综合能力。

◆语言文字工作 2017年，西安市对西安市语言文字工作委员会组成机构和人员进行调整。西安市教育局开展“中国梦·爱国情·成才志”中华经典诵读活动和中、小学规范汉字书写大赛、“推广普通话宣传周”活动，并号召全市中、小学校开展规范汉字书写教育活动。

◆教育督导 2017年，西安市教育局不断完善教育督导工作，推进教育发展水平整体提升。督导雁塔区、灞桥区、临潼区、周至县4区（县）开展创建“国家义务教育发展基本均衡区（县）”国检验收。完成蓝田县义务教育均衡发展“双高双普”市级督导检查，并联合中共西安市委组织部对蓝田县党政领导干部履行教育职责情况进行考核。联合咸阳市对西咸新区相关地区进行义务教育发展督导检查。印发《关于做好2018年国家义务教育均衡发展评估认定前期准备工作的实施方案》，安排布置2018年义务教育均衡发展复验工作。对新城区、碑林区、莲湖区、未央区、阎良区、长安区、高陵区、鄠邑区政府2016年度教育经费投入情况进行专项督导检查。组织开展全市改善义务教育薄弱学校基本办学条件工作专项督导。根据国务院《教育督导条例》精神及国务院教育督导委员会、陕西省人民政府教育督导委员会要求，8月，经西安市人民政府领导同意，成立西安市人民政府教育督导委员会。进一步加强对全市市级责任督学的规范管理，强化“中小学校责任督学挂牌督导创新区（县）”创建工作。指导未央区创建“全国中小学责任督学挂牌督导创新区”，已通过申报和

2017年12月4—5日，西安市教育局在西安市第八十九中学举办2017年西安市“中国梦·爱国情·成才志”中、小学规范汉字书写大赛

网络问卷阶段，准备迎接国家评估。经陕西省评估组验收，高陵区、新城区2个区完成省级评估验收。组织开展2017年市级实施素质教育优秀学校、幼儿园的评估验收工作。开展“十二五”基础教育发展状况评价工作，完成调研工作，访谈教育管理部门及学校负责人527人，发放并收回调查问卷2800多份，形成15份约6万字的访谈记录，完成半年度评价报告。配合教育部基础教育质量监测中心完成对莲湖区、长安区各20所义务教育学校的义务教育质量监测工作。

◆治理教育乱收费 2017年，西安市教育局按照陕西省治理教育乱收费工作会议的安排部署，牵头联合财政、物价、文化等部门召开全市治理教育乱收费工作会议，就全市开展治乱专项督查工作进行安排部署。印发《关于禁止中小学校违规补课的通知》和《加强全市普通高中学籍管理的通知》，完成中共西安市委巡视组关于“乱补课、乱招生”问题的整改。各区（县）下发无证培训机构“停办通知单”225份。

◆大学区管理制改革 2017年，西安市教育局继续推进“一长管多校”模式紧凑型大学区和城乡互建联合体的跨行政区域大学区组建工作，全市新增紧凑型大学区28个、跨行政区域大学区46个。实施全市大学区学区长学校提升工程项目，下拨各学段学区长学校项目资金3亿元。做好大学区管理制改革项目编制工作，审定市级项目资金6000万元，继续提升大学区内涵发展软实力。推进城六区优质教育资源学校与西咸新区组建20个跨行政区域大学区，快速提升西咸新区大学区建设。全年投资1260万元，完成大学区优质教育资源共享平台第三期建设，42个录播教室和100所在线课堂全面投入使用，实现了农村薄弱学校与城市优质学校同步“共上一堂课”。

◆教育考试工作 2017年，西安市招生考试工作以加强考试组织管理和提高考务工作质量、提升考试服务水平为重点，以确保考试公平和安全为核心，完成22个类别30次考试任务，以及中考招生录取工作，考生总规模88.87万人次。发放“全国计算机等级证书”“计算机应用证书等”5万多本，申办、审办“自学考试毕业证书”3500余份。

◆教育交流合作 2017年，西安市教育局加快教育国际化发展，支持西安文理学院发展留学生教育，完成首次中亚教育交流出访任务，招收培养中亚留学生19人。编制完成2017年丝绸之路经济带新起点建设项目资金，总预算877万元，共3类13个项目。西安铁路职业技术学院国际交通学院招生269人，比上年增加109人，组织中、俄两校交换学生各17名。西安文理学院选派24名师生前往泰国汉语培训基地开展汉语培训。西北首个网络汉语教育与文化交流平台——西安汉唐文化网络学院揭牌成立，“汉唐华语网”开通。举办第二届“一带一路”沿线节点友好城市大学生夏令营、沿线国家中小学生夏令营、“长安记忆 丝路互通”西安丝绸之路历史文化国际学术研讨会，“西安市丝绸之路经济带教育文化交流研究中心”网站（sichou.xawl.edu.cn）开通运行。全国首个跨境制作的“丝路新影像”学生主题宣传教育片即将完成。加快国际学校建设，西安高新技术产业开发区管理委员会投资启动的西安高新梁家滩国际学校教学楼开工建设；汉诺威国际学校完成征地工作，并开工建设。

◆城市新区新建教育项目 2017年，西安市城市新区教育新建项目中，36所学校建设任务竣工5所，在建25所，其余6所正在招投标。改扩建项目涉及学校175所，其中竣工73所，在建69所，其余33所正在办理招投标手续。按照《西安市居住区公建配套设施建设管理实施细则》，西安市教育局向西安市规划局、西安曲江大明宫遗址区保护办公室等部门，就未央区北辰大道以西、凤城八路以南、永城路以北住宅项目，未央区凤城四路以北2.19公顷教育用地，莲湖区昆明路以北阿房宫以东规划调整项目，雁塔区清凉山北侧4.61公顷储备用地的教育配套设施，提出移交区政府开办公办学校的意见，涉及3所幼儿园和1所九年制学校。

◆校园“新风系统”建设试点 2017年11月底，西安市所有区（县）完成“新风系统”招标采购工作，多数学校自11月15日起已安装完毕并投入使用。全市安装教室1617间，采购合同价33762589元，其中市级财政资金投入22082300元，区（县）财政资金投入11680289元。试点工作平稳有序进行。

◆校园食品安全和实施“营养改善计划” 2017年，西安市教育局联合西安市卫生和计划生育委员会、西安市食品药品监督管理局对全市中小学幼儿园食品安全工作进行专项检查。下发《西安市教育局办公室关于全市校园传染病防控和食品饮用水安全工作专项检查的通报》及“整改意见单”，指明存在的问题，并限期整改。各区（县）教育行政部门会同食品药品监管部门采取定期检查和随机抽查等形式，加强学校食堂食品安全监管。继续实施“西安市农村义务教育学生营养改善计划”，以提高营养改善计划供餐比例、做好营养改善计划扶贫工作为重点，覆盖13个区（县）和沣东新城的1397所学校，惠及学生36.9万人，占全市义务教育阶段学生的49%，占农村义务教育学校学生的100%。有食堂供餐学校563所（含教学点），学生12.49万人。下达2017年市级膳食补助资金6703万元、市级食堂运行资金2208万元，提高学校供餐积极性。

◆西咸新区托管地域内教育事业统筹 2017年，西安市教育局为落实中共陕西省委、陕西省人民政府《关于促进西咸新区进一步加快发展的意见》要求，成立西咸新区教育局事业委托代管工作领导小组，启动委托代管工作。拟订《市教育局委托代管专项工作实施方案》及代管事项任务清单，制订培训计划，分3批次对区域内51人进行“面对面”的培训。经多次沟通、磋商，与咸阳市教育局、西咸新区管理委员会就教育托管移交达成10项共识。3月31日，长安区教育局与沣东新城教育局签订移交备忘录；4月1日起，沣东新城正式托管细柳、郭杜街道教育事业；4月8日起，西咸新区正式托管辖区内教育工作；4月24日，西咸新区管委会批复成立“西咸新区教育卫体局”；5月，原“西咸新区社会事务局”更名为“西咸新区教育卫体局”，履行辖区教育、卫计、体育工作职责；5月24日，与西咸新区就轮岗交流事宜达成初步共识，并于6月初印发《西安市2017—2018学年度校长教师交流轮岗方案》，选派优秀校（园）长、骨干教师260人到西咸新区轮岗交流；西咸新区选派200名校（园）长、教师到西安市城六区学校跟岗学习。

◆西安市在“一师一优课、一课一名师”活动中获佳绩 2017年2月，在2015—2016年度“一师一优课 一课一名师”活动中，西安市有29993名教师在国家教育资源公共服务平台“晒课”34439节。其中，458节课被评为“部级优课”；1613节课被评为“省级优课”；1989节课被评为“市级优课”。获奖率、“晒课”数量及参与人数均位列陕西省第一。

◆临潼区开展“名师示范引领培训”活动 2017年3月28—30日，由临潼区教育局牵头，教师进修学校组织的“名师示范引领培训”活动在华清中学、骊山初级中学等5所学校开展。此次培训涉及高中英语、高中语文、初中化学、小学语文、小学数学等科目，参训340人。活动通过各“名师工作室”主持人做教育、教学专题报告，工作室成员上示范课，展示教学风采，示范和传授先进教学方

2017年5月4日，西安市碑林区教育局举办第二十九届“中小学艺术月”大合唱比赛

法，参训教师和名师工作室成员“面对面”交流、评课、议课等环节，共同探讨教师在专业成长和课程改革实践中存在的问题和解决的方法。

◆碑林区举办大合唱比赛 2017年5月4日，碑林区教育局举办第二十九届“中小学艺术月”大合唱比赛。此次“艺术月”活动以立德树人为宗旨，以培养“阳光学子”为目标，采用大合唱的表演形式，集中展现校园艺术教育成果及碑林学生健康阳光的精神风貌。中学组中西安铁一中学、西安交通大学附属中学、西安市第八中学等5所学校获A组（1000人以上学校）“特等奖”，西安市第三中学、西安交大阳光中学等5所学校获“一等奖”；西安市第六中学、西安市第六中学分校、西安含光中学等6所学校获B组（1000人以下学校）“特等奖”，西安市第八十六中学、西安工业学院附属中学等5所学校获“一等奖”。小学组中西安建筑科技大学附属小学、西安融侨小学、西北工业大学附属小学等学校获A组（1000人以上学校）“特等奖”；西安理工大学附属小学、西安小雁塔小学等学校获“一等奖”；大学南路小学分校、西安振兴路小学、西安乐居场小学等学校获B组（千人以下学校）“特等奖”，西安南门小学、西安交通大学附属小学金辉分校等学校获“一等奖”。另外，评出“优秀辅导奖”23个（中学10个、小学13个），优秀指挥奖中学23个（10个、小学13个）。

◆西安市首次职业教育校企合作座谈会 2017年5月10日，西安市教育局和西安市人力资源与社会保障局首次联合召开西安市职业教育校企合作座谈会。此次会议首次为西安市职业院校与企业合作搭建市级层面的交流平台。各企业代表与职业院校代表围绕校企合作情况、需求及对政府部门的意见建议进行充分的发言和讨论，并就《西安市职业教育校企合作协议（讨论稿）》及即将举行的西安市校企合作推进会的相关事宜发表意见。

◆未央区举行校园安全专项培训 2017年5月10—11日，未央区教育局在西安市文景中学组织举办“未央区2017年校园安全管理专项培训”。邀请陕西省、西安市校园安全管理工作方面的专家，就校园安全管理、《未央区教育系统贯彻落实市委“三项机制”强化安全管理责任追究实施细则（试行）》解读、学生心理安全、如何学习贯彻《中共中央国务院关于推进安全生产领域改革发展的意见》、反恐怖防范等方面内容，对全区中小学、职业学校、幼儿园及教育培训机构校长、分管领导、安保主任、安保干部进行系统培训，并组织参训者观摩明光路派出所模拟的校园突发应急反恐演练。

◆第三届全国少年宫系统舞蹈展演暨中华传统文化研学活动 2017年7月25—27日，在西安广电大剧院举行。此次活动由全国城区少年宫工作研究会主办，莲湖区少年宫承办。评选出20个“优秀组织奖”、5个“最佳编创奖”、5个“最佳表演奖”、5个“最佳风貌奖”，14个“金奖”、16个“银奖”以及若干个“优秀指导老师奖”。参演的舞蹈节目分别来自北京市、内蒙古自治区、吉林省、广东省、浙江省、乌鲁木齐市、贵州省、陕西省等省（市、区），包括塔塔尔族舞蹈《小小绣花匠》、蒙古族舞蹈《塔林呼罕》、青海省的《牧童》、贵州省的《再唱山歌给党听》等。在展演期间，组织小演员们参观秦陵博物院、陕西历史博物馆等名胜古迹，借助西安的历史文化底蕴，对少年儿童开展中国传统文化教育。

◆长安区开展“全民终身学习活动周”活动 2017年10月19日，长安区2017年全民终身学习活动周启动仪式在长安区教育局举行。各街道办事处分管领导、各社区居委会主任、各成人文化技术学校负责人共106人参加启动仪式。活动周主题为“推动全民终身学习，共建品质大西安”。通过在学校、社区举办艺术、养生、摄影等知识讲座，开展古筝、书法、国画等课程培训，以及“电影进社区”“读一本好书”等活动，激励全民学习热情，营造“全民学习、终身学习”的浓厚氛围，推动学习型社会建设。

◆西安市一中获“全国中小学先进后勤学校”称号 2017年11月25日，在全国未来学校（基础教育）发展研讨会上，西安市第一中学获得“全国中小学先进后勤学校”荣誉称号。此次研讨会由教育部学校规划建设发展中心组织召开，来自全国各地的数百所学校的代表参加这次会议。西安市第一中学因为在后勤队伍建设、后勤管理和服务制度完善、教育教学设施设备现代化、智能校园信息化、资源节约型校园建设及后勤服务社会化等后勤工作中成绩突出而获得此项荣誉。这是继“全国2017最美校园书屋”和“全国中小学心理健康特色学校”，西安市第一中学获得的又一项国家级重大荣誉。

◆西安高级中学举办“科技节” 2017年12月13日，西安高级中学举办以“崇尚真理追求真知科技筑梦创新成长”为主题的第一届“科技节”。开幕式上，非凡机器人团队为与会同学做专题讲座，介绍“什么是3D技术”“3D技术在生活中的应用”知识。互动环节中，同学们踊跃地提问、抢答，进一步加深对3D打印技术的认知。

◆西安市八十五中在陕西省中学生羽毛球锦标赛获得优异成绩 2017年12月27—28日，陕西省中学生羽毛球锦标赛在西安市第八十五中学体育馆举行。西安市第八十五中学获得高中组男子团体第一、女子团体第一，初中组男子团体第一的优异成绩。 （雷大鹏　李静）

学前教育

◆概况 2017年，西安市有幼儿园1605所。其中，公办606所，民办999所；西安地区1477所，原咸阳地区128所。学前教育在园儿童348110人，其中独立设置幼儿园在园儿童346219人、附设幼儿班幼儿1891人。有幼儿园教职工44895人，其中专任教师23789人。幼儿园校舍建筑面积282.99万平方米。截至8月，西安市普惠性幼儿园占比达到42.21%，提前完成占比42%的省考指标。

◆公办幼儿园质量提升　2017年，西安市投入市本级资金5702万元，惠及79所幼儿园。启动实施大学区学区长幼儿园质量提升项目，投入市本级资金2682万元，惠及30所学区长幼儿园。启动大学区学区长幼儿园教育教学创新项目，投入资金690万元，惠及141所学区长幼儿园。

西安市2017年认定的一级幼儿园

序　号	所在区（县）	幼儿园名称
1	新城区	陕西省宋庆龄基金会骏景幼儿园 新城区朝阳幼儿园
2	莲湖区	西安市莲湖区第六幼儿园 西安莲湖旭景新港幼儿园 西安莲湖东尚观湖幼儿园 西安市莲湖区第七幼儿园
3	灞桥区	西安市浐灞第一幼儿园 灞桥区十里铺街道宝瑞兰特幼儿园
4	未央区	未央区品格希望城幼儿园 未央区金瑛德瑞幼儿园 西安市浐灞第二幼儿园 未央区品格浐灞半岛幼儿园 未央区中心幼儿园 未央区长乐第三幼儿园 未央区佳乐幼儿园 未央区高山流水幼稚园 未央区新概念第一幼儿园
5	雁塔区	西安市雁塔区贝九夏日景色幼儿园 西安市雁塔区慧乐幼儿园
6	阎良区	阎良区关山中心幼儿园 阎良区振兴中心幼儿园 阎良区关山中星幼儿园
7	临潼区	临潼区徐杨中心幼儿园 临潼区行者中心幼儿园 临潼区雨金中心幼儿园 临潼区任留中心幼儿园
8	长安区	长安区灵沼街道中心幼儿园 长安区韦曲街道艺林春天幼儿园 长安区杨庄街道中心幼儿园 长安区长安家园幼儿园 西北大学（长安校区）幼儿园
9	高陵区	高陵区榆楚中心幼儿园
10	鄠邑区	西安市鄠邑区秦渡中心幼儿园 西安市鄠邑区苍游幼儿园 西安市鄠邑区太平中心幼儿园 西安市鄠邑区实验阳光幼稚园
11	蓝田县	蓝田县灞源镇中心幼儿园
12	周至县	周至县马召镇桃李幼儿园 周至县哑柏镇中心幼儿园 周至县尚村镇天乐幼儿园
13	西咸新区	西安沣东第三幼儿园 西安沣东第六幼儿园 沣东新城瀚博第二幼儿园 咸阳市渭城实验第二幼儿园

◆西安市学前教育微信开通　2017年，西安市教育局开通“西安市学前教育”微信公众订阅号，以“分享、展示、引领、成长”为主题，为群众提供学前教育政策查询、优秀园所风采展示、育儿经验分享等服务，为全市学前教育工作者提供风采展示平台、幼儿园管理经验共享平台和现代化管理理念学习平台。全年推送信息343条，阅读量15万人次。

◆“陕西省教学能手”幼儿园组市级评选活动在市一保举行　2017年5月16日，“陕西省教学能手”幼儿园组市级评选活动在西安市第一保育院举行。此次评选设置3个考场，分引导组、抽题组、备考组、考务组、安保组、后勤保障组6个小组，将工作责任细化到组、落实到人，保证各位参赛老师在公平、公正、公开的环境中参加评选。通过资料审核、说课、答辩、讲课等环节，对参评人员的综合素质进行打分，适当照顾小学科。评选活动最终产生“陕西省教学能手”幼儿园组推荐人选22人。

◆市五保赴蓝田县开展“送培活动”　2017年11月8日，西安市第五保育院一行前往蓝田县，举办幼儿教育知识专题讲座，从园长专业素养、专业引领及园本课题组织与实施等方面进行讲解。来自蓝田县公立幼儿园、民办幼儿园、小学附属幼儿园及其他园所的200余名园长、教师参加此次讲座。讲座以实际课例进行分析，针对园本课题实施研究，为教师们进行园本课题开展提供一定的思路和借鉴。西安市第五保育院一行还前往蓝田县城区幼儿园进行实地考察，就园所管理、环境创设、资料整理、卫生保健、班级区角设置、教育教学等方面提出指导意见。

◆市二保承办陕西省学前教育研究会学术年会　2017年11月29日至12月1日，陕西省学前教育研究会召开2017年学术年会，西安市第二保育院作为会员单位承办了第五分会场的观摩研讨活动，同时派出10位教师分赴其他分会场进行观摩学习。11月30日，130余名幼儿教师在陕西省学前师范学院副教授陈晓燕和副教授姜娟芳的带领下，观摩3节优质科学活动并进行研讨。7名教师从户外游戏、区域活动、大学区管理制改革工作、信息技术应用、民间传统游戏等方面，结

2017年9月27—29日，第八届全国幼儿园语言教育研讨会在西安市第一保育院举行

合自身课题研究经验，通过7个课题研究实例，讲解如何发现日常工作中的切入点、如何严谨科学地进行课题研究以及提高自身的课题研究水平。此次学术研讨活动，通过示范课观摩展示以及优秀论文和园本研修经验交流，进一步宣扬“以幼儿为本”的教育理念，呼吁全体教师深入推进幼儿园课程改革，做好幼儿学习活动支持者、合作者和引导者的角色，全面提升自身保教能力，促进幼儿园保教质量进一步提高。

◆第八届全国幼儿园语言教育研讨会 2017年9月27—29日，第八届全国幼儿园语言教育研讨会在西安举行。28日，全国各地的幼儿教师到西安市第一保育院分会场交流学习。来自安徽省、广东省和西安市的幼儿教师先后展示小班《小蜗牛》，大班《我们的故事》《食品的使用方法》3节优秀语言活动。在专家的引领下，参会教师对3节展示课展开研讨。大会评选出《对话式阅读：概念、模式和实践路径》等11篇优秀论文。 （雷大鹏　李静）

义务教育

◆概况 2017年，西安市有小学1125所，其中公办1052所、民办73所；西安地区1041所、原咸阳地区84所，另有不计校数的小学教学点308个。小学在校学生666824人。小学教职工38494人，其中专任教师36952人。全市小学校舍建筑面积481.18万平方米。有初中288所，其中公办261所、民办27所，西安地区268所、原咸阳地区20所。初中在校学生259263人。专任教师21235人。全年西安市下达免学费及公用经费补助资金120197.8万元，惠及学生99万人。

◆义务教育入学招生 2017年，西安市教育局印发《做好2017年义务教育招生入学工作的通知》《关于做好2017年义务教育民办学校初中招生入学工作的通知》等文件，指导各区（县）做好招生入学工作实施方案和安全预案。成立西安市义务教育招生入学指导办公室，落实各区（县）学区划分和入学招生工作，并由各区（县）向社会公布。认真做好进城务工人员随迁子女义务教育入学工作。

◆民办初中招生制度改革 2017年，西安市实施“以学生的成长过程性评价为主，结合学生发展核心素养问卷，以综合素质评价结果录取新生”的民办初中学校招生政策。问卷以实施素质教育为主题，内容注重文化基础、自主发展、社会参与的评定，包含人文底蕴、科学精神、学会学习、健康生活、责任担当、实践创新6大素养。全市有55431名学生参加“问卷”。

◆破解“上学难” 2017年，西安市教育局围绕民生“九难”中的“上学难”问题，通过市内调研座谈、赴外地调研学习等措施，了解家长需求，学习外地先进经验。起草形成《西安民生提升解决“上学难”问题的调研报告》，起草《西安市解决“上学难”的政策建议》《西安市解决“上学难”问题的若干意见》，并分别从党的建设、学校规划、教师队伍、学前教育、高品质学校、现代职业教育、教育系统安全稳定、民办非学历教育、教育国际化、教育督导等12个方面，制定破解“上学难”问题措施和工作方案。

◆弹性离校 2017年春季，西安市教育局依照《西安市关于实行小学“弹性离校”试点工作的实施方案》，在城六区60所学校低年级中开展试点工作。参与学生9728人，参与率28%，市级资金投入58.368万元。秋季，按照《西安市实行小学“弹性离校”工作方案》，在全市低年级中全面铺开，小学一、二、三年级实际参与人数10.5万人，参与率35.34%，市级财政投入1001.94万元，区（县）配套579.16万元。“弹性离校”为全市小学生提供延时照顾服务，缓解部分学生家长“接孩子难”问题，进一步增强教育服务能力。

西安市2017年义务教育段随迁子女入学情况

	小　学			初　中		
	在校生数	随迁子女在校生数	随迁子女在校生比重(%)	在校生数	随迁子女在校生数	随迁子女在校生比重(%)
全　市	666824	221368	33.20	259263	74925	28.90
新城区	36566	16947	46.35	21205	10412	49.10
碑林区	45394	14913	32.85	29968	10775	35.96
莲湖区	54505	27073	49.67	21099	9778	46.34
灞桥区	52254	21675	41.48	16947	6227	36.74
未央区	84098	47995	57.07	21011	10941	52.07
雁塔区	101663	43204	42.50	32941	13276	40.30
阎良区	15702	1944	12.38	6082	703	11.56
临潼区	38944	3983	10.23	6082	703	11.56
长安区	62789	15174	24.17	23098	3547	15.36
高陵区	20856	5864	28.12	6793	1265	18.62
蓝田县	28001	1017	3.63	15454	328	2.12
周至县	34485	1000	2.90	16466	229	1.39
鄠邑区	28852	2138	7.41	13335	651	4.88
西咸新区	62715	18441	29.40	18591	5913	31.81

◆**文景中学足球队参加全国冬季阳光体育大会**　2017年2月，国家体育总局、教育部和共青团中央在黑龙江省牡丹江市联合举办2017年全国青少年“未来之星”冬季阳光体育大会。此次大会有来自全国31个省（区、市）和新疆建设兵团、澳门特别行政区的37支代表队参赛。西安市文景中学足球队代表陕西省参加该项大会。参会期间，队员们努力克服极寒天气、冰雪场地不适等不利条件，在冰上龙舟、雪地足球、雪地穿越、雪地障碍等项目比赛中取得良好成绩。其中冰上龙舟经过三轮角逐，以第四名的成绩获得“团队优胜二等奖”；雪地足球小组赛分别战胜浙江队、安徽队，逼平上海队，获得“团体集体荣誉奖”。

◆**凤景小学开展“反恐防暴”应急演练活动**　2017年4月5日，西安市凤景小学举行校园“反恐防暴”应急演练活动。10时17分许，演练准时开始，2名“暴徒”手持“凶器”试图闯入校门，对师生安全造成威胁；学校保卫人员发现后，立即通知学校安全负责人并启动应急预案；学校通过校园广播通知全体师生迅速进入班级，紧闭门窗，同时校园应急全体人员迅速持钢叉、棍棒等防暴工具赶赴现场。通过与“暴徒”近5分钟的搏斗，终于制伏“暴徒”，夺下“凶器”。至此，警报解除。此次“反恐防暴”演练活动增强了全体师生面对恐怖袭击时的应变能力和生存能力，检验了学校安全防范工作的实效性。

◆**市三十中开展研学旅行活动**　2017年4月14日，西安市第三十中学组织七、八年级全体同学赴西安关中民俗博物院和秦岭翠华山，开展研学旅行活动。此次研学旅行活动的主题是“感悟关中民俗民风 探寻秦岭地质地貌”。全体参与活动的师生在关中民俗艺术博物院参观樊继准宅院、孙丕扬宅、耿宅、稷王庙、孙福堂、雷宅、樊宅，了解关中民俗习惯及饮食文化。通过学习老腔艺术、体验拓片做面，了解和感悟关中地区民俗文化。通过徒步攀登秦岭翠华山，学习自然历史知识，锻炼意志品质，增强集体观念和团队合作意识。

◆**灞桥区举办小学生吟诵比赛**　2017年4月25日，西安市灞桥区“吟诵中华经典、弘扬传统文化”小学生吟诵比赛决赛在西安市第五十五中学举行，来自全区10所学校的500余名学生参赛。比赛中，各代表队以“吟诵中华经典、弘扬传统文化”为主题，通过对古诗文改编、串联等方式进行再创作，在诗的节奏和古曲的伴奏下，以吟、诵、乐、舞等多种形式，诠释了国学经典作品的内涵和韵美。本次比赛邀请中华吟诵协会理事魏俊梅、西安市楹联学会会长王刚、西安交通大学文学院教授黎荔、陕西省著名作家孙见喜、陕西省著名主持人陈爱美等担任评委。

◆**西安市现代教育信息技术中心举办教育机器人培训**　2017年4月25日，西安市现代教育信息技术中心在西安市文景中学举办教育机器人大赛培训。来自全市13个区（县）和沣东新城的135名教师参加培训。此次培训活动分为2个阶段：第一阶段是集中授课，由2名上海未来伙伴技术顾问进行集中授课，重点围绕中小学机器人创客方案、WER（世界教育机器人大赛）机器人普及赛规则、JVC软件编程进行培训；第二阶段是现场操作演示教学，参训教师分组对搭建技巧、技术实现方案和编程实践等方面进行现场操作训练。通过此次培训，参训教师加深了对青少年机器人项目的理解，掌握了更为丰富的机器人编程的技巧与策略。

◆**太乙路中学举办全国中学生举重锦标赛**　2017年5月1—3日，2017年全国中学生举重锦标赛在西安市太乙路中学举行。来自全国各省（市、区）的27支代表队的277名运动员参加。最终，西安市太乙路中学代表队以120分的总成绩获得男子团体总分第一名，并获得赛会“体育道德风尚奖”。

◆**西安高级中学学生获全国机器人挑战赛一等奖**　2017年7月，在“全国第十八届中小学生电脑制作大赛（电脑机器人竞赛）”中，西安高级中学初一年级学生朱彦南以优异成绩获“人型机器人全能挑战赛”全国一等奖。　　（雷大鹏　李静）

中等教育

◆**概况**　2017年，西安市有高中160所。其中，公办131所、民办29所；西安地区157所、原咸阳地区3所。高中在校学生158173人。有专任教师12541人。有职业高中62所。其中，公办25所、民办37所；西安地区59所、原咸阳地区3所。职业高中在校学生45145人。有教职工3318人，其中专任教师2405人。

◆**中招制度改革**　2017年，西安市教育局制定《西安市初中毕业学业考试与高中阶段学校招生工作意见》《高中阶段学校招生录取工作方案》，召开跨区域招生、政策照顾类考生验证等专项工作会议，完善招生政策，规范招生行为。实行承诺书制度、预投档制度、防伪成绩单和四区三县实行平行志愿等措施。通过接听热线，召开新闻通气会、刊印《2017年中考考生手册》、举办2017年中招咨询会等方式，解读招生政策，解答群众疑问。实现中招录取“零投诉”。

◆**西安旅游职专开展“企业名师进校园”活动**　2017年4月20日，西安旅游职业中等专科学校邀请企业名师进校园，进行企业名师对接教学活动。此次活动邀请国家级动漫产业基地——西安长风动漫影视公司经理曹文华为学校动漫专业60余名学生做题为《数字媒体时代的现状与前景》的专题讲座。

◆**西安旅游职专在全运会国际跳棋比赛中取得优异成绩**　2017年，西安旅游职业中等专科学校学生国际跳棋队在成立

西安市2017年普通高中学校情况

区（县）	普通高中总数（所）	省级标准化高中（所）	省级示范高中（所）
新城区	15	12	3
碑林区	25	22	6
莲湖区	13	12	3
灞桥区	11	11	0
未央区	15	13	4
雁塔区	25	20	6
阎良区	3	2	1
临潼区	7	6	1
长安区	11	10	2
高陵区	2	2	1
蓝田县	8	7	1
周至县	7	7	1
户　县	9	8	1
西咸新区	9	6	0
合　计	160	138	30

后的短短几个月里，先后参加多场不同规格的比赛，并在5月举行的第十三届全国运动会群众比赛国际跳棋预赛暨2017年全国国际跳棋等级赛（陕西赛区）中获得100格女子排位赛第八名、64格混合团体第四名、100格混合团体第五名的好成绩。西安旅游职业中专被中国中小学生棋类协会接受为“全国中小学智力运动师资计划合作培训单位”。

◆**西安高新一中在全国中学生五大学科竞赛中取得优异成绩** 2017年12月，《2017年度五大学科竞赛金牌中学风云榜》公布。西安高新区第一中学排名位居陕西省第一，全国并列第十七位。8名学生获得全国中学生学科奥林匹克竞赛“金牌”，6名学生获得全国中学生学科奥林匹克竞赛“银牌”，获奖人数位居陕西省第一；2名学生获得北京大学保送生预录取资格，8名学生获得北京大学、清华大学降一本线录取资格，2名学生获得清华大学降30分录取资格，72名学生获得数、理、化、生、信息学科竞赛陕西省一等奖。

◆**铁一中教师获得全国实验教学说课比赛“金奖”** 2017年12月26—27日，由教育部基础教育司主办的第五届全国中小学实验教学说课活动在广州举行。西安市铁一中学教师李欢经过层层遴选，作为陕西省高中化学学科唯一代表参加全国现场说课比赛，并获得“金奖”。

（雷大鹏 李静）

高等教育

◆**概况** 2017年，西安市有高校63所，其中部属高校5所、省属高校58所。全市高校（不含成人高校）本、专科在校生72.68万人，招生20.1万人，毕业生20.5万人，教职工7.42万人，其中专任教师4.79万人。有国家重点学科（一级）16个、国家重点学科（二级）37个、国家重点（培育）学科8个、国家重点实验室27个。有西安市属高校3所（不含西安广播电视大学）。西安文理学院招生3063人，在校生12256人，毕业生3589人；有教职工1183人，其中专职教师721人，留学生68人。西安铁路职业技术学院招生4301人，在校生12659人，毕业生4445人；有教职工683人，其中专职教师525人。西安职业技术院招生2377人，在校生9386人，毕业生2591人；有教职工530人，其中专职教师355人。

◆**西安文理学院** 2017年，西安文理学院开展教学科研工作提升年活动，围绕教育、科研中心，确定101项提升任务，并全面完成。完成2017年招生计划，录取新生3139人（含短期培训及留学生），其中免费师范生200人，此外，招收留学生67人。2017届毕业生初次就业率90.53%，年终就业率93.87%，协议率83.28%。申报“陕西省一流专业”，7个专业获批“陕西省一流专业”。其中，学前教育获批“陕西省一流建设专业”，汉语言文学、应用化学、软件工程、旅游管理、机械设计制造及其自动化、数学与应用数学获批“陕西省一流培育专业”。确定10个新培育产教融合项目，有4个项目入驻产教融合示范中心。虚拟仿真实验中心、会计实验与创新实践教学中心获批“陕西省实验教学示范中心”；组织物联网应用工程实验室、生态工程研究中心、环境与食品安全检测工程研究3个中心，申报市级科研平台，其中物联网应用工程实验室建设项目被西安市发展和改革委员会批准立项。全年获各级、各类课题278项，其中省部级以上78项（其中国家自然基金4项、国家社科基金1项），较上年同期57项提升26%，科研经费达到3546万元。全年引进境内外高层次人才47人（陕西省“百人计划”1人、西安市“5211”人才2人），培养博士6人。修订《双师型（双能型）教师认定管理办法》，完成108名“双师双能型教师”的认定工作，较上年提高86.2%。组织开展“大学生生涯体验周”活动，参与人数3000余人。与智联招聘合作，对全校大三学生及部分其他年级学生开展就业能力测评，形成了测评数据报告1份，测评5100人次。举办首次网络招聘会，99家单位参与网络招聘，提供岗位3387个。举办各类干部专题培训班80余期，培训7426人次。完成各类教师培训4138人次，包括：专业技术人员培训3616人次，其中送教到区（县）及单位培训1988人次，网上培训79人次，院内授课1549人次；农业类专业课培训130人次；完成校内新进教师培训16人次；育婴师职业技能鉴定71人，其中41人获得相关资格证书；陕西省青少年校外活动中心主任外出培训71人次；老年大学培训624人次。

◆**西安铁路职业技术学院** 2017年，西安铁路职业技术学院申报8个“一流专业”，其中2个获批“建设项目”、6个获批“培育项目”。“铁道交通运营管理”“铁道机车”2个专业获批“全国职业院校旅游类、交通运输类示范专业点”。建设2门精品在线开放课和5门创新创业教育专门课程。承办陕西省高职院校虚拟现实（VR）设计与制作、英语口语赛项、陕西省高职院校交通运输类专业服务礼仪技能竞赛以及2017年全国铁道行业职业院校铁道机车专业学生技能竞赛。全年获得省级及以上58项奖项，其中国家级一等奖3项、国家级二等奖2项、省级奖项53项。获奖项目中，测绘赛项代表队再次获得全国团体一等奖，实现该赛项的三连冠；虚拟现实（VR）设计与制作首次参赛即获得国赛一等奖；数学建模参赛队获得国家一等奖。建立专业教师实践锻炼制度，做到教师下企业锻炼常态化。有“双师素质”教师278人，占专任教师的76.3%。全年开展志愿服务活动1万余人次，志愿服务时长2万余小时。举办2017年“互联网+”大学生创新创业比赛，全院2000余名学生的582个项目报名参赛，项目数位居陕西省高校前五位，校赛选出6个优秀项目推荐参加省赛，并获铜奖2项。学院招生坚持以需定招，计划4450人，通过单独招生和高考招生，录取新生4448人，报到4301人，录取分数和报到率居陕西省同类院校前列。2017届毕业生共4445人，就业率97.82%，其中到国有大中型企业就业比例达79.45%，预就业率达82.09%，比上年增长10%。加强为西安市经济发展和行业企业服务工作，举办各类培训班33期，4898人次受训，完成铁路客运员等9个工种职业技能鉴定工作，鉴定3800余人次。服务“一带一路”战略，推动人才培养与国际接轨，与俄罗斯圣彼得堡国立交通大学合办的国际交通学院新招录学生268人，办学规模达到429人。主动服务国家战略和援外政策，主办“一带一路”沿线国家铁路职业技术教育研修班，5个国家的25名铁路教育工作者前来研修。

◆**西安职业技术学院** 2017年，西安职业技术学院新增“城市轨道交通运营管理”和“互联网金融”2个专业，撤销“国际贸易实务专业”。“动漫制作技术专业”获批陕西省普通高校“一流专业”建设项目；“电气自动化技术”等5个专业获批陕西省普通高校“一流专业”培育项目；“物流管理”与“电子商务”专业在“2017年中国职业院校物流与电商专业竞争力排行榜”中进入前十名。完成“建筑工程技术”省级专业综合改革试点项目建设任务；完成“动漫制作技术”专业综合改革6大任务16个指标的建设；完成陕西省教育厅“高校体育工作基本标准”专项评估的迎检工作。新增“精品课程”29门。与知名企业联合开设“华讯禾盛”订单班、“泾渭茯茶”网络营销订单班，形成“招生即招工、入校即入厂、校企联合培养”的育人模式。与西安市地下铁道有限公司、中国航天集团、比亚迪股份有限公司等企业签订长期合作协议，全年新签订校企合作协议29份。2017届毕业生就业率达到97.62%，建档立卡贫困家庭毕业生实现100%就业。动漫软件与教育学院获批教育部“现代学徒制试点建设项目单位”。127名学生在陕西省高职院校技能大赛27个赛项的角逐中表现优异，获一等奖3项、二等奖10项、三等奖18项，在参赛的49所院校中位列第七名，其中“园林景观设计”获得国赛二等奖。参加全国大学生数学建模比赛，荣获全国二等奖1项、省级一等奖1项、省级二等奖11项。成立大学生创新创业教育工作机构，购买19门创新创业类课程，组织培训创新创业类导师20余人，8人取得相关行业证书。财政金融系获批陕西省创新创业教育改革试点院（系）建设项目，成立财政金融系大学生创新创业孵化基地，入驻创业项目6个。组织参加第三届“互联网+”大学生创新创业大赛，财政金融系项目团队获得“铜奖”。开展与南澳职业技术学院、澳大利亚国际工商学院、新西兰林肯大学和新西兰商学院等院校的合作交流，继续与美国、澳大利亚、新西兰等国家保持良好接洽。组织113名教师下企业锻炼，锻炼时间3834天，人均锻炼34天。组织学生参加各类实践活动，人数达到6000余人次。学院新校区1号教学楼完成主体结构封顶和内部粉刷。全年立项省级课题14项，较上年增长100%，其中陕西省科技厅项目首次立项2项，到款20万元。西安市社会科学基金项目立项2项。与企事业单位合作横向课题2项，到款金额8万元。教师申报实用新型职务专利1项，实现专利“零突破”。推进“青年科研骨干海外访问学者计划”。推荐“融入鲁班精神的建筑工程技术专业育人模式的研究与实践”1项成果参评2017年“陕西省高等教育教学成果奖”。开展面向行业、企业职工的继续教育和培训服务工作，全年开展各类培训3595人，完成各类职业资格鉴定和社会化考试9524人次。组织23名师生为周至县广济镇24个村庄绘制《民情地图》。组织优秀教师赴陇县开展职业技能培训和交流，培训人员1200余人。在陇县八渡镇开展五味子人工栽培推广工作，合作建立五味子人工栽培示范园。

◆西安广播电视大学 2017年，西安广播电视大学招收开放教育学员18311人（春季8566人、秋季9745人）、奥鹏教育学员2087人（春季965人，秋季1122人），残疾人教育学院招生44人，成人大专招生1171人，招生规模逆势增长，在校生6.6万人。着力推进传统远程教育模式向智慧学习模式转变，建成“智慧教室”7间、VR（虚拟现实）智慧教室1间、VR（虚拟现实）体验区8间。突破专业限制，开放课程体系，建立灵活、便捷的“课程超市”，制作各类优质教学资源课件677个，资源保有总量突破5000个。全面应用自主研发的“任我学”App及一体化学习云平台。全年录制学历课程视频资源397节，完成3门课程共计30个VR（虚拟现实）资源的建设工作，首次基于Moodle平台进行5门网络课程的设计与开发。引入G直播模式，全年选取20门课程统筹直播课，组织上课29次，选课人次达到5983人次。完成35个专业毕业综合实践改革。申报国家开放大学课程期末考试正式纸考考点8个、机考考点17个。不断加大高等继续教育新增专业申报力度，全年申报5个专业。其中2个高等继续教育专科专业于5月获陕西省教育厅审核批准；12月29日，高等继续教育本科专业通过陕西省教育厅专家组评审。完善“学分银行”信息平台，制定学习成果认证标准，建立13个认证点账户以及3个学习型组织账户，审核账户信息1501人，审核通过学习成果信息记录955条，新建中职学生“学银账户”801人次，存储中职学前教育学生12门课程6331条课程学习成果记录，推动“学分银行”工作顺利开展。申请西安市社会科学重点课题1项、西安市教育科学研究重大招标课题3项。组织参加国家开放大学第六届经济管理类教师优秀论文评比，选送论文获二等奖2个、三等奖3个，并获“组织奖”。承担西安市人民政府“一带一路”建设重要项目，依托学校远程教育优势，打造西北首个以线上为主、线下为辅的对外汉语学习及文化交流传播平台“汉唐华语网”，并于11月22日揭牌成立西安汉唐文化网络学院。通过“互联网+教育”，在讲授汉语的同时，讲好“西安故事”，传播中华文化，为西安打造丝路文化新高地、建设成为国际人文交流中心做贡献。组织来自“一带一路”沿线国家的留学生开展“笔墨翰香——印迹丝路”和“唐之韵——畅享丝路”特色文化体验学习。

◆筹建西安现代职业技术学院 2017年4月，西安市人民政府召集西安市教育局、西安市机构编制委员会办公室、西安市发展和改革委员会、西安市财政局等10个相关单位负责人，就西安现代职业技术学院筹建有关问题进行专题研究，围绕学院审批程序、整合范围、土地征用、筹建经费等问题进行讨论；决定由西安市教育局牵头成立新建西安现代职业技术学院秘书组。6月，受西安市教育局委托，陕西社会科学院评估中心一行3人对西安市卫生学校、西安旅游职业中等专业学校和西安商贸旅游技师学院进行整合风险评估。9月，西安市人民政府分管副市长召集西安市教育局、西安市商务局、西安市卫生和计划生育委员会与陕西省教育厅领导及相关业务处室进行关于新建西安现代学院相关事宜沟通协调工作。9月21日，市政府分管副市长和市教育局相关人员前往陕西省教育厅与相关处室沟通新建西安现代职业技术学院进展情况，希望纳入《陕西省教育改革“十三五”规划》中。陕西省教育厅明确表态不同意西安市3校合并方案，但原则同意新建西安现代学院方案，建议将新建西安现代学院纳入《陕西省高等职业教育布局“十三五”规划》2018年建设中期调整中。西安市政府拟在高陵区征地80公顷进行新校区建设，待新校区整体建设完工，经验收合格后，整合市属3所中职院校并入新学院，实行整体搬迁。11月15日，市政府分管副市长带领市级有关部门主要负责人前往高陵区进行项目调研考察，认为有必要在考察范围内新建幼儿园、小学和高职院校各1所，并让随行有关部门拿出相关项目实施意见及建议。11月，西安市教育局向陕西省教育厅发展规划处汇报筹建工作进展情况，陕西省教育厅表示大力支持新建学院工作，并提供新建学院相关资料。

◆西安交大入选国家一流大学A类建设高校名单 2017年9月21日，教育部、财政部、国家发展改革委员会印发《关于公布世界一流大学和一流学科建设高校及建设学科名单的通知》，公布经国务院批准的“双一流”建设高校及建设学科名单。其中西安交通大学入选全国36所一流大学A类建设名单，力学、机械工程、材料科学与工程、动力工程及工程热物理、电气工程、信息与通信工程、管理科学与工程、工商管理8个学科入选世界一流建设学科。

◆西安交大获2016年度“国家科学技术奖”4项 2017年1月9日，2016年度国家科学技术奖励大会在北京召开，习近平、李克强等国家领导人参加大会并给获奖人员颁奖。西安交通大学以主持单位获4项“国家科学技术”二等奖，并列全国高校第五位。郑南宁团队完成的“视觉场景理解的模式表征与计算理论及方法”、任晓兵团队完成的“基于晶体缺陷调控的铁性智能材料新物理效应”获“国家自然科学奖”二等奖；荣命哲团队完成的“直流配电系统大容量断路器快速分断技术及应用”项目获“国家技术发明奖”二等奖；吕毅团队完成的“炎症损伤控制提高肝癌外科疗效的理论创新与技术突破”项目获“国家科技进步奖”二等奖。

◆西安交大获VEX机器人世锦赛“全能总冠军” 2017年4月，在2016—2017VEX机器人世界锦标赛上，西安交通大学派出的XJTU4队，获得此次大赛全能总冠军。VEX机器人世界锦标赛是一项由美国机器

2017年4月，西安交通大学在VEX机器人世界锦标赛上获得全能总冠军

人教育及竞赛基金会主办，加利福尼亚州立大学、卡内基•梅隆大学、加州未来基金会等多家教育和商业机构支持协办的教育型国际机器人大赛，代表着教育型机器人比赛的国际最高水准。

◆西安电子科大举办2017全国大学生电赛陕西赛区比赛 2017年12月27日，由陕西省教育厅主办、西安电子科技大学承办的2017年全国大学生电子设计竞赛陕西赛区（TI杯）暨第二届陕西高校中青年教师电子类实验技能竞赛颁奖大会在西安电子科技大学举行。共计400余人参加此次赛会。本次竞赛西电成绩优异，全校有36个代表队参赛，最终获得本科组“TI”杯，同时获省一等奖19个、省二等奖11个、省三等奖2个，并获“优秀组织单位”奖，获奖总数及获奖比例居陕西省参赛高校之首。

◆陕师大历史文化学院调研团队在“第七届全国大学生口述史成果交流赛”中获佳绩 2017年12月23日，第七届全国大学生口述史交流赛决赛在中山大学举行。来自北京大学、南开大学、南京大学、武汉大学、华东师范大学、深圳大学、中山大学等11所高校的100余名大学生参加比赛。陕西师范大学历史文化学院教授李化成指导的“中国乡间医人、医事、医史”口述史调研团队首次参加该项赛事，获得二等奖。

◆西工大获批首批中美青年创客交流中心 2017年12月，教育部国际合作与交流司发布《关于公布首批挂牌中美青年创客交流中心单位名单的通知》，按照“自主申报、会议研究、资质审核、网上公示”的程序，确定并公布16家高校和2家企业为首批挂牌中美青年创客交流中心单位。西北工业大学入选。西北工业大学构建集课程教育、实践实训、培育孵化、社会服务、文化引领为一体的创新创业教育体系，激发学生创新创业的热情。全年获国内外创新创业赛事省部级以上奖项123项、冠军21个。获全国首批大学生创业园、第三届中国“互联网+”创新创业大赛先进集体、陕西省创业孵化示范基地，陕西首届“十大最贴心孵化机构”等称号。研究生戴维和朱健楠的创业公司获“陕西年度创业十杰”称号。

◆西北大学承办第二届全国大学语文论坛 2017年8月，由陕西省、湖北省、福建省、浙江省大学语文研究会联合主办，西北大学文学院和陕西省大学语文研究会共同承办的第二届全国大学语文论坛在西安举行。全国22个省（市、区）的150余名高校教师参加论坛。教育部长江学者、西北大学中国文化研究中心执行主任李浩，陕西作家协会副主席朱鸿分别做主题报告。与会代表就新时期大学语文课程建设面临的新问题、新机遇、新环境、新方法进行全方位、多角度的研讨。

◆西安外国语大学学生获全国大学生拳击锦标赛冠军 2017年12月18日，全国大学生拳击锦标赛于开赛，各代表队参赛运动员共计124人。西安外国语大学学生藏哈尔参加64公斤级比赛。在决赛中，藏哈尔以3：0的压倒性优势击败北京体育大学参赛运动员赢得冠军，同时被授予“优秀运动员”荣誉称号。另外，男子组唯一“金拳套奖杯”也被授予藏哈尔。

◆西安邮电大学学生在全国大学生物联网技术与应用“三创”大赛中获佳绩 2017年12月2日，由西安邮电大学参与承办的2017年“全国物联网技术与应用大会”和“全国无线电应用与管理学术会议”在深圳市召开。大会公布了第三届3S杯全国大学生物联网技术与应用“三创”大赛获奖名单，西安邮电大学学生获全国一等奖3项、二等奖6项。其中，由杨春杰老师指导、自动化学院学生支秦晔等完成的作品“基于物联网的智能输液系统”，屈军锁老师指导、研究生院学生郝建国等完成的作品“基于物联网的组合式多功能智能手杖”，赵小强老师指导、研究生院学生陈玉兵等完成的作品“基于物联网的远程规模化智能节水灌溉系统”获得全国一等奖。

◆西安文理学院师生在全国大学生生命科学竞赛中获佳绩 2017年4—11月，教育部高校生物科学类专业教学指导委员会等部门举办“第一届全国大学生生命科学竞赛”。此次竞赛有来自全国27个省（市、区）的263所高校的1903支队伍提交了项目。西安文理学院生物与环境工程学院组织97名学生、12名指导教师参加此次竞赛。在生命科学竞赛委员会的网络专家评审中，西安文理学院获得全国二等奖1项、全国三等奖4项、全国优秀奖1项。

◆中亚陕西商会、乌兹别克斯坦丝路文化经济促进中心代表访问西安文理学院 2017年6月下旬，中亚陕西商会会长吉延伟、乌兹别克斯坦丝路文化经济促进中心主任阿达别克和陕西西北中亚商务公司商务经理黄开华一行来西安文理学院交流访问。国际交流处、服务地方研究院、经济管理学院、人文学院负责人和相关教师参加交流会。

◆美国迈阿密达德学院到西安职业技术学院交流访问 2017年12月14日，美国迈阿密达德学院孔子学院院长、中国项目部主任余学钧和迈阿密达德学院孔子学院中方院长刘兴林到西安职业技术学院交流访问。学院负责人介绍西安职业技术学院国际交流合作的基本情况，希望通过此次交流访问，探讨双方国际交流合作的可能性。余学钧介绍迈阿密达德学院的基本情况，并表示迈阿密达德学院选择与西安职业技术学院共同推进交流合作，双方院校在专业设置上契合度很高，希望两校在师生交流、学术研讨、创业教育等领域有好的合作前景。

◆中国—巴基斯坦“一带一路”国家骨干技能人才联合培养合作协议在西安铁路职业技术学院签约 2017年12月26日，西安铁路职业技术学院依托西咸新区“一带一路”应用型人才培养基地项目，与巴基斯坦开伯尔•普赫图赫瓦高等教育厅签署“中国—巴基斯坦‘一带一路’国家骨干技能人才联合培养合作备

2017年12月26日，西安铁路职业技术学院与巴基斯坦开伯尔·普赫图赫瓦高等教育厅签署"中国—巴基斯坦'一带一路'国家骨干技能人才联合培养合作备忘录"

忘录"。双方将继续深化专业对接，力求合作项目尽快落地实施。

◆西安教师在全国高校外语教学大赛中获一等奖 2017年6月，第八届"外教社杯"全国高校外语教学大赛（职业院校组）陕西赛区复赛、决赛在西安翻译学院进行。此次大赛由教育部职业院校外语类专业教学指导委员会、教育部高等学校大学外语教学指导委员会、教育部高等学校外国语言文学类专业教学指导委员会与上海外语教育出版社共同主办，陕西省19所高职院校的21名教师参赛。通过授课、说课、回答提问3个环节，西安职业技术学院青年教师呼媛玲及西安翻译学院教师张莹获"一等奖"。

◆西安铁路职业技术学院获全国大学生数学建模竞赛"高教社杯"奖 2017年12月9日，"高教社杯"全国大学生数学建模竞赛颁奖大会在华中科技大学学术报告厅举行。由西安铁路职业技术学院老师王建芳指导，薛森、陈博栋、侯生生组成的代表队在全国34个省（区、市）的3313支专科参赛队中脱颖而出，以专科组第一名的成绩获全国数学建模竞赛最高荣誉"高教社杯"奖。此项获奖填补了陕西省专科院校在该奖项上的空缺。（雷大鹏　李静）

特殊教育

◆概况 2017年，西安市有特殊教育学校9所，其中公办8所、民办1所。另有工读学校1所。特殊教育在校学生2498人，工读学校在校学生27人。特殊教育学校教职工386人，其中专任教师272人；工读学校教职工43人，其中专任教师33人。西安市教育局在陕西省率先设立特殊教育指导中心和专家咨询委员会，建成17个资源中心和42个资源教室。新建蓝田县和高陵区2所特殊教育学校。全市排查6—15岁三类残障儿童义务教育入学情况，实现涉贫区（县）残障儿童少年"零辍学"，远超陕西省入学率90%的标准。

◆启智学校获全国特奥滚球比赛男子团体赛冠军 2017年5月15日，在河北省邯郸市举行的2017年全国特殊奥林匹克运动会滚球比赛中，代表陕西省参赛的西安市启智学校滚球队蝉联男子团体赛冠军。在预赛中战胜了河北二队、宁夏队；决赛中又分别战胜了广西一队、辽宁队、广西二队和河北一队，以6战全胜的成绩获得该项目冠军。

◆启智学校获2017国际特奥东亚区融合学校足球联赛亚军 2017年10月24—28日，国际特殊奥林匹克东亚区融合学校足球联赛在上海市体育学院举行。西安市启智学校足球队代表国际特殊奥林匹克东亚区融合学校参赛。此次大赛由国际特殊奥林匹克东亚区、中国特殊奥林匹克委员会主办，上海市残疾人联合会、上海市体育学院共同承办，来自国际特殊奥林匹克东亚区融合学校的5支球队、中国特殊奥林匹克委员会的2支球队和中国台湾、中国香港、中国澳门、韩国、蒙古特奥会的各1支球队，共12支代表队150名特奥运动员进行为期4天的比赛。西安启智学校足球队由学生及体育学院融合伙伴共10人组成。最终获得亚军并获"体育道德风尚奖"。

◆启智学校在全国特奥轮滑比赛中获6金3银 2017年10月26—30日，全国特殊奥林匹克轮滑比赛在四川省残疾人体育训练中心举行。西安市启智学校8名小运动员在3名老师的带领下代表陕西省参赛。此次比赛由中国残疾人联合会、中国特殊奥林匹克委员会主办，四川残疾人联合会支持，眉山残疾人联合会、眉山市彭山区人民政府承办。来自四川、云南、陕西、福建、上海、天津、河南、内蒙古等24个省（市、区）的182名运动员参赛，是历年以来参赛运动员人数最多、规模最大的一届赛事。在比赛中，西安市启智学校的运动员超水平发挥，最终取得6金3银的好成绩。其中在男子300米、女子300米、500米等项目上获得6枚金牌。

◆启智学校赴彬县特殊教育学校开展"手拉手结对帮扶"送教活动 2017年12月19—20日，西安市启智学校一行4人赴彬县特殊教育学校开展"手拉手结对帮扶"活动。启智学校和彬县特殊教育学校签署了两校"手拉手结对帮扶"协议。在送教活动中，启智学校老师毛鑫辉举办题为《培智教育中的信息技术应用》专题讲座。并为彬县同行分享言语康复的具体操作流程、课堂操作的实践技巧等。启智学校老师赵怡就"蒙台梭利教育教学"进行详细介绍。在随后的座谈交流环节，彬县教师结合教学实际进行发言，双方共同分析探讨培智教育的策略方法。

◆第二聋哑学校艺术汇报节目在北京演出 2017年12月1日，在"国际残疾人日"前夕，由中国残疾人联合会与教育部、民政部、文化部、国家新闻出版广电总局共同主办的第九届全国残疾人艺术会演汇报演出在北京中国剧院举行。首都各界人士和残疾人代表1000多人观看了现场演出。西安市第二聋哑学校受邀参加第九届全国残疾人文艺汇报演出。在这次汇报演出中，聋哑学校的乐舞《逐梦》和情景歌舞《喊春天》代表陕西省参演。

◆第二聋哑学校学生在全国残疾人艺术比赛中获奖 2017年8月19—24日，第九届全国残疾人艺术会演（西部赛区）在重庆川剧艺术中心举行。此次会演分为东、西部2个赛区，陕西省共选送7个节目参赛，其中包括西安市第二聋哑学校选送的舞蹈《大老碗》《春天》，打击乐《黄河激浪》。最终，舞蹈《大老碗》获舞蹈类一等奖；《春天》获舞蹈类三等奖；打击乐《黄河激浪》获器乐类二等奖。（雷大鹏　李静）

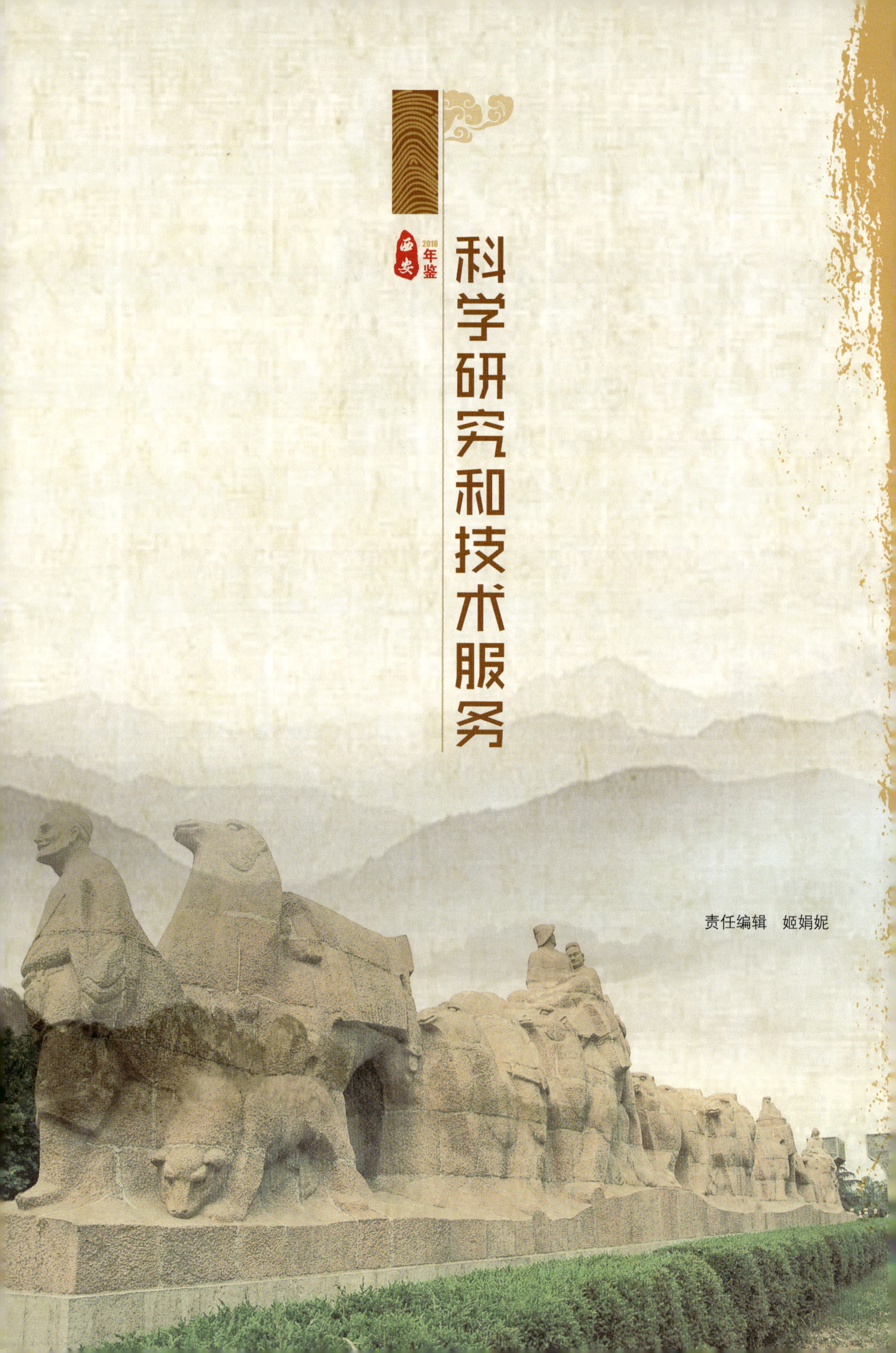
西安
2018
年鉴
科学研究和技术服务
责任编辑　姬娟妮

自然科学研究与应用

◆概况 2017年，西安市围绕打造“全球硬科技之都”，进一步落实创新驱动发展战略，优化创新创业氛围，推进产学研协同创新，创建成为“国家知识产权强市创建市”“国家首批知识产权运营试点城市”，科技创新对全市经济社会发展的支撑和引领作用更加显著。加快建设众创载体，先后调整安排1亿元专项资金，用于建设众创空间聚集区和特色区。开展“创业西安行”系列活动，筹划组织“西安创业节”“双创活动周”西安分会场、“梦回长安”—百万校友回归交大专场等活动。支持人才创新创业，引进海内外高端人才，全市人才净流入18.6万人，增长4.1倍。推进“双创”示范基地建设，挖掘中科创星、腾讯、阿里巴巴等众创载体潜力，引进北京创业之路咖啡有限公司、北京京东世纪贸易有限公司、猪八戒网等知名众创机构，重点打造高新区创业咖啡街区、经开区创业大街、曲江新区创客大街、新城区长乐路创业大街、长安区双创中心等创业街区、社区，示范带动全市各区域及高校院所搭建的创业创新平台。借助阿里巴巴西部总部、吉利新能源汽车等项目落户西安，增进与本地人才、科技资源的优势互补，示范引领本地创业企业迅猛发展。遴选50家从事新一代信息技术、增材制造、航空航天、生命科学、新材料、新能源等高端产业技术领域重点企业，进行专题支持，培育销售收入超过2000万元的区（县）“科技小巨人企业”32家，其中规模以上工业企业9家，全市高新技术企业累计达到1837家。全年为508家科技企业争取贷款20.29亿元，其中涉及知识产权质押429家，贷款17.36亿元；专利申请81110件，其中发明专利申请40439件，专利授权25042件，发明专利授权7902件，发明专利有效量29759件，万人发明专利拥有量34.2件。6月15日，西安市人民政府与英雄互娱科技股份公司签订的10亿元投资项目——量子文化产业城落户西安曲江新区；西安科技人才峰会期间，促成16所高校校友投资及意向项目540项，金额1688.33亿元，收到校友捐款312笔5.5亿元；西安交通大学、西北工业大学、西安电子科技大学先后完成“水煮煤”“大数据”“3D打印”“半导体先导技术中心”等科技成果转化、基金设立项目85项，总投资规模约133亿元。

◆科技金融创新合作 2017年，西安市科学技术局继续深化科技金融结合，创新科技金融政策，健全完善科技企业融资服务体系，形成以西安科技金融服务中心为核心，与银行、投资公司、保险公司、证券公司、担保公司及信托公司等联合开展融资的服务体系，专业评估机构、咨询服务机构、法律事务所等参与的评估咨询服务体系。全年为508家科技企业争取贷款20.29亿元，其中涉及知识产权质押429家、贷款17.36亿元。科技金融合作机构新增韩亚银行（中国）有限公司西安分行、恒丰银行股份有限公司西安分行等6家银行和西安国际民用航天产业基地融资担保有限公司、陕西文化产业融资担保有限公司等4家担保公司，科技金融合作机构覆盖70%的金融机构和担保公司。与华夏银行、交通银行、重庆银行、北京银行、西安曲江文化产业融资担保有限公司等合作开展银企对接会和担保业务培训会，推进科技企业与合作银行的交流，加强企业对银行科技金融创新产品的了解。在金融政策的引导下，各金融合作机构针对研究科技型中小企业的需求推出创新性强、种类多的信贷产品，如“金鹰展翅贷”“瞪羚企业贷”“科技小巨人贷”等众多针对科技中小企业的创新产品，满足中、小科技企业不同的融资需求。拓展开发2年期、3年期信贷产品，满足科技企业不同规模、不同期限负债资金需求。5月，西安科技金融服务中心组织召开西安创业投资联盟第九届理事会，全国50多家投资机构参会，通过项目路演的方式推荐12家科技企业，为创业投资与优秀创业企业和项目提供交流合作平台。11月，组织召开“西安科技金融创新论坛”，来自政府机构、金融单位、科研院所等各界人士及主流媒体400余人参会，就促进科技金融深度结合的对策进行探讨。西安股权托管交易中心分别与浙江大学互联网金融研究院、普华永道中天会计师事务所签署合作协议，为西安多层次资本市场建设提供智库保障与技术支持。为发挥科技金融支持高等院校、科研院所创新改革发展，促进科研成果转化，西安科技创业种子投资基金投资1.65亿元。其中，以优先股方式投资8500万元扶持27家企业的投资项目；以“种子基金+双创基地+社会资本”的形式设立天使基金模式，加大对双创中心和孵化器的支持；出资8000万元设立“西科天使叁期基金”“西交科创投资基金”“西交一八九六创业投资基金”“西安知守君成创业投资基金”“中科创星科技孵化投资基金”5支子基金，带动社会投资，总规模达到13亿元。

◆西安科技大市场 2017年，西安科技大市场坚持以创新创业为服务导引，以统筹科技资源为基础任务，以科技创新云平台及服务体系建设为突破，形成“功能拓展、服务提升、转型发展、创新辐射”的发展新阶段。全年吸纳大型仪器设备12010台（套），培养政策联络员6500人，帮助企业落实政策减免税收超过120亿元；基于国家知识产权运营军民融合特色试点平台建设，首次挂牌专利8835件，解密国防专利3001件。坚持以技术经理人“1+3”特色服务模式为创新推动成果转化和技术交易提供全流程服务。加快技术转移高端人才培养，壮大技术经理人专业人才队伍。开办技术经理人初级、中级培训班，设置技术转移、知识产权、科技金融、项目管理和技术营销等课程，开设“技术转移实战训练营”，将理论与实践有效融合。探索建立高校、技术经理人与平台联动服务模式，联合西安电子科技大学、西北工业大学、西安交通大学等高校开展技术转移与技术经理人专题宣讲活动，组织2017丝绸之路国际博览会暨科技成果对接会（交大专场）、陕西省首届高校科技成果和第三届研究生创新成果展暨校企对接洽谈会等综合对接活动。对基础服务体系进行升级，在人才培养、服务提升、平台建设等方面进行整合，促进科技服务向专业化和产业化发展。提升西安大型仪器设备共享平台功能，新建陕西国防大型仪器设备共享服务平台，联系西安交大设备在线服务平台等，为高校院所、科技企业等创新主体提供专业化检验检测服务。依托西安文理学院和中国兵器工业204所，建立核心实验室和国产仪器应用示范平台。培育“科技创新专员”，加强对高新技术企业所得税、企业研发费用税前加计扣除等政策的宣传培训和服务指导，引导企业加大研发投入，全年促进落实高新技术企业研发费用加计扣除、技术交易等收税优惠减免20.3亿元。举办“科技创业大讲堂”、企业诊断咨询等创新创业活动30场次，参与人数1538人次。2月，国家知识产权运营军民融合特色试点平台启动，建成集发布、审核、推介、对接、评估、产业化服务为一体的线上交易系统。平台线上开设知识产权运营店铺100家，展示可运营专利9478件、可运营商标1130件、技术项目942件。建成大数据检索分析系统（SOOIP），收录包括中国、美国、日本、韩国、欧洲等102个国家和地区的总量达1.5亿条的专利数据。为75家知识产权重点企业开展服务，围绕军民两用高价值专利技术成果，提供二次开发、技术集成和商用化服务，促进专利技术成果转移和产业化。与西安光机所光电子产业技术创新联盟合作，通过构建“专利池”，推动企业在联盟内进行专利收储、组合、包装，推动知识产权转化运用。加快跨区域协同创新合作，接受济源市、运城市、洛阳市全面委托，整体建设运营3市的科技大市场，与西安科技大市场形成“三省四市”为支撑的全面合作架构。与浙江科技大市场、江苏技术产权交易中心、宁波科技市场等平台建立合作关系。依托形成的区域创新体系，与浙江、河南、山西等多省（区、市）先后组织各种产学研合作对接会20余场次。加强与“一带一路”沿线省（区、市）创新合作，探索与西宁市科学技术局、新疆科学技术厅等西部城市的合作模式。按照国家科技服务综合标准化试点任务要求，实施科技服务标准宣传贯彻，巩固试点创建成效，完成《科技服务基础术语》《综合科技服务平台服务规范》《技术转移项目代理服务规范》《军民融合知识产权保密服务规范》《服务大厅设备设施及用品管理规范》《信息安全管理规范》等41项标准体系设计工作。承担陕西省西安市地方标准制定项目4项，筹建陕西省科技服务业标准化专业技术委员会。

◆高校、科研院所科技成果转化 2017年，西安市科学技术局以全面创新改革试验区建设为契机，第一批支持10家高校院所进行试点改革，出台多项创新改革试验政策，主要包括科技成果转化管理、科研经费管理、知识产权运营管理、职称评聘、自主考核、对外投资管理、管理人员持股、技术人员研发项目提成等方面内容。通过探索总结，形成各有侧重、各具特色的西安交通大学、西安光机所、西北有色金属研究院三大创新发展模式和路径。着手把科研院所创新改革在全市高校进行复制，将西北工业大学、西安电子科技大学、西安建筑科技大学等7所高校，纳入第二批试点单位，重点支持。参与试点的高校院所建立“校友网络+技术转移联动”的机制，从科技成果、资金支持、机制建设等多方面加速科技成果转化，建立产学研协同创新特色平台。制定政策，多点引导，对高校和产业进行全面支持，金融资本通过各种基金对成果转化链中的每个环节介入支持，校友将社会各界资源汇聚到与学校产学研工作相关的每个环节，加速产学研工作推进。西安交通大学以“政金产学研+校友”的新型产学研生态圈模式，于年初出台《西安交通大学科技成果转化管理办法》，提出对于科技成果许可与转让所得收益作价入股所得股份，80%归技术完成人持有，20%归学校所有，适当引入资本投资，科技成果转化处置权下放和科研人员奖励、报酬比例大幅度提高，提高职务发明人的收益，实现发明人、学校、金融资本的“+”驱动。西安理工大学以建设技术转移机构和网络、组建技术经纪人队伍为重点，提高成果转化工作的专业化程度。陕西科技大学建立突出成果转化绩效的高级职称“直通车”评聘制度。由西安建筑科技大学牵头，陕西省西安市龙头企业、投资机构参与，按市场化机制，筹建陕西膜分离技术研究院有限公司，整合陕西省内膜技术相关技术力量，形成膜技术从基础研究、应用开发、成果转化、资本运营等多方面的新型科技创新和资本运营平台。陕西膜分离技术研究院设立“膜技术投资基金”，在环保和医疗器械领域孵化成功苏州中色德源环保科技有限公司、苏州君康医疗科技有限公司2家产值上亿的科技型企业，与青海冷湖滨地钾肥有限公司合作成立格尔木金藏新材料有限公司，拓展膜技术应用的新领域。西北大学深化与陕西延长石油（集团）有限责任公司的合作，建立以企业需求为导向的成果转化、产学研合作新模式，与企业联建延长—西大先进技术研究院、金花—西大生物医药研究院，实现科研与企业目标导向的结合，打通科技成果自由转化通道。在全面创新改革试点中，西安光机所下属的科技创业孵化器中科创星提出“硬科技”的理念，并致力于“硬科技”企业的孵化，全年西安光机所投资孵化初创期“硬科技”企业190家，协助华芯、奇芯、龙默升等40余个项目完成后续融资，7家企业挂牌“新三板”，实现5—10倍增值。西北有色金属研究院的管理层持股和转制院所自主考核模式，在工程类高级职称自主评审权、集团公司管理人员向下持股、转制科研院所自主考核等方面获得陕西省授权，先行先试。陕西省石油化工研究设计院打破国有体制壁垒，加快改革创新、转型升级，筹建的陕西延长环保科技工程有限公司，突出技术规模化、集约化优势，做大、做强环保产业，打造环保领域的“延长品牌”。陕西省石油化工研究设计院联合西安交通大学、西北大学、陕西师范大学筹建陕西精细化学品高端制造技术新型研究院，把高新技术基础研究集中统一，力求突破。西安电力电子技术研究院组建股权多元化的高科技股份制公司——西安派瑞功率半导体变流技术股份有限公司，实现西电所控制、战略投资者参股、技术骨干持股的“混合所有制”企业形式。西安微电机研究所通过剥离优质资源设立新公司，投资创建的以机器人伺服系统为主营业务的产业化公司——西安微智能科技有限责任公司，通过专有技术评估作价对外投资，分别与深圳正德智控股份有限公司和上海叠帆实业有限公司合作成立新公司。

◆高新技术产业 2017年，西安高新技术产业开发区围绕“科创大走廊”“金融金三角”“软件名城”“西部硅谷”“军民融合创新”五大领域，实施八大“百亿强基工程”，打造八大千亿产业集群，实现2个万亿目标，成为“大西安”建设引领者。全年实现营业收入超过14534.92亿元，财政一般预算收入102.46亿元，占全市总量的15.7%；外贸进出口总额2072.61亿元，占全市总量的81.43%。初步形成泛半导体（半导体+智能终端）、高端装备制造、软件与信息服务、军民融合“四个千亿产业集群”。泛半导体产业聚集三星（中国）投资有限公司、美光科技公司、应用材料（中国）有限公司、英特尔公司、中兴通讯股份有限公司、西安紫光国芯半导体有限公司等一批行业龙头企业，实现产值700亿元；高端装备制造产业聚集霍尼韦尔（中国）有限公司、伊顿（中国）投资有限公司、卡特彼勒（中国）投资有限公司、比亚迪新能源汽车、开沃新能源汽车、陕西法士特汽车传动集团公司、精雕、中国西电集团等一批重点企业，产业产值1100亿元；软件信息服务业集聚国际商业机器（中国）公司（IBM）、通用电气（中国）有限公司、英特尔（中国）有限公司、华为技术有限公司、杭州海康威视数字技术股份有限公司、浪潮集团有限公司、阿里巴巴网络技术有限公司、苏宁易购集团股份有限公司、中软国际有限公司等一批全球有影响力的企业，设立研发中心及创新中心，营业收入2400亿元；军民融合产业聚集中航工业西安飞行自动控制研究所、中船重工集团公司、中国电子科技集团公司第二十研究所、中国电子科技集团公司第三十九所以及西安天和防务技术股份有限公司、西安晨曦航空科技股份有限公司等一批优质的军转民及民参军的院所和企业，尤其是在导航方面，618所和20所在惯性导航及无线导航领域技术优势及规模已经位居全国首位，全年实现产值1500亿元。高新技术产业与“硬科技”产业的核心内涵、产业领域方向高度重合，打造万亿级高新技术产业带，作为西安市打造“硬科技之都”的核心支撑。11月，发布支持“硬科技”产业发展的“黄金八条”，设立每年5亿元的“硬科技”产业发展资金和总规模500亿元的“硬科技”产业基金，在平台建设、园区承载、军民融合、硬科技孵化、企业梯度培育、人才聚集等领域，加速形成政府引导、企业牵头、社会参与、市场运作的硬科技发展全链条孵化体系。重点培育下一代汽车、人工智能、物联网三大战略性新兴产业。10月，总投资达100亿元的开沃新能源汽车智造基地项目落地。形成以比亚迪股份有限公司、陕西法士特汽车传动集团公司、卡特彼勒公司、伊顿（中国）投资有限公司、三星环新动力电池有限公司等企业为主体，以汽车整车制造为龙头，以动力总成、控制系统、底盘、关键零部件、汽车服务为主的配套体系。人工智能产业加强人工智能芯片与系统、虚拟现实与混合增强等前沿核心技术攻关，加强智能化基础设施建设，发展智能建筑，推动地下管廊等市政基础设施智能化改造升级。物联网产业重点布局物联网在智能制造领域的应用，发展物联网核心芯片、智能传感器、软件和应用平台等技术和设备，完善物联网产业链，推动物联网产业实现规模化。重点打造“创途在XIAN”“西安市众创示范街区”和“瞪羚谷创业社区”等众创空间集聚区。“西高新双创项目招商云平台”和西北首家生物医健众创生态平台“联创智荟”建成投运。9月，西安创业咖啡街区开街，进驻“双创”及服务机构52家，成为集创新创业载体、咖啡业态、文化创意、展厅等各类创新创业要素为一体的创新创业国际时尚引领区，实现了从“孵化链建设”到“生态体系建设”的突破，构建“360度全维创新创业生态系统”。制定出台《西安高新区优化创新创业环境的若干政策》，着手制定《西安高新区创新创业发展规划研究及五年发展规划》，进一步优化创新创业环境。组织、举办多层次创新创业活动，开展“第六届中国创新创业大赛（生物医药赛区）”“全国大众创业、万众创新活动周”“创业在高新沙龙”“寻找创业之星”“西安高新企业大学•神域精创营”等大型系列活动。发布西安城市创新创业标杆引领品牌——“秦英汇”和“创咖云”，营造创新创业的氛围。探索协同创新机制，推动自主创新要素不断聚集，牵头发起设立陕西省高新区联盟，与宝鸡、咸阳、渭南、杨凌等国家级高新区签署协同创新战略合作协议。4月，工业和信息化部批复同意由西安增材制造研究院有限公司筹建国家增材制造创新中心，全国第二家国家级制造业创新平台落户陕西。成立陕西光电子集成电路先导技术研究院、特种飞行器工程研究院、图像大数据测评应用创新中心和陕西膜分离技术研究院、西安高新技术产业开发区供应链管理服务平台等新型研发机构和平台，投入政策资金超过2亿元，撬动社会资本超过10亿元。

◆**技术市场**　2017年，西安市科学技术局不断深化技术市场和技术转移服务体系建设，与西安市财政局联合出台《关于印发加快技术转移转化的若干措施（试行）》，推动技术市场健康发展。全年实现技术市场合同成交29440项，成交额848.42亿元。其中，技术开发和技术服务类合同在交易活动中占主导地位，合同成交数分别为8122项、20134项，合同成交额占比分别为33.04%和63.67%。

◆**农业科技创新计划**　2017年，西安市科学技术局投入科研经费1550万元，组织实施农业科技创新计划项目12项，主导产业技术创新与示范项目5项，主要支持未央食用菌、周至猕猴桃、鄠邑区葡萄、阎良甜瓜、西安现代果业展示中心智慧果园5个主导产业的技术创新集成与示范；支持猕猴桃、草莓等农业新品种的研发推广。西安市农技推广中心（西安市农业科学研究所）通过草莓新品种引进繁育及示范推广项目的实施，引进冬季草莓和夏季草莓新品种，并进行示范推广，为冬季草莓品种更新换代和占领夏季草莓市场提供技术支持。西安市农技推广中心（西安市农业科学研究所）通过品种引进比较试验、品种扩大面积示范种植，以及脱毒生产苗繁育等措施，引进“华艳”“隋珠”“石莓”“桃熏”“中莓1号”“中莓3号”“点雪”“法兰地”“凤冠”“宁丰”“宁玉”“圣安德瑞斯”等品种，从中筛选出适合西安地区设施栽培的冬季草莓品种“隋珠”“石莓”。全年西安市冬季草莓种植面积达到1600多公顷，产值达到3.4亿元。

2017年6月17—18日，“西安高新企业大学·神域精创营”活动举行

◆**农村科技服务体系建设**　2017年，西安市科学技术局投入200万元，组织开展农业科技服务体系建设项目。对农村科技服务体系建设后补助项目立项补助的10家单位，投入200万元补助经费。经专家评审考核，10家服务机构均为陕西省、西安市“科技专家大院”及西安星火科技“12396”区（县）服务机构。全年购置农业科技服务用仪器设备67.69万元，举办远程网络培训9场次、实地培训222场次，推广新品种、新技术27项（个），争取国家、陕西省科技项目支持4项，聘任管理科技特派员201人，创业扶持孵化企业20家，制定地方性规范标准及实用技术规程14项，在各级媒体进行农业科技宣传活动73次。

◆**“农业科技创新服务月”活动**　2017年，西安市科学技术局为贯彻落实“中央一号”文件精神，加快推进农业科技创新，促进城乡统筹发展，推进基层农业科技服务深入开展。2017年“西安市农业科技创新服务月”活动启动仪式在鄠邑区西安荣华葡萄庄园举行。在为期1个月的活动中，市、区（县）联动共同策划，依托西安星火科技“12396”信息服务平台、农业科技特派员、农村科技示范户等资源，结合区（县）农业主导产业发展状况和农时，开展一系列的农业科技培训、指导、推介、展示活动。其间，来自高校院所的知名专家进行农业专题培训、农村青年科技人才创业专题活动，100余位市级农业科技特派员赴生产一线进行指导培训。各区（县）科技局组织近200名农村科技示范户及100多家农业科技示范园（示范基地）开展形式多样的指导、培训和试验示范活动300余场次。

◆**农村科技特派员与科技示范户建设**　2017年2月，西安市科学技术局与西安市人力资源和社会保障局、西安市农业和林业委员会、西安市财政局联合下发《关于印发〈西安市农业科技特派员制度实施意见〉的通知》，建立更为灵活的科技特派员管理机制，打通科技特派员流动、使用、发挥作用中的体制障碍，最大限度支持和帮助科技特派员创业。创新科技特派员管理模式，对科技特派员按照科技服务、农村创业实行分类管理、动态管理；落实国有事业单位科技人员离岗创业政策，鼓励支持农业科技特派员深入农村开展创业及科技成果转化；完善科技特派员工作模式，优化科技特派员队伍，在科技服务类基础上，新增农村创业类特派员。聘任王峥嵘等119人为"西安市农业科技特派员"，授予王荔家庭等135户为2017年"西安市农村科技示范户"。

◆2017全国大众创业万众创新活动周西安分会场活动 2017年9月15—21日在西安创业大街举行。活动周期间举办一系列的活动：举办"双创talking对话创业者活动"，"面对面"就双创热点话题进行高层次探讨；举办"西安动漫游戏文化周"，开展动漫产业展览、论坛及各类大赛；第三届中国"互联网+"大学生创新创业大赛总决赛在西安开赛，180所高校的228个项目参加；举办"办示创新节•3W西安高新创路空间开业暨智慧城市高峰论坛"，为西安智慧产业发展提供解决方案；举行第三届"创业创新在西安"大型征文暨"金点子"征集活动，提升群众参与度和知晓率；举办"双创"成果展，集中展示人工智能、高端装备制造、新能源、新材料、3D打印、AR/VR（增强现实/虚拟现实）及部分科研院所、众创空间、战略新兴产业类的创新、创业成果。

◆2017西安国际创业大赛 2017年7—11月，以"激发创新活力，畅享创业西安"为主题的2017西安国际创业大赛举行。大赛旨在以全球化视野，关注世界前沿动态，加强西安与国内外优秀城市的交流互动，吸引更多的国内外人才、技术、项目和资本落地西安，加快创新创业资源的聚合效应。大赛在全球范围选取具有创新创业代表性的城市作为赛区，设美国硅谷、德国柏林、以色列特拉维夫、澳大利亚悉尼、南非开普敦5个国外赛区和北京、深圳、杭州、武汉、成都、西安6个国内赛区，征集参赛项目1210个。大赛共设24个奖项，"长航时工业无人机及勘测系统产业化"等5个项目获得优秀奖；"库伯特智能机器人"等9个项目获得三等奖；"corneat"等6个项目获得二等奖；"微型无导线心脏起搏器"等3个项目获得一等奖；来自北京赛区的"拉酷"项目获得特等奖。

◆全球"硬科技"大会 2017年11月7—8日在西安举办。诺贝尔奖获得者、国内外相关领域院士专家、科技企业领袖、知名投资人士等各界嘉宾近1000人参加。大会以"硬科技改变世界，硬科技引领未来，硬科技发展西安"为主题，

2017年11月29日，西安市知识产权局在雁塔区国美电器商场开展执法检查

旨在推进创新驱动发展、加快追赶超越步伐，搭建"一带一路"科技创新的开放合作共享平台，汇聚全球顶尖的"硬科技"成果及人才。在为期2天的会议中，共组织17场活动。围绕硬科技"八路军"重点领域，开展中国航空高科技创新论坛、新能源汽车产业创新发展论坛等专业领域的交流互动；举办全球硬科技创新创业峰会、新科技新金融新动能暨西安科技金融创新等论坛活动。大会发布《2017年中国城市硬科技发展指数报告》公布我国硬科技发展前10位的城市，分别为：北京、上海、广州、南京、武汉、西安、天津、杭州、深圳、成都。还发布《支持硬科技产业发展的十条措施》《全球硬科技西安宣言》《硬科技白皮书》。

◆知识产权保护 2017年，西安市知识产权局把加强知识产权保护作为西安市创建国家知识产权强市的重要一环，坚持"市级主导、区县联动、突出重点、稳步推进"的工作思路，切实加强知识产权保护工作，加大专利执法办案力度，完善执法工作机制，强化队伍建设，努力营造促进创新发展和有序竞争的良好环境。指导各区（县）、开发区和企业事业单位重视知识产权工作，着力提升专利数量和质量。4月，联合西安市财政局印发《西安市专利资助管理办法》《西安市国内专利资助申报与审核细则》，大幅提高发明专利创造的资助额度，新增"一带一路"沿线国家发明专利授权资助，获得美、日、欧、韩发明专利授权的，给予每件每个国家3.5万元资助；获得"一带一路"沿线企业主要目标市场国家发明专利授权的，按照实际申请费用的50%给予资助；扩大高校、院所的资助范围。9月，在西安科技大市场设立业务窗口，对专利授权类资助即时兑现。制定培育高价值专利5项措施，为专利质量提升提供有力支撑。在维护市场秩序方面，结合国家和陕西省、西安市"双打"（打击侵犯知识产权、打击制售假冒伪劣商品）工作要求，开展重点领域专项行动，西安市知识产权局连续2年被公安部和国家知识产权局授予"全国知识产权系统和公安机关知识产权执法工作成绩突出集体"。按照中央、陕西省"双打"工作要求，与雁塔区、新城区、鄠邑区、灞桥区等区（县）的科技、工商、版权、经贸等相关部门开展联合执法检查活动，赴生活超市、电器连锁、综合商场等场所，重点检查家电、电脑器材、食品饮料、图书及文体器材等涉嫌假冒专利行为；联合新城区、碑林区、莲湖区、雁塔区、鄠邑区5个受委托执法区，开展专利执法行动。全年开展联合专项执法22场次，查处涉嫌假冒专利案件266件，涉案商品2800余件，受理专利侵权纠纷案件40起，较好地解决了专利权人维权周期长、维权成本高的难题。不断加强流通领域、重点展会知识产权保护工作，开展"闪电""护航"等专项执法行动。专利执法案件量连续5年在陕西省名列前茅。开展专业市场知识产权保护工作，培育大明宫建材家具市场、轻工小商品市场等一批"知识产权保护规范化市场"。

◆知识产权宣传培训 2017年，西安市知识产权局利用电视、网络、报纸等媒体平台，通过培训、讲座、展板展览等多种形式，对知识产权工作进行多渠道、多角度的宣传，营造尊重、保护知识产权的良好氛围。全年在《西安日报》《中国知识产权报》等媒体发布新闻稿件20余篇；在西安市科技网（知识

产权网）发布西安市知识产权原创稿件95篇，被陕西省知识产权网采纳56篇；国家知识产权网《地方动态》栏目刊登西安市知识产权新闻、动态25篇，在15个副省级城市排名第二位。以西安科技大市场为平台，举办知识产权相关培训活动52场次，受众超过3000人次。以“知识产权进高校”活动为载体，先后在西安医学院、西安工程大学、长安大学等10所高校开展培训260场次，受众3.87万人次。在“3•15”“4•26”期间，与区（县）科技（知识产权）部门联合开展宣传活动，提高市民对《中华人民共和国专利法》《中华人民共和国专利法实施细则》《陕西省专利条例》《西安市知识产权战略》等国家法规和陕西省、西安市政策的了解。在“4•16”知识产权日，首次以图文直播的形式在国家知识产权网同步宣传知识产权政策法规培训会，解读新出台的《西安市专利资助管理办法》，邀请西安市中级人民法院庭长及法官，从审判的角度讲解企业知识产权保护问题，重点介绍知识产权诉讼的典型案例。全年各区（县）知识产权局开展形式多样的宣传活动。雁塔、新城、碑林、鄠邑等6个区（县）分别在辖区内组织知识产权日宣传活动，摆放宣传展板，发放图书、手册、宣传页等知识产权材料1万余册，接受群众咨询2200余人次。9月，碑林区知识产权局联合西安市第三中学开展“知识产权科普大讲堂”活动，启动碑林区“知识产权进校园活动月”，160余名高一年级师生参加讲座。碑林区开展“知识产权试点示范学校”的培育和中小学知识产权教育普及工作。截至年底，碑林区有国家级和省级“知识产权教育试点示范学校”5所。

◆**知识产权运用**　2017年，西安市知识产权局培育知识产权密集型产业。通过出台的《西安市知识产权密集型产业工作指引》，以各开发区管委会和区（县）科技局为依托，预计用3年时间，对中共西安市委、西安市人民政府提出的9大先导产业和6大支柱产业〔9大先导产业：集成电路、新型显示、光电子、大数据与云计算、增材制造（3D打印）、机器人、无人机、卫星应用、新材料。6大支柱产业：新一代信息技术、高端装备制造、节能与新能源汽车、航空航天、生物医药、新材料〕，通过开展产业调查、产业导航、知识产权优势企业培育、专利信息分析、贯标、高价值专利培育等重点工作，进行知识产权密集型产业培育，促进西安市战略性新兴产业和主导产业发展。支持西安高新技术产业开发区开展通信、电子器件、智能制造、生物医药、新材料5个产业密集型产业培育工作。推进企业知识产权服务工作，开展知识产权助力众创空间的工作，引进奥康集团有限公司、猪八戒网等知识产权服务机构进驻双创中心并开展定向服务。截至年底，有6家众创空间被陕西省知识产权局评为“知识产权示范众创空间”。继续与陕西省知识产权局合力推进企业知识产权贯标工作，在出台的《西安市专利资助管理办法》中，加大支持力度引导企业开展知识产权贯标工作，对获得国家认证的企业给予3万元奖励，形成陕西省、西安市政策叠加，促进贯标工作的开展。全年依托32家服务机构为92家企业开展贯标工作，新获得“贯标认证证书”的企业有27家，累计获得认证的企业达到49家。全市企业知识产权管理体系审查员队伍不断壮大，有内审员230余人、外审员52人。依托高新区等知识产权密集区域，开展专利信息分析和专利导航，帮助企业合理布局专利，有效规避研发风险，提升专利运营能力。

◆**西安市入围“全国知识产权强市”创建城市**　2017年，西安市根据国家知识产权局《关于加快建设知识产权强市的指导意见》，开展创建“全国知识产权强市”工作。成立由西安市人民政府市长为组长，西安市知识产权局、西安市工商行政管理局等22个部门主要负责人为成员的西安市国家知识产权强市建设工作领导小组，做好知识产权强市申报工作。经过国家知识产权局评审，西安入围“全国知识产权强市”创建城市。发布《西安市知识产权强市创建工作方案》，通过3年，分启动建设阶段(2017年)、全面推进阶段(2018年)、提升发展阶段（2019年）3个阶段，建立和完善西安市知识产权综合管理体系、保护运用体系、产业发展体系和协调发展机制。根据知识产权强市建设的工作需要，西安市知识产权局对内设机构进行较大调整，将科技金融处调整为科技金融与知识产权运营处，在科技成果处原来职能基础上，增加专利市场交易统计职能，并协调高校改革工作，加强知识产权在科技成果转化中的改革工作。

◆**西安获批“全国首批国家知识产权运营服务体系建设试点城市”**　2017年5月，西安市成功获批首批全国知识产权运营服务体系建设试点城市。获批试点城市后，国家给予2亿元的专项资金支持，西安市人民政府按照1∶1.5的标准分3年给予市级财政配套资金3亿元。为确保西安知识产权运营试点工作顺利推进，市政府发布《西安市知识产权运营服务体系建设实施方案（2017—2019年）》，按照“突出重点、分类推进、促进融合、共享示范”的思路，通过建立西安市知识产权国家运营中心、建设城市知识产权综合服务平台、深化知识产权金融创新等措施，打造知识产权质量提升、运用高效、保护严格、链条完善的知识产权运营服务体系，推动知识产权运营与重点产业深度融合。

（梁莉　王春）

社会科学研究

◆**概况**　2017年，西安市社会科学院（西安市社会科学界联合会）、西安市丝绸之路经济带研究院积极开展社科研究工作，一系列科研成果在《中国社会科学报》《陕西日报》《西安日报》等主流媒体上发表。社科普及工作引起中央、陕西省媒体关注，《西部法制报》专门进行大篇幅报道。完成《西安经济发展报告》《西安社会发展报告》《西安文化产业发展报告》3个蓝皮书，已由西安出版社出版。《丝路从西安延伸》丛书（8个分册）由陕西人民出版社、陕西旅游出版社出版。完成“大西安建设系统理论研究”“大西安文化发展战略研究”“习近平总书记‘五个扎实’深入阐释研究”“市民文明素质提升路径研究”“全域旅游视角下的西安历史文化街区保护与更新研究”“大西安建设市民社会心态调研”6个重要课题的研究任务。完成《西安防震减灾文化体系建设纲要》编制工作。其中，《大西安建设市民社会心态调研》在《西安日报》《新西部》《调研参阅》等报刊刊出后引起较大反响，中共西安市委主要领导做出肯定性批示，西安地区知名自媒体相继转载。完成“西安市青年科技人才创业环境研究”“实践好监督执纪‘四种形态’问题及对策研究”“习近平全面从严治党新思想研究”“廉洁西安的价值、内涵与路径”等研究课题，为西安市人才工作与党风廉政建设研究提供理论支持。西安市社会科学院（西安市社会科学界联合会）、西安市丝绸之路经济带研究院被全国城市社科院院长联席会授予“全国城市社科院（社科联）先进单位”荣誉称号。

◆**社科规划基金课题管理**　2017年，西安市社会科学院（西安市社会科学界联合会）、西安市丝绸之路经济带研究院社科基金规划办公室对《社科基金管理办法》进行进一步修订完善，课题立项、结项更加科学规范。全年“社科规划基金”资助应用项目269项，其中创新项目2项、攻关项目8项、重大项目23项、重点项目49项、一般项目153项、自筹项目34项。

基于类型分析视角西安城乡统筹的差异化路径研究 由西北大学郭俊华主持完成。课题在借鉴国内外城乡协调发展路径的基础上，在发展经济学、区域经济学等理论指导下，通过已有成果的总结提炼，对西安市内四大区域开展调查，深入分析城乡一体化理论和国家城乡政策在西安城乡一体化发展中的落实情况。对四类型区域城乡社会经济一体化发展进行理论分析，运用类型分析法、调查研究法、比较分析法建立相关指标体系，测算西安市的城乡统筹发展水平与实现程度，总结不同类型区域的城乡统筹发展模式与成功经验。探索西安统筹城乡的差异化发展路径，为西安地区城乡一体化的实现提供理论支持和实践指导，为2020年全面建成小康社会建言献策。

西安市中小企业创新环境和创新路径研究 由西安理工大学经济与管理学院胡海青主持完成。课题基于现阶段国内外学者对中小企业创新环境、创新路径研究的“缺失内容”，围绕西安市中小企业创新现状，通过构建中小企业创新环境的评价模型，应用实证研究方法构建结构方程模型，对西安市中小企业创新环境进行评价；基于西安市中小企业成长的阶段性环境支持要素结果将创新环境与创新路径进行耦合匹配，为西安市中小企业优化创新环境提供直接靶向，构建创新实施路径，打造西安市中小企业创新环境优化方案，以加快西安市创新型城市建设。通过对创新环境和创新路径的研究，不仅使企业制定科学合理的技术创新战略，还使其从被动适应创新环境转向主动利用创新环境，从而抓住创新环境更替的机会，实现技术路径的创造和超越，进而获取更多竞争优势。

西安大健康产业战略推进路径研究 由陕西师范大学黄湛冰主持完成。课题提出西安大健康产业的推进路径：（1）在重要支柱产业中推进大健康产业发展，包括利用现有支柱产业蕴含的大健康产业发展空间，利用丰富的历史文化资源和心理学研究力量发展心理健康产业。（2）通过着力共性要素培育推进大健康产业发展，为此要增强地方吸引力，具体包括4项举措：①提高生活质量，其着力方向包括态度、居住、城市外观、教育、交通、商业娱乐区、空气质量、治安等方面，而更进一步的积极举措则是对外进行城市营销；②发展商业；③实施人力资源开发战略；④减少发展中的贫富分化。（3）与健康产业发达的国家和地区进行交流合作。（4）总结各类健康龙头企业发展经验教训提高地方政府引导水平。（5）优先发展基础或前景良好的大健康细分产业。最后简单给出了西安大健康产业推进战略实施的阶段性划分及完成标志。

西安推进供给侧结构性改革研究 由西北大学惠宁主持完成。研究认为：“十三五”时期是西安经济发展方式转变与经济结构调整的关键时期，理清供给侧结构性改革助力西安经济转型升级的思路，分析“供给侧”改革的研究现状、理论的演化、“供给侧”改革的内涵、本质属性及特征，研究西安市经济发展的现状、问题及成因，探讨以“供给侧”结构性改革助力西安经济转型升级的实施路径和对策措施，对于促进西安经济发展方式转变与经济结构调整，具有重要的理论与现实意义。该研究内容主要包括：第一，“供给侧”改革的内涵、本质属性及特征；第二，西安经济发展的现状、存在问题及成因；第三，西安推进供给侧结构性改革的主要目标；第四，西安推进供给侧结构性改革的实施路径；第五，西安推进供给侧结构性改革的政策措施。

互联网思维下西安文化创意产业升级与内容创新研究 由西北政法大学方立峰主持完成。课题立足西安已有文化及科技产业优势，通过创新驱动来提升文化产业发展层次，提高文化发展质量，转变传统文化发展模式，把内容创造的优势与现代技术相结合，重点发展文化旅游、文化与娱乐服务软件、手机新媒体、移动多媒体、移动数字博物馆等产业。努力打造具有西安城市文化特色、技术先进、模式优良的文化科技项目和业态，抢占广播影视、数字出版、动漫游戏、创意设计等领域在国际、国内2个市场的制高点，加快传统产业转型升级，全力推进文化与科技融合创新，打造文化创意产业发展升级版。

西安非物质文化遗产保护与开发研究 由西安旅游设计研究院院长邵振宇主持完成。课题针对西安地区的非物质文化遗产保护与利用现状，分析西安地区非物质文化遗产保护的对象。通过调研，了解西安的各类非遗项目在西安的历史背景、流传方式、发展情况以及存在的状况。并且分析总结其他地区对当地非物质文化遗产保护的经验，为西安的非物质文化遗产的保护与利用提供基础资料以及可借鉴的经验与方法。

西安土地流转经营权抵押处置问题研究 由西安文理学院田富强主持完成。课题归纳传统模式的多重矛盾，建立抵押农地多元化目标体系，梳理抵押农地权益结构的所有可能组合，形成多元化改进模式；建立目标体系与改进模式间合理匹配的耦合关系。耦合纵向与横向两种方向的改进模式，形成以风险收益为利益纽带的经融协同双向耦合多元模式。提出抵押农地权益重心后移理论，优先保障靠后的使用权益与抵押权益等核心权益。抵押权益是履行债务的资金来源，承包财产权益是抵押权益的来源，抵押权益与承包财产权益之间存在矛盾。解决途径是将农村集体经济组织农地所有权让渡给承包农户，保障承包农户权益。

西安建设丝绸之路经济带区域服务贸易中心研究 由西安工程大学王铁山主持完成。课题提出西安建设丝绸之路经济带区域服务贸易中心的思想，首先对西安建设丝绸之路经济带区域服务贸易中心的目标和发展模式进行定位，认为西安建设区域性服务贸易中心城市必须是高度国际化的，有较强的集聚力和辐射力，应当在国内外具有竞争力和影响力，然后从营造对外开放新环境、完善服务业、重视服务贸易、实施重大服务贸易示范项目、发挥政府作用4个方面对西安建设服务贸易中心提出对策建议。

习近平全面从严治党战略思想研究 由西安交通大学马克思主义学院任培秦主持完成。课题由4个部分组成。第一部分，习近平全面从严治党战略思想的价值意义。分析了马克思主义经典作家高度重视从严治党问题，认为从严治党是无产阶级政党的基本要求，也是中国共产党的一贯要求和优良传统，把全面从严治党纳入治国理政的战略布局，体现了习近平全面从严治党战略思想的价值意义。第二部分，习近平全面从严治党战略思想的根据。认为全面从严治党既是适应世情、国情、党情变化的需要，也是科学把握党的执政规律的需要。第三部分，习近平全面从严治党战略思想的主要内容。首先，阐释了全面从严治党的新内涵；其次，从思想建党与制度治党、治标与治本、规范党内政治生活与增强党性、依规治党与以德治党、依规治党与依法治国、党内监督与人民群众监督六个方面的结合，概括了习近平全面从严治党战略思想的主要内容。第四部分，习近平全面从严治党战略思想的理论创新。从全面从严治党与治国理政相结合、继承传统与改革创新相结合、从严管理干部与热情关心干部相结合、抓好党建树立正确的政绩观四个方面，论述了习近平全面从严治党战略思想的创新内容，实质是新形势下执政党制度建设的理论与实践创新。

◆重点科研课题 2017年，西安市社会科学院（西安市社会科学界联合会）、西安市丝绸之路经济带研究院坚持问题导向，紧密结合西安经济社会发展实际设置课题，集中优势力量确保高质量完成各项重点任务，主要科研课题包括社科基金类科研课题、横向课题类科研课题和院内科研课题。

全域旅游视角下的西安历史文化街区保护与更新研究 由西安旅游设计研究院完成。课题通过分析碑林区历史文化街区的SWOT（波士顿矩阵、企业战略分析法），找到存在问题，在旅游发展原则的基础上找准发展目标。课题组认为碑林区的历史文化街区保护与开发的总体策略：（1）采取“1+2+N”的模式，重点打造一条勿幕门（小南门）至长乐门（东门）的，沿城墙历史文化带，优先树立书院门与小雁塔2个不同风貌的历史文化核心区典范，协调扶持从“一带”“两核”衍生出“两宫一市”“建国路1936”“竹笆市特色街区”等多个项目；（2）政府投入前期研究、规划先行，正确引导企业开发与文化事业配合，确保商家、居民与游客在全域旅游中共同受益；（3）充分理解“全域旅游”“智慧旅游”与互联网+的概念，建立适应新时代的管理服务体系；（4）树立国际一流的目标，制定分期分段实施方案，确保保护与开发实施过程的景观延续、魅力持续、文化沉淀。提出相应的碑林历史文化街区开发的实施路径与实施保障。对重点项目进行详细的设计，其中包含：碑林历史文化核心区总体升级项目，打造“建国1936”风情街，配合西安市人民政府宏观战略做好、做精小雁塔历史文化街区建设，配合西安市人民政府宏观战略做好、做精东关地区的历史文化街区建设。

“大西安”市民社会心态分析与思考 由西安市社会科学院课题组完成。课题组针对中共西安市委、西安市人民政府提出的“大西安”建设理念和一系列重大举措，围绕广大市民对“大西安”建设的认知与评价，西安未来发展的期待，基本心态的背后折射出的敏感性、倾向性问题，以及“大西安”建设舆论引导等内容，采用“偶遇式”问卷调查的方式进行数据收集，所有样本均以随机抽取的方式获得。调查对象为在西安居住2年以上、20—70岁区间的普通市民。调查共回收有效问卷628份。在95%的置信度下，允许抽样误差为3.9%。调查显示，随着“大西安”建设的深入推进，市民对新一届市委、市政府“大西安”发展理念、发展定位和发展举措表现出高度的认同和支持，对西安近来发展走势也予以充分肯定和点赞。但是，市民更倾向于“全面建设小康社会”这一通识性认知，而对市委、市政府基于纵向的西安发展和横向的成都、重庆参照的理解存在一定的偏差、误区。传统民生议题如收入水平、教育医疗等依然是百姓最关心的热点，满意度仍不太高，获得感仍不显著。在“大西安”建设理念与重大决策的激励下，广大市民对相关政策表示满意，对未来发展持乐观态度，对未来的个体生活抑或城市建设都持有较高期许。与此同时，部分市民对西安市一些干部思想观念和工作能力，尤其是在执行操作层面表示出不满，对这一群体改变旧有“城墙”思维模式，改变“不作为”现象，适应改革新常态有一定的怀疑。这种“并存”状态成为当前西安市民社会心态的另一显著特征。

“五个扎实”的解读及西安深入推进落实的思考 由西安市社会科学院课题组完成。该课题准确把握习近平“五个扎实”战略部署，围绕大西安建设和追赶超越的奋斗目标，结合中央经济工作会议精神，从“五个扎实”的深刻内涵和西安深入推进落实的重要意义着手，分析研判新常态下西安经济社会发展的矛盾和规律，梳理出发展难点和热点问题，并进一步研究西安在经济持续健康发展、农业现代化建设、文化建设、保障和改善民生工作，以及全面从严治党5个方面的关键任务，提出西安正处在调速换挡、做大做强、追赶超越的重要机遇期，要保证经济运行质量和效益，提升增长动力，优化经济结构，加快创新驱动，全方位建设对外开放的合作机制；加快现代农业产业体系和新型农业经营主体建设，增强农业品牌塑造意识，做好扶贫开发和救助体制机制改革；以文化切入世界城市竞争，加快城市文化定位和文化产业发展；全面做好创业、就业、收入、教育、医疗等方面的保障工作；在从严治党方面，要汲取“延安精神”精髓，以新的认识指导新的实践，不断增强全面从严治党的系统性、创造性、实效性等对策建议，为中共西安市委、西安市人民政府科学决策提供参考。

西安市民素质提升研究 由西安市社会科学院课题组完成。课题组认为，西安市民素质总体状况健康良好，树立和形成了尊重包容、扶困济危的社会风气，但也存在文明意识和行为脱节、文明自律良好和他律缺失、实践与目标偏差的客观问题，这反映了当前思想多元碰撞、私德同公序良俗的矛盾、教育的无序和高标准要求的反差等现实原因。为此，应当从社会宏观环境着手，强化文明素养体系建设，发挥多渠道的综合影响，加强教育在文明素质形成中的地位入手，不断提升西安市民的文明素质程度。

◆社会科学报告 2017年，西安市社会科学院（西安市社会科学界联合会）、西安市丝绸之路经济带研究院围绕“大西安”建设的相关重点、难点、热点问题开展研究，广泛调研，形成一系列有重大参考价值和理论价值的研究成果。

《大西安文化做大做强报告》 为贯彻落实中共西安市委提出的“聚焦三六九，振兴大西安”战略任务，进一步分析梳理“大西安”文化资源之间的内部逻辑和外部关系。报告由8个部分组成：新世纪以来西安文化发展评价；做大做强西安文化的环境条件；大西安文化发展指引；西安文化做大做强的总体思路、发展框架；空间有规划，突破口一；开发有重点，突破口二；行业有融合，突破口三；体制有创新，发展有助力。报告从基础条件、发展思路、空间架构、重点项目策划、产业融合和体制机制创新等方面都进行分析和研究，提出发展思路和项目策划。为西安发展历史文化资源优势，做大做强西安城市文化提出一些有针对性的意见和建议。

《西安防震减灾文化体系建设研究》 西安的防震减灾工作必须提升到系统设计的高度，从文化建设的视角进行考察，要结合西安自然地理环境特点和文化遗产保护的需要，吸取历史灾害中的教训和传统社会互助救灾减灾的优秀文化，从而制定出国际性城市的经验和标准。为此，西安市社会科学院与西安市地震局、西安旅游设计研究院等部门共同撰写《西安防震减灾文化体系建设研究》报告。该报告力图以全球灾害加剧和中国城市化、新型城镇化为背景，在学习总结国内外先进防震减灾经验以及中国传统防灾互助文化的基础上，提出一套具有西安特色的防震减灾文化体系框架。在此基础上结合西安的社会发展政策，人口结构特征，城市格局，城市的生产、生活和生态空间，风俗习惯，管理体制，治理模式等，策划设计一系列具有操作性、复制性、推广性的实施路径和建设载体，以推动西安城市灾害管理水平、城市居民素质、城市产业经济的发展提升，力图在全国率先形成一套科学、理性、可行、可用的防震减灾文化建设方案，使西安在全国走在前列，形成品牌。

《2017西安经济发展报告》 由西安市社会科学院经济研究所主持完成。报告在分析了复杂多变的国内外经济形势下，将西安经济发展中具有战略性、全局性，以及全社会关注的热点、难点问题作为研究重点，深入、细致地展开研究，形成颇具特色的篇章布局，全面剖析、研究西安的经济发展问题。报告分为战略布局篇、改革发展篇、丝路宏图篇、热点剖析篇和特色亮点篇5个部分共17份报告。第一部分“战略布局篇”对2016年西安经济运行状况和特点进行了分析，提出2017年西安经济发展的总体思路和对策建议，并对“品质西安”建设进行了系统研究；第二部分“改革发展篇”对西安供给侧结构性改革、自

主创新中的知识产权保护、西安构建内陆开放新高地的路径、精准扶贫与生态治理等问题做详尽分析；第三部分“丝路宏图篇”主要围绕“一带一路”战略背景下，西安优势产业选择、中亚贸易投资便利化、旅游业、新型智库信息工程西北信息中心建设等方面展开深入研究；第四和第五部分的“热点剖析篇”和“特色亮点篇”主要关注点集中在西安经济安全、对外开放、财政债务风险评估与防控、乡村旅游、“智慧西安”的宽带发展等问题。全书汇集了社会科学院、高等院校和政府职能部门的20多位专家学者的最新研究成果，以期对学术研究、城市经济发展和实际部门工作提供有益的参考借鉴。

《2017年西安社会发展报告》由西安市社会科学院社会学研究所主持完成。报告总计23万字，主要研究“大西安”范围内的问题，“聚焦三六九振兴大西安”提供智力支持。该报告分为“总论篇”“热点篇”“专论篇”三大部分。“总论篇”的《西安市社会事业发展短板和对策调研报告》总结西安社会发展的成绩和经验，剖析存在的短板和成因，给中共西安市委、西安市人民政府提出相应的对策建议。“热点篇”收录《西安国际化大都市指标体系研究》《西安市简政放权工作推进落实情况第三方评估报告》《建设品质西安提升政府服务品质》等方面内容。“专论篇”在社会保障专题中细分出基本养老保险、基本医疗保险、失业保险、工伤保险、生育保险和社会福利、社会救济、社会慈善等专题研究报告。

《2017西安文化产业发展报告》由西安市社会科学院社会学研究所主持完成，西安市社会科学院、陕西师范大学、西安文理学院和西北政法大学等相关专家组织撰写。该报告近25万字，由“总报告”“宏观视野”“专家论坛”“政策法规”“大事记”等部分组成，对西安文化产业发展现状、特点、问题、思路、战略、对策等进行详细记述。

◆社科普及 2017年，西安市社会科学院（西安市社会科学界联合会）、西安市丝绸之路经济带研究院新批准成立关中民俗博物馆、西安牛兆濂文化研究会、西安建筑科技大学校史馆、西安市教育心理学会4家“西安市社会科学普及示范基地”，“西安市社会科学普及示范基地”总数已达到15家。开展社科理论进农村、进社区、进企业活动，举办“市民大讲堂”41场，扩大社科普及的影响力。编辑完成《社科动态》6期、《领导参阅》10期、《西京论坛》6期，分别对《关于西安文化发展定位的若干建议》等文章进行摘要编辑，提交市级相关领导参考，其中2期《领导参阅》中刊发的《打造“全球形态夜西安”，培育新的经济增长点》和《关于建设“大西安”的几点思考》获中共西安市委主要领导肯定性批示。在院（联）微信公众号“西安智库”上推送81期，发表文章100余篇。对西安社科网进行多次全面优化升级，网站总访问量突破200万人次，日均访问量500余人次。

◆社科活动 2017年，西安市社会科学院（西安市社会科学界联合会）、西安市丝绸之路经济带研究院为紧密配合科研工作，举办多场学术沙龙活动。例如邀请中国知网陕西分公司宣讲师董洁做题为《新型智库数据的使用和拓展应用》的讲座；邀请西北大学教授徐卫民做了题为《秦帝国的崛起与衰亡》的讲座；邀请西北大学教授黄留珠做题为《两汉历史发展及其对今天的借鉴》的讲座；邀请西北大学教授张阿利做《“秦商”“陕商”“西商”》的讲座；邀请陕西省社会科学院研究员张宝通做了题为《关于大西安的若干问题研究》的讲座。与陕西省中特理论体系研究中心、陕西省社会科学界联合会共同举办“‘一带一路’与‘大西安’建设高层学术应用研讨会”“关于‘大西安’建设的‘三个问题’研讨会”；与中共西安市委宣传部、西安日报社共同举办“学习贯彻‘7•26’讲话研讨会”；联合陕西师范大学举办“一带一路与大西安建设”理论研讨会；与中共西安市委宣传部共同举办“学习贯彻十九大精神座谈会”，提升了学术科研水平。（肖宏立）

专业技术服务

·气　象·

◆概况 2017年，西安市气象局及时主动开展气象服务，为西安经济、社会发展提供气象保障。截至年底，西安市所辖区（县）气象局有8个（长安、临潼、阎良、灞桥、高陵、鄠邑、蓝田、周至），有国家气象站7个、国家一级农业气象站1个、省级农业气象站1个，此外还有探空站1个、自动土壤水分观测站7个、大气成分观测站1个、酸雨观测站1个、沙尘暴观测站1个、闪电定位观测站1个、大气电场仪站6个、电离层监测站1个、新一代天气雷达站1个、风廓线雷达1个、人工影响天气作业点50个、区域自动监测站227个、交通气象站3个。全年气象服务满意度97.7%，在基本实现气象现代化方面得分96.59分，在陕西省建成结构完善、布局科学、功能先进、技术领先的现代化体系，达到陕西省气象局“满足需求、注重技术、惠及民生、富有特色”的气象现代化体系要求。西安现代气象监测预报、预警体系、现代公共气象服务体系、气象科技创新和人才体系，总体水平在西部领先，部分领域接近或达到东部先进城市水平。

◆气象防灾减灾应急联动 2017年，西安市人民政府加强气象防灾减灾应急联动工作力度，召开年度气象灾害应急指挥部联席会议，安排部署气象灾害应急工作。市、区（县）气象灾害应急指挥部实现全覆盖，并在出台气象灾害防御规划、气象灾害应急预案和加强城乡气象防灾减灾体系建设、提升预警信息发布能力、强化气象灾害风险管理，及时预警、提高气象灾害应急指挥能力等方面发挥了重要作用。西安市气象局落实《西安市人民政府办公厅关于加强城市公共气象服务工作的意见》，累计建成乡镇气象工作站132个、村级（社区）气象服务站7086个，开通基层气象防灾减灾远程平台，镇（街）覆盖率100%。在灞桥区气象局建成全国首个“风云3号”气象卫星地面接收站，并应用其资料开展雾霾、水体、植被等监测分析。10月，“风云4号”气象卫星直收站在灞桥开工建设。

◆公众气象服务 2017年，西安市气象局围绕“一河二区四库”（渭河/泾河、西安城区和秦岭北麓局部暴雨山地灾害高发区、金盆水库、石砭峪水库、零河水库及李家河水库）防汛重点，强化天气监测预警和汛情、灾情研判和天气会商工作。完善合作对接机制，强化气象和水务等多部门资料共享、共建、共用，保证全市安全度汛。准确预报、预警出现的7次雨雪、5次严重雾霾、4次暴雨强降水天气过程。启动应急响应15次，发布预警信号87次、重要天气报告21期、短时临近预报31期、专题预报179期，报送《西安气象信息快报》《送阅件》等决策材料150期，实施“一日一报”，报送《西安天气快报》137期。发布手机短信540余万条，微博、微信关注人数77.8万人次，在全国气象系统地市级“双微”中排名第十二位。建设“一带一路”气象服务网站。《“一带一路”天气预报》用中、英、俄3种语言播报680期。全面启动西咸新区气象保障服务。积极参与中共西安市委、西安市人民政府治污减霾调研活动。

◆气象为农服务 2017年，西安市气象局与西安市农业林业委员会联合发布分区（县）、有针对性的农业气象预报，保障春耕、春播服务工作。利用灞桥区

"风云3号"卫星遥感资料，结合气温、降水等气象资料，进行冬小麦产量预报预测，预计西安市冬小麦平均产量22.34千克/公顷，总产量92.2万吨，与上年相比单、总产均为平偏丰，预测产量与实际产量相符。分析研究历史同期气候资料，预测"三夏"期间天气气候状况，发布"三夏"专题预报20期、其他为农气象服务材料62期。做好秸秆禁烧包抓落实工作。

◆**人工影响天气作业** 2017年，西安市气象局按照中共西安市委、西安市人民政府工作部署，面向治污减霾、水源地水库蓄水、生态环境保护、抗旱减灾以及森林防火等需求，组织增雨作业23次，发射增雨火箭弹412枚、燃烧碘化银燃烧烟条2505根。新建人工增雨地面碘化银燃烧炉1座。其中，8月25日至9月16日，结合水源地蓄水需求，在水源地秦岭西安段连续开展飞机、地面立体化人工增雨作业，在自然因素与人工影响的共同作用下，金盆水库水位由8月25日的575.78米上涨到9月17日的591.75米，库容增加6040万立方米。按照西安市铁腕治霾办工作领导小组办公室的要求，在秋、冬、春等空气污染重点时段，依据气象条件组织开展人工增雨作业，增强雨水对于空气污染物的冲刷作用，抑制地面扬尘，改善空气质量。

◆**灾害风险预报预警** 2017年，西安市气象局优化西安大城市"智慧气象"精细化预报、预警服务一体化平台（XA-WFIS•新丝路）和西安暴雨预报、预警等系统，完善西安市"智慧网格"精细化预报系统、西安短临预报、预警系统（XA-NEWS）。与西咸新区、沣西新城对接"气候适应型"城市试点和"智慧气象"工作。不断融合环保、国土、市政等部门大数据，开展基于影响的气象灾害风险预报、预警。打造气象+环保的空气质量预报系统CMAQ（第三代空气质量预报和评估系统）升级版、气象+国土升级基于GIS（地理信息系统）和智能网格格点预报的地质灾害地灾预警系统、气象+市政+规划升级的大城市内涝预警系统。主动对接，积极服务，圆满完成2017欧亚经济论坛、2017首届世界西商大会、西安国际马拉松赛、2017全球硬科技创新大会等重大活动气象保障服务。按照中共西安市委、西安市人民政府治污减霾、铁腕治霾的工作部署，成立西安市气象局"铁腕治霾•保卫蓝天"工作领导小组，不断完善合作联动机制，开展科学研究，及时发布重污染天气预警、环境气象要报等预报、预警服务信息。加强空气污染天气监测和空气污染气象扩散条件预报，适时开展人工影响天气作业，安排技术人员参与西安市应急大厅重污染天气应对联合值班。

◆**防雷体制改革和气象服务标准体系优化** 2017年，西安市人民政府召开建设工程防雷管理工作会，印发《关于调整优化建设工程防雷许可的实施意见》（市政发〔2017〕13号），明确雷电防御责任，将防雷减灾纳入安全生产监管和目标考核体系。联合西安市安全生产监督管理局下发做好雷电灾害防御的通知。深化防雷行政许可"放、管、服"改革，优化防雷行政许可事项，修订《气象权责清单》，实施气象行政审批事项"最多跑一次"。初步构成气象服务标准体系，4项气象标准被西安市人民政府列入《西安市标准化+行动计划》（市政发〔2017〕46号）。全年受理办结施放气球活动审批事项1件、防雷装置设计审核和竣工验收行政审批事项258件，无逾期办理件，按时办结率100%。

◆**举办欧亚经济论坛气象分会** 2017年，西安市气象局举办2017欧亚经济论坛气象分会。包括2名院士、1名外籍院士在内的近200名国内外气象专家学者参加会议。会议规格高，影响力大，呈现四大亮点：一是搭建了无国界对话平台；二是跨界交流，积极融入国家倡议；三是聚焦主题，对标前沿，探索发展新模式；四是凝聚共识，共建5条发展之路。（白慧玲）

·地　震·

◆**概况** 2017年，西安市地震局围绕监测预报、震灾防御、应急救援三大工作体系，强化震情跟踪和地震监测工作，加强地震预测方法探索研究，规范群测群防管理。落实建设工程抗震设防要求，推动减隔震技术推广应用，继续提升防震减灾示范区（县）、社区、学校创建水平，深化防震减灾宣传教育。开展地震应急准备工作，继续推进地震应急装备库和应急避难场所建设，组织地震灾害救援队伍技能培训，开展地震应急演练。不断提升科技创新能力，夯实全市地震灾害综合防御基础。推动防震减灾工作改革发展，以创建"国家防震减灾示范城市"为契机，以拓展防震减灾公共服务为重点，全面提升全市防震减灾工作综合能力。西安市获"全国地市级防震减灾工作综合考核先进单位"称号。

◆**地震监测预报** 2017年，西安市地震局不断加强震情跟踪和趋势研判工作。制定《西安市2017年度震情跟踪工作方案》。加强异常落实和震情监测，处理地震事件2235起，其中辖区26起（可定震中地震19次、人工爆破地震7次），最大地震为7月11日在高陵区发生的1.0级地震。全年未发生地震误报、漏报事件。制定《西安市地震局震情会商制度改革实施方案》《西安市地震局震情会商技术方案》，组织震情周会商48次、月会商12次、加密会商15次。编写《震情简报》12期、《震情快报》2期、《震情趋势研究报告》3篇、异常落实报告2篇。加强地震预测方法探索，与中国气象局、西海控股有限公司等单位合作，开展大气电离用于地震监测预报研究。加强群测群防队伍建设，建立"横向到边、纵向到底"的群测群防网络体系，全市有防震减灾助理员169人、群测群防联络员5014人。进一步规范群测群防工作，制定《西安市地震宏观观测点管理办法》《西安市地震灾情上报系统管理制度》，编制《市级地震宏观观测点工作手册》《地震群测群防工作制度汇编》。加大群测群防业务培训，开展防震减灾助理员、群测群防联络员等培训13次，参训800余人。优化宏观观测点建设，全市有地震宏观观测点50个（其中省级1个、市级9个）。西安市地震群测群防规范化、网络化、网格化"三化"管理经验在陕西省地震系统推广。强化地震监测系统运行维护管理，全市测震、前兆、应急指挥、烈度速报、信息节点、防震减灾信息化管理等系统正常运行，地震前兆台网升级改造项目通过验收并投入使用。完成监测台站防雷检测工作，开展地震监测台站安全检查，确定辖区内地震监测台站保护范围，设置"台站保护公告（警示）牌"。制作《台站分布图》，编制《地震监测设施和地震观测环境增建抗干扰设施的确定》办事指南、办事流程和行政确认表，并在西安市地震局网站进行公布。持续推进地震小区划和活断层探测成果的运用，努力使科技成果服务于经济、社会发展。

◆**震灾防御** 2017年，西安市地震局进一步加强抗震设防要求管理，新建、改建、扩建建设工程全面落实《第五代地震区划图》。全市一般建设工程抗震设防要求备案451件（其中区县120件、开发区160件、市本级171件）。配合做好房地产项目审批改革，认真落实《西安市房地产项目优化审批流程试行方案》，市本级建设工程抗震设防要求备案171件中，涉及房地产项目129件。开展城市燃气管网等重大基础设施和生命线工程的抗震性能检查和防范治理工作。进一步加大减隔震技术应用推广力度，推动减震隔震技术在工程建设、新型城镇化建设等工作中的应用。截至年

2017年5月10日，长安大学附属中学组织开展中小学地震应急演练

底，全市采用减隔震技术的建筑物有31个。着力推动防震减灾示范建设，颁布《防震减灾标准化社区和示范社区导则》（DB6101/T3007—2017）、《防震减灾标准化社区和示范社区建设与评价》（DB6101/T3008—2017）2项西安市地方标准。指导长安区、新城区通过“全国防震减灾示范区”验收。创建“国家防震减灾科普示范学校”1所、“陕西省防震减灾科普示范学校”4所（共27所）、“西安市防震减灾示范学校”18所（共122所）。完成31所防震减灾科普示范学校提升建设工作。创建“国家地震安全示范社区”3个（共16个）、“陕西省防震减灾示范社区”3个（共24个）、“西安市防震减灾标准化社区”11个（共72个）。

◆**地震应急救援** 2017年，西安市地震局与西安市应急管理办公室联合印发《西安市应对毗邻地区地震灾害工作方案》，与相关部门组成联合检查组，对长安区、雁塔区、莲湖区、碑林区、新城区和西安城市基础设施建设投资集团有限公司开展地震应急准备工作督促检查，促进全市地震应急准备工作水平的提高。督导区（县）编制《抗震救灾指挥部重特大地震灾害事件处置方案》和抗震救灾指挥部《办公室工作规则》。制定《西安市地震局地震突发事件应急新闻处置方案》，完成《地震应急预案》《地震应急指挥体系图》和《地震应急流程图》“一案两图”的编制。督导全市相关部门开展地震应急预案编修工作，把非煤矿山、危险化学品、次生灾害源等高危行业企业生产经营单位应急预案纳入备案范围。注重应急避难场所法制建设，出台《关于进一步加快应急避难场所建设的意见》，以“西安市政府令”的形式颁布《西安市应急避难场所管理办法》，并以此为契机全力推进全市应急避难场所建设。西安市主城区新增Ⅱ、Ⅲ类应急避难场所20处，Ⅳ类（临时）应急避难场所22处，全市应急避难场所达到103处，与多年建设的总和61处相比，增加68.8%。加强应急队伍建设，印发《西安市地震局现场应急工作装备管理办法》。各区（县）均建立现场工作队，完善装备并开展野外业务培训。西安市地震灾害紧急救援专业队伍开展地震应急救援综合技能培训，西安市地震应急救援志愿者队伍进行户外拓展培训。截至年底，全市地震灾害专业救援队和志愿者队伍人数分别达1136人和4368人。强化应急演练，开展西安市地震局地震应急演练，承办“2017年全省高校火灾地震应急疏散逃生示范演练”活动。全市3160所中小学校均开展地震应急演练，演练场次6500余次。8月8日，四川省九寨沟地区发生7.0级地震，西安市地震局积极应对，召开紧急会商，研判西安市震情趋势，及时发布消息，以“大家莫恐慌，专家有话说”为题进行网络实况直播，维护社会稳定。之后，结合此次地震应急工作对地震应急预案及时进行修编，进一步完善工作程序，为以后地震应急工作奠定坚实基础。

◆**防震减灾宣传** 2017年，西安市地震局印发《2017年西安市防震减灾宣传教育工作要点》，协调西安市科学技术协会将防震减灾知识纳入《2017年西安市实施全民科学素质行动工作要点》、领导干部教育培训计划和学生安全教育内容。西安市各区（县）地震局在“科技之春”“防震减灾宣传活动周”“7·28”唐山地震纪念日期间，利用西安网、西安新闻网、“西安发布”微博、微信、“西安防震减灾”微博等新媒体开展防震减灾宣传活动。在《西安日报》刊发《西安将创建国家防震减灾示范城市》《创建国家防震减灾示范城市19题》《送你超实用的防震避险知识》等专稿，网易、新华网（陕西频道）、西部网、西安发布等转发相关内容。从7月28起，连续10天在西安广播电视台播出“创建国家防震减灾示范城市”口号，营造全社会关心、支持、参与创建“国家防震减灾示范城市”工作的氛围。“防震减灾宣传活动周”期间，共投入经费37.94万元，开展活动项目253个，举办科普讲座90次，举办报告会11次，展出科普展板1044板次，开放科普基地8个，组织演练566场，参与演练群众281550人，悬挂标语横幅543个，下发各类宣传资料170600份；在16种报纸进行宣传，刊发报道21篇；在12个电视频道进行宣传，报道22次。活动周期间，直接参与群众约29万人次。

◆**创建“国家防震减灾示范城市”** 2017年4月7日，西安市人民政府印发《西安市创建国家防震减灾示范城市实施方案》；4月14日，西安市人民政府召开2017年防震减灾工作联席会议、防震减灾工作会议暨创建“国家防震减灾示范城市”动员会。西安市地震局发挥西安市创建国家防震减灾城市领导小组办公室牵头作用，印发《西安市创建国家防震减灾示范城市工作联席会议制度》《西安市创建国家防震减灾示范城市联络员工作制度》《西安市创建国家防震减灾示范城市工作年度目标任务考核办法》《关于做好创建国家防震减灾示范城市有关工作的通知》等，将创建“国家防震减灾示范城市”工作纳入对22个市级部门及13个区（县）政府年度目标考核任务之中。召开创建“国家防震减灾示范城市”联络员会议和联席会议，编发《西安市创建国家防震减灾示范城市工作简报》8期。在西安市地震局门户网站开辟《创建国家防震减灾示范城市》栏目。完成“创建国家防震减灾示范城市”档案管理系统建设，实现档案信息资源的共享，为创建防震减灾示范城市档案资料有效管理提供保障。西安市应急管理办公室建成西安市地震灾害现场实时监控系统；西安市民政局完成“西安市防灾减灾科普宣传教育基地”主体工程；西安市粮食局完成西安应急粮油食品加工物流基地建设。西安市地铁线网应急指挥中心建设、新型防空防灾预警报知系统、城市燃气管网地震紧急处置系统试点建设等一批创建“国家防震减灾示范城市”项目稳步推进。

（刘　琦）

新闻出版

责任编辑　冯冠杰

综　述

◆**概况**　2017年，西安市新闻出版部门大力整治文化市场，加强印刷监管，认真开展“扫黄打非”等工作，积极推进软件正版化，全力打造“书香之城”。组织开展第十一届西安读书月系列活动200多场次，开展的第十四届中国民营书业发展高峰论坛、首届“小红鸟”绘本剧表演大赛、“小小故事家”家庭读书分享大赛等反响热烈。建成“书香西安阅读吧”“小书屋”各100个。启动“24小时书店”建设试点，碑林区建成“自助图书馆”9座。发放专项资金784.98万元，扶持全市60家实体书店发展。在龙源数字集团和中国新闻出版研究院联合发布的“2017数字阅读TOP100城市排行榜”中，西安市位列第11位。西安广播电视台制作的《红色陕甘边》《枪口》分别在中央人民广播电台和中央电视台播出；《柳青在皇甫》获第二十三届“中国纪录片系列好作品奖”。西安曲江影视投资(集团)有限公司出品的《大秦帝国之崛起》《那年花开月正圆》在中央电视台和各卫视播出；《白鹿原》创造75亿次的单网独播量；纪录片《礼乐文明》入选中共中央宣传部“中华优秀传统文化传承工程”重点剧目；《渭华起义》获“中国电视纪录片年度收藏作品”奖。西安高新技术产业开发区推出《先辈的足迹》《穆王八骏》等精品三维动画。西咸新区2D动画连续剧《漫赏秦腔》在中央电视台戏曲频道播出。西安出版社推出的《大西安印象》系列丛书，对“大西安”的人文历史进行了浓墨重彩的记述。西安曲江文化产业投资（集团）有限公司获2017年全国“文化企业30强”荣誉称号，受到中共中央宣传部、文化部、国家新闻出版广电总局等国家部委的联合表彰，是西部城市中唯一连续六届获此荣誉的文化企业。

◆**“扫黄打非”**　2017年，西安市“扫黄打非”工作领导小组办公室以开展专项行动为平台，紧扣重点工作，开展14次集中整治活动，严查文化市场。在春节、“国庆”以及中国共产党第十九次全国代表大会召开前期开展文化市场专项整治活动，确保市场经营健康稳定。开展印刷企业专项整治、校园周边出版物市场专项整治、非法医疗报刊（印刷品）专项整治和宗教（邪教）类非法出版物专项整治，严查发行、印刷、邮寄等环节，净化出版物市场。结合高校教材发行特点，坚持开展春季、秋季集中整治行动，对辖区内高校内部及周边打字复印部有针对性地开展执法检查，严厉打击盗版、盗印大学教材的违法行为。部署开展互联网低俗色情信息专项整治，进一步加大网络“扫黄打非”工作力度，健全工作机制，落实“落地查人”，净化网络空间。全年审结“扫黄打非”刑事案件6起。其中，全国“扫黄打非”办挂牌督办案件4起，分别是：“‘1·26’销售盗版出版物案”“‘1·28’假记者招摇撞骗案”“‘5·24’网络传播淫秽物品牟利案”“‘10·13’非法印刷出版物案”；省级重点案件2起，分别是“长安区‘4·13’侵盗版案”“莲湖区‘8·03’销售淫秽光盘案”。全年各级文化市场行政执法部门依法检查印刷（复制）单位360家（次）、书报刊经营单位820家（次），查缴非法图书、报刊、教材教辅读物8万余册。其中，行政立案115起，行政处罚17家，刑事立案3起。推进“扫黄打非”进基层工作，全市172个街道办事处（镇）“扫黄打非”机构建设完成率100%；1822个行政村、911个社区的信息员、义务监督员设置率100%。开展“扫黄打非”进基层示范点创建工作，评选出5个进基层工作基础好、有特色、有创新的基层单位作为全市推广“扫黄打非”进基层的示范点。

◆**“书香之城”建设**　2017年，中共西安市委宣传部、西安市文化广电新闻出版局印发《西安市建设“书香之城”实施方案》，明确“打造全民阅读活动品牌”“打造书香精品项目”“打造大型综合性书城”“打造12座以上24小时书店”“打造100座书香西安阅读吧”“打造100座书香西安小书屋”“创建100个书香社区”“创建100个书香村镇”“创建100个书香校园”“创建100个书香企业”“创建1000个书香家庭”“建设100座公共数字阅读机”，加强图书馆建设，支持实体书店发展，推动“农家书屋”提升，加快“社区书屋”建设等主要工作任务，并对工作任务进行量化分解。西安市文化广电新闻出版局推行政府主导、企业承办、财政资助的工作模式，动员社会力量广泛参与“书香之城”建设。以阅读为平台，以图书为媒介，“实现图书+”“阅读+”和线上、线下高度融合的全民阅读新局面。举办活动674场，其中讲座395场，展览126场，“小荷读书会”98场；建立24小时“智慧图书馆”8处；举办作家签赠、图书捐赠、图书漂流、公益讲座、读书沙龙等活动。西安图书馆总流通人数2941026人次；书刊文献外借236520人次、657917册次。建成100个各具特色、深受市民欢迎的“书香西安”阅读吧和小书屋，并统一制作牌匾，进行授牌和命名。

◆**实体书店发展**　2017年，西安市修订《西安市财政支持实体书店发展的实施意见》《西安市财政支持实体书店发展专项资金管理办法》，发放专项资金774.354万元，对60家实体书店进行扶持。业外资本不断介入实体书店领域，诞生一批具有崭新业态的实体书店。“关中大书房”再度进驻小寨商业圈，“西西弗”“言几又”“猫的天空之城”等国内知名书店相继进驻西安。继曲江“悦西安”24小时书店之后，位于碑林区中贸广场的“京广尚悦”24小时会员书店、位于莲湖区北大街的“古西楼”24小时书店陆续开业。据调查，西安人均图书消费在全国各城市排名第10位，相比上年前进2位。截至年底，西安市有1296家实体书店（含发行网点），相比上年年末的1059家增加了237家。

◆**“农家书屋”建设**　2017年，西安市文化广电新闻出版局推进“农家书屋”数字化升级改造，推广“乡村有书屋”微信公众号，打造“农家书屋”新媒体平台。争取陕西省新闻出版广电局支持，为雁塔区部分“农家书屋”配送电视机、电脑等设施。推荐评比“书香村镇”“书香社区”“书香家庭”。制订《关于深化“农家书屋”延伸服务工作方案》，对全市2655个“农家书屋”进行调研，对采集的信息研究分析，形成调研报告。结合脱贫攻坚，为6个贫困村扩建“农家书屋”。西安市文化广电新闻出版局被评为全国“农家书屋”工作先进集体单位，一批镇村、社区、家庭受到国家新闻出版广电总局、陕西省新闻出版广电局表彰。

◆**出版物发行年度核验**　2017年3月6日至6月30日，西安市文化广电新闻出版局对全市出版物零售企业进行年度核验。全市有各类出版物发行网点827家，从业人员4663人，年销售额9.78亿元。其中，新华书店21家，网上书店31家，邮局报刊亭82家，外资企业16家。

◆**知识产权保护**　2017年，西安市版权局贯彻实施《西安市国家知识产权强市创建工作方案（2017—2019年）》，大力培育版权文化，全面提高版权意识，大幅提升版权创造、运用、保护和管理能力，推动西安市版权事业、版权产业快速发展。按照“激励创造、有效运用、依法保护、科学管理”方针，结合版权工作实际，制定西安市《保护企业家创新权益加强创新成果知识产权保护》支持政策，并于12月22日在《西安日报》上向社会公布。按照《陕西省打击网络侵权盗版“剑网2017”专项行动工作方案》要求，制订《西安市打击网络侵权盗版“剑网2017”专项行动工作方案》，联合西安市公安局和西安市互联网信息办公室向各区（县）下发行动方案并抓好落实工作。9月，陕西省人民代表大会常务委员会检查组就西安市贯彻实施《中华人民共和国著作权法》相关情况进行检查，认为西安市版权监管措施得力，版权保护水平明显提升；形成良好的打击盗版维权工作体制和协作机制，各类侵权盗版案件得到有效查处，侵权盗版行为得到有效遏制。

◆知识产权宣传 2017年，西安市版权局建立政府主导、媒体支撑、社会公众广泛参与的版权宣传体系，利用多种媒体、多种形式，开展版权宣教活动，传播版权知识，提高社会公众认知度。在“4·26”知识产权宣传周活动期间，围绕不同主题，举办“版权公益大讲堂”，宣传普及版权知识，推广版权服务新业态，拓展版权服务市场影响力和服务规模。通过多种形式开展版权宣传工作，在各大卖场营造良好的版权保护氛围。在西安市广播电视台、西安市文化广电新闻出版局门户网站、视听节目网站、电影院、微信新媒体等媒体发布版权公益宣传片和版权公益宣传画。在西安文理学院开展版权法律法规宣传活动，为大学生发放版权相关法律法规读本、宣传单页和版权宣传记事本等宣传品。

◆软件正版化 2017年，西安市版权局根据陕西省版权局的通知精神和西安市人民政府批示意见，在征求相关职能部门的书面意见和建议后，制订《西安市2017年推进使用正版软件工作实施方案》，经市政府同意后上报陕西省版权局并下发各区（县）、市级各工作部门、各直属机构，并做好方案落实和检查工作。联合西安市审计局和西安市财政局完成全市软件正版化工作的审计任务。

◆印刷企业监管 2017年2月28日至3月31日，西安市文化广电新闻出版局根据陕西省新闻出版广电局统一安排，对全市印刷企业进行年度核验。核验印刷企业387家，其中包装装潢印刷企业125家，其他印刷品印刷企业262家。核验期间，为125家包装装潢印刷企业办理年度核验手续；为53家经营许可到期的印刷企业换发“印刷经营许可证”；为11家变更主要登记事项的企业办理变更备案手续。8月1日至11月底，在全市组织开展为期4个月的印刷复制业专项整治行动，进一步规范净化印刷复制市场。检查印刷企业1108家(次)，限期整改印刷企业126家，处罚12家。11月21—22日，对全市包装装潢印刷企业法人代表进行政策法规培训。115家包装装潢印刷企业法人代表(负责人)参加培训，进一步提高印刷企业经营者的政策法规水平。

◆第十一届“西安读书月” 2017年4月22日，西安市文化广电新闻出版局在曲江书城举办以“全民阅读增自信，追赶超越谋发展”为主题的“西安读书月”启动仪式。组织知名作家为读者签赠图书，向市民发出《读书倡议》，为首批“书香西安阅读吧”授牌。其间，开展“书香社区”“书香村镇”“书香家庭”“书香校园”“书香企业”5项创建活动。开展“筑梦雁塔”“遇见一本书”“天禄文化大讲堂”“诗书长安”“万人颂长安”等主题读书、朗诵活动。征集各类读书活动200多项，多角度、全方位展示了全民阅读的社会影响力。

◆首届“小红鸟”绘本剧表演大赛 2017年4月11日至5月27日，由西安市文化广电新闻出版局联合中共西安市委宣传部等部门主办的西安首届“小红鸟”绘本剧表演大赛举行。本次大赛以“阅读照亮成长”为主题，以家庭绘本舞台剧表演为媒介，倡导家庭阅读、亲子共读，使更多的家长引领孩子正确阅读的方式，培养孩子“爱读书、读好书、会读书”的能力。西安市各区（县）207家幼儿园及阅读组织参赛，4000个家庭参与绘本剧表演，17400人次参加线上、线下集中培训和绘本精读活动，网络辐射人群60余万人次。800多个绘本剧视频参与初赛选拔，100个参赛节目进入复赛，24个节目进入决赛。最终产生10组专项奖、14组优秀奖、24组“优秀人气奖”、14组“优秀视频奖”、50个“入围奖”。

◆首届“2017小小故事家·西安市家庭读书分享大赛” 2017年4月23日至8月22日，由共青团西安市委员会联合西安市文化广电新闻出版局等单位主办的首届“2017小小故事家·西安市家庭读书分享大赛”举行。该项活动以“爱上阅读，爱上分享”为主题，以少年儿童为对象，以家庭为单位，旨在传递家庭教育科学理念、引领亲子阅读风尚。活动分为海选、复赛、决赛、颁奖4个阶段。参与家庭近1000组，总人数达2200余人，并邀请“樊登读书会”等多家社会组织参与。最终有6组家庭分别获得一、二、三等奖，另有18个家庭分别获得“阅读创意奖”“阅读表演奖”和“阅读风采奖”。

◆第十四届中国民营书业发展高峰论坛 2017年4月14—16日，由中国出版研究院、陕西省新闻出版广电局和西安市文化广电新闻出版局主办的第十四届中国民营书业发展高峰论坛在西安锦江国际酒店举办。来自全国各地的400多个出版物民营企业负责人参加会议。会议形成“民营书业发展基金”和“实体书店西安宣言”两项成果。（石　林）

◆全国城市出版社社长年会 2017年10月11日，中国出版协会全国城市出版工作委员会六届二次会议暨全国城市出版社第三十届社长年会在西安曲江宾馆举行。会议的主题是“合作共享，融合发展”。与会的16家出版社代表结合各自出版社的发展实际，就城市出版社图书选题专业化和多元化的结合、挖掘地域文化特色、图书发行渠道拓展、出版产业与文化创意产业结合、继续强化新媒体业务、探索城市出版社之间研学合作模式、教辅图书研发、进一步落实团队项目责任制等话题展开交流和讨论。会

2017年4月23日至8月22日，西安市举办“万人万卷阅动西安暨小小故事家家庭读书分享大赛”活动。图为启动仪式现场

议结束后，进行了优秀图书评选活动，《济南元典》《大儒张载》等26种图书获一等奖。（行中道）

广播·电视·电影

◆**概况** 2017年，西安广播影电视系统组织开展迎接中国共产党第十九次代表大会、“追赶超越”、脱贫攻坚、“行政效能革命”、铁腕治霾等主题宣传活动40项次，在中央电视台播发稿件84篇，全面展示“大西安”发展新成就。9月，全国首家“丝路频道”在西安广播电视台开播，推出《丝路新闻联播》《行走丝路》《丝路朗读》《丝路家训》等全新栏目，助力“一带一路”建设。西安广播电视台新闻监督类品牌栏目受到全社会持续广泛关注，其他城市电视台纷纷派人员学习制作经验。全年制作播出《问政时刻》12期、《每日聚焦》245期。《党风政风热线》全新改版，播出244期，在全国首创广播节目与电视、网络融合，实现了跨媒体联动、融媒体播出。城市影院建设迅速，票房再创新高。在2936个行政村放映公益数字电影35317场次，观众302万人次。

◆**广播电视节目评优** 2017年，西安市文化广电新闻出版局组织广播电视节目创优评优，完成“西安广播电视奖”“西安新闻奖”“人大好新闻”“残疾人好新闻”等奖项的评比组织工作，评出获奖稿件（新闻）154件。其中，西安广播电视台的《问政时刻——工作作风转变进行时》和《西广早新闻》获“陕西广播电视奖”一等奖；西安广播电视台的《送别陈忠实》《汉阳陵发现中国最早茶叶 距今至少有2150年》《问政时刻》《每日聚焦——提升城市环境街头巷尾看成效》4件作品获二等奖；西安广播电视台《谁来唤醒千年古镇》《航天四兄妹：传承吃苦严谨 制造航天精品》《唱响陕北民歌感受黄土情怀——王向荣谈陕北民歌现状、传承与发展》《夏广兴的黄土魂》《第九届石榴花之春》《丝绸之旅起点华夏文明之源》，蓝田电视台《秦岭深处的坚守》，西安教育电视台《兔子快跑》，周至广播电视台《周至县地税局内强素质、外树形象狠抓税收征管工作系列报道》9件作品获三等奖。

◆**城市影院建设** 2017年，西安市新增23个多厅影城，新增银幕135块、座位24343个。累计有96个数字多厅影城加入院线，共有712块银幕、103246个座位。电影票房收入9.05亿元，比上年增长8.6%；放映电影121万场次，增长23.7%；观众2956万人次，增长9.7%。西安市文化广电新闻出版局倡导城市影院承担社会责任，坚持为弱势群体开展公益放映活动。西安博纳国际影城、西安幸福蓝海影城、太平洋国际影城等先后为残障儿童、孤寡老人、环卫工人等弱势群体免费放映电影，传递了电影人的爱心和健康向上的正能量。

◆**农村电影放映** 2017年，西安市农村电影放映工作被西安市人民政府列为“西安市民生提升重点工作”，计划在2936个行政村放映公益数字电影35232场次，实际放映35317场次，超额放映85场次，观众302万人次。长安区农村电影服务站获“第七届全国‘服务农民、服务基层’文化建设先进集体”称号。西安市文化广电新闻出版局指导西安市农村电影院线公司放映帮助农民致富的科教片、农民喜爱的戏曲娱乐片，并要求国产新片（城市院线上映不超过2年）比例不少于放映场次数的1/3。西安市农村电影院线公司放映国产新片14341场，占放映场次的40%。组织技术人员对152套农村电影放映设备进行全面检测，排查设备故障。为解决农村电影无固定放映场所、无专用电源、悬挂银幕困难等实际问题，引导区（县）服务站因地制宜，开展农村电影固定放映场所建设。建成7个室内固定放映点、134个固定银幕墙、94个固定银幕架，并在每个固定放映场所设立电影放映公示栏，提前告知放映信息，接受群众监督，提高观影知晓率。制作《烟头不落地、西安更美丽》公益宣传片，播放8000余场次。开展“迎新春公益电影放映活动”“庆五一”“迎接党的十九大，共圆小康中国梦”等主题放映活动，放映1400余场次，观众20余万人次。联合中共西安市委防范邪教办公室（西安市人民政府防范邪教办公室）和区（县）防范邪教办放映反邪教影片《回归——警惕邪教侵害》925场次，提高群众识别邪教、抵制邪教的意识和能力。

◆**西安电影放映员在全国技能大赛获优异成绩** 2017年，西安市奥斯卡国际影城放映员田海群在全国第三届电影放映员职业技能大赛总决赛中取得全国第五名的优异成绩，被国家新闻出版广电总局授予“全国新闻出版广播影视行业（电影放映员）技术能手”称号。（石 林）

◆**西安国际动漫游戏文化周** 2017年9月21—24日，作为第四届丝绸之路国际艺术节重要组成部分的“2017西安国际动漫游戏文化周”在西安举行。文化周以“创意•跨界•融合”为主题，相继举办开幕式、第6届中国西安国际原创动漫大赛颁奖典礼、2017中国卡通产业论坛（CCIF）、中国西安原创动漫大赛历届优秀作品展、大学生创客成果展、大学生创客交易市集、高校电子竞技赛、青年街舞大赛、大型动漫舞台剧会演、青少年动漫舞蹈大赛、中外优秀动画片展播、漫画名家签售会、COSPLAY（真人秀）巡游活动等主题活动，全方位展示陕西动漫游戏产业的发展成果。来自哈萨克斯坦、荷兰、匈牙利、日本等国家及中国台湾、香港地区的顶级动漫制作研发公司、业界知名学者、专家，以及国内知名动漫服务外包企业、高校、文化传媒公司代表等400多人参加了论坛。

◆**西安广播电视台丝路频道开播** 2017年1月19日，国家新闻出版广电总局印

2017年9月16日，第6届中国西安国际原创动漫大赛颁奖典礼举行

发《关于同意西安广播电视台健康娱乐频道、文化影视频道变更名称、呼号的批复》（新广电函〔2017〕21号），同意西安广播电视台第五套电视节目“健康娱乐频道”调整为“文化旅游频道”，呼号为“西安广播电视台丝路频道”。7月10日，西安广播电视台发起成立“丝路城市广播电视协作体”，邀请丝路沿线10家国外传媒机构，以及广州、成都、杭州等26家国内城市电视台参与，实现新闻节目联制联播。9月7日，丝路频道开播，陆续推出以丝路为主题的《丝路家训》《丝路朗读》《丝路国际诗歌节》《解读丝路》《丝路书简》《丝路音乐风》等节目。中华人民共和国国务院新闻办公室专程安排伊朗新闻代表团一行来到西安台参观访问，参观丝路频道演播室、融媒体指挥中心等。12月14号，由中央电视台和中国国际电视总公司主办的“2017丝路电视国际合作共同体高峰论坛”在北京钓鱼台国宾馆举行，100多家国内外电视媒体机构参会，西安广播电视台成为本次活动唯一受邀参会的城市电视媒体。会议期间，英国、俄罗斯、意大利等10多个国家新闻传媒机构达成加入“丝路城市广播电视协作体”的初步意向。（齐杨平　石林）

电视剧《大秦帝国之崛起》宣传海报

◆国际微电影展映　2017年1月19日，以主题为“汇聚青春梦想、感触光影人生”的中国金鸡百花电影节第二届国际微电影展映盛典活动在西安临潼国家旅游休闲度假区举行。本次展映于2016年8月开始筹备，收集到国内外微电影作品4300余部，其中1900部作品来自于学校；国外作品达230部，彰显了金鸡百花电影节及微电影展映的国际影响力。从4300部作品中评选出114部优秀作品，分别获“网络电影优秀作品”“社会企事业单位优秀作品”等奖项；21个优秀组织单位获表彰。展映活动期间还举办“互联网多元化环境下中国影视发展之路”论坛，就互联网对影视创作、电影发行的影响等进行了交流探讨。

◆《大秦帝国之崛起》在央视一套播映　2017年2月9日晚，《大秦帝国》系列电视剧第三部——《大秦帝国之崛起》在中央电视台一套开播。该剧由西安曲江新区管委会、西安曲江文化产业投资集团、西安曲江大秦帝国影业投资有限公司等共同出品，由著名导演丁黑执导、张建伟编剧，宁静、张博、邢佳栋等联合出演。作为《大秦帝国》系列电视剧的第三部，在故事上延续大秦帝国的发展脉络，集中体现了秦人积极进取、蓬勃向上的精神。《大秦帝国》系列电视剧是西安市大力扶持的电视剧目，已经播出的《裂变》《纵横》获得广泛关注和普遍赞誉，还获得“金鹰”“飞天”等行业类大奖。

◆《那年花开月正圆》播出　2017年8月，由西安曲江影视集团出品，孙俪、陈晓等领衔主演的电视剧《那年花开月正圆》在东方卫视、江苏卫视、腾讯视频播出。该剧以泾阳县安吴堡吴氏家族的史实为背景，讲述了清末出身民间的陕西女首富周莹跌宕起伏的人生，填补了西商题材影视剧创作上的空白。

◆《西京故事》开机　2017年，由西安曲江丫丫影视文化股份有限公司出品，根据陈彦同名小说改编的电视剧《西京故事》在西安开机。《西京故事》入选国家新闻出版广电总局“2016—2020年百部重点作品”名录。由姚远执导，张国强、陈小艺等领衔主演，讲述了普通农民罗天福一家人扎根西京城和创业求生的故事，将视角聚焦在平凡小人物身上，以小故事展现大生活，真实还原乡村家庭和城市生活的冲突。

◆电影《大漠雄心》获大奖　2017年4月29日（美国当地时间），第五十届休斯敦国际电影节颁奖典礼举行。由西部电影集团有限公司杨凌农科影业有限公司、西影股份有限公司、陕西中华文化促进会、青岛金天喜投资管理有限公司、西安华媒兄弟影视文化传媒有限公司联合出品的电影《大漠雄心》，从参评的88部候选影片中脱颖而出，获得最佳故事片“白金雷米奖”。作为陕西省2016年度重大文化精品项目，电影《大漠雄心》以“全国治沙英雄”石光银为人物原型，讲述他带领群众治理荒沙、碱滩，在毛乌素沙漠南缘营造百余里长、几十里宽的绿色生态屏障，为挡住黄沙南侵、改善地球生态环境做出巨大贡献的真实事迹和传奇经历。

◆纪录电影《柳青》开拍　2017年5月23日，陕西省文化厅与善基文化传媒（北京）有限公司在西安举行纪录电影《柳青》拍摄签约仪式。电影将集中讲述柳青在长安县皇甫村蹲点14年创作《创业史》的故事。该片于8月20日开拍，10月15日关机，预计2018年5月23日上映。

◆白鹿原影视艺术小镇项目签约　2017年7月9日，中国•白鹿原影视艺术小镇项目签约仪式在西安举行。该项目位于蓝田县小寨镇和前卫镇，由六艺影视传媒股份有限公司和北京儒意欣欣影业投资有限公司联合投资开发，总投资30亿元，分三期开发。通过设立“艺享——影人创意生活区”“影动——影视娱乐体验区”和“逸境——山谷雅苑度假区”三大主题功能区，形成以中部影视娱乐体验区为核心，带动南北休闲度假片区，各分区兼具自身特色的布局。

◆西安首个UME超级影院试营业　2017年10月，西安首个UME超级影院进入试营业阶段。该影院位于西安浐灞生态区砂之船奥特莱斯商业广场4层，总面积约1万平方米，拥有17个影厅、2400个座位，其中包括1个巨幕影厅、1个贵宾厅、1个情侣厅及1个四维空间影厅。

（行中道）

◆**西安广播电视台** 2017年，西安广播电视台围绕2017丝绸之路国际博览会暨第二十一届中国东西部合作与投资贸易洽谈会、2017首届世界西商大会、2017全球硬科技创新大会、首届全球程序员节等一系列重大活动，积极开展宣传工作。各新闻宣传平台开设专栏、专题、专门网页等300余个，制作播出各类新闻3万多条（次）。

宣传工作 紧扣“聚焦三六九 振兴大西安”奋斗目标，在新华社、人民日报社、光明日报社等中央媒体发稿30余条，在中央电视台和中央人民广播电台发稿80多条。其中，电视新闻《“一带一路”我们身边的变化》《以钉钉子精神抓好“厕所革命”》等多条消息在中央电视台《新闻联播》播出；广播新闻《西成高铁开通》等在中央人民广播电台《新闻联播》播出。在全国重点新闻网站、中央电视台移动新闻网等新媒体集中推送“大西安”的发展变化，其中中央电视台移动新闻网发稿超过7600条。在全国近300家广电媒体排名中，西安台名列第六名。为中共西安市委、西安市人民政府招商引资、对外推介、亲商助企等重点工作、重要会议制作专题片、宣传片、PPT等100余个。制作“擂台赛”专题片8期，为纠正干部作风、推动全市工作发挥重要作用。录制“微党课”和《之江新语》《习近平的七年知青岁月》等160多期节目。

节目创新 西安电视台一套《西安新闻》《零距离》系列全面实现直播。西安电视台二套《好好生活》节目推出“新时代、新生活”板块，用百姓身边变化诠释新时代新风貌。西安电视台三套、资讯广播推出《大西安•硬科技之都》栏目，为推进西安市打造“硬科技之都”营造氛围，凝聚力量。音乐广播着力打造《丝路音乐风》栏目，展示西安本土和“丝绸之路”沿线原创音乐魅力。西安电视台四套、综艺广播、播音部、西安网联合推出大型融媒体节目《丝路阅读》，通过阅读文化经典，汇集社会正能量。

舆论监督 西安电视台《每日聚焦》播出254期，《问政时刻》播出12期，《党风政风热线》播出244期，累计曝光857个问题，并做到“件件有着落，事事有回音”，推动了中共西安市委、西安市人民政府中心工作的落实，并成为全国同类栏目标杆，形成了可复制、可借鉴、可推广的成熟经验。浙江卫视、成都广播电视台等国内80多家省（区、市）、市、县级广播电视台和纪委、宣传部等部门先后来西安学习考察；新华社为《每日聚焦》编发内参；《中国纪检监察报》2次大篇幅对此进行报道。

融媒体建设 7月18日，西安广播电视台“中央厨房”暨十大融媒体发布平台上线，这是西北首家融合媒体指挥中心和生产发布平台，使“一次采集、多种生成、多元传播”变为现实。西安广播电视台形成2个PC端网络传输平台，3个移动端APP，4个台级微信、微博公众号的新媒体传播格局，同原有的7个电视频道、5个广播频率一起构成各类用户全覆盖的融媒体传播矩阵。人民网以《西安广播电视台“中央厨房”上线西北首家融媒平台》为题进行报道。同西安高科技公司合作推出国内第一个“人机对话”智能机器人新闻主播“石榴娃”，实现硬科技与传媒“嫁接”。9月，新闻广播《党风政风热线》节目与电视、网络、微信等全媒体同步联动直播，实现传统媒体与网络媒体、手机媒体之间的聚合互动，开创全国广电界先河。举办“开学啦”“烟头革命”志愿者行动、西成高铁开通等10多场大型融媒体直播活动，其中九寨沟地震直播获1000万次点击量。新闻综合频道、丝路频道进入中国有线电视网络公司传输网传输。《榴花直播》和中央电视台新闻移动网、今日头条、新浪新闻、网易、东方头条、北京时间、触电新闻、城市节目交换云平台成为合作伙伴，进一步扩大了宣传范围。建成第一个高清融媒体演播室，购置1台融媒体高清直播车。在由人民日报社、人民网组织评选的“全国融媒体影响力排行榜”上，西安广播电视台在广播电视行业中排在中央电视台、中央人民广播电台之后位列第三名。9月，《每日聚焦》APP的专题片《精准扶贫：延安代家沟村的五年蝶变》、VR作品《中共七大会址杨家岭》被人民日报社评为“全国党媒携手迈入新时代•十九大融合报道精品”前100名，西安广播电视台成为人民日报全国党媒公共平台首批签约入驻单位。

文艺创作 出品的电视剧《枪口》在中央电视台电视剧频道播出，收视率再创新高，获得全国卫视同一时段收视率第一的成绩。2月，制作的4集电视纪录片《柳青在皇甫》在中央电视台纪录频道黄金时间播出，人民网、新华网、《人民日报》等数十家媒体刊发新闻及评论文章，给予高度评价。在2017年11月深圳举办的第二十三届中国纪录片盛典颁奖活动中，《柳青在皇甫》获“中国纪录片好作品奖”，这是全国省会城市台中唯一获得该奖项的作品。与西部电影集团联合拍摄制作的纪录片《李鼎铭》完成前期拍摄，进入后期制作阶段。综艺广播广播剧《红色陕甘边》在中央人民广播电台“中华之声”频率《文化时空》栏目多次播出。

◆**《每日聚焦》** 2017年，西安广播电视台《每日聚焦》栏目围绕西安市推进的“三项革命”（烟头革命”“厕所革命”“行政效能革命”）以及破解民生“九难”、脱贫攻坚、治污减霾、“四治一增绿”（治气、治水、治脏、治山，增绿）等中共西安市委、西安市人民政府中心工作制作节目，在报道中抓重点、找问题、促整改、抓落实、补短板、强弱项，通过媒体曝光督促各区（县）、各部门切实加强服务意识和责任意识，改进工作作风。截至年底，《每日聚焦》播出254期，每期有反馈，有整改，有督办，有问责，通过舆论监督的力量推进各项工作整改落实到位，在全市广大干部群众中引起强烈反响。在节目中，关于“烟头革命”“厕所革命”“行政效能革命”的内容报道100多期；脱贫攻坚的内容报道31期；治污减霾的内容报道46期；“断头路”的内容报道20期；“河长制”落实情况的内容报道18期；垃圾围村的内容报道10多期；植树增绿的内容报道10多期节目。对栏目播出的问题，被曝光单位积极认领问题，事不过夜，立行立改，并对99个责任单位715名责任人进行追责、问责。其中，给予党政纪处分169人（党内严重警告11人、党内警告95人、行政记过7人、行政警告56人），诫勉谈话、通报批评、批评教育、提醒谈话等组织处理546人；责令58家单位做出检查，对27家单位通报批评，责令12家单位限期整改，对2家单位班子告诫约谈。《每日聚焦》还积极策划、发起“《每日聚焦》美丽乡村行文明志愿者活动”，走进各区（县），和志愿者一起在街头捡拾烟头垃圾，打扫公共厕所卫生，在“斑马线”前倡导驾驶员礼让行人，用实际行动响应“三项革命”。

◆**《问政时刻》** 2017年，西安广播电视台电视直播节目《问政时刻——工作作风转变进行时》由2个月一期改为1个月一期，每月8日晚20时准时播出。节目始终坚持“听民声、察民意、促整改、转作风”的宗旨，围绕“衣食住行、生老病死、安居乐业”等民生问题展开，重点“聚焦各个被问政单位的工作作风”，通过市民、网友、主持人、嘉宾的提问，让被问政单位“红脸、出汗”，促进问题的解决，推进“行政效能革命”的开展。全年开展12次电视问政直播，曝光具体问题190个，向中共西安市委督查室、西安市人民政府督查室移交问题线索371条；问责干部435人(次)，涉及人员369人。其中，撤销党内职务1人，党内严重警告11人，党内警告44人，取消预备党员资格1人，延长党员预备期1人；行政撤职处分6人，记大过1人，行政记过5人，行政警告46人，责令辞职(解聘)12人，免职11人，停职2人，岗位调整10人，通报批评49人，批评教育13人；书面检查84人，诫勉谈话92人，告诫约谈8人，提醒谈话25人，警示约谈1人，停岗学习3人，扣发薪资8人。6个基层党组织、11个基层单位受到通报批评，10个基层单位、21个基层党组织向上级部门或党委做出书面检查，4个基层党组织召开专题民主生活会。《人民日报》《光明日报》、新华社、中央电视台、《纪检监察报》《中国青年报》《南方周末》《南方日报》等中央和省外媒体多次进行宣传报道。（齐杨平）

西安报业传媒集团（西安日报社）

◆**概况** 2017年，西安报业传媒集团（西安日报社）克服传统媒体转型发展困境，着眼西安发展大局，对标成都传媒集团，全面查短补短，以高度的政治责任感做好新闻宣传报道工作，努力实现报业经营新突破，进一步科学构建融媒体传播运营体系。获2016年度全国晚报“赵超构新闻奖”9件，其中一等奖2件，二等奖2件，三等奖5件；获2016年度“全国副省级党报短新闻奖”7件；获2016年度“陕西新闻奖”32件。

◆**重大主题工作报道** 2017年，西安报业传媒集团（西安日报社）将中国共产党西安市第十三次代表大会、西安市第十六届人民代表大会、中国人民政治协商会议西安市第十四届委员会召开作为重点进行专题报道。《西安晚报》以8连版形式全面解读中共西安市党代会43页、2万多字的报告内容；针对“两会”推出西安首份人工智能版的《政府工作报告》解读——《两会融媒特刊》，采用数据动态化显示，全景展现13个区（县）10年来的发展历程。《西安日报》《西安晚报》和“西安新闻网”深度挖掘西商内涵；《西安日报》在2017首届世界西商大会开幕日推出36版会刊。在2017全球硬科技创新大会举行时，集团（报社）各媒体对大会的16场系列论坛活动进行全景式报道，深入解读大会的重大意义以及对西安国际化的深远影响。围绕全市“追赶超越”的目标定位，《西安日报》《西安晚报》分别开设《解放思想找短板齐心协力补短板》《他山之石》等栏目，提振“追赶超越”信心。《西安日报》增开《长安新语》栏目，刊出140篇文章，以短小精悍、针砭时弊、求真务实的评论切实发挥了指导推动各部门进一步解放思想、改革创新、开创各项工作新局面的积极作用。《长安新语》栏目成为全市党员干部必看的党报品牌栏目，为指导全市中心工作发挥了重要作用，被网民评为“西安2017年20件重大新闻事件”之一。挖掘“烟头革命”“厕所革命”“行政效能革命”内涵，开设《精细化管理建设美丽西安》《“最多跑一次”西安加速度》《争当五星服务员》等专栏，使“三项革命”全民关注、深入人心。《西安日报》《西安晚报》特设专栏报道全市和各区（县）精准扶贫的举措，采写各级干部和驻村第一书记奋战在脱贫攻坚一线、推动科学发展、带领农民致富的感人故事。

◆**聚焦民生热点系列报道** 2017年，西安报业传媒集团（西安日报社）聚焦中共西安市委、西安市人民政府提出的“着力解决民生九难”的工作部署，连续刊发整版报道，宣讲政策。围绕城乡环境治理、打通城市断头路、河长制和路长制等工作推出多个系列监督报道，促进工作开展和问题解决，多篇稿件被中共西安市委主要领导批示。尤其是《巡河记》系列报道，以“高度的责任感”受到中共陕西省委宣传部新闻阅评小组肯定。针对一些好政策落实难问题，主动设置议题，安排记者深入调查，采写刊发一批市民反映集中、关乎西安经济与社会发展的监督调查稿件，强化媒体舆论监督职责，引起相关部门跟进作为，推动全市整改工作的进展。深入解读西安“人才新政”，帮助读者全面了解西安落户新政，吸引更多高校毕业生和海内外人才来西安就业创业。开设《建设文明西安从人怕车到车让人》《车让人文明行》《行人守交规畅行你我他》《礼让斑马线点赞陕A好车主》等专栏，推动文明交通礼让行为。

◆**弘扬本土文化系列报道** 2017年，西安报业传媒集团（西安日报社）在继续办好《悦读周刊》《西安地理》《西岳》等原有品牌文化版面、栏目的同时，新推出《品鉴》《西岳·华彩月刊》专版及全新栏目《散人散语》。《品鉴》开设10余个栏目，以整版全彩的形式，拓宽传统副刊的关注领域，将视线投向市民的日常生活和审美领域。《西岳·华彩月刊》以贾平凹、吴克敬、方英文等名家新作为主，兼顾实力作者的长篇散文，优中选优，成为展现本土作家实力的又一重要阵地。《散人散语》刊发一系列高质量、高水准的乡愁散文，微信平台阅读量和点赞量居高不下，获得“媒体融合优秀案例奖”。推出《走访关中帝王陵》《那些惊艳岁月的老手艺》等一批有分量的自采稿件。《西安晚报》关注第十二个“世界非物质文化遗产日”主题活动，陆续刊出600余篇（幅）文化新闻报道，其中有80多篇稿件被全国媒体转发后阅读量在10万人次以上。

◆**文化主题活动报道** 2017年，《西安日报》推出“长安路CBD杯——我看西安新变化”大型主题征文活动；《西安晚报》推出《第四批中国梦主题歌曲欣赏》和《寻找西安最美读书故事》专栏。7月，《西安晚报》举办第三届青年散文大赛丝路采风活动，邀请全国40多位作家，历时16天走访陕西、甘肃和新疆丝绸之路沿线的14个城市，并在天水、兰州和乌鲁木齐先后举办3场散文创作学术研讨会。《西安晚报》每天用1个版面来报道丝绸之路所见所感和陕西元素；并同步进行全媒体音频、视频直播。

◆**新媒体发展** 2017年，西安报业传媒集团（西安日报社）着力构造融媒报道立体传播格局，提升党媒传播效力。《西安发布》发布中共西安市委主要领导政务稿件460多篇，挂职干部专访、诵读专栏等其他政务稿件900多篇，推出10个“10万+”稿件以及《送你一个长安/永康书记的“香港时间”》等8个鲜活生动的H5报道（利用HTML5制作出来的页面），下载量增至13万余人次，成为最有影响力的市级新媒体。官方微信、微博长足发展。“@西安晚报微博”于5月24日发布的《西安流浪汉街头自学手绘只为留住心中的美》阅读量1192万人次，点赞数4.3万人次；于10月开展的“2017美丽西安——寻找你眼中最美的特色小镇”系列主题直播活动，推介诗经里、西部云谷硬科技小镇等西安特色小镇最新建设进程；12月，与西安市网络安全和信息化领导小组办公室联合举行“2017我为大西安代言活动”。截至年底，“西安晚报微信”公众平台关注人数49701人；“西安XIAN微信”公众平台关注人数106913人；“@西安晚报微博”关注人数6090836人；“@西安日报微博”关注人数458311人；“@西安新闻网微博”粉丝量为110093人。《魅西安》围绕热点和节庆、节气等时间节点策划制作专题17个，其中直播流、文图视频直播7次，策划大型独家专访6次。大型独家专访西北大学出版社社长马来、书法家钟明善、芭蕾舞演员李宁、著名作家许开祯等，单条阅读量最高2000+，其中自采稿件《强强联手禧福祥•贾平凹喊你一起来读书》点击数500+，评论数过百，点赞数过百；创建《魅西安·鉴影MOVIE》专题栏目，连续推送19期精彩影评作品，分享点击量800+；《西安，我想对你说·禧福祥杯大型本土原创故事接龙（第二季）》分享点击量7000+，评论数过100人次。

（富　洁）

文化艺术

责任编辑　冯冠杰

专业文艺

◆**概况**　2017年，西安市实施“名城、名家、名作”工程，推动西安文艺创作从“高原”向“高峰”迈进。继获得“文华奖”后，西安话剧院创作的话剧《麻醉师》又获得“五个一工程奖”，并在全国百场巡演。西安歌舞剧院出品的《传丝公主》、西安豫剧团创排的豫剧《秦豫情》等文艺作品，也得到社会各界广泛关注。报送的秦腔现代戏《柳青》等6台剧目参加陕西省第八届艺术节，其中《传丝公主》《秦豫情》《司马迁》获得“文华优秀剧目奖”。秦腔《关中晓月》、话剧《麻醉师》获得国家艺术基金立项资助。西安秦腔剧院易俗社社长惠敏莉应邀在中国音乐学院国音堂歌剧厅举行“中国乐派名家讲坛”讲座。开设“剧院之光”培训班，为陕西培养更多适应文化产业发展需要的高层次、应用型剧院管理人才。邀请大批知名艺术家，围绕传统文化、丝路文明进行主题创作，展示中华文化基因和西安文化根脉。邀请黄巧灵、张嘉译、余秋雨等社会各界知名人士成为西安市文化顾问，为西安文化发展献计献策。加强对外文化交流，通过举办第十五届西安国际音乐节、第四届“丝绸之路”国际艺术节、2017西安国际合唱展演活动、2017欧亚经济论坛文化分会、陕西省第八届艺术节等重大文化盛会，进一步扩大西安文化影响力。西安美术馆“城墙之外——2017西安当代艺术展”赴意大利进行巡展。邀请国际知名演艺家及团体进入西安音乐厅演出。

◆**第十五届西安国际音乐节**　2017年1月14日，第十五届西安国际音乐节落幕。本次音乐节于2016年12月10日开幕，历时50天，以“艺术改变城市未来”为主题，共演出30多场，涵盖交响乐、歌剧、戏剧、爵士乐等8大门类。近3万名市民观看演出，平均上座率达到81.3%，其中歌剧《费加罗的婚礼》、话剧《戏台》、西安新年音乐会以及2016年12月31日、2017年1月1日新年音乐会的上座率均超过95%。本届音乐节还开展“大师课”“城市音乐会”“公开彩排”等活动17场。西安国际音乐节成为继北京、上海音乐节之后，国内屈指可数的具有国际影响力的音乐节。

◆**2017欧亚经济论坛文化分会**　2017年9月22日，由文化部、陕西省人民政府主办，西安市人民政府承办的2017欧亚经济论坛文化分会在西安举行。200多位音乐界人士、音乐爱好者、市民观众及30余家中央、陕西省、西安市新闻媒体参加活动。在主题演讲环节，全球文化网络和文明间对话音乐协会主席梅里•马达莎希，澳大利亚科廷大学数字中国教授金迈克，中国音乐协会流行音乐学会主席付林，中国音乐产业促进会会长、资深音乐人汪京京等进行了精彩演讲。

◆**第四届“丝绸之路”国际艺术节**　2017年9月7—21日在西安举行。参与国家和地区达106个，活动分为文艺演出、美术展览、文化论坛、惠民巡演4个板块，总演出184场次。艺术节还举办国际现代艺术周、国际动漫游戏文化周、国际儿童戏剧周、“国风•秦韵”长安诗歌周等专题活动。　（行中道）

◆**2017西安合唱艺术展演大会**　2017年7月11—14日在西安音乐学院举办。这是西安首次举办国际合唱艺术活动。活动包括开幕式专场音乐会、合唱比赛、经典合唱专场音乐会、中美合唱艺术交流对话及合唱指挥训练营、大师班、工作坊等交流活动。组委会邀请4支优秀国内合唱团以及3支优秀美国合唱团演出。邀请美国著名合唱指挥家、犹他州立大学艺术学院院长克力杰习担任音乐总监，中国著名合唱指挥家、中国音乐学院指挥系教授吴灵芬、著名合唱作曲家恩克巴雅尔担任艺术顾问。在闭幕式上，组织基层文化工作者和环卫工人、交警等一线劳动者前来观看。　（石　林）

◆**中国秦腔优秀剧目会演**　2017年10月8日至11月8日，中国秦腔优秀剧目会演在西安举行。活动由陕西省文化厅联合天津、浙江、广东等9个省市共同举办。全国22个院团、24个剧目演出26场（8台传统戏，9台新编历史剧，7台现代戏，2台综合晚会），2000多名演职人员参演。除了传统戏《火焰驹》《三滴血》等，还有众多新编历史剧以及《雷雨》《父亲》等现代戏。

◆**陕西戏曲音乐新创作品音乐会**　2017年6月10日晚，由陕西省文化厅主办、陕西省戏曲音乐学会和陕西艺术职业学院承办的陕西戏曲音乐新创作品音乐会在西安音乐学院音乐厅上演。演出的《秦川笛韵》《明妃怨》《西府情》《韩城情韵》等8部作品，均是从近年在陕西省征集到的20多部作品中遴选出来的新创佳作，涵盖秦腔、眉户、碗碗腔、韩城秧歌等多个陕西地方戏曲种类，具有较强的创新性和探索意义。这次音乐会是新中国成立以来，陕西首次举办的以陕西地方戏曲音乐为专题的音乐会。

（行中道）

◆**3个剧目获“文华优秀剧目奖”**　2017年10月，西安市文化广电新闻出版局推荐上报6台剧目参加陕西省第八届艺术节，分别是西安歌舞剧院大型舞剧《传丝公主》、西安秦腔剧院大型秦腔历史剧《司马迁》、西安市豫剧团大型豫剧现代戏《秦豫情》、西安市长安区梨园春秦剧团秦腔现代戏《柳青》、西安儿童艺术剧院儿童剧《二十四个奶奶》、长安区剧团秦腔历史剧《班超息兵》，另外鄠邑区群星剧团眉户戏《梅花飘香》也参加了展演。最终，《传丝公主》《秦豫情》《司马迁》获得“文华优秀剧目奖”，西安市文化广电新闻出版局获得“优秀组织奖”。

◆**周至青年剧社赴香港演出**　2017年11月，由中国民间体育文化交流促进会、盛世中国梦亚洲国际文化传媒中心、香港京昆艺术协会以及盛世中国梦组委会联合举办的“纪念香港回归20周年暨庆祝十九大胜利召开全国戏曲大会演”专

2017年7月11—14日，2017西安合唱艺术展演大会举行

场演出活动在香港星光剧院上演。周至青年秦剧团于11月26日应邀赴香港参加此项活动。编排了以爱国情怀为主题的大型秦腔历史剧《杨门女将》片段《出征》前往参演。最终在35家参演团体中获得唯一满分，获唯一“金奖”。

◆2017西安儿童戏剧展演活动 2017年4—5月，西安市文化广电新闻出版局举办以“阳光童年，快乐成长”为主题的2017西安儿童戏剧展演活动。邀请日本道化剧团导演筱崎省吾等一行6人、加拿大莫太斯儿童剧团一行7人，在大明宫剧院以及部分学校、儿童福利院等地进行9场友好交流演出。日本道化剧团演出5场儿童剧《三只小猪变变变》，加拿大莫太斯儿童剧团演出4场儿童剧《猴面包树》。 （石　林）

◆话剧《麻醉师》全国巡演 2017年3月，西安话剧院创作的话剧《麻醉师》开展3次全国巡演，历时160余天，跨越19个省（区、市）、45个城市，行程逾2万千米，观众近11万人次。中央电视台、各省级电视台、各地重要报刊等对话剧《麻醉师》巡演做了专题报道与深度专访。中央电视台以专题片《再现英模医生陈绍洋感人事迹》对该剧进行了详细报道。

◆话剧《白鹿原》获7项奖 2017年12月，2017华语戏剧盛典榜单揭晓，陕西人民艺术剧院出品的话剧《白鹿原》获得最佳年度作品、最佳编剧、最佳导演、最佳制作人、最佳舞美设计、最佳音乐设计和最佳女配角7个奖项。评委会将“最佳年度作品”《白鹿原》评价为“一部具有史诗气质的话剧，精彩演绎大时代演变中的人、事、物。剧本改编精良，导演二度全面提升，表演本土化有特色，舞美烘托完美到位。”，评审委员会由华语地区重要戏剧院校的学科带头人和著名导演、编剧等组成，评委来自北京、上海、香港、台北等地，并涵括戏剧领域的不同专业。陕西人民艺术剧院出品的话剧《白鹿原》忠于同名原著，用陕西话演绎，时长3个多小时。 （行中道）

◆贾平凹小说《极花》获奖 2017年1月6日，贾平凹长篇小说《极花》登上《长篇小说选刊》杂志社举办的首届“中国长篇小说年度金榜”。1月15日，贾平凹长篇小说《极花》在中国小说学会主办的2016年度“中国小说排行榜”中排名长篇小说榜首。8月24日，《极花》登上2017年中国作家海外图书馆收藏榜榜首，在海外被美国、澳大利亚、加拿大、瑞士等6个域外国家、地区的79家图书馆收藏，成为2017年被海外图书馆入藏最多的图书。小说《极花》约16万字，从拐卖人口入手，真正关注的是当下中国最为现实的贫困农村男性的婚姻问题，具有很强的现实冲击力。是贾平凹创作中又一特色鲜明的作品。

◆贾平凹《游戏人间》出版 2017年新春，贾平凹的全新散文集《游戏人间》出版。作为《自在独行》的姐妹篇，该散文集收录贾平凹60篇散文，其中包括《养鼠》《条子沟》《棣花》等散文新作。在《游戏人间》里，贾平凹谈亲情、家庭、收藏的诗书画、自身的创作、交朋友人生之乐、游山行乐、喝茶吃饭……他的散文尚雅洁、讲趣味、别具滋味，体现出他对生命、生活的体察和思考。

◆贾平凹《故事生灵》出版 2017年8月，长江文艺出版社出版贾平凹短篇小说集《故事生灵》《故事生灵》以细腻的笔触描绘市井万象，讲述人间故事。 （秦　声）

◆《达浦生评传》出版 2017年3月，西安报业传媒集团（西安日报社）特聘专家、陕西省作家协会理事李健彪的长篇报告文学《达浦生评传》由作家出版社出版。该书约28万字，为中国作协2014年少数民族文学重点作品扶持项目，被纳入《中国多民族文学丛书》第三辑。达浦生（1875—1965）是中国伊斯兰教现当代的大阿訇、知名的民族教育家和具有国际声誉的社会活动家。

◆《相忘于江湖》出版 2017年6月，著名作家高建群的新书《相忘于江湖》出版。该书是高建群唯一自传体性质的散文集，全书共6个部分，是作者对60余年人生和40年文学创作生涯的总结与回顾，表达了作者对人生、对文化在某种程度上的思考。书中还写到与陈忠实、路遥、张贤亮等人的友谊和他们对文学的理解。这本书中的绝大部分篇章都是首次发表。 （行中道）

◆西安美术馆赴意大利巡展 2017年7月12日至9月17日，西安美术馆策划的“城墙之外——2017西安当代艺术展”应意大利佛罗伦萨美第奇•里卡迪宫博物馆（Palazzo Medici Ricciardi）邀请前往巡展。西安美术馆遴选出23位艺术家的101件美术、摄影、装置等作品进行展出。 （石　林）

◆陕西大剧院启用 2017年10月28日，陕西省和西安市重点文化项目——陕西大剧院启用。剧院位于西安曲江新区大唐不夜城贞观广场西南部，规划总建筑面积5.18万平方米，总投资约13亿元。有1902座的歌剧厅、526座的戏剧厅和2个剧场，总座位数仅次于国家大剧院、上海大剧院艺术中心及新落成的江苏大剧院，位列全国第四、中西部第一。陕西大剧院开幕季演出节目涵盖歌剧、戏剧、舞蹈、音乐、艺术课堂5个门类。从10月28日起，在为期4个月的开幕季演出中，来自17个国家（地区）的超过1000位艺术家参与演出，有69组艺术家及艺术团体登台，演出121场。 （行中道）

地方志

◆概况 2017年，西安市地方志办公室以贯彻落实国务院《全国地方志事业发展规划纲要》为目标，以实现志鉴“两全”（市、区/县全覆盖）目标为重点，圆满完成各项目标任务，全市地方志事业发展跃上新台阶。信息化工作得到中国地方志指导小组、中国地方志学会信息化研究会通报表彰；年鉴编修、地情丛书编纂及信息化3项工作被评为陕西省先进。

◆市级部门二轮修志工作 2017年，西安市地方志办公室细化修志工作管理，拟订分卷总纂工作方案，采取“倒排工期”方式，逐人对照职责细化任务，通过“周例会、月汇报、季讲评”等制度确保工作进度。召开全市二轮修志工作培训会，对全市93家承编单位的121名主编、主笔进行针对性业务培训。加强质量把控，定期召开审稿会，确保各分卷在记述标准、行文风格等方面保持统一。加强对口联系，邀请陕西省地方志办公室提前介入审稿。截至年底，7卷本34个分志1025万字的第二轮《西安市志》完成分卷总纂任务。对《水务志》《邮政志》《中国人民银行西安分行营业管理部志》《西安财政（1990—2010）》4个部门志、行业志、专业志分别进行业务指导。

◆年鉴编纂与出版 2017年，西安市地方志办公室调整《西安年鉴》框架结构，挖掘拓展深层次资料。加大中共西安市委重大战略部署的反映力度，重点记述西安市全面实施“追赶超越”重大战略、扎实推进“三大革命”、加快“大西安”建设等一系列重大举措的成果。实施“年鉴精品工程”，健全全市年鉴供稿保障网络，狠抓撰稿人员业务培训，落实三级审稿制度，建立年鉴质量保障机制。加快推进区（县）综合年鉴全覆盖，对进展缓慢或未启动的区（县），通过上门督导、发函指导、协调陕西省地方志办公室督查等方式，解决存在问题。截至年底，全市13个区（县）均启动综合年鉴编纂工作。其中，3个区（县）印刷出版；6个区（县）完成年鉴定稿，超额完成3个区（县）定稿的年度目标任务。

◆区（县）二轮修志 2017年，西安市地方志办公室先后赴临潼、新城、鄠邑和蓝田等区（县），现场指导，解决问题。组织莲湖、周至等区（县）编修人员开展培训。指导长安、高陵完成志稿终审后修改工作，配合陕西省地方志办公室完成《新城区志》终审工作。截至年底，10个区（县）志稿通过省级终审，其中碑林、鄠邑区、灞桥3个区（县）志书出版，区（县）志工作质量和进度位居陕西省前列。

◆地情资料开发利用 2017年，西安市地方志办公室编纂“十二五”国家重点图书出版规划项目“《中国史话》社会系列”《西安史话》分册。全书10余万字，配图80余幅，于10月出版发行。完成《西安地域存藏方志文献总目》100万字的总纂稿定稿任务。编发《西安地方志》6期任务。开展地情书籍的宣传推广工作，将《西安通史》推向全国图书市场，并通过华商网、西安新闻网等网络新闻媒体宣传推介。完成方志馆建设相关报告材料的起草，并组织召开方志馆建设专家咨询会。组织开展“坚定文化自信，讲好西安故事”演讲活动，并推选周至县《老子说经楼观台》和莲湖区《爱国将领杨虎城》参加陕西省调讲比赛，分别获得二等奖和三等奖。在西安广播电视台《文化西安》栏目就西安的方志编纂历史和方志编纂工作做时长40分钟的在线专访。与西安文理学院专家学者围绕长安文化研究、西安地情研究等进行讨论交流。

◆地情信息化建设 2017年，西安市地方志办公室整合“西安地情网”和“西安市地方志办公室”门户网站，开设3个政务公开类常设栏目，以及《迎接党的十九大》《脱贫攻坚》等动态类栏目。全年网站和移动地情网分别更新信息700多条，发布微信信息218条，推送政务微博300余条，网站和数据库点击量达55.5万人次。完成《西安年鉴（2016卷）》《西安通史》《西安地方志编纂志》3本书的数字化入库工作，总字数达350万字，并保障入库资料PDF版和网页版同步上线。承办“全省地方志信息化建设现场会”，并做信息化工作主旨报告，播放“信息化平台”宣传片和《讲好西安故事》微型纪录片。采用现代化的技术手段及影像表达方式介绍信息化工作经验、讲述“西安故事”。（高　鹏）

档　案

◆概况 2017年，西安市各级档案部门和档案工作者持续推进中共中央办公厅、国务院办公厅《关于加强和改进新形势下档案工作的意见》和省、市实施意见的贯彻落实，开展“基础业务建设年”，围绕业务建设、服务利用、信息化建设等重点任务，对标先进，查找短板，形成全市档案工作“抓重点、补短板、强弱项”的“路线图”“时间表”和“责任书”，档案事业取得新成绩。

◆档案工作环境提升 2017年，西安市各级档案部门围绕提质增效、转型升级过程中存在的瓶颈性问题，对症施策，档案工作被全面纳入全市目标考核内容之中，档案事业内外部环境不断改善。莲湖、高陵、新城、临潼等区（县）主要负责人或指示批示，或专题研究，进一步强化对档案工作的领导。高陵、蓝田馆库建设进展顺利；新城、碑林、莲湖新馆建设被纳入规划；未央、雁塔对馆库进行改扩建，新增面积近1000平方米，档案工作硬件环境明显改善。

◆档案服务利用 2017年，西安市档案局围绕全市工作大局切实做好文件材料收集工作，明确将招商引资、“十个一民生工程”、精准扶贫、重点建设项目等文件资料收集工作作为重点考核内容，确保对体现西安经济发展、城市建设、社会进步的档案资料收集齐全，全方位记录西安建设的成就和历程。与西安市扶贫开发办公室联合印发《西安市精准扶贫档案管理实施细则》，扶贫档案管理进一步规范化、制度化。4月，国民党原主席连战访问西安时，将其父连震东当年在西京筹备委员会工作的档案资料编辑成档案画册，连战看到后即兴题词“天禄存史料　汉宫歌未央”。西安市各级档案部门按照“最多跑一次”要求，不断优化服务内容、简化服务流程、拓展服务手段。西安市档案馆与成都、兰州等地档案馆签订互联互助协议，开展跨馆异地查询业务。全年西安市档案系统接待档案利用者6.13万人次。西安市档案馆举办“西安事变”档案史料图片展，通过展现红色西安的独特历史，开展爱国主义教育。以“6·9”国际档案日为契机，全市各级档案部门通过开展征文活动、举办专题展览、举办微信制作比赛等形式，面向社会公众开展档案文化宣传和服务。创新宣传模式，利用西安档案信息网、西安档案微信等平台，开设《十九大宣传》《西安记忆》《西京旧事》《大西安故事》等专栏，介绍、宣传西安。全年发布、更新信息261篇（条），档案宣传工作获得国家档案局的肯定。

◆档案法制建设 2017年，西安市各级档案部门以“9•5”《中华人民共和国档案法》颁布纪念日、“12•4”国家宪法日为契机，多层次、多渠道开展档案法制宣传活动。西安市档案局进一步推进权力和责任清单制度，建立、健全档案事务事中、事后监管制度，制定《市档案馆（局）社会信用体系建设工作方案》《档案馆设置备案办事指南》，加强档案依法行政规范化、制度化建设。按照“双随机一公开”要求，开展全市档案行政执法检查。创新省级目标管理认证（复查）工作，将基层单位认证（复查）工作下划至区（县）档案局。全年西安市档案局认证（复查）30家单位；各区（县）档案局认证（复查）127

西安市民观看档案法制宣传漫画展

家单位。推动区级机关、街办等基层档案工作规范化管理，推进雁塔区“社区小档案、服务大民生”社区档案管理新模式不断完善。

◆**档案基础业务建设** 2017年，西安市档案局加大档案接收力度，着力突破档案资源建设瓶颈，提前接收市级机关69家单位2015年前形成的文书、实物档案20余万件（卷），占馆藏总量的8%，全市档案资源呈现突破性增长。创新编研工作模式，与西安市文理学院合作编研出版《西安火柴工业》；与西北大学出版社、西安出版社合作编研《西安事变历史图文集》《抗战背景下的西京陪都建设》。加强对非物质文化遗产和抗战档案资料的征集，多渠道征集大华纱厂、抗战及城市变迁、西安老字号等档案资料215份、照片2000余张、视频80余兆。全面完成方言语音建档工作，西安特色馆藏资源进一步丰富。

◆**档案信息化建设** 2017年，西安市各级档案馆投入数字化经费800余万元，扫描1630余万幅档案，西安市档案局馆藏数字化率达61%。雁塔区投入70余万元、长安区投入40万元开展信息化工作；碑林区开展“当年立卷、当年扫描、当年接收”改革试点；鄠邑区探索纸质与电子档案同步接收工作，均收到良好效果。落实西安市数字档案馆建设项目，完成机房改造、方案调研论证评审、硬件安装等工作，进入软件开发阶段。

◆**档案培训及对外交流** 2017年，西安市档案局继续举办各类档案人员业务培训。全年举办各类培训班5期，培训人员近700人。举办全市档案人员上岗培训，提升档案人员业务素质和工作能力；举办区（县）、开发区档案业务人员培训，推进档案工作考核考评工作；举办档案业务专题培训，提升档案工作标准化、规范化水平。采取“走出去、请进来”方式，加强与成都、兰州、烟台等档案同行的交流，开阔思路和眼界，为全市档案事业发展提供有益借鉴。（马西明）

文物博物

◆**概况** 2017年，西安市境内有各类不可移动文物点3246处、各级别文物保护单位392处（全国重点文物保护单位52处，省级文物保护单位105处，市、县级文物保护单位235处），其中包含2处世界文化遗产（包含6个点）、4处国家考古遗址公园。有各类博物馆126座，其中国有博物馆34座，行业博物馆45座，非国有博物馆47座。全年投入文物保护专项资金2.99亿元，其中中央、陕西省专项资金8308万元。文物安全保卫工作连续实现27个“馆库藏文物安全年”。

◆**文物保护** 2017年，西安市文物局做好文物保护基础工作，推进大遗址考古和考古公园建设，加强文物考古勘探管理，开展全市文物保护维修工程，文物行业管理力度不断加强，配合城市基础建设文物勘探工作进一步规范。

文物保护基础工作 《西安市不可移动文物保护条例》经西安市人民代表大会常务委员会审议通过，于12月1日实施。《隋唐长安城遗址保护规划》《半坡遗址保护规划》《秦东陵保护规划》等一批规划编制完成。制定《关于进一步加强文物工作的实施意见》，编制完成《大西安红色旅游发展规划》，制定《西安地区革命旧址三年（2017—2019年）维修保护计划》。不断加强5处“丝绸之路”世界遗产点日常监督和管理。完成西安地区革命旧址摸底调查，全面开展西安地区历史文化遗存、传统民居、工业遗产专项调查。组织开展省级文物保护单位申报工作，组织全市文物保护单位开展“四有”工作，雁塔区成立文物保护管理所；临潼区开展秦东陵等文管所提档升级；长安区整理完成秦岭北麓595个文物点档案资料。

考古遗址公园建设 汉长安城未央宫考古遗址公园被国家文物局列入第三批国家考古遗址公园名录，西安地区国家级考古遗址公园达到4家，数量居全国第一。杜陵遗址、阿房宫遗址被国家文物局列入国家考古遗址公园预备名单。西安杜陵、华清宫遗址、城墙等5处文保单位入选“陕西省文化遗址公园”。陕西省文物局、西安市人民政府共同赴国家文物局汇报汉长安城遗址保护规划修编工作，西安市人民政府召开专题会研究推进《汉长安城遗址规划》，《杨官寨遗址公园建设方案》编制完成，组织开展杨官寨遗址、秦栎阳城遗址考古发掘，薛家寨汉墓遗址公园、高铁寨汉墓遗址公园正在建设。

重要文物保护工程 完成唐代天坛遗址本体维护工程，西安天坛遗址公园建成向公众免费开放。组织实施明秦王墓（愍王墓）环境整治、圣寿寺塔、水陆庵壁塑抢险、荐福寺慈氏阁、汉长安城未央宫椒房殿配殿遗址等多项文物保护及展示工程。鄠邑区推进中法公输堂小木作彩画保护工程。蓝田猿人遗址黄土剖面病害治理工程通过国家文物局专家组验收。

◆**考古和勘探** 2017年，西安市下发《关于加强考古勘探管理工作的通知》，进一步加强和规范西安地区基本建设活动中考古勘探和发掘。西安市文物局将考古工地安全保卫工作委托给第三方专业保安公司，加强考古发掘现场对建设单位、考古工作人员以及民工土方施工队等的多方监管，考古工地的安全保卫工作走上专业化的道路。编制《“最多跑一次”事项办事指南》，通过减程序、优流程使行政审批事项办结率大幅提高，实现改革比率72.7%。全年西安市政务中心大厅西安市文物局窗口接件103件，批复通过87项。考古勘探完成项目103项，考古勘探面积1464万平方米，比上年增长103%。完成考古发掘项目54项，发掘墓葬900余座、灰坑170余个、陶窑10余座、古井90余眼，出土各类文物3000余件，时代从新时期时代延续至明清。配合全市基本建设，完成西安吉利新能源汽车产业化项目、渼陂湖水系生态文化修复工程、西安地铁建设、西安火车站站改等25项全市重大项目建设，开展考古调查、勘探、发掘、方案论证和审批工作。与阎良区主办召开“秦汉栎阳城考古学术座谈会”。为纪念隋唐长安城遗址考古工作开展60年，会同中国社科院考古研究所共同召开“隋唐长安城遗址考古与保护专家座谈会”。联合陕西省考古院开始江村大墓考古发掘。组织实施隋唐长安城东市、隋唐长城遗址东北角等考古发掘，新发现一批隋唐长安城遗迹。

秦汉栎阳城考古新发现 该项目是跨年度延续项目。三号古城发现迄今为止最早的浴室、壁炉等设施。在出土器物残片上发现“栎阳”“宫”等刻划文字，证明遗址所在即为文献所载栎阳，与文献所载“栎阳宫”一致。出土的最早的巨型筒瓦和巨型瓦当等，揭示出近年发掘的三号古城夯土建筑为秦高等级宫殿。据相关发现初步判断，三号古城内建筑上限不早于战国中期，与文献所载秦献公、孝公建都栎阳的时间吻合，应为战国秦都栎阳所在。该项目入围“中国社会科学院考古学论坛•2017年中国考古新发现”。

隋唐长安城遗址考古发掘 隋唐长安城遗址是1996年国务院公布的第四批全国重点文物保护单位，位于今陕西省西安市城区范围内，几乎全部叠压于现代主城区之下。隋唐长安城东北角、“夹城”及“十王宅”遗址位于西安市新城区，对其中的重要遗址进行初步发掘，出土大量隋唐时期遗物，发现“天宝三载十王宅瓦”，亦有残存“（十）王宅官（瓦）”印文。本次发掘，确定隋唐长安城遗址东北角的具体位置，确认隋唐长安城夹城位置、形制、大致走向。发掘出十六宅的东北角坊墙墙基，“天宝三载十王宅瓦”具有明确纪年，反映了由十王宅向十六王宅演化的历史

进程，为十六宅的研究提供了确切的纪年实物资料。

桃园北路二期隋唐长安城北墙及城壕遗址　4月6—24日，在丰禾路以北、桃园北路二期的西侧人行道上发掘出一段夯土墙基，南北宽9.2米，东西残长2.38米，高0.5米。此处夯基为隋唐长安城外郭城北墙遗存。在夯墙以北约17米处发现壕沟一条，南北宽11.8米，东西残长2.5米，距现地表深约3米。本项目的发掘确认了隋唐长安城护城河的存在，首次揭露隋唐长安城城墙与护城河的位置关系，对于探讨隋唐长安城的城防体系具有重要价值。同时，顺城路及安定坊遗址的发掘对于了解隋唐长安城的形制布局及沿用历史提供了重要的实物资料。

隋唐长安城安仁坊遗址　该项目位于西安博物院南侧，西邻朱雀大街。已发掘2000多平方米，揭示出安仁坊宅邸遗址、安仁坊南墙墙基、外郭城第八横街遗址、光福坊北墙墙基等，出土一批文物残片。在隋唐安仁坊的西南隅发掘出唐代宅邸建筑基址，发现有夯土、散水、排水沟等遗迹，规模较大，应是一处达官贵人的宅邸。出土有唐代砖瓦、陶瓷残片、彩绘小坐佛壁画残片等。这是隋唐长安城宅邸遗址的首次发现，对于了解宅邸布局、结构及功能有重要意义。在第八横街南侧水沟内出土唐代苏州进贡鱼鲊的封泥遗存，还发现有鎏金小铜佛等。这对研究唐代地方进献的口味以及唐人的佛教信仰等具有重要意义。

江村汉代陶窑遗址　位于西安市灞桥区狄寨街办江村北侧，发掘面积1200平方米，发掘陶窑17座、灰坑1个。出土回纹铺地方砖、素面半圆形瓦当、云纹圆瓦当、板瓦、筒瓦、瓦钉、陶范等大量汉代遗物。建筑构件中多见长方形戳印，内容有“右二”“右三”“右四”“宜禾”“中”等。从窑址形制、出土遗物推测窑址为西汉时期遗址，初步推测是为江村大墓（西汉霸陵）营建设置的官营制陶作坊，该遗址的发掘对于西汉时期手工业研究及帝陵制度研究具有重要意义。

西安市第二十六中学教学综合楼唐代古井　在西安市建国路西安市第二十六中学校园内发掘唐代古井49口、灰坑22个。发掘在距地表3.5米深的基槽内进行，古井、灰坑的原始开口已不存。这批古井、灰坑时代均为唐代。出土遗物1200余件，其中有铜钱、铜钗、小铜镜、铁剑、骨簪、瓷碗、瓷碟、瓷盂、三彩马头、陶羊、双耳陶罐、弦纹罐及大量陶器残片等，为隋唐长安城遗址的研究提供新的实物资料。

莲湖区洒金桥小学教学楼古井　在莲湖区庙后街洒金桥130号发掘1座古代墓葬、40余口古井。从墓葬形制及出土器物看，时代为东汉。古井残存深度为0.5—2.7米，井内出土大量瓷器、陶器残片，多为生活实用器皿，瓷片年代跨度较大，大多为五代、宋金，少量为明清时期。这次发掘地点位于皇城将作监以北、宫城内侍省以南，在承天门以南的横街上。为隋唐以后长安城的沿用提供重要的实物资料。

皂河生态公园史前遗址　遗址面积约20万平方米，发掘面积600平方米。发掘遗迹主要有灰坑102座、墓葬6座、陶窑4座。出土器物共100余件陶器、铜器、石器、铁器、骨器等。其中，陶器60余件，器形主要有陶环、瓦当；铜器10余件，器形为铜镜、盖弓帽、铜钱。通过发掘，可确定遗址年代主要分为仰韶文化庙底沟期、春秋战国时期和西汉早中期。该遗址延续时间长，内涵丰富，对研究史前时期尤其是仰韶文化庙底沟期聚落分布、早期秦文化发展以及西汉早中期杜城遗址变迁有着重要的意义。

渼陂湖汉唐墓葬　西安市文物保护考古研究院配合西安涝河渼陂湖水系生态修复工程开展考古工作，发现古墓葬200余座，发掘182座，其中汉墓149座、唐墓29座、宋元墓4座，出土陶器889件、铁器84件、铜器242件、砖志及其他器物23件。对这一区域汉唐时期墓葬的研究提供全新材料，也为研究这一区域汉唐时期的历史文化提供新材料。

幸福林带汉唐墓葬　项目位于西安市东郊，勘探面积11.15万平方米，发现古墓葬550座、古陶窑3座、古沟渠2条。发掘古墓葬320余座，以中小型唐墓为主。出土器物较为简单，多为1—4件弦纹罐或塔式罐。个别规模稍大的墓葬出土陶俑、瓷器、铜镜、玻璃器等。从发掘的情况看，时代多为中晚唐时期，另外还有少量汉、北朝墓葬。

雅荷国际广场秦汉墓葬　该项目位于未央区，勘探出古墓葬236座。发掘汉代墓葬172座，出土随葬品900余件（组），以陶器为主，器类有鼎、盒、钫、壶、罐、缶、仓、灶等，小件器物有铜镜、带钩、铜钱等。推测墓主应为汉长安城内或附近的平民。该墓地发掘，为研究两汉时期长安城周边尤其是西汉早中期龙首原地区墓葬分布与规划、丧葬习俗与墓主身份等问题提供了实物资料。

华清学府城唐石椁墓　该项目位于西安市东郊，发现的石椁墓形制为长斜坡墓道土洞墓，坐北朝南。由墓道、天井、过洞、甬道和墓室等部分组成。墓道残长14.85米、宽1.40米，5个天井长1.40—1.75米不等，4座壁龛保存较好，出土文物主要有彩绘陶胡人俑、动物俑等。封门为错缝砖砌，甬道为土洞拱顶结构，出土器物有陶罐、陶俑、镇墓兽等。椁壁内外有阴线刻图，有仕女图、山水图等。后室出土墓志1合，盖志分离。盖为方形盝顶，铭文“大唐故庆州芳池县令扶风苏君墓志铭”；志为方形，铭文“大唐故庆州芳池县令苏君墓志铭并序，君讳孝斌，字德粲”。

◆博物馆工作　2017年，西安市文物局完成《西安博物馆之城建设总体方案》编制，科学统筹推进全市博物馆长远发展。推进全市重点博物馆建设，形成《人类远祖博物馆规划建设框架方案》。“丝绸之路”主题博物馆专家咨询建设意见上报西安市人民政府。实地调研形成《关于西安建设周秦汉唐博物馆的调研报告》。新增西安音乐学院艺术博物馆、西安市城市记忆博物馆、西安汉风水务博物馆、长安大学公路交通博物馆、西安市高陵区博物馆5座博物馆，全市博物馆总量达到126座。完成长安大学公路交通博物馆、高陵区博物馆备案工作。指导陕西师范大学教育博物馆等开展新建和改扩建。在全市范围内指导相关区（县）开展社区博物馆建设工作。

博物馆管理　出台《西安市促进非国有和行业博物馆发展实施办法》。修订出台《西安市非国有和行业博物馆考核办法》。印发《西安市文物局关于规范临时展览有关事项的通知》。开展《西安市非国有博物馆管理办法》《西安市非国有博物馆备案审核工作程序》《博物馆藏品捐赠协议书》《拟定法定代表人有关事项声明》和《举办方有关事项承诺》等规章制度修订编制工作。开展半坡博物馆提升改造相关工作，完成《半坡遗址保护规划》《半坡博物馆场馆建设改造提升规划》初稿编制、《西安半坡博物馆陈列展示提升改造方案》编制工作。结合小雁塔历史文化街区改造提升项目，开展西安博物院二期项目建设前期工作。开展西安民俗博物馆提升改造工作，已向社会免费开放。《西安博物院章程》获得西安市机构编制委员会办公室通过。西安博物院启动法人治理结构试点，开启人事管理等一系列探索工作。完成全市非国有和行业博物馆2016年度考核，兑付扶持鼓励资金995万元。继续以关中民俗艺术博物院为重点，指导非国有和行业博物馆举办临时展览190余个。指导西安关中民俗艺术博物院申报国家级中小学研学实践教育基地、省级中小学研学实践教育基地、陕西省优秀历史文化传承基地。

博物馆社会公共服务　全年举办各类博物馆展览200余个，比上年增长16%。举办一批体现时代特征的专题展览20余次，全市博物馆参观人数达2100余万人次，取得较好社会效益。西安591件（组）文物分别在北京首都博物馆、成都博物馆等8个城市展览。全市各博物馆走进203所大中小学（其中农村学校103所、城市学校100所），开展面向公众文化服务活动460余次。“乐知学堂”“史前工场”“中华小记者”等打造成品牌公众教育项目。西安半坡博物馆获得第一批全国中小学生研学教育基地。西安博物院、大唐西市博物馆等8家单位入选优秀传统文化传承基地。未央区“汉长安城24寨与未央宫村寨记忆社区博物馆”和长安区“梁氏宗祠社区博物馆”获批陕西省首批社区博物馆。启动西安市博物馆文创产品开发工作，联合举办“西安博物馆文创产品开发启动专题座谈会”。与浙江省创意设计协会、西安市文化创意产业协会签署战略合作协议。“曲江创意盒子”被授牌为西安市博物馆文创产业开发示范基地。西安博物院打造西安文博创意产业开发平台，博物馆文创开发有序展开。开展纪念习近平视察西安博物院重要讲话发表2周年活动，与陕西省文物局联合举办博物馆教育座谈会。组织编印《何以长安》周刊，深度挖掘宣传古都历史文化。在“5•18”国际博物馆日，全市各文博单位走上街道、走入社区、走进农村，开展形式多样的宣传活动。西安博物院“不忘初心　砥砺前行”10周年图片展在国家文物局红楼橱窗展出。

西安音乐学院艺术博物馆　10月27日，西安音乐学院艺术博物馆落成。隶属西安音乐学院，位于西安市长安中路108号艺术中心内，展厅面积约500平方米，有藏品591件（套），包括“一带一路”音乐文化遗产、陕西古代音乐文明、西安音乐学院发展史3部分内容。

西安汉风水务博物馆　5月18日，西安汉风水务博物馆开馆。位于汉城湖大风阁，博物馆分为基本陈列、专题展览和临展馆。基本陈列为水与长安馆，藏品数量147件，展厅面积830平方米，展示水与城市的关系。专题展览通过文物与图片的结合将汉代的历史、文化、军事、中国丝绸之路文明等直观展示给观众。临时展厅让观众了解西安市实施的水利保护、利用、整治、开发及提升工程以及汉代的主要战役的地图、简介及相关典故。

长安大学公路交通博物馆　位于长安大学渭水校区内，是一座反映公路交通科技、交通信息、交通历史的专题博物馆。建筑面积6000平方米，建筑结构共3层，分为公路展厅、汽车展厅和智能交通展厅。交通馆藏品共计321件套，陈列展览综合采用实物、文献、模型、图片以及视频信息等方式，展现了交通行业发展的人文历史、科学知识。

西安市城市记忆博物馆　位于西安市新城区幸福南路109号老钢厂设计创意产业园一号楼，在原陕西钢厂20世纪50年代厂房的基础上设计改造而成，最大限度保留原建筑样貌及细节。收藏展品来自100年内城市生活中的物件。该博物馆通过文字、影像、艺术、文献、建筑等多种展示形式，唤起人们对过往城市生活的记忆。

西安市高陵区博物馆　位于高陵区鹿苑街办昭慧广场南端，3月30日建成开馆并免费对外开放。展厅面积1400平方米，有文物藏品227件（组）。主要展出高陵出土发掘的重要古遗址、古墓葬、古建筑和新民主主义时期高陵共产党的发展史、中华人民共和国建立后高陵重大经济社会发展成果等珍贵实物资料。重点展示具有代表性的杨官寨遗址出土的陶器、唐东渭桥遗址出土文物、金隆昌寺遗址出土的文物及有“三绝碑”之誉的唐李晟碑。

◆文物利用　2017年12月，西安市各文博单位参与“西安年、最中国”系列活动。31日晚，中共西安市委、西安市人民政府主办的“西安最中国•来了还想来”跨年鸣钟祈福活动在西安博物院•小雁塔景区举行，并同步进行直播。西安市文物局组织编制40处城市中心区域小型文化遗址公园建设方案，组织编制杨官寨、大唐东市等一批重要文物保护展示方案。配合小雁塔、七贤庄、半坡遗址文化片区等综合改造提升，对接完成规划、考古勘探和发掘工作。

◆文物科研成果　2017年，西安市文物局依托陕西省内外文博科研院所机构和高等院校，推动文物保护和科研工作。联合秦始皇帝陵博物院、陕西省文物保护研究院开展出土壁画、金属材料工艺分析研究；与北京科技大学签订汉代铁器、唐墓壁画材料研究合作协议；联合西北大学和敦煌研究院开展古桥遗址探地雷达等新科技物探工作。蓝田猿人遗址联合中国科学院开展古脊椎动物与古人类研究。西安文物保护考古研究院运用无人机航拍、载波相位差分技术等新技术，对隋唐长安城遗址进行精准信息采集并即时录入。西安市文物局指导全市相关博物馆开展“互联网+中华文明”行动计划，西安事变纪念馆虚拟交换展示项目入选国家文物局69个示范项目。以西安博物院等3家博物馆为试点，利用新媒体技术开展智慧体验、智慧讲解、智慧服务，“智慧博物馆”建设初显成效。

◆文物合作与交流　2017年，西安市文物局组织赴美国、日本等国家（地区）出境展览5个。西安博物院19件组26件文物复制品在德国莱法州“历史文化名城对话会”同期展出。西安曲江明清皮影艺术博物馆、西安市城市记忆博物馆等4家非国有博物馆分别赴法国、意大利、韩国和中国台湾等地举办展览。全年开展境外文化交流活动15次。西安博物院和德国莱法州州立博物馆签署“友好博物馆合作协议书”。服务“一带一路”建设，西安市文物局主办“丝绸之路”（南亚段）跨国系列申报世界文化遗产学术国际研讨会。大唐西市举办“丝绸之路国际博物馆友好联盟第二届大会”。西安市文物局持续开展中英博物馆培训交流，签署2018年赴日本新潟市展览协议，推进公输堂彩画纳入中法文化遗产保护合作项目。6月5日，匈牙利国会主席格维尔•拉斯洛夫参观西安博物院。6月5日，匈牙利国会主席格维尔•拉斯洛夫到西安博物院参观考察。8月2日，德国美因茨-威斯巴登德中友协主席库尔特•卡斯特（Kurt Karst）一行到西安博物院就中德历史文化名城对话活动相关展览进行接洽。10月13日，日本新潟市市长篠田昭参观西安博物院。12月9日，意大利国会议员、罗马特使阿尔多•彼亚乔参观西安博物院。开展与香港、台湾的交流，完成22名香港学生来西安博物院实习工作。西安文物保护专家受邀参加香港世界遗产等学术讲座和文化交流，与香港历史博物馆达成合作意向。西安市文物局签署“海峡两岸张学良纪念馆合作联盟年会制度”，进一步加强与台湾的学术交流合作。

◆文物执法与安全　2017年，西安市人民政府将“文物保护”列入区（县）政府目标考核体系，推动各层级文物安全责任落实。长安区、新城区、莲湖区、碑林区、灞桥区、高陵区、周至县等区（县）开展文物安全大排查，积极整改安全隐患，不断强化文物安全。西安市文物局加强与公安部门合作，完善文物安全大防控体系建设，建成文物安全视频信息共享平台，组织实施秦东陵等一批安全防范工程；召开全市优秀群众文物保护员表彰暨培训会议以及文物安全年度会议。各区（县）完善文物保护网络和体系，严格落实安全责任。全年开展14项安全专项整治活动。联合西安市公安局开展打击文物犯罪“神鹰行动”，有效遏制西安地区文物犯罪活动的蔓延。全市各级文物部门与各级公安机关配合破案37起，抓捕犯罪嫌疑人114人，追缴文物1395件（组），其中一级文物1件（组）、二级文物10件（组）、三级文物149件（组）、一般文物1235件（组）。联合公安机关开展田野文物巡查740余次、文物市场检查13次。

（马利利）

公共文化

◆概况 2017年，中国共产党西安市第十三届委员会第三次全体会议审议通过《中共西安市委关于落实“五新”战略任务加快补齐“十大短板”的决定》，专门提出“补齐文化产业短板”。6月8日，中共西安市委办公厅、西安市人民政府办公厅印发西安市《关于加快构建现代公共文化服务体系的实施意见》，提出“到2020年，基本建成覆盖城乡、便捷高效、保基本、促公平的现代公共文化服务体系”的目标。9月13日，中共西安市委办公厅、西安市人民政府办公厅印发《西安市农村文化礼堂建设实施方案》，着力在全市建设一批以“文化礼堂、精神家园”为主题，集思想道德建设、文体娱乐活动、知识技能普及于一体的农村文化礼堂。中共西安市委宣传部、西安市文化广电新闻出版局联合下发《西安市建设“音乐之城”实施方案》，计划通过5年时间，使西安市获得联合国教育、科学及文化组织授予的“音乐之城”称号。西安市文化广电新闻出版局强化思想文化阵地建设，讲述西安好故事、传播西安好声音。深入实施文化惠民工程，完善公共文化服务体系，加强基层文化阵地建设，促进全民阅读，打造“书香之城”。加快博物馆建设，打造“博物馆之城”，西安曲江新区及辐射区建成开放的博物馆等文化场馆有45家，其中行业馆20家、民办馆25家，辖区内各博物馆、文化馆接待游客180万人次以上，其中未成年人超过18万人次。实施“文化产业倍增计划”，以“文化+”发展模式，打造文化强市，做大、做强文化产业，夯实公共文化服务基础，把优势资源转化为发展资源，把文化与生态、旅游、科技、会展深度融合，完成文化产业的“追赶超越”。以曲江新区为核心和引领，向全市多点辐射，带动全市文化、生态旅游产业大发展。1—11月，全市文化产业投资完成344.46亿元，陕西大剧院、华夏文化旅游综合体、陕西戏曲传奇小镇等项目拉动文化产业较快增长。组织实施文化惠民春节展演周、千场戏剧惠民演出、农村公益电影放映等公共文化工程，全年组织惠民演出1559场，观众211万人次；放映公益数字电影35317场，观众302万人次。广泛开展群众文化活动，组织举办西安“红五月”音乐会、夏日广场文化活动、广场舞大赛等群众文化活动，扶持社区文化团体，丰富社区文化活动。组织各区（县）文化行政部门和相关单位开展省级非物质文化遗产项目申报，涉及9个类别，申报39个项目。确定西安市第四批非物质文化遗产项目代表性传承人49人。5家园区被陕西省文化厅命名为首批“陕西省文化产业示范园区”；9家基地（单位）被陕西省文化厅命名为“陕西省文化产业示范基地（单位）”。全面启动“音乐之城”建设，重点打造“大师之路”音乐文化长廊、永兴坊传统音乐聚集区、大华1935音乐文化聚集区、“九部坊”音乐街区、陕北民歌大舞台周末文艺演出剧场、大唐不夜城音乐主题街区、高新区众创示范街区7大音乐文化街区。“丝绸之路文化园”项目签约，将以“文化+”和“旅游+”形成文化复合发展集群，打造具有“一带一路”特色、体现中华民族历史文化传统的国家级文化旅游商贸项目和创新型文化产业新高地。

截至年底，西安市有公共图书馆13个、群众艺术馆2个、文化馆14个、文化站188个；有地市广播电视台2座、县级广播电视台6座。全年举办各类会展活动199个，其中举办国际性会展活动46个，参展参会人数238万人次。公共文化服务全面提速，完成雁塔区、新城区、未央区、莲湖区、周至县等9个图书馆、文化馆的规划立项。建成27个贫困村综合性文化服务中心，基层综合文化服务中心达标率40%以上。在8个涉农区（县）试点建设10个农村文化礼堂，整合农村文化设施资源。全市“广电扶贫·宽带乡村”工程惠及群众30700户，建成无线宽带点219个，推进“百县万村”示范工程，为周至县10个行政村配送广播器材。全市各级开展惠民演出活动2582场（其中戏剧惠民演出1559场），比上年增长17.4%，观众超过211万人次。西安图书馆接待读者108万人次，借还图书65.8万册次，举办“天禄讲坛”46期、读者活动674场。西安市群众艺术馆组织培训群众艺术骨干5000人次，组织大型文艺活动超过50场次。全市文化服务中心建设达标率29.7%，超额完成省考任务。举办元旦、春节文化活动2000多场次，参与群众400多万人次。全年组织各类音乐活动848场，建成大唐不夜城音乐主题街区，举办首届西安国际合唱展演、“走进西部”打击乐艺术交流活动等。举办“红五月”音乐会合唱比赛170余场、夏日文化广场活动700多场次。组织全市广场舞大赛近200场，5万名群众参与。举办“和谐邻里情，喜迎十九大”城市社区艺术节国庆展演周，15台节目登台演出。有20个项目入选陕西省第六批非物质文化遗产项目名录。支持灞桥区、碑林区建立非物质文化遗产展示厅，城隍庙鼓乐社等10个项目建成传习所。全年举办非遗展演展示150多场次。

（行中道　石林）

鄠邑区李家岩文化礼堂

◆公共图书馆评估定级 2017年7—8月，西安市文化广电新闻出版局按照文化部办公厅和陕西省文化厅通知要求，在全市开展第六次全国县级以上公共图书馆评估定级工作。西安图书馆申报副省级城市二级馆；蓝田县图书馆、鄠邑区图书馆申报县级一级馆；高陵区图书馆、长安区图书馆申报县级二级馆；灞桥区图书馆、临潼区图书馆、阎良区图书馆申报县级三级图书馆，均通过复评，等待评估结果。

◆省级非物质文化遗产项目申报 2017年6月，西安市文化广电新闻出版局落实陕西省文化厅《关于开展第六批省级非物质文化遗产项目名录申报工作的通知》精神，组织各区（县）文化行政部门和相关单位开展非遗项目申报工作，申报项目39个，涉及9个类别。制定评审标准，经西安市非物质文化遗产保护专家委员会专家评审和社会公示程序，向陕西省文化厅推荐申报项目32个，其中20个项目通过省级专家评审，并予以社会公示，占陕西省公示项目的1/4以上。

◆市级非物质文化遗产项目代表性传承人评审命名 2017年2月，西安市文化广电新闻出版局组织开展第四批西安市非物质文化遗产项目代表性传承人申报工作。各区（县）对本区域市级非遗项目传承人进行审核、推荐，12个区（县）的16家申报材料177份，推荐代表性传承人59人，涉及10个类别。经西安市非物质文化遗产保护专家委员会评审、社会公示等环节，于11月确定西安市第四批非物质文化遗产项目代表性传承人49人，并正式发文公布命名。

◆首批省级文化产业示范园区和第六批省级文化产业示范基地推荐申报 2017年2月，西安市文化广电新闻出版局组织西安市区（县、开发区）开展“首批省级文化产业示范园区”及“第六批省级文化产业示范基地”申报征集工作。西安曲江369互联网创新创业基地、陕西动漫产业平台、老钢厂设计创意产业园、西咸新区泾河新城文化产业示范园区、丝路文化创业创新园5家园区被陕西省文化厅命名为“陕西省文化产业示范园区”；西部电影集团有限公司、陕西白鹿原旅游文化发展有限公司、陕西鸣达鑫雨科技发展有限公司、西安力邦艺术文化投资有限公司、西安永兴坊文化发展有限公司、西安金翅鸟文化发展股份有限公司、陕西飞鸟动漫产业发展有限公司、西北艺术文化创意设计综合服务平台、西咸国际文化教育园9家公司（单位）被陕西省文化厅命名为“陕西省文化产业示范基地（单位）”。

◆文化市场监管 2017年，西安市文化广电新闻出版局加大市场监管力度，全市文化市场持续安全、有序、健康发展。组织校园周边环境集中整治行动、暑期文化市场专项整治行动，持续开展严打“黑网吧”专项整治行动。不断加强校园周边书店、网吧和文化娱乐场所的巡查力度，打击各类违法、违规经营活动，严查网吧违规接纳未成年人上网和未成年人进入文化娱乐场所行为。促进网吧等上网服务营业场所转型升级，推广新兴经营模式，“网咖”“电竞馆”等经营形态占全市1451家网吧的26%。部署以大众舞厅为重点的全市娱乐场所专项清理整治行动，打击歌舞游艺娱乐场所中存在的违法、违规活动，铲除娱乐场所长期存在的“黄、赌、毒”社会丑恶现象，对存在安全隐患和“黄、赌、毒”问题的大众舞厅等娱乐场所开展专项清理整治，联合公安机关坚决依法进行查处。全年各级文化广电新闻出版行政部门和文化市场执法机构出动检查人员24330人次，检查网吧2670余家（次），处罚违规网吧124家（次），联合工商、公安部门取缔城中村和城乡接合部的“黑网吧”7家；检查大众舞厅等歌舞娱乐场所、电子游艺场所2750余家（次），关停违规经营娱乐场所30家（次），排查各类经营单位消防设施器材3万余套，对810多家场所（单位）提出整改安全标志配置、疏散消防通道等措施，增加娱乐场所、网吧图像采集提示标识牌和“未成年人不得入内”警示牌8000余块。

◆文化惠民春节展演周 2017年1月28日至2月2日，西安市文化广电新闻出版局在西安曲江大明宫国家遗址公园举办2017西安市文化惠民春节展演周活动。举办14场舞台节目和社火巡游、非物质文化遗产展示等活动，吸引10万余民众观看。

◆西安“红五月”音乐会 2017年5月7日晚，西安市文化广电新闻出版局在西安曲江大明宫国家遗址公园举办西安“红五月”音乐会启动仪式。随即，各区（县）、开发区也相继开展活动。7月28日，在西安广电大剧院举行2017西安“红五月”音乐会群众歌咏大赛，来自全市13个区（县）和各开发区的16支代表队的近2000人次参加比赛。新城区、长安区、蓝田县、曲江新区代表队获一等奖。音乐会从5月开始到7月结束，共举办基层歌咏活动600多场，参与群众10万余人次。

◆夏日广场文化活动 2017年6月16日，西安市文化广电新闻出版局在西安曲江大明宫国家遗址公园举行2017年夏日广场文化活动启动仪式。各区（县）在镇（街道）、社区、村组织广场舞、合唱、音乐等各类群众文化活动600余场，2000多家文化社团的近10万名基层文化工作者参加演出。

◆城市社区艺术节国庆展演周 2017年10月1—8日，西安市文化广电新闻出版局在西安大明宫国家遗址公园举办“和谐邻里情喜迎十九大”2017西安市城市社区艺术节国庆展演周活动，来自区（县）和基层的9个演出团队的2000余名演职人员演出15台不同形式的节目，同时20个国家级、省市级非遗项目，包括长安泥塑技艺、唐三彩烧制技艺、秦腔戏剧脸谱制作工艺等项目也在非物质文化遗产长廊集中展示。20余万名民众观看演出。

◆西安市广场舞大赛 2017年9月30日，西安市文化广电新闻出版局在西安曲江大明宫国家遗址公园举行“欢乐百姓舞动幸福”2017西安市广场舞大赛。经过各区（县）、开发区组织的初赛、复赛，选拔推荐的19支队伍近1000名演员参加决赛。最终，长安区代表队的《忆乡情》、未央区代表队的《大老碗》等获得本次大赛决赛的一等奖。

◆建党96周年和庆祝十九大召开文艺晚会 2017年6月30日晚，西安市文化广电新闻出版局在西安曲江大明宫国家遗址公园举行庆祝中国共产党建党96周年文艺晚会，来自全市200余名群众演员，用自编自演的歌舞等形式，向党的生日献礼。11月1日，在西安曲江大明宫国家遗址公园举办“不忘初心　砥砺前行”西安市群众文化系统热烈庆祝中国共产党第十九次全国代表大会胜利召开文艺晚会，全市群众文化系统干部职工以歌舞的形式庆祝十九大胜利召开。

◆千场戏剧惠民演出 2017年1月，西安市文化广电新闻出版局在高陵区主会场以及碑林区、鄠邑区、周至县、蓝田县4个分会场，同时举行“2017年西安市千场戏剧惠民演出活动”启动仪式。组织西安市部分文艺院团，在全市开展以“拥抱新生活、共赴新征程”“放歌伟大时代，艺术奉献人民”、宣传贯彻中国共产党第十九次全国代表大会精神为主题的系列惠民演出活动50余场。全年举办戏剧惠民演出1559场，观众达211万人次。（石　林）

◆西安丝路文化产业发展基金运营 2017年8月，西安丝路文化产业发展基金通过中国证券投资基金业协会的产品备案申请，进入运营阶段。该基金由西安金融控股有限公司全资子公司西安浐灞基金管理有限公司发起设立，总规模50亿元，将促进区域文化创意和创新产业发展，加大对旅游文化、教育文化、特色文化等企业的扶持力度，推动区域文化产业聚集，加速形成区域国际人文生态相融合的文化创意产业体系。截至8月，西安灞柳基金小镇有160多家金融企业、机构申请加入，其中获批企业、机构达到123家。

◆曲江文投再次进入“全国文化企业30强” 2017年5月11日，经济日报社和光明日报社联合发布第九届“全国文化企业30强”名单，西安曲江文化产业投资（集团）有限公司再次上榜，成为西部唯一连续6年蝉联该奖项的文化企业。6月14日，西安曲江文化产业投资（集团）有限公司获上海新世纪资信评估投资服务有限公司出具的AA+级信用评级结果通知书，评级展望为“稳定”。这是陕西文化类企业首次达到该信用评级，标志着曲江文投的整体实力、管理水平得到资本市场的高度认可。（行中道）

体育

责任编辑　宋欣辉

综　述

◆**概况**　2017年，西安市以陕西省承办第十四届全国运动会为契机，加快推进西安奥林匹克体育中心建设，全面展开参赛备战训练。加强体育人才队伍培养，举办西安市第十六届运动会和年度市级单项赛事，提高竞技体育综合实力。开展群众性体育活动，打造具有西安地域特色的群众性体育品牌赛事，完善全民健身服务体系。科学谋划全市体育产业，建立体育产业数据库和动态检测体系，规范体育市场管理，推动体育事业可持续发展。

◆**体育场馆建设**　2017年，西安市加快推进西安奥林匹克体育中心"一场两馆一基地"（"一场"：6万座位的体育场；"两馆"：1.8万座位的体育馆和4000座位的游泳跳水馆；"一基地"：西安市体育训练基地）和周边配套项目建设，全面启动主场馆和全运村、全运湖、灞河岸线（全运段）项目，西安市体育训练基地取得立项批复。西安市体育局制定《西安城市运动公园体育馆和西安秦岭国际高尔夫俱乐部场馆提升改造方案》，配合西安城市基础设施建设投资集团有限公司，完成西安市体育场提升改造立项和建设筹备工作。加快区（县）标准化公共体育场建设，摸底调查8个区（县）42个街道办事处属地体育场地；完成雁塔区、碑林区、临潼区标准化公共体育场提升改造；完成阎良区、长安区、鄠邑区立项工作。

◆**第十四届全国运动会筹备**　2017年，西安市健全第十四届全国运动会组织机构，成立第十四届全国运动会西安市执行委员会，先期组建办公室、场馆建设部、竞赛训练部和新闻宣传部，制定《西安市承办第十四届全国运动会工作方案》和《第十四届全国运动会西安市执委会组织行动计划》，建立工作运行机制。西安市体育局组织十四届全国运动会西安市执行委员会领导和相关区（县）部门分批前往天津观摩学习全运会承办经验和城市建设规划安排。摸排、选拔和引进参赛运动员，围绕田径、游泳（跳水）、射击、赛艇、皮划艇、国际式摔跤、柔道、击剑、网球、羽毛球、高尔夫球、棒球、铁人三项13个项目，全面展开参赛备战训练。

◆**体育产业发展**　2017年，西安市体育局贯彻落实国家体育总局《体育产业发展"十三五"规划》和陕西省体育局《陕西省"十三五"体育事业发展规划》，组织调研13个区（县）以及西咸新区体育产业建设发展情况，制定印发《西安市体育产业中长期规划》。建立"西安市体育产业数据库"，全市入库企业485家，其中高危险性体育企业125家。加大省级"体彩公益金"支持体育产业发展项目申请力度，给21家体育企业争取专项扶持资金1235万元。完成全市体育产业规模以上企业营业收入比上年增长20%以上的任务。其中，体育服务业增长26%；体育零售业增长158%；体育彩票销售28.13亿元，增长24.5%。

◆**体育市场管理**　2017年，西安市体育局召开全市体育市场规范性管理专题会议，对区（县）健身场馆实施入库管理。组织全市体育执法培训，检查区（县）文化体育局执法工作，规范执法行为。组织对各区（县）体育健身场所进行市、区（县）两级联合执法检查，重点加强对高危性体育经营场馆安全生产和技术质量监督管理，规范管理制度和服务事项，纠正违法违规行为，使体育市场健康有序运行。

◆**青少年训练网点建设**　2017年，西安市体育局向33所体育传统项目学校、11所区（县）少儿体校拨付训练扶持资金120万元，扶持鼓励区（县）少儿体校、市级体育传统项目学校争创国家及省级体育传统项目学校、国家级青少年体育俱乐部和省级少年儿童体育学校。召开2016—2017年度西安市区（县）少儿体校和体育传统项目学校工作会议，西北工业大学附属中学等33所学校被评为"2016—2017年度西安市体育传统项目学校先进单位"，张峰等33名体育教师被评为"2016—2017年度西安市体育传统项目学校优秀教练员"。成立6所体育传统项目学校、8所青少年体育俱乐部和西安奥体学校，开展青少年体育训练工作。

◆**西安市第十六届运动会**　2017年8月5日在西安城市运动公园开幕。本届运动会以"全民参与、阳光运动、健康生活、品质西安"为主题，于4月17日开始，8月10日全部结束，历时近4个月。来自13个区（县）和西咸新区沣东新城的14个代表团7000余人参赛。本届运动会设成年组、青少年组2个组别，分为36个大项，其中17个项目是在市民群众中普及面广、参与度高的健身项目，项目设置更加突出"全民健身、全民参与"的赛会主题。

◆**2017年度市级单项赛事**　2017年，西安市体育局制订《西安市2017年各项目竞赛计划》，先后举办西安市青少年乒乓球公开赛、西安市青少年羽毛球公开赛、西安市青少年网球公开赛、西安市青少年射箭公开赛、西安青少年足球公开赛、西安青少年射击公开赛、西安市青少年棒球赛、西安市少年儿童游泳系列赛、西安市青少年田径锦标赛（体传校组）、西安市足球联赛等年度市级单项赛事。8000余名青少年运动员参赛，锻炼和培育了一批体育后备人才。

（丁宏涛）

◆**西安奥林匹克体育中心奠基**　2017年10月9日，第十四届全运会场馆建设动员大会在西安国际港务区召开，第十四届全运会主场馆——西安奥林匹克体育中心培土奠基。西安奥体中心项目地处西安国际港务区，西临灞河，在杏渭路以西，迎宾大道以东，向东路以北，柳新路以南，总规划面积400公顷，总投资约260亿元。规划建设包括"一场""两馆"和"一基地"。全运村占地约67公顷，建筑面积约106万平方米，总投资约76亿元。规划建设公寓式住宅、赛事指挥中心、会议中心、接待服务中心、餐饮中心、健身中心、医疗中心及相关商业配套和城市公园。（岳建强）

2017年8月5日，西安市第十六届运动会开幕式在西安城市运动公园举行

群众体育

◆**概况** 2017年，西安市体育局贯彻落实国务院《全民健身计划（2016—2020年）》精神，着眼人民群众健身需求，围绕“六个身边工程”（健全群众身边的体育健身组织、建设群众身边的体育健身设施、丰富群众身边的体育健身活动、支持群众身边的体育健身赛事、加强群众身边的体育健身指导、弘扬群众身边的体育健身文化），制定《2017年西安市群众体育工作思路及要点》《2017年西安市群众体育活动竞赛计划》，开展群众性体育活动，打造具有西安地域特色的群众性体育品牌赛事，完善全民健身服务体系，实施多样化的“体育惠民工程”。全年组织群众性体育活动500余项（次）。西安市体育局、西安市未央区等9家部门（单位）被国家体育总局评为“全国群众体育先进单位”，李建学、张蓉等8人被评为“全国群众体育先进个人”。

◆**全民健身基础设施建设** 2017年，西安市体育局印发《西安市全民健身基础设施管理办法》，调查摸底390个贫困村全民健身设施情况，并统计、建档和检查健身设施器材。建成乡镇“农民体育健身工程”5个、村级“农民体育健身工程”70个、“全民健身路径工程”150个、多功能运动场10个、室内健身房5个。建成阎良石川河景区全民健身园区、大明宫国家遗址公园全民健身园区、渭河西安段全民健身长廊二期工程。

◆**全民健身服务** 2017年，西安市体育局组织培训社会体育指导员15期1300余人，举办“体育进社区”“体育三下乡”等活动12次，新增健身气功站点34个，新建国民体质监测与科学指导站3个、国民体质监测点5个，完成1.5万人次的国民体质监测工作。

◆**区（县）群众体育品牌活动** 2017年，西安市体育局持续开展“一区（县）一体育品牌”创建活动。莲湖区举办“武林大拜年”活动；碑林区举办门球比赛；雁塔区举办少年足球邀请赛；新城区举办社区趣味运动会；未央区举办千人千场乒乓球赛；西咸新区举办“全民健身大讲堂”；长安区举办全民健身休闲大会；高陵区举办广场艺术舞大赛；临潼区举办羽毛球赛；阎良区举办“太极·关山全民健身暨传统文化传承推广会”；鄠邑区举办民间艺术节暨鼓舞大赛；周至县举办重阳节文体健身联欢活动；蓝田县举办老年文体展示活动，形成一批区（县）群众体育品牌活动。

◆**2017西安城墙国际马拉松赛** 2017年9月10日在西安城墙南门举行。赛事由西安市人民政府主办，西安市体育局、西安曲江新区管理委员会承办。比赛设半程马拉松、13.7千米、5千米3个项目，来自美国、澳大利亚、法国、日本等13个国家和地区的3000名运动员参赛。参赛者年龄最大的79岁，最小的5岁。30余家新闻媒体对赛事进行宣传报道。

◆**西安市第九届公开水域游泳比赛** 2017年7月16日在曲江池遗址公园南湖举行。比赛由西安市体育局、西安曲江新区管理委员会等主办。500余名游泳爱好者参赛。比赛设男子甲、乙、丙组和女子甲、乙组5个组别，泳道全长约500米。

◆**2017西安市自行车健身骑行活动** 2017年5月13日在渭河生态景观区举行。活动由西安市体育局、西安市水务局、未央区人民政府主办，未央区文化体育旅游局、西安市渭浐河城市段管理中心、西安市社会体育指导员协会承办。比赛全程约18千米。来自社会各界1000名骑行爱好者参加活动。

2017年5月13日，2017西安市自行车健身骑行活动举行

◆**2017中国·渭河健身长廊第二届自行车联赛西安站比赛** 2017年9月23日在西安灞渭桥车游湿地景区举行。比赛由陕西省体育局、陕西省水利厅主办，陕西省航空无线电汽车摩托车运动管理中心、西安市体育局、西安市水务局承办。来自全市的700余名骑行爱好者参赛。其中，男子组骑行距离44千米；女子组骑行距离33千米。

◆**西安市全民健身休闲大会暨中国秦岭翠华山第十六届登山挑战赛** 2017年4月15日在秦岭翠华山举行，为西安市首届全民健身休闲大会的开幕活动。赛事由西安报业传媒集团联合西安市精神文明建设指导委员会办公室、西安市旅游局、西安市体育局、长安区人民政府、西安旅游集团、华润雪花啤酒西安分公司等主办。有近万名登山爱好者与西安市民参赛。

◆**西安市“全民健身月”暨“舞动长安”启动仪式展示表演** 2017年8月7日在西安城市运动公园举行。活动由西安市体育局主办，各区（县）文化体育局、西安市社会体育指导员协会协办。活动发出“文明出行、科学健身”倡议，34名“2016—2017年度西安市群众喜爱的社会体育指导员”和51个“晨晚练示范站点”获得表彰。来自全市13个区（县）的健身队伍分别展示健身排舞、太极拳、武术、健身球、健身气功、健身秧歌等全民健身项目。在“全民健身月”期间，各区（县）、各体育协会组织全民健身活动100余场次。

◆**参加省级群众性体育赛事** 2017年，西安市组织参加陕西省第一届全民健身运动会11个比赛项目。其中，篮球、中国象棋、羽毛球、乒乓球、门球、柔力球、五人制足球、健身气功、太极拳9个项目获得一等奖；瑜伽和围棋获得二等奖，总分列陕西省第一名。参加2017年陕西省社会体育指导员交流展示大赛，获团体一等奖。 （丁宏涛）

竞技体育

◆**概况** 2017年，西安市体育局组织举办市级竞技体育赛事项目，加强体育人才队伍培养，参加国际、国家和省级体育赛事，促进竞技体育综合实力不断提高。组织运动员参加世界青年锦标赛、全国第十三届运动会等国际、国内比赛，在射击、跳水、摔跤、篮球、田径、羽毛球、足球、武术等项目，获第一名29个、第二名25个、第三名18个。参加陕

2017年10月28日，首届西安国际马拉松赛在西安举行

西省第十六届运动会资格赛，获金牌223枚，团体总分9882分，实现金牌、团体总分“两个第一”。

◆2017李宁10千米路跑联赛西安站比赛 2017年6月4日在西安世博园举行。2017李宁10千米路跑联赛分别在北京、上海、广州、成都、重庆、西安等15个城市举行，西安市为第六站，有4000余名运动员参赛。该项赛事在西安市连续举办6届，累计3万余名长跑爱好者参赛。

◆2017中国环秦岭自行车联赛西安蓝田站比赛 2017年9月16日在西安市蓝田县灞河沿岸举行。来自广东、新疆、四川、湖北、山西、山东、陕西及香港等地的近300名自行车爱好者参赛。比赛设男子公路精英、男子山地精英、男子山地大师、女子山地公开、大众体验5个组别。

◆首届西安国际马拉松赛 2017年10月28日在西安举行，是西安规格最高的马拉松赛事。赛事由中国田径协会、陕西省体育局、西安市人民政府主办，陕西省田径协会、西安市体育局、西安曲江新区管理委员会、西安市旅游发展委员会承办。来自26个国家和地区的42177名选手报名，最终2万名运动员参赛。比赛以“阳光、向上、美丽、开放”为总基调，以“奔跑吧　西安”和“追赶超越　活力西安”为宣传口号，设全程马拉松（42.195千米）、半程马拉松（21.0975千米）、迷你马拉松（4.5千米）3个项目。中央电视台体育频道进行160分钟的全程现场直播，来自全国100多家媒体的500多名记者参与报道。

◆中国跆拳道公开赛 2017年11月17—19日在西安城市运动公园举行。赛事由国家体育总局拳击跆拳道运动管理中心、中国跆拳道协会、陕西省体育局、西安市人民政府主办，陕西省拳击跆拳道运动管理中心、陕西省跆拳道协会、西安市体育局承办。来自11个国家（地区）的25支队伍的近600名运动员参赛。

◆2017年全国测功仪巡回赛（西安站）比赛 2017年11月25日在陕西省体育场东广场举行。赛事由国家体育总局水上运动管理中心、陕西省体育局、中国赛艇协会主办，陕西省水上运动管理中心、西安市体育局、陕西省水上运动协会承办，400余名运动员参加。比赛设专业组、学生组、群众组、儿童组、家庭组5个组别。

◆“丝绸之路”系列赛事 2017年6月6日，2017“丝绸之路”国际拳击对抗赛在西安举行，来自哈萨克斯坦、乌兹别克斯坦、泰国、韩国和中国5个亚洲国家的16位拳击选手参赛。9月9日，由中国乒乓球协会和西安市人民政府联合主办的第三届“丝绸之路”西安国际乒乓球公开赛在西安城市运动公园举行，来自美国、日本、奥地利、哈萨克斯坦、新西兰、俄罗斯6个国家以及北京、上海、南京、成都、兰州、乌鲁木齐等地的32支代表队的200余名乒乓球运动员参赛。

◆参加陕西省第十六届运动会资格赛 2017年，西安市选派1056名运动员，参加田径、游泳、足球、篮球、柔道、国际式摔跤、跆拳道、举重、拳击、赛艇、皮划艇、射击、射箭、跳水、体操、武术散打、乒乓球、武术套路、羽毛球、网球20个项目的比赛。1012名运动员取得2018年陕西省第十六届运动会决赛资格；获得金牌223枚，团体总分9882分，取得金牌、团体总分“双第一”。（丁宏涛）

西安市2017年承办的全国、陕西省竞技体育项目竞赛

序　号	竞赛名称	时　间	地　点	参加单位	运动员人数	主办单位	承办单位	责任部门
1	全国中学生举重锦标赛	4月29日至5月4日	西安太乙路中学	各省市举重重点学校	277人	国家体育总局	省重竞技运动中心 市体育局 市教育局	竞技体育处
2	“我爱足球”中国足球民间争霸赛	4月15日至10月8日	西安市各中小学校园球场	各中小学校	7086人	中国足球协会	各省（区、市）足球协会	市足球协会
3	陕西省青少年排球锦标赛	7月13—16日	市少体校	各市区、韩城市	300人	陕西省体育局	市体育局	竞技体育处
4	陕西省青少年拳击锦标赛	7月4—11日	西安铁一中滨河中学	各市区、韩城市	323人	陕西省体育局	市体育局	竞技体育处
5	2017中国跆拳道公开赛	11月17—19日	城市运动公园	世界各地	410人	体育总局拳跆中心 中国跆拳道协会 陕西省体育局 西安市人民政府	市体育局 西安体院	竞技体育处
6	全国测功仪巡回赛	11月25日	省体育场	各市区、韩城市	200人	体育总局水上中心 陕西省体育局	市体育局	竞技体育处
7	西安国际马拉松赛	10月28日	南门外	公开报名	3万人	西安市人民政府	曲江管委会 市体育局	竞技体育处

西安市2017年市级竞技体育项目竞赛（青少年组）

序号	竞赛活动名称	时 间	地 点	参加单位	运动员人数	主办单位	承办单位	责任部门
1	西安市青少年乒乓球公开赛（单打）	3月17—26日	市体育场	各学校、俱乐部、训练网点	375人	市体育局	市青少年体校	竞技体育处
2	西安市青少年羽毛球公开赛	3月24—26日	市体育场	各学校、俱乐部、训练网点	148人	市体育局	市青少年体校 市羽毛球协会	竞技体育处
3	西安市青少年网球公开赛	3月17—19日	市体育场	各学校、俱乐部、网球训练网点	108人	市体育局	市青少年体校 市网球协会	竞技体育处
4	西安市少年儿童游泳“系列”赛	3月25—26日 6月3—4日 12月2—3日	市游泳中心	各体传校、俱乐部、训练网点	1458人	市体育局	市游泳中心 市游泳协会	竞技体育处
5	西安市青少年射箭公开赛	4月14—17日	市军体校	市各中小学	113人	市体育局	市射击射箭运动管理中心	竞技体育处
6	西安市青少年足球公开赛	4月15日—5月13日	大庆路55中	全市足球训练网点学校、青训点学校	480人	市足球协会	市足球协会	市足球协会
7	西安市青少年射击公开赛	5月4—8日	市军体校	市各中小学	97人	市体育局	市射击射箭运动管理中心	竞技体育处
8	西安市青少年软式棒球公开赛	4月19日—5月2日	交大附中	各中小学、体传校	110人	市体育局 市教育局	市青少年体校 市棒球协会	竞技体育处
9	西安市青少年校园足球联赛市级决赛	5月4—18日	鹿鸣球场 交大各学校	各区、县中小学校	1216人	市教育局 市体育局	市足球协会	市足球协会
10	西安市“三对三”篮球联赛	12月9日	市青少年体校	各中小学、体传校	120人	市体育局	市青少年体校 市篮球协会	竞技体育处
11	西安市中小学生田径锦标赛（体传校组）	10月14—17日	市体育场	各市级体传校	1500人	市体育局 市教育局	市体育场 市运动学校	竞技体育处
12	西安市青少年篮球公开赛	10月27—29日 11月3—6日	市青少年体校	各中小学	560人	市体育局	市青少年体校 市篮球协会	竞技体育处
13	西安市青少年乒乓球公开赛（团体）	10月28—29日 11月4—5日	市体育场	各中小学、俱乐部、乒乓球训练网点	319人	市体育局	市青少年体校	竞技体育处

西安市2017年群众体育竞赛活动

序号	竞赛名称	时 间	地 点	参加单位	主办单位	承办单位
1	西安市冬泳比赛	1月1日	邮电十所游泳池	公开报名	市体育局	市游泳中心
2	西安市春节体育大拜年	2月8日	高陵区通远镇通远坊	各社区、乡镇、街办	市体育局	高陵区文体局
3	西安市中、小学生轮滑比赛	5月6日	城市运动公园	各中小学	市体育局 市教育局	市轮滑协会
4	西安市中、小学生航模比赛	5月6日 6月10日	灞桥区热电厂小学 新城区太华路小学	公开报名 公开报名	市体育局 市教育局	市航模协会
5	西安市自行车健身骑行活动	5月13日	西安渭河生态景观区	公开报名	市体育局 市水务局	未央区文体局
6	西安市机关干部职工工间操培训班	5月23—26日	西安城市运动公园	市直机关各单位	市体育局 市直机关工委	
7	全国百城千村健身气功系列展示活动西安大会	6月22日	城市运动公园	各气功站点	市体育局 市610办公室	未央区文体局
8	全国社会体育指导员健身技能培训班	6月29日至7月1日	西安维也纳国际酒店	市属社会体育指导员骨干	体育总局社体中心	市体育局
9	参赛陕西省第一届全民健身运动会	6—9月	渭南市	各地市	省政府	各地市参赛
10	西安市公开水域游泳比赛	7月16日	曲江南湖	公开报名	市体育局 曲江新区管委会	市游泳中心
11	李宁10公里路跑联赛（西安站）	6月4日	西安世博园	公开报名	省体育局	市体育局 浐灞管委会
12	西安市第十六届运动会开幕式	8月5日	城市运动公园体育馆		市政府	市体育局
13	庆祝全民健身日西安市全民健身月启动仪式	8月7日	城市运动公园	各区（县）、行业、体育社会组织	市体育局	各区（县）文体局
14	西安城墙国际马拉松赛	9月10日	西安城墙	公开报名	市政府	市体育局曲江新区管委会
15	2017年中国•环秦岭自行车联赛（西安蓝田站）	9月16日	蓝田县灞河沿岸	公开报名	省体育局	市体育局 蓝田县政府

续表

序号	竞赛名称	时 间	地 点	参加单位	主办单位	承办单位
16	2017中国•渭河健身长廊第二届自行车联赛（西安站）	9月23日	灞渭桥车游湿地景区	公开报名	省体育局 省水利厅	市体育局 市水务局
17	西安市老年人乒乓球比赛	10月23日	待定	公开报名	市体育局	市老体协
18	西安市中、小学生“三跳”比赛	全年	各区（县）	区（县）为单位	市体育局 市教育局	各区（县）
19	一区（县）一体育品牌创建	全年	各区（县）		各区（县）	
20	体育进社区指导活动	全年	新城区、碑林区、莲湖区、雁塔区、灞桥区、未央区所辖社区	各社区	市体育局	相关区(县)文体局
21	体育“三下乡”指导活动		阎良区、临潼区、长安区、蓝田县、周至县、鄠邑区所辖行政村	各行政村	市体育局	相关区(县)文体局
22	西安市迎新年越野赛	12月	各区（县）	区（县）为单位	市体育局	各区县、各行业体协、机关体协

西安市2017年体育社团承办的国际、全国比赛

序号	项 目	比赛名称	比赛时间	地 点	主办、承办单位	参加人数(人)
1	网 球	2017“球友圈杯”中国业余网球公开赛（CTA—OPEN）积分赛西安站	4月2—3日	西安石油大学	中国网球协会 西安市网球协会	100
2	体育舞蹈	中国·西安体育舞蹈公开赛	5月2—3日	西安石油大学	西安市体育舞蹈协会	700
3	网 球	中国网球协会少儿网球发展联盟地区赛赛（西安站）	6月2—3日	省网球中心	中国网球协会 西安市网球协会	120
4	拳 击	2017“海玺置业杯·丝绸之路”国际拳击对抗赛	6月6日	金翅鸟	西安市体育总会 西安市拳击协会	24
5	羽毛球	“羽林争霸”2017红牛城市羽毛球西北赛区决赛	6月9—10日	城运公园	中国羽毛球协会 西安市羽毛球协会	290
6	乒乓球	2017第十三届STIGA杯全国乒乓球巡回赛（西安赛区）	6月24—25日	城运公园	斯帝卡（北京）体育公司 西安市乒乓球协会	420
7	棒 球	2017中国西部青少年棒球联赛（西安站）	7月6—12日	国际港务区	西安市体育局 西安市棒垒球协会	260
8	围 棋	2017全国城市围棋联赛(西安VS香港)	7月15日	朱雀森林公园	全国城市围棋联盟 西安秦岭围棋俱乐部	20
9	围 棋	2017全国城市围棋联赛(西安VS南宁)	7月16日	朱雀森林公园	全国城市围棋联盟 西安秦岭围棋俱乐部	20
10	围 棋	第26届“应氏杯”中国大学生围棋赛	7月31日—8月7日	陕师大	中国大学生体育协会 西安市围棋协会	230
11	羽毛球	第十三届“白桦林杯”川崎羽毛球公开赛	8月12—20日	城运公园	西安市体育总会 西安城市运动公园	980
12	武 术	健康中国·丝绸之路首届传统武术精英赛	8月18—20日	省网球中心	陕西省武术协会 西安市武术协会	12000
13	网 球	2017中国业余网球公开赛“天地源杯”暨第十一届“天地源杯”西安网球公开赛	9月1—3日	省网球中心	中国网球协会 西安市网球协会	320
14	围 棋	全国老知青业余围棋邀请赛	9月6—9日	丹凤县	中国围棋协会 西安市围棋协会	60
15	网 球	“中国龙”全国业余网球团体赛（西安站）	9月16—17日	省网球馆	中国网球协会 西安市网球协会	130
16	乒乓球	“6年西凤杯”第三届丝绸之路西安乒乓球公开赛	9月19—20日	城运公园	中国乒乓球协会 西安市人民政府	130
17	体育舞蹈	中国·西安体育舞蹈公开赛暨西北邀请赛	10月2日	西安石油大学	西安市体育舞蹈协会	600
18	击 剑	“丝绸之路·明泽杯”全国老将击剑精英赛	10月2—3日	明泽俱乐部	西安市体育总会 西安市击剑协会	20
19	排 球	2017“威赢杯”全国第二届业余排球锦标赛	10月3—5日	市83中学	西安市体育总会 西安市排球协会	130
20	围 棋	“秦岭杯”第四届丝绸之路国际城市围棋联赛	10月9—11日	甘肃天水	中国围棋协会 西安市围棋协会	130
21	户外越野	中国·秦岭50千米超级越野跑	10月15日	西安秦岭	西安市体育总会 西安市户外运动协会	1000
22	击 剑	2017年丝路·长安击剑冠军赛（第1—4站）	3—11月	明泽俱乐部	西安市体育总会 西安市击剑协会	800

西安
2018
年鉴
卫生·计划生育
责任编辑　姚文东

卫　生

◆**概况**　2017年，西安市卫生和计划生育系统围绕“追赶超越”和“五个扎实”要求，以深化医改、促进人口长期均衡发展为主线，着力破解“看病难”，努力补齐医疗短板，加快实施“健康西安”战略，推动健康扶贫，完成年度各项目标任务。截至年底，全市有各级各类卫生机构6383个，其中医院336所、基层医疗卫生机构5948个、专业公共卫生机构72个、其他卫生机构27个。基层医疗卫生机构中，社区卫生服务机构221个、卫生院119个，村卫生室3392个、门诊部246个、诊所（医务室）1970个。专业公共卫生机构中，疾病控制机构16个、专科防治机构1个、妇幼保健院（站）13个、健康教育机构2个、急救中心1个、采供血机构1个、卫生监督机构14个、计划生育技术服务机构24个。实有床位72735张，其中医院床位67012张。有卫生人员132492人，其中卫生技术人员94221人。每千人口执业(助理)医师3.2人、注册护士4.3人、医疗卫生机构床位数6.65张；每万人口拥有卫生技术人员数97.98人、专业公共卫生机构人员4.62人。全年总诊疗数6775万人次，其中医院4197.6万人次。

◆**卫生机构改革**　2017年8月，西安市卫生和计划生育委员会按照西安市编制委员会办公室的通知要求，在市级部门设立行政审批处，并撤销原卫生应急办公室，其职能并入疾病预防控制处。行政审批处主要职能是负责市级卫生计生行政审批等政务服务工作，承办公共场所卫生许可、生活饮用供水单位卫生许可、放射诊疗许可、市管权限内的医疗机构设置审批及执业许可、急救站设置、医师执业证书许可、医疗广告审查、麻醉药品和第一类精神药品购用印鉴卡审批、外籍医师来华短期行医、婚前医学检查母婴保健服务机构执业许可证和执业人员合格证核发等审批事项。11月，按照市编办的通知要求，将西安市城市管理局爱国卫生管理处划入市卫计委；新增机关行政编制6人，其中处级领导2人。主要职责是依照国家、陕西省、西安市关于爱国卫生工作的各项法律法规、方针政策和标准，组织开展全民健康教育、病媒生物防治、除“四害”、控烟、卫生知识普及、健康城市、农村改厕等爱国卫生工作；牵头组织市级有关部门做好“国家卫生城市”巩固提升、复查迎检工作；负责全市城乡环境卫生整洁行动的组织协调、督促检查等工作；负责组织实施爱国卫生先进单位、卫生镇（村）、健康镇（村）创建管理工作；承担西安市爱国卫生运动委员会办公室日常工作。

2017年4月，西安交通大学校区门诊部开展家庭医生式健康管理签约服务

◆**医药卫生体制改革**　2017年6月，西安市人民政府制订下发《西安市深化医药卫生体制综合改革试点实施方案》，着力从建设覆盖城乡居民的公共卫生服务体系、医疗服务体系、医疗保障体系、药品供应保障体系、综合监督管理体系入手，形成“五位一体”的基本医疗卫生制度。

◆**分级诊疗**　2017年，西安市卫生和计划生育委员会继续巩固优化“医疗联合体+全科医师团队”“县镇村卫生服务一体化管理”两种模式。建成各类医联体38个，涵盖80所二级医疗机构和140所基层医疗机构，服务870余万人，转诊12.39万人次。推广家庭医生签约服务“一二四联”模式（一：服务关口前移一步至社区居委会，全市推广“家庭医生工作室”，让老百姓在家门口享受服务；二：2种签约服务包，探索基础服务包和增值服务包相结合的方式，让老百姓享受个性化服务；四：4人组成服务团队，即1名专家作为技术指导，1名家庭医生、1名公卫专干和1名社区护士提供服务，让老百姓得到安全放心的服务；联：医联体提供技术支持，发挥医联体的作用，逐步向签约居民提供二级、三级医院转诊绿色通道、预约专家号、预留病床等服务内容，丰富签约服务内涵)，促进分级诊疗制度在城乡协同推进，组建签约服务团队1955个，建成“家庭医生工作室”292个，累计签约390万人，其中重点人群签约率66.02%。

◆**新型农村合作医疗**　2017年，西安市新农合筹资标准为每人每年620元，其中政府补助470元，个人缴纳150元。全年参合人数393.51万人，参合率99.69%；补偿参合患者1192.60万人次，补偿总额23.49亿元，占当年筹资总额的96.27%，统筹区域内政策范围内补偿比77.14%。住院单病种定额付费管理病种109种。74家公立医疗机构成为跨省异地结报试点单位，12个区（县）实现跨省异地就医全覆盖。

◆**药品供应保障**　2017年，西安市卫生和计划生育委员会狠抓药品耗材网上集中采购，375家公立医疗机构全部实现网上采购全覆盖。将新增的45所一级城市医疗机构和西咸新区所有医疗机构全部纳入网上采购名单，实现辖区医疗机构网上采购全覆盖。各级公立医疗机构药品网上集中采购金额36.63亿元，其中高值医用耗材网上“阳光采购”金额5.09亿元，网上集中采购率稳定在95%以上。二级以上公立医疗机构执行药品耗材采购“两票制”（由医疗器械生产企业到经营企业开具一次发票，经营企业到医疗机构开具一次发票），规范“两票制”票据审核、资格认定和财务管理办法，市属医疗机构药品、耗材“两票制”完成率分别达95.43%、95.13%。12月27日，西安市公立医疗机构采购联合体开展直接挂网药品（低价药）专家现场议价工作。在1.2万个直接挂网低价药品中确定5132个议价品规，并优先对采购金额大、使用量多、重合度高的598个低价药品开展带量议价。21名药学专家分成3个议价小组，议定449个品规的低价药品价格。议价过程由西安市卫生监督所药品督查室全程监督、相应医疗机构纪检监察室全程参与、西安市健康教育所全程录影。截至年底，市采购联合体完成直接挂网药品，妇、儿专科非专利、急抢救、抗生素类、大输液、低价药品带量议价药品6批次1185个品规的带量议价工作，彻底解决直接挂网药品采购平台没有价格的历史，保障全市各医疗机构用药需求，有效降低药品价格和备案采购率。

◆基层医疗服务体系建设　2017年，西安市卫生和计划生育委员会加强基层队伍建设，为乡镇卫生院、社区卫生服务中心培训急诊医生、护士400余人，为3708名乡镇医生下达补助资金3953.6万元。开展“群众满意乡镇卫生院”和“优秀社区卫生服务中心”创建工作，未央区徐家湾、碑林区东关南街、碑林区柏树林、莲湖区青年路4所社区卫生服务中心被中国社区卫生协会授予“全国百强社区卫生服务中心”称号；10所社区卫生服务中心被评为“2017年全国优质服务示范社区卫生服务中心”；6所乡镇卫生院被国家卫生和计划生育委员会评为“2016—2017年度群众满意的乡镇卫生院”。全年基层门诊量1465.9万人次，较上年提高5.12%。

◆基本和重大公共卫生服务　2017年，西安市基本公共卫生服务项目财政补助标准提高到每人每年50元，并且为61.5万名65岁以上老年人开展包含胸透、B超等免费健康体检项目。建立城乡居民规范化电子健康档案742.5万份，建档率82.66%。做好高血压和Ⅱ型糖尿病患者随访和健康指导，管理高血压病人62.26万人、糖尿病病人21.3万人。发放《西安市母子健康手册》18万册，早孕建册率98.12%，孕产妇健康管理率96.33%，高危孕产妇系统管理率99.81%。为3.2万名农村孕产妇减免住院分娩费用2604万元。

◆妇幼保健服务　2017年，西安市卫生和计划生育系统完成全部镇（街道）妇幼保健与计生服务机构完成整合工作，设置危重孕产妇救治中心24个、危重新生儿救治中心23个。莲湖区、蓝田县创建成为“陕西妇幼健康优质服务示范区”，西安市妇幼保健院、西安市儿童医院创建成为“陕西省儿童发展早期示范基地”。实施出生缺陷预防项目，免费为1.3万对夫妇进行婚前医学健康检查，1559人被查出患有各类疾病。为10.67万人进行孕前优生健康检查，筛查率98.17%。产前筛查孕妇11.2万人次，筛查率达69.43%；向7.92万人发放叶酸33.7万瓶，新生儿出生缺陷发生率下降至6.93‰。在长安区、临潼区、高陵区、鄠邑区、周至县、蓝田县6个试点区（县），免费为3万名孕产妇进行系统保健项目检查，完成6.99万名农村妇女“两癌”筛查任务。落实新生儿疾病筛查项目，听力障碍筛查率达90.28%；代谢性疾病筛查率达94.79%。向周至县、蓝田县的1万名儿童发放“儿童营养包”9万份；为39.1万名在园儿童进行免费健康体检；为104名儿童苯丙酮尿症患儿发放价值40万元的特殊食品，并报销医药费28.5万元。

◆“健康西安”建设　2017年6月，西安市人民政府制定印发《关于贯彻落实西安市卫生与健康大会精神的任务分解表》，加快推进“健康西安”建设。大西安区域医学检验中心项目在西咸新区签约落地，并进入西安市PPP项目库；完成西安市人民医院建设项目；新批准设置民办医疗机构233家。推进公立医院优势技术与社会资本合作，强化西安高新技术产业开发区、西安浐灞生态区、西安泾渭新城等城市新区医疗服务体系建设；支持西北大学“陕西佰美医学检验所”项目。

◆疾病预防控制　2017年，西安市卫生和计划生育系统以创建“艾滋病综合防治示范市”为目标，努力实现“三个全覆盖”（学校艾滋病防治知识宣传教育、预防艾滋病实施安全套免费提供、医务人员“一对一”关爱艾滋病人和感染者），完成HIV筛查检测175.9万人次，艾滋病患者和感染者抗病毒治疗率83%。推行定点医疗机构、基层医疗卫生机构、疾病预防控制机构责任明确的新型结核病防治服务体系，登记管理率95.1%。强化手足口病防控救治。有效防控H7N9疫情，发现并成功救治确诊病人2人。常规接种一类疫苗11种，接种率99%以上。完成出血热疫苗接种74.9万支，疫苗接种率95%。加强狂犬病暴露预防处置门诊精细化管理，处置犬伤6.9万人次。完成重点人群乙肝疫苗接种7.02万人，接种率96.59%。开展地方病防治工作，碘缺乏病、大骨节病达到消除标准，饮水型氟中毒得到有效控制。严重精神障碍患者报告患病率4.22%，管理率89.46%，规范管理率84.29%。

◆卫生计生综合监督执法　2017年，西安市完成市、区（县）两级行政执法机构和职能整合，明确各级综合监督执法职责。推进行政审批“三集中三到位”（部门许可职能向一个科室集中、审批科室向政务大厅集中、审批事项网上办理集中；做到事项进驻大厅到位、审批授权窗口到位、电子监察到位）改革，将20项行政许可、给付、确认及其他服务事项进驻西安市人民政府政务服务中心统一受理；将公共场所卫生许可、生活饮用水供水单位卫生许可等15项事项列为“最多跑一次”事项。开展“双随机一公开”（在监管过程中随机抽取检查对象、随机选派执法检查人员；抽查情况及查处结果及时向社会公开）监管工作，将“双随机”抽查事项调整为31项，建立市场主体名录库、执法人员名录库和工作规则。启动全市卫计系统诚信体系建设，并与随机检查相挂钩。打击非法行医，建立非法行医“黑名单”公示制度，查处非法行医“黑诊所”及医疗机构违法行为528户次，罚款87.1万元，向公安部门移交案件24起。

◆医疗服务质量与管理　2017年，西安市卫生和计划生育委员会先后开展“提升医疗服务满意度活动”“改善医院环境提升医疗服务百日行动”“优质服务提升月”三大行动，238家医疗卫生机构开通预约诊疗；实施临床路径82家，临床路径管理22.8万例；开展环境治理3090次，改造厕所638间，增设烟蒂收集容器1.5万个。完成西安市中心医院等8家三级医院的省级评审和7家二级甲等医院复审现场评审工作。开展医疗质量安全专项整治活动，对107家医疗机构、13个区（县）卫生和计划生育局医疗质量安全工作进行专项检查，并对查出的问题要求限期整改。加强医疗技术事中事后监管，对29家医院申报的263项限制类医疗技术进行形式审核和备案。拓展国际化医疗服务领域，西安市中心医院、西安市第四医院等8家医疗机构为外籍人士提供就医和医疗费用报销服务。加强血液管理，全年无偿献血18.36万人次，每千人献血率20.4‰，西安市第七次获“全国无偿献血先进城市”称号。开展大型医院巡查工作，巡查三级医院5所，发现问题61条，并下发整改通报。处理医疗纠纷、医疗投诉780件。完成首届世界西商大会、2017全球硬科技创新大会、2017西安国际马拉松赛等大型活动医疗保障任务。

◆医养结合　2017年，西安市卫生和计划生育委员会与西安市民政局等部门联合印发《关于深入开展医养结合试点工作的通知》，确定新培养试点56个，累计培养试点102个。初步探索社区、居家养老为主，养老机构内设医疗服务机构，医疗机构开设老年病区，养老机构与医疗机构开展合作，专业医院转型为医养结合服务机构，精神卫生与养老结合6种医养结合模式。设立医养结合床位5000张，430家医疗机构开设老年人就医“绿色通道”。

◆卫生计生系统科技教育 2017年，西安市卫生和计划生育委员会贯彻落实中共西安市委、西安市人民政府《关于深化人才发展体制机制改革，打造“一带一路”人才高地若干政策措施》（人才新政23条），制定出台公立医院高层次人才引进政策，面向全国引进博士、硕士216人；选送培养同等学力博士、硕士77人。新增博士后工作站（创新基地）2个，获得国家自然科学基金项目12项，省、市科学技术奖21项，市级科研项目立项52项。指导基层招聘急需专业技术人员276人。修订《西安市基层卫生人员中级职称评审办法》，105名基层卫生人员获评中级或副高级职称。西安市中心医院、西安市儿童医院和西安市第九医院3家基地成为国家级住院医师规范化培训基地。加强临床教学工作，西安医学院在西安市儿童医院建立儿科学系教学基地，陕西中医药大学在西安市第五医院、西安市中医医院设立了临床医学院。强化重点学科建设，22家市卫计委直属、直管单位和民营医院申报重点学科145个，涉及25个临床一级学科和50个临床二级学科。公派出国（境）人员47批108人次，其中省上双跨团组8批36人次。与英国驻华大使馆共同举办“英国•西安医疗领域交流会”，西安市第三医院、西安市中医院和西安市阎良区医疗卫生信息管理中心分别与英国谢菲尔德城市地区政府部门、大学、医院及数字医疗机构建立友好交流关系，并签订合作备忘录。成功完成第五批援助马拉维医疗队派遣工作。

◆中医管理 2017年，西安市卫生和计划生育系统获得陕西省中医药科研课题项目44项；承办国家级、省级中医药继续教育项目9项；举办各类培训班12次，培养中医药专业技术人员5000余人次。开展“中医药法、文化科普巡讲”48次；开展“服务百姓健康行动”等中医药文化科普宣传活动44次，8310人次受益。组织西安市首届名中医评选工作，评出“名中医”30人。在2个县级妇女儿童保健院、78个社区卫生服务中心和乡镇卫生院建设中医诊疗区（中医馆）。西安市中医药研究院、西安市中西医结合研究所挂牌成立。启动名中医工作室、中医诊疗区（中医馆）、中医药文化宣传教育基地等11个建设项目，西安市中医医院、西安市临潼扁鹊馆被陕西省中医药管理局确定为“陕西省中医药文化宣传教育基地”。组织高陵区、新城区和西安市红会医院通过“国家中医药先进单位”复审；完成8所中医医院二甲复审工作。为提高中医医疗质量，成立西安市中医医疗质量控制中心。开展中医药国际学术交流活动，举办以“中医药、传承、发展与共享”为主题的“2017欧亚经济论坛暨首届‘一带一路’中医药发展论坛”。

◆重点医疗设施建设项目 2017年，在建的西安市人民医院完成投资1.08亿元，占年度投资计划的108%。完成西安市胸科医院老院区公产、职工住房和西安市卫生洗涤消毒中心拆迁工作，将其整体移交西安曲江新区管委会管理。西安市第四医院门诊医技综合楼项目、西安市第九医院住院楼改扩建项目、西安市儿童医院住院科研楼项目、西安市中心医院医技综合楼项目、西安市血站新业务和综合培训楼项目进入开工前的准备阶段；鄠邑区医院门诊综合楼项目完成主体建设；高陵区中医医院迁建项目完成地基开挖工作；鄠邑区中医院项目开工建设。

◆医疗卫生信息化建设 2017年，西安市卫生和计划生育委员会完成基层医疗机构信息管理系统建设工作，实现鄠邑、高陵、临潼3个区的医疗机构信息管理系统与市级平台的对接；完成与长安、鄠邑、雁塔、临潼4个区的基层数据系统与计划免疫、妇幼保健系统的对接。启动西安市健康医疗服务工作，实现市卫计委直属医院统一预约功能全覆盖。拓展智慧医疗服务，依托市级区域卫生信息平台建成双向转诊系统，39家城市公立医院、2家民营医院实现区域内双向转诊及信息共享。全年采集诊疗记录1100万份、处方明细6355万份、检验报告1392万份，累计存储医疗数据近25亿条。推广“互联网+医疗”健康服务，在7家市属医院试点手机APP虚拟卡项目，推动“线下实体”向“线上线下一体化”转型，逐步实现“多院一卡、一卡多用”和网上支付。

◆西京医院实施国内首例全腔镜脾部分切除治疗罕见宫外孕出血 2017年3月，一位已婚女士在怀孕2个月后出现腹痛，经西京医院放射科CT检查发现脾脏下部有一直径4厘米异常占位，诊断为脾脏异位、妊娠出血。该病情异常罕见复杂，而且患者要求微创手术并且保脾，增加了治疗难度。西京医院肝胆胰脾外科团队经过研究和准备，成功为该患者实施全腔镜脾部分切除治疗异位妊娠。

◆西京医院实施世界第二例经皮肾镜枪弹取出术 2017年4月，一名公安干警6个月前因意外导致子弹从右侧肋骨穿入，贯穿肝脏右叶，进入右侧肾脏内部。该患者就医后，西京医院联合泌尿外科等多学科协作，采用超声定位引导下经皮肾镜的方法，仅历时20分钟，就成功为患者取出滞留在其右侧肾脏内的子弹。术后患者恢复良好，顺利出院。

◆西京医院实施国内首例主动脉弓离断支架置入术 2017年11月，白某因患先天性心脏病，导致主动脉弓离断，到西京医院就诊。西京医院借助数字减影血管造影引导技术，采用微创手术，在心脏不停跳的情况下为其植入主动脉缩窄覆膜支架，将两头完全封闭的主动脉重新连接。术后不仅完全打开了闭塞的血管，并且没有夹层等并发症发生。

◆唐都医院完成世界首例单切口多曲卡腹腔镜肾脏、输尿管及部分膀胱切除术 2017年，一名男患者经CT检查发现膀胱左侧壁近输尿管口有一个3.0厘米×2.0厘米占位性病变，导致左肾重度积水，左侧输尿管中下段有大小1.1厘米×1.5厘米结石。病理活检提示为膀胱尿路上皮癌，肾动态显像提示左侧无功能肾。唐都医院泌尿外科为其实施单切口多曲卡腹腔镜左侧肾脏、输尿管及部分膀胱切除术。术后1天，患者即下床活动，生命体征平稳，血压降至正常，无明显不适。

◆唐都医院完成世界首例机器人辅助单切口经脐三角腹腔镜肾癌根治术 2017年2月，一名男性患者发现其右肾有巨大包块，左肾上腺占位。唐都医院为患者实施机器人辅助SITUS肾癌根治术，即利用SITUS手术的经脐切口，结合2处小于1厘米的辅助切口，根治性切除肾癌。此种方法结合了机器人手术机械臂灵活、解剖精细和SITUS手术术后美容效果好的优点，术中出血少，切除彻底。

◆唐都医院完成世界首例全腹腔镜自体肾移植术 2017年3月，患者检查发现患大动脉炎、右肾动脉重度狭窄达90%以上，而且狭窄段非常接近腹主动脉。唐都医院泌尿外科打破以往“开刀”传统，为该名右肾动脉严重狭窄导致重度肾性高血压患者实施全腹腔镜下自体肾移植术，成功解决腹腔镜下肾灌注和冷保存、肾血管快速精细吻合等技术难题。

◆唐都医院实施国际首例3D打印PEEK肋骨植入术 2017年，一名到唐都医院就诊的患者被发现其左前胸壁有1个大小为11厘米×11厘米×6厘米的肿瘤，病理诊断为肋骨肉瘤。由于肿瘤较大，手术完整切除后造成的胸壁缺损范围巨大，若不能进行有效的胸壁重建，患者术后很可能发生呼吸衰竭，甚至死亡。唐都医院胸腔外科利用新型聚醚醚酮(PEEK)材料，为患者打印并置换肋骨取得成功。

◆唐都医院实施全国首例3D人工月骨置换术 2017年9月，患者因“左腕关节月骨3无菌性坏死”，需要切除月骨。唐都医院通过健侧腕关节CT精密扫描后，将数据进行镜像处理，还原患者侧腕关节月骨坏死前的正常形态，并通过刨光处理光滑的关节面，并预留孔洞结构，进行周围韧带结构的重新附力，将假体设计为限制型假体，为患者实施3D人工月骨置换。术后患者恢复良好，手腕功能大大改善，腕部疼痛症状完全消失。

◆交大一附院实施国内首例神经显微镜联合达·芬奇机器人精准切除骶管内外哑铃型肿瘤手术 2017年11月，患者因患罕见的骶管内外哑铃型肿瘤到西安交通大学第一附属医院就诊。交大一附院利用可达到7—10倍术野放大效果的神经显微镜与达·芬奇机器人联合手术，经过长达9个小时的镜下精细操作，最终将影响患者生活质量的骶管内外哑铃型肿瘤完全切除。（卫 军）

计划生育

◆概况 2017年4月，西安市出台《关于实施全面两孩政策改革完善计划生育服务管理的实施意见》，执行全面“两孩政策”，着力推进弹性放学试点、计生宣传、计生药械市场管理执法、母婴设施建设、生育津贴、统计监测6项工作，引导群众按政策生育。全年西安市出生人口11.8万人，出生率12.6‰，其中“两孩政策”新增出生1.8万人；政策外多孩率控制在1%以内；流动人口卫生计生均等化目标人群覆盖率97.2%。

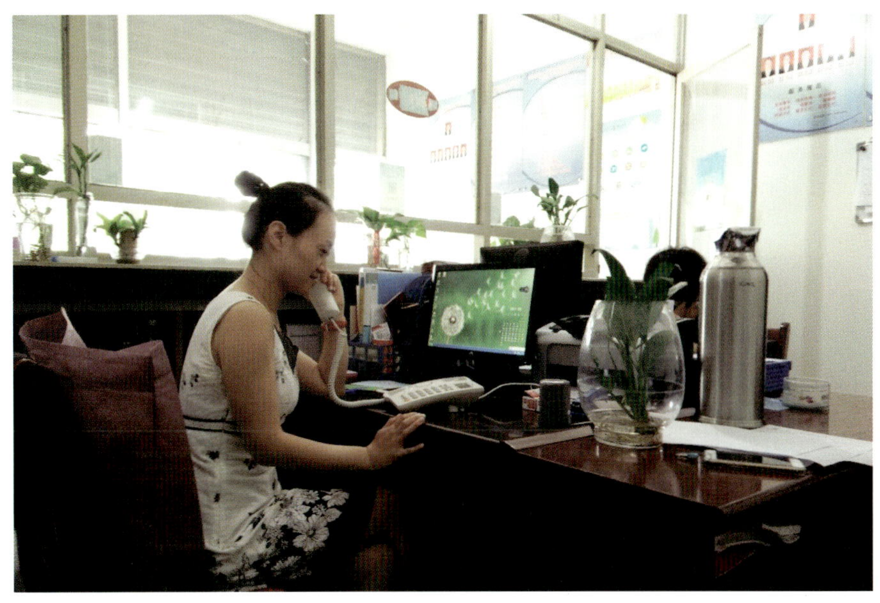

2017年7月，高陵区泾渭街办对计生、劳保、民政电话进行整合，群众一个电话就能按照自己所需咨询的业务选择科室分线

◆流动人口计生服务管理 2017年，西安市流动人口建档率95%、流动儿童预防接种率99.8%、“儿童保健手册”建档率98%、“孕产妇保健手册”建档率99.9%、免费计划生育服务覆盖率97.2%。西安市卫生和计划生育委员会以健康教育和健康促进为优先策略，全面启动“2017年度全国流动人口关怀关爱活动启动仪式暨新市民健康城市行——西安在行动”项目，实施“五年流动人口健康教育和促进行动计划”，分别在10户企业、10所学校、60户家庭开展“流动人口健康促进示范企业”“健康促进示范学校”“流动人口健康家庭”建设试点工作，以示范带动的形式提升健康素养，增进新市民的健康体验。新城区金康社区、骏景社区和雁塔区西京社区被国家卫生和计划生育委员会命名为首批“全国流动人口社会融合示范社区”。

◆计生服务管理改革 2017年，西安市卫生和计划生育委员会全面贯彻落实《中共中央、国务院关于实施全面两孩政策改革完善计划生育服务管理的决定》（中发〔2015〕40号），落实“让群众最多跑一次”，开展网上预约办证，办理“独生子女父母光荣证”近8万册。完善目标管理考核工作，制定《完善计生目标考核制管理实施细则》，按季度对重点工作进行督查考核。推进出生人口信息互通共享，坚持出生人口信息比对，推动系统数据共享，按天发布出生医学证明数据，全年发布个案数据10万余条。

◆计生基层组织转型融合 2017年，西安市卫生和计划生育委员会推进基层卫生计生行政资源整合，全市各镇（街道）全部更名成立卫生计生办公室，监督、公共、疾控、计生等职能实现融合。创建省级计划生育精细化管理镇（街道）26个、市级51个，省级网格化管理社区13个、市级15个。在陕西省率先按融合思路推进卫生计生网格化社区建设，重点在莲湖区、未央区、雁塔区和鄠邑区开展转型融合试点。稳定村级卫生计生工作队伍，按照《西安市农村卫生计生工资待遇市级财政资金补助办法》提高补助标准。

◆计生家庭服务保障 2017年，西安市卫生和计划生育委员会全面开展创建“幸福家庭”活动，22个镇（街道）被评为西安市“‘幸福家庭’示范镇（街道）”。开展“计生家庭创业工程”，投入300万元帮扶1000户计生家庭创业。其中，种植项目589户、养殖项目141户、家庭小规模综合项目270户。实施“生育关怀携手行——家庭健康素养优生优育促进行动”项目，广泛开展优生优育指导、宣传和诊疗活动，服务群众超过10万人次。全面落实计生奖励扶助政策，为近5万名计生家庭奖励扶助对象发放奖励扶助金9118万元。资助计生家庭贫困女大学生890人295万元。计生家庭新农合医疗补助56.4万人1.6亿元。发放城市独生子女父母补助金325万元，为特殊家庭发放就医“绿色通道方便卡”6036张，计生家庭综合保险赔付665.81万元。（卫 军）

责任编辑　曹毅强

婚姻·家庭

◆婚姻登记管理 2017年，西安市设立西咸新区人社民政局空港婚姻登记处、西咸新区人社民政局秦汉婚姻登记处、西咸新区人社民政局沣西婚姻登记处、西咸新区人社民政局泾河婚姻登记处、西安国际港务区社会事业局婚姻登记处5个婚姻登记处，负责办理双方或一方常住户口在本辖区的内地居民之间的婚姻登记。全年办理结婚登记63141对、离婚登记21889对，补领“结婚证”22834对。处理行政复议案件1件；网站咨询投诉案件356件。西安市民政局联合西安市工业和信息化委员会制定《关于将婚姻登记失信信息纳入陕西省公共信用信息平台的通知》，自5月1日起，将婚姻登记失信信息纳入陕西省公共信用信息平台，记入个人信用记录。将建档完整、准确的电子婚姻登记档案移交西安市档案馆（局）保存。配合西安市房屋管理局完成56702户147033人保障房联审婚姻登记状况。（鲍　珊）

◆《西安市家庭教育“十三五”规划》 2017年，西安市妇女联合会按照全国妇女联合会和陕西省妇女联合会安排部署，在广泛征求各级妇联组织和市级有关成员单位修改意见的基础上，进行数十次修改，完成《西安市家庭教育“十三五”规划》。举办《西安市家庭教育“十三五”规划》宣讲暨家庭教育骨干培训班，来自全市各级妇联组织及各成员单位家教协调小组的工作人员100余人参加。各区（县）也结合当地实际制定家庭教育工作“十三五”规划，并将“十三五”规划确定的目标任务进行分解，明确责任单位和完成时限，确保任务落到实处。（何喜萍）

◆维护妇女合法权益 2017年，西安市妇女联合会将《中华人民共和国民法总则》等法律、法规纳入妇联干部教育培训规划，教育引导妇女干部自觉用法治思维谋划妇女工作，用法治手段维护妇女权益，在法律和《妇联章程》范围内开展工作，维护妇女权益，促进男女平等。全年争取各类资金1167万元，用于“两癌”（宫颈癌、乳腺癌）妇女救助、“妇女之家”建设等民生项目。发挥妇联维权作用，制作《中华人民共和国反家庭暴力法》公益宣传广告，在地铁上进行为期2月的公益宣传。拍摄典型案例栏目剧，在西安电视台一套法治栏目中进行播放。全年受理妇女群众来信、来访、来电2271件次，办结法律援助案件71件，挽回经济损失447万元。（李　健）

◆家庭教育 2017年，西安市妇女联合会把社区“家长学校”建设作为家庭教育阵地建设的重点加以推进。截至年底，全市建立社区“家长学校”657所，占全市所有城市社区的92%。社区“家长学校”总体运行状况良好，在开展家庭教育指导、普及科学家庭知识与方法等方面发挥了积极作用。运用“互联网+”创新理念，通过PC端和移动端“云课堂”在线学习、互动交流、专家咨询等方式，为家长和孩子提供更为专业的服务。以“重视家风家教、助力儿童成长”为主题，继续在全市开展“家庭教育阳光云课堂”百场公益巡回讲座活动。全年公益巡讲100场，为广大家长提供及时有效的指导与服务，不断增强家庭教育的科学性和规律性，逐步形成“家长学校”教育内容系统化、形式多样化、功能最大化，形成学校和家庭教育互为补充、相互贯通的良好局面。

◆注重家庭、家风、家教系列活动 2017年，西安市妇女联合会开展注重家庭、家风、家教系列活动。3月13日，赴碑林区振西路“家风馆”，进行实际考察，听取详细讲解，并对“家风馆”建设提出可行性的建议和具体要求。3月28日，对儿童工作进行现场调研，并与专家论证“重视家风家教、助力儿童成长系列活动之——百童书家训、墨宝传家风”活动方案。4月1日至5月28日，发起和主办“百童书家训 墨宝传家风”活动，先后征集到400余件书法作品，经过初赛选拔，150多幅作品进入复赛，100幅作品进入决赛参加最终展演活动。

◆“家风馆”和家庭教育指导服务中心建设 2017年，西安市妇女联合会持续推进纳入市级民生项目的“家风馆”、家庭教育指导服务中心建设。支持区（县）创建“家风馆”12个、家庭教育指导中心9个，投入资金约84万元。（何喜萍）

青少年

◆青少年权益保护 2017年，共青团西安市委员会推动全市13个区（县）全部设立未成年人保护机构，并将各区（县）未成年人保护委员会或相关机构建立工作纳入《2017年西安市区县、开发区社会治安综合治理工作（平安建设）目标责任考核实施办法》和《2017年度区（县）团委重点工作评价要点》。1月，组织召开共青团与人大代表、政协委员面对面座谈会，围绕“支持城乡青年电商创业”进行交流探讨，并形成《发展电子商务，扶持城乡青年电商创业品牌调研报告》。（朱云龙）

◆青少年社会主义核心价值观教育 2017年，西安市各级关心下一代工作委员会以党史、国史和爱学习、爱劳动、爱祖国教育为内核，以实践养成为目标，开展丰富多彩的培育和践行社会主义核心价值观主题教育活动。各级各类“五老”（老党员、老干部、老军人、老模范、老教师）报告团走进学校、社区（村），开展以党史、国史教育为主要内容的宣讲活动2300余场。蓝田县关心下一代工作委员会组织退休老干部到中、小学开展“蓝田革命斗争史”报告，有效激发了青少年的爱国热情。西安市关心下一代工作委员会联合碑林区关心下一代工作委员会开展“实践雷锋精神，共塑美丽古城”暨学雷锋志愿者服务队授旗仪式活动，继续在中、小学生中以争做“文明小公民”为倡导，带动广大青少年向上、向善。碑林区“文明小公民”积极响应开展交通文明行为的号召，设立“红领巾文明斑马线监督岗”。新城区关心下一代工作委员会巩固和新建“周恩来班”“汪勇中队”“张景衡工作室”等一大批样板式团队，激励青少年“学先进、当先进”。西安市关心下一代工作委员会联合西安市教育局等有关部门开展“两史教育中的老少情”青少年文学创作大赛活动。莲湖区关心下一代工作委员会开展中小学生“红色足迹莲湖行”活动。高陵区关心下一代工作委员会组织青少年参观中共高陵历史纪念馆、高陵博物馆、高陵场畔农耕文化生态观光产业园。临潼区白庙村关心下一代工作协会撰写《白庙村革命烈士纪实》，并赠送给当地小学生。

◆青少年法治教育 2017年，西安市各级关心下一代工作委员会积极融入社会治理大局，发挥群团组织在社会建设和社区治理中的特殊优势，净化青少年成长环境。参与“零犯罪社区（村）”“零犯罪学校”创建活动，组织“五老”法治报告团进学校、进社区做法治主题讲座。全年做法治教育宣讲报告1100多场，受教育人数近50万人次。西安市关心下一代工作委员会联合陕西广播电视台，录制播放有关校园安全、交通安全、食品安全、青少年心理4个专题的访谈节目，举办“小手拉大手，我是交通安全小天使”第五届全国学前教育儿童交通安全主题绘画暨儿童剧大赛。西安市公安局关心下一代工作委员会就校园欺凌等社会问题开展“法治教育进校园，安全防范送身边”等系列主题讲座。西安市人民检察院关心下一代工作委员会联合企业成立“青少年关护站”，加大对失足青少年的矫正帮扶力度。新城区教育局关心下一代工作委员会的“老园丁之家”义务帮助学校做好后进生转化工作。鄠邑区关心下一代工作委员会的“家长学校”、未央区关心下一代工作委员会的“家庭教育微课堂”等平台经常向家长传授新的教育理念，并及时答疑解惑。8月，在全国第三届“关爱明天·普法先行——全国青少年普法教育活动”总结表彰会上，西安市13个单位获“先进单位奖”，32单位获“优秀组织奖”，24个学校被评为“零犯罪学校”，51人被评为“先进个人”，36人被评为“优秀辅导员”。

◆青少年扶贫扶智 2017年，西安市关心下一代工作委员会围绕脱贫攻坚工作，不断加大困境、留守儿童的帮扶力度。发挥示范引领作用，继续开展“圆梦助学”活动和西安市农村留守、城乡困境儿童科技夏令营活动。举办“三个一”扶贫扶智活动（每月资助一百元、每季度和学生家长通一次电话、每年和学生见一次面），组织97名“五老”、社会爱心人士与137名困境学生结成帮扶对子。举办“助力脱贫攻坚，服务追赶超越——西安市离退休干部和书画名家关爱农村留守城乡困境儿童书画义卖活动”，征集书画作品800多幅，募集善款11万元。各级关工委也积极动员社会力量，募集助困资金900多万元，受益青少年近1万人。长安区关心下一代工作委员会同长安区慈善协会，依托村级关心下一代工作协会开展村级慈善互助会试点工作，募集社会善款150万元，并动员1名爱心企业家出资13万元修建慈善桥1座。周至县关心下一代工作委员会借助乡友会、社会公益组织力量，帮助大批贫困儿童。有的区（县）关工委建立贫困助学长效机制；有的关工委组织五老和青年志愿者，对留守儿童进行文化辅导和心理疏导；有的继续在农村青年学科技奔小康方面发挥作用，培养出一批农村青年创业先进典型。（张晓亮）

◆关爱儿童 2017年3月29日，西安市妇女联合会与市教育局等单位联合举办“小葵花”留守儿童阳光关爱行动2016年总结表彰暨2017年启动仪式，表彰7个“突出贡献单位”、127个“优秀组织单位”、17个“爱心支持单位”，253名“先进个人”。在5月14日的“母亲节”，联合北京市华远集团有限公司在全市建立1000个“关爱母亲 公益临时母婴室”，并在公共场所播发“有一种冷叫我妈觉得冷”公益视频广告。11月21日，赴西安兴庆幼儿园对安全教育工作进行检查指导。（何喜萍）

◆调查研究和宣传工作 2017年，西安市关心下一代工作委员会按照中国关心下一代工作委员会《关于开展调查研究工作的通知》精神，积极开展调研工作。全年上报调研文章30多篇，涉及精准帮扶、社会主义核心价值观教育、法制教育等问题，为推动关心下一代工作创新发展提供了理论依据。创立“西安市关工委”微信公众号。全年各类媒体刊登西安青少年工作报道50余篇，其中《中国火炬》杂志刊登《青少年有信仰，民族才有希望》《你的童年有我们相伴》等文章7篇。（张晓亮）

老年人

◆概况 2017年，西安市老龄工作委员会办公室坚持以深化改革为引领，聚焦聚力改善老年民生，努力补齐农村养老服务短板，全力推动养老事业多元化、多样化发展，圆满完成年度各项目标任务。各级各部门积极应对人口老龄化的意识明显增强，全社会敬老、助老氛围更加浓厚，全市老龄工作呈现出良好的发展势头。截至年底，西安市60岁以上老年人口157.2万人，占总人口的16.35%。

◆养老服务业综合改革试点 2017年，西安市加快推进养老服务业综合改革试点工作。启动《养老服务设施布局规划》编制工作，完善推进养老服务业综合改革试点的配套政策。加大放、管、服改革力度，将所有养老机构许可设立权限下放到区（县）和具有社会行政事务的开发区，优化、简化养老投资项目审批报建手续。开展养老院服务质量建设专项行动，排查出的57类231项具体问题90%完成整改。全年陕西省、西安市投入各类养老资金5.36亿元。民生提升重点工作超额完成，全年建成城市社区居家养老服务站112个、“农村幸福院”216个，新增养老床位6544张。养老政策向142个贫困村倾斜，贫困村建成“农村幸福院”的比例达38.7%。将“农村幸福院”建设补助标准提高到2万至3万元。截至年底，全市有养老机构140家，其中公办34家，民办106家；有各类养老床位5万张，每千名老人平均35张。

◆老年人权益保障 2017年，西安市老龄工作委员会办公室在全市开展老年人防范电信网络诈骗宣传教育活动，有效提高老年人识骗、防骗能力。西安市和所属区（县）均设立老年维权服务投诉举报电话。抽调各级老龄部门干部、司法专家、律师等400余人，组建西安市老年普法志愿者队伍。公、检、法、司等部门及时为老年人提供法律援助和司法救助，依法维护老年人合法权益。全年受理赡养等涉老案件213件，结案率100%；办理老年人法律援助案件1272件。各客运站均为老年人开设老年售票专用窗口和“特殊旅客休息室”，并修建无障碍坡道。西安市老龄工作委员会办公室表彰40个“老年维权示范岗”、115个“西安市老年优待服务窗口”。各医疗机构均对70周岁以上老年人免除挂号费。全年办理“西安市敬老优待证”7.9万张、老年免费乘车IC卡6.7万张。

◆老龄工作调研 2017年，西安市老龄工作委员会办公室围绕破解“养老难”问题，组织民政、财政、人社、国土、发改委、卫计委等相关部门开展专题调研，并加大调研成果转化力度。以西安市人民政府办公厅名义印发《西安市“十三五”老龄事业发展和养老体系建设实施方案》，推动《关于破解“养老难”推进养老服务业创新发展的实施方案》《关于加快推进养老服务业放管服改革的通知》及《关于推进医疗卫生与养老服务相结合的实施意见》出台。各区县、各部门围绕老龄重点工作，广泛开展调查研究和研讨活动。全市征集研讨文章50篇，其中11篇文章在陕西省或全国获奖。

◆第三届“敬老文明号”创建活动 2017年，西安市老龄工作委员会办公室印发《关于开展第三届“敬老文明号”创建活动的通知》，启动第三届“敬老文明号”创建活动。全市养老、政务服务、交通出行、金融服务、文化教育、维权服务、社区服务等行业的100个单位，开展各具特色的创建活动。

◆基层老年协会管理 2017年，西安市老龄工作委员会办公室以开展“第三轮市级规范化基层老年协会创建活动”为契机，评选30个“市级规范化基层老年协会”、8个“市级示范老年协会”，并投入42万元，对52个基层老年协会和8个“市级示范老年协会”进行资助和奖励。全市2669个基层老年协会在区（县）民政局或老龄工作委员会办公室进行了登记备案，登记备案率86.6%。

◆惠老实事 2017年，西安市老龄工作委员会办公室以西安市人民政府办公厅名义印发《关于开展老年人意外伤害保险工作的实施意见》，联合西安市民政局、西安市财政局印发《关于做好2017年老年人意外伤害保险工作的通知》。政府免费为23.43万名老年人购买意外伤害保险，保险费总额468.75万元。截至年底，赔付金额182.42万元595起。扩大城乡困难失能老人政策覆盖范围，将补贴标准由200元和300元分别提高至260元

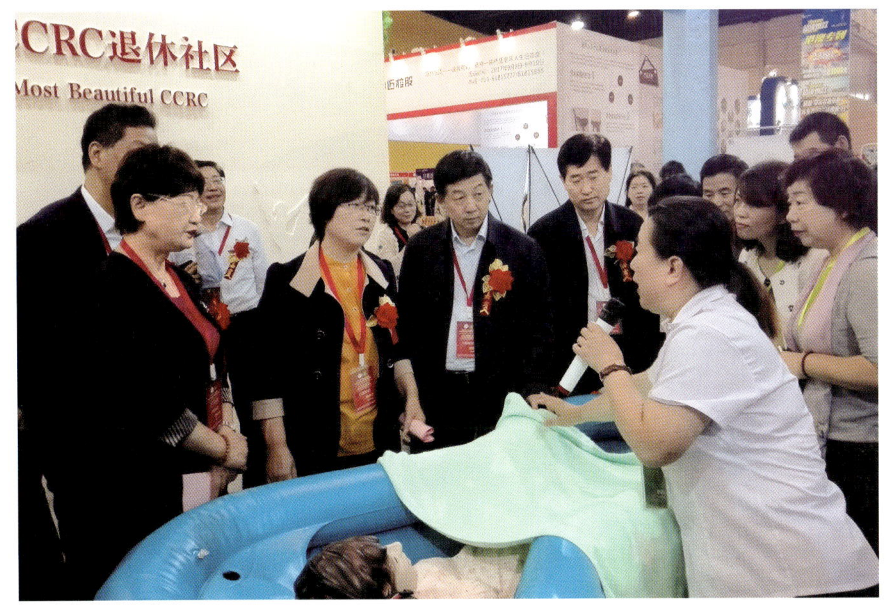

2017年9月8—10日，第六届中国（西安）老龄产业暨中医药健康养生博览会在西安绿地笔克国际会展中心举行

和390元，全年发放护理补贴资金411万元。对65—69周岁丧失劳动能力、生活困难的农村老人发放生活补贴191.89万元；为59.5万名70周岁以上老年人发放高龄保健补贴4.76亿元。为2574户实施老年人家庭适老化无障碍设施改造。医养结合稳步推进，确定20个市级医养结合试点单位，探索7种工作模式。截至年底，全市有医养结合机构50家，床位总数1.4万张，开设老年人"绿色通道"的医疗机构有430家；建成"家庭医生工作室"292个，组建签约服务团队1955个，累计签约390万人，其中重点人群签约131万人，签约率66.02%。为65岁以上老年人实施增项免费体检，惠及62万人。开展银龄行动"医疗义诊进社区活动"109场，免费义诊群众3.7万人次。

◆老龄工作宣传　2017年，西安市老龄工作委员会办公室围绕国家、陕西省、西安市老龄工作的新文件、新政策、新规定，以及中共西安市委、西安市人民政府关于破解"养老难"等方面的政策，强化老龄宣传工作。全年投入宣传经费42.24万元，先后在主流媒体进行68次宣传报道。加强宣传阵地建设，规范信息发布，在门户网站和微信公众号发布信息200余条，网络点击率超过30万次以上。主办的《老年生活》杂志发行5期17.5万册；《老年周刊》报纸发行50期4万余份。挖掘、宣传先进人物和事迹，开展"十佳老有所为最美老人"和"十佳孝亲敬老之星"评选表彰活动，并拿出20万元进行奖励。在"敬老月"期间，各级投入慰问金595.3万元，走访慰问贫困、高龄、失能及计划生育特殊家庭老人。举办第六届中国（西安）老龄产业暨中医药健康养生博览会、第四届中国（国际）老龄产业暨孝文化论坛。全年举办老年文体活动364场。

（何利萍）

农民工

◆概况　2017年，西安农民工务工收入有所增长，务工时间延长，务工行业比较集中，劳动保障不足，非农自营规模较小，子女教育费用偏高。农民工家庭成员平均年龄39.08岁，19岁及以下占19.8%，20—34岁占23.5%，35—60岁占39.7%，61岁及以上人员占17%，中、壮年人员占比较大。农民工家庭成员健康情况较好，健康人员占90.9%，基本健康占5.9%，不健康但能自理的占2.5%，生活不能自理的占0.7%。家庭成员（6岁以上）受教育程度不断提高，未上学和小学学历的占23.3%，比上年下降0.9个百分点；初、高中学历人员占67%，比上年增长0.5个百分点；大学专科、本科及研究生学历人员占9.7%，比上年增长0.4个百分点。参保新农合的占93.9%，比上年增长0.2个百分点；参保城镇职工基本医疗保险的占3.1%，比上年下降0.3个百分点；参保城镇居民基本医疗保险的占1.3%，比上年增长0.3个百分点；参保公费医疗的占0.1%，比上年增长0.1个百分点；参保商业医疗保险的占0.7%，比上年增长0.1个百分点；参保其他医疗保险的占0.2%，比上年下降0.1个百分点；没有参加医疗保险的占0.7%，比上年下降0.3个百分点。参保新型农村社会养老和其他养老保险的分别占88.1%和0.1%，分别比上年增长1.3和0.1个百分点；参保城镇居民社会养老和商业养老保险分别占0.8%和0.7%，与上年持平；参保城镇职工基本养老保险的占4.4%，比上年下降1个百分点；未参加养老保险的人员占5.9%，比上年下降0.4个百分点。

◆农民工收入与支出　2017年，西安农民工务工收入增长，享受福利补贴人员较少。本地、外地农民工务工收入同步增长，本地非农自营月收入增速较快，平均月收入5655.04元，比上年增长7.8%；本地非农务工人员平均月收入2777.95元，比上年增长6.3%。外出务工人员平均月收入3269.41元，比上年增长6.7%；外出自营人员平均月收入4324.13元，比上年增长0.8%。本地务工人员单位或雇主提供免费餐或补贴的占15.5%，比上年增长0.8个百分点；外出务工人员单位或雇主提供免费餐或补贴的占28%，比上年下降12.4个百分点。本地务工人员大多数单位和雇主不提供住宿及相关补贴，只有2.3%的单位提供住宿，0.5%的单位不提供住宿但有住房补贴，分别比上年下降1.2和1.0个百分点。外出务工人员有27.4%的单位提供住宿，1.6%的单位不提供住宿但有住房补贴。

寄带回收入增加，生活消费支出减少　外出务工人员给家寄带回收入平均每月1884.55元，比上年增长10.2%；外出自营人员给家寄带回收入平均每月3012.66元，比上年增长6.7%。由于外出就业竞争激烈及生活成本高，外出从业人员尽量节约消费支出，在外生活消费支出人均每月797.54元，比上年下降8.2%；外出自营人员在外生活消费支出人均每月550.95元，下降51.4%。

外出务工不愿远行，居住支出增加　外出务工人员中，务工地点离家较近、晚上回家居住的占37.5%；居住在单位宿舍和独立租房的分别占21.3%和20.1%；与人合租住房和居住在工地工棚、生产经营场所的分别占9.8%和4.9%；拥有自购房的人数较少，仅占0.3%；其他居住的占6.1%。外出人员平均每月居住支出494.92元，增加98.59元，增长24.9%。其中，每月支出在200元以下、200—499元、500—999元、1000元及以上人员分别占29.9%、27.1%、23.8%和19.2%。

◆农民工就业　2017年，西安农民工本地非农业就业人员占41.3%，比上年下降4个百分点；外出务工人员占58.7%，比上年增长4个百分点。在本地就业人员中，务工人员占34.7%，比上年下降4个百分点；非农自营人员占6.6%，与上年持平。在外出就业人员中，务工人员占57.5%，比上年增长4.4个百分点；非农自营人员占1.2%，比上年下降0.4个百分点。外出务工占比较多、增长较快的主要原因是本地就业岗位有限，相同岗位的务工人员数量多、竞争激烈，虽然外出务工成本较大、收入与本地务工差距缩小，但是外出（即在户籍所在乡镇/街道以外）务工机会多。新生代农民工已成为家庭中稳定和主要的劳动力，80后新生代农民工占农民工总数的49%，增长0.1个百分点。农民工外出务工地区是省会城市、县市城区、建制镇、一般地级市的分别占50.8%、23.7%、13.6%和8.5%，其他地区的占3.4%。外出务工人员在省会城市和地级市的务工人员明显减少，分别比上年下降5.9和3.9个百分点；到县市城区和建制镇的务工人员增长明显，分别比上年增长2.5和8.1个百分点。70.1%的外出人员工作是自己获取，比上年增长14.9个百分点；24.8%的外出人员工作是亲朋好友介绍；2.7%的是政府单位和中介介绍；其他的占2.4%。由亲朋好友介绍找工作的占比比上年下降7.3个百分点。非农行业务工人员多集中在建筑、制造、修理、居民服务、批发零售、住宿餐饮、交通运输和仓储邮政行业。从事第一产业的占20.6%，比上年下降2.5个百分点；第二产业的占29.8%，比上年下降0.2个百分点，其中占比最多的是建筑业（16.9%）和制造业（11.2%），建筑业占比比上年增长0.1个百分点，制造业占比上年下降0.4个百分点；第三产业的占49.6%，比上年增长2.8个百分点，其中占比最多的为居民服务修理和其他服务业、批发零售业、住宿餐饮业和交通运输仓储邮政业，分别占16.8%、7.5%、7.1%和6.7%，分别比上年增长1.3、0.5、0.5和0.6个百分点（见图7）。从事农林牧渔业、商业服务业、生产运输设备操作人员和专业技术人员分别占19.8%、18.6%、15.4%和10.4%，从业人数占比减少最多的是农林牧渔业，比上年下降3.1个百分点；占比增长最多的是商业服务业人员，比上年增长1.1个百分点。农民工本地务农时间平均3.39个月，比上年增长7.6%；本地非农务工平均时间6.99个月，比上年增加0.59个月，增长9.3%。外出务工时间平均9.33个月，比上年增加0.32个月，增长3.6%。本地非农自营时间平均为8.01个月，比上年增加1.37个月，增长20.6%；外出非农自营时间平均为11.28个月，比上年增加2.59个月，增长29.9%（见图8）。

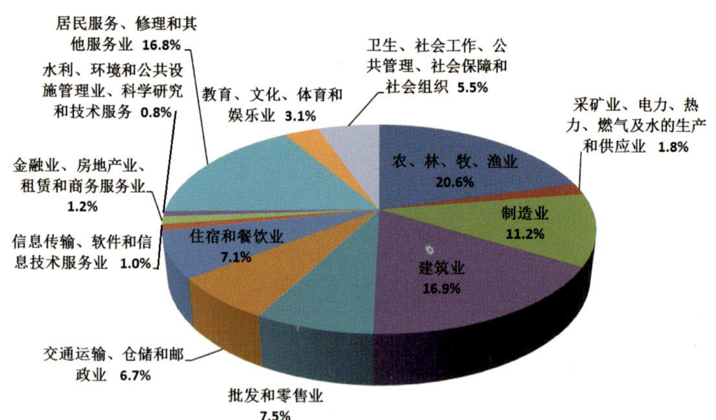

图7　西安市2017年农民工从业人员行业分布图

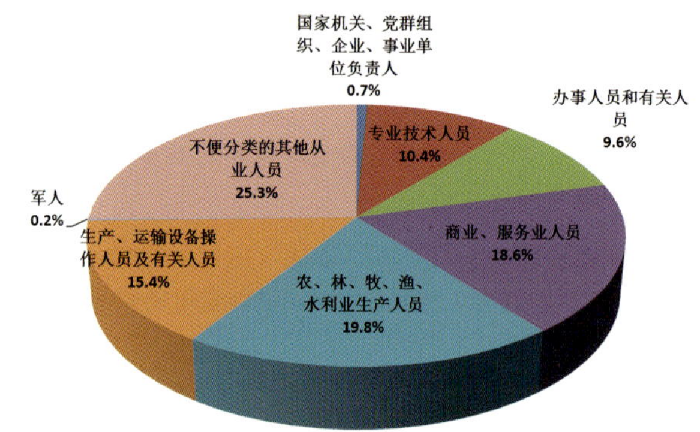

图8　西安2017年农民工从业人员职业分布图

存在的问题：1.就业收入不高。一方面，农村居民求职信息的来源比较有限，多数是到劳务市场应聘，工作不好找、不稳定且收入和保障水平不高；另一方面，农民工技能水平不高无法应聘高收入职位。农民工多接受驾驶、医疗服务、水电、电器维修等技能培训，这类技术人员数量较多，求职竞争激烈。虽然接受非农技能培训的人员增长3.5个百分点，但是整体接受技术培训比重较低，参加培训的人数仅占20.2%。2.用工缺乏保障，签订劳动合同人员少。本地非农务工人员中，签订无固定期限劳动合同、一年及以上劳动合同、一年以下劳动合同的分别占3.4%、8.0%、0.6%，没有劳动合同的占86.1%，其他的占1.9%，签订长期合同人员数量减少，未签订合同人数增加。签订无固定期限劳动合同人员数量比上年下降14.8个百分点，一年及以上劳动合同、一年以下劳动合同、没有劳动合同人员数量分别比上年增长4.3、0.3、12.9个百分点，其他情况比上年下降2.7个百分点。外出务工人员中，签订无固定期限劳动合同、一年及以上劳动合同、一年以下劳动合同人员分别占7.2%、19.0%和3.8%，外出从业人员签订长期合同人员数量显著减少，而签订中、短期合同人数有所增加。签订无固定期限劳动合同的人数比上年下降6.7个百分点，签订一年及以上和一年以下劳动合同的人员分别增长0.6和0.1个百分点；没有签订劳动合同的占67.7%，并且人数有所增加，比上年增长8.3个百分点；其他情况占2.3%，并且人数略有减少，比上年下降1.1个百分点。3.单位和雇主给农民务工人员缴纳“五险一金”少。由于农村居民从业工作多为临时性工作，雇主或单位多数不给缴纳“五险一金”。本地务工人员中，雇主或单位给缴纳养老、工伤、医疗、失业、生育、住房公积金的分别占2.8%、5.9%、2.2%、1.9%、1.9%和1.9%；外出务工人员中，雇主或单位给缴纳养老、工伤、医疗、失业、生育和住房公积金保险的分别占7.5%、7.4%、8.1%、4.5%、3.5%、6.3%。

◆农民工子女就学　2017年，西安农民工子女居住在户籍所在地的占89.6%，且人数比上年明显增加，增长2.7个百分点；居住在村外乡内的占3.4%；居住在乡外县内的占4.7%；居住在县外省内的占2.3%。农民工子女主要与父母双方一起居住的占67.5%，与父亲或母亲一方居住的占13.2%，与（外）祖父母居住的占12.9%，独自居住的占4.6%。在幼儿园、小学和初中、高中及以上、中等职业学校就学和未上过学及其他就学情况的分别占21.9%、50.7%、11.1%、0.7%、15.3%和0.4%。

入公办幼儿园和普惠性民办幼儿园的子女人数增加　农民工子女入公办幼儿园、普惠性民办幼儿园、民办幼儿园、附设幼儿班或学前班上学的比重分别占34.9%、11.2%、52.6%和1.3%。在公办幼儿园和普惠性民办幼儿园的入园子女数量增加，分别增长5.7和4.8个百分点；在民办幼儿园和附设幼儿班或学前班上学的子女数量有所减少，分别下降0.7和6.9个百分点。

子女多数能就近上学　小学或初中学生到学校距离平均2.31千米；普通

2017年1月18日，西安市人力资源和社会保障局表彰西安市首批95名“最美农民工”

高中或以上学生到学校距离平均0.92千米；中等职业教育学校学生在学校宿舍居住，上课更加方便。

非义务教育支出偏高 上普通高中和中等职业学校费用有所减少，但非义务教育支出偏高。幼儿园缴纳各项费用年均3375.92元，比上年增加99.08元；小学或初中缴纳各项费用年均2531.20元，比上年增加681.49元，其中学杂书本费779.40元、食宿交通费1175.44元、额外费用576.36元；普通高中或以上学校缴纳各项费用年均4292.19元，比上年减少729.10元，其中学杂书本费1278.66元、食宿交通费2529.29元、额外费用484.24元；中等职业学校缴纳各项费用年均8241.54元，减少3157.94元，其中学杂书本费1805.11元、食宿交通费6436.43元。（郭菁媛）

◆ **“最美农民工”评选** 2017年1月18日，西安市人力资源和社会保障局举行“最美农民工”表彰大会，95名农民工先进典型受到表彰。这是西安市首次评选表彰“最美农民工”。此次评选活动从2016年11月开始，旨在挖掘、宣传农民工群体干事创业、投身城市建设的优秀典型，进一步弘扬“品格淳朴、发奋图强、诚实劳动、勇于开拓”的农民工精神。经推荐与自荐，以及专家评审，评出“品德高尚之美、劳动奉献之美、创新创造之美、工匠精神之美、示范带头之美”5类“最美农民工”代表95人。2017年1月初，开展“最美农民工”网上投票活动，20万人次参与投票，从95人中选出12人。其中，“最具人气奖”农民工2人；“品德高尚之美”最佳提名奖2人；“劳动奉献之美”最佳提名奖2人；“创新创造之美”最佳提名奖2人；“工匠精神之美”最佳提名奖2人；“示范带头之美”最佳提名奖2人。受表彰的95人中，平均年龄39.89岁，其中西安本地的55人，占57.89%；中共党员22人，占23.16%；女性18人，占18.95%。具有大、中专学历的31人，占32.63%；初中学历的30人，占31.58%；高中学历的28人，占29.47%；本科学历的6人，占6.32%。（蔚国刚）

扶贫开发

◆ **概况** 2017年，西安市脱贫攻坚工作系统谋划，统筹推进，用心、用情、用力促脱贫，做到精准帮扶和巩固提升同步推进，问题整改和年度任务“两手抓、两不误、两促进”。在全省2017年度脱贫攻坚工作成效考核中，西安市荣获优秀市级单位第一名，蓝田县荣获优秀县级单位第一名。

◆ **产业扶贫** 2017年，西安市坚持“因地制宜、分类指导、精准施策”原则，确定乡村旅游、苗木花卉、中蜂养殖等8大扶贫主导产业。截至年底，落实产业扶贫项目1031个，各类新型经营主体和现代农业园区增加到276个，带动贫困人口9739户20514人，涌现出周至县周一有机猕猴桃专业合作社、陕西福地牧业有限责任公司及鄠邑区胡家庄村葡萄专业合作社等一批产业扶贫典型。

◆ **健康扶贫** 2017年，西安市完善新农合、大病保险、民政医疗救助和补充医疗保障“四重保障”制度，贫困人口实际医疗费用报销比例达到90%以上，通过“一站式”方式结算3429人次。实施“三个一批”（大病集中救治一批、慢病签约服务管理一批、重病兜底保障一批）分类救治，将38种慢性病患者门诊报销封顶线提高20%。推进疾病预防控制“八大行动”（健康知识普及、健康促进、基本公共卫生服务补短板、重点传染病专病专防、慢性病地方病综合防治、妇幼保健、农村环境卫生整洁、全民健身普及），落实各项救助3956人次，补（救）助资金1230余万元。提升基层医疗服务条件，对18个乡镇卫生院和110所镇村一体化示范村卫生室进行改造提升，贫困村标准化卫生室全部达标。市属市管医院帮扶陕南、陕北等县级医疗机构14所；帮扶西安市县级医院13所、乡镇卫生院112所；统筹协调142家省、市、区级医疗卫生机构；帮扶贫困村142个。

◆ **安全住房建设** 2017年，西安市落实“照单搬迁”（按照扶贫部门提供的对象名册确定搬迁户）和“双签字”（区县主要领导及市级相关部门主要领导签字）要求，启动易地扶贫搬迁安置项目19个，开工率100%，“三项协议”（搬迁协议、旧宅基地腾退协议、就业脱贫协议）签约率100%，其中2016年度搬迁的45户165人全部达到入住条件。落实工程建设管理“五制要求”（项目法人制、工程监理制、招投标制、合同管理制和资本金制），确保质量安全。对超面积问题进行督办，切实守好“自筹、面积”等政策红线。全市农村危房改造开工5000户，竣工4577户，开工率达到年度目标任务的117.7%，并在中央、陕西省补助标准的基础上普遍提高补助标准。

◆ **就业扶贫** 2017年，西安市登记贫困劳动力转移就业人数16747人、贫困劳动力创业人数321人、贫困劳动力技能培训人数3370人，分别完成年度目标计划的112.62%、136.67%和155.3%。征集“就业扶贫公益专岗”2671个，实际上岗人数1796人。落实特设公益性援助岗位，安置“三无”人员（无法离乡、无业可扶、无力脱贫），6个区（县）有1048名人员上岗。推荐“投资少、风险低、见效快”项目，在9个涉农区（县）命名“信用乡村”25个，发放贷款652万元。

◆ **教育扶贫** 2017年，西安市落实“七长”责任制（区/县长、区/县教育局长、乡/镇长、村主任、校长、家长、师长）等制度，全市建档立卡贫困户义务教育学生辍学率为“零”。下达资助资金2.51亿元，资助学生19.6万人。落实“义务教育阶段贫困家庭学生营养改善计划”，惠及学生37.5万人。加大资金倾斜力度，投入资金4.24亿元，全面改善贫困地区义务教育薄弱学校基本办学条件，启动建设268所学校，完成181所。

◆金融扶贫 2017年，西安市通过实行金融机构包抓街（镇）到村到户制度，执行贷款基准利率，简化申贷流程，小额信贷实现低门槛、低利率和全覆盖。5个区（县）财政设立风险补偿金6035万元，为12579户发放贷款，发放资金2.703亿元，有效申贷获贷率100%，兑现贫困户贴息资金250.62万元。

◆兜底脱贫 2017年，西安市按照“应保尽保”原则，将符合低保标准的建档立卡贫困人口全部纳入农村低保，并提高低保标准至4800元，全年发放保障金2.76亿元。扩大保障范围，将2017年新认定的在册贫困户全部纳入医疗救助的重点范围与低保户同等对待，全面实现农村最低生活保障制度与扶贫开发政策有效衔接。建立、健全“救急难”主动发现机制，对陷入生活困境的困难群众做到早发现、早干预、早救助。

◆农村基础设施建设 2017年，西安市完成43个大型动力电提升项目及贫困村机井通电项目、光伏发电项目、10千伏农网改造项目。391个省定贫困村通村水泥（沥青）路覆盖率达标，25条通村公路全部完成年度进度。26个供水提升工程全部完工。20个贫困村综合文化中心项目建设完成。

◆社会扶贫 2017年，西安市凝聚一线帮扶力量，开展社会扶贫。全市组建驻村工作队497支，实现省定贫困村、市级重点帮扶村驻村帮扶全覆盖。市（县）两级选派联户干部24020人，对21324户在册贫困户进行“一对一”帮扶，由镇（街）包村干部、村干部、党员对脱贫户结对帮扶，实现建档立卡贫困户联户帮扶全覆盖。统筹整合驻村第一书记、驻村工作队、镇（街）包村干部以及村支部委员会和村民自治委员会“两委”班子成员“四支队伍”，在全市497个帮扶村形成攻坚工作队，统一调度各方力量，确保四支队伍既各尽其职，又密切配合，发挥整体效应。各帮扶单位以贫困村、贫困户的生产生活条件实现根本改善为目标，深入调研，结合“八个一批”（产业脱贫一批、就业脱贫一批、教育脱贫一批、健康扶贫脱贫一批、生态补偿脱贫一批、易地搬迁脱贫一批、社会保障兜底一批、危房改造脱贫一批）帮扶措施，从落实政策、补齐短板、产业发展等方面制定切实可行的三年帮扶规划、年度帮扶计划和一主多辅帮扶措施，并发挥各自职能优势或协调各方力量落实帮扶计划。截至年底，直接投入项目资金1.95亿元，协调各类帮扶资金近3000万元；举办扶贫政策和技能培训1400余场次，培训各级干部和群众4.5万人次。开展送政策、送物资、送健康、送岗位、送项目、送信息、送法律、送技术、送关爱、送培训的“十送”活动，从传递党的温暖、感受社会发展、解决现实困难、保障基本生活、改变生活卫生习惯、落实健康扶贫政策、帮助就学、提高就业技能、提供就业岗位、增加经营性收入10个方面进行精神扶和物质帮，坚定贫困户信心，引导贫困户勤劳致富。活动期间，全市组织义诊活动360余次，惠及群众3.4万人；文化演出300余场，15万人次观看演出；组织志愿者活动350余次，服务群众1.1万人次；为贫困群众送去慰问金、慰问品，折合人民币2000余万元。

◆第二十四届杨凌农高会首届脱贫攻坚展览 2017年，西安市在第二十四届中国杨凌农业高新科技成果博览会上，在脱贫攻坚展区设置15个标准展位，面积180平方米，市级“八办两组”（产业脱贫办公室、生态补偿脱贫办公室、就业脱贫办公室、教育脱贫办公室、健康脱贫办公室、易地搬迁脱贫办公室、社会保障兜底脱贫办公室、危房改造脱贫办公室、公共和基础设施协调组、资金保障组）各成员单位、各涉农区（县）等19个单位和区（县）参展。展会期间，组织全市贫困户15266人、帮扶干部9516人、普通农户6858人、镇（街）干部1794人、区（县）干部630人和54个市级部门的1002名党员干部，共计35066人，赴杨凌参加脱贫攻坚展和农业新科技新成果展示。（魏　波）

劳动就业

◆概况 2017年，西安市秉承“就业是最大的民生”理念，坚持更加积极的就业政策，不断扩大就业规模、提高就业质量。全年城镇新增就业15.5万人，城镇登记失业率3.3%，农村劳动力转移就业78.9万人，西安市城镇新增就业总量和排名继续位列陕西省第一。

◆就业创业 2017年5月，西安市人力资源和社会保障局在西安理工大学举办“百万大学生留西安就业、创业校园行”启动仪式暨首场宣讲活动，并发布3个方面19条政策举措，帮助并保障大学生留在西安就业创业（又称“西安就业创业新政”）。9月，制定《关于解决“就业难”问题的实施方案》（市人社发〔2017〕83号），利用3年时间，通过实施“完善落实政策”“精准就业服务”“创业带动就业”“服务平台建设”“就业精准扶贫”“技能培训”6项措施，健全公共就业创业服务体系，逐步解决“就业难”问题。12月，西安市人民政府办公厅印发《关于进一步鼓励吸引高校毕业生在西安就业创业的意见》（市政办发〔2017〕112号），提出多渠道促进高校毕业生就业、支持高校毕业生自主创业、建立高校毕业生住房保障制度、营造公平就业环境、健全高校毕业生就业、创业工作机制5个方面18条措施，升级西安扶持创业优惠政策，吸引更多高校毕业生，特别是优秀毕业生在西安就业、创业。此外，西安市财政局、西安市人力资源和社会保障局《关于印发〈西安市就业补助资金管理暂行办法〉的通知》（市财发〔2017〕184号），将职业培训补贴的范围扩大到贫困劳动力、毕业学年高校毕业生（或毕业前一学年技师学院高级工班、预备技师班和特殊教育院校职业教育类在校生）、城乡未继续升学的应届初高中毕业生、农村转移就业劳动者、城镇登记失业人员、大学生村干部、自主择业军队转业干部以及符合条件的企业在职职工。同时，对相关补贴进行调整，其中就业技能培训补贴标准为每人不超过1800元；创业培训6个月内未实现创业的给予1200元补贴，6个月内成功创业的给予2000元补贴；劳动预备制培训一学期720课时的补贴1500元，培训一学年1440个课时的补贴2500元；学徒制培训按每人1000元给予补贴；技师培训按每人2000元给予补贴。实施大学生创业引领、返乡农民工创业扶持、城镇失业人员创业帮扶、留学回国和引进人才创新创业支持“四大创业计划”和提升基层创业服务能力、整合发展返乡创业园区、开发农业农村资源支持返乡创业、完善基础设施支持返乡创业、加强电子商务进农村综合示范效力、完善创业培训服务体系、开展返乡创业与万众创新有序对接“七项行动计划”，着力完善创业扶持政策体系、创业融资支持体系、创业培训体系和创业服务体系，打造“大众创业，万众创新”新引擎。发放创业贷款4914笔8.35亿元，其中发放大学生贷款1199笔11467万元、小微企业贷款275笔46717万元。3月，西安市人力资源和社会保障局召开新闻发布会，启动以“就业在古城、创业大西安”为主题2017年就业创业“九个一”（举办一场创业大赛、举办一期“国际创客节”、评选一批创业明星、建成一批就业创业服务平台、评选表彰一批“西安工匠之星”、开展一系列就业创业校园行活动、举办一场高校毕业生求职大赛、开展一系列“雁归西安”农民工就业创业专项活动、帮扶一批就业困难人员实现就业）系列活动。坚持把高校毕业生就业作为重中之重，开展就业指导进校园、精准招聘进校园等公共就业服务活动。向18209名困难大学生发放高校毕业生求职创业补贴1820.9万元。实施“离校未就业高校毕业生就业促进计划”，对离校未就业高校毕业生实行实名登记、“一对一”服务。全面落实就业援助制度，开展以“就业帮扶 真情相助”为主题的“2017年就业援助月”专项活动，组织各类招聘会10场，走访就业困难人员和“零就业”家庭4464户，帮助1283名就业困难人员实现就业，认定“零就业”家庭54户并帮助53人实现就业。组织开展以“促进转移就业、助力脱贫攻坚”为主题的“春风行动”专项活动，举行专场招聘会142场。组织就业培训16095人、农村劳动力转移就业培训78846人；开发公益性岗位1090个。开展“百万高校毕业生留西安就业创业校园行”活动。西安市级相关部门和区（县）、开发区“一把手”，以及部分企业家、“创业明星”等进校园宣讲，使更多大学生关注西安、了解西安，并最终留在西安、扎根西安，推动实现5年留下100万名高校毕业生的目标。建立“大学生就业见习基地”571家，组织3911名大学生见习实习。针对有创业意愿的大学生群体，建立“大学生创业实训基地”105家；对已经启动创业的劳动者，建立“创业孵化基地”72家，其中国家级3家、省级4家。针对大学生求职创业信息不畅的问题，发起组建“西安大学生就业创业联盟”，组织就业创业供需信息交流，搭建统一的公共就业创业综合服务信息共享平台。

◆**就业扶贫**　2017年，西安市开展就业扶贫，助推脱贫攻坚工作取得成效。全年登记贫困劳动力转移就业16795人、创业319人、技能培训3045人。制定特设就业扶贫公益性岗位、鼓励贫困劳动力自主创业、培育就业扶贫基地等16条政策措施。全面实施“转移就业拓展工程”“自主创业扶持工程”“技工教育赋能工程”“职业培训提升工程”“人才智力支撑工程”“公共服务优化工程”6项工程，同步建立就业扶贫工作台账。开展以“就业援助、技能培训、创业扶持、技校招生”为主要内容的“就业创业精准扶贫专项活动”，破解农村创业人员融资难、担保难等实际问题，认定25个创业担保贷款信用乡村，为自主创业贫困劳动力发放免担保政府贴息贷款。采取订单培训、定岗培训、定向培训等就业导向的培训模式，提高培训质量和就业效果。引导培训机构改变培训方式，将培训课堂搬到村头门口和田间地头，提高参训的便捷性。加大贫困地区技校招生宣传力度，根据贫困地区初、高中毕业生意愿，及时推荐其到各技工院校接受职业教育，并落实好助学金、免学费等各项政策。

◆**工资收入分配制度改革**　2017年，西安市人力资源和社会保障局坚持按劳分配原则，推进工资收入分配制度改革，合理调整收入分配关系，薪酬分配激励导向作用得到有效发挥。推进市属国有企业负责人薪酬制度改革，开展市属企业在岗职工工资统计认定工作，发布市属国有企业在岗职工平均工资。从5月1日起，全日制月最低工资标准从1480元调整为1680元，增幅为13.5%。进一步完善工资指导线和工资指导价位发布工作机制，工资收入差距逐步缩小，分配秩序日趋规范。

◆**劳动者权益保护**　2017年，西安市人力资源和社会保障局落实中共西安市委、西安市人民政府部署要求，自7月14日开始，开展高温天气劳动保护专项集中检查。检查各类用人单位485个，发出“劳动监察责令限期改正指令”39份，坚决纠正用人单位安排劳动者在高温天气下室外作业的行为。采取“一厅式”办公，开展“化解欠薪陈案专项行动”，打击恶意欠薪行为。向社会公布44起重大劳动保障违法行为，为1.81万名农民工追讨工资待遇3.04亿元，案件数量、涉及人数和金额实现“三下降”，分别比上年下降19.45%、15.02%、10.85%。

◆**劳动管理**　2017年4月，中共西安市委、西安市人民政府出台《关于构建和谐劳动关系的实施意见》，健全企业民主管理制度和劳动关系矛盾调处机制，实现劳动用工更加规范、企业社会责任切实履行，推动企业和职工协商共事、机制共建、效益共创、利益共享，妥善解决影响劳动关系和谐稳定的突出问题，维护好职工权益。西安市人力资源和社会保障局开展“劳动关系和谐企业”及“劳动关系和谐园区”创建活动，推进集体协商制度，加强对企业开展集体协商的指导，开展集体协商指导员培训，已建工会企业集体合同签订率92.79%。开展专项行动，规范用工行为，对200户企业2000名劳动者进行企业劳动用工情况问卷调查。进一步加强劳务派遣行政许可工作，开展劳务派遣法律、法规培训，规范劳务派遣用工。

◆**劳动人事争议调解仲裁**　2017年，西安市人力资源和社会保障局加快劳动人事争议仲裁派出庭建设，仲裁机构实体化建设率达100%，标准庭建设率达86%以上。建立矛盾多元化解机制，建立劳动人事争议基层调解组织近3000家，镇（街）劳动人事争议基层调解组织覆盖率100%，3000余名调解员取得“调解员证书”。劳动人事争议和劳动保障监察案件结案率均保持在98%以上。

◆**陕甘宁人力资源交流协作联盟成立**　2017年6月6日，陕西、甘肃和宁夏首个人力资源交流协作联盟——陕甘宁中心城市人力资源交流协作联盟在西安成立。该联盟由西安市人力资源和社会保障局职业介绍服务中心、兰州市人才服务局、银川市就业与创业服务局发起成立。旨在发挥西安、兰州、银川作为陕甘宁中心城市的区位优势，整合3个城市就业服务资源，辐射带动陕甘宁其他地区的就业服务工作，实现资源优势互补，推动3个城市经济社会发展，促进城乡协调发展，共同解决3个城市面临的“就业结构性矛盾”，推动人力资源交流协作和就业扶贫工作，为陕甘宁地区广大用人单位及求职群众搭建更大范围的就业服务平台，助力老区群众脱贫致富。根据初步安排，每年将在3个城市间举办4—6场大型招聘会，交换1000家用人单位信息，提供招聘岗位8万余个。

（鲍　珊）

社会保障

◆**概况**　2017年，西安市按照“兜底线、织密网、建机制”的要求，不断深化社会保障制度改革，织密、织牢民生保障网。截至年底，全市城镇基本医疗保险参保人数467.33万人，参保率97.1%；城镇企业职工养老保险参保人数360.45万人，参保率99.71%；失业保险参保人数154.96万人；工伤保险参保人数172.04万人；职工生育保险参保人数151.16万人。年末，农村新型合作医疗参保人数393.65万人，实际参合率99.72%。

◆**养老保险制度改革**　2017年，西安市妥善解决机关事业单位养老保险试点遗留问题，将4519家机关事业单位27.1万名工作人员全部纳入制度覆盖范围，征缴基本养老保险费64.07亿元、职业年金3.3亿元。推广全民参保登记试点经验，建立城乡一体的社会保险参保登记资源数据库，初步实现对参保登记成果的运用。10月，西安市全民参保登记试点工作通过陕西省评估验收，综合评分位列陕西省第一。主动送政策上门，鼓励引导企业建立企业年金计划。建立企业年金计划的企业达到15家，涉及职工11965人，积累基金6.9亿元。

◆**医疗保险**　2017年，西安市大幅提高城镇基本医疗保险保障水平，降低住院治疗的起付标准，增加慢性病病种并提高最高限额，扩大医用材料支付范围，提高高龄老人、贫困人群的报销比例和床位费标准，将一级以上城市公立医院新增门诊诊查费纳入医保支付范围。进一步理顺参保缴费关系，解决群众反映较多的突出问题，取消城镇居民医保的补费政策，进一步明确外地户籍人员及其子女参保问题和退费问题。将西安市城镇居民基本医疗保险政府补助标准由440元/（人·年）提高至470元/（人·年）；将少年儿童和大学生个人缴费标准由90元/（人·年）提高至160元/（人·年）。进一步加大对贫困人员的医疗保障力度，提高贫困人群的医保报销比例，将城乡居民中贫困人群大病保险的起付线下调至3000元。

◆失业保险 2017年，西安市发放“稳岗补贴”5.6亿元。在落实“稳岗补贴”实名制工作的基础上，打破传统经办机构限制，“技能提升补贴”审批建立“职工自选经办、补贴同城同办、业务网上办理”新模式。在完善“企业、区（县）、市局”三级联动监测机制的基础上，加强对监测数据的分析工作，落实定期培训监测数据采集员制度，建立监测数据上报考核制度、约谈迟报企业制度、微信提醒催报制度。失业动态监测企业数由349家增加至361家；监测就业岗位数由36.3万个增至56.5万个，增幅55.7%；监测行业由16个扩展至18个。从5月1日起，将失业保险金标准统一由1110元/（人·月）提高至1260元/（人·月）。

◆工伤保险 2017年，西安市工伤保险覆盖面不断扩大。建筑施工企业参加工伤保险人数20.08万人，其中按建设项目参保的有9.4万人，新开工项目参保率90.64%。工伤认定管辖体系趋于完善，重新划分和明确了市级和各区（县）、开发区人社部门工伤认定工作管辖范围和职责，简化和规范认定程序和办理流程、办结时限。全年认定工伤案件3121件；不予认定18件。将一次性工亡补助金标准调整为67.23万元，并对工伤职工的伤残津贴、供养亲属抚恤金、生活护理费等工伤保险待遇标准进行调整。开展工伤保险集中宣传活动，到工地上为施工人员讲解工伤保险政策，到企业针对重点人群进行专题讲座、政策培训。

（蔚国刚）

◆城乡最低生活保障 2017年，西安市持续健全完善“1+N”救助体系（“1”：以最低生活保障制度为主；“N”：包括农村特困人员供养、医疗救助、临时救助、教育资助、残疾人两项补贴、困难失能老人护理补贴等制度），织密、织牢兜底保障网络。坚持分类施保，加强低保、扶贫两项制度有效衔接。建立、健全市级居民家庭经济状况核对平台，市级部门实现信息共享、实时核对，加强动态管理下的应保尽保，全市低保准确率达到98.7%。从10月1日起开始，将城市低保标准由590元/（人·月）提高至640元/（人·月）；农村低保标准由300元/（人·月）提高至400元/（人·月）。农村低保金实行按月发放，最大限度保障困难群众基本生活。全年为1.85万户2.98万名城市低保对象发放保障金2.45亿元；为2.34万户6.69万名农村低保对象发放保障金2.76亿元。全年实施医疗救助118830人次，发放救助金1.17亿元；实施临时救助38182人次，发放救助金3968万元。资助困难大学生1736人，发放助学金785.8万元；资助困难家庭高中生1425人，发放资助金142.5万元；为40054名困难残疾人发放生活补贴2953万元；为36564名重度残疾人发放护理补贴4132万元。

（鲍　珊）

◆社保经办服务 2017年，西安市不断推动社会保险经办综合柜员制升级提效，社保经办服务体系在陕西省率先达到国家级服务业标准。持续开展定点医疗机构、定点零售药店专项治理，随机抽检、排查3445家医药机构，处理近100家违规医药机构，对19家定点医疗机构血液透析项目进行专项检查。推进西咸社保一体化进程。从5月1日起，西咸新区4921名参加职工医疗保险的人员移交西安市管理，可使用西安市“医保IC卡”在西安市及西咸新区所有定点医疗机构和零售药店就医购药，享受与西安市参保人员同样的医保待遇，实现“医保同城”。截至年底，有97.8万名“西咸人”实现与“西安人”“同城同待遇”。

（蔚国刚）

物　价

◆概况 2017年，西安市物价系统执行国家成品油价格调整政策，落实陕西省物价局居民峰谷分时电价及“煤改电”采暖电价政策，贯彻落实居民阶梯水价政策，主动解决政策执行中出现的问题，确保各项价格政策平稳落地。推动价格改革向纵深发展，做好价格调控、监管和服务工作，保障和改善民生，为“大西安”建设营造良好的价格环境。全年居民消费价格比上年上涨2.0%，涨幅比上年扩大1.1个百分点。

◆居民消费价格指数 2017年，西安市居民消费价格总指数（CPI）比上年上涨2.0%，涨幅增长1.1个百分点。其中，食品烟酒价格上涨0.5%；非食品烟酒价格上涨2.6%；消费品价格上涨1.1%；服务类价格上涨3.6%；工业品价格上涨1.5%。医疗保健价格上涨8.7%，拉动总指数上涨0.76个百分点，占总指数涨幅的38.3%，为全年推动居民消费价格上涨的最主要因素；教育文化和娱乐、交通和通信、居住价格分别上涨2.6%、2.4%和1.7%，合计拉动总指数上涨0.94个百分点；其他用品和服务、衣着、生活用品及服务价格分别上涨1%、0.7%和0.6%；食品烟酒价格涨幅缩小1.5个百分点。西安居民消费价格月度同比、环比指数总体走势明显分化。环比指数走势前期高低波动较大，后期相对平稳，全年高低指数相差1.4，明显小于上年的2.6的差距；同比走势前低后高。从各月具体情况来看：1月，由于春节因素影响，CPI同比、环比指数均为101.1；2月、3月，由于春节影响因素消退，同比、环比指数相对平稳；4月，在医疗保健价格大幅上涨带动下，同比、环比指数双双走高，其环比指数创年内第二高，同比指数涨幅在4月之后连续8个月超过2.5%。西安居民消费价格总指数比陕西省和全国平均水平均高0.4个百分点，比36个大中城市平均水平高0.2个百分点。其中，食品烟酒、交通通信和医疗保健指数高于陕西省、36个大中城市和全国水平，衣着、居住、生活用品及服务、其他用品和服务指数均低于陕西省、36个大中城市和全国水平。从总体走势来看，西安同比、环比指数走势与全国、陕西省趋势基本一致。环比指数前6个月西安略高于全国和陕西省水平，7—9月西安与全国水平持平，后3个月西安则低于全国水平；同比指数1—3月，西安低于全国平均水平，4月以后在医疗保健指数走高带动下明显高于全国和陕西省平均水平。

◆价格监测调控 2017年，西安市物价系统落实中央、陕西省25项价格监测报告制度，每周向中共西安市委、西安市人民政府报送全市农副产品价格监测信息，全年上报价格监测数据12万余条，编报《监测分析简报》68期。每周公布6家大型超市8大类40种农副产品价格，发布民生价格信息2400余条。从12月15日起，通过西安市物价局官网和微信公众号，每日推送西安2个大型批发市场粮油副食品价格，引导消费和市场预期。通过门户网站、新闻媒体、政务微博、公众微信等信息发布平台，开展“农产品价比三家”活动，价格监测工作受到国家发展和改革委员会通报表彰。全年CPI指数（居民消费价格指数）控制在2.0%以下，实现年初确定的预期调控目标。

2017年9月26日，西安市物价局相关负责人做客“华商全媒体·西安问答”平台，聚焦停车收费问题

◆市场价格监督 2017年，西安市物价系统确保市场价格平稳有序。在重大节日及中小学开学、冬季供暖季等关键节点，采取宣读政策、提醒告诫、诚信示范、见面约谈等方式，进行事前防范。假日期间，以旅游、公路客运、餐饮等热点行业为重点，加强价格检查巡查，及时查处价格违法行为。开展教育收费、电力价格、涉企收费、停车收费、商品房销售价格等专项检查，开展旅游市场整治，查办价格违法案件750件，罚没541.82万元。采取市、区（县）协同检查的形式，扩大价格检查的覆盖面。对旅游、交通、教育等重点行业，积极与行业管理部门协同配合，形成上下联动、部门协作、齐抓共管的市场监管模式。明确各行业明码标价规范标准，制定《标价签监制办法》，建立完善价格诚信单位档案数据库和“红黑榜”。采取分行业政策培训的方式，宣传明码标价政策，严厉查处违反规定的违法行为。制定《价格投诉举报应急处置暂行办法》和全时值班制度，建立与相关部门、媒体联动机制，打造价格预警、检查处置、政策应对、舆情引导“四位一体”的价格应急处置快速反应体系。全年通过“12358”价格举报电话及网络、媒体等渠道，受理价格咨询投诉案件31326件，查处价格投诉举报案件3039件。西安市价格举报中心被国家发展和改革委员会表彰为“2017年全国价格监管平台业务工作先进单位”。

◆价格改革 2017年，西安市价格改革向纵深推进，推动建立现代化的价格体系。

公立医院价格改革 3月，西安市物价局联合西安市卫生和计划生育委员会、西安市人力资源和社会保障局、西安市财政局印发《西安市城市公立医院医疗服务价格改革实施意见》，分两步实施新的医疗服务价格标准，取消药品加成，全市公立医院药品（中药饮品除外）实行“零差率”销售。开展医疗收费调查，特需门诊、特需病房及93项服务收费标准实行市场调节价格，制定《价格抄送管理办法》。落实中央、陕西省要求，推进按病种收费工作，分别制定二级医院、三级医院100个按病种收费的项目及标准。

机动车停车服务收费改革 报请西安市人民政府出台《西安市机动车停车服务收费管理办法》，实行15分钟或30分钟临时停车免费，新能源汽车、残疾人停车减免等便民优惠政策。制定《西安市物价局机动车停车服务收费公示管理办法》，督促落实差别化停车收费政策，有效规范全市停车收费行为。

水价改革 印发《西安市农业水价综合改革四年实施计划（2017—2020年）》《西安市农业水价综合改革工作绩效评价办法》，向西安市人民政府报送《关于西安市推进农业水价综合改革实施方案意见》，规划全市农业水价改革。召开特种行业用水企业座谈会，拟定《城市水价改革中特行用水问题解决方案》。妥善解决周至、临潼、鄠邑和渭北等工业园区及高陵区第二水厂水价有关问题。

天然气价格改革 明确点供式天然气销售价格、非居民用气价格以及安装工料费、设施维修费标准。完成全市车用压缩天然气调价相关程序。考虑全市气源紧张，出租车市场出现不稳定因素，提出暂不调价的建议，并获西安市人民政府批准。

◆民生价费调整 2017年，西安市适时调整民生价费，切实保障和改善民生。

完善教育收费政策 西安市物价局与西安市教育局联合出台《西安市规范民办幼儿园收费管理实施办法》，引导民办幼儿园合理制定收费标准，填补全国15个副省级城市在民办幼儿园收费管理中的政策空白。制定4所新增民办学校收费标准，放开全市民办学校国际课程班收费政策，对26家民办中等职业技术学校收费进行备案，不断规范教育收费行为。

维护供热价格稳定 根据西安市人民政府办公厅“铁腕治霾”有关方案，制定《西安市物价局关于落实〈西安市“铁腕治霾 保卫蓝天”“1+1+9”组合方案〉实施方案》。针对燃煤锅炉拆改实际，对城区9家供热企业运营情况实地调研，明确小区自备锅炉供热价格和供热管网建设费，向西安市人民政府报送《关于今冬全市供热价格有关情况及建议的报告》，继续执行已确定的集中供热价格，确保供热价格秩序稳定。

物业收费管理 起草《西安市物业服务收费管理办法》，征求行业主管部门意见，就相关问题向陕西省物价局和陕西省住房和城乡建设厅专题请示，待核准后适时出台。组织全市70余家一级资质物业企业的213名管理人员就小区物业服务和停车收费政策进行培训，解答群众物业收费问题咨询600余次。

调整交通行业价格 核定53条公交线路票价和2条县际客运班线上限票价，对17条省际客运班线票价进行备案，明确比亚迪纯电动出租汽车运价，推动公共交通行业良性发展。

规范旅游行业价格 整理公布《市级游览参观点门票价格管理清单》，下放23个市级管理景点的价格监管权限。明确未列入《市级游览参观点门票价格管理清单》的其他游览参观点门票价格及相关收费实行属地管理，促进旅游行业价格更加规范。

环保、殡葬等行业价格管理 借鉴杭州等3个城市的做法，制订《生活垃圾价格调整工作计划》，对13个区（县）、7个开发区和固体废弃物管理处、垃圾转运站等22个监审对象进行成本调查，初步形成调价意见。关注西安市殡仪馆、奉正塬殡仪馆殡葬服务收费标准执行情况，制定高陵奉正迁安墓园殡葬服务收费标准，保证行业价格平稳有序。

商品房价格调控 主动担当稳控商品住房价格职责，迅速确定房价调控工作流程。建立由西安市物价局牵头，国家统计局西安调查队和西安市房屋管理局参与的联席会议制度，先后3次召开房企主要负责人座谈会，不断完善全市商品住房价格调控工作机制。9月25日至12月31日，受理商品住房价格申报496件次，总面积736.36万平方米。通过西安市物价局网站公示新建商品住房价格申报项目12批219个项目，总套数55105套，面积631.34万平方米；公示价格调整的商品住房项目2批52个项目，总套数1795套，面积18.54万平方米。

◆**收费简政放权** 2017年，西安市落实国家发展和改革委员会、陕西省物价局通知取消或停征41项行政事业性收费项目政策，放开新建住宅供配电设施建设收费、公共自行车服务收费、社会资本投资建设的停车场收费、城市公交“一卡通”收费政策，实行市场调节价。废止《西安市物价局关于进一步明确建筑垃圾收费有关问题的函》，取消向清运企业收取建筑垃圾处置费。将房产测绘收费标准降低15%，每年减轻企业负担约1000万元。修订完善《西安市行政性收费和政府性基金目录清单》《涉企经营服务性收费目录清单》《行政许可中介服务收费目录清单》，实行动态管理，做到清单之外无收费。开展全市清理规范涉企经营服务性收费工作，取消或降低涉企经营服务性收费项目37项，每年可为企业减负3.66亿元。

◆**价格基础服务** 2017年，西安市物价系统对12个行业32个项目101个单位进行成本监审或成本调查，用于政府定价的8个项目企业上报8.4亿元，成本监审核减1.48亿元，核减率17.62%。西安市物价局组织12项农产品成本常规调查和3个专项调查，对116家企事业单位2014—2016年度涉企税费进行应急调查，形成专题调查报告并上报陕西省物价局。履行价格认定公共服务职能，贯彻落实国家发展和改革委员会《价格认定规定》《价格认定行为规范》，提高价格认定法治工作水平。全年完成涉案财物价格认定2745件，涉案总金额3754.37万元。围绕年度重点工作任务拟定15个重点调研课题，赴企业、农村、社区、市场等调研180余次，形成城市住房、生活垃圾处理收费、民营公交改革等28份调研报告，并向陕西省发展和改革委员会、西安市人民政府报送价格热点、难点问题专题报告。评选表彰全市物价系统30篇优秀调研文章和4个调研组织工作先进区（县）局。制定《西安市物价局2017年法治政府建设工作要点》，落实谁执法谁普法责任制。开展普法宣传活动11次，组织规范性文件备案审查和清理活动6次，编发依法行政宣传专稿64期，编印《价格法律法规规范性文件汇编》，并做到“人手一册”。建立价格法律、法规、政策咨询微信群，邀请法律顾问及时解答涉法、用法疑难问题。组织全市物价系统60余名价格执法人员进行依法行政培训，建立行政执法裁量基准制度，不断提高依法行政水平。制定《“行政效能革命”方案》，印制《“行政效能革命”资料汇编》，下发《首问负责制度》，要求受理群众来电“最多打一次”。4大类行政服务事项进驻西安市人民政府政务服务中心，其中3类实现“最多跑一次”，占比75%，经济适用房价格审核实现容缺办理。

◆**价格宣传** 2017年，西安市物价系统加强价格宣传，主动解决群众价格诉求。先后两次接听“党风政风热线”，赴三秦都市报社接听“供暖价格专题热线”，回应群众诉求。《西安市机动车停车服务收费管理办法》出台后，以“停车收费”为主题，主动与华商报社合作开展“华商全媒体·西安问答”系列专题互动活动，组织20余人做客“华商直播间”，解答群众问题422个。邀请和组织接待各类媒体记者采访22次，开展互动宣传116次，政务微博发布信息2789条，发布微信90条，网站公开信息1379条。西安市物价局加强与陕西省物价局对接联系，局负责人和各处室与省局对接工作80余次。加强区（县）沟通联系，组织召开全市物价系统工作座谈会，查找价格工作5个方面短板，建立“西安物价”“物价铁军”“物价局扶贫工作群”3个微信群，形成“信息共享、经验交流、快速敏捷、相互促进”的工作新格局。（李天利）

居民生活

◆**概况** 2017年，西安市坚持稳中求进工作总基调，积极促进就业创业，推动经济发展与社会进步相协调，促进居民收入持续稳定增长。城镇居民人均可支配收入38536元，比上年人均增加2906元，名义增长8.2%，扣除价格因素，实际增长6.1%。从可支配收入构成看，城镇居民工资性收入24740元，占64.2%；经营净收入2353元，占6.1%；财产净收入3102元，占8.1%；转移净收入8341元，占21.6%。农村居民人均可支配收入16522元，增长8.8%，分季度增幅依次为8.1%、8.1%、8.6%和8.8%。全年居民收入增速呈现出稳步上升态势，农村居民人均可支配收入增速高于城镇居民，城乡居民收入倍差不断缩小，城乡居民人均可支配收入比为2.33∶1，比上年缩小0.02。

◆**城镇居民工资性收入快速增长** 2017年，西安市从业人员平均工资稳步增长，支撑居民收入增速回升。城镇居民人均工资性收入比上年增加2133元，增长9.4%，增速提高2.2个百分点，对可支配收入增长的贡献率为73.4%，拉动可支配收入增长6个百分点。主要原因：一是全市国有、股份制及大中型工业企业产值恢复增长，企业工资指导线增长基准线为7%；二是政府提高最低工资标准，全日制最低工资标准1680元/月，非全日制小时最低工资标准16.8元/小时，比上年上涨13.5%。

◆**城镇居民转移性收入显著增长** 2017年，西安城镇居民人均转移净收入比上年增加659元，增长8.6%，对可支配收入增长贡献率为22.7%，拉动可支配收入增长1.8个百分点。主要原因：一是国家及地方政府不断加大社会保障力度，相继出台提高企业离、退休人员养老金各项政策，1月再次提高企业退休人员基本养老金水平，退休人员每人每月增加46元，带动养老金稳步增长；二是政府加大对困难群体的救助力度，西安市从10月1日起，城市居民最低生活保障标准再度上调，每人每月由590元提高到640元，增长8.5%。

◆**城镇居民居民消费能力稳步提高** 2017年，西安城镇居民人均生活消费支出25374元，比上年名义增长6.6%，城镇居民消费支出全面增长，消费结构呈现多元化发展，食品烟酒、居住、教育文化娱乐成为拉动城镇居民生活消费支出增长的主要动力，分别拉动生活消费

西安市2017年城镇居民人均可支配收入构成

指标名称	绝对量（元）	同比增幅（%）	占比（%）	贡献率（%）	拉动可支配收入百分比（%）
可支配收入	38536	8.2	100	100.0	8.2
工资性收入	24740	9.4	64.2	73.4	6.0
经营净收入	2353	1.0	6.1	0.8	0.1
财产净收入	3102	3.0	8.1	3.1	0.3
转移净收入	8341	8.6	21.6	22.7	1.8

西安市2017年农村居民消费支出占比及贡献率

名　称	数量（元）	同比增幅（%）	占比（%）	贡献率（%）
生活消费支出	10966	7.5	—	—
食品烟酒	2990	9.1	27.3	32.6
衣　着	713	5.2	6.5	4.6
居　住	2581	8.2	23.5	25.6
生活用品及服务	861	11.4	7.9	11.5
交通通信	1172	6.8	10.7	9.8
教育文化娱乐	1305	7.9	11.9	12.4
医疗保健	1148	0.8	10.5	1.2
其他用品和服务	196	10.7	1.8	2.5

支出增长2.1、1.2和1.2个百分点。城镇居民人均食品烟酒消费支出7469元，增长7.3%，占生活消费支出的29.4%。从消费结构看，西安城镇居民饮食结构日趋合理，更加注重向高蛋白、低脂肪、“绿色”无公害发展，营养摄取更加科学均衡。人均居住类消费支出4526元，增长6.4%，其中租赁私房房租支出增长23.3%。主要原因：西安新建商品住宅销售价格大幅上涨，全年上涨12.5%，不断上涨的房价带动房租价格上涨。

◆**城镇居民医疗保健价格大幅上涨**　2017年4月1日，西安市物价局、西安市卫生和计划生育委员会、西安市人力资源和社会保障局、西安市财政局联合印发的《西安市城市公立医院医疗服务价格改革实施意见》开始实施，破除“以药补医”机制，采取药品“零差价”的同时提高诊疗、手术、康复、护理、中医等医疗服务价格，带动居民药品费下降而门诊就医消费大幅增高。全年西安城镇居民人均医疗保健消费支出2100元，比上年增长8.4%。其中，人均药品消费支出655元，下降1.5%；人均门诊医疗费用支出550元，增长7.9%。

（张珂　陈燮函）

◆**农村居民工资性收入增长**　2017年，西安各级政府陆续出台企业工资指导线、调整西安市最低工资标准、调整公益性岗位工资待遇、组织策划春风行动系列就业活动等政策措施，同时还加大对劳动者技能培训，劳动力素质不断提升，就业形势良好，工资水平不断提升。农村居民人均工资性收入较上年增加726元，对可支配收入增长的贡献率达54.5%，拉动可支配收入增长4.8个百分点。

◆**农村居民经营收入增长**　2017年，西安观光农业和特色产业园发展迅猛，各区（县）结合自身优势积极出台有关措施促进农村经营收入快速增长。灞桥区开展白鹿原葡萄主题公园活动；蓝田县实施全域旅游发展，并受到国务院通报表扬和陕西省人民政府、西安市人民政府嘉奖；阎良区举办各类水果采摘节果品营销活动；长安区实施“农旅融合发展工程”，建成2条果业观光旅游长廊，创建市级以上农业示范园20个，带动农民经营性收入不断增长。西安农村居民人均经营净收入较上年增加307元，贡献率为23.1%，拉动可支配收入增长2.0个百分点，成为农民收入增长第二大动力。

◆**农村居民财产性收入增长**　2017年，西安农村居民人均财产净收入比上年增加27元，贡献率为2.0%，拉动可支配收入增长0.2个百分点。主要是农村土地流转、集体分红、投资等拉动增长。

◆**农村居民转移净收入增长**　2017年，西安农村居民人均转移净收入增加271元，增长贡献率为20.4%，拉动可支配收入增长1.8个百分点。主要是西安农村居民最低生活保障标准提高、退休金的提高、全市精准扶贫等惠民工程项目的力度加大，加快了西安转移净收入的增长。

◆**农村居民消费支出全面增长**　2017年，西安农村居民人均生活消费支出达到10966元，比上年增长7.5%，在农民收入稳定增长的基础上，生活水平稳步提升，生活质量进一步改善。农村居民八大类消费支出呈全面增长态势，其中生活用品及服务支出861元，增长11.4%，增速居八大类之首。其他依次是：其他用品和服务支出196元，增长10.7%；食品烟酒支出2990元，增长9.1%；居住支出2581元，增长8.2%；教育文化娱乐支出1305元，增长7.9%；交通通信支出1172元，增长6.8%；衣着支出713元，增长5.2%；医疗保健支出1148元，增长0.8%。从八大类消费增量看，食品烟酒消费仍居首位，支出较上年增加250元，对消费支出增长的贡献率为32.6%，拉动消费支出增长2.5个百分点；居住消费增加196元，对消费支出增长的贡献率为25.6%，拉动消费支出增长1.9个百分点；文教娱乐消费增加95元，对消费支出增长的贡献率为12.4%，拉动消费支出增长0.9个百分点。食品、居住和文教娱乐消费支出占生活消费支出的62.7%，成为拉动农村居民消费支出增长的三大主动力。　（陈燮函）

民　族

◆**概况**　2017年，西安市有52个民族成分（无怒族、德昂族、珞巴族、独龙族）、9.56万名少数民族常住人口，占全市总人口的1.1%，占陕西省少数民族总人口的半数以上。其中，人口过1万人的有回族、满族；人口过1000人的少数民族有6个，分别是蒙古族、壮族、藏族、土家族、苗族和维吾尔族；500—1000人的民族有3个，分别是朝鲜族、彝族和侗族；100—500人的民族有11个，分别是布依族、白族、瑶族、锡伯族、土族、哈萨克族、黎族、畲族、仡佬族、撒拉族和羌族；100人以下的民族有29个。总体分布呈现大分散、小聚居的特点，85%以上的少数民族集中在莲湖、新城、碑林、雁塔4个区，城市民族工作特点突出。办理“居住证”的外来少数民族流动人口有5万余人，以西部流入为主，务工经商者居多，近一半是回族。有12所民族教育学校，其中民族中小学10所（中学2所、职校1所、小学5所、幼儿园2所），另有内地援疆、援藏学校各1所。有少数民族企业和个体工商户3000余个，年生产销售额近30亿元。

◆**民族团结宣传教育**　2017年，西安市民族事务委员会开展以社区为依托的民族政策宣传、以文化展演为载体的民族文化宣传、以流动咨询点为平台的民族法律宣传、以干部培训为阵地的民族理论宣传。以“西安民族文化大讲堂”活动为载体，举办民族文化主题笔会、座谈会、展览等各类群众性文化活动，宣传“三个离不开”（汉族离不开少数民族、少数民族离不开汉族、各少数民族之间也互相离不开）、“四个自信”（道路自信、理论自信、制度自信和文化自信）、“五个认同”（认同伟大祖国、认同中华民族、认同中华文化、认同中国共产党、认同中国特色社会主义）思想。以迎接中国共产党第十九次全国代表大会召开和学习宣传中共十九大精神为重点，采取多种形式宣传中共民族政策理论和民族团结进步成果。《中国民族报》《西安日报》先后专题报道西安城市民族工作情况和民族团结进步模范集体、先进个人事迹等。

◆**民族团结进步创建活动** 2017年2月，西安市民族事务委员会召开民族团结进步创建活动部署暨宣传月动员大会，安排部署民族团结进步创建活动暨宣传月活动主题和工作目标，以“五个一”（开一次动员会、编一本宣传册、组织一次报告会、搞一次民族知识答卷活动、召开一次民族团结座谈）为载体，通过宣传教育，把民族团结教育工作不断引向深入。开展第二批“民族团结进步创建活动进清真寺”工作，16座清真寺设置“民族团结进步展示墙”和“宣传栏”，并配合陕西省民族事务委员会进行检查验收。12月29日，在曲江大礼堂举行全市各民族迎新春联欢会，进一步增进各民族间的团结和友谊。对全市240名少数民族困难家庭进行慰问。

◆**民族经济发展** 2017年，西安市民族事务委员会开展“十二五”期间少数民族特需商品定点生产企业和西安市少数民族特色餐饮发展情况调研，形成《西安市少数民族特色餐饮业现状》和《西安市“十二五”期间全国民族特需商品定点生产企业的调研报告》。组织民族企业参加在银川市举办的中国—阿拉伯国家博览会和在呼和浩特市举办的中国—蒙古博览会。完成周至县永丰巷道路改造暨文化墙建设项目入列少数民族发展资金项目库申报工作。

◆**少数民族流动人员服务与管理** 2017年，西安市民族事务委员会以“少数民族流动人口服务管理示范城市”建设为指引，建立13个“西安市少数民族流动人口服务工作站”。编发汉语、维吾尔语双语版的《西安市少数民族流动人口便民服务联系手册》，为少数民族群众提供医疗卫生、计划生育、就业培训、职业介绍、文化交流、法律援助、权益保障、饮食丧葬等方面服务。深化流入地与流出地协作机制，定期与8个签订协作机制的单位互通信息，分析研判问题，通过流入地与流出地协作机制解决问题10余项。依法处置少数民族流动人员矛盾纠纷和权益保障案件6起。

◆**民族事务管理** 2017年，中共西安市委办公厅、西安市人民政府办公厅制定《关于认真学习贯彻依法治理民族事务促进民族团结的意见的通知》，营造依法治理民族事务的良好氛围。西安市民族事务委员会举办针对新疆籍少数民族流动群众的政策法规培训班；会同青海省海东市人民政府派出的法律政策宣讲团对在西安市的海东籍从事拉面经营的少数民族流动群众进行政策法规宣讲。全年完成民族成分确认更改17人。办理陕西省、西安市政协提案4件，满意率100%。

◆**清真食品监督管理** 2017年，西安市民族事务委员会依法加强对清真食品的管理，整治清真食品概念泛化行为。举办西安市清真食品生产经营企业负责人培训班，35家企业负责人参加培训。在全市范围内开展清真肉食品专项整治行动，对20家清真食品生产经营企业、53家超市、6个大型食品批发市场、2家清真定点宰厂、103家个体经营户进行检查，对6家乱用清真标识的个体经营户和3家清真食品生产经营企业提出整改要求。尊重民族习俗，妥善处置涉及少数民族群众利益的矛盾纠纷事件，及时回应各族群众关切。 （延 续）

宗 教

◆**概况** 2017年，西安市宗教事务局举办两期“关心西安、热爱西安、宣传西安、服务西安”专题培训班，邀请专家学者就中国共产党第十九次全国代表大会精神、中国共产党西安市第十三次代表大会精神以及新修订的国务院《宗教事务条例》《西安市秦岭生态环境保护条例》等进行专题报告和辅导，并组织民族宗教界人士参观西安建设成果，增强民族宗教界人士对西安的归属感、荣誉感和责任感。深化“放、管、服”改革，开展“行政效能革命”，实施民族宗教事务权力责任清单制度和“最多跑一次”改革，建立“双随机一公开”摇号系统。截至年底，西安市依法批准设立登记的宗教活动场所有433处（佛教134处，道教35处，伊斯兰教26处，天主教97处，基督教141处），其中全国重点佛道教寺观10处（大慈恩寺、大兴善寺、卧龙寺、香积寺、净业寺、兴教寺、草堂寺、广仁寺、八仙宫、楼观台）；有宗教教职人员2184人（佛教974人，道教253人，伊斯兰教128人，天主教533人，基督教296人）；有信教群众52万余人（佛教17万人，道教6万人，伊斯兰教9万人，天主教6万人，基督教14万人）；有全市性宗教团体6个（西安市佛教协会、西安市道教协会、西安市伊斯兰教协会、西安市天主教爱国会、西安市基督教“三自”爱国运动委员会、西安市基督教协会）；有带有宗教性质的社会团体2个（西安市基督教青年会、西安市基督教女青年会）；有区（县）级宗教团体20个，有宗教活动场所文物保护单位27处（国家级重点文物保护单位9处、省级重点文物保护单位11处、市级重点文物保护单位5处、县级重点文物保护单位2处）。

◆**民族宗教领域安全稳定** 2017年，西安市宗教事务局制定《全市民族宗教领域影响社会稳定矛盾问题分析研判办法》，修订《市民委（市宗教局）处理涉及民族宗教方面群体性突发事件应急预案》。完善民族宗教工作管理机制和工作网络，健全各级民族宗教工作联席会议制度和联合执法机制，筑牢民族宗教工作基础。组织开展民族宗教领域舆情研判引导、矛盾纠纷隐患排查化解、反恐怖专项整治等工作，确保全年特别是春节、“两会”和中国共产党第十九次全国代表大会召开期间民族宗教领域安全稳定。周至县民族宗教事务局被国家宗教事务局评为“全国宗教工作系统先进集体”。

◆**宗教工作法制化建设** 2017年，中共西安市委、西安市人民政府贯彻全国宗教工作会议和陕西省宗教工作会议精神，制定下发《关于贯彻落实<省委、省政府关于加强和改进新形势下宗教工作的实施意见>的通知》。西安市宗教事务局以学习贯彻落实新修订的国务院《宗教事务条例》为重点，开展“宗教政策法规学习月”活动。完成“宗教活动场所登记证”换证工作和佛教、道教场所统一挂牌工作，加强教职人员备案考核，严格审批举办大型宗教活动和筹备设立宗教活动场所，全年审批6处宗教活动固定处所。

◆**宗教界自身建设** 2017年，西安市宗教事务局以“发挥宗教正能量、携手共筑中国梦”为主题，开展佛教“祖庭住持讲祖庭”、道教“玄门讲经”、伊斯兰教“卧尔兹”演讲交流以及天主教、基督教“神学思想本土化宣讲”等讲经说法交流活动，支持宗教界对教义、教规做出符合时代进步要求的阐释，推动我国宗教中国化。以学习贯彻中国共产党第十九次全国代表大会精神和新修订的国务院《宗教事务条例》为重点，指导全市性宗教团体举办宗教教职人员专题培训班。全市宗教界发扬服务社会、行善济世的优良传统，先后捐资700万元参与秦岭生态环境保护、捐资助学、精准扶贫等公益活动。八仙宫承办首届“西北道教论坛”。长安净业寺和观音禅院举办陕西省佛教协会第十四届传戒法会。

◆**宗教场所管理** 2017年，西安市宗教事务局引导宗教界开展“文明敬香”和“厕所革命”“烟头革命”活动，并向全市宗教界发出创建文明、整洁、有序、安全的宗教活动场所的倡议书，提出“烟头革命”“厕所革命”的具体要求，全年各宗教活动场所新建、改建AA等级固定厕所面积388.6平方米。组织开展防止“沙化”“阿化”和抵御境外宗教组织渗透活动，查处4起非法宗教活动和渗透活动。按照“县备案、乡管理、村负责”原则，实行挂牌监管制度，规范民间信仰场所的管理。

◆宗教文物保护　2017年，西安市宗教事务局指导文保单位的直管宗教活动场所完善文物保护方案和应急预案，加大文物保护宣传力度。定期配合文物、安全、建设、消防等相关部门对文物保护场所进行安全检查。迎接中国人民政治协商会议全国委员会对西安市宗教文物保护工作的检查调研，向调研组汇报西安市宗教文物保护工作情况。下拨文物保护工作经费150万元。

◆民族宗教系统“七五”普法工作　2017年，西安市宗教事务局制定下发《西安市民族宗教系统法治宣传教育第七个五年规划》《贯彻落实〈关于实行国家机关“谁执法 谁普法”普法责任制的意见〉的实施意见》，对“十三五”期间全市民族宗教系统法制宣传教育工作做出规划、提出具体要求。建立普法志愿者队伍，在全市民族宗教系统组织开展“‘七五’普法知识有奖问答”活动和2017年度机关无纸化学法用法考试，购买下发《领导干部法治读本》《公务员以案释法读本》《民族普法宣传册》《宗教普法宣传册》《中央民族工作会议精神学习辅导读本》等普法教材1000余册，进一步增强全市宗教系统的法治意识和法治思维，有效提高宗教工作法治化水平。

◆中国道教协会（西安）第二届道教文化艺术周　2017年11月15—19日在西安曲江国际会议中心举办。本次活动由中华宗教文化交流协会支持，中国道教协会主办，西安市道教协会承办，陕西省道教协会、陕西省社会科学院宗教研究所、西安市会展业发展办公室、西安道教各宫观共同协办。15个国家和地区的道教界代表参会。海内外90位专家学者提交76篇论文，分别在4场学术论坛上发言，并出席各项活动。活动围绕展示道教文化魅力，挖掘道教思想精义，实现道教文化在当代社会的创造性转化和创新性发展，使其更加契合社会主义核心价值观、当代社会人们的精神新需求，以服务于习近平新时代中国特色社会主义发展为宗旨，是一次道教界高层次的文化活动。（延　续）

福利救济与殡葬管理

◆社会福利事业　2017年，西安市人民政府印发《西安市“十三五”老龄事业发展和养老体系建设实施方案》，出台《破解“养老难”提升服务质量推进养老服务业创新发展的实施方案》和《关于加快推进养老服务业放管服改革的通知》等文件，在全市130个养老机构中集中开展服务质量建设专项行动，推动养老服务业综合改革试点工作深入发展。全年新建城市社区居家养老服务站112个、“农村幸福院”216个，新增养老床位6544张。健全完善困难老人关爱政策，将困难失能老人护理补贴由每人每月200元提高到每人每月260元，其中“五保”对象由每人每月300元提高到每人每月390元；对65—69岁丧失劳动能力、生活困难的农村老人每人每月发放50元补助金。对全市2574户低收入、“空巢”、困难失能老年人家庭实施无障碍设施改造。推行老年人意外伤害保险和养老机构综合责任保险两项制度，对城乡低保对象、城镇“三无”人员（无生活来源、无劳动能力、无法定抚养义务人或法定抚养义务人丧失劳动能力而无力抚养的公民）、农村“五保”对象等6类群体中的60周岁以上老人，由政府补贴购买保险，受益老年人23万余人。对59.5万名70周岁以上老年人，按照50—360元的标准发放高龄保健补贴，全年发放4.76亿元。出台《西安市加强农村留守儿童关爱保护工作的实施方案》（市政发〔2017〕5号），建成农村留守儿童动态信息库，完成3次数据信息摸底排查更新，留守儿童数量由首次摸排的10281人减少至4749人，比上年减少5532人。在重点区（县）建设“留守儿童关爱之家”，从市本级福彩公益金中安排专项资金50万元，在留守儿童集中的周至、蓝田等区（县）建立10所“留守儿童关爱之家”。开展“公益福彩·农村留守儿童关爱保护行动”，为全市111名农村留守儿童发放16.65万元福彩资助金。建立“明天计划”项目，西安市慈善会投资90万元，分别在临潼、高陵、灞桥、长安建成5个“明天计划”项目，主要以学校为依托解决农村留守儿童课后文化、娱乐、教育、托管等问题。开展农村留守儿童“合力监护、相伴成长”关爱保护专项行动，为20名无户籍农村留守儿童办理入户手续；帮助5名辍学儿童重新入学；为178名儿童解决家庭监护缺失问题；为227名儿童解决家庭贫困、残疾患病帮扶等问题。12月，西安市人民政府办公厅出台《关于加强困境儿童保障工作的实施意见》，对事实无人抚养儿童和特困人员中的儿童进行摸底排查。全市有事实无人抚养儿童305人、特困人员中的儿童282人。全年为76618人发放残疾人两项补贴，发放资金7085.71万元。其中，困难残疾人40054人，发放生活补贴资金2953.49万元；重度残疾人36564人，发放护理补贴资金4132.22万元。

◆救灾救济　2017年，西安市民政局开展“减轻社区灾害风险，提升基层减灾能力”宣传教育活动，开展培训演练50余场，发放宣传资料6.8万份。落实采购经费341万元，集中采购储备救灾防寒服5500套、防潮棉垫5500床、棉被1.1万床。做好受灾群众应急生活救助工作，下拨救灾补助资金73.5万元，发放救灾棉衣500套、棉被500床，督导受灾区（县）做好应急救助、冬春救助和因灾倒损民房重建修缮工作。完成“综合减灾示范社区”创建任务，15个社区被陕西省民政厅评为“全省综合减灾示范社区”；7个社区被民政部评为“全国综合减灾示范社区”。

◆福利彩票销售　2017年，西安市福利彩票发行工作秉承“扶老、助残、救孤、济困”宗旨，坚持“安全运行，健康发展”工作方针，开拓市场，强化目标责任，规范服务管理，加强公益宣传，福彩销售工作取得显著成绩，西安市获“全国即开型福利彩票销售十强城市”称号。全年销售福利彩票35.26亿元，比上年增长2.53亿元，筹集公益金10.33亿元，福彩销量在全国省会城市中排名第三位。全年使用福彩公益金1.8亿元，其中90%以上资金用于民政基础设施建设、特困人员供养、老年人意外伤害保险以及农村困难留守儿童资助。落实中共西安市委、西安市人民政府与阿里巴巴集团战略合作协议，就“西安福彩”互联网+福利彩票服务项目与阿里巴巴开展合作，明确福彩站点查询、站点地图导航和福彩资讯3项具体合作内容。

◆殡葬管理　2017年，西安市深入推进殡葬改革，制定《西安市殡葬管理处联办公墓脱钩工作实施方案》，实现殡葬监管机构与经营服务机构管办分离。推行节地生态安葬，坚持火葬责任目标考核制度，强化殡葬执法，加强源头治理。全年遗体火化总量超过28000具，比上年增加1500余具，火葬区遗体火化率达到84%，总体呈上升趋势。开展“文明祭扫，平安清明”工作，倡导低碳环保祭祀方式，在432个社区举办“绿色”、文明祭扫活动，参与群众17万人次。开通10条清明节临时免费祭扫公交车，直达13家墓园，运送乘客2.19万人次。推动惠民殡葬政策，救助困难群众485人，发放救助资金70余万元。（鲍　珊）

区（县）概况

责任编辑　曹毅强

新城区

新城区2017年经济与社会发展主要指标

指　标	单　位	数　量	同比增长率（%）
地区生产总值	亿元	616.10	8.2
地方财政一般预算收入	亿元	27.02	-24.1
地方财政一般预算支出	亿元	28.30	-24.9
全社会固定资产投资额	亿元	248.95	-1.9
社会消费品零售额	亿元	667.03	9.7
规模以上工业增加值	亿元	93.71	16.5
实际利用外资	万美元	10340	17.93
城镇居民可支配收入	元	40292	8.2

◆概况　2017年，新城区辖街道办事处9个，98个社区居民委员会。总面积30.3平方千米。户籍人口50.7万人，常住人口61万余人，人口密度为每平方千米19481人。区内有少数民族27个，共14498人。

◆重点项目建设　2017年，新城区坚持“项目为王”“项目为先”原则，加强重点项目建设。71个区级在建重点项目年内完成投资204亿元，其中20个市级重点在建项目年内完成投资136.9亿元，完成计划进度的141.2%。西安益田假日世界等14个项目建成运营，中交长盈天地等40个项目有序推进，融创西安壹号院等20个项目启动建设。围绕“十大产业聚集区”策划包装项目41个。多方协调破解停滞项目难题，杨家村等5个超期回迁项目复工建设。

◆招商引资　2017年，新城区大力开展招商引资，围绕“央资”“外资”“民资”“融资”和“内资”五资引进，15支专业招商分队主动出击，找项目，拓市场，区级领导对接企业130余家。全年签约项目38个，总投资额1056亿元，创历年新高。引进上海红星美凯龙等71家企业，其中世界500强企业3家，全国行业100强企业4家、上市公司15家。2017丝绸之路国际博览会暨第二十一届中国东西部合作与投资贸易洽谈会签约项目开工注册率92.6%，资金到位率112%，竣工投产率130%。

◆商贸、旅游　2017年，新城区净增限额以上商贸企业7家，超市考指标4家。全年进出口贸易总额7161万元，提前1个月完成市考指标任务。加强商圈建设，5月初制定和出台《新城区2017年推进商圈建设工作实施方案》，开展解放路商圈和长乐路商圈各项建设工作，商圈内的8个重点项目有序推进，解放路商圈的群光广场和长乐路商圈的益田假日世界开业；悦荟广场、皇城坊、东方亿象城等项目建设按进度进行。截至年底，商圈内引进星巴克、苹果公司、华为技术有限公司、西西弗书店、欧悦冰场等800多个国内外知名品牌。以“培育特色、完善功能、加强管理、创建品牌”为目标，形成金康路茶文化街、西安民间金融街、永兴坊特色美食街区、食上东新街、老钢厂设计创意产业园区等一批特色商业街区。

全年旅游接待人数及旅游收入大幅增长，接待海内外游客3462万人次，完成年任务的230.8%；实现旅游业综合收入142.92亿元，完成年任务的238.2%，全市排名第五位。3个旅游在建项目全面完成全年投资，旅游基础设施建设和旅游服务质量进一步完善。招商旅游项目6个，总投资120亿元。全面建设三府湾旅游集散中心，大厅内设有旅游咨询服务区，配备休息椅、饮水机、电脑、液晶显示屏等设施，区域内无线网全覆盖，为旅客提供便利、舒适、安全、快捷和实惠的旅游服务。全区范围内27家宾馆、星级酒店的42座卫生间全面向市民游客免费开放。在景区增加标识指示牌和引导牌，方便游客游览。完成国有和行业博物馆年度考核及网上博物馆资金申报工作，其中2家博物馆申报博物馆专项资金315万元。与辖区内19家文物保护单位签订“文物安全责任书”，对文物开展专项检查24次。完成秦王府城墙遗址保护加固工程和秦庄襄王墓遗址保护围栏及封土保护项目的立项申报工作，并得到陕西省文物局的立项批复。

◆创业创新　2017年，新城区坚持“大众创业　万众创新”，开展“创新在新城”活动。举办“第三届老钢厂城市复兴论坛暨城市文化创意展”，老钢厂创意产业园成为国家备案的众创空间。表彰“新城工匠”20人、“创业明星”10人，落实人才公寓110套，引进高层次人才12人。培育众创载体及孵化器28个，面积44万平方米，数量及面积均为西安市第一。新增高新技术企业15家、科技企业82家，年技术交易额120亿元。长乐路智慧新贸易众创示范街区开业，成为西安首个以云计算等新技术为驱动的多功能街区。

◆产业聚集　2017年，新城区民间金融小镇建成互联网金融产业园，引进网络小贷公司5家，成为陕西省首个互联网小贷工作试点小镇。小镇入驻企业60家，聚集民间资本78亿元，为全市近2500家小微企业提供融资贷款130亿元，成为西北规模最大的民间金融产业聚集区。永兴坊非物质文化遗产美食文化街组织演出21场，接待游客700万人次，成为西安的旅游名片。西安益田假日世界、群光广场相继开业，为新城区商贸业加快转型注入新的动能。

◆教育、文化、体育　2017年，新城区普惠性幼儿园占比达57%。尚爱路、联志路、群策巷3所幼儿园建成。持续推进和完善中小幼共建共强学区制，组建后宰门、康乐路、朝阳门、大明宫4个区域教育共同体。推进“名校+”工程，探索跨体制、跨机制办学，通过名校带动战略，探索不同区域、不同层次之间共建、共享优质教育资源的新策略，采取“名校+弱校”“名校+新校”“民办+公办”“公办+公办”等办学模式，由名校以托管、领办、联办等方式带动弱校发展。实施“一长多校”，在13组学校实施，强校托管弱校，幼小衔接，职工衔接，对5个小学分校进行了更名。加速推进集团化办学，由名校校长担任教育集团总部校长，总部校长对集团内各学校实行一体化领导和管理，先后组建后宰门小学教育集团、西光实验小学教育集团等9个紧凑型教育集团。巩固提升后宰门、康乐路2个优质教育资源带，加快发展大明宫、朝阳门2个新兴教育资源带，超前筹划幸福林带1个战略发展带。

加快构建公共文化服务体系，推进“文化惠民工程”。为23个街道和社区配备阅览桌、阅览墙、锣鼓等文化设备，组织举办全区公共文化服务保障法培训班。元旦、春节期间，组织各类群众文化活动144场，开展戏剧惠民演出44场。净化文化市场和网络文化环境，文化企业抽查合格率91%。组织开展“护苗2017”“固边2017”“净网2017”“清源2017”等专项行动，“扫黄打非”覆盖率100%。9月19日，新城区文化局配合湖南卫视在新城区永兴坊拍摄综艺节目

《我们来了》；11月6日，承办中央民族乐团“深入基层，扎根人民”慰问演出。开展陕西省第六批非物质文化遗产项目申报、西安市第四批非遗传承人申报工作。为永兴坊文化发展有限公司颁发“陕西省非物质文化遗产生产性保护示范基地”牌匾；为古法斫琴传承人程刚颁发“传承人证书”；为陈氏太极拳传习基地颁发“西安市非物质文化遗产项目传习所”牌匾；为秦腔板胡制作工艺传承人王亲民颁发“西安市非物质文化遗产项目秦腔板胡制作工艺”牌匾。安装更换全民健身路径15套、室内健身房1个。组织开展广场舞、趣味运动会、乒乓球等健身比赛。对社区120人进行健身运动培训，完成3000人次体质监测。组队参加西安市第十六届运动会，获得排球男子组冠军、女子组亚军，篮球男子、女子组冠军，举重男子组团体总分第一名，10项比赛获得58枚金牌。

◆医疗卫生　2017年，新城区有医疗机构314家、特色专业专科23家。完成“全国中医药先进单位”复审评估工作。以胡家庙社区卫生服务中心为示范，打造新城区社区卫生服务品牌，加快全区社区卫生中心同质化、标准化和规范化进程。全部社区卫生服务机构完成“慢病彩虹管理法”和“家庭医生签约零距离”工作模式的复制推广工作，并在对口帮扶的15个贫困村实现全覆盖。组织21家医院、社区卫生服务中心的200余人次对蓝田贺坡村、民李村等15个村庄进行扶贫义诊，服务群众1068人次，发放药品22426元，进行血糖、心电图监测180余人，耳镜、鼻镜监测120余人次，发放宣传资料1500余份。下发《西安市新城区深化医疗卫生体质综合改革试点工作要点》，成立新城区公立医院管理委员会，从基本情况、资源布局、现代医院管理制度、补偿机制、人事薪酬制度、分级诊疗6个方面对辖区13家医院综合改革情况进行动态监测，掌握改革工作进展。稳步推动医疗服务价格改革，确保区内区管公立医院实施药品（中药饮片除外）“零差率”销售，并同步执行《陕西省城市公立医院医疗服务价格（2017年版）》。医联体及分级诊疗工作有序实全年医联体上级医院累计下派坐诊专家898人次，接诊患者5955人次；基层医院人员接受上级医院培训136次374人次；医联体内双向转诊753人次；医联体联合义诊53次，举办讲座14场，受众5400余人次。针对区域内陆续出现的3例H7N9禽流感病例，全力做好处置和预防工作。对患者就诊过的医院、家属密切接触者进行流行病学调查及医学观察，指导家属进行消毒，对就诊过的医院进行终末消毒；对27所学校、幼托机构，43家医疗机构监督检查，对81家公共场所进行防控宣传和指导，未发生疫情扩大情况。全年孕产妇管理3779人，儿童保健管理34421人，新生儿访视3790人，高危儿管理1320人。收集审核再生育资料32人，下发“再生育证”32人，下发独生子女父母补助金2127人，完成失独家庭一次性补助金审核发放16户、33万元。

◆社会保障　2017年，新城区在韩森路高标准建成新城区就业和社会保障服务中心，服务社会能力全面提升。全年发放创业担保贷款7308万元，新增城镇就业15892人。精准帮扶困难群众91户，打造精品社区3个。全年发放低保、保障金、医疗救助金、临时救助金、残疾人“两项补贴”（贫困残疾人生活补贴、重度残疾人护理补贴），共计5652.9万元。建成社区居家养老服务站20个，新增社会养老床位870张，为1986户独居、困难老人免费安装烟感报警器。开工建设保障性住房2066套，新增租赁补贴家庭645户。新建粮食应急保障供点6个。（杨向曦）

中共新城区区委、人大、政府、政协、纪委

区委书记　李　毅（至8月）
　　　　　仵　江（9月任）
副书记　张　炜
区人大常委会
主　任　陈立民
副主任　王　厚　高艾峰
　　　　邓逢春　谭琳娜
区　长　仵　江
副区长　孙杏娟（女）　刘照河
　　　　郝东文　苏继文
　　　　王小辉　孙　伟
　　　　杨晓峰（挂职）
　　　　何海强（挂职）
区政协主席　王军民
副主席　惠占学　马凤霞（女）
　　　　王　超　詹晓东
　　　　蒋　进
区纪委书记　贺瑞林

碑林区

◆概况　2017年，碑林区辖8个街道办事处、98个社区居民委员会。总面积23.36平方千米。年末有常住人口67.9588万人，全年新出生7443人，人口出生率为9.3‰，人口自然增长率为4.48‰。有民族42个，汉族占98.36%，少数民族占1.64%。

◆商贸服务业　2017年，碑林区开发高端城市商贸综合体西安SKP项目，舌尖上的南门、新兴广场等城市商贸综合体开业，新增限额以上商贸企业63户。开展“夜碑林·悦生活”旅游休闲季等旅游促销活动，旅游业总收入完成280亿元。建立“1+3+5”楼宇经济管理体系，入驻泰康人寿保险股份有限公司、宽创国际等知名企业62家。加强书院门、西荷路等特色街区建设管理，建成互助路创业创客咖啡街区。整治检查规范辖区农贸市场30余次，提升改造建国路农贸市场、交大荣翔综合市场。向西安市工业和信息化委员会、西安市商务局、西安市财政局等部门上报各类扶持项目31项。

◆招商引资　2017年，碑林区实行招商引资“一号工程”，成立专业招商分局16个，定期召开企业家圆桌会议，为企业排忧解难。表彰优秀企事业单位39家、优秀企业家10人。开展“亲商助企”活动，举办“浙商进碑林”“西商精英古城荟”招商推介及投资促进活动786次，签约碑林华侨城兴庆宫城市文化

碑林区2017年经济与社会发展主要指标

指　标	单　位	数　量	同比增长率（%）
地区生产总值	亿元	873.49	8.4
地方财政一般预算收入	亿元	40.93	-5.8
地方财政一般预算支出	万元	35.65	-0.6
全社会固定资产投资额	亿元	223.93	8.6
社会消费品零售总额	亿元	668.83	9.6
规模以上工业增加值	亿元	11.24	10.5
实际利用外资	万美元	9941	6.2
城镇居民人均可支配收入	元	40636	8.3

碑林区非物质文化遗产保护中心陈列馆

会客厅、朱雀东坊以北棚户区改造等项目14个，总投资775亿元。全年实际利用外资9940.8万美元，实际引进内资56.8亿元，完成外贸进出口总值7.7亿元，位居西安市区（县）第一。

◆项目建设　2017年，碑林区出台《加大推进重点项目建设四条措施》等举措，编制《PPP三年行动计划滚动项目表》，首期推出4个PPP项目，总投资25.96亿元。参加全市重大项目集中开工仪式3次，涉及项目21个，总投资150.25亿元。127个重点建设项目完成投资181.26亿元，占年计划的116.94%。其中，75个在建重点项目中，26个项目竣工；52个前期项目中，4个项目提前开工建设。

◆科技　2017年，碑林区加快推进科技成果转化，建立西安国家创新改革试验区，与南京理工大学技术转移中心合作开发西安环大学知识产权运营交易平台，上线北京大学、西北工业大学等11所高校专利11万余件。举办“2017西安国际动漫游戏文化周”活动。投入科学研究与发展资金2000万元，申报市级以上科技计划项目33项，培育市、区两级“科技企业小巨人”10家，获国家知识产权局“国家知识产权强县工程示范区”称号。

◆教育　2017年，碑林区实施“全面改薄工程”，投入1.65亿元完成校园建设项目65个。实施大学区管理制改革，与西咸新区对接组建跨行政区域大学区5个。改造扩容学区长学校4所、幼儿园1所，增加学位900个。西安市第二十六中学晋升为“省级示范高中”；西安市第二中学晋升为“省级标准化高中”；碑林区幼儿园晋升为“省级示范幼儿园”。截至年底，碑林区有“省级示范高中”6所、“省级示范幼儿园”14所、“市一级幼儿园”10所。

◆文化、体育、卫生　2017年，碑林区落实《碑林区关于加快构建现代公共文化服务体系的实施方案》，建设南院门街道文化站、东关南街街道文化站和社区文化服务中心20个。新建社区智慧图书馆6个。建成碑林区“家风馆”，挂牌成立“碑林区非物质文化遗产保护中心”。“西安腊汁肉夹馍制作技艺”“马氏点穴疗法”2个项目被认定为“西安市第五批非物质文化遗产项目”“王氏脊柱正骨手法”被认定为“陕西省第四批非物质文化遗产项目”。成立“碑林区文化产业发展联盟”，文化产业增加值增速6.2%，新增规模以上企业10家，规模以上文化企业营收增速14%。横店影视股份公司、陕西映画魔方国际影城和西安未来影业项目签约，完成招商引资项目总额4800万元。安装全民健身路径8条。参加西安市第十六届运动会获奖牌253枚，团体总分17375.25分，打破西安市级纪录35项，获奖牌总数和团体总分“双第一”。区管公立医院实施药品“零差率”销售，建成卫生信息平台。实施社区服务项目718个，投入1442.9万元。东关南街社区卫生服务中心、柏树林社区卫生服务中心获“2017年全国社区卫生服务中心200强”称号。

◆社会保障　2017，碑林区把脱贫攻坚作为政治任务，投入帮扶资金833.18万元。全年一般公共预算中民生支出29.7亿元，占预算总支出的83.3%。争取政策资金669.6万元，实施扶贫项目68个，组织开展义诊、助学等帮扶活动64场。截至年底，社会保险参保人数65.09万人次，基金征缴10.98亿元。发放低保金4193.93万元，发放医疗救助、临时救助等其他社会救助金567.68万元，社会救助“一门受理”模式获“2017年度全国社会救助领域优秀创新实践案例”。新增廉租房租金补贴585户，收储社会房源3603户。新建社区居家养老服务站8个，新增养老床位840张，为161户生活困难老人实施无障碍设施改造，发放高龄老人生活保健补贴5823.78万元。

（碑林区方志办）

中共碑林区区委、人大、政府、政协、纪委

区委书记　董劲威
副书记　卢光文　邢宏锋
区人大常委会
主任　阮　波
副主任　吴　耀　林　娣（女）
　　袁新中　张立华
区长　卢光文
副区长　王宏联　侯学东
　　赵生龙　王小育
　　程　默（女）
　　王　丽（女）
区政协主席　柴根科
副主席　顾建军　周格杏（女）
　　孔维岳　惠　鸣
区纪委书记　吕新海

莲湖区

◆概况　2017年，莲湖区辖9个街道办事处，131个社区。土地面积42.9平方千米。常住人口73.67万人，户籍人口66.97万人，城镇化率100%，人口出生率12.92‰，死亡率30‰（对死亡而未销户的人员进行了统一清查），人口自然增长率-17.08‰。有少数民族35个，共3.68万人。

◆重点项目建设　2017年，莲湖区重点项目建设成效显著。参加全市集中开工的16个市级重点项目全部开工，完成投资40亿元；市级重点在建项目完成投资118亿元，提前2个月完成年度任务。下大力气“补短、挖潜、培新”，固定资产投资完成228.25亿元，比上年增长11.4%；区级重点在建项目完成投资128亿元，完成年度计划的106%。大兴新区新开工项目16个27万平方米，竣工15个159万平方米；土门地区新开工项目20个66.3万平方米，竣工9个74万平方米；大兴新区、土门地区42个在建项目完成投资75.28亿元。大力推广PPP模式，11个项目列入《西安市PPP三年

莲湖区2017年经济与社会发展主要指标

指　标	单　位	数　量	同比增长率（%）
地区生产总值	亿元	749.47	9.1
地方财政一般预算收入	亿元	45.69	2.8
地方财政一般预算支出	亿元	44.34	1.4
全社会固定资产投资额	亿元	240.30	7.1
社会消费品零售总额	亿元	540.47	9.9
规模以上工业增加值	亿元	111.51	18.4
实际利用外资	万美元	8656	14.9
城镇居民人均可支配收入	元	40575	8.4

行动计划》，长安漫谷小镇、太奥广场幼太奇海洋馆、馥桂园、宏府鲲翔九天4个落地项目完成投资7.5亿元。西关村、金家堡、黄河勘察生活区、陕西省农工贸家属区4个城市棚户区改造项目完成回迁。

◆招商引资　2017年，莲湖区推进招商引资工作。出台《莲湖区加强招商引资工作二十条》等一系列招商引资奖励政策，设立14个专业招商分局，全力“招大引强、招高引新、招财引智”。策划招商项目111个，运用“片区策划、板块开发”方式，包装长安漫古小镇、丰禾智慧小镇项目，受到众多知名企业关注。与阿里巴巴网络技术有限公司、招商局集团有限公司、中粮集团有限公司、融创中国控股有限公司等企业洽谈150余次，与新加坡政府投资公司、远洋集团控股有限公司、华侨城集团等国际、国内行业500强企业签约，世界10大美食餐厅台湾“鼎泰丰”顺利落户。全年签约金额1040亿元，比上年增长近7倍。实际引进内资84.45亿元，实际利用外资8655.7万美元，分别增长137.9%和14.9%。

◆商贸旅游　2017年，莲湖区商贸旅游业快速发展。全区社会消费品零售总额完成490.37亿元，比上年增长9.8%。净增限额以上商贸业企业5家，其中陕西高信医药有限公司、陕西现代医药有限公司、西安迪信通电子通讯技术有限公司销售额过亿元。鼓励推广互联网+商贸+体验消费模式，电子商务企业达到48家。大唐西市丝路文旅小镇、老城根文尚小镇被列为首批西安市特色小镇，累计完成投资5.7亿元。与远洋集团控股有限公司联合建设长安漫古小镇，计划投资400亿元。大兴新区新增商业面积20.2万平方米，全球10大美食餐厅“鼎泰丰”入驻，大都汇AAAAA级写字楼建成投用。土门地区新增商业面积15.1万平方米，与商贸企业签订总额500亿元入驻协议。全年接待游客6550万人次，实现旅游综合收入262亿元。全区非公有制经济占地区生产总值比重为45.1%，服务业增加值增长7.7%。

◆科技　2017年，莲湖区制定《推进众创空间建设实施方案》，建成众创空间载体18个，运营面积16.66万平方米，西北最大的双创摩空间宏府摩•空间落地。洪泰大程创新空间、颐高莲湖科创基地等明星孵化机构入驻，天朗蔚蓝丝路等民营众创空间蓬勃发展，累计孵化科技型企业386家。举办“助力创业莲湖行”系列活动10场，建成创业基地28个。全年新增市级高新技术企业11家，申请发明专利280件，技术合同成交额完成30亿元。

◆教育　2017年，莲湖区大力推进校园建设，投入2200万元完成32个校园维修改造项目。启动筹建大兴新区初级中学、莲湖区第一学校、德杰学校。继续实施优化教育资源配置，由远东第一小学对远东实验小学进行全面托管。投入1780万元，对学校的教学仪器、体育器材和办公设备进行更换和提升；投入2836万元，实施校园录播教室、创客实验室、校园网信息化建设。创建“陕西省示范幼儿园”1所，西安市一、二、三级幼儿园12所，“西安市素质教育优秀学校”2所。深化“大学区管理制”改革，围绕“西咸一体化”，组建跨区域大学区11个，与周至县15所学校建立结对帮扶大学区，开展联合教育教学活动187次。莲湖区被国家关心下一代工作委员会、司法部、中央社会治安综合治理委员会办公室授予“全国青少年普法教育优秀组织单位”称号；被教育部评为“全国义务教育质量监测优秀单位”。

◆卫生、文化　2017年，莲湖区内所有社区卫生服务中心均与三级医院建立医疗联合体，双向转诊1.47万人次。持续推进家庭医生签约服务，重点服务对象累计签约11.5万人。截至年底，莲湖区街道综合文化站达标2个，社区综合文化服务中心达标32个。开展文化惠民演出100场。莲湖区被列为全国青少年校园足球试点区，被国务院命名为“全国青少年校园足球试点区（县）”。

◆劳动就业和社会保障　2017年，莲湖区健全“三级联动”（省、市、区）就业服务体系，新增就业1.64万人，城镇登记失业率控制在3.1%以内。解决9557户群众房屋办证遗留问题，3951户中低收入家庭住进保障性住房。完成住房保障租金补贴596户、实物配租资格审核5060户、社会房源收储2300户。新建“居家养老服务示范站”8个，新增养老床位1299张，提供无偿为老服务8.36万小时。创建“食品安全示范街”4条、“标准化零售药店”282家，顺利通过“陕西省食品安全示范区”市级验收。

（莲湖区政府办）

中共莲湖区区委、人大、政府、政协、纪委

区委书记　和文全
副书记　王　军
区人大常委会
主任　吴俊毅
副主任　白秋分（女，回）
　徐志刚　屈静珍（女）
　孙立明
区长　和文全
副区长　郝生旺
　姚小玲（女，回）
　刘一平（回）
　王　岩　肖红亮
　董　旭　缪宝辉（挂职）
区政协主席　陈宝玉（回）
副主席　高贵林　张　萍（女）
　孔令国　刘庆明
区纪委书记　刘永毅

灞桥区

◆概况　2017年，灞桥区辖7个街道办事处、50个社区居民委员会、89个行政村委会。土地面积3.24万公顷，耕地面积3035.13公顷。户籍人口47.27万人，出生人口5423人，出生率11.53‰；死亡人口2440人，死亡率5.18‰；人口自然增长率6.35‰。有少数民族32个，人口3599人。

灞桥区2017年经济与社会发展主要指标

指　标	单　位	数　量	同比增长率（%）
地区生产总值	亿元	428.35	13.8
地方财政一般预算收入	亿元	19.18	7.3
地方财政一般预算支出	亿元	29.37	13.5
全社会固定资产投资额	亿元	678.3	16.7
社会消费品零售总额	亿元	232.31	15.7
规模以上工业增加值	亿元	36.42	3.3
实际利用外资	万美元	9601	6.0
城镇居民人均可支配收入	元	39794	8.2
农村居民人均可支配收入	元	22280	9.0

◆**农业与农村经济**　2017年，灞桥区农林牧渔及服务业围绕“农村发展、农业增效和农民增收”目标，通过项目拉动、园区带动、资源整合等方式，加快现代农业发展。第一产业总产值363717万元，比上年增长5.1%。其中，种植业总产值282115万元，增长4.3%；林业总产值3755万元，增长403.4%；牧业总产值38876万元，增长5.4%；渔业总产值1096万元，增长13.9%；农业服务业总产值38875万元，增长2.7%。农村常住居民人均可支配收入22280元，增长9.0%。粮食总产量达到1.72万吨，完成目标任务（1.7万吨）的101%；蔬菜产量达到17.08万吨，完成目标任务（14万吨）的122%；果品总产量10.47万吨；肉、蛋、奶产量分别达到0.28万吨、0.17万吨和1.12万吨。有示范园42个，其中“国家级示范园”2个、“陕西省示范园”4个、“西安市示范园”13个。绿化造林33.33公顷，完成义务植树99万株，占全年90万株总任务的110%。上报各类农业项目36个，总投资2706万元。其中，省级财政资金1216万元；自筹资金1490万元。粮食机械化收割4333.33公顷，其中小麦3333.33公顷、玉米1000公顷。粮食机播面积3666.66公顷，其中小麦2333.33公顷、玉米1333.33公顷。秸秆综合利用面积4733.33公顷，秸秆综合利用率达到99%以上。全面推进“互联网+农业”，与淘宝、京东等网络平台合作，完成樱桃品种改良1333.33公顷，线上销售樱桃、葡萄2300余吨。实施农业品牌战略，认证无公害基地20家，产品26个；认证绿色食品4家，产品5个。大力发展创意农业、休闲农业、景观农业，中荷夸特纳斯现代农业育种育苗中心项目签约；白鹿·云水台、润荷亲子教育体验农园等项目建设进展顺利；白鹿原葡萄主题公园丝路风情街、鲸鱼沟生态园艺博览园（三期）建成开园。

◆**工业**　2017年，灞桥区开展亲商助企活动，新型工业加速升级。建立规模以上工业企业88家（区属61家）。完成规模以上工业总产值143.81亿元，比上年下降2.6%，其中规模以上工业增加值36.42亿元，增长3.3%。完成工业投资6.96亿元，增长6%。其中，轻工业总产值55.42亿元，增长15.7%；重工业总产值88.38亿元，增长-11.3%。完成工业技改投资2.66亿元，增长11%。净增民营企业1333家，非公经济增加值占地区生产总值比重53.2%。为32家工业企业申请上级各类扶持奖励资金合计2458万元，兑现617万元。新增规模以上工业企业5家。完成鑫辉钢铁、西安庆华民爆、大唐灞桥热电厂等技改项目12个。出台《灞桥区加快陕西佰鸿发展支持政策》，强力推进军民融合产业发展，编制完成《洪庆新城军民融合产业园发展规划》及《洪庆新城军民融合产业园建设总体方案》，与航天动力技术研究院、航天推进技术研究院签订战略合作协议。赴辖区59家规模以上工业企业，加快企业存在问题督办，办结问题76项。开展安全大检查60余次，整改隐患13处，工业和加油站无重特大安全生产事故发生。全力抓好“铁腕治霾，保卫蓝天”工作，摸排“散乱污”企业249家，完成整治136家。加强工业项目建设，大唐灞桥热电厂11号、12号机组环保超低排放改造工程项目，总投资10758万元，完成投资9000万元。

◆**招商引资**　2017年，灞桥区围绕“建设宜居灞桥，打造最美城区”总目标，引进国资44.95亿元，完成目标任务的642.14%；引进民资162.34亿元，完成目标任务的318.32%；利用外资9600.9万美元，完成目标任务的100.01%。外贸进出口总额8723万元，完成目标任务的145%。2017丝绸之路国际博览会暨第二十一届中国东西部合作与投资贸易洽谈会签约项目全部履约，资金到位率76.19%，竣工投产率18.18%。突出精准招商和产业集群、产业链招商，围绕“生态文化旅游+”“军民融合+”和高新技术、高端商贸等领域策划包装项目83个，总投资847.8亿元。引进项目25个，其中1亿元以上项目16个、10亿元以上项目9个，合同引资567.35亿元，创造历年招商引资工作新纪录。单体投资额最大的项目——投资270亿元的洪庆新城军民融合产业园签约落地；投资80亿元的方家村棚改项目带动周边片区迅猛发展；投资20亿元的新城吾悦广场商业综合体项目开建；投资13.85亿元的四季蓝城健康小镇和陕西颐高电子产业园总部项目签约落地；堡子村特色商圈累计投资28.6亿元，引进投资额1000万元以上商业项目6个、楼宇经济企业15家。

◆**商贸服务业**　2017年，灞桥区围绕打造“最美城区”总目标，着力提升商贸服务业品质。实现社会消费品零售总额232.31亿元，比上年增长15.7%。新增8家限额以上商贸企业，为9户新增限额以上企业争取180万元奖励资金。投资1.05亿元，引进民资项目西安华阳新天地大型综合商业体；投资1000万元，引进华阳城—永辉超市项目；投资2000万元，包装“纺厦兴苑”二期商业招商项目；投资2000万元，打造纺织城生活区集高端商场、超市、餐饮及娱乐为一体的“纺世界生活馆”。以堡子村商圈为中心，做好社会消费品零售总额统计及新增商贸企业入库工作。将洪庆综合市场、纺渭路综合市场纳入试点流通节点企业。灞柳风情街、雅歌精致酒店、欣源景致酒店建成营业，一批购物中心、品牌专卖店、连锁餐饮、影城等进驻。铁路主题公园、常乐·尚都国际文化创意街区开工建设。白鹿仓（一期）建成开业，接待游客近1000万人次。

◆**科技**　2017年，灞桥区科技局按照“政府主导、市场驱动、社会参与、模式创新”原则，扎实推进“十个一”民生工程众创空间建设工作。完成技术合同成交总金额7.55亿元，发明专利申请量280件。落实《西安市推进“5552”众创载体建设实施方案》，建成众创空间面积15.57万平方米，完成目标任务的155.7%。全年投入科技经费500万元，实施科技计划15项，培育科技示范户13户，聘请农业科技特派员11名，争取中央、陕西省、西安市资金142万元。完成招商引资3.5亿元，区内众创空间载体引进资金3500万元，引进西安蓝茗医疗科技有限公司等8家双创企业，企业在孵项目11项。围绕科技项目筛选，支持改善农村生态环境科技项目3项，投入经费15万元。

◆**教育** 2017年，灞桥区教育局按照“人文教育、全面发展”的理念和“创新管理、品质提升、追赶超越”的工作思路，推动全区教育均衡、协调、快速发展。办学条件不断改善，累计投入1.69亿元，新建学校部（室）500余个，添置仪器、图书等教学用品12万件套；校际均衡差异系数小学为0.337，初中为0.369，达到国家标准。投入1.27亿元，启动7所义务段学校改薄项目、3所学区长学校扩容项目和4所幼儿园建设项目。教育科研不断加强，完成区级304项课题的审核、结题工作，评选“优秀课题”21项，36名教师获教育部表彰。在省、市级论文和教学设计评奖中，获奖789篇。相继举办“智慧交流，品质提升”交流模式全国研讨会等3场全国性教学研讨活动。完成中职学校招生571人。教师队伍不断优化，公开招聘教师64人，完成17名研究生和16名免费师范生的招聘签约，为教师队伍注入新鲜血液。新培养“省级教学能手”6名、“市级教学能手”51名、“区级教学能手”75名，22名教师受到市政府表彰。教师年轮岗交流334人。完善督政、督学、评估监测“三位一体”教育督导体系，成立灞桥区教育督导委员会，完成第五届督学聘任，实现全区校园责任督学挂牌全覆盖，申报西安市第五十五中学为“省级实施素质教育优秀学校”。学区教育优化组合，成功组建跨行政区大学区5个和紧凑型大学区3个，全方位为群众解决“入学难”问题，新增学位2000余个，解决近5000名外来务工人员随迁子女入学问题。全面实施十二年免费教育，共计发放各类补助奖金2484.955万元，受益学生167645人次。全面落实“学生营养改善计划”，全区46所学校11657名学生享受营养改善计划。

◆**文化** 2017年，灞桥区以建设“宜居灞桥、最美城区”为目标，加快文化建设。建成16个社区、26个行政村的基层综合性文化服务中心，完成达标率20%的指标任务。开展书法、美术作品交流展600场次。参加“西安市广场舞大赛”和“西安市红五月音乐会群众歌咏比赛”活动。送戏下乡、进社区演出139场。建立157个行政村和48个社区“扫黄打非”工作机构，实现“扫黄打非”基层组织机构全覆盖。争取中央、陕西省、西安市资金1433万元，完成7项民生提升重点工作任务。投资1.5亿元，完成白鹿原·白鹿仓项目建设。

◆**卫生** 2017年，灞桥区破解看病难问题，推行家庭医生签约服务制度。截至年底，家庭医生签约服务覆盖率达30%以上，重点人群签约率达60%以上。完成“西安市优秀社区卫生服务中心”创建工作，狄寨社区卫生服务中心迎接国家建设优势服务示范社区卫生服务中心考核组验收。开展65岁以上老年人健康体检工作，完成体检人数3.1万人，体检率70%。开展孕前优生健康免费检查工作，应查人数6010人，接受检查3938人，完成率65%。“新农合”政策范围内住院费用支付比例达到73%的市考指标，“新农合”住院报销20162人次，报销金额7271.56万元，政策范围内补偿比例76.37%。健康脱贫攻坚制度不断完善，精准建档1597人，贫困人口健康档案建档率达到100%；组建28个家庭医生服务团队，服务团队对所有贫困人口实行签约式服务，签约服务631户，签约服务率100%；贫困人员参合率和大病保险率均达100%；贫困人员住院总费用220.68万元，“四重保障”补偿211.52万元，补偿比例95.84%；发放“健康扶贫卡”1597张，患病人员登记覆盖率100%。计划生育优惠政策全面兑现，国家奖励扶助1573人，计划生育合疗减免补助对象16734户，总人数39230人；审核符合条件的农村学生中考降分投档186人，其中独女67人、双女119人；31名女大学生教育资助资格通过资格初审；落实失独家庭一次性补助21户32人，补助资金48万元。

◆**劳动就业和社会保障** 2017年，灞桥区着力推动劳动就业和社会保障工作持续发展。城镇新增就业10266人，完成年度任务的118%；城镇登记失业率3.30%，低于控制目标0.70个百分点。农村劳动力转移就业48884人次，完成年度任务的101%。小额担保贷款发放5755万元，完成年度任务的103%。城乡居民养老保险参保17.5万人，待遇领取5.05万人，参保率99.9%，发放率100%。开展“春风行动”系列活动，举办洪庆专场等7场招聘会，组织用工企业2600余家，提供工作岗位6000余个，帮助1150名重点人群达成就业意向。开展“携企业入校园”系列招聘活动，组织120余家企业（区属企业58家）分别走进西安思源学院、西安科技大学、西安文理学院、西安财经学院等高校开展招聘活动7场，提供就业岗位15509个，达成就业意向988人，现场签约303人。组织来自西安思源学院等高校的300余名毕业生参观周边开发区建设和重点项目，推进“百万大学生留西安”工作。加强公益性岗位管理，安置就业困难人员376人。开展信用乡村试点工作，为洪庆街道水泉子、常王、丁张胡3个村进行“创业担保贷款信用村”授牌。新建海棠学院创业孵化基地，新增就业见习基地5家、创业实训基地2家，组织大学生就业见习88人。开展各类技能培训，培训3249人；举办创业培训班5期，组织培训532人；联合西北农林科技大学举办“农村实用人才能力提升培训班”“党建+樱桃网络销售班”，培训种植户110余人，培训白鹿仓景区入驻商户和景区员工310人。整合灵活就业人员求职登记信息，求职登记9622人，用工登记3587家企业。贫困劳动力转移就业257人，发放扶贫担保贷款1560万元，156户贫困户每月获得500元固定分红。开展机关事业单位养老保险制度改革工作，养老新系统入库275家，复核在职人员8446人、退休人员3579人；对6700余人进行指定信息调查和参保备案登记。城镇职工医疗保险参保3.37万人，城镇居民医疗保险参保10.97万人，工伤保险参保2.42万人，生育保险参保登记1.56万人，失业保险参保1.52万人。开展基本医疗保险跨省异地就医政策、费用结算流程宣传，备案职工医疗保险58人、居民医疗保险68人。召开定点医药机构签约工作会，签订服务协议107家，纳入新申请定点医药机构65家。（灞桥区志办）

中共灞桥区区委、人大、政府、政协、纪委

区委书记 贠笑冬
副书记 苗志忠
区人大常委会
主任 姜旭
副主任 孙润璋 辛华
韩锁成 朱列
区长 苗志忠
副区长 黄可 李海林
李军考 肖琦（女）
王红武 孟超
孙庆林 李勇
武渊
区政协主席 韩孝民
副主席 李剑君 肖晓宁（女）
周媛（女） 王毅刚
高向凡
区纪委书记 曹忠奎

未央区

◆**概况** 2017年，未央区下辖街道办事

未央区2017年经济与社会发展主要指标

指　标	单　位	数　量	同比增长率（%）
地区生产总值	亿元	844.53	9.2
地方财政预算收入	亿元	33.61	8.4
地方财政预算支出	亿元	33.10	4.1
全社会固定资产投资额	亿元	914.44	12.1
社会消费品零售总额	亿元	558.34	15.4
规模以上工业增加值	亿元	198.89	9.0
实际利用外资	万美元	9433	9.5
城镇居民人均可支配收入	元	40034	8.0

处10个，社区居委会137个、村民委员会66个。常住人口70.17万人，户籍人口685819人（均为城镇人口），城镇化率97.2%。

◆**农业与农村经济**　2017年，未央区农业与农村经济发展状况良好。全年实现农业总产值13836万元，比上年下降9.0%，其中农业产值2942万元、林业产值1536万元、畜牧业产值6648万元、渔业产值677万元、农林牧渔服务业产值2033万元。全年免疫接种各种畜禽疫苗18.1146万头（羽、份），免疫率、挂标率、建档率均为100%，疫苗利用率95%以上。猪、牛、羊、禽类肉产量共计2510吨，奶产量270吨。划定全区畜禽禁养区，关闭畜禽养殖场（户）367个。夏秋两季秸秆综合利用率100%。高度重视植树绿化工作，区级四大班子开展义务植树8次，全区组织义务植树活动43次，完成各类苗木栽植90.7万株。驻村帮扶任务进展顺利，在2016年帮扶鄠邑区5个市级重点村基础上，新增鄠邑区2个村和蓝田县10个村帮扶任务。累计投入资金1700余万元，完成帮扶村基础设施、公共服务、产业发展项目195个，组织开展健康扶贫、教育扶贫、技术培训等帮扶活动68次，1.5万人受益。

◆**工业**　2017年，未央区按照“调结构、促投资、稳增长”的产业发展思路，推进工业企业“扶强做大”。按照“一企一策”“一事一议”的原则，开展区领导“一对一”包抓活动和100名处级领导干部“亲商助企”活动。全年赴企业帮扶3000余人次，解决企业在土地、资金等方面突出问题73件。切实做好重点工业投资项目跟踪服务，西安航空发动机（集团）有限公司完成技改项目投资9000万元。全年申报“科技小巨人”企业4家，完成科技计划项目立项37项，匹配资金2036.78万元。联合西北有色金属研究院、北大科技园，举办“西安硬科技大会·新材料协同创新发展论坛”，西安新材料科创中心、未央区西航军民融合产业园揭牌。

◆**商贸**　2017年，未央区加快引进总部经济、楼宇经济等新兴产业，以未央路、大明宫等商圈建设为重点，制定建设方案并召开会议推进。强化协调服务，为四海唐人街、盛龙广场等项目引进知名品牌牵线搭桥，对空闲楼宇进行推介。咖啡街区、创业街区开街，引入星巴克、猫屎咖啡等知名品牌数十家。聚力招商引资“一号工程”，中共未央区委、未央区人民政府主要领导洽谈对接项目200余次，带队赴北京、上海、广州、深圳等地招商16次。组团参加2017丝绸之路国际博览会暨第21届中国东西部合作与投资贸易洽谈会、2017首届世界西商大会等各类招商活动20场，签约百亿级招商项目5个，策划包装百亿级项目29个。2015—2017年，未央区在西洽会上签约合同项目20个，实际开工项目19个，开工注册率95%；签约投资额671.7亿元，应完成投资额387.3亿元，实际完成投资额177.8亿元，资金到位率45.9%；实际竣工投产项目9个，竣工投产率65.7%。

◆**重点项目建设**　2017年，未央区树立“项目为王，项目为先”理念，多次组织项目调研活动，定期通报项目进展，通过呈送提醒单、悬挂作战图等形式，及时发现项目存在问题。参加全市3次集中开工项目共计16个，总投资113.95亿元，年计划投资23.81亿元。截至年底，72个区级重点项目完成投资159.3亿元，占年计划的129.12%，其中16个市级在建项目累计完成投资76.54亿元，占年计划的147.79%。市、区两级重点项目均超额完成年度投资任务。

◆**社会事业**　2017年，未央区各项社会事业全面推进。实施第二、第三期《学前教育三年行动计划》，完成长乐第三幼儿园等5所幼儿园建设。全年审批注册民办幼儿园13所，审批认定普惠性幼儿园6所。投资7600万元，完成西安航空发动机（集团）有限公司第二中学综合楼、体育馆，西安航空发动机（集团）有限公司第四小学综合楼，滻沱小学综合楼建设项目。投资3417万元，完成6所薄弱学校改造、29所学校绿化项目及10所学校改厕项目。西安市第六十六中学、西安市第七十五中学晋升“陕西省示范高中”，全区“陕西省示范高中”占比达27%，提前完成计划任务。实施“大学区管理制”改革，开展“紧凑型大学区”和“跨行政区域大学区”建设，紧凑型大学区占比20%，跨行政区大学区实现全覆盖。在全市率先推行城市公立医院“两票制”（药品从药厂卖到一级经销商开次发票，经销商卖到医院再开一次发票）试点，政府举办的基层医疗机构和未央区中医医院“三统一”（统一采购、统一价格、统一配送）药品网上采购金额比例、配备率均为100%。全面开展家庭医生签约服务，常住人口签约238181人，签约率38.1%；重点人群签约125356人，签约率68.36%。新农合参合68282人，参合率100%，补偿总额252.25万元。推进计划生育“两项工程”，母亲健康工程检查26845人，完成率101.21%，治疗率94.60%；孕前优生健康检查6200人，完成率97.03%。未央区获“全国基层中医药工作先进单位”荣誉称号。开展第三次全国农业普查，推进城乡社区服务体系建设，基本实现社区管理全覆盖。“三小”（食品小作坊、小餐饮及校小摊贩）综合整治工作经验在陕西省推广，食品安全责任保险试点经验在西安市推广。扎实开展“七五”普法宣传，持续打造“三微一体”（微博、微信、微视一体化）普法新模式，在华远君城建成全市首个“法治文化长廊”。组建未央区法律专家调解委员会，成功调解矛盾纠纷451起，总涉案标的1.4亿元。开展信访积案化解百日活动和竞赛活动，全年化解积案37件，占总量的80%，化解案件数和完成率均排名西安市第一位。

◆**劳动就业与社会保障**　2017年，未央区城镇新增就业12476人，农村劳动力转移就业15215人，失业人员再就业4524人，完成年目标的110.61%，城镇登记失业率控制在3.3%以内。低保对象保障金标准连续提高，将城市低保标准提高至640元/（人·月），发放保障金和各类补助1012.8万元，救助困难群众1253人次。完成社保综合柜员制新系统的上线运行和77家零售药店、45家医疗机构的协议签订工作，社保征缴和基金支出工作进展平稳顺利。建成居家养老服务站25个、“农村幸福院”7个，增设社会养老床位207张。持续推进“大众创业，万众创新”，投入运营“优+”“乐创POWER”等众创载体11个，投入使用面积18.3万平方米，入孵企业团队517家。推进“孵化基地品牌体系建设”和“创业服务平台建设”，举办未央区文化创新创意论坛活动，实现区内综合高校SYB（创办你的企业）创业培训全覆盖，发放小额担保贷款5018万元，创业培训1150人。实施“人才新政23条”和“人才引进工程”，配备高品质人才公寓110套，引进国家级领军人才1名，吸引学历及人才落户13044人。（齐　倩）

中共未央区区委、人大、政府、政协、纪委

区委书记　汪文展
副书记　梁晚晴（女）　陈选良
区人大常委会
主任　陈伟华
副主任　李亚军　袁晓莉（女）　张永亮　杨双梨
区长　梁晚晴（女）
副区长　杨军　徐斌　王小璞　王社信　王惠增　程希文　聂文斌　张永辉
区政协主席　任太龙
副主席　张广琦　李淑萍（女）　王红运　窦芳（女）
区纪委书记　崔诗越

雁塔区

◆**概况**　2017年，雁塔区辖10个街道办事处，153个社区居民委员会、64个村民委员会。土地面积151.44平方千米，城镇化率100%。户籍人口95.03万人，常住人口125.49万人；人口出生率10.4‰，自然增长率5.07‰。有少数民族46个，共1.8万人。

◆**农业和农村经济**　2017年，雁塔区农业工作，围绕农村产权制度改革、农产品质量安全监管等多项工作稳步开展。出台《雁塔区关于全面落实河长制的实施方案》，在皂河、沣惠渠（雁塔段）6.3千米流程，落实河长18人、警长3人。建立“河长制”微信工作群和河长巡查机制，开展“脏、乱、差”专项整治活动，清运垃圾3000余立方米，拆除沿河违章建筑31处5000平方米，封堵排污口45个。启动沣惠渠景观提升工程，完成皂河鱼化段绿化改造，实现“河畅水清、岸绿景美”的目标。依据《雁塔区稳步推进农村集体产权制度改革实施方案》部署，完成大雁塔街道太平堡、长延堡街道西三爻堡和电子城街道丁家村3个试点村的清产核资、股民身份界定、股份量化。按照《雁塔区农产品质量安全网格化管理实施方案》要求，落实社区农村“农产品安全监管员”制度，做到监管对象“全覆盖”，全年完成西安市农业和林业委员会下达的500批次快速检测任务。检测“瘦肉精”、生鲜乳违禁物质添加等指标全部合格，未发生农产品质量安全事件。完成西安市下达的自备井封停6眼和对农村所有自备井进行2次人饮水质安全检测任务。对82个二次供水设施的安全、卫生等情况进行检查，对其中存在安全、卫生隐患的12家单位提出整改要求。

西安小寨夜景

雁塔区2017年经济与社会发展主要指标

指　标	单　位	数　量	同比增长率（%）
地区生产总值	亿元	1521.15	8.5
地方财政一般预算收入	亿元	44.92	2.8
地方财政一般预算支出	亿元	36.10	2.8
全社会固定资产投资总额	亿元	1061.91	19.1
社会消费品零售总额	亿元	782.59	9.6
规模以上工业增加值	亿元	129.85	5.6
实际利用外资	万美元	9483	10.5
城镇常住居民人均可支配收入	元	40660	8.0

◆**工业**　2017年，雁塔区全面落实国家、陕西省、西安市全力推进工业企业发展实施意见，指导企业申报国家、陕西省、西安市和雁塔区有关扶持工业企业发展专项资金补助及奖励项目，共计13个批次，涉及企业55家，获取扶持奖励资金1266万元。区属工业投资总量超2.27亿元，增速76.8%，位列西安市第三位。全年实现规模以上工业增加值129.9亿元，比上年增长5.6%；完成规模以上工业总产值590.9亿元，其中轻工业、重工业分别完成产值89.5亿元和501.4亿元，占产值比重分别为15.1%和84.9%。鱼化工业园新增入园企业25家，企业总数超过180家，其中4家跻身陕西省梯队增长企业行列。

◆**商贸服务业**　2017年，雁塔区通过政府搭台、企业唱戏的形式，推动“互联网+流通”在雁塔区落地融合发展，持续引导商贸企业开展新春年货促销和“五一”、“十一”、中秋消费等活动。不断加大小寨商圈和雁南商圈建设，及兴善寺西街历史文化主题街区的资金扶持、招商推介力度。城市立方综合体建成运营，3个商贸项目开发在即，新增商业面积20万平方米，消费总额超过248亿元。构筑以“10分钟生活便利圈”为标志的社区商业体系，新增各类社区商业、服务业网点110个。确定雁塔区现代服务业发展专项资金支持重点方向和项目，强化对企业的培育和扶持措施，为辖区15家商贸企业争取扶持资金380万元。举办首届西安雁塔大学生青春设计博览会和“青春飞扬创业节”，展出面积1万平方米，参展单位

20余家，展出作品2600件，观众达3万人次。全年完成服务业审批、备案项目85个，总投资134.73亿元。新增规模以上服务企业11家，服务业增加值比上年增长11.5%。实现社会消费品零售总额782.6亿元，增长9.6%。

◆招商引资　2017年，雁塔区全力推进招商引资“一号工程”，坚持每月1日或每周一抓大项目的招商洽谈和落地协调制度。围绕“楼宇招商+土地招商”，不断加强写字楼的包装推介力度。在推出的30个重点招商项目中，“楼宇+土地”项目达24个，涉及投资需求700亿元。为引进世界500强企业、中国500强企业和央企及陕西省内各大企业前来投资，先后组团赴上海、南京、成都、杭州等多地开展招商活动300余场次。中共雁塔区委、雁塔区人民政府主要领导对接拜会中国建筑第八工程有限公司、宜家购物中心（中国）管理有限公司、苏宁集团、北京广安控股有限公司等多家企业、商会负责人430余人次。借助2017丝绸之路国际博览会暨第二十一届中国东西部合作与投资贸易洽谈会、2017首届世界西商大会等平台，举办“浙商西进、回归雁塔兴业”重点项目签约仪式等主题推介活动，签约项目26个，总投资555.6亿元，与4家央企、国企和4家金融机构签订合作协议，争取授信126亿元。华侨城（总投资40亿元）、宜家荟聚购物中心（总投资50亿元）、碧桂园幸福城市（总投资120亿元）等一批重大项目落户。全年实际引进和利用“五资”总额达179.9亿元，比上年增长178.9%。其中，外资9842.6万美元，内资30.53亿元，民资127.89亿元，央资4.6亿元，融资10.19亿元。

◆重点项目建设　2017年，雁塔区持续强化项目引擎作用，继续坚持领导包抓、专人负责、跟踪服务等一系列有效措施，深入开展投资环境整治专项行动，解决项目落地难、进度慢等问题。1月，举行西安市扩大有效投资重大项目开工雁塔分会场开工仪式；5月，承办西安市第二批扩大有效投资重大项目集中开工仪式；9月和10月，分别组织参加西安市第三批扩大有效投资重大项目集中开工仪式和西安市重点项目冲刺攻坚观摩大赛。组织参加集中开工仪式的15个项目全部开工。截至年底，全区108个重点建设项目完成投资167.9亿元，占年计划的130.6%；24个市级重点在建项目完成投资115.05亿元，占年计划的146.2%。

◆教育　2017年，雁塔区持续加大投入优化教育资源配置力度。全年投入9亿元，新建中、小学8所，新增校舍面积15.6万平方米。完成30所学校全面“改薄”、学区长学校品质提升工程项目，全区义务段学校硬件设施全部达到省级一类办学标准。新组建紧凑型大学区7个，有39所学校分别与蓝田、阎良、西咸新区等学校组建为跨行政区大学区。进一步完善分层“走班制”教学模式。全面启动“弹性离校”试点工作，为正常放学后家长接送困难的学生提供延时照顾服务。完成国家、陕西省、西安市和区各级各类教师业务培训50余项，培训教师6937人，建立“雁塔区名师工作室”16个，新增陕西省教学能手15人、西安市教学能手133人、雁塔区教学能手120人。西安航天中学、西安育才中学晋升“陕西省示范高中”；西安电子科技大学附属中学太白校区晋升“陕西省标准化高中”。新增雁塔区平安校园5所、西安市平安校园3所、西安市平安校园1所。新增市级一级园2所、市级二级园4所、市级三级园4所。雁塔区第五幼儿园开园；嘉祥、伊禾木等幼儿园通过审批；曲江第一幼儿园等4所幼儿园进入审批程序。全年接待有关党风、政风、行风建设群众投诉46件，其中涉及教育收费12件，清退各类违规资金43.3万元，联合查处无证民办办学机构468家。“义务段学生营养改善计划”覆盖学校76所，惠及学生2.75万人。雁塔区创建成为“全国义务教育发展基本均衡区”。

◆科技　2017年，雁塔区建成众创空间载体18个，投入运营面积29万平方米，入驻企业或团体392个，吸纳创业人员2411人。创建博士后和人才工作创新基地3家，建成陕西省首家艺术类创业孵化基地，列入陕西省重大科技创新计划企业5家。举办创业大讲堂、创新实践大赛、项目资金对接会、创业导师座谈会和“逐梦雁塔”创业行等各类创新创业活动200余场次，参与人数达1万余人次。先后组织推荐辖区37家企业争取各级各类科技支持资金1100万元。筛选评审确认5个“科技企业小巨人”项目，列入区级科技计划予以支持。培育推荐认定国家高新技术企业60家，认定西安市高新技术企业32家。投入20余万元，在西安市率先建立社区科普e站4个、社区科普信息化管理示范点7个。全年开展科普讲座、社区第二课堂活动等科普进社区活动380场次。组织开展雁塔区第三十二届青少年科技创新大赛，评选出212项优秀作品代表雁塔区参加西安市、陕西省和国家级评选，获得国家级奖项1项、省级奖项32项（其中一等奖7项）、市级奖项187项（其中一等奖33项），有3个奖项代表陕西省参加全国青少年科技创新大赛。全年专利申请量3.7万件，授权量超过1万件。

◆文化　2017年，雁塔区举办的文化惠民活动贯穿始终。先后举办“喜迎新春、多彩雁塔”群众文化体育精品节目展演、“喜迎十九大、共筑中国梦”2017西安市城市社区艺术节、“元宵节”灯谜竞猜和重阳节惠民演出等一系列形式多样、覆盖面广、社会效益好的文体活动1056场。在社区、农村、广场及农民工集中的建筑工地放映公益电影980场。向52家星级书屋奖励图书1.17万册，向8个社区投放图书2500册，建成“书香雁塔阅读吧”20家和“书香雁塔小书屋”20家，在西安市率先实现基层图书室全覆盖。基层综合性文化服务中心达标率超过40%，雁塔雕塑示范街高标准建成开街。重点打造“大师之路”音乐长廊，建成西安音乐之城的核心板块，并通过“高端演出+日常演出+公益演出”的演出组合，塑造雁塔区音乐演艺新格局。认定和登记“陕西省非物质文化遗产项目”5个、“西安市非物质文化遗产项目”12个和省级传承人3人、市级传承人3人、区级传承人26人。落实全区127处不可移动文物的管护负责人。全年受理文化市场各类举报40余件，组织开展各类文化市场执法检查300余次，收缴盗版光碟5000余盘、盗版图书3.5万册，如期办结陕西西安“10·13”非法印制非法出版物案。

◆卫生　2017年，雁塔区出台《雁塔区2017年深化医药卫生体制改革实施方案》，新建社区卫生服务中心2家、服务站6家，全区实施基本公共服务的社区卫生服务中心、站和村卫生室达到108家。在全区推行分级诊疗制度，基层首诊超过30万人次。先后组织“名医进社区、送诊到万家”活动357场次，现场直接受益群众超过9万余人次。“八苗”（卡介苗、乙型肝炎疫苗、脊髓灰质炎疫苗、麻疹减毒活疫苗、甲肝疫苗、流脑疫苗、无细胞百白破疫苗、麻腮风疫苗）全程接种率达90%以上。区域卫生信息平台实现区域医疗卫生和居民健康共享，通过该系统建立健康档案81万余份，接诊病人24万余人次，开出电子处方约36万份。全区高血压病建档8.48万人，Ⅱ型糖尿病建档3.14万人，规范管理率分别为85.29%和85.69%。依据《雁塔区关于推进医疗卫生与养老相结合工作实施方案》，培育市级试点单位2家、区级试点单位3家，探索出“医+养”“养+医”和建立“医养联合体”与医养结合工作向家庭、社区延伸等4种模式，组建家庭医生服务团队144个，常住人口家庭医生签约服务42.38万人，其中重点人群签约18.21万人，签约率为65%，比上年增长46%。在西安市率先组织29家辖区医疗机构“一对一”结对帮扶周至县马召镇、厚畛子镇15个村卫生室，先后开展健康帮扶活动77次，义诊惠及群众4800余人次，免费发送药品计价5.47万元，赠送医疗器械、药品价值和资助现金共计23万元。全年出动卫生监督执法人员1370余人次，开展依法执业专项检查，打击取缔非法行医103家，罚款4.68万元，向公安机关移交非法行医案件4起。

◆劳动就业与社会保障 2017年，雁塔区制定《2017年就业创业扶持政策》，创建培育帮扶等创业基地14家，开展“就业进校园”等各类招聘会63场，提供就业岗位1万余个。开办家政、物业管理等各类培训班51期，参与培训学员1813人。全年城镇新增就业1.6万人，失业人员再就业6456人（其中就业困难人员再就业2606人），城镇登记失业率控制在3.3%以内，农村富余劳动力转移就业1.5万人次。全区城镇基本医疗保险参保率98.5%，城镇居民、职工医疗保险参保分别为25.66万人和6.2万人，基金征缴收入1.8亿元。城乡居民基本参老保险参保登记4.41万人，参保率99.46%。领取养老保险待遇人数2.23万人，待遇发放率100%。将城乡家庭人均收入低于590元的困难群众全部纳入低保，对城乡低保1294户2210人发放低保金1712.62万元。失业、工伤、生育保险参保人数分别为4.35万人、7.03万人和5.15万人，基金征缴收入分别达774万元、2517万元和450万元。新农合参合率100%，政策范围内住院支付比例77.2%，优于西安市考指标。审批保障性住房4038户，新建社区居家养老服务站19个，社区养老服务设施覆盖率92%。为全区5.7万余名70岁以上高龄老人发放高龄补贴4538.13万元。 （张树森）

中共雁塔区区委、人大、政府、政协、纪委

区委书记　赵小林
副书记　曹　宇
区人大常委会
主任　刘崇利
副主任　王新利
　　王效梅（女，回）
　　翟蒲娣（女）　王　璞
区长　赵小林
副区长　解宁元　张　秦（女）
　　贠孝民　张　军
　　岳智宏　李亚省
　　袁长伟
区政协主席　史　青（女）
副主席　王宝成　王春荣（女）
　　李小红　任睿娥（女）
　　朱红斌
区纪委书记　贾砚平（女）

阎良区

◆概况 2017年，阎良区辖2个镇、5个街道办事处，23个居民委员会、73个村民委员会。总面积244.5平方千米，耕地总面积1.61万公顷，城市建成区面积30.84平方公里。年末常住人口29.47万人，城镇化率57.31%。

◆农业和农村经济 2017年，阎良区农林牧渔及服务业总产值完成41.26亿元，增长5.1%。全年粮食种植面积14020公顷，粮食产量8.48万吨。蔬菜总产量83.88万吨。现代农业规模继续扩大，新建设施农业生产示范基地16个，创建省市级园区4个，东弘新依现代农业科技集团有限公司、北京奇幻森林魔术文化传播有限公司等高端现代农业园区启动建设。新型经营主体蓬勃发展，培育“西安市农业产业化龙头企业”1家，创建“国家农民合作社示范社”“陕西省农民合作社示范社”各1家，规范农民专业合作社10家，认定“家庭农业（农场还是农业示范园）”14个。农村集体产权制度改革全面推开，10个试点村改革任务完成，“三变”改革稳步推进。发展“互联网+农业”，农产品线上销售突破6000万元。阎良区获“国家农产品质量安全区”称号。

◆工业 2017年，阎良区工业经济平稳发展。全年全部工业增加值104.3亿元，比上年增长5.3%。其中，规模以上工业增加值（不含军工）48.37亿元，增长5.3%；规模以下工业增加值5.13亿元，增长6.1%。全区工业总产值完成375.4亿元，增长3.4%。其中，规模以上工业产值360.4亿元，增长6.7%；规模以下工业产值15亿元，增长5.%。全区规模以上工业企业总数达到101家，净增8家。区属规模以上工业企业66家，实现总产值139.1亿元，增长0.4%，实现增加值33.81亿元。开展“亲商助企”为企业服务活动，入企业服务2650人次，妥善解决问题49项。北屯园区航沿街北段、新型工业园高科路、孵化器二期等建设加快，园区承载能力提升。铁建重工项目投产，中铁机械、康迪航空等大型项目入区。推进企业梯队培育，帮助企业筹集扶持资金3482万元，协调中小企业贷款5.4亿元。着力补齐工业短板，汉能移动能源产业园、宝佛麟新能源汽车等重大工业项目签约，区域工业潜力实现跨越提升。

◆重点项目建设 2017年，阎良区全面落实“谋事一体、责任共担、合力攻坚”机制，7个过亿元项目加快推进，12个过5000万元项目主体竣工，81个重点项目超额完成年度计划，累计投资34.59亿元。设立10亿元航空城发展建设基金，理顺优化土地报批程序，新增建设预留地866.66公顷，申报储备土地80公顷，整治投资发展环境，为项目建设扫清障碍、保驾护航。富（平）阎（良）连接线建成通车，路网工程、园区供水工程加快建设，石川河综合治理工程向北段延伸，将与富平连接贯通。中共陕西省委、陕西省人民政府印发《关于支持富阎一体化发展的指导意见》，富（平）阎（良）一体化发展上升为陕西省、西安市战略，《富阎城市协同发展总体规划》加快编制。西（安）延（安）高铁完成站点选址，西阎快速干道、西飞一中东路、人民东路雨水管网、城市供水复线顺利推进，航空城大道、迎宾大道、振兴路综合管廊

阎良区2017年经济与社会发展主要指标

指　标	单　位	数　量	同比增长率（%）
地区生产总值	亿元	240.21	7.0
地方财政一般预算收入	亿元	11.89	-7.4
地方财政一般预算支出	亿元	23.95	3.8
全社会固定资产投资	亿元	180.27	12.9
社会消费品零售总额	亿元	45.59	10.6
规模以上工业增加值	亿元	48.37	5.3
实际利用外资	万美元	3000	7.1
城镇居民人均可支配收入	元	39914	8.1
农村居民人均可支配收入	元	22034	8.7

加快建设。全面建成中航城市广场、城东四季广场、人民路雕塑示范街、西飞大道4条亮化示范街和前进西路等5条绿化示范街。绿化城乡道路13条，新增、提升绿化面积13.3公顷，植树造林223.33公顷。

◆招商引资　2017年，阎良区充分借力2017丝绸之路国际博览会暨第二十一届中国东西部合作与投资贸易洽谈会、2017首届世界西商大会、2017首届全球硬科技创新大会等平台，重点推介阎良资源优势和重大投资项目，吸引145批次326家企业818人前来考察，达成重点意向项目30项。全年签订合同项目52项，总投资299.19亿元。全力实施“项目突破行动”，全面强化项目日常管理，严格落实重点项目周协调、月通报、季考核制度，严厉打击破坏投资环境违法犯罪，营造良好投资营商环境。20项市级重点项目投资20.92亿元，81项区级重点建设项目投资34.59亿元。

◆商贸、旅游　2017年，阎良区发布《全域旅游发展白皮书》，编制旅游发展规划，加快旅游业发展。航空科技小镇、羊乳特色小镇跻身首批“西安市特色小镇”创建序列。栎阳湖景区功能不断完善，航空科普旅游人气攀升，成功举办甜瓜、相枣等旅游节会。全年接待游客296万人次，旅游综合收入达到4.8亿元，比上年增长50%。航华梦想城、中航城市广场等城市综合体开业运营。公园南街、航空二路等商业街区快速发展。公园街市场完成改造。5个众创空间聚集区和特色区全面建成。必胜客、首映国际影城等品牌名店相继进驻。电子商务产业园投入运营，入驻电商企业70家。武屯镇创建成为“西安市电子商务示范镇”。全年新增市场主体4578户，完成“个转企”85户，新增限额以上商贸企业22家、规模以上服务企业6家。

◆科技、教育、卫生　2017年，阎良区落实创新驱动发展战略，建设使用众创空间聚集区和特色区7个，投入使用面积31.25万平方米，累计入孵企业（团队）237家，从业人员2625人，利用科技专项经费、农村文化专项资金等资金1653.78万元。全年申请专利1014件，专利授权330件，授权率32.5%。教育管办评分离改革和大学区管理制改革稳妥推进，改造薄弱学校5所，新增“陕西省教学能手”“西安市教学能手”29人。御宝小学投入使用。医药卫生体制改革深入推进，城市公立医院取消药品加成，阎良区人民医院医疗服务中心大楼建成投用，启动阎良区中医医院迁建项目。医疗联合体模式、分级诊疗制度不断完善，医药卫生体制改革全面深化。

◆劳动就业和社会保障　2017年，阎良区各类社会保险参保率稳步提升。发放小额担保贷款4344万元，扶持创业456人，城镇新增就业9315人，农村劳动力转移就业18690人次，城镇登记失业率3.1%。发放各类社会救助资金3833万元。开展“智慧养老”试点，在9个社区搭建助老服务平台，探索推行“互联网+养老业”模式，新建“农村幸福院”12个。全面完成投资2.72亿元的21项惠民实事项目。建成公租房588套，配售经济适用房733套。精准实施脱贫措施，建成产业脱贫基地10个，创新推行“健康扶贫卡”就医机制，实施产业帮扶362户、就业帮扶33人、健康帮扶1347人次，农村危房修缮改造77户。（刘　敏）

中共阎良区区委、人大、政府、政协、纪委

区委书记　王育选
副书记
区人大常委会
主任　刘宗峰
副主任　于　莉（女）　孙晓雷　车振江　李彦斌
区长　王育选
副区长　贾轶昊　权利军　樊增文　舒元华　张红花　何　侃　满　杰　董海峰
区政协主席　张　军
副主席　何　彧　李小刚　李西安
区纪委书记　卫志强

临潼区

◆概况　2017年，临潼区辖23个街道办事处、42个居民委员会、226个村民委员会。面积915平方千米，耕地面积47334公顷，城镇化率34.9%。常住人口68.99万人，人口出生率11.16‰，人口自然增长率6.02‰。有少数民族23个，共1543人（含高校）。

◆农业和农村经济　2017年，临潼区严守耕地红线，确保粮食安全，粮食种植面积稳定在63666.67公顷，总产量30.5万吨。全面完成农村土地承包经营确权颁证，44个村完成集体产权制度改革。粮改饲试点成效显著，推广优质青贮玉米4666.67公顷，全区143家规模养殖场实施带棒青贮玉米收储18.95万吨。完成人工造林233.33公顷，栽植侧柏、油松68.25万株。增绿美化完成117.17公顷，西安市排名第一。投资8614万元，完成临潼区奶牛标准化规模场、临潼区现代农业园区、国家森林城市临潼区都市水源涵养林建设项目。新认定“西安市现代农业园区”4家、“临潼区现代农业园区”9家，新增“西安市农业产业化重点龙头企业”4家，创建“西安市休闲农业示范园”5家。编制《苗木花卉产业发展总体规划》，新增苗木花卉产业基地133.33公顷、花卉企业17家。新发展杂果经济林225公顷。投入50万元资金用于建设优质石榴种苗圃，免费发放石榴树苗2万株以上。“骊优”石榴、“九娃”石榴获第二十四届中国杨凌农业高新科技成果博览会“后稷奖”；临潼石榴获农业部农产品地理标志认证。依托京东、浙江云集微店、中国网库等互联网平台将临潼石榴推向全国，网销比例超过50%，石榴价格每千克上涨1元以上。

◆工业　2017年，临潼区工业生产形势逐步好转。全年规模以上工业总产值247亿元，完成年计划的103.78%，比上年增长14.1%。规模以上工业增加值完成44.5亿元，增长8%。临潼现代工业组团坚持产、城融合发展，全年投资47.6亿

临潼区2017年经济和社会发展主要指标

指　标	单　位	数　量	同比增长率（%）
地区生产总值	亿元	221.01	9.6
地方财政一般预算收入	亿元	12.79	11.8
地方财政一般预算支出	亿元	40.67	5.9
全社会固定资产投资	亿元	171.53	21.0
社会消费品零售总额	亿元	96.47	13.9
规模以上工业总产值	亿元	44.52	8.0
实际利用外资	万美元	1102	-63.6
城镇居民人均可支配收入	元	33261	8.2
农村居民人均可支配收入	元	17859	9.0

元，奈森特种车辆、中洁新风系统、四医大产业化项目建成投产。开展亲商助企活动，帮助企业争取资金1400万元，解决了西安邦淇制油科技有限公司、内蒙古伊利实业集团股份有限公司、陕西银河电力杆塔有限责任公司等企业气源气价、房产证办理历史遗留等问题。安慕希生产线、长久物流、恒远生物等项目建成投产，新增规模以上工业企业11家，净增6家。规模以上工业增加值增速从一季度的-31.8%，提高到四季度的14.1%，提高26.89个百分点，连续12个季度生产下降的局面发生根本改观，实现正增长。

◆招商引资 2017年，临潼区把招商引资作为“一号工程”，制定完善招商引资优惠政策、考核办法等。全年接待客商282批次，签约项目总投资1444亿元，分别是上年的7倍和2.3倍。其中，投资10亿元以上的项目8个，是上年的8倍；签订3个投资超过300亿元的重量级项目。在2017丝绸之路国际博览会暨第二十一届中国东西部合作与投资贸易洽谈会期间，签订总投资838亿元的44个项目。其中，合同项目20个，总投资271亿元；意向项目24个，总投资566亿元，涉及工业制造、商贸物流、旅游、文化、农业生态以及基础设施建设等领域。特别是引进大连环嘉集团、陕西稻田医疗服务集团有限公司等总部经济企业；引进天山集团、依必安派特、兴业太阳能3个总投资20亿元的外资项目，实现临潼近20年来无外资落户的新突破；国耀圣康总部经济项目从洽谈到落地仅用55天，刷新项目落地速度。全年引进央资77.73亿元、民资80亿元、内资45亿元；引进外资3205万美元，完成年度任务106.8%。

◆重点项目建设 2017年，临潼区安排区级重点建设项目126个。其中，重点在建项目100个，总投资800亿元，完成投资205亿元，达到年计划投资的102.5%；23个市级重点在建项目完成投资89.5亿元，占年计划投资的145.2%。截至年底，100个在建项目完成全部开工，完成年计划投资任务的100%。

◆商贸、旅游 2017年，临潼区加快兵马俑、大唐华清城商圈建设，度假区王府井赛特奥莱、悦椿、雅致东方成为西安市体验型商业项目标杆。设立电子商务扶持专项资金，推动北京京东世纪贸易有限公司、阿里巴巴网络技术有限公司入驻。举办“电商企业年会”“全民共享电商启动仪式”等一系列活动，掌合天下、惠农电子商务入驻农村，建成惠农电子商务村级服务站210个，新增限额以上电商企业2家、1亿元以上电商企业1家。商贸服务业工商登记注册企业3500家，其中私营企业160多家、个体经营企业3300多家，市场机制配置资源的基础性作用得到进一步发挥。初步形成以批发市场为主导，零售市场为主体的多层次、多类别的商品市场体系，百货、副食品、农资、家电、餐饮、药品等行业实施连锁经营。有各种商业网点2000多个、集贸市场16个，营业面积约47750平方米，其中中心城区有商业网点1200个，营业面积约7万平方米，从业人员8000多人。有综合型超市10家、酒店宾馆130多家。全年社会消费品零售总额96.47亿元，比上年增长13.9%。组建临潼区旅游发展委员会，成立全国首个区（县）级旅游购物退货中心，退货260起，退款120万余元。以“烟头革命”为切入点，全部完成西安市旅游发展委员会制定的全年新建、改建旅游厕所任务。国家第三届全域旅游和全省“旅游厕所革命”现场会在临潼区召开，中央电视台《发现之旅》栏目专题宣传推广。陕西省、西安市、临潼区共建兵马俑大景区正式启动，争取西安市财政1亿元支持资金，举办兵马俑骊山大景区规划国际竞赛，总体规划取得阶段性成果；铜车马博物馆启动迁建，环境整治拆迁全面完成，绿化景观提升项目初显成效。强化规范管理，提升服务质量，开展景区集中检查9次，完成1800余名导游人员年审培训工作。“智美临潼”旅游平台开通。全年检查景区（点）8个、旅游饭店15个、购物点12个，查处问题20余件，下发“整改通知书”6份。整治“黑车野导”，出动车辆600台次、人员2000余人次，检查导游900人次，查处违规导游70人次，批评教育18人次；抓获“野导”120人次，拘留85人，行政处罚30人次；检查涉嫌非法从事旅游车辆110台次，查扣非法营运车辆85台，旅游市场环境进一步优化。高标准策划大景区建设，召开秦始皇陵•兵马俑景区与骊山大旅游区国际竞赛专家评审会，编制《秦始皇陵•兵马俑景区与骊山大旅游区总体规划》。推进重点项目建设，大秦骊宫完成投资2.55亿万元；栎阳古邑完成投资4870万元。开展“五星级服务”主题竞赛活动，成立西安导游行业协会临潼分会，景区密集点设立“义务引导员”，指导游客出行，解答游客咨询，成立“学雷锋”志愿服务队伍。全年接待游客4669万人次，旅游综合收入131亿元，比上年增长60%以上。

◆科技 2017年，临潼区完成技术合同总金额5亿元，专利申请286件，授权110件，其中发明专利50件。“5552创业空间计划”载体建成9个，载体面积38.91万平方米。围绕奶畜、蔬菜、杂果三大主导产业，开展各类科技培训243场次，培训干部群众26354人。播放《农村科技致富金桥》电视栏目60期，带动周围群众采用新技术28项，转化“离心机增效技术”等科研成果2项。聘请13名“西安市科技特派员”到11个服务点开展技术服务，为农民提供技术培训10945人次，转化技术成果12项，推广先进实用技术40项。培育“西安市科技示范户”20户、“临潼区农村科技示范户”50户、“临潼区科技示范园”5个。申报“科技企业小巨人”12家，争取西安市科技企业小巨人项目资金100万元。发展“临潼区民营科技企业”5家，申报“西安市高新技术企业”3家。推进科技创新，制定《西安市临潼区“5552”众创载体建设实施方案》和《西安市临潼区支持创新创业的十条措施》，设立1000万元的“双创”工作专项资金，用于打造双创示范街区、众创载体建设等。设立1000万元科技成果转化引导基金，为科技成果转化提供“资本引擎”和“资金孵化”。众创空间入驻小微企业289家，在孵企业总人数1483人。举办“放飞梦想•创业临潼”青年创新、创业大赛。

◆教育 2017年，临潼区通过国家义务教育发展基本均衡评估验收，获陕西省人民政府授予的“双高、双普区”称号。全年教育支出87022万元。组建4个紧凑型大学区、10个跨行政区域大学区、6个结对帮扶大学区。5280名教师注册大学区优质教育资源共享平台，推送“优课”470件。实施义务教育学校“全面改薄”项目，完成投资12800万元，涉及学校23所。临潼中学、临潼铁路中学创建“陕西省示范高中”通过评估验收。创建市级幼儿园4所，为5所幼儿园争取提升项目资金350余万元，为22所大学区幼儿园申请“品质提升”资金300余万元，用于学区长幼儿园教育教学方式创新。完善教师校际交流机制，全年交流校长50人，交流教师561人。投资1973万元，完成139所中小学及幼儿园旱厕改造，新建、改建水厕面积24312平方米。137所学校全部接入10兆以上光纤，完成“宽带网络校校通”质量提升任务。投资1302万元，为144所中小学幼儿园栽植各类乔木6775棵。全年实施国家及陕西省、西安市培训项目38个，参训人数5789人，占全区教师总数的87.1%；实施区级培训项目15

个，参训人数3080人，占全区教师总数的46.4%。

◆**卫生** 2017年，临潼区持续深化公立医院改革，加快推进基本药物制度。按照改革精神，组建不同形式的区域医联体19个。新农合参合人数56.6万人，参合率99.98%。全年补偿患者2364004人次，补偿金额33656.77万元，人均次补助142.37元。全区各级各类医疗机构接诊总量358.32万人次，出院9.61万人次。其中，二级医疗机构接诊量83.84万人次；一级医疗机构接诊量38.31万人次；民营医院接诊量9万多人次。批准民营医疗机构开业诊所、医务室7所。投资4.5亿元，完成秦皇医院门诊医技楼外立面装修工程，专家公寓楼完成土方清运；投资105万元，对6家卫生院进行设施维修；为基层卫生院配发急救车8辆、全自动生化分析仪6台、五分类血球分析仪4台、彩超8台，为村卫生室配发健康一体机230台。慢性病（高血压、糖尿病）建档46018人，规范管理人数39841人，规范管理率86.58%，血压控制率67.26%；Ⅱ型糖尿病患者累计建档15038人，健康管理率30.04%，规范管理12795人，规范管理率85.08%，血糖控制率64.35%。组建临潼区妇幼保健计划生育服务中心，华清社区服务中心被国家卫生和计划生育委员会评为“全国优质服务示范社区卫生服务中心”。建成9个农村片区化中心社区、22个“农村互助幸福院”、4个社区居家养老服务站。

◆**劳动和社会保障** 2017年，临潼区落实各项就业优惠政策，拓宽就业渠道。依托职介子系统网络平台，广泛征集发布就业信息，全年向职介子系统上传招聘单位信息1039家、求职信息3803条。组织开展“春风行动”“就业援助月”“企业招聘周”等招聘活动，推进就业工作。全年城镇新增就业9152人，城镇登记失业率控制在3.2%，农村劳动力转移113189人次。开展扶贫就业工作，实现贫困劳动力转移就业168人，创业扶贫6人，技能培训扶贫353人。全年拨付公益性岗位和培训资金1421.2万元，培训各类人员5300余人，培训下岗失业人员和未就业大学生1956人，大学生创业培训402人，农民工技能培训2817人。强化就业困难人员托底安置政策力度，面向高校毕业生、“4050”就业困难人员和全区贫困劳动力召开专场招聘活动，开发各类公益性岗位184个。联合公安、司法等7部门，成立解决拖欠农民工工资联合办公机构，建立农民工讨薪“绿色通道”；完善农民工工资保证制度，实施农民工工资代发实名制支付制度。开展农民工工资专项检查，排查欠薪案件14起，处理拖欠农民工工资事件9起，追回工资207.7万元。征收工资保障金862万元。将城镇职工、居民医保慢性病报销限额分别提升到5000元、8000元，部分重大疾病提升至2万元。居民医保慢性病报销比例由50%提升到65%，公立医院大型检查费下降10%，将36种药品纳入医保支付范围，落实跨省异地医疗结算备案工作。将1—6级工伤伤残金分别提高228元、215元、202元、190元、177元和152元，供养亲属抚恤金分别提高40元和30元，将一次性工亡补助金标准提高到67.23万元，将城镇居民医疗保险政府补助标准由每人每年440元提高到470元。全年接收劳动人事争议仲裁申请95份，立案受理41件，结案率98%。推进创业孵化基地建设和创业贷款工作，确定创业就业扶持重点，认定3个“创业担保贷款信用乡村”、5家区级创业孵化基地、9个就地就近转移就业示范乡镇、11个示范基地，建立6个大学生就业见习基地。全年发放创业贷款306笔2800万元。

（王　力）

中共临潼区区委、人大、政府、政协、纪委

区委书记　庞阿平
副书记　刘三民　张发俭
区人大常委会
主任　李晓明
副主任　张亚林　房安宏
　叶苦战　宁掌珠
区长　刘三民
副区长　王海成　杨　兵
　陈共德（挂职）
　邹　林（女）　陈文社
　蒋国锋（挂职）
　刘春来　徐　毅
　梁亚鹏（挂职）
区政协主席　吴昌育
副主席　王　季　丁永光
　李建强　刘　朋
区纪委书记　胡广乐

长安区

◆**概况** 2017年，长安区辖21个街道、102个居民委员会、305个村民委员会（不含移交沣东新城托管的细柳、郭杜街道9个行政村）。总面积1580平方千米。常住人口100.97万人，人口出生率11.89%，自然增长率7.04%。

◆**招商引资** 2017年，长安区经济持续快速增长，招商引资取得新突破。组建11个专业招商分队，抽调60余名干部开展精准招商。全年对接行业领军企业320次以上，恒大地产集团有限公司等大型企业落户，世界500强、行业100强企业达到10户。积极参加2017丝绸之路国际博览会暨第二十一届中国东西部合作与投资贸易洽谈会、2017首届世界西商大会等，组织PPP项目推介暨特色小镇项目集中签约等活动，推介浐河流域片区开发等项目39个，签约项目25个，总投资1500亿元。13个实际利用央资38.8亿元、国资33.9亿元、民资110.4亿元，实际引进外资4761.9万美元，分别完成年度任务的387%、677.6%、345%和100%，融资1.1亿元，实现招商引资新突破。

◆**农业** 2017年，长安区完成长安区第三次农业普查。持续推进“国家现代农业示范区”建设，新增设施蔬菜133.33公顷、高标准农田1333.33公顷，新建百亩花卉生产示范点7个。创建省、市现代农业园区2个，“陕西省著名商标”3个、“三品一标”（无公害农产品、绿色食品、有机农产品和农产品地理标志）农产品7个，长安区获“陕西省农产品质量安全区”称号。

◆**工业** 2017年，长安区贯彻落实西安市强工业政策措施，全力支持开发区美光半导体等项目加快建设，高新技术、

长安区2017年经济与社会发展主要指标

指　标	单　位	数　量	同比增长率（%）
地区生产总值	亿元	791.03	11.7
地方财政一般预算收入	亿元	23.98	-29.6
地方财政一般预算支出	亿元	53.08	-13.4
全社会固定资产投资额	亿元	554.48	-4.6
社会消费品零售总额	亿元	231.40	14.3
规模以上工业增加值	亿元	309.21	18.2
城镇常住居民人均可支配收入	元	37437	8.1
农村常住居民人均可支配收入	元	18239	8.9

2017年3月31日，中国长安国际赏花季暨王莽第八届桃花节开幕

先进制造业聚集发展。引镇现代物流园百丽鞋业一期项目投用达，消防站、兴业五路等设施全面竣工，园区形象和发展水平明显提升。进一步完善长安新型建材产业园基础配套设施，6户企业产能持续扩大。坚持招商与培育“两手抓”，引进润泽家具等工业项目4个，净增规模以上工业企业3户，全区工业产值首次突破1000亿元大关。

◆商贸、旅游 2017年，长安区家的推进常宁全生命周期康养小镇等3个“西安市特色小镇”建设，杨庄唐文化山水小镇等6个项目签约落地。创建“国家全域旅游示范区”，完善秦岭野生动物园服务设施，关中民俗艺术博物院二期、沣峪口游客集散中心相继开放。举办2017中国长安国际赏花季等系列活动，长安区登上新华网“2017最美中国榜”。全年旅游总收入144亿元，获“感动陕西·2017年旅游影响力十佳旅游区（县）称号”。府东路商圈、万科生活广场商圈完成招商17万平方米，引进星巴克等知名品牌企业15户。改造侯家湾等集贸市场，创建电子商务示范街道3个、示范村8个。净增限额以上商贸企业6户，带动全区社会消费品零售总额实现231.4亿元。

◆文化 2017年，长安区加快文化创意产业发展。人物传记电影《柳青》即将拍摄，长安文化创意园加紧招商，动漫设计、电子竞技等文化创意产业快速成长。新办文化企业55户，净增规模以上文化企业3户。

◆民生事业 2017年，长安区着力破解群众民生难题。改造10万平方米老旧小区，投放252套租赁型保障房，配建100套人才专项用房并达到入住标准，打通学府大街东段等4条“断头路”。优先发展教育事业，40所中小学完成改造提升，长安区第二小学建成投用，区属高中全部创建成“陕西省标准化高中”，长安区被评为“陕西省素质教育督导评估316工程先进单位”。实施“蓝领计划”等就业培训工程，新增城镇就业1.1万人，转移劳动力12.6万人。分级诊疗稳步推进，新农合报销医药费4.5亿元。投资11亿元、历时5年建设的长安区新区医院加紧筹备运营。“母亲健康工程”和“孕前优生健康检查”惠及群众14万人。新建“农村互助幸福院”39个、社区居家养老服务站21个，长安区中心敬老院、西安市公安局长安分局鸣犊派出所被评为“第二届全国敬老文明号”。

（王子璇）

中共长安区区委、人大、政府、政协、纪委

区　委　书　记　杨建强
副　　书　　记　王　强　刘　强
区人大常委会
主　　　　　任　王福林
副　　主　　任　李　红（女）　张利学
　　　　　　　　师新宁　姚小强
区　　　　　长　王　强
副　　区　　长　牛　恺　刘文涛
　　　　　　　　严广运　李朝喜
　　　　　　　　梁文辉（女）
　　　　　　　　吴小灵（女，挂职）
　　　　　　　　李君轶（挂职）
区政协主席　徐树安
副　　主　　席　刘明军　李会贤
　　　　　　　　左刚利
区纪委书记　孙保锋

高陵区

◆概况 2017年，高陵区辖7个街道办事处、17个社区居民委员会、86个村民委员会。土地面积294平方千米，耕地面积16793.75公顷。常住人口35.7万人，人口密度1214人/平方千米，人口出生率13.48‰、死亡率5.87‰，人口自然增长率7.61‰。有18个少数民族，共897人。

◆农业与农村经济 2017年，高陵区农林牧渔服务业总产值完成60.8亿元，比上年增长9.3%。农业增加值37.97亿元，增长5.3%。其中，农业、林业、牧业、渔业、农林牧渔服务业产值分别为34.11亿元、0.49亿元、18.34亿元、0.035亿元和7.79亿元，分别增长5%、225%、1%、24.8%和14.9%。农村常住居民人均可支配收入17934元，增长9.1%。全年粮食总产量17.92吨，实现粮食生产“十四连丰”。联合西北农林科技大学成立蔬菜产业技术推广中心，发展家庭农场等新型农业经营主体43个，鹿苑现代农业园区被农业部评为“全国农业创业创新园区”。推进农业科技特派员入驻示范基地，为农民提供技术服务，认定“西安市农业科技特派员”8人，培育市级农业科技示范户11户。启动建设“花卉苗木产业+森林高陵”，栽植苗木80万株。出台电商下乡系列配套措施，发货量突破100万单，交易额5000余万元。推荐老屈庄果蔬专业合作社、西安鹏杰农业发展有限公司和高陵绿润农产品农民专业

高陵区2017年经济与社会发展主要指标

指　标	单　位	数　量	同比增长率（%）
地区生产总值	亿元	377.10	15.6
地方财政一般预算收入	亿元	11.73	-0.3
地方财政一般预算支出	亿元	25.31	9.0
全社会固定资产投资	亿元	523.32	13.9
社会消费品零售总额	亿元	51.78	16.2
规模以上工业增加值	亿元	226.56	20
实际利用外资	万美元	1740	7.3
城镇居民人均可支配收入	元	31974	8.5
农村常住居民人均可支配收入	元	17934	9.1

合作社等5家联合申报“西安市农业科技创新计划”项目。

◆**工业** 2017年，高陵区规模以上工业总产值突破1000亿元，达到1054.66亿元，比上年增长30.3%；实现工业增加值234.62亿元，增长8.3%（可比价增速）；规模以上企业达到147家，实现增加值224亿元，增长20%。陕汽重卡销量突破16万辆，完成产值455亿元，带动汽车制造行业产值增长42.8%。新增“新四板”挂牌企业4家、高新技术企业10家，厦门易恩电子有限责任公司被陕西省科学技术厅列入“陕西省重大科技专项计划”，丝路融豪工业城被陕西省中小企业促进局确定为“陕西省重点建设县域工业集中区”。

◆**重点项目建设** 2017年，高陵区落实西安市“扩投资补短板7条措施”，实施重点项目113个，完成投资94亿元，其中28个市级重点项目完成64.3亿元，超出年度任务41个百分点。公开推介PPP项目15个，总投资174亿元，带动民间投资260亿元。申报1000万元以上项目22个，争取资金11.4亿元。启动弋阳小镇、京通易购二期、西北国际中医药材产业园等一批重点项目建设。高效完成吉利新能源汽车产业化项目前期征迁工作。

◆**招商引资** 2017年，高陵区实施招商引资“一号工程”，推行“优惠政策定制、服务保障专班”机制。全年签约项目31个，总投资508亿元，其中全国500强企业10个，引进内资19.5亿元、民资51.2亿元、外资1740万美元，超额完成目标任务。高陵区入选2017年度“全国投资潜力百强区”。开展“行政效能革命”，清理证明事项和盖章环节148项，90%的政务服务事项实现“最多跑一次”。调整优化区级招商机构职能，设立14个招商分局，开展分类专业招商及优化项目招商服务，提高招商针对性。举办浙商“走进高陵”、2017首届世界西商大会代表“走进高陵”等活动。表彰招商引资、“亲商助企”先进集体15个、先进个人20人，形成全民招商、精准招商浓厚氛围。

◆**商贸、旅游** 2017年，高陵区实现服务业增加值94.4亿元，比上年增长20.7%。新登记各类市场主体5260户，增长70%，注册资金71.18亿。新增限额以上商贸企业8家，剔除退出限额以上字典库企业3家。全面推进创新创业，建成众创载体6个，占地31公顷，孵化企业91家，海龟创客空间、创众智慧孵化器、“梦想+”咖啡等开业运营，农业星创天地、融豪科技园被科学技术部认定为“国家级创业孵化器”。以太平洋影城为代表的现代商贸企业运营投产，以高陵场畔为代表的乡村旅游蓬勃发展，传统服务业向规模化、品质化加速转变。举办创想小镇文化旅游推介活动，仁村被陕西省旅游发展委员会评为“陕西省乡村旅游示范村”。全年接待游客突破760万人次。

◆**社会事业** 2017年，高陵区稳步推进各项社会事业。与碑林区、未央区构建跨行政区域学区，构建合作共生共赢机制。推进教师队伍“区管校聘”改革，3137名教职工与单位签订“岗位聘任协议”，实现教师队伍由身份管理向岗位管理转变。建成“全面改薄”和标准化学校35所、普惠性幼儿园6所。实施“教育现代化工程”，完成市级8所、区级14所学校“在线课堂”建设。启动建设高陵区特殊教育学校和“中小学宽带网络校校通”提升工程。促进优质医疗服务共建共享，累计与17家省、市三级甲等医院建立医疗联合体。委托西安市第一医院管理高陵区医院，区、街“医共体”拓展到60%的卫生院，家庭医生签约服务群众5.42万户。通过“全国基层中医药工作先进单位”复审，被国家卫生和计划生育委员会确定为“国家慢性病综合防控示范区”。开展“读书月”、全民健身、“非遗展”系列文体活动310余场，参与群众115万余人次。推出“高陵周末有好戏”文化惠民新品牌，精心编排《送女》等戏曲剧目，演出86场次，惠及群众7万余人次。高陵区文体中心开工建设，高陵区博物馆对外开放，杨官寨庙底沟文化遗址入围2017年“中国考古新发现”。

◆**社会保障** 2017年，高陵区持续做好各项社会保障事业。全年民生支出21.1亿元，占一般公共预算支出的83.4%。为1202户城乡低保户发放低保金1132万元，为188名特困人员发放补助金148.62万元，发放医疗救助795人次435万元，临时救助359户121.93万元。创业担保贷款最高额度提高到10万元，认定“信用行政村”4个，发放贷款3260万元。新增城镇就业6380人，农村劳动力转移就业3.4万人。完成年度农村危房改造任务，投用“农村互助幸福院”7个、民办养老机构2个。做好脱贫攻坚工作，整合帮扶干部、街道干部、第一书记、村组干部“四支力量”，因户、因人实施小额信贷金融扶贫、订单式产业扶贫、捆绑式就业扶贫，提升贫困户生活水平。强化劳动保障监察执法，为2600余名劳动者解决清欠工资2947万余元。（尚　耕）

中共高陵区区委、人大、政府、政协、纪委

区委书记　杨晓东
副书记　范九利　张韶辉
区人大常委会
主任　胡建超
副主任　张保才　吴兴利（女）
　阎红伟　韩亚仙（女）
区长　范九利
副区长　张水利　胡民升
　王小玲（女）
　李　斌　韦　红
　李全生　赵变量
　仲伟周　袁树峰
区政协主席　刘海燕（女）
副主席　曹秀芳（女）　张护安
　谭胜利
区纪委书记　邓　鹏

鄠邑区

◆**概况** 2017年9月9日，鄠邑区挂牌成立。鄠邑区位于西安市西南部，南依秦岭与宁陕县接壤，北临渭河与兴平市隔水相望，东接长安区，西连周至县，东北与咸阳市毗邻。辖13个镇、1个森林旅游景区、1个街道办事处，259个村民委员会、21个居民委员会。土地面积1279.42平方千米。常住人口54.93万人，人口出生率13.65‰，人口自然增长率7.46‰。

◆**农业和农村经济** 2017年，鄠邑区完成农林牧渔业增加值31.08亿元，比上年增长4.6%。其中，农业、林业、牧业、渔业、农林牧渔服务业增加值分别为20.27亿元、0.91亿元、6.40亿元、0.16亿元和3.34亿元，分别增长1.4%、2.2%、16.3%、100.5%和0.1%。鄠邑区创建成为“陕西省农产品质量安全区”。新增“全国一村一品示范村”2个、“陕西省一乡一业示范镇”5个、“西安市农业园区”3个。投入4570万元，实施千亿斤粮食产能、农业综合开发等项目，新增节水灌溉面积1253.33公顷，全区粮食总产26.9万吨。设施农业面积达3333.33公顷，实现产值6亿元。特色产业更加突出，“鄠邑区葡萄”成功注册“地理标志证明商标”，举办“丝路起点·鄠邑明珠”葡萄文化节，全区葡萄种植面积达到4400公顷，产量突破10万吨，实现产值7亿元。

朱雀国家森林公园

◆**工业** 2017年，鄠邑区完成工业投资60.39亿元，比上年增长7.1%；工业技改投资12.38亿元，增长257.7%；规模以上工业总产值237.46亿元，增长33.5%；规模以上工业增加值完成52.79亿元，增长22.0%。新增挂牌上市企业6家。草堂基地比亚迪云轨、电动大巴、美国乐析、强生等项目加快实施，世纪盛康二期、西安赛宝研究院等建成投产。沣京工业园完成工业总产值85.7亿元，上缴税金3.75亿元，分别占全区工业总产值的43.4%和总税收的44.2%。

◆**重点项目建设** 2017年，鄠邑区完成全社会固定资产投资183.56亿元，比上年增长49%。164个重点项目完成投资171.46亿元，其中11个市级重点项目投资33.36亿元，完成全年任务的146.5%。积极争取建设用地指标和耕地占补平衡指标，加快清理闲置用地，盘活存量建设用地，保障重点项目用地。

◆**招商引资** 2017年，鄠邑区坚持把招商引资作为“一号工程”，设立4个专业招商分局、12个专业招商办公室，出台优化投资环境8项措施。举办“丝路鄠邑行”浙商京商进鄠邑活动。全年接待中国项目基金会、绿城中国控股有限公司等客商161批次，外出招商16次，中通快递西北电商物流园等45个重大项目落地。实际利用外资1700万美元、内资58.88亿元、民资66.26亿元，分别比上年增长15%、141.21%和40.9%。

◆**商贸、旅游** 2017年，鄠邑区启动创建“国家全域旅游示范区”。渼陂湖一期萯阳湖景区于国庆节前建成开放；天桥湖1号湖及涝河河道实现部分蓄水；涝渭湿地公园全面建成。新增水面133.33公顷。朱雀国家森林公园、太平国家森林公园完成“国家AAAAA级景区”申报工作。全年接待游客1710万人次，实现旅游总收入38.6亿元，分别增长327.5%和286%。全年实现社会消费品零售总额77.76亿元，比上年增长11.1%。其中，城镇零售额61.73亿元，增长11.7%；乡村零售额16.03亿元，增长9.1%。大十字等3大商圈作用初显，大明宫建材家居亿丰店建成开业，红星美凯龙等项目加速推进。电子商务加快发展，创建“西安市电子商务示范镇”“西安市电子商务示范村”各1个，全区电商销售额突破2亿元。

◆**社会事业** 2017年，鄠邑区坚持教育事业优先发展，制定《解决“上学难”工作方案》，东关中学、新区小学等16个改扩建项目全力推进。文化、体育持续繁荣，文化馆、图书馆、农业展览馆共接待群众30万人次，开展文艺会演、戏曲下乡、公益电影播放6396场次，积极推进鄠邑区城市运动公园、西安体育学院鄠邑校区项目。医疗卫生全面进步，鄠邑区人民医院门诊综合楼项目封顶，鄠邑区中医医院整体迁建进展顺利，全区6家区级医疗机构、14家镇卫生院服务一体化建设初见成效。

◆**劳动就业和社会保障** 2017年，鄠邑区实现劳动力转移12.7万人，新增城镇就业5046人。城乡居民养老保险参保人数达到33.39万人。出台《加快推进养老机构建设实施方案》，新增28个“农村互助幸福院”、4个社区居家养老服务站，完成500户老年人无障碍设施改造。发放社会救助资金1.48亿元。分配公租房950套，新增廉租房保障家庭87户。

（杨文博　王琛　郑侃）

鄠邑区2017年经济与社会发展主要指标

指　标	单　位	数　量	同比增长率（%）
地区生产总值	亿元	197.41	10.1
一般公共预算收入	亿元	8.48	-8.4
一般公共预算支出	亿元	40.70	1.0
全社会固定资产投资额	亿元	183.56	49.0
社会消费品零售总额	亿元	77.76	11.1
规模以上工业增加值	亿元	48.11	22.0
实际利用外资	万美元	1700	14.9
城镇居民人均可支配收入	元	30224	8.1
农村居民人均可支配收入	元	15918	8.7

中共鄠邑区委、人大、政府、政协、纪委

区委书记　范九利
副书记　裴靖瑜　李　化
区人大常委会
主任　张阅农
副主任　王明武　杨建敏　李养森　王玉婷（女）
区长　裴靖瑜
副区长　张成群　毛　安　王　值（女）　谢永平　杨战海　廖　阳（挂职）　刘三川（挂职）　李　延（挂职）
县政协主席　张　萍（女）
副主席　王领选　阎长青　张永阳
县纪委书记　惠军民

蓝田县

◆**概况** 2017年，蓝田县辖18个镇、1个街道办事处、337个村民委员会。总面积2006平方千米，耕地面积5.26万公顷。

蓝田县2017年经济与社会发展主要指标

指 标	单 位	数 量	同比增长率（%）
地区生产总值	亿元	143.49	8.5
地方财政一般预算收入	亿元	2.58	-30.7
地方财政一般预算支出	亿元	35.76	0.4
全社会固定资产投资额	亿元	311.77	17.9
社会消费品零售总额	亿元	70.42	13.4
规模以上工业增加值	亿元	13.92	17.1
实际利用外资	万美元	1490	6.4
城镇居民人均可支配收入	元	28596	8.6
农村常住居民人均可支配收入	元	13151	8.8

总人口656049人，其中城镇人口185100人。人口出生率为11.63‰，人口死亡率5.32‰，人口自然增长率6.31‰。

◆商贸　2017年，蓝田县建成蓝田县电商运营中心、蓝田县农村电商服务中心等平台，发展镇、村级电商服务站点100个。坚持招商引资“一号工程”，签约项目22个，总投资238亿元。融创秦岭国际生态旅游休闲度假区、中国•白鹿原影视艺术小镇、上海韵达西北快递电商总部等一批重大项目签约落户。全面落实重大招商项目“一事一议”制度和鼓励扶持政策，开展“亲商助企”活动，解决企业问题140个。推进市场秩序专项整治，查处一批制售假冒伪劣产品和强买强卖、强揽工程等破坏市场秩序行为。蓝田新城“双创”街区“勺勺客”众创空间、西北家具工业园“双创”中心建成投用。大力推进商事制度改革，新增民营企业533家、市场主体3687家，个体转企业15家。实际利用外资1490万美元，引进国资5亿元、民资34亿元、央资1.7亿元，分别占市考任务的100%、500%、340%和170%。

◆旅游　2017年，蓝田县加强旅游业发展，争创“陕西省旅游示范县”。成立蓝田县旅游发展委员会、蓝田县人民法院旅游法庭、蓝田县旅游警察大队及蓝田县旅游市场监管分局，设立旅游发展专项资金1000万元。相继举办2017迎春灯会、丝路生态慢城油菜花节、中国环秦岭自行车联赛、首届玉雕大赛、王顺山健步漫游等活动。白鹿原影视城晋升“国家AAAA级景区”，获由中国文化产业学院奖组织委员会颁发的“2017中国年度魅力文化小镇”。新增停车场23个、旅游公厕58座，发展玉川酒庄“艺术酒舍”、九间房“桐花乡约”等精品民宿56家。蓝田县被农业部授予“全国休闲农业和乡村旅游示范县”称号。全年接待游客3302.26万人次，旅游综合收入75.79亿元，分别比上年增长105%和115%。

◆社会事业　2017年，蓝田县坚持惠民利民导向，全县财政用于民生支出33.45亿元，占一般预算支出的90.2%。新建（改建）中小学、幼儿园123所，义务教育均衡发展“双高双普”通过市级初验。全面完成7所高中创建“陕西省级标准化高中”工作。申报“华胥传说”“灞源二黄”等陕西省、西安市非物质文化遗产项目11个，建设“文化礼堂”4个，打造“美丽乡村•文明家园”28个。蓝田县人民医院新院建成，二期项目加快推进。改造提升村卫生室58所，新建11所。　（蓝田县政府办）

中共蓝田县县委、人大、政府、政协、纪委

县委书记　王　浩
副书记　陈顺利　任　涛
县人大常委会
主任　魏桂叶（女）
副主任　金　辉　宋选庆
　　胡新志
县长　陈顺利
副县长　朱　彤　李立强
　　张均锋　孙崇博（女）
　　高建周　穆西峰
　　高云端（挂职）
　　魏红迟（挂职）
　　韩格峰（挂职）
　　韩俊杰（挂职）
县政协主席　刘双虎
副主席　魏随康　冯亚利（女）
　　陈群亚
县纪委书记　王保静

周至县

◆概况　2017年，周至县辖19个镇、1个街道办事处、376个村民委员会。土地面积2974平方千米，县城建成区面积10.2平方千米，耕地面积3.33万公顷。总人口69.13万人，常住人口58.94万人，城镇化率30.8%。

◆农业和农村经济　2017年，周至县积极探索农业农村改革新模式、新路径，大力推进改革创新，完成8个镇12个村的农村集体产权制度改革试点工作，新增“周至县农村集体产权制度改革试点村”62个。全县农民专业合作社增加520个，总数达到1933个。“助农保”特惠扶贫保险被中国保险业协会评选为“最佳农村保险产品奖”，并入选《国务院2017年度保险扶贫十大案例汇编》。举办2017年中国西部（周至）精品苗木花卉推介交易会，签约项目68个，交易额15.8亿元。统筹实施猕猴桃产业区域品牌策划、龙头企业引进、物流体系建设、电商行业扶持等政策，改造升级猕猴桃老园区1000公顷，挂牌成立“中国猕猴桃航天育种中心”，周至县猕猴桃物流交易中心落地开工，“全国猕猴桃产业知名品牌示范区”创建工作通过国家评审。在第三届（2017年）中国果业品牌大会上，周至猕猴桃以38.28亿元继续蝉联“中国果品区域公用品牌价值榜”猕猴桃类第一名，先后获得第十届

周至县2017年经济与社会发展主要指标

指 标	单 位	数 量	同比增长率（%）
地区生产总值	亿元	134.26	7.9
地方财政一般预算收入	亿元	2.5	-26.3
地方财政一般预算支出	亿元	39.89	4.8
全社会固定资产投资	亿元	155.19	-3.6
社会消费品零售总额	亿元	57.08	12.7
规模以上工业增加值	亿元	14.35	18.1
实际利用外资	万美元	920	6.5
城镇居民人均可支配收入	元	29039	8.0
农村常住居民人均可支配收入	元	13348	9.3

黑河国家森林公园

亚洲果蔬产业博览会“中国农业品牌建设十大杰出贡献奖”、第十五届中国果菜产业论坛“2017全国十佳果品地标品牌”、中国农业品牌学府奖“政府贡献奖”等荣誉。

◆**招商引资** 2017年，周至县继续坚持把招商引资作为“一号工程”，实施“走出去、引进来”战略，成立10个招商分局和4个联络办公室，开展“亲商助企”活动。出台《银行业金融机构支持地方经济发展考核办法》，争取国家开发银行贷款7.84亿元，为重点项目建设提供资金保障。推进民营经济体制改革，奖励扶持西安东风自动化设备有限公司、陕西慧科植物开发有限公司等企业300万元。在2017丝绸之路国际博览会暨第二十一届中国东西部合作与投资贸易洽谈会周至县专场推介会上，签约项目36个，总投资339.36亿元，涵盖工业、现代农业、文化旅游、特色小镇、农村生活垃圾及污水处理等建设发展领域。签订哑柏园艺花卉特色小镇、集贤康养特色小镇、青山桃花源小镇等重大招商项目12个，计划总投资约285亿元。

◆**工业** 2017年，周至县新增规模以上工业企业7家，总数达到52家。集贤产业园入园企业112家，投产企业50家，实现产值16.92亿元，比上年分别增长21.74%、19.05%和48.42%，实现工商税收2848万元。集贤产业园污水处理厂建成投用，配套道路及雨水管网工程即将完工。给水管网一期工程竣工，与秦岭国家植物园供水管网实现贯通。振兴北路（二期）、集财南路（二期）、科技大道绿化工程全面完成。签约战略新兴产业基地、尧天生态新城等17个项目，新增陕西慧科植物开发有限公司、陕西国诚中电科技有限公司等9家建成投产企业，陕西贝迪斯可生物有限公司、西安幸福制药有限公司等8家企业正在加快建设。西部智能装备产业园被列入西安市2017年重点建设前期项目，一期20公顷招商工作已经完成，7家企业入驻园区；二期40公顷招商工作全面启动。

◆**商贸、旅游** 2017年，周至县镇（街）电商服务站、行政村电商服务点实现全覆盖。周至县电子商务创业培训中心建成并投入使用。全年电商企业增加37家，比上年增长18.32%，总数达到239家，销售总额10亿元。“双11”期间，周至猕猴桃电商销售网络零售额达到1005万元，在100个国家级贫困县中电商网络零售额排名第十四位、在农产品网络零售额排名第六位。全面启动《周至县全域旅游发展总体规划》编制工作，在西安市首家挂牌成立县级旅游发展委员会。沙河二、三期连接段和高压线落地迁改工程进展顺利，秦岭国家植物园（一期）开园，道文化展示区大熊猫保护中心、普洱茶科技园项目稳步实施，西南塬区观光旅游路项目全面启动，活龙山景区公主街等项目竣工，黑河国家森林公园傥骆古道修复、厚畛子玉兰花谷项目正在推进。周至县获“第二届全国人文生态旅游基地”和2017“最美收获地”称号。全年接待游客3515万人次，旅游综合收入25.93亿元，分别增长143.1%和37.9%。

◆**社会事业** 2017年，周至县认定科技企业5家，申请专利105件。电子商务众创空间聚集区、万亩猕猴桃创业基地等6个众创载体全部建成并投入运营。完成4所幼儿园、56所义务段学校和4所高中新建改建工作，创建成为“国家义务教育发展基本均衡县”，义务教育段学生营养改善实现2个“全覆盖”（义务段学生全覆盖、食堂供餐全覆盖）。周至县残疾人康复服务中心项目启动实施，周至县人民医院德愈楼建成投用，镇（街）卫生院改扩建项目正在推进，农村标准化卫生室实现行政村全覆盖，“小病在基层、大病进医院、康复回基层”的就医格局基本形成。仙游寺复建（一期）工程稳步推进。周至秦腔剧社在“香港回归20周年暨十九大胜利召开全国戏曲大会演”中获“金奖”。周至代表团在西安市第十六届运动会上获6金、9银、6铜，共计21枚奖牌。

◆**劳动就业和社会保障** 2017年，新周至县政务服务中心即将投用，行政审批系统电脑端、二维码扫描移动端、自助电脑查询端以及“政务微服务”等多元化政务服务体系进一步完善，初步实现“网上集中进驻、服务集中提供、数据集中共享、服务内容多样化、流程简约化”。“12345”政府公共服务电话开通运营，办理事项249项，办结率96%以上。发放各类民政救助金1.99亿元，新农合报销3.47亿元。周至县养老服务中心、周至县儿童福利院竣工，22个农村片区化中心社区建成运行，建成23个“农村互助幸福院”。城镇新增就业4297人，农村劳动力转移就业14.66万人。为877名农民工追讨拖欠工资790万元。 （郭 斌）

中共周至县县委、人大、政府、政协、纪委

县委书记 杨向喜
副书记 李永军 王潼翔（挂职）
县人大常委会
主任 何凡盟
副主任 王秋芳（女） 李玲玲（女） 李民周 尹纯会
县长 陈旭辉
副县长 刘凯 夏鹏 朱永明（挂职） 高少军 周训良 马震（挂职） 池晓辉（挂职） 王琳（挂职） 郑睿臻（挂职）
县政协主席 蒋选亮
副主席 苗炜 任兴之 朱璇
县纪委书记 杨辉

人物

责任编辑　姚文东

新任市级领导

◆**高杲** 1969年5月出生，安徽繁昌人。理学硕士，博士研究生，工程师。曾任安徽省芜湖市政府办公厅副主任(挂职)、国家发展和改革委员会国民经济综合司副司长、国家发展和改革委员会经贸司司长。2017年8月，挂职任中共西安市委常委。2017年8月30日，西安市第十六届人民代表大会常务委员会第五次会议任命为西安市人民政府副市长。

◆**李毅** 1970年7月生，陕西岐山人。1991年1月加入中国共产党，1992年7月参加工作。中共陕西省委党校研究生学历，工程硕士。历任中共西安市未央区委常委、办公室主任，中共蓝田县委副书记、县长，中共蓝田县委书记，中共高陵县委书记，中共西安市新城区委书记。2017年1月25日，中共西安市第十三届委员会第一次全体会议当选为中共西安市委常委，任中共西安高新技术产业开发区党工委书记。2017年5月，兼任西安国家民用航空产业基地（陕西航天经济技术开发区）党工委书记。

◆**卢立群** 1963年1月生，陕西礼泉人。中央党校研究生，历史学学士。1984年7月参加工作，1986年12月加入中国共产党。1984年7月在咸阳市委党校任教；1990年3月为中共咸阳市委办公室秘书科干事；1992年2月起历任中共咸阳市委办公室副科级研究员、副科长，正科级研究员、科长；1996年1月任中共咸阳市委办公室副主任；1997年11月任中共淳化县委副书记、县长；2002年9月任中共淳化县委书记、县长；2002年12月任中共淳化县委书记、人大常委会主任；2006年1月任咸阳市人民政府秘书长、办公室主任；2006年11月任咸阳市人民政府市长助理、秘书长、办公室主任；2008年6月任中共陕西省委教育工委委员、陕西省教育厅副厅长；2011年12月任中共延安市委常委、组织部部长；2014年2月任中共延安市委常委、纪委书记；2016年10月任中共延安市委副书记、党校校长。2017年11月，任中共西安市委委员、常委，市纪律检查委员会书记。

◆**董劲威** 1972年11月生，河南开封人。大学学历，工学学士，经济师。1995年7月参加工作，1994年5月加入中国共产党。历任河南省驻马店市驿城区副区长，共青团驻马店市委副书记、书记、党组书记，中共西安市碑林区委副书记、副区长、代区长、区长、区委书记。2017年2月在西安市第十六届人民代表大会第一次会议上当选为西安市人民政府副市长。陕西省第十一届人大代表，中共西安市第十二、十三次党代会代表，中共西安市第十二、十三届市委委员，西安市第十五、十六届人大代表。

◆**强晓安** 1964年4月生，陕西西安人。研究生学历，经济学博士，审计师。1982年10月参加工作，1991年8月加入中国共产党。历任西安市长安区发展计划委员会主任、党组书记，西安市经营城市领导小组办公室副主任，西安市发展和改革委员会副主任、党组成员，西安市金融工作办公室副主任，西安国际港务区管委会常务副主任、主任、党工委副书记，西安国际港投资发展有限公司总经理，西安市发展和改革委员会（市西部开发办）主任、党组书记，市服务业综合改革试点工作推进领导小组办公室主任（兼）。2017年2月在西安市第十六届人民代表大会第一次会议上当选为西安市人民政府副市长。陕西省第十二届人大代表，中共西安市第十二、十三次党代会代表，中共西安市第十三届市委委员，西安市第十五、十六届人大代表。

◆**李元** 1968年8月生，陕西蓝田人。研究生学历，工商管理硕士，高级政工师。1989年7月参加工作，1998年6月加入中国共产党。历任西安曲江新区管委会旅游发展局局长，西安曲江新区管委会文化事业发展局局长，西安曲江新区管委会办公室主任，西安曲江新区管委会副主任、党工委委员，陕西文化产业投资控股有限公司副总经理，西安曲江新区管委会主任、党工委副书记，西安曲江文化产业投资（集团）有限公司董事长（兼），西安曲江新区党工委书记。2017年2月在西安市第十六届人民代表大会第一次会议上当选为西安市人民政府副市长。陕西省第十二届人大代表，中共西安市第十二、十三次党代会代表，中共西安市第十三届市委委员，西安市第十五、十六届人大代表。

◆**杨广亭** 1967年6月生，陕西西安人。研究生学历，法学硕士，工商管理硕士，高级会计师。1986年7月参加工作，1992年11月加入中国共产党。历任西安市财政局行政事业财务处副处长、社会保障处处长，市财政局副局长，中共未央区委副书记、区政府副区长、代区长、区长，中共未央区委书记，西安汉长安城国家大遗址保护特区党工委书记（兼），中共雁塔区委书记，西安市政协副主席、党组成员，西安市政府党组成员。2017年10月24日，在西安市十六届人大常委会第六次会议上当选为西安市人民政府副市长。中共陕西省第十二次党代会代表，陕西省第十一届人大代表，中共西安市第十二、十三次党代会代表，中共西安市第十二届市委委员，西安市第十四届人大代表。 （连　捷）

新增两院院士

◆**王双明** 1955年5月出生，陕西岐山人。矿产资源和地质勘查科学家，教授级高级工程师，陕西省地质调查院原院长，陕西省人民政府陕北能源化工基地建设专家咨询组专家，国家煤炭工业技术委员会煤田地质专家委员会副主任委员，陕西省煤炭学会理事长。1977年毕业于西安矿业学院煤田地质专业；1983年毕业于中国地质大学（北京）研究生部煤田地质专业，获工学硕士学位。主要从事煤炭资源勘查和矿区生态环境保护研究，在找煤、探煤、采煤区生态环境保护等领域取得突破性成果。查明鄂尔多斯盆地煤炭资源总体分布规律与资源总量，为部署规划煤炭工业战略西移、保障国家能源安全做出突出贡献。建立综合勘查技术体系并应用于大型勘查工程，将煤炭地质勘查引领到高效、高精度综合勘查新阶段。提出生态脆弱矿区地质环境保护新技术，为我国煤矿区地质环境保护提供了地质技术支撑。先后获国家科技进步二等奖3项，省部级一等奖6项。曾获“李四光地质科学奖”，享受国务院政府特殊津贴，是国家有突出贡献专家。公开发表论文30余篇，出版专著4部，获各类专利6项。2017年11月27日，当选中国工程院能源与矿业工程学部院士。

◆**管晓宏** 1955年出生于四川泸州。西安交通大学电子与信息工程学院院长，国务院控制科学与工程学科评议组成员，我国系统工程领域的知名专家，国家杰出青年科学基金获得者，教育部“长江学者”特聘教授，国际电子电气工程师协会院士。长期从事系统工程理论与应用研究。针对能源、电力和互联网等网络化系统，提出系统优化、物理安全与信息安全的新理论与新方法，解决多个公认难题，取得系统性创新成果，为能源电力等系统的提效节能和保障安全做出重要贡献。曾获得国家自然科学二等奖、中国自动化学会自然科学一等奖以及美国李氏基金杰出成就奖和多篇国际最佳论文奖，目前担任国务院控制科学与工程学科评议组成员，IEEE智能电网汇刊编辑。2017年11月28日，当选中国科学院信息技术科学部院士。

◆**郭烈锦**　1963年10月出生于江西遂川。工程热物理与能源利用学家，西安交通大学教授，动力工程多相流国家重点实验室主任。1983年毕业于西安交通大学热能工程专业；1989年获工学博士学位。主要从事能源动力多相流及氢能科学技术的研究。针对化石能源洁净高效、可再生能源高效低成本的转化利用的科学前沿和国家重大需求，建立复杂多相流及能质传输和转化、多相流测控和流动安全保障等的理论，创建超临界水蒸煤制氢、太阳能光催化多相连续流制氢等能源转化利用的新理论、新方法，成功应用于热能动力、航天、海洋石油等多个领域，取得系统性创新性成果。曾获国家自然科学二等奖、国家技术发明二等奖、全国创新争先奖等。2017年11月28日，当选中国科学院技术科学部院士。

◆**张宏福**　1962年9月出生于陕西山阳。中国科学院地质与地球物理研究所研究员，西北大学大陆动力学国家重点实验室常务副主任。研究员，教授，博士生导师，国家有突出贡献专家，享受政府特殊津贴专家，国家杰出青年科学基金、陕西省“百人计划”获得者。主要从事大陆岩石圈地幔地球化学研究，以深源岩石及其捕虏体为对象，探索岩石圈与软流圈相互作用机理，揭示岩石圈演化过程中的制约因素。曾获国家杰出青年科学基金、国家自然科学二等奖和中国科学院杰出科技成就奖。长期坚持“理论创新与实验技术研发相结合”，率先将非传统稳定同位素应用于地幔地球化学研究中，开辟岩石圈地幔演化研究新途径，在地幔地球化学领域取得系统性和创新性成果，推动了该学科的发展。2017年11月28日，当选中国科学院地学部院士。（连　捷）

逝世人物

◆**霍松林**（1921.09—2017.02.01）　生于甘肃天水霍家川。享誉海内外的唐诗研究一代宗师、中国古典文学研究专家、文艺理论家、诗人、书法家、教育家，陕西师范大学教授、博士生导师、文学院名誉院长。1949年，从南京中央大学中文系毕业。从1979年起，培养和指导了20名硕士和70余名博士。1989年，被评为全国教育系统劳动模范，享受国务院政府特殊津贴。2008年，获“改革开放三十年陕西高等教育突出贡献奖”和中华诗词学会授予的“中华诗词终身成就奖”。2009年，被评为陕西首届社科名家。2010年，获陕西“十二五”科学发展思想驱动奖。主要论著有《文艺学概论》《诗的形象及其他》《文艺学简论》等30余部，出版《霍松林选集》（十卷本）600余万字；主编《唐代文学研究年鉴（1983—1988年）》《中国古典小说六大名著鉴赏辞典》《万首唐人绝句校注集评》等50多部。

◆**肖玉玲**（1940.02.01—2017.04.21）　女，生于陕西西安。著名秦腔演员。从艺40余年，在秦腔闺门旦行当中独树一帜，塑造的《玉堂春》中的苏三、《探窑》中的王宝钏、《红珊瑚》中的珊妹、《孟丽君》中的孟丽君等艺术形象，个性鲜明，活灵活现。1952年春，考入原西安三意社学艺，工闺阁旦，是中华人民共和国成立后培养的第一代秦腔演员。1958年，年仅18岁的肖玉玲主演了秦腔史上第一部电影《火焰驹》，成功塑造了黄桂英这一角色，从而蜚声剧坛，成为家喻户晓的名角，被称为“（小）肖派”。1986年加入中国国民党革命委员会，1990年调西安市艺术学校任教。曾任陕西省政协第五、第六、第七届委员，陕西省青年联合会会员，中国戏剧家协会会员，中国演员学会会员，剧协陕西分会理事，剧协西安分会常务理事，陕西省秦腔研究会副会长，西北书画艺术研究院名誉院长等。

◆**于明涛**（1917.11—2017.05.28）　生于河北深县。原名马万芝（马万之），曾用名尚锋。1936年9月，参加革命并加入中国共产党。1937年起，先后任河北游击军政治部宣传科科长、冀东十二地委委员兼地区专员等。1949年11月起，先后任中共湖南省零陵地委副书记、书记，湖南省经委主任，中共湖南省委书记处书记等。1960年10月起，先后任中共中央中南局秘书长、中南局常委兼财贸委员会主任等。“文化大革命”中受冲击被下放劳动。1970年起，历任中共广东省广州市委书记（当时设有第一书记）、广州市革委会副主任，中共湖南省委常委、省革委会副主任、省委书记（当时设有第一书记），中共陕西省委书记（当时设有第一书记）、省革委会主任、省长，中共河南省委书记（当时设有第一书记）、代省长。1983年6月，任审计署第一任审计长、党组书记。1995年5月离休。是中共第十一届、十二届中央委员会委员，中央顾问委员会委员，第四届、五届全国人大代表，政协第四届全国委员会委员。

◆**陈学俊**（1919.03—2017.07.04）　安徽滁县人。著名能源动力科学家，九三学社中央委员会原名誉副主席，陕西省人大常委会原副主任，西安交通大学原副校长，中国科学院院士。1939年中央大学机械工程系毕业后，历任中央工业试验所助理工程师、副工程师、工务课课长。1944—1945年，任美国燃烧公司访问工程师。1945—1947年，在美国普渡大学研究院学习，获机械工程硕士学位。1947—1950年，任中央工业试验所热工实验室主任、上海华东纺织管理局机电总工程师室专门委员。1950—1957年，历任交通大学机械系、动力机械系教授、教研室主任、系副主任。1957年后，历任西安交通大学动力机械系主任、副校长、动力工程多相流国家重点实验室主任、工程热物理研究所所长。1980年，担任中国科学院学部委员。1996年，当选第三世界科学院院士。1988—1998年，任陕西省人大常委会副主任。1952年，加入九三学社，曾任九三学社第七届中央委员，第八届、九届中央副主席，第十届、十一届中央名誉副主席。是第七届全国政协委员，第八届全国政协常委。长期从事热能工程学科的科研和教学工作，是我国热能工程学科的创始人之一，为我国能源动力工程学科发展和人才培养做出杰出贡献。

◆侯宗宾（1929.01—2017.11.14）

河北省南和县人。1945年10月，参加革命。1946年6月，加入中国共产党。1945年，在河北省南和县从事民兵武装工作。1949年，随军南下，在湖南省慈利县任区委委员、副区长、区长、区委书记、县委副书记。1953年后，曾在湖南湘潭、甘肃兰州等地工作。1983年后，曾任中共甘肃省委副书记、常务副省长，中共陕西省委副书记、代省长、省长，中共河南省委书记。1992年，当选为中央纪委副书记（协助主持日常工作）。1998年，任全国人大内务司法委员会主任。是中共第十三届、第十四届中央委员。2003年12月离休。（连　捷）

先进人物

西安市2017年“十佳优秀工人”

姓　名	单位及职务
柏宁宁	陕西鼓风机（集团）有限公司系统服务事业部　风机修理工
张　博	西安公交客车总厂第五保修厂汽车电工
张继武	西安印钞有限公司印码车间工艺质检员
李浩儒	中煤科工集团西安研究院有限公司钻探装备制造中心　技师
练　军	西一路街道办事处环卫所所长
王　辉	西安碑林药业股份有限公司设备维修工
甘方超	西安航空发动机（集团）有限公司第二装试厂科研小组　飞机发动机装配修理钳工
强　涛	中航富士达科技股份有限公司制造部自动化室　电气技术员
魏延干	西部超导材料科技股份有限公司制造二厂锻造组　组长
曾国荣	西安西电变压器有限责任公司线圈车间　班长

西安市2017年首届“文明家庭”

家庭名称	推荐单位
窦义玉家庭	新城区
邓菊梅家庭	碑林区
贠恩凤家庭	碑林区
石志光家庭	莲湖区
董　瑛家庭	莲湖区
姚多舜家庭	雁塔区
屈继祖家庭	雁塔区
徐桂林家庭	灞桥区
符　丽家庭	未央区
张建国家庭	未央区
段君成家庭	阎良区
焦宏利家庭	阎良区
齐　冰家庭	临潼区
王小东家庭	高陵区
张淑利家庭	蓝田县
任齐斌家庭	周至县
史苏芳家庭	鄠邑区
李保全家庭	高新区
吴永乐家庭	市妇联
徐　芳家庭	市妇联

第六届“西安青年五四奖章”获得者

姓　名	单位及职务
王正超	西安市公安局碑林分局刑侦大队技术中队　队长
王伟伟（女）	西安市第四医院眼一科副主任
王则鹏	西安丽地置业有限公司总经理
刘　鹏	西京学院万钧书院　院长
杨　凯	陕西荣邦建设工程有限公司　总经理
束庆邦	西安磷虾电子科技有限公司　技术总监
吴毅刚	西安曲江新区圣境城市发展服务有限公司　总经理
张　龙	西安市公安局治安管理局特行处特行科　副科长
张　岩	西安市烟草专卖局专卖稽查支队　稽查员
张　博	西安公交客车总厂第五保修厂　工人
张　斌	临潼区穆寨街道三庙村党支部第一书记、西安市中级人民法院审判员
南　旭	陕西中天华美传媒有限公司　总经理
黄　明	长安区商务局项目管理科科长
韩恭恩	西安高新第一中学　教师
蒋　瑜（女）	西安市雁塔区第一幼儿园园长

西安市2017年“西安市最美教师”

姓　名	学　校
杨菊香（女）	西安文理学院
舒　荣（女）	西安文理学院
杜　媛（女）	西安职业技术学院
刘　锋	西安铁路职业技术学院
高文娜（女）	西安广播电视大学
胡　静（女）	西安育英小学
马玉珺（女）	西安市第八十九中学
赵　君（女）	碑林区大学南路小学
魏昆鹏	西安市第六中学
尹　钰（女）	西安市第十中学
田　梅（女）	莲湖区青年路小学
何养鹏	西安市第六十五中学
李　梅（女）	未央区东前进小学
张　媛（女）	未央区讲武殿小学
李　翔（女）	西安高新第一中学
刘晓萍（女）	雁塔区翠华路小学
张梅梅（女）	阎良区西飞第二中学
李小红（女）	临潼区临潼中学
冯淑侠（女）	长安区第二中学
罗理想	长安区第一中学
刘克生	高陵区职业技术教育中心
郝高峰	高陵区泾渭梁村塬小学
何亚兰（女）	周至县终南中心学校
程雪慧（女）	鄠邑区电厂中学
朱　艳（女）	蓝田县安村镇安村初级中学
马　洁（女）	渭河发电厂子校英才学校
金亚洲	西安市宇航中学
郭　茜（女）	西安市第一保育院
洪丹丹（女）	西安市第二聋哑学校
房建波	西安高级中学

西安市第十一届“十佳中学生”

姓　名	学　校
马韩琨	西安市西光中学
王　妍（女）	西安市航空六一八中学
王思源	长安区第一中学
刘纬逸（女）	西安市铁一中学
闫李林	西安市田家炳中学
张　卓	西安市第八十三中学
张　菁（女）	高陵区第四中学
罗海洋（女）	西安市西电中学
贺子舟	临潼区临潼中学
郭凯翔	西安铁一中滨河学校

西安 2018 年鉴

统计资料

责任编辑　姬娟妮

主要经济社会指标及增速

	单　位	总　量	同比增长率（%）
*地区生产总值	亿元	7469.85	7.7
规模以上工业增加值	亿元	1361.77	5.8
#装备制造业		782.92	14.8
全社会固定资产投资	亿元	7556.47	12.9
固定资产投资(不含农户)	亿元	7463.31	13.0
#房地产开发投资		2333.34	15.0
#工业投资		1072.06	-10.6
*社会消费品零售总额	亿元	4329.51	10.5
#限额以上企业（单位）消费品零售额		2909.54	9.6
规模以上服务业营业收入（1—11月）	亿元	1769.98	17.2
进出口总值	亿元	2545.41	39.1
出口总值		1552.38	63.9
进口总值		993.03	12.5
实际利用外商直接投资	亿美元	53.07	17.8
接待国内外旅游者人数	万人次	18093.14	20.5
旅游业总收入	亿元	1633.30	34.6
客运量	万人次	24286.53	2.6
货运量	万吨	25496.62	6.7
*全市居民人均可支配收入	元	32597	8.5
*城镇常住居民人均可支配收入	元	38536	8.2
*农村常住居民人均可支配收入	元	16522	8.8
居民消费价格总指数		102.0	2.0
商品零售价格指数		101.7	1.7
工业生产者出厂价格指数		100.3	0.3
工业生产者购进价格指数		104.7	4.7
新建住宅销售价格指数		111.5	11.5
全社会用电量	亿千瓦小时	321.41	3.0
#工业用电量		107.01	0.7
地方财政一般预算收入	亿元	654.50	9.8
地方财政一般预算支出	亿元	1045.09	7.1
期末金融机构本外币存款余额	亿元	20378.11	4.6
期末金融机构本外币贷款余额	亿元	17155.11	10.4

注：1.带*号的为季度指标。
2.本表中的生产总值、工业、投资、消费、进出口、财政数据包含西咸新区；交通运输、用电量、金融、价格等数据暂未包含西咸新区。

法人单位数

单位：个

	12月末数量	同比增减个数
法人单位	147665	20979
#企业“一套表”调查单位数	6614	685
#规模以上工业企业法人单位数	1434	76
限额以上批零住餐企业法人单位数	1750	165
资质以内建筑业企业法人单位数	1055	144
规模以上服务业法人单位数	1331	212
房地产开发企业法人单位数	1044	88

生产总值

	单　位	总　量	同比增长率（%）
生产总值	亿元	7469.85	7.7
第一产业	亿元	281.12	4.6
第二产业	亿元	2596.08	5.5
第三产业	亿元	4592.65	9.2
农林牧渔业	亿元	312.46	4.8
工业	亿元	1677.48	5.8
建筑业	亿元	938.30	5.3
批发和零售业	亿元	781.90	7.1
交通运输、仓储和邮政业	亿元	334.02	7.4
住宿和餐饮业	亿元	188.19	5.4
金融业	亿元	817.88	7.9
房地产业	亿元	538.08	7.0
营利性服务业	亿元	750.34	24.3
非营利性服务业	元	1131.21	5.0
非公有制经济增加值	亿元	3962.50	53.0

主要农产品产量

	总　量	同比增长率（%）
粮食产量（万吨）	187.87	-4.3
肉类产量（万吨）	18.25	3.2
#猪肉（万吨）	13.07	2.4
奶类产量（万吨）	61.68	-2.1
#牛奶（万吨）	39.55	-16.1
禽蛋产量（万吨）	14.62	-10.5
蔬菜产量（万吨）	445.43	5.0
水果产量（万吨）	134.77	3.9
猪存栏（头）	969132	-7.4
牛存栏（头）	184104	-2.6
羊存栏（只）	310242	-4.7
家禽存栏（万只）	1243.40	-7.5
猪出栏（头）	1763533	3.9
牛出栏（头）	100256	7.6
羊出栏（只）	307572	2.6
家禽出栏（万只）	1600.21	9.0

规模以上工业增加值

	总　量（亿元）	同比增长率（%）
规模以上工业增加值	1361.77	5.8
1. 轻工业	270.89	1.1
重工业	1090.88	7.0

续表

	总　量（亿元）	同比增长率（%）
#装备制造业	782.92	14.8
2.*汽车制造业	215.84	35.5
*铁路、船舶、航空航天和其他运输设备制造业	55.41	30.8
*电气机械和器材制造业	135.49	5.7
医药制造业	79.12	8.7
*通用设备制造业	37.48	-17.0
*专用设备制造业	64.52	-1.8
电力、热力生产和供应业	81.23	11.9
农副食品加工业	30.88	-14.0
*计算机、通信和其他电子设备制造业	229.12	13.9
非金属矿物制品业	44.54	-30.1
酒、饮料和精制茶制造业	27.49	-17.5
燃气生产和供应业	17.57	-17.9
化学原料和化学制品制造业	89.16	9.1
有色金属冶炼和压延加工业	43.06	-19.5
食品制造业	46.51	13.0
*仪器仪表制造业	20.96	5.3
文教、工美、体育和娱乐用品制造业	3.14	15.3
印刷和记录媒介复制业	25.53	15.2
*金属制品业	24.10	22.5
黑色金属冶炼和压延加工业	8.92	-70.3

注：带*号的属规模以上装备制造业。

规模以上工业总产值率

	总　量（亿元）	同比增长率（%）
规模以上工业总产值	5685.54	5.4
#战略新兴产业	2226.45	14.1
#高技术产业	1410.37	14.9
1.轻工业	1113.20	0.3
重工业	4572.34	6.8
2.国有企业	489.95	9.0
集体企业	14.28	21.3
股份制企业	4038.59	4.3
外商及港澳台商投资企业	1134.39	11.8
3.国有及国有控股企业	2238.86	19.1
4.大中型工业企业	3781.36	8.1
小型工业企业	1904.18	0.6
5.工业产品销售率（%）及±百分点	95.0	-1.2
6.工业出口交货值（亿元）	604.30	17.6

规模以上工业主要产品产量

	总　量	同比增长率（%）
发电量（亿千瓦小时）	176.74	-3.9
软饮料（万吨）	191.11	-9.7
小麦粉（万吨）	100.52	-26.3
机制纸（万吨）	18.62	-8.0
配合饲料（万吨）	17.25	56.1
乳制品（万吨）	96.23	-1.8
中成药（万吨）	0.68	4.2
钢材（万吨）	54.91	-4.9
交流电动机（万千瓦）	196.31	-38.3
变压器（万千伏安）	14204.85	5.4
汽车（万辆）	44.52	16.4
其中：载货汽车	18.92	63.0
轿车	18.14	-7.4
运动型多用途乘用车(SUV)	7.36	7.7
新能源汽车	8.15	67.7
单晶硅（万千克）	1629.53	93.3
多晶硅（万千克）	639.86	46.7
电力电缆（万千米）	12.88	268.3
光纤（万千米）	529.55	61.4
光缆（万芯千米）	586.35	16.8
锂离子电池(万只)	2651.16	43.2
智能手机（万台）	3023.05	30.3
电子元件(亿只)	4.44	-25.8
集成电路圆片（万片）	151.70	19.5

规模以上工业经济效益综合指数

	1—11月数量	同比增长率（%）
综合指数（%）	317.3	12.4
总资产贡献率（%）	7.4	-0.5
资本保值、增值率（%）	103.7	-23.9
资产负债率（%）	53.9	1.6
流动资产周转次数（次）	1.3	-0.1
成本费用利润率（%）	6.6	-0.3
全员劳动生产率（元/人）及速度（%）	371166.8	9.4

规模以上工业企业经济效益

	1—11月数量	同比增长率（%）
企业单位数（个）	1422	—
#企业亏损户（个）	353	13.5
主营业务收入（亿元）	4488.10	7.0
利润总额（亿元）	281.70	3.2
利税总额（亿元）	393.50	2.2
应收账款净额（亿元）	1092.60	13.6
产成品资金占用额（亿元）	359.30	12.3
亏损企业亏损额（亿元）	32.60	33.6

规模以上工业能源消费量

	总　量	占能源合计比重（%）
原煤（吨）	11948837	79.9
天然气（万立方米）	42389	5.1
用电量（万千瓦时）	1003889	11.5
汽油（吨）	21011	0.3
柴油（吨）	64518	0.9

注：规模以上工业单位增加值能耗工业增加值为现价，速度为可比价。

规模以上工业综合能源消费量

	总量（吨标准煤）	同比增长率（%）
规模以上工业综合能源消费量	6989190	-2.1
主要行业规模以上工业综合能源消费量		
#造纸及纸制品业	24718	-15.6
石油加工、炼焦及核燃料加工业	9862	1.9
化学原料及化学制品制造业	1203039	-3.1
非金属矿物制品业	316519	0.0
黑色金属冶炼及压延加工业	10116	-34.9
有色金属冶炼及压延加工业	119178	1.8
电力、热力的生产和供应业	3928627	-2.8
通用设备制造业	20526	-15.3
专用设备制造业	32943	-0.9
汽车制造业	206285	15.3
铁路、船舶、航空航天和其他运输设备制造业	23229	-1.8
规模以上工业单位增加值能耗（吨标准煤/万元）	0.51	-7.4

固定资产投资

	总　量	同比增长率（%）
全社会固定资产投资（亿元）	7556.47	12.9
固定资产投资（不含农户）	7463.31	13.0
#民间固定资产投资	3120.22	11.1
#基础设施投资（不含电网）	2547.56	40.4
#工业投资	1072.06	-10.6
#技术改造投资	238.82	43.2
1.按登记注册类型分		
公有制经济	4281.02	18.1
非公有制经济	3182.29	6.9
2.按报表种类分		
项目投资	5129.97	12.2
房地产开发	2333.34	15.0
3.按产业结构分		
第一产业	123.20	2.3
第二产业	1086.93	-10.2
第三产业	6253.18	18.6
#交通运输、仓储和邮政业	412.93	-3.2
信息传输、软件和信息技术服务业	131.48	2.2
批发零售、住宿餐饮业	179.66	15.5

续表

	总　量	同比增长率（%）
水利、环境和公共设施管理业（亿元）	1971.43	55.1
本年新增固定资产（亿元）	3238.33	24.6
本年施工项目个数（个）	5434	54.2
#本年新开工项目（个）	3884	61.5
5000万及以上项目（个）	2301	15.4
工业项目个数（个）	1186	34.2

房地产开发投资

	总　量	同比增长率（%）
本年完成投资（亿元）	2333.34	15.0
房屋施工面积（万平方米）	15843.92	5.4
#住宅	11134.28	4.6
办公楼	1057.36	4.5
商业营业用房	1977.35	-1.5
其他	1674.93	22.4
房屋竣工面积（万平方米）	1634.63	4.0
#住宅	1281.70	1.3
办公楼	75.25	148.4
商业营业用房	194.45	-4.8
其他	82.23	15.4
商品房销售面积（万平方米）	2509.78	20.8
#住宅	2147.67	13.2
办公楼	145.19	126.7
商业营业用房	137.54	69.7
其他	79.38	132.1

社会消费品零售总额

	总　量	同比增长率（%）
社会消费品零售总额实际增长		8.7
社会消费品零售总额（亿元）	4329.51	10.5
按行业分组：		
1.批发业	698.43	6.8
2.零售业	3291.85	11.5
3.住宿业	29.68	1.9
4.餐饮业	309.55	10.0
按经营单位所在地分		
1.城镇	4177.70	10.5
其中：城区	3604.03	8.0
2.乡村	151.81	9.5
按消费形态分		
1.餐饮收入	333.61	9.6
2.商品零售	3995.90	10.6

限额以上企业（单位）消费品零售额

	总　量	同比增长率（%）
限额以上消费品零售额(亿元)	2909.54	9.6
其中：网上零售额	240.30	54.9
按经营单位所在地分		
1. 城镇	2899.81	9.7
其中：城区	2868.95	10.5
2. 乡村	9.73	-10.7
按消费形态分		
1. 餐饮收入	87.87	-0.2
2. 商品零售	2821.67	10.0
#粮油、食品类	159.98	20.6
饮料类	34.90	0.8
烟酒类	39.90	-0.6
服装、鞋帽、针、纺织品类	456.88	7.8
化妆品类	45.00	22.4
金银珠宝类	38.88	-2.4
日用品类	79.16	17.2
五金、电料类	21.28	17.1
体育、娱乐用品类	65.78	63.2
书报杂志类	11.86	5.6
电子出版物及音像制品类	5.92	-18.6
家用电器和音像器材类	175.38	24.9
中西药品类	59.18	10.9
文化办公用品类	82.51	13.7
家具类	112.97	3.1
通信器材类	116.69	23.2
煤炭及制品类	79.44	1.7
石油及制品类	319.05	10.4
建筑及装潢材料类	99.18	-0.8
机电产品及设备类	1.28	-47.2
汽车类	770.11	7.3
其他类	46.34	-18.5

对外贸易

	总　量	同比增长率（%）
进出口总值（亿元）	2545.41	39.1
出口总值（亿元）	1552.38	63.9
进口总值（亿元）	993.03	12.5
批准利用外资项目（个）	143	98.6
合资企业（个）	72	188.0
合作企业（个）	—	—
外资企业（个）	69	46.8
外商投资股份制企业（个）	2	—

续表

	总　量	同比增长率（%）
批准合同外资金额（万美元）	444954.20	335.8
合资企业	80426.40	126.5
合作企业		
外资企业	364059.50	446.7
外商投资股份制企业	468.30	—
实际利用外商直接投资（万美元）	530680.80	17.8
合资企业	73430.50	50.7
合作企业	102.00	—
外资企业	456696.40	13.7
外商投资股份制企业	451.90	—

规模以上服务业

	1—11月数量	同比增长率（%）
规模以上服务业营业收入（亿元）	1769.98	17.2
按规模分		
1.大型企业	1228.28	14.1
2.中型企业	322.09	21.3
3.小型企业	203.82	30.3
4.微型企业	15.79	40.6
按登记注册类型分		
1.内资企业	1720.30	17.3
国有企业	172.77	6.3
集体企业	6.36	11.7
股份合作企业	0.34	-3.2
联营企业		
有限责任公司	1171.12	17.3
股份有限公司	237.29	17.3
私营企业	121.84	37.5
其他企业	10.58	19.4
2.港、澳、台商投资企业	23.46	28.8
3.外商投资企业	26.22	6.0
按行业分		
交通运输、仓储和邮政业	409.03	13.5
信息传输、软件和信息技术服务业	638.87	14.8
房地产业	47.88	20.1
租赁和商务服务业	216.33	32.6
科学研究和技术服务业	311.44	13.5
水利、环境和公共设施管理业	39.76	35.1
居民服务、修理和其他服务业	9.86	6.3
教育	9.04	30.0
卫生和社会工作	32.73	22.0
文化、体育和娱乐业	55.04	28.1

注：房地产业不含房地产开发中类。

交通及邮电

	总　量	同比增长率（%）
客运量（万人次）	24286.53	2.6
公路客运量	15601.00	-1.1
铁路旅客发送量	4499.79	7.2
民用航空旅客吞吐量	4185.74	13.1
货运量（万吨）	25496.62	6.7
公路货运量	24477.00	6.4
铁路货物发送量	993.63	16.4
民用航空货物吞吐量	25.99	11.2
城市公交客运量（万人次）	134467.00	-9.6
城市地铁客运量（万人次）	60534.01	48.3
邮政电信(万元)		
邮政业务总收入	544600.00	23.8
电信业务总收入	1475459.35	3.6

注：1.公路数据来自市交通局；铁路数据来自西安铁路局；民航数据来自西北民航管理局；地铁数据来自地铁办；邮政数据来自西安邮政局；电信数据来自中国电信西安分公司、中国移动西安分公司和中国联通西安分公司。

2.2017年邮政统计的口径扩大，无2016年同比基数，因此不计算同比增长率。

旅游

	总　量	同比增长率（%）
接待国内外旅游者人数（万人次）	18093.14	20.5
旅游业总收入（亿元）	1633.30	34.6

全社会用电量

	总　量	同比增长率（%）
全社会用电总计(亿千瓦时)	321.41	3.0
全行业用电合计	226.42	2.1
第一产业	8.35	-4.9
第二产业	115.48	0.7
工业	107.01	0.7
#制造业	74.50	-1.4
建筑业	8.47	-0.4
第三产业	102.59	4.5
交通运输、仓储、邮政业	11.91	8.4
信息传输、计算机服务和软件业	7.28	17.5
商业、住宿和餐饮业	31.12	3.3
金融、房地产、商务及居民服务业	21.57	1.4
公共事业及管理组织	30.71	3.8
城乡居民生活用电	94.99	5.1
城市	69.75	9.0
乡村	25.24	-4.3

财政收支

	总　量	同比增长率（%）
财政总收入（亿元）	1364.71	12.6
地方财政一般公共预算收入（亿元）	654.50	9.8
#税收收入	448.99	20.4
#增值税	167.44	63.6
营业税	2.19	-96.4
企业所得税	49.45	19.1
个人所得税	26.27	29.2
地方财政一般公共预算支出（亿元）	1045.09	7.1
#一般公共服务	83.68	29.3
公共安全	63.97	19.7
教育	133.89	9.0
科学技术	45.28	64.8
文化体育与传媒	25.53	-11.5
社会保障和就业	125.66	16.8
医疗卫生	88.11	17.7
节能环保	43.20	87.5
城乡社区事务	233.48	-12.2
农林水事务	59.37	2.2
交通运输	14.37	-34.8

注：从2017年11月起，财政数据包含西咸新区。

金融机构本外币存贷款

	12月末数量	同比增长率（%）
期末金融机构存款余额（亿元）	20378.11	4.6
#住户存款	7597.06	6.4
非金融企业存款	8408.72	4.4
广义政府存款	3617.24	11.7
非银行业金融机构存款	728.18	-28.6
期末金融机构贷款余额（亿元）	17155.11	10.4
#住户贷款	4020.27	21.3
非金融企业及机关团体贷款	13120.11	7.5
非银行业金融机构贷款	0.20	0.0

金融机构人民币存贷款

	12月末数量	同比增长率（%）
期末金融机构存款余额（亿元）	20047.62	5.1
#住户存款	7497.30	6.6
非金融企业存款	8203.27	5.3
广义政府存款	3614.13	11.6
非银行业金融机构存款	722.75	-27.7
期末金融机构贷款余额（亿元）	16954.81	10.9
#住户贷款	4020.11	21.3
非金融企业及机关团体贷款	12933.62	8.1
非银行业金融机构贷款	0.20	0.0

注：金融数据来自人民银行西安分行营业管理部。

环境质量

	12月数量	1—12月数量
环境空气中五项主要污染物浓度		
二氧化硫（μg/m³）	32	—
二氧化氮（μg/m³）	80	—
一氧化碳（mg/m³）	2.900	—
PM 10（μg/m³）	197	—
PM 2.5（μg/m³）	112	—
臭氧日最大8小时平均第90百分位数的浓度（μg/m³）	58	—
环境空气优良天数（天）	5	180

注：环境监测数据来自市环保局。

物价

	12月月环比数	12月同期比数	1—12月累计比数
居民消费价格总指数	100.2	102.9	102.0
1.非食品烟酒价格指数	99.7	103.4	102.6
服务价格指数	99.6	104.7	103.6
消费品价格指数	100.5	101.9	101.1
2.食品烟酒	101.4	101.6	100.5
衣着	98.5	101.6	100.7
居住	99.8	102.2	101.7
生活用品及服务	100.0	100.7	100.6
交通和通信	100.4	102.6	102.4
教育文化和娱乐	99.5	103.9	102.6
医疗保健	100.2	111.3	108.7
其他用品和服务	99.1	100.5	101.0
商品零售价格指数	100.4	102.8	101.7
新建住宅	100.6	111.2	111.5
保障性住宅			
新建商品住宅	100.6	112.2	112.5
二手住宅	100.5	108.8	104.8
固定资产投资价格指数		106.8	105.4
#建筑安装、装饰工程价格指数		109.7	107.8
工业生产者出厂价格指数	100.1	101.6	100.3
按轻重工业分：轻工业	99.8	101.4	100.5
重工业	100.2	101.6	100.3
按两大部类分：生产资料	100.3	102.1	100.7
生活资料	99.7	100.5	99.7
工业生产者购进价格指数	100.3	105.3	104.7
#燃料动力类	99.0	100.1	101.6
黑色金属材料类	101.4	109.0	109.0
农副产品类	100.0	101.3	101.0

注：物价数据来自国家统计局西安调查队。

各区（县）、开发区生产总值

	总　量(亿元)	同比增长率（%）	占全市比重（%）
全　市	7469.85	7.7	—
新城区	616.10	8.2	8.2
碑林区	873.49	8.4	11.7
莲湖区	749.47	9.1	10.0
灞桥区	428.35	13.8	5.7
未央区	844.53	9.2	11.3
雁塔区	1521.15	8.5	20.4
阎良区	240.21	7.0	3.2
临潼区	221.01	9.6	3.0
长安区	791.03	11.7	10.6
高陵区	377.10	15.6	5.0
蓝田县	143.49	8.5	1.9
周至县	134.26	7.9	1.8
鄠邑区	197.41	10.1	2.6
高新区	1224.90	12.1	16.4
经开区	671.15	13.4	9.0
曲江新区	227.94	14.4	3.1
航空基地	26.68	29.1	0.4
航天基地	152.83	29.2	2.0
浐灞生态区	117.45	19.5	1.6
国际港务区	75.15	36.3	1.0

注：分区（县）数据为行政区划口径。

各区（县）、开发区第一产业增加值

	总　量（亿元）	同比增长率（%）	占全市比重（%）
全　市	281.12	4.6	—
新城区	—	—	—
碑林区	—	—	—
莲湖区	—	—	—
灞桥区	21.82	4.3	7.8
未央区	0.66	-14.3	0.2
雁塔区	—	—	—
阎良区	24.24	5.1	8.6
临潼区	31.45	4.7	11.2
长安区	33.95	4.3	12.1
高陵区	32.62	4.2	11.6
蓝田县	30.15	5.9	10.7
周至县	33.91	4.4	12.1
鄠邑区	27.74	5.1	9.9
高新区	—	—	—
经开区	—	—	—
曲江新区	—	—	—
航空基地	—	—	—
航天基地	—	—	—
浐灞生态区	—	—	—
国际港务区	7.52	2.6	2.7

各区（县）、开发区第二产业增加值

	总　量（亿元）	同比增长率（%）	占全市比重（%）
全　市	2596.08	5.5	—
新城区	216.83	12.5	8.4
碑林区	179.21	10.7	6.9
莲湖区	239.80	12.3	9.2
灞桥区	140.22	14.3	5.4
未央区	405.79	10.6	15.6
雁塔区	331.31	0.6	12.8
阎良区	117.58	6.0	4.5
临潼区	66.76	7.5	2.6
长安区	401.86	17.4	15.5
高陵区	250.13	15.4	9.6
蓝田县	39.10	9.1	1.5
周至县	29.15	9.1	1.1
鄠邑区	82.72	14.9	3.2
高新区	535.69	12.5	20.6
经开区	459.70	16.7	17.7
曲江新区	21.05	12.1	0.8
航空基地	22.32	34.5	0.9
航天基地	83.62	37.0	3.2
浐灞生态区	36.30	34.6	1.4
国际港务区	24.84	63.0	1.0

各区（县）、开发区工业增加值

	总　量（亿元）	同比增长率（%）	占全市比重（%）
全　市	1677.48	5.8	—
新城区	130.78	16.3	7.8
碑林区	13.96	10.1	0.8
莲湖区	136.16	18.1	8.1
灞桥区	57.36	3.7	3.4
未央区	235.05	9.0	14.0
雁塔区	173.34	5.6	10.3
阎良区	104.30	5.3	6.2
临潼区	52.53	8.1	3.1
长安区	342.79	17.8	20.4
高陵区	234.62	19.6	14.0
蓝田县	21.53	15.5	1.3
周至县	19.63	14.8	1.2
鄠邑区	67.36	17.8	4.0
高新区	449.72	13.1	26.8
经开区	367.70	17.8	21.9
曲江新区	—	—	—
航空基地	16.91	24.0	1.0
航天基地	79.48	35.9	4.7
浐灞生态区	1.11	-	0.1
国际港务区	6.64	21.5	0.4

各区（县）、开发区第三产业增加值

	总　量（亿元）	同比增长率（%）	占全市比重（%）
全　市	4592.65	9.2	—
新城区	399.27	6.0	8.7
碑林区	694.28	7.8	15.1
莲湖区	509.67	7.7	11.1
灞桥区	266.31	14.3	5.8
未央区	438.08	7.9	9.5
雁塔区	1189.84	11.5	25.9
阎良区	98.39	8.7	2.1
临潼区	122.80	12.7	2.7
长安区	355.22	6.8	7.7
高陵区	94.35	20.7	2.1
蓝田县	74.24	9.3	1.6
周至县	71.20	9.2	1.6
鄠邑区	86.95	7.9	1.9
高新区	689.21	11.7	15.0
经开区	211.45	5.1	4.6
曲江新区	206.89	14.6	4.5
航空基地	4.36	6.3	0.1
航天基地	69.21	19.1	1.5
浐灞生态区	81.15	14.0	1.8
国际港务区	42.79	32.7	0.9

各区（县）、开发区规模以上工业增加值

	总　量（亿元）	同比增长率（%）	占全市比重（%）
全　市	1361.77	5.8	—
新城区	93.71	16.5	6.9
碑林区	11.24	10.5	0.8
莲湖区	111.51	18.4	8.2
灞桥区	36.42	3.3	2.7
未央区	198.89	9.0	14.6
雁塔区	129.85	5.6	9.5
阎良区	48.37	5.3	3.6
临潼区	44.52	8.0	3.3
长安区	309.21	18.2	22.7
高陵区	223.56	20.0	16.4
蓝田县	13.92	17.1	1.0
周至县	14.35	18.1	1.1
鄠邑区	48.11	22.0	3.5
高新区	416.42	13.5	30.6
经开区	353.36	18.0	25.9
曲江新区	—	—	—
航空基地	15.29	26.0	1.1
航天基地	62.37	36.1	4.6
浐灞生态区	0.42	-9.5	0.0
国际港务区	6.44	21.7	0.5

各区（县）、开发区全社会固定资产投资

	总　量（亿元）	同比增长率（%）	占全市比重（%）
全　市	7556.47	12.9	—
新城区	248.95	-1.9	3.3
碑林区	223.93	8.6	3.0
莲湖区	240.30	7.1	3.2
灞桥区	678.30	16.7	9.0
未央区	914.44	12.1	12.1
雁塔区	1061.91	19.1	14.1
阎良区	180.27	12.9	2.4
临潼区	171.53	21.0	2.3
长安区	554.48	-4.6	7.3
高陵区	523.32	13.9	6.9
蓝田县	311.77	17.9	4.1
周至县	155.19	-3.6	2.1
鄠邑区	183.56	49.0	2.4
高新区	842.71	7.6	11.2
经开区	775.84	15.9	10.3
曲江新区	422.59	17.2	5.6
航空基地	129.66	13.1	1.7
航天基地	169.22	29.2	2.2
浐灞生态区	539.64	13.4	7.1
国际港务区	211.76	22.1	2.8

各区（县）、开发区固定资产投资（不含农户）

	总　量（亿元）	同比增长率（%）	占全市比重（%）
全　市	7463.31	13.0	—
新城区	248.95	-1.9	3.3
碑林区	223.93	8.6	3.0
莲湖区	240.30	7.1	3.2
灞桥区	672.13	16.9	9.0
未央区	912.26	12.2	12.2
雁塔区	1061.91	19.1	14.2
阎良区	176.53	13.1	2.4
临潼区	158.81	23.1	2.1
长安区	540.79	-4.7	7.2
高陵区	519.63	13.9	7.0
蓝田县	299.08	18.8	4.0
周至县	141.97	-3.9	1.9
鄠邑区	172.97	53.7	2.3
高新区	842.71	7.6	11.3
经开区	775.84	15.9	10.4
曲江新区	422.59	17.2	5.7
航空基地	129.66	13.1	1.7
航天基地	169.22	29.2	2.3
浐灞生态区	539.64	13.4	7.2
国际港务区	211.76	22.1	2.8

各区（县）、开发区社会消费品零售总额

	总　量（亿元）	同比增长率（%）	占全市比重（%）
全　市	4329.51	10.5	—
新城区	667.03	9.7	15.4
碑林区	668.83	9.6	15.4
莲湖区	540.47	9.9	12.5
灞桥区	232.31	15.7	5.4
未央区	558.34	15.4	12.9
雁塔区	782.59	9.6	18.1
阎良区	45.59	10.6	1.1
临潼区	96.47	13.9	2.2
长安区	231.40	14.3	5.3
高陵区	51.78	16.2	1.2
蓝田县	70.42	13.4	1.6
周至县	57.08	12.7	1.3
鄠邑区	77.76	11.1	1.8
高新区	476.88	9.2	11.0
经开区	344.49	19.4	8.0
曲江新区	28.75	21.9	0.7
航空基地	0.42	9.0	0.0
航天基地	53.16	17.9	1.2
浐灞生态区	129.26	9.3	3.0
国际港务区	185.38	23.9	4.3

各区（县）、开发区规模以上服务业营业收入

	1—11月数量（亿元）	同比增长率（%）	占全市比重（%）
全　市	1769.98	17.2	—
新城区	80.25	16.8	4.5
碑林区	131.18	20.2	7.4
莲湖区	295.94	8.5	16.7
灞桥区	32.02	58.6	1.8
未央区	277.03	16.9	15.7
雁塔区	837.42	16.7	47.3
阎良区	5.45	5.9	0.3
临潼区	10.49	27.3	0.6
长安区	56.20	61.9	3.2
高陵区	21.83	23.4	1.2
蓝田县	2.40	48.0	0.1
周至县	0.87	10.1	0.0
鄠邑区	2.41	18.3	0.1
高新区	631.85	19.3	35.7
经开区	213.46	22.1	12.1
曲江新区	97.14	30.1	5.5
航空基地	1.28	70.4	0.1
航天基地	4.28	78.7	0.2
浐灞生态区	15.13	54.0	0.9
国际港务区	14.36	92.2	0.8

各区（县）城乡居民收入

	全体常住居民人均可支配收入		城镇常住居民人均可支配收入		农村常住居民人均可支配收入	
	总量（元）	同比增长率（%）	总量（元）	同比增长率（%）	总量（元）	同比增长率（%）
全　市	32597	8.5	38536	8.2	16522	8.8
新城区	40292	8.3	40292	8.3	—	—
碑林区	40636	8.3	40636	8.3	—	—
莲湖区	40575	8.4	40575	8.4	—	—
灞桥区	38859	8.4	39794	8.2	22280	9.0
未央区	39650	9.0	40034	8.0	—	—
雁塔区	40660	8.0	40660	8.0	—	—
阎良区	32234	8.5	39914	8.1	22034	8.7
临潼区	23204	8.9	33261	8.2	17859	9.0
长安区	29400	8.7	37437	8.1	18239	8.9
高陵区	26947	8.9	31974	8.5	17934	9.1
蓝田县	17718	9.1	28596	8.6	13151	8.8
周至县	18235	9.0	29039	8.0	13348	9.3
鄠邑区	21808	8.5	30224	8.1	15918	8.7

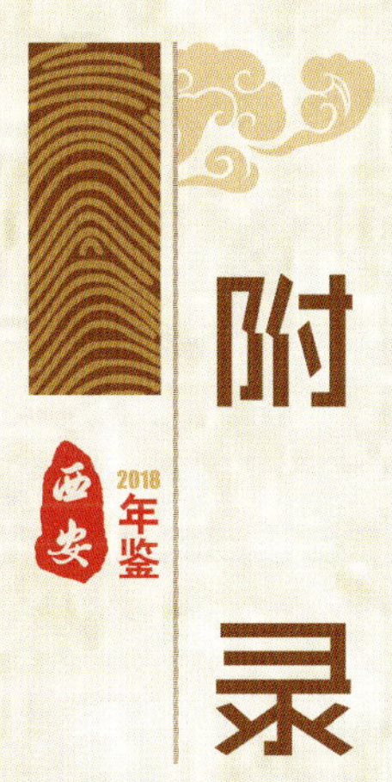

附录

责任编辑　冯冠杰

法规文件

《西安市旅游条例》修订

2004年12月23日西安市第十三届人民代表大会常务委员会第十八次会议通过，2005年3月30日陕西省第十届人民代表大会常务委员会第十八次会议批准。根据2010年7月15日西安市第十四届人民代表大会常务委员会第二十三次会议通过，2010年9月29日陕西省第十一届人民代表大会常务委员会第十八次会议批准的《西安市人民代表大会常务委员会关于修改部分地方性法规的决定》第一次修正。根据2016年12月22日西安市第十五届人民代表大会常务委员会第三十六次会议通过，2017年3月30日陕西省第十二届人民代表大会常务委员会第三十三次会议批准的《西安市人民代表大会常务委员会关于修改〈西安市保护消费者合法权益条例〉等49部地方性法规的决定》第二次修正。共8章56条。2018年4月10日起施行。1998年7月30日西安市第十二届人民代表大会常务委员会第七次会议通过，1998年8月22日陕西省第九届人民代表大会常务委员会第四次会议批准的《西安市旅游业管理条例》同时废止。

《西安市城市轨道交通条例》修订

2011年5月25日西安市第十四届人民代表大会常务委员会第三十次会议通过，2011年7月22日陕西省第十一届人民代表大会常务委员会第二十四次会议批准。根据2016年12月22日西安市第十五届人民代表大会常务委员会第三十六次会议通过，2017年3月30日陕西省第十二届人民代表大会常务委员会第三十三次会议批准的《西安市人民代表大会常务委员会关于修改〈西安市保护消费者合法权益条例〉等49部地方性法规的决定》修正。共7章72条。

《西安市特种行业治安管理条例》颁布

2017年6月28日西安市第十六届人民代表大会常务委员会第三次会议通过，2017年7月27日陕西省第十二届人民代表大会常务委员会第三十六次会议批准。共6章46条。2017年12月1日起施行。

《西安市不可移动文物保护条例》颁布

2017年8月30日西安市第十六届人民代表大会常务委员会第五次会议通过，2017年9月29日陕西省第十二届人民代表大会常务委员会第三十七次会议批准。共7章56条。2017年12月1日起施行。

《西安市销售燃放烟花爆竹安全管理条例》修订

1994年2月23日西安市第十一届人民代表大会常务委员会第十一次会议通过，1994年4月26日陕西省第八届人民代表大会常务委员会第六次会议批准。根据2003年10月30日西安市第十三届人民代表大会常务委员会第十次会议通过，2003年11月29日陕西省第十届人民代表大会常务委员会第七次会议批准的《关于修改〈西安市禁止销售燃放烟花爆竹的规定〉的决定》第一次修正。根据2007年8月29日西安市第十四届人民代表大会常务委员会第四次会议通过，2007年9月27日陕西省第十届人民代表大会常务委员会第三十三次会议批准的《关于修改〈西安市销售燃放烟花爆竹管理条例〉的决定》第二次修正。根据2010年7月15日西安市第十四届人民代表大会常务委员会第二十三次会议通过，2010年9月29日陕西省第十一届人民代表大会常务委员会第十八次会议批准的《西安市人民代表大会常务委员会关于修改部分地方性法规的决定》第三次修正。2017年8月30日西安市第十六届人民代表大会常务委员会第五次会议修订通过，2017年9月29日陕西省第十二届人民代表大会常务委员会第三十七次会议批准。共32条。2017年12月1日起施行。

《西安市大气污染防治条例》修订

2004年12月23日西安市第十三届人民代表大会常务委员会第十八次会议通过，2005年3月30日陕西省第十届人民代表大会常务委员会第十八次会议批准。根据2010年7月15日西安市第十四届人民代表大会常务委员会第二十三次会议通过，2010年9月29日陕西省第十一届人民代表大会常务委员会第十八次会议批准的《西安市人民代表大会常务委员会关于修改部分地方性法规的决定》修正。2017年10月24日西安市第十六届人民代表大会常务委员会第六次会议修订通过，2017年11月30日陕西省第十二届人民代表大会常务委员会第三十八次会议批准。共6章82条。2018年3月1日起施行。

（行中道）

西安市人民政府重要文件目录

标　题	发文号	发文时间
西安市人民政府关于印发《落实系统推进全面创新改革试验国务院17项授权事项三年工作计划》的通知	市政发〔2017〕1号	2017.01.04
西安市人民政府关于印发《西安市系统推进全面创新改革试验打造一带一路创新中心实施细则》的通知	市政发〔2017〕2号	2017.01.11
西安市人民政府关于公布《西安市第五批非物质文化遗产代表性项目名录》的通知	市政发〔2017〕3号	2017.01.19
西安市人民政府关于印发进一步吸引人才放宽我市部分户籍准入条件意见的通知	市政发〔2017〕4号	2017.01.22
西安市人民政府关于印发《西安市加强农村留守儿童关爱保护工作实施方案》的通知	市政发〔2017〕5号	2017.01.26
西安市人民政府关于进一步促进民间投资健康发展的实施意见	市政发〔2017〕9号	2017.02.28
西安市人民政府关于印发上官吉庆市长在市十六届人大一次会议上所作《政府工作报告》的通知	市政发〔2017〕10号	2017.03.02
西安市人民政府关于调整优化建设工程防雷许可的实施意见	市政发〔2017〕13号	2017.03.11
西安市人民政府关于公布西安市古树名木资源补充调查结果的通知	市政发〔2017〕14号	2017.03.22
西安市人民政府关于立即开展安全生产大检查大排查大整治的紧急通知	市政发〔2017〕15号	2017.03.26
西安市人民政府关于印发西安市创建国家防震减灾示范城市实施方案的通知	市政发〔2017〕18号	2017.04.07
西安市人民政府关于加快服务外包产业发展的实施意见	市政发〔2017〕20号	2017.04.09
西安市人民政府关于加快发展服务贸易的实施意见	市政发〔2017〕19号	2017.04.09

标 题	发文号	发文时间
西安市人民政府关于进一步加强管理保持房地产市场平稳健康发展的若干意见	市政发〔2017〕23号	2017.04.18
西安市人民政府关于印发《西安市深化医药卫生体制综合改革试点实施方案》的通知	市政发〔2017〕28号	2017.06.06
西安市人民政府关于印发《供给侧结构性改革去杠杆行动计划》的通知	市政发〔2017〕29号	2017.06.18
西安市人民政府关于印发《西安市提振消防能力建设实施意见》的通知	市政发〔2017〕32号	2017.07.05
西安市人民政府关于印发《西安市土壤污染防治工作方案》的通知	市政发〔2017〕33号	2017.07.06
西安市人民政府关于促进民营经济加快发展的若干意见	市政发〔2017〕35号	2017.07.14
西安市人民政府关于印发《供给侧结构性改革去产能行动计划》的通知	市政发〔2017〕36号	2017.07.15
西安市人民政府关于印发《西安市机动车停车服务收费管理办法》的通知	市政发〔2017〕37号	2017.07.23
西安市人民政府关于印发《盐业体制改革实施方案》的通知	市政发〔2017〕39号	2017.08.01
西安市人民政府关于落实市区县两级安全生产监督管理部门作为政府工作部门和行政执法机构的通知	市政发〔2017〕40号	2017.08.01
西安市人民政府关于印发《西安市道路命名规则（暂行）》的通知	市政发〔2017〕41号	2017.08.02
西安市人民政府关于印发《西安市大数据产业发展实施方案（2017—2021年）》的通知	市政发〔2017〕42号	2017.08.02
西安市人民政府关于印发《西安市标准化+行动计划》的通知	市政发〔2017〕46号	2017.08.17
西安市人民政府关于进一步稳定住房市场发展有关问题的通知	市政发〔2017〕51号	2017.09.13
西安市人民政府印发《关于推动2017年下半年工业促投资稳增长实施意见》的通知	市政发〔2017〕60号	2017.10.17
西安市人民政府关于印发《市级部门政务服务事项目录清单》的通知	市政发〔2017〕62号	2017.11.06
西安市人民政府关于取消和调整行政事权的通知	市政发〔2017〕63号	2017.11.06
西安市人民政府关于印发《“十三五”加快残疾人小康进程规划纲要（2016—2020年）》的通知	市政发〔2017〕64号	2017.11.06
西安市人民政府关于规范性文件清理结果的决定	市政发〔2017〕65号	2017.11.23
西安市人民政府关于表彰2017年西安创业明星的决定	市政发〔2017〕66号	2017.11.28
西安市人民政府关于进一步推进义务教育均衡发展全面提升基础教育整体水平的实施意见	市政发〔2017〕68号	2017.12.29
西安市人民政府办公厅关于加强城市公共气象服务工作的意见	市政办发〔2017〕1号	2017.01.16
西安市人民政府办公厅关于开展农民工工资治欠保支专项行动的通知	市政办发〔2017〕2号	2017.01.21
西安市人民政府办公厅关于农村中小学闲置校园校舍处置工作的意见	市政办发〔2017〕3号	2017.01.20
西安市人民政府办公厅关于印发《保障农民工工资支付工作责任追究办法》的通知	市政办发〔2017〕4号	2017.01.26
西安市人民政府办公厅关于推行养老机构综合责任保险的实施意见	市政办发〔2017〕5号	2017.02.03
西安市人民政府办公厅关于开展老年人意外伤害保险工作的实施意见	市政办发〔2017〕6号	2017.02.03
西安市人民政府办公厅关于印发《西安市城市道路“以克论净深度保洁”作业标准（试行）》的通知	市政办发〔2017〕7号	2017.02.04
西安市人民政府办公厅关于做好我市地方志事业发展工作的通知	市政办发〔2017〕8号	2017.02.07
西安市人民政府办公厅关于印发《全面改善义务教育薄弱学校基本办学条件专项督导实施方案》的通知	市政办发〔2017〕9号	2017.02.07
西安市人民政府办公厅关于印发《迎接创建国家食品安全示范城市省级考核验收工作方案》的通知	市政办发〔2017〕10号	2017.02.11
西安市人民政府办公厅关于印发《进一步吸引人才放宽部分户籍准入条件户口登记工作规范》的通知	市政办发〔2017〕11号	2017.02.17
西安市人民政府办公厅关于大力发展农村电子商务带动农民增收致富的通知	市政办发〔2017〕12号	2017.02.21
西安市人民政府办公厅关于加快西安游客服务体系建设的实施意见	市政办发〔2017〕14号	2017.02.23
西安市人民政府办公厅关于印发《公共自行车运营补助暂行办法》和《绩效考核奖励暂行办法》的通知	市政办发〔2017〕15号	2017.02.27
西安市人民政府办公厅关于印发《长安区细柳街道郭杜街道部分行政村划转移交长安区斗门街道工作方案》的通知	市政办发〔2017〕16号	2017.02.27
西安市人民政府办公厅关于印发《2017年质量强市行动计划》的通知	市政办发〔2017〕17号	2017.02.25
西安市人民政府办公厅关于印发《2017年民生提升重点工作》的通知	市政办发〔2017〕18号	2017.03.06
西安市人民政府办公厅关于印发《西安市2017年“铁腕治霾•保卫蓝天”“1+1+9”组合方案（办法）》的通知	市政办发〔2017〕19号	2017.03.09
西安市人民政府办公厅关于印发《西安市2017—2019年巩固提升国家森林城市创建成果实施方案》的通知	市政办发〔2017〕20号	2017.03.09
西安市人民政府办公厅关于印发《进一步加快新能源汽车推广应用的实施方案》的通知	市政办发〔2017〕21号	2017.03.13
西安市人民政府办公厅关于印发《西安市重要产品追溯体系建设实施方案》的通知	市政办发〔2017〕22号	2017.03.18
西安市人民政府办公厅关于印发《2017旅游服务环境提升年行动方案》的通知	市政办发〔2017〕23号	2017.03.21
西安市人民政府办公厅关于印发《2017—2018年度政府集中采购目录及采购限额标准》的通知	市政办发〔2017〕24号	2017.03.22
西安市人民政府办公厅关于印发《西安市安全生产“十三五”规划（2016—2020年）》的通知	市政办发〔2017〕25号	2017.03.25
西安市人民政府办公厅关于印发《西安市推进“最多跑一次”改革实施方案》的通知	市政办发〔2017〕26号	2017.03.29
西安市人民政府办公厅关于印发《预防和解决拖欠农民工工资问题若干措施》的通知	市政办发〔2017〕27号	2017.03.28
西安市人民政府办公厅关于健全完善解决拖欠农民工工资“一厅式”联合办公机制的通知	市政办发〔2017〕28号	2017.03.30
西安市人民政府办公厅关于印发《2017年政府工作报告任务分解意见》的通知	市政办发〔2017〕29号	2017.03.29
西安市人民政府办公厅关于加快优质工业产品推广应用的实施意见	市政办发〔2017〕31号	2017.03.31
西安市人民政府办公厅关于印发《2017年重点建设项目计划》的通知	市政办发〔2017〕30号	2017.04.01
西安市人民政府办公厅关于印发《西安市2017年铁腕治霾保卫蓝天工作实施方案及9个专项行动方案任务分解安排》的通知	市政办发〔2017〕32号	2017.04.05
西安市人民政府办公厅关于印发《西安市气象事业发展“十三五”规划（2016—2020年）》的通知	市政办发〔2017〕33号	2017.04.16
西安市人民政府办公厅关于印发《2017年法治政府建设工作要点》的通知	市政办发〔2017〕34号	2017.04.18
西安市人民政府办公厅关于印发《西安市特种设备事故应急预案（修订稿）》的通知	市政办发〔2017〕35号	2017.04.25
西安市人民政府办公厅关于印发《西安市水污染防治2017年度工作方案》的通知	市政办发〔2017〕36号	2017.04.27
西安市人民政府办公厅转发《市国土局关于2017年地质灾害防治方案》的通知	市政办发〔2017〕37号	2017.04.28
西安市人民政府办公厅关于印发《西安市2017年旅游业发展重点工作》的通知	市政办发〔2017〕38号	2017.04.29
西安市人民政府办公厅关于印发《迎接全运会当好东道主西安城乡环境大整治三年行动考核办法》的通知	市政办发〔2017〕39号	2017.05.02
西安市人民政府办公厅关于贯彻落实国务院第三批取消中央指定地方实施行政许可事项决定的通知	市政办发〔2017〕40号	2017.05.02
西安市人民政府办公厅关于清理规范市级部门行政审批中介服务事项的通知	市政办发〔2017〕41号	2017.05.02
西安市人民政府办公厅关于印发《大学区学区长学校品质提升工程五年行动计划》的通知	市政办发〔2017〕43号	2017.05.14
西安市人民政府办公厅关于印发《普通高中优质特色发展五年行动计划》的通知	市政办发〔2017〕44号	2017.05.17

标　　题	发文号	发文时间
西安市人民政府办公厅关于印发《西安市政府网站建设管理规范（试行）》的通知	市政办发〔2017〕45号	2017.05.12
西安市人民政府办公厅关于印发《西安市加快推进装配式建筑发展实施方案》的通知	市政办发〔2017〕47号	2017.05.23
西安市人民政府办公厅关于印发《国有企业职工家属区"三供一业"分离移交工作方案》的通知	市政办发〔2017〕48号	2017.05.23
西安市人民政府办公厅关于印发《西安市经济适用住房退出管理实施细则》的通知	市政办发〔2017〕49号	2017.05.25
西安市人民政府办公厅关于印发《西安市城市生活垃圾分类三年行动方案》的通知	市政办发〔2017〕50号	2017.05.26
西安市人民政府办公厅关于印发《2017年政务公开工作要点任务分解细化方案》的通知	市政办发〔2017〕51号	2017.05.26
西安市人民政府办公厅关于印发《西安市违法建设查处治理工作考核办法》的通知	市政办发〔2017〕52号	2017.05.31
西安市人民政府办公厅关于转发《西安市健康脱贫医疗保障制度实施方案》的通知	市政办发〔2017〕54号	2017.06.09
西安市人民政府办公厅关于印发《西安市违法建设查处治理工作责任追究办法》的通知	市政办发〔2017〕53号	2017.05.31
西安市人民政府办公厅关于调整户籍新政中本科及以上学历人员落户年龄限制的通知	市政办发〔2017〕55号	2017.06.09
西安市人民政府办公厅关于印发《危险化学品安全综合治理实施方案》的通知	市政办发〔2017〕56号	2017.06.15
西安市人民政府办公厅关于印发《食品安全工作评议考核办法》的通知	市政办发〔2017〕58号	2017.06.23
西安市人民政府办公厅关于调整我市住房交易政策有关问题的通知	市政办发〔2017〕59号	2017.06.25
西安市人民政府办公厅关于进一步加强建筑垃圾清运资质企业和车辆管理的实施意见	市政办发〔2017〕60号	2017.07.03
西安市人民政府办公厅关于贯彻落实国家9部委取消中央指定地方实施行政审批中介服务事项的通知	市政办发〔2017〕61号	2017.07.07
西安市人民政府办公厅关于转发《市民政局等部门做好农村最低生活保障制度与扶贫开发政策有效衔接实施方案》的通知	市政办发〔2017〕62号	2017.07.07
西安市人民政府办公厅关于进一步加强打击非法行医和非法采供血工作的通知	市政办发〔2017〕63号	2017.07.13
西安市人民政府办公厅关于印发《西安市深化医药卫生体制改革2017年工作要点》的通知	市政办发〔2017〕64号	2017.07.13
西安市人民政府办公厅关于印发《西安市公共资源交易目录（2017年版）》的通知	市政办发〔2017〕65号	2017.07.13
西安市人民政府办公厅关于印发《西安市公共资源交易管理办法》的通知	市政办发〔2017〕66号	2017.07.13
西安市人民政府办公厅关于持续开展安全生产大检查大整治活动的紧急通知	市政办发〔2017〕67号	2017.07.13
西安市人民政府办公厅关于印发《安装新风系统试点实施意见》的通知	市政办发〔2017〕68号	2017.07.14
西安市人民政府办公厅关于进一步加快应急避难场所建设的意见	市政办发〔2017〕69号	2017.07.14
西安市人民政府办公厅关于印发《"一带一路"建设2017年行动计划》的通知	市政办发〔2017〕70号	2017.07.17
西安市人民政府办公厅关于印发《西安市拆墙透绿实施方案》的通知	市政办发〔2017〕72号	2017.07.21
西安市人民政府办公厅关于印发《西安市审计整改工作办法》的通知	市政办发〔2017〕71号	2017.07.11
西安市人民政府办公厅关于印发《营造良好市场环境促进有色金属工业调结构促转型增效益实施方案（2016—2020年）》的通知	市政办发〔2017〕73号	2017.07.20
西安市人民政府办公厅关于印发《西安市集贸市场改造提升工作方案》的通知	市政办发〔2017〕74号	2017.07.26
西安市人民政府办公厅关于印发《西安市控制污染物排放许可制实施方案》的通知	市政办发〔2017〕75号	2017.07.30
西安市人民政府办公厅关于印发《西安市重大行政决策责任追究暂行办法》的通知	市政办发〔2017〕76号	2017.08.14
西安市人民政府办公厅关于印发《推进普惠金融发展落实方案》的通知	市政办发〔2017〕77号	2017.08.08
西安市人民政府办公厅关于印发《2017年煤炭削减替代工作实施细则》的通知	市政办发〔2017〕78号	2017.08.17
西安市人民政府办公厅关于印发《城中村及城乡接合部治违拆违专项整治行动实施方案》和《城区屋顶加盖违建拆除专项行动实施方案》的通知	市政办发〔2017〕79号	2017.08.23
西安市人民政府办公厅关于规范电动汽车充电基础设施建设运营管理的实施意见	市政办发〔2017〕80号	2017.08.23
西安市人民政府办公厅关于印发《全面强化网格化管理扎实推进散煤治理工作实施方案》的通知	市政办发〔2017〕81号	2017.08.24
西安市人民政府办公厅关于转发《国有企业职工家属区"三供一业"分离移交维修改造标准》的通知	市政办发〔2017〕82号	2017.08.25
西安市人民政府办公厅关于印发《西安市松材线虫病防控预案》的通知	市政办发〔2017〕83号	2017.09.08
西安市人民政府办公厅关于印发《西安市公共信用信息管理办法》的通知	市政办发〔2017〕85号	2017.09.15
西安市人民政府办公厅关于印发《西安市自然灾害救助应急预案》的通知	市政办发〔2017〕86号	2017.09.19
西安市人民政府办公厅关于印发《在全市工程建设领域开展建筑工人实名制管理工作方案》的通知	市政办发〔2017〕87号	2017.09.26
西安市人民政府办公厅关于印发《"12345"市民热线综合服务平台管理办法（试行）》的通知	市政办发〔2017〕88号	2017.10.04
西安市人民政府办公厅关于印发《西安市投资合作委员会主要职责内设机构和人员编制规定》的通知	市政办发〔2017〕89号	2017.10.11
西安市人民政府办公厅印发《关于进一步加强事中事后监管工作的实施方案》的通知	市政办发〔2017〕91号	2017.10.23
西安市人民政府办公厅关于印发《建立城市安全风险点危险源分级管控和隐患排查治理双重预防机制实施方案》的通知	市政办发〔2017〕90号	2017.10.23
西安市人民政府办公厅关于印发《城市夜景亮化建设管理工作实施细则》的通知	市政办发〔2017〕92号	2017.10.25
西安市人民政府办公厅关于印发《改善城市困难群众生活实施方案》的通知	市政办发〔2017〕93号	2017.10.20
西安市人民政府办公厅关于印发《破解"养老难"提升服务质量推进养老服务业创新发展实施方案》的通知	市政办发〔2017〕94号	2017.10.25
西安市人民政府办公厅关于印发《西安市"城市双修"试点工作实施方案》的通知	市政办发〔2017〕95号	2017.10.25
西安市人民政府办公厅关于印发《深化放管服改革全面优化提升营商环境实施方案》的通知	市政办发〔2017〕96号	2017.10.30
西安市人民政府办公厅关于印发《深化简政放权放管结合优化服务改革重点任务分解落实方案》的通知	市政办发〔2017〕97号	2017.10.30
西安市人民政府办公厅关于加强和改进学校美育工作的实施意见	市政办发〔2017〕98号	2017.10.29
西安市人民政府办公厅关于印发《西安市发展硬科技产业十条措施》的通知	市政办发〔2017〕99号	2017.11.04
西安市人民政府办公厅关于印发《西安市知识产权运营服务体系建设实施方案（2017—2019年）》的通知	市政办发〔2017〕101号	2017.11.09
西安市人民政府办公厅关于印发《铁腕治霾财政奖补办法》的通知	市政办发〔2017〕103号	2017.11.12
西安市人民政府办公厅关于印发《加快剥离国有企业办社会职能和解决历史遗留问题工作实施方案》的通知	市政办发〔2017〕104号	2017.11.13
西安市人民政府办公厅关于印发《生产安全事故应急预案和危险化学品生产安全事故应急预案》的通知	市政办发〔2017〕100号	2017.11.06
西安市人民政府办公厅关于印发《西安市新能源汽车生产销售企业及产品审核备案暂行规定》的通知	市政办发〔2017〕102号	2017.11.10
西安市人民政府办公厅关于印发《"十三五"结核病防治规划》的通知	市政办发〔2017〕105号	2017.11.15
西安市人民政府办公厅关于印发《西安市改革完善药品生产流通使用政策实施方案》的通知	市政办发〔2017〕106号	2017.11.20
西安市人民政府办公厅关于印发《加快推进高品质特色酒店建设政策意见》的通知	市政办发〔2017〕108号	2017.11.24
西安市人民政府办公厅关于印发《西安国家知识产权强市创建工作方案（2017—2019年）》的通知	市政办发〔2017〕109号	2017.11.24
西安市人民政府办公厅关于印发《重污染天气应急预案（2017年修订稿）》的通知	市政办发〔2017〕110号	2017.11.30

标　题	发文号	发文时间
西安市人民政府办公厅关于印发《土壤污染防治工作2017—2018年度实施方案》的通知	市政办发〔2017〕111号	2017.11.28
西安市人民政府办公厅关于进一步鼓励吸引高校毕业生在西安就业创业的意见	市政办发〔2017〕112号	2017.12.07
西安市人民政府办公厅关于进一步加强“地沟油”治理工作的实施意见	市政办发〔2017〕113号	2017.12.07
西安市人民政府办公厅关于开展第三次全国土地调查的通知	市政办发〔2017〕115号	2017.12.11
西安市人民政府办公厅关于加强困境儿童保障工作的实施意见	市政办发〔2017〕116号	2017.12.11
西安市人民政府办公厅关于进一步推进医疗联合体建设和发展的实施意见	市政办发〔2017〕117号	2017.12.11
西安市人民政府办公厅关于印发《支持返乡下乡人员创业创新促进农村一二三产业融合发展的实施方案》的通知	市政办发〔2017〕118号	2017.12.12
西安市人民政府办公厅关于印发《遏制与防治艾滋病“十三五”行动计划》的通知	市政办发〔2017〕119号	2017.12.12
西安市人民政府办公厅关于支持苏州市社会力量在西安投资兴业参与产业扶贫的若干意见	市政办发〔2017〕120号	2017.12.17
西安市人民政府办公厅关于推进农村一二三产业融合发展的实施意见	市政办发〔2017〕121号	2017.12.27
西安市人民政府办公厅关于印发《西安市促进中医药健康服务发展实施方案》的通知	市政办发〔2017〕122号	2017.12.26
西安市人民政府关于小雁塔历史文化片区综合改造项目的通告	市政告字〔2017〕1号	2017.04.01
西安市人民政府关于加强夏季河道管理的通告	市政告字〔2017〕2号	2017.08.06
西安市人民政府关于在全市鸣放防空警报的通告	市政告字〔2017〕3号	2017.08.29
西安市人民政府关于徐家湾地区综合改造项目的通告	市政告字〔2017〕4号	2017.08.24
西安市人民政府关于丝路国际会议会展中心建设项目征地拆迁工作的通告	市政告字〔2017〕5号	2017.09.23
西安市人民政府关于在全市节约使用天然气的通告	市政告字〔2017〕6号	2017.12.25
西安市人民政府关于设立我市政府性债务管理领导小组的通知	市政函〔2017〕13号	2017.02.13
西安市人民政府关于成立市万达文化旅游城项目推进工作领导小组的通知	市政函〔2017〕22号	2017.04.05
西安市人民政府关于成立护城河及环城公园综合改造工程领导小组的通知	市政函〔2017〕25号	2017.04.16
西安市人民政府关于成立西安市第十六届运动会筹备委员会的通知	市政函〔2017〕31号	2017.04.17
西安市人民政府关于成立市H7N9禽流感防控工作领导小组的通知	市政函〔2017〕43号	2017.05.08
西安市人民政府关于印发《2017丝绸之路国际博览会暨第二十一届中国东西部合作与投资贸易洽谈会西安市代表团工作方案》的通知	市政函〔2017〕44号	2017.05.08
西安市人民政府关于进一步加快幸福路地区综合改造的通知	市政函〔2017〕45号	2017.05.15
西安市人民政府关于表彰2016年度安全生产工作先进单位和个人的通报	市政函〔2017〕46号	2017.05.16
西安市人民政府关于表彰2017年“西安十佳工匠之星”暨“西安工匠”的通报	市政函〔2017〕55号	2017.05.24
西安市人民政府关于成立西安市—中科院共建地球环境创新研究院领导小组的通知	市政函〔2017〕61号	2017.06.06
西安市人民政府关于成立中国（陕西）自由贸易试验区西安工作领导小组的通知	市政函〔2017〕65号	2017.06.16
西安市人民政府关于成立西安市推进民生提升重点工作和“十个一”工作领导小组的通知	市政函〔2017〕70号	2017.06.29
西安市人民政府关于印发《加快通信基础设施建设行动计划》的通知	市政函〔2017〕75号	2017.07.06
西安市人民政府关于调整西安市通用航空产业发展工作领导小组的通知	市政函〔2017〕80号	2017.07.17
西安市人民政府关于成立西安市“四个美丽”建设行动领导小组的通知	市政函〔2017〕81号	2017.07.20
西安市人民政府关于成立吉利新能源汽车产业化项目领导小组的通知	市政函〔2017〕85号	2017.07.31
西安市人民政府关于成立2017中国国际通用航空大会筹备工作领导小组的通知	市政函〔2017〕92号	2017.08.01
西安市人民政府关于成立西安市渭河生态区建设管理委员会的通知	市政函〔2017〕95号	2017.08.15
西安市人民政府关于调整第十四届全国运动会西安市执委会组成人员的通知	市政函〔2017〕96号	2017.08.17
西安市人民政府关于西安市涝河渼陂湖水系生态修复工程领导小组更名及组成人员调整的通知	市政函〔2017〕98号	2017.08.22
西安市人民政府关于成立我市与阿里巴巴集团战略合作协议推进工作领导小组的通知	市政函〔2017〕107号	2017.09.15
西安市人民政府关于成立西安市碑林历史文化街区保护改造工作领导小组的通知	市政函〔2017〕137号	2017.11.17
西安市人民政府关于设立西安市国家知识产权强市建设工作领导小组的通知	市政函〔2017〕141号	2017.11.24
西安市人民政府关于成立西安市“菜篮子”工程领导小组的通知	市政函〔2017〕147号	2017.12.16
西安市人民政府办公厅关于做好《西安年鉴（2017）》编纂工作的通知	市政办函〔2017〕5号	2017.01.08
西安市人民政府办公厅关于印发承办《第十四届全国运动会工作方案》的通知	市政办函〔2017〕17号	2017.01.13
西安市人民政府办公厅关于做好春节前农民工工资支付工作的紧急通知	市政办函〔2017〕19号	2017.01.18
西安市人民政府办公厅关于做好信息发布和政策解读工作的通知	市政办函〔2017〕21号	2017.01.13
西安市人民政府办公厅关于表彰第九次社会科学优秀成果的通报	市政办函〔2017〕20号	2017.01.16
西安市人民政府办公厅关于成立西安市促进房地产市场平稳健康发展协调领导小组的通知	市政办函〔2017〕38号	2017.02.10
西安市人民政府办公厅关于印发《2017年西安市应急管理工作要点》的通知	市政办函〔2017〕45号	2017.02.17
西安市人民政府办公厅关于开展2016年度土地矿产卫片执法监督检查工作的通知	市政办函〔2017〕58号	2017.03.01
西安市人民政府办公厅关于表彰2016年西安市质量发展工作先进单位的通报	市政办函〔2017〕63号	2017.03.03
西安市人民政府办公厅关于2017年元旦春节夜间亮化节日氛围营造工作的通报	市政办函〔2017〕67号	2017.03.06
西安市人民政府办公厅关于成立市剥离国有企业办社会职能和解决历史遗留问题工作领导小组的通知	市政办函〔2017〕84号	2017.03.21
西安市人民政府办公厅关于2017年民生提升重点工作任务分解安排的通知	市政办函〔2017〕85号	2017.03.23
西安市人民政府办公厅关于成立西安市农村产权流转交易市场监督管理委员会的通知	市政办函〔2017〕89号	2017.03.29
西安市人民政府办公厅关于成立西安市困难群众基本生活保障工作协调领导小组的通知	市政办函〔2017〕111号	2017.04.12
西安市人民政府办公厅关于农村道路交通安全专项检查情况的通报	市政办函〔2017〕115号	2017.04.17
西安市人民政府办公厅关于成立西安市土地二级市场试点工作领导小组的通知	市政办函〔2017〕124号	2017.04.17
西安市人民政府办公厅关于调整西安市新能源汽车示范推广领导小组组成人员的通知	市政办函〔2017〕125号	2017.04.19
西安市人民政府办公厅关于调整市社会信用体系建设领导小组的通知	市政办函〔2017〕126号	2017.04.19
西安市人民政府办公厅关于印发《西安市建设工地扬尘污染防治包抓监管方案》的通知	市政办函〔2017〕127号	2017.04.19
西安市人民政府办公厅关于调整跨座式单轨示范线项目推进工作领导小组组成人员的通知	市政办函〔2017〕131号	2017.04.21
西安市人民政府办公厅关于进一步改进文风会风的通知	市政办函〔2017〕136号	2017.04.24
西安市人民政府办公厅关于转发《市编办市国土局整合划转西安市不动产登记机构工作方案》的通知	市政办函〔2017〕138号	2017.04.25
西安市人民政府办公厅关于做好2017年“五一”假日旅游工作的通知	市政办函〔2017〕141号	2017.04.25

标　　题	发文号	发文时间
西安市人民政府办公厅关于印发《西安市2017年食品安全工作要点》的通知	市政办函〔2017〕140号	2017.04.25
西安市人民政府办公厅关于发布《西安市高污染燃料目录》的通知	市政办函〔2017〕151号	2017.04.30
西安市人民政府办公厅关于印发《2017年农作物秸秆综合利用和禁烧工作实施方案》的通知	市政办函〔2017〕156号	2017.05.09
西安市人民政府办公厅关于2016年农作物秸秆综合利用和禁烧工作考核情况的通报	市政办函〔2017〕157号	2017.05.09
西安市人民政府办公厅关于做好全市投资项目在线审批监管平台运行工作的通知	市政办函〔2017〕164号	2017.05.17
西安市人民政府办公厅关于做好2017年高考中考服务保障工作的通知	市政办函〔2017〕166号	2017.05.24
西安市人民政府办公厅关于印发《西安市推进"最多跑一次"改革实施方案任务分解安排》的通知	市政办函〔2017〕173号	2017.05.27
西安市人民政府办公厅关于印发《西安市促进农业对外合作实施方案》的通知	市政办函〔2017〕175号	2017.06.02
西安市人民政府办公厅关于成立西安市道路交通安全委员会的通知	市政办函〔2017〕176号	2017.06.05
西安市人民政府办公厅关于做好全市夏季消防安全检查工作的通知	市政办函〔2017〕186号	2017.06.15
西安市人民政府办公厅关于做好2017年义务教育招生入学有关工作的通知	市政办函〔2017〕199号	2017.06.28
西安市人民政府办公厅关于成立西安市公共安全视频监控建设联网应用工作领导小组的通知	市政办函〔2017〕202号	2017.07.05
西安市人民政府办公厅关于调整市国有林场改革工作领导小组组成人员的通知	市政办函〔2017〕205号	2017.07.12
西安市人民政府办公厅关于建立市淘汰落后产能工作联席会议制度的通知	市政办函〔2017〕216号	2017.07.20
西安市人民政府办公厅关于开展全市安全生产暨消防安全督查工作的通知	市政办函〔2017〕218号	2017.07.27
西安市人民政府办公厅关于加强全市高层建筑消防安全综合治理工作的通知	市政办函〔2017〕219号	2017.07.27
西安市人民政府办公厅关于建立农村集体产权制度改革部门包抓机制的通知	市政办函〔2017〕224号	2017.07.31
西安市人民政府办公厅关于印发《"美丽幸福新西安文明交通大整治"工作方案》的通知	市政办函〔2017〕226号	2017.07.31
西安市人民政府办公厅关于2016年生态园林式单位（居住区）创建工作的通报	市政办函〔2017〕234号	2017.08.04
西安市人民政府办公厅关于成立西安市"中国孟菲斯"推进工作领导小组的通知	市政办函〔2017〕237号	2017.08.03
西安市人民政府办公厅关于成立市城市公立医院管理委员会的通知	市政办函〔2017〕239号	2017.08.09
西安市人民政府办公厅关于印发《"旅游厕所革命"工作方案和旅游厕所所长制实施方案》的通知	市政办函〔2017〕241号	2017.08.12
西安市人民政府办公厅关于开展"减证便民"专项行动的通知	市政办函〔2017〕242号	2017.08.15
西安市人民政府办公厅关于印发《实行小学弹性离校工作方案》的通知	市政办函〔2017〕244号	2017.08.18
西安市人民政府办公厅关于印发《教育建设项目考核办法》的通知	市政办函〔2017〕245号	2017.08.20
西安市人民政府办公厅关于印发《西安市住宅小区立户工作规范》的通知	市政办函〔2017〕247号	2017.08.20
西安市人民政府办公厅关于成立市政府教育督导委员会的通知	市政办函〔2017〕248号	2017.08.23
西安市人民政府办公厅关于成立《西安新材料产业创新发展工程(纲要)》编制工作领导小组的通知	市政办函〔2017〕258号	2017.09.06
西安市人民政府办公厅关于印发《开展放心消费创建工作实施方案》的通知	市政办函〔2017〕263号	2017.09.06
西安市人民政府办公厅关于成立西安市促进民营经济发展工作领导小组的通知	市政办函〔2017〕264号	2017.09.12
西安市人民政府办公厅关于印发《西安市抓项目扩投资补短板争先进位冲刺攻坚7条措施》的通知	市政办函〔2017〕266号	2017.09.20
西安市人民政府办公厅关于印发西安市加强建档立卡贫困户农村危房改造工作实施方案的通知	市政办函〔2017〕114号	2017.04.12
西安市人民政府办公厅关于做好2017年秋季秸秆综合利用和禁烧工作的通知	市政办函〔2017〕269号	2017.09.21
西安市人民政府办公厅关于印发《2017—2018年秋冬季污染源整治交叉督查工作方案》的通知	市政办函〔2017〕270号	2017.09.22
西安市人民政府办公厅关于印发《2017—2018年秋冬季污染源整治交叉督查工作方案》的通知	市政办函〔2017〕270号	2017.09.22
西安市人民政府办公厅关于印发《秦岭北麓沿山路"三化"提升工程特色节点实施方案》的通知	市政办函〔2017〕272号	2017.09.24
西安市人民政府办公厅关于做好2017年国庆中秋假日旅游工作的通知	市政办函〔2017〕273号	2017.09.29
西安市人民政府办公厅关于成立西安市第二次全国污染源普查领导小组的通知	市政办函〔2017〕274号	2017.09.26
西安市人民政府办公厅关于印发《优化涉外服务环境提升国际化水平行动方案》的通知	市政办函〔2017〕285号	2017.10.20
西安市人民政府办公厅关于印发《2017年秋冬季铁腕治霾攻坚行动方案》的通知	市政办函〔2017〕287号	2017.10.19
西安市人民政府办公厅关于2017年度森林防火责任书执行情况的通报	市政办函〔2017〕289号	2017.10.25
西安市人民政府办公厅关于适当调整市本级国有资本收益收取比例的通知	市政办函〔2017〕292号	2017.10.29
西安市人民政府办公厅关于建立西安市消费者权益保护工作联席会议制度的通知	市政办函〔2017〕298号	2017.10.31
西安市人民政府办公厅关于印发《西安市〈煤炭使用登记本〉实施办法》的通知	市政办函〔2017〕301号	2017.11.08
西安市人民政府办公厅关于印发《中国道教协会（西安）第二届道教文化艺术周活动筹备工作方案》的通知	市政办函〔2017〕302号	2017.11.08
西安市人民政府办公厅关于印发《调整高污染燃料禁燃区工作实施方案》的通知	市政办函〔2017〕304号	2017.11.13
西安市人民政府办公厅关于大力开展今冬明春农田水利基本建设的通知	市政办函〔2017〕309号	2017.11.15
西安市人民政府办公厅关于对2家存在重大火灾隐患单位实施政府挂牌督办的通知	市政办函〔2017〕310号	2017.11.15
西安市人民政府办公厅关于成立西安市履行禁止化学武器公约工作领导小组的通知	市政办函〔2017〕321号	2017.11.28
西安市人民政府办公厅关于深入开展"献爱心送温暖"慰问活动的通知	市政办函〔2017〕327号	2017.12.01
西安市人民政府办公厅关于印发《西安市新能源汽车及充换电设施信息平台运行管理暂行办法》的通知	市政办函〔2017〕338号	2017.12.13
西安市人民政府办公厅关于更名调整成立西安市打击侵犯知识产权和制售假冒伪劣商品工作领导小组有关事项的通知	市政办函〔2017〕339号	2017.12.14
西安市人民政府办公厅关于调整《加快城建PPP项目实施意见》（市政办发〔2016〕88号）有关内容的通知	市政办函〔2017〕345号	2017.12.21
西安市人民政府办公厅关于调整市森林防火指挥部成员的通知	市政办函〔2017〕343号	2017.12.19
西安市人民政府办公厅关于印发《2017年秋冬季铁腕治霾攻坚行动补充方案》的通知	市政办函〔2017〕351号	2017.12.22
西安市人民政府办公厅关于印发《西安市国家级旅游业改革创新先行区建设实施方案》的通知	市政办函〔2017〕356号	2017.12.29
《西安市行政执法监督办法》	西安市人民政府令第124号	2017.01.26
《西安市电梯安全管理办法》	西安市人民政府令第125号	2017.02.04
《西安市城市地下综合管廊管理办法》	西安市人民政府令第126号	2017.02.13
《西安市森林资源保护发展责任制办法》	西安市人民政府令第127号	2017.02.18
西安市人民政府关于中国（陕西）自由贸易试验区西安各片区管委会实施部分市级行政管理事项的决定	西安市人民政府令第128号	2017.03.30
《西安市停车场管理办法》	西安市人民政府令第129号	2017.07.28
《西安市应急避难场所管理办法》	西安市人民政府令第130号	2017.09.12
西安市人民政府关于修改和废止部分政府规章的决定	西安市人民政府令第131号	2017.12.26

（行中道）

文 摘

鄠邑区创新发展路径

一、“四一”型功能区划分模式创新

西安建设城市副中心——鄠邑区可划分为四大功能区及一个特色空间，分别为核心商务区、绿色文化区、居住休闲区、枢纽商业区、生态走廊。因此，构成“四·一”型功能区划分模式。

1. 四大功能区：①核心商务区；②绿色文化区；③居住休闲区；④枢纽商业区。

2. 一个特色空间：生态走廊。

二、“三二”型产业选择模式创新

西安建设城市副中心——鄠邑区的功能定位及资源优势，确定重点发展五种产业：即三大品牌产业及两大新兴产业，分别为会展业、科技服务业、文化旅游业、新兴商务服务业、新兴创意产业。因此，构成“三·二”型产业选择模式。

1. 三大品牌产业

（1）会展业。

（2）科技服务业。

（3）文化旅游业。

2. 两大新兴产业

（1）新兴商务服务业。

（2）新兴创意产业。

三、“一一”型海绵城市建设模式创新

以上西安建设城市副中心——鄠邑区发展模式创新的保障措施：一是优化商务环境。完善交通等基础设施建设，提高行政服务水平，制定产业发展规划，加强产业引导。加强市场监管，维护市场秩序。创新引资方式。二是促进项目建设。重点推出、引进一批特色明显、带动作用强的项目，着力支撑产业发展。建立健全项目库，全力推进项目。三是加强人才培养和引进。培养和引进一批金融、商贸、咨询、设计、法律、管理、艺术等方面的人才。开展多种形式的岗位技能培训，加强并提升从业人员整体素质。

（摘自《西北大学学报（哲学社会科学版）》2017年第4期《丝绸之路经济带新起点城市建设创新发展研究——以西安建设城市副中心为例》 作者：王 静）

城乡居民大病保险制度实施困境与对策

——以西安市为例

一、西安市城乡居民大病保险政策基本情况

西安市于2013年1月1日在陕西省率先启动城乡居民大病保险工作，实行市级统筹，大病保险补偿按自然年度运行，报销受理时间从当年11月中旬到次年第一季度末。城镇居民大病保险由人社部门主管，新农合大病保险由卫生部门主管。

1. 保障范围

城乡居民大病保险的保障对象为参加市城镇居民医保、新农合并全额缴费的参保（合）人，对其患病发生高额医疗费用时经基本医保补偿后需个人自付的合规医疗费用给予报销补偿。

2. 筹资机制

城乡居民大病保险资金从城乡居民基本医保年度筹资时新增的财政补助资金中提取。

3. 补偿方案

西安市城乡居民大病保险采用分段计算、累计支付的补偿方案。

4. 运行机制

采取向商业保险机构购买大病保险服务的运行机制，城乡居民大病保险由中国人寿保险股份有限公司西安分公司承保。

二、西安市城乡居民大病保险运行状况分析

1. 参保情况

参保人数增长缓慢，增长率对基金筹资贡献率低，所有基本医保参保（合）人均有权享受大病保险。

2. 基金运行情况

（1）基金筹资水平逐年增加，但透支现象愈发严重。

（2）管理费用逐年增加，保险公司成本压力大。

3. 补偿受益情况

（1）大病保险实施导致基本医疗保障水平降低。

（2）大病保险制度受益率低，保障水平不高。

（3）信息化建设起步晚，大病保险服务满意度低。

三、原因分析

1. 城乡居民大病保险制度在我国医疗保障制度中的定位不明确。

2. 商业保险参与基本医疗保障制度构建缺乏社会认同。

3. 财政事权与支出责任的不合理划分致使公共卫生服务低效率。

四、对策建议

1. 明确大病保险制度定位、合理优化筹资与结算体系。

2. 政府和保险公司应转变固有观念，做好政策宣传。

3. 规范大病保险管理主体权责关系。

4. 加快信息平台建设、完善医疗信息共享机制。

（摘自《西北大学学报（哲学社会科学版）》2017年第4期《城乡居民大病保险制度实施困境与对策——以西安市为例》 作者：魏哲铭 贺伟）

丝绸之路经济带战略视域下西安建设西部能源金融中心的优势测度

中国在丝绸之路经济带战略实施中，提出以金融为支点，启动了丝路基金、亚洲基础设施投资银行以及金砖国家开发银行等多个新的多边国际金融合作机制，为多边金融合作提供了有效支持。全新的金融合作机制以雄厚的资本和国际化的运营为经济带能源国际合作入新的活力，为我国能源企业尤其是西部能源企业“走出去”、提高融资力度、参与全球能源合作提供了有效途径。西部作为经济带的核心地区，是我国能源供应基地和能源运输大通道，未来能源产业的发展将向规模、高效、技术密集以及对外广泛合作的目标迈进，这就对西部金融发展提出了更高的要求。西部金融业未来需要凭借自身资源优化配置等服务功能对“新常态”下西部地区能源产业的发展提供重要支持。本文尝试以能源特色金融中心的空间选择为切入点，引入金融地理学对金融中心城市的评价理念，针对我国西部地区能源资源富集的自然禀赋特点，对该地区3个中心城市——西安、成都和重庆的相关指标进行优势测度，以期为丝绸之路经济带战略背景下我国建设西部能源金融中心提供理论及实证参考。

本文在金融发展程度、经济发展潜力和交通与通信设施等传统指标基础之上，再引入3项评价指标，即资源禀赋及能源产业规模、人力资源及科技创新、城市宜居环境。因子分析是多元统计分析中的一个重要分支，其基本的目的是用少数几个因子去描述多个指标和因素之间的联系，提取具有共性的变量，将相关性较大的几个指标归为一类，每一类变量就是一个因子。它是一种可以有效降低变量维数的分析方法，能够以较少的几个因子反映原数据资料的大部分信息，在降低参与变量数据个数的同时，不会造成信息的大量丢失。本文拟运用因子分析法，对西安、成都和重庆3个城市6大类37个指标2015年数据进行优势测度，并对排名结果展开具体分析。

3个城市中，西安相对于重庆有一定的竞争力，虽然西安目前在金融发展总量、经济发展规模及水平方面相对落后于成都，但是，依托陕西得天独厚的资源禀赋、能源产业、装备制造业优势，以及西安的科技创新实力和丰富的人力资源，未来在能源金融领域发展潜力巨大。西安作为西部能源金融中心建设的首选城市，可以在以下方面进行积极探索：首先，在金融中心建设的整体规划上要付出极大的努力，并须以发展的眼光，从战略层面为适合金融中心生存、发展和对外发挥辐射作用的地区金融环境进行谋划；其次，应强化金融业态和能源要素之间的相互融合，使能源产业与金融发展形成合力，带来实体经济整体竞争力的增强；第三，大力发展、建设一批专业能源金融机构；第四，营造人才培育与发展软环境、创新人才引进机制，吸引高素质的人才；第五，加强空气污染防治，优化生态、生活和投资环境。

（摘自《陕西师范大学学报(哲学社会科学版)》2017年第3期《丝绸之路经济带战略视域下西安建设西部能源金融中心的优势测度》 作者：武文静 周晓唯）

从长安到西安：亚欧合作交流的国际化大都市

把西安定位为亚欧合作交流的国际化大都市，可直接对接国家“一带一路”战略，加强在丝绸之路经济带上的战略地位，使“一带一路”战略得到更好的落实。与当年沿海重点向东开放不同，“一带一路”重点是向西开放。特别是共建丝绸之路经济带，主要是依托亚欧大陆桥，加强亚欧合作交流。合作交流需要有一个中介地、一个国际场所，需要一个国际化大都市担此重任，这个城市就是西安。共建丝绸之路经济带，使陕西由封闭的内陆变成向西开放的前沿。国家“一带一路”愿景和行动规划把大西北整体纳入丝绸之路经济带，使陕西成为丝绸之路经济带的新起点。亚欧大陆桥一头连着连云港，连着海上丝绸之路；一头连着阿拉山口、霍尔果斯，连着陆上丝绸之路，西安在亚欧大陆桥经济带的心脏地位使其成为“一带一路”的核心，成为亚欧合作交流的最佳城市。在国家新设立的5个内陆自贸试验区中，国务院只赋予陕西自贸试验区探索与“一带一路”国家经济合作和人文交流新模式的重要任务。把西安建成亚欧合作交流的国际化大都市，与这一重要任务完全吻合。我们需要与时俱进，继承汉唐长安亚欧合作交流的开放传统，向亚欧合作交流的国际化大都市跃升。只有这样，西安才能抓住“一带一路”的历史机遇，实现追赶超越发展的战略目标。

西安是建都时间最长、建都朝代最多、代表中国历史文化主流的周、秦、汉、唐的建都地，西安古城是规模最大、保存最完整、中国封建社会顶峰唐王朝的皇城。建议将碑林区、莲湖区、新城区合并为皇城区，通过皇城复兴把古城建成保存、再现、展示、弘扬中国历史文化的超级博物城，使西安真正成为具有历史文化特色的国际化大都市。但在“一带一路”向西开放，共建丝绸之路经济带新的大背景下，需要进一步把西安建成亚欧合作交流的国际化大都市，实现“追赶超越”的发展目标。

一要依托欧亚经济论坛，构建欧亚经济综合园区。

二要依托高新区，打造丝绸之路经济带创新引领区。

三要与西咸新区合作，通过代管建设国际化大西安。

（摘自《西安日报》2017年1月23日第7版《从长安到西安：亚欧合作交流的国际化大都市》 作者：张宝通）

关于塑造西安历史文化特色的建议

近年来，西安在彰显城市特色上取得了不少成绩，但仍存在城市历史文化氛围不够浓郁、城市整体景观丧失古城风格、城市文化名片不够响亮等问题。为加快建设具有历史文化特色的国际化大都市，可从以下几方面强化西安城市历史文化特色塑造。

一、营造城市特色的景观格局要“大”

大山——做好终南山整体开发。

大水——做好“八水”治理。

大城——划分周、秦、汉、唐、明清文化板块。

二、揭示城市特色内涵的载体要“多”

承载古风情的历史文化街区要多。一是要保护好历史文化街区。二是要保护建设好历史古镇。三是保护利用好佛寺道观。

唤醒重大历史事件的雕塑要多。一是建设历史长河主题雕塑公园。二是建设重大历史事件主题雕塑。三是建立丝绸之路纪念公园。

还原历史任务的主题文化公园要多。一是建设杜甫文化景区。二是建立李商隐文化公园。三是修建董仲舒休闲公园。

三、刻画城市特色的标识符号系统要“特”

赋涵城市道路命名系统。

完善街区碑刻解释系统。

更新城市形象饰品系统。

四、反映城市特色的形象标志要“独”

确立西安中国书法故乡的独特地位。一是整体保护整治好西安碑林。二是兴建于右任书法艺术碑林。三是建立《历代名人咏长安》新碑林。

确立“关中书院”在西部教育中的独特地位。

确立西安在中国西医传播中的独特地位。

确立西安中国梨园故乡的独特地位。

确立西安文化餐饮业的独特地位。

五、营销城市特色的文化名片要“亮”

由当代文化名人为西安作赋。

以西安故事制作高品位电影。

制作“西安城市主题歌”。

打造大型音乐文化剧《长安》。

为落实以上建议，可以借鉴我国航天事业的成功经验，成立西安城市特色“总体设计部”，实施“综合集成”研发活动。此外，还需要处理好城市开发与文化保护、战略规划与分步实施、局部塑造与整体协调、建设速度与工程质量、古城特色与现代风情、物质文化遗产与非物质文化遗产等六个关系。

（摘自《西安日报》2017年2月20日第14版《关于塑造西安历史文化特色的建议》 作者：赵生龙）

“大西安”低碳化发展的思路及建议

一、低碳城镇化发展的国际经验

低碳城镇化发展，指运用低碳经济理念来引领城镇化，在城镇化进程中以低能耗、低污染、低排放、高效率、高产出为特征来进行低碳城镇的规划设计与建设。主要内涵是低碳生产方式和低碳生活方式的形成，从而促进产业结构和能源结构之间的协调；同时通过低碳建筑、低碳交通、低碳消费、低碳设施、低碳规划、低碳教育等实现低碳城镇价值体系。

二、“大西安”低碳化发展的重要意义和思路

近年来，西安发展速度加快，但发展质量离健康发达都市区仍有很大的差距，尤其在低碳城镇化建设方面，特色和优势并没有得到具体彰显，低碳产业层次偏低、低碳生活方式欠缺、低碳技术研发及利用不足等问题突出。因此，在国家新型城镇化规划及共建丝绸之路经济带的新背景下，重新审视“大西安”的时代责任，探索发展新思路，构筑区域空间发展新格局，尽快推动关中城市群上升为具有现代化城镇群特征的战略平台，对于建设“一带一路”，引领我国西部地区发展具有重要的现实意义和示范作用。

三、“大西安”低碳化发展的几点建议

——产业发展路径。

其一，发展先进装备制造业。

其二，提升现代服务业。

其三，发展低碳旅游及文化产业。

——空间规划路径。

以“空间优化”建设为低碳城镇化发展载体，优化城乡空间结构，增强大西安辐射带动能力，扩大中间层级城市数量，促进大、中、小城市和小城镇合理分工、功能互补、协同发展，构建产业集聚、城镇错落、田园相间、生态宜居的低碳化大都市空间格局。

——低碳交通路径。以“低碳基础设施”建设支撑低碳城镇化发展，提升区域交通环境，建设丝绸之路绿色交通枢纽中心。

——生态碳汇路径。

——低碳示范工程。

（摘自《西安日报》2017年4月17日第11版《大西安低碳化发展的思路及建议》 作者：张沛　张中华）

保持良好势头　奋力追赶超越

——西安与其他副省级城市主要经济指标对比分析

市第十三次党代会将“聚焦‘三六九’，振兴大西安”确定为未来五年全市发展的奋斗目标，使广大干部群众精神为之一振。

为更好地推进这一目标实现，我们以2016年统计数据为主，兼及近5年（2012—2016年，下同）内的部分数据，对西安与其他15个副省级城市主要经济指标进行了对比分析。

一、国内生产总值：总量排名依旧靠后，增幅稳居“第一方阵”

从GDP增速看，受国内外宏观经济形势影响，近年来西安经济发展增速总体也呈下降趋势，但相比东北及沿海城市，依旧保持了较高的增速。

二、产业结构：第三产业占比居前，“虚高”问题不容忽视

对我市第三产业占比高、增速较快的现象应当辩证分析。从正面看，这是近年来我们对旅游、文化、科技等资源优势深入挖掘，将其成功转化为产业优势的必然结果；从反面看，则是因为我市工业长期不发达，才导致以服务业为主的第三产业在根基不牢的情况下实现了相对超前发展，据此判断，当前我市第三产业占比存在着不容忽视的“虚高”问题，应当引起高度警惕。从长远看，只有把工业等实体经济的发展放在更为突出的位置，才能确保第三产业乃至全市经济的长期稳定运行。

三、固定资产投资：增速排名下滑过快，增速波动稍显过大

作为“十三五”开局的2016年，受城市轨道交通、地下综合管廊等新开工基础设施建设项目较多，房地产市场逐渐回暖等利好因素影响，当年全市完成固定资产投资总额5191.4亿元，同比增长2.0%，初步扭转了2015年大幅下滑12.5%的不利局面。与其他副省级城市相比，总额排名第7位，增速排名第11位。

四、地方财政一般公共预算收入：增幅排名连续靠前，增收潜力较大

五、城乡居民收入：总量排名长期偏低，城乡发展较不平衡

从城乡居民收入比来看，在可比的副省级城市中，西安比值最小，即城乡收入差距最小的是宁波，仅为1.80，其次为杭州的1.87，成都近年来大力推进城乡统筹，农民增收明显，五年间城乡收入比从2.41降至1.93，属较低水平。相较而言，西安从2.62降至2.35，目前居中游水平，说明西安不仅居民收入水平长期偏低，而且城乡之间发展不平衡的问题亦较为突出，实现城乡一体化发展任重而道远。

六、对外贸易及利用外资：出口增速排名首位，引资力度仍需加大

综上所述，通过与其他副省级城市主要经济指标对比，可以得出当前西安经济运行的基本特征，即除全社会固定资产投资近年增速排名下滑过快以外，多数指标的绝对值排名依然靠后，但是增幅普遍相对靠前。这一特征的存在，既表明当前西安经济发展的整体水平较低，城市综合经济实力较弱，同时也说明发展潜力较大，后发优势突出，已经形成了进一步争先进位的良好态势。下一步只要我们能认真贯彻落实省市第十三次党代会各项决议，精心谋划，埋头苦干，扬长避短，就一定能继续保持并扩大这种良好势头，取得新的发展成就，实现“追赶超越”。

（摘自《西安日报》2017年6月5日第10版《保持良好势头奋力追赶超越——西安与其他副省级城市主要经济指标对比分析》 作者：雷军　杨婷）

电影产业率先补短板
加快发展西安文化产业

电影被称为“胶片盒子里的大使”，随着全球化时代的到来，作为“视觉文化之窗”龙头的电影有着重要的传播意义与产业功能。西安影视产业具有得天独厚的文化资源和深厚的历史积淀，20世纪80年代，以西影厂为旗帜，曾铸就了“西部电影”这一辉煌品牌。就目前来看，全省绝大多数影视制作企业都在西安，西安的影院总数、银幕总数、影视产量、票房总量都居于全国前列，影视产业潜力优势十分明显，发展空间十分巨大。与此同时，电影策划、制作、包装、运作能力和水平总体与先进地区相比还有差距，产生重大影响的精品力作不多，“有高原缺高峰”的问题仍然存在。如今无论是电影行业发展趋势，还是“一带一路”战略，都给西安电影产业发展带来重大机遇，如何重振“西部电影”辉煌，发挥西部电影产业的真正价值，是当前西安文化产业界面临的一个重大课题。将电影产业作为率先补短板、加快发展西安文化产业的排头兵，正当其时，十分必要。

一、加快西安影视产业园区基地建设

着力建设西部影视产业园区和西安影视装备产业园区，以电影生产为核心，以产业聚集为手段，以金融创新为保障，将打造西影国际影城、西影电影博物馆、影视双创基地、电影艺术中心、影视衍生开发基地、影视企业集聚办公等产业配套项目，通过电影产业集聚区的发展，推动大西安文化产业的发展。

二、加快西安影视版权交易和融资平台建设

建设大西安影视作品（版权）交易平台，完善影视作品的在线展示、信息发布、实时交易、鉴定评估、投融资服务、版权保护等体系，与各大影视制作公司、出版集团、网络播放平台、游戏动漫制作公司加强合作沟通，将优质

的故事版权与资本市场结合。打通民间影视制作单位、中小影视企业以及其他影视机构之间的融资渠道，进一步简化影视企业信贷业务流程，保持文化企业金融服务的先发优势，着力孵化优秀影视作品，助推中小型影视制作单位实现跨越式发展。

三、加快丝绸之路国际电影节品牌建设

充分利用丝路国际电影节这一充满活力的国际文化交流平台，持之以恒办好活动，不断提升电影节的综合水平和影响力，讲好中国故事、讲好陕西故事、讲好西安故事，促进丝路沿线各国文化交流与合作，传承丝路精神，弘扬丝路文化，提升中国文化影响力。

四、加快影视人才培养和高端影视智库建设

在西北大学筹建西安电影学院，建设西部影视人才培育基地，形成学科研究、版权孵化、人才培养、对外交流等全方位、全域化影视教学、科研与产业研发链条。积极发挥高端影视智库作用，吸引和引进一批影视创作、制作、市场运作、文艺评论等领域的高端人才，为全面提升西安影视文化产业的竞争力和影响力发挥重要作用。

（摘自《西安日报》2017年9月4日第5版《电影产业率先补短板 加快发展西安文化产业》 作者：张阿利）

让文化创意产业成为古城发展的强劲动力

西安市文化创意产业协会将以《关于补短板加快西安文化产业发展的若干政策》出台为契机，贯彻落实好市委、市政府关于补齐短板、加快文化产业发展的系列决策部署，以实际行动助推全市文创产业健康快速持续发展。

一、发挥好桥梁纽带作用

文创协会是文创企业的温馨和谐之家。协会要当好政府和企业之间的联络员，有效传达政府产业发展导向，把《若干政策》和市上关于文创产业发展的政策措施给文创企业宣传好、解读好，团结引领全市文创企业、文创人才认真学习政策，用好、用足政策，把政策条文转化为实实在在的发展红利。同时，做好政府决策的参谋员，紧密联系文创企业，做好《若干政策》实施过程的跟踪问效，及时反馈政策的运行情况和企业的建议诉求。

二、促进文化资源的转化利用

每座城市都有自己的文化地标和文化符号，从城墙到钟楼，从大雁塔到长安塔，从大秦之腔到西安鼓乐，无一不铭刻着西安的文化印记。西安文化资源储量、质量、特色非常突出，但如何让文化资源通过互联网与科技创新嫁接，转化为经济资源，西安市文创协会任重道远。下一步，文创协会将充分挖掘西安丰厚的文化资源和发展潜力，发挥行业凝聚力，整合行业资源，搭建发展平台，扩大招商引资，孵化重点项目，举办重大活动，促进会员企业间产业良性互动，形成产业升级和聚变。通过一系列工作促进西安市文化创意产业转型升级。

三、加强文化创意智库平台建设

文化创意产业人才是西安市文化创意产业腾飞的动力源。西安大专院校林立，有许多文化旅游方面的学者、专家，应充分利用西安市的智力资源，为西安市的文化创意产业发展服务。采取特殊政策和办法，有计划地培育和引进文化产业需要的专业人才，尤其是营销、创意和高级管理人才。下一步，西安文创协会要加强文化创意产业智库平台建设，为西安市的文化产业建言献策，探讨研究文化产业的发展方向，提出具体的工作思路和创意建议，把各方面的优秀文创人才聚集到西安这片发展热土上来。

四、强化文化品牌的培育和推广

酒香也怕巷子深。西安文化资源不仅丰富且都是世界性的，但目前文化产业规模与北京、深圳、杭州等地相比依然有所差距。对于一个企业品牌来说，品牌产品不仅需要过人的质量，也需要进行大范围的品牌推广。对于一座历史文化名城，更是如此。下一步，文创协会将在注重自身发展的基础上，着力为全市文创企业做好宣传推介和品牌推广服务，建设好协会微信平台，编辑出版协会会刊，开展全市“十佳文创企业”等评先创优活动，开展丰富多彩的品牌建设研讨，扩大与先进地区文创协会、文创企业的学习交流，开展形式多样的对外宣传活动，把西安文创产业的“拳头产品”宣传好、推介好。

（摘自《西安日报》2017年9月4日第5版《让文化创意产业成为古城发展的强劲动力》 作者：雍　涛）

电子支付改变西安居民衣食住行调查

电子支付快速发展，得益于中国移动互联网产业快速布局、智能设备普及、020支付渠道的广泛开展；线上、线下业务覆盖推广迅速，应用场景丰富；同时移动电子支付不受网点和时间等限制，能够满足消费者随时随地消费、面对面交易等多种需求，解决了传统支付模式现金支付、刷卡支付等诸多不便，适用于衣食住行游购娱等方面，提高了使用者的体验感受。

一、西安市民电子支付现状

通过对103位18—65岁市民中进行了“西安市民电子支付在消费中的使用”调查，显示电子支付正在逐步被广大市民使用，并对其消费模式产生影响。

1. 从总体情况看，电子支付在受访者中知晓率较高。九成以上的受访者“听说过电子支付”。其中61.7%的受访者“经常使用电子支付”，29.8%的受访者“偶尔使用”，8.5%的受访者仅“听过电子支付但没有使用过”。

2. 从年龄结构看，26—35岁年龄段市民知晓率相对较高。调查显示，18—25岁的受访市民，对电子支付的知晓率为92.3%；26—35岁的受访市民电子支付知晓率为95.6%；36—45岁受访市民知晓率为94.7%；46—55岁受访市民知晓率为94.4%；56—65岁年龄段最低，仅为71.4%。

3. 微信支付成为受访者主要使用平台。79.1%的受访者常用两个及以上支付平台。微信支付占90.7%；其次为支付宝平台，占77.9%，支付宝主要占据商场、超市、出行，更支持境外支付；各大银行的移动支付终端有23.3%的使用率。

4. 近八成受访者电子支付用在购物方面。选择购物的比率最高，为76.7%，其次为转账，占72.1%，而通过购买网络金融产品的市民占比最低，为12.8%。

5. 四成以上受访者每月电子支付5—10笔。

以90后为主的18—25岁群体以网购和缴费为主要支付方向，分别占比30.6%和22.1%，超过总支付笔数的一半；以80后为主的26—35岁群体以网购和微信发红包为主要支付方向，分别占比29.5%和24.9%，两者占比基本相当；以70后为主的36—45岁群体主要支付方向也是网购和微信红包。

二、受访者对电子支付的评价

1. 免去现金流成为选择电子支付的首要原因。

2. 提现支付手续费并不影响普通市民使用。

3. 五成以上的受访者对电子支付前景乐观。53.5%的受访者认为“电子支付前景广阔，发展向好”，40.7%的受访者认为“电子支付前景不错，但问题较多”。

三、目前电子支付存在的问题

1.对电子支付了解不够充分。部分受访者对其了解仅限于听说过，对于具体内容和如何使用并不清楚，尤其是年龄偏大的市民，对于电子支付并不了解也不会使用。在没有使用电子支付的受访市民中，77.8%的受访者表示自己根本不会使用电子支付，而剩下的22.2%受访者则担心资金安全问题，认为电子支付风险较大。

2.安全性不足成为电子支付的隐忧。电子支付作为互联网与现金流转换相结合的新兴支付模式，既存在平台自身的运营风险和模式风险，同时又存在外部的网络安全隐患，60.5%的受访者对电子支付的安全性表示担忧。

3.支付方式不统一限制消费。现行支付平台寡头的割据造成支付方式不统一，各平台一方面在稳固自己的使用群体，另一方面在抢夺更多的使用群体。30.2%的受访者表示支付方式的不统一限制了部分消费。

4.法律法规不健全，监管力度不够。电子支付在我国已经发展多年，但国内的法律法规还不能给电子支付业务发展提供充分的保障，涉及计算机和网络领域的立法工作还相对滞后，缺乏保障网上银行和电子商务活动有效开展的法律法规框架体系。

四、几点建议

1.加强宣传引导，完善监管制度。一是加强宣传普及力度。电子支付在拉动消费中起到重要的作用毋庸置疑，各种移动应用服务让居民消费变得更加灵活方便，也为广大企业提供了新的盈利模式，要加强对电子支付的推广，提升用户安全防范意识；二是完善监管机制。电子支付是互联网与资金流转相结合的产物，相比现金支付更具开放性和多样化，要求监管部门制定配套监管措施，加强电子支付行业监管体系的建设，完善相关法律法规，严格规范支付平台的行为；三是加强引导和支持。政府应大力支持电子支付行业，尤其是扶持农村电子支付的推广，建设网络基础设施，为其创造良好发展环境。

2.加强风险控制，完善法律法规。电子支付业务的健康发展必须有相应的法律法规来保障，因此国家有关部门应加快立法的步伐，一是就网络通信安全、法律责任、保护措施和争端的适应条文等问题加以立法；二是制定数字化、电子货币的发行、支付与管理制度以及电子支付业务结算标准。三是要明确定义电子交易各方的权利和义务，明确法律判决的依据。

3.加强风险防范，建立信用体系。一是用户要在使用电子支付时加强自我保护意识，不轻易泄漏密码，不在公共网络进行支付交易；二是尽快建立社会的诚信体系，支持电子支付的健康发展，对开户的商户交易情况要进行监控，防止欺诈和卷款行为的出现，对各支付平台要做好考察和验证，唤起人们对社会信誉的监督，以保障电子支付发展能够在健康的道路上继续前进。

（摘自《西安发展研究》总第898期《电子支付方兴未艾　存在短板亟待加强》作者：张　珂）

破解“治霾难”的对策及建议

第一法：精准治霾

针对我市各类污染源、各个责任主体，开展靶向治疗、量身治理，落实好我市“铁腕治霾·保卫蓝天”“1＋1＋9”组合方案，扎实开展9项专项行动，即：①煤炭削减专项行动；②燃煤锅炉拆改专项行动；③挥发性有机物污染治理专项行动；④涉气重点污染源环境监察执法专项行动；⑤小散乱污企业整治专项行动；⑥低速及载货车柴油车污染整治专项行动；⑦秸秆等生物质综合利用专项行动；⑧建设工地扬尘污染防治专项行动；⑨网络化管理专项行动。

第二法：网格治霾

一是深化网格长制。每位市委常委和市政府副市长都要负责包抓1到2个区（县）或开发区，每半月巡查一次，每个月现场办公一次。召开协调推进会，就地解决问题。二是建议区（县）、开发区深入基层进行调研，科学配置一线执法监管力量，设置污染物微型监测设备，发现问题、立即整改。三是研究制定网格员激励保障政策，让基层网格员留得住、愿意干、能干好。四是要建立市级统一的信息化管理平台，减少区（县）重复建设。

第三法：依法治霾

一方面，加强科学立法，建议市人大督促协调相关部门，加快《西安市销售燃放烟花爆竹安全管理条例》《西安市大气污染防治条例》等修订工作，为治霾提供执法依据。另一方面，各级执法单位要严格执法，建议学习兰州经验，对我市重点污染企业实施24小时驻厂监管制。实行环保、公安等部门联合执法，实现行政执法和刑事追责有效衔接，敢于较真碰硬，让污染者付出惨重的代价，让失职、渎职者受到应有的问责，切实从源头上管住排污，让依法治霾真正落到实处。

第四法：转型治霾

牢固树立绿色发展理念，转变发展方式，摒弃“项目饥渴症”，扎实推进经济转型，加强能源结构和产业结构调整，大力发展高科技、高附加值产业，严控“两高”行业新增产能，加快研究机动车限行常态化措施，努力在经济快速发展的同时，实现空气质量根本改善。建议在近期内，将城区内的灞桥热电厂、西郊热电厂，以及秦汉新城的渭河热电厂以发电为主逐步调整为以供热为主。远期内，积极协调中省部门，长远将其搬离西安城区。

第五法：科技治霾

发挥科技资源优势，加强雾霾治理的科学研究，探索雾霾成因，摸清污染家底，建立污染预报预警体系，发挥人工影响天气的作用，大力提倡和采用新技术、新设备，综合运用信息化、大数据、“互联网+”等手段，通过技术进步提高治霾实效。建议市环保局参照北京市环保局做法，就对西安市氨气的排放来源、控制对策进行立项研究，并给予研究经费保障，大力推动科技成果转化应用。

第六法：增绿治霾

植树增绿是环境“增容”的主要途径。在治理雾霾方面，抓住当前春季种树的大好时机，多种树、种大树、种常绿树、“五路”两侧种树，集中力量加快、加绿、加密，发挥增绿治霾作用。

第七法：联动治霾

彻底消除雾霾现象，必须开展整个关中城市群联防共治。建议省上加大对各地排污监管力度，并将其纳入考核机制，防止发生“公地悲剧效应”。

第八法：政府要作绿色管理者

一是驱散管理者思想上的“雾霾”。明确“雾霾不是天灾，而是人祸”，切实走出“不愿治、不能治、不敢治”的误区，将新《环保法》立起来，加大执法力度，规范企业经营行为，指导企业坚持绿色标准、绿色生产、绿色营销，强制企业对排放物进行无污染处理。二是建立企业信用制度，对经整改仍不达标排放、污染严重的失信企业，建议严格处罚，清理出市场。三是强化追责问责，按照“铁腕治霾办＋督察考核办＋专项工作组”的工作机构，将大气污染治理作为检验“西安铁军”作风能力的主战场，对不作为、慢作为、乱作为的领导干部严肃问责。

第九法：企业要作绿色生产者

一是坚持绿色标准，在原材料采购和产品设计制造、保管、运输等各个环节，都要严格执行环保标准。二是应用绿色技术，企业要加大绿色技术创新，利用先进技术加大对传统生产设备的改造，提高资源利用率，对废弃物循环利用，减少浪费和污染排放，努力把污染降到最低或零污染。三是生产绿色产品。

第十法：市民要作绿色消费者

一是建议市委宣传部、市环保局、市城市管理局、市建委等部门建立宣传和舆情引导机制，全面提升市民的环保意识，大力普及环保知识，引导市民低碳出行、绿色消费。二是建议市人社局、市教育局、市卫计委等部门将环境保护教育培训全面纳入公务员和中小学生教育、卫生工作体系，树立全社会“同呼吸、共奋斗”的环保理念。三是建议“西安发布”和“两台两报”等市政府公共信息平台定期发布城市空气质量状况、应急方案、重点企业污染物排放状况、治理设施运行情况等环境信息，搭建群众参与环保工作平台，营造全民参与、社会共治的大格局。

（摘自《西安发展研究》总第900期《关于破解“治霾难”问题的调研报告》作者：崔玉凤　左东　董黎鹏）

破解“上学难”的对策及建议

一、解决区域中心、新建居住区学位紧张的问题，缓解矛盾

（一）中心城区学校扩容分流，势在必行，应尽早谋划

随着西安建设国家中心城市、户籍制度改革、建设人才洼地等工作深入展开，西安市中心城区人口将进一步聚集，上学难问题将更为凸显。市政府要将随迁子女基础教育纳入城镇发展规划和财政保障范围成为政府责任，将以往按户籍管理转为按居住地管理；通过现有学校扩容和多渠道分流等方式解决随迁子女入学问题。

一是通过高标准新建、配建一批，改建一批、扩容一批的措施推动基础教育学校建设，增加学位，缓解矛盾；二是引导中心区部分大中专院校或高中学校迁到郊区，将原校址或其部分校舍改建成基础教育学校；三是结合城市拆迁和旧城综合改造等机遇，统筹教育用地，整合教育资源，对区域内学校布局进行调整，扩大学校规模、更新基础设施，促进中心城区学校均衡分布；四是城市新建区预留足够的基础教育学校用地，纳入城市、镇规划并严格实施，适当时候起到一定分流效果。

（二）新建居住区教育配套设施补建工作，刻不容缓，应尽早明确责任和监管主体

按照《西安市居住区公建配套设施建设管理实施细则》（市政办发〔2014〕35号）要求，严格落实新建居住区基础教育配套建设，确保配套设施建设与住宅建设首期项目同步规划、同步建设、同步交付使用。

对于已经存在的教育设施配建滞后或缺建等问题，要明确责任，明确整改时限，严肃处理相关责任人，同时积极由政府相关部门负责开展补建工作，纳入年终考核，争取用2—3年的时间还清旧账。

建议及早通过立法的形式，明确政府监管责任和开发商配建责任，并将开发商配建教育设施的标准、移交等内容写入土地招拍挂条件，对配建移交、缴纳配建设施建设资金、土地划拨、违规处理做出明确规定，同时，明确开发商配建学校的移交流程及管理办法。

二、同步引导当前优质教育资源合理配置，化解矛盾

重点是要实现基础教育均等化。市政府要将达标国家义务教育均衡发展合格县列入重点推进工作，列入区（县）政府目标考核任务，为区（县）政府完成任务提供支持和帮助。

（一）合理资源配资，优化教育布局，努力实现基础教育均等化

按照西安市实际，基础教育的均等化，在一定程度上，已经过了对校舍环境以及教师数量要求的阶段，教育质量的均等化，应当放在更重要的位置。按照“双高双普”要求，对照各项标准，要进一步加快推进远郊区（县）、农村义务教育均衡发展。

市政府要支持远郊区（县），合理编制学校布局规划，鉴于城市化进程中，导致学位富余的实际情况，可通过“撤并合”等方式，尽可能扩大办学规模，以规模促效益，以规模促质量，逐步缩小同其他地区学校之间的差距。

学校“撤并合”之后，按照高质量、高标准要求，调整支出方向到校车、寄宿环境、专职保育老师培训上，让远郊区（县）、农村孩子在接受更良好基础教育的同时，减少因为家校相距太远造成的负面影响，减轻家庭负担。

根据调研数据分析，西安市教育质量均等化的核心在于解决郊县与城区基础教育师资质量差距的问题。即要解决郊县中学中高级职称教师比重、本科及以上学历教师比重相对偏低，和优秀教师资源流失的问题。市政府要给予远郊区（县）、农村学校在人事方面更大的权限和更多的灵活度并提供资金扶持。重点提升郊县学校教师的薪酬福利，通过住房保障等福利政策引导城区优秀教师赴郊县学校任教，同时保留其原有人事关系，由市级财政协调中间可能存在的薪酬补助支出问题。

可参考执行：一是教育部6所师范院校毕业的本科生，如果愿意在远郊区（县）、农村基础教育学校任教，试用期转正免除考核，给予6万—8万元安家费（部分区/县硕士研究生10万元，博士研究生12万元）；二是省级优秀教师提供100—110平方米住房；三是新进学科带头人实行年薪制；四是制定教师申报高级职称时必须有农村学校任教年限的政策，保证每年有一定数量的城市教师到农村支教；五是同时协调相关部门，积极解决教师无业配偶工作问题和两地分居配偶的工作关系问题。

在远郊区（县）、农村基础教育学校大力推进教育资源共享，充分运用信息技术手段，加快实施农村中小学现代远程教育工程。以优质资源学校为龙头，骨干教师、学科带头人为主体，按照“整体规划、先行试点、重点突破、分步实施”的原则，抓好“基本运用、整合利用、拓展利用”三个关键环节，积极推进远郊区（县）、农村远程教育的实施。

通过师资质量的不断均衡，逐步实现各区（县）在教育质量上的均衡，真正做到让远郊区（县）、农村的孩子足不出户，享受到和城镇孩子一样的基础教育，也为郊县的发展和人口结构稳定奠定良好基础。这是破解中长期我市“上学难”问题的关键和核心所在。

（二）依托大学区优质教育资源共享平台，促进区域教育均衡发展

依托大学区管理制改革，通过优势互补、资源共享、引领帮带，达到区域学校均衡发展。通过“名校+”等模式，加速我市紧凑型大学区建设，力保到2020年实现城区50%，郊区

（县）40%的目标，扩大全市优质教育资源覆盖面。

借鉴杭州市、成都市名校集团化办学的经验，增强公办学校的办学活力，借助优质教育资源整合薄弱学校、扶持新校发展、促进区域教育优质均衡发展。

依托西安大学区优质教育资源共享平台，提升教育现代化水平，推进网络课堂建设，实现学区内、学区间及跨行政区域大学区间教师网络教研互动、教育信息资源共享互换、优质教学资源共建共享，以大学区建设为依托，扎实推进校长、教师交流工作，探索实施学区内、学区间及跨行政区域大学区间校长、教师交流轮岗制度，不断激活教师潜能，促进师资力量均衡配置。为盲目“择校热”降温，为解决“上好学难”铺路。

三、解决体制内优质教育资源产出的问题，根治矛盾

治本的核心在于优秀人才的产出。市政府应坚持“问题导向”反思体制内优秀人才流失、成才率低等客观现实，认真汲取民办学校能够集中优秀人才、成功办学的先进经验，要以大勇气和大魄力，充分利用西安推进全面创新改革试验区的契机，推动我市教育系统管理体制改革，优化优秀人才产出环境，从根源上解决体制内优质教育资源产出匮乏的问题。

一是要敢于打破“吃大锅饭”的体制格局，实行以绩效工资为主体的灵活薪酬体系，大幅提高体制内一线教师工资薪酬，调动教师争先创优的积极性；二是推动人事编制改革，探索“能进能出”“能上能下”的人事管理制度，一线教师在高薪酬的基础上实行严格的末位淘汰制，改变体制内部分教师“人浮于事”的现状，变被动应付为主动争优；三是探索实行体制内学校管理层及一线教师聘任制。四是完善奖励机制，提高现有奖励标准，以“学高为师，身正为范”为标准，严格控制比例，用于优秀教师和优秀学生奖励；五是为确保体制改革稳妥施行，还应健全保障机制，让体制内弱势教师有退路，适时建立相关制度，满足弱势教师进修要求，支持其提升自己的专业素质。同时对于被“淘汰”的体制内一线教师，可以在非教学的服务岗位上安排位置。

（摘自《西安发展研究》总第905期《关于破解“上学难”问题的调研报告》 作者：崔玉凤 左东 崔博）

西安市城（棚）改情况调研报告

一、存在问题

（一）前期运作速度快，后期“五证”难取得

（二）开发企业融资难，投入资金回笼难

（三）市政配套不完善，回迁安置周期长

（四）安置楼盘问题多，群众涉访、涉讼多

（五）群众选择多样化，政策过于刚性化

（六）重视拆除棚户区，忽视培育新市民

二、对策建议

（一）征收集体土地，进行土地出让

鉴于我市城改项目土地实施交纳部分土地出让金即可开工建设，随之带来“五证”无法办理等一系列问题的做法。建议参照南京、杭州等地经验，将城中村的土地出让纳入全市土地出让的范围之内，即对城中村的集体土地先行征收，将其定性为国有建设用地后，再按国有建设用地出让程序进行土地“招拍挂”。

（二）加强行政监管、加快办证速度

为切实保障购房群众利益，建议市房管局继续保持对“五证不全”项目行政监管力度，防止“五证不全”项目入市，损害群众利益，造成群体性事件。鉴于土地证难办理的实际情况，建议以《西安市人民政府关于加强和推进棚户区改造工作的若干意见》（以下简称《若干意见》）为主要政策依据，着力解决改造项目用地遗留问题。成立专门核算机构，重新研究审定《改造项目征收补偿方案》和《改造综合成本核算改造综合用地意见》等政策文件，确保改造综合成本核算改造综合用地工作得到有序推进。在取得土地证的基础上，在风险可控和市级政策层面允许的范围内，适当降低相关办证要求，加快包括预售证在内的其他法律文件办理的速度，便于城改项目上市回笼资金。

（三）搭建融资平台，创新融资模式

对开发企业进行资质和实力的前期审查，确保开发企业有实力、有能力参与城改项目建设。对部分高息借贷的开发企业，要进行跟踪了解，适当进行必要之帮助，谨防其资金链条断裂，从而引发社会问题。建议：一是区（县）和开发区成立房地产基金，以专项资金为依托，缓解开发企业融资难题；二是发行债券，扩大融资范围。三是壮大区级融资平台，广泛开展合作。可将部分城棚项目进行整合打包，借鉴未央经验，加大银企合作力度，不断拓宽融资渠道。

（四）完善配套服务，保障群众利益

针对水电气暖及道路等市政设施不到位的问题，建议市城改办提前拟定配套建设需求清单，从土地权属、场地平整、配套齐全、手续完善和影响条件等方面进行周边公共服务配套核查，做到不符合要求的不予出让，实现“同步规划、同步交地建设、同步交付使用”，积极协调规划、建委、市政和城投集团等相关部门启动建设，努力解决安置项目的道路及管网等公共服务配套建设。同时，将此问题列入西安市决策咨询委员会的年度重点课题，及时立项、尽早启动，切实改变我市公共配套服务相当滞后的不利局面。

（五）坚持政府主导，逐步规范转型

过去几年，政府在缺少资金来源的情况下，为加快城中村改造力度，采取政府给予政策，撬动市场资金的改造办法，取得了明显成效，但也带来了不少问题，留下了一些隐患。新形势下，要继续加快推动我市城棚改工作，必须及时转换思路，在坚持政府主导的前提下，逐步规范改造行为，以提高群众生活品质、改善城市文化品质为根本出发点，按照“规划先行、区域统筹”的原则，最大限度发挥土地规模效益，因地制宜，综合施策，采取减免廉租房配建、启动城改专项资金、适当增加公共建筑面积比例、政府出资购房以推动货币安置等方式，推动城棚改健康有序发展。另外，还应加强监管力度，对于安置先行的城改项目，建议开展相关部门联合预审，确保安置住房的总平、户型、建筑风格符合各项规划、满足消防、环境要求。在改造资金来源上，可采取PPP项目融资模式，以国有资本控股，其他民营资本参与的“混合所有制”形式，实施综合开发，进行资本运营。

（六）政策灵活多样，方便群众选择

对货币化安置比例适当降低，尊重群众的选择和个人意愿，不搞政策“一刀切”。安置方式可采取货币化为主，其他安置为辅的“1+X”方式进行，即：实物安置、实物+货币化安置、货币化安置、实物安置+共有产权等多种安置方式，便于群众选择。建议：一是借鉴其他城市做法，认真研究制定符合我市实际情况的“房票”制度。二是谨慎考虑货币化安置补偿标准。在制定货币化政策时加强调研与测算，防止造成先改、后改政策不一，产生社会矛盾。三是对选择货币化安置的群众给予公积金政策支持。使用货币补偿费用和“房票”通过市场购买的住房视为首套房，享受首套房相关信贷政策，并在公积金支付、提取和发放等方面给予优先。

（七）加强教育引导，真正融入城市

通过教育引导，让城中村村民抛弃传统的生活方式，在理财投资、文化素养、职业培训等方面明显提高。组织专业人士，在城改社区进行理财知识培训，指导他们让手中的财富保值、增值。积极开展职业培训，使其学得一技之长，在激烈的竞争中有所依靠。政府部门给予必要的专业指导、税费减免等优惠政策，鼓励引导发展二、三产业，为城改村民投资创业提供宽松的环境。此外，通过集中归并、资产量化、统一经营等形式，努力实现集体资产产权变股权，村民变股民，让其财富具备造血功能，让城改村民持久合理地分享到城市化过程中土地增值的收益。加大城改社区服务与管理的制度化建设，变过去的社队管理，为现代的社区服务。既要帮助他们转变思想、提高综合素质、适应新的生活方式，也要关心他们的就业状况、提高他们的就业能力，让“新市民”在消除身份差异的同时扩大社会福利，获得稳定的收入，真正融入城市，实现西安城棚改之最终目的。

（摘自《西安发展研究》总第892期《西安市城（棚）改情况调研报告》 作者：崔玉凤 左东 董黎鹏 蒋正平 靳雷利）

关于促进我市房地产市场健康发展的对策建议

在中央经济工作会议坚持“房子是用来住的，不是用来炒的”定位的背景下，今后一个时间段内，我们认为我市房地产政策的总基调是保障市场刚性需求，在强化房屋回归居住属性的同时，既要抑制房地产投资和房价上涨过快，防止金融风险，同时也要保持房地产平稳发展。从房地产调控政策的角度来看，短期的政策则是促进于通过各类措施稳定市场环境，中长期是注重房地产长效机制的建立和完善，从而促进我市房地产市场健康有序发展。

一、继续加强市场调控

市场调控应从单一需求调控转向供需并重的调控。首先，盘活城市的土地存量，鼓励和支持存量土地挖掘，加强土地供应调控，坚持弹性供给，合理控制土地溢价，最大限度发挥城市土地的效益。在调整和优化城市内部的用地结构的同时，合理提高住宅用地比例。其次，要从单一调房价转向综合调结构，一是合理引导市场预期并稳定市场预期，避免房价上涨过快，防止房价上涨空间被过度透支，继而影响实体经济发展潜力。二是加强分层次的住房市场供应，通过调整商品住宅供应结构和层次，满足不同的购房需求。三是加强住房保障，增加保障性住房供应，提高货币化补贴比例，以满足低收入者和住房困难家庭的住房需求。

二、持续增加劳动人口

从当前70个大中城市的房地产开发投资额指标来看，居于前三位分别是北京、重庆、上海，投资额增幅前三位是南昌、郑州、深圳。上述情况表明，在未来中国的人口迁移格局中，一线城市和部分二线城市人口将继续集聚，城市之间、地区之间的人口集聚态势将分化明显。房地产开发投资依然是青睐于人口相对集中，人口规模较大的城市。建议我市继续全力以赴开展招商引资工作，力争大批重点项目签约落地。同时，坚持以优化人口资源为根本目标，实施“引才育才100万”工程，重点提升城市劳动人口的数量和质量，提高城市吸引力和竞争力。着重优化人口年龄结构，保持相对开放的人口迁徙政策，吸引外来年轻人口，特别是高素质年轻人口，为城市未来发展提供人才储备。

三、切实做好人才安居工作

根据我市“5531”人才计划，未来五年，我市需引进和培养各类人才90.135万名。为防止商品住宅价格上涨过高、过快对人才的“挤出效应”，建议将人才安居工作作为我市一项长期战略，切实抓紧抓好。主动适应各类人才多样化住房需求，采取货币化补贴为主、实物配租为辅，分层级、多渠道实施人才安居保障。建立与“5531”人才引进规模相适应的人才安居体系，多渠道筹措房源，确保大西安“人才强市”和“人才安居”落到实处。同时，严格把握政策标准，谨防部分国企和高校借“人才安居”之名，将单位集资建房项目纳入人才安居工程之中，对商品住宅市场造成不必要的分流和扰动。

四、部门联动进行市场调控

建议建立由市建委、市规划局、市房管局、市国土局、市城改办、市统计局和人民银行西安分行营管部等多部门组成的联席会议制度，定期召集会议，共同研判当前和今后一个时期房地产市场存在的主要问题和未来市场预期。建立统一的房地产信息发布平台，实现一个口径对外发布我市房地产相关信息。根据市场变化情况，强化部门联动，抑制市场投机，综合发力进行市场调控。

五、加强房地产市场的金融服务

建议市金融办协调中国人民银行西安分行营管部不断丰富房地产金融支持手段。短期内，重点推动金融机构合理控制房贷比重和增速，逐步将“加杠杆”转变为“去杠杆”。同时，督促银行业金融机构加大对首付资金来源和收入证明真实性审核，维护良好的住房信贷环境。从中长期看，着重进行宏观审慎管理，建议积极研究探索商品住房抵押贷款证券化，预先开展房地产投资信托基金等课题研究。完善政策性的住房金融体系，建议市公积中心继续完善住房公积金制度，更方便用户使用住房公积金，同时降低住房公积金贷款利率。积极探索建立地方政府政策性的金融机构，比如筹建西安市公共住房银行，授权其实施城市与城市基础设施以及房地产开发建设相关的融资的业务等。

六、提升市政设施配套服务水平

精简审批项目，提升审批效率。取消水、电、气、暖等管网安装费用，减轻企业负担，优化提升水、电、气、暖报装服务，加快安装进程，该由市政承担的建设任务坚决不让企业承担，方便企业开工建设。加快市政道路的规划施工建设，避免由于道路建设迟缓等问题而带来的商品住宅销售困难的情况发生。积极应对企业诉求，实施马上就办。切实发挥西安铁军作风，打造宜业宜居的品质西安！

（摘自《西安发展研究》总第924期《对近期我市商品住宅价格上涨的调查报告》 作者：崔玉凤 左东 何爽 董黎鹏）

对深入推进我市“最多跑一次”改革的建议

“最多跑一次”改革的关键，在于什么事难办就办什么事，要在企业和群众关切的事项改革上真正突破，切实提高改革的“含金量”。为此，我市出台了一些配套政策和问责办法。要将“最多跑一次”改革落到实处，提高群众和企业的“获得感”，我市还应从以下几个方面有所创新和突破。

一、统一名称，明晰标准，夯实推进“最多跑一次”改革的基础

1. 统一清单事项名称。

在全市范围内统一清单事项名称，统一公布口径。以市政府公布的“权责清单”相关事项的名称为标准，统一各级政府

及相关部门公布的“最多跑一次”清单的名称。同时，对清单中事项的拆分与合并做出明确的规定。这样做有四个好处：一是政令名称统一，方便群众、企业办事；二是提高清单的“含金量”；三是可以激励各级政府公平竞争；四是为考核提供量化指标。

2. 设置“规定动作”。

市政府要设置区（县、开发区）、市级部门一定要完成的“规定动作”，确保改革深度和广度。这个“规定动作”就是那些事关群众和企业切身利益，关注度高，通过努力可以实现“最多跑一次”的“关键事项”和“核心审批事项”。从而杜绝将清单“流于形式”“偷工减料”等问题发生，确保群众的“获得感”和改革的“含金量”。

3. 明确“重点清单”。

在除去“规定动作”之后，将当前较难实现“最多跑一次”的“重点事项”纳入“重点清单”，并按难易程度以分值量化。每完成一件“重点清单”的“最多跑一次”改革，相关单位会获取相应的量化分值，作为考核重要依据，并对单位负责人和相关工作人员进行奖励。形成先进经验的在全市范围内进行推广。

二、突出咨询平台建设，满足深入推进“最多跑一次”改革的前置条件

1. 建好“12345”综合服务平台。

我市“12345”市民热线综合服务平台，是实现“最多跑一次”的第一道关卡，它对政策的解读一定要全面、专业和完整，针对办事咨询可开通短信推送功能，着力在细节上提高服务质量，得好“第一印象分”。

2. 创新大数据分析及利用。

我市“最多跑一次”网络平台的咨询页面要在大数据分析及利用方面有所创新。群众或企业通过关键字检索，在数据库可以得到：办事指南、办事流程、具体案例、交叉事项处理等方面的详细资料。通过数据的传输和流动，使群众和企业做到“心中有数”，为实现“最多跑一次”打好基础。

3. 提供必要的人工服务平台。

针对不善于使用电话和网络的群体，在改革初期应提供必要的现场人工咨询服务，这个服务平台的主要工作是代替办事群众在网络平台进行咨询，检索他们所需要的信息，并对窗口进行指引。

三、狠抓作风建设，重视深入推进“最多跑一次”改革的根本保障

1. 转变工作理念。

在工作理念上要完成被动应付到主动服务的转变。这是一个循序渐进的过程，一是要统一思想，加强学习，搞好自身建设；二是要营造舆论氛围，使其不敢；三是通过重塑制度，使其不能；四是通过养成和激励机制，使其自愿。

2. 建设标准化服务体系。

一是做好标准化培训工作；二是设置标准化业务流程；三是规范标准化服务用语。

3. 创新服务机制。

解决这一问题，应考虑从制度上改变，比如，根据需求将“延迟办理”变成“两班制”，服务时间顺延至晚上21：00，也可以尝试周末窗口正常服务，再内部调休。这些都可以进行尝试和创新，一些服务机构和企事业单位都是很好的例子，比如公共交通运营体系，比如银行体系，就服务公众而言，政府和这些单位都没有本质区别。因此，服务理念的转变，就应该从优先考虑和重视群众切身利益开始。

四、加快支撑体系建设，紧盯深入推进“最多跑一次”改革的关键环节

1. 加快西安政务服务平台建设。

应根据“互联网+政务服务”技术体系建设指南（国办函〔2016〕108号），吸取“莲湖政务服务网”2.0版运营经验：建设西安政务服务网，形成全市统一的行政权力事项办件信息库；建设电子证照库和电子监察系统，实现全市政务服务事项统一网上申报、统一受理，内部流程网上运行和“全流程”效能监督。最终使之成为一个集行政审批、便民服务、政务公开、效能监察于一体的成熟“互联网+政务服务”平台。同时，在深化“三集中、三到位”的基础上，理顺市、区（县）、街道（镇）、社区四级政务服务网络的管理体制，将政务服务工作延伸到最基层，着力推动街道便民服务中心和社区服务站由数量全面覆盖向质量明显提升转变，更好地满足人民群众的服务需求。

2. 建立政务服务数据共享库。

在市级层面，建立政务服务数据库应作为“一把手工程”来抓。一是因为紧迫性，在这方面我市已经明显落后其他省市；二是因为重要性，政府服务数据库是实现“最多跑一次”改革、“群众少跑路，数据多跑路”的核心技术支撑。通过建立政务服务数据库，可以打破政务资源信息壁垒，实现互联互通、一体化运行；可以做好市级层面政务服务大数据分析和数据资源的共享；可以有效支持网上咨询平台运营，切实为我市“最多跑一次”改革提供关键性的支撑。

3. 完善业务流程“内循环”建设。

通过西安政务服务网，在市级层面对政务服务事项进行标准化管理，统一流程、统一步骤、统一材料要求。各级政府和相关部门要按照市委、市政府要求，实行“一站式审批、一条龙服务、一个窗口受理”的运行模式。针对部分涉及多部门联合审批的事项可适时参照“并联审批”模式执行，即当待审批事项的资料完备时，第一个部门受理之后，群众不必再逐个部门去办理，而是由第一个部门负责向下一个部门通过内部程序进行网上流转，并以此递进，直至完结，群众只需等待结果。在此期间，可以全程进行网络监督和查询，比如，某个环节耗时是否超过承诺时限，事项审批卡在哪个环节，因何原因等均一目了然。

五、落实奖惩制度，实现深入推进“最多跑一次”改革的有效监管

1. 政务服务场所、窗口设立全方位监控，作为奖惩第一手资料，做到“有图有真相”。

2. 引入政务服务打分系统，作为服务质量参考。

3. 加强正面典型宣传和奖励的力度。

六、保护工作人员合法权益，确保深入推进“最多跑一次”改革有序推进

在实施“最多跑一次”改革过程中，相关单位在严格要求窗口工作人员服务质量和工作作风的基础上，还要保护窗口工作人员合法的人身权益不受侵犯，不能盲目地被自媒体言论“绑架”，助长个别自媒体为吸引点击量而肆意扭曲和捏造事实的不良习气，伤害工作人员的感情和工作积极性。对窗口工作人员的办事过程应全程全方位进行监控，对于无端辱骂工作人员、寻衅滋事的办事者一定要严厉打击，该赔偿要赔偿，该处理要处理，保证工作人员的基本权益不受侵犯，维护政务服务场所基本秩序和政府权威。

（摘自《西安发展研究》总第911期《深入推进“最多跑一次”改革研究》 作者：崔玉凤 雷广院 崔博）

（供稿：张永春 李澍 行中道）

索引

责任编辑　姬娟妮

说 明

一、本索引采用主题分析法，按照主题词首字汉语拼音（同音字按声调）顺序排列；首字相同，按照第二字音序排列，依次类推。

二、部类名称、分目名称、二级分目名称用黑体字标明。主题词后的阿拉伯数字表示内容所在的页码，数字后的拉丁字母（a、b、c）表示该页码从左至右的栏别。

三、“附见”内容于次行缩后壹格放在相关款目下面。款目之后第二个页码表示该款目参见内容所在位置。

四、“特载”“专文”“大事记”“统计资料”“附录”内容不做索引。

数字首

“12355”青少年服务台　99a
“12365”投诉举报电话　230a
2016年度“国家科学技术奖”　261c
2017第七届中国西部国际物流产业博览会　207b
2017第十二届西安国际汽车展览会　207c
2017国际特奥东亚区融合学校足球联赛　263b
2017李宁10千米路跑联赛西安站比赛　294a
2017年“十佳优秀工人”　338a
2017年“西安市最美教师”　338c
2017年度市级单项赛事　292c
2017年全国测功仪巡回赛（西安站）比赛　294c
2017年首届“文明家庭”　338a
2017欧亚经济论坛　198b
2017欧亚经济论坛气象分会　273b
2017欧亚经济论坛文化分会　283a
2017全国大众创业万众创新活动周西安分会场　268a
2017全球“硬科技”大会　198c　268a
2017首届全球程序员节　199a
2017首届世界西商大会　198b
2017丝博会暨第二十一届西洽会　75c　198b
2017西安城墙国际马拉松赛　293b
2017西安儿童戏剧展演活动　284a
2017西安国际创业大赛　268a
2017西安合唱艺术展演　283b
2017西安市自行车健身骑行活动　293b
2017中国（西安）智慧交通博览会　207b
2017中国·渭河健身长廊第二届自行车联赛　293c
2017中国·西安金融产业博览会　241c
2017中国国际通用航空大会　207b
2017中国环秦岭自行车联赛西安蓝田站比赛　294a

A

安康铁路枢纽客货分离改建施工　187b
安全生产　35b
安全生产大检查　232a
安全生产监督管理
　概况　231c
安全生产监管信息化建设　232c
安全生产教育　232c
安全生产领域改革发展　232a
安全生产宣传　232c
安全事故应急救援基础建设　232c
安全住房建设　307b
案例　122b　127a
“奥凯问题电缆事件”　192c

B

灞桥区
　概况　320c
《白鹿原》　284a
白鹿原影视艺术小镇项目　279c
包裹快递业务　195c
宝成线集中修　187c
宝兰高铁开通运营　188a
保险服务　248b
保险市场监管　247c
保险业
　概况　247c
保障民生　46c
保障性住房建设管理　183a
报刊业务　194a
碑林区
　概况　318c
碑林区　256a
北京银行西安分行　245a
便民办税　239c
标准化规模养殖　162b
殡葬管理　315
兵工特色小镇　169a
病险水库治理　163c
博物馆工作　287c
渤海银行西安分行　245c
不动产登记改革　223a

C

材料应用管理　182a
财务管理综合评价　134c
财源税基建设　234b
财政
　概况　234a
财政·税务　233
财政改革　237b
财政监管　237b

财政审计 224b
财政体制改革 217a
参事队伍建设 73c
参事建议 73b
参事文史工作
概况 73a
参与政府重要决策 70b
参政议政 73a 87a 88b 89c 90b 91c 92b 93b 94a
餐饮促销活动 201a
餐饮行业服务 201b
餐饮行业管理 201b
餐饮宣传 201c
餐饮业合作 201b
餐饮业交流 201b
残疾人教育资助 105a
残疾人就业 105a
残疾人康复服务 105a
残疾人托养服务 105b
残联基层组织建设 105b
残联文体活动 106a
残联宣传 106a
“厕所革命” 141c
产品质量监督抽查 230a
产业“追赶超越” 234b
产业发展 146b 154b 157c
产业扶贫 160b 307b
产业结构调整 216b
产业聚集 317b
产业转型发展 234b
长安期货有限公司 247c
长安区
概况 329c
“长安通”卡功能拓展 191c
常规统计调查 225c
陈学俊 337c
成都银行西安分行 245c
成品油零售体系建设 200b
成人教育 250c
诚信建设 38b
承接政府转移职能 101b
城管体制改革 143a
城建档案管理 138a
城建档案接收 138a
城建服务改革 137b
城建国有企业资产经营 137a
城建融资 136c
城市防汛 140b
城市风貌规划管控体系建设 138b
城市公交汽车运输
概况 190b
城市管理
概况 141b
城市管理 150c 153c 154c
城市规划
概况 138a
城市建设 146c 150c 153c 154c
城市社区艺术节国庆展演周 290b
城市夜景点亮 140b
城市影院建设 278a
城市重点片区提升规划 138b
城乡环境大整治 141c
城乡建设与管理
综述
概况 136a
城乡统筹发展
概况 144a
城乡统筹发展 151a 235b
城乡统筹建设 156b
城乡最低生活保障 310a
城镇居民工资性收入 312c
城镇居民居民消费能力 312c
城镇居民医疗保健价格 313a
城镇居民转移性收入 312c
城中村（棚户区）改造
概况 143a
惩治职务犯罪 121b
出版物发行年度核验 276c
出入境管理 118a
出入境检验检疫
概况 227c
出租汽车服务 191b
出租汽车行业改革 191b
出租汽车市场管理 191b
处理群众来信 78c
畜牧业
概况 162a
畜禽粪污治理技术培训 162c
畜禽粪污治理技术推广 162c
畜禽禁养区划定 162b
畜禽良种繁育体系建设 162b
畜禽养殖污染治理 162b
创新 317b
创业 317b
创业服务 96b
春季安全设备大检查 187a
春节旅客运输 187a
从严治党 47a
村镇建设 137c

D

《达浦生评传》 284b
打击传销 220a
打击非法集资 241c
打击假冒 198a
打击侵权 198a
打击刑事犯罪 121a
大合唱比赛 256a
《大漠雄心》 279b
大气环境管理 40b
《大秦帝国之崛起》 279a
大事记 20
大数据产业发展 172c
“大西安”建设43c
《“大西安”2050空间发展战略规划》 138a
大型经贸会展 106a
大型普查 225c
大学区管理制改革 255a
档案
概况 285b
档案对外交流 286a
档案法制建设 285c
档案服务 285b
档案工作环境提升 285b
档案基础业务建设 286a
档案利用 285b
档案培训 286a
档案信息化建设 286a
党内监督 85a
党史编辑 55b
党史教育 55c

党史教育基地建设　55c
党史宣传　55c
党史研究　55b
党史征编
　概况　55a
党外代表人士队伍建设　52a
党外知识分子工作　52a
党校工作
　概况　56a
党员队伍建设　48b
道德模范评选　38a
道德模范推荐　38a
道德模范宣传　38a
道德模范学习　38a
道路交通枢纽建设　189c
道路桥梁工程　139b
道路运输　189b
地方法制改革　114a
地方金融发展　241c
地方立法　113c
地方税务
　概况　238b
地方志
　概况　284c
地理　30a
地理信息测绘　138c
地情信息化建设　285a
地情资料开发　285a
地情资料利用　285a
地铁
　概况　192a
地铁安全生产　192b
地铁工程管理　192b
地铁工程建设　192b
地铁土地储备　192c
地铁线网运营　192a
地铁资源开发　192c
地震
　概况　273b
地震监测　273b
地震应急救援　274a
地震预报　273b
地质灾害防治　223b
第八届全国幼儿园语言教育研讨会　258a
第二届“排水杯”全国城镇排水行业职业技能竞赛　97b
第二届全国大学语文论坛　262b
第二聋哑学校　263c
第二十七次全国助残日　105c
第二十四届杨凌农高会首届脱贫攻坚展览　308b
第二十一届国际复合材料大会　207b
第六届“西安青年五四奖章”　338b
第六批省级文化产业示范基地　290a
“第七届全国大学生口述史成果交流赛”　262a
第三届“敬老文明号”创建活动　304c
第三届全国少年宫系统舞蹈展演　256b
第十二届中国西安国际科学技术产业博览会　207b
第十七届国际核反应堆热工水力大会　207c
第十四届全国运动会筹备　292a
第十四届中国民营书业发展高峰论坛　277c
第十五届西安国际音乐节　283a
第十一届“十佳中学生”　338c
第十一届“西安读书月”　277b
第四届“丝绸之路”国际艺术节　283b
典当业　198a
电力、热力、燃气及自来水供应业　176
电力安全生产　177c
电力供应
　概况　177a
电梯安全管理　229c
电网服务　177b
电网建设　177a
电网营销　177b
电信
　概况　173b
电信　33b
电信网络运营　173c
电信业务　173b
电子商务　197b
电子信息产业　168a
调查研究　53b　93c　304a
调研考察　73a
东航—赛峰起落架深度维修基地　169b
董劲威　336a
兜底脱贫　308a
督查工作　67b
对外经济　34a
对外经济贸易
　概况　205b
对外宣传　51c
多党合作　51c
多双边商务合作平台建设　106c

E

二手车市场　200b

F

发挥参谋助手作用　113b
发挥法律顾问作用　113b
发挥老干部作用　55a
法规文件　358a
法国苏伊士集团　169a
法律服务体系建设　129a
法学会组织建设　108c
法学交流　108b
法学人才库建设　108c
法学研究　108a
法制理论研究　113a
法治　109
法治建设　37a
法治西安建设　110c
法治宣传　108b
法治政府建设
　概况　111c
“反恐防暴”应急演练活动　259a
防范非法集资　241c
防范刑事犯罪　121a
防雷体制改革　273b
防汛　163c
防汛物资储备　204c
防疫　162c
防震宣传　274b
房地产业
　概况　182c
房屋安全管理　183c
房屋管理依法行政　183c
房屋征收　183a

房屋租赁　183c
“放管服”改革　71c
放管服改革　37b
放心早餐　201a
“放心主食品工程”　202c
非公经济统战　52b
非物质文化遗产　289c　290a
分级诊疗　298b
风险预报预警　273a
沣东新城　147c
沣西新城　148b
风景小学　259a
扶贫　105a
扶贫开发
　概况　307b
服务保障　158b
服务脱贫攻坚　247a
服务外包　205b
服务业　318c　321c　324c
服务自贸区建设　228c
辐射安全监管　41b
福利彩票销售　315c
福利救济与殡葬管理　315b
妇联对外合作　100c
妇联对外交流　100c
妇联改革　100a
妇女创新　100b
妇女创业　100b
妇女教育　100c
妇女宣传　100c
妇女组织建设　101a
妇幼保健服务　299a
附录　357
富士康考察团　76b

G

改革创新　45b　147a
改善民生　46c
改善生态环境　46b
干部队伍建设　48a
干部教育培训　49a　56a
干部日常管理　49b
干部日常监督　49b
干部选拔任用　49b
港澳台统战　52c
高等教育
　概况　260a
高峰供气　178c
高杲　336a
高陵区
　概况　330c
高铁调度指挥中心　187c
高校科技成果转化　266a
高新技术产业　266c
高中教育　250b
革命遗址保护　55c
耕地保护　223b
工程建设监察　182a
工程建设执法　182a
“工会爱心驿站”　97a
工会改革　96a
工伤保险　310a
工商法治建设　219b
工商服务　221b
工商行政改革　221a
工商行政管理
　概况　219b
工商联对外合作　94b
工商联对外交流　94b
工商注册登记　220c
工业　33b　321b　323a　324c　326b
　327c　329c　331a　332a　334a
工业·信息产业
　综述
　　概况　166a
工业企业创新能力建设　167b
工业企业服务　168b
工业项目建设　166a
工业园区建设　167a
工业招商引资　167c
工资收入分配制度改革　309b
公安
　概况　114a
公安改革　115b
公安信息化　120b
公办幼儿园质量提升　257b
公房管理　184a
公共图书馆评估定级　289c
公共文化
　概况　289a
公交安全运营　191a
公交服务　191b
公交行业创新　190c
公交行业发展　190c
公交线网调整　190c
公交线网优化　190c
公交运营保障　191a
公路建设养护　189c
公路客货运输
　概况　189b
公路治超　189c
公务员队伍管理　71b
公益广告系列宣传　38b
公益事业　77c
公众气象服务　272c
共青团（青年）招商分局　99c
共青团西安市委员会
　概况　97c
供给侧结构性改革　217a
供气安全　179a
供气服务　179a
供气工程建设　179a
供热服务　178a
供热管理　178a
供水安全　179c
供水管理　179c
供销合作商业
　概况　203c
供销合作社综合改革　204a
供销企业发展　204c
供销企业改革　204c
供销社经营模式创新　204a
供销系统安全生产　205a
《故事生灵》　284b
关爱儿童　304a
馆员活动　73c
管晓宏　336c
贯彻落实“追赶超越”　43b
贯彻落实“五个扎实”　43b
贯彻十九大精神　43a　48a　84b
灌溉
　概况　163c

光机所　169c
广播·电视·电影
　概况　278a
广播电视节目评优　278a
广场舞大赛　290b
广告管理　222a
广告监督　222a
广告牌匾整治　143a
规范理财　237b
规范性文件管理　112b
规范性文件监督　112b
规范直销　220a
规划服务改革　139a
郭烈锦　337a
国干线改扩建　189c
国际经济合作　205c
国际经贸交流　106b
国际旅游宣传　212b
“国际美食之都”　201a
国际首例3D打印PEEK肋骨植入术　301a
国际微电影展映　279a
国家创新试点建设　218b
“国家防震减灾示范城市”　274c
“国家农产品质量安全监管示范区（县）”建设　164c
国家税务
　概况　237c
国家外交任务　74b
国家一流大学　A类建设高校　261c
国家中心城市建设　43c
国门生物安全监管　228b
国民经济和社会发展　33b
国内客源市场　209a
国内旅游宣传　211b
国内贸易　34a
国内首例全腔镜脾部分切除治疗罕见宫外孕出血　300b
国内首例神经显微镜联合达·芬奇机器人精准切除骶管内外哑铃型肿瘤手术　301a
国内首例主动脉弓离断支架置入术　300c
国企改革　217b　218c
国土法治建设　223b
国土资源服务保障　223a
国土资源改革　222c
国土资源管理
　概况　222c
国土资源监察　223c
国土资源执法　223c
国有工业企业经济运行　166b
国有林场改革　162a
国有企业安全管理　167a
国有企业改革　166c
国有重点项目投资　166c
国有资产监督管理
　概况　218c
国资监管　219a

H

海关监管
　概况　226b
海关监管　226c
海关通关一体化改革　226c
海外客源市场　209a
海外联络　93a
海外联谊　87b
函件业务　194b
行政村通邮　193b
行政复议　112c
行政管理体制改革　72b
行政立法　112a
行政区划　32b
行政区机制创新　72b
行政区机制规范　72b
行政区体制创新　72b
行政区体制规范　72b
行政审判　125c
行政应诉　112c
行政执法监督　112c
行政执法指导　112c
航班安全监管　189a
航空基地　169a
航空运输
　概况　188a
航空运输市场　188b
“合编合心合力”专题教育　134c
河流治理　140a
“河长制”　40a
弘扬本土文化系列报道　281b
红十字基层组织建设　102c
红十字精神宣传　102c
红十字青少年工作　103a
红十字人道救助　102b
红十字应急救护　102b
红十字志愿服务　103a
“红五月”音乐会　290b
宏观经济调控　216a
宏观调控
　概况　216a
侯宗宾　338a
后勤保障　131b
后勤岗位大练兵活动　134c
户政管理　117b
鄠邑区
　概况　331c
华夏文化旅游综合体项目建设　155a
环境保护　35b
环境规划　39a
环境监测　39a
环境监察　41b
环境教育　41b
环境信访　41b
环境宣传　41b
环境影响评价　39a
环境应急　41b
缓堵保畅　190c
回迁安置　143c
会展业
　概况　206c
会展业发展专项资金管理　207a
会展业发展专项资金使用　207a
惠老实事　305a
惠企政策落实　166a
婚姻·家庭　303a
婚姻登记　303a
婚姻管理　303a
货币金融服务
　概况　242a
货币政策执行　242a
霍松林　337a

J

机场建设　188c
机构编制管理　72c
机制建设　146a
基本公共卫生服务　299a
基本农田保护　223b
基本情况　30a
基层党建组织　48b
基层工会建设　97a
基层供销社建设　204b
基层老年协会管理　305a
基层团组织建设　97c
基层医疗服务体系建设　299a
基础设施重点项目建设　136c
缉私　227b
稽查　227b
吉利新能源汽车　171a
《极花》　284a
疾病控制　299b
疾病预防　299b
集贸市场改造提升　202b
集邮业务　194b
计划生育
　概况　301a
计量管理　229c
计生服务改革　301b
计生管理改革　301b
计生基层组织融合　301c
计生基层组织转型　301c
计生家庭服务保障　301c
计生监督执法　299b
计生系统科技教育　300a
纪念“三八”国际妇女节　100a
纪念两岸开启交流交往30周年座谈会　76a
纪委主要工作和重大活动　84c
纪检监察
　综述
　　概况　84a
技术创新培训　101b
技术市场　267b
“家风馆”建设　303b
家风系列活动　303b
家教系列活动　303b
家庭教育　303b
家庭教育指导服务中心建设　303b
家庭系列活动　303b
贾平凹　284a　284b
假日旅游产品　212c
价格改革　311a
价格基础服务　312a
价格监测　310c
价格调控　310c
价格宣传　312b
驾驶员培训　190a
架空线缆归顺落地　140a
监察体制改革试点　84b
监督　60b　85b
监管模式改革　227a
检查　85b
检察
　概况　120c
检察队伍建设　122a
检察机关服务经济社会发展　120c
检察体制改革　121c
检验法制建设　229a
检验改革　229a
检验质量管理　228a
检疫　162c
检疫法制建设　229a
检疫改革　229a
检疫质量管理　228a
减灾宣传　274b
建党96周年文艺晚会　290c
建设工程招投标管理　181c
建设行业培训　138a
建言献策　53a
建筑节能管理　182a
建筑业
　概况　181a
建筑业　33b
建筑业·房地产业　180
建筑质量安全监管　181b
建筑装饰市场管理　181c
健康扶贫　307b
“健康西安”建设　299b
讲文明·树新风”系列活动　38b
交大一附院　301a
交通安全生产　190b
交通法制建设　190b
交通管理　118b
交通市场监管　190c
交通宣传　190b
交通运输　33b
交通运输业·邮政快递　185
教师队伍建设　253b
教师培训　56c
教育
　综述
　　概况　250a
教育　34b　88a　91a　94c　151a　317c　327a　319a　320b　322a　325a　328c
教育安全稳定　254b
教育督导　254c
教育扶贫　307c
教育规划布局　253b
教育合作　255a
教育机器人培训　259b
教育交流　255a
教育精神文明建设　254a
教育考试工作　255a
教育领域综合改革　253a
教育事业　236a
教育信息化建设　253c
接待集体上访　78c
节能减排　216b
“巾帼绿色健康行动”100c
金融　34a
金融分析　243a
金融扶贫　308a
金融服务　150b
金融管理　242b
金融监督　242b
金融调查　243a
金融消费权益保护　242c
金融研究　243a
金融业
　综述

概况 241a
金融招商 241b
金融中心建设 241a
锦江集团 169a
进城务工人员安全保护 96a
进出口商品质量安全监管 228c
进出口食品安全监管 228c
禁毒工作 119a
泾河新城 148c
经济发展 44c
经济概况 33b
经济管理与监督 215
经济领域法律服务 128b
经济体制改革 217a
经济责任审计 224c
经理国库 242b
经营者培训 108a
精神文明建设
概况 37b
精神文明建设 51a
精准扶贫审计 224a
“警务通”项目建设 174a
竞技体育
概况 293c
九三学社西安市委员会
概况 93a
救济 315c
救灾 315c
就业 35a
就业创业 308b
就业扶贫 307c 309a
就业服务 96b
居民生活
概况 312b
居民消费价格指数 310b
聚焦民生热点系列报道 281b
“聚力追赶超越2017台商西安活动” 76b
卷烟物流建设 203c
卷烟营销 203b
决策服务
概况 70b
决定重大事项 60c
军民融合 150b 156c 167c
军民融合科技服务机构 168c
军事 130
军事斗争准备 131a
军事化正规管理 132a
军事考核 134c
军事训练 132a 134a 134c
军事正规化管理 131b
军转干部安置 71c

K

开发区机制创新 72b
开发区机制规范 72b
开发区建设 145
开发区体制创新 72b
开发区体制规范 72b
开放型经济体制构建 218b
开沃新能源汽车 171a
开源证券股份有限公司 247b
勘察设计行业监管 181c
抗旱 163c
考古勘探 286b
科技 34b 319a 320b 321c 325b 327a 328c
科技合同认证 101b
“科技节” 256c
科技金融创新 265a
科技金融合作 265a
科技培训 164c
科技人才培养表彰 101c
科技人才培养推荐 101c
科技司法鉴定 101b
科技转化 149c
科普活动 101c
科协基层组织建设 102a
科学研究和技术服务 264
科研工作 56c
科研院所科技成果转化 266a
课题研究 71a
空港新城 147b
口岸建设 205c
口岸卫生安全监管 228b
跨境电子商务 205c
快递
概况 195a
快递服务“三农” 195b
快递行业监管 195a
“快递进校园” 195c
快递为企业服务 195c
“快递下乡” 195b
昆仑银行西安分行 245b
困难职工救助 96a

L

蓝田县
概况 332c
劳动 329a
劳动关系协调 96b
劳动管理 309b
劳动技能竞赛 96c
劳动就业
概况 308b
劳动就业 320c 322b 323c 326a 327b 332c 334c
劳动人事争议调解 309b
劳动人事争议仲裁 309b
劳动者权益保护 309b
劳模表彰 96c
劳模服务 96c
劳模管理 96c
劳模评选 96c
老干部工作
概况 54a
老干部活动 54c
老旧住宅小区综合提升改造 137b
老龄工作调研 304c
老龄工作宣传 304c
老年教育 54b
老年人
概况 304b
老年人权益保障 304b
离退休干部服务 54a
离退休干部管理 54a
李毅 336a
李元 336b
理论宣传 50c
理论研究 53a
历史沿革 30a
立法工作

概况　113c
连锁经营　200c
连战　76a
莲湖区
概况　319c
联通
概况　174b
联通经营改革　174b
联通网络建设　174c
联通重点项目拓展　174c
联系人大代表　61a
联系人民群众　61a
联谊活动　77b
廉洁从政　85b
粮食基础设施建设　203a
粮食生产　161b
粮油业
概况　202b
粮油重点项目建设　202c
“两化”融合　172b
“两学一做”　44c
量子光学集成芯片　169c
林业　161c
林业有害生物防治　162a
临潼区
概况　327b
领导班子建设　48a
领导干部接访　78a
领导干部下访　78a
领导干部约访　78a
领事馆区建设　155a
流动人口计生服务　301b
流动人口计生管理　301b
《柳青》　279c
陇海线集中修　187b
卢立群　336a
“路长制”　142b
路政执法　190a
落实离退休干部待遇　54b
落实西安市党代会决策部署　43c
落实新《邮政普遍服务标准》　193b
落实中共陕西省党代会决策部署　43c
旅行社管理　213b
旅行社监督　213b
旅游　34a　317a　320a　327a　328a　330a　331a　332b　333a　334b
旅游安全管理　210b
旅游产品
概况　212b
旅游产业　153b
旅游大数据建设　210a
旅游发展基金　209b
旅游饭店复核　213c
旅游饭店评定　213c
旅游行业管理
概况　213a
旅游机制创新　209a
旅游机制改革　209a
旅游景区管理　214c
旅游景区评定　214c
旅游人才教育培训　210b
旅游融合新产品　213a
旅游市场管理　213b
旅游市场监督　213b
旅游市场监管　220b
旅游市场开发
概况　211a
旅游特色小镇建设　210b
旅游体制创新　209a
旅游体制改革　209a
旅游项目招商引资　209c
旅游业
综述
概况　209a
旅游专项资金落实　209c
履行商会职能　94a

M

《麻醉师》　284a
迈科期货股份有限公司　247c
煤炭市场　200c
《每日聚焦》　280c
美国乐析医疗　168c
美国迈阿密达德学院　262c
门户枢纽建设　45c
“米袋子”工程　203a
苗木花卉　161c
民办初中招生制度改革　258b
民办教育　253a
民航重大运输保障　189b
民间国际科技交流　101b
民盟西部城市盟务工作会议　89b
民生保障　147a
民生价费调整　311b
民生事业　330a
民生项目审计　224b
民生银行西安分行　244b
民事审判　125b
民主党派·工商联　86
民主监督　81b　87b　88c　90b　91c　92c　93b
民族
概况　313c
民族　33a　52b
民族教育　253a
民族经济发展　314a
民族领域安全稳定　314c
民族事务管理　314a
民族团结教育　313c
民族团结进步创建活动　314a
民族团结宣传　313c
民族宗教系统“七五”普法　315a
“名师示范引领培训”活动　255c
目标责任考核　50b

N

《那年花开月正圆》　279b
纳税服务　238b
纳税服务　239a
内刊编辑　54a　71b
年鉴编纂　284c
年鉴出版　284c
农产品安全监管　164c
农产品推介　204b
农产品质量监管
概况　164c
农村产权制度改革　161a
农村电影放映　278b
农村扶贫　144c
农村基础设施建设　308a
农村金融服务　241b
农村经济　321a　323a　324a　326b

327c 330c 331c 333c
农村精神文明建设 38b
农村居民财产性收入 313b
农村居民工资性收入 313a
农村居民经营收入 313a
农村居民消费支出 313b
农村居民转移净收入 313b
农村科技服务体系建设 267c
农村科技示范户建设 267c
农村科技特派员 267c
农村片区化中心社区建设 144a
农村生态保护 41a
农村专项改革 144b
农电服务 177c
农电建设 177c
农机产业化发展 164a
农机监理 164b
“农家书屋”建设 276c
农林牧渔业
综述
概况 160a
农民工
概况 305b
农民工就业 305b
农民工收入 305c
农民工支出 305c
农民工子女就学 306c
农业
概况 161b
农业 321a 323a 324a 326b 327c 330c 331c 333c 329c
农业产业化经营 160a
农业服务 163c
农业机械
概况 164a
农业科技 160c
“农业科技创新服务月”活动 267c
农业科技创新计划 267b
农业生产 33b
农业实用技术 161c
农业综合开发 160a
农资储备 204c
农资市场整顿 164c
农作物秸秆综合利用 164b

P

PPP融资改革 237b
拍卖业 198a
培训 113a
棚改督查 143c
棚改项目审批办理 143b
棚改信访工作 144a
棚改宣传工作 144a
棚改指导 143c
棚改制度建设 143a
平安建设 110a
破解“上学难” 258c
普法宣传 128b

Q

企业安全生产 219b
企业孵化 150a 158c
“企业名师进校园”活动 259c
企业融资 247a
企业上市 247a
企业信用监管 221c
启智学校 263b 263c
气候 31a
气象
概况 272b
气象防灾应急联动 272c
气象服务标准体系优化 273b
气象减灾应急联动 272c
气象为农服务 272c
汽车维修 190a
汽车制造
概况 170a
千场戏剧惠民演出 290c
强晓安 336b
侨联改革 77c
侨务
概况 76c
亲商助企 76c
秦汉新城 148a
秦岭终南山世界地质公园保护 223c
秦岭终南山世界地质公园建设 223c
秦农银行 245c
“青春驿站” 99a
青年创业行动 98a
青年就业行动 98a
青年社团组织建设活动 99c
青年志愿者活动 98b
青少年 303b
青少年法治教育 303c
青少年法治宣传 99a
青少年扶贫 304a
青少年扶智 304a
青少年科技教育 101c
青少年权益保护 303b
青少年权益保护 99a
青少年社会主义核心价值观教育 303c
青少年事务社会工作专业人才队伍建设 99b
青少年思想道德建设 98a
青少年文化建设 98c
青少年新媒体宣传 99b
青少年训练网点建设 292b
清真食品管理 314b
清真食品监督 314b
庆祝建军90周年文艺活动 104c
庆祝十九大文艺活动 104c
庆祝十九大文艺晚会 290c
区（县）党史工作 56a
区（县）二轮修志 285a
区（县）概况 316
区（县）群众体育品牌活动 293b
区域经济合作 216c
区域经济合作 71a
曲江文投 290c
全国残疾人艺术比赛 263c
全国城市出版社社长年会 277c
全国大学生电赛陕西赛区 262a
全国大学生拳击锦标赛 262b
全国大学生命科学竞赛 262c
全国大学生数学建模竞赛“高教社杯”奖 263a
全国大学生物联网技术与应用“三创”大赛 262b
全国冬季阳光体育大会 259a
全国高校外语教学大赛 263a
全国机器人挑战赛 259b
全国实验教学说课比赛“金奖” 260a

全国首例3D人工月骨置换术　301a
“全国首批国家知识产权运营服务体系建设试点城市”　269b
全国特奥滚球比赛　263b
全国特奥轮滑比赛　263c
“全国文化企业30强”　290c
“全国知识产权强市”创建城市　269b
“全国中小学先进后勤学校”　256c
全国中学生举重锦标赛　259b
全国中学生五大学科竞赛　260a
全面停止军队有偿服务活动　131c
全民健身服务　293a
全民健身基础设施建设　293a
“全民健身月”启动仪式展示表演　293c
“全民终身学习活动周”活动　256c
全市对台干部培训班　76c
全域旅游　209b
“全域旅游示范区（县）”创建活动　210c
全运会国际跳棋比赛　259c
群众团体　95
群众体育
　概况　293a
群众性精神文明创建活动　37b

R

燃煤锅炉改造　178b
燃气供应
　概况　178b
燃气行业管理　178c
热力供应
　概况　178a
人才队伍建设　71c
人才强市战略　50a　236c
人才引进　150c　158c
人大重大活动　60b
人大主要工作　60b
人防工程防汛抢险　133b
人防工程维护　133b
人防工程执法　133a
人防工程质监　133a
人防机动指挥通信训练　133b
人防建设审批验收　133a
人防教育　133c
人防通信警报建设　133c
人防宣传　133c
人防重点项目建设　133a
人防综合演练　133b
人工影响天气作业　273a
人口　33a
人民防空
　概况　132c
人民调解　128c
人事编制
　概况　71b
人事工资制度改革　71b
人体器官捐献　103a
人物　335
日用工业品商业
　概况　200b
融资　198b
融资工作　147b
肉菜追溯体系建设　202a
软件产业　173b
软件服务产业　168a
软件正版化　277a

S

“三项清查”整治　134c
三项重点工作　44b
三星电子高端存储芯片二期　169b
“扫黄打非”　276a
森林防火　161c
森林生态效益补偿　162a
森林资源保护　161c
森林资源管理　161c
陕甘宁人力资源交流协作联盟　309c
陕鼓欧洲服务中心　168c
陕师大历史文化学院　262a
陕西大剧院　284b
陕西法士特汽车传动集团公司　170b
陕西建工集团有限公司　182a
陕西汽车控股集团有限公司　170b
陕西省第十六届运动会资格赛　294c
“陕西省教学能手”幼儿园组市级评选活动　257c
陕西省学前教育研究会学术年会　258a
陕西省中学生羽毛球锦标赛　256c
陕西通家汽车股份有限公司　170b
陕西戏曲音乐新创作品音乐会　283c
陕西自贸区国际商事调解中心　129c
陕西自贸试验区建设　226b
陕西自由贸易试验区西安区域建设　36a
商标管理　221c
商标监督　221c
商贸　200c　317a　318c　320a　321c　323b　324c　327a　328a　330a　331a　332b　334b　333a
商贸服务业・会展业
　综述
　　概况　197a
商贸行业安全稳定　197c
商贸设施建设　197b
商贸市场监测　197c
商事法律服务　106b
商事审判　125b
上市公司　247b
“尚德西安”道德实践系统工程　37b
少数民族流动人员服务　314a
少数民族流动人员管理　314a
少先队建设　99b
社保经办服务　310b
社会保障
　概况　309c
社会保障　35a　318b　319b　320c　322b　323c　326a　327b　329a　331b　332c　334c
社会扶贫　308a
社会服务　87b　88c　90a　90c　92a　92c　93b　94b
社会福利事业　315c
社会管理　152a
社会监督　107c
社会科学报告　271b
社会科学研究
　概况　269c
社会民生　302
社会事业　151c　323b　331b　332c　333b　334b
社会事业建设　216c
社会治安综合治理　110a
社会治安综合治理　110a

社会主义核心价值观建设 51a
社会主义民主法治建设 36b
社科规划基金课题管理 269c
社科活动 272a
社科普及 272a
涉外管理 75c
深化改革 53c
审计
概况 223c
审计管理 225a
审计信息化建设 225b
审计整改 225a
审判
概况 125a
审判队伍建设 126c
审批制度改革 137b 139a
审议重大事项 60c
生活垃圾管理 142a
生态建设 35a 235c
生态文明建设
概况 39a
生态文明建设 154c
生态治理 146c
省干线改扩建 189c
省级群众性体育赛事 293c
失业保险 310a
湿地资源保护 161c
湿地资源管理 161c
时令旅游产品 212c
实体书店发展 276b
食品安全示范创建 230c
食品安全综合监管 231a
食品药品安全宣传 231c
食品药品诚信体系建设 230b
食品药品稽查办案 231b
食品药品监督管理
概况 230a
食品药品检验检测体系建设 230c
食品药品日常监管体系建设 230b
食品药品投诉举报受理 231c
食品药品许可审批备案 231b
食品药品专项整治 231b
食品药品追溯体系建设 230b
世界第二例经皮肾镜枪弹取出术 300c
世界首例单切口多曲卡腹腔镜肾脏、输尿管及部分膀胱切除术 300c
世界首例机器人辅助单切口经脐三角腹腔镜肾癌根治术 300c
世界首例全腹腔镜自体肾移植术 300c
市场管理 220b
市场价格监督 311a
市场监督 220b
市场专项治理 219c
市级部门二轮修志工作 284c
市民投诉 78c
市民游客服务体系建设 210a
市情研究 56c
市人大常委会会议 58b
市政PPP项目 140a
市政安全生产 141a
市政法治建设 141a
市政服务社会 141a
市政府常务会议 63a
市政府全体会议 63a
市政行业管理 140c
市政行业监督 140c
市政建设
概况 139a
市政科技创新 140c
市政设施改造 140a
市政设施管理 140a
市政设施完善 140a
市政设施维护 140a
市政协常务委员会会议 80a
事业单位登记 72c
事业单位分类改革 72c
事业单位管理 72c
事业单位人事管理 71c
逝世人物 337a
收费简政放权 312a
“手拉手结对帮扶”送教活动 263c
首次职业教育校企合作座谈会 256a
首届“2017小小故事家·西安市家庭读书分享大赛” 277b
首届“小红鸟”绘本剧表演大赛 277b
首届西安国际马拉松赛 294a
首列动车组三级修 187b
首批省级文化产业示范园区 290a
首批系统推进创新改革试验试点单位 168b
首批中美青年创客交流中心 262a
首项镁锂合金材料国家标准 169b
兽药管理 162c
“书香之城”建设 276b
输变电及控制设备制造
概况 171b
蔬菜副食业
概况 202a
蔬菜生产 161b
暑期旅客运输 187b
数字化建设 143a
双拥共建 131c
双重预防机制建设 232b
水产科研 163b
水产品质量安全 163a
水产市场开发 163b
水果生产 161b
水环境管理 39a
水生动物保护 163c
水生态建设 39b
水务综合管理 164a
水源地管理 179c
水源地建设 179c
水资源保护 39b
水资源管理 39b
税收法治 238a
税收研究 239c
税收政策 238a
税务 237c
税务体制改革 217a
税源管理 238c
司法公开 126b
司法行政
概况 128a
司法体制改革 110c
司法体制改革 125c
司法为民 126b
“丝绸之路”旅游产品 212b
“丝绸之路”系列赛事 294c
丝路国际会展中心项目建设 155a
丝路能源金贸区 149a
思想政治建设 131a

思想政治建设　131c
思想政治建设　133c
“四改两拆”　138c
“四个美丽”建设　137a
“送欢乐，下基层”活动　104c
“送培活动”　257c
诉讼监督　121c
索引　372

T

台湾鼎泰丰集团　76c
台湾事务
　概况　76a
太乙路中学　259b
弹性离校　258c
唐都医院　300c　301a
特殊教育
　概况　263a
特殊教育　253a
特殊人群管控　128c
特载　1
提案办理　81a
体育
　综述
　　概况　292a
体育　34b　319b　317c
体育产业发展　292a
体育场馆建设　292a
体育教育　254a
体育市场管理　292b
体制改革　37a
体制建设　146a
铁路
　概况　186a
铁路安全管理　186c
铁路建设　186a
铁路经营管理　186b
铁路科技创新　186b
铁路企业改革　186c
铁路运输生产　186a
铁一中　260a
停车管理　191c
停车建设　191c
通航产业　157a
通用航空管理　189b
统筹城乡工作宣传　144c
统计法治建设　226b
统计服务　226a
统计改革　225b
统计工作
　概况　225b
统计基础建设　226a
统计资料　339
统一战线
　概况　51c
统战宣传　53a
投资者保护　247a
投资者教育　247a
土地节约集约利用　223b
土地利用总体规划修编　223a
土壤环境管理　41a
团结联谊　81c
推进依法行政　111c
脱贫攻坚　36b　235c

V

VEX机器人世锦赛“全能总冠军”　261c

W

挖掘文史资源　73c
外事
　概况　74a
完善城市功能　45b
完善口岸功能　228c
完善社会保障体系建设　236c
王双明　336c
网络安全　120a
网络文明传播　38b
网络信息管理　51a
危险废物安全监管　41b
为农服务体系建设　204b
为侨服务　77a
违法建设治理　142c
违纪案件查处　85a
维护儿童合法权益　100b
维护妇女合法权益　100b　303a
维护社会稳定　110a
维护社会治安稳定　114b
委员视察　81a
卫生
　概况　298a
卫生　35a　320c　318a　319b　322b
　325c　327a　329a
卫生·计划生育　297
卫生机构改革　298a
卫生监督执法　299b
卫生体制改革　298b
卫生系统技教育　300a
卫生信息化建设　300b
未成年人思想道德建设　38a
未央区
　概况　322c
魏民洲流毒　84c
温泉度假旅游产品　213a
“文华优秀剧目奖”　283c
文化　34b　51b　317c　319b　320c
　322a　325c　330a
文化产业　152c
文化传播　103c
文化惠民春节展演周　290b
文化建设　46a
文化交流　77b　103c
文化旅游产品　212c
文化市场监管　290a
文化事业　236a
“文化下乡”活动　104c
文化艺术　282
文化主题活动报道　281c
文景中学足球队　259a
文史工作　82b
文物安全　288c
文物保护　286b
文物博物
　概况　286a
文物合作　288b
文物交流　288b
文物科研成果　288b
文物利用　288b
文物执法　288c

文艺工作 51b

文摘 363a

稳控重点信访群体 78b

《问政时刻》 280c

“我们的节日”道德实践活动 38b

乌兹别克斯坦丝路文化经济促进中心 262c

污水处理 40a

无人驾驶智能车 171a

无线电安全保障 175c

无线电管理

概况 175a

无线电管理 175c

无线电监测 175b

无线电监督 175c

无线电检测 175b

无线电检查 175c

无线电频率台站管理 175a

无线电宣传 175c

无障碍建设 105b

“五路”两侧增绿美化 142b

武警后勤保障 132b

武警基层建设 132b

武警西安市支队

概况 131c

武装联勤巡逻勤务 132c

“舞动长安”启动仪式展示表演 293c

物价

概况 310b

物流 200c

物流企业改革 206b

物流通道建设 155c

物流项目建设 206b

物业管理 183b

物资经营

概况 206a

X

西安奥林匹克体育中心 292c

西安报业传媒集团（西安日报社）

概况 281a

西安比亚迪汽车有限公司 170b

西安浐灞生态区

概况 154a

西安电影放映员在全国技能大赛获优异成绩 278c

西安电子科大 262a

西安概貌 29

西安高级中学 256c 259b

西安高新技术产业开发区

概况 149b

西安高新区国家自主创新示范区建设 36a

西安高新一中 260a

西安工会医院 97b

西安工业云平台 168a

西安广播电视大学 261a

西安广播电视台 280a

西安广播电视台丝路频道开播 278c

西安国际动漫游戏文化周 278c

西安国际港务区

概况 155b

西安国家民用航天产业基地

概况 157c

西安建工（集团）有限责任公司 182b

西安交大 171a 261c

西安交大智能机器人创新研究院 169c

西安经济技术开发区

概况 151b

西安警备区

概况 131a

西安康明斯发动机有限公司 171a

西安科技大市场 265b

西安旅游职专 259c

西安美术馆 284b

西安曲江新区

概况 152a

西安全面创新改革试验区建设 36a

西安人工智能与机器人产业基地 169c

西安市八十五中 265c

西安市残疾人联合会

概况 104c

西安市城乡规划管理委员会 139a

西安市第九届公开水域游泳比赛 293b

西安市第十六届运动会 292b

西安市第十四届学术金秋活动 102a

西安市二保 257c

西安市法学会

概况 108a

西安市妇女联合会

概况 99c

西安市工商业联合会

概况 94a

西安市红十字会

概况 102a

西安市红十字会第七次会员代表大会 102b

《西安市家庭教育“十三五”规划》 303a

西安市科技馆建设 102a

西安市科学技术协会

概况 101a

西安市全民健身休闲大会 293c

西安市人民代表大会

综述

概况 58a

西安市人民代表大会会议 58a

西安市人民政府

综述 63a

西安市三十中 259a

西安市文学艺术界联合会

概况 103b

西安市五保 257c

西安市现代教育信息技术中心 259b

西安市消费者协会

概况 107b

西安市学前教育微信 257c

西安市一保 257c

西安市一中 256c

西安市总工会

概况 96a

西安首个UME超级影院 279c

西安丝绸之路国际美食旅游节 210c

西安丝路国际会议会展中心 207a

西安丝路文化产业发展基金 290c

西安铁路职业技术学院 262c

西安铁路职业技术学院 263a

西安铁路职业技术学院 260b

西安外国语大学　262b
西安文理学院　262c
西安文理学院　260a
西安现代职业技术学院　261b
西安阎良国家航空高技术产业基地
　概况　156b
西安银行　246a
西安饮食股份有限公司　201c
西安邮电大学　262b
西安职业技术学院　260c
西安职业技术学院　262c
“西安质量工匠”评选　229b
西安仲裁委员会陕西自贸区仲裁院　129c
西北大学　262b
西部创业创新中心建设　218a
西部期货有限公司　247c
西部证券股份有限公司　247b
西成高铁开通运营　187c
西电集团改革发展　171b
西电集团国际市场开拓　171c
西电集团节能减排　172a
西电集团科技创新　171c
西电集团信息化建设　171c
西电集团智慧工业园　172a
西电集团重大项目　171b
西工大　262a
《西京故事》　279b
西京医院　300b　300c
西咸国际文教园　149b
西咸新区
　概况　146a
西咸新区托管地域内教育事业统筹　255c
夏日广场文化活动　290b
先进人物　338a
现代农业园区建设　161c
乡（镇）党报当日见　193b
乡（镇）党刊当日见　193b
乡村规划体系建设　138b
乡村旅游产品　213a
乡村旅游提档升级　210a
《相忘于江湖》　284b
项目服务保障　157a
项目建设　151c　158b　319a
肖玉玲　337b
消防工作　119b
消费类展会　197c
消费者权益保护　222a
消费者权益宣传活动　107b
消费指导　107c
小学生吟诵比赛　259a
校园“新风系统”建设试点　255b
校园安全专项培训　256b
校园实施“营养改善计划”　255b
校园食品安全　255b
校园文化建设活动　56a
协（学）会活动　103c
新城区
　概况　317a
新建教育项目　255b
新媒体发展　281c
新能源汽车推广　168a
“新农村现代流通培训工程”　204b
新任市级领导　336a
新丝路金融合作高峰论坛　241c
新闻出版
　综述
　　概况　276a
新闻舆论引导　50c
新型农村合作医疗　298c
新型农业经营主体培育　161a
新一代高精度铷钟　169c
新增两院院士　336c
新舟60遥感飞机首飞　169b
信访
　概况　78a
信访积案化解　78b
信访稳定　219b
信息产业
　概况　172a
信息公示　221c
信息化项目建设　172c
信息资源共享　172c
信用体系建设　173a　242c
刑事审判　125b
刑侦工作　117a
“幸福生活天天游”系列旅游产品　212c
“幸福新农村示范村”建设　144a
休闲农业　160a
修复政治生态　44c
许胜雄　76b
宣传
　概况　50c
宣传　88a　82b　91a　94c　113a　304a
宣传十九大精神　43a
学前教育
　概况　256c
学前教育　250a
学习十九大精神　43a　48a　84b
学员管理　56b
巡察　85c

烟草专卖
　概况　203a
烟草专卖管理　203a
烟花爆竹销售监管　205a
“烟头革命”　141b
研学旅行　259a
盐务管理　202b
阎良区
　概况　326b
雁塔区
　概况　324a
阳安线集中修　187b
杨广亭　336b
养老保险制度改革　309c
养老服务业综合改革试点　304b
药品供应保障　298c
药械安全综合监管　231a
“一带一路”城市旅游合作论坛　210c
“一带一路”国际产能合作博览会　207c
一带一路”建设　226c
“一师一优课、一课一名师”活动　255c
医疗　318a

医疗保险 309c
医疗服务管理 299c
医疗服务质量 299c
医疗信息化建设 300b
医养结合 299c
医药体制改革 298b
依法治税 239b
移动
　概况 174a
移动“智慧城市”建设 174b
移动网络建设 174a
移动业务 174a
义务教育 250a
义务教育
　概况 258a
义务教育入学招生 258b
艺术采风活动 103b
艺术传播 103c
艺术汇报节目 263c
艺术交流 103c
艺术教育 254a
易地扶贫搬迁 222c
因公出国管理 75c
饮食服务业
　概况 200c
印刷企业监管 277a
应急值守 67c
优化营商环境 44a
邮政
　概况 193a
邮政 33b
邮政·快递 193a
邮政服务 193c
邮政行业监管 193a
邮政机构改革 193c
邮政通信能力建设 194c
邮政业务发展 193c
邮政营销渠道拓展 194c
《游戏人间》 284b
友好城市合作 74c
友好城市交流 74c
于明涛 337b
渔业
　概况 162c
渔业产地监管 163a
渔政执法 163b
语言文字工作 254c
预备役高炮师
　概况 133c
预防腐败 85b
预防职务犯罪 121b
园区管理 156a 157b
园区建设 158a
园区平台建设 157b

Z

灾害预报预警 273a
再生水资源利用 40a
再生资源回收行业 200c
造林绿化 161c
增殖放流 163b
张德江 151b
张宏福 337a
张志军 76b
招才引智 43c
招商银行西安分行 244b
招商引资
　概况 199a
招商引资 43c 107a 146b 149c 151b 152a 154b 155b 156b 157c 234b 317a 318c 320a 321b 325a 327a 328a 329c 331a 332a 334a
招商引资“一号工程” 199a
招商引资服务能力建设 199c
招商引资机制改革 199b
招商引资机制改革 217c
招商引资模式创新 199c
招商引资人才建设 200a
招商引资体制改革 199b
招商引资政策体系建设 199b
招商引资制度建设 199c
赵红专 84c
震灾防御 273c
征管改革 238a
征管改革 239b
整理文史资源 73c
正规化建设 134b
正威国际集团 169b
证券期货市场监管 246c
政策研究
　概况 53a
政法队伍建设 111b
政法服务经济社会发展 111a
政府投资审计 224c
政府信息公开 67c
政务信息 41b 67b
政协西安市第十四届委员会第一次会议 80a
政协主要工作和重大活动 81a
政治文明建设 36b
政治协商 51c
支持社会保障体系建设 236c
支持现代服务业发展 197a
知识产权保护 268b 276c
知识产权宣传 277a
知识产权宣传培训 268c
知识产权运用 269a
执行工作 125c
职工安全保护 96a
职工文体活动 97b
职业健康管理 232b
职业健康监督 232b
职业教育 250b
志愿服务活动 38a
质量技术监督
　概况 229a
质量检验检测能力建设 229c
质量科技认证 229c
质量强市 220c
“质量强市示范区（县）”建设 229b
“质量强市战略” 229b
“质量月”活动 229b
治安管理 115c
治理教育乱收费 255a
治霾 167a
治污减霾 140c 142c 235c
“智慧城市”建设 172b

智慧工商建设　222b
“智慧会展”　207a
“智慧农业”　160b
中等教育
　概况　259c
中国—巴基斯坦“一带一路”国家骨干技能人才联合培养合作协议　262c
中国道教协会（西安）第二届道教文化艺术周　315a
中国工商银行陕西省分行　243a
中国共产党西安市第十三届纪律检查委员会第二次全体会议　84a
中国共产党西安市第十三届纪律检查委员会第一次全体会议　84a
中国共产党西安市委员会
　综述
　　概况　43a
中国光大银行西安分行　244a
中国国际贸易促进委员会西安市分会
　概况　106a
中国国民党革命委员会西安市委员会
　概况　87a
中国交通银行陕西省分行　243c
中国进出口银行陕西省分行　244a
中国民主促进会西安市委员会
　概况　90b
中国民主建国会西安市委员会
　概况　89c
中国民主同盟西安市委员会
　概况　88a
中国农工民主党西安市委员会
　概况　91c
中国农业发展银行陕西省分行　243c
中国农业银行陕西省分行　243a
中国秦岭翠华山第十六届登山挑战赛　293c
中国秦腔优秀剧目会演　283b
中国人民政治协商会议西安市委员会
　综述
　　概况　80a
中国跆拳道公开赛　294b
中国银行陕西省分行　243b
中国邮政储蓄银行陕西省分行　244a
“中国制造2025”试点示范创建　167c
中国致公党西安市委员会
　概况　92b
中华传统文化研学活动　256b
中小微企业培育　167b
中信银行西安分行　245a
中兴智能终端制造总部　169a
中亚陕西商会　262c
中医管理　300a
中邮证券有限责任公司　247c
中招制度改革　259c
钟健能　84c
仲裁
　概况　129b
仲裁队伍管理　129b
仲裁制度推行　129c
重大公共卫生服务　299a
重大警卫任务　132c
重大外事活动　75c
重大项目建设　152c
重大招商项目　200a
重大政策措施落实情况跟踪审计　224a
重大主题工作报道　281a
重点高危行业专项整治　232a
重点科研课题　270c
重点旅游项目建设　209c
重点市政工程建设　139b
重点项目　154b
重点项目建设　155b　216b　317a　319c　323b　325a　326c　328a　331a　332a
重点医疗设施建设项目　300b
重污染天气治理　41a
重要举措　66a
重要决定　66a
重要商品储备　202a
周至青年剧社　283c
周至县
　概况　333c
助残　105a
住房公积金个贷发放　184b
住房公积金管理　184c
住房公积金规范　184c
住房公积金缴存扩面　184a
住房公积金信息系统建设　184c
住房制度改革　183c
专家决策咨询　70c
专题调研　81c
专文　13
专业技术服务　272b
专业文艺
　概况　283a
装备保障　131b
装备岗位大练兵活动　134c
追赶超越目标完成情况跟踪审计　224a
资本期货市场
　概况　246b
自发电技术　169c
自来水服务　179c
自来水工程建设　179b
自来水供应
　概况　179b
自来水管理　179b
自来水经营　179b
自来水营销　179c
自贸区建设　155a
自贸区建设　156a
自贸试验区改革创新　206a
自然科学研究与应用
　概况　265a
自然生态保护　41a
自然资源　30b
自由贸易试验区建设　218a
宗教
　概况　314b
宗教　33a
宗教场所管理　314c
宗教工作　52b
宗教工作法制化建设　314c
宗教界自身建设　314c
宗教领域安全稳定　314c
宗教文物保护　315a
综合保障能力建设　134b
租赁　198b
组织
　概况　48a
组织建设　87c　90a　91b　93a
“最美农民工”评选　307a

图书在版编目（CIP）数据

西安年鉴. 2018 / 西安地方志办公室编. --西安：世界图书出版西安有限公司，2018.11
ISBN 978-7-5192-4951-9

Ⅰ. ①西… Ⅱ. ①西… Ⅲ. ①西安－2018－年鉴 Ⅳ. ①Z524.11

中国版本图书馆CIP数据核字（2018）第236642号

书　　名	西安年鉴 • 2018 XI'AN NIANJIAN • 2018
编　　者	西安市地方志办公室
责任编辑	王　娟　冀彩霞
出版发行	**世界图书出版西安有限公司**
地　　址	西安市北大街85号
邮政编码	710003
电　　话	029-87233647（市场营销部） 029-87234767（总编室）
传　　真	029-87279675
经　　销	全国各地新华书店
印　　刷	中煤地西安地图制印有限公司
开　　本	889mm×1240mm　　1/16
印　　张	26.25
插　　页	32页
字　　数	1500千字
版　　次	2018年11月第1版　2018年11月第1次印刷
国际书号	ISBN 978-7-5192-4951-9
定　　价	280.00元